U0613936

温州市圖書館古籍普查登記目録

（下）

附索引

全國古籍普查登記目録·浙江温州

國家圖書館出版社
National Library of China Publishing House

330000－1704－0014484　015018　子部/醫家類/溫病之屬/其他溫疫病證
溫病條辨六卷首一卷　(清)吳瑭撰　清刻本　二册　存四卷(三至六)

330000－1704－0014485　015019　子部/醫家類/眼科之屬
傅氏眼科審視瑶函六卷首一卷　(明)傅仁宇撰　(明)林長生校補　清蘇州聚文堂刻本　三册　缺一卷(六)

330000－1704－0014486　014927　類叢部/叢書類/自著之屬
玉函山房全集十二種　(清)馬國翰撰　清道光至咸豐歷城馬氏刻光緒十五年(1889)章丘李氏彙印本　一册　存一種

330000－1704－0014487　015044　子部/醫家類/養生之屬
衛濟餘編十八卷　(清)王纕堂輯　清刻本　四册　存十三卷(五至十三、十五至十八)

330000－1704－0014488　014928　子部/儒家類/儒學之屬/性理
洲嗄存愚二卷　(清)李清植撰　清光緒十八年(1892)浙江書局刻本　一册

330000－1704－0014491　015083　類叢部/叢書類/家集之屬
沈端恪公遺書二種　(清)沈曰富編　清同治十二年(1873)浙江書局刻本　一册　存一種

330000－1704－0014492　015020　集部/別集類/清別集
定盦文集補編四卷　(清)龔自珍撰　(清)朱之榛輯　清光緒十二年(1886)平湖朱氏刻本　二册

330000－1704－0014494　015045　史部/編年類/通代之屬
御撰資治通鑑綱目三編二十卷　(清)張廷玉等撰　清刻本　四册　存十卷(三至九、十二至十四)

330000－1704－0014495　015046　子部/醫家類/綜合之屬/通論
御纂醫宗金鑑九十卷首一卷　(清)吳謙等撰　清刻本　十六册　存三十四卷(首,一至十、十七至十九、二十四至三十四、三十六至四十四)

330000－1704－0014497　015106　子部/宗教類/佛教之屬/經疏
佛説梵網經菩薩心地品合註七卷附玄義一卷　(後秦)釋鳩摩羅什譯　(明)釋智旭註　清刻本　一册　存二卷(一、玄義)

330000－1704－0014498　015106　子部/宗教類/佛教之屬/律
菩薩戒羯磨文釋一卷重定授菩薩戒法一卷學菩薩戒法一卷梵網經懺悔行法一卷毘尼後集問辯一卷　(明)釋智旭撰　**菩薩戒本經一卷**　(晉)釋曇無讖譯　清同治九年(1870)、十三年(1874)金陵刻經處刻本　一册

330000－1704－0014499　015107　子部/術數類/雜術之屬
大聖五公海元救劫轉天圖經一卷　清末上海文藝齋刻本　一册

330000－1704－0014500　014955　子部/宗教類/佛教之屬/諸宗
天童密雲禪師闢妄救十卷　(明)釋圓悟撰　(清)釋真啓輯　清光緒三十三年(1907)四川萬縣流通經處刻本　四册

330000－1704－0014501　014958　史部/目録類/專録之屬
閲藏知津四十四卷總目四卷　(清)釋智旭輯　清光緒十八年(1892)金陵刻經處刻本　十册

330000－1704－0014502　014911　子部/宗教類/佛教之屬/諸宗
摩訶止觀輔行傳弘訣四十卷　(唐)釋湛然撰　明天啟六年(1626)刻清嘉慶補刻本　十四册　存二十六卷(一、五至八、十一至十六、十九至二十八、三十一至三十四、三十九)

330000－1704－0014503　015116－4　子部/醫家類/類編之屬

陳修園醫書七十種　(清)陳念祖等撰　清宣統元年(1909)上海廣雅啟新書局石印本　十冊　存二十八種

330000－1704－0014505　015120　集部/別集類/清別集
星隕詩草八卷　(清)余華撰　清刻本　一冊　存四卷(五至八)

330000－1704－0014506　015021　經部/小學類/文字之屬/說文
繫傳四十卷　(南唐)徐鍇撰　(南唐)朱翺反切　清刻本　四冊　存二十六卷(七至三十二)

330000－1704－0014508　015022　經部/小學類/文字之屬/說文
苗氏說文四種　(清)苗夔撰　清道光至咸豐壽陽祁氏漢專亭刻本　二冊　存一種

330000－1704－0014509　015121　集部/總集類/郡邑之屬
東甌先正文錄十二卷栝蒼先正文錄三卷補遺一卷　(明)陳遇春輯　清道光十四年(1834)刻本　二冊　存二卷(四、栝蒼先正文錄三)

330000－1704－0014511　015094　集部/總集類/選集之屬/通代
文選十卷　(南朝梁)蕭統輯　(唐)李善注
文選考異十卷　(清)胡克家撰　清刻本　一冊

330000－1704－0014513　015023　經部/小學類/文字之屬/說文
苗氏說文四種　(清)苗夔撰　清道光至咸豐壽陽祁氏漢專亭刻本　四冊　存一種

330000－1704－0014514　015095　類叢部/類書類/通類之屬
玉海二百四卷附刻十三種　(宋)王應麟撰
校補玉海瑣記二卷王深甯先生年譜一卷　(清)張大昌撰　清光緒九年至十六年(1883－1890)浙江書局刻本　六十一冊

330000－1704－0014515　014189　集部/別集類/清別集
古香室遺稿一卷　(清)端木順撰　清光緒十二年(1886)刻本　一冊

330000－1704－0014517　015012　子部/宗教類/佛教之屬/諸宗
靈峰蕅益大師宗論十卷首一卷附靈峰蕅益大師自傳靈峰蕅益大師續傳靈峰始日大師私謚竊議　(清)釋智旭撰　(清)釋成時輯　清光緒元年(1875)江北刻經處刻本　十冊

330000－1704－0014520　015096　類叢部/叢書類/彙編之屬
增訂漢魏叢書八十六種　(清)王謨編　清光緒二十年(1894)湖南藝文書局刻本　八十七冊　存五十七種

330000－1704－0014523　014983　經部/易類/傳說之屬
周易闡真四卷首一卷孔易闡真二卷　(清)劉一明撰　清刻本　二冊　存二卷(周易闡真三至四)

330000－1704－0014525　015047　類叢部/叢書類/自著之屬
鄭子尹遺書五種　(清)鄭珍撰　清咸豐至同治刻本　一冊　存一種

330000－1704－0014527　015126　經部/周禮類/傳說之屬
周官精義十二卷　(清)連斗山輯　清刻本　一冊　存三卷(十至十二)

330000－1704－0014528　善000125　史部/紀傳類/正史之屬
十七史一千五百七十四卷　(明)毛晉編　明崇禎元年至十七年(1628－1644)毛氏汲古閣刻本　四冊　存一種

330000－1704－0014529　014980　經部/叢編
古經解彙函十六種附小學彙函十四種　(清)鍾謙鈞等輯　清刻本　二冊　存二種

330000－1704－0014531　善000126　史部/紀傳類/正史之屬
後漢書補注二十四卷　(清)惠棟撰　清嘉慶

九年(1804)桐鄉馮集梧德裕堂刻本　清孫詒讓批校　六冊

330000－1704－0014532　015189　子部/雜著類/雜說之屬

習學記言序目五十卷　(宋)葉適撰　清光緒十年(1884)黃體芳刻朱印本　一冊　存五卷(一至五)

330000－1704－0014533　015202　集部/別集類/宋別集

蘇文忠公詩集五十卷目錄二卷　(宋)蘇軾撰　(清)紀昀評點　清道光十四年(1834)兩廣節署刻朱墨套印本　十二冊

330000－1704－0014534　015127　子部/儒家類/儒學之屬/勸學

輶軒語一卷　(清)張之洞撰　清光緒元年(1875)刻本　二冊

330000－1704－0014535　善000122　史部/紀傳類/正史之屬

後漢書九十卷　(南朝宋)范曄撰　(唐)李賢注　**志三十卷**　(晉)司馬彪撰　(南朝梁)劉昭注　明吳勉學刻本　二十冊

330000－1704－0014536　014996　子部/宗教類/佛教之屬/諸宗

淨土生無生論會集不分卷　(明)釋傳燈撰　(清)釋達默集　清末刻本　一冊

330000－1704－0014537　015203　集部/別集類/清別集

楓江草堂詩稿三卷　(清)朱紫貴撰　清道光七年(1827)刻本　一冊

330000－1704－0014538　015204　類叢部/叢書類/彙編之屬

新斠平津館叢書十集三十四種　(清)孫星衍編　清光緒十年至十五年(1884－1889)吳縣朱氏槐廬家塾刻本　一冊　存一種

330000－1704－0014539　014997　子部/宗教類/佛教之屬/諸宗

淨土隨學前集二卷後集四卷　(清)釋古崑輯　清光緒十三年(1887)杭州瑪瑙經房刻本　一冊　存四卷(後集一至四)

330000－1704－0014540　015048　子部/醫家類/醫案之屬

臨證指南醫案十卷　(清)葉桂撰　(清)徐大椿評　清刻本　五冊　存五卷(三至六、九)

330000－1704－0014541　014998　子部/宗教類/佛教之屬/諸宗

淨土隨學前集二卷後集四卷　(清)釋古崑輯　清光緒十三年(1887)杭州瑪瑙經房刻本　一冊　存四卷(後集一至四)

330000－1704－0014542　善000118　史部/紀傳類/正史之屬

史記一百三十卷　(漢)司馬遷撰　(明)鄒德沛集評　明崇禎十三年(1640)酣古齋刻本　十六冊

330000－1704－0014545　015128　經部/周禮類/傳說之屬

周官精義十二卷　(清)連斗山輯　清刻本　二冊　存六卷(一至六)

330000－1704－0014546　014999　子部/宗教類/佛教之屬/經

大佛頂如來密因修證了義諸菩薩萬行首楞嚴經十卷　(唐)釋般剌密帝譯　(唐)釋彌伽釋迦譯語　(唐)房融筆受　(明)王應乾參標　清咸豐刻本　三冊

330000－1704－0014548　015129　經部/叢編

重刊宋本十三經注疏四百十六卷附十三經注疏校勘記四百十六卷　(清)阮元撰　(清)盧宣旬摘錄　清嘉慶二十年(1815)南昌府學刻本　六冊　存四種

330000－1704－0014549　015250　經部/叢編

重刊宋本十三經注疏四百十六卷附十三經注疏校勘記四百十六卷　(清)阮元撰　(清)盧宣旬摘錄　**校勘記識語四卷**　(清)汪文臺撰　清光緒十三年(1887)上海脈望仙館石印本　十七冊　存十三種

330000－1704－0014551　015130　子部/宗教類/佛教之屬/經疏

妙法蓮華經玄義節要二卷　（隋）釋智顗撰　（明）釋智旭節要　清光緒六年（1880）福德因緣堂刻本　一册　存一卷（上）

330000－1704－0014553　015131　子部/藝術類/書畫之屬/法帖

三希堂續刻法帖不分卷　（唐）褚遂良等書　（清）蔣溥等輯　清宣統元年（1909）影印本　一册

330000－1704－0014556　善 000127　史部/紀傳類/正史之屬

范氏後漢書訓纂摘錄一卷　（清）惠棟撰　清孫詒讓抄本　一册

330000－1704－0014558　015051　史部/金石類

行素草堂金石叢書　（清）朱記榮輯　清光緒吴縣朱氏刻十四年（1888）彙印本　二册　存一種

330000－1704－0014559　015251　經部/叢編

重刊宋本十三經注疏四百十六卷附十三經注疏校勘記四百十六卷　（清）阮元撰　（清）盧宣旬摘錄　**校勘記識語四卷**　（清）汪文臺撰　清光緒十三年（1887）上海脈望仙館石印本　二册　存二種

330000－1704－0014561　014931　子部/宗教類/佛教之屬/諸宗

十不二門指要鈔詳解二卷　（唐）釋湛然釋籤　（宋）釋可度詳解　（明）釋正謐分會　清福德因緣堂刻本　一册　存一卷（二下）

330000－1704－0014562　014933　子部/宗教類/佛教之屬/諸宗

天台四教儀註彙補輔弘記二十卷　（高麗）釋諦觀輯　（元）釋蒙潤集注　（清）釋性權彙補　**畧科提綱一卷**　釋諦閑排訂　清光緒二十四年（1898）刻本　十四册　存十三卷（五至七、九至十、十二至十八、二十）

330000－1704－0014563　014932　子部/宗教類/佛教之屬/諸宗

四教義六卷　（隋）釋智顗撰　清刻本　一册　存三卷（一至三）

330000－1704－0014568　善 000128　史部/紀傳類/斷代之屬

季漢書六十卷正論一卷答問一卷　（明）謝陛撰　（明）臧懋循訂　明萬曆刻本　一册　存五卷（一至三、正論、答問）

330000－1704－0014569　015207　類叢部/叢書類/自著之屬

北江全集七種　（清）洪亮吉撰　清乾隆至嘉慶刻彙印本　六册　存二種

330000－1704－0014570　014933－1　子部/宗教類/佛教之屬/諸宗

天台四教儀註彙補輔弘記二十卷　（高麗）釋諦觀輯　（元）釋蒙潤集注　（清）釋性權彙補　**畧科提綱一卷**　釋諦閑排訂　清光緒二十四年（1898）刻本　一册　存二卷（十三至十四）

330000－1704－0014571　003112　史部/地理類/專志之屬/書院

龍湖書院志不分卷　（清）張南英輯　清乾隆刻本　一册

330000－1704－0014572　015208　集部/別集類/宋別集

燭湖集二十卷附編二卷　（宋）孫應時撰　（清）孫景洛等輯　清嘉慶八年（1803）孫氏靜遠軒刻本　九册

330000－1704－0014574　015254　類叢部/叢書類/彙編之屬

敏果齋七種　（清）許乃釗編　清道光十二年至二十九年（1832－1849）錢塘許氏刻彙印本　四册　存一種

330000－1704－0014575　善 000129　史部/紀傳類/正史之屬

十七史一千五百七十四卷　（明）毛晉編　明崇禎元年至十七年（1628－1644）毛氏汲古閣

刻本　十二册　存一種

330000－1704－0014576　015255　子部/儒家類/儒學之屬/性理
近思録集注十四卷　(清)江永撰　清光緒二十五年(1899)浙江官書局刻本　四册

330000－1704－0014577　015210　史部/地理類
李氏五種　(清)李兆洛撰　清刻本　一册　存一種

330000－1704－0014578　015136　經部/禮記類/傳説之屬
禮記集解六十一卷尚書顧命解一卷　(清)孫希旦撰　清咸豐十年至同治七年(1860－1868)瑞安孫氏盤谷草堂刻本　二十四册

330000－1704－0014579　015211　子部/醫家類/類編之屬
沈氏尊生書五種　(清)沈金鰲撰輯　清光緒二十一年(1895)上海圖書集成局鉛印本　十一册　存四種

330000－1704－0014580　015137　集部/别集類/清别集
二十四孝詩一卷　(清)薛源撰　清同治刻本　一册

330000－1704－0014581　015138　史部/詔令奏議類/奏議之屬
沈文肅公政書七卷首一卷　(清)沈葆楨撰　清光緒六年(1880)吳門節署刻本　八册

330000－1704－0014582　015191　子部/宗教類/佛教之屬/經疏
彌陀經疏鈔演義定本四卷　(清)釋古德撰　(清)釋智願定本　清末民國刻本　二册　存二卷(二、四)

330000－1704－0014584　015256　子部/術數類/相宅相墓之屬
山法全書十九卷首二卷　(清)葉泰輯　清刻本　錫周珍題簽並記　十一册　缺一卷(十)

330000－1704－0014585　015139　子部/雜著類/雜説之屬
篤素堂雜著四卷　(清)張英撰　清末鉛印本　一册

330000－1704－0014586　善000130　史部/紀傳類/正史之屬
二十一史二千五百六十七卷　明刻明清遞修本　楊紹廉題簽並記　二册　存一種

330000－1704－0014588　015053　史部/地理類/山川之屬/山志
京口三山志　(清)□□輯　清同治至光緒刻本　四册　存一種

330000－1704－0014590　015212　子部/農家農學類/畜牧之屬
馬學一卷　(日本)野口次郎三編　(清)邴仲共譯　清末刻本　一册

330000－1704－0014593　015213　集部/别集類/清别集
集句叢抄四卷　(清)戚學標撰　清刻本　一册

330000－1704－0014596　012299　史部/目録類/總録之屬/私撰
收存玉海樓書目不分卷　溫州市圖書館編　稿本　一册

330000－1704－0014597　015214　集部/戲劇類/傳奇之屬
桃谿雪二卷　(清)黄燮清撰　(清)李光溥評文　清光緒元年(1875)雲鶴僊館刻本　一册

330000－1704－0014598　015140　類叢部/叢書類/自著之屬
柏堂遺書(方柏堂全集)八種附一種　(清)方宗誠撰　清光緒元年至十二年(1875－1886)桐城方氏刻本　十三册　存四種

330000－1704－0014599　015252　經部/春秋左傳類/傳説之屬
評點春秋綱目左傳句解彙雋六卷　(清)韓菼重訂　清上海廣益書局石印本　二册

330000－1704－0014602　015215　經部/春

秋左傳類/傳說之屬
評點春秋綱目左傳句解彙雋六卷 （清）韓菼重訂　清文星堂刻本　六册

330000－1704－0014604　015216　史部/地理類/雜志之屬
永嘉聞見錄二卷 （清）孫同元撰　清光緒十四年(1888)端安孫氏刻本　二册

330000－1704－0014608　善000143　史部/編年類/斷代之屬
後漢紀三十卷 （晉）袁宏撰　明嘉靖刻本　三册　存九卷(十三至十八、二十五至二十七)

330000－1704－0014609　015217　集部/別集類/唐五代別集
昌黎先生詩增注証訛十一卷 （唐）韓愈撰　（清）黃鉞增注証訛　**昌黎先生年譜一卷** （清）黃鉞編　清道光二十八年(1848)黃中民刻咸豐七年(1857)四明鮑氏二客軒印本　四册

330000－1704－0014614　善000145　史部/地理類/總志之屬/斷代
鮮虞中山國事表疆域圖說一卷 王先謙撰　清光緒九年(1883)長沙王氏刻本　清孫詒讓批　一册

330000－1704－0014616　015192　子部/宗教類/佛教之屬/經疏
彌陀經疏鈔演義定本四卷 （清）釋古德撰　（清）釋智願定本　清末民國刻本　一册　存一卷(二)

330000－1704－0014617　015263　史部/傳記類/總傳之屬/仕宦
歷代名臣言行錄二十四卷 （清）朱桓輯　清末石印本　一册　存一卷(十三)

330000－1704－0014618　015143　經部/禮記類/傳說之屬
禮記集解六十一卷尚書顧命解一卷 （清）孫希旦撰　清咸豐十年至同治七年(1860－1868)瑞安孫氏盤谷草堂刻本　十四册　缺七卷(一至七)

330000－1704－0014620　015218　集部/別集類/清別集
梅村詩集箋注十八卷 （清）吳偉業撰　（清）吳翌鳳箋注　清嘉慶十九年(1814)嚴榮滄浪吟榭刻本　八册

330000－1704－0014621　015145　類叢部/叢書類/彙編之屬
崇文書局彙刻書三十一種 （清）崇文書局編　清光緒元年至三年(1875－1877)湖北崇文書局刻本　二册　存一種

330000－1704－0014622　善000144　類叢部/叢書類/彙編之屬
津逮祕書十五集一百四十種 （明）毛晉編　明崇禎虞山毛氏汲古閣刻本　三册　存一種

330000－1704－0014624　014195　集部/別集類/清別集
𠂆蓮賦草一卷註三卷續𠂆蓮賦草一卷註一卷淨土百八詠一卷 （清）釋曉柔撰　清光緒八年(1882)武林瑪瑙經房刻本　一册　缺二卷(續𠂆蓮賦草、續𠂆蓮賦草註)

330000－1704－0014625　014199　類叢部/叢書類/郡邑之屬
永嘉叢書十三種 （清）孫衣言編　清同治至光緒瑞安孫氏詒善祠塾刻本　孫延釗批　二册　存一種

330000－1704－0014627　015059　類叢部/叢書類/彙編之屬
曼陀羅華閣叢書十六種 （清）杜文瀾編　清咸豐至同治秀水杜氏刻光緒十八年(1892)上海掃葉山房修補印本　一册　存一種

330000－1704－0014628　015146　史部/雜史類/斷代之屬
國語補音三卷 （宋）宋庠撰　**札記一卷** （清）錢保塘撰　清光緒二年(1876)成都尊經書院刻本　一册

330000－1704－0014630　015219　類叢部/叢書類/自著之屬

亭林遺書十種 （清）顧炎武撰　清刻本　二冊　存一種

330000－1704－0014633　015194　子部/宗教類/佛教之屬/諸宗

雲棲法彙二十八種七十四卷 （明）釋袾宏撰（明）王宇春等輯　清光緒二十三年至二十五年（1897－1899）金陵刻經處刻本　一冊　存一種

330000－1704－0014636　015062　集部/詞類/別集之屬

曉夢春紅詞一卷 （清）潘介繁撰　清同治刻本　一冊

330000－1704－0014638　015195　子部/宗教類/佛教之屬/諸宗

雲棲法彙二十八種七十四卷 （明）釋袾宏撰（明）王宇春等輯　清光緒二十三年至二十五年（1897－1899）金陵刻經處刻本　二冊　存一種

330000－1704－0014639　015196　子部/宗教類/佛教之屬/諸宗

雲棲法彙二十八種七十四卷 （明）釋袾宏撰（明）王宇春等輯　清光緒二十三年至二十五年（1897－1899）金陵刻經處刻本　一冊　存一種

330000－1704－0014640　015196－1　子部/宗教類/佛教之屬/諸宗

雲棲法彙二十八種七十四卷 （明）釋袾宏撰（明）王宇春等輯　清光緒二十三年至二十五年（1897－1899）金陵刻經處刻本　十二冊　存十六種

330000－1704－0014641　015197　子部/宗教類/佛教之屬/諸宗

雲棲法彙二十八種七十四卷 （明）釋袾宏撰（明）王宇春等輯　清光緒二十三年至二十五年（1897－1899）金陵刻經處刻本　四冊　存二種

330000－1704－0014642　015063　子部/小說家類/異聞之屬

酉陽雜俎二十卷續集十卷 （唐）段成式撰　清光緒三年（1877）湖北崇文書局刻本　四冊　存二十卷（一至二十）

330000－1704－0014643　善000137　類叢部/叢書類/彙編之屬

古今逸史四十二種 （明）吳琯編　明萬曆新安吳琯刻本　二冊　存一種

330000－1704－0014644　015220　經部/叢編

古經解彙函十六種附小學彙函十四種 （清）鍾謙鈞等輯　清同治十二年（1873）粵東書局刻本　一冊　存一種

330000－1704－0014645　015221　經部/叢編

古經解彙函十六種附小學彙函十四種 （清）鍾謙鈞等輯　清同治十二年（1873）粵東書局刻本　一冊　存一種

330000－1704－0014646　015222　集部/別集類/清別集

因寄軒文初集十卷二集六卷補遺一卷 （清）管同撰　**小異遺文一卷** （清）管嗣復撰　清光緒五年（1879）顧雲等刻本　一冊　存四卷（因寄軒文初集七至十）

330000－1704－0014647　善000133　史部/紀傳類/正史之屬

十七史一千五百七十四卷 （明）毛晉編　明崇禎元年至十七年（1628－1644）毛氏汲古閣刻本　八冊　存一種

330000－1704－0014648　015223　史部/政書類/通制之屬

吾學錄初編二十四卷 （清）吳榮光撰　清道光二十九年（1849）湘西高國榮刻本　八冊

330000－1704－0014649　015224　類叢部/叢書類/自著之屬

覆瓿集十三種附一種 （清）張文虎撰　清同治至光緒刻本　一冊　存一種

330000－1704－0014650　善000134　類叢部/叢書類/自著之屬

古墨齋集十二種　(清)趙紹祖撰　清嘉慶元年至道光十四年(1796－1834)涇縣趙氏古墨齋刻本　五册　存一種

330000－1704－0014652　015225　子部/叢編
二十二子(二十二子彙函)　(清)浙江書局編　清光緒元年至三年(1875－1877)浙江書局刻本　十二册　存三種

330000－1704－0014656　善000136　史部/紀傳類/正史之屬
遼史一百十六卷　(元)脱脱等撰　明嘉靖八年(1529)南京國子監刻本　十九册

330000－1704－0014658　014203　集部/别集類
清波甌舍詩草一卷　黄式蘇撰　清宣統三年(1911)油印本　一册

330000－1704－0014659　015064　類叢部/叢書類/彙編之屬
崇文書局彙刻書三十三種　(清)崇文書局編　清光緒三年(1877)湖北崇文書局刻本　二册　存一種

330000－1704－0014660　015148　集部/别集類/清别集
邃懷堂全集三十八卷　(清)袁翼撰　清光緒十三年至十四年(1887－1888)袁鎮嵩刻本　四册　存十三卷(駢體文箋註一至十三)

330000－1704－0014661　善000135　史部/雜史類/斷代之屬
大金國志四十卷　(宋)宇文懋昭撰　清抄本　清孫希旦校　孫詒澤題簽　孫延釗題記　一册　存五卷(七至十一)

330000－1704－0014662　015144　經部/儀禮類/傳說之屬
儀禮十七卷　(漢)鄭玄注　**附校錄一卷續校一卷**　(清)黄丕烈撰　清同治七年(1868)湖北崇文書局刻本　二册

330000－1704－0014665　015226　經部/四書類/總義之屬/傳說
四書集註十九卷　(宋)朱熹撰　**疑字辨一卷**　清光緒三年(1877)永康胡氏退補齋刻本　六册

330000－1704－0014668　015227　史部/金石類/石之屬/通考
語石十卷　葉昌熾撰　清宣統元年(1909)蘇城徐稺圃刻本　四册

330000－1704－0014669　015066　子部/醫家類/眼科之屬
傅氏眼科審視瑤函六卷首一卷　(明)傅仁宇撰　(明)林長生校補　清嘉慶二十五年(1820)山淵堂刻本　二册　缺二卷(五至六)

330000－1704－0014670　015272　史部/詔令奏議類/奏議之屬
註陸宣公奏議十五卷制誥十卷別集一卷表一卷附校記二十五卷　(唐)陸贄撰　(宋)郎曄註　**附錄一卷年譜輯畧一卷**　(清)江榕撰　清光緒十一年(1885)刻十二年(1886)增刻本　楊紹廉批　四册

330000－1704－0014673　014207　子部/雜著類/雜說之屬
東甌九說一卷　(清)溫忠翰輯　清光緒五年(1879)刻本　一册

330000－1704－0014674　善000131　史部/紀傳類/正史之屬
南史八十卷　(唐)李延壽撰　(明)張溥閱　明張溥刻本　二十四册

330000－1704－0014675　015150　類叢部/叢書類/彙編之屬
正誼堂全書六十三種續刻五種　(清)張伯行編　(清)楊浚重編　清同治五年(1866)福州正誼書院刻同治八年至光緒十三年(1869－1887)續刻本　十一册　存一種

330000－1704－0014676　015228　子部/儒家類/儒學之屬/經濟
新纂門目五臣音註揚子法言十卷　(漢)揚雄撰　(晉)李軌　(唐)柳宗元　(宋)宋咸　(宋)吴祕　(宋)司馬光注　清刻本　二册

330000－1704－0014677　015067　類叢部/叢書類/郡邑之屬

武林掌故叢編一百九十種　（清）丁丙編　清光緒三年至二十六年（1877－1900）錢塘丁氏嘉惠堂刻本（［乾道］臨安志卷四至十五、南宋館閣錄卷一原缺）　十二册　存一種

330000－1704－0014678　015278　史部/紀事本末類

歷朝紀事本末七種　（清）陳如升　（清）朱記榮輯　清光緒十四年（1888）上海書業公所鉛印本　四十八册

330000－1704－0014679　015279　集部/楚辭類

楚辭集註八卷後語六卷辯證二卷　（宋）朱熹撰　清宣統三年（1911）上海掃葉山房石印本　四册

330000－1704－0014680　015229　子部/叢編

十子全書　（清）王子興編　清嘉慶九年（1804）姑蘇王氏聚文堂刻本　七册　存二種

330000－1704－0014683　015152　新學/學校

英字指南六卷　（清）楊勳輯譯　清光緒五年（1879）求志草堂鉛印本　五册　存五卷（一至二、四至六）

330000－1704－0014684　善000132　史部/紀傳類/正史之屬

五代史記七十四卷　（宋）歐陽修撰　（宋）徐無黨注　（清）彭元瑞增注　（清）劉鳳誥排次　清嘉慶二十年（1815）萍鄉劉氏雲甡書屋刻道光八年（1828）重修本　清孫鏘鳴校、題記並過錄清孫衣言批校題記　十八册

330000－1704－0014686　014209　子部/雜著類/雜說之屬

草木子四卷　（明）葉子奇撰　清光緒元年（1875）處州府署刻本　王季思批並題記　一册

330000－1704－0014688　015153　經部/群經總義類/文字音義之屬

經籍籑詁一百六卷補遺一百六卷首一卷　（清）阮元撰　清刻本　三册　存八卷（四至六、十一，補遺四至六、十一）

330000－1704－0014689　015231　子部/叢編

十子全書　（清）王子興編　清嘉慶九年（1804）姑蘇王氏聚文堂刻本　四册　存一種

330000－1704－0014690　善000138　史部/編年類/通代之屬

資治通鑑二百九十四卷　（宋）司馬光撰　（元）胡三省音注　**通鑑釋文辯誤十二卷**　（元）胡三省撰　清嘉慶二十一年（1816）鄱陽胡克家影元刻本　一百册

330000－1704－0014692　015233　經部/叢編

重刊宋本十三經注疏七十五卷附十三經注疏校勘記七十五卷　（清）阮元撰　（清）盧宣旬摘錄　**校勘記識語四卷**　（清）汪文臺撰　清光緒二十九年（1903）點石齋印書局石印本　一册　存一種

330000－1704－0014693　014210　集部/別集類

補學齋詩二卷　胡調元撰　清光緒三十三年（1907）木活字印本　一册

330000－1704－0014694　015416　子部/醫家類/養生之屬

衛生要術不分卷　（清）潘霨輯　清咸豐八年（1858）刻民國蘇州振新書局印本　一册

330000－1704－0014696　015346　史部/政書類

九通　（清）□□輯　清光緒八年至二十二年（1882－1896）浙江書局刻本　三十二册　存一種

330000－1704－0014698　015232　經部/叢編

重刊宋本十三經注疏七十五卷附十三經注疏校勘記七十五卷　（清）阮元撰　（清）盧宣旬

摘錄　**校勘記識語四卷**　(清)汪文臺撰　清光緒二十九年(1903)點石齋印書局石印本　三冊　存二種

330000－1704－0014699　015156　經部/群經總義類/文字音義之屬

經籍籑詁一百六卷補遺一百六卷首一卷　(清)阮元撰　清刻本　三十三冊　存一百四卷(十四至二十七、三十至四十三、八十三至一百六,補遺十四至二十七、三十至四十三、八十三至一百六)

330000－1704－0014700　015417　類叢部/叢書類/自著之屬

春在堂全書　(清)俞樾撰　清同治至光緒刻本　一冊　存一種

330000－1704－0014701　015234　經部/叢編

重刊宋本十三經注疏七十五卷附十三經注疏校勘記七十五卷　(清)阮元撰　(清)盧宣旬摘錄　**校勘記識語四卷**　(清)汪文臺撰　清光緒二十九年(1903)點石齋印書局石印本　二冊　存一種

330000－1704－0014702　015418　類叢部/叢書類/自著之屬

春在堂全書　(清)俞樾撰　清同治至光緒刻本　二十冊　存五種

330000－1704－0014703　015347　子部/兵家類/兵法之屬

紀效新書十八卷首一卷　(明)戚繼光撰　清河南聚文齋刻本　三冊　存十二卷(七至十八)

330000－1704－0014704　善000142　史部/編年類/斷代之屬

續資治通鑑長編五百二十卷目錄二卷　(宋)李燾撰　清嘉慶二十四年至二十五年(1819－1820)海虞張氏愛日精廬木活字印本　一百冊

330000－1704－0014706　015236　經部/叢編

重刊宋本十三經注疏四百十六卷附十三經注疏校勘記四百十六卷　(清)阮元撰　(清)盧宣旬摘錄　**校勘記識語四卷**　(清)汪文臺撰　清光緒十三年(1887)點石齋石印本　十七冊　存七種

330000－1704－0014707　015285　集部/別集類/清別集

定盦文集三卷續集四卷文集補編四卷文集補三卷文集補續錄一卷文拾遺一卷別集二卷龔孝拱手抄本一卷　(清)龔自珍撰　**定盦先生年譜一卷**　吳昌綬編　清宣統元年(1909)上海國學扶輪社鉛印本　七冊

330000－1704－0014709　015286　子部/叢編

二十二子(二十二子彙函)　(清)浙江書局編　清光緒元年至三年(1875－1877)浙江書局刻本　一冊　存一種

330000－1704－0014710　015242　經部/叢編

重刊宋本十三經注疏四百十六卷附十三經注疏校勘記四百十六卷　(清)阮元撰　(清)盧宣旬摘錄　**校勘記識語四卷**　(清)汪文臺撰　清光緒十三年(1887)上海脈望仙館石印本　十三冊　存三種

330000－1704－0014711　善000150　史部/職官類/官制之屬/專志

宋宰輔編年錄二十卷　(宋)徐自明纂　明萬曆四十六年(1618)呂邦耀刻本　十冊　缺六卷(四、六至八、十四至十五)

330000－1704－0014712　015288　集部/小說類/長篇之屬

四大奇書第一種五十一卷一百二十回　(明)羅本撰　(清)金人瑞批　(清)毛宗崗評　清刻本　一冊　存二卷(五十至五十一)

330000－1704－0014713　015244　經部/叢編

重刊宋本十三經注疏四百十六卷附十三經注疏校勘記四百十六卷　(清)阮元撰　(清)盧宣旬摘錄　**校勘記識語四卷**　(清)汪文臺撰　清光緒十三年(1887)上海脈望仙館石印本

六冊　存五種

330000－1704－0014716　善000139　史部/叢編

通鑑綱目全書　明嘉靖三十九年(1560)書林楊氏歸仁齋刻本(卷三十五補配明刻本)　六十八冊　存三種

330000－1704－0014719　015235　集部/總集類/選集之屬/斷代

宋十五家詩選　(清)陳訏輯　清康熙三十二年(1693)刻本　一冊　存三種

330000－1704－0014720　015237　子部/儒家類/儒學之屬/性理

呻吟語六卷黃帝陰符經一卷救命書一卷　(明)呂坤撰　清乾隆五十九年(1794)呂燕昭江寧刻本　五冊

330000－1704－0014721　015291、015292　集部/總集類/郡邑之屬

西泠五布衣遺箸　(清)丁丙輯　清同治至光緒錢塘丁氏當歸草堂刻本　四冊　存二種

330000－1704－0014723　015238　集部/別集類/清別集

有正味齋全集　(清)吳錫麒撰　清嘉慶十三年(1808)刻本　一冊　存八卷(駢體文九至十六)

330000－1704－0014725　015321　子部/醫家類/類編之屬

馮氏錦囊秘錄三種五十卷　(清)馮兆張編　清嘉慶二十三年(1818)大文堂刻本　八冊　存二種

330000－1704－0014726　015239　集部/別集類/清別集

遜學齋詩鈔十卷　(清)孫衣言撰　清同治三年(1864)刻本　一冊　存三卷(四至六)

330000－1704－0014728　015240　史部/地理類/雜志之屬

瑞安百詠一卷　(清)黃紹第撰　清刻本　一冊

330000－1704－0014730　015241　集部/別集類/清別集

吳摯甫詩集一卷　(清)吳汝綸撰　清宣統二年(1910)上海國學扶輪社石印本　一冊

330000－1704－0014731　015322　子部/醫家類/綜合之屬/通論

醫學從眾八卷　(清)陳念祖撰　清光緒刻本　四冊

330000－1704－0014734　015198　子部/宗教類/佛教之屬/經

金光明經四卷　(北涼)曇無讖譯　清同治十年(1871)金陵刻經處刻本　一冊

330000－1704－0014735　015245　類叢部/叢書類/自著之屬

亭林遺書十種　(清)顧炎武撰　清刻本　四冊　存八種

330000－1704－0014738　015160　經部/小學類/文字之屬/字書/字典

康熙字典十二集三十六卷總目一卷檢字一卷辨似一卷等韻二卷補遺一卷備考一卷　(清)張玉書等纂修　清道光七年(1827)刻本　三十二冊　缺八卷(子集下、丑集下、寅集上下、卯集中、申集下、亥集上下)

330000－1704－0014739　善000156　史部/史評類/考訂之屬

漢書屬辭比事記六卷　(清)樊廷英撰　稿本　一冊　缺一卷(六)

330000－1704－0014740　015419　子部/叢編

二十二子(二十二子彙函)　(清)浙江書局編　清光緒元年至三年(1875－1877)浙江書局刻本　六冊　存一種

330000－1704－0014742　015161　經部/小學類/文字之屬/字書/字典

康熙字典十二集三十六卷總目一卷檢字一卷辨似一卷等韻二卷補遺一卷備考一卷　(清)張玉書等纂修　清道光七年(1827)刻本　管雄題簽　二冊　存三卷(等韻一至二、備考)

330000－1704－0014743　015161－1　經部/小學類/文字之屬/字書/字典

康熙字典十二集三十六卷總目一卷檢字一卷辨似一卷等韻一卷補遺一卷備考一卷　(清)張玉書等纂修　清道光七年(1827)刻本　一冊　存一卷(午集中)

330000－1704－0014744　015162　經部/小學類/文字之屬/字書/字典

康熙字典十二集三十六卷總目一卷檢字一卷辨似一卷等韻一卷補遺一卷備考一卷　(清)張玉書等纂修　清光緒二十年(1894)上海點石齋石印本　二冊　存十六卷(子集上中下、丑集上中下、酉集上中下、戌集上中下、總目、檢字、辨似、等韻)

330000－1704－0014746　015307、015308　子部/醫家類/類編之屬

陳修園醫書三十種　(清)陳念祖等撰　清光緒十八年(1892)上海圖書集成印書局鉛印本　二冊　存二種

330000－1704－0014747　善000146　史部/編年類/通代之屬

皇王大紀八十卷　(宋)胡宏撰　清孔廣陶嶽雪樓影抄本　十五冊　缺五卷(三十八至四十二)

330000－1704－0014752　善000149　史部/職官類/官制之屬/專志

宋宰輔編年録二十卷　(宋)徐自明纂　**續宋宰輔編年録二十六卷**　(明)呂邦耀纂　明萬曆四十六年(1618)呂邦耀刻本　五冊　存九卷(九至十、十九至二十,續十二至十六)

330000－1704－0014754　015201　子部/宗教類/佛教之屬/經疏

因明入正理論疏八卷　(唐)釋窺基撰　清光緒二十二年(1896)金陵刻經處刻本　二冊

330000－1704－0014755　015246　類叢部/叢書類/彙編之屬

式訓堂叢書四十一種　(清)章壽康編　清光緒會稽章氏刻本　一冊　存一種

330000－1704－0014756　015243　史部/史抄類

廿二史紀事提要八卷　(清)吳綏撰　清刻本　三冊　存四卷(二至三、七至八)

330000－1704－0014757　015420　子部/法家類

韓非子二十卷識誤三卷　(清)顧廣圻撰　清嘉慶二十三年(1818)全椒吳鼒刻本　六冊

330000－1704－0014758　015300　子部/醫家類/類編之屬

利濟十二種　(清)趙學敏輯　清同治十年(1871)錢塘張應昌吉心堂刻本　十二冊　存一種

330000－1704－0014759　善000149　史部/職官類/官制之屬/專志

宋宰輔編年錄二十卷　(宋)徐自明纂　明萬曆四十六年(1618)呂邦耀刻本　一冊　存一卷(九)

330000－1704－0014763　善000148　史部/職官類/官制之屬/專志

續宋宰輔編年錄二十六卷　(明)呂邦耀編　明萬曆四十六年(1618)呂邦耀刻本　六冊　存十八卷(二至三、九至十九、二十一至二十三、二十五至二十六)

330000－1704－0014766　015421　集部/別集類/漢魏六朝別集

庾子山集十六卷總釋一卷　(北周)庾信撰　(清)倪璠註　**年譜一卷**　(清)倪璠撰　清道光十九年(1839)大文堂刻本　□普氏題記　十二冊

330000－1704－0014767　015310　子部/醫家類/傷寒金匱之屬/金匱要略

金匱要略淺注十卷　(漢)張機撰　(清)陳念祖注　清光緒二十九年(1903)上海錦章書局石印本　一冊

330000－1704－0014771　015311　子部/醫家類/傷寒金匱之屬/傷寒論

傷寒論註四卷附翼二卷　(清)柯琴撰　清上

海文瑞樓石印本　五冊

330000－1704－0014772　善000147　史部/編年類/斷代之屬
皇朝編年備要三十卷　(宋)陳均撰　清清白草廬抄本　三十一冊　缺一卷(八)

330000－1704－0014773　015473　子部/宗教類/佛教之屬/諸宗
宗鏡錄一百卷　(宋)釋延壽輯　清同治二年至光緒二年(1863－1876)杭州昭慶寺慧空經房刻本　十冊　存五十卷(五十一至一百)

330000－1704－0014778　015487　類叢部/叢書類/彙編之屬
惜陰軒叢書三十四種續編一種　(清)李錫齡編　清刻本　五冊　存一種

330000－1704－0014780　015456　類叢部/叢書類/彙編之屬
增訂漢魏叢書八十六種　(清)王謨編　清乾隆五十六年(1791)金谿王氏刻本　四十四冊　存四十一種

330000－1704－0014781　015061　子部/宗教類/佛教之屬/諸宗
啟運慈悲道場懺法十卷　清刻本　一冊　存四卷(四至七)

330000－1704－0014782　015257、015258、015259　類叢部/叢書類/自著之屬
紀慎齋先生全集十二種續集七種　(清)紀大奎撰　清嘉慶十三年至咸豐二年(1808－1852)刻本　二十三冊　存九種

330000－1704－0014785　014217　集部/別集類/清別集
女書癡存稿三卷　(清)錢蕙纕撰　清道光五年(1825)刻本　一冊

330000－1704－0014787　015423　類叢部/類書類/通類之屬
太平御覽一千卷目錄十五卷　(宋)李昉等輯　清刻本　二十五冊　存一百九十二卷(一至七、五十至五十一、五十七至六十六、八十九至九十六、一百三至一百十四、一百二十九至一百九十二、二百一至二百四十、三百至三百七、三百四十四至三百六十六、三百八十至三百八十六、三百九十五至四百一,目錄五至八)

330000－1704－0014790　015482　子部/醫家類/醫經之屬/內經
靈樞經九卷　(清)張志聰撰　清光緒十六年(1890)浙江書局刻本　八冊

330000－1704－0014793　015171　集部/總集類/選集之屬/通代
歷朝名媛詩詞十二卷　(清)陸昶輯　清宣統三年(1911)上海掃葉山房石印本　四冊

330000－1704－0014794　015460　經部/小學類/文字之屬/字書/訓蒙
文字發凡四卷　(清)龍志澤編輯　清光緒三十一年(1905)上海廣智書局鉛印本　二冊

330000－1704－0014795　015459　經部/小學類/文字之屬/說文
王氏說文三種一百三卷　(清)王筠撰　清道光至咸豐刻同治四年(1865)彙印本　五冊　存一種

330000－1704－0014796　015314　子部/醫家類/綜合之屬/通論
醫門法律六卷尚論篇四卷首一卷後篇四卷寓意草一卷　(清)喻昌撰　清上海簡青齋書局石印喻氏醫書三種本　六冊

330000－1704－0014797　015461　經部/小學類/文字之屬/字書/訓蒙
文字發凡四卷　(清)龍志澤編輯　清光緒三十二年(1906)上海廣智書局鉛印本　一冊　存二卷(三至四)

330000－1704－0014800　014218　集部/總集類/氏族之屬
怡園同懷吟草二卷　(清)曾佩雲　(清)曾斋雲撰　清同治十一年(1872)繫虹舫刻本　一冊

330000－1704－0014802　015488　集部/總集類/選集之屬/通代

文選旁證四十六卷　(清)梁章鉅撰　清道光十八年(1838)刻本　四冊

330000－1704－0014805　善000154　史部/紀事本末類/斷代之屬
宋史紀事本末一百九卷　(明)馮琦撰　(明)陳邦瞻補　(明)張溥論正　清初張聞升刻本　二十冊

330000－1704－0014806　015174　子部/儒家類/儒學之屬/禮教
齊家寶要二卷　(清)張文嘉撰　清光緒七年(1881)山陰朱氏刻本　一冊　存一卷(上)

330000－1704－0014807　015489　類叢部/叢書類/彙編之屬
知不足齋叢書一百九十六種　(清)鮑廷博編　(清)鮑士恭續編　清乾隆三十七年至道光三年(1772－1823)長塘鮑氏刻彙印本　七冊　存八種

330000－1704－0014808　015424　類叢部/類書類/通類之屬
太平御覽一千卷目錄十五卷　(宋)李昉等輯　清刻本　一冊

330000－1704－0014809　善000162　史部/雜史類/斷代之屬
小腆紀年附考二十卷　(清)徐鼒撰　清光緒四年(1878)刻本　十冊

330000－1704－0014811　015425　類叢部/類書類/通類之屬
太平御覽一千卷目錄十五卷　(宋)李昉等輯　清刻本　一冊　存十卷(八百六十六至八百七十五)

330000－1704－0014812　015492　子部/宗教類/佛教之屬/諸宗
宗鏡錄一百卷　(宋)釋延壽輯　清同治二年至光緒二年(1863－1876)杭州昭慶寺慧空經房刻本　二十冊

330000－1704－0014813　015484　子部/宗教類/佛教之屬/諸宗
法界聖凡水陸普度大齋勝會儀軌會本六卷　(南朝梁)釋寶誌等撰　(宋)釋志磐重訂　(明)釋袾宏補儀　(清)釋儀潤彙刊　清末寧波天童寺刻本　一冊　存二卷(五至六)

330000－1704－0014814　015363　子部/醫家類/醫經之屬/難經
圖註八十一難經四卷　(明)張世賢撰　清末石印本　巨久題簽　一冊

330000－1704－0014815　015426　子部/雜著類/雜考之屬
日知錄集釋三十二卷刊誤二卷續刊誤二卷　(清)黃汝成撰　清同治十一年(1872)湖北崇文書局刻本　十六冊

330000－1704－0014816　015463　經部/叢編
十三經註疏三百三十三卷　(明)□□輯　明崇禎元年至十二年(1628－1639)古虞毛氏汲古閣刻本　五十七冊　存十一種

330000－1704－0014818　014219　類叢部/叢書類/彙編之屬
弢廬叢書□□種　(清)汪宗沂輯　清光緒溫州石印本　一冊　存一種

330000－1704－0014819　015464　經部/詩類/傳說之屬
欽定詩經傳說彙纂二十一卷首二卷詩序二卷　(清)聖祖玄燁定　(清)王鴻緒　(清)揆敘總裁　清刻本　十二冊　缺二卷(首一至二)

330000－1704－0014820　015465　類叢部/叢書類/自著之屬
鄒叔子遺書七種附二種　(清)鄒漢勛撰　清光緒八年(1882)鄒代鈞刻本　十一冊　存七種

330000－1704－0014821　015491　類叢部/叢書類/自著之屬
春在堂全書　(清)俞樾撰　清同治至光緒刻本　十八冊　存三種

330000－1704－0014822　014220　類叢部/叢書類/彙編之屬

弢廬叢書□□種　(清)汪宗沂輯　清光緒溫州石印本　一冊　存一種

330000－1704－0014823　015467　子部/術數類/相宅相墓之屬
地理錄要四卷　(清)于楷輯　清刻本　四冊

330000－1704－0014824　015315　子部/醫家類/綜合之屬/通論
古吴童氏重校醫宗必讀十卷　(明)李中梓撰　清光緒三十二年(1906)上海書局石印本　二冊

330000－1704－0014825　015466　子部/術數類/相宅相墓之屬
地理錄要四卷　(清)于楷輯　清刻本　三冊　缺一卷(一)

330000－1704－0014826　015468　集部/總集類/氏族之屬
三蘇全集四種　(清)弓翊清等編　清道光七年至十二年(1827－1832)眉州三蘇祠刻本　三冊　存一種

330000－1704－0014828　014221、014222、014223、014224、014226、014227、014228　類叢部/叢書類/郡邑之屬
永嘉叢書十三種　(清)孫衣言編　清同治至光緒瑞安孫氏詒善祠塾刻本　三十五冊　存七種

330000－1704－0014829　015175　集部/總集類/選集之屬/通代
乾坤正氣集一百十種五百七十四卷首一卷　(清)姚瑩　(清)顧沅　(清)潘錫恩輯　清道光二十八年(1848)涇縣潘氏袁江節署刻本　一冊　存一種

330000－1704－0014830　015493　經部/群經總義類
讀書淺解四卷讀易淺解一卷孝經刊誤一卷　(清)史尊朱撰　清道光七年(1827)、九年(1829)刻本　一冊

330000－1704－0014831　015317　子部/醫家類/本草之屬/歷代綜合本草
本草綱目五十二卷附圖三卷瀕湖脈學一卷奇經八脈攷一卷脈訣攷證一卷　(清)李時珍撰　**本草綱目拾遺十卷**　(清)趙學敏輯　清上海錦章圖書局石印本　十一冊

330000－1704－0014832　015176　類叢部/叢書類/自著之屬
曾文正公全集十六種　(清)曾國藩撰　清同治至光緒傳忠書局刻本　二十冊　存五種

330000－1704－0014833　015469　集部/別集類/清別集
曝書亭集八十卷附錄一卷　(清)朱彝尊撰　**笛漁小稾十卷**　(清)朱昆田撰　清光緒十五年(1889)會稽陶氏寒梅館刻本　十六冊

330000－1704－0014834　015470　類叢部/叢書類/自著之屬
洪北江全集二十一種　(清)洪亮吉撰　清光緒三年至五年(1877－1879)洪用懃授經堂刻本　二十八冊　存十四種

330000－1704－0014836　015496　集部/總集類/課藝之屬
學海堂集十六卷　(清)阮元輯　**二集二十二卷**　(清)吳瀾修輯　清道光五年(1825)、十八年(1838)啟秀山房刻本　十一冊　缺十三卷(二集八至二十)

330000－1704－0014837　015470－1　類叢部/叢書類/自著之屬
洪北江全集二十一種　(清)洪亮吉撰　清光緒三年至五年(1877－1879)洪用懃授經堂刻本　一冊　存二種

330000－1704－0014838　015177　類叢部/類書類/通類之屬
太平御覽一千卷目錄十五卷　(宋)李昉等輯　清刻本　二冊　存二十卷(一百四十一至一百五十、一百七十一至一百八十)

330000－1704－0014839　015497　經部/春秋左傳類/傳說之屬
左繡三十卷首一卷　(清)馮李驊　(清)陸浩評輯　清刻本　六冊　存十二卷(左繡十九

至三十）

330000－1704－0014840　015411　子部/宗教類/佛教之屬/經
金剛般若經六譯本六卷　（後秦）釋鳩摩羅什等譯　清同治八年至十一年（1869－1872）金陵刻經處刻本　一册

330000－1704－0014841　015471　類叢部/叢書類/自著之屬
惜抱軒全集十種　（清）姚鼐撰　清嘉慶至道光刻本　十册　存七種

330000－1704－0014842　015429　集部/別集類/清別集
義門先生集十二卷附錄一卷　（清）何焯撰　清宣統三年（1911）中華圖書館影印本　四册

330000－1704－0014843　015498　集部/總集類/郡邑之屬
國朝嚴州詩錄八卷　（清）宗源瀚輯　清光緒二年（1876）刻本　二册

330000－1704－0014848　015304　集部/別集類/清別集
胡文忠公遺集十卷首一卷　（清）胡林翼撰（清）閻敬銘　（清）厲雲官　（清）盛康輯　清同治三年（1864）武昌節署刻本　八册

330000－1704－0014851　015305　類叢部/叢書類/自著之屬
甌北全集八種　（清）趙翼撰　清乾隆至嘉慶湛貽堂刻本　十二册　存一種

330000－1704－0014852　015499　史部/雜史類
路史四十七卷　（宋）羅泌撰　（宋）羅苹注　明萬曆三十九年（1611）廣陵喬可傳刻本　三册　存十二卷（路史後紀十一至十三、國名紀四至五、餘論四至十）

330000－1704－0014853　015472　類叢部/叢書類/彙編之屬
廣漢魏叢書　（明）何允中編　清嘉慶刻本　二十七册　存二十二種

330000－1704－0014854　015431　子部/儒家類/儒學之屬/蒙學
小學韻語一卷　（清）羅澤南撰　清光緒十二年（1886）東甌合肥李楙勳刻本　一册

330000－1704－0014855　015181　史部/編年類/通代之屬
資治通鑑二百九十四卷目錄三十卷　（宋）司馬光撰　（元）胡三省音注　清光緒二十六年（1900）上海圖書集成印書局鉛印本　張棡觀款　三十六册　存二百六十二卷（一至一百三十五、一百八十三至二百四、二百五至二百九十四，目錄八至十四、二十三至三十）

330000－1704－0014856　014225　類叢部/叢書類/郡邑之屬
永嘉叢書十三種　（清）孫衣言編　清同治至光緒瑞安孫氏詒善祠塾刻本　六册　存一種

330000－1704－0014857　015504　子部/術數類/相宅相墓之屬
搜地靈二卷　清同治六年（1867）刻本　一册

330000－1704－0014858　015505　類叢部/叢書類/彙編之屬
漸西村舍彙刊（漸西村舍叢刻）四十四種（清）袁昶編　清光緒十六年至二十四年（1890－1898）桐廬袁氏刻本　一册　存一種

330000－1704－0014859　015182　集部/詩文評類/詩評之屬
歷代詩話二十七種　（清）何文煥編　**歷代詩話考索一卷**　（清）何文煥撰　清乾隆三十五年（1770）何氏刻本　六册　存一種

330000－1704－0014861　015370　子部/宗教類/佛教之屬
顯密圓通成佛心要集二卷　（遼）釋道㲀輯　清同治十一年（1872）金陵刻經處刻本　一册

330000－1704－0014863　015474　集部/小說類/長篇之屬
增評加批金玉緣圖說十二卷一百二十回首一卷　（清）曹霑　（清）高鶚撰　（清）蝶薌仙史評訂　清光緒三十二年（1906）上海桐蔭軒

石印本　十六册

330000－1704－0014865　015475　集部/小說類/長篇之屬

增評補圖石頭記一百二十卷一百二十回首一卷　（清）曹霑　（清）高鶚撰　（清）王希廉　（清）姚燮評　清末鉛印本　十册

330000－1704－0014867　015506　類叢部/叢書類/彙編之屬

積學齋叢書二十種　徐乃昌編　清光緒南陵徐乃昌刻本　十六册

330000－1704－0014868　015371　子部/宗教類/佛教之屬/經疏

大方廣圓覺修多羅了義經略疏二卷　（唐）釋宗密撰　清光緒三十年（1904）揚州藏經院刻本　二册

330000－1704－0014869　015372　子部/宗教類/佛教之屬/經

大方便佛報恩經七卷　清同治十年（1871）如皋刻經處刻本　二册

330000－1704－0014871　015477　子部/宗教類/佛教之屬/論疏

成唯識論述記六十卷　（唐）釋窺基撰　清光緒二十七年（1901）金陵刻經處刻本　十九册　缺三卷（一至三）

330000－1704－0014872　015478　子部/宗教類/佛教之屬/總録

御選語録十九卷　（清）世宗胤禛輯　清光緒四年（1878）金陵刻經處刻本　十册　存十五卷（一至十五）

330000－1704－0014874　015507　類叢部/叢書類/家集之屬

如皋冒氏叢書三十四種附二種　冒廣生輯　清光緒至民國如皋冒氏刻本　二册　存二種

330000－1704－0014875　015373　子部/宗教類/佛教之屬

大乘起信論一卷　題（天竺）馬鳴菩薩造　（南朝陳）釋真諦譯　清光緒二十四年（1898）金陵刻經處刻本　一册

330000－1704－0014876　015374　子部/宗教類/佛教之屬

大乘起信論一卷　題（天竺）馬鳴菩薩造　（南朝陳）釋真諦譯　清光緒二十四年（1898）金陵刻經處刻本　一册

330000－1704－0014877　015434　集部/別集類/宋別集

龍川文集三十卷首一卷　（宋）陳亮撰　**辨譌考異二卷附錄二卷**　（清）胡鳳丹撰　清宣統三年（1911）掃葉山房石印本　一册　存四卷（十四至十七）

330000－1704－0014878　015375　子部/宗教類/佛教之屬

大乘起信論一卷　題（天竺）馬鳴菩薩造　（南朝陳）釋真諦譯　清光緒二十四年（1898）金陵刻經處刻本　一册

330000－1704－0014879　015508　子部/道家類

莊子集釋十卷　（清）郭慶藩撰　清光緒二十年（1894）思賢講舍刻本　八册

330000－1704－0014881　015400　集部/別集類/清別集

湯子遺書十卷附［湯斌］年譜一卷附錄一卷　（清）湯斌撰　（清）王廷燦增輯　清咸豐元年（1851）芥子園刻本　六册

330000－1704－0014882　015377　子部/宗教類/佛教之屬/諸宗

華嚴念佛三昧論一卷　（清）彭紹升撰　清刻本　一册

330000－1704－0014885　015435　經部/詩類/傳說之屬

監本詩經全文□□卷　（宋）朱熹撰　清刻本　一册　存一卷（一）

330000－1704－0014887　015510　集部/別集類/漢魏六朝別集

蔡中郎集十卷末一卷外紀一卷外集四卷　（漢）蔡邕撰　清光緒十六年（1890）番禺陶氏愛廬刻本　六册

330000－1704－0014890　015401　集部/別集類/漢魏六朝別集

曹集銓評十卷　(三國魏)曹植撰　(清)丁晏詮評　**曹集逸文一卷**　(清)丁晏輯　**魏陳思王年譜一卷附録一卷**　(清)丁晏撰　清同治十一年(1872)金陵書局刻本　二册

330000－1704－0014891　015184　集部/別集類/清別集

梅村詩集箋注十八卷　(清)吳偉業撰　(清)吳翌鳳箋注　清嘉慶十九年(1814)嚴榮滄浪吟榭刻本　八册

330000－1704－0014892　015185　經部/讖緯類/總義之屬

古微書三十六卷　(明)孫瑴輯　清光緒十四年(1888)刻本　四册　存二十五卷(一至二十五)

330000－1704－0014893　善000153　史部/紀事本末類/通代之屬

繹史一百六十卷世系圖一卷年表一卷　(清)馬驌撰　清康熙刻本　二十八册

330000－1704－0014894　015436　集部/別集類/清別集

竹園類輯十卷　(清)朱鴻瞻撰　清康熙朱氏刻本　四册

330000－1704－0014895　015408　子部/農家農學類/蠶桑之屬

蠶桑萃編十五卷首一卷　(清)衛杰撰　清光緒二十六年(1900)浙江書局刻本　一册

330000－1704－0014896　015522　類叢部/叢書類/自著之屬

李忠武公遺書五卷　(清)李續賓撰　清光緒十七年(1891)李光久甌江巡署刻本　四册

330000－1704－0014897　015362　子部/叢編

桐城吳先生點勘諸子七種　(清)吳汝綸評點　清宣統二年(1910)衍星社鉛印本　二册　存二種

330000－1704－0014898　015378　子部/宗教類/佛教之屬/經

佛教西來玄化應運略錄一卷　(宋)程輝編　**佛說四十二章經一卷**　(漢)釋迦葉摩騰　(漢)釋竺法蘭譯　**佛遺教經一卷**　(後秦)釋鳩摩羅什譯　**八大人覺經一卷**　(漢)釋安清譯　清同治九年(1870)金陵刻經處刻本　一册

330000－1704－0014899　015379　子部/宗教類/佛教之屬/經疏

佛說四十二章經註一卷佛遺教經註一卷　(宋)釋守遂註　(明)釋了童補註　清光緒十六年(1890)金陵刻經處刻本　一册

330000－1704－0014900　015380　子部/宗教類/佛教之屬

七俱胝佛母所說準提陀羅尼經會釋三卷　(唐)釋不空譯　(清)釋宏贊會釋　清宣統三年(1911)常州天寧寺刻本　一册

330000－1704－0014902　善000152　史部/紀事本末類/通代之屬

通鑑紀事本末四十二卷　(宋)袁樞撰　明萬曆二年(1574)李栻刻本(卷一補配清抄本)　四十二册

330000－1704－0014903　015186　集部/總集類/選集之屬/通代

古文辭類纂七十四卷　(清)姚鼐輯　**續古文辭類纂三十四卷**　王先謙輯　清光緒三十三年(1907)上海商務印書館鉛印本　十二册

330000－1704－0014904　015382　子部/宗教類/佛教之屬/經疏

首楞嚴經指掌疏事義十卷懸示一卷　(清)釋通理撰　清末刻本　一册

330000－1704－0014905　015383　子部/宗教類/佛教之屬

折疑論集註二卷　(元)釋子成撰　(明)釋師子注　清光緒三十四年(1908)揚州藏經院刻本　一册

330000－1704－0014906　015437　子部/醫家類/類編之屬

黄氏醫書八種 （清）黄元御撰 清光緒二十年（1894）上海圖書集成印書局鉛印本 三册 存三種

330000－1704－0014907 015384 子部/宗教類/佛教之屬
折疑論集註二卷 （元）釋子成撰 （明）釋師子注 清光緒三十四年（1908）揚州藏經院刻本 一册

330000－1704－0014908 015511 集部/别集類/清别集
鑑止水齋集二十卷 （清）許宗彦撰 清咸豐八年（1858）德清許延穀刻本 三册 存九卷（十二至二十）

330000－1704－0014912 015389 集部/總集類/選集之屬/通代
古文觀止十二卷 （清）吴乘權 （清）吴大職輯 清浙蘭慎言堂刻本 六册

330000－1704－0014913 善000160 史部/史抄類
讀史舉隅二卷 （清）張福英編輯 清末抄本 一册

330000－1704－0014914 015512 集部/别集類/清别集
復齋文集二十一卷詩集四卷首一卷末一卷 （清）曾鏞撰 清嘉慶二十五年（1820）刻本 十四册

330000－1704－0014915 015386 子部/宗教類/佛教之屬/諸宗
西方要決釋疑通規二卷 題（唐）釋窺基撰 清刻本 一册

330000－1704－0014916 015514 集部/詞類/總集之屬
詞綜三十八卷 （清）朱彝尊輯 （清）王昶增輯 **明詞綜十二卷國朝詞綜四十八卷國朝詞綜二集八卷** （清）王昶輯 清嘉慶七年（1802）青浦王氏三泖漁莊刻本 二十四册

330000－1704－0014918 015438 集部/總集類/郡邑之屬
褒介錄三卷 （清）王林芬輯 清咸豐刻本 一册 存二卷（一至二）

330000－1704－0014919 015369 經部/叢編
重刊宋本十三經注疏四百十六卷附十三經注疏校勘記四百十六卷 （清）阮元撰 （清）盧宣旬摘錄 清嘉慶二十年（1815）南昌府學刻本 二册 存一種

330000－1704－0014920 善000168 史部/雜史類/斷代之屬
錢虜爰書一卷 （清）黄體芳撰 稿本 一册

330000－1704－0014921 015439 集部/别集類/清别集
玉屏山館詩草四卷 （清）彭祖潤撰 清光緒十三年（1887）刻本 四册

330000－1704－0014922 015523 史部/地理類/外紀之屬
環遊地球新錄四卷 （清）李圭撰 清光緒四年（1878）鉛印本 四册

330000－1704－0014925 015179 子部/儒家類/儒學之屬/蒙學
小學六卷附文公朱夫子[朱熹]年譜一卷小學總論一卷 （清）高愈注 清嘉慶二十三年（1818）刻本 二册

330000－1704－0014926 015349 經部/小學類/文字之屬/字書/訓蒙
字課圖説八卷 （清）會文學社編 清光緒三十年（1904）上海會文學社石印本 一册 存一卷（三）

330000－1704－0014927 善000166 史部/雜史類/斷代之屬
樂清紅寇記一卷 （清）林大椿撰 清末抄本 一册

330000－1704－0014930 015500 集部/總集類/選集之屬/通代
古文辭類纂七十四卷 （清）姚鼐輯 清道光元年（1821）合河康氏家塾刻本 十二册

330000－1704－0014932　015296　子部/宗教類/佛教之屬
大方廣圓覺修多羅了義經二卷　（唐）釋佛陀多羅譯　清同治八年（1869）金陵刻經處刻本　一册

330000－1704－0014933　善000165　史部/政書類/公牘檔册之屬
瞿振漢檔案不分卷　清末抄本　一册

330000－1704－0014934　015297　子部/宗教類/佛教之屬/經疏
法華擊節一卷　（明）釋德清撰　清宣統元年（1909）揚州藏經院刻本　一册

330000－1704－0014938　015350　新學/報章
西國近事彙編三十六卷　（美國）金楷理口述　（清）蔡錫齡筆述　清光緒上海機器製造局刻本暨鉛印本　一册　存二卷（三至四）

330000－1704－0014941　015501　史部/史評類/史論之屬
史通通釋二十卷　（清）浦起龍撰　清光緒十一年（1885）刻本　七册　缺二卷（四至五）

330000－1704－0014942　015524　集部/別集類/清別集
養一齋集二十六卷首一卷劄記九卷詞三卷詩話十卷李杜詩話三卷四書文不分卷試帖一卷　（清）潘德輿撰　清道光至同治刻本　十三册　存四十三卷（首、一至二十六、詞一至三、詩話一至十、李杜詩話一至三）

330000－1704－0014943　015351　子部/農家農學類/總論之屬
農政全書六十卷　（明）徐光啓撰　清道光二十三年（1843）王壽康曙海樓刻本　一册　存二卷（四十八至四十九）

330000－1704－0014944　015595　子部/醫家類/綜合之屬/通論
御纂醫宗金鑑九十卷首一卷　（清）吳謙等撰　清光緒十八年（1892）上海圖書集成印書局鉛印本　十一册　缺三十一卷（首，二十六至三十三、五十至五十五、七十五至九十）

330000－1704－0014946　015515　新學/地學/地理學
地學淺釋三十八卷　（英國）雷俠兒撰　（美國）瑪高溫口譯　（清）華蘅芳筆述　清同治十二年（1873）江南機器製造總局刻本　五册　存二十四卷（一至二十四）

330000－1704－0014947　015353　類叢部/叢書類/自著之屬
紀慎齋先生全集十二種續集七種　（清）紀大奎撰　清嘉慶十三年至咸豐二年（1808－1852）刻本　一册　存一種

330000－1704－0014949　015516　新學/光學/光學
光學二卷附視學諸器圖説一卷　（英國）田大里輯　（美國）金楷理口譯　（清）趙元益筆述　清同治九年（1870）江南機器製造總局刻本　二册

330000－1704－0014951　015442　子部/醫家類/溫病之屬/瘟疫
隨息居重訂霍亂論四卷　（清）王士雄撰　**霍亂括要一卷**　（清）岳晉昌撰　清光緒二十八年（1902）湖北官書局刻本　陳寥士題記　二册

330000－1704－0014952　善000163　史部/雜史類
欽定林鍾英全案不分卷　（清）林汝淞輯　清道光木活字印本　一册

330000－1704－0014953　015517　新學/化學/化學
化學鑑原六卷　（英國）韋而司撰　（英國）傅蘭雅口譯　（清）徐壽筆述　（清）曹鍾秀繪　清江南製造總局刻本　四册

330000－1704－0014955　015443　集部/總集類/選集之屬/通代
文選六十卷　（南朝梁）蕭統輯　（唐）李善注　**文選考異十卷**　（清）胡克家撰　清同治八年（1869）湖北崇文書局刻本　二十三册

330000－1704－0014956　015518　新學/天學

談天十八卷首一卷附表一卷　(英國)侯失勒撰　(英國)偉烈亞力口譯　(清)李善蘭筆述　清光緒江南製造總局刻本　四冊

330000－1704－0014959　015597　子部/醫家類/醫案之屬

臨證指南醫案八卷　(清)葉桂撰　(清)徐大椿評　清光緒三十二年(1906)維經書局石印本　一冊　存二卷(一至二)

330000－1704－0014960　015354　集部/總集類/選集之屬/通代

憑山閣增輯留青新集三十卷　(清)陳枚選　(清)陳德裕增輯　清刻本　七冊　存七卷(十六、十八、二十、二十六至二十八、三十)

330000－1704－0014961　015597－1　子部/醫家類/醫案之屬

臨證指南醫案八卷　(清)葉桂撰　(清)徐大椿評　清上海文益書局石印本　七冊　缺一卷(一)

330000－1704－0014962　015569　類叢部/類書類/專類之屬

子史精華一百六十卷　(清)吳士玉　(清)吳襄等輯　清刻本(卷七十一、九十六補配民國抄本)　二十四冊

330000－1704－0014965　015355　集部/總集類/選集之屬/通代

憑山閣增輯留青新集三十卷　(清)陳枚選　(清)陳德裕增輯　清刻本　一冊　存一卷(二十七)

330000－1704－0014966　015444　史部/地理類/方志之屬/通志

[雍正]山東通志三十六卷首一卷　(清)岳濬　(清)法敏修　(清)杜詔　(清)顧瀛纂　清乾隆元年(1736)刻本　三十三冊　缺九卷(一、十六至十八、二十一至二十四、二十六)

330000－1704－0014968　015525　經部/群經總義類/文字音義之屬

經典釋文三十卷　(唐)陸德明撰　**經典釋文攷證三十卷**　(清)盧文弨撰　清同治八年(1869)湖北崇文書局刻本　十二冊

330000－1704－0014969　015352　子部/術數類/相宅相墓之屬

地理參贊玄機僊婆集十三卷　(明)張鳴鳳編集　(明)呂元　(明)杜詩評選　(明)張希堯參補　清刻本　二冊　存七卷(六至八、十至十三)

330000－1704－0014971　015570　子部/醫家類/類編之屬

陳修園醫書三十種　(清)陳念祖等撰　清光緒十八年(1892)上海圖書集成印書局鉛印本　陳繼庠題簽　十三冊　存九種

330000－1704－0014973　善000159　史部/紀傳類/別史之屬

弘簡錄二百五十四卷　(明)邵經邦撰　**續弘簡錄元史類編四十二卷**　(清)邵遠平撰　清康熙刻雍正、乾隆遞修本　一百冊

330000－1704－0014974　015364　子部/醫家類/綜合之屬/通論

新刊醫林狀元壽世保元十集十卷　(明)龔廷賢撰　清光緒十二年(1886)上洋江左書林刻本　九冊

330000－1704－0014975　015356　類叢部/叢書類/彙編之屬

滂喜齋叢書五十種　(清)潘祖蔭編　清同治至光緒吳縣潘氏京師刻本　一冊　存一種

330000－1704－0014976　015364－1　子部/醫家類/綜合之屬/通論

新刊醫林狀元壽世保元十集十卷　(明)龔廷賢撰　清光緒十二年(1886)上洋江左書林刻本　一冊　存一卷(二)

330000－1704－0014977　015365　子部/宗教類/佛教之屬/論疏

成唯識論觀心法要十卷　(清)釋智旭撰　清光緒二十六年(1900)揚州藏經院刻本　五冊　存五卷(一、三至四、六、九)

330000－1704－0014978　015519　集部/別集類/清别集

邃懷堂全集三十八卷　(清)袁翼撰　清光緒十三年至十四年(1887－1888)袁鎮嵩刻本　二十册

330000－1704－0014980　015526　集部/總集類/選集之屬/通代

古唐詩合解古詩四卷唐詩十二卷　(清)王堯衢注　清刻本　二册　存八卷(唐詩五至十二)

330000－1704－0014982　015519－1　集部/總集類/氏族之屬

袁氏家集八種　(清)袁鎮嵩輯　清光緒十六年(1890)邃懷堂刻本　二册　存二種

330000－1704－0014983　015570－1　子部/醫家類/類編之屬

陳修園醫書二十一種　(清)陳念祖等撰　清光緒十八年(1892)上海圖書集成印書局鉛印本　一册　存一種

330000－1704－0014984　015602　經部/小學類/文字之屬/字書/字典

康熙字典十二集三十六卷總目一卷檢字一卷辨似一卷等韻一卷補遺一卷備考一卷　(清)張玉書等纂修　清末上海商務印書館石印本　六册

330000－1704－0014985　015359　集部/別集類/唐五代别集

昌黎先生詩增注証訛十一卷　(唐)韓愈撰　(清)黄鉞增注証訛　**昌黎先生年譜一卷**　(清)黄鉞編　清道光二十八年(1848)黄中民刻咸豐七年(1857)四明鮑氏二客軒印本　一册　存三卷(二至四)

330000－1704－0014986　015570－2　子部/醫家類/類編之屬

陳修園醫書二十一種　(清)陳念祖等撰　清光緒十八年(1892)上海圖書集成印書局鉛印本　一册　存三種

330000－1704－0014987　015520　集部/總集類/選集之屬/斷代

皇朝經世文編一百二十卷姓名總目二卷　(清)賀長齡輯　清末鉛印本　二十二册　缺十卷(十、四十一至四十六、五十至五十二)

330000－1704－0014989　015570－3　子部/醫家類/類編之屬

陳修園醫書三十種　(清)陳念祖等撰　清光緒十八年(1892)上海圖書集成印書局石印本　一册　存二種

330000－1704－0014990　015358　類叢部/叢書類/彙編之屬

武英殿聚珍版書一百三十八種　清乾隆武英殿木活字印本　二册　存一種

330000－1704－0014991　015528　新學/雜著/叢編

質學叢書初集三十種　(清)武昌質學會編　清光緒二十二年至二十三年(1896－1897)武昌質學會刻本　一册　存一種

330000－1704－0014992　015570－4　子部/醫家類/類編之屬

陳修園醫書四十二種　(清)陳念祖等撰　清光緒十八年(1892)上海圖書集成印書局鉛印本　一册　存一種

330000－1704－0014994　015570－5　子部/醫家類/類編之屬

陳修園醫書五十種　(清)陳念祖等撰　清光緒三十一年(1905)上海商務印書館鉛印本　一册　存二種

330000－1704－0014995　015654　類叢部/叢書類/彙編之屬

正誼堂全書六十三種續刻五種　(清)張伯行編　(清)楊浚重編　清同治五年(1866)福州正誼書院刻同治八年至光緒十三年(1869－1887)續刻本　四十六册　存二十三種

330000－1704－0014996　015360　類叢部/叢書類/自著之屬

楊園先生全集　(清)張履祥撰　清刻本　三册　存六種

330000－1704－0014999　015604　經部/小學類/文字之屬/字書/字典
康熙字典十二集三十六卷總目一卷檢字一卷辨似一卷等韻一卷補遺一卷備考一卷　(清)張玉書等纂修　清末石印本　一冊　缺三卷(總目、檢字、辨似)

330000－1704－0015001　015361　子部/天文曆算類/算書之屬
九章直指九卷札記一卷海島算經一卷　(清)陳瑑撰　(清)朱培補　清抄本　一冊　缺五卷(一至五)

330000－1704－0015004　015660　經部/群經總義類/傳說之屬
經學提要十五卷　(清)蔡孔炘撰　清道光五年(1825)江洲蔡氏刻本　清張靜山題記　五冊　缺三卷(六至八)

330000－1704－0015005　015607　集部/總集類/選集之屬/通代
三十家詩鈔六卷首一卷末一卷　(清)曾國藩輯　(清)王定安增輯　清宣統元年(1909)上海崇善堂石印本　六冊

330000－1704－0015006　015571　類叢部/叢書類/自著之屬
曾文正公全集十六種　(清)曾國藩撰　清同治至光緒傳忠書局刻本　二十冊　存一種

330000－1704－0015008　015608　子部/醫家類/綜合之屬/通論
詳校醫宗必讀十卷　(明)李中梓撰　清道光二年(1822)刻本　五冊

330000－1704－0015009　015661　子部/醫家類/本草之屬/神農本草經
本經疏證十二卷續疏六卷本經序疏要八卷　(清)鄒澍撰　清光緒常州長年醫局刻本　四冊　存十卷(本經疏證三至四、本經續疏一至六、本經序疏要一至二)

330000－1704－0015010　015357　子部/術數類/相宅相墓之屬
地理參贊玄機僊婆集十三卷　(明)張鳴鳳編集　(明)呂元　(明)杜詩評選　(明)張希堯參補　清刻本　一冊　存一卷(一)

330000－1704－0015012　015402　子部/宗教類/佛教之屬/經
大乘理趣六波羅密多經十卷　(唐)釋般若譯　清光緒十九年(1893)金陵刻經處刻本　二冊

330000－1704－0015014　015572　集部/總集類/選集之屬/通代
續古文辭類纂三十四卷　王先謙輯　清三味堂刻本　八冊

330000－1704－0015015　015662　類叢部/叢書類/彙編之屬
惜陰軒叢書三十四種續編一種　(清)李錫齡編　清刻本　五冊　存一種

330000－1704－0015016　015404　子部/宗教類/佛教之屬/經疏
妙法蓮華經玄義節要二卷　(隋)釋智顗撰　(明)釋智旭節要　清光緒六年(1880)福德因緣堂刻本　二冊

330000－1704－0015017　015405　子部/宗教類/佛教之屬/經疏
妙法蓮華經玄義節要二卷　(隋)釋智顗撰　(明)釋智旭節要　清光緒六年(1880)福德因緣堂刻本　二冊

330000－1704－0015018　015406　子部/宗教類/佛教之屬/經疏
妙法蓮華經玄義節要二卷　(隋)釋智顗撰　(明)釋智旭節要　清光緒六年(1880)福德因緣堂刻本　二冊

330000－1704－0015020　015573　子部/醫家類/溫病之屬/其他溫疫病證
溫熱經緯五卷　(清)王士雄撰　清光緒三年(1877)刻本　二冊

330000－1704－0015021　015663　子部/雜著類/雜考之屬
東塾讀書記□□卷　(清)陳澧撰　清光緒刻本　二冊　存九卷(一至五、春秋一、諸子一、

三國一、朱子二)

330000－1704－0015022　016743　類叢部/叢書類/自著之屬

春在堂全書　(清)俞樾撰　清同治至光緒刻本　十六冊　存一種

330000－1704－0015025　015664　類叢部/叢書類/自著之屬

王菉友先生著書四種　(清)王筠撰　清咸豐二年(1852)賀蕙、賀蓉、賀荃刻本　二冊

330000－1704－0015026　015530　類叢部/叢書類/自著之屬

春在堂全書　(清)俞樾撰　清同治至光緒刻本　二十八冊　存四種

330000－1704－0015027　015575　子部/叢編

二十二子(二十二子彙函)　(清)浙江書局編　清光緒元年至三年(1875－1877)浙江書局刻本　十冊　存一種

330000－1704－0015028　015666　類叢部/叢書類/輯佚之屬

玉函山房輯佚書六百二十二種附一種　(清)馬國翰輯　清同治十年(1871)濟南皇華館書局補刻本　二十三冊　存一百八十八種

330000－1704－0015031　015611　子部/醫家類/綜合之屬/通論

醫醇賸義四卷醫方論四卷　(清)費伯雄撰　清光緒三年(1877)刻本　二冊　存二卷(醫醇賸義三至四)

330000－1704－0015034　015701　史部/編年類/通代之屬

御批歷代通鑑輯覽一百二十卷　(清)傅恆等撰　清刻本　一冊

330000－1704－0015035　015667　子部/雜著類/雜考之屬

讀書雜志八十二卷餘編二卷　(清)王念孫撰　清同治九年(1870)金陵書局刻本　二十二冊　缺八卷(漢書雜志八至十、淮南内篇雜志十一至十五)

330000－1704－0015040　015410　子部/宗教類/佛教之屬/諸宗

肇論略注六卷　(明)釋德清撰　清光緒十四年(1888)金陵刻經處刻本　二冊

330000－1704－0015043　015462　子部/宗教類/佛教之屬/總録

一切經音義二十五卷　(唐)釋玄應撰　**補訂新譯大方廣佛華嚴經音義二卷**　(唐)釋慧苑撰　**華嚴經音義敘錄一卷**　(清)臧庸輯　**刻華嚴經音義校勘記一卷**　(清)曹籀撰　清同治八年(1869)武林張氏寶晉齋刻本　三冊　存十卷(四至十三)

330000－1704－0015044　006095　經部/小學類/文字之屬/說文

說文新附攷六卷續攷一卷　(清)鈕樹玉撰　清嘉慶六年(1801)非石居刻同治七年(1868)碧螺山館補刻本　一冊

330000－1704－0015046　015668　經部/群經總義類/文字音義之屬

經典釋文三十卷　(唐)陸德明撰　**經典釋文攷證三十卷**　(清)盧文弨撰　清同治十年(1871)粵秀山文瀾閣刻本　五冊　存二十二卷(一至二、六至十四,攷證一至二、六至十四)

330000－1704－0015049　015702　史部/編年類/通代之屬

御批歷代通鑑輯覽一百二十卷　(清)傅恆等撰　清同治十年(1871)浙江書局刻本　十一冊

330000－1704－0015050　015577　子部/醫家類/溫病之屬/其他溫疫病證

溫病條辨六卷首一卷　(清)吳瑭撰　清寧波羣玉山房刻本　六冊

330000－1704－0015052　015610　子部/宗教類/佛教之屬/經

大般涅槃經四十卷　(晉)釋曇無讖譯　清末刻本　十冊

330000－1704－0015053　015673　類叢部/

叢書類/彙編之屬
槐廬叢書四十六種　(清)朱記榮編　清光緒三年至十五年(1877－1889)吳縣朱氏槐廬家塾刻本　一冊　存一種

330000－1704－0015054　015711　集部/別集類/明別集
二谷山人集十卷　(明)侯一元撰　清光緒十七年(1891)浙甌樂東侯氏刻本　五冊　存八卷(一至八)

330000－1704－0015056　015712　集部/別集類/清別集
悔翁詩鈔十五卷補遺一卷詩餘五卷筆記六卷　(清)汪士鐸撰　清光緒九年(1883)合肥張氏味古齋刻本　二冊　存十一卷(詩餘一至五、筆記一至六)

330000－1704－0015057　015680　子部/雜著類/雜考之屬
野記四卷　(明)祝允明撰　清同治十三年(1874)元和祝氏刻本　二冊

330000－1704－0015058　015665　子部/宗教類/佛教之屬/經
地藏菩薩本願經三卷附地藏懺一卷　(唐)釋實叉難陀譯　清光緒三十三年(1907)東甌刻本　一冊

330000－1704－0015059　015578　子部/宗教類/佛教之屬/諸宗
天台四教儀註彙補輔弘記十卷　(高麗)釋諦觀輯　(元)釋蒙潤集注　(清)釋性權彙補　**畧科提綱一卷**　釋諦閑排訂　清光緒二十四年(1898)刻本　三冊　存三卷(一至三)

330000－1704－0015060　015454　史部/編年類/通代之屬
資治通鑑二百九十四卷　(宋)司馬光編撰　(元)胡三省音注　清光緒鉛印本　六冊　存四十七卷(一百三十六至一百八十二)

330000－1704－0015061　015681　類叢部/叢書類/自著之屬
曾惠敏公遺集四種　(清)曾紀澤撰　清光緒十九年(1893)江南製造總局鉛印本　五冊　存二種

330000－1704－0015064　015713　子部/叢編
二十二子(二十二子彙函)　(清)浙江書局編　清光緒元年至三年(1875－1877)浙江書局刻本　三冊　存一種

330000－1704－0015065　015620　集部/別集類/唐五代別集
杜詩鏡銓二十卷附錄一卷　(清)楊倫撰　**讀書堂杜工部文集註解二卷**　(清)張溍撰　清鉛印本　一冊　缺十九卷(一至十九)

330000－1704－0015066　015655　子部/宗教類/佛教之屬/諸宗
指月錄三十二卷　(明)瞿汝稷輯　清同治十一年(1872)杭州昭慶寺慧空經房刻本　十冊

330000－1704－0015067　015579　史部/紀傳類/正史之屬
漢書一百卷　(漢)班固撰　(唐)顏師古注　清光緒九年(1883)上海點石齋石印本　六冊

330000－1704－0015068　015686　子部/天文曆算類/算書之屬
白芙堂算學叢書　(清)丁取忠輯　清同治至光緒長沙古荷花池精舍刻本　三十一冊　存二十二種

330000－1704－0015069　015656　子部/宗教類/佛教之屬/總録
重訂教乘法數十二卷　(清)釋超海等輯　清光緒四年(1878)杭州昭慶寺慧空經房刻本　六冊

330000－1704－0015071　015622　子部/藝術類/書畫之屬/法帖
快雪堂法書不分卷　(晉)王羲之等書　清末影印本　二冊

330000－1704－0015072　015714　集部/總集類/選集之屬/通代
樂府詩集一百卷目錄二卷　(宋)郭茂倩輯　清同治十三年(1874)湖北崇文書局刻本　七

册　存五十五卷(二十二至七十六)

330000－1704－0015073　015657　子部/宗教類/佛教之屬/諸宗
華嚴原人論合解二卷　(唐)釋宗密論　(元)釋圓覺解　(明)楊嘉祚删合　清同治十一年(1872)刻本　一册

330000－1704－0015074　015658　子部/宗教類/佛教之屬
釋門應用文疏四種　清同治十年(1871)杭州昭慶寺慧空經房刻本　一册　存一種

330000－1704－0015075　015623　類叢部/叢書類/彙編之屬
知不足齋叢書一百九十六種　(清)鮑廷博編　(清)鮑士恭續編　清乾隆三十七年至道光三年(1772－1823)長塘鮑氏刻彙印本　三册　存一種

330000－1704－0015076　015580　子部/醫家類/類編之屬
陳修園醫書二十八種　(清)陳念祖等撰　清光緒二十九年(1903)上海錦章書局石印本　四册　存四種

330000－1704－0015077　015715　類叢部/叢書類/自著之屬
惜抱軒全集十種　(清)姚鼐撰　清同治五年(1866)李瀚章省心閣刻本　十六册

330000－1704－0015080　015718　類叢部/叢書類/郡邑之屬
金華叢書六十八種　(清)胡鳳丹編　清同治七年至光緒八年(1868－1882)永康胡氏退補齋刻民國補刻本　二册　存一種

330000－1704－0015081　015533　史部/政書類/通制之屬
三通　清咸豐九年(1859)崇仁謝氏刻本　五十六册　存一種

330000－1704－0015082　015688　史部/傳記類/總傳之屬/姓名
史姓韻編六十四卷　(清)汪輝祖撰　清光緒十年(1884)上海中西書局石印本　四册

330000－1704－0015083　015581　子部/醫家類/類編之屬
喻氏醫書三種　(清)喻昌撰　清光緒二十六年(1900)上海掃葉山房石印本　二册

330000－1704－0015084　015669　子部/宗教類/佛教之屬/諸宗
五燈會元五十七卷目錄三卷　(宋)釋普濟撰　清光緒三十二年至三十四年(1906－1908)長沙刻經處刻本　十册　存二十七卷(一至九、二十二至二十四、三十七至五十一)

330000－1704－0015087　015582　子部/醫家類/綜合之屬/通論
御纂醫宗金鑑九十卷首一卷　(清)吳謙等撰　清光緒十八年(1892)上海圖書集成印書局鉛印本　一册　存一卷(首)

330000－1704－0015088　015719　類叢部/叢書類/彙編之屬
湖海樓叢書十二種　(清)陳春編　清嘉慶蕭山陳氏刻二十四年(1819)彙印本　二册　存一種

330000－1704－0015090　015720　類叢部/叢書類/彙編之屬
岱南閣叢書二十種　(清)孫星衍編　清乾隆至嘉慶蘭陵孫氏刻本　三册　存一種

330000－1704－0015091　015455　集部/别集類/唐五代别集
溫飛卿詩集七卷别集一卷集外詩一卷附錄諸家詩評一卷　(唐)溫庭筠撰　(明)曾益注　(清)顧予咸補注　(清)顧嗣立續注　清光緒八年(1882)泉唐汪氏萬軸山房刻本　二册

330000－1704－0015093　015689　史部/紀傳類/正史之屬
二十四史附考證　清光緒三十三年(1907)上海華商集成圖書公司鉛印本　十二册　存一種

330000－1704－0015096　006091　經部/小學類/文字之屬/説文
苗氏説文四種　(清)苗夔撰　清道光至咸豐

壽陽祁氏漢專亭刻本　楊紹廉批　六冊

330000－1704－0015097　012967　類叢部/叢書類/彙編之屬

玲瓏山館叢刻六種　(清)顧湘編　清嘉慶至道光刻道光二十九年(1849)虞山顧氏彙刻本　八冊　存四種

330000－1704－0015098　006097　經部/小學類/文字之屬/說文/傳說

說文發疑六卷　(清)張行孚撰　清光緒九年(1883)安吉張氏邗上寓廬刻本　三冊

330000－1704－0015099　015534　史部/紀傳類/正史之屬

二十四史　清同治至光緒五省官書局據汲古閣本等合刻光緒五年(1879)湖北書局彙印本　四十冊　存一種

330000－1704－0015100　006046　經部/小學類/文字之屬/說文

說文解字韻譜十卷　(宋)徐鍇撰　(清)馮桂芬校訂　清同治三年(1864)吳縣馮桂芬縮摹篆文刻六年(1867)補刻本　二冊

330000－1704－0015101　006064　類叢部/叢書類/彙編之屬

邃雅堂全書九種　(清)姚文田撰　清嘉慶至光緒歸安姚氏刻本　二冊　存一種

330000－1704－0015104　001021　子部/宗教類/佛教之屬/諸宗

往生集三卷附普勸為人必修淨土一卷　(明)釋袾宏輯　清同治十二年(1873)樂成三一閣刻本　一冊

330000－1704－0015108　006063　類叢部/叢書類/彙編之屬

咫進齋叢書三十五種　(清)姚覲元編　清光緒九年(1883)歸安姚氏刻本　四冊　存一種

330000－1704－0015109　006044　經部/小學類/文字之屬/說文

說文解字注十五卷附六書音韻表五卷汲古閣說文訂一卷　(清)段玉裁撰　**說文部目分韻一卷**　(清)陳煥編　清同治十一年(1872)湖北崇文書局刻本　十五冊　缺五卷(六書音韻表一至五)

330000－1704－0015111　006101　經部/小學類/文字之屬/說文/傳說

說文發疑六卷　(清)張行孚撰　清光緒九年(1883)安吉張氏邗上寓廬刻本　三冊

330000－1704－0015112　006099　類叢部/叢書類/自著之屬

藕圃十種　(清)胡重撰　清嘉慶十六年(1811)秀水金氏月香書屋刻本　一冊　存一種

330000－1704－0015113　006066　經部/小學類/文字之屬/說文

繫傳四十卷　(南唐)徐鍇撰　(南唐)朱翱反切　**校勘記三卷**　(清)苗夔等撰　清道光十九年(1839)祁寯藻刻本　十二冊

330000－1704－0015115　006086　類叢部/叢書類/彙編之屬

南菁書院叢書四十一種　王先謙　繆荃孫編　清光緒十四年(1888)江陰南菁書院刻本　一冊　存一種

330000－1704－0015116　006044－1　經部/小學類/文字之屬/說文

說文解字注十五卷附六書音韻表五卷汲古閣說文訂一卷　(清)段玉裁撰　**說文部目分韻一卷**　(清)陳煥編　清同治十一年(1872)湖北崇文書局刻本　一冊　存一卷(三)

330000－1704－0015117　001023　子部/宗教類/佛教之屬/諸宗

抄淨土詩一卷　清光緒十九年(1893)東餘習學抄本　一冊

330000－1704－0015118　006098　經部/小學類/文字之屬/說文/專著

說文楬原二卷　(清)張行孚撰　清光緒十一年(1885)懷寧餘澍維揚識小居刻本　二冊

330000－1704－0015119　006068　經部/小學類/文字之屬/說文

說文通檢十四卷首一卷末一卷　(清)黎永椿

撰　清光緒二年(1876)文昌書局刻本　二冊

330000－1704－0015121　001024　子部/宗教類/佛教之屬/諸宗

淨慈要語二卷　(清)釋元賢撰　清揚州藏經院刻本　一冊

330000－1704－0015123　006147　經部/叢編

古經解彙函十六種附小學彙函十四種　(清)鍾謙鈞等輯　清同治十二年(1873)粵東書局刻本　三十二冊　存十四種

330000－1704－0015124　006065　類叢部/叢書類/自著之屬

邃雅堂全集九種　(清)姚文田撰　清嘉慶至光緒歸安姚氏刻本　二冊　存一種

330000－1704－0015125　006069　經部/小學類/文字之屬/說文

讀說文雜識一卷　(清)許棫撰　清光緒七年(1881)刻本　一冊

330000－1704－0015126　006134　類叢部/叢書類/彙編之屬

問經堂叢書二十七種　(清)孫馮翼編　清嘉慶承德孫氏刻本　一冊　存一種

330000－1704－0015127　006100　經部/小學類/文字之屬/說文

說文提要一卷　(清)陳建侯撰　清同治十二年(1873)湖北崇文書局刻本　一冊

330000－1704－0015128　006070　經部/小學類/文字之屬/說文

說文引經攷證七卷說文引經互異說一卷　(清)陳瑑撰　清同治十三年(1874)湖北崇文書局刻本　二冊

330000－1704－0015129　006102　類叢部/叢書類/自著之屬

影山草堂六種　(清)莫與儔　(清)莫友芝撰　清咸豐至光緒刻本　一冊　存一種

330000－1704－0015130　006148　經部/叢編

許學叢書十四種六十三卷　張炳翔輯　清光緒長洲張炳翔儀鄦廬刻本　二十四冊

330000－1704－0015131　006135　類叢部/叢書類/自著之屬

大鶴山房全書十種　鄭文焯撰　清光緒至民國刻民國九年(1920)蘇州交通圖書館彙印本　一冊　存一種

330000－1704－0015132　006136　經部/小學類/音韻之屬/古今韻說

漢學諧聲二十四卷說文補考一卷說文又考一卷　(清)戚學標撰　清嘉慶九年(1804)涉縣官署刻本　八冊

330000－1704－0015133　006103　經部/小學類/文字之屬/說文

說文管見三卷　(清)胡秉虔撰　清光緒七年(1881)鄞縣林植海望益山房書局刻本　三冊

330000－1704－0015134　001025　子部/宗教類/佛教之屬/諸宗

西方徑路一卷念佛開心頌一卷　(清)釋古崑撰　清同治十二年(1873)刻本　一冊

330000－1704－0015135　006071　類叢部/叢書類/自著之屬

寒松閣集五種　(清)張鳴珂撰　清光緒十年至二十四年(1884－1898)嘉興張氏刻本　一冊　存一種

330000－1704－0015136　006104　經部/小學類/文字之屬/說文

說文管見三卷　(清)胡秉虔撰　清光緒七年(1881)鄞縣林植海望益山房書局刻本　一冊

330000－1704－0015137　006137　類叢部/叢書類/自著之屬

邃雅堂全集九種　(清)姚文田撰　清嘉慶至光緒歸安姚氏刻本　五冊　存一種

330000－1704－0015138　001026　子部/宗教類/佛教之屬/諸宗

異方便淨土傳燈歸元鏡三祖實錄二卷　(清)釋智達撰　清光緒二十三年(1897)廣陵藏經禪院刻本　一冊

330000－1704－0015139　善 000182　史部/傳記類/總傳之屬/隱逸
高士傳四卷　（明）薛應旂撰　明隆慶刻本　四册

330000－1704－0015140　006105　經部/小學類/文字之屬/說文/專著
說文古語考補正二卷　（清）程炎撰　（清）傅雲龍補正　清光緒十一年（1885）紅餘籀館刻本　楊紹廉題記　一册

330000－1704－0015141　006138　經部/小學類/文字之屬/說文
說文解字義證五十卷　（清）桂馥撰　清同治九年（1870）湖北崇文書局刻本　三十二册

330000－1704－0015145　015627　集部/别集類/宋别集
岳忠武王文集八卷首一卷末一卷　（宋）岳飛撰　（清）黄邦寧纂修　清光緒十二年（1886）上海簡玉山房刻本　四册

330000－1704－0015146　015693　子部/醫家類/傷寒金匱之屬/金匱要略
金匱心典三卷　（清）尤怡撰　清末上海文瑞樓石印本　三册

330000－1704－0015148　015695　子部/儒家類/儒學之屬/禮教
人生必讀書十二卷開蒙必讀一卷蠶桑事宜一卷　（清）鄒祖堂輯　清同治十年（1871）鄒鍾俊刻本　五册　存七卷（一、四至九）

330000－1704－0015150　善 000183　史部/傳記類/總傳之屬/郡邑
於越有明一代三不朽名賢圖贊一卷　（清）張岱撰　清康熙十九年（1680）鳳嬉堂刻乾隆五年（1740）陳治德續刻六十年（1795）南澗余氏佑啓樓重修本　四册

330000－1704－0015152　015696　類叢部/叢書類/彙編之屬
增訂漢魏叢書八十六種　（清）王謨編　清光緒二十年（1894）湖南藝文書局刻本　一册　存一種

330000－1704－0015159　善 000184　史部/傳記類/總傳之屬/仕宦
國朝内閣名臣事畧十六卷　（明）吳伯與輯　明崇禎五年（1632）魏光緒刻本　十六册

330000－1704－0015160　015634　子部/醫家類/綜合之屬/通論
醫學實在易八卷　（清）陳念祖撰　清光緒二年（1876）懿惠堂刻本　二册

330000－1704－0015161　015635　集部/别集類/清别集
桐華舸詩鈔八卷續鈔八卷遺詩一卷明季詠史詩鈔一卷褒忠詩鈔一卷　（清）鮑瑞駿撰　清同治三年至光緒十年（1864－1884）刻本　八册　存十六卷（桐華舸詩鈔一至六、續鈔一至八、遺詩、褒忠詩鈔）

330000－1704－0015162　015763　經部/小學類/文字之屬/說文/專著
說文辨字正俗八卷　（清）李富孫撰　清嘉慶二十一年（1816）校經廎刻本　二册

330000－1704－0015163　015636　集部/别集類/清别集
讀雪齋詩集九卷　（清）孫文川撰　清光緒八年（1882）刻本　一册　存四卷（一至四）

330000－1704－0015164　善 000179　史部/傳記類/總傳之屬/隱逸
高士傳三卷　（晉）皇甫謐撰　明末刻本　三册

330000－1704－0015167　善 000175　史部/傳記類/總傳之屬/郡邑
鄉先生録不分卷　（清）孫衣言撰　稿本　十二册

330000－1704－0015168　015764　集部/别集類/清别集
萬山草堂詩集六卷　李登雲撰　清光緒三十三年（1907）武林刻本　二册

330000－1704－0015170　015765　子部/宗教類/佛教之屬/諸宗
淨土聖賢録九卷　（清）彭希涑撰　**淨土聖賢**

錄續編四卷 (清)胡珽撰 種蓮集一卷 (清)陳本仁輯 清光緒元年(1875)錢塘許靈虛刻本 二冊 缺九卷(一至九)

330000－1704－0015171 015686－1 經部/儀禮類/分篇之屬

儀禮喪服輯略一卷附錄一卷 (清)張華理輯 清同治十二年(1873)長沙荷華池刻本 一冊

330000－1704－0015172 善000210 類叢部/叢書類/自著之屬

詠梅軒叢書 (清)謝蘭生撰 清道光二十九年至三十年(1849－1850)詠梅軒刻本 一冊 存一種

330000－1704－0015173 015686－2 經部/三禮總義類/通禮雜禮之屬

喪服今制表一卷 (清)張華理輯 清同治十三年(1874)長沙荷華池刻本 一冊

330000－1704－0015174 015766 子部/宗教類/佛教之屬/經

大方廣佛華嚴經入不思議解脱境界普賢行願品一卷 (唐)釋般若譯 清末刻本 一冊

330000－1704－0015175 015697 新學/全體學

全體闡微三卷 (美國)柯為良撰 (清)林鼎文編譯 清光緒三十一年(1905)惜蔭書屋石印本 四冊

330000－1704－0015176 015721 類叢部/叢書類/自著之屬

蟄廬叢書 (清)陳虬撰 清光緒甌雅堂刻本 二冊 存一種

330000－1704－0015177 善000214 史部/傳記類/別傳之屬/年譜

四本堂[胡吉豫]自撰編年一卷 (清)胡吉豫撰 清刻本 一冊

330000－1704－0015178 015723 類叢部/叢書類/彙編之屬

知不足齋叢書一百九十六種 (清)鮑廷博編 (清)鮑士恭續編 清乾隆三十七年至道光三年(1772－1823)長塘鮑氏刻彙印本 五十八冊 存四十七種

330000－1704－0015181 善000218 史部/傳記類/別傳之屬/年譜

桐溪達叟[嚴辰]自編年譜一卷 (清)嚴辰撰 清光緒十四年(1888)稿本 一冊

330000－1704－0015185 015726 類叢部/叢書類/彙編之屬

士禮居黃氏叢書十九種附四種 (清)黃丕烈編 清嘉慶至道光黃氏士禮居刻本 六冊 存一種

330000－1704－0015187 015537 史部/政書類/儀制之屬/專志/科舉校規

東瀛觀學記一卷 劉紹寬撰 清光緒鉛印本 一冊

330000－1704－0015189 善000220 史部/傳記類/日記之屬

孫仲彤日記不分卷(光緒十二年五月一日至十三年八月十二日) (清)孫詒績撰 清光緒十二年至十三年(1886－1887)稿本 張棡題記並跋 一冊

330000－1704－0015191 善000196 史部/雜史類/斷代之屬

寧海將軍固山貝子恢復溫郡并台處事實一卷 (清)周聲炣記 清刻本 一冊

330000－1704－0015195 015637 集部/總集類/課藝之屬

辨志文會課藝初集六卷 (清)葉意深等撰 (清)宗源瀚輯 清光緒六年至七年(1880－1881)刻本 四冊 缺二卷(宋學、算學)

330000－1704－0015196 015648 類叢部/叢書類/彙編之屬

檀几叢書五十種二集五十種餘集四十七種附政十種 (清)王晫 (清)張潮編 清刻本 二冊 存十一種

330000－1704－0015198 015637－1 集部/總集類/課藝之屬

辨志文會課藝初集六卷 (清)葉意深等撰

(清)宗源瀚輯　清光緒六年至七年(1880－1881)刻本　一册　存一卷(詞章)

330000－1704－0015199　015539　子部/醫家類/傷寒金匱之屬/傷寒論

傷寒論註四卷　(清)柯琴撰　清末上海文瑞樓石印本　夏嘉武題簽並記　五册

330000－1704－0015200　015704　子部/宗教類/佛教之屬/經

佛說梵網經二卷　(後秦)釋鳩摩羅什譯　清末刻本　一册

330000－1704－0015201　015730　類叢部/叢書類/自著之屬

安吳四種　(清)包世臣撰　清同治十一年(1872)湖北包誠注經堂刻光緒十四年(1888)印本　十册　存三種

330000－1704－0015202　015698　子部/叢編

二十二子(二十二子彙函)　(清)浙江書局編　清光緒元年至三年(1875－1877)浙江書局刻本　十册　存一種

330000－1704－0015203　015710　子部/宗教類/佛教之屬/經疏

妙法蓮華經玄義節要二卷　(隋)釋智顗撰　(明)釋智旭節要　清光緒六年(1880)福德因緣堂刻本　二册

330000－1704－0015204　善000198　集部/總集類/選集之屬/斷代

漳南棠詠二卷　(清)李威等撰　清嘉慶刻本　張棡跋　一册

330000－1704－0015206　015767　集部/别集類/唐五代别集

御選妙覺普度和聖寒山大士詩一卷　(唐)釋寒山撰　**御選圓覺慈度合聖拾得大士詩一卷**　(唐)釋拾得撰　**中峰淨土詩一卷**　(元)釋明本撰　清光緒二年(1876)揚州藏經院刻本　一册

330000－1704－0015207　015731　集部/别集類/明别集

劉子全書四十卷首一卷　(明)劉宗周撰　(清)董瑒編　清道光四年至十五年(1824－1835)蕭山王宗炎等刻本　十二册　缺十九卷(二十二至四十)

330000－1704－0015208　015699　子部/醫家類/綜合之屬/通論

醫方論四卷　(清)費伯雄撰　清光緒三年(1877)刻本　一册

330000－1704－0015210　015700　子部/醫家類/兒科之屬/通論

抱乙子幼科指掌遺稿五卷　(清)葉其蓁輯　清乾隆八年(1743)刻本　五册

330000－1704－0015211　015649　類叢部/類書類/專類之屬

子史精華一百六十卷　(清)吳士玉　(清)吳襄等輯　清刻本　十七册　存八十九卷(十二至十五、二十八至三十五、二十九至六十二、七十六至九十九、一百三十五至一百五十三)

330000－1704－0015213　015650　集部/别集類/清别集

太鶴山人集十三卷　(清)端木國瑚撰　清道光二十年(1840)瑞安洪坤刻本　六册

330000－1704－0015214　015768　子部/宗教類/佛教之屬/諸宗

雲棲法彙二十八種七十四卷　(明)釋袾宏撰　(明)王宇春等輯　清光緒二十三年至二十五年(1897－1899)金陵刻經處刻本　三册　存一種

330000－1704－0015216　善000200　史部/傳記類/别傳之屬/事狀

國史儒林黄仲弢先生傳一卷　伍銓萃撰　清光緒湖北漢川劉洪烈刻本　一册

330000－1704－0015218　善000201　史部/雜史類/斷代之屬

寧海將軍固山貝子宗室福公平定三郡紀畧一卷　(清)周聲炣記　清抄本　一册

330000－1704－0015219　015797　集部/總

集類/選集之屬/通代
乾坤正氣集選鈔九十七卷　(清)吳煥采輯　清光緒十三年(1887)古蓮花池刻本　一冊　存二卷(三十九至四十)

330000－1704－0015221　015734　經部/叢編
皇清經解一百九十卷　(清)阮元輯　清光緒石印本　十三冊　存一百三卷(八十八至一百九十)

330000－1704－0015222　015541　史部/史評類/史論之屬
讀史論畧增註三卷　(清)杜詔撰　(清)唐桂註　(清)傅傳增註　清光緒七年(1881)永嘉徐氏刻本　一冊

330000－1704－0015223　015798　集部/別集類/清別集
邁堂文畧四卷　(清)李祖陶撰　清同治四年(1865)刻本　一冊　存一卷(四)

330000－1704－0015226　善000202　史部/雜史類/斷代之屬
寧海將軍固山貝子功績錄一卷　清同治黃岩王棻柔橋隱居抄本　一冊

330000－1704－0015230　015653　子部/叢編
二十二子(二十二子彙函)　(清)浙江書局編　清光緒新化三味書局刻本　二十四冊　存七種

330000－1704－0015232　015772　史部/地理類/山川之屬/山志
丹崖山志不分卷　清抄本　一冊

330000－1704－0015234　015799　集部/總集類/選集之屬/斷代
曾太僕左夫人詩稿合刻十一卷　(清)曾詠　(清)左錫嘉撰　清光緒十七年(1891)定襄官署刻本　一冊　存二卷(冷吟仙館詩稿五至六)

330000－1704－0015235　015738　類叢部/類書類/專類之屬
增補詩句題解彙編二十二卷　(清)陳劍芝　(清)葉湘秋　(清)顧芷卿原本　(清)朱春舫增輯　清刻本　二冊　存二卷(四、十二)

330000－1704－0015237　015800　經部/禮記類/傳說之屬
禮記釋注四卷　(清)丁晏撰　清道光二年(1822)刻本　一冊　存二卷(一至二)

330000－1704－0015239　015865　集部/別集類/漢魏六朝別集
陶淵明文集十卷　(晉)陶潛撰　清光緒五年(1879)番禺俞秀山刻本　三冊

330000－1704－0015240　015801　集部/別集類/唐五代別集
習之先生文集二卷　(唐)李翱撰　清宣統三年(1911)上海會文堂書局石印本　二冊

330000－1704－0015241　015866　集部/別集類/漢魏六朝別集
陶淵明文集十卷　(晉)陶潛撰　清光緒五年(1879)番禺俞秀山刻本　三冊

330000－1704－0015243　015867　集部/別集類/漢魏六朝別集
陶淵明文集十卷　(晉)陶潛撰　清光緒五年(1879)番禺俞秀山刻本　一冊　存二卷(九至十)

330000－1704－0015244　善000204　史部/傳記類/別傳之屬/事狀
故友潘少城太守行述一卷　(清)潘福煇等撰　清抄本　清孫衣言題簽　一冊

330000－1704－0015245　015513　史部/編年類/通代之屬
資治通鑑二百九十四卷　(宋)司馬光撰　(元)胡三省音注　**通鑑釋文辯誤十二卷**　(元)胡三省撰　清同治十年(1871)湖北崇文書局刻本　劉紹寬批並觀款　六十九冊　存二百十五卷(一至八十五、一百二至一百九十、二百六十六至二百九十四,通鑑釋文辯誤一至十二)

330000－1704－0015246　015775　子部/宗

教類/佛教之屬/諸宗
省菴法師語録一卷 (清)釋寳賢撰 (清)彭紹升重訂 清光緒二十七年(1901)刻本 一册

330000－1704－0015249 015543 子部/醫家類/綜合之屬/通論
御纂醫宗金鑑九十卷首一卷 (清)吳謙等撰 清宣統元年(1909)上海章福記石印本 五册

330000－1704－0015250 015739 子部/雜著類/雜考之屬
困學紀聞注二十卷首一卷 (清)翁元圻撰 清光緒石印本 三册 存十卷(二至七、十七至二十)

330000－1704－0015251 015639 子部/宗教類/佛教之屬/經疏
大佛頂如來密因修證了義諸菩薩萬行首楞嚴經文句十卷 (清)釋智旭撰 清同治十三年(1874)金陵刻經處刻本 五册 存六卷(二至三、七至十)

330000－1704－0015253 015776 子部/宗教類/佛教之屬/諸宗
淨土隨學二卷 (清)釋古崑輯 清光緒元年(1875)杭州昭慶寺慧空經房刻本 一册

330000－1704－0015254 015640 子部/宗教類/佛教之屬/諸宗
淨土聖賢録九卷 (清)彭希涑撰 **淨土聖賢録續編四卷** (清)胡珽撰 **種蓮集一卷** (清)陳本仁輯 清光緒元年(1875)錢塘許靈虛刻本 三册 存七卷(三至九)

330000－1704－0015255 015777 子部/宗教類/佛教之屬/諸宗
溈山警策句釋記二卷 (清)釋弘贊注 清同治十年(1871)杭州昭慶寺經房刻本 一册

330000－1704－0015256 015717 子部/宗教類/佛教之屬/諸宗
淨土聖賢録九卷 (清)彭希涑撰 **淨土聖賢録續編四卷** (清)胡珽撰 **種蓮集一卷** (清)陳本仁輯 清光緒元年(1875)錢塘許靈虛刻本 二册 缺九卷(一至九)

330000－1704－0015257 015740 子部/雜著類/雜纂之屬
古諷籀齋目耕膣録三十二卷 (清)鄭霞逸輯 清刻本 五册 存十六卷(三至五、十六至二十一、二十六至三十二)

330000－1704－0015258 015778 子部/宗教類/佛教之屬/諸宗
異方便淨土傳燈歸元鏡三祖實録二卷 (清)釋智達撰 清刻本 二册

330000－1704－0015260 善000205 史部/傳記類/别傳之屬
忠貞録三卷附録一卷 (明)李維樾 (明)林增志輯 清抄本 清孫詒讓批校 一册

330000－1704－0015262 015779 經部/小學類/訓詁之屬/爾雅
爾雅三卷 (晉)郭璞注 (唐)陸德明音義 清光緒二十一年(1895)金陵書局刻本 三册

330000－1704－0015263 015741 類叢部/類書類/通類之屬
鑄史駢言十二卷 (清)孫玉田編 清光緒二年(1876)四明銀藤華館刻本 二册 存五卷(一至五)

330000－1704－0015264 015641 子部/宗教類/佛教之屬/經
大佛頂如來密因修證了義諸菩薩萬行首楞嚴經十卷 (唐)釋般剌蜜諦譯 (唐)釋彌伽釋迦譯語 (唐)房融筆受 清同治八年(1869)金陵刻經處刻本 一册 存五卷(六至十)

330000－1704－0015265 015805 類叢部/叢書類/彙編之屬
增訂漢魏叢書八十六種 (清)王謨編 清光緒二十年(1894)湖南藝文書局刻本 一册 存二種

330000－1704－0015266 善000206 史部/傳記類/别傳之屬/事狀
皇清敕授文林郎翰林院編修顯考敬軒府君行

述一卷　(清)孫涑述　清乾隆刻本　一册

330000－1704－0015267　015642　子部/宗教類/佛教之屬/經

菩薩瓔珞經二十卷　(後秦)釋竺佛念譯　清刻本　三册　存十二卷(五至十六)

330000－1704－0015268　015643　子部/宗教類/佛教之屬/論疏

大乘起信論裂網疏六卷　(清)釋智旭撰　清光緒金陵書局刻本　一册　存三卷(四至六)

330000－1704－0015269　015644　子部/宗教類/佛教之屬/經

金光明最勝王經十卷　(唐)釋義淨譯　清同治十年(1871)常熟刻經處刻本　二册

330000－1704－0015272　015545　子部/醫家類/本草之屬/神農本草經

本草三家合註三卷　(清)郭汝驄撰　**神農本草經百種錄一卷**　(清)徐大椿撰　清光緒三十四年(1908)上海理文軒書莊石印本　一册

330000－1704－0015276　善000212　史部/傳記類/别傳之屬/年譜

葉文定公[適]年譜一卷　(清)葉嘉棆撰　清孫氏玉海樓抄本　清孫詒讓批校　一册

330000－1704－0015278　015906　史部/地理類/方志之屬/郡縣志

[光緒]處州府志三十卷首一卷末一卷　(清)潘紹詒修　(清)周榮椿纂　清光緒三年(1877)刻本　二十七册　缺一卷(二十)

330000－1704－0015281　015870　史部/政書類/儀制之屬/專志/科舉校規

欽定學政全書八十六卷首一卷　(清)童璜等撰　清嘉慶十七年(1812)武英殿刻本　二十四册

330000－1704－0015283　015900　集部/别集類/明别集

二谷山人近稿十卷　(明)侯一元撰　清光緒二十年(1894)浙甌樂東緱山侯氏刻本　六册

330000－1704－0015285　015546　子部/醫家類/醫經之屬/内經

内經知要二卷　(清)李中梓輯並注　清末上海文瑞樓石印本　一册

330000－1704－0015286　015781　子部/雜著類/雜説之屬

論衡三十卷　(漢)王充撰　清光緒元年(1875)湖北崇文書局刻子書百家本　項葆楨批　六册

330000－1704－0015287　015871　子部/農家農學類/園藝之屬/總志

佩文齋廣羣芳譜一百卷目錄二卷　(清)汪灝等撰　清同治七年(1868)姑蘇亦西齋刻本　一册　存二卷(目錄上下)

330000－1704－0015288　015872　子部/宗教類/佛教之屬/經

金光明最勝王經十卷　(唐)釋義淨譯　清同治十年(1871)常熟刻經處刻本　二册

330000－1704－0015291　015873　子部/宗教類/佛教之屬/經

金光明最勝王經十卷　(唐)釋義淨譯　清同治十年(1871)常熟刻經處刻本　二册

330000－1704－0015292　015902　類叢部/叢書類/郡邑之屬

永嘉叢書十三種　(清)孫衣言編　清同治至光緒瑞安孫氏詒善祠塾刻本　二册　存一種

330000－1704－0015293　015874　子部/宗教類/佛教之屬/經

金光明最勝王經十卷　(唐)釋義淨譯　清同治十年(1871)常熟刻經處刻本　二册

330000－1704－0015294　015875　子部/宗教類/佛教之屬/經

金光明最勝王經十卷　(唐)釋義淨譯　清同治十年(1871)常熟刻經處刻本　二册

330000－1704－0015297　015876　子部/宗教類/佛教之屬/經

金光明最勝王經十卷　(唐)釋義淨譯　清同治十年(1871)常熟刻經處刻本　二册

330000－1704－0015299　015877　子部/宗教類/佛教之屬/經
金光明最勝王經十卷　(唐)釋義淨譯　清同治十年(1871)常熟刻經處刻本　二册

330000－1704－0015302　015879　集部/别集類/清别集
望溪先生文集十八卷集外文十卷集外文補遺二卷年譜二卷　(清)方苞撰　清宣統二年(1910)上海集成圖書公司鉛印本　一册　存二卷(補遺一至二)

330000－1704－0015307　015647　子部/宗教類/佛教之屬/總録
釋氏稽古略四卷　(元)釋覺岸撰　**釋鑑稽古略續集三卷**　(明)釋幻輪撰　清光緒十二年(1886)釋清道刻本　三册　存五卷(釋氏稽古略一至二、續集一至三)

330000－1704－0015311　善000225　史部/傳記類/日記之屬
往西鄆日記不分卷(光緒十九年至二十年)　清光緒稿本　三册

330000－1704－0015312　015812　集部/别集類/清别集
疎影軒遺草二卷　(清)何玉瑛撰　清嘉慶十七年(1812)刻本　一册

330000－1704－0015318　015813　集部/别集類/清别集
木雁齋詩鈔二卷　(清)梁夢善撰　清乾隆刻本　一册

330000－1704－0015319　015785　史部/紀傳類/正史之屬
後漢書九十卷附考證　(南朝宋)范曄撰　(唐)李賢注　**志三十卷**　(晉)司馬彪撰　(南朝梁)劉昭注　清光緒十四年(1888)上海蜚英館石印四史叢書本　劉紹寬批　十二册

330000－1704－0015322　015814　子部/藝術類/遊藝之屬/聯語
楹聯新話十卷　(清)朱應鎬輯　清光緒十八年(1892)刻本　四册

330000－1704－0015323　015743　類叢部/叢書類/彙編之屬
香艷叢書三百二十六種　(清)蟲天子輯　清宣統鉛印本　一册　存一種

330000－1704－0015326　015645　子部/宗教類/佛教之屬/經疏
大佛頂如來密因修證了義諸菩薩萬行首楞嚴經文句十卷　(清)釋智旭撰　清刻本　一册　存一卷(四)

330000－1704－0015327　015791　史部/政書類/通制之屬
文獻通考三百四十八卷　(元)馬端臨撰　清咸豐九年(1859)崇仁謝氏刻本　六十册　存一百九十四卷(一百五十五至三百四十八)

330000－1704－0015328　015786　子部/宗教類/佛教之屬/諸宗
雲棲法彙二十八種七十四卷　(明)釋袾宏撰　(明)王宇春等輯　清光緒二十三年至二十五年(1897－1899)金陵刻經處刻本　五册　存一種

330000－1704－0015330　015897　史部/編年類/通代之屬
綱鑑總論二卷　(清)周茂才撰　清光緒二十八年(1902)上海書局石印本　一册

330000－1704－0015331　善000229　集部/總集類
豐湖王氏譜藝文鈔略不分卷　清抄本　清孫鏘鳴批校並跋　一册

330000－1704－0015332　015787　子部/宗教類/佛教之屬/諸宗
雲棲法彙二十八種七十四卷　(明)釋袾宏撰　(明)王宇春等輯　清光緒二十三年至二十五年(1897－1899)金陵刻經處刻本　二册　存一種

330000－1704－0015333　015898　史部/編年類/通代之屬
袁王綱鑑合編三十九卷首一卷　(明)袁黄輯　(明)王世貞編　**御撰明紀綱目二十卷**

(清)張廷玉等輯　清光緒三十年(1904)上海商務印書館鉛印本　八冊

330000－1704－0015334　015816　集部/別集類/清別集
錢牧齋尺牘三卷補遺一卷　(清)錢謙益撰　清末上海商務印書館鉛印本　一冊　存一卷(上)

330000－1704－0015335　015744　子部/醫家類/類編之屬
東垣十書附二種　清光緒上海文盛書局石印本　四冊　存十種

330000－1704－0015337　015789　子部/宗教類/佛教之屬/諸宗
雲棲法彙二十八種七十四卷　(明)釋袾宏撰　(明)王宇春等輯　清光緒二十三年至二十五年(1897－1899)金陵刻經處刻本　五冊　存一種

330000－1704－0015341　015834　子部/宗教類/佛教之屬/經疏
大佛頂如來密因修證了義諸菩薩萬行首楞嚴經合轍十卷　(明)釋通潤撰　清刻本　五冊　存五卷(三、五至八)

330000－1704－0015342　015835　子部/宗教類/佛教之屬/經疏
略釋新華嚴經修行次第決疑論四卷　(唐)李通玄撰　清同治九年(1870)如皋刻經處刻本　一冊　存二卷(三至四)

330000－1704－0015346　015551　集部/別集類/唐五代別集
白香山詩長慶集二十卷後集十七卷別集一卷補遺二卷　(唐)白居易撰　(清)汪立名編訂　**白香山年譜舊本一卷**　(宋)陳振孫撰　**白香山年譜一卷**　(清)汪立名撰　清會文堂石印本　十二冊

330000－1704－0015347　善000232　史部/傳記類/總傳之屬/家乘
[浙江瑞安]盤谷孫氏族譜八卷　(清)孫衣言纂修　清光緒刻本　清孫衣言批校　一冊

330000－1704－0015352　015899　集部/總集類/選集之屬/通代
繪圖增批古文觀止十二卷　(清)吴乘權(清)吴大職輯　清光緒三十四年(1908)浙紹明達書莊石印本　三冊　存六卷(一至二、五至六、九至十)

330000－1704－0015355　015883　子部/儒家類/儒學之屬/蒙學
蒙學論説實在易一卷　(清)程宗啟編　清宣統二年(1910)上海彪蒙書室石印本　一冊

330000－1704－0015358　015821　集部/別集類/清別集
錢牧齋文鈔不分卷　(清)錢謙益撰　清宣統元年(1909)國學扶輪社鉛印本　二冊

330000－1704－0015361　015822　集部/別集類/清別集
紅雪山房詩鈔十二卷　(清)吴嵰撰　清嘉慶十九年(1814)陸介眉寫刻本　三冊　缺三卷(十至十二)

330000－1704－0015363　015930　子部/兵家類
歷代史事論海三十二卷　(清)知新子編　清光緒二十八年(1902)石印本　二十九冊　存二十九卷(一、四至十七、十九至三十二)

330000－1704－0015365　015823　子部/醫家類/兒科之屬/通論
鼎鍥幼幼集成六卷　(清)陳復正輯　清乾隆十六年(1751)翰墨園刻本　六冊

330000－1704－0015366　015746　集部/戲劇類/雜劇之屬
增像第六才子書五卷　(元)王德信　(元)關漢卿撰　(清)金人瑞評　清末石印本　一冊

330000－1704－0015368　015894　史部/編年類/通代之屬
御批歷代通鑑輯覽一百二十卷　(清)傅恒等撰　清光緒三十年(1904)美華局石印本　二十四冊

330000－1704－0015371　015931　史部/傳

記類/别傳之屬/年譜

左忠毅公[光斗]年譜定本二卷　馬其昶纂　清光緒九年(1883)刻馬氏家刻集叢書朱印本　一册

330000－1704－0015373　015824　集部/總集類/課藝之屬

尊經書院初集十二卷　(清)王闓運輯　清光緒十年(1884)刻本　十二册

330000－1704－0015376　善 000222　史部/傳記類/日記之屬

秋鐙課詩之屋日記一卷(光緒十五年十月至十一月)　(清)王彦威撰　清光緒十五年(1889)稿本　一册

330000－1704－0015377　015842　子部/宗教類/佛教之屬/諸宗

相宗八要直解八卷　(明)釋智旭撰　清同治九年(1870)金陵刻經處刻本　二册

330000－1704－0015380　015828　集部/詩文評類/制藝之屬

試律標準二卷　(清)何桂清輯　清咸豐六年(1856)刻本　二册

330000－1704－0015382　015886　集部/别集類/唐五代别集

唐丞相曲江張文獻公集十二卷附錄一卷千秋金鑑錄五卷　(唐)張九齡撰　清光緒十八年(1892)張曉如刻本　五册　缺目錄

330000－1704－0015383　015844　子部/宗教類/佛教之屬/經

大佛頂如來密因修證了義諸菩薩萬行首楞嚴經十卷　(唐)釋般剌蜜諦譯　(唐)釋彌伽釋迦譯語　(唐)房融筆受　清光緒二十六年(1900)揚州藏經院刻本　三册

330000－1704－0015384　015748　史部/傳記類/總傳之屬/家乘

[浙江永嘉]曾氏宗譜十卷　清抄本　七册　存七卷(一至二、四至五、七至九)

330000－1704－0015385　015845　子部/宗教類/佛教之屬

大明太宗文皇帝御製序讃文一卷　(明)成祖朱棣撰　**諸佛世尊如來菩薩尊者名稱歌曲感應一卷**　清刻本　一册

330000－1704－0015386　015829　子部/雜著類/雜考之屬

日知錄集釋三十二卷刊誤二卷續刊誤二卷　(清)黄汝成撰　清同治八年(1869)廣州述古堂刻本　九册　存二十二卷(四至五、八至十一、十四至十八、二十四至三十,刊誤一至二,續刊誤一至二)

330000－1704－0015388　善 000223　史部/傳記類/日記之屬

微波榭日記一卷(同治十二年一月一日至十一月九日)　(清)周文鬱撰　清同治十二年(1873)稿本　一册

330000－1704－0015389　015830　史部/紀傳類/正史之屬

南北史補志十四卷附贊一卷　(清)汪士鐸撰　清光緒四年(1878)淮南書局刻本　六册

330000－1704－0015390　015932－1　子部/叢編

二十五子彙函　(清)鴻文書局編　清光緒三十年(1904)上海育文書局石印本　十三册　存十五種

330000－1704－0015391　015887－1　類叢部/叢書類/彙編之屬

粤雅堂叢書一百八十四種　(清)伍崇曜編　清道光二十九年至光緒十一年(1849－1885)南海伍氏刻彙印本(春秋五禮例宗卷四至六、乾道臨安志卷四至十五、群書治要卷四、十三、二十原缺)　一册　存一種

330000－1704－0015394　015831　集部/總集類/選集之屬/通代

續古文苑二十卷　(清)孫星衍輯　清光緒九年(1883)江蘇書局刻本　黄群題簽並記　六册

330000－1704－0015395　015887　類叢部/叢書類/彙編之屬

粤雅堂叢書續編四十九種　(清)伍崇曜編　清道光至光緒南海伍氏刻彙印本　三十三冊　存二十六種

330000－1704－0015396　善000224　史部/傳記類/日記之屬
頗宜茨室日記不分卷(光緒二十三年一月一日至三十四年十月七日)　(清)林駿撰　清光緒二十三年至三十四年(1897－1908)稿本　張棡題簽　九冊

330000－1704－0015398　015934　子部/叢編
諸子彙函　(明)歸有光編　明刻本　一冊　存四種

330000－1704－0015400　善000221　史部/傳記類/日記之屬
過來語不分卷(道光六年至同治四年)　(清)趙鈞撰　稿本　二十冊

330000－1704－0015403　015833　子部/醫家類/綜合之屬/合刻、合抄
景岳全書六十四卷　(明)張介賓撰　清刻本　六冊　存十一卷(十三至十五、四十六、五十二至五十七、六十四)

330000－1704－0015404　015888　子部/宗教類/佛教之屬/諸宗
天台四教儀註彙補輔弘記十卷　(高麗)釋諦觀輯　(元)釋蒙潤集注　(清)釋性權彙補　**畧科提綱一卷**　釋諦閑排訂　清光緒二十四年(1898)刻本　六冊　存六卷(三至四、七至十)

330000－1704－0015406　015889　子部/宗教類/佛教之屬/經
大佛頂如來密因修證了義諸菩薩萬行首楞嚴經十卷　(唐)釋般剌蜜諦譯　(唐)釋彌伽釋迦譯語　(唐)房融筆受　清同治八年(1869)金陵刻經處刻本　二冊

330000－1704－0015407　015846　子部/宗教類/佛教之屬/諸宗
蓮宗十一祖往生正傳一卷　(清)釋悟開編　清光緒三十年(1904)溫州劉慶潤經房刻本　一冊

330000－1704－0015408　015847　子部/宗教類/佛教之屬/經
大佛頂如來密因修證了義諸菩薩萬行首楞嚴經十卷　(唐)釋般剌蜜諦譯　(唐)釋彌伽釋迦譯語　(唐)房融筆受　清光緒二十六年(1900)揚州藏經院刻本　三冊

330000－1704－0015409　015890　子部/醫家類/類編之屬
黃先生醫書　(清)黃元御撰　清光緒二十年(1894)上海圖書集成印書局鉛印本　一冊　存一種

330000－1704－0015411　015935　史部/目録類/專録之屬
閱藏知津四十四卷總目四卷　(清)釋智旭輯　清光緒十八年(1892)金陵刻經處刻本　五冊　缺二十一卷(總目一至四,十六至二十、二十六至三十三、四十一至四十四)

330000－1704－0015412　015892　史部/編年類/通代之屬
尺木堂綱鑑易知錄九十二卷明鑑易知錄十五卷　(清)吳乘權等輯　清光緒二十六年(1900)上海圖書集成印書局鉛印本　十六冊

330000－1704－0015413　015848　子部/宗教類/佛教之屬/經
大佛頂如來密因修證了義諸菩薩萬行首楞嚴經十卷　(唐)釋般剌蜜諦譯　(唐)釋彌伽釋迦譯語　(唐)房融筆受　清末常州天寧寺刻本　二冊

330000－1704－0015414　015753　集部/小說類/長篇之屬
第一才子書十六卷一百二十回　(明)羅本撰　(清)毛宗崗評　清末上海中新書局鉛印本　一冊

330000－1704－0015416　015956　經部/小學類/文字之屬/說文/傳說
段氏說文注訂八卷　(清)鈕樹玉撰　清道光

三年(1823)吳縣鈕樹玉非石居刻同治五年(1866)碧螺山館補刻本　二册

330000－1704－0015417　015849　子部/宗教類/佛教之屬/經疏
佛説無量壽經義疏六卷　(三國魏)釋康僧鎧譯　(隋)釋慧遠疏　清光緒二十年(1894)金陵刻經處刻本　二册

330000－1704－0015418　015850　子部/宗教類/佛教之屬/諸宗
雲棲法彙二十八種七十四卷　(明)釋袾宏撰　(明)王宇春等輯　清光緒二十三年至二十五年(1897－1899)金陵刻經處刻本　一册　存一種

330000－1704－0015419　015557　史部/史評類/史論之屬
一草亭讀史漫筆二卷　(清)吴孟堅撰　清光緒北京大學堂官書局鉛印本　一册

330000－1704－0015420　015913　集部/别集類/清别集
望溪先生文集十八卷集外文十卷集外文補遺二卷年譜二卷　(清)方苞撰　清宣統二年(1910)上海集成圖書公司鉛印本　一册　存二卷(年譜一至二)

330000－1704－0015422　015851　子部/宗教類/佛教之屬/經
大方廣佛華嚴經入不思議解脱境界普賢行願品一卷　(唐)釋般若譯　清末刻本　一册

330000－1704－0015423　015958　子部/雜著類/雜品之屬
弦雪居重訂遵生八牋十九卷目録一卷　(明)高濂撰　清嘉慶十五年(1810)刻本　四册　存八卷(目録,一至三、七至八、十二至十三)

330000－1704－0015424　015852　子部/宗教類/佛教之屬/經
大佛頂如來密因修證了義諸菩薩萬行首楞嚴經十卷　(唐)釋般刺蜜諦譯　(唐)釋彌伽釋迦譯語　(唐)房融筆受　清光緒二十六年(1900)揚州藏經院刻本　三册

330000－1704－0015426　015853　子部/宗教類/佛教之屬/論疏
大乘起信論疏筆削記會閲十卷首一卷　(唐)釋法藏疏　(唐)釋宗密註　(宋)釋子璿修記　(清)釋續法輯　清光緒十五年(1889)刻本　二册　存二卷(四至五)

330000－1704－0015427　015936　子部/宗教類/佛教之屬/諸宗
釋禪波羅蜜次第法門十卷　(隋)釋智顗説　(唐)釋法慎記　(唐)釋灌頂再治　清刻本　一册　存三卷(五至七)

330000－1704－0015431　015937　子部/宗教類/佛教之屬
方廣大莊嚴經十二卷　(唐)釋地婆訶羅譯　清刻本　一册　存三卷(一至三)

330000－1704－0015432　015959　經部/叢編
重刊宋本十三經注疏四百十六卷附十三經注疏校勘記四百十六卷　(清)阮元撰　(清)盧宣旬摘録　清嘉慶二十年(1815)南昌府學刻本　三十册　存七種

330000－1704－0015433　015755　集部/小説類/短篇之屬
聊齋志異新評十六卷　(清)蒲松齡撰　(清)王士禛評　(清)吕湛恩注　(清)但明倫批　清刻朱墨套印本　二册　存二卷(三、十四)

330000－1704－0015434　015938　子部/宗教類/佛教之屬/論疏
唯識二十論述記四卷　(唐)釋窺基撰　清宣統二年(1910)江西刻經處刻本　一册　存二卷(三至四)

330000－1704－0015438　015916　子部/雜著類
悔翁筆記六卷　(清)汪士鐸撰　清光緒九年(1883)合肥張氏味古齋刻本　一册

330000－1704－0015441　015917　集部/别集類/清别集
怡志堂文初編六卷　(清)朱琦撰　清同治三

年至四年(1864－1865)朱氏運甓軒京師刻本　二冊

330000－1704－0015445　015918　集部/别集類/清别集
湖唐林館駢體文二卷　(清)李慈銘撰　清光緒十年(1884)刻本　一冊

330000－1704－0015446　015939　子部/宗教類/佛教之屬/經疏
金剛經五十三家註解四卷　(後秦)釋鳩摩羅什譯　(明)成祖朱棣集註　清刻本　吳啟誠題記　四冊

330000－1704－0015447　015919　集部/别集類/清别集
湖唐林館駢體文二卷　(清)李慈銘撰　清光緒十年(1884)刻本　一冊

330000－1704－0015448　015920　集部/總集類/郡邑之屬
西泠五布衣遺箸　(清)丁丙輯　清同治至光緒錢塘丁氏當歸草堂刻本　一冊　存一種

330000－1704－0015451　015560　集部/别集類/清别集
倭文端公遺書十一卷首二卷　(清)倭仁撰　清光緒二十年(1894)山東書局刻本　八冊

330000－1704－0015453　015960　子部/天文曆算類/算書之屬
白芙堂算學叢書　(清)丁取忠輯　清同治至光緒長沙古荷花池精舍刻本　二十一冊　存十三種

330000－1704－0015454　015921　集部/别集類/宋别集
鐔津文集十九卷首一卷　(宋)釋契嵩撰　清光緒二十八年(1902)揚州藏經院刻本　四冊

330000－1704－0015455　015929　經部/叢編
皇清經解一千四百八卷首一卷　(清)阮元輯　清道光九年(1829)廣東學海堂刻咸豐十一年(1861)補刻本　景臣觀款　三十六冊　存一百八十九卷(七十一至七十五、一百六十二至一百六十九、三百八十三至三百九十一、四百五十一至四百六十一、四百九十一至四百九十五、五百二至五百二十三、六百四十一至六百四十二、六百四十四、八百五十五至八百六十八、八百八十九至九百四十八、九百六十九至九百九十六、一千三至一千二十、一千一百十七至一千一百二十、一千一百八十、一千一百九十五)

330000－1704－0015456　015962　子部/雜著類/雜説之屬
潛書四卷　(清)唐甄撰　**西蜀唐圃亭先生行略一卷**　(清)王聞遠撰　清光緒九年(1883)中江李氏刻本　三冊

330000－1704－0015457　015563　史部/紀傳類/正史之屬
二十四史　清光緒鉛印本　九冊　存一種

330000－1704－0015459　015757　集部/小説類/長篇之屬
繪圖鏡花緣一百回　(清)李汝珍撰　清光緒石印本　一冊　存十八回(六十七至八十四)

330000－1704－0015460　015965　子部/雜著類/雜説之屬
潛書四卷　(清)唐甄撰　**西蜀唐圃亭先生行略一卷**　(清)王聞遠撰　清光緒九年(1883)中江李氏刻本　四冊

330000－1704－0015462　015758　集部/小説類/長篇之屬
繪圖增像第五才子書水滸全傳十二卷七十回　(元)施耐庵撰　(清)金人瑞評　清末石印本　四冊　存四卷(二至四、六)

330000－1704－0015463　015759　集部/小説類/長篇之屬
繪圖增像第五才子書水滸全傳十二卷七十回　(元)施耐庵撰　(清)金人瑞評　清末石印本　四冊　存四卷(二、六至八)

330000－1704－0015465　015760　類叢部/類書類/專類之屬
佩文韻府一百六卷　(清)張玉書　(清)蔡升

元等輯　**韻府拾遺一百六卷**　（清）汪灝（清）何焯等輯　清光緒十二年（1886）上海點石齋石印本　四十一冊　存一百六十五卷（佩文韻府一至二十三、三十七至五十二、六十至七十二、九十九至一百、一百二至一百六，韻府拾遺一至一百六）

330000－1704－0015467　善000173　史部/雜史類/斷代之屬
周書斠補四卷　（清）孫詒讓撰　清光緒二十六年（1900）刻本　一冊

330000－1704－0015471　善000194　史部/編年類/斷代之屬
大明世宗欽天履道英毅聖神宣文廣武洪仁大孝肅皇帝實錄五百六十六卷　（明）張溶（明）徐階等纂修　明抄本　十五冊　存二十四卷（一至十一、十五至二十五、四十至四十一）

330000－1704－0015472　善000189　史部/傳記類/總傳之屬/郡邑
甌海軼聞五十八卷　（清）孫衣言撰　稿本　二冊　存四卷（一至四）

330000－1704－0015476　015999　集部/別集類/清別集
翠微山房詩稿八卷　（清）金璋撰　清道光十九年至二十年（1839－1840）金氏漱芳齋刻本　一冊

330000－1704－0015477　016000　集部/別集類/清別集
笠杖集六卷　（清）張盛藻撰　清光緒七年（1881）刻本　梅冷生題記　一冊　存四卷（一至四）

330000－1704－0015478　016066　類叢部/類書類/專類之屬
子史精華一百六十卷　（清）吳士玉　（清）吳襄等輯　清光緒二十二年（1896）上海寶文書局石印本　六冊　存一百二十卷（一至四十、六十一至八十、一百一至一百六十）

330000－1704－0015479　015967　史部/地理類/外紀之屬
大唐西域記十二卷　（唐）釋玄奘譯　（唐）釋辯機撰　清宣統元年（1909）常州天寧寺刻本　三冊　缺三卷（七至九）

330000－1704－0015480　015928　類叢部/叢書類/自著之屬
儆居遺書十一種　（清）黃式三撰　清同治至光緒刻本　八冊　存一種

330000－1704－0015481　015922　經部/叢編
重刊宋本十三經注疏四百十六卷附十三經注疏校勘記四百十六卷　（清）阮元撰　（清）盧宣旬摘錄　清嘉慶二十年（1815）南昌府學刻本　十四冊　存三種

330000－1704－0015484　015968　子部/宗教類/佛教之屬/諸宗
摩訶止觀輔行傳弘決四十卷　（唐）釋湛然撰　清刻本　十二冊　存二十四卷（一至十二、十五至二十四、三十七至三十八）

330000－1704－0015486　016068　類叢部/叢書類/彙編之屬
知不足齋叢書一百九十六種　（清）鮑廷博編（清）鮑士恭續編　清刻本　二冊　存二種

330000－1704－0015487　善000190　史部/傳記類/總傳之屬/郡邑
甌海軼聞五十八卷　（清）孫衣言撰　稿本　二十四冊　存二十八卷（一至八、十二至十四、十九至二十三、二十五、二十八至三十二、三十八至四十三）

330000－1704－0015489　015970　史部/職官類/官箴之屬
從政遺規摘鈔二卷　（清）陳弘謀撰　清同治四年（1865）刻本　二冊

330000－1704－0015491　015928－1　經部/四書類/總義之屬/傳說
四書朱子本義匯參四十三卷首四卷　（清）王步青輯　清乾隆刻本　三十二冊

330000－1704－0015492　015971　子部/宗

教類/佛教之屬/經疏

法華指掌疏七卷懸示一卷科判一卷事義一卷　(清)釋通理撰　清刻本　五冊　存四卷(二、四、六,科判)

330000－1704－0015493　015923　經部/禮記類/傳說之屬

禮記集解六十一卷尚書顧命解一卷　(清)孫希旦撰　清咸豐十年至同治七年(1860－1868)瑞安孫氏盤谷草堂刻本　十二冊　存四十七卷(一至七、十至十三、十七至二十九、三十四至五十、五十七至六十一,尚書顧命解)

330000－1704－0015494　015561　集部/總集類/選集之屬/通代

文選六十卷　(南朝梁)蕭統輯　(唐)李善注　明末海虞毛氏汲古閣刻本　一冊

330000－1704－0015496　016005　集部/別集類/清別集

問山詩集十卷文集八卷紫雲詞一卷　(清)丁煒撰　(清)朱彝尊選　(清)吳綺　(清)徐釚評　清咸豐四年(1854)雁江景義堂刻本　一冊　存一卷(紫雲詞)

330000－1704－0015497　015972　經部/小學類/文字之屬/說文/專著

說文辨字正俗八卷　(清)李富孫撰　清嘉慶二十一年(1816)校經廎刻本　四冊

330000－1704－0015499　016007　子部/術數類/堪輿之屬

雪心賦正解四卷　(唐)卜應天撰　(清)孟浩註　**辯論三十篇一卷**　(清)孟浩撰　清刻本　一冊　缺二卷(二至三)

330000－1704－0015500　015908　史部/目録類/通論之屬/考訂

欽定四庫全書考證一百卷　(清)王太岳　(清)曹錫寶等撰　清乾隆武英殿木活字印本　六十四冊

330000－1704－0015504　016008　經部/叢編

倣宋相臺五經九十七卷附考證　(清)□□輯　清刻本　一冊　存一種

330000－1704－0015505　015973　經部/叢編

古經解彙函十六種附小學彙函十四種　(清)鍾謙鈞等輯　清同治十二年(1873)粵東書局刻本　一冊　存一種

330000－1704－0015507　015974　類叢部/類書類/通類之屬

玉海二百四卷附刻十三種　(宋)王應麟撰　**校補玉海瑣記二卷王深甯先生年譜一卷**　(清)張大昌撰　清光緒九年至十六年(1883－1890)浙江書局刻本　二冊　存四卷(急就篇補注一至四)

330000－1704－0015508　016009　子部/術數類/相宅相墓之屬

重校刊官板地理玉髓真經二十八卷　(宋)張洞玄撰　(宋)劉允中注　**後卷一卷**　(宋)房正撰　明天啟七年(1627)龍虎山刻本　五冊

330000－1704－0015509　善000185　史部/傳記類/總傳之屬/郡邑

東昆仰止錄八卷　(明)鄭思恭編次　清平陽楊氏抄本　一冊

330000－1704－0015510　015975　經部/小學類/文字之屬/說文/專著

說文辨字正俗八卷　(清)李富孫撰　清嘉慶二十一年(1816)校經廎刻本　二冊

330000－1704－0015512　016010　子部/術數類/相宅相墓之屬

重校刊官板地理玉髓真經二十八卷　(宋)張洞玄撰　(宋)劉允中注　**後卷一卷**　(宋)房正撰　清龍溪堂刻本　十冊

330000－1704－0015513　015915　子部/農家農學類/園藝之屬/總志

佩文齋廣羣芳譜一百卷目錄二卷　(清)汪灝等撰　清刻本　二十一冊　存四十五卷(一至三十二、三十五至四十七)

330000－1704－0015517　016070　集部/戲

劇類/傳奇之屬
長生殿傳奇四卷五十折　(清)洪昇撰　清宣統二年(1910)上海文瑞樓鉛印本　一冊　存二卷(一至二)

330000－1704－0015518　016071　經部/四書類/總義之屬/傳說
四書經註集證十九卷　(清)吳昌宗撰　清嘉慶三年(1798)江都汪廷機刻本　九冊

330000－1704－0015519　015978　經部/小學類/文字之屬/說文
說文引經攷證七卷說文引經互異說一卷　(清)陳瑑撰　清同治十三年(1874)湖北崇文書局刻本　二冊

330000－1704－0015521　015940　史部/叢編
資治通鑑彙刻　清同治至光緒江蘇書局刻本　一百六十二冊　存三種

330000－1704－0015523　016111　類叢部/叢書類/自著之屬
蕙風叢書七種附一種　況周頤撰　清光緒刻本　一冊　存一種

330000－1704－0015524　015979　類叢部/叢書類/彙編之屬
金峨山館叢書(望三益齋叢書)十一種　(清)郭傳璞編　清光緒八年至十六年(1882－1890)鄞郭氏刻二十年(1894)鎮海邵氏彙印本　二冊　存三種

330000－1704－0015525　善000191　史部/傳記類/總傳之屬/郡邑
甌海軼聞不分卷　(清)孫衣言撰　清末稿本　十九冊

330000－1704－0015526　016073　集部/總集類/選集之屬/通代
樂府詩集一百卷目錄二卷　(宋)郭茂倩輯　清同治十三年(1874)湖北崇文書局刻本　十六冊

330000－1704－0015527　016153　類叢部/叢書類/彙編之屬
增訂漢魏叢書八十六種　(清)王謨編　清乾隆五十六年(1791)金谿王氏刻本　一冊　存一種

330000－1704－0015528　善000192　史部/傳記類/總傳之屬/郡邑
甌海軼聞五十八卷　(清)孫衣言撰　稿本　十二冊　存三十三卷(一至三、五至六、八至九、十二至十四、十八至二十、二十二至二十五、二十八至三十、三十二至三十九、四十一至四十五)

330000－1704－0015536　016014　類叢部/叢書類/自著之屬
船山遺書五十八種　(清)王夫之撰　清同治四年(1865)湘鄉曾國荃金陵刻本　三冊　存一種

330000－1704－0015540　015323　經部/小學類/音韻之屬/韻書
詩韻一卷　清刻本　一冊

330000－1704－0015541　016019　類叢部/類書類/專類之屬
佩文韻府一百六卷　(清)張玉書　(清)蔡升元等輯　**韻府拾遺一百六卷**　(清)汪灝(清)何焯等輯　清光緒十八年(1892)上海鴻寶齋石印本　一百三十一冊　存一百五十卷(佩文韻府一至九、十三、十六至四十九、五十一至五十二、六十八至七十七、八十至八十二、八十五至九十、九十九至一百、一百四至一百六,韻府拾遺五至七十六、七十七至八十四)

330000－1704－0015542　016115　類叢部/叢書類/自著之屬
甌北全集八種　(清)趙翼撰　清乾隆至嘉慶湛貽堂刻本　二冊　存一種

330000－1704－0015546　016116　集部/詩文評類/文評之屬
文心雕龍十卷　(南朝梁)劉勰撰　(清)黃叔琳輯注　(清)紀昀評　清道光十三年(1833)盧坤兩廣節署刻朱墨套印本　四冊

330000－1704－0015547　015941　子部/宗教類/佛教之屬/經疏

妙法蓮華經演義七卷科文一卷　(清)釋一松講　(清)釋曉柔輯　清光緒二年(1876)東甌刻本　十九册　缺二卷(一、科文)

330000－1704－0015550　015857　子部/宗教類/佛教之屬/論

大智度論一百卷　(天竺)龍樹菩薩造　(後秦)釋鳩摩羅什譯　清光緒九年(1883)姑蘇刻經處刻本　一册　存四卷(九十七至一百)

330000－1704－0015551　015858　史部/地理類/山川之屬/山志

爛柯山志十三卷　(清)鄭永禧輯　清光緒三十三年(1907)不其山館刻本　四册

330000－1704－0015553　016117　類叢部/類書類/專類之屬

佩文韻府一百六卷　(清)張玉書　(清)蔡升元等輯　**韻府拾遺一百六卷**　(清)汪灝　(清)何焯等輯　清光緒石印本　七册　存八十卷(佩文韻府一百二至一百六,韻府拾遺十六至四十三、六十至一百六)

330000－1704－0015554　015986　子部/雜著類/雜説之屬

墨子閒詁十五卷目録一卷附録一卷後語二卷　(清)孫詒讓撰　清宣統二年(1910)瑞安孫氏刻本　八册

330000－1704－0015559　016013　史部/史評類/史論之屬

史通削繁四卷　(清)紀昀撰　清道光十三年(1833)盧坤兩廣節署刻朱墨套印本　四册

330000－1704－0015560　016166　子部/藝術類/書畫之屬/書法書品

蝯叟手鉤重刻法華寺碑一卷　(唐)李邕撰并書　(清)何紹基手鉤　清宣統三年(1911)上海有正書局影印本　一册

330000－1704－0015561　016015　子部/雜著類/雜考之屬

札迻十二卷　(清)孫詒讓撰　清光緒二十年(1894)籀高刻二十一年(1895)重修本　四册

330000－1704－0015562　015943　子部/法家類

韓非子二十卷識誤三卷　(清)顧廣圻撰　清嘉慶二十三年(1818)全椒吳鼒刻本　二册

330000－1704－0015564　016020　集部/別集類/清別集

錢牧齋文鈔不分卷　(清)錢謙益撰　清宣統元年(1909)國學扶輪社鉛印本　四册

330000－1704－0015566　016021　集部/別集類/清別集

水流雲在館詩鈔六卷　(清)宋晉撰　清光緒十二年(1886)刻本　二册

330000－1704－0015567　015859　子部/宗教類/佛教之屬/經

阿難問事佛吉凶經一卷　(漢)釋安清譯　**十二緣生祥瑞經二卷**　(宋)釋施護譯　清同治九年(1870)如皋刻經處刻本(十二緣生祥瑞經為清光緒三年江北刻經處刻本)　一册

330000－1704－0015568　015944　集部/別集類/清別集

出山草譜八卷　(清)湯肇熙撰　清光緒十年(1884)昆陽縣署刻本　三册　存六卷(三至八)

330000－1704－0015572　015945　類叢部/叢書類/彙編之屬

新斠平津館叢書十集三十四種　(清)孫星衍編　清光緒十年至十五年(1884－1889)吳縣朱氏槐廬家塾刻本　八册　存三種

330000－1704－0015576　021537　史部/紀傳類/正史之屬

二十四史　清同治至光緒五省官書局據汲古閣本等合刻光緒五年(1879)湖北書局彙印本　八十册　存一種

330000－1704－0015577　016024　史部/傳記類/總傳之屬/斷代

國朝先正事略六十卷首一卷　(清)李元度撰　清光緒二十九年(1903)天章石印局石印本

八冊

330000－1704－0015580　015947　類叢部/叢書類/彙編之屬

廣漢魏叢書　（明）何允中編　清嘉慶刻本　二冊　存一種

330000－1704－0015582　016187　集部/總集類/選集之屬/通代

駢體文鈔三十一卷　（清）李兆洛輯　清道光元年（1821）合河康氏家塾刻本　六冊

330000－1704－0015583　015949　子部/宗教類/佛教之屬/總録

翻譯名義集選一卷　（宋）釋法雲編　（清）□□輯　清同治十二年（1873）江北刻經處刻本　一冊

330000－1704－0015584　016119　經部/叢編

萬充宗先生經學五書五種十九卷　（清）萬斯大撰　清乾隆二十四年至二十六年（1759－1761）辨志堂刻嘉慶元年（1796）印本　四冊　存四種

330000－1704－0015585　善000240　史部/傳記類/日記之屬

符笑拈日記不分卷（清光緒十九年至民國十七年）　符璋撰　清光緒十九年至民國十七年（1893－1928）稿本　二十八冊

330000－1704－0015586　016181　集部/別集類/元別集

鐵厓樂府註十卷咏史註八卷逸編註八卷　（元）楊維楨撰　（清）樓卜瀍註　清宣統二年（1910）上海掃葉山房石印本　十冊

330000－1704－0015587　016193　經部/周禮類/傳說之屬

周禮釋注二卷　（清）丁晏撰　清刻本　一冊　存一卷（二）

330000－1704－0015591　016025　史部/傳記類/總傳之屬/列女

列女傳八卷　（漢）劉向撰　（清）梁端校注　清宣統二年（1910）上海會文堂書局石印本　四冊

330000－1704－0015593　016029　史部/傳記類/總傳之屬/仕宦

中興名臣事略八卷　朱孔彰撰　清光緒二十九年（1903）上海務本山房印書局石印本　四冊

330000－1704－0015594　016026　子部/雜著類/雜纂之屬

雲林別墅新輯酬世錦囊全集十九卷　（清）鄒景揚輯　清光緒二十六年（1900）上海鍊石齋書局石印本　四冊　存十二卷（初集一至四、二集一至四、三集一至二、四集一至二）

330000－1704－0015595　016120　子部/醫家類/類編之屬

世補齋醫書後集　（清）陸懋修編　清宣統二年（1910）陸潤庠刻本　六冊　存一種

330000－1704－0015596　015722　集部/總集類/選集之屬/斷代

宋詩百一鈔八卷　（清）姚培謙　（清）張景星　（清）王永祺點閱　清乾隆二十六年（1761）刻後印本　三冊　缺二卷（五至六）

330000－1704－0015599　016189　集部/別集類/唐五代別集

李太白文集三十六卷　（唐）李白撰　（清）王琦輯注　清刻本　十二冊　存二十八卷（一至二十八）

330000－1704－0015600　015950　子部/宗教類/佛教之屬/諸宗

緇門警訓十卷　（宋）釋澤賢輯　（元）釋永中補輯　（明）釋如卺續輯　清光緒十八年（1892）江北刻經處刻本　二冊

330000－1704－0015603　016028　史部/傳記類/總傳之屬/斷代

陸軍人物摘要解義一卷　（清）湖南第一協司令部編　清光緒三十三年（1907）湖南第一協司令部鉛印本　一冊

330000－1704－0015607　015951　子部/宗教類/佛教之屬/經

勝鬘師子吼一乘大方便方廣經一卷 (南朝宋)釋求那跋陀羅譯 **勝鬘夫人會一卷** (唐)釋菩提流志譯 清光緒二十二年(1896)金陵刻經處刻本 一册

330000－1704－0015608 016194 史部/地理類/雜志之屬

談瀛録三卷 (清)王之春撰 清光緒六年(1880)上洋文藝齋刻本 一册

330000－1704－0015609 善000241 史部/傳記類/日記之屬

厚莊日記彙抄不分卷(光緒十四年至民國三十一年) 劉紹寬撰 清光緒十四年至民國三十一年(1888－1942)稿本 四十册

330000－1704－0015610 016121 類叢部/類書類/專類之屬

韻府拾遺一百六卷 (清)汪灝 (清)何焯等輯 清刻本 二十四册 存一百五卷(一至五、七至一百六)

330000－1704－0015611 016030 史部/傳記類/總傳之屬/斷代

國朝先正事略六十卷 (清)李元度撰 清光緒二十九年(1903)上海務本山房印書局鉛印本 八册

330000－1704－0015612 015942 集部/别集類/清别集

集虚齋全稿合刻六卷 (清)方桑如撰 (清)朱桓 (清)何忠相編次 清光緒二十年(1894)浙江書局刻本 四册

330000－1704－0015616 016184 類叢部/叢書類/彙編之屬

知不足齋叢書一百九十六種 (清)鮑廷博編 (清)鮑士恭續編 清刻本 四十四册 存四十一種

330000－1704－0015617 016198 經部/小學類/叢編

姚氏叢刻(姚刻三韻)三種三十卷 (清)姚覲元輯 清光緒二年(1876)歸安姚覲元川東官舍刻本 三册 存一種

330000－1704－0015618 016123 集部/别集類/唐五代别集

昌黎先生詩集注十一卷年譜一卷 (唐)韓愈撰 (清)顧嗣立删補 清光緒九年(1883)廣州翰墨園刻三色套印本 四册

330000－1704－0015620 016190 集部/總集類/尺牘之屬

蘇東坡尺牘八卷 (宋)蘇軾撰 **黄山谷尺牘十卷** (宋)黄庭堅撰 清宣統元年(1909)上海掃葉山房石印本 張㭿批校 四册

330000－1704－0015621 015953 類叢部/叢書類/自著之屬

春在堂全書 (清)俞樾撰 清同治至光緒刻本 三册 存三種

330000－1704－0015622 善000242 史部/傳記類/總傳之屬/家乘

[浙江瑞安]盤谷孫氏族譜一卷 (清)孫衣言纂修 清抄本 一册

330000－1704－0015623 016033 子部/雜著類/雜考之屬

校訂困學紀聞集證二十卷 (宋)王應麟撰 (清)閻若璩等箋 (清)萬希槐集證 清咸豐二年(1852)金閶小西山房刻本 十册

330000－1704－0015624 善000243 史部/傳記類/總傳之屬/家乘

泰順林氏家傳一卷 (清)林昕編 稿本 一册

330000－1704－0015625 016191 集部/别集類/清别集

煙霞萬古樓文集六卷 (清)王曇撰 清道光二十年(1840)刻本 二册

330000－1704－0015628 016032 集部/别集類/明别集

震川大全集三十卷别集十卷補集八卷餘集八卷先太僕評點史記例意一卷歸震川先生論文章體則一卷 (明)歸有光撰 清宣統二年(1910)國學扶輪社石印本 十二册

330000－1704－0015629 善000244 史部/

傳記類/別傳之屬/事狀

青田劉醒齋先生[鳳儀]家傳一卷　劉紹寬撰　清宣統三年(1911)江蘇省立官紙印刷廠鉛印本　一册

330000－1704－0015630　016034　新學/雜著/叢編

中西學門徑書七種　梁啓超編　清光緒二十四年(1898)上海大同譯書局石印本　孫延釗題記　一册　存七種

330000－1704－0015632　015952　子部/醫家類/方書之屬/單方驗方

經驗奇方二卷　(清)周錕撰　清紹興育新書局石印本　一册

330000－1704－0015633　015954　類叢部/叢書類/彙編之屬

半厂叢書初編十種　(清)譚獻編　清同治至光緒仁和譚氏刻本　十六册　存八種

330000－1704－0015634　善000245　史部/傳記類/總傳之屬/家乘

普門張氏聞知錄六卷首一卷　(清)張銘述　清道光二十六年至二十七年(1846－1847)張氏崇義堂刻本　二册

330000－1704－0015636　016209　子部/宗教類/道教之屬

大洞經示讀三卷　清咸豐十年(1860)抄本　一册　缺一卷(上)

330000－1704－0015639　016210　子部/醫家類/類編之屬

本草醫方合編　(清)汪昂編　清光緒十七年(1891)上洋珍藝局鉛印本　六册

330000－1704－0015644　善000246　史部/傳記類/別傳之屬/事狀

明太師張文忠公世家初編四卷首一卷末一卷　(明)李思誠　(明)姜應麟輯　**明太師張文忠公世家三編四卷首一卷末一卷**　(明)楊道賓　(明)項維聰參校　清道光二十四年至二十五年(1844－1845)張氏崇義堂刻本　四册

330000－1704－0015650　016126　史部/紀傳類/正史之屬

二十四史附考證　清光緒十四年(1888)上海圖書集成印書局鉛印本　三册　存一種

330000－1704－0015651　016175　子部/醫家類/眼科之屬

傅氏眼科審視瑤函六卷首一卷　(明)傅仁宇撰　(明)林長生校補　清濟世堂刻本　六册

330000－1704－0015655　016176　類叢部/叢書類/彙編之屬

花雨樓叢鈔十一種續鈔十一種附一種　(清)張壽榮編　清光緒八年至十四年(1882－1888)蛟川張氏花雨樓刻本　四册　存一種

330000－1704－0015656　016041　經部/叢編

古經解彙函十六種附小學彙函十四種　(清)鍾謙鈞等輯　清同治十二年(1873)粵東書局刻本　五册　存一種

330000－1704－0015657　016040　集部/別集類/唐五代別集

駱賓王文集十卷　(唐)駱賓王撰　**考異一卷**　(清)顧廣圻撰　清宣統三年(1911)上海文瑞樓石印本　二册

330000－1704－0015658　016042　經部/小學類/文字之屬/說文

說文逸字二卷　(清)鄭珍撰　**附錄一卷**　(清)鄭知同撰　清末湖南經濟書堂刻本　二册

330000－1704－0015659　016214　史部/紀傳類/正史之屬

二十四史附考證　清光緒十八年(1892)武林竹簡齋石印本　八册　存一種

330000－1704－0015660　016043　經部/叢編

古經解彙函十六種附小學彙函十四種　(清)鍾謙鈞等輯　清同治十二年(1873)粵東書局刻本　一册　存一種

330000－1704－0015662　016215　史部/紀傳類/正史之屬

二十四史附考證　清光緒十四年(1888)上海圖書集成印書局鉛印本　八冊　存一種

330000 - 1704 - 0015663　善 000248　史部/傳記類/總傳之屬/家乘

[浙江瑞安]盤谷孫氏族譜八卷　(清)孫衣言纂修　清末抄本　楊紹廉批校　二冊　存七卷(一至三、五至八)

330000 - 1704 - 0015664　016044　經部/叢編

古經解彙函十六種附小學彙函十四種　(清)鍾謙鈞等輯　清同治十二年(1873)粵東書局刻本　一冊　存一種

330000 - 1704 - 0015665　016213　新學/史志

普通新歷史十章附歷代帝王總紀一卷　(清)普通學書室編　清光緒三十一年(1905)上海普通學書室鉛印本　一冊

330000 - 1704 - 0015666　016044 - 1　史部/傳記類/別傳之屬/事狀

關帝事跡徵信編三十卷首一卷末一卷　(清)周廣業　(清)崔應榴輯　清道光四年(1824)刻本　三冊

330000 - 1704 - 0015668　016124　集部/別集類/唐五代別集

習之先生文集二卷　(唐)李翱撰　清宣統三年(1911)上海會文堂書局石印本　陳殿元批　二冊

330000 - 1704 - 0015670　016045　集部/總集類/選集之屬/通代

駢體文鈔三十一卷　(清)李兆洛輯　清刻本　六冊　存二十三卷(十至三十二)

330000 - 1704 - 0015671　016173　類叢部/叢書類/彙編之屬

拜經樓叢書(愚谷叢書)二十三種　(清)吳騫編　清乾隆至嘉慶海昌吳氏刻彙印本　一冊　存一種

330000 - 1704 - 0015676　016220　子部/宗教類/道教之屬/經文

三聖經靈驗圖註一卷　清光緒二十四年(1898)上海鴻寶齋書局石印本　一冊

330000 - 1704 - 0015677　016217　類叢部/叢書類/自著之屬

徐位山先生七種　(清)徐文靖撰　清光緒刻彙印本　二十四冊

330000 - 1704 - 0015683　016218　集部/別集類/清別集

養一齋文集二十卷　(清)李兆洛撰　清光緒四年(1878)刻本　八冊

330000 - 1704 - 0015684　016152　史部/編年類/通代之屬

資治通鑑二百九十四卷　(宋)司馬光撰　(元)胡三省音注　**通鑑釋文辯誤十二卷**　(元)胡三省撰　清嘉慶二十一年(1816)鄱陽胡克家影元刻同治八年(1869)江蘇書局重修本　七十三冊　存二百十九卷(四至七十八、一百五十一至二百七十九、二百八十至二百九十四)

330000 - 1704 - 0015686　016219　集部/別集類/清別集

養一齋文集二十卷　(清)李兆洛撰　清光緒四年(1878)刻本　八冊

330000 - 1704 - 0015689　善 000254　史部/傳記類/總傳之屬/仕宦

明萬曆戊戌至國朝康熙壬戌進士履歷跋後一卷　(清)邵懿辰　(清)項傅霖撰　清抄本　一冊

330000 - 1704 - 0015692　015961　子部/宗教類/佛教之屬/諸宗

雲棲法彙二十八種七十四卷　(明)釋袾宏撰　(明)王宇春等輯　清光緒二十三年至二十五年(1897 - 1899)金陵刻經處刻本　二冊　存一種

330000 - 1704 - 0015693　015961 - 1　子部/宗教類/佛教之屬/諸宗

雲棲法彙二十八種七十四卷　(明)釋袾宏撰　(明)王宇春等輯　清光緒二十三年至二十

五年(1897－1899)金陵刻經處刻本　一冊　存一種

330000－1704－0015697　016049　類叢部/類書類/通類之屬
事類統編九十三卷首一卷　(清)林意誠輯　清刻本　六冊　存十七卷(五十二至五十六、六十一至六十六、七十八至八十三)

330000－1704－0015702　016268　集部/小説類/長篇之屬
紅樓夢一百二十回　(清)曹霑　(清)高鶚撰　清刻本　十六冊

330000－1704－0015703　016051　集部/別集類/明別集
陳臥子先生安雅堂稿十五卷兵恒奏議二卷　(明)陳子龍撰　清宣統二年(1910)上海時中書局鉛印本　四冊　存十卷(一至十)

330000－1704－0015707　016053　類叢部/叢書類/彙編之屬
申報館叢書正集五十七種附錄三種　(清)尊聞閣主編　**續集一百四十二種**　(清)蔡爾康編　清同治至光緒上海申報館鉛印本　十七冊　存三種

330000－1704－0015710　016174　經部/小學類/文字之屬/說文
說文解字注十五卷附六書音韻表五卷　(清)段玉裁撰　**說文部目分韻一卷**　(清)陳煥編　清刻本　十一冊　缺十卷(一至十)

330000－1704－0015711　016226　集部/別集類/金別集
元遺山詩集箋注十四卷　(金)元好問撰　(元)張德輝類次　(清)施國祁箋注　**年譜一卷**　(清)施國祁撰　**附錄一卷**　(明)儲瓘輯　(清)華希閔增　**補載一卷**　(清)施國祁輯　清宣統三年(1911)掃葉山房石印本　八冊

330000－1704－0015714　016227　類叢部/叢書類/彙編之屬
正覺樓叢刻(正覺樓叢書)二十九種　(清)崇文書局編　清光緒崇文書局刻本　十二冊　存十一種

330000－1704－0015717　016054　類叢部/類書類/通類之屬
增補事類統編九十三卷首一卷　(清)黃葆真輯　清同治十一年(1872)范陽書林刻本　三十九冊　缺四卷(七至八、四十五至四十六)

330000－1704－0015718　016055　類叢部/類書類/通類之屬
增補事類統編九十三卷首一卷　(清)黃葆真輯　清道光二十六年(1846)敦好堂刻本　十四冊　存二十四卷(一至五、九至十、十三至十九、二十四、二十七至二十九、三十二至三十三、四十八至四十九、五十二至五十三)

330000－1704－0015720　016273　類叢部/叢書類/彙編之屬
增訂漢魏叢書八十六種　(清)王謨編　清光緒二十年(1894)湖南藝文書局刻本　二冊　存二種

330000－1704－0015722　016056　子部/醫家類/類編之屬
醫林指月十二種　(清)王琦編　清光緒二十二年(1896)上海圖書集成印書局鉛印本　四冊　存四種

330000－1704－0015723　016274　類叢部/叢書類/自著之屬
隨園三十八種　(清)袁枚撰　清光緒十八年(1892)勤裕堂鉛印本　一冊　存三種

330000－1704－0015724　016057　子部/醫家類/綜合之屬/通論
訂正東醫寶鑑二十三卷目錄二卷　(朝鮮)許浚撰　清光緒上海校經山房石印本　二冊　存三卷(雜病篇九至十、外形篇三)

330000－1704－0015725　016229　經部/儀禮類/傳說之屬
禮經校釋二十二卷　曹元弼撰　清光緒十八年(1892)曹氏刻本　十一冊　缺三卷(九至十一)

330000－1704－0015727　016094　集部/別

集類/宋別集

曾南豐文集四卷 (宋)曾鞏撰 清宣統二年(1910)上海會文堂書局石印本 二冊

330000－1704－0015729 016336 子部/叢編

二十二子(二十二子彙函) (清)浙江書局編 清光緒元年至三年(1875－1877)浙江書局刻本 十七冊 存四種

330000－1704－0015737 016097 集部/別集類/清別集

倚晴樓集五種 (清)黃燮清撰 清咸豐至同治海鹽黃氏拙宜園刻本 一冊 存一種

330000－1704－0015739 016325 集部/別集類/清別集

莫宦文草一卷詩草一卷 黃壽袞撰 清光緒三十四年(1908)山陰黃璟石印本 一冊 存一卷(文草)

330000－1704－0015740 016231 經部/禮記類/傳說之屬

禮記集解六十一卷尚書顧命解一卷 (清)孫希旦撰 清咸豐十年至同治七年(1860－1868)瑞安孫氏盤谷草堂刻本 二十五冊

330000－1704－0015741 016277 類叢部/叢書類/自著之屬

隨園三十六種 (清)袁枚撰 清光緒十八年(1892)上海圖書集成印書局鉛印本 一冊 存二種

330000－1704－0015742 016232 新學/史志/諸國史

世界近世史二卷 (日本)松平康國撰 梁啓勳譯 清光緒二十九年(1903)上海廣智書局鉛印本 二冊

330000－1704－0015743 016329 集部/總集類/選集之屬/通代

續古文辭類纂二十八卷 (清)黎庶昌輯 清光緒二十一年(1895)金陵狀元閣刻本 十二冊

330000－1704－0015745 016098 集部/戲劇類/雜劇之屬

韻珊外集(倚晴樓七種曲)十二卷 (清)黃燮清撰 清同治刻本 一冊 存一種

330000－1704－0015746 015864 子部/宗教類/佛教之屬/經疏

大方廣佛華嚴經疏鈔會本二百二十卷 (唐)釋實叉難陀譯 (唐)釋澄觀撰 清刻本 五十九冊 存二百十四卷(一至一百三十三、一百三十六至一百四十六、一百五十一至二百二十)

330000－1704－0015747 善000255 史部/傳記類/總傳之屬/姓名

古今萬姓統譜一百四十卷歷代帝王姓系統譜六卷氏族博攷十四卷 (明)淩迪知輯 明萬曆刻本 三十一冊 存一百三十五卷(古今萬姓統譜一至二十三、二十九至一百四十)

330000－1704－0015748 015957 子部/宗教類/佛教之屬/諸宗

天台四教儀註彙補輔弘記十卷首一卷 (高麗)釋諦觀輯 (元)釋蒙潤集注 (清)釋性權彙補 **畧科提綱一卷** 釋諦閑排訂 清光緒二十四年(1898)刻本 八冊 存八卷(首、四至十)

330000－1704－0015749 015981 集部/別集類/宋別集

鐔津文集十九卷首一卷 (宋)釋契嵩撰 清光緒二十八年(1902)揚州藏經院刻本 二冊 存十一卷(首,一至五、十一至十五)

330000－1704－0015750 善000257 史部/傳記類/科舉録之屬/歷科鄉試録

[乾隆壬午科]江南鄉試詩四房同門硃卷一卷 清乾隆刻本 劉耀東題簽並跋 一冊

330000－1704－0015751 015982 子部/宗教類/佛教之屬/經

佛本行經七卷 (南朝宋)釋寶雲譯 清末刻本 一冊 存四卷(四至七)

330000－1704－0015755 015983 子部/宗教類/佛教之屬/經疏

大佛頂如來密因修證了義諸菩薩萬行首楞嚴經玄義二卷 （清）釋智旭撰　清末刻本　一冊

330000－1704－0015756　善 000258　史部/傳記類/科舉録之屬

己未詞科錄十二卷首一卷 （清）秦瀛輯　清嘉慶十二年(1807)刻本　四冊　缺一卷(四)

330000－1704－0015757　善 000259　史部/地理類/方志之屬/郡縣志

郡志職官補正不分卷 （清）孫衣言撰　稿本　八冊

330000－1704－0015758　善 000256　史部/傳記類/總傳之屬/文苑

宋詩紀事姓氏韻編不分卷 （清）孫衣言編　清瑞安孫氏玉海樓經微室抄本　四冊

330000－1704－0015759　善 000260　史部/紀傳類/正史之屬

史記奇鈔十四卷 （明）陳仁錫輯　明末刻本　十冊

330000－1704－0015760　016157　子部/宗教類/佛教之屬/經疏

維摩詰所説經無我疏十二卷 （明）釋傳燈撰　清光緒二十三年(1897)天台山真覺寺刻本　二冊　存六卷(七至十二)

330000－1704－0015761　016158　子部/宗教類/佛教之屬/諸宗

列祖提綱錄四十二卷 （清）釋行悦輯　清同治十三年(1874)西湖昭慶慧空經房刻本　四冊　存二十卷(十八至二十六、三十二至四十二)

330000－1704－0015762　016061　集部/總集類/選集之屬/通代

文選六十卷 （南朝梁）蕭統輯　（唐）李善注　**文選考異十卷** （清）胡克家撰　清光緒六年(1880)四明林植梅刻本　二十一冊　缺八卷(十二至十五、四十九至五十二)

330000－1704－0015764　016130　史部/政書類/律令之屬/刑制

大清宣統新法令不分卷 商務印書館輯　清宣統上海商務印書館鉛印本　四冊　存四冊(一至四)

330000－1704－0015765　016159　子部/宗教類/佛教之屬/諸宗

雲棲法彙二十八種七十四卷 （明）釋袾宏撰　（明）王宇春等輯　清光緒二十三年至二十五年(1897－1899)金陵刻經處刻本　一冊　存四種

330000－1704－0015769　善 000276　史部/政書類/通制之屬

文獻通考三百四十八卷首一卷 （元）馬端臨撰　明嘉靖馮天馭刻本　一百一冊　缺一卷(三百十一)

330000－1704－0015770　016160　子部/宗教類/佛教之屬/諸宗

天台四教儀一卷 （高麗）釋諦觀輯　清末刻本　一冊

330000－1704－0015772　016064　類叢部/叢書類/自著之屬

樓山堂遺書五種 （明）吳應箕撰　清同治當塗夏氏刻本　四冊

330000－1704－0015774　016059　新學/史志

普通新歷史十章附歷代帝王總紀一卷 （清）普通學書室編　清光緒二十七年(1901)鉛印本　一冊

330000－1704－0015776　016320　經部/叢編

重刊宋本十三經注疏四百十六卷附十三經注疏校勘記四百十六卷 （清）阮元撰　（清）盧宣旬摘錄　**校勘記識語四卷** （清）汪文臺撰　清光緒十三年(1887)上海脈望仙館石印本　三十一冊

330000－1704－0015777　016161　史部/傳記類/別傳之屬/事狀

大慈恩寺三藏法師傳十卷 （唐）釋慧立撰　（唐）釋彥悰箋　清宣統元年(1909)常州天寧

寺刻本　一冊　存三卷(一至三)

330000－1704－0015778　016131　子部/雜著類/雜記之屬
雜抄不分卷　清抄本　一冊

330000－1704－0015779　016279　集部/總集類/選集之屬/斷代
皇朝經世文新編二十一卷　麥仲華輯　清光緒二十四年(1898)上海譯書局石印本　十六冊　缺六卷(四、九至十、十四、二十至二十一)

330000－1704－0015782　016321　子部/術數類/相宅相墓之屬
陽宅大全四卷　(清)許明輯　(清)許榮再續補　清末石印本　一冊

330000－1704－0015783　016162　子部/宗教類/佛教之屬/經疏
仁王護國般若經疏五卷　(隋)釋智顗说　(唐)釋灌頂記　清光緒十一年(1885)江北刻經處刻本　二冊

330000－1704－0015784　善000267　史部/史評類/史論之屬
史通訓故補二十卷　(清)黄叔琳撰　清乾隆十二年(1747)黄氏刻十九年(1754)修補印本　清戈襄批校　六冊

330000－1704－0015785　016235　新學/史志/别國史
續支那通史二卷　(日本)山峯畯藏撰　(清)中國漢陽青年編譯　清光緒三十年(1904)會文政記石印本　四冊

330000－1704－0015788　016017　子部/宗教類/佛教之屬/經疏
妙法蓮華經性理會解□□卷　釋性理輯　清刻本　三冊　存三卷(一、五至六)

330000－1704－0015792　善000268　史部/紀傳類/正史之屬
歸方評點史記合筆六卷　(清)王拯輯　清光緒十三年(1887)張㭿抄本　二冊

330000－1704－0015793　016345　類叢部/叢書類/自著之屬
汪雙池先生叢書二十種附浙刻雙池遺書十二種　(清)汪紱撰　清道光至光緒刻光緒二十三年(1897)長安趙舒翹等彙印本　四冊　存一種

330000－1704－0015794　016281　類叢部/叢書類/彙編之屬
申報館叢書正集五十七種附錄三種　(清)尊聞閣主編　**續集一百四十二種**　(清)蔡爾康編　清同治至光緒上海申報館鉛印本　三冊　存三種

330000－1704－0015795　016340　史部/地理類/方志之屬/郡縣志
[紹熙]雲間志三卷續一卷　(宋)楊潛修　(宋)朱端常等纂　(清)顧廣圻續纂　清嘉慶十九年(1814)華亭沈氏金陵刻本　二冊　存二卷(一至二)

330000－1704－0015796　016346　經部/小學類/文字之屬/字書/字典
康熙字典十二集三十六卷總目一卷檢字一卷辨似一卷等韻一卷補遺一卷備考一卷　(清)張玉書等纂修　清刻本　一冊　存一卷(戌集中)

330000－1704－0015797　善000269　史部/史評類/史論之屬
小學史斷二卷　(宋)南宫靖一撰　(明)晏彦文續　**資治通鑑總要通論一卷**　(元)潘榮撰　明嘉靖二十六年(1547)趙瀛刻本　二冊

330000－1704－0015798　016132　新學/報章
國粹學報不分卷　(清)國學保存會編　清末鉛印本　十七冊　存十七冊

330000－1704－0015799　016342　史部/傳記類/總傳之屬/斷代
國朝先正事略六十卷　(清)李元度撰　清同治五年至八年(1866－1869)循陔草堂刻本　六冊　存十一卷(一、四至十三)

330000－1704－0015800　016282　子部/儒家類/儒學之屬/經濟

明夷待訪録一卷　(清)黄宗羲撰　清光緒二十三年(1897)上海鴻文局石印本　一册

330000－1704－0015801　016341　子部/儒家類/儒學之屬/性理

延平李先生師弟子答問一卷後録一卷　(宋)朱熹編　**延平答問補録一卷**　(明)周木輯　清光緒五年(1879)延平府署刻本　二册

330000－1704－0015804　016018　子部/宗教類/佛教之屬/經疏

大佛頂首楞嚴經疏解蒙鈔六十卷首一卷　(清)錢謙益撰　清光緒刻本　二十册　存三卷(卷首、一、二)

330000－1704－0015805　016347　經部/叢編

仿宋相臺五經九十六卷附考證　清光緒二年(1876)江南書局刻本　六册　存一種

330000－1704－0015806　善000271　史部/史評類/史論之屬

讀史論畧增註三卷　(清)杜詔撰　(清)唐桂註　(清)傳傳增註　清光緒七年(1881)永嘉徐氏刻本　二册

330000－1704－0015808　016348　史部/紀傳類/正史之屬

四史四百十五卷　清光緒九年(1883)上海點石齋石印本　四册　存一種

330000－1704－0015809　016349　史部/紀傳類/正史之屬

二十四史附考證　清光緒十四年(1888)上海圖書集成印書局鉛印本　三十七册　存三種

330000－1704－0015810　善000272　史部/史評類/史論之屬

史懷二十卷　(明)鍾惺撰　明末刻本　六册

330000－1704－0015811　016283　新學/史志/别國史

西史彙函　清末石印本　八册　存四種

330000－1704－0015812　016192　子部/宗教類/佛教之屬/諸宗

教觀綱宗釋義紀三卷　(清)釋智旭撰　**始終心要一卷**　(唐)釋湛然撰　(宋)釋從義注　**三千有門頌畧解一卷**　(宋)陳瓘撰　(明)釋真覺畧解　清光緒二十七年(1901)刻本　釋唯德題簽　一册　存一卷(教觀綱宗釋義紀一)

330000－1704－0015813　016100　集部/别集類/清别集

瑞芍軒詩鈔四卷詞稿一卷　(清)許乃穀撰　清同治七年(1868)刻本　一册　存二卷(一至二)

330000－1704－0015814　016236　集部/别集類/清别集

鄭板橋全集五種　(清)鄭燮撰　清宣統元年(1909)上海掃葉山房石印本　四册

330000－1704－0015817　善000273　史部/史評類/史論之屬

史通二十卷　(唐)劉知幾撰　明金炳壎刻本　八册

330000－1704－0015819　016101　經部/三禮總義類/名物制度之屬

弁服釋例八卷表一卷　(清)任大椿撰　清嘉慶二年(1797)望賢家塾刻本　四册　存五卷(二、五至八)

330000－1704－0015823　016350　史部/史抄類

前漢書菁華録四卷後漢書菁華録二卷　(清)高嵣撰　清光緒二十六年(1900)上海書局石印本　一册　存四卷(前漢書精華録一至四)

330000－1704－0015824　016351　史部/史抄類

前漢書菁華録四卷　(清)高嵣撰　清光緒二十七年(1901)上海鑄記書局石印本　二册

330000－1704－0015826　善000274　史部/史評類/史論之屬

讀史商語四卷　(明)王志堅輯　明萬曆四十

七年(1619)刻本　二册

330000－1704－0015827　016343　史部/編年類/通代之屬
續資治通鑑二百二十卷　(清)畢沅撰　清刻本　二十六册

330000－1704－0015828　016352　子部/藝術類/篆刻之屬/印譜
李連魁印譜一卷　(清)李連魁輯　清咸豐八年(1858)鈐印本　一册

330000－1704－0015831　016353　類叢部/叢書類/彙編之屬
知不足齋叢書一百九十六種　(清)鮑廷博編　(清)鮑士恭續編　清刻本　一册　存二種

330000－1704－0015832　善000275　類叢部/叢書類/自著之屬
章氏遺書二種　(清)章學誠撰　清光緒三年至四年(1877－1878)貴陽章氏刻十九年(1893)補刻本　清楊調元校並點勘　九册

330000－1704－0015834　016288　類叢部/叢書類/彙編之屬
國粹叢書四十九種　(清)國學保存會編　清光緒至宣統鉛印本　三册　存一種

330000－1704－0015837　016199　子部/宗教類/佛教之屬/諸宗
天台四教儀集註十卷　(元)釋蒙潤撰　清同治七年(1868)杭州昭慶寺慧空經房刻本　釋覺迷題簽並批　五册

330000－1704－0015840　016240　子部/雜家類
譚子化書六卷　(五代)譚景升撰　清刻本　一册

330000－1704－0015841　016200　史部/傳記類/別傳之屬/事狀
大慈恩寺三藏法師傳十卷　(唐)釋慧立撰　(唐)釋彦悰箋　清宣統元年(1909)常州天寧寺刻本　二册　存五卷(一至五)

330000－1704－0015842　016241　集部/別集類/清別集
龔定盦集外未刻詩一卷　(清)龔自珍撰　清宣統三年(1911)上海秋星社石印本　一册

330000－1704－0015845　016242　集部/別集類/明別集
楊忠愍公集四卷　(明)楊繼盛撰　清光緒九年(1883)甘肅藩署刻本　四册

330000－1704－0015847　善000263　集部/總集類/選集之屬/斷代
兩漢策要十二卷　(宋)陶叔獻輯　清乾隆五十六年(1791)如皋張朝樂刻本(卷三原缺)　十四册

330000－1704－0015848　016290　類叢部/叢書類/彙編之屬
望三益齋叢書十種　(清)吳棠編　清咸豐至光緒吳氏望三益齋刻本　四册　存一種

330000－1704－0015849　016357　類叢部/叢書類/彙編之屬
粤雅堂叢書一百八十四種　(清)伍崇曜編　清道光二十九年至光緒十一年(1849－1885)南海伍氏刻彙印本　四册　存一種

330000－1704－0015851　016243　集部/別集類/清別集
紀文達公遺集三十二卷　(清)紀昀撰　(清)紀樹馨編　清嘉慶十七年(1812)紀樹馥刻本　十册　存十五卷(文一至十五)

330000－1704－0015852　016358　類叢部/叢書類/彙編之屬
增訂漢魏叢書八十六種　(清)王謨編　清光緒二十年(1894)湖南藝文書局刻本　一册　存一種

330000－1704－0015853　016102　子部/宗教類/佛教之屬/總録
翻譯名義集二十卷　(宋)釋法雲編　清光緒四年(1878)金陵刻經處刻本　四册　存十三卷(四至十六)

330000－1704－0015854　016291　經部/叢編

南海桂氏經學叢書　(清)桂文燦撰　清咸豐至光緒刻本　五冊　存七種

330000－1704－0015855　016244　集部/總集類/選集之屬/斷代

林嚴文鈔四卷　林紓　嚴復撰　清宣統元年(1909)上海國學扶輪社鉛印本　二冊

330000－1704－0015856　016203　子部/宗教類/佛教之屬/經疏

楞嚴經指掌疏十卷事義十卷懸示一卷　(清)釋通理撰　清光緒二十七年(1901)維揚藏經院刻本　一冊　存一卷(懸示)

330000－1704－0015859　016359　類叢部/叢書類/彙編之屬

增訂漢魏叢書八十六種　(清)王謨編　清光緒二十年(1894)湖南藝文書局刻本　六冊　存八種

330000－1704－0015860　016291－1　經部/叢編

南海桂氏經學叢書　(清)桂文燦撰　清咸豐至光緒刻本　三冊　存五種

330000－1704－0015863　016104　史部/目錄類/總録之屬/官修

欽定四庫全書簡明目錄二十卷　(清)紀昀等撰　清光緒十五年(1889)上海積山書局石印本　四冊

330000－1704－0015864　016135　集部/小說類/短篇之屬

聊齋志異十六卷　(清)蒲松齡撰　(清)王士禛評　清青柯亭刻本　十六冊

330000－1704－0015866　善000264　史部/史抄類

歐陽文忠公新唐書抄二卷五代史抄二十卷　(明)茅坤輯　(明)茅撰重訂　明末刻本　四冊　存二十卷(五代史抄一至二十)

330000－1704－0015869　016360　集部/小說類/短篇之屬

聊齋志異新評十六卷　(清)蒲松齡撰　(清)王士慎評　(清)呂湛恩注　(清)但明論批　清刻朱墨套印本　三冊　存三卷(二、四、十一)

330000－1704－0015870　016292　子部/叢編

二十二子(二十二子彙函)　(清)浙江書局編　清光緒新化三味書局刻本　八冊　存一種

330000－1704－0015872　016361　類叢部/叢書類/彙編之屬

嘯園叢書五十七種　(清)葛元煦編　清光緒二年至七年(1876－1881)仁和葛氏刻本　一冊　存一種

330000－1704－0015875　善000265　史部/紀傳類/正史之屬

晉書識小錄不分卷　(清)朱昆田輯　清抄本　一冊

330000－1704－0015876　016362　子部/雜著類/雜說之屬

論衡三十卷　(漢)王充撰　清刻本　二冊　存八卷(十八至二十、二十六至三十)

330000－1704－0015877　016247　新學/雜著/叢編

質學叢書初集三十種　(清)武昌質學會編　清光緒二十二年至二十三年(1896－1897)武昌質學會刻本　一冊　存一種

330000－1704－0015878　016105　子部/藝術類/篆刻之屬/印譜

金昆玉友銕石□年印譜不分卷　清至民國鈐印本　一冊

330000－1704－0015879　善000266　史部/史抄類

歐陽文忠公五代史抄二十卷　(明)茅坤輯並評　明刻朱墨套印本　七冊　存十四卷(三至十六)

330000－1704－0015882　016249　子部/宗教類/佛教之屬/諸宗

徑中徑又徑四卷　(清)張師誠輯　清光緒二十九年(1903)揚州藏經院刻本　一冊　存二卷(一至二)

330000－1704－0015883　016206　子部/宗教類/佛教之屬/諸宗

天台四教儀集註十卷　(元)釋蒙潤撰　清同治七年(1868)杭州昭慶寺慧空經房刻本　一冊　存二卷(三至四)

330000－1704－0015884　016136　經部/三禮總義類/通論之屬

禮書通故五十卷　(清)黄以周撰　清光緒十九年(1893)黄氏試館刻本　一冊　存一卷(三)

330000－1704－0015885　016207　子部/宗教類/佛教之屬/諸宗

天台四教儀集註十卷　(元)釋蒙潤撰　清同治七年(1868)杭州昭慶寺慧空經房刻本　五冊

330000－1704－0015887　016106　子部/醫家類/綜合之屬/通論

辨證録十四卷　(清)陳士鐸撰　清刻本　六冊　存七卷(三至四、七至八、十、十三至十四)

330000－1704－0015889　016208　子部/宗教類/佛教之屬/經疏

大佛頂如來密因修證了義諸菩薩萬行首楞嚴經文句十卷　(清)釋智旭撰　清刻本　三冊　存三卷(一、六至七)

330000－1704－0015890　016295　類叢部/叢書類/彙編之屬

唐代叢書一百六十四種　(清)王文誥編　清刻本　一冊　存十四種

330000－1704－0015891　善000278　史部/政書類/邦計之屬/漕運

通漕類編九卷　(明)王在晉撰　明刻本　九冊

330000－1704－0015892　016137　集部/總集類/選集之屬/通代

御選唐宋文醇五十八卷目録一卷　(清)高宗弘曆輯　清光緒三年(1877)浙江書局刻本　六冊　存十六卷(一、二十五至三十三、四十七至五十、五十七至五十八)

330000－1704－0015893　善000277　史部/政書類/通制之屬

正續文獻通考識大編二十四卷　(清)方若珽輯　清康熙十一年(1672)刻二十四年(1685)潘方吉兼山堂補刻本　十二冊

330000－1704－0015897　善000279　史部/政書類/通制之屬

文獻通考詳節二十四卷　(元)馬端臨撰　(清)嚴虞惇輯　清乾隆二十九年(1764)嚴有禧繩武堂刻本　十冊

330000－1704－0015898　016363　集部/別集類/清別集

石帆詩草四卷　(清)胡維勳撰　清同治五年(1866)杏莊刻本　一冊

330000－1704－0015899　016364　類叢部/叢書類/彙編之屬

增訂漢魏叢書八十六種　(清)王謨編　清光緒二十年(1894)湖南藝文書局刻本　一冊　存二種

330000－1704－0015900　016138　史部/金石類/總志之屬/文字

金石文字記六卷　(清)顧炎武撰　清刻本　三冊

330000－1704－0015901　016337　經部/小學類/訓詁之屬/爾雅

爾雅正義二十卷　(清)邵晉涵撰　**爾雅釋文三卷**　(唐)陸德明撰　清乾隆五十三年(1788)餘姚邵氏面水層軒刻本　五冊　存十三卷(一至十三)

330000－1704－0015903　016299　子部/儒家類/儒學之屬/經濟

皇朝經濟文新編　(清)宜今室主人輯　清光緒二十七年(1901)上海宜今室石印本　二十二冊　存二十七種

330000－1704－0015905　善000261　史部/史抄類

批點史記節畧十二卷　(明)穆文熙輯　明萬

曆劉懷恕刻本　六冊

330000－1704－0015907　016365　子部/術數類/相宅相墓之屬

四秘全書十二種　(清)尹有本輯　清刻本　五冊　存八種

330000－1704－0015908　016300　集部/總集類/選集之屬/斷代

皇朝經世文編一百二十卷　(清)賀長齡輯　清末鉛印本　一冊　存五卷(十五至十九)

330000－1704－0015909　016251　史部/目録類/總録之屬/官修

欽定四庫全書總目二百卷首四卷　(清)紀昀等撰　清宣統二年(1910)存古齋石印本　一冊　存七卷(十九至二十五)

330000－1704－0015910　016139　史部/傳記類/總傳之屬/忠孝

孝行錄不分卷　(清)呂晉昭編　清道光二十四年(1844)刻本　二冊

330000－1704－0015911　016301　集部/總集類/選集之屬/斷代

皇朝經世文新編二十一卷　麥仲華輯　清末石印本　二十三冊　缺二卷(六至七)

330000－1704－0015912　善 000262　類叢部/叢書類/彙編之屬

文林綺繡五種五十九卷　(明)淩迪知編　明萬曆四年至五年(1576－1577)吳興淩氏桂芝館刻本　八冊　存一種

330000－1704－0015913　016252　集部/別集類/清別集

翼雲閣制藝初集一卷海秋制藝後集一卷　(清)湯鵬撰　清道光刻本　二冊　存一卷(翼雲閣制藝初集一)

330000－1704－0015914　016366　子部/術數類/陰陽五行之屬

欽定協紀辨方書三十六卷　(清)允祿　(清)張照等纂修　清刻朱墨套印本　二十一冊　缺三卷(十九、三十二至三十三)

330000－1704－0015915　016140　集部/別集類/清別集

瓣香齋詩鈔不分卷　(清)王明蓴撰　清刻本　四冊

330000－1704－0015916　016302　集部/總集類/選集之屬/通代

駢體文鈔三十一卷　(清)李兆洛輯　清道光元年(1821)合河康氏家塾刻同治六年(1867)婁江徐氏補刻本　張棡批校並題記　五冊

330000－1704－0015917　016423　史部/史評類/史論之屬

論世約編　清刻本　一冊　存三種

330000－1704－0015919　016109　類叢部/類書類/專類之屬

韻府約編二十四卷　(清)鄧愷輯　清刻本　二冊　存二卷(六、十六)

330000－1704－0015921　016467　子部/醫家類/傷寒金匱之屬/傷寒論

劉河間傷寒三書二十卷　(金)劉完素撰　清宣統元年(1909)上海千頃堂石印本　一冊　存二種

330000－1704－0015923　善 000291　史部/詔令奏議類/詔令之屬

硃批諭旨不分卷　(清)鄂爾泰等輯　清乾隆三年(1738)刻朱墨套印本　一百十二冊

330000－1704－0015924　016466　子部/醫家類/類編之屬

陳修園醫書三十種　(清)陳念祖等撰　清光緒十八年(1892)上海圖書集成印書局鉛印本　一冊　存一種

330000－1704－0015925　016368　集部/別集類/清別集

船山詩草二十卷　(清)張問陶撰　清刻本　六冊

330000－1704－0015927　016369　子部/宗教類/佛教之屬/經疏

大佛頂如來密因修證了義諸菩薩萬行首楞嚴經合轍十卷　(明)釋通潤撰　清刻本　九冊

缺一卷(二)

330000－1704－0015928　016370　子部/宗教類/佛教之屬/諸宗

天台四教儀集註十卷　(元)釋蒙潤撰　清同治七年(1868)杭州昭慶寺慧空經房刻本　五冊

330000－1704－0015929　016141　子部/叢編

二十二子(二十二子彙函)　(清)浙江書局編　清光緒元年至三年(1875－1877)浙江書局刻本　四冊　存一種

330000－1704－0015931　016370－1　子部/宗教類/佛教之屬/諸宗

天台四教儀集註十卷　(元)釋蒙潤撰　清同治七年(1868)杭州昭慶寺慧空經房刻本　五冊

330000－1704－0015932　016296　集部/別集類/清別集

畱月軒文鈔一卷三冬消夜詩一卷　(清)朱國華撰　清光緒二十八年(1902)天台齋品亨堂木活字印本　一冊

330000－1704－0015933　016257　史部/編年類/通代之屬

御撰資治通鑑綱目三編二十卷　(清)張廷玉等撰　清光緒三十年(1904)維新書局刻本　四冊

330000－1704－0015934　016370－2　子部/宗教類/佛教之屬/諸宗

天台四教儀集註十卷　(元)釋蒙潤撰　清同治七年(1868)杭州昭慶寺慧空經房刻本　三冊　缺四卷(五至八)

330000－1704－0015935　016370－3　子部/宗教類/佛教之屬/諸宗

天台四教儀集註十卷　(元)釋蒙潤撰　清同治七年(1868)杭州昭慶寺慧空經房刻本　五冊

330000－1704－0015936　016469　子部/醫家類/類編之屬

醫學五則　(清)廖雲溪編　清光緒三年(1877)興發堂刻本　四冊　存四種

330000－1704－0015937　016371　子部/宗教類/佛教之屬/諸宗

天台四教儀集註十卷　(元)釋蒙潤撰　清同治七年(1868)杭州昭慶寺慧空經房刻本　四冊　存八卷(三至十)

330000－1704－0015938　016256　子部/宗教類/佛教之屬/經疏

大佛頂如來密因修證了義諸菩薩萬行首楞嚴經通義十卷補遺一卷懸鏡一卷畧科一卷　(明)釋德清撰　清光緒二十年(1894)金陵刻經處刻本　四冊　存九卷(三至十、補遺)

330000－1704－0015940　016298　集部/別集類/清別集

瓶山草堂集六卷　(清)姚光晉撰　(清)俞樾編　清同治十年(1871)吳下刻本　一冊

330000－1704－0015941　016470　類叢部/叢書類/自著之屬

春在堂全書三十六種　(清)俞樾撰　清同治至光緒刻光緒末彙印本　一冊　存一種

330000－1704－0015942　016303　子部/藝術類/遊藝之屬/聯語

楹聯集錦八卷　(清)胡鳳丹輯　清同治六年(1867)退補齋刻本　一冊　存四卷(一至四)

330000－1704－0015943　016379　集部/別集類/清別集

弢甫詩續集二十卷　(清)桑調元撰　清刻本　一冊　存四卷(六至七、十四至十五)

330000－1704－0015945　016304　集部/別集類/唐五代別集

李太白文集三十六卷　(唐)李白撰　(清)王琦輯注　清乾隆聚錦堂刻本　十二冊

330000－1704－0015948　善000290　史部/政書類/公牘檔冊之屬

溫州府永嘉縣光緒三十四年實業統計表不分卷　(清)永嘉縣署編　清宣統抄本　一冊

330000－1704－0015950　016380　類叢部/叢書類/自著之屬
船山遺書五十八種　(清)王夫之撰　清同治四年(1865)湘鄉曾國荃金陵刻本　二冊　存五種

330000－1704－0015952　016471　集部/總集類/選集之屬/通代
增批古文觀止十二卷　(清)吳乘權　(清)吳大職輯　清光緒二十七年(1901)浙紹墨潤堂石印本　一冊　存三卷(十至十二)

330000－1704－0015953　016260　子部/醫家類/類編之屬
陳修園醫書四十八種　(清)陳念祖等撰　清石印本　七冊　存二十一種

330000－1704－0015954　016306　集部/總集類/郡邑之屬
穗城雪鴻集一卷　(清)王毓英撰　清光緒三十四年(1908)東甌日新印書局鉛印本　一冊

330000－1704－0015955　善000282　集部/別集類/清別集
甌隱芻言二卷　(清)金衍宗撰　清咸豐五年(1855)金衍宗刻本　一冊

330000－1704－0015957　016424　史部/目録類/總録之屬/官修
欽定四庫全書簡明目錄二十卷　(清)紀昀等撰　清刻本　七冊　存十八卷(一至十二、十五至二十)

330000－1704－0015958　016472　類叢部/叢書類/彙編之屬
申報館叢書正集五十七種附錄三種　(清)尊聞閣主編　**續集一百四十二種**　(清)蔡爾康編　清同治至光緒上海申報館鉛印本　三冊　存一種

330000－1704－0015959　016365－1　子部/醫家類/綜合之屬/合刻、合抄
景岳全書六十四卷　(明)張介賓撰　清刻本　七冊　存二十二卷(三至六、九至十二、十六至二十一、三十八至四十二、六十一至六十三)

330000－1704－0015960　善000514　類叢部/叢書類/彙編之屬
漢魏叢書三十八種　(明)程榮編　明萬曆二十年(1592)新安程氏刻本(卷七至十二補配清末抄本)　十一冊　存一種

330000－1704－0015961　016372　子部/叢編
二十二子(二十二子彙函)　(清)浙江書局編　清光緒元年至三年(1875－1877)浙江書局刻民國浙江圖書館重修本　四冊　存一種

330000－1704－0015962　善000283　史部/政書類/邦計之屬
東甌育嬰堂條規一卷　(清)上官德輿輯　清乾隆刻本　一冊

330000－1704－0015966　善000518　類叢部/叢書類/彙編之屬
漢魏叢書三十八種　(明)程榮編　明萬曆二十年(1592)新安程氏刻本　四冊　存一種

330000－1704－0015968　016142　集部/總集類/郡邑之屬
樂成詩錄四卷　(清)鄭一龍輯　清光緒十九年至二十年(1893－1894)刻本　二冊

330000－1704－0015969　020183　子部/宗教類/佛教之屬/大藏
頻伽精舍校刊大藏經　釋宗仰等輯　清宣統元年至民國二年(1909－1913)迦陵羅詩氏頻伽精舍上海鉛印本暨影印本　四百一冊　存一千八百八十九種

330000－1704－0015970　016376　集部/別集類/漢魏六朝別集
陶淵明文集十卷　(晉)陶潛撰　清同治二年(1863)何氏篤慶堂刻本　二冊

330000－1704－0015973　016309　史部/政書類/通制之屬
政書輯要四卷　(清)中外日報館輯　清光緒鉛印本　二冊　存二卷(三至四)

330000－1704－0015975　善000284　史部/政書類/公牘檔冊之屬

東遊條議不分卷　(清)陳虬撰　稿本　一册

330000－1704－0015976　016262　子部/叢編

子書二十八種彙函　(清)文瑞樓編　清光緒二十二年至三十四年(1896－1908)鉛印本　二册　存一種

330000－1704－0015977　016311　集部/别集類/清别集

定盦文集三卷續集四卷文集補編四卷文集補三卷文集補續録一卷文拾遺一卷别集二卷龔孝珙手抄本一卷　(清)龔自珍撰　**定盦先生年譜一卷**　吴昌綬編　清宣統元年(1909)上海國學扶輪社鉛印本　七册

330000－1704－0015978　016381　史部/地理類/方志之屬/郡縣志

吴地記一卷　(唐)陸廣微撰　**吴地記後集一卷**　(宋)□□輯　清同治十二年(1873)江蘇書局刻本　一册

330000－1704－0015979　016377　史部/目録類/總録之屬/私撰

書目答問四卷叢書目一卷别録目一卷國朝著述諸家姓名略一卷　(清)張之洞撰　清光緒四年(1878)吴縣潘霨刻本　一册

330000－1704－0015980　善000285　史部/地理類/防務之屬/海防

防海事宜不分卷　(清)趙鳴珂纂　清抄本　王理孚題記　二册

330000－1704－0015981　016263　子部/醫家類/類編之屬

陳修園醫書三十種　(清)陳念祖等撰　清光緒十八年(1892)上海圖書集成印書局石印本　三册　存四種

330000－1704－0015982　016310　史部/政書類

中外日報館附送彙編不分卷　清光緒鉛印本　一册

330000－1704－0015984　016382　史部/傳記類/别傳之屬/事狀

皇清誥封通議大夫顯考魯臣府君誥封淑人顯妣丁太淑人行述一卷　(清)魯衣言　(清)魯鏘鳴　(清)魯嘉言述　清末刻本　一册

330000－1704－0015985　016312　集部/總集類/選集之屬/斷代

汪羅彭薛四家合鈔四種　(清)國學扶輪社輯　清宣統二年(1910)上海國學扶輪社鉛印本　六册

330000－1704－0015988　善000286　史部/政書類/邦計之屬/營田

試屯議一卷附屯田便宜四十事一卷　(清)許石甫撰　稿本　一册

330000－1704－0015989　016255　類叢部/叢書類/郡邑之屬

畿輔叢書　(清)王灝編　清光緒五年至十八年(1879－1892)定州王氏謙德堂刻三十二年(1906)彙印本　四册　存一種

330000－1704－0015992　善000287　史部/政書類/公牘檔冊之屬

絲綸歷辦成式十卷　清抄本　八册

330000－1704－0015993　016482　經部/春秋左傳類/傳說之屬

左繡三十卷首一卷　(清)馮李驊　(清)陸浩評輯　清蘭邑慎言堂刻本　十二册

330000－1704－0015994　016483　類叢部/叢書類/自著之屬

曾文正公全集十六種　(清)曾國藩撰　清同治至光緒傳忠書局刻本　四册　存二種

330000－1704－0015996　善000522　子部/小説家類/雜事之屬

李卓吾批點世説新語補二十卷　(南朝宋)劉義慶撰　(南朝梁)劉孝標注　(宋)劉辰翁批　(明)何良俊增　(明)王世貞删定　(明)王世懋批釋　(明)李贄批點　(明)張文柱校注　**附釋名一卷**　明萬曆刻本　四册

330000－1704－0015997　016455　類叢部/

叢書類/彙編之屬
滂喜齋叢書五十種 （清）潘祖蔭編　清同治至光緒吳縣潘氏京師刻本　八冊　存八種

330000－1704－0015999　善000288　史部/職官類
職官考八卷　清抄本　八冊

330000－1704－0016000　016313　集部/總集類/選集之屬/通代
古唐詩合解古詩四卷唐詩十二卷 （清）王堯衢注　清道光二十五年(1845)碧梧齋刻本　一冊　存四卷(唐詩一至四)

330000－1704－0016003　016485　子部/宗教類/佛教之屬/經
大般涅槃經四十卷 （晉）釋曇無讖譯　清同治十二年(1873)刻本　九冊　存三十六卷(五至四十)

330000－1704－0016004　善000523　子部/小說家類/雜事之屬
世說新語補二十卷 （南朝宋）劉義慶撰　（南朝梁）劉孝標注　（明）何良俊增補　（明）王世貞刪定　（明）王世懋批釋　（明）張文柱校注　明萬曆十三年(1585)張文柱刻本　二冊

330000－1704－0016005　016265　子部/宗教類/佛教之屬/諸宗
雲棲法彙二十八種七十四卷 （明）釋袾宏撰　（明）王宇春等輯　清光緒二十三年至二十五年(1897－1899)金陵刻經處刻本　一冊　存一種

330000－1704－0016006　善000296　史部/詔令奏議類/奏議之屬
諭對錄重鐫十卷首一卷 （明）張璁撰　清道光十七年至十八年(1837－1838)張氏刻本　三冊

330000－1704－0016007　016314　史部/雜史類/斷代之屬
國語二十一卷 （三國吳）韋昭注　（宋）宋庠補音　清刻本　三冊　缺三卷(一至三)

330000－1704－0016008　016487　類叢部/叢書類/自著之屬
竹柏山房十五種附刻八種 （清）林春溥撰　清嘉慶至咸豐竹柏山房刻本　三十冊　存十三種

330000－1704－0016011　016316　史部/編年類/通代之屬
鼎鍥趙田了凡袁先生編纂古本歷史大方綱鑑補三十九卷首一卷 （明）袁黄纂　清光緒三十年(1904)維新書局刻本　三十三冊　缺三卷(二至四)

330000－1704－0016012　善000524　類叢部/叢書類/彙編之屬
稗海四十八種續集二十二種 （明）商濬編　明萬曆商氏半埜堂刻清康熙至乾隆修補重訂本　三冊　存一種

330000－1704－0016016　善000525　子部/小說家類/雜事之屬
世說新語六卷 （南朝宋）劉義慶撰　（南朝梁）劉孝標注　（宋）劉辰翁　（宋）劉應登評　（明）王世懋注　明萬曆淩瀛初四色套印刻本　六冊

330000－1704－0016019　善000280　史部/政書類/通制之屬
文獻通考纂二十四卷 （元）馬端臨撰　（明）胡震亨輯　明萬曆駱駸曾刻本　八冊

330000－1704－0016020　016385　史部/地理類/方志之屬/郡縣志
[同治]宿遷縣志十九卷 （清）李德溥修　（清）方駿謨纂　清同治十三年(1874)刻本　一冊　存五卷(八、十三至十六)

330000－1704－0016021　善000281　史部/政書類/儀制之屬/典禮
南巡盛典一百二十卷 （清）高晉等纂修　清乾隆三十六年(1771)武英殿刻本　四十八冊

330000－1704－0016023　016386　史部/地理類/方志之屬/郡縣志
[同治]宿遷縣志十九卷 （清）李德溥修

(清)方駿謨纂　清同治十三年(1874)刻本　一册　存三卷(一至三)

330000－1704－0016024　016543　子部/醫家類/醫經之屬
靈素提要淺註十二卷　(清)陳念祖集註　(清)陳元犀參訂　清末石印本　二册

330000－1704－0016025　016488　子部/宗教類/佛教之屬/諸宗
雲棲法彙二十八種七十四卷　(明)釋袾宏撰　(明)王宇春等輯　清光緒二十三年至二十五年(1897－1899)金陵刻經處刻本　五册　存一種

330000－1704－0016028　016489　子部/宗教類/佛教之屬/諸宗
雲棲法彙二十八種七十四卷　(明)釋袾宏撰　(明)王宇春等輯　清光緒二十三年至二十五年(1897－1899)金陵刻經處刻本　五册　存一種

330000－1704－0016029　016489－1　子部/宗教類/佛教之屬/諸宗
雲棲法彙二十八種七十四卷　(明)釋袾宏撰　(明)王宇春等輯　清光緒二十三年至二十五年(1897－1899)金陵刻經處刻本　五册　存一種

330000－1704－0016030　016613　子部/宗教類/佛教之屬/經疏
妙法蓮華經演義七卷科文一卷　(清)釋一松講　(清)釋曉柔輯　清光緒二年(1876)東甌刻本　十册　存六卷(一至二、四至五、七,科文)

330000－1704－0016033　016489－2　子部/宗教類/佛教之屬/諸宗
雲棲法彙二十八種七十四卷　(明)釋袾宏撰　(明)王宇春等輯　清光緒二十三年至二十五年(1897－1899)金陵刻經處刻本　五册　存一種

330000－1704－0016035　016489－3　子部/宗教類/佛教之屬/諸宗
雲棲法彙二十八種七十四卷　(明)釋袾宏撰　(明)王宇春等輯　清光緒二十三年至二十五年(1897－1899)金陵刻經處刻本　五册　存一種

330000－1704－0016036　019520　集部/詩文評類/詩評之屬
圍爐詩話節本一卷　清末民國初抄本　一册

330000－1704－0016042　016457　集部/總集類/選集之屬/斷代
初唐四傑集三十七卷　(清)項家達編　清同治十二年(1873)鄒氏叢雅居刻本　一册　存一種

330000－1704－0016044　016546　子部/醫家類/醫經之屬/内經
靈素集註節要十二卷　(清)陳念祖集註　清刻本　一册　存二卷(四至五)

330000－1704－0016046　016608　類叢部/叢書類/彙編之屬
增訂漢魏叢書八十六種　(清)王謨編　清乾隆五十六年(1791)金谿王氏刻本　一册　存一種

330000－1704－0016047　016456　集部/别集類/清别集
大梅山館集五十五卷　(清)姚燮撰　清道光十三年至咸豐六年(1833－1856)大梅山館刻本　二册　存一種

330000－1704－0016048　016547　史部/目録類/總録之屬/官修
欽定四庫全書總目二百卷首一卷　(清)紀昀等撰　清同治七年(1868)廣東書局刻本　三册　存四卷(首、一百三十八至一百四十)

330000－1704－0016051　016548　子部/醫家類/類編之屬
南雅堂醫書全集　(清)陳念祖撰　清刻本　二册　存一種

330000－1704－0016054　016387　集部/别集類/漢魏六朝别集
庾子山集十六卷總釋一卷　(北周)庾信撰

(清)倪璠註　**年譜一卷**　(清)倪璠撰　清刻本　七冊

330000－1704－0016057　016614　史部/編年類/通代之屬
資治通鑑二百九十四卷目錄三十卷　(宋)司馬光撰　(元)胡三省音注　**續資治通鑑二百二十卷**　(清)畢沅撰　清光緒十四年(1888)上海蜚英館石印本　二十五冊　存一百九十七卷(目錄一至三十,一至七、一百十九至二百七十八)

330000－1704－0016063　016388　史部/地理類/總志之屬/斷代
楚漢諸侯疆域志三卷　(清)劉文淇撰　清光緒二年(1876)金陵刻本　一冊

330000－1704－0016064　016389　類叢部/叢書類/自著之屬
吳侍讀全集四種　(清)吳慈鶴撰　清嘉慶至道光刻本　四冊　存一種

330000－1704－0016065　016607　類叢部/叢書類/彙編之屬
榆園叢刻十五種附一種　(清)許增編　清同治至光緒刻本　二冊　存一種

330000－1704－0016066　016612　集部/別集類/清別集
廣雅堂詩集四卷　(清)張之洞撰　(清)紀鉅維編　清光緒順德龍鳳鑣刻本　二冊

330000－1704－0016068　善000526　子部/雜著類/雜說之屬
夢溪筆談二十六卷續筆談一卷　(宋)沈括撰　明崇禎四年(1631)馬元調刻本　五冊

330000－1704－0016069　016390　類叢部/叢書類/自著之屬
隨園三十種　(清)袁枚撰　清同治刻本　六冊　存二種

330000－1704－0016070　善000527　子部/雜著類/雜考之屬
通雅五十二卷首三卷　(清)方以智撰　清康熙五年(1666)龍眠姚文燮浮山此藏軒刻本　二十冊

330000－1704－0016071　016391　類叢部/叢書類/自著之屬
隨園三十種　(清)袁枚撰　清刻本　六冊　存一種

330000－1704－0016072　016392　類叢部/叢書類/自著之屬
隨園三十種　(清)袁枚撰　清刻本　八冊　存一種

330000－1704－0016073　善000528　子部/雜著類/雜說之屬
習學記言序目五十卷　(宋)葉適撰　清抄本　二冊　存十二卷(六至十、四十四至五十)

330000－1704－0016075　善000529　子部/雜著類/雜纂之屬
物理小識十二卷首一卷　(清)方以智撰　清康熙三年(1664)于藻刻本　四冊

330000－1704－0016079　善000298　史部/詔令奏議類/奏議之屬
譚襄敏公奏議十卷　(明)譚綸撰　清康熙四十三年(1704)御書樓刻本　八冊

330000－1704－0016081　016551　新學/醫學
儒門醫學三卷附一卷　(英國)海得蘭撰　(英國)傅蘭雅口譯　(清)趙元益筆述　清光緒鉛印本　二冊　存二卷(三、附)

330000－1704－0016084　016505　類叢部/類書類/通類之屬
玉海二百四卷附刻十三種　(宋)王應麟撰　**校補玉海瑣記二卷王深甯先生年譜一卷**　(清)張大昌撰　清光緒九年至十六年(1883－1890)浙江書局刻本　一冊　存一卷(詩攷一)

330000－1704－0016086　016555　子部/醫家類/類編之屬
黃氏醫書八種　(清)黃元御撰　清光緒二十年(1894)上海圖書集成印書局鉛印本　十一冊　存八種

330000－1704－0016089　016148　史部/編年類/通代之屬
續資治通鑑二百二十卷　（清）畢沅撰　清光緒二十八年(1902)上海積山書局石印本　十七冊　存一百七十卷(一至十、二十一至一百、一百二十一至一百五十、一百七十一至二百二十)

330000－1704－0016092　016508　史部/政書類/通制之屬
三通考輯要　湯壽潛輯　清光緒鉛印本　十四冊　缺四十五卷(文獻通考輯要一至九、欽定續文獻通考輯要九至二十六、皇朝文獻通考輯要一至十八)

330000－1704－0016094　善000530　子部/雜著類/雜編之屬
廣談助五十卷　（清）方飛鴻輯　清抄本　七冊　存十九卷(四至十七、二十二至二十四、四十九至五十)

330000－1704－0016096　016454　集部/別集類/唐五代別集
駱賓王文集十卷　（唐）駱賓王撰　**考異一卷**　（清）顧廣圻撰　清宣統三年(1911)上海文瑞樓石印本　二冊

330000－1704－0016097　016149　集部/別集類/宋別集
龍川文集三十卷首一卷　（宋）陳亮撰　**辨譌考異二卷附錄二卷**　（清）胡鳳丹撰　清宣統三年(1911)掃葉山房石印本　四冊

330000－1704－0016098　016615　經部/小學類/訓詁之屬/群雅
小爾雅疏八卷　（清）王煦撰　清嘉慶五年(1800)鑿翠山莊刻本　二冊

330000－1704－0016100　善000303　史部/地理類/總志之屬/通代
讀史方輿紀要序二卷　（清）顧祖禹撰　（清）李式揆註釋　清光緒二十八年(1902)養拙山房刻本　二冊

330000－1704－0016101　016509　史部/政書類/通制之屬
三通考輯要　湯壽潛輯　清光緒二十五年(1899)圖書集成局鉛印本　三十冊　存一種

330000－1704－0016105　016617　子部/宗教類/佛教之屬/經疏
妙法蓮華經演義七卷科文一卷　（清）釋一松講　（清）釋曉柔輯　清光緒二年(1876)東甌刻本　三冊　存三卷(一、三、七)

330000－1704－0016109　016510　集部/總集類/選集之屬/通代
阮亭選古詩三十二卷　（清）王士禛輯　清刻本　七冊　缺五卷(五言詩一至五)

330000－1704－0016110　016511　集部/總集類/選集之屬/通代
阮亭選古詩三十二卷　（清）王士禛輯　清同治五年(1866)金陵書局刻本　五冊　缺十一卷(五言詩五至八、七言詩歌行鈔九至十五)

330000－1704－0016111　016618　子部/宗教類/佛教之屬/經疏
梵網經心地品菩薩戒義疏發隱五卷　（隋）釋智顗說　（明）釋袾宏發隱　明末董遐周刻本　三冊　存三卷(一、四至五)

330000－1704－0016112　善000531　子部/雜著類/雜編之屬
海日廔札記一卷　（清）孫鏘鳴撰　稿本　一冊

330000－1704－0016113　016560　史部/紀傳類/正史之屬
史記一百三十卷　（漢）司馬遷撰　（南朝宋）裴駰集解　（唐）司馬貞索隱　（唐）張守節正義　清同治五年至九年(1866－1870)金陵書局刻本　二十冊

330000－1704－0016116　016512　類叢部/叢書類/彙編之屬
岱南閣叢書二十種　（清）孫星衍編　清乾隆五十年至嘉慶十四年(1785－1809)蘭陵孫氏刻本　六冊　存一種

330000－1704－0016117　善000302　史部/

時令類

月令廣義二十四卷首一卷統紀一卷附録一卷　（明）馮應京輯　（明）戴任增釋　明萬曆刻本　五冊　存二十卷（一至二十）

330000－1704－0016118　016150　史部/編年類/通代之屬

資治通鑑綱目五十九卷首一卷　（宋）朱熹撰　（明）陳仁錫評閲　**資治通鑑綱目前編二十五卷首一卷**　（明）南軒撰　（明）陳仁錫評閲　**續資治通鑑綱目二十七卷首一卷末一卷**　（明）商輅等撰　（明）陳仁錫評閲　清光緒十四年（1888）上海大同書局石印本　二十四冊

330000－1704－0016119　016513　子部/醫家類/方書之屬/單方驗方

本草萬方鍼線八卷　（清）蔡烈先輯　清光緒十一年（1885）合肥張紹棠味古齋刻本　二冊

330000－1704－0016120　善000308　類叢部/叢書類/彙編之屬

古今逸史四十二種　（明）吴琯編　明萬曆新安吴琯刻本　二冊　存一種

330000－1704－0016121　016619　子部/宗教類/佛教之屬/諸宗

列祖提綱録四十二卷首一卷　（清）釋行悦輯　清同治十三年（1874）西湖昭慶慧空經房刻本　九冊　存三十九卷（首，一至四、九至四十二）

330000－1704－0016123　016443　集部/詞類/類編之屬

蒙香室叢書　馮煦輯　清光緒十三年（1887）冶城山館刻本　四冊　存一種

330000－1704－0016125　善000534　子部/雜著類/雜記之屬

雜抄不分卷　（清）端木國瑚抄　稿本　一冊

330000－1704－0016126　016621　子部/醫家類/本草之屬/神農本草經

本草三家合註六卷　（清）郭汝驄撰　**神農本草經百種録一卷**　（清）徐大椿撰　清宣統元年（1909）益元書屋刻本　七冊

330000－1704－0016127　016445　類叢部/叢書類/彙編之屬

明辨齋叢書三十二種　（清）余肇鈞編　清同治元年至九年（1862－1870）長沙余氏刻本　二冊　存一種

330000－1704－0016128　善000309　類叢部/叢書類/彙編之屬

古今逸史四十二種　（明）吴琯編　明萬曆新安吴琯刻本　二冊　存一種

330000－1704－0016129　善000310　類叢部/叢書類/彙編之屬

古今逸史四十二種　（明）吴琯編　明萬曆新安吴琯刻本　二冊　存一種

330000－1704－0016130　016620　集部/總集類/酬唱之屬

新柳唱酬一卷　（清）葉廷勳輯　清咸豐六年（1856）刻本　一冊

330000－1704－0016131　016627　集部/別集類/明別集

王陽明先生全集十六卷　（明）王守仁撰　（清）王貽樂編　（清）陶潯批評　清道光六年（1826）柳庭芳刻本　十五冊　缺一卷（十五）

330000－1704－0016132　016622　子部/醫家類/本草之屬/食療本草

食物本草會纂十二卷圖一卷　（清）沈李龍輯　清乾隆四十八年（1783）刻本　六冊

330000－1704－0016134　善000535　子部/雜著類/雜説之屬

受宜堂宦遊筆記四十六卷　（清）納蘭常安撰　清乾隆十一年（1746）受宜堂刻本　十冊

330000－1704－0016135　016425　集部/別集類/清別集

有正味齋尺牘二卷　（清）吴錫麒撰　清光緒二年（1876）西齋別墅刻本　一冊

330000－1704－0016137　016426　集部/小説類/短篇之屬

聊齋志異評註十六卷　（清）蒲松齡撰　（清）王士禛評　（清）呂湛恩註　（清）但明倫批

清刻朱墨套印本　一册　存一卷(五)

330000－1704－0016138　善 000536　子部/雜著類/雜說之屬
隱居通議三十一卷　(元)劉壎撰　(清)劉冠寰輯　清嘉慶六年(1801)愛餘堂刻本　四册

330000－1704－0016139　016397　集部/總集類/彙編之屬
六朝四家全集　(清)胡鳳丹輯　清同治九年(1870)永康胡氏退補齋刻本　六册

330000－1704－0016141　016514　子部/醫家類/類編之屬
潛齋醫書三種　(清)王士雄撰　清咸豐元年(1851)吟香書屋刻本　三册　存二種

330000－1704－0016145　016429　子部/小說家類/雜事之屬
騙術奇談四卷　(清)雷君曜編　清宣統元年(1909)上海掃葉山房石印本　一册　存一卷(一)

330000－1704－0016148　016398　集部/別集類/清別集
有正味齋駢文箋注十六卷補注一卷　(清)吳錫麒撰　(清)葉聯芬注　清刻本　四册　存十卷(三至十、十五至十六)

330000－1704－0016151　016563　子部/醫家類/傷寒金匱之屬/傷寒論
長沙方歌括六卷　(清)陳念祖撰　清末刻本　一册　存一卷(六)

330000－1704－0016153　016430　史部/政書類/律令之屬/律例
大清律例增修統纂集成四十卷督捕則例二卷　(清)姚潤輯　(清)陶駿　(清)陶念霖增輯　清光緒八年(1882)聚文堂刻本　三册　存三卷(一、四至五)

330000－1704－0016154　016564　子部/醫家類/類編之屬
陳修園二十八種　(清)陳念祖等撰　清末石印本　一册　存二種

330000－1704－0016157　016624　史部/編年類/通代之屬
續資治通鑑二百二十卷　(清)畢沅撰　清乾隆鎮洋畢氏刻嘉慶六年(1801)桐鄉馮氏德裕堂續刻同治六年(1867)永康應氏補刻八年(1869)江蘇書局修補印本　五十册　存一百八十三卷(一至七、十六至八十二、一百九至一百六十八、一百七十二至二百二十)

330000－1704－0016160　016431　類叢部/叢書類/輯佚之屬
玉函山房輯佚書六百二十二種附一種　(清)馬國翰輯　清末刻本　一册　存七種

330000－1704－0016161　016565　子部/醫家類/類編之屬
陳修園二十八種　(清)陳念祖等撰　清光緒二十九年(1903)上海錦章書局石印本　一册　存一種

330000－1704－0016162　016520　經部/小學類/文字之屬
字典考證十二集三十六卷　(清)王念孫　(清)王引之撰　清末石印本　一册

330000－1704－0016163　016432　類叢部/叢書類/彙編之屬
邵武徐氏叢書二十三種　(清)徐榦編　清光緒邵武徐氏刻本　一册　存一種

330000－1704－0016164　016625　子部/天文曆算類/算書之屬
觀我生室匯稿　(清)羅士琳撰　清道光刻本　十册　存一種

330000－1704－0016165　016565　子部/醫家類/類編之屬
陳修園二十八種　(清)陳念祖等撰　清末石印本　與 330000－1704－0016161 合一册　存一種

330000－1704－0016166　016400　子部/地理類/雜志之屬
天馬山房詩別錄一卷　(清)汪巽東撰　清光緒三年(1877)八喜齋刻本　一册

330000－1704－0016168　016401　史部/地理類/山川之屬/山志
京口三山志　(清)□□輯　清同治至光緒刻本　二册　存一種

330000－1704－0016173　016567　子部/醫家類/醫經之屬/内經
内經知要二卷　(清)李中梓輯並注　清末上海文瑞樓石印本　一册　存一卷(一)

330000－1704－0016175　016569　子部/醫家類/醫經之屬/内經
内經知要二卷　(清)李中梓輯並注　清光緒三十四年(1908)上海文宜書局石印本　一册

330000－1704－0016182　016623　集部/總集類/選集之屬/通代
文選六十卷　(南朝梁)蕭統輯　(唐)李善注　**文選考異十卷**　(清)胡克家撰　清光緒六年(1880)四明林植梅刻本　八册

330000－1704－0016185　016630　集部/小説類/短篇之屬
聊齋志異新評十六卷　(清)蒲松齡撰　(清)王士慎評　(清)呂湛恩注　(清)但明論批　清同治十年(1871)刻本　十六册

330000－1704－0016188　016446　史部/傳記類/總傳之屬/儒林
宋元學案一百卷首一卷考畧一卷　(清)黄宗羲撰　(清)全祖望修定　(清)王梓材　(清)馮雲濠校並考　清光緒五年(1879)長沙寄廬刻本　五册　缺九十二卷(三至四、十一至一百)

330000－1704－0016193　善000311　史部/地理類/方志之屬/郡縣志
[康熙]固安縣志八卷首一卷末一卷　(清)鄭善述修　(清)潘昌纂　清康熙五十三年(1714)刻本　四册

330000－1704－0016194　016408　子部/儒家類/儒學之屬/禮教
五種遺規摘鈔　(清)陳弘謀輯並撰　(清)劉肇紳摘抄　清末石印本　一册　存一種

330000－1704－0016199　016435　子部/儒家類/儒學之屬/禮教
五種遺規摘鈔　(清)陳弘謀輯並撰　(清)劉肇紳摘抄　清末石印本　一册　存一種

330000－1704－0016201　016529　史部/傳記類/總傳之屬/仕宦
歷代名臣言行錄二十四卷　(清)朱桓輯　清嘉慶二年(1797)刻本　三十六册

330000－1704－0016202　善000312　史部/地理類/方志之屬/郡縣志
[康熙]顔神鎮志五卷　(清)葉先登修　(清)馮文顯纂　清康熙九年(1670)刻本　二册

330000－1704－0016203　016530　類叢部/叢書類/自著之屬
春在堂全書　(清)俞樾撰　清同治至光緒刻本　二册　存一種

330000－1704－0016204　016647　集部/别集類/清别集
有正味齋賦四卷　(清)吴錫麒撰　清道光六年至七年(1826－1827)刻本　一册

330000－1704－0016206　016447　經部/春秋左傳類/傳説之屬
評點春秋綱目左傳句解彙雋六卷　(清)韓菼重訂　清文德堂刻本　三册　存三卷(一至二、四)

330000－1704－0016208　016648　集部/别集類/宋别集
月洞詩集二卷　(宋)王鎡撰　清嘉慶十九年(1814)刻本　一册　存一卷(一)

330000－1704－0016210　016531　集部/總集類/選集之屬/通代
古文辭類纂七十四卷　(清)姚鼐輯　清道光元年(1821)合河康氏家塾刻本　一册　存八卷(三十一至三十八)

330000－1704－0016211　016449　史部/紀傳類/正史之屬
校刊史記集解索隱正義札記五卷　(清)張文

虎撰　清同治十一年(1872)金陵書局刻本　二册

330000－1704－0016214　016646　集部/別集類/清別集

船山詩草二十卷　(清)張問陶撰　清宣統二年(1910)上海掃葉山房石印本　六册

330000－1704－0016217　016448　經部/春秋穀梁傳類/傳說之屬

春秋穀梁傳十二卷　(晉)范甯集解　(唐)陸德明音義　清光緒三年(1877)永康胡氏退補齋刻本　三册　存七卷(六至十二)

330000－1704－0016219　016448－1　經部/春秋公羊傳類/傳說之屬

春秋公羊傳十一卷　(漢)何休注　(唐)陸德明音義　清光緒三年(1877)永康胡氏退補齋刻本　三册　存六卷(一至三、九至十一)

330000－1704－0016220　016650　類叢部/叢書類/彙編之屬

知不足齋叢書一百九十六種　(清)鮑廷博編　(清)鮑士恭續編　清乾隆三十七年至道光三年(1772－1823)長塘鮑氏刻彙印本　十七册　存十三種

330000－1704－0016222　善000297　史部/詔令奏議類/奏議之屬

東甌張文忠公奏對稿十二卷　(明)張孚敬撰　明萬曆四十二年(1614)刻本　二十册

330000－1704－0016229　016534　類叢部/叢書類/自著之屬

抗希堂十六種　(清)方苞撰　清康熙至嘉慶刻彙印本　一册　存一種

330000－1704－0016230　016634　史部/目録類/總録之屬/官修

欽定四庫全書總目二百卷首一卷　(清)紀昀等撰　清同治七年(1868)廣東書局刻本　一百十三册　存一百九十二卷(首,一至一百二、一百七至一百八十八、一百九十四至二百)

330000－1704－0016231　善000306　史部/地理類/總志之屬/斷代

大明一統志九十卷　(明)李賢等纂修　明嘉靖三十八年(1559)書林楊氏歸仁齋刻本　四十册

330000－1704－0016233　016573　子部/醫家類/類編之屬

陳修園二十八種　(清)陳念祖等撰　清末石印本　一册　存三種

330000－1704－0016234　016413　史部/地理類/方志之屬/郡縣志

[同治]恩施縣志十二卷首一卷　(清)多壽修　(清)羅淩漢纂　清同治刻本　三册　存七卷(三至九)

330000－1704－0016235　016652　子部/宗教類/佛教之屬/論疏

三論玄義二卷　(隋)釋吉藏撰　清光緒二十五年(1899)金陵刻經處刻本　一册

330000－1704－0016236　016574　子部/醫家類/類編之屬

陳修園醫書三十二種　(清)陳念祖等撰　清光緒三十一年(1905)上海醉六書局石印本　一册　存二種

330000－1704－0016239　016575　子部/醫家類/類編之屬

陳修園二十八種　(清)陳念祖等撰　清末石印本　一册　存二種

330000－1704－0016240　016414　子部/醫家類/綜合之屬/通論

醫學雜抄一卷　清抄本　一册

330000－1704－0016243　016536　集部/別集類/清別集

鮚埼亭集三十八卷　(清)全祖望撰　**全氏世譜一卷年譜一卷**　(清)董秉純撰　清嘉慶九年(1804)餘姚史夢蛟借樹山房刻本　十二册

330000－1704－0016245　善000292　史部/詔令奏議類/奏議之屬

宋丞相李忠定公奏議六十九卷附錄九卷　(宋)李綱撰　明正德十一年(1516)胡文靜、

蕭泮刻天啟重修清雍正十一年(1733)補修本　十六冊

330000－1704－0016250　016657　子部/叢編

二十五子彙函　(清)鴻文書局編　清光緒十九年(1893)上海鴻文書局石印本　一冊　存五種

330000－1704－0016251　016637　經部/叢編

御纂七經二百八十卷首十一卷序三卷　(清)李光地等撰　清同治六年至九年(1867－1870)浙江書局刻本　八冊　存一種

330000－1704－0016252　善000305　史部/地理類/總志之屬/斷代

輿地紀勝二百卷　(宋)王象之撰　**補闕十卷**　(清)岑建功輯　**校堪記五十二卷**　(清)劉文淇　(清)劉毓崧校勘　清道光二十九年(1849)甘泉岑氏懼盈齋刻本(卷十三至十六、五十至五十四、一百三十六至一百四十四、一百六十八至一百七十三、一百九十三至二百原缺)　四十八冊

330000－1704－0016257　016576　子部/醫家類/類編之屬

陳修園醫書二十一種　(清)陳念祖等撰　清光緒十八年(1892)上海圖書集成印書局鉛印本　一冊　存三種

330000－1704－0016258　016416　集部/總集類/彙編之屬

四婦人集　(清)沈綺雲編　清嘉慶刻本　一冊　存二種

330000－1704－0016262　善000293　集部/別集類/宋別集

宋李忠定公奏議選十五卷文集選二十九卷首四卷目錄二卷　(宋)李綱撰　(明)左光先等選　明崇禎十二年(1639)李氏刻本　六冊

330000－1704－0016264　016539　類叢部/叢書類/郡邑之屬

畿輔叢書　(清)王灝編　清光緒五年至十八年(1879－1892)定州王氏謙德堂刻三十二年(1906)彙印本　二十四冊　存一種

330000－1704－0016268　016417　集部/別集類/清別集

梅村詩集箋注十八卷　(清)吳偉業撰　(清)吳翌鳳箋注　清嘉慶十九年(1814)嚴榮滄浪吟榭刻本　八冊

330000－1704－0016269　善000295　集部/別集類/宋別集

宋李忠定公奏議選十五卷文集選二十九卷首四卷目錄二卷　(宋)李綱撰　(明)左光先等選　明崇禎十二年(1639)李氏刻清康熙四十四年(1705)李榮芳乾隆二十七年(1762)徐時作遞修本　十六冊

330000－1704－0016270　016577－1　子部/醫家類/類編之屬

陳修園二十八種　(清)陳念祖等撰　清末石印本　一冊　存十一種

330000－1704－0016272　016418　子部/藝術類/書畫之屬/畫法畫品

聖朝名畫評三卷　(宋)劉道醇撰　清抄本　一冊

330000－1704－0016274　016661　經部/叢編

古經解彙函十六種附小學彙函十四種續附十種　(清)鍾謙鈞等輯　清光緒十四年(1888)上海蜚英館石印本　二十冊

330000－1704－0016275　善000294　集部/別集類/宋別集

宋李忠定公奏議選十五卷文集選二十九卷首四卷目錄二卷　(宋)李綱撰　(明)左光先等選　明崇禎十二年(1639)李氏刻清康熙四十四年(1705)李榮芳乾隆二十七年(1762)徐時作遞修本　十二冊

330000－1704－0016276　016695　史部/雜史類/斷代之屬

國語二十一卷　(三國吳)韋昭注　**校刊明道本韋氏解國語札記一卷**　(清)黃丕烈撰　**戰**

國策三十三卷 (漢)高誘注 **重刻剡川姚氏本戰國策札記三卷** (清)黃丕烈撰 清光緒二十二年(1896)上海鴻寶齋石印本 八冊

330000－1704－0016277 016579 子部/醫家類/類編之屬
陳修園醫書二十一種 (清)陳念祖等撰 清光緒十八年(1892)上海圖書集成印書局鉛印本 十八冊 存十三種

330000－1704－0016278 016419 子部/藝術類/遊藝之屬/棋弈
桃花泉奕譜二卷 (清)范世勳撰 清光緒四年(1878)如皋義林堂刻本 二冊

330000－1704－0016279 016696 子部/叢編
二十二子(二十二子彙函) (清)浙江書局編 清光緒元年至三年(1875－1877)浙江書局刻本 二冊 存一種

330000－1704－0016281 016697 類叢部/類書類/專類之屬
佩文韻府一百六卷 (清)張玉書 (清)蔡升元等輯 **韻府拾遺一百六卷** (清)汪灝 (清)何焯等輯 清嶺南潘氏海山僊館刻本 二十一冊 存九卷(佩文韻府十一、二十一至二十五、六十三、九十六至九十七)

330000－1704－0016283 016481 類叢部/類書類/專類之屬
皇朝駢文類苑十四卷首一卷 (清)姚燮選 清光緒刻本 一冊 存一卷(三上)

330000－1704－0016284 016663 史部/編年類/通代之屬
資治通鑑二百九十四卷 (宋)司馬光撰 (元)胡三省音注 **通鑑釋文辯誤十二卷** (元)胡三省撰 清同治十年(1871)湖北崇文書局刻本 二十冊 存六十一卷(一至六十一)

330000－1704－0016285 016700 集部/別集類/清別集
胡文忠公遺集八十六卷首一卷 (清)胡林翼撰 (清)鄭敦謹 (清)曾國荃輯 (清)胡鳳丹重編 清末鉛印本 七冊 缺三卷(六至八)

330000－1704－0016286 016580 集部/小說類/長篇之屬
民族小說洪秀全演義四集八卷五十四回 (清)黃世仲撰 清末石印本 一冊 缺二卷(二、三續一)

330000－1704－0016287 016699 類叢部/叢書類/彙編之屬
增訂漢魏叢書八十六種 (清)王謨編 清光緒二十年(1894)湖南藝文書局刻本 二冊 存一種

330000－1704－0016288 016660 史部/編年類/通代之屬
資治通鑑二百九十四卷 (宋)司馬光撰 (元)胡三省音注 **通鑑釋文辯誤十二卷** (元)胡三省撰 清嘉慶二十一年(1816)鄱陽胡克家影元刻同治八年(1869)江蘇書局重修本 一冊 存三卷(一至三)

330000－1704－0016290 016581 子部/宗教類/其他宗教之屬/基督教
慎思指南六卷 (西洋)羅旎閣撰 清光緒三十年(1904)上海土山灣慈母堂鉛印本 一冊 存四卷(一至四)

330000－1704－0016294 善000318 類叢部/叢書類/家集之屬
江都汪氏叢書七種 (清)汪喜孫編 清道光汪喜孫刻本 三冊 存一種

330000－1704－0016295 016583 類叢部/類書類/通類之屬
古今圖書集成一萬卷目錄三十二卷 (清)蔣廷錫 (清)陳夢雷等輯 清光緒鉛印本 四冊 存十九卷(目錄六、庶徵典十八至二十二、禽蟲典九十八至一百三、官常典五百八十六至五百九十二)

330000－1704－0016296 016439 子部/雜著類/雜考之屬

日知錄集釋三十二卷刊誤二卷續刊誤二卷 (清)黄汝成撰 清刻本 一冊 存二卷(二十九至三十)

330000－1704－0016297 016439－1 集部/總集類/選集之屬/斷代
皇朝經世文編一百二十卷 (清)賀長齡輯 清末鉛印本 一冊 存五卷(十至十四)

330000－1704－0016298 016664 集部/別集類/宋別集
朱子集一百四卷目錄二卷 (宋)朱熹撰 清咸豐十年至同治元年(1860－1862)鰲峰書院刻本 四十九冊 缺三卷(十至十一、八十五)

330000－1704－0016299 016420 集部/別集類/清別集
望溪先生文集十八卷集外文十卷集外文補遺二卷年譜二卷 (清)方苞撰 清咸豐元年(1851)戴鈞衡刻二年(1852)增刻本 十三冊 缺五卷(文集一、十一至十二,集外文一至二)

330000－1704－0016300 善000319 史部/地理類/方志之屬/郡縣志
[光緒]續永清縣志十四卷文徵二卷 (清)李秉鈞 (清)吳欽修 (清)魏邦翰纂 清光緒元年(1875)刻本 四冊

330000－1704－0016301 善000320 史部/地理類/方志之屬/郡縣志
[乾隆]永清縣志二十五卷附文徵五卷 (清)周震榮修 (清)章學誠纂 清乾隆四十四年(1779)刻嘉慶十八年(1813)補刻本 楊紹廉題簽 四冊

330000－1704－0016302 016421 集部/別集類/清別集
望溪先生文集十八卷集外文十卷集外文補遺二卷年譜二卷 (清)方苞撰 清咸豐元年(1851)戴鈞衡刻二年(1852)增刻本 十三冊 缺二卷(文集五至六)

330000－1704－0016303 016665 經部/叢編
十三經單注 清同治七年(1868)湖北崇文書局刻本 二十八冊 存五種

330000－1704－0016305 016724 史部/史評類/史論之屬
公餘偶談四卷 (清)俞樹風撰 清咸豐五年(1855)刻本 四冊

330000－1704－0016306 016666 子部/道家類
道德經註釋□□卷 (清)黄裳注釋 清光緒十年(1884)合川會善堂刻本 三冊 存三卷(二至四)

330000－1704－0016307 016588 經部/春秋左傳類/傳說之屬
東萊先生左氏博議二十五卷 (宋)呂祖謙撰 清道光十九年(1839)錢唐瞿氏清吟閣刻本 四冊

330000－1704－0016308 善000329 史部/地理類/方志之屬/郡縣志
[雍正]青田縣志十二卷 (清)張皇輔修 (清)萬里續修 (清)沈淵懿續纂 清康熙二十五年(1686)刻雍正六年(1728)增刻本 四冊

330000－1704－0016309 善000330 史部/地理類/方志之屬/郡縣志
[同治]麗水縣志十五卷 (清)彭潤章等纂修 清同治十三年(1874)刻本 八冊

330000－1704－0016310 016725 集部/別集類/清別集
揅經室一集十四卷二集八卷三集五卷四集二卷四集詩十一卷續集十一卷再續集六卷外集五卷 (清)阮元撰 (清)阮亨輯 清道光三年(1823)儀徵阮氏文選樓刻十年(1830)、同治十三年(1874)續刻本 二十四冊

330000－1704－0016311 016703 集部/總集類/尺牘之屬
詳註分類飲香尺牘六卷 (清)飲香居士撰 清刻本 一冊 存二卷(五至六)

330000－1704－0016312　016586　集部/别集類
據梧集一卷　陳詩撰　清光緒二十九年(1903)上海商務印書館鉛印本　一册

330000－1704－0016313　016704　集部/總集類/選集之屬/斷代
清詩一卷　(清)慎郡王胤禧等撰　清末抄本　一册

330000－1704－0016317　016592　類叢部/類書類/通類之屬
策學備纂三十二卷首一卷　(清)蔡啟盛　(清)吴熲炎等輯　清光緒十三年(1887)上海點石齋石印本　五册　存十卷(十、十二、十四至十五、十八至二十、二十九、三十一至三十二)

330000－1704－0016318　016707　史部/史評類/史學之屬
文史通義八卷校讐通義三卷　(清)章學誠撰　清光緒二十五年(1899)新化三味堂刻本　一册　存二卷(文史通義一至二)

330000－1704－0016321　016590　子部/醫家類/傷寒金匱之屬/金匱要略
金匱心典三卷　(清)尤怡撰　清光緒七年(1881)崇德書院刻本　一册

330000－1704－0016322　016744　經部/四書類/孟子之屬/傳説
孟子七卷　(宋)朱熹集注　清刻本　三册

330000－1704－0016323　016745　類叢部/叢書類/自著之屬
德清俞氏書　(清)俞樾撰　清同治刻本　一册　存一種

330000－1704－0016325　016591　子部/醫家類/傷寒金匱之屬/金匱要略
金匱玉函經二註二十二卷補方一卷　(宋)趙以德　(元)趙良仁衍義　(清)周揚俊補注　清同治二年(1863)刻本　四册

330000－1704－0016327　016713　經部/四書類/總義之屬/傳説
四書釋地補一卷續補一卷又續補一卷三續補一卷　(清)閻若璩撰　(清)樊廷枚校補　清嘉慶二十一年(1816)梅陽海涵堂刻本　五册

330000－1704－0016328　016667　子部/雜著類/雜説之屬
墨子閒詁十五卷目錄一卷附錄一卷後語二卷　(清)孫詒讓撰　清光緒三十三年(1907)瑞安孫氏刻本　八册

330000－1704－0016329　016764　集部/詞類/詞譜之屬
詞律二十卷　(清)萬樹撰　**詞律拾遺六卷**　(清)徐本立撰　**詞律補遺一卷**　(清)杜文瀾撰　清同治十二年(1873)、光緒二年(1876)吴下刻本　十二册

330000－1704－0016332　016708　史部/地理類/方志之屬/郡縣志
[道光]鳳凰廳志二十卷首一卷　(清)黄應培修　(清)孫均銓　(清)黄元復纂　清道光四年(1824)刻本　一册　存二十卷(一至二十)

330000－1704－0016333　016669　史部/地理類/山川之屬/水志
水道提綱二十八卷　(清)齊召南撰　清光緒七年(1881)上海文瑞樓鉛印本　五册　存十八卷(一至三、七至十三、二十一至二十八)

330000－1704－0016334　016765　類叢部/叢書類/自著之屬
章氏遺書二種　(清)章學誠撰　清道光十二年至十三年(1832－1833)章華紱刻浙江書局補刻本　五册

330000－1704－0016336　016638　經部/春秋總義類/傳説之屬
春秋十六卷首一卷　陸氏三傳釋文音義十六卷　(唐)陸德明撰　清刻本　十册　缺十二卷(首,二至三、六至七、十三至十六;陸氏三傳釋文音義十一至十三)

330000－1704－0016337　016594　新學/格致總
便蒙叢書初二集十七種　張一鵬輯　清光緒

二十八年(1902)蘇州開智書室刻本　一册　存二種

330000－1704－0016340　016766　類叢部/叢書類/自著之屬
章氏遺書二種　(清)章學誠撰　清道光十二年至十三年(1832－1833)章華紱刻浙江書局補刻本　四册　存一種

330000－1704－0016341　016670　集部/總集類/選集之屬/通代
留青新集三十卷　(清)陳枚輯　(清)陳德裕增輯　清康熙刻本　一册　存一卷(十六)

330000－1704－0016342　016767　類叢部/叢書類/自著之屬
章氏遺書二種　(清)章學誠撰　清道光十二年至十三年(1832－1833)章華紱刻浙江書局補刻本　四册　存一種

330000－1704－0016344　016595　類叢部/叢書類/自著之屬
曾文正公全集十六種　(清)曾國藩撰　清同治至光緒傳忠書局刻本　十六册　存二種

330000－1704－0016345　016746　集部/别集類/清别集
秣陵集六卷金陵歷代紀年事表一卷圖考一卷　(清)陳文述撰　清光緒十年(1884)淮南書局刻本　三册

330000－1704－0016346　016768　類叢部/叢書類/自著之屬
章氏遺書二種　(清)章學誠撰　清道光十二年至十三年(1832－1833)章華紱刻浙江書局補刻本　二册

330000－1704－0016350　016596　類叢部/叢書類/家集之屬
河南二程全書七種　(宋)程顥　(宋)程頤撰　清光緒三十四年(1908)澹雅局刻本　十八册　缺四卷(程氏經説一至三、七)

330000－1704－0016352　016749　類叢部/叢書類/自著之屬
春在堂全書三十六種　(清)俞樾撰　清同治至光緒刻光緒末彙印本　三册　存一種

330000－1704－0016353　016640　集部/别集類/清别集
小謨觴館文注四卷續注二卷　(清)彭兆蓀撰　(清)孫元培　(清)孫長熙注　清光緒二十年(1894)刻本　三册

330000－1704－0016354　016672　子部/雜著類/雜纂之屬
增智囊補二十八卷　(明)馮夢龍輯　清末維經堂刻本　十册　存十卷(一至十)

330000－1704－0016356　016597　經部/群經總義類/文字音義之屬
十三經注疏校勘記識語四卷　(清)汪文臺撰　清光緒三年(1877)江西書局刻本　二册

330000－1704－0016365　016642　集部/别集類/宋别集
宛陵先生文集六十卷　(宋)梅堯臣撰　清宣統二年(1910)上海據清康熙徐惇復白華書屋刻本影印本　十册

330000－1704－0016366　善000331　史部/地理類/方志之屬/郡縣志
[光緒]松陽縣志十二卷首一卷　(清)支恒椿修　(清)丁鳳章等纂　清光緒元年(1875)刻本　六册

330000－1704－0016367　善000317　史部/地理類/方志之屬/郡縣志
[乾隆]長洲縣志三十四卷首一卷　(清)李光祚修　(清)許治增修　(清)顧詒禄等纂　清乾隆三十一年(1766)許治刻本　八册

330000－1704－0016368　善000322　集部/别集類/清别集
揅經室文集十八卷　(清)阮元撰　清嘉慶八年(1803)刻本　一册　存一卷(浙江圖攷一)

330000－1704－0016369　善000324　史部/地理類/方志之屬/郡縣志
[乾隆]杭州府志一百十卷首六卷　(清)鄭澐修　(清)邵晉涵等纂　清乾隆四十九年(1784)刻本　十二册　存二十八卷(十二至

二十三、三十七至四十四、五十二至五十四、五十八至六十二)

330000－1704－0016370　善000325　史部/地理類/方志之屬/郡縣志
古杭雜志三卷　(明)陳善撰　明萬曆刻本　朱鼎煦題記　三册

330000－1704－0016371　善000315　史部/地理類/方志之屬/郡縣志
[康熙]豐城縣志十二卷　(清)何士錦修　(清)陸履敬等纂　清康熙三年(1664)刻本　六册　缺一卷(十二)

330000－1704－0016372　善000332　史部/地理類/方志之屬/郡縣志
[道光]縉雲縣志十八卷首一卷　(清)湯成烈修　(清)尹希伊　(清)余偉纂　清道光二十九年(1849)刻本　十册

330000－1704－0016373　016739　集部/別集類/宋別集
龍川文集三十卷首一卷　(宋)陳亮撰　**辨譌考異二卷附錄二卷**　(清)胡鳳丹撰　清宣統三年(1911)掃葉山房石印本　八册

330000－1704－0016375　016598　集部/總集類/選集之屬/通代
東萊先生古文關鍵二卷　(宋)呂祖謙評　(宋)蔡文子註　(清)徐樹屏考異　清光緒二十四年(1898)江蘇書局刻本　二册

330000－1704－0016376　016740　集部/別集類/宋別集
象山先生全集三十六卷　(宋)陸九淵撰　**附錄少湖徐先生學則辯一卷**　(明)徐階撰　清末江左書林石印本　八册

330000－1704－0016377　善000537　類叢部/叢書類/彙編之屬
説郛一百二十弓一千二百八十種　(明)陶宗儀編　明末刻清順治三年(1646)兩浙督學周南李際期宛委山堂印本　一册　存一種

330000－1704－0016379　016678　子部/醫家類/類編之屬
陳修園醫書七十種　(清)陳念祖等撰　清宣統元年(1909)上海廣雅啟新書局石印本　七册　存五十四種

330000－1704－0016383　016710　集部/總集類/選集之屬
三家五言律詩選一卷　白采等撰　清抄本　一册

330000－1704－0016384　善000316　史部/地理類/方志之屬/郡縣志
[乾隆]廣德州志五十卷首一卷　(清)胡文銓修　(清)周廣業纂　清乾隆五十七年(1792)刻本　十六册

330000－1704－0016390　016602　集部/別集類/唐五代別集
溫飛卿詩集七卷別集一卷集外詩一卷附錄諸家詩評一卷　(唐)溫庭筠撰　(明)曾益注　(清)顧予咸補注　(清)顧嗣立續注　清宣統二年(1910)石印本　四册　缺一卷(諸家詩評)

330000－1704－0016392　016771　經部/叢編
重刊宋本十三經注疏四百十六卷附十三經注疏校勘記四百十六卷　(清)阮元撰　(清)盧宣旬摘錄　清嘉慶二十年(1815)南昌府學刻本　三十六册　存十種

330000－1704－0016393　016639　子部/藝術類/書畫之屬/總論
清河書畫舫□□卷補遺□□卷　(明)張丑輯　清抄本　三册　存七卷(清河書畫航北宋至明、補遺)

330000－1704－0016395　016751　子部/藝術類/書畫之屬/畫譜
點石齋叢畫十卷　(清)尊聞閣主人輯　清光緒十二年(1886)上海點石齋石印本　二册　存三卷(一、五至六)

330000－1704－0016399　善000307　史部/地理類/總志之屬/斷代
大明一統志九十卷　(明)李賢等纂修　明萬

壽堂刻清印本　四十册

330000－1704－0016400　016679　子部/天文曆算類/算書之屬
白芙堂算學叢書　（清）丁取忠輯　清同治至光緒長沙古荷花池精舍刻本　九册　存十種

330000－1704－0016403　016721　史部/紀傳類/正史之屬
舊唐書二百卷　（後晉）劉昫撰　清刻本　四册　存十四卷（十七至三十）

330000－1704－0016405　016722　子部/雜著類/雜考之屬
讀書雜志八十二卷餘編二卷　（清）王念孫撰　清同治九年（1870）金陵書局刻本　十五册　存五種

330000－1704－0016409　016723　類叢部/叢書類/自著之屬
西堂全集　（清）尤侗撰　清善成堂刻本　二十四册　存四種

330000－1704－0016410　016756　類叢部/叢書類/彙編之屬
正覺樓叢刻（正覺樓叢書）二十九種　（清）崇文書局編　清光緒崇文書局刻本　三册　存二種

330000－1704－0016412　016779　集部/別集類/金別集
遺山集四十卷　（金）元好問撰　**附録一卷**　（明）儲巏輯　清道光二十七年（1847）京都貴文堂李鎔經刻本　十册

330000－1704－0016413　016682　子部/術數類/相宅相墓之屬
山洋指迷原本四卷　（明）周景一撰　（清）俞歸璞　（清）吴卿瞻增注　清光緒九年（1883）刻本　二册　存二卷（一至二）

330000－1704－0016416　016772　類叢部/叢書類/自著之屬
橘蔭軒全集七種　（清）陳錦撰　清光緒山陰陳氏橘蔭軒刻本　一册　存一種

330000－1704－0016418　016683　類叢部/叢書類/自著之屬
曾文正公全集十六種　（清）曾國藩撰　清同治至光緒傳忠書局刻本　六册　存二種

330000－1704－0016419　016644　史部/紀傳類/正史之屬
二十四史　清同治至光緒五省官書局據汲古閣本等合刻光緒五年（1879）湖北書局彙印本　三十九册　存一種

330000－1704－0016420　016782　集部/小説類/長篇之屬
第一才子書六十卷首一卷一百二十回　（明）羅本撰　（清）毛宗崗評　清同治十三年（1874）繡轂漁古山房刻本　二十二册　缺五卷（七至八、五十八至六十）

330000－1704－0016421　016685　子部/叢編
教育叢書初集十一種二集十五種三集十一種　（清）教育世界社編譯　清光緒教育世界出版所刻本暨石印本　六册　存十種

330000－1704－0016425　016816　經部/四書類/總義之屬/傳說
四書釋地補一卷續補一卷又續補一卷三續補一卷　（清）閻若璩撰　（清）樊廷枚校補　清嘉慶二十一年（1816）梅陽海涵堂刻本　六册

330000－1704－0016426　016773　史部/編年類/通代之屬
御撰資治通鑑綱目三編二十卷　（清）張廷玉等撰　清刻本　五册　存十七卷（四至二十）

330000－1704－0016427　016817　經部/四書類/論語之屬/傳説
論語補註三卷　（清）劉開撰　清同治七年（1868）桐城劉氏刻本　一册

330000－1704－0016428　016818　經部/孝經類/傳說之屬
孝經傳説圖解二卷　（清）金柘巖　（清）戴蓮洲撰　（清）黄紫眉繪圖　清同治十年（1871）梅溪書院刻本　二册

330000－1704－0016429　善000333　史部/地理類/方志之屬/郡縣志

[乾隆]宣平縣志十六卷首一卷　(清)陳加儒修　(清)祝復禮　(清)潘士仁等纂　清乾隆十八年(1753)刻本　六册

330000－1704－0016434　016774　史部/編年類/通代之屬

綱鑑會纂三十九卷首一卷　(明)王世貞編　清刻本　二册　存八卷(二十二至二十九)

330000－1704－0016435　善000334　史部/地理類/方志之屬/郡縣志

[乾隆]龍泉縣志十二卷首一卷　(清)蘇遇龍修　(清)沈光厚等纂　清乾隆二十七年(1762)刻本　四册

330000－1704－0016436　016819　史部/地理類/外紀之屬

瀛寰瑣紀不分卷　(清)申報館輯　清同治十一年至十三年(1872－1874)鉛印本　一册

330000－1704－0016439　016686　集部/總集類/尺牘之屬

歸錢尺牘　(清)顧楲輯　清宣統二年(1910)保定官書局石印本　一册　存一種

330000－1704－0016440　016780　子部/醫家類/醫案之屬

名醫類案十二卷附錄一卷　(明)江瓘輯　清光緒鉛印本　四册　存九卷(一至四、七至八、十一至十二,附錄)

330000－1704－0016442　善000328　史部/地理類/方志之屬/郡縣志

[雍正]處州府志二十卷　(清)曹掄彬修　(清)朱肇濟等纂　清雍正十一年(1733)刻本　十六册

330000－1704－0016443　016781　集部/別集類/唐五代別集

白香山詩長慶集二十卷後集十七卷別集一卷補遺二卷　(唐)白居易撰　(清)汪立名編訂　**白香山年譜一卷**　(清)汪立名撰　**白香山年譜舊本一卷**　(宋)陳振孫撰　清宣統三年(1911)石印本　六册　缺二十卷(長慶集一至二十)

330000－1704－0016447　016762　史部/史評類/詠史之屬

十國宮詞一卷　(清)吳省蘭撰　清宣統三年(1911)上海掃葉山房石印本　一册

330000－1704－0016448　善000335　史部/地理類/方志之屬/郡縣志

[雍正]景寧縣志十卷　(清)李應機修　(清)潘可藻纂　清雍正十三年(1735)刻本　四册

330000－1704－0016449　016783　子部/宗教類/其他宗教之屬/基督教

聖教鑒略三卷　清光緒二十四年(1898)鉛印本　一册

330000－1704－0016450　善000336　史部/地理類/方志之屬/郡縣志

[光緒]宣平縣志二十卷首一卷　(清)皮樹棠修　(清)祝鳳梧纂　清光緒四年(1878)刻本　八册

330000－1704－0016454　016822　子部/天文曆算類/曆法之屬

新鐫曆法便覽象吉備要通書大全二十九卷　(清)魏鑑撰　清刻本　一册　存一卷(一)

330000－1704－0016459　016777　子部/宗教類/佛教之屬/經疏

妙法蓮華經科註七卷首一卷　(明)釋一如集註　清刻本　七册　缺一卷(五)

330000－1704－0016460　016856　史部/目録類/總録之屬/官修

欽定四庫全書總目二百卷首一卷　(清)紀昀等撰　清廣東刻本　八十二册　存一百五十一卷(四十七至一百七十六、一百八十至二百)

330000－1704－0016462　016823　類叢部/類書類/通類之屬

重訂事類賦三十卷　(宋)吳淑撰並注　清刻本　五册　存二十四卷(一至三、六至九、十

四至三十）

330000－1704－0016466　善000327　史部/地理類/方志之屬/郡縣志
[萬曆]續修嚴州府志二十四卷　(明)呂昌期修　(明)俞炳然纂　明萬曆四十一年(1613)刻本　十六冊

330000－1704－0016468　016689　史部/紀傳類/正史之屬
二十四史　清同治至光緒五省官書局據汲古閣本等合刻光緒五年(1879)湖北書局彙印本　六十冊　存二種

330000－1704－0016470　016857　集部/別集類/清別集
勉益齋偶存稿八卷續存稿十六卷　(清)裕謙撰　清道光十二年(1832)刻本　一冊　存一卷(七)

330000－1704－0016471　016732　子部/叢編
二十二子(二十二子彙函)　(清)浙江書局編　清光緒元年至三年(1875－1877)浙江書局刻本　一冊　存一種

330000－1704－0016472　016690　集部/總集類/選集之屬/斷代
唐詩鈔本一卷　清末抄本　一冊

330000－1704－0016477　016734　新學/理學/理學
名學三卷首一卷　(英國)穆勒約翰撰　嚴復翻譯　清光緒二十八年(1902)金粟齋鉛印本　二冊　存二卷(首、一)

330000－1704－0016478　016692　子部/藝術類/書畫之屬/畫譜
夢跡圖一卷　(清)寶琳繪　清光緒元年(1875)上海點石齋石印本　一冊

330000－1704－0016480　016858　經部/叢編
重刊宋本十三經注疏四百十六卷附十三經注疏校勘記四百十六卷　(清)阮元撰　(清)盧宣旬摘錄　清嘉慶二十年(1815)南昌府學刻本　五冊　存一種

330000－1704－0016481　善000338　史部/地理類/方志之屬/郡縣志
[萬曆]溫州府志十八卷首一卷　(明)湯日昭等修　(明)王光蘊等纂　明萬曆三十三年(1605)刻本　十二冊　存十八卷(一至十八)

330000－1704－0016482　016791　集部/別集類/清別集
有正味齋試帖詳註四卷　(清)吳錫麒撰　(清)吳敬恒注　清刻本　一冊　存二卷(一至二)

330000－1704－0016483　016790　經部/叢編
御纂七經二百八十卷首十一卷序三卷　(清)李光地等撰　清同治六年至九年(1867－1870)浙江書局刻本　二十七冊　存一種

330000－1704－0016484　016735　子部/儒家類/儒學之屬/禮教/鑑戒
聖祖仁皇帝庭訓格言一卷　(清)世宗胤禛述　清咸豐十一年(1861)刻本　一冊

330000－1704－0016486　016828　新學/議論/通論
羣學肄言不分卷　(英國)斯賓塞爾撰　嚴復譯　清光緒二十九年(1903)上海文明書局鉛印本　二冊

330000－1704－0016487　016736　子部/宗教類/道教之屬/戒律
太上感應篇註講證案彙編四卷　清光緒二十二年(1896)廣陵藏經禪院刻本　張烈題記　四冊

330000－1704－0016488　善000340　史部/地理類/方志之屬/郡縣志
[乾隆]溫州府志三十卷首一卷　(清)李琬修　(清)齊召南　(清)汪沆纂　清乾隆二十七年(1762)刻本　清孫衣言、清孫詒讓批校　十五冊

330000－1704－0016489　016893　經部/春秋總義類/傳說之屬

春秋傳三十卷 （宋）胡安國撰 （宋）林堯叟音註 清乾隆刻本 一冊 存四卷（一至四）

330000－1704－0016492 016829 子部/小說家類/雜事之屬
大唐新語十三卷 （唐）劉肅撰 明刻本 一冊 存二卷（十至十一）

330000－1704－0016493 016798 子部/宗教類/佛教之屬/諸宗
教觀綱宗一卷教觀綱宗釋義一卷 （清）釋智旭撰 清光緒刻本 一冊

330000－1704－0016495 016794 經部/春秋穀梁傳類/傳說之屬
春秋穀梁傳十二卷 （晉）范甯集解 （唐）陸德明音義 清刻本 二冊 存六卷（四至九）

330000－1704－0016497 善000343 史部/地理類/方志之屬/郡縣志
[康熙]溫州府志三十二卷圖一卷 （清）汪爌修 （清）魏裔慤等纂 清康熙二十四年（1685）刻本 十八冊

330000－1704－0016498 016860 子部/宗教類/佛教之屬
法苑珠林一百卷 （唐）釋道世撰 清道光七年（1827）刻本 三十二冊 存八十九卷（一至八十五、九十四、九十八至一百）

330000－1704－0016499 016763 類叢部/類書類/專類之屬
佩文韻府一百六卷 （清）張玉書 （清）蔡升元等輯 **韻府拾遺一百六卷** （清）汪灝 （清）何焯等輯 清光緒十三年（1887）上海點石齋石印本 五十九冊 存二百八卷（一至二十四、二十六至四十七、五十一至一百六，拾遺一至一百六）

330000－1704－0016500 016831 史部/政書類/律令之屬
治浙成規八卷 清道光刻本 五冊 存五卷（二至三、六至八）

330000－1704－0016501 016941 子部/藝術類/書畫之屬/畫譜
性安廬畫稿四卷 （清）姚鍾葆繪 清光緒二十九年（1903）上海讀畫齋石印本 一冊

330000－1704－0016502 016797 子部/宗教類/佛教之屬/諸宗
教觀綱宗一卷教觀綱宗釋義一卷 （清）釋智旭撰 清光緒刻本 一冊

330000－1704－0016503 善000339 史部/地理類/方志之屬/郡縣志
[乾隆]溫州府志三十卷首一卷 （清）李琬修 （清）齊召南 （清）汪沆纂 清乾隆二十七年（1762）刻同治四年（1865）修版印本 清孫衣言批校 十七冊

330000－1704－0016504 016795 史部/傳記類/總傳之屬/儒林
宋元學案一百卷首一卷考畧一卷 （清）黄宗羲撰 （清）全祖望修定 （清）王梓材 （清）馮雲濠校並考 清光緒五年（1879）長沙寄廬刻本 四十冊

330000－1704－0016507 016894 經部/叢編
五經 清光緒十七年（1891）刻本 六冊 存二種

330000－1704－0016508 016796 子部/叢編
教育叢書初集十一種二集十五種三集十一種 （清）教育世界社編譯 清光緒教育世界出版所刻本暨石印本 二冊 存三種

330000－1704－0016509 016943 類叢部/叢書類/彙編之屬
天壤閣叢書二十種 （清）王祖源 （清）王懿榮編 清同治至光緒福山王氏刻彙印本 二冊 存一種

330000－1704－0016510 016944 集部/別集類/漢魏六朝別集
靖節先生集十卷 （晉）陶潛撰 （清）陶澍注 **靖節先生集諸本序錄一卷** （清）陶澍編輯 **靖節先生年譜攷異二卷** （清）陶澍撰 清光緒九年（1883）江蘇書局刻本 四冊

330000－1704－0016511　善 000358　史部/地理類/方志之屬/郡縣志
[隆慶]樂清縣志七卷　(明)胡用賓修　(明)侯一元纂　清抄本　二冊

330000－1704－0016512　016861　經部/小學類/文字之屬/字書/字典
康熙字典十二集三十六卷總目一卷檢字一卷辨似一卷等韻一卷補遺一卷備考一卷　(清)張玉書等纂修　清刻本　二十一冊　存二十一卷(子集上中下、丑集中、寅集上中下、卯集上中下、辰集上中下、巳集上中下、午集上、酉集下、戌集中下、等韻)

330000－1704－0016513　017002　史部/目録類/總録之屬/官修
欽定四庫全書附存目錄十卷　(清)胡虔輯　清光緒十年(1884)學海堂刻本　四冊　存八卷(三至十)

330000－1704－0016516　善 000359　史部/地理類/方志之屬/郡縣志
[康熙]樂清縣志八卷　(清)徐化民修　(清)林允楫　(清)鮑易纂　清康熙二十四年(1685)刻本　四冊

330000－1704－0016517　016945　史部/詔令奏議類/奏議之屬
唐陸宣公奏議讀本四卷首一卷　(唐)陸贄撰　(清)汪銘謙輯　(清)馬傳庚評點　清光緒二十六年(1900)會稽馬家鼎石印本　二冊

330000－1704－0016518　016799　子部/宗教類/佛教之屬
旃檀佛西來歷代傳祀記一卷　(清)聖祖玄燁等撰　清同治八年(1869)□□刻經處刻本　一冊

330000－1704－0016519　016834　經部/四書類/總義之屬/傳說
四書摭餘說七卷　(清)曹之升撰　清明經書屋刻本　三冊

330000－1704－0016520　016946　集部/總集類/選集之屬/斷代
同岑詩鈔五種　(清)曾燠編　清道光九年(1829)刻本　五冊

330000－1704－0016521　016807　史部/地理類/總志之屬/通代
天下郡國利病書一百二十卷　(清)顧炎武撰　清道光成都龍萬育敷文閣刻本　三十四冊　存一百二卷(一至九十九、一百五至一百七)

330000－1704－0016523　016835　史部/史評類/詠史之屬
讀史碎金六卷讀史碎金註八十卷　(清)胡文炳輯　清刻本　五冊　存五卷(讀史碎金註二十九至三十三)

330000－1704－0016524　017001　經部/叢編
皇清經解續編一千四百三十卷　王先謙輯　清光緒十五年(1889)上海蜚英館石印本(卷三十原缺)　三十二冊

330000－1704－0016525　016947　史部/傳記類/總傳之屬/通代
尚友錄二十二卷補遺一卷　(明)廖用賢輯　(清)張伯琮補輯　清刻本　十七冊　存十七卷(一、三至六、八至十八、二十一)

330000－1704－0016526　016862　經部/小學類/文字之屬/說文/傳說
段氏說文注訂八卷　(清)鈕樹玉撰　清道光四年(1824)吳郡青霞齋刻本　二冊

330000－1704－0016527　016995　史部/史評類/史論之屬
讀史論畧二卷　(清)杜詔撰　清光緒二十九年(1903)鄭慎言堂刻本　一冊

330000－1704－0016528　016800　子部/宗教類/佛教之屬/律
菩薩戒本經一卷菩薩戒本經箋要一卷　(晉)釋曇無讖譯　(明)釋智旭箋　清同治九年(1870)、光緒六年(1880)金陵刻經處刻本　一冊

330000－1704－0016530　善 000350　集部/

別集類/清別集
東甌軼事隨筆二卷 （清）孟錦城輯 清同治十一年(1872)孟氏刻本 二冊

330000－1704－0016531 016948 類叢部/叢書類/彙編之屬
增訂漢魏叢書八十六種 （清）王謨編 清乾隆五十六年(1791)金谿王氏刻本 六十一冊 存六十一種

330000－1704－0016533 016778 子部/宗教類/佛教之屬/經
大方廣佛華嚴經八十卷 （唐）釋實叉難陀譯 清刻本 二冊 存六卷(五十八至六十三)

330000－1704－0016534 016863 類叢部/叢書類/彙編之屬
聚學軒叢書六十種 劉世珩編 清光緒貴池劉氏刻本 十九冊 存五種

330000－1704－0016536 016778－1 子部/宗教類/佛教之屬/經
大方廣佛華嚴經八十卷 （唐）釋實叉難陀譯 清刻本 十一冊 存六十二卷(七至九、十六至十八、二十八至三十、三十四至三十六、四十九至五十一、二十八至六十三、六十七至六十九、七十三至八十)

330000－1704－0016540 016803 子部/宗教類/佛教之屬/諸宗
雲棲法彙二十八種七十四卷 （明）釋袾宏撰 （明）王宇春等輯 清光緒二十三年至二十五年(1897－1899)金陵刻經處刻本 四冊 存一種

330000－1704－0016541 善000353 史部/地理類/方志之屬/郡縣志
［乾隆］永嘉縣志二十六卷 （清）崔錫修 （清）齊召南 （清）汪沆纂 清乾隆三十年(1765)施廷燦刻本 七冊 存二十三卷(一至二十三)

330000－1704－0016542 016486 子部/宗教類/佛教之屬/諸宗
止觀輔行傳弘決十卷 （唐）釋湛然撰 清光緒十年(1884)刻本 釋采極題簽 八冊 存六卷(二上下、三上、四下、六上、八上下、九下)

330000－1704－0016544 016806 子部/宗教類/佛教之屬/經疏
大華嚴經略策一卷三聖圓融觀門一卷 （唐）釋澄觀撰 **答順宗心要法門一卷** （唐）釋澄觀撰 （唐）釋宗密注 **原人論一卷** （唐）釋宗密撰 **華嚴念佛三昧論一卷** （清）彭紹升撰 清同治十三年(1874)雞園刻經處、光緒二十一年(1895)、二十三年(1897)金陵刻經處刻本 一冊

330000－1704－0016545 善000356 史部/地理類/方志之屬/郡縣志
［乾隆］瑞安縣志十卷 （清）陳永清修 （清）章昱 （清）吳慶雲纂 清乾隆十四年(1749)刻本 四冊

330000－1704－0016546 016864 集部/別集類/漢魏六朝別集
陶淵明集八卷首一卷末一卷 （晉）陶潛撰 清光緒五年(1879)廣州翰墨園刻朱墨套印本 二冊

330000－1704－0016547 016808 類叢部/叢書類/彙編之屬
式訓堂叢書四十一種 （清）章壽康編 清光緒會稽章氏刻本 三冊 存二種

330000－1704－0016548 善000345 史部/地理類/方志之屬/郡縣志
［劉宋］永嘉郡記一卷 （南朝宋）鄭緝之撰 （清）孫詒讓輯 清光緒四年(1878)孫詒讓刻本 一冊

330000－1704－0016549 善000348 史部/地理類/方志之屬/郡縣志
［道光］甌乘拾遺二卷 （清）洪守一纂 清道光三十年(1850)洪氏愛吾堂刻本 一冊

330000－1704－0016550 016810 新學/理學/文學
高等文學講義六卷 王葆心撰 清末鉛印本

一册

330000－1704－0016552　016866　集部/總集類/選集之屬/斷代
八家四六文註八卷首一卷　(清)吴鼒輯　(清)許貞幹注　**補註一卷**　陳衍撰　清光緒十八年(1892)上海圖書集成印書局鉛印本　八册

330000－1704－0016554　016812　子部/儒家類/儒學之屬/禮教/女範
家政學二卷　(日本)下田歌子撰　(清)錢單士釐譯　清光緒二十八年(1902)鉛印本　一册

330000－1704－0016555　016813　子部/天文曆算類/算書之屬
九章算術細草圖說九卷海島算經細草圖說一卷　(三國魏)劉徽注　(唐)李淳風等注釋　(清)李潢細草　(清)沈欽裴補草　清嘉慶二十五年(1820)語鴻堂刻本　八册

330000－1704－0016556　016991　子部/雜家類
吕氏春秋二十六卷　(漢)高誘注　清光緒刻本　四册　存十七卷(十至二十六)

330000－1704－0016558　016867　類叢部/叢書類/彙編之屬
增訂漢魏叢書八十六種　(清)王謨編　清乾隆五十六年(1791)金谿王氏刻本　四册　存一種

330000－1704－0016560　善000347　史部/地理類/方志之屬/郡縣志
[道光]甌乘補二十卷　(清)黄漢纂　清玉海樓抄本　清孫詒讓批校　六册

330000－1704－0016561　016992　經部/詩類/傳說之屬
毛詩傳箋二十卷　(漢)毛亨傳　(漢)毛萇撰　(漢)鄭玄箋　**鄭氏詩譜一卷**　(漢)鄭玄撰　**毛詩音義三卷**　(唐)陸德明撰　清同治十一年(1872)江南書局刻本　六册

330000－1704－0016562　016788　集部/别集類/清别集
述學内篇三卷外篇一卷補遺一卷别録一卷校勘記一卷附録一卷　(清)汪中撰　(清)汪喜孫編　清同治八年(1869)揚州書局刻本　二册

330000－1704－0016563　016789　集部/别集類/清别集
述學内篇三卷外篇一卷補遺一卷别録一卷校勘記一卷附録一卷　(清)汪中撰　(清)汪喜孫編　清同治八年(1869)揚州書局刻本　二册

330000－1704－0016564　善000797　集部/别集類/元别集
松雪齋集十卷外集一卷　(元)趙孟頫撰　清清德堂刻本　四册

330000－1704－0016566　016859　集部/别集類/清别集
述學内篇三卷補遺一卷外篇一卷别録一卷附録一卷校勘記一卷　(清)汪中撰　(清)汪喜孫編　清同治八年(1869)揚州書局刻本　二册

330000－1704－0016567　016994　集部/别集類/清别集
樊榭山房全集四十二卷　(清)厲鶚撰　**輓辭一卷**　(清)龔胡崟輯　**墓碣銘一卷**　(清)全祖望撰　**軼事一卷**　清光緒十年(1884)錢塘汪氏振綺堂刻本　十册　缺二卷(輓辭、軼事)

330000－1704－0016568　016809　類叢部/叢書類/彙編之屬
廣雅書局叢書一百五十九種　徐紹棨編　清光緒廣雅書局刻民國九年(1920)番禺徐紹棨彙編印本　二册　存一種

330000－1704－0016570　善000354　史部/地理類/方志之屬/郡縣志
[道光]平陽縣志辨誤一卷校正一卷補遺一卷　(清)楊詩纂　清抄本　劉紹寬批校　一册

330000－1704－0016571　016836　史部/地

理類

李氏五種　(清)李兆洛撰　清光緒十四年(1888)掃葉山房刻本　九册　存三種

330000－1704－0016572　016837－1　子部/宗教類/佛教之屬/諸宗

雲棲法彙二十八種七十四卷　(明)釋袾宏撰　(明)王宇春等輯　清光緒二十三年至二十五年(1897－1899)金陵刻經處刻本　二册　存一種

330000－1704－0016574　016837　子部/宗教類/佛教之屬/諸宗

雲棲法彙二十八種七十四卷　(明)釋袾宏撰　(明)王宇春等輯　清光緒二十三年至二十五年(1897－1899)金陵刻經處刻本　五册　存一種

330000－1704－0016576　016837－2　子部/宗教類/佛教之屬/諸宗

雲棲法彙二十八種七十四卷　(明)釋袾宏撰　(明)王宇春等輯　清光緒二十三年至二十五年(1897－1899)金陵刻經處刻本　三册　存一種

330000－1704－0016577　016839　類叢部/叢書類/彙編之屬

文選樓叢書三十三種　(清)阮亨編　清嘉慶至道光阮元刻道光二十二年(1842)阮亨彙印本　二册　存二種

330000－1704－0016578　016838　史部/編年類/通代之屬

御批歷代通鑑輯覽一百二十卷　(清)傅恒等撰　清同治十年(1871)浙江書局刻朱墨套印本　三十四册　存八十四卷(一至二十三、三十三至四十七、五十九至七十四、八十一至一百一、一百八至一百十六)

330000－1704－0016580　017004　經部/春秋左傳類/傳説之屬

東萊博議四卷　(宋)吕祖謙撰　清光緒三十年(1904)上海書局石印本　一册

330000－1704－0016581　016896　類叢部/叢書類/彙編之屬

知不足齋叢書一百九十六種　(清)鮑廷博編　(清)鮑士恭續編　清乾隆三十七年至道光三年(1772－1823)長塘鮑氏刻彙印本　二百十二册　存一百八十一種

330000－1704－0016583　善000344　史部/地理類/方志之屬/郡縣志

[道光]樂清新志後議一卷　(清)林啓亨撰
[道光]樂清續新志後議一卷　(清)金淮琛撰　清抄本　清孫詒讓批校　一册

330000－1704－0016584　016949　經部/四書類/總義之屬/傳説

四書經註集證十九卷　(清)吳昌宗撰　清嘉慶三年(1798)江都汪廷機刻本　七册　存七卷(孟子一至七)

330000－1704－0016585　017006　史部/傳記類/總傳之屬/姓名

史姓韻編二十四卷　(清)汪輝祖撰　清光緒二十九年(1903)上海文瀾書局石印本　八册

330000－1704－0016587　016840　史部/雜史類/斷代之屬

戰國策三十三卷　(漢)高誘注　**重刻剡川姚氏本戰國策札記三卷**　(清)黃丕烈撰　清同治八年(1869)湖北崇文書局刻本　四册　缺九卷(二十五至三十三)

330000－1704－0016588　016950　經部/四書類/總義之屬/傳説

四書集註十九卷　(宋)朱熹撰　清光緒三十二年(1906)上海商務印書館鉛印本　一册　存七卷(孟子一至七)

330000－1704－0016589　016841　史部/史表類/通代之屬

朝代紀元表一卷　(清)萬廷蘭撰　清刻本　一册

330000－1704－0016590　016842　類叢部/叢書類/彙編之屬

申報館叢書正集五十七種附錄三種　(清)尊聞閣主編　**續集一百四十二種**　(清)蔡爾康

編　清同治至光緒上海申報館鉛印本　二冊　存一種

330000－1704－0016591　016843　子部/叢編

論海一百七十二卷　(清)蔡和鏗輯　清光緒二十八年(1902)石印本　一冊　存五卷(三十一至三十五)

330000－1704－0016593　016844　經部/叢編

五經合纂大成　(清)同文書局主人輯　清光緒十一年(1885)石印本　七冊　存四種

330000－1704－0016595　016865　類叢部/叢書類/自著之屬

楊園先生全集二十四卷　(清)張履祥撰　清刻本　六冊

330000－1704－0016596　016845　史部/傳記類/總傳之屬/斷代

貳臣傳十二卷逆臣傳四卷　(清)國史館撰　清都城琉璃廠半松居士刻本　三冊　缺四卷(逆臣傳一至四)

330000－1704－0016598　017009　史部/傳記類/總傳之屬/儒林

明儒學案十六卷　(清)黄宗羲撰　清光緒二十八年(1902)上海文瀾書局石印本　八冊

330000－1704－0016602　017010　子部/天文曆算類/算書之屬

測海山房中西算學叢刻初編　(清)測海山房主人輯　清光緒二十二年(1896)上海璣衡堂石印本　五冊　存二種

330000－1704－0016604　016954　子部/叢編

二十二子(二十二子彙函)　(清)浙江書局編　清光緒元年至三年(1875－1877)浙江書局刻本　二冊　存一種

330000－1704－0016607　016955　子部/道家類

莊子雪三卷　(清)陸樹芝輯撰　清粵東儒雅堂刻本　六冊

330000－1704－0016608　016869　經部/叢編

古經解彙函十六種附小學彙函十四種　(清)鍾謙鈞等輯　清同治十二年(1873)粵東書局刻本　一冊　存二種

330000－1704－0016610　017012　子部/儒家類/儒學之屬/經濟

大學衍義四十三卷　(宋)真德秀撰　清同治十三年(1874)金陵書局刻本　七冊　缺五卷(一至五)

330000－1704－0016612　017013　經部/叢編

經苑二十五種　(清)錢儀吉輯　清道光至咸豐大梁書院刻同治七年(1868)王儒行等印本　六冊　存一種

330000－1704－0016614　善000342　子部/小說家類/雜事之屬

東甌掌錄不分卷　(清)陸進撰　清抄本　清管庭芳校並題記　清孫詒讓校　一冊

330000－1704－0016615　016853　經部/四書類/總義之屬/傳說

四書集註十九卷　(宋)朱熹撰　**疑字辨一卷**　清光緒十八年(1892)浙江書局刻本　五冊　存十四卷(大學一、論語一至五、孟子一至七、疑字辨)

330000－1704－0016618　017015　集部/總集類/選集之屬/通代

重訂文選集評十五卷首一卷末一卷　(清)于光華輯　清同治十一年(1872)江蘇書局刻本　十二冊　存十三卷(三至五、七至十五,末)

330000－1704－0016619　016849　子部/醫家類/綜合之屬/通論

醫門法律六卷　(清)喻昌撰　清刻本　一冊　存一卷(一)

330000－1704－0016621　016851　集部/小說類/長篇之屬

增像全圖東周列國志二十七卷一百八回　(清)蔡奡評點　清末中新書局鉛印本　一冊

存一卷(一)

330000－1704－0016622　016900　史部/編年類/通代之屬

資治通鑑綱目發明五十九卷　(宋)尹起莘撰　清雍正八年至十一年(1730－1733)刻嘉慶重修同治十三年(1874)補刻光緒續補刻本　六冊

330000－1704－0016625　016804　子部/雜著類/雜纂之屬

古格言十二卷　(清)梁章鉅輯　清道光四年(1824)刻本　二冊

330000－1704－0016626　017016　類叢部/類書類/專類之屬

佩文韻府一百六卷　(清)張玉書　(清)蔡升元等輯　**韻府拾遺一百六卷**　(清)汪灝　(清)何焯等輯　清光緒石印本　二十九冊　存五十九卷(佩文韻府四、十一至十三、十七至二十一、二十四至二十六、三十六至四十二、四十九至五十四、六十三至六十七、七十一至九十六、一百至一百二)

330000－1704－0016627　016846　子部/宗教類/佛教之屬/經

大乘理趣六波羅密多經十卷　(唐)釋般若譯　清光緒十九年(1893)金陵刻經處刻本　一冊　存五卷(六至十)

330000－1704－0016630　017017　類叢部/類書類/專類之屬

重編留青新集二十四卷　(清)馮善長輯　清光緒三十四年(1908)上海廣益書局鉛印本　十二冊

330000－1704－0016631　017003　經部/叢編

皇清經解一千四百八卷首一卷　(清)阮元輯　清道光九年(1829)廣東學海堂刻咸豐十一年(1861)補刻本　六十八冊　存二百六十三卷(八十一至八十九、三百十九至三百二十四、三百三十至三百四十三、三百五十二至三百五十八、三百九十四至四百三、三百七十五至三百八十二、四百五至四百六、四百九至四百十五、四百九十六至五百一、五百五十七至五百六十二、五百六十五至五百七十、六百二十八至六百三十二、六百四十五至六百四十六、六百四十九、六百五十一、七百十七至七百二十、七百二十七至七百六十二、八百四十四至八百五十四、八百六十九至八百八十一、一千三十二至一千四十五、一千五十九至一千八十、一千九十三至一千一百、一千一百一至一千一百八、一千二百七至一千二百十七、一千一百二十八至一千一百四十六、一千二百十八至一千二百三十八、一千二百四十九、一千二百五十五至一千二百五十六、一千二百七十七至一千二百七十九)

330000－1704－0016632　017018　集部/總集類/選集之屬/通代

文選十卷　(南朝梁)蕭統輯　(唐)李善注

文選考異十卷　(清)胡克家撰　清末石印本　一冊　存十卷(考異一至十)

330000－1704－0016633　善000369　類叢部/叢書類/彙編之屬

漸西村舍彙刊(漸西村舍叢刻)四十四種　(清)袁昶編　清光緒十六年至二十四年(1890－1898)桐廬袁氏刻本　一冊　存一種

330000－1704－0016634　016853－1　經部/易類/傳說之屬

周易本義四卷附圖說一卷新增圖說一卷卦歌一卷　(宋)朱熹撰　清光緒十九年(1893)浙江書局刻本　二冊

330000－1704－0016635　016853－2　經部/書類/傳說之屬

書經集傳六卷　(宋)蔡沈撰　清光緒十九年(1893)浙江書局刻本　四冊

330000－1704－0016637　016901　經部/春秋穀梁傳類/傳說之屬

春秋穀梁經傳補注二十四卷首一卷末一卷　(清)鍾文烝補注　清光緒二年(1876)嘉善鍾氏信美室刻本　八冊

330000－1704－0016638　善000370　史部/地理類/山川之屬/山志

華嶽志十二卷首一卷　(清)姚遠翿纂　清乾隆二十七年(1762)鶴樹軒刻本　十冊

330000－1704－0016639　016957　史部/紀傳類/正史之屬
二十四史附考證　清光緒鉛印本　十一冊　存一種

330000－1704－0016640　016854　經部/叢編
古經解彙函十六種附小學彙函十四種續附十種　(清)鍾謙鈞等輯　清光緒十四年(1888)上海蜚英館石印本　三冊　存二種

330000－1704－0016641　017019　集部/總集類/選集之屬/通代
文選十卷　(南朝梁)蕭統輯　(唐)李善注
文選考異十卷　(清)胡克家撰　清末石印本　二冊　存十卷(考異一至十)

330000－1704－0016643　016902　集部/別集類/清別集
崇雅堂詩鈔十卷文鈔二卷駢體文鈔四卷　(清)胡敬撰　清道光二十六年(1846)刻本　六冊

330000－1704－0016644　016855　經部/小學類/文字之屬/說文
說文解字注十五卷附六書音韻表五卷　(清)段玉裁撰　**說文部目分韻一卷**　(清)陳煥編　清嘉慶二十年(1815)刻本　十六冊

330000－1704－0016646　善000364　史部/地理類/方志之屬/郡縣志
[雍正]特開玉環志四卷　(清)張坦熊纂修　清雍正十年(1732)刻本　四冊

330000－1704－0016647　016957－1　史部/紀傳類/正史之屬
前漢書一百卷　(漢)班固撰　(唐)顏師古注　清末石印本　一冊　存十卷(九十一至一百)

330000－1704－0016649　017022　集部/別集類/清別集
甘泉鄉人稿二十四卷　(清)錢泰吉撰　清同治七年(1868)、十一年(1872)刻本　二冊　存三卷(七至九)

330000－1704－0016650　016957－2　史部/紀傳類/正史之屬
二十四史附考證　清光緒十四年(1888)上海圖書集成印書局鉛印本　十四冊　存一種

330000－1704－0016651　善000365　史部/地理類/方志之屬/郡縣志
[光緒]玉環廳志十四卷首一卷　(清)杜冠英　(清)胥壽榮修　(清)呂鴻燾纂　**續增二卷**　(清)胡鍾駿纂　清光緒六年(1880)刻十四年(1888)增刻本　八冊

330000－1704－0016652　017064　集部/別集類/唐五代別集
白香山詩長慶集二十卷後集十七卷別集一卷補遺二卷　(唐)白居易撰　(清)汪立名編訂　**白香山年譜舊本一卷**　(宋)陳振孫撰　**白香山年譜一卷**　(清)汪立名撰　清會文堂石印本　十二冊

330000－1704－0016653　016957－3　史部/地理類/山川之屬/山志
孤嶼志八卷首一卷　(清)陳舜咨輯　清刻本　一冊　存三卷(六至八)

330000－1704－0016654　017023　史部/編年類/通代之屬
資治通鑑地理今釋十六卷　(清)吳熙載撰　清光緒八年(1882)江蘇書局刻本　三冊

330000－1704－0016656　016903　子部/叢編
子書二十五種(二十五子彙函)　(清)育文書局編　清光緒三十年(1904)上海育文書局石印本　二十八冊　存二十三種

330000－1704－0016657　善000360　史部/地理類/方志之屬/郡縣志
[隆慶]樂清縣志七卷　(明)胡用賓修　(明)侯一元纂　清抄本　清孫詒讓批校　四冊

330000－1704－0016659　016958　史部/地

理類
西北地理五種 清光緒二十三年(1897)石印本 二冊 存一種

330000－1704－0016660 016959 子部/藝術類/音樂之屬/樂譜
琵琶譜三卷 (清)王君錫 (清)陳牧夫傳譜 (清)華文彬等參訂 清嘉慶二十四年(1819)刻小綠天印本 二冊 存二卷(二至三)

330000－1704－0016661 017024 類叢部/叢書類/彙編之屬
士禮居黃氏叢書十九種附四種 (清)黃丕烈編 清嘉慶至道光黃氏士禮居刻本 一冊 存一種

330000－1704－0016662 017067 經部/四書類/總義之屬/傳說
增註四書合講十九卷 (清)翁復撰 清末上海朝記書莊石印本 三冊 存九卷(論語一至五、孟子四至七)

330000－1704－0016663 017139 史部/政書類/通制之屬
通典二百卷 (唐)杜佑撰 清同治十年(1871)學海堂刻本 四十冊

330000－1704－0016665 017068 子部/叢編
二十五子彙函 (清)鴻文書局編 清光緒十九年(1893)上海鴻文書局石印本 一冊 存一種

330000－1704－0016668 017069 子部/叢編
二十五子彙函 (清)鴻文書局編 清光緒十九年(1893)上海鴻文書局石印本 一冊 存一種

330000－1704－0016669 017143 集部/別集類/唐五代別集
習之先生文集二卷 (唐)李翱撰 清宣統三年(1911)上海會文堂書局石印本 二冊

330000－1704－0016670 017026 類叢部/叢書類/自著之屬
蟄廬叢書 (清)陳虬撰 清光緒甌雅堂刻本 一冊 存一種

330000－1704－0016673 016960 子部/天文曆算類/天文之屬
御製曆象考成上編十六卷下編十卷後編十卷 (清)允祿 (清)允祉纂修 清石印本 一冊 存一卷(後編六)

330000－1704－0016674 017027 史部/政書類/儀制之屬/典禮
明宮史八卷 (明)劉若愚編 清宣統二年(1910)上海國學扶輪社鉛印本 一冊 存二卷(一至二)

330000－1704－0016676 017028 經部/易類/傳說之屬
讀易蒐十二卷 (清)鄭賡唐撰 清光緒四年(1878)五雲松溪刻本 一冊 存二卷(十一至十二)

330000－1704－0016679 016873 集部/別集類/清別集
梅村集二十卷 (清)吳偉業撰 清宣統二年(1910)上海國學昌明社石印本 六冊

330000－1704－0016681 017025 子部/道家類
老子章義二卷 (清)姚鼐撰 清同治九年(1870)桐城吳氏邗上刻本 楊紹廉批校 一冊

330000－1704－0016684 016961 經部/四書類/總義之屬/傳說
四書題鏡味根合編三十九卷 (清)金瀓 (清)汪鯉翔撰 清石印本 一冊 存四卷(孟子八至十一)

330000－1704－0016686 016962 史部/傳記類/總傳之屬/通代
增廣尚友錄統編二十二卷 (清)應祖錫輯 清光緒二十八年(1902)鴻寶齋石印本 一冊 存二卷(十至十一)

330000－1704－0016687 017029 類叢部/

叢書類/自著之屬
二曲先生全集二種三十五卷 (清)李顒撰　清咸豐江陰蔣氏小嫏嬛山館刻本　十二冊

330000－1704－0016689　016963　史部/傳記類/職官録之屬/總録
大清搢紳全書四卷　清榮錄堂刻本　一冊　存一卷(四)

330000－1704－0016690　016905　集部/別集類/唐五代別集
昌黎先生詩集注十一卷年譜一卷 (唐)韓愈撰　(清)顧嗣立刪補　清光緒九年(1883)廣州翰墨園刻三色套印本　三冊　存八卷(一、五至十一)

330000－1704－0016691　善000538　子部/雜著類/雜纂之屬
梁谿漫志十卷 (宋)費衮撰　明刻本　四冊

330000－1704－0016692　017073　子部/宗教類/佛教之屬/經疏
大佛頂如來密因修證了義諸菩薩萬行首楞嚴經合轍十卷 (明)釋通潤撰　清刻本　四冊　存四卷(三、六至八)

330000－1704－0016693　017030　子部/雜家類
白虎通疏證十二卷 (清)陳立撰　清光緒元年(1875)淮南書局刻本　四冊

330000－1704－0016694　016906　類叢部/叢書類/彙編之屬
崇文書局彙刻書三十一種 (清)崇文書局編　清光緒元年至三年(1875－1877)湖北崇文書局刻本　一冊　存一種

330000－1704－0016695　017074　子部/宗教類/佛教之屬/諸宗
蓮社備覽一卷 (清)□□輯　清同治六年(1867)廣陵藏經院刻本　一冊

330000－1704－0016696　善000539　子部/雜著類/雜考之屬
通雅五十二卷首三卷 (清)方以智撰　清康熙五年(1666)龍眠姚文燮浮山此藏軒刻本　十四冊

330000－1704－0016697　017075　子部/宗教類/佛教之屬/經疏
大佛頂如來密因修證了義諸菩薩萬行首楞嚴經通議十卷補遺一卷首楞嚴經懸鏡一卷首楞嚴經通議提綱略科一卷 (明)釋德清撰　清光緒二十年(1894)金陵刻經處刻本　六冊

330000－1704－0016699　善000540　子部/雜著類/雜說之屬
水東日記四十卷 (明)葉盛撰　明葉重華賜書樓刻本　六冊

330000－1704－0016701　017031　子部/叢編
二十二子(二十二子彙函) (清)浙江書局編　清光緒元年至三年(1875－1877)浙江書局刻本　六冊　存一種

330000－1704－0016703　017077　子部/宗教類/佛教之屬/經疏
彌陀經疏鈔演義定本四卷 (清)釋古德撰　(清)釋智願定本　清末民國刻本　一冊　存一卷(一)

330000－1704－0016704　017031－1　子部/叢編
二十二子(二十二子彙函) (清)浙江書局編　清光緒元年至三年(1875－1877)浙江書局刻本　六冊　存一種

330000－1704－0016705　017078　類叢部/叢書類/彙編之屬
新斠平津館叢書十集三十四種 (清)孫星衍編　清光緒十年至十五年(1884－1889)吳縣朱氏槐廬家塾刻本　二冊　存一種

330000－1704－0016706　017032　經部/孝經類/傳說之屬
孝經鄭氏解一卷　曹元弼撰　清光緒二十年(1894)曹元弼刻本　一冊

330000－1704－0016707　016965　史部/傳記類/總傳之屬
海國名人類類韻編二十四卷首二卷 (清)阮

丙炎等輯　清光緒二十九年(1903)文來書局石印本　一册　存五卷(十五至十九)

330000－1704－0016708　016907　經部/叢編

十三經讀本一百二十九卷附校刊記十四卷　(清)丁寶楨等校並撰　清同治十一年(1872)山東書局刻光緒十七年(1891)補刻本　二十册　存四種

330000－1704－0016709　016966　集部/小說類/短篇之屬

詳註聊齋志異圖詠十六卷首一卷　(清)蒲松齡撰　(清)呂湛恩注　(清)徐潤編　清石印本　一册　存二卷(十五至十六)

330000－1704－0016713　017033　子部/叢編

十子全書　(清)王子興編　清嘉慶九年(1804)姑蘇王氏聚文堂刻本　四册　存一種

330000－1704－0016718　016908　子部/天文曆算類/算書之屬

御製數理精蘊上編五卷下編四十卷表八卷　(清)聖祖玄燁撰　清光緒八年(1882)江寧藩署刻本　四十册

330000－1704－0016719　善000362　史部/地理類/方志之屬/郡縣志

[乾隆]平陽縣志二十卷首一卷　(清)徐恕修　(清)張南英　(清)孫謙纂　清乾隆二十五年(1760)刻本　八册

330000－1704－0016720　017147　史部/目録類/專録之屬

皇清經解縮版編目十六卷　(清)陶治元編　清光緒十七年(1891)上海鴻寶齋石印本　二册

330000－1704－0016721　017080　子部/宗教類/佛教之屬/論

般若燈論十五卷　(天竺)龍樹菩薩造偈　(天竺)釋分別明釋論　(唐)釋波羅頗迦羅密多羅譯　清光緒二十四年(1898)金陵刻經處刻本　一册　存五卷(十一至十五)

330000－1704－0016723　017154　類叢部/類書類/專類之屬

新鐫校正評註分類百子金丹全書十卷　(明)郭偉選注　(明)郭中吉編　(明)王星聚校訂　清末石印本　五册

330000－1704－0016724　017146　經部/叢編

皇清經解一百九十卷首一卷正訛記一卷　(清)阮元輯　清光緒十七年(1891)上洋鴻寶齋石印本　十一册　缺一百四卷(八十七至一百九十)

330000－1704－0016726　善000361　史部/地理類/方志之屬/郡縣志

[雍正]泰順縣志十卷首一卷　(清)朱國源修　(清)朱廷琦等纂　清雍正七年(1729)刻本　八册

330000－1704－0016730　善000363　史部/地理類/方志之屬/郡縣志

[光緒]永嘉縣志三十八卷首一卷　(清)張寶琳修　(清)王棻　(清)孫詒讓纂　清光緒八年(1882)溫州維新書局刻本　十二册

330000－1704－0016731　017082　子部/宗教類/佛教之屬/諸宗

佛果圜悟禪師碧岩集十卷　(宋)釋克勤撰　清順治十年至十一年(1653－1654)嘉興楞嚴寺經坊刻本　二册　存四卷(一至二、九至十)

330000－1704－0016732　016973　集部/詩文評類/文法之屬

寫信必讀十卷　(清)唐芸洲撰　清石印本　一册

330000－1704－0016733　016909　經部/叢編

皇清經解一千四百二十一卷　(清)阮元輯　清光緒十三年(1887)上海書局石印本　一册　存一百四十五卷(十三經注疏校勘記一至一百四十五)

330000－1704－0016736　017084　經部/易

類/傳說之屬
易漢學八卷 (清)惠棟撰 清刻本 二册

330000－1704－0016737 017039 集部/别集類/清别集
滑疑集八卷 (清)韓錫胙撰 (清)宗稷辰重編 清咸豐五年(1855)石門山房刻本 一册 存二卷(三至四)

330000－1704－0016738 017148 經部/叢編
省吾堂四種二十五卷 (清)蔣光弼輯 清乾隆常熟蔣氏省吾堂刻本 一册 存一種

330000－1704－0016740 善000366 史部/地理類/方志之屬/郡縣志
[康熙]漳州府志三十四卷首一卷 (清)魏荔彤修 (清)蔡世遠 (清)陳元麟等纂 清康熙五十四年(1715)刻本 二十册

330000－1704－0016742 017036 子部/儒家類/儒學之屬/禮教/家訓
誡子書一卷 (清)聶繼模撰 清光緒二十三年(1897)趙舒翹刻本 一册

330000－1704－0016745 017149 經部/叢編
重刊宋本十三經注疏四百十六卷附十三經注疏校勘記四百十六卷 (清)阮元撰 (清)盧宣旬摘錄 清嘉慶二十年(1815)南昌府學刻道光六年(1826)盱江朱華臨重校同治十二年(1873)江西書局重修本 二十四册 存三種

330000－1704－0016746 善000367 史部/地理類/方志之屬/郡縣志
[乾隆]續修臺灣府志二十六卷首一卷 (清)余文儀修 (清)黄佾纂 清乾隆三十九年(1774)刻本 十二册

330000－1704－0016747 016910 經部/春秋左傳類/傳說之屬
春秋左傳杜注三十卷首一卷 (清)姚培謙撰 清光緒九年(1883)江南書局刻本 十册

330000－1704－0016748 017041 子部/叢編
子書百家 (清)崇文書局編 清光緒元年(1875)湖北崇文書局刻本 四册 存一種

330000－1704－0016750 017150 史部/政書類/律令之屬/刑制
大清現行刑律案語不分卷核訂現行刑律不分卷 沈家本 俞廉三輯 清宣統元年(1909)法律館鉛印本 三册 缺二卷(修正刑律案語一至二)

330000－1704－0016751 017042 史部/地理類/方志之屬/郡縣志
[光緒]永嘉縣志三十八卷首一卷 (清)張寶琳修 (清)王棻 (清)孫詒讓纂 清光緒八年(1882)溫州維新書局刻本 六册 存五卷(首、一、二十、二十五、三十三)

330000－1704－0016752 016912 經部/叢編
欽定篆文六經四書十種 (清)李光地等輯 清光緒九年(1883)上海同文書局石印本 二册 存二種

330000－1704－0016754 017151 集部/别集類/明别集
王文成公全書三十八卷 (明)王守仁撰 清光緒浙江書局刻本 二十四册

330000－1704－0016757 017152 子部/雜著類/雜說之屬
習學記言序目五十卷 (宋)葉適撰 清光緒十年(1884)黃體芳刻本 十册 缺一卷(六)

330000－1704－0016759 善000368 史部/地理類/方志之屬/郡縣志
[乾隆]泉州府志七十六卷首一卷 (清)懷蔭布修 (清)黄任 (清)郭賡武纂 清乾隆二十八年(1763)刻本 二十九册 存四十二卷(九至十、十四至十七、二十一、二十五至二十六、二十八至三十、三十三至四十二、四十四、四十六至五十四、五十六、六十五至六十八、七十一至七十五)

330000－1704－0016760 017043 集部/别集類/唐五代别集

杜工部集二十卷首一卷 (唐)杜甫撰 (清)盧坤輯評 清道光十四年(1834)芸葉盦刻六色套印本 五册 存十二卷(首、一至十一)

330000－1704－0016761 016913 子部/醫家類/綜合之屬/通論
醫學心悟六卷 (清)程國彭撰 清光緒三十二年(1906)上海鑄記書局石印本 二册

330000－1704－0016762 016976 子部/雜著類/雜考之屬
困學紀聞注二十卷 (清)翁元圻撰 清道光五年(1825)餘姚翁氏守福堂刻本 十五册

330000－1704－0016764 善000371 史部/地理類/山川之屬/水志
水經二卷 (漢)桑欽撰 清刻本 清吳承志校 一册

330000－1704－0016765 017044 史部/史評類/史論之屬
史通削繁四卷 (清)紀昀撰 清光緒元年(1875)湖北崇文書局刻本 四册

330000－1704－0016766 017087 子部/儒家類/儒學之屬/經濟
皇朝經世文續編一百二十卷 (清)葛士濬輯 清光緒石印本 二十册 存一百十七卷(四至一百二十)

330000－1704－0016767 善000372 史部/地理類/叢編之屬
山水二經合刻 清乾隆天都黄晟槐蔭草堂刻本 十二册 存一種

330000－1704－0016768 016977 類叢部/叢書類/彙編之屬
春暉堂叢書十二種 (清)徐渭仁編 清道光至咸豐上海徐渭仁刻同治九年至十年(1870－1871)徐允臨補刻彙印本 十二册

330000－1704－0016773 017089 史部/編年類/通代之屬
袁王綱鑑合編三十九卷首一卷 (明)袁黄輯 (明)王世貞編 **御撰明紀綱目二十卷** (清)張廷玉等輯 清光緒三十年(1904)上海商務印書館鉛印本 十六册

330000－1704－0016774 016880 集部/别集類/唐五代别集
韋蘇州集十卷 (唐)韋應物撰 清宣統三年(1911)冰雪山房石印本 四册

330000－1704－0016776 017089－1 史部/編年類/通代之屬
袁王綱鑑合編三十九卷首一卷 (明)袁黄輯 (明)王世貞編 **御撰明紀綱目二十卷** (清)張廷玉等輯 清光緒三十年(1904)上海商務印書館鉛印本 五册 存十七卷(十七至三十、三十四至三十六)

330000－1704－0016777 016978 集部/總集類/選集之屬/通代
唐宋八家文讀本三十卷 (清)沈德潛輯 清嘉慶十八年(1813)刻本 十一册 缺三卷(十二至十四)

330000－1704－0016780 017157 子部/宗教類/佛教之屬/論疏
大乘起信論疏二卷首一卷 (南朝陳)釋真諦譯 (唐)釋法藏疏 (唐)釋宗密注 清光緒三年(1877)長沙刻經處刻本 二册

330000－1704－0016781 017047 子部/雜著類/雜考之屬
校訂困學紀聞集證二十卷 (宋)王應麟撰 (清)閻若璩等箋 (清)萬希槐集證 清嘉慶十八年(1813)南城胡香海山壽齋刻本 二册 存三卷(一、三至四)

330000－1704－0016782 善000373 史部/地理類/水利之屬
河防一覽十四卷 (明)潘季馴撰 明萬曆十八年(1590)潘季馴刻清順治遞修本(卷一配清乾隆十三年刻本) 八册

330000－1704－0016784 017158 史部/金石類/石之屬
寶刻類編八卷 (宋)□□撰 清道光十八年(1838)東武劉氏十七樹梅花山館臨汀郡齋刻本 一册 存二卷(七至八)

330000－1704－0016786　017048　子部/儒家類/儒學之屬/性理

近思錄集注十四卷考訂朱子世家一卷　（清）江永撰　**校勘記一卷**　（清）王炳撰　清同治八年(1869)江蘇書局刻本　二冊　存七卷(一至七)

330000－1704－0016788　善000541　子部/雜著類/雜考之屬

蛾術編八十二卷　（清）王鳴盛撰　清道光二十一年(1841)吳江沈氏世楷堂刻本　十六冊

330000－1704－0016789　017090　類叢部/叢書類/自著之屬

黃梨洲遺書七種附一種　（清）黃宗羲撰　清光緒三十一年(1905)杭州羣學社石印本　一冊　存二種

330000－1704－0016790　017160　集部/總集類/選集之屬/通代

瀛奎律髓刊誤四十九卷　（元）方回輯　（清）紀昀勘誤　清刻本　六冊　存二十八卷(二十二至四十九)

330000－1704－0016795　017161　集部/總集類/選集之屬/通代

瀛奎律髓刊誤四十九卷　（元）方回輯　（清）紀昀勘誤　清刻本　四冊　存十九卷(四至十一、三十四至四十一、四十七至四十九)

330000－1704－0016798　善000378　史部/地理類/山川之屬/山志

僊巖志十卷　（明）李燦箕撰　明崇禎六年(1633)刻本　二冊

330000－1704－0016799　016979　子部/雜著類/雜考之屬

義門讀書記五十八卷　（清）何焯撰　（清）蔣維鈞輯　清乾隆三十四年(1769)蔣維鈞刻光緒六年(1880)苕溪吳氏重修本　十六冊

330000－1704－0016802　016920　子部/叢編

二十二子(二十二子彙函)　（清）浙江書局編　清光緒元年至三年(1875－1877)浙江書局刻本　三冊　存一種

330000－1704－0016803　善000379　史部/地理類/山川之屬/山志

南雁蕩山全志六卷補遺一卷　（清）劉眉錫輯　清抄本　清孫詒讓批　梅冷生題記　一冊

330000－1704－0016804　016921　子部/叢編

二十二子(二十二子彙函)　（清）浙江書局編　清光緒元年至三年(1875－1877)浙江書局刻本　一冊　存一種

330000－1704－0016805　017092　經部/小學類/文字之屬/說文

說文釋例二十卷　（清）王筠撰　清光緒上海五彩書局石印本　五冊　存十七卷(四至二十)

330000－1704－0016808　016922　類叢部/叢書類/自著之屬

郝氏遺書三十三種　（清）郝懿行撰　清嘉慶至光緒刻彙印本　二冊　存三種

330000－1704－0016809　017162　史部/紀傳類/正史之屬

十七史一千五百七十四卷　（明）毛晉編　明崇禎元年至十七年(1628－1644)毛氏汲古閣刻本　五冊　存二種

330000－1704－0016812　016980　集部/別集類/清別集

映雪軒詩草一卷附詩餘一卷雜著一卷　（清）孫鼎吉撰　清光緒三十二年(1906)刻本　戴炳驄批　一冊　存一卷(詩草)

330000－1704－0016814　善000380　史部/地理類/山川之屬/山志

雁山志四卷　（明）胡汝寧撰　清抄本　清孫詒讓批校　二冊

330000－1704－0016821　善000391　史部/地理類/山川之屬/山志

明州阿育王山志十卷　（明）郭子章撰　**明州阿育王山續志六卷**　（清）釋畹荃撰　明萬曆刻清乾隆續刻本　六冊

330000－1704－0016822　017052　子部/雜著類/雜纂之屬

雲林別墅新輯酬世錦囊全集十九卷　（清）鄒景揚輯　清光緒二十年（1894）、二十六年（1900）鴻寶齋石印本　一冊　存八卷（初集一至八）

330000－1704－0016823　善 000542　經部/書類/傳說之屬

鐫彙附百名公帷中綮論書經講義會編十二卷　（明）申時行撰　明萬曆四十三年（1615）三衢書林王應俊刻本　六冊

330000－1704－0016824　016981　集部/總集類/郡邑之屬

西泠五布衣遺箸　（清）丁丙輯　清同治至光緒錢塘丁氏當歸草堂刻本　一冊　存一種

330000－1704－0016829　017054　子部/雜著類/雜說之屬

冷廬雜識八卷　（清）陸以湉撰　清咸豐六年（1856）刻本　二冊　存四卷（一至四）

330000－1704－0016830　017155　集部/別集類/漢魏六朝別集

蔡中郎集十卷末一卷外紀一卷外集四卷　（漢）蔡邕撰　清光緒十六年（1890）番禺陶氏愛廬刻本　五冊

330000－1704－0016832　善 000392　新學/游記

柬埔寨以北探路記十五卷　（法國）晃西士加尼撰　清光緒十年（1884）鉛印本　十四冊

330000－1704－0016833　016982　集部/別集類/清別集

定盦文集三卷續集四卷　（清）龔自珍撰　清同治七年（1868）吳煦刻本　二冊　存三卷（文集一至三）

330000－1704－0016834　017055　史部/編年類/通代之屬

資治通鑑綱目五十九卷　（宋）朱熹撰　（明）陳仁錫評閱　清刻本　十九冊　存十三卷（七至九、二十七、三十五至三十六、四十九、五十三至五十八）

330000－1704－0016838　善 000543　子部/雜著類/雜說之屬

草木子四卷　（明）葉子奇撰　清抄本　清汪繼濠校　一冊

330000－1704－0016841　善 000544　子部/雜著類/雜考之屬

義門讀書記五十八卷　（清）何焯撰　（清）蔣維鈞輯　清乾隆三十四年（1769）蔣維鈞刻本　十六冊

330000－1704－0016842　017053　集部/別集類/清別集

定盦文集三卷續集四卷文集補編四卷文集補三卷文集補續錄一卷文拾遺一卷別集二卷龔孝珙手抄本一卷　（清）龔自珍撰　**定盦先生年譜一卷**　吳昌綬編　清宣統元年（1909）上海國學扶輪社鉛印本　五冊

330000－1704－0016843　善 000400　史部/金石類/郡邑之屬

栝蒼金石志十二卷　（清）李遇孫輯　清道光十三年至十四年（1833－1834）刻本　四冊

330000－1704－0016844　016888　史部/傳記類/別傳之屬/年譜

孔孟編年　（清）狄子奇輯　清光緒十三年（1887）浙江書局刻本　二冊　存二種

330000－1704－0016846　016984　子部/儒家類/儒家之屬

荀子二十卷校勘補遺一卷　（唐）楊倞注　（清）盧文弨　（清）謝墉輯校並補遺　清光緒二十三年（1897）新化三味書室刻本　六冊

330000－1704－0016847　017098　類叢部/叢書類/彙編之屬

香艷叢書三百二十六種　（清）蟲天子輯　清宣統上海國學扶輪社鉛印本　三冊　存二十五種

330000－1704－0016848　016984－1　子部/儒家類/儒家之屬

荀子二十卷首一卷　（唐）楊倞注　王先謙集

解　清光緒十七年(1891)刻本　六册

330000－1704－0016852　016927　類叢部/叢書類/自著之屬
施愚山先生全集五種附一種　(清)施閏章撰　清宣統二年至三年(1910－1911)上海國學扶輪社石印本　十九册　存五種

330000－1704－0016853　017166　類叢部/叢書類/彙編之屬
知不足齋叢書一百九十六種　(清)鮑廷博編　(清)鮑士恭續編　清刻本　一册　存一種

330000－1704－0016857　017167　經部/四書類/總義之屬
四書古註羣義彙解九種九十四卷　(清)□□輯　清光緒十六年(1890)上海珍藝書局鉛印本　十二册

330000－1704－0016859　016928　集部/總集類/選集之屬/通代
古文淵鑒六十四卷　(清)徐乾學等輯注　清宣統二年(1910)學部圖書局石印本　二十四册

330000－1704－0016860　017058　集部/别集類/唐五代别集
昌黎先生集四十卷外集十卷遺文一卷　(唐)韓愈撰　(宋)廖瑩中校正　**朱子校昌黎先生集傳一卷**　(宋)朱熹撰　**韓集點勘四卷**　(清)陳景雲撰　清宣統三年(1911)石印本　五册

330000－1704－0016861　善000545　集部/詩文評類/詩評之屬
漱芳齋卮言四卷　(清)金璋撰　清抄本　李鴻翔題簽並記　二册　存□□卷(□□)

330000－1704－0016863　善000411　史部/金石類/錢幣之屬
泉志十五卷　(宋)洪遵撰　明萬曆胡震亨、沈士龍刻秘册彙函本　清孫詒讓批並題記　一册

330000－1704－0016864　016929　集部/小説類/短篇之屬
聊齋志異新評十六卷　(清)蒲松齡撰　(清)王士慎評　(清)吕湛恩注　(清)但明論批　清末鉛印本　一册　存二卷(九至十)

330000－1704－0016865　017169　集部/總集類/選集之屬/斷代
唐四家詩集二十八卷　清光緒十年(1884)尚友山房石印本　四册　存一種

330000－1704－0016866　017101　子部/藝術類/書畫之屬/題跋
習苦齋畫絮十卷　(清)戴熙撰　清光緒上海文瑞樓石印本　一册　存二卷(六至七)

330000－1704－0016867　017059　史部/地理類/雜志之屬
瑞安百詠一卷　(清)黄紹第撰　清刻本　一册

330000－1704－0016872　善000547　子部/雜著類/雜纂之屬
秋槎雜抄不分卷　(清)曹應樞録　清光緒二十四年(1898)曹應樞抄本　清曹應樞題記　一册

330000－1704－0016873　善000548　子部/雜著類/雜編之屬
雪蕉齋雜抄不分卷　清王德馨抄本　一册

330000－1704－0016874　016986　類叢部/叢書類/彙編之屬
仰視千七百二十九鶴齋叢書四十種　(清)趙之謙編　清光緒會稽趙氏刻本　三十三册

330000－1704－0016875　017102　子部/藝術類/篆刻之屬/印譜
榴蔭山房印譜不分卷　(清)葉鴻翰篆刻　清光緒鈐印本　一册

330000－1704－0016878　善000549　子部/雜著類/雜編之屬
鈍筆叢鈔七十卷　(清)郁豫輯　清瑞安項氏水仙亭抄本　十册　存五十一卷(一至十八、二十二至五十四)

330000－1704－0016879　善000550　集部/

詩文評類/詩評之屬

潄芳齋卮言四卷　(清)金璋撰　清瑞安孫氏玉海樓抄本　一册

330000－1704－0016880　善000551　子部/雜著類/雜纂之屬

松窗百說不分卷　(宋)李季可撰　清瑞安孫氏玉海樓抄本　一册

330000－1704－0016882　善000552　子部/雜家類

白虎通德論二卷　(漢)班固撰　明萬曆新都俞元符刻本　六册

330000－1704－0016883　善000412　史部/金石類/璽印之屬/文字

清儀閣古印偶存六卷　(清)張廷濟輯　清道光八年(1828)張廷濟清儀閣鈐印本　楊紹廉題簽　三册　存三卷(官印一、上聲私印一、下平私印一)

330000－1704－0016885　善000424　史部/目録類/總録之屬/私撰

也是園藏書目不分卷　(清)錢曾藏並撰　清抄本　楊紹廉題簽　二册

330000－1704－0016887　善000556　類叢部/叢書類/郡邑之屬

東甌遺珠集(甌海遺珠集)二十四種一百二十卷首一卷　(清)楊詩輯　清道光二十四年(1844)蘆浦集鴻軒抄本　二十册　缺二十二卷(四十七至五十三、八十七至八十八、一百八至一百二十)

330000－1704－0016894　016890　史部/金石類

行素草堂金石叢書　(清)朱記榮輯　清光緒吳縣朱氏刻十四年(1888)彙印本　楊紹廉題簽並批校　三十五册　存十七種

330000－1704－0016895　017104　子部/天文曆算類/算書之屬

新編算學啓蒙三卷　(元)朱世傑撰　**筭學啓蒙識誤一卷**　(清)羅士琳撰　清光緒二十四年(1898)上海文盛堂石印本　一册

330000－1704－0016897　016988　史部/編年類/斷代之屬

十朝東華錄五百二十五卷同治朝東華續錄一百卷　王先謙、潘頤福撰　清光緒二十五年(1899)石印本　十五册　存一百十九卷(乾隆八十二至一百七,嘉慶一至三十七,道光一至十、十六至二十三、三十二至六十,咸豐一至九)

330000－1704－0016898　016932　類叢部/類書類/通類之屬

淵鑑類函四十五卷　(清)張英等輯　清光緒九年(1883)上海點石齋石印本　九册　缺八卷(果部、花部、草部、木部、鳥部、獸部、鱗介部、蟲豸部)

330000－1704－0016899　善000385　類叢部/叢書類/家集之屬

鄂不齋叢書六種　(清)唐贊袞撰並編　清光緒刻本　二册　存一種

330000－1704－0016901　017175　子部/宗教類/佛教之屬/經疏

佛說觀無量壽佛經疏四卷　(唐)釋善導撰　清光緒二十年(1894)金陵刻經處刻本　二册

330000－1704－0016902　017203　子部/雜著類/雜考之屬

日知錄三十二卷日知錄之餘四卷　(清)顧炎武撰　清乾隆六十年(1795)刻本　五册　存九卷(日知錄一至三、七至八、十至十一,日知錄之餘一至二)

330000－1704－0016903　016990　史部/編年類/斷代之屬

十朝東華錄五百二十五卷同治朝東華續錄一百卷　王先謙、潘頤福撰　清石印本　三册　存十七卷(咸豐四十八至六十、八十三至八十六)

330000－1704－0016904　017105　集部/詞類/總集之屬

詞選二卷　(清)張惠言輯　**附録一卷**　(清)鄭善長輯　**續詞選二卷**　(清)董毅輯　清宣統三年(1911)上海掃葉山房石印本　一册

缺二卷(續詞選一至二)

330000－1704－0016906　016989　子部/叢編

二十二子(二十二子彙函)　(清)浙江書局編　清光緒元年至三年(1875－1877)浙江書局刻本　二十一冊　存七種

330000－1704－0016909　善000386　史部/地理類/遊記之屬/紀行

東游日記一卷　(清)黃慶澄撰　清光緒二十年(1894)刻本　一冊

330000－1704－0016911　017107　子部/醫家類/類編之屬

黃氏醫書八種　(清)黃元御撰　清光緒二十年(1894)上海圖書集成印書局鉛印本　一冊　存一種

330000－1704－0016912　016933　集部/別集類

黃宗文雜抄不分卷　黃宗文撰　清末抄本　一冊

330000－1704－0016913　017108　子部/叢編

二十五子彙函　(清)鴻文書局編　清光緒十九年(1893)上海鴻文書局石印本　六冊　存六種

330000－1704－0016914　善000387　史部/政書類/邦計之屬

兩浙宦遊記畧不分卷　(清)戴槃撰　清同治刻本　一冊

330000－1704－0016915　017207　子部/小說家類/雜事之屬

屑玉叢談初集六卷　(清)錢徵　(清)蔡爾康輯　清光緒上海中華圖書館石印本　六冊

330000－1704－0016916　善000387　集部/別集類/清別集

三雁紀遊一卷東甌紀遊一卷　(清)戴啟文撰　清光緒二十五年(1899)戴啟文刻本　與330000－1704－0016914合一冊

330000－1704－0016917　017256　類叢部/叢書類/自著之屬

藤花亭合刻十種　(清)梁廷枏撰　清道光八年至十年(1828－1830)刻本　七冊　存七種

330000－1704－0016919　善000390　史部/地理類/山川之屬/山志

天台山全志十八卷　(清)張聯元輯　清康熙五十六年(1717)刻本　六冊

330000－1704－0016920　016934　史部/地理類/方志之屬/通志

[道光]欽定新疆識畧十二卷首一卷　(清)松筠修　(清)黎松等纂　清石印本　一冊　存一卷(十二)

330000－1704－0016921　017204　經部/儀禮類/傳說之屬

儀禮釋官九卷首一卷　(清)胡匡衷撰　清同治八年(1869)績谿胡肇智刻本　四冊

330000－1704－0016922　017257　集部/別集類/唐五代別集

可之先生文集二卷　(唐)孫樵撰　清宣統二年(1910)上海會文堂石印本　一冊

330000－1704－0016923　017110　子部/藝術類/篆刻之屬/印譜

鐵耕小築印集不分卷　(清)劉慶祥篆刻　清宣統元年(1909)鈐印本　二冊

330000－1704－0016924　017258　集部/別集類/清別集

尊瓠室詩一卷　陳詩撰　清光緒三十四年(1908)鉛印本　一冊

330000－1704－0016925　017259　子部/宗教類/佛教之屬/諸宗

大乘止觀法門四卷　(南朝陳)釋慧思撰　清光緒六年(1880)長沙刻經處刻本　一冊

330000－1704－0016926　016935　集部/詞類/總集之屬

詞選二卷　(清)張惠言輯　**附錄一卷**　(清)鄭善長輯　**續詞選二卷**　(清)董毅輯　清宣統二年(1910)蘇州振新書社石印本　二冊

330000－1704－0016927　017178　子部/叢編

二十二子(二十二子彙函)　(清)浙江書局編　清光緒元年至三年(1875－1877)浙江書局刻本　四冊　存一種

330000－1704－0016928　017179　子部/宗教類/佛教之屬/經疏

大方廣圓覺經大疏十六卷首一卷　(唐)釋宗密撰　清宣統元年(1909)金陵刻經處刻本　三冊　缺四卷(九至十二)

330000－1704－0016930　017205　史部/紀傳類/正史之屬

二十四史附考證　清光緒史學會社石印本　八冊　存二種

330000－1704－0016932　017182　子部/宗教類/佛教之屬/論疏

大乘起信論纂註二卷　(天竺)馬鳴菩薩造　(南朝陳)釋真諦譯　(明)釋真界纂註　清光緒十一年(1885)金陵刻經處刻本　一冊

330000－1704－0016933　017206　史部/紀傳類/正史之屬

二十四史附考證　清光緒十四年(1888)上海圖書集成印書局鉛印本　十四冊　存一種

330000－1704－0016934　017181　子部/宗教類/佛教之屬/經疏

無量壽經起信論三卷觀無量壽佛經約論一卷阿彌陀經約論一卷　(清)彭紹升撰　清同治十一年(1872)如皋刻經處刻本　一冊

330000－1704－0016936　017183　子部/宗教類/佛教之屬

佛爾雅八卷　(清)周春撰　清嘉慶二十一年(1816)刻本　一冊

330000－1704－0016939　善000382　史部/地理類/專志之屬/寺觀

溫州瑞安縣仙巖寺誌十卷　(清)釋佛彥撰　(清)釋佛臯增輯　清康熙刻增修本　四冊

330000－1704－0016944　017261　類叢部/叢書類/家集之屬

冒氏叢書三十四種附二種　冒廣生編　清光緒至民國如臯冒氏刻本　一冊　存一種

330000－1704－0016948　017210　史部/政書類/通制之屬

三通考輯要　湯壽潛輯　清光緒鉛印本　十五冊　存二種

330000－1704－0016949　善000396　史部/金石類/郡邑之屬

東甌金石志十二卷　(清)戴咸弼撰　(清)孫詒讓校補　清光緒九年(1883)郭博古齋刻本　清吳承志校　四冊

330000－1704－0016953　017211　類叢部/類書類/專類之屬

佩文韻府一百六卷　(清)張玉書　(清)蔡升元等輯　**韻府拾遺一百六卷**　(清)汪灝　(清)何焯等輯　清光緒石印本　一冊　存五卷(佩文韻府二十六至三十)

330000－1704－0016954　017323　集部/曲類/彈詞之屬

繪圖小金錢全傳二十四卷　清光緒石印本　一冊　存七卷(十二至十八)

330000－1704－0016956　017185　新學/史志/諸國史

歐羅巴通史不分卷　(日本)箕作元八　(日本)峰岸米撰　(清)胡景伊等譯　清光緒二十六年(1900)東亞譯書會鉛印本　四冊

330000－1704－0016957　017115　子部/醫家類/兒科之屬/痘疹

鄭氏瘄畧一卷附録一卷　(清)鄭啟壽撰　清同治九年(1870)汲湮齋刻本　一冊

330000－1704－0016958　善000394　史部/金石類/總志之屬/文字

觀妙齋藏金石文攷略十六卷　(清)李光暎撰　清雍正刻本　六冊

330000－1704－0016962　善000395　史部/金石類/郡邑之屬

東甌金石志十二卷　(清)戴咸弼撰　(清)孫詒讓校補　清光緒二十五年(1899)石印本

四冊

330000－1704－0016963　017115－1　子部/醫家類/兒科之屬/痘疹

鄭氏瘄畧一卷附録一卷　(清)鄭啟壽撰　清同治九年(1870)汲湮齋刻本　一冊

330000－1704－0016964　017115－2　子部/醫家類/兒科之屬/痘疹

鄭氏瘄畧一卷附録一卷　(清)鄭啟壽撰　清同治九年(1870)汲湮齋刻本　一冊

330000－1704－0016965　017115－3　子部/醫家類/兒科之屬/痘疹

鄭氏瘄畧一卷附録一卷　(清)鄭啟壽撰　清同治九年(1870)汲湮齋刻本　一冊

330000－1704－0016967　017213　集部/别集類/宋別集

林和靖詩集四卷拾遺一卷　(宋)林逋撰　清同治十二年(1873)長洲朱氏抱經堂刻本　二冊

330000－1704－0016968　017264　類叢部/叢書類/彙編之屬

紛欣閣叢書十四種　(清)周心如編　清嘉慶至道光浦江周氏刻本　十二冊　存六種

330000－1704－0016969　017382　子部/雜著類/雜說之屬

淮南許注異同詁補遺一卷　(清)陶方琦撰　清光緒刻本　一冊

330000－1704－0016970　017187　類叢部/叢書類/彙編之屬

漸西村舍彙刊(漸西村舍叢刻)四十四種　(清)袁昶編　清光緒十六年至二十四年(1890－1898)桐廬袁氏刻本　三冊　存一種

330000－1704－0016972　017188　類叢部/叢書類/家集之屬

富陽夏氏叢刻七種　夏震武　夏鼎武撰　清光緒刻本　一冊　存一種

330000－1704－0016973　017116　集部/詩文評類/詩評之屬

梅村詩話一卷　(清)吳偉業撰　清宣統三年(1911)上海埽葉山房石印本　一冊

330000－1704－0016976　017383　集部/別集類/唐五代別集

杜工部集二十卷首一卷　(唐)杜甫撰　(清)盧坤輯評　清光緒二年(1876)粵東翰墨園刻六色套印本　十冊

330000－1704－0016977　017266　類叢部/叢書類/彙編之屬

荔牆叢刻十三種　(清)汪曰楨編　清同治至光緒烏程汪氏刻本　二冊　存二種

330000－1704－0016978　017327　集部/戲劇類/傳奇之屬

邯鄲夢傳奇二卷三十齣　(明)湯顯祖撰　清刻本　一冊　存一卷(二)

330000－1704－0016979　017189　子部/叢編

二十二子(二十二子彙函)　(清)浙江書局編　清光緒元年至三年(1875－1877)浙江書局刻本　一冊　存一種

330000－1704－0016980　善000414　史部/目録類/書志之屬/提要

昭德先生郡齋讀書志二十卷　(宋)晁公武撰　清嘉慶二十四年(1819)吳門汪氏藝芸書舍刻本　六冊

330000－1704－0016981　017384　集部/別集類/宋別集

龍川文集三十卷　(宋)陳亮撰　**辨譌考異二卷附錄二卷**　(清)胡鳳丹撰　清光緒元年(1875)湖北崇文書局刻本　十冊

330000－1704－0016983　017220　類叢部/叢書類/自著之屬

船山遺書五十八種　(清)王夫之撰　清同治四年(1865)湘鄉曾國荃金陵刻本　一冊　存三種

330000－1704－0016984　017267　史部/雜史類/斷代之屬

明季稗史彙編十六種　(清)留雲居士輯　清

都城琉璃廠刻本　三册　存七種

330000－1704－0016987　017269　史部/地理類/方志之屬/郡縣志
[康熙]磁州志十八卷　(清)蔣擢修　(清)樂玉聲等纂　清刻本　一册　存二卷(十七至十八)

330000－1704－0016990　017270　史部/史評類/史論之屬
歷代史論十二卷宋史論三卷元史論一卷　(明)張溥撰　**左傳史論二卷**　(清)高士奇撰　**明史論四卷**　(清)谷應泰撰　清光緒五年(1879)西江裴氏刻本　四册　存十二卷(歷代史論一至十二)

330000－1704－0016991　017121　子部/天文曆算類/曆法之屬
新鐫曆法便覽象吉備要通書二十九卷　(清)魏鑑撰　清宣統三年(1911)上海掃葉山房石印本　十四册　存二十七卷(一至九、十一至十三、十五至至二十九)

330000－1704－0016992　017385　類叢部/叢書類/自著之屬
高陶堂遺集四種　(清)高心夔撰　清光緒八年(1882)平湖朱氏經注經齋刻本　四册

330000－1704－0016994　017329　子部/雜著類/雜考之屬
困學紀聞注二十卷首一卷　(清)翁元圻撰　清光緒石印本　四册　存十五卷(二至七、十二至二十)

330000－1704－0016995　017122　子部/儒家類/儒家之屬
荀子二十卷校勘補遺一卷　(唐)楊倞注　(清)盧文弨　(清)謝墉輯校並補遺　清光緒上海文瑞樓鉛印本　三册　存十五卷(一至十五)

330000－1704－0016997　017217　子部/宗教類/佛教之屬/經疏
楞嚴經指掌疏十卷事義十卷懸示一卷　(清)釋通理撰　清光緒二十七年(1901)維揚藏經院刻本　十册　存十卷(楞嚴經指掌疏一至十)

330000－1704－0016998　017191　子部/儒家類/儒學之屬/俗訓
人譜一卷續編一卷人譜類記六卷　(明)劉宗周撰　清刻本　一册

330000－1704－0016999　017124　集部/詞類/別集之屬
有正味齋詞集八卷　(清)吳錫麒撰　清宣統元年(1909)掃葉山房石印本　三册

330000－1704－0017003　017386　集部/別集類/唐五代別集
樊南文集補編十二卷首一卷附錄一卷　(唐)李商隱撰　(清)錢振倫　(清)錢振常箋注　清同治五年(1866)吳氏望三益齋刻本　四册

330000－1704－0017004　017272　集部/別集類/清別集
笠翁一家言全集十六卷　(清)李漁撰　清刻本　黄公略題簽並記　十三册　缺三卷(詩集一至二、偶集六)

330000－1704－0017005　017192　子部/宗教類/佛教之屬/諸宗
天台四教儀集註十卷　(元)釋蒙潤撰　清同治七年(1868)杭州昭慶寺慧空經房刻本　五册

330000－1704－0017013　017194　子部/醫家類/醫經之屬/内經
黄帝内經素問九卷　(清)高世栻注　清光緒十三年(1887)浙江書局刻本　三册　存四卷(二、六、八至九)

330000－1704－0017014　017223　史部/雜史類/斷代之屬
明季稗史彙編十六種　(清)留雲居士輯　清光緒二十二年(1896)上海圖書集成印書局鉛印本　六册

330000－1704－0017015　017387　集部/總集類/選集之屬/斷代
王孟詩評二種九卷　(宋)劉辰翁評　清光緒

五年(1879)巴陵方氏碧琳琅館刻朱墨套印本　四册

330000－1704－0017016　017273　集部/總集類/選集之屬/斷代
唐賢三昧集三卷　(清)王士禛輯　清末上海錦章書局石印本　三册

330000－1704－0017018　017328　新學/雜著/叢編
富強叢書正集七十七種續集一百二十一種　(清)袁俊德編　清光緒石印本　三册　存十五種

330000－1704－0017023　善000404　類叢部/叢書類/彙編之屬
玲瓏山館叢刻六種　(清)顧湘編　清嘉慶至道光刻道光二十九年(1849)虞山顧氏彙刻本　一册　存一種

330000－1704－0017027　善000420　史部/目録類/總録之屬/私撰
讀書敏求記四卷　(清)錢曾撰　清雍正四年(1726)趙孟升松雪齋刻乾隆十年(1745)沈尚傑雙桂草堂剜版乾隆六十年(1795)沈炎耆英堂重修本　清揚霈跋　四册

330000－1704－0017028　017200　集部/總集類/選集之屬/通代
文章正宗復刻三十卷續十二卷　(宋)真德秀編　清乾隆三十三年(1768)刻本　三册　存六卷(續文章正宗復刻一至二、四至七)

330000－1704－0017035　017228　類叢部/叢書類/彙編之屬
正覺樓叢刻(正覺樓叢書)二十九種　(清)崇文書局編　清光緒崇文書局刻本　三册　存一種

330000－1704－0017036　017276　集部/詞類/别集之屬
吴梅村詞一卷　(清)吴偉業撰　清宣統二年(1910)上海埽葉山房石印本　一册

330000－1704－0017038　017277　子部/叢編
子書百家　(清)崇文書局編　清光緒元年(1875)湖北崇文書局刻本　十三册　存二十三種

330000－1704－0017040　017129　集部/别集類/清别集
天真閣集五十四卷外集六卷　(清)孫原湘撰　**長真閣集七卷詩餘一卷**　(清)席佩蘭撰　清光緒十七年(1891)強至善南臯草廬刻本　十五册　缺四卷(天真閣集四十七至五十)

330000－1704－0017041　017330　子部/天文曆算類/算書之屬
白芙堂算學叢書　(清)丁取忠輯　清光緒石印本　三册　存七種

330000－1704－0017045　017218　集部/總集類/選集之屬/斷代
元詩百一鈔八卷補遺一卷　(清)張景星等輯　清乾隆二十九年(1764)然藜閣刻本　四册

330000－1704－0017051　善000421　史部/目録類/總録之屬/禁燬
禁書總目一卷　清乾隆浙江刻本　一册

330000－1704－0017052　017391　集部/總集類/選集之屬/斷代
國朝文録八十二卷　(清)姚椿輯　清光緒二十六年(1900)掃葉山房石印本　十六册

330000－1704－0017053　善000557　類叢部/類書類/通類之屬
亙史九十三卷　(明)潘之恒撰　明天啟六年(1626)刻本　十六册

330000－1704－0017054　善000422　史部/目録類/總録之屬/私撰
讀書敏求記四卷　(清)錢曾撰　清雍正四年(1726)趙孟升松雪齋刻乾隆十年(1745)沈尚傑雙桂草堂剜版印本　二册

330000－1704－0017055　017278　子部/叢編
子書百家　(清)崇文書局編　清光緒元年(1875)湖北崇文書局刻本　九册　存一種

330000－1704－0017056　017392　史部/政書類

九通　(清)□□輯　清光緒八年至二十二年(1882－1896)浙江書局刻本　三冊　存一種

330000－1704－0017057　017278－1　類叢部/叢書類/彙編之屬

崇文書局彙刻書三十一種　(清)崇文書局編　清光緒元年至三年(1875－1877)湖北崇文書局刻本　十三冊　存五種

330000－1704－0017060　017128　子部/叢編

子書二十八種　(清)育文書局編　清末育文書局石印本　一冊　存一種

330000－1704－0017061　017433　子部/宗教類/佛教之屬/論疏

唯識開蒙問答二卷　(元)釋雲峰撰　清宣統三年(1911)揚州藏經禪院刻本　二冊

330000－1704－0017062　017132　經部/小學類/文字之屬/字書/字典

康熙字典十二集三十六卷總目一卷檢字一卷辨似一卷等韻一卷補遺一卷備考一卷　(清)張玉書等纂修　清光緒二十年(1894)上海點石齋石印本　六冊

330000－1704－0017063　017431　子部/儒家類/儒學之屬/性理

近思録集注十四卷　(清)江永撰　清光緒二十五年(1899)浙江官書局刻本　二冊　存九卷(六至十四)

330000－1704－0017066　017133　經部/小學類/文字之屬/説文

説文管見三卷　(清)胡秉虔撰　清光緒七年(1881)鄞縣林植海望益山房書局刻本　一冊

330000－1704－0017067　017434　子部/宗教類/佛教之屬/論

成唯識論十卷　(天竺)護法等菩薩造　(唐)釋玄奘譯　清光緒二十二年(1896)金陵刻經處刻本　二冊

330000－1704－0017068　017434－1　子部/宗教類/佛教之屬/論

成唯識論十卷　(天竺)護法等菩薩造　(唐)釋玄奘譯　清光緒二十二年(1896)金陵刻經處刻本　二冊

330000－1704－0017069　017434－2　子部/宗教類/佛教之屬/論

成唯識論十卷　(天竺)護法等菩薩造　(唐)釋玄奘譯　清光緒二十二年(1896)金陵刻經處刻本　二冊

330000－1704－0017070　017434－3　子部/宗教類/佛教之屬/論

成唯識論十卷　(天竺)護法等菩薩造　(唐)釋玄奘譯　清光緒二十二年(1896)金陵刻經處刻本　二冊

330000－1704－0017071　017434－4　子部/宗教類/佛教之屬/經

佛説無量壽經二卷　(三國魏)釋康僧鎧譯　清同治十三年(1874)金陵刻經處刻本　一冊

330000－1704－0017074　善000377　史部/地理類/山川之屬/水志

西湖志四十八卷　(清)李衛　(清)程元章修　(清)傅王露撰　清雍正十三年(1735)兩浙鹽驛道庫刻乾隆印本　二十四冊

330000－1704－0017075　善000397　史部/金石類/郡邑之屬

東甌金石志十卷　(清)戴咸弼撰　清光緒二年至三年(1876－1877)浙江溫州郡庠木活字印本　清孫詒讓批校　四冊　缺二卷(四至五)

330000－1704－0017076　善000558　子部/小説家類/異聞之屬

新鐫玉茗堂批選王弇洲先生豔異編四十卷續十九卷　(明)王世貞撰　(明)湯顯祖評　明末刻本　六冊　存四十卷(一至四十)

330000－1704－0017079　017130　史部/地理類/總志之屬/斷代

大清一統志輯要五十卷　(清)洪亮吉撰　清光緒二十八年(1902)山左輿圖局石印本

四冊

330000－1704－0017082　善000398　史部/金石類/郡邑之屬/文字
永嘉瑞安石刻文字不分卷　(清)孫詒讓輯　清抄本　九冊

330000－1704－0017083　017134　子部/雜著類/雜說之屬
菜根譚一卷　(明)洪應明撰　**娑羅館清言二卷續娑羅館清言一卷**　(明)屠隆撰　清宣統三年(1911)瑞安務本局石印本　一冊

330000－1704－0017084　017233　集部/別集類/漢魏六朝別集
庾子山集十六卷總釋一卷　(北周)庾信撰　(清)倪璠註　**年譜一卷**　(清)倪璠撰　清光緒二十年(1894)粵東儒雅堂刻本　十二冊

330000－1704－0017085　017436　子部/醫家類/類編之屬
陳修園醫書二十一種　(清)陳念祖等撰　清光緒十八年(1892)上海圖書集成印書局鉛印本　十四冊　存十四種

330000－1704－0017086　017332　史部/目録類/總録之屬/私撰
簡玉山房書目一卷　(清)簡玉山房編　清光緒刻本　一冊

330000－1704－0017088　017437　集部/總集類/選集之屬/通代
憑山閣增輯留青新集三十卷　(清)陳枚選　(清)陳德裕增輯　清同治五年(1866)刻本　二十二冊　存二十二卷(一至四、八至十四、十七至二十一、二十五至三十)

330000－1704－0017089　善000399　史部/金石類/郡邑之屬/文字
溫州金石志不分卷　清抄本　清孫衣言批校　四冊

330000－1704－0017091　善000560　類叢部/叢書類/郡邑之屬
東甌遺珠集選抄不分卷　(清)楊詩輯　清末瑞安孫氏玉海樓抄本　四冊

330000－1704－0017092　017333　子部/雜著類/雜說之屬
七修類藁五十一卷續藁七卷　(明)郎瑛撰　清光緒六年(1880)廣州翰墨園刻本　十一冊　存四十八卷(類藁一、七至四十一、四十四至五十,續藁二至三、五至七)

330000－1704－0017093　017236　經部/春秋左傳類/傳說之屬
增批輯註東萊博議四卷　(宋)呂祖謙撰　(清)劉鍾英輯注　清宣統三年(1911)上海會文堂書局石印本　一冊

330000－1704－0017094　017280　史部/紀事本末類/斷代之屬
聖武記十四卷　(清)魏源撰　清道光二十二年(1842)刻本　八冊

330000－1704－0017095　017394　史部/傳記類/總傳之屬/儒林
理學宗傳二十六卷　(清)孫奇逢撰　(清)魏一鼇等編　清光緒六年(1880)浙江書局刻本　十二冊

330000－1704－0017096　善000561　子部/術數類/占候之屬
大唐開元占經一百二十卷　(唐)瞿曇悉達等撰　清抄本　三十六冊

330000－1704－0017097　017237　新學/史志/别國史
支那通史七卷　(日本)那珂通世編　清光緒二十五年(1899)上海東文學社石印本　四冊　存三卷(一至三)

330000－1704－0017099　017282　經部/春秋左傳類/傳說之屬
增批輯註東萊博議四卷　(宋)呂祖謙撰　(清)劉鍾英輯注　清宣統三年(1911)上海會文堂書局石印本　一冊

330000－1704－0017100　善000413　史部/目録類/總録之屬/史志
補後漢書藝文志二十九卷　(清)顧櫰三撰　清抄本　清何瀓校並跋　楊紹廉題簽　十

二册

330000－1704－0017102　017395　類叢部/叢書類/自著之屬
啖蔗軒全集四種附二種　(清)方士淦撰　清同治十一年(1872)兩淮運署刻本　三册　存三種

330000－1704－0017103　017283　集部/别集類/宋别集
王臨川文集四卷　(宋)王安石撰　清宣統二年(1910)上海會文堂書局石印本　二册

330000－1704－0017104　017335　經部/春秋左傳類/傳説之屬
寄傲山房塾課纂輯春秋備旨十二卷　(清)鄒聖脈撰　清刻本　三册　存七卷(六至十二)

330000－1704－0017107　017240　子部/藝術類/遊藝之屬/棋弈
兼山堂奕譜一卷　(清)徐星友撰　清宣統二年(1910)上海文瑞樓石印本　一册

330000－1704－0017108　017337　經部/叢編
重刊宋本十三經注疏四百十六卷附十三經注疏校勘記四百十六卷　(清)阮元撰　(清)盧宣旬摘録　**校勘記識語四卷**　(清)汪文臺撰　清光緒十三年(1887)上海脈望仙館石印本　一册　存二種

330000－1704－0017109　017336　子部/小説家類/雜事之屬
蓼厂雜著十卷　(清)俞蛟撰　清刻本　一册　存三卷(七至九)

330000－1704－0017110　善000376　史部/地理類/水利之屬
行水金鑑一百七十五卷首一卷　(清)傅澤洪撰　清雍正三年(1725)淮陽官舍刻本　三十六册

330000－1704－0017113　017136　子部/術數類/相宅相墓之屬
廖金精畫筴撥砂經心法地學四卷　(宋)廖禹撰　(宋)彭大雄集　(明)江之棟輯　(明)汪元標校　(明)吳公遂閱　清慎修堂刻本　二册

330000－1704－0017116　017438　子部/醫家類/綜合之屬/通論
醫學心悟五卷外科十法一卷　(清)程國彭撰　清刻本　二册　存二卷(二、五)

330000－1704－0017118　017399　集部/别集類
草廬韻言鈔存一卷東游草一卷　高毓浵撰　清宣統元年(1909)京師京華書局鉛印本　一册

330000－1704－0017120　017439　子部/雜著類/雜纂之屬
寄園寄所寄十二卷　(清)趙吉士輯　清刻本　五册　存七卷(六至十二)

330000－1704－0017123　017440　子部/醫家類/類編之屬
陳修園醫書三十種　(清)陳念祖等撰　清光緒三十二年(1906)上海經香閣書莊石印本　一册　存一種

330000－1704－0017124　017400　集部/總集類/郡邑之屬
西泠五布衣遺箸　(清)丁丙輯　清同治至光緒錢塘丁氏當歸草堂刻本　一册　存一種

330000－1704－0017125　017440－1　子部/醫家類/類編之屬
陳修園醫書四十八種　(清)陳念祖等撰　清石印本　一册　存二十七種

330000－1704－0017128　017441　子部/醫家類/類編之屬
陳修園醫書二十八種　(清)陳念祖等撰　清光緒三十年(1904)上海順成書局石印本　一册　存一種

330000－1704－0017130　017442　子部/醫家類/類編之屬
陳修園二十八種　(清)陳念祖等撰　清末石印本　七册　存二十二種

330000－1704－0017133　017401　史部/傳記類/别傳之屬/墓誌
董霞樵先生[斿]墓誌銘一卷　(清)林鶚撰
湘南游草序跋題詞不分卷　(清)林鶚等撰　清刻本　一册

330000－1704－0017134　善 000562　子部/術數類/占候之屬
易候像象通俗占四卷首一卷　(清)林鶚撰　清道光二十七年(1847)稿本　三册　存三卷(首、三至四)

330000－1704－0017135　017446　子部/醫家類/類編之屬
陳修園醫書四十種　(清)陳念祖等撰　清光緒上海商務印書館鉛印本　一册　存一種

330000－1704－0017136　善 000563　類叢部/叢書類/彙編之屬
津逮祕書十五集一百四十種　(明)毛晉編　明崇禎虞山毛氏汲古閣刻本　一册　存一種

330000－1704－0017137　017492　史部/詔令奏議類/奏議之屬
曾文正公奏議十卷首一卷末一卷補編四卷　(清)曾國藩撰　(清)薛福成編　清同治十二年至十三年(1873－1874)蘇郡刻本　十册

330000－1704－0017138　017402　類叢部/叢書類/自著之屬
頤志齋叢書二十二種　(清)丁晏撰　清道光至同治山陽丁氏六蓺堂刻同治元年(1862)彙印本　一册　存一種

330000－1704－0017139　017446－1　子部/醫家類/類編之屬
陳修園醫書五十種　(清)陳念祖等撰　清光緒三十一年(1905)上海商務印書館鉛印本　一册　存一種

330000－1704－0017141　017245　子部/醫家類/綜合之屬/通論
御纂醫宗金鑑九十卷首一卷　(清)吳謙等撰　清光緒二十九年(1903)上海經香閣石印本　一册　存二卷(外科一至二)

330000－1704－0017142　017493　集部/别集類/清别集
趙恭毅公賸藁八卷　(清)趙申喬撰　(清)趙侗斅編　清光緒十八年(1892)浙江書局刻本　四册

330000－1704－0017143　017403　類叢部/叢書類/自著之屬
陶樓雜著四種　(清)黄彭年撰　清光緒十五年(1889)貴筑黄氏刻本　一册　存二種

330000－1704－0017146　017494　類叢部/叢書類/彙編之屬
崇文書局彙刻書三十一種　(清)崇文書局編　清光緒元年至三年(1875－1877)湖北崇文書局刻本　四册　存一種

330000－1704－0017147　017338　類叢部/叢書類/輯佚之屬
黄氏逸書考二百七十四種附六種　(清)黄奭輯　清道光甘泉黄氏刻本　一册　存一種

330000－1704－0017148　017448　子部/醫家類/類編之屬
陳修園醫書七十種　(清)陳念祖等撰　清光緒三十四年(1908)上海章福記石印本　十八册　存三十種

330000－1704－0017153　017495　類叢部/叢書類/彙編之屬
月河精舍叢鈔五種　(清)丁寶書編　清光緒四年至十二年(1878－1886)苕溪丁氏刻本　二册　存一種

330000－1704－0017154　017404　類叢部/叢書類/家集之屬
侯官陳氏遺書　(清)陳壽祺　(清)陳喬樅撰　清嘉慶至同治三山陳氏刻本　一册　存一種

330000－1704－0017156　017247　經部/小學類/文字之屬/説文
苗氏説文四種　(清)苗夔撰　清道光至咸豐壽陽祁氏漢專亭刻本　四册　存一種

330000－1704－0017157　017495－1　集部/

別集類/清別集
鑑止水齋集二十卷　(清)許宗彥撰　清咸豐八年(1858)德清許延穀刻本　一册　存三卷(一至三)

330000－1704－0017158　017405　集部/別集類/清別集
樊榭山房集外詩三卷　(清)厲鶚撰　清同治十三年(1874)錢唐丁氏當歸草堂刻本　一册

330000－1704－0017159　017291　史部/目録類/總録之屬/私撰
書目答問五卷別録一卷國朝著述諸家姓名略一卷　(清)張之洞撰　清光緒二十三年(1897)新化三味堂刻本　二册

330000－1704－0017162　017496　史部/政書類/公牘檔册之屬
浙江鐵路公司文牘一卷　浙江鐵路公司編　清宣統鉛印本　一册

330000－1704－0017164　017249　經部/儀禮類/圖說之屬
儀禮圖六卷　(清)張惠言撰　清同治九年(1870)崇文書局刻本　三册

330000－1704－0017165　善 000564　子部/術數類/相宅相墓之屬
陽宅真訣四卷　(明)陳時暘撰　(明)陳泰運續補　明萬曆四十三年(1615)刻本　二册

330000－1704－0017168　017250　經部/儀禮類/傳說之屬
儀禮釋官九卷首一卷　(清)胡匡衷撰　清同治八年(1869)績谿胡肇智刻本　四册

330000－1704－0017169　017498　集部/總集類/選集之屬/通代
重訂古文釋義新編八卷　(清)余誠輯　清末上海著易堂石印本　二册　存二卷(三、五)

330000－1704－0017170　017500－1　子部/醫家類/類編之屬
陳修園醫書　(清)陳念祖等撰　清石印本　一册　存四種

330000－1704－0017172　善 000565　子部/宗教類/佛教之屬/諸宗
永嘉禪宗集註二卷　(唐)釋玄覺撰　(明)釋傳燈重輯並注　明崇禎四年(1631)武林刻本　楊紹廉題簽　二册

330000－1704－0017174　017406　集部/總集類/選集之屬/斷代
唐詩三百首續選一卷　(清)于慶元編　清刻本　一册

330000－1704－0017175　017344　經部/小學類/文字之屬/字書/字典
康熙字典十二集三十六卷總目一卷檢字一卷辨似一卷等韻一卷補遺一卷備考一卷　(清)張玉書等纂修　清末石印本　一册　存二十卷(午集上中下、未集上中下、申集上中下、酉集上中下、戌集上中下、亥集上中下、補遺、備考)

330000－1704－0017176　善 000566　子部/宗教類/佛教之屬/經疏
觀楞伽阿跋多羅寶經記四卷略科一卷　(南朝宋)釋求那跋陀羅譯　(明)釋德清筆記　明萬曆刻本　四册

330000－1704－0017177　善 000568　類叢部/類書類/通類之屬
北堂書鈔一百六十卷　(唐)虞世南撰　(明)陳禹謨補注　明萬曆二十八年(1600)陳禹謨刻本　清孫詒讓校　十六册

330000－1704－0017179　善 000573　類叢部/類書類/通類之屬
藝文類聚一百卷　(唐)歐陽詢輯　明萬曆十五年(1587)秣陵王元貞刻本　二十八册

330000－1704－0017180　善 000577　類叢部/類書類/通類之屬
新纂事詞類奇三十卷　(明)徐常吉輯　明萬曆周曰校刻本　六册　缺六卷(十二至十四、二十八至三十)

330000－1704－0017181　善 000578　子部/雜著類/雜編之屬

牛毛錄不分卷　(清)陳舜咨輯　清道光稿本　八冊

330000－1704－0017182　善000579　類叢部/類書類/通類之屬
錦繡萬花谷前集四十卷後集四十卷續集四十卷別集三十卷　明嘉靖十五年(1536)秦汴繡石書堂刻本　六冊　存三十五卷(前集八至十二、二十二至二十四,後集一至十三、二十八至三十三,續集一至八)

330000－1704－0017183　善000580　類叢部/類書類/通類之屬
錦繡萬花谷前集四十卷後集四十卷續集四十卷別集三十卷　明嘉靖十五年(1536)秦汴繡石書堂刻本　六冊　存四十卷(續集一至四十)

330000－1704－0017189　善000426　子部/叢編
子彙　(明)周子義編　明萬曆四年至五年(1576－1577)南京國子監刻本　十六冊　存二十三種

330000－1704－0017190　017497　類叢部/類書類/專類之屬
新增繪圖幼學故事瓊林四卷首一卷　(清)程登吉撰　(清)鄒聖脈增補　清末石印本　一冊　存一卷(首)

330000－1704－0017191　017449　集部/別集類/唐五代別集
樊川詩集四卷補遺一卷外集一卷別集一卷　(唐)杜牧撰　(清)馮集梧注　清光緒十六年(1890)湘南書局刻本　六冊

330000－1704－0017192　017409　集部/別集類/清別集
毋自欺齋詩畧一卷　(清)梁元撰　**茗香室詩畧一卷**　(清)李如蕙撰　清道光十五年(1835)刻本　一冊

330000－1704－0017193　017252　集部/別集類/清別集
于湖小集五卷　(清)袁昶撰　清光緒二十二年(1896)水明樓刻本　一冊　存二卷(一至二)

330000－1704－0017194　017450　集部/總集類/彙編之屬
新刻諸葛宗岳史四公文集　(清)劉質慧輯　清同治十二年(1873)三原劉氏述荊堂刻本　四冊　存一種

330000－1704－0017195　017451　新學/商務/商學
原富八卷　(英國)斯密亞丹撰　嚴復譯　清光緒二十七年(1901)上海南洋公學譯書院鉛印本　七冊

330000－1704－0017196　017253　子部/叢編
十子全書　(清)王子興編　清嘉慶九年(1804)姑蘇王氏聚文堂刻本　八冊　存四種

330000－1704－0017198　善000581　史部/傳記類/總傳之屬/姓名
古今萬姓統譜一百四十卷歷代帝王姓系統譜六卷氏族博攷十四卷　(明)淩迪知輯　明萬曆刻本　四十二冊

330000－1704－0017201　017293　類叢部/叢書類/自著之屬
大鶴山房全書十種　鄭文焯撰　清光緒至民國刻民國九年(1920)蘇州交通圖書館彙印本　一冊　存一種

330000－1704－0017202　017254　子部/醫家類/綜合之屬/通論
御纂醫宗金鑑九十卷首一卷　(清)吳謙等撰　清光緒三十二年(1906)上海文新書局石印本　十一冊　存四十三卷(首;内科一、八至四十三、五十六至五十八,外科五至六)

330000－1704－0017203　017502　史部/金石類/石之屬/通考
讀碑小箋一卷　羅振玉撰　清光緒唐風樓刻本　一冊

330000－1704－0017204　善000426－1　子部/叢編

子彙　(明)周子義編　明萬曆四年至五年(1576－1577)南京國子監刻本　十一冊　存十一種

330000－1704－0017205　善 000582　類叢部/類書類/通類之屬

新刊唐荊川先生稗編一百二十卷目錄三卷　(明)唐順之輯　明萬曆九年(1581)茅一相文霞閣刻本　六十冊

330000－1704－0017207　017410　子部/醫家類/醫經之屬/内經

黄帝内經素問九卷　(清)高世栻注　清光緒十三年(1887)浙江書局刻本　八冊

330000－1704－0017208　017255　經部/小學類/文字之屬/說文

說文通訓定聲十八卷分部柬韻一卷說雅一卷古今韻準一卷　(清)朱駿聲撰　(清)朱鏡蓉參訂　**行述一卷**　(清)朱孔彰撰　清道光二十九年(1849)刻咸豐元年(1851)朱孔彰臨嘯閣補刻本　二十一冊

330000－1704－0017211　017455　子部/雜著類/雜纂之屬

寄園寄所寄十二卷　(清)趙吉士輯　清刻本　十三冊

330000－1704－0017212　善 000583　類叢部/類書類/專類之屬

五車韻瑞一百六十卷洪武正韻一卷　(明)淩稚隆輯　明金閶葉瑤池刻本　二十八冊

330000－1704－0017213　017295　類叢部/叢書類/彙編之屬

雅雨堂叢書(雅雨堂藏書)十三種　(清)盧見曾編　清乾隆二十一年(1756)德州盧氏雅雨堂刻增修本　二冊　存二種

330000－1704－0017214　善 000427　子部/叢編

新鍥翰林三狀元會選二十九子品彙釋評二十卷首一卷　(明)焦竑等編　明萬曆四十四年(1616)寶善堂刻本　十冊

330000－1704－0017216　017456　類叢部/叢書類/彙編之屬

知不足齋叢書一百九十六種　(清)鮑廷博編　(清)鮑士恭續編　清乾隆三十七年至道光三年(1772－1823)長塘鮑氏刻彙印本　二十二冊　存十九種

330000－1704－0017217　017239　集部/總集類/課藝之屬

時文鈔一卷　清末抄本　一冊

330000－1704－0017218　017457　史部/編年類/通代之屬

尺木堂綱鑑易知錄九十二卷明鑑易知錄十五卷　(清)吳乘權等輯　清光緒二十七年(1901)上海文瑞樓鉛印本　十六冊

330000－1704－0017220　017458　經部/儀禮類/傳說之屬

儀禮正義四十卷　(清)胡培翬撰　(清)楊大堉補　清咸豐二年(1852)刻同治七年(1868)補刻本　十八冊　存三十七卷(一至四、六至八、十一至四十)

330000－1704－0017225　善 000428　子部/雜著類/雜纂之屬

諸子品節五十卷　(明)陳深輯　明萬曆刻本(卷十至十一原缺)　清許開基題記　十冊

330000－1704－0017226　017561　經部/儀禮類/傳說之屬

儀禮鄭注句讀十七卷附監本正誤一卷石本誤字一卷　(清)張爾岐撰　清同治十三年(1874)湖南省尊經閣刻本　六冊

330000－1704－0017228　017562　經部/小學類/文字之屬/字書/字典

復古編二卷　(宋)張有撰　**曾樂軒稿一卷**　(宋)張維撰　**安陸集一卷**　(宋)張先撰　清光緒八年(1882)淮南書局刻本　三冊　存二卷(復古編一至二)

330000－1704－0017229　017298　集部/別集類/唐五代別集

柳文四十三卷別集二卷外集二卷附錄一卷　(唐)柳宗元撰　清同治六年(1867)廷桂刻七

年(1868)補刻本　十二册

330000－1704－0017230　017506　經部/小學類/文字之屬/字書/訓蒙

澄衷蒙學堂字課圖説四卷檢字一卷類字一卷　(清)劉樹屏撰　(清)吴子城繪圖　清光緒石印本　一册　存一卷(一)

330000－1704－0017231　017411　集部/别集類/宋别集

淮海集十七卷後集二卷詞一卷補遺一卷續補遺一卷　(宋)秦觀撰　**淮海文集攷證一卷**　(清)王敬之　(清)茆泮林　(清)金長福撰　**重編淮海先生年譜節要一卷**　(清)秦瀛編　(清)王敬之節要　清道光十七年(1837)王敬之等刻二十一年(1841)增刻本　三册　存六卷(淮海集十四至十七、後集一至二)

330000－1704－0017233　善000584　類叢部/類書類/通類之屬

潛確居類書一百二十卷　(明)陳仁錫輯　明崇禎三年至五年(1630－1632)潭城徐觀我刻本　四十册

330000－1704－0017234　017564　子部/宗教類/佛教之屬/經疏

金剛般若經疏一卷　(隋)釋智顗注　釋顯宗會　**般若波羅密多心經疏一卷**　(唐)釋玄奘譯經　(唐)釋靖邁撰疏　清光緒二十三年(1897)、三十三年(1907)金陵刻經處刻本　一册

330000－1704－0017237　017412　史部/編年類/通代之屬

尺木堂綱鑑易知錄二十卷　(清)吴乘權等輯　清光緒二十九年(1903)上海石印本　八册

330000－1704－0017238　017508　史部/紀傳類/正史之屬

二十四史附考證　清光緒二十八年(1902)武林竹簡齋石印本　三十一册　存七種

330000－1704－0017239　017459　子部/宗教類/佛教之屬/經

妙法蓮華經七卷　(後秦)釋鳩摩羅什譯　清刻本　二册　存二卷(一至二)

330000－1704－0017240　017413　史部/紀傳類/正史之屬

二十四史附考證　清光緒鉛印本　七册　存一種

330000－1704－0017241　017460　類叢部/類書類/通類之屬

增補事類統編三十五卷　(清)黄葆真輯　清光緒十四年(1888)上海點石齋石印本　一册　存三卷(一至三)

330000－1704－0017243　017461　集部/總集類/彙編之屬

增廣詩句題解彙編四卷姓氏考一卷　(清)同文書局編　清石印本　二册　存二卷(三至四)

330000－1704－0017244　017346　經部/小學類/音韻之屬/韻書

詩韻合璧五卷　(清)湯祥瑟輯　清咸豐七年(1857)刻本　二册

330000－1704－0017246　017510　子部/雜著類/雜説之屬

實存四卷　(清)胡式鈺撰　清道光二十一年(1841)刻本　二册

330000－1704－0017251　017512　經部/叢編

御纂七經二百八十卷首十一卷序三卷　(清)李光地等撰　清同治六年至九年(1867－1870)浙江書局刻本　二十册　存一種

330000－1704－0017252　017464　子部/雜著類/雜考之屬

無邪堂答問五卷　(清)朱一新撰　清石印本　一册　存二卷(四至五)

330000－1704－0017255　017414　類叢部/叢書類/彙編之屬

增訂漢魏叢書八十六種　(清)王謨編　清光緒二十年(1894)湖南藝文書局刻本　一册　存四種

330000－1704－0017256　善000429　子部/儒家類/儒家之屬
集語二卷　（宋）薛據纂　（明）何棠評　明末刻本　一冊

330000－1704－0017257　017513　類叢部/叢書類/郡邑之屬
永嘉叢書十三種　（清）孫衣言編　清同治至光緒瑞安孫氏詒善祠塾刻本　一冊　存一種

330000－1704－0017258　善000430　子部/儒家類/儒家之屬
荀子二十卷　（唐）楊倞注　明刻本　六冊

330000－1704－0017259　017566　子部/醫家類/類編之屬
中西匯通醫書五種　唐宗海撰　清光緒三十四年(1908)上海千頃堂書局石印本　十二冊

330000－1704－0017260　017300　集部/別集類/清別集
龔定盦全集　（清）龔自珍撰　清宣統二年(1910)上海國學扶輪社鉛印本　七冊

330000－1704－0017262　017514　集部/別集類/清別集
句溪雜著五卷　（清）陳立撰　清道光二十三年(1843)揚州刻同治三年(1864)增修本　二冊

330000－1704－0017263　017465　史部/紀事本末類/斷代之屬
聖武記十四卷　（清）魏源撰　清石印本　一冊　存七卷(八至十四)

330000－1704－0017265　017347　類叢部/叢書類/彙編之屬
增訂漢魏叢書八十六種　（清）王謨編　清光緒二十年(1894)湖南藝文書局刻本　一冊　存二種

330000－1704－0017266　善000434　子部/儒家類/儒學之屬/性理
荆園小語一卷　（清）申涵光撰　清光緒九年(1883)刻蓡園叢書本　清王玫伯批　一冊

330000－1704－0017267　017466　子部/雜著類/雜考之屬
校訂困學紀聞集證二十卷　（宋）王應麟撰　（清）閻若璩等箋　（清）萬希槐集證　清咸豐二年(1852)金閶小西山房刻本　一冊　存三卷(十二至十四)

330000－1704－0017268　017301　子部/醫家類/綜合之屬/通論
醫醇賸義四卷醫方論四卷　（清）費伯雄撰　清光緒三年(1877)刻本　二冊　存四卷(醫醇賸義一至四)

330000－1704－0017269　017416　子部/醫家類/類編之屬
東垣十書附二種　清光緒石印本　二冊　存三種

330000－1704－0017270　017467　類叢部/叢書類/輯佚之屬
玉函山房輯佚書六百二十二種附一種　（清）馬國翰輯　清光緒十年(1884)楚南湘遠堂刻本　三冊　存一種

330000－1704－0017271　017515　類叢部/叢書類/郡邑之屬
金華叢書六十八種　（清）胡鳳丹編　清同治七年至光緒八年(1868－1882)永康胡氏退補齋刻民國補刻本　一冊　存一種

330000－1704－0017272　善000435　子部/儒家類/儒學之屬
劉向說苑二十卷　（漢）劉向撰　明嘉靖刻本　二冊　存七卷(一至七)

330000－1704－0017273　017468　史部/雜史類/斷代之屬
明季稗史彙編十六種　（清）留雲居士輯　清都城琉璃廠刻本　三冊　存九種

330000－1704－0017275　017417　新學/雜著/叢編
富強叢書正集七十七種續集一百二十一種　（清）袁俊德編　清光緒石印本　十二冊　存七種

330000 - 1704 - 0017277　善 000436　類叢部/叢書類/彙編之屬
漢魏叢書三十八種　(明)程榮編　明萬曆二十年(1592)新安程氏刻本　二冊　存一種

330000 - 1704 - 0017280　善 000437　子部/儒家類/儒學之屬
孔叢子七卷　(漢)孔鮒撰　(宋)宋咸注　清抄本　一冊

330000 - 1704 - 0017281　017469　經部/四書類/總義之屬/傳說
四書集註十九卷　(宋)朱熹撰　清光緒三年(1877)永康胡氏退補齋刻本　三冊　存七卷(孟子一至七)

330000 - 1704 - 0017282　017509　子部/叢編
二十二子(二十二子彙函)　(清)浙江書局編　清光緒元年至三年(1875 - 1877)浙江書局刻本　二冊　存一種

330000 - 1704 - 0017283　017302　子部/醫家類/類編之屬
喻氏醫書三種　(清)喻昌撰　清刻本　五冊　存一種

330000 - 1704 - 0017284　017470　史部/地理類/方志之屬/郡縣志
[光緒]永康縣志十六卷首一卷　(清)李汝為　(清)郭文翙修　(清)潘樹棠等纂　清光緒十八年(1892)刻本　三冊　存五卷(十二至十六)

330000 - 1704 - 0017285　善 000438　子部/儒家類/儒學之屬/經濟
鹽鐵論十二卷　(漢)桓寬撰　(明)張之象註　明嘉靖三十三年(1554)張氏猗蘭堂刻本　六冊

330000 - 1704 - 0017286　017511　類叢部/叢書類/自著之屬
春在堂全書三十六種　(清)俞樾撰　清同治至光緒刻光緒末彙印本　一冊　存一種

330000 - 1704 - 0017292　善 000439　子部/儒家類/儒學之屬/經濟
新書十卷　(漢)賈誼撰　清乾隆四十九年(1784)盧氏抱經堂刻抱經堂叢書本　清盧文弨批校　二冊　存五卷(一至五)

330000 - 1704 - 0017293　017420　類叢部/叢書類/彙編之屬
當歸草堂叢書八種　(清)丁丙編　清同治二年至五年(1863 - 1866)錢塘丁氏刻本　一冊　存一種

330000 - 1704 - 0017294　017303　子部/醫家類/醫經之屬/内經
醫經原旨六卷　(清)薛雪撰　清刻本　六冊

330000 - 1704 - 0017295　017421　類叢部/叢書類/彙編之屬
宜稼堂叢書七種　(清)郁松年編　清道光二十年至二十二年(1840 - 1842)上海郁氏刻本(續後漢書卷一、八十八原缺)　二十七冊　存五種

330000 - 1704 - 0017296　善 000440　子部/儒家類/儒學之屬/經濟
鹽鐵論十卷　(漢)桓寬撰　**考證一卷**　(清)張敦仁撰　清嘉慶十二年(1807)張敦仁江寧刻本　四冊

330000 - 1704 - 0017298　017517　子部/術數類/相宅相墓之屬
羅經指南撥霧集三卷　(清)葉泰撰　清刻本　三冊

330000 - 1704 - 0017300　017518　子部/叢編
二十二子(二十二子彙函)　(清)浙江書局編　清光緒元年至三年(1875 - 1877)浙江書局刻本　一冊　存一種

330000 - 1704 - 0017301　017475　史部/史評類/史論之屬
讀史論畧增註三卷　(清)杜詔撰　(清)唐桂註　(清)傳傳增註　清光緒七年(1881)永嘉徐氏刻本　一冊　缺一卷(下)

330000 - 1704 - 0017302　善 000585　子部/

法家類

管子說二十四卷 （春秋）管仲撰　明嘉靖刻本　三冊　存十七卷（一至六、十六至二十六）

330000－1704－0017304　017476　類叢部/叢書類/自著之屬

郝氏遺書三十三種 （清）郝懿行撰　清嘉慶至光緒刻彙印本　一冊　存一種

330000－1704－0017307　017519　子部/宗教類/道教之屬/雜著

青華秘書五卷 （清）傅鶴臞撰　（清）吒石壺道人訂正　清道光刻民國二十年（1931）印本　一冊

330000－1704－0017308　017472　集部/總集類/選集之屬/通代

古文筆法二十卷首一卷 （清）李扶九輯　（清）黄黼注　清宣統二年（1910）上海會文堂石印本　一冊

330000－1704－0017309　017304　子部/醫家類/本草之屬/本草藥性

珍珠囊指掌補遺藥性賦四卷 （金）李杲輯

雷公炮製藥性解六卷 （明）李中梓輯　清大文堂刻本　二冊

330000－1704－0017313　017350　集部/別集類/清別集

太鶴山人集十三卷 （清）端木國瑚撰　清道光二十年（1840）瑞安洪坤刻本　一冊　存四卷（一至四）

330000－1704－0017315　017478　子部/儒家類/儒學之屬/性理

仁書二卷 （清）易佩紳撰　清光緒十年（1884）刻本　一冊

330000－1704－0017316　017521　類叢部/叢書類/自著之屬

春在堂全書三十六種 （清）俞樾撰　清同治至光緒刻光緒末彙印本　四冊　存一種

330000－1704－0017317　017350－1　集部/別集類/清別集

紫薇花館詩存一卷 （清）盧敏政撰　清光緒二十九年（1903）木活字印本　一冊

330000－1704－0017322　善000444　子部/儒家類/儒學之屬/性理

傳習録八卷 （明）王守仁撰　明嘉靖三十三年（1554）薛甲刻本　楊紹廉題簽　二冊

330000－1704－0017323　017306　集部/總集類/選集之屬/斷代

宛上同人集十種 （清）阮文藻編　清道光十三年（1833）阮氏刻本　一冊　存二種

330000－1704－0017326　017522　史部/傳記類/總傳之屬/儒林

宋元學案一百卷首一卷考畧一卷 （清）黄宗羲撰　（清）全祖望修定　（清）王梓材　（清）馮雲濠校並考　清刻本　十六冊　存四十卷（三十至三十三、三十九至四十、四十四至四十七、五十四至五十七、五十九至六十七、七十五至八十二、八十六至九十二、九十七至九十八）

330000－1704－0017328　017307　集部/別集類/清別集

介軒詩鈔十卷文鈔八卷外集二卷 （清）張振夔撰　清同治九年（1870）刻本　四冊　存九卷（文鈔一至五、七至八，外集一至二）

330000－1704－0017329　善000586　類叢部/類書類/通類之屬

新編古今事文類聚前集六十卷後集五十卷續集二十八卷別集三十二卷 （宋）祝穆編　**新編古今事文類聚新集三十六卷外集十五卷** （元）富大用編　明嘉靖刻本　十二冊　存六十卷（前集一至六、二十六至三十六，續集一至六、十七至二十二，新集一至十五、二十至三十五）

330000－1704－0017331　善000445　子部/儒家類/儒學之屬/性理

潛室陳先生木鍾集十一卷 （宋）陳埴撰　明刻本　一冊　存二卷（十下、十一下）

330000－1704－0017333　017523　史部/史

表類/通代之屬

歷代史表五十九卷　(清)萬斯同撰　清嘉慶元年(1796)留香閣刻本　八册　存四十九卷(一至四十九)

330000－1704－0017335　017479　集部/別集類/清別集

孟塗前集十卷後集二十二卷文集十卷駢體文二卷　(清)劉開撰　清道光六年(1826)姚氏檗山草堂刻本　五册　缺十六卷(後集十七至二十二、文集一至十)

330000－1704－0017336　善000405　史部/金石類/石之屬/題跋

書朱曼買地宅券後一卷再書朱曼買地宅券後一卷　清末抄本　一册

330000－1704－0017338　017480　史部/史評類/詠史之屬

十國宮詞一卷　(清)吳省蘭撰　清同治十二年(1873)淮南書局刻本　一册

330000－1704－0017340　017481　子部/儒家類/儒學之屬/性理

呂子節錄四卷　(明)呂坤撰　(清)陳弘謀評輯　清道光十年(1830)南豐劉煜刻本　二册

330000－1704－0017341　017308　類叢部/叢書類/彙編之屬

後知不足齋叢書四十七種　(清)鮑廷爵編　清同治至光緒常熟鮑氏刻本　一册　存一種

330000－1704－0017345　017525　類叢部/叢書類/彙編之屬

崇文書局彙刻書三十一種　(清)崇文書局編　清光緒元年至三年(1875－1877)湖北崇文書局刻本　一册　存一種

330000－1704－0017346　017581　類叢部/叢書類/彙編之屬

增訂漢魏叢書八十六種　(清)王謨編　清乾隆五十六年(1791)金谿王氏刻本　一册　存一種

330000－1704－0017348　017482　類叢部/叢書類/自著之屬

曾文正公全集十六種　(清)曾國藩撰　清同治至光緒傳忠書局刻本　二册　存一種

330000－1704－0017351　017582　史部/叢編

入幕須知五種附一種　(清)張廷驤輯　清光緒十八年(1892)浙江書局刻本　六册

330000－1704－0017352　017483　子部/儒家類/儒學之屬/性理

仁書二卷　(清)易佩紳撰　清光緒十年(1884)刻本　一册

330000－1704－0017353　017309　經部/叢編

古經解彙函十六種附小學彙函十四種　(清)鍾謙鈞等輯　清同治十二年(1873)粵東書局刻本　二册　存一種

330000－1704－0017354　017484　子部/雜著類/雜說之屬

仁學一卷　(清)譚嗣同撰　清光緒國民報社鉛印本　一册

330000－1704－0017355　善000407　史部/金石類/陶之屬/文字

秦漢瓦當文字一卷續一卷　(清)程敦撰　清乾隆五十二年(1787)橫渠書院刻本　二册　缺一卷(續)

330000－1704－0017357　017583　類叢部/叢書類/自著之屬

箋經室叢書三種　曹元忠撰輯　清光緒十九年至二十七年(1893－1901)曹氏箋經室刻本　一册　存一種

330000－1704－0017358　017310　類叢部/叢書類/自著之屬

王菉友著述九種　(清)王筠撰　清道光至咸豐刻本　四册　存一種

330000－1704－0017360　017584　子部/宗教類/佛教之屬/經

大方廣佛華嚴經入不思議解脱境界普賢行願品一卷　(唐)釋般若譯　清末刻本　一册

330000－1704－0017362　017311　經部/小學類/文字之屬/說文
說文提要一卷　(清)陳建侯撰　清同治十二年(1873)湖北崇文書局刻本　一册

330000－1704－0017365　017312　類叢部/叢書類/郡邑之屬
台州叢書九種　(清)宋世犖輯　清嘉慶至道光臨海宋氏刻本　十八册　存七種

330000－1704－0017369　善000587　類叢部/類書類/通類之屬
新編分門古今類事二十卷　(宋)宋□□撰　清抄本　四册

330000－1704－0017372　善000588　集部/總集類/選集之屬/通代
西山先生真文忠公文章正宗二十四卷　(宋)真德秀輯　明嘉靖四十三年(1564)李豸、李磐刻本　二十一册　缺三卷(四、六、二十四)

330000－1704－0017373　017520　類叢部/叢書類/自著之屬
春在堂全書三十六種　(清)俞樾撰　清同治至光緒刻光緒末彙印本　七册　存一種

330000－1704－0017374　017486　子部/雜著類
無始以來天人性命之本原一卷　(清)金晦撰　清光緒三十三年(1907)永嘉葉懷古齋刻本　一册

330000－1704－0017376　017488　類叢部/叢書類/自著之屬
羲停山館集六種　(清)王景賢撰　清同治十三年(1874)三山王氏刻本　四册　存一種

330000－1704－0017377　017489　類叢部/叢書類/彙編之屬
抱經堂叢書十六種　(清)盧文弨編　清乾隆至嘉慶刻彙印本　三册　存一種

330000－1704－0017378　017490　類叢部/叢書類/彙編之屬
留垞叢刻八種　楊鍾義編　清光緒十六年至宣統二年(1890－1910)刻本　一册　存一種

330000－1704－0017379　017585　史部/職官類/官箴之屬
在官法戒錄四卷　(清)陳弘謀撰　清同治十二年(1873)杭州刻本　二册

330000－1704－0017380　017587　子部/宗教類/道教之屬/戒律
文昌帝君陰騭文廣義節錄三卷　(清)周夢顔撰　清光緒七年(1881)揚州藏經禪院刻本　二册　存二卷(二至三)

330000－1704－0017382　017491　經部/叢編
經苑二十五種　(清)錢儀吉輯　清道光至咸豐大梁書院刻同治七年(1868)王儒行等印本　一册　存四種

330000－1704－0017384　017591　集部/別集類/唐五代別集
昌黎先生集四十卷外集十卷遺文一卷　(唐)韓愈撰　(宋)廖瑩中校正　**朱子校昌黎先生集傳一卷**　(宋)朱熹撰　清同治八年(1869)江蘇書局刻本　十册

330000－1704－0017385　017592　類叢部/叢書類/彙編之屬
增訂漢魏叢書八十六種　(清)王謨編　清乾隆五十六年(1791)金谿王氏刻本　一册　存二種

330000－1704－0017388　017633　史部/目錄類/專錄之屬
全上古三代秦漢三國晉南北朝文編目一百三卷　(清)嚴可均輯　(清)蔣壑編　清光緒五年(1879)蔣錫礽刻本　十二册　缺一卷(一百三)

330000－1704－0017389　017634　子部/儒家類/儒學之屬/性理
習是編二卷　(清)屈成霖輯　清咸豐六年(1856)番禺許應鑅衍祥堂刻本　四册

330000－1704－0017391　017635　子部/農家農學類/蠶桑之屬
蠶桑萃編十五卷首一卷　(清)衛杰撰　清光

緒浙江官書局刻本　七冊　存十四卷(二至十五)

330000－1704－0017392　善000443　子部/儒家類/儒學之屬/性理

潛室陳先生木鍾集十一卷　(宋)陳埴撰　清同治六年(1867)陳思燏東甌郡齋刻本　清徐子苓校　清孫詒讓校並題記　一冊　存四卷(一至四)

330000－1704－0017393　017663　子部/道家類

莊子南華真經十卷　(晉)郭象注　清光緒十一年(1885)傳忠書局刻本　六冊

330000－1704－0017394　017314　集部/別集類/清別集

湖海樓全集五十一卷　(清)陳維崧撰　清乾隆六十年(1795)刻本　十一冊　缺十三卷(文集一至二、五至六,詩集四至五,詞集三至四、十三至十五、十九至二十)

330000－1704－0017395　017664　新學/史志/諸國史

萬國通史前編十卷　(英國)李思倫白輯譯　蔡爾康紀述　清光緒二十六年(1900)上海廣學會鉛印本　十冊

330000－1704－0017396　017589　新學/學校

奏定學堂章程不分卷　(清)張百熙　(清)榮慶　(清)張之洞纂　清光緒湖北學務處刻本　五冊

330000－1704－0017397　善000431　子部/儒家類/儒家之屬

荀子二十卷　(唐)楊倞注　明嘉靖十二年(1533)顧春世德堂刻六子書本(卷三補配清刻本)　十冊

330000－1704－0017398　017315　類叢部/叢書類/自著之屬

振綺堂遺書五種　(清)汪遠孫撰　清道光刻民國十一年(1922)錢唐汪氏彙印本　一冊　存一種

330000－1704－0017400　017636　子部/叢編

二十二子(二十二子彙函)　(清)浙江書局編　清光緒元年至三年(1875－1877)浙江書局刻本　六冊　存一種

330000－1704－0017401　017594　經部/叢編

重刊宋本十三經注疏四百十六卷附十三經注疏校勘記四百十六卷　(清)阮元撰　(清)盧宣旬摘錄　清嘉慶二十年(1815)南昌府學刻道光六年(1826)盱江朱華臨重校印本　八十七冊　存九種

330000－1704－0017404　017637　子部/叢編

二十二子(二十二子彙函)　(清)浙江書局編　清光緒元年至三年(1875－1877)浙江書局刻本　六冊　存一種

330000－1704－0017405　017638　集部/別集類/清別集

賞雨茅屋詩集十六卷外集一卷　(清)曾燠撰　清道光三年(1823)刻本　九冊　缺二卷(一至二)

330000－1704－0017406　017595　經部/叢編

重刊宋本十三經注疏四百十六卷附十三經注疏校勘記四百十六卷　(清)阮元撰　(清)盧宣旬摘錄　清嘉慶二十年(1815)南昌府學刻本　一冊　存一種

330000－1704－0017407　017317　類叢部/類書類/專類之屬

新增繪圖幼學故事瓊林四卷首一卷　(清)程登吉撰　(清)鄒聖脈增補　**新增應酬彙選三卷**　(清)陸九如撰　清光緒三十一年(1905)浙紹奎照樓石印本　二冊　存三卷(首、三、新增應酬彙選二)

330000－1704－0017410　善000590　集部/總集類/選集之屬/通代

歷代文選十四卷　(明)凌雲翼輯　明嘉靖四十年(1561)宋守志等刻本　十二冊　缺一卷

（五）

330000－1704－0017417　017662　集部/别集類/漢魏六朝别集

庾子山集十六卷　（北周）庾信撰　（清）倪璠註　**年譜一卷**　（清）倪璠撰　清篤慶堂刻本　六册　存八卷（一至二、四至八，年譜）

330000－1704－0017419　017640　類叢部/叢書類/自著之屬

清白士集六種附一種　（清）梁玉繩撰　清嘉慶刻本　一册　存二種

330000－1704－0017420　017665　集部/别集類/漢魏六朝别集

庾子山集十六卷總釋一卷　（北周）庾信撰　（清）倪璠註　**年譜一卷**　（清）倪璠撰　清道光十九年（1839）同文堂刻本　六册　存八卷（四、十一至十六，總釋）

330000－1704－0017421　017667　集部/别集類/漢魏六朝别集

庾子山集十六卷總釋一卷　（北周）庾信撰　（清）倪璠註　**年譜一卷**　（清）倪璠撰　清光緒二十年（1894）粤東儒雅堂刻本　六册　存十一卷（七至十六、總釋）

330000－1704－0017423　017669　集部/别集類/漢魏六朝别集

庾子山集十六卷總釋一卷　（北周）庾信撰　（清）倪璠註　**年譜一卷**　（清）倪璠撰　清道光十九年（1839）善成堂刻本　二册　缺十四卷（一至十四）

330000－1704－0017424　017599　史部/詔令奏議類/奏議之屬

曾文正公奏議十卷首一卷末一卷補編四卷　（清）曾國藩撰　（清）薛福成編　清同治十三年（1874）上海吴氏醉六堂刻本　六册　缺四卷（首、一、補編三至四）

330000－1704－0017425　017668　子部/兵家類/兵法之屬

洴澼百金方十四卷　（清）袁宫桂撰　清抄本　一册　存一卷（四）

330000－1704－0017426　善000591　集部/總集類/選集之屬/通代

文選六十卷　（南朝梁）蕭統輯　（唐）李善注　**文選考異十卷**　（清）胡克家撰　清同治八年（1869）湖北崇文書局刻本　蔣汝藻批校題記並過録清何焯評　二十四册

330000－1704－0017428　善000592　集部/總集類/選集之屬/通代

文選纂註評苑二十六卷　（南朝梁）蕭統輯　（明）張鳳翼纂注　（明）王世懋删定　（明）陸弘祚輯訂　明萬曆二十四年（1596）余碧泉克勤齋刻本　十四册

330000－1704－0017430　017600　史部/傳記類/别傳之屬/事狀

曾文正公事畧四卷附曾文正祠雅集圖記一卷　（清）王定安輯　清光緒元年（1875）刻本　二册

330000－1704－0017431　017601　集部/别集類/明别集

高子遺書十二卷附録一卷　（明）高攀龍撰　（明）陳龍正輯　**高忠憲公年譜一卷**　（明）華允誠編　清光緒二年（1876）周士錦無錫東林書院刻本　七册　缺一卷（十）

330000－1704－0017434　017321　集部/總集類/課藝之屬

南菁講舍文集六卷書院文集一卷　（清）黄以周輯　清光緒十五年（1889）刻本　四册

330000－1704－0017435　017603　子部/藝術類/書畫之屬/題跋

山谷題跋三卷　（宋）黄庭堅撰　（清）溫一貞輯　清同治十一年（1872）刻本　二册　存二卷（一至二）

330000－1704－0017438　017642　史部/雜史類/斷代之屬

國語二十一卷　（三國吴）韋昭注　清嘉慶刻本　一册　存五卷（一至五）

330000－1704－0017439　善000593　集部/總集類/選集之屬/通代

六臣註文選六十卷 (南朝梁)蕭統輯 (唐)李善 (唐)呂延濟 (唐)劉良 (唐)張銑 (唐)李周翰 (唐)呂向註 明嘉靖刻本 十二冊 存二十五卷(三十六至六十)

330000－1704－0017440 017671 類叢部/叢書類/彙編之屬

知不足齋叢書一百九十六種 (清)鮑廷博編 (清)鮑士恭續編 清刻本 三冊 存二種

330000－1704－0017442 017605 集部/別集類/清別集

耕讀堂詩抄四卷 (清)牟滄撰 **桑榆存稿一卷** (清)牟汝弼撰 清道光三十年(1850)耕讀堂刻本 一冊 缺二卷(詩抄一至二)

330000－1704－0017445 017606 集部/別集類/清別集

三魚堂文集十二卷外集六卷賸言十二卷 (清)陸隴其撰 清宣統三年(1911)上海掃葉山房石印本 八冊

330000－1704－0017446 017675 類叢部/叢書類/彙編之屬

知不足齋叢書一百九十六種 (清)鮑廷博編 (清)鮑士恭續編 清刻本 二冊 存二種

330000－1704－0017449 017720 子部/叢編

子書二十五種(二十五子彙函) (清)育文書局編 清光緒三十年(1904)上海育文書局石印本 四冊 存五種

330000－1704－0017450 017676 史部/編年類/通代之屬

資治通鑑地理今釋十六卷 (清)吳熙載撰 清光緒八年(1882)江蘇書局刻本 二冊 存九卷(一至三、十一至十六)

330000－1704－0017455 017535 子部/宗教類/佛教之屬/經疏

妙法蓮華經演義七卷 (後秦)釋鳩摩羅什譯 (清)釋一松講 (清)釋廣和輯 清光緒二年(1876)刻本 一冊 存一卷(二)

330000－1704－0017459 017558 子部/宗教類/佛教之屬/經疏

大佛頂如來密因修證了義諸菩薩萬行首楞嚴經宗通十卷 (明)曾鳳儀撰 清刻本 九冊

330000－1704－0017461 017644 經部/四書類/總義之屬/傳說

四書合纂大成不分卷 (清)沈祖燕輯 清光緒十四年(1888)上海鴻寶齋石印本 八冊

330000－1704－0017464 017557 史部/紀傳類/正史之屬

二十四史 清同治至光緒五省官書局據汲古閣本等合刻光緒五年(1879)湖北書局彙印本 十五冊 存一種

330000－1704－0017466 017719 集部/別集類/宋別集

龍川文集三十卷首一卷 (宋)陳亮撰 **辨譌考異二卷附錄二卷** (清)胡鳳丹撰 清宣統三年(1911)掃葉山房石印本 八冊

330000－1704－0017470 017645 史部/傳記類/總傳之屬/技藝

疇人傳四十六卷 (清)阮元撰 **疇人傳續六卷** (清)羅士琳撰 清光緒八年(1882)海鹽張氏常惺齋刻本 八冊 缺十七卷(四至十三、十九至二十二,續四至六)

330000－1704－0017472 017724 子部/儒家類/儒學之屬/禮教/女範

繪圖女四書白話解四卷 (清)沈朱坤演義 清光緒三十四年(1908)上海圖書學社石印本 一冊

330000－1704－0017474 善000594 集部/總集類/選集之屬/通代

文選刪十二卷 (南朝梁)蕭統輯 (明)張溥刪 明末刻本 四冊

330000－1704－0017475 善000595 集部/總集類/選集之屬/通代

文致不分卷 (明)劉士鏻輯 (明)閔無頗 (明)閔昭明集評 明天啓元年(1621)閔元衢刻朱墨套印本 一冊

330000－1704－0017476 善000596 集部/

總集類/選集之屬/通代

文選纂註評林十二卷 (南朝梁)蕭統輯 (明)張鳳翼纂注 (明)王世懋删定 (明)陸弘祚輯訂 明萬曆刻本 十二册

330000－1704－0017478 017673 集部/曲類/寶卷之屬

韓湘寶卷二卷十八回 (清)煙波釣徒風月主人撰 清光緒二十年(1894)上海翼化堂刻本 二册

330000－1704－0017479 017674 子部/儒家類/儒學之屬/蒙學

三字經註解備要二卷 (清)賀興思注解 清光緒六年(1880)芸居樓刻本 二册

330000－1704－0017480 017722 集部/别集類/清别集

趙裘萼公賸藁四卷 (清)趙熊詔撰 清光緒二十三年(1897)浙江書局刻本 二册

330000－1704－0017484 017681 史部/地理類/方志之屬/郡縣志

[光緒]黄巖縣志四十卷首一卷附黄巖集三十二卷 (清)陳寶善 (清)孫憙修 (清)王棻纂 (清)陳鍾英 (清)鄭錫滜續修 (清)王詠霓續纂 清光緒三年(1877)刻本 一册 存三卷(黄巖縣志十七至十九)

330000－1704－0017486 017726 史部/雜史類/斷代之屬

舌擊編五卷 (清)沈儲撰 清咸豐九年(1859)刻本 一册 存一卷(一)

330000－1704－0017487 017682 史部/地理類/方志之屬/郡縣志

[嘉慶]瑞安縣志十卷首一卷 (清)張德標修 (清)王殿金 (清)黄徵義纂 清嘉慶十三年至十四年(1808－1809)刻本 一册 存一卷(九)

330000－1704－0017489 017552 類叢部/叢書類/彙編之屬

增訂漢魏叢書八十六種 (清)王謨編 清刻本 一册 存一種

330000－1704－0017490 017553 集部/别集類/清别集

秣陵集六卷金陵歷代紀年事表一卷圖考一卷 (清)陳文述撰 清光緒十年(1884)淮南書局刻本 三册

330000－1704－0017491 017554 集部/别集類/清别集

定盦文集三卷續集四卷續錄一卷古今體詩二卷雜詩一卷詞錄一卷詞選一卷 (清)龔自珍撰 清同治七年(1868)吴煦刻本 二册 存七卷(文集一至三、續集一至四)

330000－1704－0017495 017648 子部/醫家類/類編之屬

利濟十二種 (清)趙學敏輯 清同治十年(1871)錢塘張應昌吉心堂刻本 十册 存一種

330000－1704－0017496 017649 子部/醫家類/綜合之屬/通論

醫醇賸義四卷醫方論四卷 (清)費伯雄撰 清光緒三年(1877)刻本 六册

330000－1704－0017498 017650 子部/醫家類/方書之屬/歷代方書

易簡方一卷 (宋)王碩撰 清光緒二十四年(1898)孫詒讓刻本 一册

330000－1704－0017499 017728 子部/宗教類/佛教之屬/經疏

楞嚴經指掌疏十卷事義十卷懸示一卷 (清)釋通理撰 清光緒二十七年(1901)維揚藏經院刻本 八册 存八卷(楞嚴經指掌疏一至七、九)

330000－1704－0017501 017555 史部/傳記類/别傳之屬/年譜

孔孟編年 (清)狄子奇輯 清光緒十三年(1887)浙江書局刻本 二册 存二種

330000－1704－0017504 017729 子部/宗教類/佛教之屬/諸宗

異方便淨土傳燈歸元鏡三祖實錄二卷 (清)釋智達撰 清光緒二十三年(1897)廣陵藏經

禪院刻本　一册

330000－1704－0017505　善000454　子部/道家類

南華真經旁注五卷　(明)方虛名撰　明萬曆二十二年(1594)刻本　四册

330000－1704－0017506　017651　子部/醫家類/方書之屬/單方驗方

類證普濟本事方十卷坊刻王氏本備錄一卷　(宋)許叔微撰　(清)葉桂釋義　清嘉慶十九年(1814)葉鍾刻本　六册

330000－1704－0017507　017613　經部/小學類/文字之屬/說文

說文通訓定聲十八卷分部柬韻一卷說雅一卷古今韻準一卷　(清)朱駿聲撰　(清)朱鏡蓉參訂　**行述一卷**　(清)朱孔彰撰　清光緒十三年(1887)上海積山書局石印本　八册

330000－1704－0017508　善000597　集部/總集類/選集之屬/通代

文苑英華一千卷　(宋)李昉等輯　明隆慶元年(1567)胡維新、戚繼光刻隆慶至萬曆遞修本　四十九册　存四百八十八卷(一至二十、四十一至六十、八十一至一百三十、一百四十一至一百七十、二百至二百三十、二百九十一至三百、三百十一至三百二十、三百四十一至三百五十、三百九十一至四百、四百十一至四百二十、四百三十一至四百五十、五百三十一至五百七十、五百八十一至五百九十、六百十一至六百五十、七百二十一至七百三十、七百四十一至七百六十、七百七十一至八百十、八百二十一至八百六十、八百七十一至八百八十、八百九十四至九百十、九百二十一至九百三十、九百七十一至一千)

330000－1704－0017511　善000455　子部/道家類

莊子旁注五卷　(清)吳承漸輯注　清康熙三十八年(1699)思訓堂刻本　五册

330000－1704－0017512　017614　集部/詞類/類編之屬

蒙香室叢書　馮煦輯　清光緒刻本　二册　存一種

330000－1704－0017513　善000456　子部/道家類

莊子因六卷　(清)林雲銘撰　清康熙二十七年(1688)三山林雲銘刻本　四册

330000－1704－0017515　017615　類叢部/叢書類/彙編之屬

增訂漢魏叢書八十六種　(清)王謨編　清乾隆五十六年(1791)金谿王氏刻本　六册　存六種

330000－1704－0017517　善000599　集部/總集類/選集之屬/通代

詩紀一百五十六卷目錄三十六卷　(明)馮惟訥輯　明萬曆吳琯、謝陛、陸弼、俞策金陵刻本　三十三册　存一百八十二卷(目錄一至三十二、一至一百五十)

330000－1704－0017518　017538　類叢部/叢書類/彙編之屬

稗海四十六種續稗海二十四種　(明)商濬編　明萬曆商氏半埜堂刻本　二册　存二種

330000－1704－0017522　017365　史部/紀傳類/正史之屬

三國志考證八卷　(清)潘眉撰　清末鉛印本　二册　存二卷(一至二)

330000－1704－0017523　017730　類叢部/叢書類/自著之屬

郝氏遺書三十三種　(清)郝懿行撰　清嘉慶至光緒刻彙印本　六册　存四種

330000－1704－0017525　善000447　類叢部/叢書類/彙編之屬

武英殿聚珍版書一百三十八種　清乾隆武英殿木活字印本　清昭熙題記　二册　存一種

330000－1704－0017529　017652　集部/別集類/唐五代別集

韓集點勘四卷　(清)陳景雲撰　清同治九年(1870)江蘇書局刻本　一册

330000－1704－0017534　善000448　子部/

儒家類/儒學之屬/性理
性理大全書七十卷　(明)胡廣等撰　明萬曆二十五年(1597)吳勉學師古齋刻本　十八冊

330000－1704－0017536　善000601　集部/總集類/選集之屬/通代
古文奇賞二十二卷續古文奇賞三十四卷奇賞齋廣文苑英華二十六卷四續古文奇賞五十三卷明文奇賞四十卷　(明)陳仁錫辑　明萬曆四十六年(1618)至天啟刻本　十六冊　存五十三卷(四續古文奇賞一至五十三)

330000－1704－0017537　017556　集部/總集類/酬唱之屬
西泠酬倡集五卷二集五卷三集五卷　(清)秦緗業等撰　清光緒刻本　一冊　存五卷(西泠酬倡集一至五)

330000－1704－0017538　017653　集部/總集類/選集之屬/通代
文選六十卷　(南朝梁)蕭統輯　(唐)李善注　**文選考異十卷**　(清)胡克家撰　清光緒六年(1880)四明林植梅刻本　二冊

330000－1704－0017539　017734　子部/醫家類/婦科之屬/產科
達生編二卷　(清)亟齋居士撰　清刻本　一冊

330000－1704－0017540　017735　子部/醫家類/婦科之屬/產科
達生編二卷　(清)亟齋居士撰　清刻本　一冊

330000－1704－0017541　017654　史部/傳記類/總傳之屬/斷代
貳臣傳十二卷　(清)國史館撰　清都城琉璃廠半松居士刻本　五冊　存十卷(一至十)

330000－1704－0017542　017655　史部/傳記類/總傳之屬/斷代
貳臣傳十二卷逆臣傳四卷　(清)國史館撰　清都城琉璃廠半松居士刻本　二冊　存四卷(逆臣傳一至四)

330000－1704－0017544　善000602　集部/總集類/選集之屬/通代
近光集二十八卷　(清)汪士鋐輯　(清)徐修仁注　清康熙五十八年(1719)刻本　八冊

330000－1704－0017545　017657　史部/編年類/通代之屬
御批歷代通鑑輯覽一百二十卷　(清)傅恒等撰　清同治十年(1871)浙江書局刻朱墨套印本　二十七冊　存七十一卷(一至二十三、三十九至四十七、五十七至六十四、六十七至七十八、一百二至一百二十)

330000－1704－0017546　017690　類叢部/叢書類/彙編之屬
唐代叢書一百六十四種　(清)王文誥編　清嘉慶十一年(1806)弁山樓刻本　三冊　存四十二種

330000－1704－0017548　017658　史部/雜史類/斷代之屬
戰國策三十三卷　(漢)高誘注　**重刻剡川姚氏本戰國策札記三卷**　(清)黃丕烈撰　清同治八年(1869)湖北崇文書局刻本　五冊

330000－1704－0017551　017544　類叢部/叢書類/自著之屬
曾文正公全集十六種　(清)曾國藩撰　清同治至光緒傳忠書局刻本　二冊　存一種

330000－1704－0017555　017691　子部/醫家類/類編之屬
醫林指月十二種　(清)王琦編　清光緒二十二年(1896)上海圖書集成印書局鉛印本　八冊

330000－1704－0017556　017733　集部/別集類/清別集
卷施閣駢體文八卷續編一卷更生齋駢體文四卷　(清)洪亮吉撰　清光緒二十一年(1895)上海文瑞樓石印本　四冊

330000－1704－0017557　善000449　子部/道家類
老莊合刻　(明)孫鑛評點　明萬曆刻本　一冊　存一種

330000－1704－0017559　017736　子部/醫家類/婦科之屬/產科

達生編二卷　(清)亟齋居士撰　清光緒十九年(1893)刻本　一冊

330000－1704－0017563　017624　子部/醫家類/婦科之屬/產科

增廣大生要旨五卷　(清)唐千頃撰　(清)葉灝增訂　清光緒十年(1884)埽葉山房刻本　二冊

330000－1704－0017564　善000450　子部/道家類

三子合刊　(明)閔齊伋輯　明閔齊伋刻朱墨套印本　楊紹廉題記　二冊　存一種

330000－1704－0017565　善000603　集部/總集類/選集之屬/通代

古文辭類纂七十四卷　(清)姚鼐輯　清道光元年(1821)合河康氏家塾刻本　清項傅霖、姬傳梅評點　八冊

330000－1704－0017571　017625　子部/醫家類/類編之屬

潛齋醫書五種　(清)王士雄撰　清光緒十八年(1892)蘇州交通益記圖書館刻本　四冊　存一種

330000－1704－0017572　善000605　集部/總集類/選集之屬/斷代

兩漢文選不分卷　(明)衛勳輯　明萬曆三十七年(1609)衛拱宸刻本　六冊

330000－1704－0017573　善000451　子部/道家類

道德南華二經評註合刻十二卷　(明)歸有光輯　(明)文震孟訂　明天啓四年(1624)文震孟竺塢刻本　四冊

330000－1704－0017574　善000606　集部/總集類/選集之屬/斷代

欽定全唐文一千卷目錄三卷　(清)董誥等輯　清嘉慶十九年(1814)內府刻本　二百三十九冊　缺四卷

330000－1704－0017575　017740　子部/醫家類/醫經之屬/內經

醫經原旨六卷　(清)薛雪撰　清刻本　六冊

330000－1704－0017584　017741　子部/叢編

二十二子(二十二子彙函)　(清)浙江書局編　清光緒元年至三年(1875－1877)浙江書局刻本　三冊　存一種

330000－1704－0017590　善000452　子部/道家類

莊子內篇註七卷　(明)釋德清撰　明天啟元年(1621)姑蘇毘耶室管覺僊刻本　四冊

330000－1704－0017591　善000453　子部/叢編

六子書　(明)顧春編　明嘉靖十二年(1533)吳郡顧氏世德堂刻本　十冊　存一種

330000－1704－0017594　善000607　集部/總集類/選集之屬/斷代

全唐詩九百卷目錄十二卷　(清)曹寅等輯　清康熙四十四年至四十五年(1705－1706)揚州詩局刻本　一百十八冊　缺九卷(第五函第五冊:樂府四至七、第七函第一冊:白居易一至五)

330000－1704－0017595　017548　史部/傳記類/總傳之屬/郡邑

黃巖人物傳記不分卷　(清)王樹棋　(清)王棻撰　清光緒王棻抄本　一冊

330000－1704－0017596　017549　經部/易類/傳說之屬

周易擇言六卷　(清)鮑作雨撰　清同治三年(1864)瑞安項傅梅甌城刻本　六冊

330000－1704－0017598　善000462　子部/工藝類/文房四寶之屬/墨

方氏墨譜六卷　(明)方于魯撰　明萬曆方氏美蔭堂刻本　六冊

330000－1704－0017600　017745　經部/叢編

御纂七經二百八十卷首十一卷序三卷　(清)李光地等撰　清刻本　二十八冊　存一種

330000－1704－0017601　017769　史部/目録類/專録之屬
皇清經解横直縮編目十六卷　(清)淩忠照編　(清)張紹銘分輯　清光緒十八年(1892)上海古香閣石印本　二冊

330000－1704－0017602　善000610　集部/總集類/選集之屬/斷代
唐文粹一百卷　(宋)姚鉉輯　明刻本　清方成珪跋並校　一冊　存目録

330000－1704－0017603　017629　子部/藝術類/書畫之屬/畫譜
芥子園畫傳初集六卷二集九卷三集六卷　(清)王槩　(清)王蓍　(清)王臬輯　清末石印本　一冊　存二卷(初集五至六)

330000－1704－0017605　017746　子部/農家農學類/蠶桑之屬
蠶桑萃編十五卷首一卷　(清)衛杰撰　清光緒二十六年(1900)刻本　七冊　缺二卷(四至五)

330000－1704－0017606　017368　子部/醫家類/類編之屬
陳修園醫書二十一種　(清)陳念祖等撰　清光緒十八年(1892)上海圖書集成印書局鉛印本　一冊　存一種

330000－1704－0017607　017769－1　經部/叢編
皇清經解一千四百二十一卷　(清)阮元輯　清光緒十三年(1887)上海書局石印本　張棡校　四十二冊

330000－1704－0017608　017629－1　子部/藝術類/書畫之屬/畫譜
芥子園畫傳初集六卷二集九卷三集六卷　(清)王槩　(清)王蓍　(清)王臬輯　清末石印本　三冊　存四卷(二集九、三集四至六)

330000－1704－0017609　017770　經部/小學類/叢編
姚氏叢刻(姚刻三韻)三種三十卷　(清)姚覲元輯　清光緒二年(1876)歸安姚覲元川東官舍刻本　十四冊　存一種

330000－1704－0017610　善000463　子部/法家類
管韓合刻四十四卷　(明)趙用賢編　明萬曆十年(1582)趙用賢刻本　十二冊　存一種

330000－1704－0017612　017369　子部/術數類/陰陽五行之屬
諏吉便覽寶鏡圖一卷　清宣統元年(1909)掃葉山房石印本　一冊

330000－1704－0017613　017370　集部/總集類/選集之屬/通代
古唐詩合解古詩四卷唐詩十二卷　(清)王堯衢注　清光緒二十年(1894)澹雅書局刻本　六冊

330000－1704－0017617　善000608　集部/總集類/選集之屬/斷代
唐詩百名家全集　(清)席啓寓輯　清康熙四十一年(1702)洞庭席氏琴川書屋刻本　六十四冊　存六十九種

330000－1704－0017618　017629－3　子部/藝術類/書畫之屬/畫譜
芥子園四集續畫傳六卷　(清)巢勳輯　清光緒石印本　二冊　存四卷(一至四)

330000－1704－0017620　017703　史部/目録類/總録之屬/私撰
申報館書目不分卷　(清)尊聞閣主輯　清光緒三年(1877)鉛印本　一冊

330000－1704－0017623　017707　集部/總集類/選集之屬/通代
駢體文鈔三十一卷　(清)李兆洛輯　清道光元年(1821)合河康氏家塾刻同治六年(1867)婁江徐氏補刻本　二冊　存十卷(一至十)

330000－1704－0017624　017629－4　子部/藝術類/書畫之屬/畫譜
芥子園畫傳六卷　(清)王槩　(清)王蓍　(清)王臬輯　清光緒石印本　一冊　存一卷(五)

330000－1704－0017625　017749　子部/宗教類/佛教之屬/經疏

大佛頂首楞嚴經疏解蒙鈔六十卷首一卷　(清)錢謙益撰　清刻本　十九册　存五十八卷(三至六十)

330000－1704－0017627　017705　史部/金石類/總志之屬

金石索十二卷首一卷　(清)馮雲鵬　(清)馮雲鵷輯　清光緒三十二年(1906)上海文新局石印本　七册　存五卷(首、金索一至三、石索一)

330000－1704－0017628　017373　新學/雜著/叢編

小學理科新書一卷　(清)王季點譯　**十九世紀大事表一卷**　(清)董瑞椿譯　**掌故演義一卷七回**　清光緒刻本　一册

330000－1704－0017629　017632　子部/醫家類/醫經之屬/内經

靈樞經九卷　(清)張志聰撰　清刻本　十册

330000－1704－0017630　017738　新學/學校

英字指南六卷　(清)楊勳輯譯　清光緒五年(1879)求志草堂鉛印本　六册

330000－1704－0017632　善000465　子部/法家類

韓子二十卷附録一卷　明天啓五年(1625)趙如源刻本　八册

330000－1704－0017634　017711　經部/小學類/文字之屬/字書/訓蒙

文字發凡四卷　(清)龍志澤編輯　清光緒三十一年(1905)上海廣智書局鉛印本　一册　存二卷(一至二)

330000－1704－0017635　017712　集部/總集類/選集之屬/通代

古文舉例五卷論文要言一卷　(明)歸有光編　清光緒三十一年(1905)杭州史學堂蘇州刻本　一册　存一卷(一)

330000－1704－0017637　善000466　子部/法家類

韓非子二十卷識誤三卷　(清)顧廣圻撰　清嘉慶二十三年(1818)全椒吴鼒刻本　四册

330000－1704－0017639　017713　類叢部/叢書類/自著之屬

西堂全集　(清)尤侗撰　清刻本　一册　存一種

330000－1704－0017642　017750　史部/政書類/邦計之屬/鹽法

淮北票鹽志略十五卷　(清)童濂編　清同治七年(1868)刻本　六册

330000－1704－0017643　017890　經部/小學類/文字之屬/字書/字典

康熙字典十二集三十六卷總目一卷檢字一卷辨似一卷等韻一卷補遺一卷備考一卷　(清)張玉書等纂修　清末石印本　一册　存九卷(寅集上中下、卯集上中下、辰集上中下)

330000－1704－0017645　017374　子部/儒家類/儒學之屬/性理

慈溪黄氏日抄分類九十七卷古今紀要十九卷　(宋)黄震撰　清乾隆三十二年(1767)新安汪佩鍔珠樹堂刻本(卷八十一、八十九、九十二原缺)　三十二册

330000－1704－0017646　017891　經部/叢編

重刊宋本十三經注疏四百十六卷附十三經注疏校勘記四百十六卷　(清)阮元撰　(清)盧宣旬摘錄　**校勘記識語四卷**　(清)汪文臺撰　清光緒袖海山房石印本　二十一册　存十二種

330000－1704－0017647　017708　經部/叢編

胡白水所著書十一卷　(清)胡泉撰　清咸豐八年(1858)刻本　一册　存一種

330000－1704－0017648　善000611　集部/總集類/彙編之屬

詩詞雜俎十二種　(明)毛晉輯　明天啓至崇禎海虞毛氏汲古閣刻清古松堂印本　一册

存一種

330000－1704－0017649　017751　史部/政書類/律令之屬/律例
修正現行刑律一卷　(清)奕劻等撰　清宣統二年(1910)鉛印本　一冊

330000－1704－0017650　善000461、善000467　子部/叢編
二十子全書　(明)吳勉學編　明吳勉學刻本　九冊　存二種

330000－1704－0017651　017821　子部/兵家類/兵法之屬
紀效新書十八卷首一卷　(明)戚繼光撰　清光緒二十一年(1895)上海醉經樓石印本　四冊

330000－1704－0017652　善000612　集部/總集類/選集之屬/斷代
唐詩類苑二百卷　(明)張之象輯　明萬曆二十九年(1601)曹仁孫刻本(卷九十五至九十六、一百六十三至一百六十四原缺)　一冊　存三卷(七十二至七十四)

330000－1704－0017653　017752　新學/報章
國粹學報不分卷　(清)國學保存會編　清末鉛印本　二冊　存二冊

330000－1704－0017654　善000458　子部/法家類
管子二十四卷　(唐)房玄齡注　清光緒二年(1876)浙江書局刻二十二子本　清孫詒讓批　六冊　存一種

330000－1704－0017655　017375　類叢部/叢書類/彙編之屬
述古叢鈔二十八種　(清)劉晚榮編　清同治至光緒古岡劉氏藏修書屋刻本　二冊　存一種

330000－1704－0017656　善000613　集部/總集類/選集之屬/斷代
唐詩解五十卷　(明)唐汝詢輯　明萬曆四十三年(1615)楊鶴刻本　耕西題簽　十二冊

330000－1704－0017657　善000458　子部/法家類
管子校正二十四卷　(清)戴望撰　清同治十一年(1872)劉履芬刻本　六冊　缺七卷(十三至十九)

330000－1704－0017658　017753　子部/叢編
十子全書　(清)王子興編　清嘉慶九年(1804)姑蘇王氏聚文堂刻本　十冊　存一種

330000－1704－0017659　017892　史部/雜史類/斷代之屬
二申野錄八卷　(清)孫之騄撰　清末吟香館刻本　八冊

330000－1704－0017660　017754　集部/別集類/清別集
鬱華閣遺集四卷　(清)盛昱撰　清光緒二十八年(1902)楊鍾羲武昌刻留垞叢刻朱印本　一冊

330000－1704－0017661　017376　新學/格致總
便蒙叢書初二集十七種　張一鵬輯　清光緒刻本　五冊　存十二種

330000－1704－0017666　017755　集部/別集類/清別集
匪莪堂文集五卷　(清)劉巖撰　清光緒二年(1876)刻本　一冊

330000－1704－0017667　017756　集部/別集類/清別集
巖霞山房詩存三卷附錄一卷文存一卷　(清)潘壎撰　**知足知不足軒詩存二卷文存一卷**　(清)潘銘憲撰　**掬月軒詩存一卷文存一卷**　(清)潘福煇撰　清光緒元年(1875)刻七年(1881)增刻本　一冊　存五卷(巖霞山房詩存一至三、附錄、文存)

330000－1704－0017668　017895　集部/別集類/清別集
定盦文集三卷續集四卷補四卷補編四卷　(清)龔自珍撰　清宣統二年(1910)上海掃葉

山房石印本　六冊

330000 - 1704 - 0017669　017771　經部/小學類/文字之屬/字書/訓蒙
文字發凡四卷　(清)龍志澤編輯　清光緒三十一年(1905)上海廣智書局鉛印本　二冊

330000 - 1704 - 0017670　善 000614　集部/總集類/選集之屬/斷代
唐詩貫珠六十卷　(清)胡以梅輯並箋釋　清康熙五十四年(1715)蘇州胡氏素心堂刻本　十四冊

330000 - 1704 - 0017671　017757　集部/總集類/郡邑之屬
西泠五布衣遺箸　(清)丁丙輯　清同治至光緒錢塘丁氏當歸草堂刻本　一冊　存一種

330000 - 1704 - 0017672　善 000460　子部/法家類
管子二十四卷　(唐)房玄齡注　明刻本　清陳奐、清譚獻批校　六冊

330000 - 1704 - 0017674　017772　集部/別集類/清別集
板橋集五種　(清)鄭燮撰　清乾隆清暉書屋刻本　四冊

330000 - 1704 - 0017678　017715　子部/醫家類/類編之屬
黃氏醫書八種　(清)黃元御撰　清光緒二十年(1894)上海圖書集成印書局鉛印本　一冊　存一種

330000 - 1704 - 0017680　017897　集部/總集類/郡邑之屬
四靈詩集　(清)鄭一龍輯　清光緒四年(1878)息末園刻本　一冊　存一種

330000 - 1704 - 0017682　017716　經部/周禮類/傳說之屬
周禮六卷　(漢)鄭玄注　(唐)陸德明音義　清光緒二十年(1894)金陵書局刻本　六冊

330000 - 1704 - 0017683　017717　經部/儀禮類/傳說之屬
儀禮十七卷　(漢)鄭玄注　**附校錄一卷續校一卷**　(清)黃丕烈撰　清同治七年(1868)湖北崇文書局刻本　四冊

330000 - 1704 - 0017686　017718　類叢部/叢書類/自著之屬
清白士集六種附一種　(清)梁玉繩撰　清嘉慶刻本　一冊　存二種

330000 - 1704 - 0017687　017899　新學/政治法律
浙江法政學堂講義錄不分卷　賀學海編　清光緒三十四年至宣統元年(1908 - 1909)浙江法政學堂鉛印本　八冊

330000 - 1704 - 0017689　017773　集部/別集類/清別集
板橋集五種　(清)鄭燮撰　清乾隆清暉書屋刻本　四冊　存四種

330000 - 1704 - 0017691　017893　經部/叢編
古經解彙函十六種附小學彙函十四種續附十種　(清)鍾謙鈞等輯　清光緒十四年(1888)上海蜚英館石印本　十一冊　存二十四種

330000 - 1704 - 0017693　善 000615　集部/總集類/選集之屬/斷代
御定全唐詩錄一百卷詩人年表一卷　(清)徐倬等輯　清康熙四十五年(1706)揚州詩局刻本　二十三冊　缺五卷(十九至二十二、詩人年表)

330000 - 1704 - 0017694　善 000468　子部/兵家類/兵法之屬
治平勝算全書二十卷　(清)年羹堯編　清抄本　楊紹廉題記　二十冊

330000 - 1704 - 0017696　善 000616　集部/總集類/選集之屬/斷代
唐詩解五十卷　(明)唐汝詢輯　清順治十六年(1659)趙孟龍萬笈堂刻本　十八冊

330000 - 1704 - 0017698　017969　史部/金石類/總志之屬
金石萃編一百六十卷　(清)王昶撰　清刻本

四十九册　存一百十九卷（四十一至一百二十五、一百二十六至一百三十一、一百三十三至一百六十）

330000－1704－0017700　017758　集部/别集類/清别集
半巖廬遺詩二卷　（清）邵懿辰撰　清同治十年（1871）潘祖蔭刻本　一册

330000－1704－0017701　017774　集部/别集類/清别集
板橋集五種　（清）鄭燮撰　清刻本　一册　存一種

330000－1704－0017702　017902　子部/儒家類/儒學之屬/禮教
五種遺規摘鈔　（清）陳弘謀輯並撰　（清）劉肇紳摘抄　清末石印本　二册　存一種

330000－1704－0017705　017759　集部/總集類/選集之屬/通代
駢體文鈔三十一卷　（清）李兆洛輯　清道光元年（1821）合河康氏家塾刻同治六年（1867）婁江徐氏補刻本　三册　存十卷（一至十）

330000－1704－0017706　017379　子部/工藝類/文房四寶之屬/叢録
文房肆攷圖說八卷　（清）唐秉鈞撰　（清）康愷繪　清乾隆嘉定唐秉鈞竹暎山莊刻本　四册

330000－1704－0017707　善000617　集部/總集類/選集之屬/斷代
唐雅同聲五十卷目録二卷　（明）毛懋宗輯　明天啟五年（1625）依仁山館刻清順治十八年（1661）容安堂重修本　十册

330000－1704－0017710　017842　集部/别集類/清别集
林蕙堂全集二十六卷　（清）吳綺撰　清乾隆三十九年至四十一年（1774－1776）衷白堂刻本　六册　存十二卷（林蕙堂文集一至十二）

330000－1704－0017711　017776　集部/詞類/總集之屬
詞選二卷　（清）張惠言輯　**附録一卷**　（清）鄭善長輯　**續詞選二卷**　（清）董毅輯　清同治六年（1867）刻本　一册

330000－1704－0017714　017760　集部/戲劇類/總集之屬/傳奇
笠翁傳奇十種　（清）李漁撰　清刻本　一册　存一種

330000－1704－0017718　017761　類叢部/叢書類/自著之屬
隨園三十種　（清）袁枚撰　清乾隆至嘉慶刻本　二册　存二種

330000－1704－0017720　善000476　子部/醫家類/類編之屬
薛氏醫按十六種　（明）薛己編　明崇禎元年（1628）朱明刻本　六册　存一種

330000－1704－0017722　017380　類叢部/叢書類/彙編之屬
平津館叢書六集三十五種　（清）孫星衍編　清嘉慶蘭陵孫氏刻本　一册　存四種

330000－1704－0017723　善000619　集部/總集類/選集之屬/斷代
王荆公唐百家詩選二十卷　（宋）王安石輯　清康熙四十三年（1704）宋犖丘迥刻本　四册

330000－1704－0017725　017843　集部/别集類/清别集
小倉山房尺牘六卷　（清）袁枚撰　清刻本　一册

330000－1704－0017726　017906　史部/金石類/總志之屬
金石錄三十卷　（宋）趙明誠撰　清乾隆二十七年（1762）德州盧見曾雅雨堂刻本　三册　存二十四卷（七至三十）

330000－1704－0017727　善000477　子部/醫家類/婦科之屬/通論
濟陰綱目五卷　（明）武之望撰　明天啟元年（1621）王槓刻本　五册

330000－1704－0017728　善000620　集部/總集類/彙編之屬

唐四家詩八卷　(清)汪立名編　清康熙三十四年(1695)天都汪立名刻本　四冊

330000－1704－0017729　017763　子部/叢編
十子全書　(清)王子興編　清嘉慶九年(1804)姑蘇王氏聚文堂刻本　四冊　存一種

330000－1704－0017730　018129　類叢部/叢書類/彙編之屬
申報館叢書正集五十七種附錄三種　(清)尊聞閣主編　**續集一百四十二種**　(清)蔡爾康編　清同治至光緒上海申報館鉛印本　一冊　存一種

330000－1704－0017731　017777　史部/地理類/外紀之屬
日本國志四十卷首一卷　(清)黄遵憲輯　清光緒二十四年(1898)浙江書局刻本　六冊　存二十二卷(首,一至二、十二至十四、二十四至三十六、三十八至四十)

330000－1704－0017732　017764　子部/叢編
二十二子(二十二子彙函)　(清)浙江書局編　清光緒元年至三年(1875－1877)浙江書局刻本　七冊　存二種

330000－1704－0017734　017765　子部/雜著類/雜考之屬
校訂困學紀聞集證二十卷　(宋)王應麟撰　(清)閻若璩等箋　(清)萬希槐集證　清嘉慶二十二年(1817)刻本　九冊　缺四卷(一至四)

330000－1704－0017735　善000478、善000479、善000480、善000481　子部/醫家類/類編之屬
薛氏醫按十六種　(明)薛己編　明崇禎元年(1628)朱明刻本　九冊　存七種

330000－1704－0017736　017381　經部/禮記類/傳說之屬
禮記集解六十一卷尚書顧命解一卷　(清)孫希旦撰　清咸豐十年至同治七年(1860－1868)瑞安孫氏盤谷草堂刻本　十六冊

330000－1704－0017737　017766　子部/叢編
釋氏十三經註疏　清同治至光緒三十四年(1908)金陵刻經處刻本　五冊　存一種

330000－1704－0017738　017970　集部/總集類/郡邑之屬
嶺南三大家詩選二十四卷　(清)王隼編　清同治七年(1868)南海陳氏刻本　五冊

330000－1704－0017740　017767　類叢部/叢書類/自著之屬
真西山全集(西山真文忠公全集、真文忠公全集)七種　(宋)真德秀撰　清康熙真氏家祠刻乾隆至同治三年(1864)遞修本　四冊　存一種

330000－1704－0017741　017978　類叢部/叢書類/彙編之屬
武英殿聚珍版書一百三十八種　清刻本　二冊　存一種

330000－1704－0017743　017768　經部/叢編
御纂七經二百八十卷首十一卷序三卷　(清)李光地等撰　清同治刻本　十二冊　存一種

330000－1704－0017744　017908　類叢部/叢書類/彙編之屬
雲自在龕叢書五集十九種　繆荃孫輯　清光緒江陰繆氏刻本　三冊　存一種

330000－1704－0017746　017981　集部/總集類/選集之屬/斷代
國朝駢體正宗十二卷　(清)曾燠輯　清同治十三年(1874)聚賢堂刻本　二冊　存四卷(九至十二)

330000－1704－0017747　017909　史部/地理類/遊記之屬/紀行
斐洲遊記四卷　(英國)施登萊撰　(清)虛白齋主口譯　邹弢筆錄　清光緒二十六年(1900)上海中西書室鉛印本　一冊　存二卷(一至二)

330000－1704－0017748　017357　史部/傳記類/別傳之屬/事狀
曾相六十壽文二卷附壽詩一卷　（清）李鴻章等撰　清光緒二年(1876)上海醉六堂刻本　二册

330000－1704－0017751　017357－1　子部/雜著類/雜説之屬
曾文正公雜著四卷楹聯一卷　（清）曾國藩撰（清）李瀚章輯　清光緒四年(1878)上海醉六堂刻本　四册

330000－1704－0017753　018006　集部/別集類/唐五代別集
駱賓王文集十卷　（唐）駱賓王撰　**考異一卷**（清）顧廣圻撰　清宣統三年(1911)上海文瑞樓石印本　二册

330000－1704－0017754　018008　集部/別集類/唐五代別集
韋蘇州集十卷　（唐）韋應物撰　清宣統三年(1911)上海自強書局石印本　六册

330000－1704－0017755　018009　集部/別集類/唐五代別集
河東先生文集六卷　（唐）柳宗元撰　清宣統二年(1910)上海會文堂書局石印本　六册

330000－1704－0017758　017983　集部/別集類/清別集
二希堂文集十一卷首一卷（清）蔡世遠撰　清道光十七年(1837)文林堂本　一册　存一卷(首)

330000－1704－0017759　017779　類叢部/類書類/專類之屬
佩文韻府一百六卷　（清）張玉書（清）蔡升元等輯　**韻府拾遺一百六卷**　（清）汪灝（清）何焯等輯　清光緒石印本　二十一册　存十三卷(佩文韻府十三、十六、二十上、二十三、六十三上、六十六下、六十七、九十九上、一百一,韻府拾遺一至四)

330000－1704－0017762　017984　集部/別集類/清別集
臞甫遺文一卷　（清）曾璜撰　清刻本　一册

330000－1704－0017763　017357－2　史部/詔令奏議類/奏議之屬
曾文正公奏議十卷首一卷末一卷補編四卷（清）曾國藩撰　（清）薛福成編　清同治十三年(1874)上海吳氏醉六堂刻本　二册　存二卷(奏議二至三)

330000－1704－0017764　017985　類叢部/叢書類/彙編之屬
唐人説薈一百六十四種　（清）陳世熙編　清宣統三年(1911)上海掃葉山房石印本　十六册　存一百五十二種

330000－1704－0017769　017780　類叢部/類書類/通類之屬
太平御覽一千卷目錄十五卷　（宋）李昉等輯　清南海李氏刻本　九十二册　存六百十七卷(目錄一至十五,一至二十六、三十六至五十、五十九至七十六、八十四至九十、一百一至一百七、一百三十七至一百四十、一百五十一至一百五十二、一百六十二至一百七十、一百八十一至二百二十九、二百四十至二百九十、三百一至三百三十四、三百六十至三百八十二、四百至四百三十、四百四十一至五百五十一、五百六十一至六百三十、六百四十一至六百七十五、六百八十三至七百六十、七百七十一至七百七十三、七百八十一至八百十九、八百二十八至八百三十四、八百六十四至九百十七、九百五十一至九百七十一、九百九十三至一千)

330000－1704－0017771　017357－3　集部/別集類/清別集
曾文正公詩鈔四卷首一卷　（清）曾國藩撰　清光緒二年(1876)上海醉六堂刻本　一册　存三卷(首、一至二)

330000－1704－0017774　017357－4　集部/別集類/清別集
曾文正公文鈔四卷附刻一卷　（清）曾國藩撰　清同治十一年(1872)蘇郡刻本　三册

330000－1704－0017776　017986　子部/宗

教類/佛教之屬/經疏
佛說阿彌陀經義疏一卷 (宋)釋元照撰 清光緒二十四年(1898)金陵刻經處刻本 一冊

330000－1704－0017777 018015 集部/別集類/清別集
逐學齋文鈔十二卷 (清)孫衣言撰 清同治十二年(1873)刻本 四冊

330000－1704－0017779 017851 史部/詔令奏議類/奏議之屬
唐陸宣公奏議讀本四卷首一卷 (唐)陸贄撰 (清)汪銘謙輯 (清)馬傳庚評點 清道光九年(1829)貽安堂刻本 四冊

330000－1704－0017780 018016 經部/小學類/文字之屬/字書/訓蒙
澄衷蒙學堂字課圖說四卷檢字一卷類字一卷 (清)劉樹屏撰 (清)吳子城繪圖 清光緒二十七年(1901)澄衷蒙學堂印書處石印本 八冊

330000－1704－0017781 017910 史部/紀傳類/正史之屬
校刊史記集解索隱正義札記五卷 (清)張文虎撰 清同治十一年(1872)金陵書局刻本 二冊

330000－1704－0017782 018017 史部/紀傳類/正史之屬
唐書釋音二卷 (宋)董衝撰 清同治十二年(1873)浙江書局刻本 一冊

330000－1704－0017783 018018 史部/政書類/律令之屬/法驗
洗冤錄詳義四卷首一卷 (清)許槤輯 **洗冤錄摭遺二卷** (清)葛元煦輯 清光緒二年(1876)泉唐葛氏嘯園刻本 五冊

330000－1704－0017784 017852 史部/詔令奏議類/奏議之屬
同治中興京外奏議約編八卷 (清)陳弢輯 清光緒元年(1875)刻本 六冊

330000－1704－0017786 017781 類叢部/類書類/專類之屬
通天秘書要覽五卷附江湖切口要訣一卷續集六卷附生產合纂一卷 (清)王纕堂編 清末石印本 一冊 缺五卷(要覽一至二、四,續編一至二)

330000－1704－0017787 017853 集部/別集類/清別集
有正味齋駢體文二十四卷 (清)吳錫麒撰 (清)王廣業箋 清咸豐九年(1859)青箱塾刻本 六冊

330000－1704－0017788 018049 經部/春秋左傳類/傳說之屬
評點春秋綱目左傳句解彙雋六卷 (清)韓菼重訂 清刻本 三冊

330000－1704－0017789 善000469 類叢部/叢書類/彙編之屬
祕冊彙函十八種 (明)沈士龍 (明)胡震亨編 明萬曆刻本 清孫詒讓批校 二冊 存一種

330000－1704－0017790 善000470 子部/醫家類/類編之屬
古今醫統正脉全書四十四種 (明)王肯堂編 明萬曆二十九年(1601)新安吳勉學刻清重修本 八冊 存一種

330000－1704－0017791 善000474 子部/醫家類/類編之屬
薛氏醫按十六種 (明)薛己編 明崇禎元年(1628)朱明刻本 一冊 存一種

330000－1704－0017792 善000475 子部/醫家類/婦科之屬/通論
濟陰綱目五卷 (明)武之望撰 明天啟元年(1621)王櫝刻本 十冊

330000－1704－0017793 善000473 子部/醫家類/針灸之屬/通論
鍼灸大成十卷 (明)楊繼洲撰 明萬曆二十九年(1601)趙文炳刻本 十冊

330000－1704－0017794 善000493 子部/藝術類/書畫之屬/書法書品
墨池編六卷 (宋)朱長文撰 明刻本 四冊

缺二卷(一、四)

330000－1704－0017796　善000483　子部/天文曆算類/算書之屬
同文算指通編八卷　(意大利)利瑪竇授　(明)李之藻演　明王嗣虞、汪汝淳、葉一元刻本　二册

330000－1704－0017797　善000484　類叢部/叢書類/彙編之屬
津逮祕書十五集一百四十種　(明)毛晉編　明崇禎虞山毛氏汲古閣刻本　二册　存一種

330000－1704－0017799　017987　子部/宗教類/佛教之屬/經疏
般若波羅蜜多心經註解一卷　(唐)釋玄奘譯　(明)釋宗泐　(明)釋如玘注　**金剛般若波羅蜜經註解一卷**　(後秦)釋鳩摩羅什譯　(明)釋宗泐　(明)釋如玘注　清光緒二年(1876)長沙刻經處刻本　一册

330000－1704－0017800　017988　子部/宗教類/佛教之屬/經
無量壽如來會二卷　(唐)釋菩提流志譯　清光緒二十二年(1896)金陵刻經處刻本　一册

330000－1704－0017801　017989　子部/宗教類/佛教之屬/經
諸法本無經三卷　(隋)釋闍那崛多譯　清宣統二年(1910)常州天寧寺刻本　一册

330000－1704－0017803　017991　子部/術數類/相宅相墓之屬
地理末學二卷首一卷　(清)紀大奎撰　清刻本　四册

330000－1704－0017806　017976　子部/術數類/相宅相墓之屬
地理知本金鎖秘二卷　(清)鄧恭撰　(清)鄧學晉　(清)學升編次　清嘉慶刻本　三册

330000－1704－0017807　017992　子部/宗教類/佛教之屬/諸宗
禪門日誦一卷　清光緒二十一年(1895)溫州府劉慶潤禮房經坊刻本　一册

330000－1704－0017809　017782　史部/傳記類/總傳之屬/文苑
湖海詩傳小傳六卷　(清)王昶撰　清光緒四年(1878)上海淞隱閣鉛印本　一册

330000－1704－0017810　018021　經部/叢編
經苑二十五種　(清)錢儀吉輯　清道光至咸豐大梁書院刻同治七年(1868)王儒行等印本　十册　存五種

330000－1704－0017811　018010　經部/春秋左傳類/傳說之屬
春秋左傳三十卷首一卷　(晉)杜預註　(宋)林堯叟補註　(唐)陸德明音義　(清)馮李驊集解　清同治七年(1868)崇文書局刻本　五册　缺十六卷(十二至十三、十七至三十)

330000－1704－0017812　017783　史部/傳記類/別傳之屬/事狀
孔夫子一卷　(清)謝承謨輯　清光緒刻本　一册

330000－1704－0017813　善000486　子部/天文曆算類/算書之屬
周髀算經二卷　題(漢)趙君卿注　(北周)甄鸞重述　(唐)李淳風等注釋　**音義一卷**　(宋)李籍撰　清抄本　二册

330000－1704－0017815　善000482　子部/醫家類/養生之屬/導引、氣功
易筋經二卷　題(北魏)達摩祖師撰　(唐)釋般剌密諦譯義　清抄本　一册

330000－1704－0017823　018050　集部/總集類/彙編之屬
詩詞雜俎十二種　(明)毛晉輯　明天啓至崇禎海虞毛氏汲古閣刻清古松堂印本　一册　存一種

330000－1704－0017829　善000488　子部/藝術類/書畫之屬
題畫小品一卷　(清)曾衍東撰　清嘉慶刻本　一册

330000－1704－0017830　017854　類叢部/

叢書類/彙編之屬
花雨樓叢鈔十一種續鈔十一種附一種 (清)張壽榮編 清光緒八年至十四年(1882－1888)蛟川張氏花雨樓刻本 五冊 存二種

330000－1704－0017832 018051 集部/總集類/選集之屬/通代
古文辭類纂七十四卷 (清)姚鼐輯 清同治八年(1869)江蘇書局刻本 張棡題記並過錄清梅曾亮圈點、清孫詒讓批 十二冊

330000－1704－0017833 017994 子部/宗教類/道教之屬/戒律
太上感應篇註講證案彙編四卷 清光緒二十二年(1896)廣陵藏經禪院刻本 四冊

330000－1704－0017835 善000490 子部/藝術類/書畫之屬/畫譜
天下名山圖不分卷 清刻本 子龢跋 二冊

330000－1704－0017836 017996 子部/醫家類/兒科之屬/痘疹
鄭氏瘄畧一卷附録一卷 (清)鄭啟壽撰 清同治九年(1870)汲綆齋刻本 一冊

330000－1704－0017837 018019 經部/叢編
十一經音訓 (清)楊國楨等編 清光緒三年(1877)湖北崇文書局刻本 八冊 存六種

330000－1704－0017840 017997 類叢部/類書類/通類之屬
古今圖書集成一萬卷目錄三十二卷 (清)蔣廷錫 (清)陳夢雷等輯 清光緒鉛印本 十冊 存五十九卷(藝術典五百六十六至六百二十四)

330000－1704－0017841 017912 子部/藝術類/音樂之屬/樂譜
鳴盛閣琴譜不分卷 (清)林薰訂 清光緒二十五年(1899)刻本 二冊

330000－1704－0017842 017846 類叢部/叢書類/自著之屬
隨園三十八種 (清)袁枚撰 清光緒十八年(1892)勤裕堂鉛印本 三冊 存一種

330000－1704－0017844 017998 集部/詞類/類編之屬
蒙香室叢書 馮煦輯 清光緒刻本 二冊 存二種

330000－1704－0017845 018023 子部/宗教類/佛教之屬/經
地藏菩薩本願經三卷 (唐)釋實叉難陀譯 清光緒三十年(1904)金陵刻經處刻本 一冊

330000－1704－0017846 017847 集部/詞類/別集之屬
東坡樂府三卷 (宋)蘇軾撰 朱祖謀編 清宣統石印本 二冊

330000－1704－0017854 017927 集部/別集類/清別集
食舊德齋雜著不分卷 (清)劉嶽雲撰 清光緒八年(1882)劉嶽雲刻本 一冊

330000－1704－0017857 018054 類叢部/叢書類/彙編之屬
正覺樓叢刻(正覺樓叢書)二十九種 (清)崇文書局編 清光緒崇文書局刻本 二冊 存一種

330000－1704－0017861 017855 類叢部/類書類/專類之屬
皇朝駢文類苑十四卷首一卷 (清)姚燮選 清光緒七年(1881)鎮海張壽榮刻本 五冊 存四卷(一、三上、八至九)

330000－1704－0017862 018055 史部/傳記類/別傳之屬/年譜
曾文正公[國藩]年譜十二卷 (清)黎庶昌撰 清末至民國石印本 一冊 存七卷(六至十二)

330000－1704－0017863 017793 史部/傳記類/總傳之屬/郡邑
東昆仰止錄八卷 (明)鄭思恭編次 清末抄本 一冊 存四卷(五至八)

330000－1704－0017866 018000 類叢部/叢書類/自著之屬
曾文正公全集十六種 (清)曾國藩撰 清同

治至光緒傳忠書局刻本　一册　存一種

330000－1704－0017867　017857　史部/地理類/遊記之屬/紀勝
滬游雜記四卷　（清）葛元煦編　清光緒二年(1876)刻本　二册　存二卷(二、四)

330000－1704－0017868　017999　集部/總集類/選集之屬/通代
續古文辭類纂三十四卷　王先謙輯　清光緒十年(1884)行素草堂刻本　六册

330000－1704－0017870　018057　史部/史評類/史論之屬
讀通鑑論十六卷附宋論十五卷　（清）王夫之撰　清光緒三十年(1904)上海商務印書館鉛印本　八册　存二十七卷(一至二、五至十二、十五至十六,宋論一至十五)

330000－1704－0017871　018001　集部/別集類/宋別集
蘇文忠公詩集五十卷目錄二卷　（宋）蘇軾撰（清）紀昀評點　清同治八年(1869)韞玉山房粵東省城刻翰墨園朱墨套印本　十二册

330000－1704－0017872　018002　子部/天文曆算類/算書之屬
梅氏叢書輯要三十種六十二卷首一卷　（清）梅文鼎撰　（清）梅瑴成重編　清同治十三年(1874)梅纘高刻本　二十册

330000－1704－0017873　017858　史部/史評類/史論之屬
歷代史論十二卷宋史論三卷元史論一卷　（明）張溥撰　**明史論四卷**　（清）谷應泰撰　**左傳史論二卷**　（清）高士奇撰　清光緒五年(1879)西江裴氏刻本　七册　缺二卷(歷代史論十一至十二)

330000－1704－0017874　017932　子部/醫家類/方書之屬/單方驗方
三朝名醫方論三種　清宣統三年(1911)寧波汲綆齋石印本　二册　存二種

330000－1704－0017876　018003　集部/總集類/選集之屬/斷代
宋詩鈔初集八十四種　（清）呂留良　（清）吳之振　（清）吳爾堯編　清康熙十年(1671)洲錢吳氏鑑古堂刻本　七册　存二十六種

330000－1704－0017878　017859　集部/總集類/郡邑之屬
西泠五布衣遺箸　（清）丁丙輯　清同治至光緒錢塘丁氏當歸草堂刻本　一册　存一種

330000－1704－0017879　018029　子部/宗教類/佛教之屬/諸宗
蓮社備覽一卷　（清）□□輯　清同治六年(1867)廣陵藏經院刻本　一册

330000－1704－0017882　018004　集部/總集類/選集之屬/斷代
國朝詩鐸二十六卷首一卷　（清）張應昌輯　清同治八年(1869)永康應氏秀芝堂刻本　十三册　缺二卷(二十四至二十五)

330000－1704－0017883　018059　史部/傳記類/別傳之屬/事狀
李鴻章(中國四十年來大事記)十二章　梁啓超撰　清末鉛印本　一册

330000－1704－0017886　017860　集部/總集類/選集之屬/斷代
唐詩選六卷　王闓運撰　清光緒二年(1876)成都尊經書局刻本　六册

330000－1704－0017887　018030　子部/宗教類/佛教之屬/諸宗
專修警策一卷　（清）釋古崑撰　清光緒刻本　一册

330000－1704－0017888　善000621　集部/總集類/選集之屬/斷代
中晚唐詩叩彈集十二卷續集三卷　（清）杜詔（清）杜庭珠輯　清康熙四十三年(1704)采山亭刻本　五册

330000－1704－0017889　017861　集部/別集類/清別集
退思草堂詩鈔二卷　（清）李懋勳撰　清光緒三十二年(1906)永嘉刻本　一册

330000－1704－0017891　017795　子部/宗教類/佛教之屬

佛祖心燈一卷宗教律諸家演派一卷摘錄聖武記之卷五溯查西藏剌麻來源一卷　(清)釋守一編　清光緒十六年(1890)金陵刻經處刻本　雲雷題記　一冊

330000－1704－0017894　018105　類叢部/叢書類/彙編之屬

宏達堂叢書　清光緒四年(1878)四川宏達堂刻本　四冊　存一種

330000－1704－0017896　善000622　集部/總集類/選集之屬/通代

刪訂唐詩解十四卷　(明)唐汝詢輯　(清)吴昌祺評　清康熙四十一年(1702)誦懿堂刻本　八冊

330000－1704－0017899　018106　集部/總集類/郡邑之屬

嶺南三大家詩選二十四卷　(清)王隼編　清同治七年(1868)南海陳氏刻本　五冊

330000－1704－0017904　018108　史部/地理類/山川之屬/水志

水道提綱二十八卷　(清)齊召南撰　清乾隆四十年至四十一年(1775－1776)戴殿海傳經書屋刻本　八冊

330000－1704－0017906　018061　子部/醫家類/溫病之屬

增批溫熱經緯五卷　(清)王士雄撰　(清)葉霖增批　清光緒三十一年(1905)上海奇石山房石印本　四冊

330000－1704－0017907　善000623　集部/總集類/選集之屬/斷代

重較唐詩類苑選三十四卷　(清)戴明説等輯　清順治十六年(1659)紀元刻康熙十八年(1679)汪熿補刻本　二十冊

330000－1704－0017909　017797　集部/別集類/清別集

韓川詩集七卷　(清)陳從潮撰　清嘉慶至同治刻本　一冊

330000－1704－0017913　017863　史部/政書類/邦計之屬/荒政

欽定康濟錄四卷　(清)陸曾禹撰　(清)倪國璉釐正　清同治三年(1864)浙江撫署刻本　二冊　缺一卷(四)

330000－1704－0017914　017798　集部/別集類/清別集

毋自欺齋詩畧一卷　(清)梁元撰　**茗香室詩畧一卷**　(清)李如蕙撰　清同治七年(1868)刻本　一冊

330000－1704－0017916　018032　子部/宗教類/佛教之屬/經

大方廣佛華嚴經八十卷　(唐)釋實叉難陀譯　**入不思議解脱境界普賢行願品一卷**　(唐)釋般若譯　清刻本　五冊　缺六十五卷(一至三十九、四十四至四十五、五十二至七十五)

330000－1704－0017917　善000624　集部/總集類/選集之屬/斷代

續唐三體詩八卷　(清)高士奇輯　清康熙高士奇朗潤堂刻本　三冊

330000－1704－0017918　017865　類叢部/叢書類/自著之屬

曾文正公全集十六種　(清)曾國藩撰　清同治至光緒傳忠書局刻本　二十一冊　存一種

330000－1704－0017920　善000625　集部/總集類/彙編之屬

十種唐詩選　(清)王士禛編　清康熙刻本　八冊

330000－1704－0017923　018032－1　類叢部/叢書類/彙編之屬

廣雅書局叢書一百五十九種　徐紹棨編　清光緒廣雅書局刻民國九年(1920)番禺徐紹棨彙編印本　一冊　存一種

330000－1704－0017924　017799　類叢部/叢書類/彙編之屬

漸西村舍彙刊(漸西村舍叢刻)四十四種　(清)袁昶編　清光緒十六年至二十四年

(1890－1898)桐廬袁氏刻本　三冊　存二種

330000－1704－0017928　善000498　經部/樂類/律呂之屬
樂律全書十五種　(明)朱載堉撰　明萬曆鄭藩刻增修本　楊紹廉題記　三冊　存二種

330000－1704－0017929　017866　集部/別集類/唐五代別集
昌黎先生詩集注十一卷年譜一卷　(唐)韓愈撰　(清)顧嗣立刪補　清道光脩德堂刻朱墨套印本　一冊　存二卷(一至二)

330000－1704－0017931　018109　集部/別集類/清別集
八指頭陀詩集十卷補遺一卷述一卷詞一卷雜文一卷　釋敬安撰　清光緒二十四年(1898)陳三立、葉德輝刻遞刻本　一冊　存六卷(詩集一至五、述)

330000－1704－0017933　018110　集部/別集類/清別集
五楳一研齋詩鈔六卷　(清)潘宗耀撰　清道光十二年(1832)潘氏刻本　一冊

330000－1704－0017935　018063　史部/雜史類/斷代之屬
明季稗史彙編十六種　(清)留雲居士輯　清光緒鉛印本　三冊　存十四種

330000－1704－0017937　善000499　集部/詞類/詞譜之屬
嘯餘譜十一卷　(明)程明善纂輯　清康熙刻本　二十冊

330000－1704－0017938　017868　類叢部/叢書類/彙編之屬
唐代叢書一百六十四種　(清)王文誥編　清刻本　二冊　存二十五種

330000－1704－0017940　018112　子部/工藝類/日用器物之屬/髹飾
民間紋樣圖案一卷　清末朱印本　一冊

330000－1704－0017944　018114　史部/編年類/通代之屬
御批歷代通鑑輯覽一百二十卷　(清)傅恆等撰　清光緒二十九年(1903)上海官書局石印本　二十冊

330000－1704－0017950　017802　經部/叢編
十三經讀本一百二十九卷附校刊記十四卷　(清)丁寶楨等校並撰　清同治十一年(1872)山東書局刻本　十冊　存一種

330000－1704－0017952　善000771　集部/別集類/元別集
鐵厓樂府註十卷咏史註八卷逸編註八卷　(元)楊維楨撰　(清)樓卜瀍註　清乾隆三十九年(1774)聯桂堂刻本　六冊

330000－1704－0017954　017803　子部/儒家類/儒學之屬/勸學
勸學篇二卷　(清)張之洞撰　清光緒二十四年(1898)兩湖書院刻本　一冊

330000－1704－0017955　018064　史部/地理類/總志之屬/斷代
皇朝輿地畧一卷　(清)六承如輯　**皇朝輿地韻編一卷**　(清)李兆洛撰　**皇朝內府輿地圖縮摹本一卷**　(清)六嚴繪　清刻本　一冊　存二卷(輿地韻編、輿地圖縮摹本)

330000－1704－0017957　018115　史部/紀傳類/正史之屬
二十四史附考證　清光緒十四年(1888)上海圖書集成印書局鉛印本　十八冊　存二種

330000－1704－0017958　017804　類叢部/類書類/專類之屬
詩學含英十四卷　(清)劉文蔚輯　清刻本　二冊

330000－1704－0017959　018037　史部/紀傳類/正史之屬
四史四百十五卷　清光緒十四年(1888)上海蜚英館石印本　十一冊　存一種

330000－1704－0017960　018116　經部/群經總義類/傳說之屬
皇朝五經彙解二百七十卷　(清)朱鏡清輯

清光緒二十年(1894)鴻文書局石印本　十六冊

330000－1704－0017964　善000772　集部/別集類/宋別集
西塘先生文集十卷　(宋)鄭俠撰　明萬曆三十七年(1609)葉向高等刻本　六冊

330000－1704－0017965　018036　集部/別集類/清別集
袁文箋正十六卷補注一卷　(清)袁枚撰　(清)石韞玉箋　清光緒八年(1882)汗青簃刻本　八冊

330000－1704－0017967　017805　類叢部/叢書類/彙編之屬
知不足齋叢書一百九十六種　(清)鮑廷博編　(清)鮑士恭續編　清乾隆三十七年至道光三年(1772－1823)長塘鮑氏刻彙印本　二冊　存一種

330000－1704－0017968　善000773　集部/別集類/宋別集
濟北晁先生雞肋集七十卷　(宋)晁補之撰　明崇禎八年(1635)顧凝遠詩瘦閣刻本　九冊　存六十四卷(一至六十四)

330000－1704－0017969　017806　經部/叢編
古經解彙函十六種附小學彙函十四種續附十種　(清)鍾謙鈞等輯　清光緒石印本　二冊　存三種

330000－1704－0017971　017875　史部/編年類/通代之屬
續資治通鑑二百二十卷　(清)畢沅撰　清光緒二十六年(1900)圖書集成局鉛印本　二十七冊　存二百十一卷(一至二十八、三十八至二百二十)

330000－1704－0017973　018119　類叢部/叢書類/彙編之屬
知不足齋叢書一百九十六種　(清)鮑廷博編　(清)鮑士恭續編　清刻本　二冊　存一種

330000－1704－0017976　018038　集部/曲類/寶卷之屬
烏窠禪師度白侍郎一卷　清光緒十八年(1892)刻本　一冊

330000－1704－0017977　善000747　集部/別集類/宋別集
篔窗集十卷　(宋)陳耆卿撰　清瑞安孫鏘鳴海日樓抄本　二冊

330000－1704－0017978　017954　集部/總集類/選集之屬/通代
古唐詩合解古詩四卷唐詩十二卷　(清)王堯衢注　清光緒十八年(1892)學庫山房刻本　六冊

330000－1704－0017980　善000748　集部/別集類/宋別集
水心文集二十九卷　(宋)葉適撰　明末刻本　十冊

330000－1704－0017981　017862　子部/雜著類/雜說之屬
墨子閒詁十五卷目錄一卷附錄一卷後語二卷　(清)孫詒讓撰　清宣統二年(1910)瑞安孫氏刻本　一冊　存二卷(後語一至二)

330000－1704－0017982　善000626　集部/總集類/選集之屬/斷代
唐詩觀瀾集二十四卷唐人小傳一卷　(清)李因培輯　清乾隆二十四年(1759)刻本　八冊

330000－1704－0017985　善000627　集部/總集類/選集之屬/斷代
宋四六選二十四卷　(清)彭元瑞　(清)曹振鏞輯　清乾隆四十一年(1776)曹振鏞翠微山麓刻本　十二冊

330000－1704－0017986　017864　集部/總集類/選集之屬/斷代
戴段合刻二種　(清)張壽榮輯　清光緒十年(1884)鎮海張氏秋樹根齋刻本　八冊　存一種

330000－1704－0017987　善000749　集部/別集類/宋別集
水心文集二十九卷　(宋)葉適撰　明末刻本

八冊　存二十三卷（一至十五、十九至二十六）

330000－1704－0017989　018040　經部/群經總義類/文字音義之屬
經典釋文三十卷　（唐）陸德明撰　**經典釋文攷證三十卷**　（清）盧文弨撰　**孟子音義二卷**　（清）孫奭撰　清同治十三年（1874）成都尊經書院刻光緒元年（1875）增刻本　八冊　存三十四卷（五至十、十三至十六、十九至二十二、二十九至三十，攷證五至十、十三至十六、十九至二十二、二十九至三十，孟子音義一至二）

330000－1704－0017990　017808　類叢部/叢書類/彙編之屬
知不足齋叢書一百九十六種　（清）鮑廷博編　（清）鮑士恭續編　清乾隆三十七年至道光三年（1772－1823）長塘鮑氏刻彙印本　一冊　存一種

330000－1704－0017992　善000628　集部/總集類/選集之屬/斷代
積書巖宋詩刪二十五卷　（清）顧貞觀輯　清康熙三十五年（1696）刻本　六冊

330000－1704－0017993　018120　類叢部/叢書類/自著之屬
漢孳室箸書　（清）陶方琦撰　清光緒七年（1881）湘南使院刻本　二冊　存一種

330000－1704－0017994　018121　集部/詩文評類/文評之屬
文心雕龍十卷　（南朝梁）劉勰撰　（清）黃叔琳輯注　（清）紀昀評　清道光十三年（1833）盧坤兩廣節署刻朱墨套印本　四冊

330000－1704－0017995　017878　子部/術數類/陰陽五行之屬
新訂崇正闢謬通書十四卷　（清）李奉来編　清刻本　五冊

330000－1704－0017996　017879　子部/雜著類/雜纂之屬
兩般秋雨盦隨筆八卷　（清）梁紹壬撰　清刻本　五冊　缺三卷（一至二、五）

330000－1704－0017997　017957　子部/雜著類/雜說之屬
元化指南五卷　題退安老祖撰　清光緒三十三年（1907）刻本　一冊　存二卷（三至四）

330000－1704－0017998　018041　經部/群經總義類/文字音義之屬
經典釋文三十卷　（唐）陸德明撰　**經典釋文攷證三十卷**　（清）盧文弨撰　清同治八年（1869）湖北崇文書局刻本　十四冊　缺二十四卷（攷證七至三十）

330000－1704－0018000　017809　史部/金石類
行素草堂金石叢書　（清）朱記榮輯　清光緒吳縣朱氏刻十四年（1888）彙印本　一冊　存一種

330000－1704－0018001　018128　子部/雜著類/雜說之屬
隨園隨筆十二卷　（清）袁枚撰　清嘉慶十九年（1814）金閶留畊堂刻本　六冊

330000－1704－0018004　018126　子部/雜著類
無始以來天人性命之本原一卷　（清）金晦撰　清光緒三十三年（1907）永嘉葉懷古齋刻本　一冊

330000－1704－0018007　017882　集部/小說類/長篇之屬
增評加批金玉緣圖說十六卷一百二十回首一卷　（清）曹霑　（清）高鶚撰　（清）蝶薌仙史評訂　清末石印本　二冊　存十一卷（首、一至四、八至十三）

330000－1704－0018009　017960　子部/宗教類/佛教之屬/諸宗
法界聖凡水陸普度大齋勝會儀軌會本六卷　（南朝梁）釋寶誌等撰　（宋）釋志磐重訂　（明）釋袾宏補儀　（清）釋儀潤彙刊　清同治八年（1869）杭州昭慶寺刻本　一冊

330000－1704－0018011　018123　類叢部/

叢書類/彙編之屬

月河精舍叢鈔五種 (清)丁寶書編　清光緒四年至十二年(1878－1886)苕溪丁氏刻本　三册　存一種

330000－1704－0018013　017810　集部/別集類/漢魏六朝別集

庾子山集十六卷總釋一卷 (北周)庾信撰　(清)倪璠註　**年譜一卷** (清)倪璠撰　清刻本　十二册

330000－1704－0018016　017884　集部/小説類/短篇之屬

聊齋志異新評十六卷 (清)蒲松齡撰　(清)王士慎評　(清)呂湛恩注　(清)但明論批　清末鉛印本　一册　存二卷(七至八)

330000－1704－0018018　善000629　集部/總集類/選集之屬/通代

宋金元詩永二十卷補遺二卷 (清)吳綺輯　清康熙刻本　四册

330000－1704－0018020　017811　集部/別集類/清別集

習苦齋詩集八卷古文四卷 (清)戴熙撰　清同治六年(1867)錢塘張曜刻本　六册

330000－1704－0018022　善000630　集部/總集類/選集之屬/斷代

谷音二卷 (元)杜本輯　清宣統元年(1909)陳延祺抄本　顏心畬、陳子清題簽　一册

330000－1704－0018023　善000631　集部/總集類/選集之屬/斷代

校正重刊官板宋朝文鑑一百五十卷目錄三卷 (宋)呂祖謙編　明弘治刻明末金陵唐錦池文林閣印本　十六册

330000－1704－0018025　善000632　集部/總集類/選集之屬/斷代

宋詩鈔初集八十四種 (清)呂留良　(清)吳之振　(清)吳爾堯編　清康熙十年(1671)洲錢吳氏鑑古堂刻本　張棡題記並校　十二册

330000－1704－0018028　善000633　史部/史評類/詠史之屬

南宋襍事詩七卷 (清)沈嘉轍等撰　清武林芹香齋刻本　八册

330000－1704－0018030　017880　類叢部/叢書類/彙編之屬

十萬卷樓叢書五十一種 (清)陸心源編　清光緒歸安陸氏刻本　二册　存一種

330000－1704－0018031　善000634　集部/總集類/彙編之屬

詩詞雜俎十二種 (明)毛晉輯　明天啓至崇禎海虞毛氏汲古閣刻清古松堂印本　一册　存二種

330000－1704－0018032　善000635　集部/總集類/選集之屬/斷代

中州集十卷首一卷中州樂府一卷 (金)元好問輯　明末海虞毛氏汲古閣刻本　十册

330000－1704－0018033　善000750　集部/別集類/宋別集

水心文集二十九卷 (宋)葉適撰　清乾隆二十年(1755)溫州府學刻本　十二册

330000－1704－0018036　善000751　集部/別集類/宋別集

河南集三卷遺事一卷 (宋)穆修撰　清道光瑞安項霽水仙亭抄本　楊紹廉題簽並記　一册

330000－1704－0018037　017965　子部/叢編

二十二子(二十二子彙函) (清)浙江書局編　清光緒元年至三年(1875－1877)浙江書局刻本　四册　存一種

330000－1704－0018038　017844　史部/紀傳類/正史之屬

二十四史附考證　清光緒三十年(1904)武林竹簡齋石印本　十八册　存二種

330000－1704－0018040　018130　集部/總集類/課藝之屬

金鈴續集十卷首一卷 (清)朱文杏編　清道光二十年(1840)刻本　二册

330000－1704－0018041　017963　子部/宗教類/佛教之屬/諸宗
筠州黃蘗山斷際禪師傳心法要二卷　(唐)釋希運說　(唐)裴休輯　清光緒十年(1884)金陵刻經處刻本　一冊

330000－1704－0018042　018069　類叢部/叢書類/彙編之屬
十萬卷樓叢書五十一種　(清)陸心源編　清光緒歸安陸氏刻本　十冊　存九種

330000－1704－0018043　善000752　集部/別集類/宋別集
篔窗集十卷　(宋)陳耆卿撰　清道光瑞安項霽水仙亭抄本　一冊　存六卷(五至十)

330000－1704－0018046　017966　史部/編年類/斷代之屬
東華錄三十二卷　(清)蔣良騏撰　清京都琉璃廠刻本　十冊

330000－1704－0018047　017871　集部/小說類/長篇之屬
增評加批金玉緣圖說十六卷一百二十回首一卷　(清)曹雪　(清)高鶚撰　(清)蝶薌仙史評訂　清末石印本　一冊　存一卷(九)

330000－1704－0018048　017813　子部/宗教類/佛教之屬
佛爾雅八卷　(清)周春撰　清嘉慶二十一年(1816)刻本　一冊

330000－1704－0018049　018043　類叢部/叢書類/郡邑之屬
金華叢書六十八種　(清)胡鳳丹編　清同治七年至光緒八年(1868－1882)永康胡氏退補齋刻民國補刻本　一冊　存一種

330000－1704－0018050　善000636　集部/總集類/選集之屬/斷代
元詩選初集一百十四卷二集一百三卷三集一百三卷首一卷　(清)顧嗣立輯　清康熙三十三年(1694)顧氏秀野草堂刻本　四十四冊

330000－1704－0018053　善000780　集部/別集類/宋別集
鴻慶居士文集十四卷　(宋)孫覿撰　明嘉靖刻本　十一冊

330000－1704－0018054　017872　子部/宗教類/佛教之屬/諸宗
蓮修起信錄六卷首一卷　(清)程兆鸞錄　清光緒二十二年(1896)江北刻經處刻本　一冊

330000－1704－0018055　017967　子部/宗教類/佛教之屬/諸宗
永覺和尚洞上古轍二卷　(明)釋元賢輯　(清)釋道霖重編　清末民初刻本　一冊

330000－1704－0018057　017873　子部/宗教類/佛教之屬/諸宗
肇論略注六卷　(明)釋德清撰　清光緒十四年(1888)金陵刻經處刻本　二冊

330000－1704－0018058　善000753　集部/別集類/明別集
花王閣賸藁一卷　(明)紀坤撰　清抄本　一冊

330000－1704－0018059　018046　類叢部/叢書類/自著之屬
率祖堂叢書八種附六種　(宋)金履祥撰　清雍正至乾隆金華金氏刻光緒十三年(1887)鎮海謝駿德補刻本　二十一冊　存十二種

330000－1704－0018060　017874　子部/宗教類/佛教之屬/諸宗
雲棲法彙二十八種七十四卷　(明)釋袾宏撰　(明)王宇春等輯　清光緒二十三年至二十五年(1897－1899)金陵刻經處刻本　五冊　存一種

330000－1704－0018061　017815　史部/編年類/斷代之屬
欽定明鑑二十四卷首一卷　(清)胡敬等輯　清同治九年(1870)湖北崇文書局刻本　四冊　存九卷(十二至二十)

330000－1704－0018064　018136　類叢部/類書類/專類之屬
新增幼學故事瓊林四卷首一卷　(明)程登吉撰　(清)鄒聖脈增補　清光緒二十六年

(1900)上海千頃堂石印本　一冊　存一卷(首)

330000－1704－0018067　善000754　集部/別集類/明別集
觀光集一卷　(明)林碁撰　清抄本　清孫衣言題記　一冊

330000－1704－0018068　018137　新學/格致總
便蒙叢書初二集十七種　張一鵬輯　清光緒二十八年(1902)蘇州開智書室刻本(算學歌畧卷三至六原缺)　十冊

330000－1704－0018069　018044　史部/傳記類/別傳之屬/事狀
李鴻章(中國四十年來大事記)十二章　梁啓超撰　清末鉛印本　一冊

330000－1704－0018070　善000755　集部/別集類/宋別集
瓜廬集一卷雲泉詩集一卷　(宋)薛師石撰
白石樵唱五卷　(宋)林景熙撰　清瑞安孫氏玉海樓抄本　清孫衣言校並跋　一冊

330000－1704－0018071　018148　史部/政書類
九通　(清)□□輯　清光緒二十七年(1901)上海圖書集成局鉛印本　三十七冊　存一種

330000－1704－0018072　018138　子部/儒家類/儒學之屬/禮教/家訓
傳家要錄二卷　清咸豐元年(1851)刻本　二冊

330000－1704－0018073　017817　類叢部/叢書類/自著之屬
邃雅堂全集九種　(清)姚文田撰　清嘉慶至光緒歸安姚氏刻本　五冊　存一種

330000－1704－0018074　018140　子部/雜著類/雜考之屬
困學紀聞注二十卷　(清)翁元圻撰　清道光五年(1825)餘姚翁氏守福堂刻本　十一冊　缺一卷(二)

330000－1704－0018077　善000756　集部/別集類/宋別集
白石樵唱五卷　(宋)林景熙撰　清道光三十年(1850)仁和孫同元抄本　清孫衣言題簽並記　一冊

330000－1704－0018078　017836－1　經部/小學類/文字之屬/說文/傳說
說文發疑六卷　(清)張行孚撰　清光緒九年(1883)安吉張氏邗上寓廬刻本　二冊

330000－1704－0018081　018070　類叢部/類書類/專類之屬
新刻重校增補圓機活法詩學全書二十四卷新刊校正增補圓機詩韻活法全書十四卷　(明)王世貞校正　清刻本　四冊　存十三卷(詩學全書二十二至二十四,詩韻活法全書一至七、十一至十三)

330000－1704－0018083　017836　類叢部/叢書類/自著之屬
藕團十種　(清)胡重撰　清嘉慶十六年(1811)秀水金氏月香書屋刻本　一冊　存一種

330000－1704－0018084　018151　集部/總集類/選集之屬/通代
御選唐宋詩醇四十七卷目錄二卷　(清)高宗弘曆輯　清光緒七年(1881)浙江書局刻本　二十四冊

330000－1704－0018085　017836－2　類叢部/叢書類/彙編之屬
後知不足齋叢書四十七種　(清)鮑廷爵編　清同治至光緒常熟鮑氏刻本　一冊　存一種

330000－1704－0018086　018141　經部/叢編
五經體註大全四十卷　(清)嚴氏家塾主人輯　清光緒五年(1879)慈水古草堂刻本　九冊　存三種

330000－1704－0018087　017838　類叢部/叢書類/家集之屬
洪氏晦木齋叢書二十一種　(清)洪汝奎編

清同治八年至宣統元年(1869－1909)刻本　一冊　存一種

330000－1704－0018089　善000757　集部/別集類/明別集
環菴先生遺稿十卷　(明)虞原璩撰　**月泉詩派一卷**　(明)李階編　清瑞安孫氏玉海樓抄本　清孫衣言題簽　楊紹廉校　一冊

330000－1704－0018091　善000758　集部/別集類/明別集
觀光集一卷　(明)林碁撰　清初抄本　一冊

330000－1704－0018092　018071　類叢部/叢書類/郡邑之屬
金華叢書六十八種　(清)胡鳳丹編　清同治七年至光緒八年(1868－1882)永康胡氏退補齋刻民國補刻本　三冊　存一種

330000－1704－0018093　018187　類叢部/叢書類/自著之屬
春草堂集(春草堂叢書)十三種　(清)謝堃撰　清道光二十年(1840)曲邑奎文齋刻二十五年(1845)印本　二冊　存二種

330000－1704－0018094　018135　集部/別集類/清別集
鳳研齋存稿二卷　(清)陳乙撰　清道光十七年(1837)陳裘刻本　一冊

330000－1704－0018095　018134　集部/別集類/清別集
呂晚村詩集八卷補遺一卷　(清)呂留良撰　清光緒石印本　一冊　存五卷(零星稿、東將詩、欬氣集、南前唱和詩、補遺)

330000－1704－0018096　018153　子部/醫家類/傷寒金匱之屬/傷寒論
傷寒集註六卷本義一卷　(清)張志聰註　高世栻輯　清光緒二十五年(1899)石印本　四冊

330000－1704－0018099　018252　子部/醫家類/類編之屬
中西匯通醫書五種　唐宗海撰　清光緒三十四年(1908)上海千頃堂書局石印本　七冊　存四種

330000－1704－0018100　善000759　集部/別集類/明別集
環菴先生遺稿十卷　(明)虞原璩撰　清瑞安孫鏘鳴海日樓抄本　清孫鏘鳴批校並跋　一冊

330000－1704－0018101　018154　子部/醫家類/類編之屬
中西匯通醫書五種　唐宗海撰　清光緒上海千頃堂書局石印本　二冊　存一種

330000－1704－0018103　018188　經部/周禮類/傳說之屬
周禮政要四卷　(清)孫詒讓撰　清光緒石印本　一冊　存二卷(三至四)

330000－1704－0018104　018155　子部/醫家類/類編之屬
中西匯通醫書五種　唐宗海撰　清光緒上海千頃堂書局石印本　一冊　存一種

330000－1704－0018105　018142　史部/史評類/詠史之屬
南宋雜事詩七卷　(清)沈嘉轍等撰　清同治十一年(1872)淮南書局刻本　四冊

330000－1704－0018106　018143　史部/史評類/詠史之屬
南宋雜事詩七卷　(清)沈嘉轍等撰　清同治十一年(1872)淮南書局刻本　四冊

330000－1704－0018107　018189　經部/周禮類/傳說之屬
周禮政要四卷　(清)孫詒讓撰　清光緒石印本　一冊　存二卷(三至四)

330000－1704－0018108　018156　子部/醫家類/類編之屬
中西匯通醫書五種　唐宗海撰　清光緒三十四年(1908)上海千頃堂書局石印本　二冊　存三種

330000－1704－0018109　018253　集部/小說類/短篇之屬

詳註聊齋志異圖詠十六卷首一卷　(清)蒲松齡撰　(清)吕湛恩注　(清)徐潤編　清光緒十二年(1886)上海同文書局石印本　六冊　存七卷(首,一、三、六至七、十五至十六)

330000－1704－0018112　018072　史部/編年類/通代之屬
御批歷代通鑑輯覽一百二十卷　(清)傅恒等撰　清光緒二十八年(1902)上海文林書局石印本　八冊　存九十八卷(一至八十四、一百七至一百二十)

330000－1704－0018113　善000760　集部/別集類/明別集
甌濱王先生摘藁不分卷　(明)王瓚撰　清瑞安孫氏玉海樓抄本　清孫衣言批　一冊

330000－1704－0018116　018157　子部/醫家類/醫案之屬
臨證指南醫案十卷　(清)葉桂撰　(清)徐大椿評　清光緒聚益堂刻本　十冊

330000－1704－0018117　018254　子部/藝術類/遊藝之屬/聯語
西湖楹聯四卷　清光緒二十二年(1896)暨陽周慶祺知正軒刻本　一冊　存一卷(四)

330000－1704－0018118　善000761　集部/別集類/明別集
鶴泉公文集不分卷　(明)王健撰　清瑞安孫鏘鳴海日樓抄本　清孫鏘鳴批校並跋　一冊

330000－1704－0018119　018191　類叢部/叢書類/彙編之屬
知不足齋叢書一百九十六種　(清)鮑廷博編　(清)鮑士恭續編　清乾隆三十七年至道光三年(1772－1823)長塘鮑氏刻彙印本　二冊　存一種

330000－1704－0018122　017840　類叢部/叢書類/自著之屬
魏稼孫先生全集三種　(清)魏錫曾撰　清光緒九年(1883)羊城刻本　六冊

330000－1704－0018123　018158　子部/醫家類/類編之屬
醫門棒喝二種　(清)章楠撰　清宣統元年(1909)蠡城三友益齋石印本　十二冊

330000－1704－0018124　018318　子部/藝術類/書畫之屬/法帖
大佛頂如來密因修證了義諸菩薩萬行首楞嚴經十卷　吳芝瑛書　清光緒三十四年至宣統元年(1908－1909)杭州小萬柳堂石印本　二冊

330000－1704－0018125　善000762　集部/別集類/明別集
明尚書章恭毅公詩集十三卷　(明)章綸撰　清瑞安孫氏玉海樓抄本　一冊　存五卷(九至十三)

330000－1704－0018126　善000763　集部/別集類/清別集
愛日堂吟稿十三卷附稿二卷　(清)趙昱撰　(清)趙一清編　清乾隆十二年(1747)刻本　二冊

330000－1704－0018127　018193　史部/金石類/總志之屬
金石索十二卷首一卷　(清)馮雲鵬　(清)馮雲鵷輯　清光緒石印本　一冊　存一卷(石索一)

330000－1704－0018129　018319　類叢部/叢書類/自著之屬
郝氏遺書三十三種　(清)郝懿行撰　清嘉慶至光緒刻彙印本　三冊　存一種

330000－1704－0018130　018255　集部/別集類
飲冰室壬寅文集十六卷　梁啓超撰　清光緒日本東京新智學社石印本　一冊　存一卷(一)

330000－1704－0018132　018256　集部/戲劇類/傳奇之屬
牡丹亭還魂記二卷五十五齣　(明)湯顯祖撰　清光緒十二年(1886)同文書局石印本　一冊　存一卷(上)

330000－1704－0018135　017839　集部/別

集類/明别集

太師誠意伯劉文成公集二十卷首一卷　(明)劉基撰　清光緒二十六年(1900)浙江書局刻民國五年(1916)印本　十冊

330000－1704－0018137　018194　集部/總集類/彙編之屬

陳太僕批選八家文鈔　(清)陳兆崙編　清光緒二十六年(1900)天津文美齋石印本　四冊

330000－1704－0018141　017835　史部/時令類

月令粹編二十四卷圖說一卷　(清)秦嘉謨撰　清嘉慶十七年(1812)江都秦嘉謨琳琅仙館刻本　五冊　缺三卷(月令粹編二十二至二十四)

330000－1704－0018144　017835－1　史部/時令類

月令粹編二十四卷圖說一卷　(清)秦嘉謨撰　清嘉慶十七年(1812)江都秦嘉謨琳琅仙館刻本　八冊

330000－1704－0018147　018261　集部/總集類/選集之屬/斷代

初唐四傑文集二十一卷　(清)□□編　清光緒五年(1879)淮南書局刻本　四冊

330000－1704－0018148　017837　經部/小學類/文字之屬/說文

說文解字十五卷標目一卷　(漢)許慎撰(宋)徐鉉等校定　清刻本　三冊　存八卷(一至五、十四至十五,標目)

330000－1704－0018149　018195　集部/總集類/選集之屬/通代

詩比興箋四卷　(清)陳沆輯　清光緒九年(1883)長洲彭祖賢武昌刻本　四冊

330000－1704－0018150　017837－1　經部/小學類/文字之屬/說文

說文解字十五卷標目一卷　(漢)許慎撰(宋)徐鉉等校定　清刻本　三冊　存八卷(三至十)

330000－1704－0018152　018262　集部/別集類/清别集

香屑集十八卷首一卷末一卷　(清)黄之雋撰(清)陳邦直注　清刻本　三冊　存七卷(十一至十二、十五至十八,末)

330000－1704－0018153　018076　集部/總集類/選集之屬/通代

古文筆法百篇八卷　(清)李扶九輯　清光緒三十年(1904)上海書局石印本　一冊

330000－1704－0018154　018196　集部/詩文評類/詩評之屬

陶詩集註四卷　(晉)陶潛撰　清抄本　一冊　存二卷(三至四)

330000－1704－0018155　善000766　集部/别集類/宋别集

楊龜山先生集四十二卷首一卷末一卷　(宋)楊時撰　清康熙四十六年(1707)延平楊繩祖刻本(卷末原缺)　十九冊

330000－1704－0018161　善000767　集部/總集類/選集之屬/通代

唐宋八大家文鈔一百六十六卷　(明)茅坤編　明崇禎四年(1631)茅著刻本　四冊　存一種

330000－1704－0018167　018263　集部/小說類/短篇之屬

聊齋志異評註十六卷　(清)蒲松齡撰　(清)王士禛評　清道光十九年(1839)刻本　二冊　缺八卷(五至十二)

330000－1704－0018168　018199　集部/别集類/唐五代别集

昌黎先生集四十卷外集十卷遺文一卷　(唐)韓愈撰　(宋)廖瑩中校正　**朱子校昌黎先生集傳一卷**　(宋)朱熹撰　清同治八年(1869)江蘇書局刻本　九冊　缺六卷(二十二至二十七)

330000－1704－0018170　善000778　集部/别集類/宋别集

徐公文集三十卷　(宋)徐鉉撰　清抄本　十二冊

330000－1704－0018172　018200　集部/別集類/清別集

峰青館詩鈔七卷　(清)錢國珍撰　清同治六年(1867)古禹旗署刻本　一册　存三卷(一至三)

330000－1704－0018173　018077　集部/總集類/選集之屬/通代

續古文辭類纂三十四卷　王先謙輯　清光緒三十三年(1907)上海商務印書館鉛印本　吴勁批　三册　存二十五卷(一至七、十七至三十四)

330000－1704－0018176　018322　史部/政書類/儀制之屬/專志/科舉校規

欽定學政全書八十六卷首一卷　(清)童璜等撰　清嘉慶十七年(1812)武英殿刻本　十六册　缺五卷(六十七、七十九至八十一、八十七)

330000－1704－0018177　018265　集部/别集類/明别集

青藤書屋文集三十卷　(明)徐渭撰　(明)袁宏道編　清宣統三年(1911)石印本　八册

330000－1704－0018178　018201　集部/總集類/選集之屬/通代

宋元明詩約鈔三百首二卷　(清)朱梓　(清)冷昌言輯　清道光二十一年(1841)南京李光明莊刻本　二册

330000－1704－0018179　018375　集部/别集類/清别集

古微堂内集三卷外集七卷　(清)魏源撰　清光緒四年(1878)揚州淮南書局刻本　三册　存七卷(外集一至七)

330000－1704－0018181　善000779　集部/别集類/宋别集

艮齋先生薛常州浪語集三十五卷　(宋)薛季宣撰　清同治十年(1871)金陵書局刻本　清孫衣言批校　六册

330000－1704－0018182　018202　集部/别集類/明别集

汲古堂集二十八卷　(明)何白撰　清道光刻本　六册　存十六卷(十三至二十八)

330000－1704－0018183　018323　類叢部/叢書類/自著之屬

曾文正公全集十六種　(清)曾國藩撰　清同治至光緒傳忠書局刻本　三十九册　存五種

330000－1704－0018186　018078　集部/總集類/選集之屬/通代

古文辭類纂十五卷　(清)姚鼐輯　**續古文辭類纂十卷**　王先謙輯　清光緒十六年(1890)上海文瑞樓鉛印本　三册　存九卷(古文辭類纂七至十五)

330000－1704－0018187　018203　類叢部/叢書類/自著之屬

燕禧堂五種　(清)任大椿輯撰　清乾隆刻本　一册　存二種

330000－1704－0018190　018164　集部/别集類/唐五代别集

李太白文集三十卷　(唐)李白撰　清光緒元年(1875)湖北崇文書局刻本　一册　存五卷(一至五)

330000－1704－0018192　018205　經部/小學類/文字之屬/說文

說文解字十五卷標目一卷　(漢)許慎撰　(宋)徐鉉等校定　清刻本　五册

330000－1704－0018195　善000768　集部/别集類/宋别集

謝疊山公文集五卷外集三卷首一卷末一卷　(宋)謝枋得撰　清嘉慶六年(1801)謝氏藴德堂刻本　五册

330000－1704－0018196　018325　類叢部/類書類/專類之屬

重編留青新集二十四卷　(清)馮善長輯　清光緒十四年(1888)上海宏文閣錫活字印本　十二册

330000－1704－0018197　018379　子部/宗教類/佛教之屬/諸宗

天台四教儀集註十卷　(元)釋蒙潤撰　清末

刻本　二册　存五卷(四至八)

330000－1704－0018203　善000637　集部/總集類/選集之屬/斷代

元詩選癸集十卷　(清)顧嗣立輯　(清)席世臣補輯　清嘉慶三年(1798)南沙席氏刻本　十六册

330000－1704－0018204　善000638　集部/總集類/選集之屬/斷代

元詩選六卷補遺一卷　(清)顧奎光輯　(清)陶瀚　(清)陶玉禾評　清乾隆十六年(1751)刻本　四册

330000－1704－0018207　善000639　集部/總集類/選集之屬/斷代

明詩綜一百卷　(清)朱彝尊輯　(清)汪森等評　清康熙刻乾隆西泠吳氏清來堂印本　四十册

330000－1704－0018209　善000769　集部/別集類/金別集

石蓮盦彙刻九金人集　吳重熹編　清光緒海豐吳重熹石蓮盦刻本　六册　存一種

330000－1704－0018210　018383　子部/雜著類/雜考之屬

丹鉛總錄二十七卷　(明)楊慎撰　清刻本　十册

330000－1704－0018211　018171　史部/職官類/官箴之屬

實政錄七卷　(明)呂坤撰　清同治十一年(1872)浙江書局刻本　六册

330000－1704－0018212　018270　集部/別集類/清別集

有正味齋全集　(清)吳錫麒撰　清嘉慶十三年(1808)刻本　十七册　存四十六卷(駢體文一至二十四,詩集一至十、十四至十六,詞集一至四、外集一至五)

330000－1704－0018213　善000775　集部/別集類/元別集

李五峯文集十卷　(元)李孝光撰　清林從炯玉甑山房抄本　清林駿跋並過錄清孫鏘鳴校　二册

330000－1704－0018214　善000776　集部/別集類/清別集

珁研坐吟艸一卷　(清)方成珪撰　清道光二十六年(1846)木活字印本　一册

330000－1704－0018215　018173　史部/金石類/金之屬/文字

歷代鐘鼎彝器款識法帖二十卷　(宋)薛尚功撰　清嘉慶二年(1797)儀徵阮元小琅環僊館刻本　四册

330000－1704－0018216　018271　子部/小說家類/異聞之屬

燕山外史註釋八卷　(清)陳球撰　(清)傅聲谷注　清光緒三十二年(1906)上海海左書局石印本　二册

330000－1704－0018217　018272　子部/小說家類/異聞之屬

燕山外史註釋八卷　(清)陳球撰　(清)傅聲谷注　清光緒三十二年(1906)上海海左書局石印本　二册

330000－1704－0018218　善000640　集部/總集類/選集之屬/斷代

金詩選四卷　(清)顧奎光輯　(清)陶玉禾評　清乾隆十六年(1751)刻本　二册

330000－1704－0018219　善000770　集部/別集類/宋別集

呂東萊先生文集二十卷首一卷　(宋)呂祖謙撰　(清)王崇炳輯　清雍正元年(1723)金華陳思臚敬勝堂刻本　十册

330000－1704－0018222　018176　子部/宗教類/佛教之屬/經疏

佛說梵網經菩薩心地品合註七卷附玄義一卷　(後秦)釋鳩摩羅什譯　(明)釋智旭註　(清)釋道昉訂　清同治十三年(1874)金陵刻經處刻本　四册

330000－1704－0018223　018327　子部/宗教類/佛教之屬/律

四分戒本一卷　題(唐)釋道宣輯　清刻本

一册

330000－1704－0018224　018376　子部/術數類/相宅相墓之屬
四秘全書十二種　(清)尹有本輯　清嘉慶刻本　十三册　存十一種

330000－1704－0018225　018326　史部/史抄類
史記菁華錄六卷　(清)姚祖恩輯　清光緒九年(1883)廣州翰墨園刻朱墨套印本　六册

330000－1704－0018228　善 000774　集部/别集類/宋别集
廬陵宋丞相信國公文忠烈先生全集十六卷　(宋)文天祥撰　(清)文有焕等編輯　清雍正三年(1725)文氏五桂堂刻本　十册

330000－1704－0018229　018333　類叢部/叢書類/彙編之屬
邵武徐氏叢書二十三種　(清)徐榦編　清光緒邵武徐氏刻本　二册　存一種

330000－1704－0018230　018176－1　子部/宗教類/佛教之屬/律
菩薩戒羯磨文釋一卷重定授菩薩戒法一卷學菩薩戒法一卷梵網經懺悔行法一卷毘尼後集問辯一卷　(明)釋智旭撰　**菩薩戒本經一卷**　(晉)釋曇無讖譯　清同治九年(1870)、十三年(1874)金陵刻經處刻本　一册

330000－1704－0018231　018334　類叢部/叢書類/彙編之屬
文選樓叢書三十三種　(清)阮亨編　清嘉慶至道光阮元刻道光二十二年(1842)阮亨彙印本　一册　存一種

330000－1704－0018232　018378　子部/宗教類/佛教之屬/律
四分戒本一卷　題(唐)釋道宣輯　清刻本　一册

330000－1704－0018233　018165　類叢部/叢書類/彙編之屬
申報館叢書正集五十七種附錄三種　(清)尊聞閣主編　**續集一百四十二種**　(清)蔡爾康編　清同治至光緒上海申報館鉛印本　四册　存一種

330000－1704－0018235　018166　類叢部/叢書類/彙編之屬
粵雅堂叢書續編四十九種　(清)伍崇曜編　清道光至光緒南海伍氏刻彙印本　一册　存一種

330000－1704－0018236　018380　子部/宗教類/佛教之屬
地藏菩薩本願懺儀一卷　(清)釋定慧集　清光緒三十三年(1907)刻本　一册

330000－1704－0018237　018083　集部/别集類/清别集
小謨觴館文集四卷　(清)彭兆蓀撰　清光緒六年(1880)存存軒刻本　二册

330000－1704－0018238　018206　史部/紀傳類/别史之屬
續漢志三十卷　(南朝梁)劉昭注補　清韓江書局刻本　二册　存十三卷(一至十三)

330000－1704－0018239　018170　史部/雜史類/斷代之屬
熙朝新語十六卷　(清)余金輯　清道光四年(1824)鳴盛堂刻本　四册

330000－1704－0018240　018172　史部/紀傳類/正史之屬
漢書引經異文錄證六卷　(清)繆祐孫撰　清光緒十一年(1885)刻本　二册

330000－1704－0018242　018382　史部/地理類/山川之屬/水志
莫愁湖志六卷首一卷　(清)馬士圖撰　清光緒八年(1882)刻本　二册

330000－1704－0018244　善 000777　集部/别集類/宋别集
王黄州小畜集三十卷　(宋)王禹偁撰　清倪模經鉏堂抄本　楊紹廉校　十册

330000－1704－0018245　018184　集部/别集類/唐五代别集

杜工部集二十卷附錄一卷諸家詩話一卷唱酬題詠附錄一卷　(唐)杜甫撰　(清)錢謙益箋註　清宣統二年(1910)上海國學扶輪社鉛印本　八冊

330000－1704－0018246　018335　史部/金石類/郡邑之屬/雜著

山右金石錄一卷　(清)夏寶晉撰　清光緒八年(1882)歸安石宗建古歡閣刻本　一冊

330000－1704－0018247　018207　史部/紀傳類/別史之屬

續漢志三十卷　(南朝梁)劉昭注補　清韓江書局刻本　一冊　存八卷(二十三至三十)

330000－1704－0018250　018276　史部/紀傳類/正史之屬

二十四史附考證　清光緒鉛印本　十二冊　存一種

330000－1704－0018254　018177　子部/宗教類/佛教之屬/諸宗

教觀綱宗一卷　(清)釋智旭撰　清末揚州衆香庵法雨經房刻本　一冊

330000－1704－0018255　018273　集部/總集類/尺牘之屬

書啟合璧十三卷　(清)張宗燾　(清)汪孝鍾輯　清刻本　一冊　存三卷(九至十一)

330000－1704－0018256　018386　子部/宗教類/道教之屬

大洞經示讀註釋三卷　(清)劉體恕輯　清道光同善居士刻本　一冊

330000－1704－0018257　018339　史部/紀傳類/正史之屬

二十四史附考證　清光緒鉛印本　一冊　存一種

330000－1704－0018258　018340　類叢部/叢書類/彙編之屬

崇文書局彙刻書三十一種　(清)崇文書局編　清光緒元年至三年(1875－1877)湖北崇文書局刻本　一冊　存一種

330000－1704－0018259　018387　史部/雜史類/斷代之屬

明季稗史彙編十六種　(清)留雲居士輯　清都城琉璃廠刻本　一冊　存一種

330000－1704－0018263　018341　史部/詔令奏議類/奏議之屬

沈文肅公政書七卷首一卷　(清)沈保楨撰　清光緒六年(1880)吳門節署刻本　十一冊

330000－1704－0018264　018208　子部/藝術類/書畫之屬/題跋

習苦齋畫絮十卷　(清)戴熙撰　清光緒十九年(1893)刻本　四冊

330000－1704－0018265　018179　子部/宗教類/佛教之屬/諸宗

西方要決釋疑通規一卷　題(唐)釋窺基撰　清末金陵刻經處刻本　一冊

330000－1704－0018267　018180　子部/宗教類/佛教之屬/經

佛說梵網經二卷　(後秦)釋鳩摩羅什譯　清光緒十年(1884)金陵刻經處刻本　一冊

330000－1704－0018268　018181　子部/宗教類/佛教之屬/經

佛說梵網經二卷　(後秦)釋鳩摩羅什譯　清甬江墨畊齋刻本　一冊

330000－1704－0018269　018209　類叢部/叢書類/彙編之屬

榆園叢刻十五種附一種　(清)許增編　清同治至光緒刻本　一冊　存一種

330000－1704－0018271　善000781　集部/別集類/宋別集

止齋先生文集五十二卷附錄一卷　(宋)陳傅良撰　清光緒四年(1878)瑞安孫氏詒善祠塾刻永嘉叢書本　張㭎批　五冊

330000－1704－0018272　018182　子部/宗教類/佛教之屬/諸宗

天台四教儀集註十卷　(元)釋蒙潤撰　清同治七年(1868)杭州昭慶寺慧空經房刻本　五冊

330000－1704－0018275　善000787　集部/別集類/宋別集
宋濂溪周元公先生集十卷　（宋）周敦頤撰　明萬曆二年（1574）崔惟植刻本　一册　存三卷（八至十）

330000－1704－0018276　018388　子部/宗教類/佛教之屬/經疏
佛説梵網經菩薩心地品略疏八卷　（後秦）釋鳩摩羅什譯　（清）釋弘贊述　清刻本　一册　存二卷（三至四）

330000－1704－0018277　018210　經部/小學類/文字之屬/説文/傳説
段氏説文注訂八卷　（清）鈕樹玉撰　清道光三年（1823）吴縣鈕樹玉非石居刻同治五年（1866）碧螺山館補刻本　二册

330000－1704－0018278　018331　集部/別集類/宋別集
淮海集十七卷後集二卷詞一卷補遺一卷續補遺一卷　（宋）秦觀撰　**淮海文集攷證一卷**　（清）王敬之　（清）茆泮林　（清）金長福撰　**重編淮海先生年譜節要一卷**　（清）秦瀛編　（清）王敬之節要　清道光十七年（1837）刻本　四册　存十三卷（淮海集一至十三）

330000－1704－0018279　018183　子部/宗教類/佛教之屬/諸宗
天台四教儀集註十卷　（元）釋蒙潤撰　清同治七年（1868）杭州昭慶寺慧空經房刻本　五册

330000－1704－0018280　018278　子部/醫家類/類編之屬
潛齋醫書五種　（清）王士雄撰　清光緒三十年（1904）石印本　二册　存四種

330000－1704－0018282　善000789　集部/別集類/宋別集
新刊止齋先生文奥十卷新增止齋文録十一卷　（宋）陳傅良撰　明刻本　四册　存八卷（新刊止齋先生文奥一至四、新增止齋文録一至四）

330000－1704－0018283　018185　集部/別集類/宋別集
水心文集二十九卷　（宋）葉適撰　清乾隆二十年（1755）溫州府學刻本　十册

330000－1704－0018284　018338　類叢部/叢書類/郡邑之屬
永嘉叢書十三種　（清）孫衣言編　清同治至光緒瑞安孫氏詒善祠塾刻本　七册　存一種

330000－1704－0018285　018279　子部/醫家類/類編之屬
陳修園四十八種　（清）陳念祖等撰　清光緒三十四年（1908）上海章福記石印本　一册　存二種

330000－1704－0018286　018211　經部/小學類/文字之屬/説文/傳説
説文發疑六卷續一卷　（清）張行孚撰　清光緒十年（1884）安吉張氏邗上寓廬刻本　二册　存五卷（一至五）

330000－1704－0018287　018343　子部/宗教類/佛教之屬/經
般若波羅蜜多心經一卷　（唐）釋玄奘譯　**文殊師利所説摩訶般若波羅蜜經一卷**　（南朝梁）釋曼陀羅僊譯　清光緒二十八年（1902）浙寧江東崇壽經房刻本　一册

330000－1704－0018288　018389　類叢部/叢書類/自著之屬
船山遺書五十八種　（清）王夫之撰　清同治四年（1865）湘鄉曾國荃金陵刻本　一册　存一種

330000－1704－0018289　018344　經部/三禮總義類/名物制度之屬
九旗古義述一卷　（清）孫詒讓撰　清光緒二十八年（1902）瑞安孫氏刻本　一册

330000－1704－0018290　018212　類叢部/叢書類/自著之屬
邃雅堂全集九種　（清）姚文田撰　清嘉慶至光緒歸安姚氏刻本　六册　存一種

330000－1704－0018291　018345　經部/周

禮類/傳說之屬
周禮政要二卷　(清)孫詒讓撰　清光緒二十八年(1902)瑞安普通學堂刻本　二冊

330000－1704－0018292　019434－1　史部/傳記類/總傳之屬/通代
尚友錄二十二卷補遺一卷　(明)廖用賢輯　(清)張伯琮補輯　清刻本　一冊　存三卷(二十一至二十二、補遺)

330000－1704－0018293　018441　經部/群經總義類/文字音義之屬
經典釋文三十卷　(唐)陸德明撰　**經典釋文攷證三十卷**　(清)盧文弨撰　清同治八年(1869)湖北崇文書局刻本　十二冊

330000－1704－0018294　善000783　集部/別集類/宋別集
臨川先生文集一百卷目錄二卷　(宋)王安石撰　明嘉靖刻本　十冊　存九十一卷(一至七、十五至九十四、九十六至九十九)

330000－1704－0018295　018285　史部/叢編
資治通鑑彙刻　清同治至光緒江蘇書局刻本　二十七冊　存二種

330000－1704－0018298　善000785　集部/別集類/金別集
遺山先生文集四十卷　(金)元好問撰　**遺山先生文集附錄一卷**　(明)儲巏輯　清康熙四十六年(1707)無錫華希閔劍光閣刻本　八冊

330000－1704－0018299　018442　集部/總集類/選集之屬/通代
古文辭類纂七十四卷　(清)姚鼐輯　**續古文辭類纂三十四卷**　王先謙輯　清光緒二十六年(1900)新化三味書室刻本　十九冊　缺四卷(古文辭類纂一至四)

330000－1704－0018300　018280　類叢部/叢書類/自著之屬
率祖堂叢書八種附六種　(宋)金履祥撰　清雍正至乾隆金華金氏刻光緒十三年(1887)鎮海謝駿德補刻本　八冊　存六種

330000－1704－0018301　018393　經部/叢編
重刊宋本十三經注疏四百十六卷附十三經注疏校勘記四百十六卷　(清)阮元撰　(清)盧宣旬摘錄　清嘉慶二十年(1815)南昌府學刻本　二冊　存一種

330000－1704－0018303　018213　經部/儀禮類/傳說之屬
儀禮正義四十卷　(清)胡培翬撰　(清)楊大堉補　清咸豐二年(1852)刻同治七年(1868)補刻本　二十冊

330000－1704－0018306　018442－1　集部/總集類/選集之屬/通代
續古文辭類纂三十四卷　王先謙輯　清光緒十年(1884)行素草堂刻本　一冊　存三卷(七至九)

330000－1704－0018307　018283　經部/叢編
重刊宋本十三經注疏四百十六卷附十三經注疏校勘記四百十六卷　(清)阮元撰　(清)盧宣旬摘錄　清嘉慶二十年(1815)南昌府學刻道光六年(1826)盱江朱華臨重校同治十二年(1873)江西書局重修本　三十六冊　存三種

330000－1704－0018308　018443　類叢部/類書類/通類之屬
精選黃眉故事十卷　(明)鄧志謨輯　清刻本　四冊　缺二卷(一至二)

330000－1704－0018312　018444　集部/總集類/選集之屬/通代
古文辭類纂七十四卷　(清)姚鼐輯　**續古文辭類纂三十四卷**　王先謙輯　清光緒二十六年(1900)新化三味書室刻本　十二冊　存六十九卷(十至十四、三十九至七十四,續四至六、十至三十四)

330000－1704－0018313　018351　集部/小說類/長篇之屬
紅樓夢一百二十回　(清)曹霑　(清)高鶚撰　(清)王希廉評　清光緒三年(1877)翰苑樓刻本　二十三冊

330000－1704－0018314　018394　經部/春秋左傳類/傳說之屬
春秋左傳五十卷　（晉）杜預　（宋）林堯叟註釋　（唐）陸德明音義　（明）鍾惺　（明）孫鑛　（明）韓范評點　清三餘堂刻本　一冊　存四卷(二十六至二十九)

330000－1704－0018315　018214　經部/叢編
重刊宋本十三經注疏四百十六卷附十三經注疏校勘記四百十六卷　（清）阮元撰　（清）盧宣旬摘錄　清嘉慶二十年(1815)南昌府學刻本　八十一冊　存十一種

330000－1704－0018317　018281　集部/總集類/選集之屬/斷代
湖海文傳七十五卷　（清）王昶輯　清道光十七年(1837)刻本　十六冊

330000－1704－0018319　018396　經部/春秋左傳類/傳說之屬
太史張天如詳春秋綱目句解左傳彙雋六卷　(明)張溥重訂　（清）韓菼重編　清刻本　一冊　存一卷(六)

330000－1704－0018321　018397　經部/三禮總義類/通禮雜禮之屬
司馬氏書儀十卷　（宋）司馬光撰　清同治七年(1868)江蘇書局刻本　二冊

330000－1704－0018324　018447　經部/小學類/文字之屬/字書/字典
康熙字典十二集三十六卷總目一卷檢字一卷辨似一卷等韻一卷補遺一卷備考一卷　（清）張玉書等纂修　清末石印本　一冊　缺四卷(總目、檢字、辨似、補遺)

330000－1704－0018325　018398　子部/宗教類/佛教之屬/經
大方廣佛華嚴經八十卷　（唐）釋實叉難陀譯　清刻本　十二冊　存三十三卷(七至十二、十六至二十七、三十七至三十九、四十六至四十八、五十二至五十四、六十一至六十三、七十六至七十八)

330000－1704－0018326　018448　子部/雜著類/雜說之屬
墨子閒詁十五卷目錄一卷附錄一卷後語二卷　（清）孫詒讓撰　清光緒三十三年(1907)瑞安孫氏刻本　八冊

330000－1704－0018327　018282　史部/紀傳類/正史之屬
二十四史　清上海點石齋石印本　三冊　存一種

330000－1704－0018329　018449　子部/雜著類/雜說之屬
墨子閒詁十五卷目錄一卷附錄一卷後語二卷　（清）孫詒讓撰　清光緒三十三年(1907)瑞安孫氏刻本　八冊

330000－1704－0018330　018216　子部/宗教類/道教之屬
廣成輯要牒符關引劄狀文字一卷　清抄本　一冊

330000－1704－0018332　018095　史部/編年類/通代之屬
重訂王鳳洲先生綱鑑會纂四十六卷續宋元紀二十三卷　（明）王世貞撰　（明）陳仁錫訂
御撰資治通鑑綱目三編四卷　（清）張廷玉等奉敕撰　清光緒二十五年(1899)上海富文書局石印本　八冊

330000－1704－0018333　善000641　集部/總集類/選集之屬/斷代
明文奇賞四十卷　（明）陳仁錫輯　明天啓三年(1623)刻本　十六冊　存三十二卷(一至三十二)

330000－1704－0018334　善000642　集部/總集類/選集之屬/斷代
皇明詩選十三卷　（清）李雯　（清）宋徵輿輯　明崇禎刻本　六冊

330000－1704－0018335　善000643　集部/總集類/選集之屬
列朝詩集乾集二卷甲集前編十一卷甲集二十二卷乙集八卷丙集十六卷丁集十六卷閏集六

卷　(清)錢謙益輯　清順治九年(1652)毛氏汲古閣刻本　四十册

330000－1704－0018336　善000644　集部/總集類/選集之屬/斷代

明詩別裁集十二卷　(清)沈德潛　(清)周準輯　清乾隆四年(1739)刻本　六册

330000－1704－0018337　善000645　集部/總集類/選集之屬/斷代

國朝詩別裁集三十六卷　(清)沈德潛輯並評　清乾隆二十四年(1759)刻本　十八册

330000－1704－0018338　善000646　集部/別集類/清別集

御製詩二集九十卷目錄十卷　(清)高宗弘曆撰　清乾隆内府刻本　二十一册

330000－1704－0018339　善000647　集部/別集類/清別集

御製詩集十卷第二集十卷　(清)聖祖玄燁撰　(清)高士奇輯　清康熙四十二年(1703)武英殿刻本　四册

330000－1704－0018340　善000648　集部/總集類/選集之屬/通代

本事詩十二卷　(清)徐釚輯　清乾隆二十二年(1757)桐鄉汪肯堂半松書屋刻本　三册　缺二卷(七至八)

330000－1704－0018341　善000649　集部/總集類/選集之屬/斷代

所知集初編十二卷二編八卷三編十二卷　(清)陳毅選輯　清乾隆三十二年(1767)、三十八年(1773)、五十六年(1791)眠雲閣刻本　十六册

330000－1704－0018343　018450　集部/總集類/選集之屬/通代

文選六十卷　(南朝梁)蕭統輯　(唐)李善注　**文選考異十卷**　(清)胡克家撰　清宣統三年(1911)上海會文堂石印本　十六册

330000－1704－0018344　018354　子部/醫家類/類編之屬

陳修園醫書五十種　(清)陳念祖等撰　清光緒三十一年(1905)上海商務印書館鉛印本　二册　存七種

330000－1704－0018347　018354－1　子部/醫家類/類編之屬

陳修園二十八種　(清)陳念祖等撰　清末石印本　一册　存五種

330000－1704－0018348　018354－2　子部/醫家類/類編之屬

陳修園二十八種　(清)陳念祖等撰　清末石印本　一册　存七種

330000－1704－0018351　018354－3　子部/醫家類/類編之屬

南雅堂醫書全集四十種　(清)陳念祖等撰　清末石印本　一册　存一種

330000－1704－0018352　018452　類叢部/類書類/專類之屬

佩文韻府一百六卷　(清)張玉書　(清)蔡升元等輯　**韻府拾遺一百六卷**　(清)汪灝　(清)何焯等輯　清光緒十三年(1887)上海點石齋石印本　六十册

330000－1704－0018354　018354－3　子部/醫家類/類編之屬

陳修園醫書　(清)陳念祖等撰　清光緒上海萃英書局石印本　與330000－1704－0018351合一册　存一種

330000－1704－0018356　018356　子部/醫家類/類編之屬

陳修園醫書　(清)陳念祖等撰　清光緒上海商務書館鉛印本　一册　存一種

330000－1704－0018358　018294　經部/周禮類/傳說之屬

周禮政要二卷　(清)孫詒讓撰　清光緒二十八年(1902)瑞安普通學堂刻本　二册

330000－1704－0018359　018356　子部/醫家類/類編之屬

陳修園二十八種　(清)陳念祖等撰　清末石印本　與330000－1704－0018356合一册　存三種

330000－1704－0018360　018356　子部/醫家類/類編之屬

陳修園二十八種　(清)陳念祖等撰　清末石印本　與330000－1704－0018356合一冊　存四種

330000－1704－0018363　018455　子部/叢編

教育叢書初集十一種二集十五種三集十一種　(清)教育世界社編譯　清光緒教育世界出版所刻本暨石印本　一冊　存一種

330000－1704－0018364　018355　史部/紀傳類/正史之屬

二十四史附考證　清末石印本　四冊　存一種

330000－1704－0018365　018096　類叢部/叢書類/自著之屬

庸庵全集六種二十一卷　(清)薛福成撰　清光緒二十七年(1901)上海書局石印本　二冊　存六卷(庸庵文編一至四、文外編一至二)

330000－1704－0018366　018295　史部/職官類/官制之屬

漢官儀三卷　(宋)劉攽撰　清光緒揚州穆西堂刻本　一冊

330000－1704－0018368　018357　子部/醫家類/類編之屬

陳修園二十八種　(清)陳念祖等撰　清末石印本　一冊　存一種

330000－1704－0018370　018296　新學/雜著/叢編

質學叢書初集三十種　(清)武昌質學會編　清光緒二十二年至二十三年(1896－1897)武昌質學會刻本　二冊　存一種

330000－1704－0018371　018297　子部/宗教類/佛教之屬/諸宗

重梓歸元直指集三卷　(五代)釋宗本撰　清同治十年(1871)杭省昭慶禪寺慧空經房刻本　三冊

330000－1704－0018373　018460　經部/叢編

重刊宋本十三經注疏四百十六卷附十三經注疏校勘記四百十六卷　(清)阮元撰　(清)盧宣旬摘錄　清嘉慶二十年(1815)南昌府學刻本　一冊　存一種

330000－1704－0018374　018217　經部/叢編

皇清經解一千四百八卷　(清)阮元輯　清道光九年(1829)廣東學海堂刻咸豐十一年(1861)補刻本　三冊　存十二卷(一千二百十八至一千二百二十九)

330000－1704－0018376　018462　史部/紀傳類/正史之屬

前漢書一百卷　(漢)班固撰　(唐)顔師古注　清刻本　八冊　存三十四卷(十三至十五、二十一至二十七、三十一至三十六、五十三至五十七、六十六至七十二、八十一至八十六)

330000－1704－0018378　018300　子部/宗教類/佛教之屬/經

千手千眼觀世音菩薩廣大圓滿無礙大悲心陀羅尼經一卷　(唐)釋伽梵達摩譯　**佛頂尊勝陀羅尼經一卷**　(唐)釋佛陀波利譯　**穢跡金剛說神通大滿陀羅尼法術靈要門經一卷**　(唐)釋無能勝譯　**佛說七俱胝佛母準提大明陀羅尼經一卷**　(唐)釋金剛智譯　清同治八年至十年(1869－1871)、光緒八年(1882)金陵刻經處刻本　一冊

330000－1704－0018380　018286　子部/宗教類/佛教之屬/經

佛說七俱胝佛母準提大明陀羅尼經一卷　(唐)釋金剛智譯　**千手千眼觀世音菩薩廣大圓滿无礙大悲心陀羅尼經一卷**　(唐)釋伽梵達摩譯　**佛頂尊勝陀羅尼經一卷**　(唐)釋波利譯　**穢跡金剛說神通大滿陀羅尼法術靈要門經一卷**　(唐)釋無能勝譯　清同治八年至光緒八年(1869－1882)金陵刻經處刻本　一冊

330000－1704－0018382　018303　子部/宗教類/佛教之屬/諸宗

一乘決疑論一卷　(清)彭紹升撰　清同治八年(1869)如皋刻經處刻本　一冊

330000－1704－0018383　善000790　集部/別集類/宋別集

止齋先生文集五十二卷附錄一卷　(宋)陳傅良撰　清光緒四年(1878)瑞安孫氏詒善祠塾刻永嘉叢書本　清孫衣言批校　五冊　存三十七卷(三至十一、十八至三十三、四十一至五十二)

330000－1704－0018385　018359　子部/天文曆算類/算書之屬

幾何原本十五卷　(意大利)利瑪竇　(英國)偉烈亞力口譯　(明)徐光啟　(清)李善蘭筆受　清同治四年(1865)金陵刻本　七冊　存十四卷(二至十五)

330000－1704－0018386　善000788　集部/別集類/宋別集

蛟峰批點止齋論祖不分卷　(宋)陳傅良撰　(宋)方逢辰批點　清抄本　二冊

330000－1704－0018387　018360　子部/天文曆算類/算書之屬

則古昔齋算學十三種二十四卷　(清)李善蘭編　清同治六年(1867)海寧李善蘭金陵刻本　一冊　存三種

330000－1704－0018390　018361　子部/宗教類/佛教之屬/諸宗

啟運慈悲道場懺法十卷　清末台州金師古齋刻本　一冊　存四卷(七至十)

330000－1704－0018391　018362　史部/地理類/水利之屬

上虞塘工紀要二卷　(清)連蘅撰　清光緒刻本　一冊

330000－1704－0018392　018218　經部/叢編

御纂七經二百八十卷首十一卷序三卷　(清)李光地等撰　清康熙至乾隆內府刻本　二十五冊　存一種

330000－1704－0018393　018363　子部/天文曆算類/算書之屬

幾何原本十五卷　(意大利)利瑪竇　(英國)偉烈亞力口譯　(明)徐光啟　(清)李善蘭筆受　清同治四年(1865)金陵刻本　八冊

330000－1704－0018394　018090　子部/醫家類/溫病之屬/其他溫疫病證

溫病條辨六卷首一卷　(清)吳瑭撰　清光緒十九年(1893)上海圖書集成印書局鉛印本　四冊

330000－1704－0018395　018461　子部/雜著類/雜說之屬

座右箴言四卷　(清)勵繩武編　清咸豐元年(1851)木活字印本　四冊

330000－1704－0018396　018091　子部/醫家類/溫病之屬/其他溫疫病證

溫病條辨六卷首一卷　(清)吳瑭撰　清光緒十九年(1893)上海圖書集成印書局鉛印本　四冊

330000－1704－0018397　善000786　集部/別集類/宋別集

元豐類稿五十卷　(宋)曾鞏撰　清初刻本　楊紹廉、朱屺瞻題記　八冊

330000－1704－0018398　018219　集部/總集類/選集之屬/通代

古文淵鑒六十四卷　(清)徐乾學等輯注　清康熙二十四年(1685)內府刻五色套印本　九冊　存十四卷(四十九至五十六、五十九至六十四)

330000－1704－0018401　018302　子部/叢編

十子全書　(清)王子興編　清嘉慶九年(1804)姑蘇王氏聚文堂刻本　三冊　存一種

330000－1704－0018403　018465　子部/天文曆算類/算書之屬

則古昔齋算學十三種二十四卷　(清)李善蘭編　清同治六年(1867)海寧李善蘭金陵刻本　五冊　存十種

330000－1704－0018406　018220　類叢部/

叢書類/彙編之屬

崇文書局彙刻書三十一種　(清)崇文書局編　清光緒元年至三年(1875－1877)湖北崇文書局刻本　三册　存一種

330000－1704－0018409　018367　子部/雜著類/雜說之屬

冷廬雜識八卷　(清)陸以湉撰　清咸豐六年(1856)刻本　二册　存四卷(五至八)

330000－1704－0018410　018221　集部/別集類/宋別集

姜白石全集　(宋)姜夔撰　清宣統二年(1910)上海掃葉山房石印本　一册　存一種

330000－1704－0018412　善 000784　集部/別集類/宋別集

樂全先生文集四十卷　(宋)張方平撰　**樂全先生張公行狀一卷**　清抄本　十六册

330000－1704－0018414　018304　子部/宗教類/佛教之屬/諸宗

淨土證心集三卷　(清)釋曉柔撰　清光緒元年(1875)古杭昭慶寺刻本　一册

330000－1704－0018417　018370　新學/雜著/叢編

質學叢書初集三十種　(清)武昌質學會編　清光緒二十二年至二十三年(1896－1897)武昌質學會刻本　二册　存一種

330000－1704－0018418　善 000782　集部/別集類/宋別集

新刻臨川王介甫先生文集一百卷目錄二卷　(宋)王安石撰　明萬曆四十年(1612)王鳳翔、王承宗金陵光啓堂刻本　十五册　存七十七卷(目錄一至二,一至三十八、四十四至四十八、五十四至五十八、六十九至八十五、九十一至一百)

330000－1704－0018420　018307　集部/小說類/長篇之屬

增像全圖三國演義十六卷一百二十回　(明)羅本撰　(清)毛宗崗評　清末石印本　一册　存一卷(九)

330000－1704－0018422　018308　子部/儒家類/儒學之屬/俗訓

人譜一卷人譜類記二卷　(明)劉宗周撰　清光緒元年(1875)杭州刻本　二册

330000－1704－0018425　018066　子部/宗教類/佛教之屬/諸宗

靈峰蕅益大師梵室偶談一卷　(清)釋智旭輯　(清)釋成時評點節畧　**徹悟禪師語錄二卷**　(清)釋際醒說　(清)釋了亮集　清同治十年(1871)金陵刻本　一册

330000－1704－0018426　018068　子部/宗教類/佛教之屬/經疏

大華嚴經略策一卷三聖圓融觀門一卷　(唐)釋澄觀撰　**答順宗心要法門一卷**　(唐)釋澄觀撰　(唐)釋宗密注　**原人論一卷**　(唐)釋宗密撰　**華嚴念佛三昧論一卷**　(清)彭紹升撰　清同治十三年(1874)雞園刻經處、光緒二十一年(1895)、二十三年(1897)金陵刻經處刻本　一册

330000－1704－0018427　018473　類叢部/類書類/專類之屬

佩文韻府一百六卷　(清)張玉書　(清)蔡升元等輯　**韻府拾遺一百六卷**　(清)汪灝　(清)何焯等輯　清光緒石印本　一册　存二十卷(佩文韻府五、七、九至十、二十一至二十三、二十八、三十六至三十八、六十三、六十六、八十三、九十三至九十六、九十八至九十九)

330000－1704－0018428　018309　集部/總集類/選集之屬/通代

文選六十卷　(南朝梁)蕭統輯　(唐)李善注　明刻本　十册

330000－1704－0018429　018365　子部/宗教類/佛教之屬/經疏

妙法蓮華經綸貫一卷妙法蓮華經台宗會義十六卷　(明)釋智旭撰　清光緒十九年(1893)江北刻經處刻本　八册

330000－1704－0018430　善 000804　集部/別集類/明別集

茅鹿門先生文集三十六卷 （明）茅坤撰 明萬曆刻本 八册 存十八卷(一至十八)

330000－1704－0018435 018310 子部/宗教類/佛教之屬/諸宗

省庵法師語錄二卷 （清）釋實賢撰 （清）彭紹升重訂 **西方發願文註一卷** （明）釋袾宏撰 **東海若解一卷** （唐）柳宗元撰 （清）釋實賢解 清同治七年(1868)寧郡迎鳳橋三元堂刻本 二册

330000－1704－0018439 善000805 集部/別集類/明別集

貞白先生遺稿十卷 （明）程通撰 明天啟刻本 三册

330000－1704－0018441 018306 經部/易類/正文之屬

篆文六經 清刻本 一册 存一種

330000－1704－0018442 018511 集部/別集類/清別集

曾文正公詩鈔四卷首一卷 （清）曾國藩撰 清光緒二年(1876)上海醉六堂刻本 二册

330000－1704－0018443 018511－1 史部/傳記類/別傳之屬/事狀

曾相六十壽文二卷附壽詩一卷 （清）李鴻章等撰 清光緒二年(1876)上海醉六堂刻本 二册

330000－1704－0018444 018463 史部/紀傳類/正史之屬

二十四史 清同治至光緒五省官書局據汲古閣本等合刻光緒五年(1879)湖北書局彙印本 一百册 存一種

330000－1704－0018445 018511－2 子部/雜著類/雜說之屬

曾文正公雜著四卷 （清）曾國藩撰 （清）李瀚章輯 清光緒四年(1878)上海醉六堂刻本 三册 缺一卷(四)

330000－1704－0018446 018511－3 史部/傳記類/別傳之屬/事狀

曾文正公事畧四卷附曾文正祠雅集圖記一卷 （清）王定安輯 清光緒元年(1875)刻本 二册 存四卷(一至四)

330000－1704－0018447 善000806 集部/別集類/明別集

虞德園先生集二十五卷又八卷 （明）虞淳熙撰 明天啟至崇禎錢塘虞氏壦務山館刻本 十册

330000－1704－0018448 018225 子部/儒家類/儒學之屬/蒙學

小學六卷 （清）高愈注 **文公朱夫子[朱熹]年譜一卷** 題(宋)李方子撰 清同治十一年(1872)浙江書局刻本 二册

330000－1704－0018450 018226 子部/儒家類/儒學之屬

二程全書 （宋）程顥 （宋）程頤撰 清刻本 一册 存一種

330000－1704－0018451 善000650 集部/總集類/選集之屬/通代

續刻溫陵四太史參選彙評古今名文珠璣八卷 （明）黄鳳翔等輯 明萬曆二十三年(1595)余紹崖自新齋刻本 張震軒題記 五册 存四卷(二至三、六、八)

330000－1704－0018452 018313 史部/地理類/方志之屬/郡縣志

[光緒]永嘉縣志三十八卷首一卷 （清）張寶琳修 （清）王棻 （清）孫詒讓纂 清光緒八年(1882)溫州維新書局刻本 二十二册 缺三卷(二十四、三十四至三十五)

330000－1704－0018453 善000791 集部/別集類/宋別集

晞髪集十卷遺集二卷遺集補一卷 （宋）謝翶撰 **謝皋[翶]先生年譜一卷** （清）徐沁編 **登西臺慟哭記註一卷冬青樹引註一卷** （宋）謝翶撰 （明）張丁注 **天地間集一卷** （宋）謝翶輯 清康熙四十一年(1702)平湖陸大業刻本 二册 缺一卷(年譜)

330000－1704－0018454 018227 集部/別集類/清別集

青溪舊屋文集十卷詩集一卷　(清)劉文淇撰　清光緒九年(1883)刻本　一冊　存六卷(一至六)

330000－1704－0018458　018228　集部/總集類/彙編之屬
三唐人集　(清)馮焌光編　清光緒南海馮氏讀有用書齋刻本　二冊　存一種

330000－1704－0018459　018468　史部/職官類/官箴之屬
在官法戒錄四卷　(清)陳弘謀撰　清同治十二年(1873)杭州刻本　二冊

330000－1704－0018460　018312　類叢部/叢書類/自著之屬
五經歲徧齋校書三種　(清)翟云升輯　清道光東萊翟氏刻本　一冊　存一種

330000－1704－0018461　018472　子部/叢編
二十二子(二十二子彙函)　(清)浙江書局編　清光緒元年至三年(1875－1877)浙江書局刻本　七冊　存二種

330000－1704－0018463　018099　子部/叢編
子書百家　(清)崇文書局編　清光緒元年(1875)湖北崇文書局刻本　四冊　存一種

330000－1704－0018464　018477　史部/職官類/官箴之屬
在官法戒錄四卷　(清)陳弘謀撰　清同治十二年(1873)杭州刻本　二冊

330000－1704－0018467　善000793　集部/別集類/宋別集
陳止齋先生論祖五卷　(宋)陳傅良撰　清抄本　清胡芾南校　沈靖題簽　二冊

330000－1704－0018468　018229　集部/別集類/宋別集
施註蘇詩四十二卷　(宋)蘇軾撰　(宋)施元之　(宋)顧禧注　(清)顧嗣立　(清)邵長蘅　(清)宋至刪補　清刻本　一冊　存四卷(五至八)

330000－1704－0018470　018230　類叢部/叢書類/彙編之屬
崇文書局彙刻書三十一種　(清)崇文書局編　清光緒元年至三年(1875－1877)湖北崇文書局刻本　一冊　存一種

330000－1704－0018471　018483　集部/別集類/清別集
鮚埼亭集三十八卷　(清)全祖望撰　**全氏世譜一卷年譜一卷**　(清)董秉純撰　清嘉慶九年(1804)餘姚史夢蛟借樹山房刻本　一冊　存八卷(六至九、十四至十七)

330000－1704－0018473　008953　集部/總集類/選集之屬/通代
桐城吳氏古文讀本十三卷　(清)吳汝綸評選　清光緒三十一年(1905)上海文明書局鉛印本　一冊　存四卷(四至七)

330000－1704－0018475　善000796　集部/別集類/元別集
趙文敏公松雪齋全集十卷外集一卷續集一卷　(元)趙孟頫撰　清康熙五十二年(1713)海上曹培廉城書室刻本　四冊

330000－1704－0018476　018484　經部/小學類/文字之屬/字書/字體
古籀拾遺三卷附宋政和禮器文字考一卷　(清)孫詒讓撰　清光緒十四年至十六年(1888－1890)刻本　一冊

330000－1704－0018479　018515　類叢部/叢書類/自著之屬
潛研堂全書二十一種　(清)錢大昕撰　清光緒十年(1884)長沙龍氏家塾刻本　二十二冊　存三種

330000－1704－0018480　018487　集部/別集類/宋別集
錢塘韋先生文集十八卷　(宋)韋驤撰　清刻本　一冊　存三卷(六至八)

330000－1704－0018482　018488　史部/雜史類/斷代之屬
戰國策十卷　(宋)鮑彪校注　(元)吳師道補

正　清刻本　一冊　存二卷(七至八)

330000－1704－0018484　善000798　集部/別集類/元別集
重刻吳淵穎集十二卷　(元)吳萊撰　(明)宋濂編　(清)查遴輯　**附錄一卷**　清康熙四十九年(1710)浦江吳氏豹文堂刻雍正元年(1723)重修本　四冊

330000－1704－0018488　018399　類叢部/叢書類/彙編之屬
春暉堂叢書十二種　(清)徐渭仁編　清道光至咸豐上海徐渭仁刻同治九年至十年(1870－1871)徐允臨補刻彙印本　二冊　存五種

330000－1704－0018489　018582　子部/叢編
二十二子(二十二子彙函)　(清)浙江書局編　清光緒元年至三年(1875－1877)浙江書局刻本　四冊　存一種

330000－1704－0018491　018416　子部/醫家類/類編之屬
陳修園醫書四十八種　(清)陳念祖等撰　清末上海錦章圖書局石印本　三冊　存十五種

330000－1704－0018492　善000799　集部/別集類/元別集
郝文忠公陵川文集三十九卷　(元)郝經撰　(清)王鏐編　**附錄一卷**　清乾隆三年(1738)鳳台王鏐刻本　十冊

330000－1704－0018493　018231　經部/四書類/總義之屬/傳說
四書集註十九卷　(宋)朱熹撰　清光緒三年(1877)永康胡氏退補齋刻本　二冊　存四卷(論語五至八)

330000－1704－0018495　善000651　集部/總集類/氏族之屬
嘉樂齋三蘇文範十八卷首一卷　(宋)蘇洵　(宋)蘇軾　(宋)蘇轍撰　(明)楊慎輯　(明)袁宏道評釋　明天啟二年(1622)刻本　八冊

330000－1704－0018499　018480　子部/宗教類/佛教之屬/經
佛教西來玄化應運略錄一卷　(宋)程輝編　**佛說四十二章經一卷**　(漢)釋迦葉摩騰　(漢)釋竺法蘭譯　**佛遺教經一卷**　(後秦)釋鳩摩羅什譯　**八大人覺經一卷**　(漢)釋安清譯　清同治九年(1870)金陵刻經處刻本　一冊

330000－1704－0018500　018385　子部/醫家類/類編之屬
陳修園醫書二十八種　(清)陳念祖等撰　清光緒二十九年(1903)錦章書局石印本　二冊　存十六種

330000－1704－0018502　018481　經部/小學類/文字之屬/字書/字體
古籀拾遺三卷附宋政和禮器文字考一卷　(清)孫詒讓撰　清光緒十四年至十六年(1888－1890)刻本　一冊

330000－1704－0018503　善000800　集部/別集類/元別集
不繫舟漁集十五卷　(元)陳高撰　(明)陳一元校　**附錄一卷**　(元)揭汯撰　清孫詒讓述舊齋抄本　清孫詒讓校並題記　清孫衣言、清孫鏘鳴校　二冊

330000－1704－0018504　018518　子部/宗教類/佛教之屬/經疏
佛說摩訶阿彌陀經衷論一卷　(清)魏源會譯　王耕心衷論　清光緒三十年(1904)刻本　一冊

330000－1704－0018505　018482　經部/小學類/文字之屬/字書/字體
古籀拾遺三卷附宋政和禮器文字考一卷　(清)孫詒讓撰　清光緒十四年至十六年(1888－1890)刻本　一冊

330000－1704－0018506　善000653　集部/總集類/選集之屬/斷代
苔岑集二十卷附二卷　(清)王鳴盛輯　清乾隆三十二年(1767)蘇州刻本　四冊

330000－1704－0018507　018232　經部/四

書類/總義之屬/傳説

四書集註十九卷 (宋)朱熹撰 清刻本 韓□題記 二册 存七卷(論語一至五、孟子四至五)

330000－1704－0018508 018546 集部/小説類/長篇之屬

第一才子書六十卷首一卷一百二十回 (明)羅本撰 (清)毛宗崗評 清咸豐三年(1853)常熟顧氏小石山房刻本 二十四册

330000－1704－0018509 018485 經部/小學類/文字之屬/字書/字體

古籀拾遺三卷附宋政和禮器文字考一卷 (清)孫詒讓撰 清光緒十四年至十六年(1888－1890)刻本 一册

330000－1704－0018510 善000801 集部/别集類/元别集

安雅堂集十三卷 (元)陳旅撰 清瑞安孫氏玉海樓抄本 四册

330000－1704－0018511 善000654 集部/總集類/選集之屬/斷代

感舊集十六卷 (清)王士禛輯 (清)盧見曾補傳 清乾隆十七年(1752)德州盧見曾刻本 八册

330000－1704－0018512 018392 子部/醫家類/類編之屬

陳修園二十八種 (清)陳念祖等撰 清末石印本 一册 存四種

330000－1704－0018513 018579 類叢部/叢書類/彙編之屬

金峨山館叢書(望三益齋叢書)十一種 (清)郭傳璞編 清光緒八年至十六年(1882－1890)鄞郭氏刻二十年(1894)鎮海邵氏彙印本 一册 存三種

330000－1704－0018515 善000655 集部/總集類/選集之屬/斷代

忠義集七卷 (元)趙景良輯 明末海虞毛氏汲古閣刻本 一册

330000－1704－0018516 018233 子部/宗教類/佛教之屬/經疏

佛説阿彌陀經要解便蒙鈔三卷 (清)釋智旭解 (清)釋達默鈔 (清)釋達林参訂 清刻本 一册 存一卷(一)

330000－1704－0018517 善000802 集部/别集類/元别集

不繫舟漁集十五卷 (元)陳高撰 (明)陳一元校 **附録一卷** (元)揭汯撰 清抄本 清華文漪校並跋 清葉錫嘏、清陳醇嘏校並題記 清陳銕君、清葉湘民校 二册

330000－1704－0018518 018392 子部/醫家類/類編之屬

陳修園二十八種 (清)陳念祖等撰 清末石印本 與330000－1704－0018512合一册 存四種

330000－1704－0018519 善000656 集部/總集類/郡邑之屬

四明四友詩六卷 (清)鄭梁輯 清康熙四十八年(1709)刻本 聯正彦跋 二册

330000－1704－0018520 018416 子部/醫家類/類編之屬

陳修園二十八種 (清)陳念祖等撰 清末石印本 與330000－1704－0018491合三册 存四種

330000－1704－0018521 018549 類叢部/叢書類/自著之屬

隨園三十八種 (清)袁枚撰 清光緒十八年(1892)勤裕堂鉛印本 一册 存一種

330000－1704－0018522 018580 經部/小學類

小學類編六種附三種合五十九卷 (清)李祖望編 清咸豐至光緒江都李氏半畝園刻本 一册 存一種

330000－1704－0018523 018491 經部/叢編

重刊宋本十三經注疏四百十六卷附十三經注疏校勘記四百十六卷 (清)阮元撰 (清)盧宣旬摘録 清嘉慶二十年(1815)南昌府學刻

道光六年(1826)盱江朱華臨重校同治十二年(1873)江西書局重修本　八冊　存二種

330000－1704－0018524　018234　集部/總集類/選集之屬/斷代

花團錦簇樓詩輯□□卷　清光緒上海字林滬報館鉛印本　一冊　存三卷(七至九)

330000－1704－0018525　善000803　集部/別集類/明別集

茅鹿門先生文集三十六卷　(明)茅坤撰　明萬曆刻本　八冊

330000－1704－0018526　018581　類叢部/叢書類/自著之屬

鞠圃十種　(清)胡重撰　清嘉慶十六年(1811)秀水金氏月香書屋刻本　一冊　存一種

330000－1704－0018527　善000657　集部/總集類/選集之屬/斷代

國朝六家詩鈔八卷　(清)劉執玉選編　清乾隆三十二年(1767)劉執玉詒燕樓刻本　四冊

330000－1704－0018528　018496　史部/紀傳類/正史之屬

二十四史　清同治至光緒五省官書局據汲古閣本等合刻光緒五年(1879)湖北書局彙印本　五十二冊　存七種

330000－1704－0018529　善000658　集部/總集類/選集之屬/斷代

本朝館閣詩二十卷附錄一卷　(清)阮學浩　(清)阮學濬輯　**續附錄一卷**　(清)阮芝生　(清)阮葵生　(清)曹文植輯　清乾隆二十三年(1758)困學書屋刻本　十冊　存十八卷(一至十八)

330000－1704－0018530　018520　類叢部/叢書類/彙編之屬

石研齋校刻書七種　(清)秦恩復編　清嘉慶至道光秦氏石研齋刻本　二冊　存一種

330000－1704－0018531　018418　經部/小學類/文字之屬/字書/字典

康熙字典十二集三十六卷總目一卷檢字一卷辨似一卷等韻一卷補遺一卷備考一卷　(清)張玉書等纂修　清刻本　二冊　存二卷(未集上、補遺)

330000－1704－0018533　018235　子部/雜著類/雜纂之屬

雲林別墅新輯酬世錦囊全集十九卷　(清)鄒景揚輯　清光緒石印本　一冊　缺八卷(初集一至八)

330000－1704－0018534　018521　史部/紀傳類/正史之屬

史記一百三十卷　(漢)司馬遷撰　(南朝宋)裴駰集解　(唐)司馬貞索隱　(唐)張守節正義　清同治五年至九年(1866－1870)金陵書局刻本　十四冊　存七十四卷(一至七十三、一百三十)

330000－1704－0018535　018545　集部/別集類/唐五代別集

杜詩鏡銓二十卷附諸家論杜一卷　(清)楊倫撰　**讀書堂杜工部文集註解二卷**　(清)張溍撰　清同治十一年(1872)望三益齋刻本　十二冊

330000－1704－0018537　018522　經部/叢編

十三經讀本一百二十九卷附校刊記十四卷　(清)丁寶楨等校並撰　清同治十一年(1872)山東書局刻本　二冊　存一種

330000－1704－0018540　018420　類叢部/叢書類/彙編之屬

士禮居黃氏叢書十九種附四種　(清)黃丕烈編　清嘉慶至道光黃氏士禮居刻本　三冊　存一種

330000－1704－0018541　018236　子部/雜著類/雜纂之屬

稟啟零紈四卷　(清)徐紉裳輯　清道光三十年(1850)刻本　一冊

330000－1704－0018542　018547　史部/紀傳類/正史之屬

四史四百十五卷　清光緒金陵書局江南書局

刻本　十二冊　存一種

330000－1704－0018543　018523　史部/編年類/通代之屬

資治通鑑大全四百二十八卷　題(明)陳仁錫輯　明崇禎刻金閶大歡堂印本　十二冊　缺二百九十八卷(資治通鑑目錄十一至十三、二十一至三十,資治通鑑一至七十三、七十九至八十二、八十七至二百九十四)

330000－1704－0018545　018408　史部/傳記類/科舉録之屬/歷科鄉試録

[光緒二十九年]癸卯恩科湖北闈墨一卷　清末石印本　一冊

330000－1704－0018547　018524　史部/紀傳類/正史之屬

史記一百三十卷　(漢)司馬遷撰　(南朝宋)裴駰集解　(唐)司馬貞索隱　(唐)張守節正義　清同治五年至九年(1866－1870)金陵書局刻本　二十冊

330000－1704－0018550　018417　史部/傳記類/别傳之屬/事狀

曾文正公[國藩]榮哀錄一卷　(清)黄翼升等撰　清同治十一年(1872)刻本　一冊

330000－1704－0018551　018525　集部/詩文評類/文評之屬

文心雕龍十卷　(南朝梁)劉勰撰　(清)黄叔琳輯注　(清)紀昀評　清道光十三年(1833)盧坤兩廣節署刻朱墨套印本　三冊　缺二卷(九至十)

330000－1704－0018552　018238　子部/兵家類/兵法之屬

孫子十家註十三卷　(漢)曹操等撰　**敘錄一卷**　(清)畢以珣撰　**遺說一卷**　(宋)鄭友賢撰　清末上海掃葉山房石印本　二冊

330000－1704－0018554　018548　子部/宗教類/佛教之屬/經疏

大方廣佛華嚴經著述集要　(清)楊文會輯　清同治八年至民國六年(1869－1917)如皋刻經處、雞園刻經處、長沙刻經處、金陵刻經處等刻本　一冊　存一種

330000－1704－0018555　018239　集部/别集類/宋别集

象山先生全集三十六卷　(宋)陸九淵撰　(清)李紱輯　清鉛印本　七冊　缺五卷(一至五)

330000－1704－0018558　018550　子部/宗教類/佛教之屬

大乘起信論一卷　題(天竺)馬鳴菩薩造　(南朝陳)釋真諦譯　清光緒三十年(1904)武昌盧陵黄氏刻本　一冊

330000－1704－0018561　018240　經部/叢編

十三經註疏三百三十三卷　(明)□□輯　明崇禎元年至十二年(1628－1639)古虞毛氏汲古閣刻本　一冊　存一種

330000－1704－0018562　018526　史部/紀傳類/正史之屬

二十四史附考證　清刻本　四冊　存一種

330000－1704－0018568　018528　史部/紀傳類/正史之屬

二十四史　清同治至光緒五省官書局據汲古閣本等合刻光緒五年(1879)湖北書局彙印本　五冊　存一種

330000－1704－0018570　018529　史部/編年類/通代之屬

重訂王鳳洲先生綱鑑會纂四十六卷續宋元紀二十三卷　(明)王世貞撰　(明)陳仁錫訂　清光緒局石印本　三冊　存十五卷(綱鑑會纂七至十六、三十三至三十七)

330000－1704－0018571　018412　集部/别集類/唐五代别集

杜工部詩集二十卷外詩一卷文集二卷　(唐)杜甫撰　(清)朱鶴齡輯注　**杜工部年譜一卷**　(清)朱鶴齡撰　清康熙刻本　二冊　存三卷(二、六至七)

330000－1704－0018572　018530　子部/醫家類

江維一先生醫學先路一卷　(清)江維一撰　清道光元年(1821)刻本　一册

330000－1704－0018573　018501　經部/小學類/文字之屬/說文

說文新附攷六卷續攷一卷　(清)鈕樹玉撰　清同治十三年(1874)湖北崇文書局刻本　二册

330000－1704－0018574　018531　集部/別集類/唐五代別集

唐丞相曲江張文獻公集十二卷附錄一卷千秋金鑑錄五卷　(唐)張九齡撰　清光緒十八年(1892)張曉如刻本　一册　存二卷(十一至十二)

330000－1704－0018576　018242　子部/叢編

二十二子(二十二子彙函)　(清)浙江書局編　清光緒刻本　一册　存一種

330000－1704－0018579　018243　子部/醫家類/婦科之屬/產科

增廣大生要旨五卷　(清)唐千頃撰　(清)葉灝增訂　清光緒十年(1884)埽葉山房刻本　二册

330000－1704－0018580　018503　子部/宗教類/其他宗教之屬/基督教

新史畧七卷宗徒事畧一卷　清光緒十六年(1890)鉛印本　一册

330000－1704－0018581　018409　經部/小學類/文字之屬/字書/字典

康熙字典十二集三十六卷總目一卷檢字一卷辨似一卷等韻一卷補遺一卷備考一卷　(清)張玉書等纂修　清道光七年(1827)刻本　二册　存二卷(酉集中下)

330000－1704－0018583　018504　類叢部/叢書類/自著之屬

邃雅堂全集九種　(清)姚文田撰　清嘉慶至光緒歸安姚氏刻本　五册　存一種

330000－1704－0018586　018505　經部/小學類/文字之屬/說文/傳說

說文古籀疏證六卷原目一卷　(清)莊述祖撰　清光緒十一年(1885)刻本　二册　缺三卷(二至四)

330000－1704－0018589　018245　子部/儒家類/儒學之屬/禮教

繪圖女孝經白話解一卷　(唐)鄭氏撰　清末至民國普通教育社影印本　一册

330000－1704－0018591　018535　經部/禮記類/傳說之屬

禮記集解六十一卷尚書顧命解一卷　(清)孫希旦撰　清咸豐十年至同治七年(1860－1868)瑞安孫氏盤谷草堂刻本　二册　存十八卷(二十二至三十九)

330000－1704－0018592　018246　子部/道家類

道德經新註疏不分卷　清末影印本　一册

330000－1704－0018593　018536　經部/儀禮類/傳說之屬

儀禮正義四十卷　(清)胡培翬撰　(清)楊大堉補　清咸豐二年(1852)刻同治七年(1868)補刻本　一册　存二卷(三十九至四十)

330000－1704－0018594　018401　子部/雜著類/雜說之屬

欲海回狂集三卷内典字義譯註一卷　(清)周思仁撰　**附刻省庵法師不淨觀頌四念處頌一卷**　(清)熊秉悳選　清同治三年(1864)邗江熊氏刻本　一册

330000－1704－0018595　018506　類叢部/叢書類/彙編之屬

金峨山館叢書(望三益齋叢書)十一種　(清)郭傳璞編　清光緒八年至十六年(1882－1890)鄞郭氏刻二十年(1894)鎮海邵氏彙印本　一册　存二種

330000－1704－0018596　善000817　集部/別集類/明別集

劉坦齋先生文集十五卷補遺一卷　(明)劉三吾撰　清乾隆二十三年(1758)劉氏刻本　四册

330000－1704－0018597　018537　集部/別集類/清別集
陳檢討集二十卷　(清)陳維崧撰　(清)程師恭注　清康熙刻本　一冊　存七卷(十四至二十)

330000－1704－0018598　018247　子部/宗教類/道教之屬/雜著
新鋟葛稚川内篇四卷外篇四卷　(晉)葛洪撰　(明)盧舜治評　清刻本　一冊　存二卷(外篇三至四)

330000－1704－0018599　018534　集部/別集類/清別集
陳檢討集二十卷　(清)陳維崧撰　(清)程師恭注　清康熙刻本　二冊　存十八卷(三至二十)

330000－1704－0018600　018507　類叢部/叢書類/自著之屬
古桐書屋六種　(清)劉熙載撰　清同治至光緒刻本　一冊　存一種

330000－1704－0018604　018421　子部/儒家類/儒學之屬/俗訓
辨惑編四卷附錄一卷　(元)謝應芳撰　清光緒四年(1878)刻本　二冊

330000－1704－0018605　018509　經部/小學類
雷刻四種　(清)雷浚輯　清光緒二年至十年(1876－1884)吳縣雷氏刻本　六冊

330000－1704－0018606　018422　經部/叢編
九經補注八種　(清)姜兆錫撰　清雍正至乾隆寅清樓刻本　三冊　存一種

330000－1704－0018608　善000818　集部/別集類/明別集
汲古堂續集不分卷　(明)何白撰　清瑞安孫氏玉海樓抄本　清孫衣言題簽　一冊

330000－1704－0018609　018555　類叢部/叢書類/郡邑之屬
留香室叢刻十種　(清)祝昌泰　(清)梁章鉅編　清嘉慶十六年至十七年(1811－1812)浦城祝氏留香室刻本　十五冊　存五種

330000－1704－0018611　善000819　集部/別集類/明別集
汲古堂續集十二卷　(明)何白撰　清初抄本　楊紹廉題記　四冊　存四卷(六至八、十一)

330000－1704－0018613　018558　類叢部/叢書類/自著之屬
留書種閣集九種　(清)黃炳垕撰　清同治六年至光緒二十年(1867－1894)餘姚黃氏留書種閣刻本　一冊　存一種

330000－1704－0018614　018249　經部/周禮類/傳說之屬
周禮三家佚注一卷　(清)孫詒讓撰　清光緒二十年(1894)瑞安孫氏刻本　一冊

330000－1704－0018615　018423　類叢部/叢書類/自著之屬
郝氏遺書三十三種　(清)郝懿行撰　清嘉慶至光緒刻彙印本　五冊　存一種

330000－1704－0018616　018403　經部/四書類/總義之屬/傳說
四書味根錄三十七卷　(清)金澂撰　清光緒十二年(1886)上海積山書局石印本　一冊　缺十四卷(孟子一至十四)

330000－1704－0018617　018250　集部/別集類/清別集
小安樂窩文集四卷詩存一卷南池唱和詩存一卷　(清)張海珊撰　清道光十一年(1831)刻本　二冊

330000－1704－0018618　018562　集部/別集類/清別集
曝書亭集八十卷附錄一卷　(清)朱彝尊撰
笛漁小稾十卷　(清)朱昆田撰　清康熙五十三年(1714)朱稻孫刻本　一冊　存五卷(笛漁小稾一至五)

330000－1704－0018619　018251　經部/四書類/總義之屬/傳說

四書集註十九卷 (宋)朱熹撰 清光緒十八年(1892)浙江書局刻本 一冊 存二卷(孟子六至七)

330000-1704-0018620 善000816 集部/別集類/明別集
甌濱文集録不分卷 (明)王瓚撰 清抄本 清孫衣言題簽 清孫詒讓校 一冊

330000-1704-0018621 018404 子部/雜著類/雜纂之屬
雲林別墅新輯酬世錦囊全集十九卷 (清)鄒景揚輯 清狀元坊寶光閣刻本 八冊 存十五卷(初集一至八、二集一至四、七、三集一至二)

330000-1704-0018622 018559 經部/小學類/文字之屬/字書/古文
新集古文四聲韻五卷附錄一卷 (宋)夏竦撰 清乾隆四十四年(1779)古歙汪啟淑刻本 二冊 存三卷(二至三、五)

330000-1704-0018623 018540 經部/小學類/文字之屬/說文/專著
許氏說文解字雙聲疊韻譜一卷 (清)鄧廷楨撰 清道光十八年(1838)刻本 一冊

330000-1704-0018624 善000814 集部/別集類/明別集
柏泉集二卷 (明)姜偉撰 清抄本 清孫衣言題簽 一冊

330000-1704-0018625 018623 經部/小學類/文字之屬/字書/字體
古籀拾遺三卷附宋政和禮器文字考一卷 (清)孫詒讓撰 清光緒十四年至十六年(1888-1890)刻本 一冊

330000-1704-0018626 018542 集部/別集類/宋別集
西山先生真文忠公文集五十五卷目錄二卷補遺一卷 (宋)真德秀撰 **西山真文忠公年譜一卷** (清)真采編 清同治四年(1865)浦城真氏拱極堂刻本 一冊 存一卷(年譜)

330000-1704-0018627 018624 經部/小學類/文字之屬/字書/字體
古籀拾遺三卷附宋政和禮器文字考一卷 (清)孫詒讓撰 清光緒十四年至十六年(1888-1890)刻本 一冊

330000-1704-0018628 善000815 集部/別集類/明別集
二雁山人詩集二卷 (明)康從理撰 清抄本 一冊

330000-1704-0018629 018560 子部/雜家類
顏氏家訓七卷 (北齊)顏之推撰 **攷證一卷** (宋)沈揆撰 清刻本 一冊 存四卷(五至八)

330000-1704-0018630 018625 史部/政書類/律令之屬/法驗
重刊補註洗冤錄集證六卷 (清)王又槐輯 (清)李觀瀾補輯 (清)阮其新補註 (清)張錫蕃重訂 (清)文晟續輯 清刻四色套印本 一冊 存一卷(五)

330000-1704-0018632 018543 集部/別集類/清別集
梅花詠一卷續一卷三續一卷四續一卷 (清)釋佛第撰 清康熙三十九年(1700)刻本 一冊

330000-1704-0018633 018539 經部/小學類/音韻之屬/韻書
廣韻五卷 (宋)陳彭年等重修 清刻本 一冊 存一卷(四)

330000-1704-0018635 018561 集部/別集類/宋別集
呂東萊先生文集二十卷首一卷 (宋)呂祖謙撰 (清)王崇炳輯 清雍正元年(1723)金華陳思臚敬勝堂刻本 一冊 存二卷(首、一)

330000-1704-0018637 018413 新學/格致總
格致須知二十八種 (英國)傅蘭雅編 清光緒八年至二十四年(1882-1898)刻本 六冊 存六種

330000－1704－0018640　018413－1　新學/理學/理學

理學須知一卷　(英國)傅蘭雅撰輯　清光緒二十四年(1898)刻本　一册

330000－1704－0018641　018627　史部/政書類

九通　(清)□□輯　清光緒八年至二十二年(1882－1896)浙江書局刻本　一册　存一種

330000－1704－0018642　018563　類叢部/類書類/專類之屬

分類字錦六十四卷　(清)何焯等纂　清刻本　一册　存一卷(二)

330000－1704－0018644　018564　類叢部/叢書類/彙編之屬

增訂漢魏叢書八十六種　(清)王謨編　清刻本　六册　存三種

330000－1704－0018646　018683　類叢部/叢書類/彙編之屬

振綺堂叢刊八種　(清)□□輯　清嘉慶至光緒汪氏振綺堂刻本　一册　存一種

330000－1704－0018647　018648　子部/醫家類/醫經之屬/内經

黄帝内經素問二十四卷　(清)吳崐註　清刻本　四册　缺六卷(十六至二十一)

330000－1704－0018648　018628　類叢部/類書類/專類之屬

佩文韻府一百六卷　(清)張玉書　(清)蔡升元等輯　**韻府拾遺一百六卷**　(清)汪灝　(清)何焯等輯　清嶺南潘氏海山僊館刻本　一百三册　存一百七十一卷(佩文韻府一至十、十二至二十、五十八至七十四、七十六至九十五、九十八至一百六,韻府拾遺一至一百六)

330000－1704－0018649　018649　史部/政書類/通制之屬

三國會要二十二卷首一卷　楊晨撰　清光緒刻本　楊景成校　一册　存四卷(十五至十八)

330000－1704－0018650　018684　經部/叢編

十三經單注　清同治七年(1868)湖北崇文書局刻本　三册　存一種

330000－1704－0018651　善000820　集部/別集類/明別集

汲古堂續集十二卷　(明)何白撰　清瑞安項氏水仙亭抄本　二册　存四卷(八至九、十一至十二)

330000－1704－0018652　018685　類叢部/叢書類/彙編之屬

廣雅書局叢書一百五十九種　徐紹棨編　清光緒廣雅書局刻民國九年(1920)番禺徐紹棨彙編印本　三册　存二種

330000－1704－0018654　善000822　集部/別集類/元別集

青華集四卷　(元)史伯璿撰　清抄本　一册

330000－1704－0018657　018650　子部/醫家類/綜合之屬/通論

醫學十書　(清)陳璞撰　清光緒七年(1881)羊城雲林閣刻本　十三册　存九種

330000－1704－0018658　018687　集部/詞類/總集之屬

詞綜三十八卷　(清)朱彝尊輯　(清)王昶增輯　**明詞綜十二卷國朝詞綜四十八卷國朝詞綜二集八卷**　(清)王昶輯　清嘉慶七年(1802)青浦王氏三泖漁莊刻本　五册　存二十一卷(詞綜三十至三十八、明詞綜一至十二)

330000－1704－0018659　018630　集部/總集類/選集之屬/斷代

全唐詩三十二卷　(清)曹寅等輯　清光緒石印本　三册　存三卷(十一、十三、三十)

330000－1704－0018660　018688　史部/紀傳類/別史之屬

七家後漢書　(清)汪文臺輯　清光緒八年(1882)太平崔國榜等刻本　六册

330000－1704－0018661　善000823　類叢

部/叢書類/自著之屬
王百穀集二十一種　(明)王穉登撰　明刻本　二册　存七種

330000－1704－0018665　018427　子部/藝術類/書畫之屬/總論
庚子銷夏記八卷　(清)孫承澤撰　清宣統三年(1911)掃葉山房石印本　夏達題記　四册

330000－1704－0018666　018428　史部/政書類
九通　(清)□□輯　清光緒二十七年(1901)上海圖書集成局鉛印本　五十七册　存一種

330000－1704－0018668　018692　集部/别集類/漢魏六朝别集
曹集銓評十卷　(三國魏)曹植撰　(清)丁晏詮評　**曹集逸文一卷**　(清)丁晏輯　**魏陳思王[曹植]年譜一卷附錄一卷**　(清)丁晏撰　清同治十一年(1872)金陵書局刻本　二册

330000－1704－0018671　018430　子部/醫家類/綜合之屬/雜著
筆花醫鏡四卷　(清)江涵暾撰　清光緒二十七年(1901)鍊石書局石印本　一册

330000－1704－0018672　018689　集部/總集類/選集之屬/斷代
王孟詩評二種九卷　(宋)劉辰翁評　清光緒五年(1879)巴陵方氏碧琳琅館刻朱墨套印本　四册

330000－1704－0018674　018588　史部/編年類/通代之屬
資治通鑑綱目五十九卷　(宋)朱熹撰　清刻本　一册　存一卷(十二)

330000－1704－0018681　善000821　類叢部/叢書類/自著之屬
率祖堂叢書八種附六種　(宋)金履祥撰　清雍正至乾隆金華金氏刻光緒十三年(1887)鎮海謝駿德補刻本　二册　存一種

330000－1704－0018682　018691　集部/别集類/清别集
夾鏡亭吟草一卷　(清)馬世俊撰　清乾隆刻本　一册

330000－1704－0018684　018693　集部/别集類/唐五代别集
李義山詩集三卷　(唐)李商隱撰　(清)朱鶴齡箋注　(清)沈厚塽輯評　**李義山詩譜一卷附錄諸家詩評一卷**　清同治九年(1870)廣州倅署刻三色套印本　三册　缺一卷(下)

330000－1704－0018686　018695　集部/别集類/明别集
鹿木居詩集三卷　(明)鄒元檄撰　(清)朱鑣輯　清嘉慶十八年(1813)植桂堂刻本　一册

330000－1704－0018687　018590　集部/詞類/總集之屬
清綺軒詞選十三卷　(清)夏秉衡輯　清刻本　五册　存十卷(四至十三)

330000－1704－0018691　善000807　集部/别集類/明别集
誠意伯劉先生文集二十卷　(明)劉基撰　明正德十四年(1519)林富處州刻本　五册　存十卷(五至十四)

330000－1704－0018694　018638　子部/醫家類/醫案之屬
續名醫類案三十六卷　(清)魏之琇撰　清末石印本　十二册　缺七卷(一至二、十二至十三、十九至二十一)

330000－1704－0018697　善000808　集部/别集類/明别集
覆瓿集八卷　(明)朱同撰　明萬曆四十四年(1616)朱氏刻本　四册

330000－1704－0018700　善000809　集部/别集類/明别集
明太師張文忠公文集六卷葩經全旨一卷　(明)張孚敬撰　清道光二十一年(1841)居易堂刻本　二册

330000－1704－0018702　018591　類叢部/叢書類/自著之屬
鹿洲全集　(清)藍鼎元撰　清刻本　五册　存四種

330000－1704－0018703　018697　集部/别集類/唐五代别集

李義山詩集三卷　(唐)李商隱撰　(清)朱鶴齡箋注　(清)沈厚塽輯評　**李義山詩譜一卷附錄諸家詩評一卷**　清同治九年(1870)廣州倅署刻三色套印本　一册　存一卷(下)

330000－1704－0018704　018698　集部/别集類/清别集

泉村集選一卷　(清)徐凝撰　清康熙刻本　一册

330000－1704－0018706　善000659　集部/别集類/明别集

玉介園附集□□卷　(明)王叔杲撰　清瑞安孫氏玉海樓抄本　八册　存六種

330000－1704－0018709　018701　史部/編年類/通代之屬

尺木堂綱鑑易知錄九十二卷　(清)吳乘權等輯　清康熙五十年(1711)刻本　二十六册　存七十三卷(一至十一、二十六至三十三、三十七至四十三、四十六至九十二)

330000－1704－0018710　善000812　集部/别集類/明别集

蘇平仲文集十六卷　(明)蘇伯衡撰　(明)林與直編　清抄本　四册　存九卷(一至六、十三至十五)

330000－1704－0018711　018641　史部/紀傳類/正史之屬

二十四史　清同治至光緒五省官書局據汲古閣本等合刻光緒五年(1879)湖北書局彙印本　十九册　存一種

330000－1704－0018716　018438　類叢部/類書類/專類之屬

韻府拾遺一百六卷　(清)汪灝　(清)何焯等輯　清刻本　六册　存三十五卷(六十七至一百一)

330000－1704－0018721　018572　類叢部/叢書類/彙編之屬

滂喜齋叢書五十種　(清)潘祖蔭編　清同治至光緒吳縣潘氏京師刻本　一册　存一種

330000－1704－0018723　018415　類叢部/叢書類/彙編之屬

知不足齋叢書一百九十六種　(清)鮑廷博編　(清)鮑士恭續編　清乾隆三十七年至道光三年(1772－1823)長塘鮑氏刻彙印本　十册　存十七種

330000－1704－0018726　善000810　集部/别集類/明别集

容臺文集九卷詩集四卷别集四卷　(明)董其昌撰　(明)董庭輯　明崇禎三年(1630)華亭董庭刻本　一册　存三卷(文集五至七)

330000－1704－0018730　018424　子部/醫家類/綜合之屬/通論

醫宗必讀五卷首一卷　(明)李中梓撰　清尚友堂刻本　一册

330000－1704－0018732　018655　經部/小學類/文字之屬/說文/傳說

汲古閣說文訂一卷　(清)段玉裁撰　清同治十一年(1872)湖北崇文書局刻本　一册

330000－1704－0018734　018556　集部/别集類/清别集

龔定盦全集　(清)龔自珍撰　清光緒二十三年(1897)萬本書堂刻本　五册　存七種

330000－1704－0018738　018656　經部/小學類/文字之屬/說文/傳說

汲古閣說文訂一卷　(清)段玉裁撰　清同治十一年(1872)湖北崇文書局刻本　一册

330000－1704－0018739　善000825　集部/别集類/明别集

渭厓文集十卷　(明)霍韜撰　**附年譜八卷**　(明)霍韜編　明萬曆四年(1576)霍與瑕刻本　五册　存五卷(文集二、四至七)

330000－1704－0018743　018657　經部/小學類/文字之屬/說文/傳說

說文解字句讀三十卷　(清)王筠撰　清道光三十年(1850)王筠刻咸豐九年(1859)王彥侗增刻本　十六册　存二十八卷(一至十二、十

四至二十八、三十）

330000－1704－0018744　018575　類叢部/叢書類/彙編之屬
王益吾所刻書十種　王先謙編　清光緒九年至十年（1883－1884）長沙王氏刻本　五册　存四種

330000－1704－0018746　善000826　集部/別集類/明別集
弇州山人續稿選三十八卷　（明）王世貞撰　（明）顧起元輯　明刻本　四册　存八卷（五至八、三十五至三十八）

330000－1704－0018747　018720　史部/史評類/史論之屬
二十四史論贊七十八卷　（清）陳闓輯　清光緒二十八年（1902）文淵山房石印本　十二册

330000－1704－0018748　善000829　集部/別集類/明別集
白毫菴内篇二卷外篇一卷雜篇一卷雜篇後集一卷　（明）張瑞圖撰　明崇禎刻本　四册

330000－1704－0018750　018577　類叢部/叢書類/彙編之屬
榆園叢刻十五種附一種　（清）許增編　清同治至光緒刻本　二册　存一種

330000－1704－0018752　善000830　集部/別集類/明別集
陽明先生別録十卷　（明）王守仁撰　明刻本　十册

330000－1704－0018753　018722　子部/叢編
二十二子（二十二子彙函）　（清）浙江書局編　清光緒元年至三年（1875－1877）浙江書局刻本　三册　存一種

330000－1704－0018754　善000827　集部/別集類/明別集
青邱高季迪先生詩集十八卷遺詩一卷扣舷集一卷鳧藻集五卷附録一卷　（明）高啟撰　（清）金檀輯注　清雍正六年至七年（1728－1729）金氏文瑞樓刻乾隆墨華池館印本　八册

330000－1704－0018755　018721　類叢部/叢書類/彙編之屬
龍威秘書一百六十九種　（清）馬俊良編　清乾隆五十九年至嘉慶元年（1794－1796）浙江石門馬氏大酉山房刻本　一册　存四種

330000－1704－0018756　善000828　集部/總集類/選集之屬/斷代
元白長慶集一百四十一卷　（明）馬元調編　明萬曆松江馬元調魚樂軒刻本　六册　存一種

330000－1704－0018757　018724　類叢部/叢書類/自著之屬
春在堂全書　（清）俞樾撰　清光緒石印本　三册　存三種

330000－1704－0018759　018439　集部/總集類/選集之屬/通代
忠雅堂評選四六法海八卷　（清）蔣士銓評選　清同治十年（1871）藏園刻朱墨套印本　七册　缺一卷（四）

330000－1704－0018760　018658　經部/小學類/文字之屬/說文
說文解字十五卷標目一卷　（漢）許慎撰　（宋）徐鉉等校定　清同治十年（1871）刻本　十册

330000－1704－0018761　018726　史部/目録類/書志之屬/提要
昭德先生郡齋讀書志四卷後志二卷　（宋）晁公武撰　**附志一卷考異一卷**　（宋）趙希弁撰　清康熙六十一年（1722）陳師曾刻本　六册　缺一卷（考異）

330000－1704－0018762　018659　經部/小學類/音韻之屬/等韻
音學辨微一卷　（清）江永撰　清宣統元年（1909）上海國學保存會影印本　一册

330000－1704－0018764　016993　史部/編年類/斷代之屬
東華録四十五卷（天命朝至雍正朝）東華續録

七十五卷(乾隆朝至道光朝) 王先謙編 清末石印本 四册 存八卷(康熙十四至十九、雍正一至二)

330000－1704－0018765 018727 集部/别集類/唐五代别集

唐丞相曲江張文獻公集十二卷附錄一卷千秋金鑑錄五卷 (唐)張九齡撰 清光緒十八年(1892)張曉如刻本 六册

330000－1704－0018766 善000834 集部/别集類/明别集

王文恪公集三十六卷名公筆記一卷 (明)王鏊撰 **鵑音一卷白社詩草一卷** (明)王禹聲撰 明萬曆震澤王氏三槐堂刻本 十册 缺二卷(鵑音、白社詩草)

330000－1704－0018767 善000661 集部/總集類/氏族之屬

鶴陽謝氏家集十卷 (清)謝夢覽補輯 (清)薛英參校 清瑞安孫氏玉海樓抄本 一册

330000－1704－0018768 善000662 集部/總集類/氏族之屬

閣巷陳氏清潁一源集二卷 (宋)陳供等撰 (元)裴庾選集 清瑞安孫氏玉海樓抄本 一册

330000－1704－0018769 善000663 集部/總集類/氏族之屬

月泉詩派不分卷 (元)季復初等撰 (明)李階輯 清同治九年(1870)瑞安海日樓抄本 清孫鏘鳴批校並跋 一册

330000－1704－0018770 善000664 集部/總集類/氏族之屬

鶴陽謝氏家集六卷 (清)謝夢覽補輯 **坦齋集詩文遺稿鈔略一卷** (清)謝天埴撰 **誌狀九首一卷** (宋)蔡幼學等撰 **按痛編一卷** (明)金昭撰 清瑞安孫鏘鳴海日樓抄本 清孫鏘鳴校並跋 一册

330000－1704－0018772 善000665 史部/政書類/邦計之屬/賦税

宋代税錢輯錄一卷 (清)孫鏘鳴輯 清孫鏘鳴抄本 一册

330000－1704－0018773 善000666 史部/紀傳類/别史之屬

金錢會匪紀略一卷 (清)孫衣言撰 稿本 一册

330000－1704－0018774 善000667 集部/别集類/宋别集

孫衣言箋校葉水心集殘稿不分卷 (清)孫衣言撰 稿本 一册

330000－1704－0018776 善000668 子部/雜著類/雜說之屬

孫詒讓早歲校讎群書殘稿不分卷 (清)孫詒讓撰 稿本 一册

330000－1704－0018778 善000670 集部/别集類/清别集

孫琴西詩文稿不分卷 (清)孫衣言撰 稿本 九册

330000－1704－0018779 善000671 集部/别集類/清别集

遜學齋文稿一卷 (清)孫衣言撰 稿本 一册

330000－1704－0018782 善000674 集部/總集類/氏族之屬

閣巷陳氏清潁一源二卷附崇儒高氏家編一卷 (宋)陳供等撰 (元)裴庾選集 清道光五年(1825)陳氏木活字印本 楊紹廉校 二册

330000－1704－0018783 018436 經部/小學類/文字之屬/字書/字典

康熙字典十二集三十六卷總目一卷檢字一卷辨似一卷等韻一卷補遺一卷備考一卷 (清)張玉書等纂修 清刻本 二十三册 缺八卷(癸集上中下、總目、檢字、辨似、等韻、補遺)

330000－1704－0018784 善000675 集部/總集類/郡邑之屬

東甌詩集七卷補遺一卷續集八卷 (明)趙諫輯 明正德二年(1507)刻本 四册

330000－1704－0018785 善000831 集部/

別集類/明別集

唐荆川先生文集十二卷 (明)唐順之撰 明嘉靖刻本 一册 存二卷(七至八)

330000-1704-0018786 018766 類叢部/叢書類/家集之屬

侯官陳氏遺書二十種 (清)陳壽祺 (清)陳喬樅撰 清嘉慶至同治三山陳氏刻本 五册 存一種

330000-1704-0018787 善000833 集部/別集類/明別集

緱山先生集二十七卷 (明)王衡撰 明萬曆太倉王氏刻本 八册

330000-1704-0018788 018660 子部/醫家類/類編之屬

醫學三書 (清)雷豐編 清光緒十年至十三年(1884-1887)雷氏慎修堂刻本 三册 存一種

330000-1704-0018789 018730 子部/宗教類/佛教之屬/諸宗

天台四教儀集註十卷 (元)釋蒙潤撰 清同治七年(1868)杭州昭慶寺慧空經房刻本 二册 存四卷(七至十)

330000-1704-0018792 善000832 集部/別集類/明別集

緱山先生集二十七卷 (明)王衡撰 明萬曆太倉王氏刻本 八册

330000-1704-0018794 018768 史部/傳記類/總傳之屬/通代

尚友錄二十二卷補遺一卷 (明)廖用賢輯 (清)張伯琮補輯 清刻本 十二册

330000-1704-0018797 善000836 集部/別集類/明別集

新刻譚友夏合集二十三卷 (明)譚元春撰 (明)徐汧 (明)張澤等評 明崇禎六年(1633)古吴張澤刻本 六册

330000-1704-0018799 018662 史部/政書類

九通 (清)□□輯 清光緒八年至二十二年(1882-1896)浙江書局刻本 三十五册 存一種

330000-1704-0018802 018771 史部/史抄類

廿一史約編八卷首一卷 (清)鄭元慶撰 清刻本 七册

330000-1704-0018813 018711 類叢部/叢書類/自著之屬

曾文正公全集十六種 (清)曾國藩撰 清同治至光緒傳忠書局刻本 十九册 存一種

330000-1704-0018814 018712 集部/別集類/清別集

梅村詩集箋注十八卷 (清)吴偉業撰 (清)吴翌鳳箋注 清光緒九年(1883)刻本 六册

330000-1704-0018816 018769 經部/小學類/文字之屬/說文/專著

說文古籀補十四卷補遺一卷附錄一卷 (清)吴大澂撰 清光緒石印本 一册 存十卷(六至十四、補遺)

330000-1704-0018819 018787 史部/紀傳類/正史之屬

二十四史附考證 清光緒石印本 十二册 存一種

330000-1704-0018821 018788 子部/雜著類/雜考之屬

困學紀聞集證二十卷首一卷末一卷 (宋)王應麟撰 (清)萬希槐集證 清嘉慶八年(1803)會友堂刻本 十一册 缺一卷(一)

330000-1704-0018822 018665 子部/醫家類/類編之屬

沈氏尊生書五種 (清)沈金鰲撰輯 清刻本 一册 存一種

330000-1704-0018825 018789 類叢部/叢書類/自著之屬

楊園先生全集十三種 (清)張履祥撰 清道光二十一年(1841)莫氏影山草堂刻同治十一年(1872)補刻本 六册

330000－1704－0018826　018666　集部/別集類/清別集

滑疑集八卷　(清)韓錫胙撰　(清)宗稷辰重編　清咸豐五年(1855)石門山房刻本　二册

330000－1704－0018827　018790　史部/地理類/山川之屬/山志

武夷山志二十四卷首一卷　(清)董天工撰　清道光二十六年至二十七年(1846－1847)籍溪羅氏五夫尺木軒刻本　十册

330000－1704－0018828　018791　經部/小學類/文字之屬/字書/字體

名原二卷　(清)孫詒讓撰　清光緒三十一年(1905)瑞安孫氏刻本　一册

330000－1704－0018830　018667　類叢部/叢書類/彙編之屬

宜稼堂叢書七種　(清)郁松年編　清道光二十年至二十二年(1840－1842)上海郁氏刻本(續後漢書卷一、八十八原缺)　五册　存二種

330000－1704－0018831　018792　史部/編年類/通代之屬

資治通鑑後編一百八十四卷　(清)徐乾學撰　清光緒二十四年(1898)富陽夏氏刻本　三十八册　存一百五十六卷(一至一百十一、一百十六至一百六十)

330000－1704－0018834　善000837　集部/別集類/明別集

順渠先生文録十二卷　(明)王道撰　明刻本　五册

330000－1704－0018835　善000835　集部/別集類/明別集

馮少墟集二十二卷　(明)馮從吾撰　清康熙刻本　十二册　存十九卷(一至十八、二十二)

330000－1704－0018836　善000839　集部/別集類/明別集

蘇門集八卷　(明)高叔嗣撰　明嘉靖四十二年(1563)張正位刻本　二册

330000－1704－0018837　善000838　集部/別集類/明別集

龍谿王先生全集二十二卷　(明)王畿撰　(明)丁賓編　明萬曆四十三年(1615)嘉善丁賓、山陰張汝霖刻本　十册

330000－1704－0018838　018818　類叢部/叢書類/自著之屬

隨園三十八種　(清)袁枚撰　清光緒十八年(1892)勤裕堂鉛印本　一册　存一種

330000－1704－0018839　018819　子部/叢編

二十二子(二十二子彙函)　(清)浙江書局編　清光緒元年至三年(1875－1877)浙江書局刻本　四册　存一種

330000－1704－0018842　善000840　集部/別集類/明別集

宗子相集十五卷　(明)宗臣撰　**附録一卷**　明萬曆刻本　七册　存十三卷(一至五、九至十五,附録)

330000－1704－0018843　018822　子部/術數類/相宅相墓之屬

陰陽二宅全書十二卷　(清)姚廷鑾輯　清刻本　十一册　缺一卷(陽宅集要五)

330000－1704－0018844　善000841　集部/別集類/明別集

快雪堂集六十四卷　(明)馮夢禎撰　明萬曆刻本　四册　存十八卷(四十七至六十四)

330000－1704－0018845　018824　史部/雜史類/斷代之屬

汲冢周書十卷　(晉)孔晁注　清刻本　一册　存六卷(五至十)

330000－1704－0018846　018825　子部/醫家類/兒科之屬/通論

鼎鍥幼幼集成六卷　(清)陳復正輯　清末石印本　一册　存一卷(四)

330000－1704－0018847　善000844　集部/別集類/明別集

二谷山人近稿十卷　(明)侯一元撰　明萬曆

刻本　九册　存九卷(一至五、七至十)

330000－1704－0018849　018826　類叢部/叢書類/彙編之屬

知不足齋叢書一百九十六種　(清)鮑廷博編　(清)鮑士恭續編　清乾隆三十七年至道光三年(1772－1823)長塘鮑氏刻彙印本　七册　存七種

330000－1704－0018850　018827　史部/地理類/山川之屬/山志

廣雁蕩山誌二十八卷首一卷末一卷　(清)曾唯輯　清乾隆五十五年(1790)曾唯依緑園刻本　七册　缺一卷(首)

330000－1704－0018851　018793　子部/叢編

二十二子(二十二子彙函)　(清)浙江書局編　清光緒元年至三年(1875－1877)浙江書局刻本　一册　存一種

330000－1704－0018852　善000843　集部/別集類/明別集

練公文集二卷首一卷　(明)練安撰　(明)王佐輯　(明)練綺增輯　**練公手蹟一卷**　(明)練安書　(明)練綺模　**練中丞遺事一卷**　(明)郭子章輯　(明)練綺增輯　**崇祀實紀一卷**　(清)練綺彙次　明萬曆三十九年(1611)刻清重修本　二册

330000－1704－0018856　018737　子部/宗教類/佛教之屬/諸宗

淨土聖賢録九卷　(清)彭希涑撰　**淨土聖賢録續編四卷**　(清)胡珽撰　**種蓮集一卷**　(清)陳本仁輯　清光緒元年(1875)錢塘許靈虚刻本　二册　存五卷(五至九)

330000－1704－0018857　善000677　集部/總集類/選集之屬/斷代

篋衍集十二卷　(清)陳維崧輯　清康熙三十六年(1697)宜興蔣國祥刻本　六册

330000－1704－0018858　018828　史部/編年類/通代之屬

續資治通鑑二百二十卷　(清)畢沅撰　清刻本　八册　存三十一卷(八十二至一百八、一百六十九至一百七十二)

330000－1704－0018859　018668　子部/小說家類/異聞之屬

山海經十八卷　(晉)郭璞傳　清光緒刻本　二册　缺二卷(一至二)

330000－1704－0018860　018738　子部/宗教類/佛教之屬/經疏

妙法蓮華經玄義節要二卷　(隋)釋智顗撰　(明)釋智旭節要　清光緒六年(1880)福德因緣堂刻本　二册

330000－1704－0018861　018829　經部/小學類/文字之屬/字書/字典

康熙字典十二集三十六卷總目一卷檢字一卷辨似一卷等韻一卷補遺一卷備考一卷　(清)張玉書等纂修　清刻本　十五册　存十五卷(未集下、申集上中下、酉集上中下、戌集上下、亥集上中下、等韻、補遺、備考)

330000－1704－0018863　018782　史部/紀傳類/正史之屬

二十四史　清同治至光緒五省官書局據汲古閣本等合刻光緒五年(1879)湖北書局彙印本　三十五册　存二種

330000－1704－0018867　018669　子部/小說家類/異聞之屬

山海經十八卷　(晉)郭璞傳　清光緒三年(1877)浙江書局刻本　一册　存二卷(一至二)

330000－1704－0018869　018831　類叢部/叢書類/輯佚之屬

玉函山房輯佚書六百二十二種附一種　(清)馬國翰輯　清光緒九年(1883)長沙嫏嬛館刻本　三十二册　存一百五十八種

330000－1704－0018870　善000678　集部/楚辭類

楚辭章句十七卷　(漢)王逸撰　明萬曆四十七年(1619)劉廣刻本　四册

330000－1704－0018871　018743　史部/史

評類/史論之屬
四史發伏十卷 (清)洪亮吉撰 清光緒八年(1882)小石山房刻本 楊紹廉題簽 四冊

330000－1704－0018872 018783 史部/傳記類/總傳之屬/仕宦
五朝名臣言行錄前集十卷三朝名臣言行錄十四卷 (宋)朱熹輯 **續集八卷別集二十六卷外集十七卷** (宋)李幼武輯 清同治七年(1868)臨川桂氏刻本 十五冊

330000－1704－0018873 善000845 集部/別集類/明別集
徐文長文集三十卷 (明)徐渭撰 (明)袁宏道評點 明刻本 四冊

330000－1704－0018875 018832 類叢部/叢書類/彙編之屬
知不足齋叢書一百九十六種 (清)鮑廷博編 (清)鮑士恭續編 清乾隆三十七年至道光三年(1772－1823)長塘鮑氏刻彙印本 李次九題記 二冊 存二種

330000－1704－0018876 018744 子部/宗教類/佛教之屬/經疏
妙法蓮華經玄義節要二卷 (隋)釋智顗撰 (明)釋智旭節要 清光緒六年(1880)福德因緣堂刻本 二冊

330000－1704－0018877 018745 子部/藝術類/書畫之屬/法帖
國朝名人手蹟八集不分卷 有正書局輯 清光緒至宣統上海有正書局影印本 一冊 存一卷(二)

330000－1704－0018878 018833 史部/地理類/山川之屬/山志
廣雁蕩山誌二十八卷首一卷末一卷 (清)曾唯輯 清乾隆五十五年(1790)曾唯依綠園刻本 四冊 存十一卷(十三至十八、二十五至二十八,末)

330000－1704－0018882 018835 史部/地理類/山川之屬/山志
廣雁蕩山誌二十八卷首一卷末一卷 (清)曾唯輯 清乾隆五十五年(1790)曾唯依綠園刻本 八冊

330000－1704－0018887 018747 子部/宗教類/佛教之屬/經疏
妙法蓮華經玄義節要二卷 (隋)釋智顗撰 (明)釋智旭節要 清光緒六年(1880)福德因緣堂刻本 一冊 存一卷(下)

330000－1704－0018888 018748 子部/宗教類/佛教之屬/經疏
妙法蓮華經玄義節要二卷 (隋)釋智顗撰 (明)釋智旭節要 清光緒六年(1880)福德因緣堂刻本 二冊

330000－1704－0018889 018786 經部/小學類/文字之屬/說文
說文解字三十二卷 (清)段玉裁撰 **說文部目分韻一卷** (清)陳煥編 清乾隆至嘉慶段氏經韻樓刻同治六年至十一年(1867－1872)蘇州保息局補刻本 十五冊 缺二卷(三十一至三十二)

330000－1704－0018891 018834 史部/地理類/山川之屬/山志
廣雁蕩山誌二十八卷首一卷末一卷 (清)曾唯輯 清乾隆五十五年(1790)曾唯依綠園刻嘉慶十三年(1808)增刻本 三冊 存九卷(首,十四至十六、二十一至二十五)

330000－1704－0018894 善000848 集部/別集類/明別集
陶菴文集七卷陶菴詩集八卷吾師錄一卷 (明)黄淳燿撰 **附谷簾學吟一卷** (明)黄淵燿撰 清康熙十五年(1676)張懿實刻本 四冊

330000－1704－0018895 018742 子部/宗教類/佛教之屬/經疏
妙法蓮華經玄義節要二卷 (隋)釋智顗撰 (明)釋智旭節要 清光緒六年(1880)福德因緣堂刻本 一冊 存一卷(下)

330000－1704－0018896 018673 集部/別集類/清別集

春星閣詩鈔十五卷　（清）楊季鸞撰　清道光刻本　二冊

330000－1704－0018897　善000679　集部/楚辭類

楚辭聽直八卷合論一卷　（明）黃文煥撰　明崇禎十六年（1643）刻清順治十四年（1657）續刻本　四冊

330000－1704－0018898　善000849　集部/别集類/明别集

震川先生集三十卷别集十卷附録一卷補編一卷　（明）歸有光撰　（清）歸莊校勘　（清）錢謙益選定　（清）歸玠編輯　清康熙十年至十四年（1671－1675）常熟歸氏刻乾隆四十八年（1783）歸景灝等重修本　張棡校、題記并過録清孫衣言校、題記并題跋　七冊

330000－1704－0018899　018862　史部/地理類/山川之屬/山志

廣雁蕩山誌二十八卷首一卷末一卷　（清）曾唯輯　清乾隆五十五年（1790）曾唯依緑園刻本　一冊　存四卷（一至四）

330000－1704－0018900　善000680　集部/楚辭類

楚辭章句十七卷　（漢）王逸撰　明萬曆四十七年（1619）劉廣刻本　二冊

330000－1704－0018901　善000681　集部/楚辭類

屈騷心印五卷首一卷　（清）夏大霖撰　清乾隆三十九年（1774）一本堂刻本　一冊

330000－1704－0018902　018863　經部/叢編

重刊宋本十三經注疏四百十六卷附十三經注疏校勘記四百十六卷　（清）阮元撰　（清）盧宣旬摘録　清嘉慶二十年（1815）南昌府學刻本　十二冊　存一種

330000－1704－0018904　善000682　集部/别集類/唐五代别集

類選註釋駱丞全集四卷　（唐）駱賓王撰　（明）顧從敬輯　（明）陳繼儒釋　明萬曆刻本四冊

330000－1704－0018905　善000850　集部/别集類/明别集

東里文集二十五卷　（明）楊士奇撰　明萬曆刻本　八冊

330000－1704－0018906　善000683　集部/總集類/彙編之屬

七十二家集　（明）張燮編　明天啟至崇禎刻本　二冊　存一種

330000－1704－0018907　善000851　集部/别集類/明别集

白沙子全集六卷首一卷附録一卷　（明）陳獻章撰　（清）何九疇重編　清康熙四十九年（1710）何九疇、顧嗣協刻本　六冊　缺一卷（附録）

330000－1704－0018908　018797　集部/别集類/清别集

翁松禪手劄不分卷　（清）翁同龢撰　清宣統三年（1911）上海有正書局石印本　八冊

330000－1704－0018910　018798　集部/别集類/清别集

翁松禪手劄不分卷　（清）翁同龢撰　清宣統石印本　二冊

330000－1704－0018911　018799　經部/小學類/文字之屬/字書/字體

古籀拾遺三卷附宋政和禮器文字考一卷　（清）孫詒讓撰　清光緒十四年至十六年（1888－1890）刻本　一冊

330000－1704－0018912　018800　經部/小學類/文字之屬/字書/字體

古籀拾遺三卷附宋政和禮器文字考一卷　（清）孫詒讓撰　清光緒十四年至十六年（1888－1890）刻本　一冊　缺一卷（宋政和禮器文字考）

330000－1704－0018913　018750　子部/宗教類/佛教之屬/經疏

仁王護國般若波羅密經疏五卷　（隋）釋智顗説　（唐）釋灌頂記　清光緒二十六年（1900）

刻本　一冊　存一卷(五)

330000－1704－0018915　018751　子部/宗教類/佛教之屬/經疏

妙法蓮華經玄義節要二卷　(隋)釋智顗撰　(明)釋智旭節要　清光緒六年(1880)福德因緣堂刻本　二冊

330000－1704－0018918　018752　子部/宗教類/佛教之屬/經疏

圓覺經析義疏四卷首一卷　(清)釋通理撰　清光緒三十三年(1907)揚州藏經院刻本　一冊

330000－1704－0018919　善000852　集部/別集類/明別集

白沙子全集九卷附錄一卷　(明)陳獻章撰　明萬曆四十年(1612)何上新刻本　八冊

330000－1704－0018920　018864　經部/叢編

仿宋相臺五經九十六卷附考證　清刻本　五冊　存一種

330000－1704－0018923　善000684　集部/總集類/彙編之屬

漢魏六朝諸名家集(漢魏六朝二十一名家集)　(明)汪士賢編　明萬曆至天啓新安汪氏刻本　一冊　存一種

330000－1704－0018925　018754　子部/宗教類/佛教之屬/經疏

妙法蓮華經玄義節要二卷　(隋)釋智顗撰　(明)釋智旭節要　清光緒六年(1880)福德因緣堂刻本　二冊

330000－1704－0018926　善000685　集部/總集類/選集之屬/通代

唐宋八大家文鈔一百六十六卷　(明)茅坤編　明萬曆七年(1579)茅一桂刻本　四冊　存一種

330000－1704－0018928　018757　子部/宗教類/佛教之屬/經疏

妙法蓮華經玄義節要二卷　(隋)釋智顗撰　(明)釋智旭節要　清光緒六年(1880)福德因緣堂刻本　二冊

330000－1704－0018929　善000853　集部/別集類/明別集

文肅公文集三十四卷外集一卷　(明)何喬新撰　(明)羅玘校正　清康熙三十三年(1694)何源濬、何三臺等刻本　十六冊

330000－1704－0018930　018865　集部/小說類/長篇之屬

繡像東周列國志二十七卷一百八回　(清)蔡奡評點　清光緒三十一年(1905)上海商務印書館鉛印本　一冊　存三卷(六至八)

330000－1704－0018931　018804　集部/別集類/明別集

二谷山人近稿十卷　(明)侯一元撰　清光緒二十年(1894)浙甌樂東緱山侯氏刻本　六冊

330000－1704－0018932　018760　類叢部/類書類/專類之屬

五經類編二十八卷　(清)周世樟撰　清刻本　五冊　存十四卷(十五至二十八)

330000－1704－0018935　018679　經部/小學類/文字之屬/說文

說文釋例二十卷　(清)王筠撰　清刻本　十冊

330000－1704－0018936　018844　史部/地理類/山川之屬/山志

廣雁蕩山誌二十八卷首一卷末一卷　(清)曾唯輯　清乾隆五十五年(1790)曾唯依綠園刻嘉慶十三年(1808)增刻同治八年(1869)重修本　七冊　存二十六卷(首,一至二十一、二十六至二十八,末)

330000－1704－0018937　018845　類叢部/叢書類/彙編之屬

增訂漢魏叢書八十六種　(清)王謨編　清光緒二十年(1894)湖南藝文書局刻本　三冊　存一種

330000－1704－0018938　018805　集部/別集類/清別集

焦尾閣遺稿一卷　(清)盧德儀撰　(清)王彥

威 (清)王彦澈輯 清光緒刻本 一册

330000－1704－0018939 018866 經部/叢編

御纂七經二百八十卷首十一卷序三卷 (清)李光地等撰 清刻本 一册 存一種

330000－1704－0018940 018714 子部/農家農學類/鳥獸蟲之屬

貓苑二卷 (清)黃漢輯 清咸豐二年(1852)甕雲草堂刻本 一册 存一卷(二)

330000－1704－0018941 善000686、善000687、善000688、善000692 集部/總集類/彙編之屬

漢魏六朝一百三家集(漢魏六朝百三名家集) (明)張溥編 明婁東張氏刻本 四册 存五種

330000－1704－0018942 018801 子部/雜著類/雜説之屬

欲海回狂集三卷内典字義譯註一卷 (清)周思仁撰 **附刻省庵法師不淨觀頌四念處頌一卷** (清)熊秉悳選 清同治三年(1864)邗江熊氏刻本 一册

330000－1704－0018943 018846 集部/別集類/清別集

壯悔堂文集十卷遺稿一卷四憶堂詩集六卷遺稿一卷 (清)侯方域撰 (清)賈開宗等評點 清宣統二年(1910)上海掃葉山房石印本 四册

330000－1704－0018944 018867 史部/地理類/山川之屬/山志

廣雁蕩山誌二十八卷首一卷末一卷 (清)曾唯輯 清乾隆五十五年(1790)曾唯依緑園刻本 十册 存十九卷(五至七、十至二十、二十五至二十八,末)

330000－1704－0018945 018728 集部/別集類

湘綺樓詩八卷夜雪集一卷後集一卷 王闓運撰 清光緒二十六年(1900)東州講舍刻本 四册

330000－1704－0018946 善000866 集部/別集類/清別集

梅花詠一卷續一卷三續一卷四續一卷 (清)釋佛第撰 清康熙三十九年(1700)刻本 一册

330000－1704－0018947 018729 史部/傳記類/總傳之屬

聖諭像解二十卷 (清)梁延年撰 清光緒二十九年(1903)山東官印書局石印本 八册 存十六卷(一至三、六至十六、十九至二十)

330000－1704－0018948 善000867 集部/別集類/清別集

黃葉邨莊詩集八卷後集一卷續集一卷 (清)吳之振撰 清康熙三十五年(1696)刻四十一年(1702)、五十一年(1712)增刻本 四册

330000－1704－0018949 018806 史部/目録類/總録之屬/彙刻

彙刻書目初編十卷 (清)顧修輯 清嘉慶四年(1799)刻本 十册

330000－1704－0018953 018681 集部/別集類/清別集

梅村詩集箋注十八卷 (清)吳偉業撰 (清)吳翌鳳箋注 清光緒十年(1884)湖北官書處刻本 十一册 存十七卷(一至五、七至十八)

330000－1704－0018955 善000868 集部/別集類/清別集

御製避暑山莊詩二卷 (清)聖祖玄燁撰 (清)揆敘等注 清康熙五十一年(1712)内府刻朱墨套印本 二册

330000－1704－0018957 018682 子部/天文曆算類

御製律曆淵源 (清)允祿 (清)允祉等纂修 清刻本 三十五册 存四種

330000－1704－0018960 善000689 集部/總集類/彙編之屬

漢魏六朝諸名家集(漢魏六朝二十一名家集) (明)汪士賢編 明萬曆至天啓新安汪氏刻

本　一册　存一種

330000－1704－0018962　018870　類叢部/叢書類/郡邑之屬

武林掌故叢編一百九十種　(清)丁丙編　清光緒三年至二十六年(1877－1900)錢塘丁氏嘉惠堂刻本([乾道]臨安志卷四至十五、南宋館閣錄卷一原缺)　石渠題簽　八册　存一種

330000－1704－0018963　善000690　集部/總集類/彙編之屬

漢魏六朝諸名家集(漢魏六朝二十一名家集)　(明)汪士賢編　明萬曆至天啓新安汪氏刻本　二册　存一種

330000－1704－0018964　018731　子部/天文曆算類/算書之屬

白芙堂算學叢書　(清)丁取忠輯　清刻本　二册　存二種

330000－1704－0018965　善000691　集部/别集類/宋别集

歐陽文集五十卷附録五卷　(宋)歐陽修撰　**年譜一卷**　(宋)胡柯撰　明嘉靖二十二年(1543)李冕刻本　五册　存五十卷(文集一至五十)

330000－1704－0018966　善000870　集部/别集類/清别集

尹文端公詩集十卷　(清)尹繼善撰　清乾隆刻本　四册

330000－1704－0018967　018851　子部/宗教類/佛教之屬/諸宗

雲棲法彙二十八種七十四卷　(明)釋袾宏撰　(明)王宇春等輯　清光緒二十三年至二十五年(1897－1899)金陵刻經處刻本　五册　存一種

330000－1704－0018968　018871　集部/總集類/選集之屬/通代

唐宋八大家類選十四卷　(清)儲欣輯　清光緒十八年(1892)湖北官書處刻本　六册

330000－1704－0018969　善000869　集部/别集類/清别集

漁洋山人精華錄十卷　(清)王士禛撰　(清)林佶編　清康熙三十九年(1700)林佶寫刻本　四册

330000－1704－0018970　018809－1　新學/醫學/内科

西醫内科全書□□卷　(清)孔慶高譯　清刻本　一册

330000－1704－0018971　018733　類叢部/叢書類/自著之屬

清白士集六種附一種　(清)梁玉繩撰　清嘉慶刻本　四册　存二種

330000－1704－0018972　018809－2　子部/醫家類/類編之屬

小耕石齋醫書四種　(清)金德鑑編　清同治七年(1868)金雲齋刻本　一册　存一種

330000－1704－0018974　018740　類叢部/叢書類/自著之屬

清白士集六種　(清)梁玉繩撰　清嘉慶刻本　十册　存六種

330000－1704－0018976　018836　史部/目録類/總録之屬/私撰

式古堂目錄十七卷　(清)尤瑩編　清光緒十九年(1893)石印本　一册

330000－1704－0018977　善000854　集部/别集類/明别集

太師誠意伯劉文成公集十八卷　(明)劉基撰　(明)樊獻科編　明嘉靖三十五年(1556)樊獻科、于德昌刻本　十册

330000－1704－0018979　018812　子部/醫家類/婦科之屬/產科

增廣大生要旨五卷　(清)唐千頃撰　(清)葉灝增訂　清光緒惠直堂申刻本　一册

330000－1704－0018980　018872　史部/傳記類/總傳之屬/文苑

西湖三祠名賢考畧三卷首一卷　(清)戴啓文撰　清光緒三十年(1904)丹徒戴啓文刻本　一册　存二卷(首、一)

330000－1704－0018982　善000693　集部/總集類/彙編之屬
漢魏六朝諸名家集(漢魏六朝二十一名家集)　(明)汪士賢編　明萬曆至天啓新安汪氏刻本　六冊　存一種

330000－1704－0018983　018839　類叢部/叢書類/彙編之屬
粤雅堂叢書一百八十四種　(清)伍崇曜編　清道光二十九年至光緒十一年(1849－1885)南海伍氏刻彙印本(春秋五禮例宗卷四至六、乾道臨安志卷四至十五、群書治要卷四、十三、二十原缺)　一冊　存一種

330000－1704－0018984　018749　經部/小學類/文字之屬/說文/傳說
說文解字句讀三十卷　(清)王筠撰　清道光三十年(1850)王筠刻咸豐九年(1859)王彦侗增刻同治四年(1865)印本　十五冊

330000－1704－0018986　018840　經部/書類/傳說之屬
尚書後案三十卷　(清)王鳴盛撰　清光緒十三年(1887)大同書局石印本　二冊

330000－1704－0018987　018815　子部/小說家類/異聞之屬
情史類畧二十四卷　(明)馮夢龍輯　清道光二十八年(1848)經綸堂刻本　七冊　存十六卷(一至十六)

330000－1704－0018988　善000694　集部/總集類/彙編之屬
劉沈合集　(明)阮元聲編　明崇禎五年(1632)刻本　四冊　存一種

330000－1704－0018990　018874　經部/小學類/訓詁之屬/爾雅
爾雅三卷　(晉)郭璞注　(唐)陸德明音義　清嘉慶二十二年(1817)順德張青選清芬閣刻本　三冊

330000－1704－0018991　善000855　集部/別集類/明別集
五嶽遊草十二卷　(明)王士性撰　清康熙三十年(1691)臨海馮甦刻本　四冊

330000－1704－0018994　善000695　集部/總集類/彙編之屬
漢魏六朝一百三家集(漢魏六朝百三名家集)　(明)張溥編　明婁東張氏刻本　一冊　存一種

330000－1704－0018997　善000696　集部/別集類/漢魏六朝別集
漢蔡中郎集六卷　(漢)蔡邕撰　明嘉靖二十七年(1548)任城楊賢刻本　二冊

330000－1704－0018998　018761　類叢部/叢書類/自著之屬
三山陳氏家刻左海全集十種　(清)陳壽祺撰　清嘉慶至道光刻本　十九冊　存六種

330000－1704－0018999　善000856　集部/別集類/明別集
賜閒堂集四十卷　(明)申時行撰　明萬曆四十四年(1616)申用懋等刻本　十六冊　存二十七卷(二至十三、十六至十七、二十二至二十六、二十九至三十一、三十四、三十七至四十)

330000－1704－0019002　018756　經部/叢編
御纂七經二百八十卷首十一卷序三卷　(清)李光地等撰　清同治六年至九年(1867－1870)浙江書局刻本　五冊　存一種

330000－1704－0019003　善000698　集部/別集類/宋別集
歐陽文忠公集一百五卷　(宋)歐陽修撰　**廬陵歐陽文忠公年譜一卷**　(宋)胡柯編　清康熙二十一年(1682)吉水曾弘焉文堂刻本　二十冊

330000－1704－0019004　018852　子部/叢編
子書百家　(清)崇文書局編　清光緒元年(1875)湖北崇文書局刻本　二冊　存一種

330000－1704－0019005　善000857　集部/別集類/明別集

歌宜室集十六卷　(明)柯榮撰　明崇禎刻本　四冊

330000－1704－0019006　018758　經部/叢編

十三經讀本一百二十九卷附校刊記十四卷　(清)丁寶楨等校並撰　清同治十一年(1872)山東書局刻本　四冊　存一種

330000－1704－0019007　018853　子部/宗教類/佛教之屬/諸宗

異方便淨土傳燈歸元鏡三祖實錄二卷　(清)釋智達撰　清光緒二十三年(1897)廣陵藏經禪院刻本　一冊

330000－1704－0019008　善000860　集部/別集類/清別集

藕華園詩二卷　(清)釋德立撰　清康熙刻本　一冊

330000－1704－0019010　018885　類叢部/叢書類/彙編之屬

增訂漢魏叢書八十六種　(清)王謨編　清光緒二十年(1894)湖南藝文書局刻本　二十冊　存十六種

330000－1704－0019011　018854　子部/道家類

老子道德經解二卷首一卷　(明)釋德清撰　清光緒十二年(1886)金陵刻經處刻本　一冊　存一卷(下)

330000－1704－0019012　善000861　集部/別集類/清別集

瑤華道人詩鈔不分卷御覽集一卷　(清)弘旿撰　稿本　張棡題記　八冊

330000－1704－0019013　善000699　集部/別集類/唐五代別集

玉溪生詩意八卷　(唐)李商隱撰　(清)朱鶴齡注　(清)屈復意　清乾隆揚州藝古堂刻本　二冊

330000－1704－0019014　018759　史部/史表類/通代之屬

歷代史表五十九卷　(清)萬斯同撰　清嘉慶元年(1796)留香閣刻本　八冊

330000－1704－0019016　善000700　集部/別集類/唐五代別集

玉溪生詩意八卷　(唐)李商隱撰　(清)朱鶴齡注　(清)屈復意　清乾隆揚州藝古堂刻本　四冊

330000－1704－0019017　善000701　集部/別集類/唐五代別集

溫飛卿詩集七卷別集一卷集外詩一卷附錄諸家詩評一卷　(唐)溫庭筠撰　(明)曾益注　(清)顧予咸補注　(清)顧嗣立續注　清康熙三十六年(1697)長洲顧氏秀野草堂刻本　二冊

330000－1704－0019018　善000702　集部/別集類/唐五代別集

孫可之文集十卷　(唐)孫樵撰　清光緒二年(1876)刻本　清孫鏘鳴題記　一冊

330000－1704－0019019　018886　子部/宗教類/佛教之屬/經

大乘本生心地觀經八卷　(唐)釋般若等譯　清刻本　二冊

330000－1704－0019020　018856　集部/別集類/元別集

余忠宣公文集六卷　(元)余闕撰　(清)余秉剛編　清同治六年(1867)皖江臬署刻本　二冊

330000－1704－0019021　善000703　集部/總集類/彙編之屬

韓柳全集一百四卷　(明)蔣之翹編　明崇禎六年(1633)蔣之翹三徑艸堂刻本　十二冊　存五十二卷(唐柳河東集一至四十五、外集一至五、遺文、附錄)

330000－1704－0019022　善000863　集部/別集類/清別集

寒村詩文選　(清)鄭梁撰　清康熙紫蟾山房刻增修本　二冊　存十一卷(寒村安庸集、寒村玉堂集、寒村歸省偶錄、寒村還朝詩存、寒村玉堂後集、寒村寶善堂集一至二、寒村五丁

詩稿三至五、寒村息尚編四）

330000－1704－0019023　018762　子部/天文曆算類/算書之屬
翠薇山房數學十四種　（清）張作楠撰　清嘉慶至道光金華張氏翠微山房刻本　一册　存一種

330000－1704－0019024　善000704　集部/别集類/宋别集
蛟峰批點止齋論祖不分卷　（宋）陳傅良撰（宋）方逢辰批點　清抄本　三册

330000－1704－0019025　018855　子部/儒家類/儒學之屬/經濟
明夷待訪録一卷　（清）黄宗羲撰　清光緒二十三年（1897）上海鴻文局石印本　一册

330000－1704－0019028　善000705　子部/雜著類/雜説之屬
悟樓讀書偶識二十卷　（清）樊廷英輯　稿本　二册

330000－1704－0019029　善000706　集部/别集類/宋别集
後村居士集五十卷目録二卷　（宋）劉克莊撰　清瑞安孫氏玉海樓抄本　清孫衣言、清孫詒讓批校　十二册

330000－1704－0019030　善000707　集部/總集類/彙編之屬
韓柳全集一百四卷　（明）蔣之翹編　明崇禎六年（1633）蔣之翹三徑艸堂刻本　十册　存五十二卷（唐韓昌黎集一至四十、外集一至十、附録、遺文）

330000－1704－0019031　善000708　集部/别集類/唐五代别集
昌黎先生集四十卷外集十卷遺文一卷　（唐）韓愈撰　（宋）廖瑩中校正　**朱子校昌黎先生集傳一卷**　（宋）朱熹撰　明東吳徐氏東雅堂刻本　一册　存八卷（二十四至三十一）

330000－1704－0019033　018763　子部/天文曆算類/算書之屬
翠薇山房數學十四種　（清）張作楠撰　清光緒五年（1879）息園刻本　一册　存一種

330000－1704－0019034　善000709　集部/别集類/唐五代别集
韓集箋正不分卷附年譜一卷　（清）方成珪撰　清道光抄本　姚華題簽　六册

330000－1704－0019035　善000862　集部/别集類/清别集
二樹山人寫梅歌一卷續編一卷詩集一卷補刻摘句圖詩一卷　（清）童鈺撰　清乾隆刻本　黄裳題記　三册

330000－1704－0019037　018889　集部/别集類/清别集
堯峰文鈔四十卷　（清）汪琬撰　（清）林佶編　清宣統二年（1910）圖書集成公司石印本　八册

330000－1704－0019039　善000864　集部/别集類/清别集
項果園詩稿不分卷　（清）項維仁撰　清抄本　梅泠生題記　一册

330000－1704－0019041　018765　史部/史評類/考訂之屬
廿二史劄記三十六卷補遺一卷　（清）趙翼撰　清光緒二十五年（1899）益元書局刻本　八册　存二十六卷（一至二十六）

330000－1704－0019043　善000865　集部/别集類/清别集
御製文第二集五十卷總目六卷　（清）聖祖玄燁撰　清康熙刻本　十二册

330000－1704－0019044　018977　史部/地理類/山川之屬/山志
孤嶼志八卷首一卷　（清）陳舜咨輯　清嘉慶十四年（1809）刻民國二十四年（1935）印本　一册　存四卷（首、一至三）

330000－1704－0019045　019022　子部/藝術類/書畫之屬
玉臺畫史五卷别録一卷　（清）湯漱玉輯　清道光十七年（1837）錢塘汪氏振綺堂刻本　三册

330000－1704－0019047　018978　類叢部/叢書類/郡邑之屬

永嘉叢書十三種　(清)孫衣言編　清同治至光緒瑞安孫氏詒善祠塾刻本　一冊　存一種

330000－1704－0019049　019023　經部/春秋公羊傳類/傳說之屬

春秋公羊經傳解詁十二卷　(漢)何休撰　(唐)陸德明音義　**重刊宋紹熙公羊傳注附音本校記一卷**　(清)魏彥撰　清光緒二十一年(1895)金陵書局刻本　二冊

330000－1704－0019050　018980　類叢部/叢書類/郡邑之屬

永嘉叢書十三種　(清)孫衣言編　清同治至光緒瑞安孫氏詒善祠塾刻本　八冊　存一種

330000－1704－0019052　019024　經部/春秋穀梁傳類/傳說之屬

春秋穀梁傳十二卷　(晉)范甯集解　(唐)陸德明音義　清光緒二十一年(1895)金陵書局刻本　二冊

330000－1704－0019053　善000858　集部/別集類/明別集

遵巖先生文集四十二卷　(明)王慎中撰　(清)李光墺等編　清康熙五十年(1711)閩中同人書社刻本　二十四冊

330000－1704－0019055　019025　史部/雜史類/斷代之屬

國語二十一卷　(三國吳)韋昭注　**校刊明道本韋氏解國語札記一卷**　(清)黃丕烈撰　**明道本考異四卷**　(清)汪遠孫撰　清同治八年(1869)湖北崇文書局刻本　一冊　存三卷(國語一至三)

330000－1704－0019056　018860　類叢部/叢書類/彙編之屬

增訂漢魏叢書八十六種　(清)王謨編　清光緒二十年(1894)湖南藝文書局刻本　三冊　存四種

330000－1704－0019058　018859　史部/地理類/山川之屬/山志

廣雁蕩山誌二十八卷首一卷末一卷　(清)曾唯輯　清乾隆五十五年(1790)曾唯依綠園刻本　七冊　缺一卷(首)

330000－1704－0019059　善000859　集部/別集類/明別集

升菴先生文集八十一卷目錄四卷　(明)楊慎撰　(明)楊有仁輯　明萬曆二十九年(1601)王藩臣、蕭如松秣陵刻本　二十四冊

330000－1704－0019060　018850　集部/總集類/氏族之屬

新安先集二十卷　(清)朱之榛輯　清同治十三年(1874)蘇州刻本　四冊　存十三卷(五至九、十三至二十)

330000－1704－0019065　018902　子部/醫家類/類編之屬

陳修園醫書　(清)陳念祖等撰　清石印本　一冊　存一種

330000－1704－0019066　019028　史部/傳記類/別傳之屬/事狀

忠武誌十卷　(清)張鵬翮輯　(清)周畹蘭增　清嘉慶十九年(1814)麻城周畹蘭刻本　二冊

330000－1704－0019067　018858　子部/天文曆算類/算書之屬

翠薇山房數學十四種　(清)張作楠撰　清刻本　一冊　存二種

330000－1704－0019068　018984　史部/雜史類/斷代之屬

國語二十一卷　(三國吳)韋昭注　**校刊明道本韋氏解國語札記一卷**　(清)黃丕烈撰　清光緒二十一年(1895)寶善堂刻本　四冊

330000－1704－0019070　018857　子部/天文曆算類/算書之屬

開方釋例四卷　(清)駱騰鳳撰　清道光何錦刻本　一冊　存二卷(三至四)

330000－1704－0019071　善000874　集部/別集類/清別集

牧齋初學集一百十卷目錄二卷　(清)錢謙益

撰　明崇禎十六年(1643)海虞瞿式耜刻本　二十册

330000－1704－0019073　善000872　集部/別集類/清別集

湖海樓全集五十一卷　(清)陳維崧撰　清乾隆六十年(1795)浩然堂刻本　二十册

330000－1704－0019074　018904　子部/醫家類/類編之屬

中西匯通醫書五種　唐宗海撰　清光緒石印本　一册　存一種

330000－1704－0019076　018985　史部/金石類/總志之屬

金石索十二卷首一卷　(清)馮雲鵬　(清)馮雲鵷輯　清光緒三十二年(1906)上海文新局石印本　八册　缺五卷(金索二至三、六,石索二至三)

330000－1704－0019077　018892　子部/叢編

子書二十三種　(清)浙江書局編　清光緒二十三年(1897)上海圖書集成局鉛印本　六册　存一種

330000－1704－0019078　019031　子部/兵家類/兵法之屬

孫吴司馬法八卷　(清)孫星衍輯　**武經集要一卷**　(清)徐亦訂　清光緒十五年(1889)浙江書局刻本　二册

330000－1704－0019079　善000847　集部/別集類/明別集

宋學士全集三十二卷附録一卷　(明)宋濂撰　清康熙四十八年(1709)彭始摶刻本　三十六册

330000－1704－0019080　善000710　集部/別集類/唐五代別集

李長吉歌詩四卷外集一卷首一卷　(唐)李賀撰　(清)王琦彙解　清乾隆王氏寶笏樓刻本　二册

330000－1704－0019081　018985－1　史部/金石類/總志之屬

金石索十二卷首一卷　(清)馮雲鵬　(清)馮雲鵷輯　清光緒石印本　五册　存五卷(金索一至二、四,石索一、四)

330000－1704－0019082　018848　子部/天文曆算類

兼濟堂纂刻梅勿庵先生曆算全書二十八種　(清)梅文鼎撰　(清)魏荔彤輯　(清)楊作枚訂補　清雍正元年(1723)栢鄉魏荔彤刻乾隆十四年(1749)梅汝培、咸豐九年(1859)梅體萱遞修本　二册　存二種

330000－1704－0019083　018893　集部/別集類/清別集

壯悔堂文集十卷遺稿一卷四憶堂詩集六卷遺稿一卷　(清)侯方域撰　(清)賈開宗等評點　清宣統二年(1910)上海掃葉山房石印本　六册

330000－1704－0019085　018905　類叢部/叢書類/自著之屬

西河合集一百十九種　(清)毛奇齡撰　清刻本　一册　存一種

330000－1704－0019086　善000873　集部/詩文評類/詩評之屬

宋詩紀事一百卷　(清)厲鶚　(清)馬曰琯輯　清乾隆十一年(1746)厲鶚樊榭山房刻本　三十二册

330000－1704－0019088　018847　集部/別集類/清別集

香蘇山館詩集三十六卷　(清)吴嵩梁撰　清德化李氏木犀軒刻本　二册　存九卷(今體詩鈔一至九)

330000－1704－0019089　019033　集部/總集類/選集之屬/通代

古文觀止十二卷　(清)吴乘權　(清)吴大職輯　清浙蘭慎言堂刻本　二册

330000－1704－0019090　善000712　集部/別集類/唐五代別集

陳伯玉文集十卷　(唐)陳子昂　(明)楊春輯　明抄本　楊紹廉校、題簽並記　四册

330000－1704－0019091　善000711　集部/總集類/選集之屬/斷代

唐十二家詩四十九卷　(明)□□輯　明刻本　五册　存一種

330000－1704－0019093　018880　經部/叢編

重刊宋本十三經注疏四百十六卷附十三經注疏校勘記四百十六卷　(清)阮元撰　(清)盧宣旬摘錄　清嘉慶二十年(1815)南昌府學刻本　四册　存二種

330000－1704－0019095　015077　子部/雜著類/雜考之屬

敦書咫聞二卷附瀛洲咫聞一卷　楊晨撰　清宣統石印本　一册

330000－1704－0019096　善001573　集部/别集類/清别集

玉甑山館詩鈔八卷文鈔一卷　(清)林從炯撰　清末抄本　二册

330000－1704－0019101　019035　集部/别集類/宋别集

岳忠武王文集八卷首一卷末一卷　(宋)岳飛撰　(清)黄邦寧纂修　清光緒十二年(1886)上海簡玉山房刻本　四册

330000－1704－0019102　019038　集部/别集類/宋别集

岳忠武王文集八卷首一卷末一卷　(宋)岳飛撰　(清)黄邦寧纂修　清光緒十二年(1886)上海簡玉山房刻本　二册

330000－1704－0019106　019036　子部/雜著類/雜説之屬

定香亭筆談四卷　(清)阮元撰　清光緒二十五年(1899)浙江書局刻本　四册

330000－1704－0019107　017828　子部/宗教類/佛教之屬

禮佛發願文畧釋一卷　(清)釋怡山撰　清光緒六年(1880)刻本　一册

330000－1704－0019110　018990　新學/史志/别國史

東洋史要二卷　(日本)桑元隲藏撰　樊炳清譯　清光緒二十五年(1899)東文學社石印本　一册　存一卷(上)

330000－1704－0019111　019039　史部/傳記類/總傳之屬/通代

洛學編六卷　(清)湯斌輯　(清)尹會一續輯　(清)郭程先補輯　清光緒二年(1876)有不為齋刻本　二册

330000－1704－0019112　018906　子部/醫家類/溫病之屬

時病論八卷　(清)雷豐撰　清光緒上海鍊石總書局石印本　一册

330000－1704－0019113　018887　史部/傳記類/科舉録之屬/歷科鄉試録

江南闈藝□□卷　(清)曹清泉等撰　清末石印本　一册　存一卷(二)

330000－1704－0019114　019040　子部/雜著類/雜考之屬

日知錄三十二卷　(清)顧炎武撰　清康熙三十四年(1695)潘耒刻本　十二册

330000－1704－0019115　018907　類叢部/叢書類/彙編之屬

玲瓏山館叢書七十種　(清)□□編　清光緒十五年(1889)文選樓刻本　十七册　存五十二種

330000－1704－0019119　019041　集部/總集類/郡邑之屬

兩浙輶軒續錄五十四卷　(清)潘衍桐輯　清光緒十七年(1891)浙江書局刻本　八册　存十二卷(三十一至四十、五十至五十一)

330000－1704－0019120　019042　集部/别集類/宋别集

岳忠武王文集八卷首一卷末一卷　(宋)岳飛撰　(清)黄邦寧纂修　清光緒十二年(1886)上海簡玉山房刻本　四册

330000－1704－0019121　019086　類叢部/叢書類/彙編之屬

廣雅書局叢書一百五十九種　徐紹棨編　清

光緒廣雅書局刻民國九年(1920)番禺徐紹棨彙編印本　七册　存三種

330000－1704－0019125　019043　子部/叢編

二十二子(二十二子彙函)　(清)浙江書局編　清光緒元年至三年(1875－1877)浙江書局刻本　十三册　存三種

330000－1704－0019126　018883　子部/宗教類/佛教之屬/諸宗

雲棲法彙二十八種七十四卷　(明)釋袾宏撰　(明)王宇春等輯　清光緒二十三年至二十五年(1897－1899)金陵刻經處刻本　一册　存一種

330000－1704－0019128　019087　子部/宗教類/佛教之屬/經疏

大佛頂如來密因修證了義諸菩薩萬行首楞嚴經纂註十卷首一卷末一卷　(唐)釋般剌密帝譯　(唐)釋彌伽釋迦譯語　(唐)房融筆受　(明)釋真界纂註　清光緒三十四年(1908)金陵刻經處刻本　五册

330000－1704－0019130　018908　經部/易類/傳說之屬

易藝舉隅六卷　(清)陳本淦纂　清道光十九年(1839)刻本　六册

330000－1704－0019131　019088　子部/宗教類/佛教之屬/諸宗

緇門警訓十卷　(宋)釋澤賢輯　(元)釋永中補輯　(明)釋如卺續輯　清光緒十八年(1892)江北刻經處刻本　二册

330000－1704－0019134　018884　子部/醫家類/類編之屬

吴氏醫學述　(清)吴儀洛輯　清刻本　四册　存一種

330000－1704－0019135　018909　子部/醫家類/類編之屬

陳修園醫書二十一種　(清)陳念祖等撰　清光緒十八年(1892)上海圖書集成印書局鉛印本　一册　存一種

330000－1704－0019136　018875　子部/宗教類/佛教之屬/經

佛説無量壽經二卷　(三國魏)釋康僧鎧譯　清同治十三年(1874)金陵刻經處刻本　一册

330000－1704－0019137　019046　史部/政書類

三通序不分卷　(清)吴巖輯　(清)康綸鈞校　清光緒石印本　一册　缺一卷(三)

330000－1704－0019138　019089　集部/詞類/類編之屬

小檀欒室彙刻閨秀詞　徐乃昌編　清光緒二十一年至二十二年(1895－1896)南陵徐乃昌刻本　十四册　存七十四種

330000－1704－0019139　018910　子部/醫家類/類編之屬

陳修園醫書二十一種　(清)陳念祖等撰　清光緒十八年(1892)上海圖書集成印書局鉛印本　三册　存二種

330000－1704－0019140　019047　史部/編年類/通代之屬

續資治通鑑綱目二十七卷　(明)商輅等撰　(明)陳仁錫評　清嘉慶九年(1804)姑蘇聚文堂刻本　一册　存一卷(十)

330000－1704－0019141　018876　集部/別集類/清別集

胡文忠公遺集十卷首一卷　(清)胡林翼撰　(清)閻敬銘　(清)厲雲官　(清)盛康輯　清同治三年(1864)武昌節署刻本　八册

330000－1704－0019143　018879　集部/別集類/唐五代別集

杜詩鏡銓二十卷　(清)楊倫撰　**讀書堂杜工部文集註解二卷**　(清)張溍撰　清光緒十八年(1892)鉛印本　五册　缺四卷(十六至十九)

330000－1704－0019144　018911　子部/法家類

韓非子集解二十卷首一卷　(清)王先慎撰　清光緒上海掃葉山房石印本　一册　存四卷

(十七至二十)

330000－1704－0019145　善000713　集部/别集類/唐五代别集
雲臺編三卷補遺一卷　(唐)鄭谷撰　清康熙三十八年(1699)鄭定遠刻本　三册

330000－1704－0019146　善000714　集部/别集類/唐五代别集
朱文公校昌黎先生文集四十卷外集十卷遺文一卷　(唐)韓愈撰　(宋)朱熹考異　(宋)王伯大音釋　**朱文公校昌黎先生集傳一卷**　明萬曆新安朱崇沐刻本　十册

330000－1704－0019147　善000716　集部/總集類/選集之屬/通代
四大家文選　(明)陳仁錫輯　明末陳仁錫刻本　二册　存一種

330000－1704－0019148　善000715　集部/别集類/唐五代别集
朱文公校昌黎先生文集二十卷外集一卷集傳一卷遺文一卷遺詩一卷　(唐)韓愈撰　(唐)李漢編集　(宋)朱熹考異　(宋)王伯大音釋　明弘治十五年(1502)王氏善敬書堂刻本　清李光地校並題記　七册　缺六卷(朱文公校昌黎先生文集七至九、十二至十四)

330000－1704－0019149　善000717　集部/别集類/唐五代别集
朱文公校昌黎先生文集四十卷外集十卷遺文一卷　(唐)韓愈撰　(宋)朱熹考異　(宋)王伯大音釋　(唐)李漢編集　(明)朱吾弼重編　**朱文公校昌黎先生集傳一卷**　明萬曆金陵光裕堂刻本　十二册

330000－1704－0019151　善000718　集部/總集類/彙編之屬
李杜全集　(明)許自昌編　明萬曆三十年(1602)長洲許自昌刻本　八册　存一種

330000－1704－0019152　善000720　集部/别集類/唐五代别集
李義山文集十卷　(唐)李商隱撰　(清)徐樹穀箋　(清)徐炯注　清康熙四十七年(1708)崑山徐氏花谿草堂刻本　四册

330000－1704－0019153　善000721　集部/别集類/唐五代别集
重刊校正笠澤叢書四卷補遺詩一卷續補遺一卷　(唐)陸龜蒙撰　清大疊山房刻本　楊紹廉題簽並校　二册

330000－1704－0019154　善000722　集部/别集類/唐五代别集
重刊校正笠澤叢書四卷補遺詩一卷續補遺一卷　(唐)陸龜蒙撰　清大疊山房刻本　一册

330000－1704－0019157　018912　子部/醫家類/本草之屬/本草藥性
珍珠囊指掌補遺藥性賦四卷　(金)李杲輯　**雷公炮製藥性解六卷**　(明)李中梓輯　清末石印本　一册

330000－1704－0019158　善000875　集部/别集類/清别集
遊覽紀咏集二卷補遺一卷　(清)張銘撰　清咸豐四年(1854)普門張氏崇義山房刻本　二册

330000－1704－0019163　019092　子部/雜著類/雜考之屬
陔餘叢考四十三卷　(清)趙翼撰　清乾隆刻本　一册　存三卷(二十三至二十五)

330000－1704－0019164　019030　子部/宗教類/佛教之屬
答順宗心要法門一卷　(唐)釋澄觀撰　(唐)釋宗密注　**原人論一卷**　(唐)釋宗密撰　清同治十三年(1874)雞園刻經處、光緒二十三年(1897)金陵刻經處刻本　一册

330000－1704－0019165　善000723　子部/儒家類/儒學之屬/蒙學
標題補注蒙求三卷　(唐)李翰撰　(宋)徐子光補注　(明)顧起綸補輯　清乾隆刻本　一册

330000－1704－0019166　善000724　集部/别集類/唐五代别集
韓筆酌蠡三十卷　(唐)韓愈撰　(清)盧軒編

清雍正八年(1730)歙州程崟刻乾隆十四年(1749)重修本　六冊

330000－1704－0019168　019091　史部/紀傳類/正史之屬
史記一百三十卷方望溪評點史記四卷　(漢)司馬遷撰　(明)歸有光　(清)方苞評點　清光緒二年至四年(1876－1878)武昌張氏刻本　二十冊

330000－1704－0019169　019001　子部/雜著類/雜考之屬
陔餘叢考四十三卷　(清)趙翼撰　清刻本　十六冊

330000－1704－0019170　善000877　集部/別集類/清別集
啞然詩句一卷　(清)曾衍東撰　清嘉慶刻本　一冊

330000－1704－0019171　019050　集部/總集類/選集之屬/通代
古唐詩合解古詩四卷唐詩十二卷　(清)王堯衢注　清刻本　陳雲蛟題記　一冊　存七卷(唐詩一至七)

330000－1704－0019173　019094　集部/別集類/漢魏六朝別集
江文通集四卷　(南朝梁)江淹撰　(清)梁賓輯　清乾隆二十四年(1759)考城安愚堂刻本　一冊　存二卷(一至二)

330000－1704－0019175　善000725　集部/別集類/唐五代別集
玉谿生詩箋註三卷首一卷樊南文集箋註八卷首一卷　(唐)李商隱撰　(清)馮浩箋注　清乾隆四十五年(1780)德聚堂刻本　八冊

330000－1704－0019176　019093　集部/別集類/清別集
研經堂文集□□卷　(清)周灝撰　清道光十九年(1839)周灝刻本　一冊　存一卷(一)

330000－1704－0019177　019002　集部/小說類/長篇之屬
增評補圖石頭記一百二十卷一百二十回首一卷　(清)曹霑　(清)高鶚撰　(清)王希廉　(清)姚燮評　清末鉛印本　一冊　存九卷(二十九至三十七)

330000－1704－0019178　善000883　史部/史評類/詠史之屬
庚子都門紀事詩六卷　(清)延清撰　**庚子都門紀事首一卷末一卷**　清光緒二十八年(1902)鉛印本　二冊

330000－1704－0019180　018914　集部/小說類/短篇之屬
足本全圖今古奇觀四十回　(明)抱甕老人輯　清末至民國石印本　一冊　存五回(六至十)

330000－1704－0019181　019003　新學/學校
簡易識字課本一卷　學部編譯圖書局編輯　清宣統二年(1910)浙江學務公所石印本　一冊

330000－1704－0019183　019004　史部/編年類/通代之屬
御批歷代通鑑輯覽一百二十卷　(清)傅恆等撰　清光緒二十九年(1903)上海商務印書館鉛印本　二十冊　存一百七卷(一至八十、八十四至一百、一百十一至一百二十)

330000－1704－0019184　善000885　集部/別集類
庚子刼餘草一卷　劉原道撰　清光緒三十年(1904)鉛印本　一冊

330000－1704－0019186　019096　集部/別集類/清別集
養拙齋詩十四卷附錄一卷　(清)王必達撰　**桂隱詩存一卷**　(清)王必蕃撰　清光緒十六年至十九年(1890－1893)王維翰等刻本　三冊

330000－1704－0019187　019052　史部/編年類/通代之屬
資治通鑑綱目五十九卷　(宋)朱熹撰　(明)陳仁錫評閱　**資治通鑑綱目續編一卷**　(明)

陳梿撰　(明)陳仁錫評閱　**前編二十五卷**　(明)南軒撰　(明)陳仁錫評閱　**續資治通鑑綱目二十七卷**　(明)商輅等撰　(明)陳仁錫評　清嘉慶九年(1804)姑蘇聚文堂刻本　一百二十八冊

330000－1704－0019189　善 000889　類叢部/叢書類/自著之屬
經韻樓叢書九種　(清)段玉裁撰　清乾隆至道光金壇段氏刻本　二冊　存一種

330000－1704－0019191　019053　子部/術數類/陰陽五行之屬
五行大義五卷　(隋)蕭吉撰　清嘉慶九年(1804)德清許氏刻本　四冊

330000－1704－0019193　019009　史部/傳記類/總傳之屬/仕宦
鶴徵錄八卷首一卷　(清)李集輯　(清)李富孫　(清)李遇孫續輯　**鶴徵後錄十二卷首一卷**　(清)李富孫輯　清嘉慶漾葭老屋刻同治修補本　六冊

330000－1704－0019194　019097　經部/叢編
御纂七經二百八十卷首十一卷序三卷　(清)李光地等撰　清同治刻本　十二冊　存一種

330000－1704－0019195　善 000891　集部/別集類/清別集
水田居文集五卷　(清)賀貽孫撰　清刻本　五冊

330000－1704－0019196　019054　子部/宗教類/佛教之屬/經
佛説梵網經二卷　(後秦)釋鳩摩羅什譯　清光緒十年(1884)金陵刻經處刻本　一冊

330000－1704－0019198　善 000892　集部/別集類/清別集
愛日堂文集八卷　(清)孫宗彝撰　(清)孫弓安輯　清乾隆三十五年(1770)高郵孫仝邵刻本　四冊

330000－1704－0019199　019005　類叢部/叢書類/自著之屬
顧亭林先生遺書十種　(清)顧炎武撰　清蓬瀛閣刻本　八冊

330000－1704－0019201　善 000894　集部/別集類/清別集
遂初堂詩集十六卷文集二十卷別集四卷　(清)潘耒撰　清康熙刻本　十冊

330000－1704－0019203　019055　子部/宗教類/佛教之屬
熏修藥師懺儀三卷　清浙寧天寧寺刻本　一冊

330000－1704－0019205　019055－1　子部/宗教類/佛教之屬
熏修藥師懺儀三卷　清浙寧天寧寺刻本　一冊

330000－1704－0019207　善 000895　集部/別集類/清別集
袁文箋正十六卷補注一卷　(清)袁枚撰　(清)石韞玉箋　清嘉慶十七年(1812)鶴壽山堂刻本　清葉琮題記　四冊

330000－1704－0019208　019006　集部/別集類/明別集
宋文憲公全集五十三卷首四卷　(明)宋濂撰　清嘉慶十五年(1810)金華府學刻本　二十三冊　缺二卷(首一至二)

330000－1704－0019210　善 000726　集部/別集類/唐五代別集
分類補註李太白詩二十五卷　(唐)李白撰　(宋)楊齊賢集註　(元)蕭士贇補註　**唐翰林李太白年譜一卷**　(宋)薛仲邕撰　明末六經堂刻本　三十一冊

330000－1704－0019211　019013　子部/雜著類/雜編之屬
譯林第一期不分卷　清光緒二十七年(1901)上海商務印書館鉛印本　一冊

330000－1704－0019214　020657　類叢部/叢書類/自著之屬
甌北全集八種　(清)趙翼撰　清乾隆至嘉慶湛貽堂刻本　十冊　存一種

330000－1704－0019215　善000893　集部/別集類/清別集

西陂類稿五十卷　（清）宋犖撰　清康熙毛扆、宋懷金、高岑刻本　十六册

330000－1704－0019216　019058　類叢部/叢書類/彙編之屬

增訂漢魏叢書八十六種　（清）王謨編　清光緒二十年（1894）湖南藝文書局刻本　二册　存一種

330000－1704－0019218　019059　類叢部/叢書類/彙編之屬

唐代叢書一百六十四種　（清）王文誥編　清刻本　一册　存十九種

330000－1704－0019220　019102　集部/別集類/清別集

李文忠公朋僚函稿二十四卷　（清）李鴻章撰　（清）吳汝綸輯　清光緒二十八年（1902）蓮池書社鉛印本　一册　存二卷（七至八）

330000－1704－0019221　善000896　集部/別集類/清別集

居業齋詩鈔二十二卷文稿二十卷別集十卷　（清）金德嘉撰　清康熙五十八年（1719）蔣國祥刻本　十册

330000－1704－0019223　019103　類叢部/叢書類/彙編之屬

增訂漢魏叢書八十六種　（清）王謨編　清刻本　七册　存三種

330000－1704－0019224　018918　集部/總集類/選集之屬/通代

古文觀止十二卷　（清）吳乘權　（清）吳大職輯　清光緒南京李光明莊刻本　六册

330000－1704－0019225　019015　子部/宗教類/佛教之屬/諸宗

徑中徑又徑四卷　（清）張師誠輯　清光緒二十九年（1903）揚州藏經院刻本　一册

330000－1704－0019227　善000727　集部/別集類/唐五代別集

集千家註杜工部詩集二十卷文集二卷　（唐）杜甫撰　（宋）黄鶴補注　明萬曆三十年（1602）長洲許自昌刻李杜全集本　沈靖題簽並記　二十册

330000－1704－0019228　019016　集部/總集類/選集之屬/通代

古詩源十四卷　（清）沈德潛輯　清刻本　一册　存六卷（五至十）

330000－1704－0019229　019017　史部/地理類/方志之屬/郡縣志

［光緒］永嘉縣志三十八卷首一卷　（清）張寶琳修　（清）王棻　（清）孫詒讓纂　清光緒八年（1882）溫州維新書局刻民國二十四年（1935）劉景晨補版印本　四册　存六卷（二十五至三十）

330000－1704－0019230　善000897　集部/別集類/清別集

熊學士詩文集三卷　（清）熊伯龍撰　清康熙九年（1670）熊正笏刻本　二册　存二卷（詩集上、文集下）

330000－1704－0019232　019018　集部/總集類/選集之屬/斷代

唐詩韶音箋註六卷　（清）沈廷芳輯　（清）吳壽祺　（清）吳元治注　清乾隆二十三年（1758）賜書堂刻本　二册　缺一卷（六）

330000－1704－0019233　018919　史部/雜史類/斷代之屬

戰國策十卷　（宋）鮑彪校注　（元）吳師道補正　清姑蘇書業堂刻本　八册

330000－1704－0019234　018898　子部/醫家類/本草之屬/歷代綜合本草

本草綱目五十二卷　（明）李時珍撰　清刻本　三十四册

330000－1704－0019236　019061　類叢部/叢書類/彙編之屬

春暉堂叢書十二種　（清）徐渭仁編　清道光至咸豐上海徐渭仁刻同治九年至十年（1870－1871）徐允臨補刻彙印本　一册　存一種

330000－1704－0019237　018900　子部/

叢編

子書百家 （清）崇文書局編　清光緒元年（1875）湖北崇文書局刻本　四十六冊　存四十二種

330000－1704－0019239　善000728　集部/別集類/唐五代別集

杜詩鏡銓二十卷年譜一卷附諸家論杜一卷 （清）楊倫撰　清乾隆九柏山房刻本　八冊

330000－1704－0019240　019105　經部/叢編

重刊宋本十三經注疏四百十六卷附十三經注疏校勘記四百十六卷 （清）阮元撰　（清）盧宣旬摘錄　清嘉慶二十年（1815）南昌府學刻本　十三冊　存三種

330000－1704－0019241　善000898　集部/別集類/清別集

研六室文鈔十卷 （清）胡培翬撰　清道光十七年（1837）涇川書院刻本　六冊

330000－1704－0019243　善000729　集部/別集類/唐五代別集

讀杜心解六卷首二卷 （清）浦起龍撰　清雍正二年至三年（1724－1725）前澗浦氏寧我齋刻本　清吴鴻翔過錄清查瑩等評　六冊

330000－1704－0019244　019106　集部/總集類/郡邑之屬

兩浙輶軒續錄五十四卷補遺六卷 （清）潘衍桐輯　清光緒十七年（1891）浙江書局刻本　三十一冊　存四十七卷（一至三十、四十一至四十九、五十二至五十三，補遺一至六）

330000－1704－0019246　019065　集部/總集類/選集之屬/斷代

唐詩近體四卷 （清）胡本淵評選　清光緒金陵李光明莊刻本　二冊

330000－1704－0019247　善000730　集部/總集類/選集之屬/斷代

元白長慶集二種一百四十一卷 （明）馬元調編　明萬曆三十二年至三十四年（1604－1606）馬元調刻本　十四冊　存一種

330000－1704－0019248　018920　史部/地理類/遊記之屬/紀行

出使英法義比四國日記六卷（清光緒十六年正月十一日至十七年二月三十日） （清）薛福成撰　清光緒刻本　五冊　缺一卷（二）

330000－1704－0019250　善000904　集部/別集類/清別集

歲寒堂存稿不分卷 （清）林璐撰　清康熙刻本　二冊

330000－1704－0019252　善000731　集部/別集類/唐五代別集

白香山詩長慶集二十卷後集十七卷別集一卷補遺二卷 （唐）白居易撰　（清）汪立名編訂　**白香山年譜一卷** （清）汪立名撰　**白香山年譜舊本一卷** （宋）陳振孫撰　清康熙四十一年至四十二年（1702－1703）一隅草堂刻本　八冊

330000－1704－0019253　善000732　集部/別集類/唐五代別集

魯公文集十五卷 （唐）顏真卿撰　明萬曆二十四年（1596）顏胤祚刻本　二冊

330000－1704－0019260　善000912　集部/別集類/清別集

蓉林筆抄四卷 （清）何子祥撰　清乾隆刻本　三冊

330000－1704－0019261　019020　史部/詔令奏議類/奏議之屬

曾文正公奏議十卷首一卷末一卷補編四卷 （清）曾國藩撰　（清）薛福成編　清同治十二年至十三年（1873－1874）蘇郡刻本　十一冊　存十四卷（首、奏議一至十、末、補編一至二）

330000－1704－0019264　019021　集部/總集類/選集之屬/通代

瀛奎律髓刊誤四十九卷 （元）方回輯　（清）紀昀勘誤　清嘉慶五年（1800）侯官李氏雙桂堂刻本　十二冊

330000－1704－0019266　019114　集部/別

集類/清別集
呂晚村詩集八卷補遺一卷 (清)呂留良撰 清光緒石印本 四冊

330000－1704－0019268 019068 集部/總集類/選集之屬/斷代
唐詩近體四卷 (清)胡本淵評選 清光緒金陵李光明莊刻本 一冊

330000－1704－0019270 善 000913 集部/別集類/清別集
臨野堂詩集十三卷詩餘二卷文集十卷 (清)鈕琇撰 清康熙刻本 三冊 缺五卷(文集一至五)

330000－1704－0019271 019115 集部/別集類/明別集
甫田集三十五卷 (明)文徵明撰 **附錄一卷** (明)文嘉撰 清宣統三年(1911)上海千頃堂書莊會文學社書莊鉛印本 十二冊

330000－1704－0019276 019153 集部/別集類/清別集
梅村集二十卷 (清)吳偉業撰 清宣統二年(1910)上海國學昌明社石印本 六冊

330000－1704－0019277 善 000914 集部/別集類/清別集
梧竹山房文稿一卷 (清)陳遇春撰 清刻本 一冊

330000－1704－0019279 善 000733 類叢部/叢書類/彙編之屬
武英殿聚珍版書一百三十八種 清乾隆武英殿木活字印本 四十八冊 存一種

330000－1704－0019282 019199 集部/楚辭類
楚辭章句十七卷 (漢)王逸撰 (宋)洪興祖補注 清同治十一年(1872)金陵書局刻本 四冊

330000－1704－0019285 善 000915 類叢部/叢書類/自著之屬
惜抱軒全集十種 (清)姚鼐撰 清嘉慶至道光刻本 六冊 存三種

330000－1704－0019286 019119 經部/四書類/總義之屬/傳說
四書釋地補一卷續補一卷又續補一卷三續補一卷 (清)閻若璩撰 (清)樊廷枚校補 清嘉慶二十一年(1816)梅陽海涵堂刻本 六冊

330000－1704－0019288 019156 集部/總集類/選集之屬/通代
瀛奎律髓刊誤四十九卷 (元)方回輯 (清)紀昀勘誤 清嘉慶五年(1800)侯官李氏雙桂堂刻本 十二冊

330000－1704－0019289 018921 經部/詩類/傳說之屬
朱子詩義補正八卷 (清)方苞撰 (清)單作哲編次 清刻本 一冊 存一卷(六)

330000－1704－0019291 018922 經部/叢編
古經解彙函十六種附小學彙函十四種 (清)鍾謙鈞等輯 清刻本 一冊 存二種

330000－1704－0019292 019071 子部/宗教類/佛教之屬/論疏
大乘起信論裂網疏六卷 (清)釋智旭撰 清光緒金陵書局刻本 一冊

330000－1704－0019293 善 000734 集部/總集類/彙編之屬
韓柳文一百卷 (明)游居敬編 明嘉靖三十五年(1556)沙賓莫如士刻本 一冊 存六卷(柳文一、別集上下、外集上下、附錄)

330000－1704－0019294 019120 經部/叢編
古經解彙函十六種附小學彙函十四種續附十種 (清)鍾謙鈞等輯 清光緒十四年(1888)上海蜚英館石印本 三冊 存七種

330000－1704－0019295 019202 集部/楚辭類
楚辭章句十七卷 (漢)王逸撰 (宋)洪興祖補注 清同治十一年(1872)金陵書局刻本 四冊

330000－1704－0019296 善 000735 集部/

別集類/宋別集

宋宗忠簡公集八卷 （宋）宗澤撰 （宋）樓鑰輯 （清）王延曾重輯 清乾隆二十六年(1761)刻本 二冊

330000－1704－0019297 018923 類叢部/叢書類/彙編之屬

文選樓叢書三十三種 （清）阮亨編 清嘉慶至道光阮元刻道光二十二年(1842)阮亨彙印本 一冊 存二種

330000－1704－0019298 019157 類叢部/叢書類/自著之屬

黄梨洲遺書七種附一種 （清）黄宗羲撰 清光緒三十一年(1905)杭州羣學社石印本 三冊 存一種

330000－1704－0019299 善000918 集部/別集類/清別集

定盦文集三卷餘集一卷 （清）龔自珍撰 清道光三年(1823)刻本 梅泠生題記 一冊

330000－1704－0019300 019158 集部/詞類/總集之屬

絶妙好詞箋七卷 （宋）周密輯 （清）查爲仁（清）厲鶚箋 **絶妙好詞續鈔一卷** （清）余集輯 **絶妙好詞又續鈔一卷** （清）徐楙補錄 清道光八年(1828)徐楙杭州愛日軒刻本 六冊 缺一卷(又續鈔)

330000－1704－0019301 019204 集部/楚辭類

楚辭章句十七卷 （漢）王逸撰 （宋）洪興祖補注 清同治十一年(1872)金陵書局刻本 四冊

330000－1704－0019302 019072 集部/詞類/總集之屬

三李詞三卷 （清）楊文斌輯 清光緒十六年(1890)蒙自楊文斌香海閣刻本 一冊 存一卷(三)

330000－1704－0019303 019159 史部/編年類/通代之屬

資治通鑑目錄三十卷 （宋）司馬光撰 清光緒石印本 三冊 存二十三卷(八至三十)

330000－1704－0019305 善000736 集部/別集類/宋別集

東坡先生文集七十五卷詩集三十二卷 （宋）蘇軾撰 **東坡紀年錄一卷** （宋）傅藻編纂 **東坡墓誌銘一卷** （宋）蘇轍撰 明末刻本 十二冊 存五十四卷(三至二十九、三十四至三十八、四十三至五十六、六十五至七十二)

330000－1704－0019306 018924 子部/雜著類/雜考之屬

校訂困學紀聞集證二十卷 （宋）王應麟撰（清）閻若璩等箋 （清）萬希槐集證 清嘉慶刻本 十二冊

330000－1704－0019307 019203 子部/宗教類

五公經不分卷 清抄本 一冊

330000－1704－0019308 019160 類叢部/叢書類/彙編之屬

增訂漢魏叢書八十六種 （清）王謨編 清光緒二十年(1894)湖南藝文書局刻本 二冊 存一種

330000－1704－0019310 019073 集部/別集類/清別集

伏敔堂詩錄十五卷續錄二卷首一卷附錄一卷 （清）江湜撰 清同治元年至二年(1862－1863)刻本 四冊

330000－1704－0019311 善000920 集部/別集類/清別集

壯悔堂文集十卷遺稿一卷四憶堂詩集六卷遺稿一卷 （清）侯方域撰 （清）賈開宗等評點 清刻本 八冊

330000－1704－0019312 019162 史部/地理類/外紀之屬

日本雜事詩二卷 （清）黄遵憲撰 清光緒十一年(1885)梧州黄氏鴛江榷舍刻本 二冊

330000－1704－0019313 018925 子部/宗教類/佛教之屬/諸宗

禪門日誦一卷 清宣統二年(1910)溫州頭陀

山妙智寺刻本　一册

330000－1704－0019314　019074　集部/别集類/清别集

倚晴樓集五種　(清)黃燮清撰　清咸豐至同治海鹽黃氏拙宜園刻本　五册　存一種

330000－1704－0019321　善000737　集部/别集類/宋别集

王荆文公詩五十卷補遺一卷　(宋)王安石撰　(宋)李壁箋注　清乾隆五年至六年(1740－1741)張宗松清綺齋刻本　六册

330000－1704－0019322　019076　經部/叢編

御纂七經二百八十卷首十一卷序三卷　(清)李光地等撰　清同治六年至九年(1867－1870)浙江書局刻本　十六册　存一種

330000－1704－0019323　善000919　集部/總集類/氏族之屬

李氏家集四種　(清)李菊房編　清康熙刻乾隆二十四年(1759)金氏續刻本　十册　存一種

330000－1704－0019324　善000738　集部/别集類/宋别集

東坡先生全集七十五卷　(宋)蘇軾撰　**東坡詩選十二卷**　(宋)蘇軾撰　(明)譚元春選　**東坡先生年譜一卷**　(明)王宗稷編　明末文盛堂刻本　三十一册　缺二卷(九至十)

330000－1704－0019325　019123　類叢部/類書類/專類之屬

佩文韻府一百六卷　(清)張玉書　(清)蔡升元等輯　**韻府拾遺一百六卷**　(清)汪灝　(清)何焯等輯　清光緒石印本　一册　存二卷(佩文韻府五十三至五十四)

330000－1704－0019326　019209　子部/宗教類/佛教之屬

大乘起信論一卷　題(天竺)馬鳴菩薩造　(南朝陳)釋真諦譯　清光緒三十年(1904)武昌盧陵黃氏刻本　一册

330000－1704－0019328　善000906　集部/别集類/清别集

測海集六卷　(清)彭紹升撰　清嘉慶二十四年(1819)刻本　二册

330000－1704－0019329　019210　集部/别集類/清别集

介石山房遺文二卷遺詩一卷　(清)朱培源撰　清宣統二年(1910)朱氏刻本　二册

330000－1704－0019330　019077　史部/編年類/通代之屬

綱鑑正史約三十六卷　(明)顧錫疇撰　(清)陳弘謀增訂　**甲子紀元一卷**　(清)陳弘謀撰　清同治八年(1869)浙江書局刻本　十八册　缺三卷(一至二、甲子紀元)

330000－1704－0019332　善000907　史部/史評類/詠史之屬

明史雜詠四卷　(清)嚴遂成撰　清乾隆刻本　一册

330000－1704－0019333　019125　集部/總集類/選集之屬/通代

古唐詩合解古詩四卷唐詩十二卷　(清)王堯衢注　清刻本　一册　存三卷(唐詩十至十二)

330000－1704－0019334　019163　經部/小學類/文字之屬/字書/字典

復古編二卷　(宋)張有撰　**曾樂軒稿一卷**　(宋)張維撰　**安陸集一卷**　(宋)張先撰　清光緒八年(1882)淮南書局刻本　一册　存二卷(曾樂軒稿、安陸集)

330000－1704－0019335　019166　集部/總集類/選集之屬/斷代

唐詩别裁集引典備註二十卷　(清)沈德潛輯　(清)俞汝昌注　清道光十七年(1837)白鹿山房刻本　八册

330000－1704－0019337　019167　集部/别集類/唐五代别集

昌黎先生集四十卷外集十卷遺文一卷　(唐)韓愈撰　(宋)廖瑩中校正　**朱子校昌黎先生集傳一卷**　(宋)朱熹撰　**韓集點勘四卷**

(清)陳景雲撰　清同治八年(1869)江蘇書局刻本　十冊　缺四卷(韓集點勘一至四)

330000－1704－0019338　019078　經部/春秋左傳類/傳説之屬
評點春秋綱目左傳句解彙雋六卷　(清)韓菼重訂　清文星堂刻本　一冊　存一卷(一)

330000－1704－0019339　019126　子部/叢編
二十二子(二十二子彙函)　(清)浙江書局編　清光緒元年至三年(1875－1877)浙江書局刻本　一冊　存一種

330000－1704－0019340　019080　類叢部/叢書類/郡邑之屬
台州叢書九種　(清)宋世犖輯　清嘉慶至道光臨海宋氏刻本　二冊　存一種

330000－1704－0019342　019127　經部/儀禮類/傳説之屬
儀禮正義四十卷　(清)胡培翬撰　(清)楊大堉補　清咸豐二年(1852)刻同治七年(1868)補刻本　一冊　存二卷(三至四)

330000－1704－0019343　019169　子部/宗教類/佛教之屬/論
大智度論一百卷　(天竺)龍樹菩薩造　(後秦)釋鳩摩羅什譯　清光緒九年(1883)姑蘇刻經處刻本　二十四冊　存九十六卷(五至一百)

330000－1704－0019346　019171　子部/雜著類/雜考之屬
癸巳存稿十五卷　(清)俞正燮撰　清光緒十年(1884)李宗煝武林刻本　十冊

330000－1704－0019347　019082　子部/叢編
二十二子(二十二子彙函)　(清)浙江書局編　清光緒元年至三年(1875－1877)浙江書局刻本　一冊　存一種

330000－1704－0019349　019130　史部/紀傳類/正史之屬
十七史一千五百七十四卷　(明)毛晉編　明崇禎元年至十七年(1628－1644)毛氏汲古閣刻本　九十冊　存九種

330000－1704－0019350　善000908　集部/別集類/清別集
賜書堂詩鈔八卷　(清)周長發撰　清乾隆五十二年(1787)刻本　八冊

330000－1704－0019352　019083　子部/醫家類/類編之屬
陳修園醫書三十種　(清)陳念祖等撰　清光緒十八年(1892)上海圖書集成印書局鉛印本　十八冊

330000－1704－0019354　018926　集部/別集類/清別集
樊榭山房集十卷文集八卷續集十卷　(清)厲鶚撰　清光緒七年(1881)領南述軒刻本　六冊

330000－1704－0019356　善000911　集部/別集類/清別集
憺園文集三十六卷　(清)徐乾學撰　清康熙三十六年(1697)冠山堂刻本　十冊

330000－1704－0019363　善000739　集部/別集類/宋別集
東坡先生詩集註三十二卷　(宋)蘇軾撰　(宋)王十朋集註　明萬曆吳興茅維刻本　十二冊

330000－1704－0019364　019175　史部/紀傳類/正史之屬
二十四史　清同治至光緒五省官書局據汲古閣本等合刻光緒五年(1879)湖北書局彙印本　清佚名過録明唐順之跋　二十冊　存一種

330000－1704－0019365　019215　史部/史評類/詠史之屬
明宮詞一卷　(清)程嗣章撰　清末上海掃葉山房石印本　一冊

330000－1704－0019366　019216　集部/別集類/清別集
湖唐林館駢體文二卷　(清)李慈銘撰　清光緒十年(1884)刻本　一冊

330000－1704－0019368　善000740　類叢部/叢書類/彙編之屬

宋劉須溪先生較書九種附一種　(宋)劉辰翁評　(明)楊人駒編　明天啟四年(1624)楊人駒刻本　八冊　存一種

330000－1704－0019369　善000910　集部/別集類/清別集

范忠貞公集十卷　(清)范承謨撰　(清)劉可書編　清康熙范弘遇刻本　四冊

330000－1704－0019370　019164　類叢部/叢書類/郡邑之屬

台州叢書九種　(清)宋世犖輯　清嘉慶至道光臨海宋氏刻本　三冊　存一種

330000－1704－0019375　善000909　集部/別集類/清別集

樂賢堂詩鈔三卷　(清)德保撰　清乾隆五十六年(1791)英和刻本　一冊

330000－1704－0019380　善000923　集部/詞類/別集之屬

癸辛詞不分卷　(清)項瓚撰　清同治刻本　清孫衣言批點　一冊

330000－1704－0019382　善000741　集部/別集類/宋別集

東坡先生詩集註三十二卷　(宋)蘇軾撰　(宋)王十朋集註　明萬曆吳興茅維刻本　二冊　存六卷(一至六)

330000－1704－0019383　018927　類叢部/叢書類/郡邑之屬

台州叢書九種　(清)宋世犖輯　清嘉慶至道光臨海宋氏刻本　十冊　存一種

330000－1704－0019384　019135　史部/傳記類/總傳之屬/郡邑

甌海軼聞五十八卷　(清)孫衣言撰　清光緒刻本　一冊　存二卷(四至五)

330000－1704－0019385　019256　史部/紀傳類/正史之屬

二十四史　清光緒上海點石齋石印本　六冊　存一種

330000－1704－0019386　019219　子部/醫家類/類編之屬

陳修園二十八種　(清)陳念祖等撰　清光緒二十九年(1903)上海錦章書局石印本　一冊　存一種

330000－1704－0019388　善000927　集部/詞類/詞話之屬

樂府指迷一卷　(宋)張炎撰　**詞旨一卷**　(宋)陸輔之撰　清康熙刻本　清楊希閔跋　清丁蕓批校並跋　一冊

330000－1704－0019389　019257　類叢部/叢書類/自著之屬

隨園三十八種　(清)袁枚撰　清光緒十八年(1892)勤裕堂鉛印本　四冊　存三種

330000－1704－0019390　019136　類叢部/叢書類/彙編之屬

說鈴前集三十七種後集十六種　(清)吳震方編　清刻本　二十二冊

330000－1704－0019392　善000916　集部/別集類/清別集

布水臺集三十二卷　(清)釋道忞撰　清刻本　楊紹廉題簽　二冊　存十九卷(一至十九)

330000－1704－0019393　018928　史部/目錄類/總錄之屬/私撰

經籍舉要一卷附錄吳晴舫學使告示六條一卷附家塾課程一卷中江講院添設季課示一卷　(清)龍啟瑞撰　**尊經閣記一卷祀典錄一卷江中藏經閣藏書目一卷　江中講院現設經誼治事兩齋章程一卷**　清光緒十九年至二十年(1893－1894)中江講院刻本　一冊

330000－1704－0019394　019176　集部/總集類/選集之屬/通代

阮亭選古詩三十二卷　(清)王士禛輯　**惜抱軒今體詩選十八卷**　(清)姚鼐輯　清同治五年(1866)金陵書局刻本　十冊

330000－1704－0019395　019177　子部/小說家類/雜事之屬

常談叢錄六卷　(清)李元復撰　清末刻本

一册　存一卷（六）

330000－1704－0019397　019220　子部/醫家類/綜合之屬/通論
御纂醫宗金鑑九十卷首一卷　（清）吳謙等撰　清文光堂刻本　三册　存十卷（一至十）

330000－1704－0019399　019179　史部/地理類/山川之屬/水志
西湖志四十八卷　（清）李衛　（清）程元章修　（清）傅王露撰　清光緒四年（1878）浙江書局刻本　二十册

330000－1704－0019401　019221　子部/醫家類/醫經之屬/内經
黄帝内經素問集注九卷　（清）張志聰撰　清光緒十六年（1890）浙江書局刻本　六册

330000－1704－0019404　019260　子部/宗教類/佛教之屬/論
中論六卷　（天竺）龍樹菩薩造　（天竺）釋青目釋　（後秦）釋鳩摩羅什譯　清光緒三十三年（1907）揚州藏經院刻本　二册

330000－1704－0019405　019181　史部/傳記類/科舉録之屬/歷科鄉試録
［嘉慶二十三年戊寅道光元年辛巳恩科］浙江鄉試硃卷不分卷　（清）張夢璜撰　清刻本　一册

330000－1704－0019406　019222　集部/别集類/清别集
遜學齋文鈔十二卷首一卷末一卷　（清）孫衣言撰　清同治十二年（1873）刻光緒增刻本　六册

330000－1704－0019408　018930　子部/醫家類/傷寒金匱之屬/傷寒論
傷寒論六卷附傷寒論本義一卷　（漢）張機撰　（清）張志聰註釋　（清）高世栻纂集　清光緒二十五年（1899）石印本　四册

330000－1704－0019409　019224　集部/别集類/清别集
遜學齋詩鈔十卷　（清）孫衣言撰　清同治三年（1864）刻本　二册

330000－1704－0019410　019182　類叢部/叢書類/自著之屬
春在堂全書　（清）俞樾撰　清同治至光緒刻本　一册　存一種

330000－1704－0019411　019137　集部/總集類/選集之屬/通代
唐宋八大家類選十四卷　（清）儲欣輯　清石印本　一册　存二卷（三至四）

330000－1704－0019412　019225　集部/别集類/清别集
遜學齋詩續鈔五卷　（清）孫衣言撰　清光緒刻本　一册

330000－1704－0019413　019183　子部/宗教類/佛教之屬/經疏
大方廣圓覺修多羅了義經略疏二卷　（唐）釋宗密撰　清光緒十二年（1886）慧空經房刻本　一册　存一卷（上）

330000－1704－0019414　019184　經部/叢編
御纂七經二百九十四卷　（宋）朱熹集傳　（元）許謙音釋　（元）羅復纂輯　**校刻詩集傳音釋札記一卷**　（清）蔣光煦撰　清光緒江南書局刻本　四册　存一種

330000－1704－0019417　019263　子部/宗教類/佛教之屬/經疏
盂蘭盆經折衷疏一卷　（清）釋靈耀撰　清刻本　一册

330000－1704－0019418　019223　集部/别集類/清别集
遜學齋文續鈔五卷　（清）孫衣言撰　清光緒刻本　一册

330000－1704－0019420　019230　子部/儒家類/儒學之屬
二程全書六十六卷　（宋）程顥　（宋）程頤撰　清同治十年（1871）六安涂氏求我齋金陵刻本　十五册　缺七卷（河南程氏遺書二十至二十五、附錄）

330000－1704－0019423　018931　子部/雜

著類/雜品之屬
弦雪居重訂遵生八牋十九卷目錄一卷 （明）高濂撰　清刻本　五冊　存七卷(二至八)

330000－1704－0019425　019265　子部/宗教類/佛教之屬/經
妙法蓮華經七卷 （後秦）釋鳩摩羅什譯　清刻本　一冊　存一卷(四)

330000－1704－0019426　019266　集部/別集類/明別集
疑雨集四卷 （明）王彥泓撰　清宣統元年(1909)上海掃葉山房石印本　二冊

330000－1704－0019427　019140　史部/編年類/通代之屬
資治通鑑二百九十四卷目錄三十卷 （宋）司馬光撰　（元）胡三省音注　清光緒二十六年(1900)上海圖書集成印書局鉛印本　二冊　存十四卷(目錄一至七、十六至二十二)

330000－1704－0019428　019267　子部/宗教類/道教之屬
救生船四卷 清刻本　一冊　存一卷(三)

330000－1704－0019430　019141　子部/叢編
二十二子(二十二子彙函) （清）浙江書局編　清光緒元年至三年(1875－1877)浙江書局刻本　三冊　存一種

330000－1704－0019431　018933　類叢部/叢書類/家集之屬
侯官陳氏遺書 （清）陳壽祺　（清）陳喬樅撰　清嘉慶至同治三山陳氏刻本　一冊　存一種

330000－1704－0019432　019227　史部/紀傳類/正史之屬
二十四史附考證 清光緒二十八年(1902)史學會社石印本　二冊　存一種

330000－1704－0019433　018934　史部/編年類/斷代之屬
明通鑑九十卷前編四卷附編六卷首一卷 （清）夏燮撰　清光緒石印本　一冊　存七卷(八至十四)

330000－1704－0019436　019142　史部/紀傳類/正史之屬
二十四史 清同治至光緒五省官書局據汲古閣本等合刻光緒五年(1879)湖北書局彙印本　四十冊　存一種

330000－1704－0019438　015264　史部/地理類/輿圖之屬/郡縣
清代地圖不分卷 清刻本　一冊

330000－1704－0019439　019143　集部/別集類/清別集
校訂定盦全集十卷 （清）龔自珍撰　**定盦年譜藁本一卷** （清）黃守恆撰　清宣統二年(1910)上海時中書局鉛印本　四冊　缺四卷(二至三、七至八)

330000－1704－0019440　019144　集部/別集類/清別集
玉餘尺牘附編八卷 （清）莊士敏撰　清光緒六年(1880)大亭山館刻本　二冊

330000－1704－0019441　019270　子部/醫家類/類編之屬
陳修園二十八種 （清）陳念祖等撰　清末石印本　一冊　存四種

330000－1704－0019442　善000742　集部/別集類/宋別集
東坡先生詩集註三十二卷 （宋）蘇軾撰　（宋）王十朋集註　明萬曆吳興茅維刻本　二十冊

330000－1704－0019443　善000743　集部/別集類/宋別集
蘇文忠詩合註五十卷首一卷目錄一卷 （宋）蘇軾撰　（清）馮應榴輯　清乾隆六十年(1795)桐鄉馮氏踵息齋刻本　十二冊

330000－1704－0019444　善000744　類叢部/叢書類/郡邑之屬
永嘉叢書十三種 （清）孫衣言編　清同治至光緒瑞安孫氏詒善祠塾刻本　清孫鏘鳴、張棡題記　清孫鏘鳴過錄齊召南重刻水心集序

張橺過錄孫衣言評　五册　存一種

330000－1704－0019445　善000745　集部/別集類/宋別集
水心集校注不分卷　（清）孫衣言撰　稿本　三册

330000－1704－0019446　善000746　集部/別集類/宋別集
宋王忠文公文集五十卷目錄四卷　（宋）王十朋撰　**梅溪王忠文公年譜一卷**　（清）徐炯文編　清雍正六年（1728）唐傳鉎刻鴈就堂印本　九册　存三十二卷（目錄二至四，一至十九、三十至三十六、四十四至四十六）

330000－1704－0019447　善001069　史部/紀傳類/正史之屬
史記一百三十卷　（漢）司馬遷撰　（南朝宋）裴駰集解　（唐）司馬貞索隱　（唐）張守節正義　清同治五年至九年（1866－1870）金陵書局刻本　清孫衣言題記並批校　二十册

330000－1704－0019449　善000928　集部/詞類/總集之屬
類選箋釋草堂詩餘六卷　（明）顧從敬輯　（明）陳繼儒校　（明）陳仁錫參訂　**類編箋釋續選草堂詩餘二卷**　（明）錢允治箋釋　**類編箋釋國朝詩餘五卷**　（明）錢允治編　（明）陳仁錫釋　明萬曆四十二年（1614）刻本　四册

330000－1704－0019450　018936　新學/史志
普通新歷史十章附歷代帝王總紀一卷　（清）普通學書室編　清光緒三十一年（1905）上海普通學書室鉛印本　一册

330000－1704－0019451　019271　集部/別集類/唐五代別集
顔魯公文集十四卷　（唐）顔真卿撰　清宣統三年（1911）文盛書局石印本　四册

330000－1704－0019453　019146　子部/醫家類/類編之屬
陳修園醫書四十八種　（清）陳念祖等撰　清光緒三十四年（1908）上海章福記石印本　一册　存二種

330000－1704－0019455　善000929　集部/詞類/總集之屬
古香岑草堂詩餘四集十七卷　（明）□□輯　明末刻本　二册　存九卷（別集一至四、新集一至五）

330000－1704－0019457　019186　類叢部/叢書類/彙編之屬
增訂漢魏叢書八十六種　（清）王謨編　清光緒二十年（1894）湖南藝文書局刻本　三十册　存三十二種

330000－1704－0019461　善000926　集部/詞類/別集之屬
金粱夢月詞二卷懷夢詞一卷　（清）周之琦撰　清道光杭州愛日軒陸貞一刻本　陳詩跋　二册

330000－1704－0019462　019275　子部/宗教類/佛教之屬/諸宗
指月錄三十二卷　（明）瞿汝稷輯　清同治十一年（1872）杭州昭慶寺慧空經房刻本　一册　存三卷（一至三）

330000－1704－0019463　019187　集部/總集類/選集之屬/斷代
初唐四傑文集二十一卷　（清）□□編　清光緒五年（1879）淮南書局刻本　四册

330000－1704－0019464　018939　子部/醫家類/綜合之屬/通論
御纂醫宗金鑑九十卷首一卷　（清）吳謙等撰　清末至民國石印本　一册　存九卷（六十六至七十四）

330000－1704－0019467　019148　類叢部/叢書類/自著之屬
曾文正公全集十六種　（清）曾國藩撰　清同治至光緒傳忠書局刻本　四十一册　存五種

330000－1704－0019469　019192　類叢部/叢書類/彙編之屬
函海一百六十種　（清）李調元編　清光緒七年至八年（1881－1882）廣漢鍾登甲樂道齋刻

本　一冊　存二種

330000－1704－0019471　019194　集部/別集類/清別集

孟塗文集十卷駢體文二卷　（清）劉開撰　清光緒十二年（1886）張壽榮刻本　八冊

330000－1704－0019472　019149　類叢部/叢書類/彙編之屬

邵武徐氏叢書二十三種　（清）徐榦編　清光緒邵武徐氏刻本　一冊　存一種

330000－1704－0019474　019195　新學/史志/別國史

日本維新三十年史十二編附錄一卷　（日本）博文館輯　（清）上海廣智書局譯　清光緒上海廣智書局鉛印本　一冊　存二卷（十一至十二）

330000－1704－0019476　019197　類叢部/叢書類/自著之屬

楊氏全書八種　（清）楊名時撰　清乾隆五十九年（1794）江陰葉廷甲水心草堂刻本　一冊　存八卷（二十九至三十六）

330000－1704－0019479　019190　子部/宗教類/佛教之屬/總録

翻譯名義集二十卷　（宋）釋法雲編　清光緒四年（1878）金陵刻經處刻本　六冊

330000－1704－0019483　019231　子部/宗教類/佛教之屬/諸宗

雲棲法彙二十八種七十四卷　（明）釋袾宏撰　（明）王宇春等輯　清光緒二十三年至二十五年（1897－1899）金陵刻經處刻本　五冊　存一種

330000－1704－0019487　019151　子部/道家類

莊子因六卷　（清）林雲銘撰　清光緒六年（1880）白雲精舍刻本　四冊

330000－1704－0019488　019233　類叢部/叢書類/彙編之屬

花雨樓叢鈔十一種續鈔十一種附一種　（清）張壽榮編　清光緒八年至十四年（1882－1888）蛟川張氏花雨樓刻本　二冊　存一種

330000－1704－0019489　019281　子部/宗教類/佛教之屬

大乘起信論一卷　題（天竺）馬鳴菩薩造　（南朝陳）釋真諦譯　清光緒二十四年（1898）金陵刻經處刻本　一冊

330000－1704－0019490　019234　經部/春秋左傳類/傳說之屬

評點春秋綱目左傳句解彙雋六卷　（清）韓菼重訂　清光緒狀元閣李光明莊刻本　六冊

330000－1704－0019491　019282　史部/傳記類/總傳之屬/技藝

墨林今話十八卷　（清）蔣寶齡撰　**墨林今話續編一卷**　（清）蔣茝生撰　清咸豐二年（1852）刻本　六冊

330000－1704－0019492　019198－1　類叢部/叢書類/郡邑之屬

永嘉叢書十三種　（清）孫衣言編　清同治至光緒瑞安孫氏詒善祠塾刻本　一冊　存一種

330000－1704－0019493　019411　史部/紀傳類/正史之屬

二十四史附考證　清光緒十四年（1888）上海蜚英館石印本　十二冊　存一種

330000－1704－0019496　019412　類叢部/叢書類/自著之屬

曾惠敏公遺集四種　（清）曾紀澤撰　清光緒十九年（1893）江南製造總局鉛印本　三冊　存二種

330000－1704－0019497　019283　子部/宗教類/佛教之屬/經疏

佛説盂蘭盆經疏一卷　（唐）釋宗密撰　（宋）釋淨源錄疏注經　清光緒三十二年（1906）金陵刻經處刻本　一冊

330000－1704－0019498　019413　子部/宗教類/佛教之屬/諸宗

百丈叢林清規證義記九卷首一卷　（唐）釋懷海撰　（清）釋儀潤證義　清同治十年（1871）刻本　一冊　存一卷（五）

330000－1704－0019500　019414　子部/宗教類/佛教之屬/總録

閱藏隨筆二卷　（清）釋元度撰　**續閱藏隨筆一卷**　（清）釋太穆撰　清宣統元年（1909）揚州天寧寺刻本　一冊　缺一卷（閱藏隨筆上）

330000－1704－0019501　善000938　集部/別集類/清別集

綿津山人詩集二十九卷楓香詞一卷漫堂說詩一卷　（清）宋犖撰　清康熙刻本　四冊

330000－1704－0019503　019415　史部/目録類/總録之屬/彙刻

彙刻書目二十卷　（清）顧修輯　（清）朱學勤補　清光緒十二年至十五年（1886－1889）上海福瀛書局刻本　二十冊

330000－1704－0019507　019287　子部/宗教類/佛教之屬/經

道行般若波羅蜜經十卷　（漢）釋支婁迦讖譯　清光緒十三年（1887）刻本　一冊　存五卷（一至五）

330000－1704－0019508　善001070　史部/史鈔類/斷代之屬

增定史記纂不分卷　（明）凌稚隆撰　明萬曆凌稚隆刻本　八冊

330000－1704－0019509　019235　類叢部/叢書類/自著之屬

隨園三十八種　（清）袁枚撰　清光緒十八年（1892）勤裕堂鉛印本　十一冊　存六種

330000－1704－0019512　019419　史部/傳記類/總傳之屬/列女

廣列女傳二十卷　（清）劉開纂　清光緒十年（1884）皖城刻本　六冊

330000－1704－0019514　019330　集部/別集類/唐五代別集

昌黎先生詩增注証訛十一卷　（唐）韓愈撰　（清）黃鉞增注証訛　**昌黎先生年譜一卷**　（清）黃鉞編　清道光二十八年（1848）黃中民刻咸豐七年（1857）四明鮑氏二客軒印本　四冊

330000－1704－0019517　019238　子部/醫家類/醫案之屬

臨證指南醫案十卷種福堂公選溫熱論醫案四卷　（清）葉桂撰　（清）徐大椿評　清光緒十年（1884）埽葉山房刻本　十二冊

330000－1704－0019518　善000936　集部/別集類/清別集

味義根齋集選一卷　（清）董正揚撰　清瑞安孫氏玉海樓抄本　一冊

330000－1704－0019519　019417　子部/宗教類/佛教之屬/經疏

觀音玄義記四卷　（宋）釋知禮撰　清刻本　一冊　存二卷（一至二）

330000－1704－0019520　善001071　經部/孝經類/傳說之屬

孝經詳註一卷　（明）陳仁錫訂　**忠經詳註一卷**　（漢）馬融撰　（漢）鄭玄注　**小學詳註四卷**　（明）陳仁錫訂　明崇禎刻本　三冊

330000－1704－0019521　善000934　集部/別集類/清別集

周藕農詩稿不分卷　（清）周衣德撰　清王氏雪蕉齋抄本　一冊

330000－1704－0019522　019289　子部/宗教類/佛教之屬/論疏

大宗地玄文本論略註四卷首一卷　（南朝陳）釋真諦譯　（清）楊文會略注　清光緒三十二年（1906）金陵刻經處刻本　一冊

330000－1704－0019523　善000935　集部/別集類/清別集

花萼樓集六卷　（清）周天錫撰　清瑞安孫鏘鳴海日樓抄本　清孫鏘鳴校並跋　一冊

330000－1704－0019524　019416　子部/宗教類/佛教之屬

賢愚因緣經十三卷　（北魏）釋慧覺等譯　清刻本　一冊　存七卷（一至七）

330000－1704－0019525　018943　類叢部/叢書類/彙編之屬

增訂漢魏叢書八十六種　（清）王謨編　清光

緒二十年(1894)湖南藝文書局刻本　三十三冊　存十五種

330000－1704－0019526　019331　集部/詩文評類/詩評之屬
漁洋詩話三卷　(清)王士禛撰　清刻本　二冊

330000－1704－0019527　019418　史部/編年類/通代之屬
資治通鑑二百九十四卷　(宋)司馬光撰　(元)胡三省音注　**通鑑釋文辯誤十二卷**　(元)胡三省撰　清同治十年(1871)湖北崇文書局刻本　二十八冊　存七十五卷(一百九十一至二百六十五)

330000－1704－0019529　019239　子部/醫家類/類編之屬
喻氏醫書三種　(清)喻昌撰　清光緒上海掃葉山房石印本　二冊　存一種

330000－1704－0019530　019240　新學/幼學/附體操學
幼學操身圖說一卷　(英國)慶丕　(清)翟汝舟編　清光緒二十二年(1896)北洋官書局刻本　一冊

330000－1704－0019533　019290　子部/宗教類/佛教之屬/經疏
般若心經五家註五種五卷附紫柏老人心經說一卷　金陵刻經處輯　清同治至民國金陵刻經處、長沙刻經處刻金陵刻經處印本　一冊

330000－1704－0019534　019241　子部/醫家類/類編之屬
陳修園醫書　(清)陳念祖等撰　清光緒上海商務書館鉛印本　一冊　存一種

330000－1704－0019535　018945　子部/叢編
二十二子(二十二子彙函)　(清)浙江書局編　清光緒元年至三年(1875－1877)浙江書局刻本　一冊　存一種

330000－1704－0019536　善000937　集部/別集類/清別集
味義根齋待刪草不分卷　(清)董正揚撰　稿本　清端木國瑚校並題記　一冊

330000－1704－0019538　善001072　集部/總集類/郡邑之屬
慎江文徵六十卷　(清)周天錫輯　清末抄本　張棡題簽　十冊

330000－1704－0019540　019291　史部/編年類/通代之屬
資治通鑑二百九十四卷目錄三十卷　(宋)司馬光撰　(元)胡三省音注　**續資治通鑑二百二十卷**　(清)畢沅撰　清光緒十四年(1888)上海蜚英館石印本　十八冊　存一百九十六卷(二百七十九至二百九十四、續一至一百三十四、一百七十五至二百二十)

330000－1704－0019541　019243　子部/藝術類/遊藝之屬/棋弈
四子譜二卷　(清)過百齡輯　清末上海千頃堂石印本　一冊

330000－1704－0019542　019332　集部/別集類/明別集
楊椒山先生集四卷椒山先生[繼盛]自著年譜一卷　(明)楊繼盛撰　清康熙三十七年(1698)胡范刻本　二冊

330000－1704－0019543　019292　子部/宗教類/佛教之屬/經
佛說樓炭經六卷　(晉)釋法立　(晉)釋法炬譯　清末刻本　二冊

330000－1704－0019544　019293　子部/宗教類/佛教之屬/經疏
佛說四十二章經解一卷佛遺教經解一卷八大人覺經略解一卷　(清)釋智旭撰　清光緒十一年(1885)金陵刻經處刻本　一冊

330000－1704－0019546　019333　子部/藝術類/書畫之屬/總論
畫禪室隨筆四卷　(明)董其昌撰　(清)楊補輯　清康熙刻本　二冊

330000－1704－0019547　善000924　集部/詞類/別集之屬

紫石詞鈔一卷　(清)項瓚撰　清瑞安孫鏘鳴海日樓抄本　清孫鏘鳴批校　一册

330000－1704－0019548　019294　集部/别集類

湘綺樓全集三十卷　王闓運撰　清宣統二年(1910)上海國學扶輪社石印本　六册

330000－1704－0019553　019336　集部/别集類

湘綺樓全集三十卷　王闓運撰　清宣統三年(1911)上海國學扶輪社石印本　八册　存十六卷(文集一至八、箋啟一至八)

330000－1704－0019555　善 000921　集部/詞類/别集之屬

澗琴詞學一卷　(清)李飲冰撰　(清)林露評　清乾隆稿本　一册

330000－1704－0019556　019337　經部/小學類/訓詁之屬/爾雅

爾雅蒙求二卷　(清)李拔式撰　清嘉慶三年(1798)姑蘇七映堂刻本　一册　存一卷(一)

330000－1704－0019557　019246　子部/醫家類/類編之屬

陳修園醫書三十種　(清)陳念祖等撰　清光緒三十二年(1906)上海經香閣書莊石印本　一册　存一種

330000－1704－0019559　019247　子部/醫家類/綜合之屬/通論

醫學心悟六卷　(清)程國彭撰　清光緒三十二年(1906)上海鑄記書局石印本　二册　存四卷(一至四)

330000－1704－0019560　善 001075　集部/别集類/宋别集

陳止齋先生八面鋒八卷　(宋)陳傅良撰　(清)周遇綠纂輯　清彙賢齋刻本　一册

330000－1704－0019564　善 000917　集部/别集類/清别集

少有園文稿一卷　(清)吳乃伊撰　稿本　一册

330000－1704－0019565　善 001076　集部/總集類/選集之屬/通代

文選十二卷　(南朝梁)蕭統輯　(明)張鳳翼纂注　明萬曆刻本　符璋題簽、圈點並評　十册　缺二卷(四至五)

330000－1704－0019566　019424　子部/醫家類/類編之屬

陳修園醫書　(清)陳念祖等撰　清光緒石印本　一册　存一種

330000－1704－0019567　019296　子部/法家類

韓非子集解二十卷首一卷　(清)王先慎撰　清光緒上海掃葉山房石印本　六册

330000－1704－0019569　019340　子部/宗教類/佛教之屬/總録

翻譯名義集選一卷　(宋)釋法雲編　(清)□□輯　清同治十二年(1873)江北刻經處刻本　一册

330000－1704－0019570　019248　子部/醫家類/傷寒金匱之屬/傷寒論

劉河間傷寒六書附二種　(金)劉完素等撰　清宣統元年(1909)上海千頃堂石印本　二册　存二種

330000－1704－0019571　019300　子部/宗教類/佛教之屬/經

佛説梵網經二卷　(後秦)釋鳩摩羅什譯　清光緒十年(1884)金陵刻經處刻本　一册

330000－1704－0019572　善 000899　集部/别集類/清别集

留菴文集十八卷　(清)盧若勝撰　清抄本　清孫鏘鳴校並題記　一册　存二卷(八、十)

330000－1704－0019573　019425　經部/群經總義類/文字音義之屬

十三經集字摹本不分卷分畫便查一卷韻有經無各字摘錄一卷　(清)彭玉雯撰　清道光二十九年(1849)江右彭氏刻本　五册

330000－1704－0019575　018948　子部/術數類/相宅相墓之屬

地理正宗十二卷　(清)蔣國輯　清嘉慶刻本　六冊

330000－1704－0019577　019426　子部/宗教類/佛教之屬/經疏

大方廣圓覺修多羅了義經直解二卷　(唐)釋佛陀多羅譯　(明)釋德清解　清光緒十年(1884)杭州昭慶寺刻本　二冊

330000－1704－0019578　019427　類叢部/叢書類/自著之屬

董氏遺書四種　(清)董若洵編　清咸豐至同治刻彙印本　五冊　存二種

330000－1704－0019580　善000901　集部/別集類/清別集

魯山木先生古文鈔不分卷　(清)魯仕驥撰　清抄本　清姚鼐批　清陳蘭瑞題簽　冒廣生題記　一冊

330000－1704－0019582　019428　經部/叢編

重刊宋本十三經注疏四百十六卷附十三經注疏校勘記四百十六卷　(清)阮元撰　(清)盧宣旬摘錄　清嘉慶二十年(1815)南昌府學刻本　一冊　存一種

330000－1704－0019583　018949　類叢部/叢書類/自著之屬

二曲先生全集二種三十五卷　(清)李顒撰　清咸豐江陰蔣氏小娜嬛山館刻本　一冊　存一種

330000－1704－0019584　019305　子部/宗教類/佛教之屬/經疏

大佛頂如來密因修證了義諸菩薩萬行首楞嚴經通議十卷補遺一卷首楞嚴經懸鏡一卷首楞嚴經通議提綱略科一卷　(明)釋德清撰　清光緒二十年(1894)金陵刻經處刻本　五冊　缺二卷(二至三)

330000－1704－0019585　善001077　集部/總集類/選集之屬/斷代

唐詩金粉十卷　(清)沈炳震輯　清道光十七年(1837)冬讀書齋刻本　三冊

330000－1704－0019586　善001078　集部/別集類/清別集

珠樹堂集□□卷　(清)王祚昌撰　清玉海樓抄本　清孫詒讓批　一冊

330000－1704－0019587　019306　集部/別集類/唐五代別集

杜詩詳註二十五卷首一卷附編二卷　(唐)杜甫撰　(清)仇兆鰲輯註　清刻本　一冊　存二卷(二十四至二十五)

330000－1704－0019588　019251　子部/醫家類/類編之屬

陳修園醫書四十八種　(清)陳念祖等撰　清光緒三十二年(1906)吳閭醫學書會石印本　一冊　存一種

330000－1704－0019589　019341　類叢部/叢書類/彙編之屬

增訂漢魏叢書八十六種　(清)王謨編　清刻本　二冊　存一種

330000－1704－0019590　019432　子部/宗教類/佛教之屬/經疏

觀楞伽阿跋多羅寶經記四卷略科一卷　(南朝宋)釋求那跋陀羅譯　(明)釋德清筆記　清光緒刻本　二冊　存二卷(二、四)

330000－1704－0019592　善000902　集部/別集類/清別集

匊庵文選二十八卷　(清)李象坤撰　(清)韓秋巖選　清攬秀軒抄本　五冊

330000－1704－0019593　019253　子部/醫家類/類編之屬

潛齋醫書三種　(清)王士雄撰　清光緒二十二年(1896)上海圖書集成局鉛印本　二冊　存一種

330000－1704－0019594　019308　子部/宗教類/佛教之屬

大方廣圓覺修多羅了義經二卷　(唐)釋佛陀多羅譯　清同治十二年(1873)刻本　一冊

330000－1704－0019596　善000903　集部/別集類/清別集

鮚埼亭集三十八卷全謝山先生經史問答十卷　（清）全祖望撰　**全氏世譜一卷年譜一卷**（清）董秉純撰　清嘉慶九年（1804）餘姚史夢蛟借樹山房刻本　清黄紹第過録清趙彦偁批校並跋　十二册

330000－1704－0019597　019433　子部/宗教類/佛教之屬/經

大佛頂如來密因修證了義諸菩薩萬行首楞嚴經十卷　（唐）釋般剌密帝譯　（唐）釋彌伽釋迦譯語　（唐）釋懷迪證譯　（唐）房融筆受（明）王應乾參標　清光緒三十一年（1905）浙寧三寶經房刻本　一册　存四卷（七至十）

330000－1704－0019598　019297　子部/宗教類/佛教之屬/諸宗

淨土隨學二卷　（清）釋古崑輯　清光緒元年（1875）杭州昭慶寺慧空經房刻本　一册

330000－1704－0019601　019309　子部/宗教類/佛教之屬

大乘起信論一卷　題（天竺）馬鳴菩薩造（南朝陳）釋真諦譯　清光緒三十年（1904）武昌廬陵黄氏刻本　一册

330000－1704－0019603　019251－1　子部/醫家類/類編之屬

陳修園二十八種　（清）陳念祖等撰　清末石印本　一册　存二種

330000－1704－0019604　018950　類叢部/叢書類/自著之屬

潛研堂全書十六種　（清）錢大昕撰　清乾隆至嘉慶刻本　四册　存一種

330000－1704－0019605　019310　子部/宗教類/佛教之屬/諸宗

淨土隨學二卷　（清）釋古崑輯　清光緒元年（1875）杭州昭慶寺慧空經房刻本　一册

330000－1704－0019606　019434　史部/傳記類/總傳之屬/通代

尚友録二十二卷補遺一卷　（明）廖用賢輯（清）張伯琮補輯　清刻本　十一册

330000－1704－0019607　019251－2　子部/醫家類/類編之屬

陳修園二十八種　（清）陳念祖等撰　清末石印本　一册　存一種

330000－1704－0019608　善000890　集部/别集類/清别集

匊庵文選二十八卷　（清）李象坤撰　（清）韓秋巖選　清瑞安孫氏玉海樓抄本　清孫衣言批　四册

330000－1704－0019609　019434－2　子部/宗教類/佛教之屬/經疏

妙法蓮華經科註七卷首一卷　（明）釋一如集註　清刻本　二册　存二卷（四至五）

330000－1704－0019610　019343　子部/宗教類/佛教之屬/經疏

妙法蓮華經演義七卷科文一卷　（清）釋一松講　（清）釋曉柔輯　清光緒二年（1876）東甌刻本　六册　存三卷（一至二、五）

330000－1704－0019611　019298　子部/宗教類/佛教之屬/諸宗

淨土隨學二卷　（清）釋古崑輯　清光緒元年（1875）杭州昭慶寺慧空經房刻本　一册

330000－1704－0019612　019339　子部/宗教類/佛教之屬/經疏

妙法蓮華經演義七卷　（清）釋一松講　（清）釋曉柔輯　清光緒二年（1876）刻本　二册　存二卷（一、三）

330000－1704－0019614　018951　子部/宗教類/佛教之屬/經

佛説梵網經二卷　（後秦）釋鳩摩羅什譯　清光緒十年（1884）金陵刻經處刻本　一册

330000－1704－0019615　019299　子部/宗教類/佛教之屬/諸宗

淨土隨學二卷　（清）釋古崑輯　清光緒元年（1875）杭州昭慶寺慧空經房刻本　一册

330000－1704－0019616　善000887　集部/别集類/清别集

瑤華道人詩鈔二十八卷　（清）弘旿撰　清抄本　張檲題簽　四册

330000－1704－0019617　019345　子部/宗教類/佛教之屬

西方要決科註二卷　題(唐)釋窺基撰　清光緒五年(1879)刻本　一册

330000－1704－0019618　018952　子部/雜著類/雜考之屬

困學紀聞注二十卷　(清)翁元圻撰　清道光五年(1825)餘姚翁氏守福堂刻本　六册

330000－1704－0019619　019301　子部/宗教類/佛教之屬/諸宗

淨土隨學二卷　(清)釋古崑輯　清光緒元年(1875)杭州昭慶寺慧空經房刻本　一册

330000－1704－0019620　019435　類叢部/叢書類/自著之屬

三山陳氏家刻左海全集十種　(清)陳壽祺撰　清嘉慶至道光刻本　二十四册

330000－1704－0019621　019436　史部/地理類/方志之屬/郡縣志

[同治]廣濟縣志十六卷首一卷　(清)劉宗元　(清)朱榮實修　(清)劉燡纂　清同治十一年(1872)木活字印本　一册　缺十六卷(二至十七)

330000－1704－0019622　019437　史部/地理類/方志之屬/郡縣志

[同治]廣濟縣志十六卷首一卷　(清)劉宗元　(清)朱榮實修　(清)劉燡纂　清同治十一年(1872)木活字印本　十册　存十五卷(二至十六)

330000－1704－0019623　善 001080　集部/別集類/清別集

石門山房賦鈔一卷　(清)端木百祿撰　稿本　一册

330000－1704－0019624　019438　集部/總集類/氏族之屬

三蘇全集四種　(清)弓翊清等編　清道光七年至十二年(1827－1832)眉州三蘇祠刻本　二十七册　存一種

330000－1704－0019625　019311　子部/宗教類/佛教之屬/諸宗

淨土隨學前集二卷後集四卷　(清)釋古崑輯　清光緒十三年(1887)杭州瑪瑙經房刻本　一册　存四卷(後集一至四)

330000－1704－0019626　善 001081　經部/小學類/訓詁之屬/群雅

新刊埤雅二十卷　(宋)陸佃撰　明刻本　六册

330000－1704－0019627　019253－2　子部/醫家類/類編之屬

陳修園二十八種　(清)陳念祖等撰　清末石印本　一册　存一種

330000－1704－0019628　善 000888　集部/別集類/清別集

謝坦齋先生詩文稿不分卷　(清)謝天埴撰　清抄本　一册

330000－1704－0019629　019303　子部/宗教類/佛教之屬/諸宗

淨土隨學前集二卷後集四卷　(清)釋古崑輯　清光緒十三年(1887)杭州瑪瑙經房刻本　一册　存四卷(後集一至四)

330000－1704－0019630　善 000876　集部/別集類/清別集

芝軒逸草不分卷　(清)王崇勳撰　清抄本　清孫衣言題簽　二册

330000－1704－0019631　019439　集部/別集類/清別集

卐蓮賦草一卷註三卷續卐蓮賦草一卷註一卷淨土百八詠一卷　(清)釋曉柔撰　清光緒八年(1882)武林瑪瑙經房刻本　一册　缺三卷(續卐蓮賦草、續卐蓮賦草註、淨土百八詠)

330000－1704－0019632　善 001082　集部/別集類/清別集

謝天埴先生詩文集不分卷　(清)謝天埴撰　清抄本　一册

330000－1704－0019634　019443　新學/格致總

格致彙編不分卷　(英國)傅蘭雅輯　清光緒

二年至十八年(1876－1892)上海格致書室鉛印本　八冊

330000－1704－0019635　019440　子部/雜著類/雜考之屬

困學紀聞二十卷　(宋)王應麟撰　(清)閻若璩箋　(清)何焯評　清乾隆桐鄉汪垕桐華書塾刻本　四冊

330000－1704－0019636　019312　集部/別集類/清別集

濂亭文集八卷　(清)張裕釗撰　(清)查燕緒編　清宣統三年(1911)上海掃葉山房石印本　一冊　存四卷(一至四)

330000－1704－0019637　019441　史部/政書類/儀制之屬/專志/科舉校規

算學書院章程一卷學規一卷　(清)黃紹第等撰　清光緒二十二年(1896)刻本　一冊

330000－1704－0019638　019346　子部/醫家類/醫經之屬/内經

内經知要二卷　(清)李中梓輯並注　清乾隆二十九年(1764)薛雪埽葉山房刻本　二冊

330000－1704－0019639　019313　史部/紀事本末類

歷朝紀事本末九種　(清)陳如升　(清)朱記榮輯　(清)捷記主人增輯　清光緒二十八年(1902)上海捷記書局石印本　二冊　存一種

330000－1704－0019640　019253－1　子部/醫家類/醫經之屬/難經

圖註八十一難經四卷　(明)張世賢撰　清末石印本　一冊

330000－1704－0019641　019442　史部/政書類/律令之屬/律例

大清律例增修統纂集成四十卷督捕則例附纂二卷　(清)姚潤輯　(清)胡璋增輯　清光緒三年(1877)刻本　二十三冊　缺二卷(督捕則例附纂一至二)

330000－1704－0019642　善000878　集部/別集類/清別集

珠樹堂集□□卷　(清)王祚昌撰　清抄本　清孫鏘鳴批　一冊　存四卷(□□)

330000－1704－0019644　善001083　經部/叢編

皇清經解一千四百八卷首一卷　(清)阮元輯　清道光九年(1829)廣東學海堂刻咸豐十一年(1861)補刻廣州鎔經鑄史齋印本　一百九十冊　缺六百六十七卷(二百五十二至二百八十九、三百二十至九百四十六、一千一百七十八至一千一百七十九)

330000－1704－0019646　018953　子部/雜著類/雜考之屬

十駕齋養新錄二十卷餘錄三卷　(清)錢大昕撰　**錢辛楣先生年譜一卷**　(清)錢大昕編　(清)錢慶曾校注　**竹汀居士年譜續編一卷**　(清)錢慶曾撰　清光緒二年(1876)浙江書局刻本　八冊

330000－1704－0019649　善000880　集部/別集類/清別集

螙半呱聲一卷　(清)余學鯤撰　清乾隆稿本　清鄭家屏、清林模、清洪欽跋　一冊

330000－1704－0019650　019317　子部/宗教類/佛教之屬/經

佛教西來玄化應運略錄一卷　(宋)程輝編　**佛說四十二章經一卷**　(漢)釋迦葉摩騰　(漢)釋竺法蘭譯　**佛遺教經一卷**　(後秦)釋鳩摩羅什譯　**八大人覺經一卷**　(漢)釋安清譯　清同治九年(1870)金陵刻經處刻本　一冊

330000－1704－0019653　019445　集部/總集類/選集之屬/通代

駢體文鈔三十一卷　(清)李兆洛輯　清刻本　九冊　存二十一卷(十一至三十一)

330000－1704－0019654　019318　子部/宗教類/佛教之屬/諸宗

淨土隨學前集二卷後集四卷　(清)釋古崑輯　清光緒十三年(1887)杭州瑪瑙經房刻民國九年(1920)印本　一冊　存四卷(後集一至四)

330000－1704－0019655　019444　子部/雜著類/雜考之屬
困學紀聞注二十卷　(清)翁元圻撰　清道光五年(1825)餘姚翁氏守福堂刻本　十二冊

330000－1704－0019656　善000881　集部/別集類/清別集
入畫樓唫草不分卷　(清)曾燮撰　清抄本　楊紹廉題簽　一冊

330000－1704－0019657　018954　子部/儒家類/儒學之屬
二程全書　(宋)程顥　(宋)程頤撰　清刻本　一冊　存一種

330000－1704－0019659　019350　史部/政書類/邦計之屬
兩浙宦游紀畧四種　(清)戴槃撰　清同治七年(1868)刻本　一冊　存一種

330000－1704－0019661　019431　子部/宗教類/佛教之屬/經
現在賢劫千佛名經三卷　(南朝梁)□□譯　清刻本　一冊

330000－1704－0019664　019320　子部/宗教類/佛教之屬/諸宗
淨土隨學前集二卷後集四卷　(清)釋古崑輯　清光緒十三年(1887)杭州瑪瑙經房刻本　一冊　存四卷(後集一至四)

330000－1704－0019665　019495　經部/易類/傳說之屬
易漢學八卷　(清)惠棟撰　清刻本　一冊　存三卷(一至三)

330000－1704－0019666　019451　子部/術數類/相宅相墓之屬
羅經解定七卷　(清)胡國楨撰　清同治元年(1862)刻本　一冊　存三卷(一至三)

330000－1704－0019667　018955　集部/別集類/唐五代別集
讀杜心解六卷首二卷　(清)浦起龍撰　清雍正二年至三年(1724－1725)前澗浦氏寧我齋刻本　六冊　存四卷(三至六)

330000－1704－0019668　019429　子部/宗教類/佛教之屬/經
金光明最勝王經十卷　(唐)釋義淨譯　清刻本　一冊　存五卷(一至五)

330000－1704－0019669　019452　史部/傳記類/總傳之屬/釋道
佛祖歷代通載三十六卷　(元)釋念常撰　清宣統元年(1909)江北刻經處刻本　八冊

330000－1704－0019670　019344　集部/別集類/唐五代別集
杜詩鏡銓二十卷　(清)楊倫撰　**讀書堂杜工部文集註解二卷**　(清)張溍撰　清光緒鉛印本　一冊　存五卷(三至七)

330000－1704－0019671　019496　類叢部/叢書類/自著之屬
德清俞蔭甫所著書　(清)俞樾撰　清同治十年(1871)刻本　十八冊　存六種

330000－1704－0019674　019498　子部/醫家類/類編之屬
喻氏醫書三種　(清)喻昌撰　清石印本　一冊　存一種

330000－1704－0019675　善000930　集部/詞類/詞譜之屬
碎金詞譜六卷附錄一卷碎金詞一卷　(清)謝元淮撰　清道光二十四年(1844)刻朱墨套印本　六冊

330000－1704－0019676　019322　類叢部/叢書類/郡邑之屬
永嘉叢書十三種　(清)孫衣言編　清同治至光緒瑞安孫氏詒善祠塾刻本　一冊　存一種

330000－1704－0019680　善000931　集部/別集類/清別集
曝書亭集詩註二十四卷　(清)朱彝尊撰　(清)楊謙注　**年譜一卷**　(清)楊謙撰　清楊氏木山閣刻本(卷二十三至二十四原缺)　五冊

330000－1704－0019681　019348　經部/叢編

御纂七經二百八十卷首十一卷序三卷 (清)李光地等撰 清光緒十七年(1891)上海鴻寶齋石印本 二十四冊 存五種

330000－1704－0019683 019500 子部/叢編

二十二子(二十二子彙函) (清)浙江書局編 清光緒元年至三年(1875－1877)浙江書局刻本 一冊 存一種

330000－1704－0019684 019325 子部/宗教類/佛教之屬/經疏

大方廣佛華嚴經著述集要 (清)楊文會輯 清同治八年至民國六年(1869－1917)如皋刻經處、雞園刻經處、長沙刻經處、金陵刻經處等刻本 一冊 存三種

330000－1704－0019685 019351 類叢部/叢書類/彙編之屬

王益吾所刻書十種 王先謙編 清光緒九年至十年(1883－1884)長沙王氏刻本 一冊 存一種

330000－1704－0019686 019501 子部/叢編

子書百家 (清)崇文書局編 清光緒元年(1875)湖北崇文書局刻民國元年(1912)鄂官書處印本 二冊 存一種

330000－1704－0019688 019453 史部/詔令奏議類/奏議之屬

曾文正公奏議十卷首一卷末一卷補編四卷 (清)曾國藩撰 (清)薛福成編 清同治十三年(1874)上海吴氏醉六堂刻本 八冊 存十三卷(奏議二、四至十,末,補編一至四)

330000－1704－0019691 善000932 集部/別集類/清別集

懷清堂集二十卷 (清)湯右曾撰 清乾隆七年(1742)黄鍾刻本 清叔明題記 四冊

330000－1704－0019692 019454 集部/別集類/清別集

曾文正公文鈔四卷附刻一卷 (清)曾國藩撰 清同治十二年(1873)上海醉六堂刻本 四冊

330000－1704－0019693 019502 子部/醫家類/類編之屬

陳修園醫書四十八種 (清)陳念祖等撰 清末石印本 一冊 存一種

330000－1704－0019695 019353 史部/雜史類/斷代之屬

周書集訓校釋十卷周書逸文一卷 (清)朱右曾撰 清道光二十六年(1846)刻本 二冊

330000－1704－0019696 019456 子部/宗教類/佛教之屬

續原教論二卷 (明)沈士榮撰 清光緒元年(1875)金陵刻經處刻本 一冊

330000－1704－0019697 019503 子部/雜著類/雜說之屬

唾餘新拾十卷續拾六卷補拾二卷 (清)李調元撰 清刻本 一冊 存五卷(新拾一至五)

330000－1704－0019698 善000933 集部/別集類/清別集

敬業堂詩集五十卷 (清)查慎行撰 清康熙五十八年(1719)刻雍正增刻本 十冊

330000－1704－0019700 019530 史部/叢編

資治通鑑彙刻 清同治至光緒江蘇書局刻本(續資治通鑑卷二百十八至二百二十補配民國抄本) 三十四冊 存一種

330000－1704－0019703 019506 子部/宗教類/佛教之屬/諸宗

雲棲法彙二十八種七十四卷 (明)釋袾宏撰 (明)王宇春等輯 清光緒二十三年至二十五年(1897－1899)金陵刻經處刻本 五冊 存一種

330000－1704－0019704 019458 類叢部/類書類/專類之屬

子史精華一百六十卷 (清)吳士玉 (清)吳襄等輯 清末石印本 七冊 存一百四十卷(一至八十、一百一至一百六十)

330000－1704－0019705　019507　經部/叢編

御纂七經二百八十卷首十一卷序三卷　（清）李光地等撰　清同治六年至九年（1867－1870）浙江書局刻本　二十四册　存一種

330000－1704－0019706　019508　子部/宗教類/佛教之屬/諸宗

雲棲法彙二十八種七十四卷　（明）釋袾宏撰　（明）王宇春等輯　清光緒二十三年至二十五年（1897－1899）金陵刻經處刻本　五册　存一種

330000－1704－0019707　善000997　集部/詞類/總集之屬

花間集四卷　（五代）趙崇祚輯　（明）湯顯祖評　明刻朱墨套印本　一册

330000－1704－0019710　019531　子部/宗教類/佛教之屬/諸宗

雲棲法彙二十八種七十四卷　（明）釋袾宏撰　（明）王宇春等輯　清光緒二十三年至二十五年（1897－1899）金陵刻經處刻本　五册　存一種

330000－1704－0019711　善000940　集部/別集類/清別集

三魚堂文集十二卷外集六卷　（清）陸隴其撰　**文集附錄一卷全集附錄一卷**　清嘉慶至道光老掃葉山房刻本　八册

330000－1704－0019712　019459　類叢部/叢書類/彙編之屬

增訂漢魏叢書八十六種　（清）王謨編　清光緒二十年（1894）湖南藝文書局刻本　一册　存一種

330000－1704－0019713　019355　集部/別集類/清別集

韓川文集十卷外集二卷詩集七卷　（清）陳從潮撰　清刻本　一册　存五卷（文集八至十、外集一至二）

330000－1704－0019714　019532　經部/小學類/文字之屬/字書/訓蒙

文字發凡四卷　（清）龍志澤編輯　清光緒三十二年（1906）上海廣智書局鉛印本　二册

330000－1704－0019715　019356　史部/政書類/通制之屬

建炎以來朝野雜記甲集二十卷乙集二十卷　（宋）李心傳撰　清刻本　三册　存十六卷（乙集一至十六）

330000－1704－0019717　019534　經部/小學類/文字之屬/字書/訓蒙

文字發凡四卷　（清）龍志澤編輯　清光緒上海廣智書局鉛印本　二册

330000－1704－0019718　019357　集部/總集類/選集之屬/斷代

宋四名家詩　（清）周之鱗　（清）柴升編　清康熙三十二年（1693）有文堂刻本　一册　存一種

330000－1704－0019720　019358　集部/別集類/清別集

樊榭山房集十卷續集十卷　（清）厲鶚撰　清乾隆刻本　二册　存十卷（樊榭山房集一至十）

330000－1704－0019721　019460　子部/醫家類/診法之屬/歷代脈學

脈理存真三卷　（元）滑壽撰　清光緒刻本　一册　存一卷（三）

330000－1704－0019722　018956　子部/宗教類/佛教之屬/諸宗

淨土古佚十書　金陵刻經處編　清光緒十九年至民國三年（1893－1914）金陵刻經處刻本　一册　存一種

330000－1704－0019724　018958　史部/地理類/方志之屬/郡縣志

[嘉慶]太平縣志十八卷首一卷　（清）慶霖修　（清）戚學標等纂　清光緒二十二年（1896）刻本　一册　存二卷（首、一）

330000－1704－0019725　018959　史部/地理類/方志之屬/郡縣志

[光緒]太平續志十八卷首一卷　（清）陳汝霖

修　（清）王棻等纂　清光緒刻本　三册　存七卷（七至九、十三至十四、十七至十八）

330000－1704－0019726　018960　史部/地理類/方志之屬/郡縣志
［嘉慶］太平縣志十八卷首一卷　（清）慶霖修　（清）戚學標等纂　清光緒二十二年（1896）刻本　一册　存二卷（首、一）

330000－1704－0019730　018964　史部/目録類/總録之屬/官修
欽定四庫全書總目二百卷首四卷　（清）紀昀等撰　清刻本　四册　存八卷（一百五十四至一百六十、一百九十八）

330000－1704－0019732　善000995　集部/別集類/清別集
飲水詩集二卷詞集三卷　（清）納蘭性德撰　清康熙三十年（1691）張純修刻本　三册

330000－1704－0019733　善001063　集部/別集類/清別集
雪蕉齋詩話五卷　（清）王德馨撰　稿本　三册

330000－1704－0019734　019511　子部/雜著類/雜説之屬
論衡三十卷　（漢）王充撰　清刻本　一册　存四卷（七至十）

330000－1704－0019735　善000996　集部/詞類/總集之屬
詞綜三十六卷　（清）朱彝尊輯　（清）汪森增定　（清）柯崇樸編次　（清）周篔辨譌　清康熙十七年（1678）汪氏裘杼樓刻三十年（1691）增刻本　六册

330000－1704－0019736　019535　經部/三禮總義類/通論之屬
三禮通釋二百三十卷三禮圖五十卷首一卷目録四卷　（清）林昌彝撰　清同治三年（1864）刻本　三十二册　存二百十一卷（首，目録一至四，一至十七、二十六至一百十四、一百二十三至一百三十七、一百四十六至二百三十）

330000－1704－0019737　019512　子部/醫家類/綜合之屬/通論
醫學雜抄一卷　清末抄本　一册

330000－1704－0019738　019536　類叢部/叢書類/彙編之屬
經策通纂二種　（清）顧炎武　（清）陳通聲等纂　清光緒上海點石齋石印本　一册　存一種

330000－1704－0019740　善001063－1　集部/別集類/清別集
雪蕉齋詩話五卷　（清）王德馨撰　稿本　二册

330000－1704－0019742　善001064　經部/易類/傳説之屬
易經體註大全合參四卷　（清）李兆賢注　清末刻宏道堂五經體註本　一册

330000－1704－0019743　019462　新學/算學/數學
筆算數學三卷　（美國）狄考文輯　（清）鄒立文述　清光緒三十二年（1906）上海美華書館鉛印本　一册　存一卷（一）

330000－1704－0019744　善000939　集部/別集類/清別集
漁洋山人精華録訓纂十卷目録二卷自撰年譜二卷　（清）王士禛撰　（清）惠棟注補　**金氏精華録箋註辯訛一卷**　（清）惠棟撰　清乾隆惠氏紅豆齋刻本　十二册

330000－1704－0019745　019514　類叢部/叢書類/彙編之屬
唐代叢書一百六十四種　（清）王文誥編　清刻本　二册　存十六種

330000－1704－0019747　善001065　集部/別集類/清別集
東津榷舍日記不分卷（清光緒三十年三月）　林向藜撰　稿本　一册

330000－1704－0019749　019463　史部/編年類/通代之屬
御批歷代通鑑輯覽一百二十卷　（清）傅恒等撰　清光緒上海商務印書館鉛印本　二册

存七卷(一至七)

330000－1704－0019750　019515　類叢部/叢書類/彙編之屬

增訂漢魏叢書八十六種　(清)王謨編　清光緒二十年(1894)湖南藝文書局刻本　二册　存三種

330000－1704－0019752　019464　類叢部/叢書類/自著之屬

徐氏雜著四種　(清)徐大椿撰　清光緒二十二年(1896)珍藝書局鉛印本　一册

330000－1704－0019753　018966　子部/小説家類/雜事之屬

繡像西漢演義四卷一百回　(明)甄偉撰　清末鉛印本　三册　缺一卷(一)

330000－1704－0019754　019470　類叢部/叢書類/自著之屬

春在堂全書三十六種　(清)俞樾撰　清同治至光緒刻光緒末彙印本　二十四册　存七種

330000－1704－0019755　善001067　史部/金石類/郡邑之屬

東甌金石志十二卷　(清)戴咸弼撰　(清)孫詒讓校補　稿本　一册　存□□卷(□□)

330000－1704－0019756　019465　類叢部/類書類/專類之屬

新鐫校正詳註分類百子金丹全書十卷　(明)郭偉選注　(明)郭中吉編　(明)王星聚校訂　清光緒二十九年(1903)上海書局石印本　一册　存六卷(一至六)

330000－1704－0019757　019540　經部/叢編

古經解彙函十六種附小學彙函十四種　(清)鍾謙鈞等輯　清同治十二年(1873)粵東書局刻本　一册　存三種

330000－1704－0019758　善000998　史部/傳記類/科舉録之屬/歷科登科録

[康熙庚辰至宣統己酉]歷科硃卷彙集不分卷　清刻本　二十二册

330000－1704－0019761　善001066　子部/兵家類/兵法之屬

登壇必究四十卷　(明)王鳴鶴編輯　明萬曆刻本　一册　存一卷(六)

330000－1704－0019762　019466　子部/叢編

十子全書　(清)王子興編　清嘉慶九年(1804)姑蘇王氏聚文堂刻本　馥濵題記　四册　存一種

330000－1704－0019764　019541　集部/小説類/長篇之屬

東周列國全志二十三卷一百八回　(清)蔡奡評點　清末刻本　一册　存二卷(十八至十九)

330000－1704－0019766　善001068　經部/禮記類/傳説之屬

禮記集解六十一卷　(清)孫希旦撰　清抄本　十五册　存十五卷(二至十六)

330000－1704－0019768　019510　類叢部/叢書類/自著之屬

陸放翁全集六種　(宋)陸游撰　明末海虞毛氏汲古閣刻清初毛扆增刻彙印本　二册　存一種

330000－1704－0019770　善001084　集部/總集類/選集之屬/通代

名媛詩歸三十六卷　(明)鍾惺點次　明刻本　六册　存二十六卷(一至二十六)

330000－1704－0019771　019542　子部/宗教類/佛教之屬/經疏

圓覺經析義疏四卷首一卷　(清)釋通理撰　清光緒三十三年(1907)揚州藏經院刻本　四册　存四卷(一至四)

330000－1704－0019773　019542－1　子部/宗教類/佛教之屬/諸宗

雲棲法彙二十八種七十四卷　(明)釋袾宏撰　(明)王宇春等輯　清光緒二十三年至二十五年(1897－1899)金陵刻經處刻本　五册　存一種

330000－1704－0019775　018970　史部/目錄類/書志之屬/提要
昭德先生郡齋讀書志四卷後志二卷　（宋）晁公武撰　**附志一卷考異一卷**　（宋）趙希弁撰　清刻本　二冊　存四卷（一至四上）

330000－1704－0019777　019359　子部/醫家類/類編之屬
陳修園醫書四十八種　（清）陳念祖等撰　清光緒石印本　一冊　存十八種

330000－1704－0019778　019542－2　子部/宗教類/佛教之屬/諸宗
雲棲法彙二十八種七十四卷　（明）釋袾宏撰　（明）王宇春等輯　清光緒二十三年至二十五年（1897－1899）金陵刻經處刻本　五冊　存一種

330000－1704－0019780　019468　子部/天文曆算類/算書之屬
數書九章十八卷　（宋）秦九韶撰　清抄本　一冊　存四卷（一至四）

330000－1704－0019781　善001084－1　集部/總集類/選集之屬/通代
名媛詩歸三十六卷　（明）鍾惺點次　明刻本　一冊　存六卷（七至十二）

330000－1704－0019782　019542－3　子部/宗教類/佛教之屬/諸宗
雲棲法彙二十八種七十四卷　（明）釋袾宏撰　（明）王宇春等輯　清光緒二十三年至二十五年（1897－1899）金陵刻經處刻本　五冊　存一種

330000－1704－0019784　善001085　史部/史評類/史論之屬
史通通釋二十卷附錄一卷　（清）浦起龍撰　清乾隆十七年（1752）浦氏求放心齋刻本　六冊

330000－1704－0019786　019542－4　子部/宗教類/佛教之屬/諸宗
雲棲法彙二十八種七十四卷　（明）釋袾宏撰　（明）王宇春等輯　清光緒二十三年至二十五年（1897－1899）金陵刻經處刻本　五冊　存一種

330000－1704－0019787　019360　類叢部/叢書類/彙編之屬
知不足齋叢書一百九十六種　（清）鮑廷博編　（清）鮑士恭續編　清刻本　一冊　存一種

330000－1704－0019788　018973　史部/紀傳類/正史之屬
唐書二百二十五卷　（宋）歐陽修　（宋）宋祁等撰　清同治十二年（1873）浙江書局刻本　五冊　存二十九卷（一至二十九）

330000－1704－0019789　善001086　史部/紀傳類/正史之屬
三國志六十五卷　（晉）陳壽撰　（南朝宋）裴松之注　明天啟六年（1626）刻本　十九冊　存四十九卷（魏書一至十四、蜀書一至十五、吳書一至二十）

330000－1704－0019790　019361　集部/別集類/唐五代別集
杜詩詳註二十五卷首一卷附編二卷　（唐）杜甫撰　（清）仇兆鰲輯注　清康熙刻本　二冊　存二卷（附編一至二）

330000－1704－0019791　019544　子部/天文曆算類
御製律曆淵源　（清）允祿　（清）允祉等纂修　清刻本　三冊　存一種

330000－1704－0019792　善001087　史部/政書類/通制之屬
文獻通考三百四十八卷首一卷　（元）馬端臨撰　明嘉靖馮天馭刻萬曆至崇禎遞修本　二十八冊　存一百四十六卷（一至五、二十八至三十一、四十七至五十九、六十五至九十五、一百至一百五、一百二十一至一百四十三、一百五十二至一百六十一、一百六十八至一百七十九、一百八十八至一百九十四、二百三十四至二百四十一、二百六十八至二百七十二、二百七十八至二百八十、三百至三百五、三百三十至三百三十五、三百四十二至三百四十八）

330000－1704－0019796　019545　集部/別集類/宋別集
劍南詩鈔六卷　(宋)陸游撰　(清)楊大鶴選　清光緒八年(1882)文苑山房刻本　松舲觀款　六冊　缺二卷(五言律、五言絶句)

330000－1704－0019798　019525　子部/宗教類/佛教之屬/諸宗
壇經一卷附六祖大師事畧一卷　(唐)釋慧能撰　(唐)釋法海等輯　清同治十一年(1872)如皋刻經處刻本　一冊　缺一卷(事畧)

330000－1704－0019803　019547　子部/宗教類/佛教之屬
弘明集十四卷　(南朝梁)釋僧祐輯　清光緒二十二年(1896)金陵刻經處刻本　四冊

330000－1704－0019804　善001088　經部/叢編
十三經註疏三百三十三卷　(明)□□輯　清嘉慶三年(1798)金閶書業堂刻本　一百二十冊

330000－1704－0019805　019547－1　子部/宗教類/佛教之屬/經疏
妙法蓮華經玄義節要二卷　(隋)釋智顗撰　(明)釋智旭節要　清光緒六年(1880)福德因緣堂刻本　二冊

330000－1704－0019806　019528　集部/小說類/長篇之屬
新鐫濟顛大師醉菩提全傳二十回　(清)天花藏主人編次　清刻本　一冊

330000－1704－0019807　019527　類叢部/類書類/專類之屬
湖山分韻題考四卷　(清)李述彭輯　清刻本　一冊　存一卷(四)

330000－1704－0019809　019622　子部/宗教類/佛教之屬/論疏
大乘起信論裂網疏六卷　(清)釋智旭撰　清光緒金陵書局刻本　一冊

330000－1704－0019811　019472　史部/目録類/總録之屬/官修
欽定四庫全書總目二百卷首一卷　(清)紀昀等撰　清同治七年(1868)廣東書局刻本　一冊　存二卷(八十一至八十二)

330000－1704－0019813　019473　史部/史鈔類/通代之屬
綱鑑擇語十卷　(清)司徒修輯　清末文盛書局石印本　三冊　存四卷(五至八)

330000－1704－0019814　019625　子部/雜著類/雜說之屬
墨子閒詁十五卷目錄一卷附錄一卷後語二卷　(清)孫詒讓撰　清光緒三十三年(1907)上海涵芬樓石印本　八冊

330000－1704－0019815　善001088－1　經部/叢編
十三經註疏三百三十三卷　(明)□□輯　明崇禎元年至十二年(1628－1639)古虞毛氏汲古閣刻本　二冊　存一種

330000－1704－0019816　019474　類叢部/叢書類/彙編之屬
古今說部叢書二百七十二種　國學扶輪社編　清宣統二年至民國二年(1910－1913)上海國學扶輪社鉛印本　二十一冊　存一百四十二種

330000－1704－0019819　019363　子部/宗教類/佛教之屬/經
佛說無量清淨平等覺經三卷　(漢)釋支婁迦讖譯　清同治十年(1871)金陵刻經處刻本　一冊

330000－1704－0019820　善001088－2　經部/叢編
十三經註疏三百三十三卷　(明)□□輯　明崇禎元年至十二年(1628－1639)古虞毛氏汲古閣刻本　十五冊　存二種

330000－1704－0019821　019364　子部/宗教類/佛教之屬/諸宗
重訂西方公據二卷首一卷　(清)彭紹升輯　清同治六年(1867)刻本　一冊

330000－1704－0019822　善001088－3　經

部/叢編

十三經註疏三百三十三卷 （明）□□輯　清綠蔭堂刻本　一冊　存一種

330000－1704－0019824　019475　史部/傳記類/總傳之屬/技藝

墨林今話十八卷 （清）蔣寶齡撰　**墨林今話續編一卷** （清）蔣茝生撰　清咸豐二年(1852)刻本　四冊

330000－1704－0019825　善001089　集部/總集類/選集之屬/通代

文選纂註評林十二卷 （南朝梁）蕭統輯　（明）張鳳翼纂注　（明）王世懋删定　（明）陸弘祚輯訂　明金閶葉敬溪刻本　六冊

330000－1704－0019828　善000941　集部/別集類/清別集

梅村集四十卷目錄二卷 （清）吳偉業撰　清康熙八年(1669)顧湄等刻乾隆印本　二十四冊

330000－1704－0019829　善001090　集部/別集類/宋別集

歐陽文忠公全集一百五十三卷附錄五卷 （宋）歐陽修撰　**年譜一卷** （宋）胡柯編　清乾隆五十七年(1792)惇敍堂刻本　二十四冊

330000－1704－0019830　018593　類叢部/類書類/專類之屬

增補詩句題解彙編二十二卷 （清）陳劍芝　（清）葉湘秋　（清）顧芷卿原本　（清）朱春舫增輯　清刻本　三冊　存三卷(七至九)

330000－1704－0019831　018594　集部/小説類/短篇之屬

新繪今古奇觀圖詠六卷 （清）抱甕老人編　清光緒石印本　一冊　存一卷(六)

330000－1704－0019832　018595　子部/醫家類/類編之屬

中西匯通醫書五種 唐宗海撰　清光緒上海千頃堂書局石印本　一冊　存一種

330000－1704－0019833　019476　子部/藝術類/書畫之屬/畫録

南宋院畫錄八卷首一卷 （清）厲鶚輯　清光緒十年(1884)錢唐丁氏竹書堂刻本　二冊　存八卷(一至八)

330000－1704－0019835　019477　子部/儒家類/儒學之屬/蒙學

浙寧汲綆齋新增繪圖幼學故事瓊林四卷首一卷 （清）程登吉撰　（清）鄒聖脈增補　清光緒二十四年(1898)浙寧汲綆齋鉛印本　五冊

330000－1704－0019836　018596　類叢部/類書類/專類之屬

分類詩腋八卷 （清）李楨編　清刻本　四冊

330000－1704－0019839　善001091　史部/紀傳類/正史之屬

史漢評林 （明）淩稚隆輯　明萬曆烏程淩氏刻本　二十二冊　存一種

330000－1704－0019841　019478　子部/雜著類/雜考之屬

校訂困學紀聞集證二十卷 （宋）王應麟撰　（清）閻若璩等箋　（清）萬希槐集證　清刻本　十冊

330000－1704－0019842　019365　子部/宗教類/佛教之屬

法華三昧懺儀一卷 （宋）釋遵式撰　**妙法蓮華經一卷** （後秦）釋鳩摩羅什譯　清刻本　一冊

330000－1704－0019844　善000942　集部/別集類/清別集

甕雲草堂詩槀一卷 （清）黃漢撰　稿本　一冊

330000－1704－0019845　善000943　集部/別集類/清別集

太玉山館詩不分卷 （清）周灝撰　稿本　一冊

330000－1704－0019847　018600　史部/編年類/通代之屬

御撰資治通鑑綱目三編六卷 （清）張廷玉等撰　清末石印本　一冊　存三卷(一至三)

330000－1704－0019848　019479　新學/史志/別國史

支那史要六卷　(日本)市村瓚次郎撰　(清)陳毅譯　清光緒二十八年(1902)上海廣智書局鉛印本　一冊　存一卷(三)

330000－1704－0019849　善001283　史部/紀傳類/正史之屬

史漢評林　(明)凌稚隆輯　明萬曆烏程凌氏刻本　七冊　存一種

330000－1704－0019853　019366　子部/宗教類/佛教之屬

大方廣圓覺修多羅了義經二卷　(唐)釋佛陀多羅譯　清同治八年(1869)金陵刻經處刻本　一冊

330000－1704－0019855　善000944　集部/別集類/清別集

夾鏡亭吟草一卷　(清)馬世俊撰　清乾隆刻本　楊紹廉題記　一冊

330000－1704－0019858　019548　經部/四書類/總義之屬/傳説

四書朱子本義匯參四十三卷首四卷　(清)王步青輯　清敦復堂刻本　二冊　存四卷(中庸五至六,論語首、一)

330000－1704－0019859　019640　類叢部/叢書類/自著之屬

施愚山先生全集五種附一種　(清)施閏章撰　清宣統二年至三年(1910－1911)上海國學扶輪社石印本　一冊　存一種

330000－1704－0019861　善000945　集部/別集類/清別集

梁清泉詩稿一卷　(清)梁清泉撰　清嘉慶稿本　一冊

330000－1704－0019866　018603　史部/政書類/律令之屬/律例

欽定重修六部處分則例五十二卷　(清)文孚等修　(清)清平等纂　清光緒十八年(1892)上海圖書集成印書局鉛印本　一冊　存四卷(一至四)

330000－1704－0019868　善000946　集部/別集類/清別集

太玉山館詩集不分卷　(清)周灝撰　稿本　一冊

330000－1704－0019869　018604　類叢部/叢書類/彙編之屬

武英殿聚珍版書一百三十八種　清乾隆浙江刻本　二冊　存一種

330000－1704－0019870　018605　子部/醫家類/醫話醫論之屬

冷廬醫話五卷　(清)陸以湉撰　清光緒二十三年(1897)龐元澂刻本　四冊

330000－1704－0019871　善000947　集部/別集類/清別集

友十花樓課草一卷　(清)童冠儒撰　稿本　清孫衣言題記　一冊

330000－1704－0019872　善001093　子部/雜家類

鬼谷子三卷　(南朝梁)陶弘景注　(清)秦恩復校　**篇目考一卷附錄一卷**　(清)秦恩復撰輯　清嘉慶十年(1805)江都秦氏石研齋刻本　一冊

330000－1704－0019875　018606　史部/詔令奏議類/奏議之屬

彭剛直公奏稿八卷　(清)彭玉麟撰　(清)俞樾輯　清末鉛印本　四冊

330000－1704－0019876　善001094　集部/楚辭類

楚辭燈四卷楚懷襄二王在位事蹟考一卷　(清)林雲銘撰　**屈原列傳一卷**　(漢)司馬遷撰　清康熙三十六年(1697)晉安林氏挹奎樓刻本　二冊

330000－1704－0019878　善000948　集部/別集類/清別集

耕讀亭詩不分卷　(清)項傅梅撰　稿本　一冊

330000－1704－0019881　019551　集部/別集類/唐五代別集

李長吉歌詩四卷外集一卷首一卷　(唐)李賀撰　(清)王琦彙解　清宣統元年(1909)掃葉山房石印本　二冊　存二卷(二至三)

330000－1704－0019883　善001095　史部/金石類/金之屬
重修宣和博古圖録三十卷　(宋)王黼等撰　明嘉靖七年(1528)蔣暘刻本　六冊　存□□卷(四至五、□□)

330000－1704－0019884　019369　集部/總集類/選集之屬/通代
唐宋八家文讀本三十卷　(清)沈德潛輯　清石印本　一冊　存六卷(十至十五)

330000－1704－0019885　018607　史部/地理類/方志之屬/郡縣志
[光緒]永嘉縣志三十八卷首一卷　(清)張寶琳修　(清)王棻　(清)孫詒讓纂　清光緒八年(1882)溫州維新書局刻本　二十四冊

330000－1704－0019887　善000949　集部/別集類/清別集
鳳研齋詩鈔三卷　(清)陳乙撰　清道光稿本　清董斿校、題記並跋　一冊

330000－1704－0019889　018608　類叢部/叢書類/彙編之屬
粵雅堂叢書一百八十四種　(清)伍崇曜編　清道光二十九年至光緒十一年(1849－1885)南海伍氏刻彙印本(春秋五禮例宗卷四至六、乾道臨安志卷四至十五、群書治要卷四、十三、二十原缺)　三十五冊　存十六種

330000－1704－0019898　善000952　集部/別集類/清別集
雪齋詩外二卷　(清)蔡弘勳撰　清乾隆十年(1745)刻本　一冊

330000－1704－0019899　019485　集部/總集類/選集之屬/通代
古文分編集評初集五卷二集五卷三集八卷四集四卷　(清)于光華輯　清刻本　二冊　存二卷(三集七至八)

330000－1704－0019902　善000951　集部/別集類/清別集
泉村集選一卷　(清)徐凝撰　清康熙刻本　林衍桐題記　清孫鏘鳴、清孫詒讓批　一冊

330000－1704－0019911　019487　集部/別集類/清別集
卐蓮賦草一卷註三卷續卐蓮賦草一卷註一卷淨土百八詠一卷　(清)釋曉柔撰　清光緒八年(1882)武林瑪瑙經房刻本　一冊　存二卷(續卐蓮賦草、續卐蓮賦草註)

330000－1704－0019917　019371　子部/醫家類/方書之屬/單方驗方
孫真人千金方衍義三十卷　(唐)孫思邈撰　(清)張璐衍義　清嘉慶六年(1801)掃葉山房刻本　十七冊　存十六卷(二至六、八、十、十三至十四、十六至十八、二十一至二十二、二十六至二十七)

330000－1704－0019919　善001100　子部/雜著類/雜纂之屬
學範二卷　(明)趙撝謙撰　**續學範一卷**　(明)張延登撰　明崇禎二年(1629)刻本　一冊　缺一卷(續學範)

330000－1704－0019921　善000950　集部/別集類/清別集
張蘭畦詩稿不分卷　(清)張元啟撰　稿本　一冊

330000－1704－0019922　019658　類叢部/叢書類/彙編之屬
式訓堂叢書四十一種　(清)章壽康編　清光緒會稽章氏刻本　四冊　存五種

330000－1704－0019923　善000954　集部/別集類/清別集
半翁詩草不分卷　(清)鄭雲衢撰　稿本　一冊

330000－1704－0019924　019372　子部/宗教類/佛教之屬/諸宗
賢首五教儀開蒙一卷　(清)釋續法輯　清光緒二年(1876)長沙刻經處刻本　一冊

330000－1704－0019925　善000956　集部/別集類/清別集

董祐誠文鈔殘本不分卷　(清)董祐誠撰　清瑞安孫氏玉海樓抄本　一册

330000－1704－0019927　019552　子部/儒家類/儒學之屬

陽明先生集要十五卷附［王守仁］年譜一卷　(明)王守仁撰　(明)施邦曜編　明崇禎臨海王立準刻本　四册　存六卷(理學編四、經濟編一至三、文章編三至四)

330000－1704－0019928　019373　史部/地理類/山川之屬/水志

莫愁湖志六卷首一卷　(清)馬士圖撰　清光緒八年(1882)、十七年(1891)刻本　二册

330000－1704－0019929　善001101　集部/總集類/選集之屬/斷代

明詩綜一百卷　(清)朱彝尊輯　(清)汪森等評　清康熙刻乾隆西泠吳氏清來堂印本　三十七册　缺六卷(八十七、九十六至一百)

330000－1704－0019930　019374　史部/傳記類/别傳之屬

宜堂類編二十五卷　(清)丁中立編　清光緒二十六年(1900)錢塘丁氏嘉惠堂刻本　八册　缺一卷(方外輓辭)

330000－1704－0019932　善000958　集部/別集類/清別集

芝僧近稿雜錄不分卷　(清)嚴辰撰　稿本　一册

330000－1704－0019935　善000957　集部/別集類/清別集

張蘭舟家書手稿不分卷　(清)張夢璜撰　稿本　張棡跋　三册

330000－1704－0019940　018622　經部/詩類/三家詩之屬

陳氏毛詩五種　(清)陳奐撰　清光緒九年(1883)徐氏刻本　十二册

330000－1704－0019941　善000960　集部/別集類/清別集

燕臺集三卷　(清)孫衣言撰　稿本　一册

330000－1704－0019942　善001102　集部/總集類/選集之屬/斷代

明詩綜一百卷　(清)朱彝尊輯　(清)汪森等評　清康熙刻乾隆西泠吳氏清來堂印本　二十一册　存六十六卷(一至十六、二十二至二十五、三十一至三十四、二十七下至三十、四十一至五十、五十四至五十六、六十至六十九、七十四至七十六、八十四至九十五上)

330000－1704－0019944　善001103　集部/總集類/選集之屬/斷代

明詩綜一百卷　(清)朱彝尊輯　(清)汪森等評　清康熙刻乾隆西泠吳氏清來堂印本　十二册　存三十五卷(八至九、十五下至十九、二十二至二十四、三十七至三十九、四十五至五十三、六十至六十二、六十七至六十九、七十四至八十)

330000－1704－0019945　善001104　集部/總集類/選集之屬/斷代

明詩綜一百卷　(清)朱彝尊輯　(清)汪森等評　清康熙刻乾隆西泠吳氏清來堂印本　四册　存十五卷(三十二至三十四、四十六至五十三、七十五至七十八)

330000－1704－0019951　019375　集部/總集類/選集之屬/通代

古詩源十四卷　(清)沈德潛輯　清嘉慶八年(1803)刻本　二册　存七卷(一至七)

330000－1704－0019953　019664　子部/醫家類/綜合之屬/通論

御纂醫宗金鑑九十卷首一卷　(清)吳謙等撰　清光緒三十二年(1906)有益齋石印本　四册　存十六卷(外科一至十六)

330000－1704－0019954　019665　子部/醫家類/類編之屬

徐氏醫書八種　(清)徐大椿撰　清光緒十五年至二十三年(1889－1897)江左書林刻本　一册　存一種

330000－1704－0019957　019666　子部/醫

家類/醫經之屬/難經

圖註八十一難經辨真四卷 (明)張世賢撰 清刻本 一冊

330000－1704－0019958 019490 子部/雜著類/雜考之屬

困學紀聞二十卷 (宋)王應麟撰 (清)閻若璩箋 (清)何焯評 清乾隆桐鄉汪垕桐華書塾刻本 一冊 存三卷(一至三)

330000－1704－0019961 019376 子部/宗教類/佛教之屬

大方廣圓覺修多羅了義經二卷 (唐)釋佛陀多羅譯 清同治八年(1869)金陵刻經處刻本 一冊

330000－1704－0019963 善 001105 類叢部/叢書類/自著之屬

王漁洋遺書三十八種 (清)王士禛撰 清刻本 張陶題記 八冊 存三種

330000－1704－0019965 019667 子部/醫家類/類編之屬

喻氏醫書三種 (清)喻昌撰 清乾隆三十年(1765)嵩秀堂刻本 四冊 存一種

330000－1704－0019970 019668 子部/醫家類/類編之屬

潛齋醫書五種 (清)王士雄撰 清光緒十八年(1892)蘇州交通益記圖書館刻本 四冊 存一種

330000－1704－0019971 019492 子部/雜著類/雜考之屬

困學紀聞注二十卷 (清)翁元圻撰 清刻本 七冊 存十一卷(一、六、九至十七)

330000－1704－0019972 019700 史部/紀傳類/正史之屬

史記一百三十卷 (漢)司馬遷撰 (南朝宋)裴駰集解 (唐)司馬貞索隱 (唐)張守節正義 明刻本 三冊 存十五卷(二十九至三十三、九十至九十八、一百三十)

330000－1704－0019975 019669 子部/醫家類/傷寒金匱之屬/金匱要略

金匱心典三卷 (清)尤怡撰 清光緒七年(1881)崇德書院刻本 三冊

330000－1704－0019977 019493 史部/詔令奏議類/奏議之屬

註陸宣公奏議十五卷制誥十卷別集一卷表一卷 (唐)陸贄撰 (宋)郎曄註 **附錄一卷年譜輯畧一卷** (清)江榕撰 清光緒十一年(1885)淮南書局刻本 四冊 缺一卷(別集)

330000－1704－0019980 019554 集部/小說類/長篇之屬

增評加批金玉緣圖說十二卷一百二十回首一卷 (清)曹霑 (清)高鶚撰 (清)蝶薌仙史評訂 清光緒石印本 一冊 存十四回(一百七至一百二十)

330000－1704－0019981 019701 類叢部/叢書類/自著之屬

惜抱軒全集十種 (清)姚鼐撰 清同治五年(1866)李瀚章省心閣刻本 二十冊

330000－1704－0019984 019672 子部/醫家類/醫經之屬/內經

內經知要二卷 (清)李中梓輯並注 清末上海文瑞樓石印本 二冊

330000－1704－0019985 019381 類叢部/叢書類/彙編之屬

增訂漢魏叢書八十六種 (清)王謨編 清乾隆五十六年(1791)金谿王氏刻本 五冊 存一種

330000－1704－0019986 019673 子部/醫家類/類編之屬

陳修園二十八種 (清)陳念祖等撰 清末石印本 一冊 存二種

330000－1704－0019988 019556 集部/別集類/明別集

史忠正公集四卷 (明)史可法撰 **首一卷末一卷** (清)史山清輯 清刻本 一冊 存二卷(四、末)

330000－1704－0019991 善 001106 集部/總集類/尺牘之屬

賴古堂名賢尺牘新鈔十二卷二選藏弆集十六卷三選結隣集十六卷 （清）周在浚 （清）周在梁 （清）周在延輯 清康熙周氏賴古堂刻本 二册 存四卷（三選結鄰集一至二、十五至十六）

330000－1704－0019992 善 000968 集部/別集類/清別集
黃漱蘭先生賦鈔一卷駢文一卷 （清）黃體芳撰 清光緒二十四年（1898）抄本 張棡題簽並記 二册

330000－1704－0019993 019557 集部/總集類/選集之屬/通代
古文辭類纂七十四卷 （清）姚鼐輯 **續古文辭類纂三十四卷** 王先謙輯 清光緒三十三年（1907）上海商務印書館鉛印本 十二册

330000－1704－0019994 019675 新學/算學
最新圖式小學簡明算法一卷 清光緒三十四年（1908）寧波百歲坊學林堂書局石印本 邵憲椿題簽 一册

330000－1704－0019996 善 000969 集部/別集類/清別集
望山草堂文稿不分卷 （清）林鶚撰 清抄本 四册

330000－1704－0019998 019677 集部/別集類/唐五代別集
昌黎先生集四十卷外集十卷遺文一卷 （唐）韓愈撰 （宋）廖瑩中校正 **朱子校昌黎先生集傳一卷** （宋）朱熹撰 **韓集點勘四卷** （清）陳景雲撰 清宣統二年（1910）上海埽葉山房石印本 十二册

330000－1704－0020002 019678 集部/總集類/選集之屬/斷代
皇朝經世文編一百二十卷姓名總目二卷生存姓名一卷 （清）賀長齡輯 清刻本 四十册 存六十卷（一至五十七、總目一至二、生存姓名）

330000－1704－0020004 善 000975 集部/別集類
蛻龕文賸八卷續稿選本十五卷無題詩存一卷 符璋撰 稿本 十六册 缺一卷（蛻龕續稿選本十四）

330000－1704－0020005 善 001107 史部/紀傳類/正史之屬
二十一史二千五百六十七卷 明萬曆二年至三年（1574－1575）南京國子監刻本 二册 存一種

330000－1704－0020007 019748 子部/醫家類/類編之屬
陳修園二十八種 （清）陳念祖等撰 清末石印本 三册 存四種

330000－1704－0020009 019629 集部/總集類/選集之屬/通代
古文分編集評初集五卷二集五卷三集八卷四集四卷 （清）于光華輯 清刻本 二册 存二卷（四集三至四）

330000－1704－0020010 019749 子部/叢編
二十二子（二十二子彙函） （清）浙江書局編 清光緒元年至三年（1875－1877）浙江書局刻本 二册 存一種

330000－1704－0020011 019750 子部/叢編
二十二子（二十二子彙函） （清）浙江書局編 清光緒元年至三年（1875－1877）浙江書局刻二十七年（1901）重修本 一册 存一種

330000－1704－0020012 019751 子部/叢編
二十二子（二十二子彙函） （清）浙江書局編 清光緒元年至三年（1875－1877）浙江書局刻本 一册 存一種

330000－1704－0020013 019680 子部/醫家類/傷寒金匱之屬/金匱要略
金匱玉函經二註二十二卷補方一卷 （宋）趙以德 （元）趙良仁衍義 （清）周揚俊補注 清咸豐十一年（1861）蘇州萃芬書屋刻本

六冊

330000－1704－0020014　善000976　集部/別集類/清別集
笠杖集一卷　(清)張盛藻撰　**乙卯至庚戌詩一卷**　清抄本(乙卯至庚戌詩為稿本)　一冊

330000－1704－0020015　019386　子部/雜著類/雜說之屬
吹網錄六卷鷗陂漁話六卷　(清)葉廷琯撰　清末上海掃葉山房石印本　二冊　存三卷(三至五)

330000－1704－0020016　善000971　集部/別集類/清別集
娱老隨筆叢稿不分卷　(清)孫衣言撰　稿本　一冊

330000－1704－0020017　善001108　集部/別集類/唐五代別集
朱文公校昌黎先生文集四十卷外集十卷遺文一卷　(唐)韓愈撰　(宋)朱熹考異　(宋)王伯大音釋　**朱文公校昌黎先生集傳一卷**　明刻本　一冊　存九卷(外集四至十、遺文、傳)

330000－1704－0020018　019387　子部/醫家類/綜合之屬/通論
瀛經堂詳校醫宗必讀十卷　(明)李中梓撰　清嘉慶十二年(1807)裕文堂刻本　二冊　存八卷(一至五、八至十)

330000－1704－0020019　019752　類叢部/叢書類/彙編之屬
漸西村舍彙刊(漸西村舍叢刻)四十四種　(清)袁昶編　清光緒十六年至二十四年(1890－1898)桐廬袁氏刻本　四冊　存一種

330000－1704－0020020　善001109　史部/詔令奏議類/奏議之屬
嘉慶道光間溫州海寇事奏折不分卷　清抄本　一冊

330000－1704－0020021　019683　類叢部/叢書類/彙編之屬
增訂漢魏叢書八十六種　(清)王謨編　清光緒二十年(1894)湖南藝文書局刻本　十二冊　存八種

330000－1704－0020022　善000972　集部/別集類/清別集
卓峯草堂詩選鈔一卷續鈔二卷賸稿一卷文鈔一卷獄中草一卷夢梨雲館詩鈔十六卷續鈔四卷　(清)符兆綸撰　稿本　清陳叔安校　二十冊　缺六卷(夢梨雲館詩鈔一至四、夢梨雲館詩續鈔一至二)

330000－1704－0020024　019390　子部/醫家類/類編之屬
南雅堂醫書全集　(清)陳念祖撰　清善成堂刻本　二冊　存一種

330000－1704－0020026　019689　經部/小學類/文字之屬/字書
字學舉隅不分卷　(清)黄本驥　(清)龍啟瑞撰　清光緒十二年(1886)上海同文書局石印本　一冊

330000－1704－0020027　019690　子部/小說家類/異聞之屬
瓊林霏屑八卷　(清)望海樓主人輯　清光緒三十二年(1906)上海鴻文書局石印本　四冊

330000－1704－0020028　019388　子部/醫家類/婦科之屬/產科
產科心法二卷　(清)汪喆撰　清光緒四年(1878)劉氏七賢堂刻本　一冊

330000－1704－0020029　善001110　集部/總集類/選集之屬/通代
唐宋詩選抄不分卷　清抄本　一冊

330000－1704－0020030　019633　子部/儒家類/儒學之屬/勸學
勸學篇二卷　(清)張之洞撰　清光緒二十四年(1898)兩湖書院刻本　一冊

330000－1704－0020034　善001111　子部/雜著類/雜說之屬
呂氏春秋二十六卷　(漢)高誘注　**呂氏春秋附攷一卷**　(清)畢沅輯　清乾隆五十三年至五十四年(1788－1789)鎮洋畢氏靈巖山館刻

經訓堂叢書本　清孫鏘鳴校　三册　缺八卷（一至八）

330000－1704－0020035　019638　類叢部/叢書類/彙編之屬
鄦齋叢書二十種　徐乃昌編　清光緒二十六年（1900）南陵徐氏刻本　十六册

330000－1704－0020036　019563　經部/小學類/文字之屬/字書/訓蒙
文字蒙求四卷　（清）王筠撰　清光緒十三年（1887）梁谿浦氏刻本　二册

330000－1704－0020038　019753　子部/醫家類/類編之屬
喻氏醫書三種　（清）喻昌撰　清光緒上海掃葉山房石印本　一册　存一種

330000－1704－0020039　善 001000　史部/地理類/雜志之屬
甌江竹枝詞一卷　（清）戴文儁撰　清光緒六年（1880）甌顇刻本　一册

330000－1704－0020040　善 001001　集部/總集類/選集之屬/通代
古賦辯體十卷　（元）祝堯編　明刻本　二册　存五卷（六至十）

330000－1704－0020041　019702　史部/紀傳類/正史之屬
二十四史附考證　清光緒石印本　二十七册　存一種

330000－1704－0020043　善 001002　集部/詞類/詞譜之屬
詞律二十卷　（清）萬樹撰　清康熙二十六年（1687）萬氏堆絮園刻本　十册

330000－1704－0020045　善 001112　史部/傳記類/總傳之屬/家乘
［浙江溫州］署橋徐氏族譜二卷首一卷　（清）徐汸纂修　清同治十年（1871）抄本　一册

330000－1704－0020046　019391　集部/總集類/選集之屬/通代
歷代宮閨文選二十六卷姓氏小錄一卷　（清）周壽昌輯　清宣統三年（1911）上海群學社鉛印本　三册　存十七卷（六至二十二）

330000－1704－0020047　019566　子部/兵家類/兵法之屬
虎鈐經二十卷　（宋）許洞撰　清抄本　四册

330000－1704－0020049　善 001003　類叢部/叢書類/彙編之屬
函海一百五十二種　（清）李調元編　清乾隆綿州李氏萬卷樓刻本　二册　存一種

330000－1704－0020050　善 001113　子部/雜著類/雜說之屬
墨子閒詁十五卷目錄一卷附錄一卷後語二卷　（清）孫詒讓撰　清光緒三十三年（1907）瑞安孫氏刻本　八册

330000－1704－0020051　019643　集部/總集類/選集之屬/斷代
國朝六家詩鈔八卷　（清）劉執玉選編　清宣統二年（1910）上海澄衷學堂石印本　五册　存七卷（一至三、五至八）

330000－1704－0020052　015116－5　子部/醫家類/類編之屬
陳修園二十八種　（清）陳念祖等撰　清末石印本　一册　存一種

330000－1704－0020053　019567　子部/宗教類/佛教之屬/經
維摩詰所説經三卷　（後秦）釋鳩摩羅什譯　清同治九年（1870）金陵刻經處刻本　一册

330000－1704－0020054　019755　類叢部/叢書類/彙編之屬
粵雅堂叢書一百八十四種　（清）伍崇曜編　清道光二十九年至光緒十一年（1849－1885）南海伍氏刻彙印本（春秋五禮例宗卷四至六、乾道臨安志卷四至十五、群書治要卷四、十三、二十原缺）　十二册　存六種

330000－1704－0020057　019703　子部/醫家類/類編之屬
陳修園二十八種　（清）陳念祖等撰　清末石印本　三册　存十種

330000－1704－0020059　019704　子部/醫家類/類編之屬
陳修園二十八種　(清)陳念祖等撰　清末石印本　一冊　存一種

330000－1704－0020061　019705　集部/總集類/氏族之屬
三蘇全集四種　(清)弓翊清等編　清道光七年至十二年(1827－1832)眉州三蘇祠刻本　二冊　存一種

330000－1704－0020063　019706　子部/儒家類/儒學之屬/勸學
勸學篇二卷　(清)張之洞撰　清光緒二十四年(1898)兩湖書院刻本　一冊

330000－1704－0020066　019758　子部/叢編
二十二子(二十二子彙函)　(清)浙江書局編　清光緒元年至三年(1875－1877)浙江書局刻本　一冊　存一種

330000－1704－0020069　019645　子部/叢編
子書百家　(清)崇文書局編　清光緒元年(1875)湖北崇文書局刻本　二冊　存一種

330000－1704－0020072　019656　史部/目録類/總録之屬/彙刻
江刻書目三種　(清)江標輯　清光緒元和江氏師鄦室刻蘇州振新書社印本　二冊　存一種

330000－1704－0020074　019759　子部/叢編
二十二子(二十二子彙函)　(清)浙江書局編　清光緒元年至三年(1875－1877)浙江書局刻本　六冊　存一種

330000－1704－0020075　019568　類叢部/叢書類/彙編之屬
增訂漢魏叢書八十六種　(清)王謨編　清光緒二十年(1894)湖南藝文書局刻本　四冊　存四種

330000－1704－0020081　019761　經部/小學類/文字之屬/字書/訓蒙
澄衷蒙學堂字課圖說四卷檢字一卷類字一卷　(清)劉樹屏撰　(清)吳子城繪圖　清光緒澄衷蒙學堂印書處石印本　三冊　存三卷(二至四)

330000－1704－0020082　019569　類叢部/叢書類/彙編之屬
增訂漢魏叢書八十六種　(清)王謨編　清光緒二十年(1894)湖南藝文書局刻本　一冊　存一種

330000－1704－0020085　019671　新學/史志/別國史
俄史輯譯四卷　(英國)闞斐迪譯　(清)徐景羅重譯　清光緒十四年(1888)益智書會刻本　四冊

330000－1704－0020086　019570　類叢部/叢書類/彙編之屬
增訂漢魏叢書八十六種　(清)王謨編　清刻本　一冊　存一種

330000－1704－0020090　019401　經部/四書類/總義之屬/傳說
立言堂四書體註合講十九卷　(宋)朱熹集註　清立言堂刻本　一冊　存五卷(論語一至五)

330000－1704－0020091　019681　史部/紀傳類/正史之屬
四史四百十五卷　清光緒金陵書局、江南書局刻本　十六冊　存一種

330000－1704－0020092　019682　新學/格致總
便蒙叢書初二集十七種　張一鵬輯　清末刻本　一冊　存一種

330000－1704－0020093　019684　子部/醫家類/類編之屬
喻氏醫書三種　(清)喻昌撰　清光緒上海掃葉山房石印本　一冊　存一種

330000－1704－0020094　019762　子部/醫家類/類編之屬

圖註脈訣難經二種附三種 清末石印本 一冊 存二種

330000－1704－0020095 善 001004 集部/詞類/總集之屬

仁和吳氏雙照樓景刊宋元本詞十七種 吳昌綬編 清宣統至民國仁和吳氏雙照樓刻本 二十冊

330000－1704－0020096 019685 子部/醫家類/傷寒金匱之屬/傷寒論

醫效秘傳三卷 （清）葉桂撰 **溫熱贅言一卷** （清）寄瓢子撰 清道光十一年（1831）吳氏貯春仙館刻本 一冊 存一卷（三）

330000－1704－0020100 019764 子部/宗教類/佛教之屬/經

大佛頂如來密因修證了義諸菩薩萬行首楞嚴經十卷 （唐）釋般剌密帝譯 （唐）釋彌伽釋迦譯語 （唐）釋懷迪證譯 （唐）房融筆受 （明）王應乾參標 清光緒三十一年（1905）浙寧三寶經房刻本 一冊 存三卷（一至三）

330000－1704－0020103 019765 史部/地理類/山川之屬/水志

湖山便覽十二卷 （清）翟灝等撰 清光緒元年（1875）杭州王維翰槐蔭堂刻本 一冊 存二卷（十一至十二）

330000－1704－0020105 019714 集部/別集類/明別集

王文成公全書三十八卷 （明）王守仁撰 清光緒浙江書局刻本 十三冊 存二十一卷（十六、十九至三十八）

330000－1704－0020110 019716 子部/醫家類/類編之屬

陳修園醫書二十三種 （清）陳念祖等撰 清光緒二十九年（1903）湖南益元書局刻本 一冊 存一種

330000－1704－0020112 019694 類叢部/叢書類/彙編之屬

知不足齋叢書一百九十六種 （清）鮑廷博編 （清）鮑士恭續編 清乾隆三十七年至道光三年（1772－1823）長塘鮑氏刻彙印本 四十五冊 存三十一種

330000－1704－0020113 019405 子部/宗教類/佛教之屬/經疏

妙法蓮華經科註七卷首一卷 （明）釋一如集註 清同治十一年（1872）刻本 二冊 存二卷（首、七）

330000－1704－0020114 善 001015 集部/戲劇類/傳奇之屬

警黃鍾傳奇十齣 洪炳文撰 清光緒三十年（1904）稿本 一冊

330000－1704－0020115 019717 子部/醫家類/類編之屬

潛齋醫書五種 （清）王士雄撰 清光緒十八年（1892）蘇州交通益記圖書館刻本 四冊 存一種

330000－1704－0020116 善 001114 子部/雜著類/雜說之屬

墨子閒詁十五卷目錄一卷附錄一卷後語二卷 （清）孫詒讓撰 清光緒三十三年（1907）瑞安孫氏刻本 八冊

330000－1704－0020118 019766 史部/地理類/總志之屬/通代

讀史方輿紀要一百三十卷方輿全圖總說五卷 （清）顧祖禹撰 清光緒圖書集成局鉛印本暨石印本 三十一冊 存一百二十七卷（一至一百二十二、方輿全圖總說一至五）

330000－1704－0020119 善 001016 集部/曲類/散曲之屬

花信樓散曲一卷 洪炳文撰 清末稿本 一冊

330000－1704－0020122 善 001115 子部/雜著類/雜說之屬

墨子閒詁十五卷目錄一卷附錄一卷後語二卷 （清）孫詒讓撰 清光緒三十三年（1907）瑞安孫氏刻本 八冊

330000－1704－0020123 善 001017 集部/戲劇類/傳奇之屬

普天慶傳奇二齣古殷鑑傳奇二齣後懷沙傳奇一齣電球游傳奇三齣　洪炳文撰　清光緒三十二年(1906)稿本　二冊

330000－1704－0020124　善001116　子部/雜著類/雜說之屬
墨子閒詁十五卷目錄一卷附錄一卷後語二卷　(清)孫詒讓撰　清光緒三十三年(1907)瑞安孫氏刻本　八冊

330000－1704－0020125　019787　史部/地理類/總志之屬/通代
讀史方輿紀要一百三十卷方輿全圖總說五卷　(清)顧祖禹撰　清光緒圖書集成局鉛印本暨石印本　一冊　存一卷(方輿全圖總說三)

330000－1704－0020126　善001018　集部/戲劇類/傳奇之屬
漁邨記二卷十三折　(清)韓錫胙撰　清乾隆三十四年(1769)韓氏妙有山房刻本　四冊

330000－1704－0020127　019408　子部/術數類/相宅相墓之屬
地理雜抄不分卷　清抄本　一冊

330000－1704－0020128　019573　經部/小學類
小學類編六種附三種合五十九卷　(清)李祖望編　清咸豐至光緒江都李氏半畝園刻本　八冊　存七種

330000－1704－0020129　019410　子部/宗教類/佛教之屬/經疏
佛說阿彌陀經要解便蒙鈔三卷　(清)釋智旭解　(清)釋達默鈔　(清)釋達林參訂　清光緒二十三年(1897)刻本　一冊　存一卷(三)

330000－1704－0020130　019720　經部/小學類
雷刻四種　(清)雷浚輯　清光緒二年至十年(1876－1884)吳縣雷氏刻本　一冊　存一種

330000－1704－0020133　019393　子部/宗教類/佛教之屬/經疏
妙法蓮華經台宗會義十六卷　(明)釋智旭撰　清光緒十五年(1889)刻本　十二冊　存十二卷(一至六、九、十一至十三、十五至十六)

330000－1704－0020136　019574　子部/醫家類/類編之屬
醫學三書　(清)雷豐編　清光緒十年至十三年(1884－1887)雷氏慎修堂刻本　一冊　存一種

330000－1704－0020137　019724　新學/農政/農務
農務土質論三卷圖說一卷　(美國)金福蘭格令希蘭撰　(美國)衛理口譯　(清)范熙庸筆述　清光緒二十七年(1901)上海石印本　三冊

330000－1704－0020138　019768　子部/醫家類/類編之屬
陳修園二十八種　(清)陳念祖等撰　清末石印本　二冊　存二種

330000－1704－0020139　019575　子部/醫家類/婦科之屬/通論
女科經綸八卷　(清)蕭壎撰　清光緒十六年(1890)掃葉山房刻本　六冊

330000－1704－0020140　019725　類叢部/叢書類/自著之屬
桐城吳先生全書六種附二種　(清)吳汝綸撰　清宣統二年(1910)上海國學扶輪社石印本　一冊　存一種

330000－1704－0020141　019791　新學/雜著/叢編
西學大成五十六種　(清)王西清　(清)盧梯青編　清光緒石印本　一冊　存三種

330000－1704－0020143　019792　子部/天文曆算類/算書之屬
新鐫校正指明算法二卷　(清)王相晉訂　清刻本　黃晉題簽　一冊　存一卷(二)

330000－1704－0020144　019576　史部/雜史類/斷代之屬
明季稗史彙編十六種　(清)留雲居士輯　清都城琉璃廠刻本　七冊　存一種

330000－1704－0020145　019793　子部/天文曆算類/曆法之屬

洪潮和授男彬淮孫正信曾孫堂燕通書一卷　(清)洪潮和等撰　清同治十三年(1874)繼成堂刻本　一册

330000－1704－0020148　019727　子部/儒家類/儒學之屬/禮教/鑑戒

教諭語一卷　(清)謝金鑾撰　清同治九年(1870)刻本　一册

330000－1704－0020150　019728　類叢部/叢書類/自著之屬

曾文正公全集十六種　(清)曾國藩撰　清同治至光緒傳忠書局刻本　五册　存一種

330000－1704－0020152　019729　類叢部/叢書類/自著之屬

柏堂遺書(方柏堂全集)八種附一種　(清)方宗誠撰　清光緒元年至十二年(1875－1886)桐城方氏刻本　三册　存一種

330000－1704－0020153　019397　子部/宗教類/佛教之屬/經疏

妙法蓮華經台宗會義十六卷　(明)釋智旭撰　清刻本　一册　存一卷(七)

330000－1704－0020154　019730　類叢部/叢書類/彙編之屬

月河精舍叢鈔五種　(清)丁寶書編　清光緒四年至十二年(1878－1886)苕溪丁氏刻本　三册　存一種

330000－1704－0020155　019403　史部/政書類

九通　(清)□□輯　清光緒八年至二十二年(1882－1896)浙江書局刻本　八册　存一種

330000－1704－0020158　019732　經部/小學類

小學類編六種附三種合五十九卷　(清)李祖望編　清咸豐至光緒江都李氏半畝園刻本　一册　存一種

330000－1704－0020164　019578　子部/宗教類/佛教之屬/經

法句經二卷　(印度)法救尊者撰　(三國吳)釋維祇難等譯　清光緒十四年(1888)江北刻經處刻本　一册

330000－1704－0020165　019802　子部/天文曆算類/算書之屬

新纂簡捷易明算法四卷首一卷　(清)沈士桂纂輯　清刻本　二册　存二卷(二至三)

330000－1704－0020167　019770　史部/地理類/總志之屬/斷代

楚漢諸侯疆域志三卷　(清)劉文淇撰　清光緒二年(1876)金陵刻本　一册

330000－1704－0020170　善001117　子部/雜著類/雜考之屬

札迻十二卷　(清)孫詒讓撰　清光緒二十年(1894)籀高刻二十一年(1895)重修本　三册　缺三卷(四至六)

330000－1704－0020174　善001121　史部/雜史類/斷代之屬

周書斠補四卷　(清)孫詒讓撰　清光緒二十六年(1900)刻本　一册

330000－1704－0020175　善001122　經部/周禮類/傳說之屬

周禮政要二卷　(清)孫詒讓撰　清石印本　一册　存一卷(下)

330000－1704－0020181　善001128　集部/别集類/清别集

孫敬軒太史遺文不分卷　(清)孫希旦撰　清抄本　一册

330000－1704－0020185　善001007　集部/戲劇類/總集之屬/傳奇

紅雪樓九種曲　(清)蔣士銓撰　清乾隆蔣氏紅雪樓刻本　十册

330000－1704－0020188　019734　子部/醫家類/兒科之屬/通論

幼科鐵鏡六卷　(清)夏鼎撰　清光緒二十一年(1895)貴池劉氏信天堂刻本　二册

330000－1704－0020192　019736　子部/雜

著類/雜考之屬
讀書叢錄二十四卷　(清)洪頤煊撰　清光緒十三年(1887)吴氏醉六堂刻本　四册　存十七卷(一至十三、十八至二十一)

330000－1704－0020193　善 001010　集部/詞類/類編之屬
浙西六家詞七種十九卷　(清)龔翔麟編　清康熙龔氏玉玲瓏閣刻本　四册

330000－1704－0020194　善 001134　集部/別集類/清別集
孫衣言詩文稿不分卷附甲子行記　(清)孫衣言撰　稿本　一册

330000－1704－0020195　019796　類叢部/叢書類/彙編之屬
微波榭叢書十一種　(清)孔繼涵編　清孔氏刻彙印本　二册　存一種

330000－1704－0020198　019737　類叢部/叢書類/自著之屬
曾文正公全集十六種　(清)曾國藩撰　清同治至光緒傳忠書局刻本　二册　存一種

330000－1704－0020199　019797　子部/農家農學類/園藝之屬/總志
佩文齋廣羣芳譜一百卷目録二卷　(清)汪灝等撰　清同治七年(1868)姑蘇亦西齋刻本　一册　存五卷(八十二至八十六)

330000－1704－0020200　019798　子部/宗教類/佛教之屬/經
佛説梵網經二卷　(後秦)釋鳩摩羅什譯　清甬江墨畊齋刻本　一册

330000－1704－0020201　善 001021　子部/小説家類/異聞之屬
小豆棚□□卷　(清)曾衍東撰　稿本　梅冷生題記　二册　存二卷(四至五)

330000－1704－0020203　019803　子部/醫家類/本草之屬/神農本草經
本經疏證十二卷續疏六卷本經序疏要八卷　(清)鄒澍撰　清光緒常州長年醫局刻本　一册　存二卷(本經續疏三至四)

330000－1704－0020204　善 001022　子部/小説家類/異聞之屬
小豆棚六卷　(清)曾衍東撰　稿本　六册

330000－1704－0020206　019805　子部/天文曆算類/算書之屬
數度衍二十三卷首三卷　(清)方中通撰　清志古堂刻本　一册　存三卷(一至三)

330000－1704－0020207　019807　類叢部/叢書類/彙編之屬
增訂漢魏叢書八十六種　(清)王謨編　清光緒二十年(1894)湖南藝文書局刻本　四册　存三種

330000－1704－0020208　019771　類叢部/叢書類/自著之屬
澹勤室全集五種　(清)傅壽彤撰　清光緒三年(1877)武昌刻本　六册

330000－1704－0020209　019772　子部/醫家類/類編之屬
醫門棒喝二種　(清)章楠撰　清同治六年(1867)聚文堂刻本　十二册

330000－1704－0020211　019773　類叢部/叢書類/彙編之屬
小萬卷樓叢書十七種　(清)錢培名輯　清光緒四年(1878)金山錢氏刻本　一册　存一種

330000－1704－0020212　019809　類叢部/叢書類/彙編之屬
增訂漢魏叢書八十六種　(清)王謨編　清光緒二十年(1894)湖南藝文書局刻本　四册　存五種

330000－1704－0020215　019774　集部/別集類/清別集
孫淵如先生全集二十二卷　(清)孫星衍撰　(清)王先豫編　清光緒二十年(1894)思賢書局刻本　九册　缺一卷(平津館文稿)

330000－1704－0020216　善 001023　集部/小説類/長篇之屬
皋鶴堂批評第一奇書金瓶梅一百回　(明)笑笑生撰　(清)張竹坡評　清康熙三十四年

(1695)刻本　二十册　缺十三回(一至二、七十五至八十五)

330000－1704－0020217　019741　子部/醫家類/本草之屬/歷代綜合本草
本草綱目五十二卷首一卷附圖三卷奇經八脈攷一卷瀕湖脈學一卷脈訣攷證一卷　(明)李時珍撰　**本草萬方鍼線八卷藥品總目一卷**　(清)蔡烈先輯　**本草綱目拾遺十卷正誤一卷**　(清)趙學敏輯　清光緒十一年至十三年(1885－1887)合肥張紹棠味古齋刻本　一册　存三卷(奇經八脈攷、瀕湖脈學、脈訣攷證)

330000－1704－0020218　019742　史部/傳記類/總傳之屬/姓名
元和姓纂十卷　(唐)林寶撰　(清)孫星衍　(清)洪瑩補　清光緒六年(1880)金陵書局刻本　四册

330000－1704－0020219　019780　子部/宗教類/佛教之屬/諸宗
天台四教儀集註十卷　(元)釋蒙潤撰　清同治七年(1868)杭州昭慶寺慧空經房刻本　五册

330000－1704－0020224　善 001032　集部/戲劇類/傳奇之屬
第七才子書六卷四十二齣　(明)高明撰　清乾隆四十九年(1784)孫林幽蘭書屋抄本　八册

330000－1704－0020227　019744　子部/醫家類/兒科之屬/痘疹
活幼心法痳痘新書九卷　(明)聶尚恒撰　清同治十一年(1872)味根齋刻本　一册

330000－1704－0020228　019811　子部/醫家類/溫病之屬/痧症
痧症全書三卷　(清)王凱輯　清末上海會文堂石印本　一册

330000－1704－0020229　019858　子部/宗教類/其他宗教之屬/基督教
崇修精蘊十卷　(意大利)卡塔内奥撰　(葡萄牙)林安多譯　清光緒鉛印本　一册　存五卷(一至五)

330000－1704－0020230　019778　子部/宗教類/佛教之屬/諸宗
天台四教儀集註十卷　(元)釋蒙潤撰　清同治七年(1868)杭州昭慶寺慧空經房刻本　五册

330000－1704－0020232　019779　子部/宗教類/佛教之屬/諸宗
天台四教儀集註十卷　(元)釋蒙潤撰　清同治七年(1868)杭州昭慶寺慧空經房刻本　五册

330000－1704－0020233　善 001033　集部/小說類/長篇之屬
評論出像水滸傳二十卷七十回　(元)施耐庵撰　(清)金人瑞評　清刻本　二十册

330000－1704－0020234　019813　子部/醫家類/類編之屬
陳修園醫書二十八種　(清)陳念祖等撰　清光緒上海錦章書局石印本　一册　存一種

330000－1704－0020238　善 001035　集部/詩文評類/類編之屬
增修詩話總龜四十八卷百家詩話總龜後集五十卷　(宋)阮閱輯　明嘉靖二十四年(1545)月窓道人刻本　十册

330000－1704－0020240　019781　經部/易類/傳說之屬
易經體註大全合条四卷　(清)李兆賢撰　清刻本　二册

330000－1704－0020241　善 001135　子部/雜著類/雜纂之屬
逸老叢談不分卷　(清)孫衣言撰　稿本　一册

330000－1704－0020242　019783　子部/道家類
南華真經解三卷　(清)宣穎撰　清刻本　六册

330000－1704－0020243　善 001136　集部/

別集類/清別集

遜學齋文續鈔五卷 （清）孫衣言撰 清光緒刻本 一冊

330000－1704－0020245 善001137 集部/別集類/清別集

永嘉先生古文辭錄目不分卷 （清）孫衣言撰 稿本 一冊

330000－1704－0020251 019782 經部/詩類/傳說之屬

詩經體註大全合參八卷 （清）高朝瓔定 （清）沈世楷輯 清刻本 四冊

330000－1704－0020253 善001139 史部/傳記類/科舉録之屬/諸貢録

貢舉略一卷 （清）孫衣言撰 清抄本 一冊

330000－1704－0020254 019856 集部/別集類/清別集

揅經室一集十四卷二集八卷三集五卷四集二卷四集詩十一卷續集十一卷再續集六卷外集五卷 （清）阮元撰 （清）阮亨輯 清道光刻本 二十四冊 缺八卷（續集十至十一、再續集一至六）

330000－1704－0020255 019935 經部/叢編

古經解彙函十六種附小學彙函十四種續附十種 （清）鍾謙鈞等輯 清光緒十四年（1888）上海蜚英館石印本 九冊 存十六種

330000－1704－0020257 善001026 子部/小說家類/異聞之屬

穆天子傳註疏六卷首一卷末一卷 （晉）郭璞註 （清）檀萃疏 清刻本 四冊

330000－1704－0020258 019784 子部/宗教類/佛教之屬/經

妙法蓮華經七卷 （後秦）釋鳩摩羅什譯 清刻本 三冊

330000－1704－0020261 019587 類叢部/叢書類/彙編之屬

士禮居叢書二十種 （清）黃丕烈編 清嘉慶至道光黃氏士禮居刻本 三冊 存一種

330000－1704－0020264 善001027 類叢部/叢書類/彙編之屬

誦芬室叢刊二十二種 董康編 清光緒三十四年至民國十四年（1908－1925）武進董氏刻本 八冊 存四種

330000－1704－0020267 011412 史部/史評類/詠史之屬

廿一史彈詞註十卷 （明）楊慎撰 （清）張三異增定 （清）張仲璜註 **明紀彈詞註一卷** （清）張三異撰 （清）張仲璜註 清刻本 一冊 存一卷（明紀彈詞註上）

330000－1704－0020268 019819 集部/總集類/選集之屬/斷代

皇朝經世文三編八十卷 （清）陳忠倚輯 清光緒二十八年（1902）天章書局石印本 十六冊

330000－1704－0020269 019786 子部/醫家類/類編之屬

陳修園醫書四十八種 （清）陳念祖等撰 清末石印本 二冊 存二種

330000－1704－0020270 019864 史部/編年類/通代之屬

芸居樓綱鑑易知錄九十二卷 （清）吳乘權 （清）周之炯 （清）周之燦輯 清刻本 二冊 存六卷（三十至三十二、四十八至五十）

330000－1704－0020271 善001028 集部/曲類/彈詞之屬

果報錄十二卷一百回 （清）海蘭濤撰 清木活字印本 十二冊

330000－1704－0020272 善001141 子部/雜著類/雜說之屬

孫詒讓殘稿三種 （清）孫詒讓撰 稿本 一冊

330000－1704－0020273 019820 子部/儒家類/儒學之屬/經濟

皇朝經世文續編一百二十卷 （清）葛士濬輯 清光緒二十四年（1898）上海書局石印本 二十冊

330000－1704－0020275　019589　集部/小說類/長篇之屬
增像全圖加批西遊記八卷一百回　(明)吳承恩撰　(清)陳士斌詮解　清宣統元年(1909)上海錦章圖書局石印本　一册　存三卷(一至三)

330000－1704－0020277　019788　類叢部/叢書類/自著之屬
顨軒孔氏所著書七種　(清)孔廣森撰　清乾隆、嘉慶刻嘉慶二十二年(1817)曲阜孔氏儀鄭堂彙印本　十册

330000－1704－0020278　善 001029　類叢部/叢書類/彙編之屬
五朝小說五百二十三種　(明)□□編　明末刻本　十二册　存一百六種

330000－1704－0020279　019943　子部/叢編
二十五子彙函　(清)鴻文書局編　清光緒十九年(1893)上海鴻文書局石印本　二册　存三種

330000－1704－0020280　019865　子部/醫家類/綜合之屬/通論
醫學心悟六卷　(清)程國彭撰　清光緒三十二年(1906)上海鑄記書局石印本　二册

330000－1704－0020284　019944　集部/總集類/尺牘之屬
明賢尺牘四卷　(清)王元勳　(清)程化騄輯　清光緒二十六年(1900)仁和許增榆園刻本　二册

330000－1704－0020285　善 001143　史部/傳記類/總傳之屬/家乘
[浙江瑞安]盤谷孫氏家譜八卷　(清)孫衣言纂修　清抄本　二册　存□□卷(□□)

330000－1704－0020289　019868　子部/道家類
南華經解三卷首一卷　(清)方潛評　清光緒二十二年(1896)桐城方氏刻本　一册　存一卷(三)

330000－1704－0020290　019946　經部/小學類/文字之屬/說文
說文解字義證五十卷　(清)桂馥撰　清同治九年(1870)湖北崇文書局刻本　四十四册　缺六卷(二至四、三十七、四十九至五十)

330000－1704－0020291　019823　子部/雜著類/雜考之屬
困學紀聞二十卷　(宋)王應麟撰　(清)閻若璩箋　清同治九年(1870)揚州書局刻本　一册　存五卷(九至十三)

330000－1704－0020292　019591　子部/醫家類/兒科之屬/痘疹
沈望桥先生痧子秘書一卷　(清)沈望桥撰　清抄本　一册

330000－1704－0020293　善 001030　集部/小說類/長篇之屬
繡像第一才子書五十一卷一百二十回　(明)羅貫中撰　(清)金聖嘆書　(清)毛宗崗評　清京都文成堂刻本　二十册

330000－1704－0020296　019872　子部/宗教類/佛教之屬/諸宗
雲棲法彙二十八種七十四卷　(明)釋袾宏撰　(明)王宇春等輯　清光緒二十三年至二十五年(1897－1899)金陵刻經處刻本　二册　存一種

330000－1704－0020300　善 001037　集部/詩文評類/詩評之屬
漁隱叢話前集六十卷後集四十卷　(宋)胡仔撰　清乾隆五年至六年(1740－1741)海鹽楊佑啟耘經樓刻本(後集卷十一補配抄本)　周雁石批校並題記　十六册

330000－1704－0020301　善 001146　史部/傳記類/日記之屬
孫衣言日記不分卷(同治元年至二年)　(清)孫衣言撰　稿本　一册

330000－1704－0020302　019877　類叢部/叢書類/自著之屬
西堂全集　(清)尤侗撰　清刻本　一册　存

一種

330000－1704－0020306　善001039　集部/詩文評類/詩評之屬

罨畫樓詩話八卷　（清）廖景文撰　清乾隆三十六年（1771）刻本　二册

330000－1704－0020307　019855　類叢部/叢書類/彙編之屬

正覺樓叢刻（正覺樓叢書）二十九種　（清）崇文書局編　清光緒崇文書局刻本　二十一册　存十七種

330000－1704－0020308　019826　子部/醫家類/類編之屬

陳修園二十八種　（清）陳念祖等撰　清末石印本　一册　存一種

330000－1704－0020309　019595　子部/醫家類/醫案之屬

臨證指南醫案八卷附種福堂公選良方　（清）葉桂撰　（清）徐大椿評　清光緒三十二年（1906）上海龍文書局石印本　七册　缺一卷（八）

330000－1704－0020310　善001040　集部/詩文評類/文評之屬

文心雕龍十卷　（南朝梁）劉勰撰　（清）黄叔琳輯注　（清）紀昀評　清道光十三年（1833）盧坤兩廣節署刻朱墨套印本　清孫詒讓校、題記並過録清顧廣圻、黄丕烈批校　四册

330000－1704－0020313　019940　史部/傳記類/總傳之屬/郡邑

甌海軼聞不分卷　（清）孫衣言撰　清光緒刻本　三册

330000－1704－0020314　019827　史部/編年類/通代之屬

綱鑑正史約三十六卷　（明）顧錫疇撰　（清）陳弘謀增訂　**甲子紀元一卷**　（清）陳弘謀撰　清同治八年（1869）浙江書局刻本　二十册

330000－1704－0020316　019596　子部/醫家類/本草之屬/本草藥性

珍珠囊指掌補遺藥性賦四卷　（金）李杲輯　**雷公炮製藥性解六卷**　（明）李中梓輯　清末石印本　一册　存四卷（藥性賦一至四）

330000－1704－0020318　019790　史部/傳記類/别傳之屬/事狀

福建福甯鎮總兵陳公［步雲］事狀一卷　（清）孫詒讓撰　**誥贈武顯將軍都督同知慎齋陳翁傳一卷**　（清）沈丹書　**誥贈武顯將軍慎齋陳翁原配木太夫人傳一卷**　（清）孫衣言誌　清抄本　一册

330000－1704－0020319　019939　史部/傳記類/總傳之屬/郡邑

甌海軼聞五十八卷　（清）孫衣言撰　清光緒刻本　一册　存三卷（一至三）

330000－1704－0020320　019829　集部/詞類/總集之屬

國朝詞綜四十八卷二集八卷　（清）王昶輯　清同治四年（1865）亦西齋刻本　十册

330000－1704－0020321　善001041　集部/别集類/清别集

廣昌何楚玉先生古今粹言文集二卷　（清）何復漢撰　清雍正三年（1725）何氏刻本　二册

330000－1704－0020323　019859　類叢部/叢書類/彙編之屬

增訂漢魏叢書八十六種　（清）王謨編　清乾隆五十六年（1791）金谿王氏刻本　一册　存七種

330000－1704－0020326　019830　經部/小學類/文字之屬/説文/傳説

説文解字斠詮十四卷　（清）錢坫撰　清光緒九年（1883）淮南書局刻本　六册

330000－1704－0020328　善001042　集部/詩文評類/文評之屬

劉子文心雕龍二卷　（南朝梁）劉勰撰　明萬曆四十年（1612）刻五色套印本　四册

330000－1704－0020329　019941　子部/農家農學類/園藝之屬/總志

佩文齋廣羣芳譜一百卷目録二卷　（清）汪灝等撰　清同治七年（1868）姑蘇亦西齋刻本

二十二册　存五十二卷(四十八至六十六、六十八至七十、七十一至一百)

330000－1704－0020332　善 001038　集部/詩文評類/詩評之屬
詩品二十四則一卷　(唐)司空圖撰　清抄本　一册

330000－1704－0020333　019833　集部/楚辭類
楚辭章句十七卷　(漢)王逸撰　(宋)洪興祖補注　清光緒九年(1883)長沙書堂山館刻本　二册　存七卷(十一至十七)

330000－1704－0020335　善 001036　集部/詩文評類/詩評之屬
東嘉詩話不分卷　(清)孫鏘鳴撰　稿本　一册

330000－1704－0020336　019598　經部/群經總義類/文字音義之屬
十三經集字摹本不分卷分畫便查一卷韻有經無各字摘錄一卷　(清)彭玉雯撰　清道光二十九年(1849)江右彭氏刻本　八册

330000－1704－0020338　019947　經部/小學類/文字之屬/說文
說文解字注十五卷附六書音韻表五卷　(清)段玉裁撰　**說文部目分韻一卷**　(清)陳煥編　清乾隆至嘉慶段氏經韻樓刻同治六年至十一年(1867－1872)蘇州保息局補刻本　二十一册　缺五卷(六書音均表一至五)

330000－1704－0020339　019860　類叢部/叢書類/彙編之屬
增訂漢魏叢書八十六種　(清)王謨編　清刻本　一册　存一種

330000－1704－0020341　019834　經部/小學類/文字之屬/字書/字典
御定康熙字典十二集三十六卷總目一卷檢字一卷辨似一卷等韻一卷補遺一卷備考一卷　(清)張玉書等纂修　清光緒十六年(1890)上海鴻文書局石印本　一册　存九卷(寅集一至三、卯集一至三、辰集一至三)

330000－1704－0020342　善 001024　集部/別集類/清別集
譚後錄二卷　(清)趙鈞撰　稿本　二册

330000－1704－0020345　019835　子部/醫家類/綜合之屬/通論
御纂醫宗金鑑九十卷首一卷　(清)吳謙等撰　清光緒二十九年(1903)上海經香閣石印本　七册　缺十八卷(内科十八至三十五)

330000－1704－0020346　善 001020　集部/戲劇類/傳奇之屬
懸嶴猿樂府一卷　洪炳文撰　清光緒三十年(1904)稿本　一册

330000－1704－0020350　019599　類叢部/類書類/通類之屬
通俗編三十八卷　(清)翟灝撰　清乾隆十六年(1751)仁和翟氏無不宜齋刻本　十一册　缺三卷(十三至十五)

330000－1704－0020352　019948　子部/醫家類/類編之屬
陳修園醫書五十種　(清)陳念祖等撰　清光緒三十一年(1905)上海商務印書館鉛印本　一册　存一種

330000－1704－0020353　善 001019　集部/戲劇類/傳奇之屬
蝴蝶夢傳奇二卷三十二齣　(清)陳一球撰　清末抄本　梅冷生題記　一册

330000－1704－0020356　019951　史部/紀傳類/正史之屬
元史譯文證補三十卷　(清)洪鈞撰　清末石印本(卷七至八、十三、十六至十七、十九至二十一、二十五、二十八原缺)　一册　存三卷(二十六下至二十七、二十九)

330000－1704－0020358　019839　經部/群經總義類/文字音義之屬
經籍籑詁五卷首一卷　(清)阮元撰　清光緒石印本　二册　存二卷(下平聲、上聲)

330000－1704－0020359　019600　子部/小說家類/異聞之屬

閱微草堂筆記二十四卷 （清）紀昀撰 清嘉慶五年（1800）北平盛氏刻本 十二冊

330000－1704－0020360 019840 經部/群經總義類/文字音義之屬

經籍籑詁一百六卷補遺一百六卷首一卷 （清）阮元撰 清光緒十四年（1888）上海鴻文書局石印本 四冊 存三十七卷（首，一至四、十至二十三，補遺一至四、九至十八、二十至二十三）

330000－1704－0020361 019952 史部/地理類/方志之屬/郡縣志

［光緒］永嘉縣志三十八卷首一卷 （清）張寶琳修 （清）王棻 （清）孫詒讓纂 清光緒八年（1882）溫州維新書局刻本 二冊 存二卷（四、十二）

330000－1704－0020362 019841 子部/天文曆算類/算書之屬

中西算學大成一百卷 （清）陳維祺等撰 清光緒石印本 一冊 存六卷（三十五至四十）

330000－1704－0020363 019953 子部/宗教類/佛教之屬/諸宗

靈峰蕅益大師宗論十卷首一卷 （清）釋智旭撰 （清）釋成時輯 清光緒元年（1875）江北刻經處刻本 八冊

330000－1704－0020364 019842 經部/群經總義類/文字音義之屬

經籍籑詁一百六卷補遺一百六卷首一卷 （清）阮元撰 清光緒石印本 五冊 存八十二卷（一至六、十六、四十一至六十六、九十九至一百六，補遺一至六、十六、四十一至六十六、九十九至一百六）

330000－1704－0020365 019954 史部/編年類/通代之屬

御批歷代通鑑輯覽一百二十卷 （清）傅恆等撰 清光緒石印本 七冊 存四十一卷（七至二十一、二十八至三十三、四十七至五十五、六十八至七十二、七十八至八十三）

330000－1704－0020366 019601 集部/別集類/清別集

有正味齋駢文箋注十六卷補注一卷 （清）吳錫麒撰 （清）葉聯芬注 清刻本 一冊 存三卷（十一至十三）

330000－1704－0020367 善 001043 子部/叢編

二十家子書二十種二十九卷 （明）謝汝韶編 明萬曆六年（1578）吉藩崇德書院刻本 十六冊

330000－1704－0020369 019844 子部/醫家類/綜合之屬/通論

御纂醫宗金鑑九十卷首一卷 （清）吳謙等撰 清宣統三年（1911）上海文盛書局石印本 十六冊 缺十六卷（外科一至十六）

330000－1704－0020370 019602 集部/別集類/清別集

有正味齋駢文箋注十六卷補注一卷 （清）吳錫麒撰 （清）葉聯芬注 清刻本 一冊 存三卷（十四至十六）

330000－1704－0020371 019862 集部/別集類/唐五代別集

李義山詩集三卷 （唐）李商隱撰 （清）朱鶴齡箋注 （清）沈厚塽輯評 **李義山詩譜一卷附錄諸家詩評一卷** 清同治九年（1870）廣州倅署刻三色套印本 一冊 存二卷（李義山詩譜、附錄諸家詩評）

330000－1704－0020372 019603 子部/醫家類/兒科之屬/痘疹

活幼心法九卷 （明）聶尚恒撰 清同治五年（1866）聚文堂刻本 二冊

330000－1704－0020373 019956 史部/地理類/方志之屬/郡縣志

［光緒］永嘉縣志三十八卷首一卷 （清）張寶琳修 （清）王棻 （清）孫詒讓纂 清光緒八年（1882）溫州維新書局刻本 一冊 存一卷（二）

330000－1704－0020376 019957 新學/格致總

便蒙叢書初二集十七種　張一鵬輯　清光緒二十八年(1902)蘇州開智書室刻本(算學歌畧卷三至六原缺)　十册

330000－1704－0020377　019845　類叢部/叢書類/彙編之屬

知不足齋叢書一百九十六種　(清)鮑廷博編　(清)鮑士恭續編　清乾隆三十七年至道光三年(1772－1823)長塘鮑氏刻光緒八年(1882)嶺南雲林仙館印本　六十六册　存五十五種

330000－1704－0020380　善 001050　類叢部/叢書類/彙編之屬

連筠簃叢書十二種　(清)楊尚文編　清道光二十七年至二十九年(1847－1849)靈石楊氏刻本(羣書治要卷四、十三、二十原缺)　三十册

330000－1704－0020381　019879　集部/別集類/唐五代別集

杜詩詳註二十五卷首一卷附編二卷　(唐)杜甫撰　(清)仇兆鰲輯注　清康熙刻本　二册　存二卷(附編一至二)

330000－1704－0020383　019881　集部/總集類/選集之屬/通代

留青新集三十卷　(清)陳枚輯　(清)陳德裕增輯　清康熙刻本　一册　存一卷(十九)

330000－1704－0020384　019846　子部/醫家類/綜合之屬/通論

御纂醫宗金鑑九十卷首一卷　(清)吳謙等撰　清刻本　一册　存一卷(七十七)

330000－1704－0020385　019604　子部/醫家類/方書之屬/單方驗方

濟世良方四卷　清道光十九年(1839)刻本　一册

330000－1704－0020387　善 001057　史部/雜史類/斷代之屬

周書斠補四卷　(清)孫詒讓撰　清光緒二十六年(1900)刻本　二册

330000－1704－0020388　善 001057　經部/三禮總義類/名物制度之屬

九旗古義述一卷　(清)孫詒讓撰　清光緒二十八年(1902)瑞安孫氏刻本　一册

330000－1704－0020389　善 001057　經部/周禮類/傳說之屬

周禮三家佚注一卷　(清)孫詒讓撰　清光緒二十年(1894)瑞安孫氏刻本　一册

330000－1704－0020390　019847　子部/醫家類/方書之屬

集驗良方□□卷　清刻本　四册　存四卷(二至三、五至六)

330000－1704－0020391　019882　子部/宗教類/佛教之屬/諸宗

雲棲法彙二十八種七十四卷　(明)釋袾宏撰　(明)王宇春等輯　清光緒二十三年至二十五年(1897－1899)金陵刻經處刻本　二册　存一種

330000－1704－0020392　019958　史部/地理類/方志之屬/郡縣志

[光緒]永嘉縣志三十八卷首一卷　(清)張寶琳修　(清)王棻　(清)孫詒讓纂　清光緒八年(1882)溫州維新書局刻本　一册　存一卷(五)

330000－1704－0020397　019849　子部/宗教類/佛教之屬/諸宗

筠州黄蘗山斷際禪師傳心法要二卷　(唐)釋希運說　(唐)裴休輯　清光緒十年(1884)金陵刻經處刻本　一册

330000－1704－0020398　019962　史部/政書類/通制之屬

三通考輯要　湯壽潛輯　清光緒鉛印本　二册　存一種

330000－1704－0020400　019963　史部/紀傳類/正史之屬

魏書官氏志疏證一卷　陳毅撰　清光緒二十三年(1897)刻本　一册

330000－1704－0020403　019852　子部/天文曆算類/算書之屬

翠薇山房數學十四種　(清)張作楠撰　清光緒五年(1879)息園刻本　二冊　存二種

330000－1704－0020404　019863　類叢部/叢書類/彙編之屬
經訓堂叢書二十一種　(清)畢沅編　清乾隆至嘉慶鎮洋畢氏刻本　一冊　存二種

330000－1704－0020405　019605　子部/醫家類/兒科之屬/痘疹
治疹全書三卷　(清)錢沛錦增補　清抄本　一冊　存二卷(一至二)

330000－1704－0020407　019606　子部/醫家類/醫話醫論之屬
醫法心傳一卷　(清)程鑒撰　清光緒十三年(1887)養鶴山房刻本　一冊

330000－1704－0020409　019607　子部/醫家類/綜合之屬/雜著
醫家四要四卷　(清)程曦等撰　清光緒十二年(1886)養鶴山房刻本　一冊　存一卷(一)

330000－1704－0020411　019608　子部/醫家類/本草之屬/歷代綜合本草
增訂本草備要四卷　(清)汪昂撰　清光緒七年(1881)掃葉山房刻本　一冊　存一卷(一)

330000－1704－0020416　019609　史部/史評類/史論之屬
歷代史論十二卷附宋史論三卷元史論一卷　(明)張溥撰　**明史論四卷**　(清)谷應泰撰　**左傳史論二卷**　(清)高士奇撰　清光緒五年(1879)西江裴氏刻本　十一冊　缺二卷(歷代史論十一至十二)

330000－1704－0020424　019968　史部/史評類/史論之屬
讀通鑑論十六卷附宋論十五卷　(清)王夫之撰　清光緒三十年(1904)上海商務印書館鉛印本　十冊

330000－1704－0020425　019892　子部/醫家類/溫病之屬/其他溫疫病證
溫病條辨六卷首一卷　(清)吳瑭撰　清光緒十九年(1893)上海圖書集成印書局鉛印本　四冊

330000－1704－0020426　019610　子部/醫家類/類編之屬
世補齋醫書　(清)陸懋修撰輯　清光緒刻本　一冊　存一種

330000－1704－0020429　019611　集部/別集類/唐五代別集
昌黎先生集四十卷　(唐)韓愈撰　(宋)廖瑩中校正　清同治八年(1869)江蘇書局刻本　一冊　存一卷(一)

330000－1704－0020430　020060　經部/小學類/訓詁之屬/群雅
廣雅疏證十卷附博雅音十卷　(清)王念孫撰　清光緒十四年(1888)上海鴻文書局石印本　三冊　缺十一卷(廣雅疏證九、博雅音一至十)

330000－1704－0020431　019894　類叢部/叢書類/彙編之屬
增訂漢魏叢書八十六種　(清)王謨編　清光緒二十年(1894)湖南藝文書局刻本　三冊　存五種

330000－1704－0020432　020061　經部/小學類/訓詁之屬/爾雅
爾雅郭注義疏三卷　(清)郝懿行撰　清光緒十四年(1888)上海鴻文書局石印本　四冊

330000－1704－0020433　019612　史部/史評類/史論之屬
歷代史論十二卷　(明)張溥撰　清光緒九年(1883)刻朱墨套印本　一冊　存二卷(十一至十二)

330000－1704－0020434　019897　集部/別集類/清別集
孟塗先生遺集二卷　(清)劉開撰　清光緒十二年(1886)王錫元刻本　一冊

330000－1704－0020435　020062　類叢部/類書類/通類之屬
五經彙編二十八卷　(清)周世樟撰　清刻本　一冊　存四卷(五至八)

330000－1704－0020436　019898　類叢部/叢書類/自著之屬
頤志齋叢書二十二種　（清）丁晏撰　清道光至同治山陽丁氏六蓺堂刻同治元年（1862）彙印本　十四冊　存十七種

330000－1704－0020438　019989　集部/別集類/漢魏六朝別集
陶淵明文集十卷　（晉）陶潛撰　清宣統元年（1909）上海著易堂書局石印本　四冊

330000－1704－0020439　019990　子部/醫家類/類編之屬
石山醫案（汪氏醫學叢書）八種　（明）汪機等撰　清末至民國上海石竹山房二酉書莊石印本　一冊　存一卷（三）

330000－1704－0020443　善001052　類叢部/叢書類/彙編之屬
稗海四十六種續稗海二十四種　（明）商濬編　明萬曆商氏半埜堂刻本　六冊　存一種

330000－1704－0020445　020063　類叢部/叢書類/彙編之屬
式訓堂叢書四十一種　（清）章壽康編　清光緒會稽章氏刻本　二冊　存一種

330000－1704－0020448　019972　子部/儒家類/儒學之屬/禮教
聖諭六訓醒世編六卷　（清）楊芳圃撰　清宣統元年（1909）上海大成書局石印本　六冊

330000－1704－0020449　020064　集部/別集類/清別集
崇蘭堂駢體文初存二卷　（清）張預撰　清光緒三十四年（1908）湖北官印書局鉛印本　一冊

330000－1704－0020451　善001055　類叢部/叢書類/自著之屬
神羊遺著三種　（清）張豸冠撰　清刻本　六冊

330000－1704－0020454　020065　類叢部/叢書類/自著之屬
春融堂集三種　（清）王昶撰　清嘉慶青浦王氏塾南書舍刻本　一冊　存一種

330000－1704－0020456　020066　類叢部/叢書類/自著之屬
覆瓿集十三種附一種　（清）張文虎撰　清同治至光緒刻本　一冊　存一種

330000－1704－0020458　善001054　子部/小說家類/雜事之屬
客座贅語十卷　（明）顧起元撰　明萬曆四十六年（1618）顧起元刻本　六冊

330000－1704－0020461　020067　經部/禮記類/傳說之屬
禮記集說三十卷　（元）陳澔撰　明刻本　一冊　存三卷（三至五）

330000－1704－0020464　善001053　類叢部/叢書類/彙編之屬
稗海四十六種續稗海二十四種　（明）商濬編　明萬曆商氏半埜堂刻本　清吳騫過錄清盧文弨、清鮑廷博批校　六冊　存四種

330000－1704－0020470　019901　子部/宗教類/佛教之屬/諸宗
雲棲法彙二十八種七十四卷　（明）釋袾宏撰　（明）王宇春等輯　清光緒二十三年至二十五年（1897－1899）金陵刻經處刻本　一冊　存一種

330000－1704－0020475　019613　集部/小說類
七日奇緣□□回　清光緒中外日報館鉛印本　一冊　存五卷（二至六）

330000－1704－0020476　019902　集部/別集類/宋別集
蘇文忠公詩集五十卷目錄二卷　（宋）蘇軾撰　（清）紀昀評點　清同治八年（1869）韞玉山房粵東省城刻翰墨園朱墨套印本　十二冊

330000－1704－0020480　善001059　集部/別集類/清別集
宗海集一卷　（元）薛漢撰　**素軒集一卷**　（元）鄭洪撰　清瑞安孫氏玉海樓抄本　清孫衣言批校　一冊

330000－1704－0020483　020073　經部/小學類/文字之屬/字書/字體

六書通十卷　(明)閔齊伋撰　(清)畢弘述篆訂　清光緒二十一年(1895)上海鴻寶齋書局石印本　五冊

330000－1704－0020485　019614　集部/別集類/清別集

出山草譜八卷　(清)湯肇熙撰　清光緒十年(1884)昆陽縣署刻本　二冊　缺四卷(五至八)

330000－1704－0020486　善 001034　集部/曲類/彈詞之屬

新編鳳雙飛全傳五十二回　(清)程蕙英撰　清抄本　五十二冊

330000－1704－0020488　019905　類叢部/叢書類/自著之屬

章氏遺書二種　(清)章學誠撰　清道光十二年至十三年(1832－1833)章華紱刻本　五冊

330000－1704－0020494　019616　類叢部/叢書類/自著之屬

章氏遺書二種　(清)章學誠撰　清道光十二年至十三年(1832－1833)章華紱刻浙江書局補刻本　四冊　存一種

330000－1704－0020495　善 001044　類叢部/叢書類/彙編之屬

亦園子版書　(清)龔顯曾編　清同治至光緒晉江龔顯曾亦園刻本暨木活字印本　八冊　存七種

330000－1704－0020500　020077　子部/藝術類/書畫之屬/總論

畫禪室隨筆四卷　(明)董其昌撰　(清)楊補輯　清康熙刻本　一冊　存一卷(一)

330000－1704－0020501　019993　史部/史評類/考訂之屬

廿二史策案十二卷首一卷　(清)王鎏輯　清道光十一年(1831)綠蔭山房刻本　一冊　存三卷(首、一至二)

330000－1704－0020502　019994　經部/小學類/音韻之屬/韻書

詩韻合璧五卷　(清)湯祥瑟輯　清末石印本　一冊　存一卷(三)

330000－1704－0020503　019995　集部/別集類/明別集

甫田集三十五卷　(明)文徵明撰　**附錄一卷**　(明)文嘉撰　清宣統三年(1911)上海千頃堂書莊會文學社書莊鉛印本　十一冊　缺四卷(八至十一)

330000－1704－0020505　019910　類叢部/叢書類/彙編之屬

增訂漢魏叢書八十六種　(清)王謨編　清刻本　一冊　存一種

330000－1704－0020506　019617　集部/別集類/唐五代別集

李義山詩集三卷　(唐)李商隱撰　(清)朱鶴齡箋注　(清)沈厚塽輯評　**李義山詩譜一卷　附錄諸家詩評一卷**　清同治九年(1870)廣州倅署刻三色套印本　一冊　存一卷(下)

330000－1704－0020508　020116　集部/總集類/課藝之屬

金鈴集十二卷　(清)張綸編　(清)張維城箋注　清刻本　一冊　存六卷(七至十二)

330000－1704－0020509　善 001056　類叢部/叢書類/自著之屬

晴川八識八種　(清)孫之騄撰　清康熙刻武林古芸閣印本　十六冊

330000－1704－0020511　020080　集部/別集類/清別集

遜學齋詩續鈔五卷　(清)孫衣言撰　清光緒刻本　一冊

330000－1704－0020512　019912　集部/別集類/清別集

集虛齋學古文十二卷附離騷經解畧一卷　(清)方棨如撰　清光緒十年(1884)李詩、竺士彥淳安縣署刻本　四冊

330000－1704－0020516　019913　集部/別集類/清別集

晝延年室詩稿四卷詩餘四卷遊吳草一卷 (清)袁起撰 清同治三年(1864)刻本 三冊 缺一卷(詩餘四)

330000－1704－0020517 019996 集部/總集類/尺牘之屬
蘇東坡黄山谷尺牘合編 (明)黄始輯 清光緒三十四年(1908)上海著易堂石印本 一冊 存一卷(蘇長公尺牘三)

330000－1704－0020520 善001046 類叢部/叢書類/彙編之屬
漢魏叢書三十八種 (明)程榮編 明萬曆二十年(1592)新安程氏刻本(論衡卷二十七至三十補配抄本) 三十冊

330000－1704－0020523 019914 集部/别集類/清别集
劉孟塗集四十四卷 (清)劉開撰 清道光六年(1826)姚氏檗山草堂刻本 七冊 缺三卷(後集八、駢體文一至二)

330000－1704－0020524 019618 子部/宗教類/佛教之屬/諸宗
異方便淨土傳燈歸元鏡三祖實錄二卷 (清)釋智達撰 清光緒二十三年(1897)廣陵藏經禪院刻本 一冊

330000－1704－0020530 019998 集部/别集類/清别集
錢牧齋尺牘三卷補遺一卷 (清)錢謙益撰 清末上海商務印書館鉛印本 二冊 存二卷(上、中)

330000－1704－0020531 019917 子部/醫家類/類編之屬
利濟十二種 (清)趙學敏輯 清同治十年(1871)錢塘張應昌吉心堂刻本 十冊 存一種

330000－1704－0020533 020084 集部/詞類/總集之屬
絶妙好詞箋七卷 (宋)周密輯 (清)查爲仁 (清)厲鶚箋 **絶妙好詞續鈔一卷** (清)余集輯 **絶妙好詞又續鈔一卷** (清)徐楙補錄 清同治十一年(1872)會稽章氏刻本 一冊 存二卷(三至四)

330000－1704－0020534 019619 集部/别集類/唐五代别集
韓集點勘四卷 (清)陳景雲撰 清同治九年(1870)江蘇書局刻本 一冊

330000－1704－0020538 019919 類叢部/叢書類/彙編之屬
知不足齋叢書一百九十六種 (清)鮑廷博編 (清)鮑士恭續編 清乾隆三十七年至道光三年(1772－1823)長塘鮑氏刻彙印本 五冊 存四種

330000－1704－0020543 善001175 史部/目録類/通論之屬/藏書約
國學保存會章程一卷附藏書樓章程一卷 鄧實等編 清光緒三十二年(1906)鉛印本 一冊

330000－1704－0020544 善001051 類叢部/叢書類/彙編之屬
范氏奇書□□種 (明)范欽編 明范氏天一閣刻本 十二冊 存十七種

330000－1704－0020547 善001045 類叢部/叢書類/彙編之屬
唐宋叢書九十二種 (明)鍾人傑 (明)張遂辰編 明末刻説郛及説郛續重編印本(東京夢華錄卷一補配明崇禎虞山毛氏汲古閣刻津逮秘書本) 四十五冊 存八十五種

330000－1704－0020550 020125 子部/藝術類/書畫之屬/書法書品
孝經寫本不分卷 清宣統元年(1909)石印本 一冊

330000－1704－0020551 020088 史部/政書類/軍政之屬/兵制
荆州駐防毆官塞署案牘一卷續刻一卷 (清)劉秉彝撰 清光緒刻本 一冊

330000－1704－0020557 善001177 史部/地理類/方志之屬/郡縣志
[道光]平陽縣志考一卷 (清)楊詩撰 清玉

海樓抄本　一冊

330000－1704－0020559　善001179　史部/地理類/輿圖之屬/全國
薛季宣地理叢考一卷　(宋)薛季宣撰　清光緒抄本　一冊

330000－1704－0020565　020160　子部/醫家類/類編之屬
陳修園醫書三十種　(清)陳念祖等撰　清末上海經香閣書莊石印本　一冊　存二種

330000－1704－0020566　020128　史部/編年類/通代之屬
御撰資治通鑑綱目三編五卷　(清)張廷玉等奉敕撰　清末石印本　二冊

330000－1704－0020572　020092　子部/天文曆算類/算書之屬
觀我生室匯稿　(清)羅士琳撰　清道光刻本　八冊　存一種

330000－1704－0020573　020161　子部/醫家類/類編之屬
陳修園醫書二十八種　(清)陳念祖等撰　清光緒二十九年(1903)上海錦章書局石印本　一冊　存三種

330000－1704－0020574　020130　經部/叢編
皇清經解一千四百卷首一卷　(清)阮元輯　清道光九年(1829)廣東學海堂刻本　十冊　存二十五卷(三百二十五至三百二十九、四百四十七至四百五十、五百六十三至五百六十四、六百三十四至六百四十、六百四十七至六百四十八、六百五十四至六百五十五、六百六十四至六百六十六)

330000－1704－0020578　020131　子部/術數類/相宅相墓之屬
地學二卷　(清)沈鎬撰　清刻本　一冊　存一卷(二)

330000－1704－0020579　020162　子部/醫家類/類編之屬
陳修園二十八種　(清)陳念祖等撰　清末石印本　六冊　存二十四種

330000－1704－0020580　019923　子部/宗教類/佛教之屬/諸宗
天台四教儀一卷　(高麗)釋諦觀輯　**始終心要一卷**　(唐)釋湛然撰　(宋)釋從義注　清宣統二年(1910)刻本　一冊

330000－1704－0020581　020132　子部/術數類/相宅相墓之屬
地學二卷　(清)沈鎬撰　清道光十三年(1833)大文堂刻本　一冊　存一卷(一)

330000－1704－0020582　020133　子部/術數類/相宅相墓之屬
地學二卷　(清)沈鎬撰　清刻本　一冊　存一卷(一)

330000－1704－0020585　020134　子部/術數類/陰陽五行之屬
正五行一卷　清末抄本　一冊

330000－1704－0020590　019928　子部/宗教類/佛教之屬/總録
釋氏稽古略四卷　(元)釋覺岸撰　**釋鑑稽古略續集三卷**　(明)釋幻輪撰　清光緒十二年(1886)釋清道刻本　三冊　存三卷(釋氏稽古略一至三)

330000－1704－0020592　020163　類叢部/叢書類/自著之屬
黃梨洲遺書十種　(清)黃宗羲撰　清光緒三十一年(1905)杭州羣學社石印本　七冊　存五種

330000－1704－0020593　019929　類叢部/叢書類/家集之屬
江都陳氏叢書七種　(清)陳本禮　(清)陳逢衡撰　清嘉慶至道光刻本　一冊　存一種

330000－1704－0020595　020097　子部/醫家類/針灸之屬/通論
鍼灸甲乙經十二卷　(晉)皇甫謐撰　清刻本　一冊　存三卷(七至九)

330000－1704－0020596　020164　子部/醫

家類/類編之屬
陳修園醫書三十種　(清)陳念祖等撰　清末上海經香閣書莊石印本　一冊　存一種

330000－1704－0020598　善 001184　經部/小學類/文字之屬/說文/傳說
段氏說文注訂八卷　(清)鈕樹玉撰　清道光四年(1824)吳郡青霞齋刻本　二冊

330000－1704－0020599　020165　子部/醫家類/類編之屬
陳修園醫書二十八種　(清)陳念祖等撰　清光緒二十九年(1903)上海錦章書局石印本　一冊　存一種

330000－1704－0020600　020005　子部/法家類
管子二十四卷　(唐)房玄齡注　清光緒二十九年(1903)六藝書局石印本　三冊　存十八卷(一至十八)

330000－1704－0020602　020099　子部/醫家類/醫經之屬/内經
重廣補註黄帝内經素問二十四卷　(唐)王冰注　(宋)林億等校正　(宋)孫兆改誤　清末影印本　八冊

330000－1704－0020604　善 001185　子部/農家農學類/園藝之屬/總志
二如亭群芳譜二十八卷首一卷　(明)王象晉撰　明末汲古閣刻本　二十四冊

330000－1704－0020607　善 001186　集部/總集類/選集之屬/通代
文選六十卷　(南朝梁)蕭統輯　(唐)李善注　(清)何焯評　清乾隆三十七年(1772)長洲葉樹藩海錄軒刻本　十六冊

330000－1704－0020608　020006　類叢部/叢書類/彙編之屬
知不足齋叢書一百九十六種　(清)鮑廷博編　(清)鮑士恭續編　清乾隆三十七年至道光三年(1772－1823)長塘鮑氏刻彙印本　三冊　存二種

330000－1704－0020609　020101　史部/地理類/專志之屬/古跡
廣東考古輯要四十六卷　(清)周廣　(清)鄭業崇撰　清光緒十九年(1893)還讀書屋刻本　一冊　存三卷(三十五至三十七)

330000－1704－0020615　020103　子部/藝術類/篆刻之屬/印譜
春暉堂印始八卷　(清)吳蒼雷篆刻　清末石印本　三冊　存三卷(二至四)

330000－1704－0020617　020140　子部/雜著類/雜纂之屬
寄園寄所寄十二卷　(清)趙吉士輯　清姑蘇文秀堂刻本　六冊　缺四卷(六至九)

330000－1704－0020620　善 001058　類叢部/叢書類/郡邑之屬
永嘉叢書十五種　(清)孫衣言編　清同治至光緒瑞安孫氏詒善祠塾刻光緒武昌書局彙印本　戴炳聰過錄清孫衣言、孫鏘鳴批校題記　梅冷生跋　六十冊　存十四種

330000－1704－0020621　020009　集部/詩文評類/詩評之屬
梅村詩話一卷　(清)吳偉業撰　清宣統三年(1911)上海埽葉山房石印本　一冊

330000－1704－0020625　善 001187　集部/別集類/清別集
蘭韻堂詩集八卷文集五卷經進文稿二卷御覽集六卷　(清)沈初撰　清乾隆四十九年(1784)刻五十九年(1794)增刻本　九冊

330000－1704－0020627　019873　子部/醫家類/本草之屬/食療本草
食物本草會纂十二卷　(清)沈李龍輯　清刻本　一冊　存二卷(四至五)

330000－1704－0020628　020168　集部/別集類/宋別集
王臨川文集四卷　(宋)王安石撰　清宣統二年(1910)上海會文堂書局石印本　二冊

330000－1704－0020629　020010　子部/小說家類/雜事之屬
廣虞初新志四十卷　(清)黃承增輯　清嘉慶

八年(1803)寄鷗閒舫刻本　一册　存五卷(二十三至二十七)

330000－1704－0020632　020108　史部/編年類/通代之屬
續資治通鑑二百二十卷　(清)畢沅撰　清末石印本　十七册　存一百九十卷(一至一百三十四、一百六十五至二百二十)

330000－1704－0020633　020012　子部/醫家類/醫案之屬
三家醫案合刻　(清)吳金壽編　清文聚堂刻本　一册

330000－1704－0020634　019874　子部/雜著類
招鷗別館筆記一卷　(清)黃貽楫撰　清抄本　一册

330000－1704－0020635　020144　子部/叢編
二十二子(二十二子彙函)　(清)浙江書局編　清光緒元年至三年(1875－1877)浙江書局刻本　一册　存一種

330000－1704－0020638　020145　子部/雜著類/雜説之屬
墨子經説解二卷　(清)張惠言撰　清宣統元年(1909)國學保存會據手稿本影印本　一册

330000－1704－0020639　020143　類叢部/叢書類/輯佚之屬
玉函山房輯佚書六百二十二種附一種　(清)馬國翰輯　清光緒刻本　一册　存三種

330000－1704－0020640　善 001188　子部/道家類
南華發覆八卷　(明)釋性湍撰　清文秀堂刻本　四册

330000－1704－0020641　020013　子部/醫家類/類編之屬
徐氏醫書六種　(清)徐大椿撰　清刻本　一册　存一種

330000－1704－0020642　019876　子部/宗教類/佛教之屬/經疏
大佛頂如來密因修證了義諸菩薩萬行首楞嚴經文句十卷　(清)釋智旭撰　清光緒元年(1875)慧空經房刻本　二册　存二卷(一、四)

330000－1704－0020644　善 001189　史部/雜史類/斷代之屬
西清筆記二卷　(清)沈初撰　清嘉慶刻本　一册

330000－1704－0020647　善 001047　類叢部/叢書類/彙編之屬
學海類編四百三十種　(清)曹溶編　(清)陶越增訂　清道光十一年(1831)六安晁氏木活字印本　九十七册　存三百六種

330000－1704－0020649　善 001190　集部/別集類/元別集
柳待制文集二十卷附錄一卷　(元)柳貫撰　(清)柳寅東等校　清順治十一年(1654)馮如京、范養民等刻康熙五十年(1711)補刻本　十一册　存十九卷(一至十五、十八至二十，附錄)

330000－1704－0020650　019886　史部/紀傳類/正史之屬
二十四史　清同治至光緒五省官書局據汲古閣本等合刻光緒五年(1879)湖北書局彙印本　四册　存一種

330000－1704－0020651　019878　史部/編年類/通代之屬
尺木堂綱鑑易知錄九十二卷　(清)吳乘權等輯　清康熙刻本　四册　存八卷(十一至十八)

330000－1704－0020652　善 001191　經部/春秋總義類/傳説之屬
欽定春秋傳説彙纂三十八卷首二卷　(清)王掞等撰　清刻本　二十二册　缺二卷(首上、三十五)

330000－1704－0020653　020111　史部/政書類/通制之屬

三通考輯要　湯壽潛輯　清光緒二十五年(1899)圖書集成局鉛印本　五十九冊　缺一卷(皇朝文獻通考輯要二十六)

330000－1704－0020655　善 001192　經部/易類/傳說之屬

御纂周易折中二十二卷首一卷　(清)李光地等纂　清康熙刻本　七冊　存十一卷(首,一至八、十一至十二)

330000－1704－0020657　善 001193　經部/易類/傳說之屬

御纂周易折中二十二卷首一卷　(清)李光地等纂　清康熙刻本　十一冊　缺三卷(八至十)

330000－1704－0020658　020170　類叢部/叢書類/自著之屬

隨園三十八種　(清)袁枚撰　清光緒十八年(1892)勤裕堂鉛印本　一冊　存一種

330000－1704－0020660　020016　經部/四書類/總義之屬/傳說

四書小參一卷四書問答一卷　(明)朱斯行撰　清光緒三年(1877)姑蘇刻經處刻本　一冊

330000－1704－0020661　020171　經部/叢編

許學叢刻九種九卷　(清)許頌鼎　(清)許溎祥輯　清光緒十三年(1887)海寧許氏古均閣刻本　四冊

330000－1704－0020662　020017　史部/時令類

月令粹編二十四卷圖說一卷　(清)秦嘉謨撰　清嘉慶十七年(1812)江都秦嘉謨琳琅仙館刻本　四冊

330000－1704－0020663　020018　類叢部/叢書類/自著之屬

章氏遺書二種　(清)章學誠撰　清道光十二年至十三年(1832－1833)章華紱刻浙江書局補刻本　五冊

330000－1704－0020664　020172　集部/總集類/課藝之屬

詁經精舍三集經解二卷辭賦三卷　(清)俞樾編　清同治六年(1867)刻本　一冊　存三卷(經解一、辭賦一至二)

330000－1704－0020666　020173　集部/別集類/清別集

新安遊草二卷　(清)戴啟文撰　清光緒二十一年(1895)刻本　一冊　存一卷(一)

330000－1704－0020668　020020　史部/紀傳類/正史之屬

四史四百十五卷　清光緒十四年(1888)上海蜚英館石印本　十二冊　存一種

330000－1704－0020669　020021　經部/叢編

古經解彙函十六種附小學彙函十四種續附十種　(清)鍾謙鈞等輯　清光緒十四年(1888)上海蜚英館石印本　三冊　存一種

330000－1704－0020671　020175　類叢部/叢書類/自著之屬

羲停山館集六種　(清)王景賢撰　清同治十三年(1874)三山王氏刻本　三冊　存三種

330000－1704－0020672　020025　史部/紀傳類/正史之屬

二十四史　清同治至光緒五省官書局據汲古閣本等合刻光緒五年(1879)湖北書局彙印本　十八冊　存二種

330000－1704－0020673　020023　類叢部/叢書類/彙編之屬

知不足齋叢書一百九十六種　(清)鮑廷博編　(清)鮑士恭續編　清乾隆三十七年至道光三年(1772－1823)長塘鮑氏刻彙印本　三冊　存二種

330000－1704－0020674　善 001194　子部/藝術類/書畫之屬/法帖

淳化祕閣法帖考正十卷附二卷　(清)王澍撰　清雍正詩鼎齋刻本　三冊　缺三卷(三至五)

330000－1704－0020675　善 001195　經部/春秋總義類/傳說之屬

欽定春秋傳說彙纂三十八卷首二卷　（清）王掞等撰　清康熙六十年（1721）武英殿刻本　二十一册　缺八卷（三十一至三十八）

330000－1704－0020677　020026　子部/宗教類/佛教之屬/經

維摩詰所說經三卷　（後秦）釋鳩摩羅什譯　清同治九年（1870）金陵刻經處刻本　一册

330000－1704－0020678　020027　新學/商務/商學

原富八卷　（英國）斯密亞丹撰　嚴復譯　清光緒二十八年（1902）上海南洋公學譯書院鉛印本　六册　缺二卷（二、四）

330000－1704－0020679　020028　子部/術數類/命書相書之屬

水鏡集四卷　（清）范騋撰　清刻本　一册　存一卷（一）

330000－1704－0020680　善 001196　史部/雜史類/通代之屬

十國春秋一百十四卷　（清）吳任臣撰　**拾遺一卷備考一卷拾遺備考補**　（清）周昂輯　清乾隆五十八年（1793）昭文周氏此宜閣刻嘉慶四年（1799）補刻本　十九册　缺十卷（九十至九十九）

330000－1704－0020681　善 001197　經部/書類/傳說之屬

欽定書經傳說彙纂二十一卷首二卷書序一卷　（清）王頊齡等纂　清乾隆國子監刻本　十九册　缺一卷（十二）

330000－1704－0020683　善 001198　子部/儒家類/儒學之屬/性理

淵鑒齋御纂朱子全書六十六卷　（宋）朱熹撰　（清）李光地等輯　清康熙五十三年（1714）武英殿刻本　三十一册　缺四卷（四十五至四十八）

330000－1704－0020684　020029　類叢部/叢書類/彙編之屬

小萬卷樓叢書十七種　（清）錢培名輯　清光緒四年（1878）金山錢氏刻本　十七册　存十六種

330000－1704－0020685　020149　子部/雜著類/雜考之屬

東塾讀書記□□卷　（清）陳澧撰　清光緒刻本　二册　存八卷（一至四、春秋一、諸子一、三國一、朱子二）

330000－1704－0020687　020177　子部/兵家類/兵法之屬

孫子十家註十三卷　（漢）曹操等撰　**敘錄一卷**　（清）畢以珣撰　**遺說一卷**　（宋）鄭友賢撰　清咸豐五年（1855）淡香齋木活字印本　四册

330000－1704－0020688　020030　子部/藝術類/遊藝之屬/棋弈

弈潛齋集譜初編十五種二編三種三編五種　（清）鄧元鏸輯　清光緒弈潛齋刻本　一册　存一種

330000－1704－0020690　020031　集部/小說類/短篇之屬

詳註聊齋志異圖詠十六卷首一卷　（清）蒲松齡撰　（清）呂湛恩注　（清）徐潤編　清末五音書局石印本　四册

330000－1704－0020691　善 001049　類叢部/叢書類/彙編之屬

學津討原一百七十三種　（清）張海鵬編　清嘉慶十年（1805）虞山張氏照曠閣刻本　二百四十九册

330000－1704－0020692　善 001199　集部/別集類/明別集

青邱高季迪先生詩集十八卷首一卷遺詩一卷扣舷集一卷鳧藻集五卷附錄一卷　（明）高啟撰　（清）金檀輯注　清雍正六年至七年（1728－1729）金氏文瑞樓刻乾隆墨華池館印本　九册　缺八卷（詩集五至七、鳧藻集一至五）

330000－1704－0020694　020151　史部/紀傳類/正史之屬

二十四史附考證　清光緒十八年（1892）武林

竹簡齋石印本　一百九十七册　存二十三種

330000－1704－0020695　020112　集部/別集類/清別集
胡震恩詩文一卷　（清）胡震恩撰　清稿本　一册

330000－1704－0020696　020152　類叢部/叢書類/輯佚之屬
玉函山房輯佚書六百二十二種附一種　（清）馬國翰輯　清光緒九年（1883）長沙嫏嬛館刻本　十六册　存一百七種

330000－1704－0020697　善001120　集部/別集類/明別集
青邱高季迪先生詩集十八卷遺詩一卷扣舷集一卷鳬藻集五卷首一卷附録一卷　（明）高啟撰　（清）金檀輯注　清雍正六年至七年（1728－1729）金氏文瑞樓刻平湖寶芸堂重修本　六册

330000－1704－0020698　020178　類叢部/叢書類/自著之屬
曾文正公全集十六種　（清）曾國藩撰　清同治至光緒傳忠書局刻本　十二册　存二種

330000－1704－0020699　善001201　集部/別集類/明別集
青邱高季迪先生詩集十八卷遺詩一卷扣舷集一卷鳬藻集五卷首一卷附録一卷　（明）高啟撰　（清）金檀輯注　清雍正六年至七年（1728－1729）金氏文瑞樓刻乾隆墨華池館印本　二十三册　缺四卷（十六、遺詩、扣舷集、附録）

330000－1704－0020704　020035　類叢部/類書類/專類之屬
錦字箋四卷　（清）黄澐撰　清雍正刻本　二册

330000－1704－0020705　020115　史部/史評類/史論之屬
史通削繁四卷　（清）紀昀撰　清光緒元年（1875）湖北崇文書局刻本　四册

330000－1704－0020710　020185　集部/別集類/清別集
吴摯甫尺牘五卷補遺一卷論兒書一卷　（清）吴汝綸撰　清宣統二年（1910）上海國學扶輪社石印本　十一册　缺一卷（論兒書）

330000－1704－0020711　善001202　集部/別集類/明別集
青邱高季迪先生詩集十八卷首一卷遺詩一卷扣舷集一卷鳬藻集五卷附録一卷　（明）高啟撰　（清）金檀輯注　清雍正六年至七年（1728－1729）金氏文瑞樓刻乾隆墨華池館印本　九册　缺二卷（首、詩集一）

330000－1704－0020712　善001203　集部/別集類/明別集
青邱高季迪先生詩集十八卷遺詩一卷扣舷集一卷鳬藻集五卷首一卷附録一卷　（明）高啟撰　（清）金檀輯注　清雍正六年至七年（1728－1729）金氏文瑞樓刻平湖寶芸堂重修本　八册

330000－1704－0020713　020186　集部/別集類/清別集
鮚埼亭集三十八卷全謝山先生經史問答十卷　（清）全祖望撰　**全氏世譜一卷年譜一卷**　（清）董秉純撰　清嘉慶九年（1804）餘姚史夢蛟借樹山房刻本　十二册

330000－1704－0020714　020037　子部/叢編
二十二子（二十二子彙函）　（清）浙江書局編　清光緒元年至三年（1875－1877）浙江書局刻本　一册　存一種

330000－1704－0020715　020188　集部/別集類
古香閣詩集二卷　葉璧華撰　清光緒二十九年（1903）聚文堂刻本　二册

330000－1704－0020716　020181　類叢部/叢書類/彙編之屬
讀畫齋叢書四十六種　（清）顧修編　清嘉慶四年至十六年（1799－1811）桐川顧氏刻本　一册　存二種

330000－1704－0020717　020038　子部/叢編

二十二子(二十二子彙函)　(清)浙江書局編　清光緒元年至三年(1875－1877)浙江書局刻本　一册　存一種

330000－1704－0020718　020187　集部/別集類/清別集

空桐子詩草十卷　(清)王煦撰　(清)錢駿等編　清道光九年(1829)觀海樓刻本　二册

330000－1704－0020720　善001204　子部/術數類/陰陽五行之屬

通德類情十三卷　(清)沈重華輯　清乾隆三十六年(1771)文華堂刻本　謝發齋題簽　十二册

330000－1704－0020723　019890　經部/小學類/文字之屬/字書/字典

康熙字典十二集三十六卷總目一卷檢字一卷辨似一卷等韻一卷補遺一卷備考一卷　(清)張玉書等纂修　清末石印本　一册　存六卷(巳集上中下、午集上中下)

330000－1704－0020725　善001205　子部/術數類/陰陽五行之屬

通德類情十三卷　(清)沈重華輯　清乾隆三十六年(1771)文華堂刻本　六册　缺三卷(一、九至十)

330000－1704－0020726　020039　集部/別集類

樊山集二十八卷續集二十八卷公牘三卷時文一卷批判十五卷　樊增祥撰　**二家詠古詩一卷二家試帖二卷二家詞鈔五卷**　樊增祥編　清光緒渭南縣署刻本　一册　存五卷(樊山集十三至十七)

330000－1704－0020727　020155　經部/小學類/文字之屬/說文

說文解字十五卷標目一卷　(漢)許慎撰　(宋)徐鉉等校定　清同治十年(1871)刻本　八册

330000－1704－0020728　020190　經部/小學類/文字之屬/說文/傳說

說文答問疏證六卷　(清)錢大昕撰　(清)薛傳均疏證　清光緒八年(1882)紫薇山館刻本　一册　存三卷(一至三)

330000－1704－0020729　善001206　集部/別集類/宋別集

司馬溫公文集八十卷目錄二卷　(宋)司馬光撰　明崇禎元年(1628)吳時亮等刻清康熙四十七年(1708)蔣起龍等重修本　十五册　存七十七卷(一至七十七)

330000－1704－0020730　020192　經部/小學類/文字之屬/字書/字典

康熙字典十二集三十六卷總目一卷檢字一卷辨似一卷等韻一卷補遺一卷備考一卷　(清)張玉書等纂修　清末上海鴻寶齋書局石印本　三册　存十七卷(巳集上中下、午集上中下、未集上中下、申集上中下、亥集上中下,補遺,備考)

330000－1704－0020733　020240　子部/雜著類/雜纂之屬

寄園寄所寄十二卷　(清)趙吉士輯　清刻本　八册　存六卷(六至九、十一至十二)

330000－1704－0020734　020191　經部/小學類/文字之屬/說文

說文解字注匡謬八卷　(清)徐承慶撰　清光緒十四年(1888)上海蜚英館石印本　一册

330000－1704－0020735　020041　子部/叢編

教育叢書初集十一種二集十五種三集十一種　(清)教育世界社編譯　清光緒教育世界出版所刻本暨石印本　五册　存五種

330000－1704－0020736　020157　史部/政書類/通制之屬

通志二百卷　(宋)鄭樵撰　清刻本　一册　存一卷(七十七)

330000－1704－0020737　善001207　集部/別集類/唐五代別集

溫飛卿詩集七卷別集一卷集外詩一卷附錄諸

家詩評一卷 (唐)溫庭筠撰 (明)曾益注 (清)顧予咸補注 (清)顧嗣立續注 清康熙三十六年(1697)長洲顧氏秀野草堂刻本 四冊

330000－1704－0020739 020159 集部/總集類/選集之屬/通代

樂府詩集一百卷目錄二卷 (宋)郭茂倩輯 清同治十三年(1874)湖北崇文書局刻本 十一冊 缺三十六卷(三十一至四十二、四十九至五十五、八十四至一百)

330000－1704－0020740 019893 經部/小學類/文字之屬/字書/字典

康熙字典十二集三十六卷總目一卷檢字一卷辨似一卷等韻一卷補遺一卷備考一卷 (清)張玉書等纂修 清末石印本 一冊 存六卷(巳集上中下、午集上中下)

330000－1704－0020741 020042 類叢部/叢書類/自著之屬

朱氏羣書六種 (清)朱駿聲撰 清光緒八年(1882)臨嘯閣刻本 二冊 存三種

330000－1704－0020743 020043 新學/商務/商學

原富八卷 (英國)斯密亞丹撰 嚴復譯 清光緒上海南洋公學譯書院鉛印本 七冊 缺一卷(二)

330000－1704－0020744 019895 子部/天文曆算類/曆法之屬

御定萬年書不分卷 (清)欽天監編 清同治刻本 一冊

330000－1704－0020745 善 001208 集部/別集類/唐五代別集

溫飛卿詩集七卷別集一卷集外詩一卷附錄諸家詩評一卷 (唐)溫庭筠撰 (明)曾益注 (清)顧予咸補注 (清)顧嗣立續注 清刻本 一冊

330000－1704－0020746 020194 類叢部/叢書類/彙編之屬

曼陀羅華閣叢書十六種 (清)杜文瀾編 清咸豐至同治秀水杜氏刻光緒十八年(1892)上海掃葉山房修補印本 二冊 存一種

330000－1704－0020747 020195 子部/叢編

二十二子(二十二子彙函) (清)浙江書局編 清光緒元年至三年(1875－1877)浙江書局刻本 二冊 存一種

330000－1704－0020748 019896 經部/小學類/文字之屬/字書/字典

康熙字典十二集三十六卷總目一卷檢字一卷辨似一卷等韻一卷補遺一卷備考一卷 (清)張玉書等纂修 清末上海久敬齋石印本 一冊 存六卷(巳集上中下、午集上中下)

330000－1704－0020749 020297 集部/總集類/選集之屬/斷代

皇朝經世文編一百二十卷姓名總目二卷生存姓名一卷 (清)賀長齡輯 清道光七年(1827)刻本 八十冊 缺二卷(一百九至一百十)

330000－1704－0020750 善 001209 集部/別集類/唐五代別集

溫飛卿詩集七卷別集一卷集外詩一卷附錄諸家詩評一卷 (唐)溫庭筠撰 (明)曾益注 (清)顧予咸補注 (清)顧嗣立續注 清刻本 符璋題簽 二冊

330000－1704－0020751 善 001210 集部/別集類/唐五代別集

溫飛卿詩集七卷別集一卷集外詩一卷附錄諸家詩評一卷 (唐)溫庭筠撰 (明)曾益注 (清)顧予咸補注 (清)顧嗣立續注 清刻本 二冊 缺一卷(諸家詩評)

330000－1704－0020752 020044 集部/別集類/唐五代別集

玉谿生詩詳註三卷首一卷樊南文集詳註八卷首一卷 (唐)李商隱撰 (清)馮浩編訂 清乾隆四十五年(1780)德聚堂刻嘉慶元年(1796)增刻同治七年(1868)上海馮寶圻補刻本 四冊 存四卷(玉谿生詩詳註首、一至三)

330000－1704－0020754　020296　子部/術數類/相宅相墓之屬

入宅明鏡二卷　清刻本　一冊　存一卷(下)

330000－1704－0020755　020197　史部/史評類/詠史之屬

桐華舸明季詠史詩鈔一卷　(清)鮑瑞駿撰　清同治三年(1864)刻本　一冊

330000－1704－0020759　019906　集部/詩文評類/詩評之屬

罨畫樓詩話八卷　(清)廖景文撰　清刻本　一冊　存三卷(一、七至八)

330000－1704－0020760　020299　史部/編年類/通代之屬

資治通鑑綱目五十九卷　(宋)朱熹撰　(明)陳仁錫評　**續編一卷**　(明)陳桱拾遺　(明)陳仁錫評　**前編二十五卷**　(明)南軒撰　(明)陳仁錫評　**續資治通鑑綱目二十七卷**　(明)商輅撰　(明)陳仁錫評　清刻本　一冊　存四卷(前編三至六)

330000－1704－0020761　善001211　集部/別集類/唐五代別集

白香山詩長慶集二十卷後集十七卷別集一卷補遺二卷　(唐)白居易撰　(清)汪立名編訂　**白香山年譜舊本一卷**　(宋)陳振孫撰　**白香山年譜一卷**　(清)汪立名撰　清康熙四十一年至四十二年(1702－1703)汪立名一隅草堂刻本　十冊

330000－1704－0020764　020199　類叢部/叢書類/彙編之屬

增訂漢魏叢書八十六種　(清)王謨編　清刻本　十二冊　存八種

330000－1704－0020765　善001048　類叢部/叢書類/彙編之屬

守山閣叢書一百十二種　(清)錢熙祚編　清道光二十四年(1844)金山錢氏重編增刻墨海金壺本　清顧曾壽題記　一百二十冊　缺三卷(古今姓氏書辨證校勘記一至三)

330000－1704－0020767　020046　史部/金石類/石之屬

奇觚室樂石文述二卷　(清)劉心源撰　清光緒二十五年(1899)劉心源刻本　一冊　存一卷(一)

330000－1704－0020768　善001212　集部/別集類/唐五代別集

白香山詩長慶集二十卷後集十七卷別集一卷補遺二卷　(唐)白居易撰　(清)汪立名編訂　**白香山年譜舊本一卷**　(宋)陳振孫撰　**白香山年譜一卷**　(清)汪立名撰　清康熙四十一年至四十二年(1702－1703)汪立名一隅草堂刻本　四冊　缺十五卷(長慶集一至十五)

330000－1704－0020769　020200　子部/雜著類/雜考之屬

困學紀聞二十卷　(宋)王應麟撰　(清)閻若璩箋　清同治九年(1870)揚州書局刻本　六冊

330000－1704－0020770　善001213　集部/別集類/唐五代別集

白香山詩長慶集二十卷後集十七卷別集一卷補遺二卷　(唐)白居易撰　(清)汪立名編訂　**白香山年譜舊本一卷**　(宋)陳振孫撰　**白香山年譜一卷**　(清)汪立名撰　清康熙四十一年至四十二年(1702－1703)汪立名一隅草堂刻本　六冊

330000－1704－0020771　020047　史部/雜史類/斷代之屬

國語二十一卷　(三國吳)韋昭注　(宋)宋庠補音　清刻本　四冊

330000－1704－0020772　020201　史部/金石類/總志之屬

金石萃編一百六十卷　(清)王昶撰　清嘉慶十年(1805)青浦王氏經訓堂刻本　四十冊　缺六卷(二至五、十六至十七)

330000－1704－0020773　善001214　集部/別集類/唐五代別集

白香山詩長慶集二十卷後集十七卷別集一卷補遺二卷　(唐)白居易撰　(清)汪立名編訂　**白香山年譜舊本一卷**　(宋)陳振孫撰　**白**

香山年譜一卷 (清)汪立名撰 清康熙四十一年至四十二年(1702－1703)汪立名一隅草堂刻本 十册

330000－1704－0020774 020048 集部/詞類/詞譜之屬
詞律二十卷 (清)萬樹撰 **詞律拾遺八卷** (清)徐本立撰 **詞律補遺一卷** (清)杜文瀾撰 清同治十二年(1873)、光緒二年(1876)吴下刻本 四册 存八卷(詞律拾遺一至八)

330000－1704－0020775 020202 子部/儒家類/儒學之屬/經濟
明夷待訪録一卷 (清)黄宗羲撰 清光緒二十四年(1898)紹興奎照樓石印本 一册

330000－1704－0020776 善001215 集部/别集類/唐五代别集
白香山詩長慶集二十卷後集十七卷别集一卷補遺二卷 (唐)白居易撰 (清)汪立名編訂 **白香山年譜舊本一卷** (宋)陳振孫撰 **白香山年譜一卷** (清)汪立名撰 清康熙四十一年至四十二年(1702－1703)汪立名一隅草堂刻本 一册 缺二十九卷(長慶集一至二十、後集一至九)

330000－1704－0020777 020243 子部/儒家類/儒家之屬
孔氏家語十卷 (三國魏)王肅注 清光緒上海同文書局石印本 五册

330000－1704－0020778 020049 子部/叢編
二十五子彙函 (清)鴻文書局編 清光緒十九年(1893)上海鴻文書局石印本 一册 存二種

330000－1704－0020782 020052 類叢部/叢書類/自著之屬
施愚山先生全集五種附一種 (清)施閏章撰 清宣統二年至三年(1910－1911)上海國學扶輪社石印本 九册 存五種

330000－1704－0020786 020053 類叢部/叢書類/自著之屬
惜抱軒全集十種 (清)姚鼐撰 清同治五年(1866)李瀚章省心閣刻本 十六册

330000－1704－0020787 020301 類叢部/叢書類/自著之屬
甌北全集八種 (清)趙翼撰 清乾隆至嘉慶湛貽堂刻本 十六册 存二種

330000－1704－0020790 善001216 集部/總集類/選集之屬/通代
御定歷代賦彙一百四十卷外集二十卷逸句二卷 (清)陳元龍輯 清康熙四十五年(1706)内府刻本 六十五册 缺十三卷(御定歷代賦彙一至十三)

330000－1704－0020791 020054 集部/别集類/清别集
李養一先生詩集四卷賦一卷詩餘一卷 (清)李兆洛撰 清光緒八年(1882)曹佳江陰刻本 一册 存二卷(詩集一至二)

330000－1704－0020792 020205 子部/兵家類/兵法之屬
四翼附編四卷 (清)戴彭撰 清光緒二十一年(1895)皖江别墅刻本 一册

330000－1704－0020795 020304 子部/儒家類/儒學之屬
正學編八卷 (清)潘世恩輯 (清)潘曾瑋疏解 清同治六年(1867)刻本 四册

330000－1704－0020796 019908 類叢部/叢書類/彙編之屬
廣漢魏叢書 (明)何允中編 清嘉慶刻本 一册 存三種

330000－1704－0020798 善001217 經部/四書類/總義之屬/傳説
四書朱子本義匯參四十三卷首四卷 (清)王步青輯 清乾隆十年(1745)敦復堂刻本 十四册 缺二十一卷(論語首,一至十、十四、十六至十七,孟子二至八)

330000－1704－0020799 020305 集部/别集類/清别集
黛方山莊詩集六卷首一卷詩餘一卷 (清)黎

吉雲撰　清同治五年(1866)羅汝懷長沙刻本　二冊

330000－1704－0020803　020307　集部/別集類/清別集

龔定盦全集　(清)龔自珍撰　清光緒二十三年(1897)萬本書堂刻本　六冊

330000－1704－0020804　020209　經部/小學類/文字之屬/字書/字典

康熙字典十二集三十六卷總目一卷檢字一卷辨似一卷等韻一卷補遺一卷備考一卷　(清)張玉書等纂修　清末上海同文書局石印本　一冊　存六卷(巳集上中下、午集上中下)

330000－1704－0020805　020308　類叢部/叢書類/自著之屬

詠梅軒叢書　(清)謝蘭生撰　清道光二十九年至三十年(1849－1850)詠梅軒刻本　四冊　存五種

330000－1704－0020806　020210　經部/小學類/文字之屬/字書/字典

康熙字典十二集三十六卷總目一卷檢字一卷辨似一卷等韻一卷補遺一卷備考一卷　(清)張玉書等纂修　清末石印本　一冊　存三卷(未集上中下)

330000－1704－0020807　善001218　集部/別集類/明別集

汲古堂集二十八卷　(明)何白撰　清道光刻本　一冊　存六卷(七至十二)

330000－1704－0020810　020211　類叢部/叢書類/自著之屬

存齋雜纂　(清)陸心源撰　清光緒吳興陸氏十萬卷樓刻本　二十八冊　存一種

330000－1704－0020812　善001220　史部/傳記類/總傳之屬/家乘

[湖南瀏陽]武城家乘十卷　(清)曾毓墫纂修　清乾隆四十六年(1781)木活字印本　二冊

330000－1704－0020813　善001221　經部/叢編

省吾堂四種二十五卷　(清)蔣光弼輯　清乾隆常熟蔣氏省吾堂刻本　四冊　存三種

330000－1704－0020814　019909　集部/別集類/宋別集

梁谿先生文集一百八十卷附錄一卷年譜一卷行狀三卷　(宋)李綱撰　清道光十四年(1834)刻本　二十三冊　缺六十六卷(七至十五、二十七至三十、三十八至四十四、七十五至八十一、九十三至九十八、一百九至一百十二、一百三十八至一百五十、一百五十九至一百六十五、一百七十六至一百八十,附錄,行狀上中下)

330000－1704－0020815　善001219　類叢部/叢書類/自著之屬

郝氏遺書三十三種　(清)郝懿行撰　清嘉慶至光緒刻彙印本　一冊　存一種

330000－1704－0020816　020212　集部/小說類/長篇之屬

東周列國全志二十三卷一百八回　(清)蔡奡評點　清末刻本　十四冊　缺九卷(一至九)

330000－1704－0020817　020310　類叢部/叢書類/彙編之屬

增訂漢魏叢書八十六種　(清)王謨編　清光緒二十年(1894)湖南藝文書局刻本　二冊　存三種

330000－1704－0020820　020313　子部/醫家類/類編之屬

當歸草堂醫學叢書初編十種　(清)丁丙編　清光緒四年(1878)錢塘丁氏當歸草堂刻本　十冊

330000－1704－0020821　020213　新學/雜著/叢編

中西學門徑書七種　梁啓超編　清光緒二十四年(1898)上海大同譯書局石印本　二冊　存四種

330000－1704－0020822　020314　子部/術數類/相宅相墓之屬

葬書易悟二卷　(清)林鶚撰　清道光三十年(1850)刻本　二冊

330000－1704－0020823　020315　子部/宗教類/佛教之屬/經疏
維摩經疏八卷　(隋)釋智顗説　(唐)釋湛然輯　清刻本　三冊　存三卷(一至二、四)

330000－1704－0020824　020214　子部/宗教類/佛教之屬/總録
御選語錄十九卷　(清)世宗胤禛輯　清光緒四年(1878)金陵刻經處刻本　十四冊

330000－1704－0020826　020216　集部/別集類
面城精舍襍文甲編一卷乙編一卷　羅振玉撰　清光緒刻本　一冊

330000－1704－0020829　善 001222　集部/別集類/清別集
夾鏡亭吟草一卷　(清)馬世俊撰　**甌江朱東村遺稿一卷**　(清)朱鏡物撰　清乾隆刻本　一冊

330000－1704－0020830　善 001223　集部/別集類/宋別集
石湖居士詩集三十五卷　(宋)范成大撰　(清)顧嗣臯等重訂　清康熙二十七年(1688)顧氏刻本(卷三十五原缺)　六冊　存三十四卷(一至三十四)

330000－1704－0020834　善 001224　史部/史抄類
歐陽文忠公五代史抄二十卷　(明)茅坤輯並評　清刻本　四冊

330000－1704－0020837　善 000073　經部/叢編
通志堂經解一百四十種　(清)納蘭成德輯　清康熙十九年(1680)納蘭成德刻本　四百四十三冊　存一百二十八種

330000－1704－0020846　善 001225　經部/小學類/訓詁之屬/群雅
埤雅二十卷　(宋)陸佃撰　清康熙刻本　二冊

330000－1704－0020847　019922　史部/紀傳類/正史之屬
二十四史附考證　清乾隆武英殿刻本　八冊　存一種

330000－1704－0020848　善 001226　經部/易類/傳說之屬
新刻來瞿唐先生易註十五卷首一卷末一卷圖一卷　(明)來知德撰　清雍正七年(1729)朝爽堂刻本　十冊

330000－1704－0020850　020220　類叢部/叢書類/自著之屬
鹿洲全集八種　(清)藍鼎元撰　清同治四年(1865)羊城緯文堂刻本　十九冊　缺三卷(鹿洲初集一至二、東征集六)

330000－1704－0020851　019924　子部/藝術類/書畫之屬/畫譜
芥子園畫傳初集六卷二集九卷三集六卷　(清)王槩　(清)王蓍　(清)王臬輯　清末上海章福記書局石印本　一冊　存六卷(初集一至六)

330000－1704－0020852　020248　子部/雜著類/雜考之屬
困學紀聞二十卷　(宋)王應麟撰　清刻本　四冊

330000－1704－0020853　善 001227　集部/總集類/選集之屬/通代
唐宋詩本七十六卷目錄八卷　(清)戴第元輯　清乾隆三十八年(1773)覽珠堂刻光緒三年(1877)戴仲和補刻本　四十一冊　缺二卷(目錄一至二)

330000－1704－0020854　020359　集部/詞類/總集之屬
詞選二卷　(清)張惠言輯　**附錄一卷**　(清)鄭善長輯　**續詞選二卷**　(清)董毅輯　清光緒湖南思賢書局刻本　一冊

330000－1704－0020857　020222　集部/別集類/清別集
菜根軒詩鈔十四卷續集一卷　(清)王省山撰　清咸豐四年至六年(1854－1856)刻本　二冊　存七卷(一至七)

330000－1704－0020859　020223　集部/總集類/選集之屬/通代

五七言今體詩鈔十八卷　(清)姚鼐輯　清同治五年(1866)金陵書局刻本　一册　存九卷(七言今體詩鈔一至九)

330000－1704－0020862　020224　類叢部/叢書類/彙編之屬

崇文書局彙刻書三十一種　(清)崇文書局編　清光緒元年至三年(1875－1877)湖北崇文書局刻本　四册　存一種

330000－1704－0020864　019927　子部/宗教類/佛教之屬/諸宗

天台四教儀一卷　(高麗)釋諦觀輯　**始終心要一卷**　(唐)釋湛然撰　(宋)釋從義注　清宣統二年(1910)刻本　一册

330000－1704－0020866　019930　經部/小學類/音韻之屬/古今韻說

漢學諧聲二十四卷說文補考一卷說文又考一卷　(清)戚學標撰　清嘉慶九年(1804)涉縣官署刻本　八册

330000－1704－0020867　020360　類叢部/叢書類/自著之屬

中復堂全集九種附一種　(清)姚瑩撰　清同治六年(1867)姚濬昌安福縣署刻本　一册　存一種

330000－1704－0020868　020225　史部/紀傳類/正史之屬

四史四百十五卷　清光緒金陵書局、江南書局刻本　七册　存一種

330000－1704－0020870　020226　類叢部/叢書類/自著之屬

拙盦叢稿　(清)朱一新撰　清光緒二十二年(1896)順德龍氏葆真堂刻本　六册　存三種

330000－1704－0020872　019931　史部/紀傳類/正史之屬

十七史一千五百七十四卷　(明)毛晉編　明崇禎元年至十七年(1628－1644)毛氏汲古閣刻本　十六册　存一種

330000－1704－0020873　020227　史部/紀傳類/正史之屬

二十四史　清光緒石印本　二册　存一種

330000－1704－0020874　020361　集部/別集類/清別集

滑疑集八卷　(清)韓錫胙撰　(清)宗稷辰重編　清同治十三年(1874)浙江處州府署刻本　四册

330000－1704－0020875　020228　集部/別集類/清別集

曝書亭集箋注二十三卷　(清)朱彝尊撰　(清)孫銀槎輯注　清嘉慶五年(1800)三有堂刻九年(1804)補刻本　十册

330000－1704－0020880　020229　史部/紀傳類/正史之屬

北齊書五十卷　(唐)李百藥撰　清刻本　四册

330000－1704－0020882　020363　子部/宗教類/佛教之屬/諸宗

華嚴金師子章一卷華嚴經明法品內立三寶章一卷流轉章一卷法界緣起章一卷圓音章一卷法身章一卷十世章一卷玄義章一卷　(唐)釋法藏撰　清同治九年(1870)如皋刻經處、光緒二十一年(1895)金陵刻經處刻本　一册

330000－1704－0020883　020331　經部/四書類/總義之屬/傳說

四書集註十九卷　(宋)朱熹撰　清刻本　一册　存二卷(論語四至五)

330000－1704－0020887　020230　史部/紀傳類/正史之屬

二十四史　清刻本　十六册　存一種

330000－1704－0020888　020399　經部/春秋左傳類/傳說之屬

曲江書屋新訂批註左傳快讀十八卷首一卷　(清)李紹崧輯　清光緒曲江書屋刻本　八册

330000－1704－0020889　020335　類叢部/叢書類/彙編之屬

增訂漢魏叢書八十六種　(清)王謨編　清乾

隆五十六年(1791)金谿王氏刻本　七册　存一種

330000－1704－0020890　020365　集部/詞類/總集之屬
宋四家詞選一卷　(清)周濟輯　清光緒湖南思賢書局刻本　一册

330000－1704－0020893　020366　集部/詞類/總集之屬
唐五代詞選三卷　(清)成肇麐輯　清光緒湖南思賢書局刻本　一册

330000－1704－0020894　020401　子部/藝術類/遊藝之屬/雜藝
益智圖二卷　(清)童葉庚撰　清光緒四年(1878)童葉庚刻本　二册

330000－1704－0020896　020367　集部/詞類/詞話之屬
樂府指迷一卷　(宋)沈義父編　**詞旨一卷**　(元)陸輔之撰　**詞源二卷**　(宋)張炎撰　清光緒湖南思賢書局刻本　一册

330000－1704－0020899　020404　集部/别集類/明别集
黄漳浦集五十卷首一卷目録二卷　(明)黄道周撰　(清)陳壽祺重編　**漳浦黄先生年譜二卷**　(明)莊起儔編　清末鉛印本　二册　缺四十七卷(四至五十)

330000－1704－0020901　020406　史部/傳記類/總傳之屬/姓名
史姓韻編六十四卷　(清)汪輝祖撰　清石印本　六册　存十八卷(四至十八、二十二至二十四)

330000－1704－0020902　020336　類叢部/叢書類/彙編之屬
唐人説薈一百六十五種　(清)陳世熙編　清同治八年(1869)右文堂刻本　二十册

330000－1704－0020905　020338　集部/别集類/清别集
冠悔堂賦鈔四卷　(清)楊浚撰　清光緒十八年至十九年(1892－1893)刻本　四册

330000－1704－0020906　善001228　經部/春秋左傳類/傳説之屬
春秋大事表五十卷讀春秋偶筆一卷輿圖一卷附録一卷　(清)顧棟高輯　清乾隆十三年至十四年(1748－1749)錫山顧氏萬卷樓刻本　十册　存十卷(一至三、六至九、十三至十五)

330000－1704－0020907　020407　類叢部/叢書類/彙編之屬
洪氏唐石經館叢書十九種　(清)洪汝奎編　清光緒涇縣洪氏公善堂刻並彙印本　四册　存一種

330000－1704－0020909　020368　史部/政書類
九通　(清)□□輯　清光緒二十七年(1901)上海圖書集成局鉛印本　十六册　存一種

330000－1704－0020913　善001229　經部/春秋左傳類/傳説之屬
春秋大事表五十卷讀春秋偶筆一卷輿圖一卷附録一卷　(清)顧棟高輯　清乾隆十三年至十四年(1748－1749)錫山顧氏萬卷樓刻本　二十册

330000－1704－0020915　020369　子部/宗教類/佛教之屬/論疏
成唯識論觀心法要十卷　(清)釋智旭撰　清光緒二十六年(1900)揚州藏經院刻本　二册　存二卷(六至七)

330000－1704－0020918　善001230　集部/别集類/清别集
帶經堂集九十二卷　(清)王士禛撰　(清)程哲校編　清康熙四十九年至五十一年(1710－1712)程氏七略書堂刻乾隆十二年(1747)黄晟重修本　十一册　存四十五卷(一至三、九至二十、三十九至五十二、七十四至八十九)

330000－1704－0020921　020409　子部/天文曆算類/算書之屬
數學上編十三卷　曹汝英撰　清光緒二十九年(1903)羊城刻本　四册

330000－1704－0020922　020238　集部/總

集類/謠諺之屬
最新婦孺唱歌書十章 （清）上海越社編 清光緒三十二年（1906）上海越社石印本 一冊

330000－1704－0020923 020410 子部/宗教類/道教之屬/戒律
太上感應篇集註一卷 清道光七年（1827）刻本 一冊

330000－1704－0020924 020371 類叢部/叢書類/郡邑之屬
永嘉叢書十三種 （清）孫衣言編 清同治至光緒瑞安孫氏詒善祠塾刻本 一冊 存一種

330000－1704－0020925 020239 新學/地學/地理學
地球之過去未來一卷 （日本）橫山又次郎編 （清）虞泰祺譯 清光緒二十八年（1902）上海開通譯社鉛印本 一冊

330000－1704－0020926 020250 類叢部/叢書類/家集之屬
侯官陳氏遺書 （清）陳壽祺 （清）陳喬樅撰 清嘉慶至同治三山陳氏刻本 二十八冊 存十種

330000－1704－0020927 020372 類叢部/叢書類/彙編之屬
紛欣閣叢書十四種 （清）周心如編 清嘉慶至道光浦江周氏刻本 二冊 存一種

330000－1704－0020933 020374 子部/叢編
教育叢書初集十一種二集十五種三集十一種 （清）教育世界社編譯 清光緒教育世界出版所刻本暨石印本 九冊 存十一種

330000－1704－0020934 020346 史部/傳記類/總傳之屬/斷代
國朝先正事略六十卷 （清）李元度撰 清光緒二十五年（1899）上海圖書集成印書局鉛印本 七冊 缺五卷（二十一至二十五）

330000－1704－0020935 020411 類叢部/叢書類/彙編之屬
半畝園叢書三十種 （清）吳坤修編 清同治新建吳氏皖城刻本 一冊 存一種

330000－1704－0020937 020376 子部/宗教類/佛教之屬/經疏
彌陀畧解圓中鈔二卷 （明）釋大佑撰 （明）釋傳燈鈔 清同治刻本 一冊 存一卷（一）

330000－1704－0020939 020249 類叢部/叢書類/家集之屬
侯官陳氏遺書 （清）陳壽祺 （清）陳喬樅撰 清嘉慶至同治三山陳氏刻本 十五冊 存七種

330000－1704－0020941 020411 子部/宗教類/佛教之屬/經
佛說梵網經二卷 （後秦）釋鳩摩羅什譯 清光緒十年（1884）金陵刻經處刻本 與330000－1704－0020935合一冊

330000－1704－0020943 020377 集部/別集類/清別集
陳檢討四六二十卷 （清）陳維崧撰 （清）程師恭注 清刻本 陳壽宸題簽 六冊

330000－1704－0020944 020413 子部/天文曆算類/算書之屬
恆河沙館算草二卷 （清）華世芳撰 清光緒十一年（1885）金匱華氏刻本 一冊

330000－1704－0020947 善001231 集部/別集類/清別集
帶經堂集九十二卷 （清）王士禛撰 （清）程哲校編 清康熙四十九年至五十一年（1710－1712）程氏七略書堂刻本 一冊 存四卷（一至四）

330000－1704－0020950 善001232 集部/別集類/清別集
帶經堂集九十二卷 （清）王士禛撰 （清）程哲校編 清康熙四十九年至五十一年（1710－1712）程氏七略書堂刻乾隆十二年（1747）黃晟重修本 三十二冊 存六十七卷（一至十三、二十三至二十四、二十八至三十五、三十九至五十四、六十三至六十九、七十二至九十二）

330000－1704－0020951 020251 類叢部/

叢書類/彙編之屬

邵武徐氏叢書二十三種　(清)徐榦編　清光緒邵武徐氏刻本　二册　存一種

330000－1704－0020952　善001233　集部/別集類/唐五代別集

杜詩詳註二十五卷首一卷附編二卷　(唐)杜甫撰　(清)仇兆鰲輯註　清康熙刻本　二十四册　缺三卷(十二、附編一至二)

330000－1704－0020953　善001234　集部/別集類/宋別集

宋宗忠簡公集八卷　(宋)宗澤撰　(宋)樓鑰輯　(清)王延曾重輯　清乾隆二十六年(1761)刻本　二册

330000－1704－0020955　020378　集部/總集類/選集之屬/通代

文選六十卷　(南朝梁)蕭統輯　(唐)李善注　(清)何焯評　清乾隆三十七年(1772)長洲葉樹藩海録軒刻朱墨套印本　四册

330000－1704－0020958　善001235　集部/別集類/唐五代別集

杜工部詩集二十卷文集二卷補注一卷末一卷　(唐)杜甫撰　(清)朱鶴齡輯注　**杜工部年譜一卷**　(清)朱鶴齡撰　清康熙葉永茹萬卷樓刻本　八册　存十七卷(一、八至二十,文集一至二,年譜)

330000－1704－0020960　020379　集部/總集類/酬唱之屬

貞壽録二卷　(清)董氏撰　金之傑集　清道光二十六年(1846)刻本　一册　存一卷(一)

330000－1704－0020963　020352　集部/別集類/清別集

梅村集二十卷　(清)吳偉業撰　清宣統二年(1910)上海國學昌明社石印本　六册

330000－1704－0020966　020380　類叢部/叢書類/自著之屬

章氏遺書二種　(清)章學誠撰　清光緒三年至四年(1877－1878)貴陽章氏刻十九年(1893)補刻本　四册　缺二卷(文史通義一至二)

330000－1704－0020967　020447　子部/術數類

形氣元珠正論八卷　(清)許坤撰　清刻本　三册

330000－1704－0020968　020354　史部/紀傳類/正史之屬

四史四百十五卷　清同治十一年(1872)成都書局刻本　二十六册　存一種

330000－1704－0020969　善001237　集部/別集類/清別集

花萼樓集二卷　(清)周天錫撰　(清)周長濬輯　清玉海樓抄本　清孫鏘鳴、清孫詒讓批　一册

330000－1704－0020975　020252　類叢部/叢書類/自著之屬

三山陳氏家刻左海全集十種　(清)陳壽祺撰　清嘉慶至道光刻本　十一册　存二種

330000－1704－0020978　020253　類叢部/叢書類/家集之屬

侯官陳氏遺書　(清)陳壽祺　(清)陳喬樅撰　清嘉慶至同治三山陳氏刻本　二册　存三種

330000－1704－0020980　善001238　集部/總集類/氏族之屬

豐湖王氏佚文存略不分卷　(明)王祚昌輯　清光緒元年(1875)抄本　清止叟觀款　一册

330000－1704－0020983　020453　子部/醫家類/綜合之屬/通論

御纂醫宗金鑑九十卷首一卷　(清)吳謙等撰　清刻本　十九册　存四十卷(首,一至二十、二十五至三十、五十八至六十五、七十四至七十八)

330000－1704－0020984　善001240　集部/別集類/宋別集

新刻臨川王介甫先生文集一百卷目錄二卷　(宋)王安石撰　明萬曆四十年(1612)王鳳翔、王承宗金陵光啓堂刻本　五册　存五十

二卷(三十九至九十)

330000－1704－0020985　020515　子部/醫家類/醫案之屬

名醫類案十二卷附錄一卷　(明)江瓘輯　清同治十年(1871)藏脩堂刻本　王楚泉題記　六冊

330000－1704－0020986　020254　集部/別集類/漢魏六朝別集

靖節先生集十卷　(晉)陶潛撰　(清)陶澍注　**靖節先生集諸本序錄一卷**　(清)陶澍編輯　**靖節先生年譜攷異二卷**　(清)陶澍撰　清光緒九年(1883)江蘇書局刻本　四冊

330000－1704－0020989　善001241　經部/叢編

五經大全一百三十五卷　(明)胡廣等輯　明內府刻本　一冊　存二卷(詩經大全綱領、圖)

330000－1704－0020990　020516　史部/史評類/史論之屬

讀史提要錄十二卷　(清)夏之蓉編　清刻本　一冊　存二卷(八至九)

330000－1704－0020993　020386　史部/紀傳類/正史之屬

欽定二十四史　清光緒石印本　一冊　存一種

330000－1704－0020994　020255　史部/目錄類/總録之屬

經籍訪古志六卷補遺一卷　(日本)澁江全善　(日本)森立之撰　清光緒十一年(1885)六合徐承祖鉛印本　六冊　缺一卷(四)

330000－1704－0020995　善001242　集部/總集類/氏族之屬

嘉樂齋三蘇文範十八卷首一卷　(宋)蘇洵　(宋)蘇軾　(宋)蘇轍撰　(明)楊慎輯　(明)袁宏道評釋　明天啟二年(1622)刻本　九冊　缺一卷(二)

330000－1704－0020996　善001243　集部/總集類/選集之屬/斷代

校正重刊官板宋朝文鑑一百五十卷目錄三卷　(宋)吕祖謙編　明刻本　一冊　存三卷(十至十二)

330000－1704－0020997　善001244　子部/雜家類

顔氏家訓二卷　(北齊)顔之推撰　明萬曆六年(1578)茶陵顔志邦刻本　一冊　存一卷(下)

330000－1704－0020998　善001245　類叢部/叢書類/彙編之屬

漢魏叢書三十八種　(明)程榮編　明萬曆二十年(1592)新安程氏刻本　一冊　存一種

330000－1704－0020999　020517　類叢部/叢書類/彙編之屬

增訂漢魏叢書八十六種　(清)王謨編　清乾隆五十六年(1791)金谿王氏刻本　四冊　存四種

330000－1704－0021000　020518　類叢部/叢書類/彙編之屬

增訂漢魏叢書八十六種　(清)王謨編　清刻本　一冊　存一種

330000－1704－0021001　善001246　經部/小學類/音韻之屬/韻書

古今韻會舉要小補三十卷　(明)方日升編輯　明萬曆三十四年(1606)雲杜周士顯建陽刻本　十一冊　存十八卷(二、七至八、十一至十八、二十一至二十四、二十七至二十八、三十)

330000－1704－0021005　善001247　集部/別集類/唐五代別集

昌黎先生集四十卷外集十卷遺文一卷　(唐)韓愈撰　(宋)廖瑩中校正　**朱子校昌黎先生集傳一卷**　(宋)朱熹撰　明東吳徐氏東雅堂刻本　四冊　存二十一卷(二至十、二十四至三十五)

330000－1704－0021007　020521　類叢部/叢書類/彙編之屬

增訂漢魏叢書八十六種　(清)王謨編　清刻

本　五冊　存一種

330000－1704－0021008　020256　類叢部/叢書類/自著之屬

存齋雜纂　(清)陸心源撰　清光緒吴興陸氏十萬卷樓刻本　二冊　存一種

330000－1704－0021010　善001581　子部/術數類/相宅相墓之屬

堪輿經二卷　(明)蕭克撰　清雍正七年(1729)墨潤堂刻本　四冊

330000－1704－0021011　020387　子部/宗教類/佛教之屬/經疏

佛說阿彌陀經疏鈔四卷附事義一卷問辯一卷續問答一卷答淨土四十八問一卷淨土疑辯一卷　(明)釋袾宏撰　清光緒二十九年(1903)浙寧寶康齋刻印經房刻本　二冊　缺三卷(一至二、四)

330000－1704－0021013　善001248　史部/史抄類

歷代史纂左編一百四十二卷　(明)唐順之撰　明嘉靖四十年(1561)胡宗憲刻本　一冊　存一卷(一百十四)

330000－1704－0021015　020388　子部/宗教類/佛教之屬/總録

翻譯名義集選一卷　(宋)釋法雲編　(清)□□輯　清同治十二年(1873)江北刻經處刻本　一冊

330000－1704－0021019　020523　經部/叢編

重刊宋本十三經注疏四百十六卷附十三經注疏校勘記四百十六卷　(清)阮元撰　(清)盧宣旬摘錄　清嘉慶二十年(1815)南昌府學刻道光六年(1826)盱江朱華臨重校印本　一冊　存一種

330000－1704－0021021　020258　子部/宗教類/佛教之屬/論疏

成唯識論觀心法要十卷　(清)釋智旭撰　清光緒二十六年(1900)揚州藏經院刻本　十冊

330000－1704－0021022　020415　史部/紀傳類/正史之屬

十七史一千五百七十四卷　(明)毛晉編　明崇禎元年至十七年(1628－1644)毛氏汲古閣刻本　十五冊　存一種

330000－1704－0021025　020259　經部/小學類/文字之屬/說文

說文通檢十四卷首一卷末一卷　(清)黎永椿撰　清光緒二年(1876)崇文書局刻本　二冊

330000－1704－0021026　020525　史部/傳記類/總傳之屬/儒林

儒林宗派十六卷　(清)萬斯同撰　清抄本　一冊　存八卷(一至八)

330000－1704－0021027　善001249　集部/別集類/明別集

半山藏稿二十卷　(明)王叔果撰　明萬曆刻本　一冊　存四卷(十七至二十)

330000－1704－0021028　020526　集部/別集類/唐五代別集

洪度集一卷　(唐)薛濤撰　清光緒三十二年(1906)陳氏靈峯草堂刻本　一冊

330000－1704－0021030　020260　史部/職官類/官箴之屬

三事忠告四卷　(元)張養浩撰　清康熙二十四年(1685)刻本　一冊

330000－1704－0021034　020464　集部/詞類/詞話之屬

詞苑叢談十二卷　(清)徐釚撰　清末上海有正書局鉛印本　四冊

330000－1704－0021036　善001250　史部/紀傳類/正史之屬

東都事略一百三十卷　(宋)王偁撰　清康熙振鷺堂影宋刻本　一冊　存七卷(一至七)

330000－1704－0021037　020465　新學/報章

國粹學報不分卷　(清)國學保存會編　清末鉛印本　一冊　存一冊

330000－1704－0021039　020528　史部/紀

傳類/正史之屬
十七史一千五百七十四卷　（明）毛晉編　明崇禎元年至十七年（1628－1644）毛氏汲古閣刻本　五十三册　存三種

330000－1704－0021040　020466　集部/詩文評類/詩評之屬
西河詩話一卷詞話一卷襍箋一卷　（清）毛奇齡撰　清宣統石印本　一册　缺一卷（詩話）

330000－1704－0021043　020467　史部/紀傳類/正史之屬
二十四史　清同治至光緒五省官書局據汲古閣本等合刻光緒五年（1879）湖北書局彙印本　一百册　存一種

330000－1704－0021045　善001251　類叢部/叢書類/彙編之屬
祕書廿一種　（清）汪士漢編　清康熙七年（1668）汪士漢據明刻古今逸史板重編印本　一册　存四種

330000－1704－0021046　善001252　集部/別集類/明別集
弇州山人續稿二百七卷目錄十卷附十一卷　（明）王世貞撰　明刻本　四册　存十六卷（二十五至二十六、五十五至五十六、七十一至七十三、八十三至八十四、一百二十五至一百二十七、一百五十至一百五十三）

330000－1704－0021047　020263　子部/藝術類/書畫之屬/題跋
東坡題跋二卷　（宋）蘇軾撰　（清）溫一貞輯　清同治十一年（1872）又賞齋刻本　一册

330000－1704－0021052　020468　經部/小學類/文字之屬/說文
說文通訓定聲十八卷分部東韻一卷說雅一卷古今韻準一卷　（清）朱駿聲撰　（清）朱鏡蓉參訂　**行述一卷**　（清）朱孔彰撰　清道光二十九年（1849）刻咸豐元年（1851）朱孔彰臨嘯閣補刻本　二十四册

330000－1704－0021056　020469　新學/幼學
蒙學經訓修身教科書一卷　（清）文明書局編　清光緒三十一年（1905）上海文明書局鉛印本　一册

330000－1704－0021057　020530　集部/總集類/選集之屬/通代
續古文辭類纂二十八卷　（清）黎庶昌輯　清光緒十五年（1889）上海商務印書館鉛印本　十一册　缺三卷（三至五）

330000－1704－0021058　020531　子部/儒家類/儒學之屬
中庸直指不分卷　（明）釋德清撰　清光緒十年（1884）金陵刻經處刻本　一册

330000－1704－0021059　020395　集部/別集類/唐五代別集
唐陸宣公集二十四卷　（唐）陸贄撰　（清）耆英增輯　清道光二十七年（1847）李延福等刻本　五册　存十三卷（十二至二十四）

330000－1704－0021060　020532　子部/道家類
莊子內篇註四卷　（明）釋德清撰　清光緒十四年（1888）金陵刻經處刻本　二册

330000－1704－0021062　020533　子部/醫家類/類編之屬
世補齋醫書六種後集四種　（清）陸懋修撰輯　清光緒十年（1884）刻十二年（1886）山左書局印、宣統二年（1910）陸潤庠刻本　十六册　缺五卷（女科下卷、廣溫熱論一至四）

330000－1704－0021064　020396　類叢部/叢書類/自著之屬
湯子遺書（湯文正公全集）七種　（清）湯斌撰　清同治九年（1870）蘇廷魁等刻本　二十册

330000－1704－0021069　020424　集部/別集類/明別集
李空同詩集三十三卷附錄一卷　（明）李夢陽撰　清宣統二年（1910）掃葉山房石印本　十册

330000－1704－0021070　020473　新學/學校

最新修身教科書不分卷　商務印書館編譯所編纂　清宣統元年(1909)上海商務印書館石印本　一册

330000－1704－0021077　020426　集部/别集類/明别集

方正學先生遜志齋集二十四卷拾補一卷外紀一卷校勘記一卷　(明)方孝孺撰　(明)張紹謙纂定　清同治十一年至十二年(1872－1873)孫憙刻本　十五册

330000－1704－0021086　020477　子部/叢編

十子全書　(清)王子興編　清嘉慶九年(1804)姑蘇王氏聚文堂刻本　十七册　存四種

330000－1704－0021087　020397　史部/地理類/方志之屬/郡縣志

[同治]鄞縣志七十五卷　(清)戴枚修　(清)張恕　(清)董沛等纂　清光緒三年(1877)刻四年(1878)增刻本　三十四册

330000－1704－0021088　020267　經部/小學類/訓詁之屬/爾雅

爾雅三卷　(晉)郭璞注　(唐)陸德明音義　清末石印本　一册　存一卷(二)

330000－1704－0021090　020398　經部/叢編

仿宋相臺五經九十六卷附考證　清光緒二年(1876)江南書局刻本　二十三册　存四種

330000－1704－0021091　020429　集部/總集類/選集之屬/斷代

南北朝文鈔二卷　(清)彭兆蓀輯　清光緒二年(1876)番禺陳起榮刻本　二册

330000－1704－0021096　020479　史部/傳記類/總傳之屬/仕宦

歷代名臣言行錄二十四卷　(清)朱桓輯　清光緒鉛印本　一册　存二卷(五至六)

330000－1704－0021099　020273　新學/學校

初等小學修身教科書不分卷　(清)學部編譯圖書局編纂　清宣統元年(1909)上海新學會社石印本　一册

330000－1704－0021101　020430　集部/别集類/清别集

越縵堂集十卷　(清)李慈銘撰　清末石印本　六册

330000－1704－0021110　020546　類叢部/叢書類/彙編之屬

邵武徐氏叢書二十三種　(清)徐榦編　清光緒邵武徐氏刻本　一册　存一種

330000－1704－0021112　020547　集部/總集類/選集之屬/斷代

本朝館閣詩二十卷附錄一卷　(清)阮學浩　(清)阮學濬輯　**續附錄一卷**　(清)阮芝生　(清)阮葵生　(清)曹文植輯　清乾隆二十三年(1758)困學書屋刻本　一册　存四卷(六至九)

330000－1704－0021114　020548　子部/宗教類/佛教之屬/諸宗

蓮宗十一祖往生正傳一卷　(清)釋悟開編　清光緒三十年(1904)溫州劉慶潤經房刻本　一册

330000－1704－0021117　020434　類叢部/叢書類/彙編之屬

正覺樓叢刻(正覺樓叢書)二十九種　(清)崇文書局編　清光緒崇文書局刻本　二册　存三種

330000－1704－0021119　020435　類叢部/叢書類/彙編之屬

增訂漢魏叢書八十六種　(清)王謨編　清光緒二十年(1894)湖南藝文書局刻本　一册　存一種

330000－1704－0021121　020485　子部/宗教類/佛教之屬

看破世界一卷　(清)周祖道輯　清宣統二年(1910)蘇城瑪瑙經房刻本　一册

330000－1704－0021122　020550　類叢部/叢書類/彙編之屬

抱經堂叢書十六種 （清）盧文弨編 清乾隆至嘉慶刻彙印本 四冊 存七種

330000－1704－0021124 020551 集部/總集類/選集之屬/斷代
初唐四傑集三十七卷 （清）項家達編 清咸豐六年（1856）儒雅堂刻本 六冊 存三種

330000－1704－0021126 020487 子部/宗教類/佛教之屬/諸宗
靈峰蕅益大師梵室偶談一卷 （清）釋智旭輯 （清）釋成時評點節署 **徹悟禪師語錄二卷** （清）釋際醒說 （清）釋了亮集 清同治十年（1871）金陵刻本 一冊

330000－1704－0021128 020553 集部/總集類/選集之屬/通代
經史百家雜鈔二十六卷 （清）曾國藩輯 清光緒三十二年（1906）上海商務印書館鉛印本 十二冊

330000－1704－0021131 020437 類叢部/叢書類/輯佚之屬
玉函山房輯佚書六百二十二種附一種 （清）馬國翰輯 清光緒九年（1883）長沙嫏嬛館刻本 一冊 存一種

330000－1704－0021132 020489 史部/紀事本末類
歷朝紀事本末七種 （清）陳如升 （清）朱記榮輯 清光緒二十一年（1895）上海積山書局石印本 十三冊 存四種

330000－1704－0021134 020438 類叢部/叢書類/自著之屬
甌北全集八種 （清）趙翼撰 清乾隆至嘉慶湛貽堂刻本 二十六冊 存三種

330000－1704－0021135 020491 類叢部/叢書類/彙編之屬
滂喜齋叢書五十種 （清）潘祖蔭編 清同治至光緒吳縣潘氏京師刻本 一冊 存一種

330000－1704－0021136 020276 集部/別集類/唐五代別集
唐丞相曲江張文獻公集十二卷附錄一卷千秋金鑑錄五卷 （唐）張九齡撰 清光緒十八年（1892）張曉如刻本 六冊

330000－1704－0021137 020439 史部/傳記類/總傳之屬/通代
校正尚友錄統編二十四卷 （清）潘遵祁輯 清上海文瑞樓石印本 十六冊

330000－1704－0021139 020440 子部/儒家類/儒學之屬/禮教/家訓
詒穀堂家訓二卷 （清）王子堅編 清光緒二十四年（1898）杭州任有容齋刻本 一冊

330000－1704－0021141 020590 子部/宗教類/佛教之屬/經
大般涅槃經四十卷 （晉）釋曇無讖譯 **大般涅槃經後分二卷** （唐）釋若那跋陀羅 （唐）釋會寧等譯 清道光五年至七年（1825－1827）刻本 八冊

330000－1704－0021142 020277 類叢部/叢書類/彙編之屬
邵武徐氏叢書二十三種 （清）徐幹編 清光緒邵武徐氏刻本 一冊 存一種

330000－1704－0021143 020278 史部/政書類/公牘檔冊之屬
京師譯學館規章不分卷 清光緒三十一年（1905）京師譯學館鉛印本 一冊

330000－1704－0021144 020591 子部/宗教類/佛教之屬/論
顯揚聖教論二十卷 （天竺）無著菩薩造 （唐）釋玄奘譯 清宣統元年（1909）揚州藏經院刻本 四冊

330000－1704－0021145 020279 類叢部/叢書類/家集之屬
績溪胡氏叢書十種 （清）胡培系編 清同治十年至光緒二年（1871－1876）世澤樓刻本暨木活字印本 一冊 存一種

330000－1704－0021146 020280 子部/道家類
老子道德經解二卷首一卷觀老莊影響論一卷 （明）釋德清撰 清光緒十二年（1886）金陵

刻經處刻本　二冊

330000－1704－0021147　020592　集部/別集類/唐五代別集

溫飛卿詩集七卷別集一卷集外詩一卷附錄諸家詩評一卷　（唐）溫庭筠撰　（明）曾益注　（清）顧予咸補注　（清）顧嗣立續注　清康熙三十六年（1697）長洲顧氏秀野草堂刻後印本　二冊　缺一卷（諸家詩評）

330000－1704－0021148　020593　集部/別集類/宋別集

岳忠武王文集八卷首一卷末一卷　（宋）岳飛撰　（清）黄邦寧纂修　清乾隆三十五年（1770）刻本　四冊

330000－1704－0021149　020594　史部/紀傳類/正史之屬

四史四百十五卷　清光緒十四年（1888）上海蜚英館石印本　八冊　存一種

330000－1704－0021150　善001254　子部/小說家類/異聞之屬

稽神錄六卷拾遺一卷　（宋）徐鉉撰　明崇禎虞山毛氏汲古閣刻津逮祕書本　楊紹廉題記　二冊

330000－1704－0021151　善001255　經部/小學類/訓詁之屬/方言

方言十三卷　（漢）揚雄紀　（晉）郭璞解　明刻本　一冊

330000－1704－0021152　020281　子部/道家類

老子翼八卷首一卷　（明）焦竑撰　清光緒二十一年（1895）金陵刻經處刻本　一冊　缺六卷（三至八）

330000－1704－0021153　020595　史部/傳記類/總傳之屬/仕宦

宋名臣言行錄前集十卷後集十四卷續集八卷別集二十六卷外集十七卷　（宋）□□輯　清道光元年（1821）歙縣洪氏績學堂刻本　十四冊　缺八卷（外集五至十二）

330000－1704－0021154　020282　集部/別集類/清別集

秣陵集六卷金陵歷代紀年事表一卷圖考一卷　（清）陳文述撰　清光緒十年（1884）淮南書局刻本　三冊

330000－1704－0021155　善001256　集部/總集類/選集之屬/斷代

唐詩品彙九十卷拾遺十卷詩人爵里詳節一卷　（明）高棅輯　明嘉靖十八年（1539）牛斗刻本　一冊　存三卷（唐詩拾遺一至三）

330000－1704－0021156　020596　子部/叢編

二十二子（二十二子彙函）　（清）浙江書局編　清光緒元年至三年（1875－1877）浙江書局刻二十七年（1901）重修本　一冊　存一種

330000－1704－0021157　善001257　史部/紀傳類/正史之屬

鍾伯敬先生批評漢書一百卷　（漢）班固撰　（明）鍾惺評　明崇禎刻本　三冊

330000－1704－0021160　善001258　類叢部/叢書類/自著之屬

少室山房全稿四種　（明）胡應麟撰　明刻本　六冊　存一種

330000－1704－0021161　020283　集部/別集類/宋別集

林和靖詩集四卷拾遺一卷　（宋）林逋撰　清同治十二年（1873）長洲朱氏抱經堂刻本　二冊

330000－1704－0021162　020284　集部/總集類/選集之屬/通代

古文觀止十二卷　（清）吳乘權　（清）吳大職輯　清光緒三十三年（1907）石印本　二冊　存六卷（一至六）

330000－1704－0021164　善001259　集部/總集類/彙編之屬

漢魏六朝一百三家集（漢魏六朝百三名家集）　（明）張溥編　明婁東張氏刻本　八冊　存二十三種

330000－1704－0021166　020556　史部/紀

傳類/正史之屬
二十四史附考證 清光緒十四年(1888)上海圖書集成印書局鉛印本 二十冊 存一種

330000－1704－0021167 020555 類叢部/類書類/通類之屬
增補事類統編九十三卷首一卷 (清)黄葆真輯 清刻本 十三冊 存二十七卷(五十至五十一、五十四至五十七、六十二至六十八、七十二至八十五)

330000－1704－0021169 020492 子部/宗教類/佛教之屬/論疏
大乘起信論義記七卷別記一卷 (唐)釋法藏撰 清光緒二十三年至二十四年(1897－1898)金陵刻經處刻本 二冊

330000－1704－0021170 020558 史部/雜史類/斷代之屬
明季稗史彙編十六種 (清)留雲居士輯 清光緒二十二年(1896)上海圖書集成印書局鉛印本 六冊

330000－1704－0021171 020559 集部/別集類/清別集
虚受堂文集十六卷 王先謙撰 清宣統二年(1910)上海國學書社石印本 五冊 存十三卷(四至十六)

330000－1704－0021172 020561 集部/別集類/清別集
未灰齋文集八卷外集一卷 (清)徐鼒撰 清咸豐十一年(1861)福寧郡齋刻本 一冊 存一卷(外集)

330000－1704－0021173 020560 集部/別集類/清別集
南沙文集八卷附二卷 (清)洪若皐撰 清康熙刻本(附卷二原缺) 一冊 存一卷(六)

330000－1704－0021174 020493 子部/宗教類/佛教之屬/論
十二門論一卷 (後秦)釋鳩摩羅什譯 清光緒二十一年(1895)金陵刻經處刻本 一冊

330000－1704－0021175 020494 子部/宗教類/道教之屬/戒律
陰隲文說証彙纂八卷末一卷 清末刻本 一冊 存一卷(二)

330000－1704－0021176 015901 經部/小學類/文字之屬/字書/字典
康熙字典十二集三十六卷總目一卷檢字一卷辨似一卷等韻一卷補遺一卷備考一卷 (清)張玉書等纂修 清末石印本 二冊 存十一卷(未集上中下、申集上中下、亥集上中下,補遺,備考)

330000－1704－0021177 020495 類叢部/叢書類/彙編之屬
國學叢刊十三種 國學叢刊社編 清宣統三年(1911)石印本 一冊 存七種

330000－1704－0021179 020496 子部/宗教類/佛教之屬/諸宗
上品資糧一卷 (清)釋古崑輯 清光緒杭州昭慶寺慧空經房刻本 一冊

330000－1704－0021181 善001261 集部/別集類/明別集
鹿木居詩集三卷 (明)鄒元檄撰 (清)朱鑣輯 清嘉慶十八年(1813)植桂堂刻本 一冊

330000－1704－0021183 善001262 集部/別集類/明別集
鹿木居詩集三卷 (明)鄒元檄撰 (清)朱鑣輯 清嘉慶十八年(1813)植桂堂刻本 一冊

330000－1704－0021184 020497 類叢部/叢書類/自著之屬
春在堂全書 (清)俞樾撰 清同治至光緒刻本 八冊 存一種

330000－1704－0021185 020601 子部/醫家類/類編之屬
喻氏醫書三種 (清)喻昌撰 清刻本 二冊 存一種

330000－1704－0021194 020649 集部/總集類/選集之屬/通代
本事詩十二卷 (清)徐釚輯 (清)李本宜增訂 清雍正承芳堂刻本 六冊 缺二卷(一

至二)

330000－1704－0021196　020564　子部/宗教類/佛教之屬/諸宗

蓮宗十一祖往生正傳一卷　(清)釋悟開編　清光緒三十年(1904)溫州劉慶潤經房刻本　一冊

330000－1704－0021197　善 001264　子部/藝術類/音樂之屬/琴學

望山堂琴學存書三卷　(清)林鶚撰　清同治抄本　清孫鏘鳴批校　一冊

330000－1704－0021198　020565　子部/宗教類/佛教之屬/諸宗

蓮宗十一祖往生正傳一卷　(清)釋悟開編　清光緒三十年(1904)溫州劉慶潤經房刻本　一冊

330000－1704－0021199　020566　子部/宗教類/佛教之屬/諸宗

蓮宗十一祖往生正傳一卷　(清)釋悟開編　清光緒三十年(1904)溫州劉慶潤經房刻本　一冊

330000－1704－0021202　020602　子部/醫家類/溫病之屬/其他溫疫病證

溫病條辨六卷首一卷　(清)吳瑭撰　清末石印本　一冊　存二卷(二至三)

330000－1704－0021204　善 001265　集部/別集類/清別集

珠樹堂集□□卷　(清)王祚昌撰　清玉海樓抄本　清孫鏘鳴題簽並批校　一冊

330000－1704－0021205　善 001266　史部/政書類/公牘檔冊之屬

文廟捐款實收總清一卷　清末刻本　一冊

330000－1704－0021207　020290　集部/別集類/清別集

小石詩鈔六卷補編一卷詩餘一卷鹹鸍山館詩草一卷　(清)曾諧撰　清同治十年(1871)刻本　一冊　存四卷(詩鈔一至四)

330000－1704－0021209　020291　集部/別集類/清別集

小石詩鈔六卷補編一卷詩餘一卷鹹鸍山館詩草一卷　(清)曾諧撰　清同治十年(1871)刻本　二冊

330000－1704－0021210　020567　類叢部/叢書類/自著之屬

振綺堂遺書五種　(清)汪遠孫撰　清道光刻民國十一年(1922)錢唐汪氏彙印本　二冊　存一種

330000－1704－0021214　020603　集部/別集類/清別集

孫敬軒先生遺稿一卷　(清)孫希旦撰　清林欣、張㦤木活字印本　一冊

330000－1704－0021215　020570　經部/書類/傳說之屬

尚書古文疏證九卷　(清)閻若璩撰　**朱子古文書疑一卷**　(清)閻詠輯　清乾隆十年(1745)眷西堂刻本(卷三原缺)　二冊　缺四卷(五至八)

330000－1704－0021216　020653　類叢部/叢書類/彙編之屬

邵武徐氏叢書二十三種　(清)徐榦編　清光緒邵武徐氏刻本　四冊　存一種

330000－1704－0021218　020568　類叢部/叢書類/彙編之屬

春暉堂叢書十二種　(清)徐渭仁編　清道光至咸豐上海徐渭仁刻同治九年至十年(1870－1871)徐允臨補刻彙印本　一冊　存二種

330000－1704－0021221　020569　集部/別集類/宋別集

蘇文忠公詩集五十卷目錄二卷　(宋)蘇軾撰　(清)紀昀評點　清道光十四年(1834)兩廣節署刻朱墨套印本　十二冊

330000－1704－0021222　020571　經部/小學類/音韻之屬/韻書

增註字類標韻六卷　(清)華綱撰　(清)范多玨重訂　清光緒二年(1876)鉛印本　一冊　存三卷(一至三)

330000－1704－0021226　020605　集部/總集類/尺牘之屬
名賢手札八種　(清)郭慶藩輯　清光緒十年(1884)湘陰郭氏岵瞻堂刻本　一册　存三種

330000－1704－0021228　020504　子部/宗教類/佛教之屬/律
毘尼日用切要一卷沙彌尼律儀要略一卷　(清)釋讀體輯　清光緒十八年(1892)、二十一年(1895)金陵刻經處刻本　一册

330000－1704－0021229　020655　類叢部/叢書類/彙編之屬
邵武徐氏叢書二十三種　(清)徐榦編　清光緒邵武徐氏刻本　一册　存一種

330000－1704－0021230　020505　子部/雜著類/雜説之屬
危言四卷　湯震撰　清光緒鉛印本　一册　存二卷(三至四)

330000－1704－0021231　善001271　集部/總集類/郡邑之屬
赤城後集三十三卷　(明)謝鐸輯　清王棻抄本　一册　存六卷(十至十五)

330000－1704－0021232　020506　經部/群經總義類/傳説之屬
十三經策案二十二卷　(清)王謨輯　清刻本　二册　存四卷(七至八、十三至十四)

330000－1704－0021233　020606　子部/雜著類/雜説之屬
論衡三十卷　(漢)王充撰　清刻本　五册　存二十六卷(五至三十)

330000－1704－0021234　020292　集部/别集類/清别集
錢牧齋文鈔不分卷　(清)錢謙益撰　清宣統元年(1909)國學扶輪社鉛印本　三册

330000－1704－0021244　020576　集部/别集類/清别集
吕晚村詩集八卷補遺一卷　(清)吕留良撰　清光緒石印本　二册

330000－1704－0021246　020607　子部/醫家類/類編之屬
六醴齋醫書十種　(清)程永培編　清乾隆五十九年(1794)修敬堂刻本　一册　存二種

330000－1704－0021248　020508　集部/總集類/選集之屬/通代
古文辭類纂七十五卷附録一卷　(清)姚鼐輯　**古文辭類纂校勘記一卷**　(清)李承淵撰　清光緒二十七年(1901)滁州李氏求要堂刻三十二年(1906)補刻本　十一册　缺九卷(古文辭類纂六十至六十八)

330000－1704－0021249　020669　子部/宗教類/道教之屬
覺世經圖説四卷　(清)省心氏撰　(清)李淦寫圖　清光緒九年(1883)刻本　四册

330000－1704－0021250　020509　類叢部/叢書類/郡邑之屬
留香室叢刻十種　(清)祝昌泰　(清)梁章鉅編　清嘉慶十六年至十七年(1811－1812)浦城祝氏留香室刻本　二册　存一種

330000－1704－0021251　020510　類叢部/叢書類/郡邑之屬
浦城遺書十四種　(清)梁章鉅　(清)祝昌泰編　清嘉慶十六年至十九年(1811－1814)浦城祝氏留香室刻道光十四年(1834)彙印本　一册　存一種

330000－1704－0021253　善001274　史部/史抄類
左傳聯珠不分卷　清抄本　一册

330000－1704－0021254　020511　類叢部/叢書類/家集之屬
長洲彭氏家集九種　(清)彭祖賢編　清同治至光緒刻本　一册　存一種

330000－1704－0021255　020658　集部/總集類/選集之屬/斷代
國朝二十四家文鈔二十四卷　(清)徐斐然輯　清乾隆六十年(1795)刻本　八册

330000－1704－0021256　善001275　類叢

部/叢書類/郡邑之屬

永嘉叢書 清孫衣言編 清同治至光緒瑞安孫氏詒善祠塾刻本 二冊 存一種

330000－1704－0021259 020714 子部/雜著類/雜考之屬

日知錄集釋三十二卷刊誤二卷續刊誤二卷 (清)黄汝成撰 清同治八年(1869)廣州述古堂刻本 十六冊

330000－1704－0021266 020513 子部/宗教類/佛教之屬/總録

重訂教乘法數十二卷 (清)釋超海等輯 清光緒四年(1878)杭州昭慶寺慧空經房刻本 二冊 存三卷(一至三)

330000－1704－0021270 020581 集部/詞類/總集之屬

絶妙好詞箋七卷 (宋)周密輯 (清)查爲仁 (清)厲鶚箋 **絶妙好詞續鈔一卷** (清)余集輯 **絶妙好詞又續鈔一卷** (清)徐楙補錄 清宣統元年(1909)上海沅記書莊石印本 一冊 存二卷(一至二)

330000－1704－0021271 020665 史部/政書類/律令之屬/律例

欽定吏部則例 (清)恩桂等修 (清)薛鳴臯等纂 清道光二十三年(1843)刻本 一冊 存一種

330000－1704－0021273 020582 子部/宗教類/佛教之屬/經疏

大方廣佛新華嚴經合論一百二十卷首一卷 (唐)釋實叉難陀譯 (唐)李通玄撰論 (唐)釋志寧釐經合論 清同治十一年(1872)金陵刻經處刻本 十冊 存五十卷(首,一至十三、四十一至五十二、六十一至八十四)

330000－1704－0021274 020583 子部/宗教類/佛教之屬/諸宗

蓮宗十一祖往生正傳一卷 (清)釋悟開編 清光緒三十年(1904)溫州劉慶潤經房刻本 一冊

330000－1704－0021277 020584 子部/宗教類/佛教之屬/經

大方廣佛華嚴經八十卷 (唐)釋實叉難陀譯 **入不思議解脱境界普賢行願品一卷** (唐)釋般若譯 清刻本 十七冊 缺十二卷(一至十二)

330000－1704－0021280 020667 史部/傳記類/總傳之屬/列女

廣列女傳二十卷附錄一卷 (清)劉開纂 清光緒十年(1884)皖城刻本 六冊

330000－1704－0021286 020585 子部/宗教類/佛教之屬/諸宗

蓮宗十一祖往生正傳一卷 (清)釋悟開編 清光緒三十年(1904)溫州劉慶潤經房刻本 一冊

330000－1704－0021287 020586 子部/宗教類/佛教之屬/諸宗

蓮宗十一祖往生正傳一卷 (清)釋悟開編 清光緒三十年(1904)溫州劉慶潤經房刻本 一冊

330000－1704－0021288 021331 集部/別集類/宋別集

蘇文忠公詩編註集成四十六卷集成總案四十五卷諸家雜綴酌存一卷蘇海識餘四卷牋詩圖一卷 (宋)蘇軾撰 (清)王文誥輯注 清光緒十四年(1888)浙江書局刻本 二十二冊 存八十七卷(一至四十二、集成總案一至四十五)

330000－1704－0021290 020588 子部/醫家類/婦科之屬/產科

達生編三卷附錄一卷保赤編各方一卷 (清)亟齋居士撰 清同治十年(1871)刻本 一冊

330000－1704－0021291 020719 集部/別集類/宋別集

黄詩全集五十八卷 (宋)黄庭堅撰 清乾隆五十四年(1789)南康謝氏樹經堂刻本 二十冊

330000－1704－0021293 020589 經部/小學類/文字之屬/字書/字體

古籀拾遺三卷附宋政和禮器文字考一卷 (清)孫詒讓撰 清光緒十四年至十六年(1888－1890)刻本 一册

330000－1704－0021295 021321 子部/雜著類/雜說之屬

菜根譚一卷 (明)洪應明撰 **娑羅館清言二卷續娑羅館清言一卷** (明)屠隆撰 清宣統三年(1911)瑞安務本局石印本 一册

330000－1704－0021297 021323 史部/金石類/總志之屬

金石索十二卷首一卷 (清)馮雲鵬 (清)馮雲鵷輯 清光緒石印本 十九册 缺二卷(首、金索一)

330000－1704－0021300 021325 集部/詩文評類/詩評之屬

漁洋山人詩問二卷律詩定體一卷 (清)王士禛撰 **然燈記聞一卷** (清)何世堪撰 清宣統三年(1911)上海掃葉山房石印本 一册

330000－1704－0021303 020672 史部/編年類/通代之屬

資治通鑑目録三十卷 (宋)司馬光撰 清光緒石印本 四册

330000－1704－0021304 020720 子部/醫家類/類編之屬

陳修園醫書四十八種 (清)陳念祖等撰 清光緒石印本 一册 存九種

330000－1704－0021321 020677 史部/編年類/通代之屬

資治通鑑補二百九十四卷首一卷 (明)嚴衍撰 清光緒二十八年(1902)上海益智書局石印本 二册 存九卷(首、一至八)

330000－1704－0021322 021330 史部/傳記類/别傳之屬/事狀

明太師張文忠公世家初編四卷首一卷末一卷 (明)李思誠 (明)姜應麟輯 **明太師張文忠公世家三編四卷首一卷末一卷** (明)楊道賓 (明)項維聰參校 清道光二十四年至二十五年(1844－1845)張氏崇義堂刻本 三册 缺三卷(初編首、一至二)

330000－1704－0021323 020673 史部/編年類/通代之屬

資治通鑑補二百九十四卷首一卷 (明)嚴衍撰 清光緒二十八年(1902)上海益智書局石印本 四十六册 存二百八十六卷(九至二百九十四)

330000－1704－0021325 021334 集部/别集類/清别集

醫俗軒遺稾一卷 (清)管名簥撰 **燕臺倡和一卷** (清)管荼簃 (清)邱子昕撰 **荼簃吟草外編一卷管世駿編** 清宣統元年(1909)鉛印本 一册

330000－1704－0021326 善001282 史部/紀傳類/正史之屬

史記一百三十卷 (漢)司馬遷撰 (南朝宋)裴駰集解 (唐)司馬貞索隱 (唐)張守節正義 (明)陳仁錫評 明刻本 三册 存十卷(一百二十一至一百三十)

330000－1704－0021327 021335 集部/别集類/明别集

王文成公全書三十八卷 (明)王守仁撰 清光緒浙江書局刻本 二十四册

330000－1704－0021328 020683 集部/詞類/别集之屬

憶雲詞甲稾一卷乙稾一卷丙稾一卷丁稾一卷删存一卷 (清)項廷紀撰 清末有正書局石印本 一册

330000－1704－0021335 021337 類叢部/叢書類/彙編之屬

仰視千七百二十九鶴齋叢書四十種 (清)趙之謙編 清光緒會稽趙氏刻本 一册 存一種

330000－1704－0021338 021338 子部/小說家類/異聞之屬

音釋坐花誌果八卷 (清)汪道鼎 (清)鷲峰樵者撰 清光緒十七年(1891)武林竹簡齋石印本 一册 存二卷(一至二)

330000－1704－0021339　020761　子部/藝術類/遊藝之屬/棋弈

蝸簃奕錄八種　(清)黄霞等撰　(清)鮑鼎輯　清光緒十五年(1889)蝸簃刻本　一册　存一種

330000－1704－0021340　020762　類叢部/叢書類/自著之屬

曾文正公全集十六種　(清)曾國藩撰　清同治至光緒傳忠書局刻本　五册　存一種

330000－1704－0021344　020610　集部/詞類/别集之屬

冬巢詞集四卷　(清)汪潮生撰　清道光十七年(1837)黄承吉刻本　一册

330000－1704－0021345　020721　集部/别集類

飲冰室文集十六卷補遺二卷　梁啓超撰　清光緒二十九年(1903)上海廣智書局鉛印本　十八册

330000－1704－0021346　020611　集部/别集類/清别集

冬巢詩集四卷　(清)汪潮生撰　清道光十七年(1837)黄承吉刻本　一册

330000－1704－0021361　021344　子部/醫家類/類編之屬

陳修園二十八種　(清)陳念祖等撰　清末石印本　一册　存二種

330000－1704－0021362　020613　集部/别集類/清别集

陳文恭公手札節要三卷　(清)陳弘謀撰　清同治七年(1868)湖北崇文書局刻本　一册

330000－1704－0021363　020689　子部/宗教類/佛教之屬/諸宗

雲棲法彙二十八種七十四卷　(明)釋袾宏撰　(明)王宇春等輯　清光緒二十三年至二十五年(1897－1899)金陵刻經處刻本　一册　存二種

330000－1704－0021364　021345　子部/醫家類/類編之屬

陳修園醫書　(清)陳念祖等撰　清光緒上海商務印書館鉛印本　與330000－1704－0021361合一册　存一種

330000－1704－0021366　021346　新學/雜著/叢編

西學啓蒙十六種　(英國)赫德編　(英國)艾約瑟譯　清光緒二十四年(1898)上海盈記書莊石印本　十六册

330000－1704－0021368　020616　集部/别集類/漢魏六朝别集

徐孝穆全集六卷　(南朝陳)徐陵撰　(清)吴兆宜箋注　**備考一卷**　(清)徐文炳撰　清光緒二年(1876)廣東翰墨園刻本　三册

330000－1704－0021369　021347　史部/地理類/專志之屬/祠墓

台州新建二徐先生祠堂碑不分卷　(清)孫衣言等撰　清刻本　一册

330000－1704－0021371　020690　集部/别集類/元别集

鐵厓樂府註十卷咏史註八卷逸編註八卷　(元)楊維楨撰　(清)樓卜瀍註　清宣統二年(1910)上海掃葉山房石印本　一册　存四卷(詠史註五至八)

330000－1704－0021373　021349　子部/醫家類/綜合之屬/合刻、合抄

景岳全書六十四卷　(明)張介賓撰　清刻本　十七册　存五十三卷(九至十三、十七至六十四)

330000－1704－0021375　020693　經部/四書類/總義之屬/傳説

四書經註集證十九卷　(清)吴昌宗撰　清嘉慶三年(1798)江都汪廷機刻本　七册

330000－1704－0021376　020694　子部/醫家類/溫病之屬/瘟疫

廣瘟疫論四卷廣瘟疫論方一卷　(清)戴天章撰　清刻本　一册　存三卷(三至五)

330000－1704－0021383　020620　子部/醫家類/傷寒金匱之屬/金匱要略

金匱心典三卷 （清）尤怡撰 清末上海文瑞樓石印本 一冊

330000－1704－0021387 020764 子部/叢編

二十五子彙函 （清）鴻文書局編 清光緒十九年（1893）上海鴻文書局石印本 一冊 存一種

330000－1704－0021390 021352 類叢部/叢書類/自著之屬

林文忠公遺集四種 （清）林則徐撰 清光緒三山林氏刻本 一冊 存二種

330000－1704－0021391 020696 子部/醫家類/綜合之屬/通論

瀛經堂詳校醫宗必讀十卷 （明）李中梓撰 清嘉慶十二年（1807）裕文堂刻本 一冊 存二卷（一至二）

330000－1704－0021393 020766 史部/紀傳類/正史之屬

二十四史 清刻本 一冊 存一種

330000－1704－0021395 021353 類叢部/叢書類/彙編之屬

訓纂堂叢書六種 （清）楊調元輯 清光緒貴筑楊氏刻本 一冊 存三種

330000－1704－0021397 020697 子部/醫家類/綜合之屬/通論

醫學從衆八卷 （清）陳念祖撰 清光緒二十一年（1895）宏道堂刻本 七冊 存七卷（一至四、六至八）

330000－1704－0021398 021354 子部/叢編

子書百家 （清）崇文書局編 清光緒元年（1875）湖北崇文書局刻本 二冊 存一種

330000－1704－0021400 021355 類叢部/叢書類/自著之屬

振綺堂遺書五種 （清）汪遠孫撰 清道光刻民國十一年（1922）錢唐汪氏彙印本 一冊 存一種

330000－1704－0021402 020767 子部/術數類/相宅相墓之屬

地理啖蔗錄八卷 （清）袁守定撰並釋 清刻本 一冊 存四卷（一至四）

330000－1704－0021404 020698 子部/醫家類/醫經之屬/内經

黃帝内經素問九卷 （清）高世栻注 清刻本 一冊 存一卷（七）

330000－1704－0021405 善 001285 類叢部/叢書類/彙編之屬

津逮祕書十五集一百四十種 （明）毛晉編 明崇禎虞山毛氏汲古閣刻本 一冊 存一種

330000－1704－0021406 021356 史部/編年類/通代之屬

司馬溫公稽古錄二十卷附校勘記一卷 （宋）司馬光撰 清光緒五年（1879）江蘇書局刻本 二冊 缺十三卷（一至十三）

330000－1704－0021407 020627 集部/別集類/清別集

翁松禪手劄不分卷 （清）翁同龢撰 清宣統石印本 一冊

330000－1704－0021408 善 001286 子部/醫家類/類編之屬

薛氏醫按二十四種 （明）吳琯編 明萬曆刻本 一冊 存一種

330000－1704－0021409 021357 子部/醫家類/類編之屬

六科證治準繩（六科準繩） （明）王肯堂撰 清刻本 十一冊 存四種

330000－1704－0021410 020699 子部/醫家類/醫經之屬/内經

黃帝内經素問註證發微九卷補遺一卷黃帝内經靈樞註證發微九卷 （明）馬蒔撰 清刻本 一冊 存一卷（素問八）

330000－1704－0021412 020628 經部/小學類/文字之屬

小學鉤沈三十九種附六種合十九卷 （清）任大椿撰 （清）王念孫校 清刻本 一冊 存

十二卷(八至十九)

330000－1704－0021413　020629　集部/别集類/清別集

王氏漁洋詩鈔十二卷　(清)王士禛撰　(清)邵長蘅選　清末影印本　一册　存三卷(八至十)

330000－1704－0021414　善 001287　史部/詔令奏議類/奏議之屬

荆川先生右編四十卷　(明)唐順之輯　(明)劉曰寧補　明萬曆南京國子監刻本　八册　存八卷(三十一至三十五、三十八至四十)

330000－1704－0021415　020630　經部/小學類/音韻之屬/等韻

四聲切韻表一卷凡例一卷　(清)江永編　清乾隆三十六年(1771)恩平縣衙刻本　一册

330000－1704－0021416　020631　史部/政書類/儀制之屬/典禮

文廟丁祭譜一卷　(清)藍鍾瑞等撰　清同治七年(1868)江蘇書局刻本　一册

330000－1704－0021417　020768　新學/議論/通論

羣學肄言不分卷　(英國)斯賓塞爾撰　嚴復譯　清光緒二十九年(1903)上海文明編譯書局鉛印本　六册

330000－1704－0021419　020769　子部/術數類/相宅相墓之屬

地學答問不分卷　(清)魏青江撰　清乾隆四十九年(1784)二西堂刻本　一册

330000－1704－0021420　020836　史部/傳記類/總傳之屬/釋道

高僧傳初集至四集　(清)楊文會輯　清光緒十年至十八年(1884－1892)金陵刻經處、江北刻經處刻本　二册　存一種

330000－1704－0021421　020732　集部/總集類/彙編之屬

陳太僕批選八家文鈔　(清)陳兆崙編　清光緒二十六年(1900)天津文美齋石印本　六册

330000－1704－0021424　020632　經部/小學類/音韻之屬

切音捷訣一卷附幼學切音便讀一卷　(清)酈珩輯　清光緒六年(1880)諸暨攟古堂刻本　一册

330000－1704－0021426　善 001288　經部/詩類/傳說之屬

詩經集傳八卷　(宋)朱熹撰　清刻本　四册

330000－1704－0021427　020771　新學/政治法律/律例

日本法規解字一卷　錢恂　董鴻禕撰　清末上海商務印書館鉛印本　一册

330000－1704－0021429　020633　子部/宗教類/佛教之屬/經疏

佛說阿彌陀經要解一卷　(後秦)釋鳩摩羅什譯　(清)釋智旭解　清刻本　一册

330000－1704－0021430　善 001289　類叢部/類書類/通類之屬

事類賦三十卷　(宋)吴淑撰並注　清乾隆刻本　三册　存十八卷(十三至三十)

330000－1704－0021431　020772　子部/兵家類/兵法之屬

虎鈐經二十卷　(宋)許洞撰　清刻本　五册　缺四卷(十七至二十)

330000－1704－0021432　020634　經部/詩類/三家詩之屬

陳氏毛詩五種　(清)陳奂撰　清道光至咸豐吳門南園陳氏掃葉山莊刻本　一册　存二種

330000－1704－0021434　020773　集部/詩文評類/文評之屬

文心雕龍十卷　(南朝梁)劉勰撰　(清)黄叔琳輯注　(清)紀昀評　清道光十三年(1833)盧坤兩廣節署刻朱墨套印本　四册

330000－1704－0021435　020733　集部/别集類/清别集

吴學士文集四卷詩集五卷　(清)吴鼒撰　(清)薛春藜輯　(清)薛時雨　(清)譚廷獻編訂　清光緒八年(1882)番禺梁肇煌江寧藩

署刻本　三冊　存五卷(詩集一至五)

330000－1704－0021436　020840　集部/總集類/選集之屬/通代
詳註經史百家雜鈔二十六卷　(清)曾國藩纂　清末上海會文堂書局石印本　十六冊

330000－1704－0021437　善001290　類叢部/類書類/通類之屬
事類賦三十卷　(宋)吳淑撰並注　清刻本　二冊　存十三卷(一至十三)

330000－1704－0021438　020734　類叢部/叢書類/彙編之屬
正誼堂全書六十三種續刻五種　(清)張伯行編　(清)楊浚重編　清同治五年(1866)福州正誼書院刻同治八年至光緒十三年(1869－1887)續刻本　一冊　存一種

330000－1704－0021439　020700　子部/醫家類/醫經之屬/内經
靈樞經九卷　(清)張志聰撰　清光緒十六年(1890)浙江書局刻本　一冊　存一卷(一)

330000－1704－0021441　020702　子部/醫家類/温病之屬
溫熱暑疫全書四卷　(清)周揚俊輯　清刻本　一冊　存二卷(三至四)

330000－1704－0021443　020704　子部/醫家類/醫經之屬/内經
素問玄機原病式一卷　(金)劉完素撰　清刻本　一冊

330000－1704－0021445　020705　子部/醫家類/兒科之屬/通論
鼎鍥幼幼集成六卷　(清)陳復正輯　清刻本　一冊　存一卷(三)

330000－1704－0021446　020774　史部/史評類/考訂之屬
錢陟園考訂資治通鑑綱目全書五十九卷續資治通鑑綱目二十七卷　(清)錢選撰　清光緒八年(1882)惜物軒滬瀆刻本　六十冊　存五十九卷(考訂綱目一至五十九)

330000－1704－0021449　020706　子部/醫家類/醫經之屬/内經
黃帝内經靈樞註證發微十卷　(明)馬蒔撰　清光緒五年(1879)刻本　二冊　存二卷(一、十)

330000－1704－0021450　020775　類叢部/類書類/通類之屬
類函一百四十六卷語類三卷　清抄本　二十冊

330000－1704－0021451　020737　集部/總集類/選集之屬/通代
漢魏六朝女子文選二卷　張維輯　清宣統三年(1911)海鹽朱氏刻本　一冊

330000－1704－0021453　020845　史部/傳記類/别傳之屬/事狀
明太師張文忠公世家三編四卷首一卷末一卷　(明)楊道賓　(明)項維聰參校　清道光二十四年至二十五年(1844－1845)張氏崇義堂刻本　一冊　缺三卷(首、一至二)

330000－1704－0021454　020776　類叢部/叢書類/彙編之屬
祕書廿一種　(清)汪士漢編　清刻本　一冊　存二種

330000－1704－0021455　020708　子部/醫家類/類編之屬
古今醫統正脉全書四十四種　(明)王肯堂編　清刻本　一冊　存二種

330000－1704－0021456　020777　子部/叢編
二十五子彙函　(清)鴻文書局編　清光緒三十年(1904)上海育文書局石印本　一冊　存二種

330000－1704－0021458　020778　子部/宗教類/佛教之屬
註心賦四卷　(宋)釋延壽撰　清光緒三年(1877)金陵刻經處刻本　一冊　存一卷(二)

330000－1704－0021459　020709　類叢部/叢書類/家集之屬

如臯冒氏叢書三十四種附二種　冒廣生輯　清光緒至民國如臯冒氏刻本　二十册　存二十四種

330000－1704－0021461　020779　子部/儒家類/儒學之屬/經濟

大學衍義四十三卷　（宋）真德秀撰　明崇禎刻本　一册　存七卷（二十九至三十五）

330000－1704－0021464　014278　經部/小學類/訓詁之屬/方言

輶軒使者絕代語釋別國方言箋疏十三卷　（漢）楊雄撰　（清）錢繹箋疏　清光緒十六年（1890）王文韶紅蝠山房刻民國十八年（1929）補刻本　六册

330000－1704－0021465　020780　類叢部/叢書類/自著之屬

西山真文忠公全集七種　（宋）真德秀撰　清乾隆至道光二十一年（1841）真氏家祠刻本　一册　存一種

330000－1704－0021466　020781　子部/宗教類/佛教之屬/經

出曜經二十卷　（天竺）法救尊者造　（後秦）釋竺佛念譯　清光緒十五年（1889）江北刻經處刻本　一册　存三卷（八至十）

330000－1704－0021468　020782　子部/宗教類/佛教之屬/經疏

維摩詰所説經無我疏十二卷　（明）釋傳燈撰　清光緒二十三年（1897）天台山真覺寺刻本　三册　存六卷（三至四、九至十二）

330000－1704－0021469　020783　子部/宗教類/佛教之屬/總録

翻譯名義集二十卷　（宋）釋法雲編　清光緒四年（1878）金陵刻經處刻本　二册　存六卷（四至六、十一至十三）

330000－1704－0021470　020738　類叢部/叢書類/彙編之屬

崇文書局彙刻書三十一種　（清）崇文書局編　清光緒元年至三年（1875－1877）湖北崇文書局刻本　一册　存一種

330000－1704－0021473　020710　子部/醫家類/診法之屬/歷代脈學

脈法統宗不分卷　（清）孫德潤撰　清道光六年（1826）刻醫學彙海本　一册

330000－1704－0021474　020784　類叢部/叢書類/彙編之屬

説鈴前集三十三種後集十九種續集七種　（清）吳震方編　清道光五年（1825）聚秀堂刻本　十五册　存三十七種

330000－1704－0021475　014281　集部/詩文評類/文評之屬

文心雕龍十卷　（南朝梁）劉勰撰　（清）黄叔琳輯注　（清）紀昀評　清道光十三年（1833）盧坤兩廣節署刻朱墨套印本　四册

330000－1704－0021479　020851　子部/宗教類/道教之屬

祝由科天醫十三科一卷　清宣統二年（1910）上海書局石印本　一册

330000－1704－0021480　020712　子部/醫家類/診法之屬/歷代脈學

脈法統宗不分卷　（清）孫德潤撰　清道光六年（1826）刻醫學彙海本　一册

330000－1704－0021483　020701　史部/傳記類/總傳之屬/通代

百將圖傳二卷　（清）丁日昌編　清同治八年（1869）江蘇書局刻本　一册　存一卷（一）

330000－1704－0021484　018943　類叢部/叢書類/彙編之屬

小萬卷樓叢書十七種　（清）錢培名輯　清咸豐四年（1854）刻本　一册　存一種

330000－1704－0021485　018891　類叢部/叢書類/彙編之屬

經訓堂叢書二十一種　（清）畢沅編　清乾隆至嘉慶鎮洋畢氏刻本　一册　存一種

330000－1704－0021486　020785　類叢部/類書類/專類之屬

胭脂牡丹六卷　（清）韓鄂撰　清道光二十七年（1847）文德堂刻本　三册

330000－1704－0021488　014285　集部/詞類/類編之屬

詞學叢書六種二十三卷　(清)秦恩復編　清嘉慶至道光江都秦氏享帚精舍刻本　夏承燾批　十冊

330000－1704－0021489　020786　類叢部/叢書類/自著之屬

王船山先生經史論八種七十四卷　(清)王夫之撰　清光緒二十九年(1903)通文書局石印本　六冊　存一種

330000－1704－0021490　020787　集部/別集類/清別集

白田草堂存稿二十四卷　(清)王懋竑撰　**先考王公府君[王懋竑]行狀一卷**　(清)王箴聽等撰　**崇祀鄉賢錄一卷**　清乾隆十七年(1752)刻本　五冊　缺五卷(五至九)

330000－1704－0021493　020713　史部/編年類/通代之屬

司馬溫公稽古錄二十卷　(宋)司馬光撰　清刻本　一冊　存八卷(十三至二十)

330000－1704－0021494　020854　子部/醫家類/方書之屬/單方驗方

驗方新編新增□□卷　(清)鮑相璈輯　清末刻本　一冊　存一卷(二十)

330000－1704－0021495　020788　子部/醫家類/診法之屬/脈經脈訣

校正圖註脈訣四卷附方一卷　(晉)王叔和撰　(明)張世賢注　清石印本　一冊　存二卷(一至二)

330000－1704－0021496　020740　子部/雜著類/雜說之屬

墨商三卷補遺一卷　王景羲撰　清宣統二年(1910)刻本　二冊

330000－1704－0021497　020855　史部/史評類/詠史之屬

廿一史詩箋集解四卷　清末刻本　一冊　存三卷(一、三至四)

330000－1704－0021498　020741　集部/別集類/明別集

止止堂集五卷　(明)戚繼光撰　清光緒十四年(1888)山東書局刻本　四冊

330000－1704－0021499　020790　子部/醫家類

醫藥雜抄一卷　清抄本　一冊

330000－1704－0021500　014286　經部/詩類/傳說之屬

詩經精華十卷首一卷　(清)薛嘉穎輯　清刻本　六冊

330000－1704－0021501　020791　史部/地理類/輿圖之屬/全國

皇朝一統輿地全圖一卷　(清)六承如輯　(清)馮焌光增補　(清)欽乃軒主人續增　清光緒石印本　二冊

330000－1704－0021502　020856　集部/詩文評類/詩評之屬

詩法入門四卷首一卷附新鐫詩韻五卷　(清)游藝輯　清刻本　四冊

330000－1704－0021507　020857　子部/醫家類/婦科之屬

傅青主女科二卷產後編二卷　(清)傅山撰　清刻本　一冊　存一卷(女科下)

330000－1704－0021513　020911　史部/地理類/方志之屬/郡縣志

[光緒]永嘉縣志三十八卷首一卷　(清)張寶琳修　(清)王棻　(清)孫詒讓纂　清光緒八年(1882)溫州維新書局刻本　十五冊　存二十三卷(三、五至十一、十四至十七、二十一、二十四至三十一、三十三至三十四)

330000－1704－0021515　020861　子部/宗教類/道教之屬

悟真篇三註三卷　(宋)薛道光　(宋)陸墅　(元)陳致虛撰　清善成堂刻本　一冊　存一卷(一)

330000－1704－0021516　020912　子部/宗教類/佛教之屬/諸宗

淨土三經　清光緒九年(1883)刻本　一冊

330000－1704－0021518　020862　子部/宗教類/佛教之屬/經疏

維摩詰所說經註八卷　(後秦)釋鳩摩羅什譯　(後秦)釋僧肇注　清光緒十三年(1887)金陵刻經處刻本　二冊

330000－1704－0021525　020743　史部/目録類/專録之屬

全上古三代秦漢三國晉南北朝文編目一百三卷　(清)嚴可均輯　(清)蔣壑編　清光緒五年(1879)蔣錫礽刻本　九冊　存五十八卷(一至十一、五十七至一百三)

330000－1704－0021526　020863　子部/宗教類/佛教之屬/論疏

大乘起信論直解二卷　(明)釋德清撰　清光緒十六年(1890)金陵刻經處刻本　一冊

330000－1704－0021527　020744　集部/詞類/類編之屬

宋元名家詞十五種　(清)江標編　清光緒二十一年(1895)湖南思賢書局刻本　三冊　存十一種

330000－1704－0021528　020789　集部/別集類/清別集

虛白山房詩集四卷駢體文二卷一簾花影樓試律詩一卷律賦一卷　(清)朱鳳毛撰　清光緒十五年(1889)廣州刻本　三冊

330000－1704－0021530　020916　子部/醫家類/傷寒金匱之屬/傷寒論

長沙方歌括六卷　(清)陳念祖撰　清末刻本　六冊

330000－1704－0021531　020864　子部/宗教類/佛教之屬/論疏

大乘起信論直解二卷　(明)釋德清撰　清光緒十六年(1890)金陵刻經處刻本　一冊

330000－1704－0021532　020795　類叢部/叢書類/自著之屬

頤志齋叢書二十二種　(清)丁晏撰　清道光至同治山陽丁氏六蓺堂刻同治元年(1862)彙印本　一冊　存一種

330000－1704－0021536　020796　集部/別集類/清別集

有正味齋全集　(清)吳錫麒撰　清嘉慶刻本　五冊　存二十卷(駢體文續集一至八、詩續集一至八、詞續集一至二、外集一至二)

330000－1704－0021538　020797　集部/總集類/郡邑之屬

兩浙輶軒錄四十卷補遺十卷　(清)阮元輯　清光緒十六年(1890)刻本　十六冊　存二十五卷(七至九、十四至十九、二十三、二十六、三十四、三十六至四十,補遺一至五、八至十)

330000－1704－0021539　020918　子部/醫家類/眼科之屬

傅氏眼科審視瑤函六卷首一卷　(明)傅仁宇撰　(明)林長生校補　清宣統元年(1909)上海會文書局石印本　二冊　存四卷(三至六)

330000－1704－0021545　020636　類叢部/叢書類/彙編之屬

滂喜齋叢書五十種　(清)潘祖蔭編　清同治至光緒吳縣潘氏京師刻本　一冊　存一種

330000－1704－0021550　020868　子部/雜著類/雜纂之屬

下酒物二卷　(清)張潮輯　清刻本　一冊　存一卷(一)

330000－1704－0021552　020801　子部/叢編

二十二子(二十二子彙函)　(清)浙江書局編　清光緒元年至三年(1875－1877)浙江書局刻本　六冊　存一種

330000－1704－0021556　020802　子部/宗教類/佛教之屬/諸宗

禪門日誦一卷　清光緒二十一年(1895)溫州府劉慶潤禮房經坊刻本　一冊

330000－1704－0021558　020803　子部/術數類/相宅相墓之屬

張宗道先生地理全書五卷　(明)張亙撰　清刻本　一冊　存二卷(四至五)

330000－1704－0021561　020920　子部/

叢編
二十二子(二十二子彙函)　(清)浙江書局編　清光緒新化三味書室刻本　十二冊　存一種

330000－1704－0021563　020871　史部/傳記類/總傳之屬/仕宦
國朝名臣言行錄三十卷首一卷　(清)董壽輯　清光緒石印本　八冊

330000－1704－0021566　020747　集部/別集類/清別集
有正味齋全集　(清)吳錫麒撰　清嘉慶十三年(1808)刻本　十冊　存四十四卷(有正味齋詩集一至十一、駢體文一至二十四、詞集五至八、外集一至五)

330000－1704－0021567　020921　類叢部/叢書類/彙編之屬
增訂漢魏叢書八十六種　(清)王謨編　清刻本　一冊　存一種

330000－1704－0021570　020922　子部/醫家類/類編之屬
吳氏醫學述　(清)吳儀洛輯　清刻本　三冊　存一種

330000－1704－0021572　020874　類叢部/叢書類/自著之屬
朱氏羣書六種　(清)朱駿聲撰　清光緒八年(1882)臨嘯閣刻本　一冊　存一種

330000－1704－0021573　014304　類叢部/叢書類/自著之屬
章氏遺書二種　(清)章學誠撰　清道光十二年至十三年(1832－1833)章華紱刻浙江書局補刻本　五冊

330000－1704－0021574　020923　史部/地理類/總志之屬/斷代
楚漢諸侯疆域志三卷　(清)劉文淇撰　清光緒二年(1876)金陵刻本　一冊

330000－1704－0021575　014305　集部/別集類/清別集
秣陵集六卷金陵歷代紀年事表一卷圖考一卷　(清)陳文述撰　清光緒十年(1884)淮南書局刻本　梅冷生題記　二冊　缺二卷(五至六)

330000－1704－0021578　020807　史部/目錄類/總録之屬/私撰
愛山樓書目一卷　(清)張時珍編　張毓驄錄　清抄本　一冊

330000－1704－0021579　020924　史部/史評類/史論之屬
史通削繁四卷　(清)紀昀撰　清道光十三年(1833)盧坤兩廣節署刻朱墨套印本　四冊

330000－1704－0021580　020805　史部/詔令奏議類/奏議之屬
[嘉慶]海事奏折一卷　清抄本　一冊

330000－1704－0021581　020875　史部/編年類/斷代之屬
紀元編三卷末一卷　(清)李兆洛撰　(清)六承如輯　清刻本　一冊　缺一卷(上)

330000－1704－0021584　020808　史部/傳記類/總傳之屬/文苑
宋詩人小傳不分卷　清抄本　二冊

330000－1704－0021586　014308　集部/詞類/別集之屬
曝書亭詞拾遺三卷志異一卷　(清)朱彝尊撰　(清)翁之潤輯　清光緒二十二年(1896)常熟翁氏刻本　一冊

330000－1704－0021589　014310　集部/詞類/類編之屬
西泠詞萃六種　(清)丁丙編　清光緒十一年至十三年(1885－1887)錢塘丁氏刻本　四冊

330000－1704－0021593　020810　經部/易類/專著之屬
沈穀成先生易學四種　(清)沈善登撰　清光緒桐鄉沈氏豫恕堂刻本　一冊　存一種

330000－1704－0021597　020811　集部/總集類/郡邑之屬
兩浙輶軒錄四十卷補遺十卷　(清)阮元輯

清嘉慶仁和朱氏碧溪草堂、錢塘陳氏種榆仙館刻本　四冊　存四卷(三十二、三十五至三十六、三十九)

330000－1704－0021602　020640　史部/紀事本末類

紀事本末五種　(清)□□輯　清同治十二年至十三年(1873－1874)江西書局刻本　十七冊　存一種

330000－1704－0021603　020931　史部/紀傳類/正史之屬

北史一百卷　(唐)李延壽撰　明刻本　二十冊

330000－1704－0021604　020812　子部/宗教類/佛教之屬/經

大乘造像功德經二卷　(唐)釋提雲般若等譯　清同治十一年(1872)常熟刻經處刻本　一冊

330000－1704－0021606　020641　子部/藝術類/篆刻之屬/印譜

癖石山房印譜初集不分卷　(清)侯紹裘鐫藏　清同治鈐印本　一冊

330000－1704－0021607　020813　子部/宗教類/佛教之屬/經疏

佛說無量壽經義疏六卷　(三國魏)釋康僧鎧譯　(隋)釋慧遠疏　清光緒二十年(1894)金陵刻經處刻本　二冊

330000－1704－0021608　020814　子部/宗教類/佛教之屬/經疏

佛說無量壽經義疏六卷　(三國魏)釋康僧鎧譯　(隋)釋慧遠疏　清光緒二十年(1894)金陵刻經處刻本　二冊

330000－1704－0021609　020882　經部/叢編

增訂五經體註大全五種四十卷　(清)嚴氏家塾主人輯　清光緒五年(1879)慈水古草堂刻本　七冊　存一種

330000－1704－0021612　014314　類叢部/叢書類/彙編之屬

雅雨堂叢書(雅雨堂藏書)十三種　(清)盧見曾編　清乾隆二十一年(1756)德州盧氏雅雨堂刻增修本　一冊　存一種

330000－1704－0021614　020884　子部/儒家類/儒家之屬

孔氏家語十卷　(三國魏)王肅注　清光緒上海同文書局石印本　一冊　存二卷(五至六)

330000－1704－0021616　020885　子部/儒家類/儒家之屬

孔氏家語十卷　(三國魏)王肅注　清光緒上海同文書局石印本　一冊　存二卷(五至六)

330000－1704－0021617　020886　子部/儒家類/儒家之屬

孔氏家語十卷　(三國魏)王肅注　清刻本　一冊　存二卷(三至四)

330000－1704－0021619　014315　子部/道家類

老子道德經二卷　(三國魏)王弼注　**老子道經音義一卷**　(唐)陸德明撰　清光緒元年(1875)浙江書局刻二十二子彙函本　夏承燾批並題記　一冊

330000－1704－0021623　020748　集部/曲類/寶卷之屬

何仙姑寶卷二卷　(清)□□撰　清光緒三十年(1904)蘇城瑪瑙經房刻本　一冊

330000－1704－0021625　020750　經部/群經總義類/傳說之屬

九經古義十六卷　(清)惠棟撰　清乾隆潮陽縣署刻本　四冊

330000－1704－0021626　020751　史部/地理類/方志之屬/郡縣志

[光緒]續纂江寧府志十五卷首一卷　(清)蔣啟勛　(清)趙佑宸修　(清)汪士鐸等纂　清光緒六年(1880)刻本　一冊　存一卷(十四)

330000－1704－0021627　020961　經部/小學類/訓詁之屬/方言

新安鄉音字義考正一卷　(宋)朱熹撰　清光緒三十年(1904)石印本　一冊

330000－1704－0021629　020963　子部/醫家類/傷寒金匱之屬/傷寒論

傷寒論六卷附傷寒論本義一卷　(漢)張機撰　(清)張志聰註釋　(清)高世栻纂集　清光緒二十五年(1899)石印本　一冊

330000－1704－0021633　020967　子部/醫家類/類編之屬

陳修園醫書四十八種　(清)陳念祖等撰　清光緒石印本　一冊　存一種

330000－1704－0021637　020816　類叢部/叢書類/自著之屬

蟄廬叢書　(清)陳虬撰　清光緒甌雅堂刻本　二冊　存二種

330000－1704－0021638　014317　集部/別集類/明別集

黃石齋手寫詩卷不分卷　(明)黃道周撰並書　清光緒三十三年(1907)上海國學保存會石印本　一冊

330000－1704－0021639　020817　史部/詔令奏議類/奏議之屬

曾文正公奏議十卷首一卷末一卷補編四卷　(清)曾國藩撰　(清)薛福成編　清同治十三年(1874)上海吳氏醉六堂刻本　十冊

330000－1704－0021643　020645　子部/術數類/占卜之屬

銀河棹一卷　(明)張松源編　清刻本　一冊

330000－1704－0021645　020819　史部/傳記類/日記之屬

道西齋日記二卷(清光緒十三年)　王詠霓撰　清光緒十三年(1887)青陽曹獻之、甯修刻本　一冊

330000－1704－0021646　020820　史部/地理類/專志之屬/祠墓

岳廟志略十卷首一卷　(清)馮培輯　清光緒五年(1879)浙江書局刻本　四冊

330000－1704－0021647　020646　子部/宗教類/道教之屬

天仙正理直論增註一卷　(明)伍守陽撰　(明)伍守陽　(明)伍守虛註　清康熙五十八年(1719)謝嗣芳刻乾隆二十九年(1764)申兆定增修本　一冊

330000－1704－0021648　020889　經部/群經總義類/文字音義之屬

經籍籑詁一百六卷補遺一百六卷首一卷　(清)阮元撰　清光緒石印本　十冊　存九十四卷(五至九十八)

330000－1704－0021649　020821　子部/雜著類/雜說之屬

墨子閒詁十五卷目錄一卷附錄一卷後語二卷　(清)孫詒讓撰　清光緒三十三年(1907)瑞安孫氏刻本　八冊

330000－1704－0021652　020890　子部/儒家類/儒學之屬/禮教

五種遺規摘鈔　(清)陳弘謀輯並撰　(清)劉肇紳摘抄　清末石印本　一冊　存一種

330000－1704－0021654　020891　集部/別集類/清別集

拜筆山房雜鈔一卷　(清)蔡日森撰　清道光抄本　一冊

330000－1704－0021655　020822　史部/紀傳類/正史之屬

四史四百十五卷　清光緒十四年(1888)上海蜚英館石印本　十六冊　存一種

330000－1704－0021657　020823　子部/宗教類/佛教之屬/諸宗

博山和尚參禪警語一卷　(明)釋元來撰　(清)釋成正集　清光緒三十四年(1908)鎮江金山江天寺刻本　一冊

330000－1704－0021661　020893　集部/別集類/宋別集

王臨川文集四卷　(宋)王安石撰　清宣統二年(1910)上海會文堂書局石印本　四冊

330000－1704－0021669　020968　子部/醫家類/類編之屬

陳修園醫書四十八種　(清)陳念祖等撰　清光緒石印本　一冊　存四種

330000－1704－0021670　020968　子部/醫家類/類編之屬
陳修園醫書　(清)陳念祖等撰　清光緒鉛印本　一冊　存一種

330000－1704－0021679　020833　類叢部/叢書類/自著之屬
率祖堂叢書八種附六種　(宋)金履祥撰　清雍正至乾隆金華金氏刻光緒十三年(1887)鎮海謝駿德補刻本　一冊　存一種

330000－1704－0021682　020930　集部/別集類/清別集
龔定盦全集　(清)龔自珍撰　清光緒二十三年(1897)萬本書堂刻本　六冊

330000－1704－0021684　020834　經部/周禮類/傳說之屬
周禮正義八十六卷　(清)孫詒讓撰　清光緒三十一年(1905)鉛印本　十二冊

330000－1704－0021685　020835　史部/編年類/通代之屬
資治通鑑二百九十四卷　(宋)司馬光撰　(元)胡三省音注　清刻本　五冊　存十六卷(八十六至一百一)

330000－1704－0021686　020932　經部/群經總義類/文字音義之屬
經典釋文三十卷　(唐)陸德明撰　**經典釋文攷證三十卷**　(清)盧文弨撰　**孟子音義二卷**　(清)孫奭撰　清刻本　十一冊　缺四卷(十至十一、攷證十至十一)

330000－1704－0021688　021046　集部/總集類/選集之屬/斷代
國朝二十四家文鈔二十四卷　(清)徐斐然輯　清乾隆六十年(1795)刻本　十二冊

330000－1704－0021693　014323　集部/總集類/郡邑之屬
硤川詩續鈔十六卷詞續鈔一卷　(清)許仁沐　蔣學堅輯　清光緒二十一年(1895)雙山講舍刻本　六冊

330000－1704－0021697　020969　子部/醫家類/類編之屬
陳修園二十八種　(清)陳念祖等撰　清末石印本　一冊　存二種

330000－1704－0021699　020934　類叢部/叢書類/彙編之屬
正覺樓叢刻(正覺樓叢書)二十九種　(清)崇文書局編　清光緒崇文書局刻本　十四冊　存十二種

330000－1704－0021702　020970　子部/醫家類/類編之屬
陳修園二十八種　(清)陳念祖等撰　清末石印本　二冊　存九種

330000－1704－0021703　020937　子部/天文曆算類/算書之屬
翼梅八卷續一卷　(清)江永撰　清光緒七年(1881)羣玉山房刻本　三冊　存七卷(三至八、續)

330000－1704－0021704　020970　子部/醫家類/類編之屬
陳修園二十八種　(清)陳念祖等撰　清光緒二十九年(1903)上海錦章書局石印本　與330000－1704－0021702合二冊　存一種

330000－1704－0021706　021047　史部/金石類/總志之屬
金石索十二卷首一卷　(清)馮雲鵬　(清)馮雲鵷輯　清光緒三十二年(1906)上海文新局石印本　三冊　存三卷(石索一、四至五)

330000－1704－0021707　021048　集部/總集類/選集之屬/通代
歷朝詩體八卷　(清)周日年輯　清嘉慶十九年(1814)聽雪樓刻本　八冊

330000－1704－0021708　021103　子部/宗教類/佛教之屬
賢愚因緣經十三卷　(北魏)釋慧覺等譯　清刻本　三冊　缺三卷(五至七)

330000－1704－0021711　021104　子部/宗教類/佛教之屬/經疏
妙法蓮華經文句記三十卷　(唐)釋湛然輯

清刻本　十五冊　存十五卷(六至七、九至十一、十三至十六、十八至十九、二十一至二十三、三十)

330000－1704－0021712　020908　經部/小學類/文字之屬/字書/字典
康熙字典十二集三十六卷總目一卷檢字一卷辨似一卷等韻一卷補遺一卷備考一卷　(清)張玉書等纂修　清宣統二年(1910)上海天寶石印書局石印本　三冊

330000－1704－0021713　021050　經部/小學類/音韻之屬/古今韻說
古韻通說二十卷附通說一卷畧例一卷　(清)龍啟瑞撰　清同治六年(1867)粵東省城富文齋刻本　四冊

330000－1704－0021714　021105　經部/叢編
御纂七經二百八十卷首十一卷序三卷　(清)李光地等撰　清刻本　三十二冊　存一種

330000－1704－0021715　021052　子部/宗教類/佛教之屬/諸宗
相宗八要直解八卷　(明)釋智旭撰　清光緒八年(1882)長沙刻經處刻本　二冊

330000－1704－0021716　020909　經部/小學類/文字之屬/字書/字典
御定康熙字典十二集三十六卷總目一卷檢字一卷辨似一卷等韻一卷補遺一卷備考一卷
(清)張玉書等纂修　清光緒十六年(1890)上海鴻文書局石印本　三冊　存十八卷(巳集一至三、午集一至三、未集一至三、申集一至三、酉集一至三、戌集一至三)

330000－1704－0021717　020940　經部/叢編
御纂七經二百八十卷首十一卷序三卷　(清)李光地等撰　清刻本　十五冊　存一種

330000－1704－0021719　021051　經部/四書類/總義之屬/傳說
新訂四書補註備旨十卷　(明)鄧林撰　(清)杜定基增訂　清書業德刻本　一冊

330000－1704－0021720　020910　經部/小學類/文字之屬/字書/字典
康熙字典十二集三十六卷總目一卷檢字一卷辨似一卷等韻一卷補遺一卷備考一卷　(清)張玉書等纂修　清光緒三十年(1904)上海錦章書局石印本　二冊　存十五卷(子集上中下、丑集上中下、亥集上中下,總目,檢字,辨似,等韻,補遺,備考)

330000－1704－0021725　020941　史部/地理類/總志之屬/斷代
皇朝直省廳州縣紀畧不分卷　清末油印本　一冊

330000－1704－0021727　021142　史部/叢編
資治通鑑彙刻　清同治至光緒江蘇書局刻本　八冊　存一種

330000－1704－0021728　014329　集部/詞類/類編之屬
宋元名家詞十五種　(清)江標編　清光緒二十一年(1895)湖南思賢書局刻本　一冊　存一種

330000－1704－0021730　021053　史部/傳記類/科舉録之屬/總録
國朝兩浙科名錄不分卷　(清)黄安綬輯　清咸豐七年(1857)至光緒遞刻本　一冊

330000－1704－0021731　021143　類叢部/類書類/專類之屬
子史精華一百六十卷　(清)吳士玉　(清)吳襄等輯　清末石印本　一冊　存十六卷(六十五至八十)

330000－1704－0021732　021054　子部/雜著類/雜說之屬
蒿菴閒話二卷附談龍錄一卷　(清)張爾岐撰　清刻本　一冊

330000－1704－0021734　020945　類叢部/叢書類/自著之屬
簣喜廬所箸書　(清)傅雲龍撰　清光緒十五年(1889)日本東京鉛印暨石印本　一冊　存

一種

330000－1704－0021735　021144　子部/叢編

二十五子彙函　(清)鴻文書局編　清光緒十九年(1893)上海鴻文書局石印本　五冊　存七種

330000－1704－0021736　021055　類叢部/叢書類/彙編之屬

崇文書局彙刻書三十一種　(清)崇文書局編　清光緒元年至三年(1875－1877)湖北崇文書局刻本　一冊　存一種

330000－1704－0021740　021056　集部/別集類/清別集

退思草堂詩鈔二卷　(清)李懋勳撰　清光緒三十二年(1906)永嘉刻本　二冊

330000－1704－0021741　021057　集部/總集類/郡邑之屬

西泠五布衣遺箸　(清)丁丙輯　清同治至光緒錢塘丁氏當歸草堂刻本　八冊　存四種

330000－1704－0021744　014331　集部/詞類/詞譜之屬

詞律二十卷　(清)萬樹撰　清康熙二十六年(1687)萬氏堆絮園刻本　六冊

330000－1704－0021746　020943　集部/總集類/郡邑之屬

樂成詩錄四卷　(清)鄭一龍輯　清光緒十九年至二十年(1893－1894)刻本　一冊　存二卷(一至二)

330000－1704－0021747　014332　集部/詞類/別集之屬

曝書亭集詞註七卷　(清)朱彝尊撰　(清)李富孫注　清嘉慶十九年(1814)嘉興李氏校經廎刻道光九年(1829)補刻本　夏承燾跋　六冊

330000－1704－0021748　021148　子部/宗教類/佛教之屬/諸宗

樂邦文類五卷　(宋)釋宗曉輯　清刻本　三冊　缺二卷(一至二)

330000－1704－0021749　020974　子部/醫家類/類編之屬

六科證治準繩(六科準繩)　(明)王肯堂撰　清末鴻寶齋書局石印本　四十二冊

330000－1704－0021750　021149　集部/別集類/唐五代別集

唐陸宣公集二十二卷首一卷增輯一卷附錄一卷　(唐)陸贄撰　清光緒二年(1876)江蘇書局刻本　一冊　存四卷(十三至十六)

330000－1704－0021752　021058　集部/別集類/清別集

翁松禪手劄不分卷　(清)翁同龢撰　清宣統三年(1911)石印本　九冊

330000－1704－0021753　021059　集部/別集類/清別集

翁松禪手劄不分卷　(清)翁同龢撰　清宣統石印本　一冊

330000－1704－0021754　021060　子部/宗教類/佛教之屬/經疏

妙法蓮華經玄義節要二卷　(隋)釋智顗撰　(明)釋智旭節要　清光緒六年(1880)福德因緣堂刻本　一冊　存一卷(上)

330000－1704－0021755　021061　子部/宗教類/佛教之屬/經疏

妙法蓮華經玄義節要二卷　(隋)釋智顗撰　(明)釋智旭節要　清光緒六年(1880)福德因緣堂刻本　一冊　存一卷(上)

330000－1704－0021757　021062　集部/別集類/清別集

劉葆真太史遺稾二卷　(清)劉可毅撰　清宣統二年(1910)刻本　一冊

330000－1704－0021761　021063　史部/史抄類

讀史鏡古編三十二卷　(清)潘世恩輯　清同治十三年(1874)冶城飛霞閣刻本　六冊

330000－1704－0021763　021152　類叢部/叢書類/彙編之屬

漸西村舍彙刊(漸西村舍叢刻)四十四種

（清）袁昶編　清光緒十六年至二十四年（1890－1898）桐廬袁氏刻本　一册　存一種

330000－1704－0021769　021115　經部/小學類/音韻之屬/注音
傳音快字一卷　（清）蔡錫勇撰　清光緒二十二年（1896）武昌刻本　一册

330000－1704－0021770　020975　子部/宗教類/佛教之屬/諸宗
禪林寶訓筆説三卷　（清）釋智祥撰　清末揚州藏經禪院刻本　一册　存一卷（上）

330000－1704－0021771　021116　類叢部/叢書類/郡邑之屬
永嘉叢書十三種　（清）孫衣言編　清同治至光緒瑞安孫氏詒善祠塾刻本　四册　存二種

330000－1704－0021772　021065　集部/别集類/清别集
退思軒詩集六卷補遺一卷　（清）張百熙撰　清宣統三年（1911）王式通京師鉛印本　一册

330000－1704－0021775　021155　史部/地理類/方志之屬/郡縣志
[光緒]永嘉縣志三十八卷首一卷　（清）張寶琳修　（清）王棻　（清）孫詒讓纂　清光緒八年（1882）溫州維新書局刻本　九册　存十二卷（三、五至七、十至十二、十五、十八至二十、二十六）

330000－1704－0021776　020944　集部/總集類/課藝之屬
時文抄不分卷　清抄本　一册

330000－1704－0021777　021067　史部/詔令奏議類/奏議之屬
唐陸宣公奏議讀本四卷首一卷　（唐）陸贄撰　（清）汪銘謙輯　（清）馬傳庚評點　清光緒二十六年（1900）會稽馬家鼎石印本　二册

330000－1704－0021780　善001580　史部/時令類
古今類傳四卷　（清）董穀士　（清）董炳文輯　清康熙三十一年（1692）未學齋刻本　二册

330000－1704－0021785　020976　子部/宗教類/佛教之屬/經
華嚴懸談會玄記四十卷　（元）釋普瑞集　清刻本　二册　存九卷（二十一至二十五、三十四至三十七）

330000－1704－0021787　021071　集部/總集類/選集之屬/斷代
文粹一百卷　（宋）姚鉉輯　**補遺二十六卷**　（清）郭麐輯　清光緒十六年（1890）杭州許增榆園刻本　二十三册　缺八卷（補遺十九至二十六）

330000－1704－0021788　020977　子部/宗教類/佛教之屬/律
重治毘尼事義集要十七卷首一卷沙彌十戒威儀錄要一卷四分律藏大小持戒犍度略釋一卷　（明）釋智旭撰　清光緒十九年（1893）江北刻經處刻本　五册　缺六卷（九至十一、十五至十七）

330000－1704－0021789　021158　集部/别集類/清别集
雪蕉齋詩鈔四卷補編一卷　（清）王德馨撰　**鍼餘集殘稿一卷**　（清）邵匹蘭撰　清光緒二十六年至三十年（1900－1904）刻本　三册

330000－1704－0021790　021118　子部/宗教類/佛教之屬/經疏
妙法蓮華經文句記三十卷　（唐）釋湛然輯　清刻本　二册　存二卷（二十九至三十）

330000－1704－0021793　020978　子部/宗教類/佛教之屬/經疏
大方廣佛華嚴經著述集要　（清）楊文會輯　清同治八年至民國六年（1869－1917）如皋刻經處、雞園刻經處、長沙刻經處、金陵刻經處等刻本　四册　存十一種

330000－1704－0021794　021159　集部/别集類/清别集
雪蕉齋詩鈔四卷補編一卷　（清）王德馨撰　清光緒二十六年至三十年（1900－1904）刻本　二册　缺一卷（補編）

330000－1704－0021796　020979　子部/宗教類/佛教之屬/經疏

大方廣佛華嚴經疏鈔懸談二十八卷首一卷　(唐)釋澄觀撰　清光緒刻本　二冊　缺二十一卷(八至二十八)

330000－1704－0021798　020950　集部/別集類/宋別集

林和靖詩集四卷拾遺一卷　(宋)林逋撰　清宣統二年(1910)上海文瑞樓石印本　二冊

330000－1704－0021800　020951　集部/別集類/清別集

春酒堂文集一卷　(清)周容撰　清宣統二年(1910)上海國學扶輪社鉛印本　一冊

330000－1704－0021804　021073　集部/別集類/唐五代別集

杜工部集二十卷附錄一卷年譜一卷唱酬題詠附錄一卷諸家詩話一卷　(唐)杜甫撰　(清)錢謙益箋註　清宣統三年(1911)時中書局石印本　八冊

330000－1704－0021805　020980　子部/宗教類/佛教之屬/經

釋氏十三經　清同治八年至十三年(1869－1874)金陵刻經處刻本　一冊　存四種

330000－1704－0021806　021074　子部/宗教類/佛教之屬/經

般若波羅蜜多心經一卷　(唐)釋玄奘譯　**摩訶般若波羅蜜大明咒經一卷**　(後秦)釋鳩摩羅什譯　**實相般若波羅蜜經一卷**　(唐)釋菩提流志等譯　**文殊師利所說摩訶般若波羅蜜經一卷**　(南朝梁)釋曼陀羅僊譯　清光緒元年(1875)江北刻經處刻本　一冊

330000－1704－0021807　021160　集部/別集類/清別集

雪蕉齋詩鈔四卷補編一卷　(清)王德馨撰　**鹹餘集殘稿一卷**　(清)邵匹蘭撰　**留硯山房遺草一卷**　(清)王朝清撰　清光緒二十六年至三十年(1900－1904)刻本　二冊　缺四卷(一至四)

330000－1704－0021808　020952　子部/雜著類/雜說之屬

嘐嘐言六卷續嘐嘐言四卷　(清)郭柏蔭撰　清光緒九年(1883)刻本　劉紹寬題記　二冊

330000－1704－0021809　021075　史部/史抄類

廿一史約編八卷首一卷　(清)鄭元慶撰　清魚計亭刻本　八冊

330000－1704－0021811　021077　子部/儒家類/儒學之屬/勸學

勸學篇二卷　(清)張之洞撰　清光緒二十四年(1898)兩湖書院刻本　一冊

330000－1704－0021812　020953　經部/小學類/音韻之屬/注音

傳音快字一卷　(清)蔡錫勇撰　清光緒二十二年(1896)武昌刻本　一冊

330000－1704－0021814　021119　子部/宗教類/佛教之屬/諸宗

禪林重刻寶訓筆說三卷　(清)釋智祥撰　清同治八年(1869)刻本　二冊　存二卷(上、下)

330000－1704－0021816　020954　子部/天文曆算類/算書之屬

觀我生室匯稿　(清)羅士琳撰　清道光刻本　九冊　存一種

330000－1704－0021820　021121　經部/小學類/音韻之屬/古今韻說

漢學諧聲二十四卷說文補考一卷說文又考一卷　(清)戚學標撰　清嘉慶九年(1804)涉縣官署刻本　八冊

330000－1704－0021822　021122　集部/總集類/郡邑之屬

穗城雪鴻集一卷　(清)王毓英撰　清光緒三十四年(1908)東甌日新印書局鉛印本　一冊

330000－1704－0021824　020956　類叢部/叢書類/彙編之屬

鐵華館叢書六種　(清)蔣鳳藻編　清光緒九年至十年(1883－1884)長洲蔣氏刻本　一冊

存一種

330000－1704－0021825　021078　經部/小學類/音韻之屬/韻書

增廣詩韻全壁五卷　(清)湯祥瑟編　**初學檢韻袖珍一卷**　(清)姚文登撰　**虚字韻藪一卷**　(清)潘維城輯　清光緒十七年(1891)四明暢懷書屋石印上海錦章書局印本　六冊

330000－1704－0021829　021081　子部/宗教類/佛教之屬/經疏

妙法蓮華經玄義節要二卷　(隋)釋智顗撰　(明)釋智旭節要　清光緒六年(1880)福德因緣堂刻本　二冊

330000－1704－0021832　021083　類叢部/叢書類/自著之屬

楊氏全書八種　(清)楊名時撰　清光緒三十四年至宣統元年(1908－1909)南菁高等學堂刻本　十冊

330000－1704－0021833　020957　子部/天文曆算類/算書之屬

行素軒算稿九種　(清)華蘅芳撰　清光緒八年(1882)梁溪華氏刻本　一冊　存一種

330000－1704－0021834　021084　類叢部/叢書類/彙編之屬

求實齋叢書十五種　(清)蔣德鈞編　清光緒湘鄉蔣氏龍安郡署刻本　一冊　存一種

330000－1704－0021836　020981　子部/叢編

二十二子(二十二子彙函)　(清)浙江書局編　清光緒元年至三年(1875－1877)浙江書局刻本　一冊　存一種

330000－1704－0021838　020982　經部/小學類/訓詁之屬/爾雅

爾雅郭注義疏二十卷　(清)郝懿行撰　清光緒十年(1884)榮縣蜀南閣刻本　十冊

330000－1704－0021840　020983　子部/道家類

莊子内篇註四卷　(明)釋德清撰　清光緒十四年(1888)金陵刻經處刻本　一冊　存二卷(一至二)

330000－1704－0021841　021123　集部/詞類/别集之屬

曝書亭集詞註七卷　(清)朱彝尊撰　(清)李富孫注　清嘉慶十九年(1814)嘉興李氏校經廎刻道光九年(1829)補刻本　四冊

330000－1704－0021842　021124　新學/學校

日本文典淺釋不分卷　清末石印本　一冊

330000－1704－0021845　021127　類叢部/類書類/專類之屬

韻海大全不分卷　(清)仁壽室主人輯　清光緒石印本　四冊

330000－1704－0021848　020984　子部/術數類/相宅相墓之屬

山法全書八卷首二卷　(清)葉泰輯　清刻本　一冊　存二卷(首下、一)

330000－1704－0021849　020985　類叢部/類書類/專類之屬

錦字箋四卷　(清)黄澐撰　清脩文堂刻本　四冊

330000－1704－0021850　021087　集部/别集類/宋别集

歐陽文忠公全集一百五十三卷首一卷附錄五卷　(宋)歐陽修撰　清嘉慶二十四年(1819)歐陽衡刻本　二十四冊

330000－1704－0021852　021088　集部/總集類/選集之屬/斷代

國朝二十四家文鈔二十四卷　(清)徐斐然輯　清道光十年(1830)刻本　十二冊

330000－1704－0021859　020960　史部/傳記類/總傳之屬/技藝

國朝畫徵錄三卷續錄二卷　(清)張庚撰　**明人附錄一卷**　(明)黎遂球　(明)袁樞撰　清刻本　一冊

330000－1704－0021860　020986　史部/紀傳類/正史之屬

二十四史附考證 清光緒十四年(1888)上海圖書集成印書局鉛印本 十册 存二種

330000－1704－0021861 021174 類叢部/類書類/專類之屬

春秋經傳類聯三十三卷 (清)王繩曾撰 (清)屈作梅補注 清嘉慶七年(1802)刻本 二册

330000－1704－0021862 021173 史部/史抄類

史鑑節要便讀六卷 (清)鮑東里撰 清刻本 一册 存三卷(四至六)

330000－1704－0021863 021129 子部/藝術類/書畫之屬/畫譜

芥子園畫傳五卷 (清)王槩輯 清刻本 一册 存一卷(三)

330000－1704－0021864 021130 史部/金石類

金石全例 (清)朱記榮輯 清光緒刻十八年(1892)吳縣朱氏彙印本 四册 存一種

330000－1704－0021865 021131 子部/儒家類/儒學之屬/禮教

五種遺規 (清)陳弘謀輯並撰 清光緒二十一年(1895)浙江書局刻本 十册

330000－1704－0021868 021199 史部/叢編

入幕須知五種附一種 (清)張廷驤輯 清光緒十八年(1892)浙江書局刻本 六册 存四種

330000－1704－0021869 021175 集部/總集類/選集之屬/通代

文章正宗復刻三十卷 (宋)真德秀撰 清刻本 一册

330000－1704－0021872 021200 經部/四書類/論語之屬/傳說

論語發疑四卷 (清)顧成章撰 清光緒十八年(1892)木活字印本 一册

330000－1704－0021873 021201 子部/儒家類/儒學之屬/勸學

勸學篇二卷 (清)張之洞撰 清光緒二十四年(1898)浙江刻本 一册

330000－1704－0021874 021177 新學/理學/理學

天演論二卷 (英國)赫胥黎撰 嚴復譯 清光緒二十七年(1901)富文書局石印本 一册

330000－1704－0021875 021178 集部/別集類/宋別集

淮海集十七卷後集二卷詞一卷補遺一卷 (宋)秦觀撰 **淮海文集攷證一卷** (清)王敬之 (清)茆泮林 (清)金長福撰 **重編淮海先生年譜節要一卷** (清)秦瀛編 (清)王敬之節要 清道光十七年(1837)王敬之等刻二十一年(1841)增刻本 八册

330000－1704－0021877 020987 新學/商務

中國度支考一卷 (英國)哲美森編 清光緒二十三年(1897)上海廣學會鉛印本 一册

330000－1704－0021878 021180 集部/別集類/清別集

守柔齋行河草二卷 (清)蘇廷魁撰 清同治十二年(1873)刻本 一册

330000－1704－0021883 020990 類叢部/叢書類/彙編之屬

正覺樓叢刻(正覺樓叢書)二十九種 (清)崇文書局編 清光緒崇文書局刻本 二册 存二種

330000－1704－0021885 021182 集部/總集類/酬唱之屬

影北宋本二李唱和集一卷 (宋)李昉 (宋)李至撰 清光緒十五年(1889)貴陽陳氏日本影宋刻本 一册

330000－1704－0021889 021254 集部/別集類/清別集

歸愚文鈔十二卷文續十二卷詩鈔十四卷說詩晬語二卷黃山遊草一卷歸田集一卷南巡詩一卷浙江通省志圖說一卷 (清)沈德潛撰 清

乾隆刻本　二十一冊　缺一卷(文續六)

330000－1704－0021891　021183　集部/別集類/唐五代別集
溫飛卿詩集七卷別集一卷集外詩一卷附錄諸家詩評一卷　(唐)溫庭筠撰　(明)曾益注　(清)顧予咸補注　(清)顧嗣立續注　清宣統二年(1910)石印本　四冊　缺一卷(諸家詩評)

330000－1704－0021892　021207　子部/叢編
二十二子(二十二子彙函)　(清)浙江書局編　清光緒元年至三年(1875－1877)浙江書局刻本　一冊　存一種

330000－1704－0021893　020992　類叢部/叢書類/自著之屬
徐氏雜著四種　(清)徐大椿撰　清光緒十九年(1893)上海圖書集成印書局鉛印本　一冊

330000－1704－0021895　021185　經部/小學類/文字之屬/說文
說文通訓定聲十八卷分部東韻一卷說雅一卷古今韻準一卷　(清)朱駿聲撰　(清)朱鏡蓉參訂　**行述一卷**　(清)朱孔彰撰　清光緒十三年(1887)上海積山書局石印本　一冊　存三卷(一至三)

330000－1704－0021897　020994　子部/藝術類/書畫之屬/畫譜
芥子園畫傳初集六卷二集九卷三集六卷　(清)王槩　(清)王蓍　(清)王臬輯　清末石印本　一冊　存二卷(初集五至六)

330000－1704－0021900　021209　子部/藝術類/書畫之屬/法帖
戲鴻堂法書十六卷　(明)董其昌輯　清宣統影印本　一冊　存一卷(九)

330000－1704－0021901　021210　子部/儒家類/儒學之屬/性理
仁書二卷　(清)易佩紳撰　清光緒十年(1884)刻本　一冊

330000－1704－0021904　021212　經部/叢編
十三經注疏附考證　(清)□□輯　清同治十年(1871)廣東書局刻本　四冊　存一種

330000－1704－0021905　020995　子部/藝術類/書畫之屬/畫譜
芥子園畫傳初集六卷二集九卷三集六卷　(清)王槩　(清)王蓍　(清)王臬輯　清末石印本　一冊　存六卷(三集一至六)

330000－1704－0021910　021255　經部/周禮類/傳說之屬
周官精義十二卷　(清)連斗山輯　清刻本　六冊

330000－1704－0021911　021256　集部/別集類/清別集
藝風堂文漫存十二卷　繆荃孫撰　清宣統二年(1910)刻本　一冊　存三卷(辛壬藁一至三)

330000－1704－0021912　014342　集部/別集類/清別集
碧城僊館詩鈔十卷附錄一卷岱游集一卷　(清)陳文述撰　清宣統國學扶輪社鉛印本　二冊　存五卷(七至十、附錄)

330000－1704－0021917　014344　集部/別集類/清別集
笠翁一家言全集十六卷　(清)李漁撰　清刻本　一冊　存一卷(詩集二)

330000－1704－0021918　021190　類叢部/叢書類/自著之屬
潛研堂全書十六種　(清)錢大昕撰　清乾隆至嘉慶刻本　一冊　存一種

330000－1704－0021919　021132　新學/史志/諸國史
萬國通史前編十卷　(英國)李思倫白輯譯　蔡爾康紀述　清光緒二十六年(1900)上海廣學會鉛印本　十冊

330000－1704－0021920　021259　集部/總集類/選集之屬/通代
全上古三代秦漢三國六朝文七百四十一卷

(清)嚴可均輯　清光緒二十年(1894)黃岡王氏廣州刻本　三冊　存二十四卷(全宋文一至二十四)

330000－1704－0021921　021191　史部/史評類/史論之屬
歷代史論一編四卷　(明)張溥撰　清光緒九年(1883)上海刻本　一冊

330000－1704－0021922　021192　史部/史評類/史論之屬
歷代史論十二卷宋史論三卷元史論一卷　(明)張溥撰　**明史論四卷**　(清)谷應泰撰　**左傳史論二卷**　(清)高士奇撰　清光緒五年(1879)西江裴氏刻本　四冊

330000－1704－0021924　021133　史部/紀傳類/正史之屬
四史四百十五卷　清光緒金陵書局江南書局刻本　十冊　存一種

330000－1704－0021926　014347　經部/春秋左傳類/傳說之屬
增批輯註東萊博議四卷　(宋)呂祖謙撰　(清)劉鍾英輯注　清宣統三年(1911)上海會文堂書局石印本　一冊　存一卷(二)

330000－1704－0021927　020998　子部/醫家類/類編之屬
陳修園二十八種　(清)陳念祖等撰　清末石印本　一冊　存三種

330000－1704－0021928　021214　類叢部/類書類/專類之屬
子史精華一百六十卷　(清)吳士玉　(清)吳襄等輯　清刻本　一冊　存四卷(一至四)

330000－1704－0021929　021260　經部/四書類/總義之屬/傳說
四書改錯二十二卷　(清)毛奇齡撰　清嘉慶十六年(1811)金孝柏學圃刻本　六冊

330000－1704－0021931　021215　類叢部/叢書類/自著之屬
安吳四種　(清)包世臣撰　清同治十一年(1872)湖北包誠注經堂刻光緒十四年(1888)印本　一冊　存一種

330000－1704－0021939　014348　集部/別集類/宋別集
姜堯章先生集十卷　(宋)姜夔撰　(清)姜熙輯　清道光二十三年(1843)華亭姜氏宗祠刻本　四冊

330000－1704－0021940　021261　子部/宗教類/佛教之屬/諸宗
雲棲法彙二十八種七十四卷　(明)釋袾宏撰　(明)王宇春等輯　清光緒二十三年至二十五年(1897－1899)金陵刻經處刻本　一冊　存一種

330000－1704－0021941　善001291　類叢部/類書類/通類之屬
事類賦三十卷　(宋)吳淑撰並注　清康熙三十八年(1699)劍光閣刻本　三冊　存十五卷(一至九、二十五至三十)

330000－1704－0021942　020999　子部/醫家類/診法之屬/脈經脈訣
校正圖註脈訣四卷附方一卷　(晉)王叔和撰　(明)張世賢注　清石印本　一冊

330000－1704－0021943　021262　子部/宗教類/佛教之屬/諸宗
雲棲法彙二十八種七十四卷　(明)釋袾宏撰　(明)王宇春等輯　清光緒二十三年至二十五年(1897－1899)金陵刻經處刻本　一冊　存一種

330000－1704－0021944　021263　子部/宗教類/佛教之屬/諸宗
雲棲法彙二十八種七十四卷　(明)釋袾宏撰　(明)王宇春等輯　清光緒二十三年至二十五年(1897－1899)金陵刻經處刻本　五冊　存一種

330000－1704－0021949　善001292　子部/儒家類/儒學之屬/蒙學
新編五言訓蒙纂輯一卷　清宣統二年(1910)東甌支那新書局刻本　一冊

330000－1704－0021951　021285　新學/史

志/諸國史

萬國史記二十卷 （日本）岡本監輔撰　清光緒二十七年(1901)上海書局石印本　五册　缺三卷(八至十)

330000－1704－0021955　021224　集部/别集類/清别集

吳歈百絕一卷 （清）蔡雲撰　清光緒十年(1884)影印本　一册

330000－1704－0021957　善 001294　子部/小說家類/異聞之屬

山海經十八卷 （晉）郭璞傳　清康熙刻本　一册　存三卷(一至三)

330000－1704－0021960　014353　集部/詞類/總集之屬

歷代詞腴二卷附眠鷗集遺詞一卷 （清）黄承勳輯　清光緒十一年(1885)廣陵黛山樓刻本　一册

330000－1704－0021964　021264　經部/四書類/總義之屬/傳說

四書或問三十九卷 （宋）朱熹撰　**四書或問考異一卷** （清）劉啟發等撰　清同治十二年(1873)霍山劉啟發五忠堂刻本　六册

330000－1704－0021967　014355　集部/别集類/清别集

且甌集九卷 （清）項霽撰　清咸豐三年(1853)刻本　一册　存五卷(五至九)

330000－1704－0021968　善 001295　類叢部/類書類/通類之屬

玉海二百卷附刻辭學指南四卷詩攷一卷詩地理攷六卷漢藝文志攷證十卷通鑑地理通釋十四卷漢制攷四卷踐阼篇集解一卷急就篇補注四卷姓氏急就篇二卷小學紺珠十卷六經天文編二卷周易鄭康成注一卷周書王會補注一卷通鑑答問五卷 （宋）王應麟撰　元刻明正德、嘉靖、萬曆、崇禎補刻清康熙二十六年(1687)乾隆三年(1738)補刻印本　二册　存六卷(漢制攷一至四、踐阼篇集解、周書王會補註)

330000－1704－0021969　021291　子部/叢編

釋氏十三經註疏 清同治至光緒三十四年(1908)金陵刻經處刻本　一册　存一種

330000－1704－0021975　021265　史部/地理類/方志之屬/郡縣志

[光緒]永嘉縣志三十八卷首一卷 （清）張寶琳修　（清）王棻　（清）孫詒讓纂　清光緒八年(1882)溫州維新書局刻民國二十四年(1935)劉景晨補版印本　九册　存十三卷(五至七、十二至十五、十七至十八、二十三至二十四、二十九至三十)

330000－1704－0021978　021134　子部/宗教類/佛教之屬/經疏

般若心經五家註五種五卷附紫柏老人心經說一卷 金陵刻經處輯　清同治至民國金陵刻經處、長沙刻經處刻金陵刻經處印本　一册

330000－1704－0021979　021292　子部/宗教類/佛教之屬/經疏

大方廣圓覺經大疏十六卷首一卷 （唐）釋宗密撰　清宣統元年(1909)金陵刻經處刻本　一册　存四卷(九至十二)

330000－1704－0021981　善 001296　集部/别集類/清别集

孫敬軒先生詩稿一卷 （清）孫希旦撰　清林欣、張皺木活字印本　一册

330000－1704－0021983　善 001297　集部/别集類/清别集

孫敬軒先生遺稿一卷 （清）孫希旦撰　清林欣、張皺木活字印本　一册

330000－1704－0021985　021293　子部/宗教類/佛教之屬/論疏

因明入正理論疏八卷 （唐）釋窺基撰　清光緒二十二年(1896)金陵刻經處刻本　二册

330000－1704－0021986　021294　子部/宗教類/佛教之屬/諸宗

大乘止觀法門釋要六卷 （明）釋智旭撰　清光緒二十二年(1896)刻本　二册

330000－1704－0021987　善 001298　史部/紀傳類/正史之屬
後漢書九十卷　(南朝宋)范曄撰　(唐)李賢注　**志三十卷**　(晉)司馬彪撰　(南朝梁)劉昭注　明刻本　一冊

330000－1704－0021990　021137　集部/別集類/清別集
培遠堂手札節存三卷　(清)陳弘謀撰　清同治十三年(1874)桂林唐濟刻本　三冊

330000－1704－0021993　021297　類叢部/類書類/通類之屬
增補註釋故事白眉十卷　(明)許以忠輯　清光緒二年(1876)經濟堂刻本　五冊

330000－1704－0021994　021266　史部/目録類/總録之屬/官修
欽定四庫全書簡明目錄二十卷首一卷　(清)紀昀等撰　清同治七年(1868)廣東書局刻本　二冊　存二卷(首、一)

330000－1704－0021995　021298　經部/群經總義類/傳說之屬
十三經札記二十二卷附羣書札記十六卷　(清)朱亦棟撰　清光緒四年(1878)武林竹簡齋刻本　八冊　存十六卷(羣書札記一至十六)

330000－1704－0022000　021300　史部/金石類/金之屬/文字
積古齋鐘鼎彝器款識十卷　(清)阮元　(清)朱為弼撰　清光緒五年(1879)武昌刻本　一冊　存一卷(四)

330000－1704－0022004　021236　史部/傳記類/總傳之屬/仕宦
歷代名臣言行錄二十四卷　(清)朱桓輯　清嘉慶二年(1797)刻本　一冊　存二卷(一至二)

330000－1704－0022005　021139　子部/儒家類/儒學之屬/禮教
五種遺規　(清)陳弘謀輯並撰　清道光十年(1830)培遠堂刻本　八冊　存四種

330000－1704－0022006　021237　類叢部/叢書類/家集之屬
高郵王氏著書五種　(清)王念孫　(清)王引之撰　清嘉慶至道光高郵王氏刻本　四冊　存一種

330000－1704－0022007　021301　史部/紀傳類/正史之屬
二十四史附考證　清光緒石印本　一冊　存一種

330000－1704－0022009　021268　史部/編年類/斷代之屬
東華錄三十二卷　(清)蔣良騏撰　清刻本　八冊

330000－1704－0022010　021269　新學/商務
奏酌擬獎給商勳章程一卷　樊恭煦　顧鴻藻撰　清末鉛印本　一冊

330000－1704－0022011　021302　集部/別集類/宋別集
蘇文忠公詩集五十卷目錄二卷　(宋)蘇軾撰　(清)紀昀評點　清同治八年(1869)韞玉山房粤東省城刻翰墨園朱墨套印本　十二冊

330000－1704－0022014　021303　子部/宗教類/佛教之屬/諸宗
天台四教儀集註十卷　(元)釋蒙潤撰　清同治七年(1868)杭州昭慶寺慧空經房刻本　五冊

330000－1704－0022016　021238　集部/別集類/清別集
陳學士文集十八卷　(清)陳儀撰　清乾隆十八年(1753)陳氏蘭雪齋刻本　一冊　存二卷(十七至十八)

330000－1704－0022017　021304　史部/雜史類/斷代之屬
明季稗史彙編十六種　(清)留雲居士輯　清都城琉璃廠刻本　二冊　存五種

330000－1704－0022020　014357　經部/小學類/文字之屬/說文

說文通檢十四卷首一卷末一卷　(清)黎永椿撰　清光緒元年(1875)湖北崇文書局刻本　二冊

330000－1704－0022023　021270　集部/總集類/郡邑之屬
兩浙輶軒續錄五十四卷補遺六卷姓氏韻編二卷　(清)潘衍桐輯　清光緒十七年(1891)浙江書局刻本　十一冊　存十九卷(四十三至五十四、補遺一至六、姓氏韻編)

330000－1704－0022025　021305　經部/書類/傳說之屬
書傳補商十七卷　(清)戴鈞衡撰　清道光至咸豐桐城戴氏刻本　三冊　存八卷(五至七、十一至十五)

330000－1704－0022026　021243　子部/儒家類/儒學之屬/性理
朱子語類一百四十卷　(宋)朱熹撰　(宋)黎靖德輯　清刻本　二十六冊　存一百八卷(七至五十五、七十八至七十九、八十四至一百四十)

330000－1704－0022027　021306　經部/書類/傳說之屬
書傳補商十七卷　(清)戴鈞衡撰　清道光至咸豐桐城戴氏刻本　四冊　存十卷(五至七、十一至十七)

330000－1704－0022028　021241　經部/周禮類/傳說之屬
周禮正義八十六卷　(清)孫詒讓撰　清光緒三十三年(1907)溫州陳日新書報局鉛印本　十二冊

330000－1704－0022030　021271　集部/總集類/郡邑之屬
兩浙輶軒續錄五十四卷補遺六卷姓氏韻編二卷　(清)潘衍桐輯　清光緒十七年(1891)浙江書局刻本　二冊　存四卷(補遺三至六)

330000－1704－0022031　021140　史部/紀傳類/正史之屬
二十四史　清同治至光緒五省官書局據汲古閣本等合刻光緒五年(1879)湖北書局彙印本　四冊　存一種

330000－1704－0022034　021239　類叢部/叢書類/自著之屬
曾文正公全集十六種　(清)曾國藩撰　清同治至光緒傳忠書局刻本　二冊　存一種

330000－1704－0022035　021272　類叢部/叢書類/彙編之屬
正覺樓叢刻(正覺樓叢書)二十九種　(清)崇文書局編　清光緒崇文書局刻本　二十一冊　存十六種

330000－1704－0022036　021307　集部/總集類/郡邑之屬
股堰頌德錄詩十二卷　(清)高鳳臺編　清刻本　一冊　存三卷(四至六)

330000－1704－0022038　021007　子部/宗教類/佛教之屬/諸宗
禪林寶訓筆說三卷　(清)釋智祥撰　清光緒十九年(1893)江北刻經處刻本　一冊　存一卷(下)

330000－1704－0022039　021249　類叢部/叢書類/彙編之屬
雅雨堂叢書(雅雨堂藏書)十三種　(清)盧見曾編　清乾隆二十一年(1756)德州盧氏雅雨堂刻增修本　一冊　存一種

330000－1704－0022041　014367　集部/詞類/總集之屬
絕妙好詞箋七卷　(宋)周密輯　(清)查爲仁　(清)厲鶚箋　**絕妙好詞續鈔一卷**　(清)余集輯　**絕妙好詞又續鈔一卷**　(清)徐楙補錄　清同治十一年(1872)會稽章氏刻本　葛嗣浵題記並過錄朱祖謀批校題記　四冊

330000－1704－0022042　021008　子部/儒家類/儒學之屬
文中子中說十卷　題(隋)王通撰　(宋)阮逸注　清刻本　一冊　存五卷(六至十)

330000－1704－0022044　021309　集部/別集類/清別集

雪蕉齋詩鈔四卷補編一卷 （清）王德馨撰 清光緒二十六年至三十年(1900－1904)刻本 一册 存三卷(一至三)

330000－1704－0022045 021245 子部/儒家類/儒學之屬/勸學

勸學篇二卷 （清）張之洞撰 清光緒二十四年(1898)浙江刻本 一册

330000－1704－0022046 021091 經部/叢編

重刊宋本十三經注疏四百十六卷附十三經注疏校勘記四百十六卷 （清）阮元撰 （清）盧宣旬摘録 清嘉慶二十年(1815)南昌府學刻本 二册 存一種

330000－1704－0022047 021246 史部/政書類/律令之屬

秋讞輯要六卷首一卷 （清）剛毅輯 清光緒十五年(1889)江蘇書局刻本 二册 存二卷(一、三)

330000－1704－0022049 021247 史部/史評類/考訂之屬

廿二史劄記三十六卷補遺一卷 （清）趙翼撰 清刻本 一册 存七卷(四至十)

330000－1704－0022051 021248 經部/三禮總義類/名物制度之屬

禮經宫室答問二卷 （清）洪頤煊撰 清光緒十年(1884)臨海馬氏師竹山房刻本 一册

330000－1704－0022052 021310 類叢部/叢書類/彙編之屬

崇文書局彙刻書三十一種 （清）崇文書局編 清光緒元年至三年(1875－1877)湖北崇文書局刻本 四册 存一種

330000－1704－0022055 021311 史部/紀傳類/正史之屬

二十四史 清同治至光緒五省官書局據汲古閣本合刻光緒五年(1879)湖北書局彙印本 一册 存一種

330000－1704－0022056 021312 史部/紀傳類/正史之屬

二十四史 清同治至光緒五省官書局據汲古閣本合刻光緒五年(1879)湖北書局彙印本 一册 存一種

330000－1704－0022058 021275 類叢部/叢書類/自著之屬

練青軒類稿□□種 （清）沈儷崑編 清光緒刻本 一册 存一種

330000－1704－0022063 021277 史部/政書類/儀制之屬/專志/科舉校規

欽定科場條例六十卷首一卷 （清）奎潤等修 （清）詹鴻謨等纂 清光緒十三年(1887)刻本 一册 存二卷(首、一)

330000－1704－0022072 021095 集部/總集類/選集之屬/斷代

唐人三家集 （清）秦恩復編 清嘉慶至道光秦氏石研齋影宋刻本 四册

330000－1704－0022074 021097 史部/紀事本末類

紀事本末五種 （清）□□輯 清同治十二年至十三年(1873－1874)江西書局刻本 十八册 存一種

330000－1704－0022076 014378 類叢部/類書類/專類之屬

子史精華一百六十卷 （清）吴士玉 （清）吴襄等輯 清刻本 二十册

330000－1704－0022078 021250 集部/別集類/清別集

笛倚樓詩草二卷 （清）吴元鏡撰 清咸豐四年(1854)刻本 一册

330000－1704－0022079 善001300 子部/法家類

管子二十四卷 （唐）房玄齡注 （明）劉績補注 （明）張榜等評 明天啟五年(1625)朱養純花齋刻本 四册 缺三卷(十三至十五)

330000－1704－0022080 021315 集部/詞類/別集之屬

新蘅詞六卷外集一卷 （清）張景祁撰 清光緒九年(1883)百億梅花仙館刻本 二册

330000－1704－0022081　善 001301　子部/法家類

管子二十四卷　(唐)房玄齡注　(明)劉績補注　(明)張榜等評　明天啟五年(1625)朱養純花齋刻本　一冊　存二卷(二十三至二十四)

330000－1704－0022083　021316　新學/商務/商學

原富八卷　(英國)斯密亞丹撰　嚴復譯　清光緒上海南洋公學譯書院鉛印本　四冊　缺四卷(乙一、丙一、戊一至二)

330000－1704－0022084　021251　子部/藝術類/書畫之屬/法帖

墨池堂所藏宋拓晋唐楷帖一卷　(明)章藻輯　清光緒影印本　一冊

330000－1704－0022085　021317　新學/商務/商學

原富八卷　(英國)斯密亞丹撰　嚴復譯　清光緒上海南洋公學譯書院鉛印本　一冊　存一卷(四)

330000－1704－0022086　014380　經部/群經總義類/傳說之屬

皇朝五經彙解二百七十卷　(清)朱鏡清輯　清光緒十九年(1893)寶文書局石印本　二十九冊　缺三十四卷(一百十七至一百四十五、五經正文一至五)

330000－1704－0022087　021279　經部/書類/傳說之屬

尚書大傳四卷　(漢)鄭玄注　**尚書大傳補遺一卷**　(清)盧見曾補遺　**尚書大傳續補遺一卷考異一卷**　(清)盧文弨撰　清嘉慶五年(1800)刻本　一冊　存五卷(一至四、補遺)

330000－1704－0022088　021318　史部/紀傳類/正史之屬

二十四史附考證　清石印本　一冊　存一種

330000－1704－0022089　021252　經部/叢編

重刊宋本十三經注疏四百十六卷附十三經注疏校勘記四百十六卷　(清)阮元撰　(清)盧宣旬摘錄　**校勘記識語四卷**　(清)汪文臺撰　清光緒十三年(1887)上海脈望仙館石印本　十四冊　存十種

330000－1704－0022090　021099　經部/四書類/中庸之屬/傳說

蕅益中庸直指一卷　(明)釋智旭撰　清刻本　一冊

330000－1704－0022091　021253　經部/叢編

重刊宋本十三經注疏四百十六卷附十三經注疏校勘記四百十六卷　(清)阮元撰　(清)盧宣旬摘錄　**校勘記識語四卷**　(清)汪文臺撰　清光緒十三年(1887)上海脈望仙館石印本　十一冊　存三種

330000－1704－0022092　021280　子部/叢編

二十五子彙函　(清)鴻文書局編　清光緒十九年(1893)上海鴻文書局石印本　一冊　存一種

330000－1704－0022093　021100　類叢部/叢書類/自著之屬

隨盦所著書四種　徐乃昌撰　清光緒刻民國四年(1915)南陵徐氏積學齋彙印本　一冊　存三種

330000－1704－0022094　善 001060－1　子部/藝術類/書畫之屬/書法書品

壽王安人彭氏六十序殘一卷　明抄本　日本市河米庵跋　一冊

330000－1704－0022096　善 001302　子部/醫家類/本草之屬/歷代綜合本草

重修政和經史證類備用本草三十卷　(宋)唐慎微撰　(宋)寇宗奭衍義　明萬曆六年(1578)歸仁齋刻本　十六冊　存十七卷(一至十、十六、二十至二十二、二十六、二十九至三十)

330000－1704－0022097　021358　經部/儀禮類/傳說之屬

儀禮鄭註句讀十七卷附監本正誤一卷石本誤字一卷　(清)張爾岐撰　清光緒六年(1880)山西濬文書局刻本　二册　存八卷(一至三、十五至十七,監本正誤、石本誤字)

330000－1704－0022099　021281　類叢部/叢書類/自著之屬
朱氏羣書六種　(清)朱駿聲撰　清光緒八年(1882)臨嘯閣刻本　一册　存一種

330000－1704－0022100　善 001303　集部/别集類/明别集
重刊宋文憲公集三十卷　(明)宋濂撰　清康熙五十一年(1712)傅旭元刻本　八册

330000－1704－0022101　021010　類叢部/叢書類/彙編之屬
花雨樓叢鈔十一種續鈔十一種附一種　(清)張壽榮編　清光緒八年至十四年(1882－1888)蛟川張氏花雨樓刻本　四册　存一種

330000－1704－0022102　021383　新學/史志/諸國史
萬國通史前編十卷　(英國)李思倫白輯譯　蔡爾康紀述　清光緒二十六年(1900)上海廣學會鉛印本　六册

330000－1704－0022104　021383　集部/别集類/清别集
白華絳跗閣詩初集(越縵堂詩初集)十卷　(清)李慈銘撰　清末石印本　六册

330000－1704－0022105　014381　集部/詞類/詞話之屬
周氏止庵詞辨二卷　(清)周濟撰　(清)譚獻評　**周氏止菴介存齋論詞雜箸一卷**　(清)周濟撰　清光緒三多、徐珂、趙逢年刻本　夏承燾批　一册

330000－1704－0022106　021385　新學/史志/别國史
節本泰西新史攬要八卷　(英國)李提摩太譯　周慶雲節錄　清光緒二十七年(1901)周慶雲夢坡室刻本　二册

330000－1704－0022109　021386　集部/别集類/清别集
大梅山館集五十五卷　(清)姚燮撰　清道光十三年至咸豐六年(1833－1856)大梅山館刻本　三册　存一種

330000－1704－0022110　021387　新學/史志/諸國史
萬國通史前編十卷　(英國)李思倫白輯譯　蔡爾康紀述　清光緒二十六年(1900)上海廣學會鉛印本　十册

330000－1704－0022111　021360　類叢部/類書類/專類之屬
李氏蒙求八卷　(唐)李瀚撰　(清)楊迦懌集注　清刻本　四册　缺二卷(一至二)

330000－1704－0022114　善 001304　集部/别集類/明别集
汲古堂集二十八卷　(明)何白撰　清道光十六年(1836)東甌梅嶼守直堂刻本　梅冷生題記　九册　缺三卷(三至五)

330000－1704－0022115　021282　史部/地理類/方志之屬/郡縣志
[同治]利川縣志稿十卷首一卷　(清)何蕙馨修　(清)吳江纂　清同治四年(1865)刻本　二册　存四卷(一至二、九至十)

330000－1704－0022117　021361　史部/編年類/通代之屬
資治通鑑綱目發明五十九卷　(宋)尹起莘撰　清雍正八年至十一年(1730－1733)刻嘉慶重修同治十三年(1874)補刻光緒續補刻民國二十年(1931)印本　吳星六題記　六册

330000－1704－0022118　014384　子部/儒家類/儒學之屬
顔氏學記十卷　(清)戴望撰　清光緒至宣統鉛印國粹叢書本　夏承燾、李蔭川題記　一册　存五卷(顔氏學記一至五)

330000－1704－0022120　021283　史部/編年類/通代之屬
御批歷代通鑑輯覽一百二十卷　(清)傅恆等撰　清刻本　二册　存四卷(十至十三)

330000－1704－0022122　善 001305　史部/金石類/石之屬/文字
隸釋二十七卷　(宋)洪适撰　清乾隆四十二年至四十三年(1777－1778)汪日秀樓松書屋刻本　四冊

330000－1704－0022125　021389　類叢部/叢書類/郡邑之屬
金華叢書六十八種　(清)胡鳳丹編　清同治七年至光緒八年(1868－1882)永康胡氏退補齋刻民國補刻本　十冊　存二種

330000－1704－0022126　021284　經部/叢編
倣宋相臺五經九十七卷附考證　(清)□□輯　清刻本　一冊　存三卷(周易四至六)

330000－1704－0022128　021392　子部/宗教類/佛教之屬/經疏
大佛頂如來密因修證了義諸菩薩萬行首楞嚴經通議十卷補遺一卷首楞嚴經懸鏡一卷首楞嚴經通議提綱略科一卷　(明)釋德清撰　清光緒二十年(1894)金陵刻經處刻本　二冊　缺八卷(四至十、補遺)

330000－1704－0022129　021388　史部/編年類/通代之屬
御批歷代通鑑輯覽一百二十卷　(清)傅恆等撰　清光緒二十七年(1901)上海經香閣石印本　十六冊　缺二十二卷(六十四至八十五)

330000－1704－0022132　善 001306　類叢部/叢書類/自著之屬
古愚老人消夏錄十七種　(清)汪汲撰輯　清乾隆至嘉慶古愚山房刻本　十二冊

330000－1704－0022133　善 001307　集部/別集類/清別集
西河文選十一卷　(清)毛奇齡撰　(清)汪霦等選　清康熙三十五年(1696)刻本　五冊　缺一卷(五)

330000－1704－0022136　021391　子部/醫家類/醫案之屬
名醫類案十二卷附錄一卷　(明)江瓘輯　清宣統元年(1909)上海書局石印本　三冊　存九卷(一至三、七至十二)

330000－1704－0022137　善 001308　子部/醫家類/傷寒金匱之屬/傷寒論
傷寒來蘇集三種　(清)柯琴撰　清乾隆二十年(1755)金閶綠蔭堂刻本　六冊　存二種

330000－1704－0022138　014388　子部/儒家類/儒家之屬
荀子二十卷附校勘補遺一卷　(唐)楊倞注　(清)盧文弨　(清)谢墉校　清光緒二年(1876)浙江書局刻二十二子本　夏承燾批並題記　六冊

330000－1704－0022139　021366　子部/宗教類/道教之屬
參同契分節解三卷　(元)陳致虛撰　**參同契箋註分節解三卷**　題(漢)徐景休撰　(元)陳致虛解　**參同契三相類二卷**　題(漢)淳于叔通撰　(元)陳致虛解　清刻本　一冊

330000－1704－0022142　021367　史部/地理類/專志之屬/宮殿
三輔黃圖六卷補遺一卷　清刻本　一冊

330000－1704－0022143　021393　子部/宗教類/佛教之屬/經疏
大方廣佛華嚴經疏鈔懸談二十八卷首一卷　(唐)釋澄觀撰　清光緒刻本　一冊　存三卷(四至六)

330000－1704－0022144　021394　經部/春秋左傳類/傳說之屬
讀左補義五十卷首一卷　(清)姜炳璋輯　清光緒三十年(1904)浙寧汲綆齋刻本　十六冊

330000－1704－0022145　014391　集部/詞類/詞韻之屬
榕園詞韻一卷發凡一卷　(清)吳寧撰　清乾隆四十九年(1784)冬青山館刻本　一冊

330000－1704－0022146　021368　集部/別集類/清別集
香蘇山館詩集三十六卷　(清)吳嵩梁撰　清德化李氏木犀軒刻本　三冊　存十三卷(古

體詩鈔一至九、十四至十七）

330000－1704－0022148　021369　經部/小學類/文字之屬/說文

繫傳四十卷　（南唐）徐鍇撰　（南唐）朱翺反切　清光緒九年（1883）江蘇書局刻本　八冊

330000－1704－0022150　014392　集部/別集類/清別集

樊榭山房集十卷　（清）厲鶚撰　清乾隆四年（1739）武林繡墨齋刻本　四冊

330000－1704－0022151　善001309　集部/別集類/清別集

卷施閣詩集二十卷文甲集十卷文乙集十卷附鮚軒詩八卷　（清）洪亮吉撰　清乾隆六十年（1795）至嘉慶初貴陽節署刻本　六冊　存三十五卷（詩一至二十、文甲集四至十、文乙集一至八）

330000－1704－0022153　014393　史部/傳記類/別傳之屬/年譜

歷代名人年譜十卷附存疑及生卒年月無攷一卷　（清）吳榮光撰　清咸豐刻本　十冊

330000－1704－0022155　021397　經部/小學類/訓詁之屬/字詁

普通百科新大詞典十二卷總目錄一卷分類目錄一卷異名一卷補遺一卷表一卷　（清）黃人編輯　清宣統三年（1911）上海國學扶輪社鉛印本　孫延釗題記　十五冊

330000－1704－0022156　021407　子部/宗教類/佛教之屬/經疏

維摩詰所說經無我疏十二卷　（明）釋傳燈撰　清光緒二十三年（1897）天台山真覺寺刻本　一冊　存二卷（一至二）

330000－1704－0022157　021371　集部/別集類/清別集

胡文忠公遺集八十六卷首一卷　（清）胡林翼撰　（清）鄭敦謹　（清）曾國荃輯　（清）胡鳳丹重編　清同治六年（1867）黃鶴樓刻本　二十冊　存五十九卷（首、一至五十八）

330000－1704－0022158　014394　集部/戲劇類/雜劇之屬

倚晴樓七種曲　（清）黃燮清撰　清光緒七年（1881）海鹽馮肇曾刻倚晴樓集本　八冊　存六種

330000－1704－0022159　善001310　子部/術數類/陰陽五行之屬

天玉經解義□□卷　（唐）楊益撰　（清）王宗臣註　清嘉慶元年（1796）敬業堂刻本　二冊　存二卷（一至二）

330000－1704－0022160　021013　子部/醫家類/類編之屬

陳修園醫書五十種　（清）陳念祖等撰　清光緒上海商務印書館鉛印本　二冊　存三種

330000－1704－0022161　善001311　史部/目録類/專録之屬

經義考三百卷　（清）朱彝尊撰　**經義考總目二卷**　（清）盧見曾編　清康熙秀水朱氏曝書亭刻本（卷二八六、二九九至三百原缺）　八冊　存四十五卷（二十七至三十二、三十七至四十一、六十四至七十四、一百三十八至一百四十四、一百五十九至一百六十三、一百七十一至一百七十三、二百八十三至二百九十）

330000－1704－0022163　善001312　類叢部/類書類/專類之屬

格致鏡原一百卷　（清）陳元龍撰　清康熙五十六年（1717）刻雍正十三年（1735）印本　三十二冊

330000－1704－0022164　021014　子部/醫家類/類編之屬

南雅堂醫書全集　（清）陳念祖撰　清末石印本　一冊　存一種

330000－1704－0022165　014395　集部/詞類/類編之屬

四印齋所刻詞三十一種　（清）王鵬運編　清光緒十四年（1888）桂林王氏四印齋刻本　十三冊　存八種

330000－1704－0022166　021398　史部/紀傳類/正史之屬

四史四百十五卷　清光緒十四年(1888)上海蜚英館石印本　十六册　存一種

330000－1704－0022168　021016　子部/醫家類/方書之屬/歷代方書
唐王燾先生外臺秘要方四十卷　(唐)王燾撰　清光緒鉛印本　一册　存三卷(三十六至三十八)

330000－1704－0022169　021399　史部/紀傳類/正史之屬
四史四百十五卷　清光緒金陵書局、江南書局刻本　二册　存一種

330000－1704－0022171　021400　史部/紀傳類/正史之屬
四史四百十五卷　清光緒金陵書局、江南書局刻本　二册　存一種

330000－1704－0022172　021409　史部/紀傳類/正史之屬
舊唐書二百卷　(後晉)劉昫撰　**校勘記六十六卷**　(清)羅士琳等撰　**逸文十二卷**　(清)岑建功輯　清道光二十三年至二十六年(1843－1846)懼盈齋刻同治十一年(1872)方濬頤重修本　三十六册　存二百卷(舊唐書一至二百)

330000－1704－0022173　021401　史部/紀傳類/正史之屬
四史四百十五卷　清光緒金陵書局、江南書局刻本　二十三册　存二種

330000－1704－0022176　021373　史部/金石類/金之屬/文字
積古齋鐘鼎彝器款識十卷　(清)阮元　(清)朱為弼撰　清刻本　一册　存三卷(八至十)

330000－1704－0022179　021375　經部/書類/傳說之屬
書集傳六卷　(宋)蔡沈撰　清刻本　一册　存二卷(二至三)

330000－1704－0022181　021403　史部/紀傳類/正史之屬
二十四史附考證　清同治至光緒五省官書局據汲古閣本等合刻光緒五年(1879)湖北書局彙印本　十一册　存一種

330000－1704－0022182　021377　類叢部/叢書類/彙編之屬
函海一百五十二種　(清)李調元編　清乾隆綿州李氏萬卷樓刻嘉慶十四年(1809)李鼎元重校印本　十五册　存二種

330000－1704－0022183　021404　史部/紀傳類/正史之屬
四史四百十五卷　清光緒金陵書局、江南書局刻本　十六册　存一種

330000－1704－0022184　021405　史部/紀傳類/正史之屬
十七史一千五百七十四卷　(明)毛晉編　明崇禎元年至十七年(1628－1644)毛氏汲古閣刻本　十册　存一種

330000－1704－0022185　021019　子部/醫家類/類編之屬
陳修園醫書二十八種　(清)陳念祖等撰　清光緒上海錦章書局石印本　一册　存一種

330000－1704－0022186　021378　類叢部/叢書類/自著之屬
煙嶼樓集四種　(清)徐時棟撰　清同治至光緒刻彙印本　一册　存一種

330000－1704－0022188　021379　經部/小學類/文字之屬/說文
說文解字三十二卷　(清)段玉裁撰　**說文部目分韻一卷**　(清)陳煥編　清刻本　十三册

330000－1704－0022189　014398　類叢部/叢書類/彙編之屬
增訂漢魏叢書八十六種　(清)王謨編　清乾隆五十六年(1791)金谿王氏刻本　二册　存一種

330000－1704－0022191　021411　集部/別集類/唐五代別集
樊南文集詳註八卷　(唐)李商隱撰　(清)馮浩編訂　清乾隆四十五年(1780)刻同治七年(1868)馮寶圻重修印本　四册

330000－1704－0022192　021482　類叢部/類書類/專類之屬
子史精華一百六十卷　(清)吳士玉　(清)吳襄等輯　清末石印本　五冊　存九十八卷(六十一至一百五十八)

330000－1704－0022194　021412　集部/別集類/清別集
八指頭陀詩集十卷補遺一卷詞一卷雜文一卷　釋敬安撰　清光緒二十四年(1898)陳三立、葉德輝刻遞刻本　二冊

330000－1704－0022195　021483　集部/別集類/明別集
楊椒山先生遺集一卷　(明)楊繼盛撰　清光緒十六年(1890)刻本　一冊

330000－1704－0022197　021484　子部/宗教類/佛教之屬/諸宗
天台四教儀集註十卷　(元)釋蒙潤撰　清光緒三十四年(1908)揚州藏經院刻本　四冊

330000－1704－0022198　021485　子部/宗教類/佛教之屬/諸宗
天台四教儀集註十卷　(元)釋蒙潤撰　清刻本　四冊

330000－1704－0022199　021486　子部/宗教類/佛教之屬/諸宗
天台四教儀集註十卷　(元)釋蒙潤撰　清光緒三十四年(1908)揚州藏經院刻本　一冊　存三卷(一至三)

330000－1704－0022200　021487　子部/宗教類/佛教之屬/諸宗
天台四教儀集註十卷　(元)釋蒙潤撰　清同治七年(1868)杭州昭慶寺慧空經房刻本　一冊　存二卷(一至二)

330000－1704－0022201　021380　類叢部/類書類/通類之屬
玉海二百卷附刻辭學指南四卷詩攷一卷詩地理攷六卷漢藝文志攷證十卷通鑑地理通釋十四卷漢制攷四卷踐阼篇集解一卷急就篇補注四卷姓氏急就篇二卷小學紺珠十卷六經天文編二卷周易鄭康成注一卷周書王會補注一卷通鑑答問五卷　(宋)王應麟撰　元刻明正德、嘉靖、萬曆、崇禎補刻清康熙二十六年(1687)乾隆三年(1738)補刻印本　一冊

330000－1704－0022202　014401　子部/雜著類/雜考之屬
東塾讀書記二十五卷　(清)陳澧撰　清光緒二十七年(1901)邵州勸學書舍刻本　二冊　存八卷(一至四、十二、十五至十六、二十一)

330000－1704－0022205　021381　經部/小學類/文字之屬/說文
說文解字十五卷標目一卷　(漢)許慎撰　(宋)徐鉉等校定　清刻本　六冊　存十二卷(一至六、十一至十五,標目)

330000－1704－0022208　014405　集部/別集類/清別集
兩當軒集二十卷補遺二卷附錄四卷　(清)黃景仁撰　**兩當軒集攷異二卷**　(清)黃志述撰　清宣統二年(1910)掃葉山房石印本　四冊　存十八卷(一至十八)

330000－1704－0022210　021488　子部/宗教類/佛教之屬/諸宗
天台四教儀集註十卷　(元)釋蒙潤撰　清刻本　一冊　存三卷(八至十)

330000－1704－0022211　021489　子部/宗教類/佛教之屬/諸宗
天台四教儀集註十卷　(元)釋蒙潤撰　清同治七年(1868)杭州昭慶寺慧空經房刻本　一冊　存二卷(七至八)

330000－1704－0022213　021490　子部/宗教類/佛教之屬/諸宗
天台四教儀集註十卷　(元)釋蒙潤撰　清同治七年(1868)杭州昭慶寺慧空經房刻本　一冊　存二卷(五至六)

330000－1704－0022214　021491　子部/宗教類/佛教之屬/諸宗
天台四教儀一卷　(高麗)釋諦觀輯　**始終心要一卷**　(唐)釋湛然撰　(宋)釋從義注　**天**

台八教大意一卷　(唐)釋灌頂撰　清宣統元年(1909)揚州藏經院刻本　一冊

330000－1704－0022215　021492　子部/宗教類/佛教之屬/諸宗
天台四教儀一卷　(高麗)釋諦觀輯　**始終心要一卷**　(唐)釋湛然撰　(宋)釋從義注　**天台八教大意一卷**　(唐)釋灌頂撰　清宣統元年(1909)揚州藏經院刻本　一冊

330000－1704－0022216　021493　子部/宗教類/佛教之屬/諸宗
天台四教儀一卷　(高麗)釋諦觀輯　**始終心要一卷**　(唐)釋湛然撰　(宋)釋從義注　**天台八教大意一卷**　(唐)釋灌頂撰　清宣統元年(1909)揚州藏經院刻本　一冊

330000－1704－0022217　021415　子部/醫家類/綜合之屬/通論
御纂醫宗金鑑九十卷首一卷　(清)吳謙等撰　清刻本　一冊　存一卷(六十四)

330000－1704－0022220　021416　子部/醫家類/綜合之屬/通論
御纂醫宗金鑑九十卷首一卷　(清)吳謙等撰　清刻本　一冊　存四卷(三十六至三十九)

330000－1704－0022224　021417　史部/紀傳類/正史之屬
十七史一千五百七十四卷　(明)毛晉編　明崇禎元年至十七年(1628－1644)毛氏汲古閣刻本　八冊　存一種

330000－1704－0022225　021517　史部/紀傳類/正史之屬
二十四史　清同治至光緒五省官書局據汲古閣本等合刻光緒五年(1879)湖北書局彙印本　八冊　存一種

330000－1704－0022227　021518　史部/紀傳類/正史之屬
二十四史　清同治至光緒五省官書局據汲古閣本等合刻光緒五年(1879)湖北書局彙印本　八冊　存一種

330000－1704－0022228　021418　史部/紀傳類/正史之屬
十七史一千五百七十四卷　(明)毛晉編　明崇禎元年至十七年(1628－1644)毛氏汲古閣刻本　四冊　存一種

330000－1704－0022229　014410　集部/詞類/類編之屬
詞苑英華　(明)毛晉編　明末毛氏汲古閣刻本　二冊　存一種

330000－1704－0022231　021519　史部/紀傳類/正史之屬
二十四史　清同治至光緒五省官書局據汲古閣本等合刻光緒五年(1879)湖北書局彙印本　七冊　存一種

330000－1704－0022233　021520　史部/紀傳類/正史之屬
二十四史　清同治至光緒五省官書局據汲古閣本等合刻光緒五年(1879)湖北書局彙印本　一百冊　存一種

330000－1704－0022234　021023　子部/叢編
子書二十八種彙函　(清)文瑞樓編　清光緒二十二年至三十四年(1896－1908)鉛印本　一冊　存一種

330000－1704－0022236　021521　史部/紀傳類/正史之屬
四史四百十五卷　清光緒金陵書局、江南書局刻本　五冊　存一種

330000－1704－0022238　021420　子部/宗教類/佛教之屬/經疏
妙法蓮華經科註七卷首一卷　(明)釋一如集註　清刻本　二冊　存二卷(一、三)

330000－1704－0022239　021026　類叢部/類書類/專類之屬
佩文韻府一百六卷　(清)張玉書　(清)蔡升元等輯　**韻府拾遺一百六卷**　(清)汪灝　(清)何焯等輯　清刻本　一冊　存一卷(佩文韻府一百二)

330000－1704－0022240　021522　史部/紀

傳類/正史之屬

四史四百十五卷　清同治十一年(1872)成都書局刻本　二十六册　存一種

330000－1704－0022241　021523　史部/紀傳類/正史之屬

二十四史　清同治至光緒五省官書局據汲古閣本等合刻光緒五年(1879)湖北書局彙印本　三十二册　存二種

330000－1704－0022244　021524　史部/紀傳類/正史之屬

四史四百十五卷　清光緒金陵書局、江南書局刻本　一册　存一種

330000－1704－0022245　021029　史部/紀傳類/正史之屬

二十四史　清同治至光緒五省官書局據汲古閣本等合刻光緒五年(1879)湖北書局彙印本　四册　存一種

330000－1704－0022246　021421　史部/紀傳類/正史之屬

十七史一千五百七十四卷　(明)毛晉編　明崇禎元年至十七年(1628－1644)毛氏汲古閣刻本　十四册　存一種

330000－1704－0022247　021525　史部/紀傳類/正史之屬

四史四百十五卷　清光緒金陵書局、江南書局刻本　二册　存一種

330000－1704－0022248　021526　史部/紀傳類/正史之屬

四史四百十五卷　清光緒金陵書局、江南書局刻本　一册　存一種

330000－1704－0022249　021422　史部/紀傳類/正史之屬

後漢書九十卷　(南朝宋)范曄撰　(唐)李賢注　**志三十卷**　(晉)司馬彪撰　(南朝梁)劉昭注　清同治十二年(1873)嶺東使署刻本　十七册

330000－1704－0022250　善 001314　類叢部/類書類/通類之屬

廣事類賦四十卷　(清)華希閔撰　清乾隆二十九年(1764)刻本　五册

330000－1704－0022251　善 001313　史部/目録類/專録之屬

經義考三百卷　(清)朱彝尊撰　**經義考總目二卷**　(清)盧見曾編　清康熙秀水朱氏曝書亭刻乾隆十九年至二十年(1754－1755)德州盧見曾續刻四十二年(1777)汪汝瑮印本(卷二八六、二九九至三百原缺)　四十八册

330000－1704－0022252　善 001315　類叢部/類書類/通類之屬

廣事類賦四十卷　(清)華希閔撰　清乾隆二十九年(1764)刻本　七册　存二十八卷(四至九、十四至三十五)

330000－1704－0022253　善 001316　類叢部/類書類/通類之屬

廣事類賦四十卷　(清)華希閔撰　清乾隆二十九年(1764)刻本　六册　存三十二卷(九至四十)

330000－1704－0022254　善 001317　類叢部/類書類/通類之屬

廣事類賦四十卷　(清)華希閔撰　清乾隆二十九年(1764)刻本　九册　缺六卷(三十一至三十六)

330000－1704－0022255　善 001318　類叢部/類書類/通類之屬

事類賦三十卷　(宋)吳淑撰並注　清乾隆二十九年(1764)刻本　六册

330000－1704－0022256　善 001319　集部/總集類/選集之屬/斷代

國朝律賦偶箋四卷　(清)沈豐岐撰　清乾隆二十四年(1759)養素齋刻本　四册

330000－1704－0022257　善 001320　經部/群經總義類/傳說之屬

古經解鈎沉三十卷　(清)余蕭客撰　清乾隆六十年(1795)刻道光二十年(1840)京江魯氏重修本　十册

330000－1704－0022258　善 001321　經部/

詩類/傳說之屬

欽定詩經傳說彙纂二十一卷首二卷詩序二卷 （清）聖祖玄燁定 （清）王鴻緒 （清）揆敘總裁 清雍正五年(1727)刻本 二十四冊

330000－1704－0022259 善001322 類叢部/叢書類/自著之屬

施愚山先生全集五種附一種 （清）施閏章撰 清康熙至乾隆刻彙印本 十六冊

330000－1704－0022260 善001323 經部/叢編

省吾堂四種二十五卷 （清）蔣光弼輯 清乾隆常熟蔣氏省吾堂刻本 五冊

330000－1704－0022261 善001325 集部/詞類/詞譜之屬

詞律二十卷 （清）萬樹撰 清康熙二十六年(1687)萬氏堆絮園刻本 八冊

330000－1704－0022262 021494 子部/宗教類/佛教之屬/諸宗

徑中徑又徑四卷 （清）張師誠輯 清道光五年(1825)慧空經房刻本 一冊 存二卷(三至四)

330000－1704－0022263 021527 史部/紀傳類/正史之屬

十七史一千五百七十四卷 （明）毛晉編 明崇禎元年至十七年(1628－1644)毛氏汲古閣刻本 九冊 存一種

330000－1704－0022264 021495 史部/紀傳類/正史之屬

二十四史 清同治至光緒五省官書局據汲古閣本等合刻光緒五年(1879)湖北書局彙印本 八冊 存一種

330000－1704－0022266 021496 史部/紀傳類/正史之屬

五代史七十四卷 （宋）歐陽修撰 清光緒元年(1875)成都書局刻本 九冊 存六十七卷(一至六十七)

330000－1704－0022267 021497 史部/紀傳類/正史之屬

二十四史 清同治至光緒五省官書局據汲古閣本等合刻光緒五年(1879)湖北書局彙印本 十四冊 存一種

330000－1704－0022268 021498 史部/紀傳類/正史之屬

四史四百十五卷 清光緒金陵書局、江南書局刻本 十六冊 存一種

330000－1704－0022271 021423 史部/紀傳類/正史之屬

四史四百十五卷 清光緒金陵書局、江南書局刻本 六冊 存一種

330000－1704－0022272 021528 史部/紀傳類/正史之屬

五代史七十四卷 （宋）歐陽修撰 （宋）徐無黨注 清初古吳趙氏書業堂刻本 八冊

330000－1704－0022274 021499 史部/紀傳類/正史之屬

四史四百十五卷 清光緒金陵書局、江南書局刻本 十四冊 存一種

330000－1704－0022277 021031 史部/紀傳類/正史之屬

五代史七十四卷 （宋）歐陽修撰 （宋）徐無黨注 清同治十一年(1872)湖北崇文書局刻本 八冊

330000－1704－0022278 021529 史部/紀傳類/正史之屬

二十四史 清同治至光緒五省官書局據汲古閣本等合刻光緒五年(1879)湖北書局彙印本 十六冊 存一種

330000－1704－0022279 021500 史部/紀傳類/正史之屬

四史四百十五卷 清同治十一年(1872)成都書局刻本 二十七冊 存一種

330000－1704－0022280 021501 史部/紀傳類/正史之屬

四史四百十五卷 清光緒金陵書局、江南書局刻本 九冊 存一種

330000－1704－0022283　021032　史部/紀傳類/正史之屬

四史四百十五卷　清光緒金陵書局、江南書局刻本　八冊　存一種

330000－1704－0022284　021502　史部/紀傳類/正史之屬

二十四史　清同治至光緒五省官書局據汲古閣本等合刻光緒五年(1879)湖北書局彙印本　二十四冊　存一種

330000－1704－0022286　021033　史部/紀傳類/正史之屬

四史四百十五卷　清光緒金陵書局、江南書局刻本　四冊　存一種

330000－1704－0022289　021034　史部/紀傳類/正史之屬

二十四史　清同治至光緒五省官書局據汲古閣本等合刻光緒五年(1879)湖北書局彙印本　三十九冊　存一種

330000－1704－0022291　021503　史部/紀傳類/正史之屬

史記一百三十卷　(漢)司馬遷撰　(南朝宋)裴駰集解　(唐)司馬貞索隱　(唐)張守節正義　清同治五年至九年(1866－1870)金陵書局刻本　二十冊

330000－1704－0022292　021504　經部/書類/傳說之屬

書經集傳六卷　(宋)蔡沈撰　清光緒十九年(1893)浙江書局刻本　四冊

330000－1704－0022293　021531　史部/紀傳類/正史之屬

二十四史　清同治至光緒五省官書局據汲古閣本等合刻光緒五年(1879)湖北書局彙印本　十冊　存一種

330000－1704－0022294　021532　史部/紀傳類/正史之屬

史記一百三十卷　(漢)司馬遷撰　(南朝宋)裴駰集解　(唐)司馬貞索隱　(唐)張守節正義　清同治五年至九年(1866－1870)金陵書局刻本　二十冊

330000－1704－0022295　021533　史部/紀傳類/正史之屬

欽定二十四史　清光緒三十一年(1905)上海久敬齋石印本　八冊　存一種

330000－1704－0022296　021505　史部/紀傳類/正史之屬

十七史一千五百七十四卷　(明)毛晉編　明崇禎元年至十七年(1628－1644)琴川毛氏汲古閣刻清順治五年至十三年(1648－1656)重修本　六冊　存一種

330000－1704－0022298　021506　史部/紀傳類/正史之屬

二十四史附考證　清同治至光緒五省官書局據汲古閣本等合刻光緒五年(1879)湖北書局彙印本　十二冊　存一種

330000－1704－0022299　021535　史部/紀傳類/正史之屬

四史四百十五卷　清光緒金陵書局、江南書局刻本　九冊　存一種

330000－1704－0022300　善001324　經部/書類/傳說之屬

古文尚書攷二卷　(清)惠棟撰　清乾隆五十七年(1792)讀經樓刻本　一冊

330000－1704－0022301　021507　新學/理學/理學

天演論二卷　(英國)赫胥黎撰　嚴復譯　清光緒三十二年(1906)上海商務印書館鉛印本　一冊

330000－1704－0022302　021536　子部/術數類

成舊卷便覽一卷　清末抄本　一冊

330000－1704－0022305　021510　類叢部/叢書類/彙編之屬

滂喜齋叢書五十種　(清)潘祖蔭編　清同治至光緒吳縣潘氏京師刻本　一冊　存三種

330000－1704－0022307　021035　史部/紀

傳類/正史之屬
二十四史　清同治至光緒五省官書局據汲古閣本等合刻光緒五年(1879)湖北書局彙印本　十六冊　存二種

330000－1704－0022309　014425　集部/總集類/氏族之屬
陽湖錢氏家集　錢振鍠輯　清光緒三十三年(1907)木活字印本　一冊　存三種

330000－1704－0022310　善001326　史部/地理類/方志之屬/郡縣志
[乾隆]溫州府志三十卷首一卷　(清)李琬修　(清)齊召南　(清)汪沆纂　清乾隆二十七年(1762)刻本　十一冊　缺一卷(三)

330000－1704－0022312　021424　史部/紀傳類/正史之屬
二十四史附考證　清光緒嶺南培遠書局刻本　十七冊　存二種

330000－1704－0022313　021511　史部/紀傳類/正史之屬
二十四史附考證　清光緒二十八年(1902)武林竹簡齋石印本　十二冊　存一種

330000－1704－0022314　021512　史部/紀傳類/正史之屬
十七史一千五百七十四卷　(明)毛晉編　明崇禎元年至十七年(1628－1644)毛氏汲古閣刻本　十五冊　存一種

330000－1704－0022315　021513　史部/紀傳類/正史之屬
二十四史　清同治至光緒五省官書局據汲古閣本等合刻光緒五年(1879)湖北書局彙印本　三冊　存一種

330000－1704－0022316　021425　史部/紀傳類/正史之屬
二十四史　清同治至光緒五省官書局據汲古閣本等合刻光緒五年(1879)湖北書局彙印本　二冊　存二種

330000－1704－0022317　021514　史部/紀傳類/正史之屬
十七史一千五百七十四卷　(明)毛晉編　明崇禎元年至十七年(1628－1644)毛氏汲古閣刻本　七冊　存一種

330000－1704－0022319　善001327　史部/地理類/方志之屬/郡縣志
[乾隆]溫州府志三十卷首一卷　(清)李琬修　(清)齊召南　(清)汪沆纂　清乾隆二十七年(1762)刻本　四冊　存四卷(十七、十九至二十、二十八)

330000－1704－0022321　021515　史部/紀傳類/正史之屬
二十四史　清同治至光緒五省官書局據汲古閣本等合刻光緒五年(1879)湖北書局彙印本　八冊　存一種

330000－1704－0022322　021516　史部/紀傳類/正史之屬
二十四史　清同治至光緒五省官書局據汲古閣本等合刻光緒五年(1879)湖北書局彙印本　八冊　存一種

330000－1704－0022323　021538　史部/紀傳類/正史之屬
二十四史　清刻本　四冊　存一種

330000－1704－0022326　善001328　史部/地理類/方志之屬/郡縣志
[乾隆]溫州府志三十卷首一卷　(清)李琬修　(清)齊召南　(清)汪沆纂　清乾隆二十七年(1762)刻本　一冊　存一卷(二十八)

330000－1704－0022327　021539　史部/紀傳類/正史之屬
二十四史　清刻本　九冊　存一種

330000－1704－0022328　021540　史部/紀傳類/正史之屬
二十四史　清同治至光緒五省官書局據汲古閣本等合刻光緒五年(1879)湖北書局彙印本　十二冊　存一種

330000－1704－0022329　014431　集部/戲劇類/傳奇之屬
藏園九種曲　(清)蔣士銓撰　清乾隆漁古堂

刻本　十二冊　存八種

330000－1704－0022330　善 001329　集部/詞類/總集之屬

詞綜三十六卷　(清)朱彝尊輯　(清)汪森增定　(清)柯崇樸編次　(清)周篔辨譌　清康熙十七年(1678)汪氏裘杼樓刻三十年(1691)增刻乾隆九年(1744)汪氏碧梧書屋重修本　八冊

330000－1704－0022331　021541　史部/紀傳類/正史之屬

舊五代史一百五十卷目錄二卷附考證　(宋)薛居正等撰　清嘉慶元年(1796)掃葉山房刻本　十五冊　存一百四十三卷(目錄一至二、舊五代史一至一百四十一)

330000－1704－0022332　021036　史部/紀傳類/正史之屬

二十四史　清同治至光緒五省官書局據汲古閣本等合刻光緒五年(1879)湖北書局彙印本　四冊　存一種

330000－1704－0022333　021546　史部/紀傳類/正史之屬

二十四史　清同治至光緒五省官書局據汲古閣本等合刻光緒五年(1879)湖北書局彙印本　十六冊　存一種

330000－1704－0022334　021426　史部/紀傳類/正史之屬

二十四史　清同治至光緒五省官書局據汲古閣本等合刻光緒五年(1879)湖北書局彙印本　十二冊　存一種

330000－1704－0022335　021547　史部/紀傳類/正史之屬

史記一百三十卷　(漢)司馬遷撰　(南朝宋)裴駰集解　(唐)司馬貞索隱　(唐)張守節正義　清同治五年至九年(1866－1870)金陵書局刻本　二十冊

330000－1704－0022336　021542　史部/紀傳類/正史之屬

梁書五十六卷　(唐)姚思廉撰　清初古吴趙氏書業堂刻本　六冊

330000－1704－0022337　善 001330　經部/叢編

萬充宗先生經學五書五種十九卷　(清)萬斯大撰　清乾隆二十四年至二十六年(1759－1761)辨志堂刻嘉慶元年(1796)印本　六冊

330000－1704－0022339　善 001331　集部/詩文評類/詩評之屬

宋詩紀事一百卷　(清)厲鶚　(清)馬曰琯輯　清乾隆十一年(1746)厲鶚樊榭山房刻本　二十三冊　缺五卷(十四至十八)

330000－1704－0022340　021548　史部/紀傳類/正史之屬

二十四史　清同治至光緒五省官書局據汲古閣本合刻光緒五年(1879)湖北書局彙印本　一冊　存一種

330000－1704－0022341　善 001332　集部/詩文評類/詩評之屬

宋詩紀事一百卷　(清)厲鶚　(清)馬曰琯輯　清乾隆十一年(1746)厲鶚樊榭山房刻本　二冊　存七卷(十二至十八)

330000－1704－0022342　021549　集部/別集類/明別集

青邱高季迪先生詩集十八卷遺詩一卷扣舷集一卷鳧藻集五卷首一卷附錄一卷　(明)高啟撰　(清)金檀輯注　清雍正六年至七年(1728－1729)金氏文瑞樓刻乾隆墨華池館印本　一冊　存一卷(青邱高季迪先生詩集十六)

330000－1704－0022344　021037　史部/紀傳類/正史之屬

二十四史　清同治至光緒五省官書局據汲古閣本等合刻光緒五年(1879)湖北書局彙印本　八冊　存一種

330000－1704－0022347　014437　類叢部/叢書類/彙編之屬

振綺堂叢刊八種　(清)□□輯　清嘉慶至光緒汪氏振綺堂刻民國十二年(1923)浙江省立

圖書館印本　二册　存一種

330000－1704－0022349　021543　史部/紀傳類/正史之屬

二十四史　清同治至光緒五省官書局據汲古閣本等合刻光緒五年(1879)湖北書局彙印本　八册　存一種

330000－1704－0022351　善001333　集部/别集類/宋别集

施註蘇詩四十二卷目録二卷　(宋)蘇軾撰　(宋)施元之　(宋)顧禧注　(清)顧嗣立　(清)邵長蘅　(清)宋至删補　**蘇詩續補遺二卷**　(清)馮景補註　**王註正譌一卷**　(清)邵長蘅撰　**東坡先生年譜一卷**　(宋)王宗稷編　清康熙刻本　十一册　缺二卷(王著正譌、東坡先生年譜)

330000－1704－0022352　021550　史部/紀傳類/正史之屬

四史四百十五卷　清光緒金陵書局、江南書局刻本　十册　存一種

330000－1704－0022354　021427　史部/紀傳類/正史之屬

二十四史　清同治至光緒五省官書局據汲古閣本等合刻光緒五年(1879)湖北書局彙印本　十八册　存二種

330000－1704－0022355　021551　史部/紀傳類/正史之屬

四史四百十五卷　清光緒金陵書局、江南書局刻本　六册　存一種

330000－1704－0022356　善001334　集部/别集類/宋别集

朱子文集十八卷　(宋)朱熹撰　(清)張伯行編訂　清康熙四十七年(1708)正誼堂刻本　十册

330000－1704－0022357　021039　史部/紀傳類/正史之屬

二十四史　清同治至光緒五省官書局據汲古閣本等合刻光緒五年(1879)湖北書局彙印本　七册　存一種

330000－1704－0022358　善001335　經部/讖緯類/總義之屬

古微書三十六卷　(明)孫瑴輯　清嘉慶二十一年(1816)禹航陳世望對山問月樓刻本　四册

330000－1704－0022359　善001336　集部/總集類/選集之屬/通代

古詩箋三十二卷　(清)王士禛輯　(清)聞人倓箋　清乾隆三十一年(1766)芷蘭堂刻本　十六册

330000－1704－0022360　善001337　經部/詩類/傳説之屬

御纂詩義折中二十卷　(清)高宗弘曆敕撰　(清)傅恒　(清)陳兆崙等纂　清乾隆二十年(1755)武英殿刻本　八册

330000－1704－0022361　善001338　經部/書類/分篇之屬

禹貢錐指二十卷略例一卷圖一卷　(清)胡渭撰　清康熙四十四年(1705)漱六軒刻本　十二册

330000－1704－0022362　021544　史部/紀傳類/正史之屬

二十四史　清同治至光緒五省官書局據汲古閣本等合刻光緒五年(1879)湖北書局彙印本　三册　存一種

330000－1704－0022363　021545　史部/紀傳類/正史之屬

二十四史　清同治至光緒五省官書局據汲古閣本等合刻光緒五年(1879)湖北書局彙印本　八册　存一種

330000－1704－0022365　021040　史部/紀傳類/正史之屬

二十四史　清同治至光緒五省官書局據汲古閣本等合刻光緒五年(1879)湖北書局彙印本　一册　存一種

330000－1704－0022369　014443　集部/詩文評類/詩評之屬

漁隱叢話前集六十卷後集四十卷　(宋)胡仔

撰　清乾隆五年至六年(1740－1741)海鹽楊佑啟耘經樓刻本　十冊

330000－1704－0022370　善 001339　經部/書類/分篇之屬
禹貢錐指二十卷略例一卷圖一卷　(清)胡渭撰　清康熙四十四年(1705)潄六軒刻本　十一冊　缺二卷(略例、圖)

330000－1704－0022371　善 001340　經部/書類/分篇之屬
禹貢錐指二十卷略例一卷圖一卷　(清)胡渭撰　清康熙四十四年(1705)潄六軒刻本　十冊

330000－1704－0022372　021041　史部/紀傳類/正史之屬
五代史七十四卷　(宋)歐陽修撰　(宋)徐無黨注　清同治十一年(1872)湖北崇文書局刻本　八冊

330000－1704－0022373　014444　史部/史評類/史論之屬
史通削繁四卷　(清)紀昀撰　清光緒二十二年(1896)新化三味堂刻本　符璋題記　四冊

330000－1704－0022374　021042　子部/醫家類/診法之屬/脈經脈訣
脈訣刊誤集解二卷附錄一卷　(元)戴起宗撰　(明)汪機輯　清光緒二十二年(1896)勵志齋刻本　二冊

330000－1704－0022375　善 001341　史部/史評類/詠史之屬
南宋襍事詩七卷　(清)沈嘉轍等撰　清武林芹香齋刻本　二冊

330000－1704－0022376　善 001342　集部/別集類/宋別集
水心文集二十九卷　(宋)葉適撰　清乾隆二十年(1755)溫州府學刻本　十二冊

330000－1704－0022377　014445　經部/叢編
十三經注疏三百三十三卷　(明)□□輯　明崇禎元年至十二年(1628－1639)古虞毛氏汲古閣刻本　八冊　存一種

330000－1704－0022378　021428　史部/紀傳類/正史之屬
二十四史　清同治至光緒五省官書局據汲古閣本等合刻光緒五年(1879)湖北書局彙印本　十冊　存一種

330000－1704－0022379　014446　子部/雜著類/雜說之屬
七修類藁五十一卷續藁七卷　(明)郎瑛撰　清光緒六年(1880)廣州翰墨園刻本　十五冊　存五十四卷(類藁一至四十七、續藁一至七)

330000－1704－0022381　善 001343　集部/總集類/選集之屬/通代
賦鈔箋略十五卷　(清)雷琳　(清)張杏濱輯　清刻本　諛如題簽　三冊　存八卷(三至五、九至十一、十四至十五)

330000－1704－0022382　014447　集部/總集類/選集之屬/斷代
欽定國朝詩別裁集三十二卷　(清)沈德潛纂評　清刻本　十五冊　缺二卷(一至二)

330000－1704－0022383　善 001344　集部/詩文評類/詩評之屬
詩人玉屑二十卷　(宋)魏慶之撰　明處順堂刻本　四冊　存十四卷(三至六、十一至二十)

330000－1704－0022385　善 001345　史部/地理類/山川之屬/水志
水道提綱二十八卷　(清)齊召南撰　清乾隆四十年至四十一年(1775－1776)戴殿海傳經書屋刻本　四冊

330000－1704－0022393　善 001346　類叢部/叢書類/自著之屬
率祖堂叢書八種附六種　(宋)金履祥撰　清雍正至乾隆金華金氏刻光緒十三年(1887)鎮海謝駿德補刻本　二冊　存三種

330000－1704－0022394　善 001347　經部/三禮總義類/圖說之屬

韓氏三禮圖說二卷　(元)韓信同撰　清嘉慶十八年(1813)福鼎王遐春麟後山房刻本　二冊

330000－1704－0022395　善 001348　經部/小學類/訓詁之屬/爾雅
爾雅註疏參義六卷　(清)姜兆錫撰　清乾隆四十四年(1779)寶章堂刻本　三冊

330000－1704－0022398　善 001349　經部/小學類/文字之屬/字書/字體
六書通十卷　(明)閔齊伋撰　(清)畢弘述篆訂　清乾隆六十年(1795)刻本　八冊

330000－1704－0022403　善 001350　經部/小學類/文字之屬/字書/字體
六書通十卷　(明)閔齊伋撰　(清)畢弘述篆訂　清康熙五十九年(1720)基聞堂刻本　二冊　存四卷(五至六、九至十)

330000－1704－0022405　021044　集部/別集類/清別集
復齋詩集四卷首一卷末一卷　(清)曾鏞撰　清嘉慶二十五年(1820)刻本　一冊　存二卷(首、一)

330000－1704－0022412　善 001351　經部/小學類/文字之屬/字書/字體
六書通十卷　(明)閔齊伋撰　(清)畢弘述篆訂　清刻本　一冊　存二卷(九至十)

330000－1704－0022413　善 001352　經部/小學類/音韻之屬/韻書
廣韻五卷　(宋)陳彭年等重修　清康熙四十三年(1704)張士俊澤存堂五種影宋刻本　五冊

330000－1704－0022415　善 001353　集部/別集類/宋別集
施註蘇詩四十二卷目錄二卷　(宋)蘇軾撰　(宋)施元之　(宋)顧禧注　(清)顧嗣立　(清)邵長蘅　(清)宋至刪補　**蘇詩續補遺二卷**　(清)馮景補註　**王註正譌一卷**　(清)邵長蘅撰　**東坡先生年譜一卷**　(宋)王宗稷編　清康熙刻本　八冊

330000－1704－0022418　善 001354　集部/別集類/宋別集
蘇文忠詩合註五十卷首一卷目錄一卷　(宋)蘇軾撰　(清)馮應榴輯　清惇裕堂刻本　二十冊

330000－1704－0022419　善 001355　史部/雜史類/通代之屬
十國春秋一百十四卷　(清)吳任臣撰　清康熙十七年(1678)彙賢齋刻本　八冊　存五十八卷(一至二十六、五十八至八十九)

330000－1704－0022420　善 001356　集部/別集類/清別集
曝書亭集八十卷附錄一卷　(清)朱彝尊撰
笛漁小稾十卷　(清)朱昆田撰　清康熙五十三年(1714)朱稻孫刻本　十冊

330000－1704－0022421　021432　子部/醫家類/方書之屬/單方驗方
急救應驗良方一卷　(清)費山壽輯　清光緒七年(1881)樹德書屋刻本　一冊

330000－1704－0022424　021435　史部/紀傳類/正史之屬
舊五代史一百五十卷目錄二卷　(宋)薛居正等撰　清刻本　十六冊　缺一卷(舊五代史一百五十)

330000－1704－0022425　善 001357　集部/別集類/清別集
曝書亭集八十卷附錄一卷　(清)朱彝尊撰
笛漁小稾十卷　(清)朱昆田撰　清康熙五十三年(1714)朱稻孫刻本　十六冊

330000－1704－0022426　善 001358　集部/別集類/清別集
曝書亭集八十卷附錄一卷　(清)朱彝尊撰
笛漁小稾十卷　(清)朱昆田撰　清康熙五十三年(1714)朱稻孫刻本　四冊　存十九卷(二十一至二十五、三十五至四十二、五十八至六十三)

330000－1704－0022427　014468　經部/叢編

十三經注疏三百三十三卷　（明）□□輯　明崇禎元年至十二年（1628－1639）古虞毛氏汲古閣刻本　十二册　存一種

330000－1704－0022428　善 001359　集部/總集類/選集之屬/斷代
本朝館閣詩二十卷附錄一卷　（清）阮學浩（清）阮學濬輯　**續附錄一卷**　（清）阮芝生（清）阮葵生　（清）曹文植輯　清乾隆二十三年（1758）困學書屋刻本　一册　缺十八卷（一至十八）

330000－1704－0022429　善 001360　集部/總集類/氏族之屬
閣巷陳氏清潁一源二卷附崇儒高氏家編一卷　（宋）陳供等撰　（元）裴庾選集　清道光五年（1825）陳氏木活字印本　二册

330000－1704－0022430　021436　史部/紀傳類/正史之屬
二十四史　清同治至光緒五省官書局據汲古閣本等合刻光緒五年（1879）湖北書局彙印本　二十册　存一種

330000－1704－0022431　014396　史部/史評類/史論之屬
史記論文一百三十卷　（清）吳見思撰　清康熙二十六年（1687）尺木堂刻本　十六册

330000－1704－0022432　善 001361　史部/政書類/邦計之屬/賦稅
瑞安縣田賦清册不分卷　清道光二十二年（1842）刻本　一册

330000－1704－0022433　善 001362　經部/小學類/文字之屬/說文/專著
說文解字羣經正字二十八卷　（清）邵瑛撰　清嘉慶二十一年（1816）桂隱書屋刻本　八册

330000－1704－0022434　021437　集部/別集類/清別集
遜學齋文鈔十二卷首一卷末一卷　（清）孫衣言撰　清同治十二年（1873）刻光緒增刻本　一册　存一卷（五）

330000－1704－0022435　善 001363　集部/總集類/選集之屬/通代
御選唐宋詩醇四十七卷　（清）高宗弘曆輯　清乾隆二十五年（1760）紫陽書院刻本　七册　存二十六卷（一至十、十五至十八、三十六至四十七）

330000－1704－0022437　014397　史部/編年類/通代之屬
資治通鑑二百九十四卷　（宋）司馬光撰　（元）胡三省音注　**通鑑釋文辯誤十二卷**　（元）胡三省撰　清嘉慶二十一年（1816）鄱陽胡克家影元刻本　二十八册　存八十四卷（一百八十一至一百八十六、一百九十三至二百七十）

330000－1704－0022438　善 001364　集部/別集類/清別集
袁文箋正十六卷補注一卷　（清）袁枚撰　（清）石韞玉箋　清嘉慶十七年（1812）鶴壽山堂刻本　十二册

330000－1704－0022439　善 001365　集部/別集類/清別集
袁文箋正十六卷補注一卷　（清）袁枚撰　（清）石韞玉箋　清嘉慶十七年（1812）鶴壽山堂刻本　四册

330000－1704－0022440　021439　子部/宗教類/佛教之屬/諸宗
五燈會元五十七卷目錄三卷　（宋）釋普濟撰　清光緒三十二年至三十四年（1906－1908）長沙刻經處刻本　一册　存三卷（三十四至三十六）

330000－1704－0022441　善 001366　集部/別集類/清別集
袁文箋正十六卷補注一卷　（清）袁枚撰　（清）石韞玉箋　清嘉慶十七年（1812）鶴壽山堂刻本　六册

330000－1704－0022447　善 001367　集部/別集類/清別集
袁文箋正十六卷補注一卷　（清）袁枚撰　（清）石韞玉箋　清嘉慶十七年（1812）鶴壽山堂刻本　六册

330000－1704－0022449　021441　集部/別集類/清別集
胡文忠公遺集八十六卷首一卷　(清)胡林翼撰　(清)鄭敦謹　(清)曾國荃輯　(清)胡鳳丹重編　清末石印本　一册　存六卷(九至十四)

330000－1704－0022450　善001368　集部/別集類/清別集
袁文箋正十六卷補注一卷　(清)袁枚撰　(清)石韞玉箋　清嘉慶十七年(1812)鶴壽山堂刻本　清王德馨題簽　二册

330000－1704－0022451　善001369　集部/別集類/清別集
吳詩集覽二十卷補註二十卷吳詩談藪二卷拾遺一卷　(清)吳偉業撰　(清)靳榮藩注並輯　清乾隆淩雲亭刻本　十八册　缺二十二卷(吳詩集覽九、十四,補註一至二十)

330000－1704－0022453　善001370　集部/別集類/清別集
吳詩集覽二十卷補註二十卷吳詩談藪二卷拾遺一卷　(清)吳偉業撰　(清)靳榮藩注並輯　清乾隆淩雲亭刻本　二十册

330000－1704－0022454　021443　子部/儒家類/儒學之屬/俗訓
光緒三十三年黃壽房協秋迪三房輪值祭謁洙浦西村墳墓一卷　清光緒三十三年(1907)抄本　一册

330000－1704－0022456　善001371　集部/別集類/清別集
板橋集五種　(清)鄭燮撰　清乾隆清暉書屋刻本　髯漁題簽　二册

330000－1704－0022458　善001372　集部/別集類/清別集
板橋集五種　(清)鄭燮撰　清乾隆刻本　澹庵題簽　二册　存二種

330000－1704－0022459　善001373　集部/總集類/選集之屬/通代
玉臺新詠十卷　(南朝陳)徐陵輯　(清)吳兆宜注　(清)程琰刪補　清乾隆三十九年(1774)刻本　三册

330000－1704－0022460　善001374　史部/紀傳類/正史之屬
史漢漁樵八卷　(清)祝垚之撰　清同治三年(1864)稿本　八册

330000－1704－0022461　善001375　集部/別集類/宋別集
水心文集二十九卷　(宋)葉適撰　清乾隆二十年(1755)溫州府學刻本　一册　存七卷(六至十二)

330000－1704－0022464　善001376　集部/別集類/宋別集
水心文集二十九卷　(宋)葉適撰　清乾隆二十年(1755)溫州府學刻本　二册　存五卷(十九至二十三)

330000－1704－0022466　善001377　集部/別集類/宋別集
水心文集二十九卷　(宋)葉適撰　清乾隆二十年(1755)溫州府學刻本　十册

330000－1704－0022467　善001378　集部/別集類/清別集
思綺堂文集十卷　(清)章藻功撰　清康熙六十一年(1722)聚錦堂刻本　十册

330000－1704－0022469　021475　經部/小學類/文字之屬/字書/字典
康熙字典十二集三十六卷總目一卷檢字一卷辨似一卷等韻一卷補遺一卷備考一卷　(清)張玉書等纂修　清末石印本　一册　存五卷(亥集上中下、補遺、備考)

330000－1704－0022470　014474　集部/別集類/唐五代別集
昌黎先生詩集注十一卷年譜一卷　(唐)韓愈撰　(清)顧嗣立刪補　清光緒九年(1883)廣州翰墨園刻三色套印本　四册

330000－1704－0022474　014477　類叢部/叢書類/彙編之屬
隨盦徐氏叢書十種續編十種　徐乃昌編　清

光緒至民國南陵徐氏刻本　一冊　存一種

330000－1704－0022475　021476　史部/地理類/方志之屬/郡縣志

[光緒]樂清縣志十六卷首一卷　(清)李登雲　(清)錢寶鎔修　(清)陳珅等纂　清光緒二十七年(1901)東甌郭博古齋刻本　一冊　存三卷(十二至十四)

330000－1704－0022477　021450　新學/格致總

格致啓蒙四卷　(英國)羅斯古纂　(美國)林樂知譯　(清)鄭昌棪譯　清光緒二十二年(1896)石印本　一冊　存一卷(三)

330000－1704－0022478　014480　經部/小學類/訓詁之屬/群雅

別雅五卷　(清)吳玉搢撰　清乾隆七年(1742)新安程氏督經堂刻本　五冊

330000－1704－0022479　021477　子部/宗教類/佛教之屬/經疏

佛說梵網經菩薩心地品合註七卷附玄義一卷　(後秦)釋鳩摩羅什譯　(明)釋智旭註　(清)釋道昉訂　清同治十三年(1874)金陵刻經處刻本　二冊　缺四卷(四至七)

330000－1704－0022480　021478　子部/宗教類/佛教之屬/論疏

成唯識論述記六十卷　(唐)釋窺基撰　清光緒二十七年(1901)金陵刻經處刻本　六冊　存十八卷(一至六、十九至二十一、二十八至三十、三十四至三十六、五十八至六十)

330000－1704－0022481　014481　子部/叢編

子書百家　(清)崇文書局編　清光緒元年(1875)湖北崇文書局刻本　四冊　存一種

330000－1704－0022483　017834　子部/天文曆算類/算書之屬

御製數理精蘊上編五卷下編四十卷表八卷　(清)聖祖玄燁撰　清刻本　一冊　存一卷(表三)

330000－1704－0022487　善001379　類叢部/叢書類/自著之屬

楊氏全書八種　(清)楊名時撰　清乾隆五十九年(1794)江陰葉廷甲水心草堂刻本　五冊

330000－1704－0022489　善001380　類叢部/叢書類/自著之屬

楊氏全書八種　(清)楊名時撰　清乾隆五十九年(1794)江陰葉廷甲水心草堂刻本　七冊　存二十八卷(一至二十八)

330000－1704－0022490　善001381　史部/史評類/詠史之屬

廿一史彈詞註二卷　(明)楊慎撰　(明)吳如珩注　清乾隆六年(1741)玲瓏山館刻本　一冊

330000－1704－0022491　家譜21　史部/傳記類/總傳之屬/家乘

[浙江永嘉]明文戴氏宗譜□□卷　(清)□□纂修　清咸豐八年(1858)木活字印本　二冊　存二卷(十至十一)

330000－1704－0022492　家譜22　史部/傳記類/總傳之屬/家乘

[浙江永嘉]菰田明文戴氏宗譜□□卷　(清)□□纂修　清道光十七年(1837)木活字印本　四冊　存四卷(二、四至六)

330000－1704－0022493　021451　類叢部/類書類/通類之屬

古今圖書集成一萬卷目錄三十二卷　(清)蔣廷錫　(清)陳夢雷等輯　清光緒鉛印本　一冊　存三卷(藝術典六百二十四至六百二十六)

330000－1704－0022494　善001382　子部/術數類/相宅相墓之屬

金精廖公秘授地學心法正傳畫筴扒砂經四卷補遺一卷　(宋)廖禹撰　(宋)彭大雄輯　明萬曆四十二年(1614)江氏刻本　四冊

330000－1704－0022495　014469　經部/叢編

仿宋相臺五經九十六卷附考證　清光緒二年(1876)江南書局刻本　夏承燾題記　三十冊

缺五卷(春秋經傳集解二十三至二十五、二十九至三十)

330000－1704－0022496　家譜3　史部/傳記類/總傳之屬/家乘

[浙江瑞安]濟陽郡蔡氏宗譜不分卷　(清)蔡氣策　(清)蔡平策纂修　清宣統二年(1910)木活字印本　一册

330000－1704－0022497　家譜24　史部/傳記類/總傳之屬/家乘

[浙江永嘉]菰田明文戴氏宗譜□□卷　(清)蔣琇　(清)李耀國纂修　清乾隆六十年(1795)木活字印本　四册　存四卷(一至二、六至七)

330000－1704－0022498　家譜23　史部/傳記類/總傳之屬/家乘

[浙江永嘉]菰田明文戴氏宗譜□□卷　(清)□□纂修　清道光十七年(1837)木活字印本　四册　存四卷(一至二、四至五)

330000－1704－0022499　家譜26　史部/傳記類/總傳之屬/家乘

[浙江永嘉]菰田明文戴氏宗譜□□卷　(清)□□纂修　清道光十七年(1837)木活字印本　一册　存一卷(一)

330000－1704－0022502　家譜33　史部/傳記類/總傳之屬/家乘

[浙江瑞安]河南方氏大衆世譜不分卷　(清)□□纂修　清光緒抄本　一册

330000－1704－0022503　家譜32　史部/傳記類/總傳之屬/家乘

[浙江瑞安]河南方氏宗譜不分卷　清抄本　一册

330000－1704－0022504　家譜9　史部/傳記類/總傳之屬/家乘

[浙江樂清]翁垟陳氏宗譜不分卷　(清)陳禮麟等纂修　清嘉慶九年(1804)木活字印本　一册

330000－1704－0022505　021452　經部/四書類/總義之屬/傳說

四書講義日孜録十二卷　(清)李求齡撰　清刻本　一册　存一卷(二)

330000－1704－0022507　家譜12　史部/傳記類/總傳之屬/家乘

[浙江瑞安]崇儒閣巷陳氏大宗譜□□卷　清光緒三十三年(1907)木活字印本　一册　存一卷(四)

330000－1704－0022508　家譜13　史部/傳記類/總傳之屬/家乘

[浙江瑞安]閣巷陳氏大宗譜□□卷　清光緒二十年(1894)木活字印本　一册　存一卷(三)

330000－1704－0022510　善001383　集部/曲類/彈詞之屬

二十一史彈詞輯註十卷　(明)楊慎編　(清)孫德威輯註　清康熙刻本　陳略超題簽　一册

330000－1704－0022513　021479　子部/宗教類/佛教之屬/總録

御選語録十九卷　(清)世宗胤禛輯　清光緒四年(1878)金陵刻經處刻本　一册　存一卷(十三)

330000－1704－0022514　家譜14　史部/傳記類/總傳之屬/家乘

[浙江堰頭]潁川郡陳氏宗譜□□卷　清光緒十七年(1891)木活字印本　一册　存一卷(二)

330000－1704－0022515　021453　史部/目録類/專録之屬

閲藏知津四十四卷總目四卷　(清)釋智旭輯　清光緒十八年(1892)金陵刻經處刻本　二册　存八卷(總目一至四、四十一至四十四)

330000－1704－0022517　021454　子部/宗教類/佛教之屬

法苑珠林一百卷　(唐)釋道世撰　清刻本　十册　存二十八卷(九、十八至二十、三十四至三十六、四十二至五十三、六十三至六十四、八十一至八十四、八十六至八十八)

330000－1704－0022519　善 001384　子部/小說家類/雜事之屬

世說新語補二十卷　（南朝宋）劉義慶撰　（南朝梁）劉孝標注　（明）何良俊增補　（明）王世貞刪定　（明）王世懋批釋　（明）張文柱校注　清乾隆二十七年（1762）黄汝琳茂清書屋刻本　六冊

330000－1704－0022520　家譜 16　史部/傳記類/總傳之屬/家乘

［浙江瑞安］崇儒閣巷陳氏大宗譜五卷　清道光四年（1824）木活字印本　三冊　存三卷（二、四至五）

330000－1704－0022521　善 001385　集部/别集類/唐五代别集

讀杜心解六卷首二卷　（清）浦起龍撰　清雍正二年至三年（1724－1725）前凋浦氏寧我齋刻本　周柳人題簽　八冊　缺三卷（四至六）

330000－1704－0022522　家譜 46　史部/傳記類/總傳之屬/家乘

［浙江永嘉］永嘉茗川胡氏宗譜□□卷　清光緒三十二年（1906）木活字印本　二冊　存二卷（一、三）

330000－1704－0022523　021455　子部/宗教類/佛教之屬/諸宗

摩訶止觀輔行傳弘決四十卷　（唐）釋湛然撰　明天啟六年（1626）刻本　三冊　存三卷（二至四）

330000－1704－0022526　021474　子部/宗教類/佛教之屬/諸宗

靈峰藕益大師宗論十卷首一卷　（清）釋智旭撰　（清）釋成時輯　清光緒刻本　一冊　存一卷（三）

330000－1704－0022530　021456　子部/宗教類/佛教之屬/經疏

梵網經菩薩戒本疏十卷　（唐）釋法藏撰　清光緒二十五年（1899）金陵刻經處刻本　一冊　存五卷（六至十）

330000－1704－0022531　021473　子部/宗教類/佛教之屬/諸宗

十不二門指要鈔詳解二卷　（唐）釋湛然釋籤　（宋）釋可度詳解　（明）釋正謐分會　清刻本　一冊　存一卷（一下）

330000－1704－0022534　家譜 103　史部/傳記類/總傳之屬/家乘

［浙江縉雲］麻氏宗譜□□卷　（清）□□纂修　清道光五年（1825）木活字印本　一冊　存一卷（四）

330000－1704－0022536　021472　子部/宗教類/佛教之屬/諸宗

首楞嚴經義海三十卷　（宋）釋咸輝輯　清光緒二十八年（1902）刻本　一冊　存五卷（一至五）

330000－1704－0022537　家譜 104　史部/傳記類/總傳之屬/家乘

［浙江縉雲］麻氏宗譜□□卷　（清）□□纂修　清光緒十七年（1891）木活字印本　一冊　存一卷（七）

330000－1704－0022538　善 001386　集部/總集類/選集之屬/斷代

欽定國朝詩别裁集三十二卷　（清）沈德潛纂評　清乾隆二十六年（1761）刻本　十四冊

330000－1704－0022539　家譜 64　史部/傳記類/總傳之屬/家乘

［浙江黄巖］重修石曲季氏宗譜四卷　（清）季春芳纂修　清道光二十六年（1846）木活字印本　一冊　存一卷（一）

330000－1704－0022540　善 001387　集部/總集類/選集之屬/斷代

欽定國朝詩别裁集三十二卷　（清）沈德潛纂評　清乾隆二十六年（1761）刻本　八冊

330000－1704－0022542　善 001388　子部/儒家類/儒家之屬/性理

儒志編一卷　（宋）王開祖撰　（清）童基輯　清乾隆刻本　一冊

330000－1704－0022543　家譜 105　史部/傳記類/總傳之屬/家乘

[浙江縉雲]五雲西湖上谷郡麻氏宗譜□□卷　(清)□□纂修　清嘉慶十三年(1808)木活字印本　一册　存一卷(三)

330000－1704－0022544　家譜67　史部/傳記類/總傳之屬/家乘
彭城郡金氏宗譜三卷　(清)金聖鐸纂修　(清)金聖梓彙集　清光緒十一年(1885)木活字印本　一册　存二卷(一至二)

330000－1704－0022546　021457　子部/宗教類/佛教之屬/經疏
大佛頂如來密因修證了義諸菩薩萬行首楞嚴經宗通十卷　(明)曾鳳儀撰　清刻本　一册　存一卷(六)

330000－1704－0022547　家譜106　史部/傳記類/總傳之屬/家乘
[□□]上谷郡麻氏宗譜□□卷　清道光六年(1826)木活字印本　一册

330000－1704－0022548　善001389　子部/小説家類/異聞之屬
山海經廣注十八卷讀山海經語一卷山海經雜述一卷圖五卷　(清)吳任臣撰　清乾隆五十一年(1786)金閶書業堂刻本　四册

330000－1704－0022550　021458　子部/宗教類/佛教之屬/諸宗
靈峰蕅益大師選定淨土十要十卷　(清)釋智旭輯　(清)釋成時評點節略　清刻本　一册　存二種

330000－1704－0022551　善001390　經部/群經總義類/傳説之屬
易堂問目四卷　(清)吳鼎撰　清乾隆三十七年(1772)鄒容成刻本　一册

330000－1704－0022552　善001391　集部/別集類/宋別集
吕東萊先生文集二十卷首一卷　(宋)吕祖謙撰　(清)王崇炳輯　清雍正元年(1723)金華陳思臚敬勝堂刻本　六册

330000－1704－0022554　善001392　經部/詩類/三家詩之屬
韓詩外傳十卷　(漢)韓嬰撰　明刻本　六册

330000－1704－0022555　021459　子部/宗教類/佛教之屬/諸宗
首楞嚴經義海三十卷　(宋)釋咸輝輯　清刻本　一册　存五卷(六至十)

330000－1704－0022557　016047　子部/宗教類/佛教之屬
玄籤證釋十卷　(清)釋智銓撰　清光緒十七年(1891)刻本　一册　存二卷(一至二)

330000－1704－0022563　021460　子部/宗教類/佛教之屬/經
大方廣佛華嚴經八十卷　(唐)釋實叉難陀譯　**入不思議解脱境界普賢行願品一卷**　(唐)釋般若譯　清刻本　八册　缺五十七卷(一至三、七至十二、十六至二十一、二十五至三十三、四十六至七十八)

330000－1704－0022565　家譜120　史部/傳記類/總傳之屬/家乘
[浙江平陽]帶溪武功郡蘇氏宗譜不分卷　清光緒十四年(1888)木活字印本　一册

330000－1704－0022566　善001393　集部/別集類/明別集
太師誠意伯劉文成公集二十卷首一卷　(明)劉基撰　清康熙劉元奇刻雍正萬里補刻乾隆括芝南田果育堂印本　八册

330000－1704－0022567　善001394　集部/別集類/明別集
太師誠意伯劉文成公集二十卷首一卷　(明)劉基撰　清康熙劉元奇刻雍正萬里補刻乾隆括芝南田果育堂印本　十二册

330000－1704－0022568　014515　集部/總集類
繆蘭泉先生手鈔諸詩稿一卷　(清)繆文瀾輯　清繆文瀾抄本　劉紹寬批並題簽　張揚批　一册

330000－1704－0022570　善001395　集部/別集類/明別集
太師誠意伯劉文成公集二十卷首一卷　(明)

劉基撰　清康熙劉元奇刻雍正萬里補刻乾隆括芝南田果育堂印本　二册　存二卷（二至三）

330000－1704－0022571　家譜121　史部/傳記類/總傳之屬/家乘

孫氏宗譜□□卷　清嘉慶二十三年（1818）木活字印本　一册　存一卷（三）

330000－1704－0022572　善001396　集部/别集類/明别集

太師誠意伯劉文成公集二十卷首一卷　（明）劉基撰　清康熙劉元奇刻雍正萬里補刻乾隆括芝南田果育堂印本　二册　存三卷（首、六至七）

330000－1704－0022573　家譜100　史部/傳記類/總傳之屬/家乘

［浙江平陽］豫章郡羅氏宗譜不分卷　（清）鄭許笙纂修　清光緒十四年（1888）木活字印本　三册

330000－1704－0022574　014487　集部/詞類/總集之屬

歷朝詞選三卷　清登雲社主人抄本　夏承燾題記　二册

330000－1704－0022575　家譜122　史部/傳記類/總傳之屬/家乘

［浙江温州］樂安郡孫氏家譜不分卷　清光緒十一年（1885）木活字印本　一册

330000－1704－0022576　021461　子部/宗教類/佛教之屬/經疏

彌陀畧解圓中鈔二卷　（明）釋大佑撰　（明）釋傳燈鈔　清同治十年（1871）刻本　一册　存一卷（一）

330000－1704－0022577　家譜101　史部/傳記類/總傳之屬/家乘

［浙江縉雲］石松劉氏宗譜□□卷　清道光九年（1829）木活字印本　二册　存二卷（一、三）

330000－1704－0022578　家譜102　史部/傳記類/總傳之屬/家乘

［浙江縉雲］石松劉氏宗譜□□卷　清嘉慶十四年（1809）木活字印本　二册　存二卷（三至四）

330000－1704－0022580　021470　子部/宗教類/佛教之屬/諸宗

靈峰蕅益大師選定淨土十要十卷　（清）釋智旭輯　（清）釋成時評點節略　清刻本　一册　存一種

330000－1704－0022582　善001397　集部/别集類/明别集

太師誠意伯劉文成公集二十卷首一卷　（明）劉基撰　清康熙劉元奇刻雍正萬里補刻乾隆括芝南田果育堂印本　七册　缺九卷（首、一至八）

330000－1704－0022583　021462　子部/宗教類/佛教之屬/經

妙法蓮華經七卷　（後秦）釋鳩摩羅什譯　清刻本　一册　存一卷（二）

330000－1704－0022584　021463　集部/别集類/清别集

㐬蓮賦草一卷註三卷續㐬蓮賦草一卷註一卷淨土百八詠一卷　（清）釋曉柔撰　清光緒八年（1882）武林瑪瑙經房刻本　紫臣跋　一册　存一卷（續㐬蓮賦草）

330000－1704－0022586　021464　子部/宗教類/佛教之屬/總録

重訂教乘法數十二卷　（清）釋超海等輯　清刻本　一册　存二卷（四至五）

330000－1704－0022587　善001398　集部/别集類/明别集

太師誠意伯劉文成公集二十卷首一卷　（明）劉基撰　清康熙劉元奇刻雍正萬里補刻乾隆括芝南田果育堂印本　六册　缺十五卷（六至二十）

330000－1704－0022588　善001399　集部/别集類/明别集

太師誠意伯劉文成公集二十卷首一卷　（明）劉基撰　清康熙劉元奇刻雍正萬里補刻乾隆

括芝南田果育堂印本　九册　存十七卷（二至十八）

330000－1704－0022589　善001400　集部/别集類/明别集

太師誠意伯劉文成公集二十卷首一卷　（明）劉基撰　清康熙劉元奇刻雍正萬里補刻乾隆括芝南田果育堂印本　一册　存二卷（十九至二十）

330000－1704－0022592　021469　子部/宗教類/佛教之屬/經

彌陀經疏鈔演義定本四卷　（清）釋古德撰（清）釋智願定本　清同治十年（1871）刻本　一册　存一卷（一）

330000－1704－0022593　善001401　集部/别集類/明别集

太師誠意伯劉文成公集二十卷首一卷　（明）劉基撰　清康熙劉元奇刻雍正萬里補刻乾隆括芝南田果育堂印本　十册

330000－1704－0022594　善001402　集部/别集類/明别集

太師誠意伯劉文成公集二十卷首一卷　（明）劉基撰　清康熙劉元奇刻雍正萬里補刻乾隆括芝南田果育堂印本　十册

330000－1704－0022596　021468　子部/宗教類/佛教之屬

大明三藏法數五十卷　（明）釋一如等集註　清光緒刻本　二册　存六卷（十三至十八）

330000－1704－0022599　021467　子部/宗教類/佛教之屬/諸宗

法界聖凡水陸普度大齋勝會儀軌會本六卷（南朝梁）釋寶誌等撰　（宋）釋志磐重訂（明）釋祩宏補儀　（清）釋儀潤彙刊　清同治八年（1869）杭州昭慶寺刻本　一册

330000－1704－0022600　021465　子部/宗教類/佛教之屬

慈悲道場懺法十卷　（南朝梁）武帝蕭衍撰　清刻本　一册

330000－1704－0022602　013470－53　史部/傳記類

高氏資料彙編不分卷　清抄本　十九册

330000－1704－0022603　021466　子部/宗教類/佛教之屬/論

大乘阿毗達磨雜集論十六卷　（天竺）安慧菩薩糅　（唐）釋玄奘譯　清宣統三年（1911）刻本　一册　存五卷（一至五）

330000－1704－0022607　013470－56　史部/政書類/公牘檔册之屬

契約文書不分卷　清末民初抄本　二册

330000－1704－0022608　善001403　子部/儒家類/儒學之屬/性理

慈溪黄氏日抄分類九十七卷古今紀要十九卷　（宋）黄震撰　清乾隆三十二年（1767）新安汪佩鍔珠樹堂刻本（卷八十一、八十九、九十二原缺）　十六册

330000－1704－0022609　善001404　子部/醫家類/醫案之屬

寓意草一卷　（明）喻昌撰　明崇禎十六年（1643）刻本　二册

330000－1704－0022610　家譜170　史部/傳記類/總傳之屬/家乘

［浙江溫州］霞王熊氏宗譜不分卷　（清）熊振成主修　（清）鄭景新纂修　清咸豐十年（1860）抄本　二册

330000－1704－0022613　善001405　史部/史評類/詠史之屬

增定二十一史韻四卷首一卷末一卷續編四卷　（明）趙南星撰　（清）仲弘道續　清康熙蘭雪堂刻本　四册

330000－1704－0022615　善001406　子部/醫家類/傷寒金匱之屬/傷寒論

傷寒來蘇集三種　（清）柯琴撰　清乾隆二十年（1755）崑山馬中驊綏福堂刻本　二册　存二種

330000－1704－0022616　善001407　集部/别集類/清别集

吴詩集覽二十卷補註二十卷吴詩談藪二卷拾

遺一卷 （清）吳偉業撰 （清）靳榮藩注並輯 清乾隆凌雲亭刻本 二十四冊 存二十一卷（吳詩集覽一至二十、吳詩談藪一）

330000－1704－0022617 善001408 史部/紀傳類/正史之屬

史記一百三十卷首一卷 （漢）司馬遷撰 （南朝宋）裴駰集解 （唐）司馬貞索隱 （唐）張守節正義 （明）徐孚遠 （明）陳子龍測議 明崇禎刻本 二十冊 存一百二卷（首，一至二十八、三十四至五十五、六十七至八十九、九十九至一百二十六）

330000－1704－0022620 家譜158 史部/傳記類/總傳之屬/家乘

[浙江蒼南]遼西郡項氏宗譜不分卷 （清）項維畧主修 （清）項敬忠編纂 清光緒五年（1879）木活字印本 一冊

330000－1704－0022621 善001409 類叢部/類書類/通類之屬

淵鑑類函四百五十卷目錄四卷 （清）張英 （清）王士禎等輯 清康熙刻本 一百六十冊

330000－1704－0022622 家譜177 史部/傳記類/總傳之屬/家乘

[浙江溫州]徐氏族譜不分卷 （清）徐學詩纂修 清光緒五年（1879）抄本 二冊

330000－1704－0022625 021552 子部/宗教類/佛教之屬/經疏

大佛頂如來密因修證了義諸菩薩萬行首楞嚴經直指十卷 （唐）釋般剌密帝譯 （唐）釋彌伽釋迦譯語 （唐）房融筆受 （清）釋函昰疏 清末至民國福緣蓮社刻本 一冊 存二卷（九至十）

330000－1704－0022626 家譜160 史部/傳記類/總傳之屬/家乘

[浙江瑞安]南堤項氏二祖房譜一卷 清光緒抄本 一冊

330000－1704－0022627 021553 子部/宗教類/佛教之屬

法苑珠林一百卷 （唐）釋道世撰 清刻本 七冊 存十五卷（三十八至三十九、五十一至五十三、六十四至六十五、七十三、七十七至七十八、八十四至八十八）

330000－1704－0022628 家譜161 史部/傳記類/總傳之屬/家乘

項氏宗譜不分卷 清抄本 一冊

330000－1704－0022629 家譜179 史部/傳記類/總傳之屬/家乘

[浙江溫州]重修徐氏五派尹二六公分遷郡城譜不分卷 （清）徐學誠纂修 清道光二十七年（1847）抄本 一冊

330000－1704－0022630 家譜162 史部/傳記類/總傳之屬/家乘

[浙江瑞安]南堤項氏家譜不分卷 清嘉慶抄本 一冊

330000－1704－0022631 家譜163 史部/傳記類/總傳之屬/家乘

[浙江瑞安]南隄項氏續修六祖房內編支圖譜系一卷 清道光抄本 一冊

330000－1704－0022633 善001410 類叢部/類書類/通類之屬

淵鑑類函四百五十卷目錄四卷 （清）張英 （清）王士禎等輯 清康熙刻本 六十六冊

330000－1704－0022634 家譜180 史部/傳記類/總傳之屬/家乘

[浙江溫州]重修徐氏五派譜不分卷 （清）徐宗芳纂修 清嘉慶元年（1796）抄本 一冊

330000－1704－0022635 家譜181 史部/傳記類/總傳之屬/家乘

[浙江永嘉]馬坑徐氏族譜不分卷 （清）陳殿元纂修 清宣統三年（1911）抄本 一冊

330000－1704－0022636 021555 子部/宗教類/佛教之屬/經疏

法華指掌疏七卷懸示一卷科判一卷事義一卷 （清）釋通理撰 清刻本 一冊 存一卷（三）

330000－1704－0022638 善001412 史部/

傳記類/總傳之屬/仕宦
新鐫旁批詳註總斷廣名將譜二十卷 (明)黃道周註斷 明崇禎十六年(1643)刻清康熙重修本 一冊 存四卷(十三至十六)

330000－1704－0022639 善001411 類叢部/叢書類/彙編之屬
稗海四十六種續稗海二十四種 (明)商濬編 明萬曆商氏半埜堂刻本 二十三冊 存三十五種

330000－1704－0022640 善001413 史部/金石類/金之屬/文字
歷代鐘鼎彝器款識法帖二十卷 (宋)薛尚功撰 清嘉慶二年(1797)儀徵阮元小琅環僊館刻本 一冊 存四卷(一至四)

330000－1704－0022641 善001414 類叢部/叢書類/自著之屬
心齋十種 (清)任兆麟撰 清乾隆五十年至五十五年(1785－1790)震澤任氏忠敏家塾刻本 一冊 存四種

330000－1704－0022642 善001415 類叢部/叢書類/彙編之屬
稗海四十六種續稗海二十四種 (明)商濬編 明萬曆商氏半埜堂刻本 二冊 存二種

330000－1704－0022643 善001416 類叢部/叢書類/彙編之屬
稗海四十六種續稗海二十四種 (明)商濬編 明萬曆商氏半埜堂刻本 一冊 存一種

330000－1704－0022644 善001417 類叢部/叢書類/彙編之屬
稗海四十八種續集二十二種 (明)商濬編 明萬曆商氏半埜堂刻清康熙振鷺堂重編補刻本 一冊 存一種

330000－1704－0022645 021556 類叢部/叢書類/自著之屬
曾文正公全集十六種 (清)曾國藩撰 清同治至光緒傳忠書局刻本 一冊 存一種

330000－1704－0022646 家譜164 史部/傳記類/總傳之屬/家乘
[浙江溫州]南隄項氏大宗續作三房譜一卷 清抄本 一冊

330000－1704－0022648 善001418 經部/小學類/文字之屬/字書/字體
隸辨八卷 (清)顧藹吉撰 清乾隆八年(1743)天都黃晟刻本 一冊 存一卷(二)

330000－1704－0022649 家譜166 史部/傳記類/總傳之屬/家乘
[浙江溫州]南堤項氏宗譜不分卷 清末民初抄本 一冊

330000－1704－0022651 021557 史部/編年類/通代之屬
續資治通鑑二百二十卷 (清)畢沅撰 清刻本 一冊 存二卷(二百十七至二百十八)

330000－1704－0022653 家譜167 史部/傳記類/總傳之屬/家乘
[福建建甌]建東桂林謝氏宗譜不分卷 (清)王培蘭纂修 (清)謝天位總理 清光緒三十一年(1905)陳留堂木活字印本 八冊

330000－1704－0022654 家譜206 史部/傳記類/總傳之屬/家乘
[浙江永嘉]永嘉社田張氏世系不分卷 清末抄本 一冊

330000－1704－0022655 家譜168 史部/傳記類/總傳之屬/家乘
[浙江溫州]陳留謝氏宗譜□□卷 清同治六年(1867)木活字印本 一冊 存二卷(七至八)

330000－1704－0022657 家譜204 史部/傳記類/總傳之屬/家乘
[浙江瑞安]汀川張氏宗譜不分卷 (清)張載禎纂修 清光緒抄本 五冊

330000－1704－0022660 家譜213 史部/傳記類/總傳之屬/家乘
[浙江蒼南]滎陽郡鄭氏宗譜□□卷 清乾隆五十九年(1794)木活字印本 一冊 存一卷(三)

330000－1704－0022661　021560　子部/宗教類/佛教之屬/諸宗

列祖提綱錄四十二卷　(清)釋行悦輯　清同治十三年(1874)西湖昭慶慧空經房刻本　二冊　存八卷(五至八、十八至二十一)

330000－1704－0022662　善 001419　集部/別集類/宋別集

元豐類稿五十卷　(宋)曾鞏撰　清康熙四十九年(1710)長嶺曾國光西爽堂刻本　一冊　存五卷(十六至二十)

330000－1704－0022663　善 001420　類叢部/叢書類/彙編之屬

漢魏叢書三十八種　(明)程榮編　明萬曆二十年(1592)新安程氏刻本　七冊　存五種

330000－1704－0022665　家譜 205　史部/傳記類/總傳之屬/家乘

[浙江永嘉]永邑社川河頭鄭家牌清沙張氏宗譜不分卷　(清)葉史參纂修　清光緒二十七年(1901)抄本　一冊

330000－1704－0022666　家譜 214　史部/傳記類/總傳之屬/家乘

[浙江蒼南]槎溪南樓鄭氏宗譜不分卷　清乾隆抄本　一冊

330000－1704－0022667　021561　子部/宗教類/佛教之屬/經疏

佛說梵網經菩薩心地品合註七卷附玄義一卷　(後秦)釋鳩摩羅什譯　(明)釋智旭註　(清)釋道昉訂　清同治十三年(1874)金陵刻經處刻本　一冊　存二卷(四至五)

330000－1704－0022669　善 001422　集部/總集類/選集之屬/通代

六臣註文選六十卷　(南朝梁)蕭統輯　(唐)李善　(唐)呂延濟　(唐)劉良　(唐)張銑　(唐)李周翰　(唐)呂向註　明刻本　四冊　存十五卷(十至十一、十四至十七、四十八至五十二、五十七至六十)

330000－1704－0022670　021562　子部/宗教類/佛教之屬/經

佛說梵網經二卷　(後秦)釋鳩摩羅什譯　清刻本　一冊　存一卷(下)

330000－1704－0022672　021563　子部/宗教類/佛教之屬/諸宗

賢首五教儀開蒙增註五卷附華嚴經品會大義一卷　(清)釋通理撰　清宣統元年(1909)揚州藏經院刻本　一冊　存一卷(四)

330000－1704－0022673　善 001423　類叢部/叢書類/彙編之屬

稗海四十六種續稗海二十四種　(明)商濬編　明萬曆商氏半埜堂刻本　二十九冊　存三十一種

330000－1704－0022675　021564　子部/宗教類/佛教之屬/律

重治毘尼事義集要十七卷首一卷　(明)釋智旭撰　清刻本　一冊　存□□卷(□□)

330000－1704－0022676　家譜 226　史部/傳記類/總傳之屬/家乘

[浙江溫州]汝南郡周氏重修宗譜二卷　(清)周永發主修　(清)鄭憲章纂修　清光緒五年(1879)抄本　四冊

330000－1704－0022678　021565　子部/宗教類/佛教之屬/經疏

彌陀經疏鈔演義定本四卷　(清)釋古德撰　(清)釋智願定本　清末民國刻本　一冊　存一卷(四)

330000－1704－0022679　021566　子部/宗教類/佛教之屬/經疏

妙法蓮華經文句記三十卷　(唐)釋湛然輯　清刻本　二冊　存二卷(十至十一)

330000－1704－0022682　021568　子部/宗教類/佛教之屬

佛經　清刻本　六冊

330000－1704－0022691　善 001425　類叢部/叢書類/彙編之屬

稗海四十八種續集二十二種　(明)商濬編　明萬曆商氏半埜堂刻清康熙振鷺堂重編補刻本　一冊　存一種

330000－1704－0022692　善 001424　類叢部/叢書類/彙編之屬

稗海四十八種續集二十二種　(明)商濬編　明萬曆商氏半埜堂刻清康熙至乾隆修補重訂本　七十八冊　存六十九種

330000－1704－0022693　善 001426　集部/總集類/選集之屬/通代

文章正宗復刻三十卷續十二卷　(宋)真德秀撰　清乾隆三十三年(1768)福建楊仲興刻本　十冊　存二十五卷(一至十五、續三至十二)

330000－1704－0022694　善 001427　子部/儒家類/儒學之屬/性理

西山先生真文忠公讀書記四十卷　(宋)真德秀撰　清乾隆刻本　十二冊　存二十九卷(一至十、十三至三十一)

330000－1704－0022695　善 001428　集部/別集類/宋別集

西山先生真文忠公文集五十五卷目錄二卷　(宋)真德秀撰　**西山真文忠公年譜一卷**　(清)真采編　明萬曆二十六年(1598)金學曾景賢堂刻明崇禎十一年至清康熙四年(1638－1665)遞修本(年譜配清乾隆二十九年刻本)　十二冊　存五十四卷(一至八、十三至五十五,目錄一至二,年譜)

330000－1704－0022696　善 001429　子部/雜著類/雜考之屬

困學紀聞二十卷　(宋)王應麟撰　(清)閻若璩箋　清乾隆三年(1738)馬氏叢書樓刻本　六冊

330000－1704－0022697　善 001430　子部/藝術類/書畫之屬

賞奇軒四種合編　清刻本　一冊　存一種

330000－1704－0022698　善 001431　集部/別集類/清別集

陳檢討集二十卷　(清)陳維崧撰　(清)程師恭注　清康熙三十二年(1693)有美堂刻本　四冊　存十三卷(一至十三)

330000－1704－0022699　善 001432　子部/藝術類/書畫之屬/法帖

草字彙十二卷　(清)石梁輯　清乾隆五十二年(1787)刻本　一冊　存三卷(十至十二)

330000－1704－0022700　善 001433　子部/儒家類/儒學之屬/經濟

大學衍義四十三卷　(宋)真德秀撰　明崇禎刻本　一冊　存三卷(四十一至四十三)

330000－1704－0022702　善 001435　集部/總集類/選集之屬/斷代

欽定全唐文一千卷目錄三卷　(清)董誥等輯　清嘉慶十九年(1814)內府刻本　一冊　存六卷(一百九十七至二百二)

330000－1704－0022703　善 001436　經部/叢編

通志堂經解一百四十種　(清)納蘭成德輯　清康熙十九年(1680)納蘭成德刻本　四冊　存一種

330000－1704－0022704　善 001437　子部/雜著類/雜考之屬

困學紀聞二十卷　(宋)王應麟撰　(清)閻若璩箋　清乾隆三年(1738)馬氏叢書樓刻本　四冊

330000－1704－0022705　善 001438　經部/小學類/音韻之屬/古今韻說

音學五書五種　(清)顧炎武撰　清康熙六年(1667)山陽張氏符山堂刻本　一冊　存一種

330000－1704－0022706　善 001439　集部/別集類/清別集

小木子詩三刻六卷　(清)朱休度撰　清嘉慶三年至十七年(1798－1812)刻彙印本　一冊　存二卷(壺山自吟稾三、俟寧居偶詠一)

330000－1704－0022708　善 001440　集部/別集類/清別集

敬業堂詩集五十卷　(清)查慎行撰　清康熙五十八年(1719)刻雍正增刻本　七冊　缺五卷(一至五)

330000－1704－0022709　善 001441　經部/

叢編
通志堂經解一百四十種 (清)納蘭成德輯 清康熙十九年(1680)納蘭成德刻本 三冊 存一種

330000－1704－0022710 善001442 子部/藝術類/書畫之屬/法帖
鳳墅殘帖釋文二卷 (清)錢大昕撰 清乾隆三十四年(1769)刻本 一冊

330000－1704－0022711 善001443 史部/地理類/山川之屬/山志
清涼山志十卷 (明)釋秋厓原纂 (明)釋鎮澄刪訂 清乾隆二十年(1755)釋聚用刻光緒十三年(1887)印本 一冊 存二卷(九至十)

330000－1704－0022712 善001444 類叢部/叢書類/彙編之屬
廣漢魏叢書 (明)何允中編 清嘉慶刻本 一冊 存一種

330000－1704－0022713 善001445 經部/叢編
省吾堂四種二十五卷 (清)蔣光弼輯 清乾隆常熟蔣氏省吾堂刻本 一冊 存一種

330000－1704－0022714 善001446 集部/別集類/宋別集
蘇文忠公詩編註集成四十六卷集成總案四十五卷諸家雜綴酌存一卷蘇海識餘四卷牋詩圖一卷 (宋)蘇軾撰 (清)王文誥輯注 清光緒十四年(1888)浙江書局刻本 二冊 缺八十七卷(一至四十二、集成總案一至四十五)

330000－1704－0022715 善001447 集部/別集類/唐五代別集
樊子句解二卷 (唐)樊宗師撰 (清)胡世安解 清抄本 一冊

330000－1704－0022716 善001448 史部/編年類/通代之屬
亦囂囂齋考訂竹書紀年 (清)雷學淇撰 清刻本 一冊

330000－1704－0022717 善001449 類叢部/叢書類/彙編之屬
廣漢魏叢書 (明)何允中編 清嘉慶刻本 二冊 存一種

330000－1704－0022718 善001451 類叢部/叢書類/彙編之屬
廣漢魏叢書 (明)何允中編 明刻本 一冊 存一種

330000－1704－0022719 善001450 史部/政書類/通制之屬
文獻通考詳節二十四卷 (元)馬端臨撰 (清)嚴虞惇輯 清刻本 一冊 存一卷(十三)

330000－1704－0022720 善001453 類叢部/叢書類/彙編之屬
五朝小說五百二十三種 (明)□□編 明刻本 二冊 存二十四種

330000－1704－0022721 善001253 類叢部/叢書類/彙編之屬
說郛一百二十弓一千二百八十種 (明)陶宗儀編 明末刻清順治三年(1646)兩浙督學周南李際期宛委山堂印本 一冊 存一種

330000－1704－0022725 021578 集部/小說類/長篇之屬
增評加批金玉緣圖說十六卷一百二十回首一卷 (清)曹霑 (清)高鶚撰 (清)蝶薌仙史評訂 清末石印本 一冊 存一卷(首)

330000－1704－0022732 善001454 集部/別集類/唐五代別集
王右丞集二十八卷首一卷末一卷 (唐)王維撰 (清)趙殿成箋注 清乾隆刻本 九冊 缺四卷(一至四)

330000－1704－0022753 021598 子部/藝術類/書畫之屬
尺牘碑刻不分卷 清影印本 一冊

330000－1704－0022760 善001455 史部/編年類/通代之屬
資治通鑑綱目五十九卷 (宋)朱熹撰 (明)陳仁錫評 **資治通鑑綱目續編一卷** (明)陳桱撰 (明)陳仁錫評 **資治通鑑綱目前編二

十五卷 (明)南軒撰 (明)陳仁錫評 **續資治通鑑綱目二十七卷** (明)商輅等撰 (明)陳仁錫評 清嘉慶九年(1804)姑蘇聚文堂刻本 九十七冊 缺三卷(資治通鑑綱目二、五、七)

330000－1704－0022767 021580 子部/醫家類/溫病之屬/瘟疫
瘟疫條辨摘要不分卷 (清)呂田輯 清光緒十一年(1885)溫州博古齋刻本 一冊

330000－1704－0022769 善 001456 集部/總集類/選集之屬/斷代
唐詩百名家全集 (清)席啓寓輯 清康熙四十一年(1702)洞庭席氏琴川書屋刻光緒八年(1882)重修本 二十八冊 存三十九種

330000－1704－0022771 021612 新學/議論/通論
廣學興國說一卷 (美國)林樂知 蔡爾康撰 清末鉛印本 一冊

330000－1704－0022774 善 001457 類叢部/叢書類/自著之屬
北江全集七種 (清)洪亮吉撰 清乾隆至嘉慶刻彙印本 十三冊 存一種

330000－1704－0022775 善 001458 類叢部/叢書類/自著之屬
北江全集七種 (清)洪亮吉撰 清乾隆至嘉慶刻彙印本 一冊 存一種

330000－1704－0022777 善 001459 經部/小學類/訓詁之屬/字詁
班馬字類二卷 (宋)婁機撰 清刻本 一冊 存一卷(下)

330000－1704－0022781 善 001460 子部/雜著類/雜考之屬
困學紀聞二十卷 (宋)王應麟撰 (清)閻若璩箋 (清)何焯評 清乾隆桐鄉汪垕桐華書塾刻本 一冊 存二卷(一至二)

330000－1704－0022782 善 001461 子部/宗教類/佛教之屬/經疏
大佛頂如來密因修證了義諸菩薩萬行首楞嚴經玄義二卷 (清)釋智旭撰 明崇禎十二年(1639)泉州開元寺釋道昉刻本 一冊

330000－1704－0022783 021621 史部/詔令奏議類/詔令之屬
雍正上諭不分卷(存元年一月至六月) (清)世宗胤禛撰 (清)允祿等編 清雍正至乾隆刻本 一冊

330000－1704－0022786 善 001462 子部/雜家類
鶡冠子三卷 (宋)陸佃注 (明)王宇等評 明天啟五年(1625)朱氏花齋刻本 一冊

330000－1704－0022788 善 001463 史部/史評類/史論之屬
讀史論畧增註三卷 (清)杜詔撰 (清)唐桂註 (清)傅傳增註 清光緒七年(1881)永嘉徐氏刻本 一冊 存一卷(下)

330000－1704－0022789 善 001464 類叢部/叢書類/自著之屬
北江全集七種 (清)洪亮吉撰 清乾隆至嘉慶刻彙印本 一冊 存一種

330000－1704－0022792 善 001465 經部/詩類/傳說之屬
毛詩日箋六卷 (清)秦松齡撰 清康熙挺秀堂刻本 一冊 存三卷(四至六)

330000－1704－0022793 善 001466 子部/藝術類/書畫之屬/書法書品
漢溪書法通解八卷 (清)戈守智撰 清乾隆霽雲閣刻本 二冊 存五卷(四至八)

330000－1704－0022795 善 001467 子部/藝術類/書畫之屬/書法書品
漢溪書法通解八卷 (清)戈守智撰 清乾隆霽雲閣刻本 一冊 存二卷(五至六)

330000－1704－0022798 善 001468 史部/雜史類/通代之屬
重訂路史全本四十七卷 (宋)羅泌撰 (宋)羅苹注 (明)吳弘基等重編 清嘉慶六年(1801)西山堂刻本 三冊 存六卷(發揮一至六)

330000－1704－0022799　善 001469　類叢部/類書類/通類之屬
精選黄眉故事十卷　(明)鄧志謨輯　清刻本　五册

330000－1704－0022805　善 001470　史部/傳記類/總傳之屬/技藝
國朝畫徵録三卷續録二卷　(清)張庚撰　**明人附録一卷**　(明)黎遂球　(明)袁樞撰　清乾隆四年(1739)蔣泰、湯之昱刻二十四年(1759)增刻本　二册　缺一卷(明人附録)

330000－1704－0022810　善 001471　子部/藝術類/音樂之屬/樂譜
五知齋琴譜八卷　(清)徐祺撰　(清)周魯封輯　清刻本　一册　存二卷(六至七)

330000－1704－0022813　善 001472　集部/别集類/明别集
呂新吾先生去僞齋文集十卷　(明)呂坤撰　清康熙十三年(1674)呂氏繩其居刻本　十册

330000－1704－0022814　善 001473　類叢部/叢書類/自著之屬
呂新吾全集二十二種　(明)呂坤撰　明萬曆刻清同治至光緒修補印本　一册　存一種

330000－1704－0022821　021646　類叢部/叢書類/彙編之屬
平津館叢書八集三十八種　(清)孫星衍編　清嘉慶蘭陵孫氏刻本　一册　存一種

330000－1704－0022825　善 001474　類叢部/叢書類/自著之屬
呂新吾全集二十二種　(明)呂坤撰　明萬曆刻清同治至光緒修補印本　四册　存一種

330000－1704－0022828　善 001475　類叢部/叢書類/自著之屬
呂新吾全集二十二種　(明)呂坤撰　明萬曆刻清同治至光緒修補印本　十二册　存十七種

330000－1704－0022832　善 001476　類叢部/叢書類/自著之屬
呂新吾全集二十二種　(明)呂坤撰　明萬曆刻清同治至光緒修補印本　八册　存一種

330000－1704－0022833　善 001477　類叢部/叢書類/自著之屬
呂新吾全集二十二種　(明)呂坤撰　明萬曆刻清同治至光緒修補印本　九册　存一種

330000－1704－0022847　021667　集部/總集類/尺牘之屬
昭代名人尺牘二十四卷小傳二十四卷　(清)吴修輯　清光緒三十四年(1908)西泠印社影印本　一册　存一卷(昭代名人尺牘九)

330000－1704－0022859　021682　子部/藝術類/書畫之屬/法帖
初搨書譜一卷　(唐)孫過庭撰　清末上海有正書局影印本　一册

330000－1704－0022861　021683　子部/藝術類/書畫之屬/法帖
大唐故翻經大德益州多寶寺道因法師碑文并序一卷　(唐)李儼製文　(唐)歐陽通書　清末影印本　朱謙題記　一册

330000－1704－0022862　善 001478　史部/雜史類/通代之屬
重訂路史全本四十七卷　(宋)羅泌撰　(宋)羅苹注　(明)吳弘基等重編　清乾隆元年(1736)進修書院刻本　九册　缺十卷(餘論一至十)

330000－1704－0022863　善 001479　史部/雜史類/通代之屬
重訂路史全本四十七卷　(宋)羅泌撰　(宋)羅苹注　(明)吳弘基等重編　**賦秋山覽史隨筆一卷**　明末仁和吳弘基刻本　十四册　存三十卷(前紀一至四、後紀四至十、國名紀六至八、發揮一至六、餘論一至十)

330000－1704－0022864　善 001480　史部/雜史類/通代之屬
重訂路史全本四十七卷　(宋)羅泌撰　(宋)羅苹注　(明)吳弘基等重編　**賦秋山覽史隨筆一卷**　明末仁和吳弘基刻本　三册　存十卷(餘論一至十)

330000－1704－0022865　善 001481　史部/編年類/通代之屬

資治通鑑綱目五十九卷　(宋)朱熹撰　(明)陳仁錫評　**續編一卷**　(明)陳桱撰　(明)陳仁錫評　**續資治通鑑綱目二十七卷**　(明)商輅等撰　(明)陳仁錫評　**資治通鑑綱目前編二十五卷**　(明)南軒撰　(明)陳仁錫評　明崇禎三年(1630)陳仁錫刻本　一百二十七冊　缺一卷(續編)

330000－1704－0022866　善 001482　經部/四書類/總義之屬/傳說

四書習解辨□□卷首一卷　(清)蕭蔚源撰　清嘉慶二十四年(1819)刻本　六冊　存七卷(首、一至六)

330000－1704－0022867　善 001483　經部/三禮總義類/通禮雜禮之屬

讀禮通考一百二十卷　(清)徐乾學撰　清康熙三十五年(1696)崑山徐氏冠山堂刻本　一冊　存七卷(一百七至一百十三)

330000－1704－0022871　善 001484　經部/叢編

御纂七經二百八十卷首十一卷序三卷　(清)李光地等撰　清康熙至乾隆内府刻本　十冊　存一種

330000－1704－0022878　善 001486　類叢部/叢書類/彙編之屬

古逸叢書二十六種　(清)黎庶昌編　清光緒八年至十年(1882－1884)黎庶昌日本東京使署影刻本　二冊　存一種

330000－1704－0022879　善 001487　經部/小學類/文字之屬/字書/字典

康熙字典十二集三十六卷總目一卷檢字一卷辨似一卷等韻一卷補遺一卷備考一卷　(清)張玉書等纂修　清康熙刻本　二十冊　存二十卷(午集上中下、未集上中下、申集上中下、酉集上中下、戌集上中下、亥集上中下,補遺,備考)

330000－1704－0022891　善 001488　史部/編年類/通代之屬

資治通鑑二百九十四卷　(宋)司馬光撰　(元)胡三省音注　(明)陳仁錫評　**通鑑釋文辯誤十二卷**　(元)胡三省撰　明天啟五年(1625)長洲陳仁錫刻本　七十五冊　存二百二十六卷(十至五十八、一百十八至二百九十四)

330000－1704－0022894　善 001489　史部/編年類/通代之屬

資治通鑑二百九十四卷　(宋)司馬光撰　(元)胡三省音注　(明)陳仁錫評　**通鑑釋文辯誤十二卷**　(元)胡三省撰　明天啟五年(1625)長洲陳仁錫刻本　十一冊　存三十四卷(六至八、十三至十六、三十二至三十九、四十三至五十二、五十七至六十、六十九至七十三)

330000－1704－0022903　021704　史部/傳記類/別傳之屬/年譜

張楊園先生[履祥]年譜四卷　(清)姚夏編　(清)陳梓增訂　**附錄一卷**　(清)陳梓輯　清道光十四年(1834)補讀書齋刻本　一冊

330000－1704－0022904　021705　類叢部/叢書類/彙編之屬

古逸叢書二十六種　(清)黎庶昌編　清光緒八年至十年(1882－1884)黎庶昌日本東京使署影刻本　一冊　存一種

330000－1704－0022907　善 001490　史部/政書類/通制之屬

文獻通考正續合纂四十四卷　(清)郎星等輯　清康熙刻本　二十四冊　缺二卷(文獻通考纂二十一至二十二)

330000－1704－0022915　善 001491　史部/政書類/通制之屬

文獻通考正續合纂四十四卷　(清)郎星等輯　清康熙刻本　七冊　缺十六卷(文獻通考纂一至十六)

330000－1704－0022916　善 001492　史部/政書類/通制之屬

文獻通考正續合纂四十四卷　(清)郎星等輯　清刻本　六冊　存二卷(文獻通考纂十六

至十七)

330000－1704－0022924　善001493　史部/紀傳類/正史之屬
五代史記七十四卷　(宋)歐陽修撰　(宋)徐無黨注　清乾隆十一年(1746)刻本　十册

330000－1704－0022926　善001494　集部/別集類/清別集
漁洋山人精華錄十卷　(清)王士禛撰　(清)林佶編　清康熙三十九年(1700)林佶寫刻本　五册　缺二卷(五至六)

330000－1704－0022929　善001495　類叢部/叢書類/自著之屬
榕村全書三十二種附十種　(清)李光地撰　清道光九年(1829)安溪李維迪刻本　四册　存二種

330000－1704－0022937　善001496　經部/三禮總義類/通禮雜禮之屬
朱子禮纂五卷　(清)李光地編　清雍正十一年(1733)李氏教忠堂刻本　二册

330000－1704－0022941　善001497　集部/別集類/明別集
龍谿王先生全集二十二卷　(明)王畿撰　(明)丁賓編　明萬曆四十三年(1615)嘉善丁賓、山陰張汝霖刻本　一册　存二卷(十三至十四)

330000－1704－0022946　善001498　類叢部/叢書類/彙編之屬
雅雨堂叢書(雅雨堂藏書)十三種　(清)盧見曾編　清乾隆二十一年(1756)德州盧氏雅雨堂刻增修本　十三册　存六種

330000－1704－0022947　021727　子部/儒家類/儒家之屬
孔氏家語十卷　(三國魏)王肅注　清刻本　二册

330000－1704－0022950　021732　子部/藝術類/書畫之屬
翰墨之寶一卷　(清)趙之謙書　清宣統元年(1909)石印本　一册

330000－1704－0022951　善001499　類叢部/叢書類/彙編之屬
雅雨堂叢書(雅雨堂藏書)十三種　(清)盧見曾編　清乾隆二十一年(1756)德州盧氏雅雨堂刻增修本　二十册　存十一種

330000－1704－0022955　善001500　類叢部/類書類/通類之屬
類林新咏三十六卷　(清)姚之駰撰　清康熙四十七年(1708)刻本　十册　存三十一卷(一至三十一)

330000－1704－0022961　善001501　史部/地理類/山川之屬/山志
明州阿育王山志十卷　(明)郭子章撰　**明州阿育王山續志六卷**　(清)釋畹荃撰　明萬曆刻清乾隆續刻本　六册　缺三卷(續志四至六)

330000－1704－0022963　善001502　集部/別集類/清別集
恩餘堂經進初藁十二卷續藁二十二卷三藁十一卷策問存課二卷知聖道齋讀書跋尾二卷　(清)彭元瑞撰　清嘉慶刻本　十六册　缺四卷(策問存課一至二、知聖道齋讀書跋尾一至二)

330000－1704－0022969　021746　類叢部/叢書類/彙編之屬
十萬卷樓叢書五十一種　(清)陸心源編　清光緒歸安陸氏刻本　四册　存一種

330000－1704－0022971　善001503　史部/金石類/錢幣之屬/圖像
歷朝錢幣圖考四卷　(清)朱堉撰　清抄本　一册

330000－1704－0022972　021747　子部/術數類/相宅相墓之屬
新刻羅經解三卷　(明)熊汝嶽撰　(明)吳天洪批點　清刻本　一册

330000－1704－0022977　善001504　集部/總集類/郡邑之屬
越中三子詩三卷　(清)郭毓輯　清乾隆二十

一年(1756)刻本　一册　存一種

330000－1704－0022980　善 001505　類叢部/類書類/專類之屬
新增說文韻府羣玉二十卷　(元)陰時夫輯　(元)陰中夫注　明萬曆十八年(1590)王元貞刻重修本　一册　存一卷(四)

330000－1704－0022981　021748　經部/四書類/總義之屬/傳說
四書集註十九卷　(宋)朱熹撰　清光緒十八年(1892)浙江書局刻本　一册　存一卷(中庸)

330000－1704－0022983　善 001506　經部/小學類/音韻之屬/古今韻說
音學五書五種　(清)顧炎武撰　清康熙六年(1667)山陽張氏符山堂刻本　一册　存一種

330000－1704－0022984　021759　子部/藝術類/書畫之屬
詩畫舫六卷　(清)點石齋輯　清光緒十四年(1888)上海點石齋石印本　一册　存一卷(六)

330000－1704－0022985　善 001507　類叢部/叢書類/彙編之屬
漢魏叢書三十八種　(明)程榮編　明萬曆二十年(1592)新安程氏刻本　三册　存一種

330000－1704－0022986　善 001508　集部/别集類/唐五代别集
王右丞集二十八卷首一卷末一卷　(唐)王維撰　(清)趙殿成箋注　清乾隆刻本　十册

330000－1704－0022996　021766　子部/宗教類/佛教之屬/論
顯揚聖教論二十卷　(天竺)無著菩薩造　(唐)釋玄奘譯　清刻本　二册　存十卷(一至十)

330000－1704－0022997　021750　史部/地理類/方志之屬/郡縣志
[乾隆]瑞安縣志十卷　(清)陳永清修　(清)章昱　(清)吴慶雲纂　清乾隆十四年(1749)刻本　一册　存二卷(八至九)

330000－1704－0022999　021771　史部/地理類/方志之屬/郡縣志
[乾隆]瑞安縣志十卷　(清)陳永清修　(清)章昱　(清)吴慶雲纂　清乾隆十四年(1749)刻本　一册　存三卷(八至十)

330000－1704－0023003　021772　經部/春秋左傳類/傳說之屬
左繡三十卷首一卷　(清)馮李驊　(清)陸浩評輯　清康熙五十九年(1720)華川書屋刻本　二十一册　缺十六卷(十九至二十、二十三至二十八、左傳十九至二十、二十三至二十八)

330000－1704－0023004　021773　史部/編年類/通代之屬
資治通鑑二百九十四卷　(宋)司馬光撰　(元)胡三省音注　清刻本(卷三十五補配抄本)　三册　存七卷(三十二至三十五、四十二至四十三、一百十七)

330000－1704－0023010　善 001509　集部/詩文評類
彙纂詩法度鍼三十三卷首一卷　(清)徐文弼輯　清乾隆二十三年(1758)大文堂刻本　六册　存二十六卷(二至二十三、三十至三十三)

330000－1704－0023020　善 001510　類叢部/叢書類/家集之屬
河南二程全書七種　(宋)程顥　(宋)程頤撰　清刻本　七册　存六種

330000－1704－0023035　善 001511　集部/别集類/唐五代别集
李太白文集三十六卷　(唐)李白撰　(清)王琦輯注　清乾隆寶笏樓刻二十五年(1760)增刻本　十二册

330000－1704－0023040　善 001512　史部/地理類/山川之屬/山志
阿育王山志畧二卷　(明)郭子章撰　明天啓四年(1624)刻本　一册

330000－1704－0023041　善 001513　經部/

小學類/文字之屬/字書/字體

隸辨八卷 （清）顧藹吉撰　清刻本　二册　存二卷（四至五）

330000－1704－0023042　善 001514　子部/雜著類/雜説之屬

草木子四卷 （明）葉子奇撰　清乾隆二十七年（1762）蘇遇龍刻本　二册

330000－1704－0023052　善 001515　經部/易類/傳説之屬

周會魁校正易經大全二十卷首一卷 （明）胡廣等纂修　（明）周士顯校正　清豫章東邑書林王氏刻本　十一册

330000－1704－0023060　善 001517　類叢部/叢書類/自著之屬

鹿洲全集七種 （清）藍鼎元撰　清康熙至雍正刻彙印本　十册　存三種

330000－1704－0023063　善 001516　經部/詩類/傳説之屬

毛詩鄭箋纂疏補協二十卷 （明）屠本畯撰

詩譜一卷 （漢）鄭玄撰　明萬曆二十二年（1594）玄鑒室刻本　一册　存三卷（十五至十七）

330000－1704－0023075　善 001518　子部/藝術類/書畫之屬/總論

佩文齋書畫譜一百卷 （清）孫岳頒等輯　清康熙内府刻本　三十一册　存四十四卷（五十七至一百）

330000－1704－0023078　014585　集部/別集類/明別集

玉介園附集□□卷 （明）王叔杲撰　清瑞安孫氏玉海樓抄本　姚華題簽　楊紹廉題簽並批　六册　存八卷（十六至十九、二十四、四十一、四十五至四十六）

330000－1704－0023079　009523　集部/別集類/明別集

玉介園附集□□卷 （明）王叔杲撰　清瑞安孫氏玉海樓抄本　楊紹廉題簽　一册　存一卷（四十七）

330000－1704－0023080　009540　集部/別集類/明別集

玉介園附集□□卷 （明）王叔杲撰　清瑞安孫氏玉海樓抄本　楊紹廉題簽並校　二册　存二卷（四十二至四十三）

330000－1704－0023081　009525　集部/別集類/明別集

玉介園正集□□卷選集一卷 （明）王叔杲撰　清瑞安孫氏玉海樓抄本　楊紹廉題簽並校　二册　存三卷（十一至十二、選集）

330000－1704－0023083　009534　集部/別集類/明別集

半山藏稿□□卷 （明）王叔杲撰　清瑞安孫氏玉海樓抄本　姚華題簽　楊紹廉批校　四册　存九卷（半山藏稿一至四、玉介園附集三十三至三十七）

330000－1704－0023084　009528　集部/別集類/明別集

半山藏稿一卷玉介園選集一卷 （明）王叔果撰　清抄本　四册

330000－1704－0023086　善 001527　經部/詩類/詩序之屬

詩序廣義二十四卷 （清）姜炳璋撰　清嘉慶二十年（1815）姜人寬尊行堂刻本　六册　存十二卷（二至三、八至十四、十七至十八、二十二）

330000－1704－0023087　善 001519　集部/別集類/宋別集

劍南詩鈔六卷 （宋）陸游撰　（清）楊大鶴選　清康熙二十四年（1685）毗陵楊氏刻本　八册

330000－1704－0023088　善 001529　類叢部/叢書類/自著之屬

抗希堂十六種 （清）方苞撰　清康熙至嘉慶刻彙印本　三册　存一種

330000－1704－0023089　善 001520　集部/別集類/宋別集

劍南詩鈔六卷 （宋）陸游撰　（清）楊大鶴選

清康熙二十四年(1685)毗陵楊氏刻本　八冊

330000－1704－0023090　善 001530　集部/別集類/清別集

漁洋山人精華錄訓纂十卷目錄二卷自撰年譜二卷　(清)王士禛撰　(清)惠棟注補　**金氏精華錄箋註辯訛一卷**　(清)惠棟撰　清乾隆惠氏紅豆齋刻本　十冊　缺二卷(七至八)

330000－1704－0023091　善 001521　史部/地理類/山川之屬/山志

廣雁蕩山誌二十八卷首一卷末一卷　(清)曾唯輯　清乾隆五十五年(1790)曾唯依綠園刻本　六冊　缺五卷(首、十三至十六)

330000－1704－0023092　善 001522　集部/總集類/選集之屬/斷代

重訂唐詩別裁集二十卷　(清)沈德潛輯　清乾隆二十八年(1763)教忠堂刻本　六冊　存十五卷(一至十五)

330000－1704－0023093　善 001528　經部/四書類/孟子之屬/傳說

翼聖堂重訂蘇老泉硃批孟子二卷　(宋)苏洵撰　清朱墨套印本　二冊　存一卷(一)

330000－1704－0023094　善 000035　經部/周禮類/傳說之屬

周官正義長編不分卷　(清)孫詒讓撰　稿本　一冊

330000－1704－0023095　善 001531　集部/別集類/明別集

方正學先生遜志齋集二十四卷拾補一卷　(明)方孝孺撰　(明)張紹謙纂定　(清)盧演輯訂　(清)方忠奕等編　(清)俞化鵬　(清)趙予信重纂　(清)方潛等重編　**方正學先生遜志齋集外紀一卷**　(明)張紹謙纂定　(清)盧演輯訂　(清)方忠奕編　(清)俞化鵬　(清)趙予信重纂　(清)方潛重編　**方正學先生年譜一卷**　(清)盧演　(清)翁明英輯纂　明崇禎十六年(1643)張紹謙刻清康熙三十七年至四十四年(1698－1705)俞化鵬重修本　十五冊

330000－1704－0023096　004507　史部/傳記類/日記之屬

涴垞日記不分卷(清光緒三十二年十一月初六至一九五〇年十二月廿九)　張組成撰　清光緒稿本　五十八冊

330000－1704－0023097　善 001523　史部/紀傳類/正史之屬

後漢書九十卷　(南朝宋)范曄撰　(唐)李賢注　(明)陳仁錫評　**志三十卷**　(晉)司馬彪撰　(南朝梁)劉昭注　(明)陳仁錫評　明天啟刻本　二十冊

330000－1704－0023098　善 001524　子部/雜著類/雜纂之屬

玉芝堂談薈三十六卷　(明)徐應秋輯　明崇禎刻清康熙四十二年(1703)、乾隆三十八年(1773)、道光二十九年(1849)、光緒元年(1875)蒨園遞修本　三十六冊

330000－1704－0023099　善 001532　史部/史評類/史論之屬

讀史提要錄十二卷　(清)夏之蓉編　清乾隆三十七年(1772)刻道光、同治補刻本　三冊　缺二卷(八至九)

330000－1704－0023100　善 001526　子部/雜著類/雜說之屬

容齋隨筆十六卷續筆十六卷三筆十六卷四筆十六卷五筆十卷　(宋)洪邁撰　明崇禎三年(1630)嘉定馬元調刻本　三十一冊　缺三卷(三筆十一至十三)

330000－1704－0023101　善 001525　子部/雜著類/雜說之屬

容齋隨筆十六卷續筆十六卷三筆十六卷四筆十六卷五筆十卷　(宋)洪邁撰　清乾隆五十九年(1794)掃葉山房刻本　一冊　存四卷(容齋隨筆一至四)

330000－1704－0023102　善 001533　集部/別集類/唐五代別集

杜工部詩選初學讀本八卷　(唐)杜甫撰　(清)孫人龍輯評　清乾隆刻本　二冊

330000－1704－0023103　善001534　史部/地理類/山川之屬/水志

西湖志八卷志餘十八卷　（明）田汝成撰　（清）姚靖增刪　清康熙二十八年（1689）姚靖三鑒堂刻本　一冊　存四卷（志餘十二至十五）

330000－1704－0023104　善001535　集部/別集類/唐五代別集

李義山文集十卷　（唐）李商隱撰　（清）徐樹穀箋　（清）徐炯注　清康熙四十七年（1708）崑山徐氏花谿草堂刻本　二冊

330000－1704－0023105　善001546　類叢部/叢書類/自著之屬

鹿洲全集　（清）藍鼎元撰　清刻本　四冊　存二種

330000－1704－0023106　善001547　集部/總集類/選集之屬/通代

古文析觀詳解六卷　（清）章懋勳注　清乾隆七年（1742）三餘堂刻本　五冊　存五卷（一至五）

330000－1704－0023107　善001552　類叢部/叢書類/彙編之屬

抱經堂叢書十六種　（清）盧文弨編　清乾隆至嘉慶刻彙印本　十二冊　存一種

330000－1704－0023108　善001551　子部/道家類

莊子獨見三十三卷　（清）胡文英撰　清乾隆十七年（1752）同德堂刻本　二冊

330000－1704－0023109　善001550　經部/春秋左傳類/傳說之屬

春秋左傳補註六卷　（清）惠棟撰　清乾隆三十八年（1773）潮陽縣衙刻本　二冊

330000－1704－0023110　善001549　經部/春秋左傳類/傳說之屬

左傳評三卷　（清）李文淵撰　清乾隆四十年（1775）潮陽縣衙刻本　一冊

330000－1704－0023111　善001548　集部/別集類/清別集

圃餘詩草二卷　（清）季鎮海撰　清抄本　楊紹廉校　一冊

330000－1704－0023112　善001536　史部/地理類/方志之屬/郡縣志

［乾隆］平陽縣志二十卷首一卷　（清）徐恕修　（清）張南英　（清）孫謙纂　清乾隆二十五年（1760）刻本　五冊　缺八卷（十一至十八）

330000－1704－0023113　善001554　史部/地理類/方志之屬/郡縣志

［雍正］處州府志二十卷　（清）曹掄彬修　（清）朱肇濟等纂　清雍正十一年（1733）刻本　十五冊　缺一卷（一）

330000－1704－0023114　善001553　集部/總集類/郡邑之屬

東甌詩存四十六卷補遺一卷　（清）曾唯輯　清乾隆五十五年（1790）刻本　十一冊　缺四卷（三十九至四十二）

330000－1704－0023115　善001537　集部/別集類/唐五代別集

玉谿生詩箋註三卷首一卷樊南文集箋註八卷首一卷　（唐）李商隱撰　（清）馮浩箋注　清乾隆四十五年（1780）德聚堂刻本　六冊　存九卷（首、樊南文集箋註一至八）

330000－1704－0023116　善001555　集部/別集類/明別集

新刻張太岳先生詩文集四十七卷　（明）張居正撰　清刻本　十四冊　缺二卷（三十三、四十七）

330000－1704－0023117　善001556　類叢部/類書類/專類之屬

格致鏡原一百卷　（清）陳元龍撰　清康熙五十六年（1717）刻雍正十三年（1735）印本　十四冊

330000－1704－0023118　善001538　集部/別集類/唐五代別集

新刊五百家註音辯昌黎先生文集四十卷　（唐）韓愈撰　（宋）魏仲舉輯注　清乾隆四十九年（1784）刻本　六冊　存十八卷（一、六至

十六、三十五至四十）

330000－1704－0023119　善 001557　史部/傳記類/總傳之屬/姓名

史姓韻編六十四卷　（清）汪輝祖撰　清刻本　二十四册

330000－1704－0023120　善 001558　集部/別集類/宋別集

水心文鈔十卷　（宋）葉適撰　（清）方桑如選　清乾隆五十五年（1790）希古堂刻本　六册

330000－1704－0023121　善 001559　集部/別集類/宋別集

水心文集二十九卷　（宋）葉適撰　清乾隆二十年（1755）溫州府學刻本　十二册

330000－1704－0023122　善 001561　集部/別集類/宋別集

水心文集二十九卷　（宋）葉適撰　清乾隆二十年（1755）溫州府學刻本　十二册

330000－1704－0023123　善 001539　集部/總集類/選集之屬/通代

四六法海十二卷　（明）王志堅輯　明天啟七年（1627）刻本　十册　缺三卷（三、六至七）

330000－1704－0023124　善 001560　集部/別集類/宋別集

水心文集二十九卷　（宋）葉適撰　清乾隆二十年（1755）溫州府學刻本　十二册

330000－1704－0023125　善 001562　集部/總集類/選集之屬/通代

古文奇賞二十二卷續古文奇賞三十四卷奇賞齋廣文苑英華二十六卷四續古文奇賞五十三卷明文奇賞四十卷　（明）陳仁錫輯　明萬曆四十六年（1618）至天啟刻本　九册　存二十六卷（續古文奇賞四至九、十五至三十四）

330000－1704－0023126　善 001563　類叢部/叢書類/彙編之屬

經訓堂叢書二十一種　（清）畢沅編　清乾隆至嘉慶鎮洋畢氏刻本　二册　存一種

330000－1704－0023127　善 001540　經部/小學類/文字之屬/說文

繫傳四十卷　（南唐）徐鍇撰　（南唐）朱翺反切　**附錄一卷**　（清）朱文藻編　清乾隆四十七年（1782）新安汪啓淑刻本　八册

330000－1704－0023128　善 001564　集部/別集類/宋別集

宋宗忠簡公集八卷　（宋）宗澤撰　（宋）樓鑰輯　（清）王延曾重輯　清康熙三十年（1691）刻本　二册

330000－1704－0023129　善 001541　類叢部/叢書類/彙編之屬

經訓堂叢書二十一種　（清）畢沅編　清乾隆至嘉慶鎮洋畢氏刻本　十二册　存十一種

330000－1704－0023130　004506　史部/傳記類/日記之屬

杜園日記不分卷（清光緒十四年正月初一至民國三十一年正月初八）　張棡撰　稿本　六十四册

330000－1704－0023131　善 001542　類叢部/叢書類/彙編之屬

經訓堂叢書二十一種　（清）畢沅編　清乾隆至嘉慶鎮洋畢氏刻本　十八册　存十四種

330000－1704－0023132　善 001543　集部/別集類/宋別集

白石詩集一卷詞集一卷（姜白石詩詞合刻）　（宋）姜夔撰　清乾隆三十六年（1771）刻本　一册

330000－1704－0023133　善 001544　子部/醫家類/類編之屬

喻氏醫書三種　（清）喻昌撰　清刻本　八册　存一種

330000－1704－0023134　善 001545　經部/小學類/音韻之屬/韻書

柴氏古韻通八卷正音切韻復古編一卷　（清）柴紹炳撰　清康熙刻本　八册

330000－1704－0023136　善 001566　集部/別集類/清別集

思綺堂文集十卷　（清）章藻功撰　清康熙六

十一年(1722)聚錦堂刻本　五册　存五卷(一至四、十)

330000－1704－0023137　善 001567　集部/別集類/清別集

恩餘堂經進初藁十二卷續藁二十二卷三藁十一卷策問存課二卷知聖道齋讀書跋尾二卷　(清)彭元瑞撰　清嘉慶刻本　十六册　缺六卷(三藁三至八)

330000－1704－0023138　善 001568　類叢部/叢書類/自著之屬

南江邵氏遺書十四種　(清)邵晉涵撰　清乾隆至嘉慶邵氏刻本　六册　存二種

330000－1704－0023139　善 001569　集部/別集類/清別集

樂善堂全集定本三十卷　(清)高宗弘曆撰　清乾隆二十四年(1759)内府刻本　一册　存七卷(十三至十九)

330000－1704－0023140　善 001565　史部/地理類/方志之屬/郡縣志

[乾隆]平陽縣志二十卷首一卷　(清)徐恕修　(清)張南英　(清)孫謙纂　清乾隆二十五年(1760)刻本　三册　存八卷(十一至十八)

330000－1704－0023141　善 001570　集部/別集類/清別集

御製詩初集四十四卷目錄四卷　(清)高宗弘曆撰　清乾隆刻本　一册　存三卷(十六至十八)

330000－1704－0023142　善 001571　集部/別集類/清別集

御製文初集三十卷目錄二卷　(清)高宗弘曆撰　清乾隆二十九年(1764)刻本　十册

330000－1704－0023143　善 001572　集部/別集類/宋別集

廬陵宋丞相信國公文忠烈先生全集十六卷　(宋)文天祥撰　(清)文有焕等編輯　清雍正三年(1725)文氏五桂堂刻本　十一册　存十四卷(一至七、十至十六)

330000－1704－0023144　018989　集部/別集類/清別集

玉堂鳴盛集□□卷　(清)潘世恩編　清刻本　一册　存一卷(一)

330000－1704－0023145　善 001574　集部/別集類/清別集

甌江朱東村遺稿一卷　(清)朱鏡物撰　清乾隆十九年(1754)馬世俊刻本　清廷澤、廷玉題記　一册

330000－1704－0023146　善 001575　集部/別集類/清別集

夾鏡亭吟草一卷　(清)馬世俊撰　清乾隆刻本　一册

330000－1704－0023147　善 001576　集部/別集類/明別集

蕩南集四卷　(明)朱諫撰　清道光十三年(1833)朱氏木活字印本　一册　存二卷(三至四)

330000－1704－0023148　善 001577　集部/總集類/彙編之屬

唐四家詩八卷　(清)汪立名編　清康熙三十四年(1695)天都汪立名刻本　一册　存一種

330000－1704－0023149　021117　史部/地理類/方志之屬/郡縣志

[乾隆]瑞安縣志十卷　(清)陳永清修　(清)章昱　(清)吳慶雲纂　清乾隆十四年(1749)刻本　一册　存五卷(一至二、八至十)

330000－1704－0023150　善 001578　集部/別集類/清別集

松濤閣詩集五卷　(清)張元彪撰　**柿園詩草一卷**　(清)張正宰撰　清抄本　一册

330000－1704－0023151　016473　史部/地理類/方志之屬/郡縣志

[乾隆]瑞安縣志十卷　(清)陳永清修　(清)章昱　(清)吳慶雲纂　清乾隆十四年(1749)刻本　一册　存一卷(九)

330000－1704－0023152　善 001579　子部/藝術類/書畫之屬

賞奇軒四種合編　清刻本　一册　存一種

330000－1704－0023153　020522　子部/道家類
南華真經副墨八卷讀南華真經雜說一卷　(明)陸西星撰　明萬曆十三年(1585)孫大綬刻本　一册

330000－1704－0023154　善 001582　類叢部/叢書類/自著之屬
桂馨堂集八種　(清)張廷濟撰　清道光至咸豐刻本　一册　存五種

330000－1704－0023156　善 001583　集部/戲劇類/傳奇之屬
藏園九種曲　(清)蔣士銓撰　清乾隆漁古堂刻本　六册　存五種

330000－1704－0023157　020183－1　子部/宗教類/佛教之屬/經
大方廣佛華嚴經八十卷　(唐)釋實叉難陀譯　清刻本　五十八册　存五十八卷

330000－1704－0023158　善 001584　史部/編年類/通代之屬
資治通鑑綱目五十九卷　(宋)朱熹撰　(明)陳仁錫評　**續編一卷**　(明)陳桱撰　(明)陳仁錫評　**續資治通鑑綱目二十七卷**　(明)商輅等撰　(明)陳仁錫評　**資治通鑑綱目前編二十五卷**　(明)南軒撰　(明)陳仁錫評　明崇禎三年(1630)陳仁錫刻本　三十九册　存三十三卷(正編八至十八、二十二至三十、四十五至五十、續編四至八、十六至十七)

330000－1704－0023159　善 001585　集部/別集類/唐五代別集
杜詩詳註二十五卷首一卷附編二卷　(唐)杜甫撰　(清)仇兆鰲輯註　清康熙刻本　清張明東題簽並記　二十一册　缺七卷(一、十四、二十一至二十三、二十五,附編一)

330000－1704－0023160　善 001586　子部/醫家類/綜合之屬/通論
赤水玄珠三十卷醫案五卷醫旨緒餘二卷　(明)孫一奎撰　明萬曆二十四年(1596)孫泰來、孫朋來刻清初印本　六册　存十六卷(一至二、十五至二十六、二十九至三十)

330000－1704－0023161　善 001587　子部/醫家類/綜合之屬/通論
赤水玄珠三十卷醫案五卷醫旨緒餘二卷　(明)孫一奎撰　明刻本　一册　存二卷(二十五至二十六)

330000－1704－0023162　善 001588　集部/別集類/清別集
吳詩集覽二十卷補註二十卷吳詩談藪二卷拾遺一卷　(清)吳偉業撰　(清)靳榮藩注並輯　清乾隆刻本　十二册

330000－1704－0023170　善 001062　史部/地理類/方志之屬/郡縣志
[光緒]台州府志一百卷　(清)趙亮熙　(清)郭式昌修　(清)王舟瑤等纂　清光緒二十三年(1897)稿本　二十七册

330000－1704－0023172　善 001061　史部/紀傳類/正史之屬
二十一史二千五百六十七卷　明刻明清遞修本　五百册

330000－1704－0023177　021843　集部/別集類/清別集
望山堂詩續二卷　(清)林用霖撰　清光緒八年(1882)刻本　一册

330000－1704－0023178　善 001096　史部/政書類/邦計之屬
除庄長原稿一卷　(清)呂從龍等撰　清嘉慶元年(1796)東甌敬義堂刻本　一册

330000－1704－0023179　021844　史部/目録類/通論之屬/藏書約
徵訪溫州遺書約一卷遜學齋收藏鄉先哲遺書目錄一卷　(清)孫詒讓撰　清光緒瑞安孫氏刻本　一册

330000－1704－0023186　善 001097　史部/雜史類
欽定林鍾英全案不分卷　(清)林汝淞輯　清道光木活字印本　一册

330000－1704－0023189　021854　史部/傳記類/别傳之屬/事狀

李鴻章(中國四十年來大事記)十二章　梁啓超撰　清末鉛印本　一册

330000－1704－0023195　善001098　類叢部/叢書類/彙編之屬

古逸叢書二十六種　(清)黎庶昌編　清光緒八年至十年(1882－1884)黎庶昌日本東京使署影刻本　四册　存一種

330000－1704－0023200　善001592　集部/總集類/選集之屬/通代

文選補遺四十卷　(元)陳仁子輯　明刻本　一册　存一卷(八)

330000－1704－0023204　善001594　新學/商務

智房不分卷　清光緒二年(1876)稿本　一册

330000－1704－0023207　018589　史部/地理類/雜志之屬

永嘉鄉土地理一卷　(清)陳士彬撰　清光緒三十三年(1907)鉛印本　一册

330000－1704－0023211　善001598　史部/地理類/雜志之屬

甌江竹枝詞一卷　(清)郭鍾岳撰　清同治十一年(1872)和天倪齋刻本　一册

330000－1704－0023212　021867　史部/傳記類/别傳之屬/事狀

鑑湖女俠秋君墓表一卷附西泠十字碑一卷　吴芝瑛撰　**西報事略一卷廉夫人吴芝瑛傳一卷**　嚴復譯撰　清光緒三十四年(1908)上海悲秋閣影印本　一册

330000－1704－0023230　善001609　集部/總集類/選集之屬

醒迷詩集不分卷　(清)如綠子訂　清抄本　一册

330000－1704－0023231　善001611　經部/小學類/音韻之屬/韻書

廣韻五卷　(宋)陳彭年等重修　明刻本　五册

330000－1704－0023233　善001612　集部/别集類/唐五代别集

增廣註釋音辯唐柳先生集四十三卷别集二卷外集二卷　(唐)柳宗元撰　(宋)童宗說註釋　(宋)張敦頤音辯　(宋)潘緯音義　**附録一卷**　明刻本　十册　存□□卷(□□)

330000－1704－0023234　善001610　集部/别集類/宋别集

水心文鈔不分卷　(宋)葉適撰　清玉海樓抄本　五册

書名筆畫字頭索引

一畫

二畫

三畫

四畫

五畫

六畫

七畫

八畫

九畫

十畫

十一畫

十二畫

十三畫

十四畫

十五畫

十六畫

十七畫

十八畫

十九畫

二十畫

二十一畫

二十二畫

二十三畫

二十四畫

二十六畫

二十七畫

二十八畫

二十九畫

其他

書名筆畫索引

一畫

二畫

三畫

四畫

五畫

六畫

七畫

八畫

九畫

十畫

十一畫

十二畫

十三畫

十四畫

十五畫

十六畫

十七畫

十八畫

十九畫

二十畫

二十一畫

二十二畫

二十三畫

二十四畫

二十六畫

二十七畫

二十八畫

二十九畫

其他

中華古籍保護計劃

ZHONG HUA GU JI BAO HU JI HUA CHENG GUO

·成果·

温州市圖書館古籍普查登記目録（上）

全國古籍普查登記目録·浙江温州

國家圖書館出版社
National Library of China Publishing House

圖書在版編目(CIP)數據

溫州市圖書館古籍普查登記目録:全二册/溫州市圖書館編. --北京:國家圖書館出版社,2017.9
(全國古籍普查登記目録)
ISBN 978 -7 -5013 -6148 -9

Ⅰ.①溫… Ⅱ.①溫… Ⅲ.①公共圖書館—古籍—圖書館目録—溫州 Ⅳ.①Z838

中國版本圖書館 CIP 數據核字(2017)第 145621 號

書　　名　溫州市圖書館古籍普查登記目録(全二册)
著　　者　溫州市圖書館　編
責任編輯　景　晶

出　　版　國家圖書館出版社(100034　北京市西城區文津街 7 號)
(原書目文獻出版社　北京圖書館出版社)
發　　行　010 -66114536　66126153　66151313　66175620
66121706(傳真)　66126156(門市部)
E-mail　nlcpress@ nlc. cn(郵購)
Website　www. nlcpress. com→投稿中心
經　　銷　新華書店
印　　裝　河北三河弘翰印務有限公司
版　　次　2017 年 9 月第 1 版　2017 年 9 月第 1 次印刷

開　　本　787 × 1092(毫米)　1/16
印　　張　69.5
字　　數　850千字

書　　號　ISBN 978 -7 -5013 -6148 -9
定　　價　580.00圓

《全國古籍普查登記目録》

工作委員會

主　任： 周和平

副主任： 張永新　詹福瑞　劉小琴　李致忠　張志清

委　員（按姓氏筆畫排序）：

于立仁	王水喬	王　沛	王紅蕾	王筱雯
方自今	尹壽松	包菊香	任　競	全　勤
李西寧	李　彤	李忠昊	李春來	李　培
李曉秋	吳建中	宋志英	努　木	林世田
易向軍	周建文	洪　琰	倪曉建	徐欣禄
徐　蜀	高文華	郭向東	陳荔京	陳紅彦
張　勇	湯旭巖	楊　揚	賈貴榮	趙　嫄
鄭智明	劉洪輝	歷　力	鮑盛華	韓　彬
魏存慶	鍾海珍	謝冬榮	謝　林	應長興

《全國古籍普查登記目録》

序　言

全國古籍普查登記工作是“中華古籍保護計劃”的首要任務，是全面開展古籍搶救、保護和利用工作的基礎，也是有史以來第一次由政府組織、參加收藏單位最多的全國性古籍普查登記工作。

2007年國務院辦公廳發佈《關於進一步加强古籍保護工作的意見》（國辦發[2007]6號），明確了古籍保護工作的首要任務是對全國公共圖書館、博物館和教育、宗教、民族、文物等系統的古籍收藏和保護狀况進行全面普查，建立中華古籍聯合目録和古籍數字資源庫。2011年12月，文化部下發《文化部辦公廳關於加快推進全國古籍普查登記工作的通知》（文辦發[2011]518號），進一步落實了全國古籍普查登記工作。根據文化部2011年518號文件精神，國家古籍保護中心擬訂了《全國古籍普查登記工作方案》，進一步規範了古籍普查登記工作的範圍、内容、原則、步驟、辦法、成果和經費。目前進行的全國古籍普查登記工作的中心任務是通過每部古籍的身份證——“古籍普查登記編號”和相關信息，建立古籍總臺賬，全面瞭解全國古籍存藏情况，開展全國古籍保護的基礎性工作，加强各級政府對古籍的管理、保護和利用。

《全國古籍普查登記工作方案》規定了全國古籍普查登記工作的三個主要步驟：一、開展古籍普查登記工作；二、在古籍普查登記基礎上，編纂出版館藏古籍普查登記目録，形成《全國古籍普查登記目録》；三、在古籍普查登記工作基本完成的前提下，由省級古籍保護中心負責編纂出版本省古籍分類聯合目録《中華古籍總目》分省卷，由國家古籍保護中心負責編纂出版《中華古籍總目》統編卷。

在黨和政府領導下，在各地區、各有關部門和全社會共同努力下，古籍普查登記工作得以扎實推進。古籍普查已在除臺、港、澳之外的全國各省級行政區域開展，普查内容除漢文古籍外，還包括各少數民族文字古籍，特别是於2010年分别啓動了新疆古籍保護和西藏古籍保護專項，因地制宜，開展古籍普查登記工作；國家古籍保護中心研製的“全國古籍普查登記平臺”已覆蓋到全國各省級古籍保護中心，並進一步研發了“中華古籍索引庫”，爲及時展現古籍普查成果提供有力支持；截至目前，已有11375部古籍進入《國家珍貴古籍名録》，浙江、江蘇、山東、河北等省公佈了省級《珍貴古籍名録》,古籍分級保護機制初步形成。

《全國古籍普查登記目録》是古籍普查工作的階段性成果,旨在摸清家底,揭示館藏,反映古籍的基本信息。原則上每申報單位獨立成冊,館藏量少不能獨立成冊者,則在本省範圍内幾個館目合併成冊。無論獨立成冊還是合併成冊,均編製獨立的書名筆畫索引附於書後。著録的必填基本項目有:古籍普查登記編號、索書號、題名卷數、著者(含著作方式)、版本、冊數及存缺卷數。其他擴展項目有:分類、批校題跋、版式、裝幀形式、叢書子目、書影、破損狀況等。有條件的收藏單位多著録的一些擴展項目,也反映在《全國古籍普查登記目録》上。目録編排按古籍普查登記編號排序,内在順序給予各古籍收藏單位較大自由度,可按分類排列古籍普查登記編號,也可按排架號、按同書名等排列古籍普查登記編號,以反映各館特色。

此次全國古籍普查登記工作,克服了古籍數量多、普查人員少、普查難度大等各種困難,也得到了全國古籍保護工作者的極大支持。在古籍普查登記過程中,國家古籍保護中心、各省古籍保護中心爲此舉辦了多期古籍普查、古籍鑒定、古籍普查目録審校等培訓班,全國共1600餘家單位參加了培訓,爲古籍普查登記工作培養了大量人才。同時在古籍普查登記工作中,也鍛煉了普查員的實踐能力,爲將來古籍保護事業發展奠定了良好的基礎。

《全國古籍普查登記目録》的出版,將摸清我國古籍家底,爲古籍保護和利用工作提供依據,也將是古籍保護長期工作的一個里程碑。

國家古籍保護中心
2013年10月

《全國古籍普查登記目録》

編纂凡例

一、收録範圍爲我國境内各收藏機構或個人所藏，産生於 1912 年以前，具有文物價值、學術價值和藝術價值的文獻典籍，包括漢文古籍和少數民族文字古籍以及甲骨、簡帛、敦煌遺書、碑帖拓本、古地圖等文獻。其中，部分文獻的收録年限適當延伸。

二、以各收藏機構爲分冊依據，篇幅較小者，適當合併出版。

三、一部古籍一條款目，複本亦單獨著録。

四、著録基本要求爲客觀登記、規範描述。

五、著録款目包括古籍普查登記編號、索書號、題名卷數、著者、版本、冊數、存缺卷等。古籍普查登記編號的組成方式是：省級行政區劃代碼—單位代碼—古籍普查登記順序號。

六、以古籍普查登記編號順序排序。

七、編製各館藏目録書名筆畫索引附於書後，以便檢索。

《浙江省古籍普查登記目録》

工作委員會

主　任： 金興盛

副主任： 葉　菁

委　員： 倪　巍　徐曉軍　賈曉東　雷祥雄　劉曉清
徐　潔　李儉英　孫雍容　張愛琴　張純芳
金琴龍　樓　婷　陳泉標　鍾世傑　應　雄
陸深海　呂振興　徐兼明

《浙江省古籍普查登記目録》

編纂委員會

主　編： 徐曉軍

副主編： 童聖江　曹海花　褚樹青　莊立臻　徐益波

胡海榮　沈紅梅　劉　偉　王以儉　孫旭霞

占　劍　孫國茂　毛　旭　季彤曦

統校和編纂工作小組組長： 曹海花（浙江圖書館）

統校和編纂工作小組成員： 秦華英（浙江圖書館）

呂　芳（浙江圖書館）

干亦鈴（寧波市圖書館）

劉　雲（寧波市天一閣博物館）

周慧惠（寧波市天一閣博物館）

馬曉紅（餘姚市文物保護管理所）

陳瑾淵（温州市圖書館）

王　昉（温州市圖書館）

沈秋燕（嘉興市圖書館）

丁嫻明（嘉興市圖書館）

唐　微（紹興圖書館）

丁　瑛（紹興圖書館）

毛　慧（衢州市博物館）

《浙江省古籍普查登記目録》

序　言

浙江文化底蘊深厚，書籍刻印歷史悠久，前賢留下的著述浩如烟海，藏書雅閣及私人藏書爲數衆多，古籍資源十分豐富，幾乎縣縣有古籍，是全國古籍藏量較多的省份之一，是中華文化中具有獨特地域特色的重要一脉。保護好這些珍貴的古籍，對促進文化傳承、弘揚民族精神、維護國家統一及社會穩定具有重要作用。同時，加强古籍保護工作，也是加快建設文化大省、文化强省，努力推動文化浙江建設和社會主義文化大發展大繁榮的必然要求。

（一）

爲搶救、保護我國的珍貴古籍，繼承和弘揚優秀傳統文化，國務院辦公廳印發了《關於進一步加强古籍保護工作的意見》（國辦發［2007］6 號），全國古籍普查登記工作是全國瞭解古籍存藏情况、建立古籍總臺賬、開展全國古籍保護的基礎性工作。爲認真貫徹落實"國辦發［2007］6 號"文件精神，切實加强全省古籍的搶救、保護，浙江省人民政府辦公廳印發《關於進一步加强古籍保護工作的意見》（浙政辦發［2009］54 號），提出 2009 年起要在全省範圍内開展古籍普查登記工作。2012 年，浙江省古籍保護工作聯席會議下發《關於印發〈浙江省"中華古籍保護計劃"實施方案〉的通知》（浙文社［2012］30 號），提出在"十二五"末基本完成全省古籍普查工作的目標。

試點先行、摸底調查、制定方案，建立制度、統籌指揮、上下齊心，引進人員、有效培訓、壯大隊伍，配置設備、補助經費、保障到位，編製手册、明確款目、統一規則，著録完整、審核到位、保證質量，設立項目、表揚先進、激發熱情，在省委省政府的高度重視及其各部門的大力支持下，在國家古籍保護中心的積極指導和省文化廳的正確領導下，通過以上種種措施，"秉持浙江精神，幹在實處、走在前列、勇立潮頭"，全省公共圖書館、文物、教育、檔案、衛生五大系統共計 95 家公藏單位通力合作，到 2017 年 4 月底基本完成了全省的古籍普查登記工作。

通過普查，摸清了全省古籍文化遺産家底，揭示了全省各地區文化脉絡，形成了統一的古籍信息資料庫，建立了一支遍佈全省的古籍保護隊伍，爲下一步有針對性地開展古籍保護工作奠定堅實的基礎。鑒於全省在古籍普查和其他古籍保護工作中的突出表現，2014 年，浙江圖書館、嘉興市圖書館、雲和縣圖書館獲得"全國古籍保護工作先進單位”稱號，浙江圖書館徐曉軍和曹海花、温州市圖書館王妍、紹興圖書館唐微、平湖市圖書館馬慧、衢州市博物館程勤等6人獲得“全國古籍保護工作先進個人”稱號。

（二）

全國古籍普查登記範圍爲1912年以前産生的文獻典籍。由於近代以來浙江私人藏書相當發達，民國期間也刻印了大量典籍，民國文獻在各藏書單位（尤其是基層單位）所藏歷史文獻中占據了相當大的比重。這些文獻形成了浙江文獻典藏的重要特色，是浙江傳統文化的重要組成部分。爲更加全面地掌握本省歷史文獻文化遺産現狀，浙江省將民國時期傳統裝幀書籍也納入普查範圍。

按照《全國古籍普查登記手册》要求，登記每部古籍的基本項目，必登項目有索書號、題名卷數、著者、版本、册數、存缺卷數，選登項目有分類、批校題跋、版式、裝幀形式、叢書子目、書影、破損狀况等内容。浙江省的古籍普查工作一直高標準、嚴要求，自始至終堅持平臺項目全著録，堅持文字信息和書影信息雙著録，登記每部書的索書號、分類、題名卷數、著者、卷數統計、版本、版式、裝幀、裝具、序跋、刻工、批校題跋、鈐印、叢書子目、定級及書影、定損及書影等16大項74小項的信息。

普查統計顯示，截至2017年4月30日，全省95家單位共藏有中國傳統裝幀書籍337405部2506633册，其中不分卷者計31737部96822册，分卷者計305668部2409811册11433371卷（實存8223803卷）：古籍（含域外本）219862部1754943册，不分卷者15777部54901册，分卷者204085部1700042册7934703卷；民國時期傳統裝幀書籍117543部751690册，不分卷者15960部41921册，分卷者101583部709769册3498668卷。

從版本定級來看，全省四級文獻最多，部數、册數數量占比分别爲84.75%、78.69%。三級次之，部數、册數數量占比13.12%、15.96%。一級、二級文獻共計5689部111722册，量雖不多，極爲珍貴，其破損程度較輕，基本都配置了裝具且裝具狀况良好，這是古籍分級保護體系的有力體現。

從文獻類型來看，古籍普查平臺采用六部分類，在傳統的經、史、子、集四部外加上類叢部、新學。從册數來看，全省文獻類叢部數量最多，占比29.40%，這其中很大一部分原因在於民國時期刊印了不少大型叢書。史部、集部、子部、經部分居第二至五位，數量占比分别爲28.98%、18.00%、13.49%、9.24%。新學數量最少，還不到1%。

從版本類型來看，全省古籍版本類型豐富，數量最多的是刻本，部數占比51.01%、册數占比55.03%。部數排在第二至四位的是鉛印本、石印本、抄本，分别占比17.71%、16.58%、5.19%。册數排在第二至四位的是鉛印本、石印本、影印本，分别占比14.27%、12.40%、11.38%，這與將民國傳統裝幀书籍納入古籍普查範圍有極大關係。稿、抄本部數占比6.9%、册數占比4.04%，總體占比不是很高，但在一、二級文獻中稿、抄本的比率比較高，一級中部數占比 20.49%、冊數占比 70.25%，二級中部數占比 13.16%、冊數占比 6.57%。

從版本年代來看，全省藏書從南北朝以迄民國，並有部分日本、朝鮮、越南本。其中，元及元以前共計 244 部 3357 冊。明、清、民國三代共計 2486788 冊，數量占比 99.21%：明代占比 5.95%、清代占比 63.27%、民國占比 29.99%。日本、朝鮮、越南三國本共計 1877 部 14522 冊，部數、冊數占比分別爲 0.56%、0.58%。

從批校題跋來看，337405 部文獻中有姓名可考的批校題跋共計 15374 部，其中集部批校題跋最多，占全部批校題跋的 38.73%、占集部文獻的 6.16%。稿本的批校題跋在相對應的版本類型中比例最高，爲 16.18%。且稿本中有多人批校題跋的量最多，多者一部稿本中的批校題跋者達 25 人，如浙江圖書館藏沈蕉青稿本《燈青茶嫩草》三卷中有孫麟趾等 25 人的批校題跋。從各館藏書的批校題跋者來看，有鮮明的館域特色，從一個側面體現了各館的文獻來源。

從鈐印來看，337405 部文獻中有 51509 部有收藏鈐印，各級文獻鈐印比例隨級別的增高而加大，一至四級文獻的鈐印占比分别爲 50.67%、49.38%、26.00%、12.90%。收藏鈐印從一個方面體現了某書的遞藏源流，鈐印多於 1 方者有 24840 部，鈐印多者達 54 方，如寧波市天一閣博物館藏清初毛氏汲古閣影宋抄本《集韻》十卷上鈐毛晉、毛扆、段玉裁、朱鼎煦四人共計 54 方印。

在普查的過程中，我們還利用普查成果積極申報《國家珍貴古籍名録》、評選《浙江省珍貴古籍名録》，建立珍貴古籍分級保護體系。截至目前，全省共有 871 部珍貴古籍入選前五批《國家珍貴古籍名録》，有 609 部古籍入選前三批《浙江省珍貴古籍名録》。

（三）

普查登記著録工作結束後，省古籍保護中心於 2016 年 6 月成立由浙江圖書館、寧波市圖書館、寧波市天一閣博物館、餘姚市文物保護管理所、温州市圖書館、嘉興市圖書館、紹興圖書館、衢州市博物館 8 家單位的 14 名普查業務骨幹組成的浙江省古籍普查登記目録統校和編纂工作小組，開始全省普查數據的統校和古籍普查登記目録的編纂工作。

浙江省的普查登記目録是將古籍和民國書籍分開的，全省統一規劃，分别出版《浙江省古籍普查登記目録》和《浙江省民國傳統裝幀書籍普查登記目録》。根據《全國古籍普查登記目録審校要求》《古籍普查登記表格整理規範》的要求，省古籍保護中心制定《浙江省古籍普查登記目録編纂工作方案》《浙江省古籍普查數據統校細則》，用於指導全省的數據統校和登記目録的編纂。統校和編纂工作程序如下：導出普查平臺上的數據，切分爲古籍、民國兩張表，按照設定的普查編號、索書號、分類、題名卷數、著者、版本、批校題跋、冊數、存缺卷這幾項登記目録的出版款目對表格進行整理,整理後按照題名進行排列分給各統校員進行統校,統校結束後的數據按行政區域進行彙總交由分區負責人進行覆核,覆核結束後由省古籍保護中心一一寄給各館進行修改確認,經各館確認後由分區負責人進行最後審定。

在統校的過程中,爲了保證全省數據著録的一致,我們積極利用我國古籍整理研究的重大成果《中國古籍總目》(以下簡称《總目》),每條書目一一對核《總目》,《總目》收者即標注《總目》頁碼,《總目》未收某版本者標注"無此版本",《總目》未收者標注"無",《總目》所收即浙江某館所藏者特殊標注,《總目》著録與普查信息有差異或一時無法判斷者標注"存疑"。拿浙江圖書館的近 7 萬條古籍數據來看,據不完全統計,除去複本,《總目》所收即浙江圖書館所藏者有 1100 多種,《總目》未收某一明確版本者有 3200 多種,《總目》未收者有 8300 多種。

全省 95 家單位中有 93 家單位有古籍數據,總條數計 22 萬條左右。根據分區域出版和達到一定條數可以單獨成書的原則,全省的古籍普查登記目録大致分爲以下 19 種:浙江圖書館;浙江大學圖書館;浙江省博物館等六家單位;杭州地區杭州圖書館等十家單位;寧波市圖書館;寧波市天一閣博物館;寧波地區餘姚市文物保護管理所等六家單位和舟山地區舟山市圖書館等两家單位;温州市圖書館;温州地區温州大學圖書館等九家單位;嘉興市圖書館;平湖市圖書館;嘉興地區海寧市圖書館等七家單位;紹興圖書館;紹興地區上虞市圖書館等九家單位;衢州地區衢州市博物館等三家單位和湖州地區湖州師範學院圖書館等七家單位;麗水地區麗水市圖書館等八家單位;臨海市圖書館;台州地區台州市黄巖區圖書館等七家單位;金華地區義烏市圖書館等十家單位。目前全省的古籍普查登記目録有多種已進入出版流程(各館數據以原普查編號從低到高的順序進行排列,由於著録時古籍和民國傳統裝幀書籍交替進行,而出版時是將二者分開的,所以會出現普查編號不連貫的現象,特此説明),民國傳統裝幀書籍的統校亦接近尾聲。古籍普查登記工作和普查登記目録的編纂,爲接下來《中華古籍總目·浙江卷》的編纂打下了良好的基礎。

浙江省古籍普查工作得到了各方的關心和支持。感謝各兄弟省份古籍同行的熱情幫助,感謝李致忠、張志清、吳格、陳先行、陳紅彦、陳荔京、羅琳、王清原、唱春蓮、李德生、石洪運、賈秀麗、范邦瑾等專家學者的悉心指導,藉力於此,普查工作才得以順利完成。

條數多,分佈廣,又出於衆手,儘管工作中我們一直争取做到最好,但無論是已經著録的平臺數據還是即將付梓的登記目録,都難免存在紕漏,希望業界同仁不吝賜教,俾臻完善。

浙江省古籍保護中心

2017 年 7 月

《温州市圖書館古籍普查登記目録》

編委會

主　編：王　昀　陳瑾淵　王　昉

副主編：潘猛補　王　妍　陳瑞贊

編　委（按姓氏筆畫排序）：

王林琳　吳　慧　邵鶱鶱　夏靜飛　高豐苗

陳偉玲　潘莉莉

《温州市圖書館古籍普查登記目録》

前　言

温州市圖書館是一座有近百年歷史的地市級圖書館。1913年,温州學界人士爲追思温籍學者孫詒讓(籀廎),集資於九山湖畔依緑園故址籌建藏書室,命名"籀園",此後又經數年籌劃,徵集和添置了一批基本藏書及設備,於1919年5月9日正式對外開放,定名"舊温屬公立圖書館"。此後館名幾經更改,1955年改今名。圖書館建立之初,常年經費僅兩千餘元,初始藏書僅有浙江、廣東官書局刻本等兩千餘册。由於歷任館長、館員熱心文化事業,慘澹經營,使館藏不斷豐富,編目不斷完善,成爲浙南地區影響力最大的公共圖書館。

本館首任館長王毓英,1919年至1924年在任,其間先後入藏的圖書有:永嘉呂氏(呂渭英)寄存其藏書270部5243册(據劉紹寬館長任内所編書目,實爲3289册);瑞安黄紹箕後人寄存其"蔘綏閣"藏書9195册,孫師覺爲之編目,共1143部(今統計得1148部),次年轉爲正式捐贈;接收文廟典守處移交的書籍928册;收受永嘉沙氏捐書260册。1924年3月,嚴文黼繼任館長,始將已有藏書按四部分類編製書目。

1925年,平陽學者劉紹寬任館長,是年8月,請梅冷生先生發起,由夏承燾先生手擬"徵書通啟",遍寄國内名家,徵集到吳興劉翰怡、張石銘、周夢坡,海鹽張元濟,杭縣徐仲可,南海黄秩南諸家一批贈書,又接收永嘉吳鐘鎔捐贈的商務印書館翻印日本《續藏經》450册。1926年,對館藏書目重加審訂,編爲二種,一爲《閱覽室檢查書目》六册,將綫裝書24828册按經、史、子、集、叢五類分編,一種爲《閱覽室近著檢查書目》,編普通書1346册。1930年1月,王學羲任館長,接收泰順劉渠川後人劉錫榮贈書2244册,並募款購置《四庫全書珍本》一部。

1935年,孫詒讓哲嗣孫延釗先生擔任館長,與梅冷生、劉紹寬等人倡議,成立"永嘉區徵輯鄉先哲遺著委員會",廣徵鄉賢遺著,"有刻本者存其刻本,無刻本者則借原書鈔之",歷時兩年三個月,共抄得332種841卷,所抄之書皆用統一版式,其中多罕見珍本。後由於日寇侵華,此事中輟,其書多移交本館。據樂清高誼所編目録,本館接收鄉先哲遺著共計402種647册,而據本館章亦倩《籀園受贈書目彙編》統計,現存者352種554册。此外還接收青田劉祝群及金襲氏捐贈圖書;又徵集本省各邑叢書，如《金華叢書》《四明叢書》《仙居掌故叢書》《武林叢編》《武林往哲遺書》等，館藏量得以大幅提升。

1941 年，孫延釗館長受聘浙江圖書館，梅冷生繼任館長。梅館長自建館伊始即多方參與我館建設，如搶救《永嘉詩人祠堂叢刻》版片、徵集名家藏書等，均允執其勞。履任以後，更孜孜以搜集保存鄉邦文獻爲己任，其在任 35 年間，通過徵集、收購等方式，使館藏古籍總數增至 14 萬册。温州現代學人"事必言籀，言必懷梅"，可見其遺澤之深。1943 年，從永嘉文華堂書肆重價收購原瑞安楊氏蹤鄦樓藏書 500 册，復受贈泰順許篤仁全部遺稿。1944 年温州第三次淪陷期間，梅館長帶領館員幾度將善本、珍本圖籍運至瑞安仙岩寺、大嶨龍川等偏遠山區保藏，歷嘗艱辛，幸得璧全。

抗戰勝利後，温州部分私家藏書流入街頭地攤，梅館長到處籌集資金購買保護，如從府頭門文華堂書店購得古書 500 餘册，又從上海購回《明實録》《玄覽堂叢書》《合衆圖書館叢書》《王静安先生遺書》《吉石盦叢書》《國粹學報類編》等巨部圖書。此外，還通過夏承燾等好友的幫助，動員許多藏書家將私家藏書捐贈籀園，其中著名者如：1945 年 11 月，黄溯初夫人沙氏將永嘉黄氏敬鄉樓燼餘藏書 38 箱 6446 册併散帙四部寄存籀園圖書館，1947 年轉爲捐贈。解放前夕，永嘉潘氏養心寄廬捐贈書籍 5637 册，中有日本弘教書院本《大藏經》、商務印書館《磧砂藏》、涵芬樓影印殿本《二十四史》《四部叢刊》《武林掌故叢書》等大部叢書。1947 年 12 月，梅館長聞玉海樓藏書將捐贈浙大文學院訊，即馳函該校夏承燾教授，經夏教授與校方商妥，將其中關係温州之文獻與複本書籍遺贈本館。1949 年，梅館長將自己的"勁風閣"藏書共 2019 册（今統計得 2129 册）捐館公藏，包括明版和清初寫刻本多種、清人詩文集四百餘種，及《南社叢刻》《青鶴》等書刊，均爲本館所未備者。後人評其"愛館如家，愛鄉邦文獻如命"，良非虚譽。

1950 年，館名改爲"温州市立圖書館"。當年物資清册，館藏綫裝書 60650 册、普通圖書 11193 册。1951 年初，温州各縣陸續開展土改運動，由於梅冷生館長及時提出建議，温州地區名家的藏書得以保全，如瑞安陳黻宸燭見知齋、張棡杜隱園、平陽吴承志培英圖書館以及平陽劉紹寬，瑞安項慎初、戴炳驄、林損，永嘉王學羲、戴家祥等諸家藏書均得以全部搶救下來，集中收藏。此外還派人奔赴各縣區搶救圖書，如本館今藏珍本《［萬曆］温州府志》，即爲梅館長下鄉期間於流動糖兒攤上購得。1951 年，瑞安孫氏捐贈玉海樓部分藏書共約 22000 册，其中明版和名家批校本近 200 種；加上項氏染學齋、温州弘一圖書館、東山圖書館贈書，温州地區各名家的藏書已基本彙集一處，我館遂以收藏地方文獻之多而名重浙南。

1957 年，在梅館長主持下，開始整理登記館藏古籍，按金天游《十進分類法》分類編目，於 1959 年油印了書本式《館藏古籍目録》十巨册。此次整理，編輯上架古籍一萬五千餘種十五萬册,未編書約五萬册。此後古籍仍陸續有入藏,如1967年,温州古舊書店停業,我館購入該店兩萬册圖書,其中有陳望道譯《共產黨宣言》1920年8月首印本,是國内現存最完好的珍本之一。1974年底,接受了孫延釗先生捐贈的一批珍貴文獻,其中有孫衣言《盤谷孫氏家譜》《逸老叢談》、孫詒讓《諷籀餘録》《藝宧室檢書小志》、孫延釗《經微室遺集》《瑞安五黄先生繫年合譜》等手稿及詩文、日記手稿等。

上世紀80年代以後,我館古籍入藏日益減少,編目整理則餘波未息。1980年,我館對古籍進行了全面清點,編製了卡片目録及善本書目録、地方文獻目録。1982年起,將古籍按四部重新分類,編製分類目録和書名目録各一套,同時建立了古籍修復組,有計劃地將破損古籍加以整修。1996年,老館員潘國存主編了《温州市圖書館藏地方文獻目録(綫裝古籍)》,將古籍中的地方文獻單獨列出,以滿足讀者需求。

2011年,浙江省文化廳、浙江省古籍保護中心發佈"關於開展全省古籍普查專案申報工作的通知",我館積極響應,於2011年12月申報"浙江省古籍普查專案"並立項。在浙江圖書館的領導和支持下,本次普查工作緊鑼密鼓地開展起來。爲了更好地完成任務,我館從人力、財力方面給予了大力支持,配備了專職普查人員9名(含外聘人員4名),並多次派人赴浙江圖書館古籍部參加古籍普查培訓,又向財政申請專項經費用於購置單反相機、拍攝架、色卡、電腦、硬盤及相關工具書。由於我館古籍藏量大,時間緊迫,在具體操作上,我們制訂了年度普查計劃、日工作指標,有着嚴格的考核機制,經過四年努力,終於在2015年12月全面完成了普查任務。

本次普查共編目古籍23149種151353册,數量居全省前列。其中包括民國文獻9155種46720册、日本古籍121種1341册、朝鮮古籍3種28册,以及少量報刊類綫裝書,以上四種均在統校時予以剔除,收入本次《古籍普查登記目錄》者計13783種102867册。從刊刻年代上看,有元刻本2種、明刻本552種、明抄本4種,清代版本13225種。從古籍形制上看,有稿鈔本745種、活字本200種、朱印本40種、套印本106種。從内容分類看,有經部1280種11421册、史部2882種32489册、子部3311種13988册、集部4063種21680册、類叢部1952種22072册、新學295種1217册。

我館古籍,見諸《中國古籍總目》的孤本有96種,入選《國家珍貴古籍名録》第一至五批共36種,入選《浙江省珍貴古籍名録》第一至三批共61種,入選《中國古籍善本書目》者223種2105册,補報222種11119卷,2961册。我館的館藏特色主要體現在以下幾個方面:

其一,清代别集蔚爲大觀。我館庫藏中包括大量歷代文集,其中尤以清人詩文集爲富,此次普查共得清代别集1866種,不少是初刻本,價值頗高。梅冷生館長作爲"慎社"詞人,平生愛收藏清人詩文别集與詞曲,其藏書後來捐贈我館,更豐富和加强了我館的這一特色。

其二,地方史志數量頗豐。我館乃《中國地方志聯合目録》的調查依據單位之一,現藏方志類古籍 480 種,其中如明刻本《[正德]興寧志》《[萬曆]温州府志》,均爲國内孤本。本省方志中的《[萬曆]嚴州府志》《[康熙]樂清縣志》《[康熙]青田縣志》《[雍正]特開玉環志》《[雍正]景寧縣志》《[乾隆]瑞安縣志》等刻本和顧炎武《肇域志》(浙江部分)抄本均是省内稀缺版本。而館藏名家批校本《[隆慶]樂清縣志》《東甌金石志》等,均屬珍貴的地方文獻。

其三,鄉邦文獻收藏齊全。瑞安孫氏玉海樓、永嘉黄氏敬鄉樓搜羅了自唐宋以來的温州文獻五六百種,除少數刻印行世外,還留下抄稿本數百種,又有抗戰前徵集到的鄉賢遺著四百餘種,均前後入藏我館,纍計地方文獻多達兩千餘種。館藏抄稿本其中有些録自故家譜牒,並經孫衣言、孫鏘鳴、孫詒讓校跋,如孫詒讓批校本,我館藏有《周禮漢讀考》《周禮學》《周禮總義》《鮮虞中山國事表中山疆域圖説》《隆慶樂清縣誌》《東甌金石志》《泉志》《齊民要術》《補修宋金六家術》《北堂書鈔》等十餘種,且藏有其著作《周禮正義》《温州經籍志》的初稿、再稿、定稿。鄉先哲遺著中宋平陽朱黼《三國六朝五代紀年總辨》,明樂清陳球、清樂清施元孚、林大椿諸人的遺著,清瑞安方成珪《唐摭言》稿本及近代"東甌三先生"的著作,學術價值不菲,彌足珍貴。在地方人物資料方面,梅冷生館長慧眼獨具,將藏書家向來忽視的訃聞、哀啟、挽聯録、壽言贈序等均予收録,爲後來的地方史學者提供了方便。又如,温州向非出版强市,然本次普查亦鉤稽出温州本地刻本、印本 110 種,爲温州文化研究提供了進一步的依據。

其四,類書、叢書有一定規模。本次普查整理出類書 188 種 4433 册,自唐宋《北堂書鈔》《藝文類聚》《太平御覽》《文苑英華》以至清代《古今圖書集成》,凡歷代類書之要者大都有藏,且多善本,如《北堂書鈔》本館所藏者爲國内現存最早版本——明萬曆二十八年陳禹漠刻本,且經孫詒讓據明正德十三年竹東書舍抄本校過,尤爲可貴。叢書藏量計 1758 種 17996 册,其中如《武英殿聚珍版書》810 册、《知不足齋叢書》240 册、《學津討原》249 册、《津逮秘書》157 册等,均爲卓然巨帙。明萬曆新安程氏刻《漢魏叢書》、明萬曆商氏半埜堂刻《稗海》、明嘉靖四明范氏天一閣刻《范氏奇書》等,均爲初刻原版。以本省郡邑叢書而言,除缺紹興地區的《紹興先正遺著》《越中文獻輯存》外,其餘地區的叢書都收羅齊備。

除上述特色館藏外,本館其他珍藏如《宋岳鄂武穆王精忠彙編》,爲國内孤本。明嘉靖本《新安左田黄氏正宗譜派系二十卷文獻十九卷》,刻印甚精,國内僅國家圖書館、南京圖書館和本館有藏。此外如明抄本《嘉靖實録》、明正德本《通鑑紀事本末》、明嘉靖本《黄帝内經素問》、明隆慶本《文苑英華》、清鮑廷博手校的《繩水燕談録》

《侯鯖録》、吴騫手校的《西京雜誌》《冷齋夜話》等均是稀有珍本。

本次普查可謂全面深入，成效卓著。具體表現在以下方面：

其一，複本整理的突破。我館古籍庫原有複本數萬册，之前由於人手不足、條件有限，一直未予整理編目，其數量、版本均無確切資料，且排架非常凌亂，加之保護不力，破損嚴重，成爲古籍庫的老大難問題。這次借普查之機對其全面整理編目，共計8275種38148册（民國及域外綫裝書、期刊報紙未計入），占我館古籍總數的三分之一强，其中包括元刻本1種、明刻本43種、清順治至乾隆刻本192種，極大地拓展了我館古籍的範圍，豐富了我館的館藏。

其二，版本判定的精確化。如前所述，本館古籍近百年來曾經過前輩館員數次編目整理，他們的辛勤工作爲本次普查打下了堅實的基礎。然而由於時代和技術條件的限制，以前的古籍整理編目極大程度上倚賴於編目人員自身的文獻學素養，所參考的也是爲數不多的傳統紙質工具書，故而難免有不盡精確詳盡之處。相比之下，本次普查擁有得天獨厚的外在條件，如方便快捷的互聯網資源檢索，信息完備、規則統一的全省古籍普查登記平臺，高分辨率的拍攝器材，《中國叢書綜録》《中國善本書總目》《中國古籍總目》《清代詩文集彙編》等晚近出版的大型參考書，國家和省古籍保護中心舉辦的各種普查培訓，以及各單位編目人員之間方便快捷的交流網絡等，這些都是以前所不具備的。在此基礎上，本次普查在版本鑒定上取得了不小的進展，尤其是對於古籍殘本和叢書零種的版本，通過查詢古籍普查平臺上相關信息，核對其版式數據和書影圖片，做到了最大程度的落實。對於此前粗略判定年代的版本，如"清刻本""清初刻本"等，也在仔細核對相似數據後作了儘量精確的判定。對於部分由於歷次庫房搬遷而拆散的古籍，根據版式、品相、書根字等信息重新合併，俾成完本。對於不同書被誤訂成一册者，將其區分出來並增加索書號。系統深入的整理，爲將來對館藏古籍的進一步研究利用提供了客觀的依據，是我館摸清家底的重大階段性成果。

其三，古籍人才的培養。本次普查由古籍部資深專家把關，以青年館員爲主力，前輩館員學殖深厚、誨人不倦，後輩館員虚心向學、進步神速，形成了古籍部以老帶新、薪火相傳的可喜局面，成爲了青年館員熟悉本職工作、提升治學能力的良好契機，爲我館未來的古籍工作儲備了人才。在具體工作中，普查員們"如切如磋、如琢如磨"，每遇佳槧美刻、疑難版本、生僻印章，大家"奇文共欣賞，疑義相與析"，取長補短、共同進步，形成了良好的工作氛圍和協作模式。面對琳琅庫藏，坐擁一邦重寶，館員們感受到了前輩先賢的深謀遠慮、用心良苦，體會到了"人"與"館"互相作成、"館"與"邦"互相反哺的道理，提高了作爲古籍工作人員的自豪感與責任感。凡此種種，雖屬間接隱性的收益，但無疑會爲將來我館古籍工作的順利開展打下扎實的基礎。

“善藏仍須多讀，守舊還要謀新”，在今後的古籍工作中，我們將繼續踐行梅冷生老館長的治館理念，善用先進的經驗、技術，在古籍的庫藏保護、數字化、深度研究方面做出自己的努力。在《古籍普查登記目録》出版之際，尤其要向給予我們大力支持和幫助的國家圖書館、國家古籍保護中心、國圖出版社、浙江圖書館、浙江省古籍保護中心等單位和浙江圖書館徐曉軍館長，浙圖古籍部童聖江主任、曹海花副主任、陳誼老師、吕芳老師、秦華英老師，温州市圖書館胡海榮館長、仇楊坪副館長、吳谷副館長以及潘猛補、王昀、陳瑾淵、王昉、王妍、陳瑞贊、高豐苗、夏靜飛、潘莉莉、邵鴦鴦、王林琳、吳慧、陳偉玲等全體普查人員致以誠摯的謝意！

温州市圖書館古籍地方文獻部
2017 年 4 月 20 日

目　　録

上冊

下冊

330000－1704－0000002　善000099　經部/小學類/音韻之屬/韻書

洪武正韻十六卷　（明）樂韶鳳　（明）宋濂等撰　明嘉靖二十七年(1548)衡藩厚德堂刻藍印本　五冊

330000－1704－0000003　善000253　史部/傳記類/總傳之屬/家乘

[安徽祁門]新安左田黃氏正宗譜派系二十卷文獻十九卷　（明）黃積瑜纂修　明嘉靖刻本　十二冊

330000－1704－0000004　善000388　史部/地理類/雜志之屬

會稽三賦四卷　（宋）王十朋撰　（明）南逢吉注　（明）尹壇補注　明天啟元年(1621)凌弘憲刻朱墨套印本　二冊

330000－1704－0000005　善000415　史部/目録類/總録之屬/地方

溫州經籍志三十三卷外編二卷辨誤一卷（清）孫詒讓撰　稿本　清孫衣言批校　楊紹廉批校並題記　二十一冊　存二十二卷(一至七、九至十、十二至十三、十七至二十、二十三至二十五、二十七至三十)

330000－1704－0000006　善000418　史部/目録類/總録之屬/地方

溫州經籍志三十三卷外編二卷辨誤一卷（清）孫詒讓撰　稿本　楊紹廉、孫延釗校　八冊　存十二卷(二、五至六、十七至十八、二十三至二十五、三十、三十三,外編一至二)

330000－1704－0000007　善000416、善000417　史部/目録類/總録之屬/地方

溫州經籍志三十三卷外編二卷辨誤一卷（清）孫詒讓撰　稿本(卷八補配楊紹廉抄本)　清孫衣言、楊紹廉批校　二十一冊　缺四卷(二、二十一至二十二、三十一)

330000－1704－0000008　善000441　子部/儒家類/儒家之屬

朱子語畧二十卷　（宋）楊與立輯　明弘治四年(1491)南京國子監刻本　八冊

330000－1704－0000009　善000446　集部/別集類/明別集

甌東私錄十卷　（明）項喬撰　明嘉靖三十年(1551)刻本　清黃漢批　十冊　存五卷(三至四、八至十)

330000－1704－0000010　善000002　經部/易類/傳說之屬

易傳八卷　（宋）蘇軾撰　**王輔嗣論易一卷**（三國魏）王弼撰　明閔齊伋刻朱墨套印本　四冊

330000－1704－0000011　000030　經部/易類/傳說之屬

易憲四卷卦歌一卷圖說一卷　（明）沈泓撰　清光緒十四年(1888)泉唐卓德徵刻本　三冊

330000－1704－0000012　善000321　史部/地理類/方志之屬/郡縣志

[正德]興寧志四卷　（明）祝允明纂修　明正德刻本　一冊　存一卷(一)

330000－1704－0000013　善000076、善000078、善000079　經部/小學類/訓詁之屬/群雅

五雅全書　（明）郎奎金輯　明天啓六年(1626)武林郎氏堂策檻刻本　八冊　存三種

330000－1704－0000014　013795　經部/周禮類/專著之屬

太平經國之書十一卷首一卷　（宋）鄭伯謙撰　清嘉慶刻本　二冊

330000－1704－0000015　002623　經部/周禮類/專著之屬

太平經國之書十一卷首一卷　（宋）鄭伯謙撰　清抄本　一冊　缺六卷(六至十一)

330000－1704－0000016　013859　經部/周禮類/傳說之屬

周禮正義八十六卷　（清）孫詒讓撰　清光緒三十一年(1905)鉛印本　十二冊

330000－1704－0000017　002633　經部/周禮類/傳說之屬

周禮正義八十六卷　（清）孫詒讓撰　清光緒

三十一年(1905)鉛印本　十八冊

330000－1704－0000020　000024　經部/易類/傳說之屬

周易介五卷　(清)單維撰　(清)單程校　清嘉慶二十一年(1816)單氏半山亭刻本　五冊

330000－1704－0000023　000025　經部/易類/傳說之屬

讀易通解十二卷　(清)丁敘忠撰　清同治十年(1871)白芙堂刻本　十冊

330000－1704－0000025　000027　經部/易類/傳說之屬

周易指三十八卷易例一卷易圖五卷易斷辭一卷附錄一卷　(清)端木國瑚撰　清道光刻本　二十冊　缺四卷(易圖二至五)

330000－1704－0000027　000039　經部/易類/傳說之屬

周易集註六卷首一卷　(清)張官德撰　清光緒二年(1876)養源堂刻本　六冊

330000－1704－0000029　000036　經部/易類/傳說之屬

讀易傳心十二卷圖說三卷　(清)韓怡撰　清嘉慶十三年(1808)木存堂刻本　一冊　存二卷(讀易傳心一至二)

330000－1704－0000030　000040　經部/書類/傳說之屬

周易集解十一卷首一卷　(清)詹鯤纂　清道光刻本　四冊

330000－1704－0000031　000037　經部/易類/專著之屬

學易餘聞四卷首一卷　林丙修撰　清光緒三十四年(1908)石印本　林絜題記　一冊

330000－1704－0000032　000041　經部/易類/傳說之屬

讀周易記六卷附錄一卷　(清)范泰衡撰　清同治刻本　六冊

330000－1704－0000033　000043　經部/易類/傳說之屬

讀易大旨五卷　(清)孫奇逢撰　清康熙刻本　四冊

330000－1704－0000034　000042　經部/易類/傳說之屬

周易索詁十二卷首一卷　(清)倪象占撰　清嘉慶六年(1801)回浦倪氏順受堂刻本　四冊

330000－1704－0000035　善000017　經部/書類/文字音義之屬

尚書集注音疏十二卷末一卷外編一卷　(清)江聲撰　清乾隆五十八年(1793)江氏近市居刻本　楊紹廉題簽並記　八冊

330000－1704－0000036　善000018　經部/詩類/傳說之屬

詩集傳二十卷詩序辯説一卷詩傳綱領一卷詩圖一卷　(宋)朱熹集傳　(元)許謙音釋　(元)羅復纂輯　明刻本　一冊　存四卷(十七至二十)

330000－1704－0000037　善000019　經部/詩類/傳說之屬

詩集傳二十卷詩序辯説一卷詩傳綱領一卷詩圖一卷　(宋)朱熹集傳　(元)許謙音釋　(元)羅復纂輯　明正統十二年(1447)司禮監刻本　七冊　缺四卷(五至八)

330000－1704－0000038　善000020　經部/詩類/三家詩之屬

韓詩内傳徵四卷補遺一卷疑義一卷叙錄二卷　(漢)韓嬰　(清)宋綿初撰　清乾隆六十年(1795)刻志學堂印本　一冊

330000－1704－0000040　善000022　經部/詩類/專著之屬

詩識名解十五卷　(清)姚炳撰　清康熙四十七年(1708)刻本　四冊

330000－1704－0000042　善000024　經部/詩類/傳說之屬

讀詩傳謌三十卷　(清)韓怡撰　清嘉慶二十年(1815)木存堂刻本　七冊　缺三卷(十八至二十)

330000－1704－0000043　善000025　經部/

周禮類/傳說之屬

周禮十二卷　(漢)鄭玄注　明刻本　四冊

330000－1704－0000044　善000026　經部/周禮類/傳說之屬

周官禮注十二卷　(漢)鄭玄注　(清)殷盤校　清乾隆五十一年(1786)揚州殷盤刻本　八冊

330000－1704－0000045　善000027　經部/周禮類/傳說之屬

周禮總義六卷首一卷　(宋)易祓撰　清乾隆二十年(1755)易祖棻刻本　清孫詒讓跋　十三冊

330000－1704－0000046　007226　集部/別集類/宋別集

林和靖詩集四卷拾遺一卷　(宋)林逋撰　清宣統二年(1910)上海文瑞樓石印本　二冊

330000－1704－0000047　善000029　經部/周禮類/傳說之屬

周禮訓雋二十卷　(明)陳深撰　明萬曆刻本　四冊　缺七卷(一至七)

330000－1704－0000048　善000030　經部/周禮類/傳說之屬

周禮軍賦說四卷　(清)王鳴盛撰　清嘉慶三年(1798)嘉定秦氏汗筠齋刻本　一冊

330000－1704－0000049　善000031　經部/周禮類/文字音義之屬

周禮漢讀考六卷　(清)段玉裁撰　清嘉慶三年(1798)刻經韻樓叢書本　清孫詒讓批　二冊

330000－1704－0000050　善000032　經部/周禮類/專著之屬

周禮學一卷　(清)沈夢蘭撰　清光緒十七年(1891)祁縣縣署刻所願學齋書鈔本　清孫詒讓批　二冊

330000－1704－0000051　善000033　經部/周禮類/傳說之屬

續定周禮全經集註十五卷　(明)王圻撰　明萬曆四十一年(1613)刻本　十四冊

330000－1704－0000052　善000503　子部/農家農學類/園藝之屬/總志

二如亭群芳譜四十二卷首一卷　(明)王象晉撰　明天啓刻本　十三冊　缺二卷(花譜三至四)

330000－1704－0000055　善000037　經部/三禮總義類/通禮雜禮之屬

文公家禮儀節八卷　(明)丘濬撰　明金陵蘊古堂刻本　六冊

330000－1704－0000056　007228　集部/別集類/宋別集

寇忠愍公詩集三卷　(宋)寇準撰　清宣統三年(1911)中華圖書館影印本　二冊

330000－1704－0000059　善000041　經部/三禮總義類/通禮雜禮之屬

禮箋三卷　(清)金榜撰　清乾隆五十九年(1794)方起泰、胡國輔刻本　一冊

330000－1704－0000060　善000042　經部/三禮總義類/通禮雜禮之屬

禮箋三卷　(清)金榜撰　清乾隆五十九年(1794)方起泰、胡國輔刻嘉慶三年(1798)印本　清孫詒讓批點　二冊

330000－1704－0000061　善000043　經部/叢編

十三經註疏三百三十五卷　(明)□□輯　明萬曆十四年至二十一年(1586－1593)北京國子監刻本　十冊　存一種

330000－1704－0000062　善000044　經部/儀禮類/圖說之屬

儀禮圖六卷　(清)張惠言撰　清嘉慶十年(1805)揚州阮元刻本　二冊

330000－1704－0000063　善000045　經部/三禮總義類/通禮雜禮之屬

讀禮通考一百二十卷　(清)徐乾學撰　清康熙三十五年(1696)徐氏刻秦蕙田味經窩印本　三十二冊

330000－1704－0000064　善000046　經部/春秋左傳類/傳說之屬

春秋左傳十五卷 (明)孫鑛批點 明萬曆四十四年(1616)閔齊伋刻朱墨套印本 五冊

330000－1704－0000065 善000047 經部/春秋左傳類/傳說之屬

春秋左傳異義錄聞三卷 (清)孫邦僑撰 稿本 三冊

330000－1704－0000066 善000048 經部/叢編

通志堂經解一百四十種 (清)納蘭成德輯 清康熙十九年(1680)納蘭成德刻本 三冊 存一種

330000－1704－0000068 善000050 經部/春秋左傳類/傳說之屬

春秋左氏傳補注十二卷 (清)沈欽韓撰 清抄本 一冊 存二卷(七至八)

330000－1704－0000070 善000052 經部/春秋公羊傳類/傳說之屬

春秋公羊傳義疏七十六卷 (清)陳立學 清抄本 清孫詒讓校 十九冊

330000－1704－0000071 善000053 經部/春秋總義類/傳說之屬

春秋啖趙二先生集傳纂例十卷 (唐)陸淳撰 明刻本 四冊

330000－1704－0000072 000840 子部/宗教類/佛教之屬/經疏

大方廣圓覺修多羅了義經略疏二卷 (唐)釋宗密撰 清光緒十二年(1886)慧空經房刻本 二冊

330000－1704－0000073 善000055 經部/春秋總義類/傳說之屬

春秋列國年表不分卷 (清)胡崇一編 清抄本 清傅傳、惕安跋 二冊

330000－1704－0000075 000115 子部/儒家類/儒家之屬

孔氏家語十卷 (三國魏)王肅注 清光緒上海同文書局石印本 五冊

330000－1704－0000076 善000058 經部/春秋總義類/傳說之屬

董子春秋繁露十七卷 (漢)董仲舒撰 **董子附錄一卷** 清乾隆十六年(1751)董氏觀光樓刻本 二冊

330000－1704－0000077 善000059 子部/叢編

二十二子(二十二子彙函) (清)浙江書局編 清光緒元年至三年(1875－1877)浙江書局刻本 二冊 存一種

330000－1704－0000078 000118 類叢部/叢書類/彙編之屬

式訓堂叢書四十一種 (清)章壽康編 清光緒會稽章氏刻本 一冊 存一種

330000－1704－0000080 000120 子部/儒家類/儒家之屬

孔氏家語十卷 (三國魏)王肅注 清文秀堂刻本 四冊

330000－1704－0000081 000680 子部/術數類/相宅相墓之屬

入地眼全書十卷 (宋)釋靜道撰 清文奎堂刻本 四冊

330000－1704－0000082 007240 集部/別集類/金別集

元遺山詩鈔六卷 (金)元好問撰 (清)王德馨錄 清王德馨抄本 清王德馨跋 一冊

330000－1704－0000083 007241 集部/別集類/元別集

雪松巢詩集五卷 (元)朱希晦撰 (明)朱諫輯 清同治十三年(1874)樂邑瑤川刻本 一冊

330000－1704－0000084 005188 史部/地理類/山川之屬/水志

西湖志四十八卷 (清)李衛 (清)程元章修 (清)傅王露撰 清光緒四年(1878)浙江書局刻本 二十冊

330000－1704－0000085 002528 新學/交涉/交涉

交涉要覽類編四卷二集二卷 (清)陳鈺輯

（清）鄭貞來譯　清光緒二十八年（1902）湖北洋務譯書局鉛印本　四册　缺二卷（二集一至二）

330000－1704－0000088　000834　子部/宗教類/佛教之屬/經

大寶積經一百二十卷　（唐）釋菩提流志等譯　清刻本　二十四册

330000－1704－0000089　007239　集部/總集類/彙編之屬

明四子詩集四種　嚴嶽蓮編　清光緒三十一年（1905）渭南嚴氏刻本　十四册　存一種

330000－1704－0000090　007235　集部/別集類/元別集

鐵厓樂府註十卷咏史註八卷逸編註八卷　（元）楊維楨撰　（清）樓卜瀍註　清乾隆三十九年（1774）聯桂堂刻光緒十四年（1888）諸暨樓氏崇德堂重修本　六册

330000－1704－0000092　善000074　經部/小學類/訓詁之屬/群雅

五雅全書　（明）郎奎金輯　明天啓六年（1626）武林郎氏堂策檻刻本　四册

330000－1704－0000094　007236　集部/別集類/元別集

雁門集十四卷附卷一卷　（元）薩都拉撰　（清）薩龍光編注　**雁門集倡和錄一卷別錄一卷**　（清）薩龍光輯　清嘉慶十二年（1807）刻光緒三年（1877）重修本　八册

330000－1704－0000095　善000511　子部/墨家類

墨子六卷　明萬曆九年（1581）茅坤刻本　楊紹廉題記　楊嘉題簽並跋　三册

330000－1704－0000096　007238　集部/別集類/明別集

雪鴻堂詩蒐逸三卷附錄一卷　（明）謝三秀撰　清咸豐元年（1851）遵義刻本　一册

330000－1704－0000097　000841　子部/宗教類/佛教之屬/經疏

大方廣圓覺修多羅了義經直解二卷　（唐）釋佛陀多羅譯　（明）釋德清解　清光緒十年（1884）杭州昭慶寺刻本　二册

330000－1704－0000101　000839　子部/宗教類/佛教之屬/經疏

大方廣圓覺經大疏十六卷首一卷　（唐）釋宗密撰　清宣統元年（1909）金陵刻經處刻本　四册

330000－1704－0000102　000843　子部/宗教類/佛教之屬/經

大方廣佛華嚴經八十卷　（唐）釋實叉難陀譯　**大方廣佛華嚴經入不思議解脱境界普賢行願品一卷**　（唐）釋般若譯　清光緒元年至三年（1875－1877）楊氏素心堂抄本　八十二册

330000－1704－0000103　000842　子部/宗教類/佛教之屬/經疏

大方廣佛華嚴經疏鈔懸談二十八卷首一卷　（唐）釋澄觀撰　清光緒三十三年（1907）金陵刻經處刻本　八册

330000－1704－0000104　000853　子部/宗教類/佛教之屬/經疏

華嚴經旨歸一卷修華嚴奥旨妄盡還源觀一卷華嚴經義海百門一卷　（唐）釋法藏撰　清同治九年（1870）、十一年（1872）如皋刻經處、光緒二十一年（1895）金陵刻經處刻本　一册

330000－1704－0000105　007255　集部/別集類/明別集

青邱高季迪先生詩集十八卷遺詩一卷扣舷集一卷鳧藻集五卷附錄一卷　（明）高啟撰　（清）金檀輯注　**年譜一卷**　（清）金檀撰　清雍正六年至七年（1728－1729）桐鄉金氏文瑞樓刻清平湖寶芸堂重修本　十册

330000－1704－0000106　007267　集部/別集類/金別集

元遺山詩集箋注十四卷　（金）元好問撰　（元）張德輝類次　（清）施國祁箋注　**年譜一卷**　（清）施國祁撰　**附錄一卷**　（明）儲瓘輯　（清）華希閔增　**補載一卷**　（清）施國祁輯　清宣統三年（1911）掃葉山房石印本　八册

330000－1704－0000109　000852　子部/宗教類/佛教之屬/經

度世品經六卷　(晉)釋竺法護譯　清光緒八年至九年(1882－1883)常熟刻經處刻本　二冊

330000－1704－0000110　000854　子部/宗教類/佛教之屬/經

佛華嚴入如來德智不思議境界經一卷　(隋)釋闍那崛多譯　**大方廣佛華嚴經修慈分一卷**　(唐)釋提雲般若等譯　**大方廣如來不思議境界經一卷**　(唐)釋實叉難陁譯　清同治十三年(1874)雞園刻經處刻本　一冊

330000－1704－0000112　007277　集部/別集類/明別集

李空同詩集三十三卷附錄一卷　(明)李夢陽撰　清宣統二年(1910)掃葉山房石印本　十冊

330000－1704－0000114　007288　集部/別集類/清別集

翁山詩外二十卷　(清)屈大均撰　清宣統二年(1910)上海國學扶輪社鉛印本(卷二十原缺)　十二冊　存十九卷(一至十九)

330000－1704－0000118　000858　子部/宗教類/佛教之屬/論

華嚴原人論合解二卷　(唐)釋宗密論　(元)釋圓覺解　(明)楊嘉祚刪合　清同治十一年(1872)刻本　一冊

330000－1704－0000119　002532　子部/宗教類/其他宗教之屬/基督教

教務紀略四卷首一卷末一卷　(清)李剛己輯　(清)魏家驊等修訂　清光緒三十一年(1905)南洋官報局刻本　四冊

330000－1704－0000120　000045　經部/易類/傳說之屬

周易集解纂疏三十六卷首一卷　(清)李道平撰　清光緒十七年(1891)湖南長沙思賢書局刻本　六冊

330000－1704－0000121　007293　集部/別集類/清別集

道援堂詩集十三卷　(清)屈大均撰　清刻本　八冊

330000－1704－0000123　007294　集部/別集類/清別集

梅村詩集箋注十八卷　(清)吳偉業撰　(清)吳翌鳳箋注　清光緒十年(1884)湖北官書處刻本　十二冊

330000－1704－0000124　007299　集部/別集類/清別集

定山堂詩集四十三卷詩餘四卷　(清)龔鼎孳撰　清光緒九年至十一年(1883－1885)聖彝書屋刻本　十六冊

330000－1704－0000125　000058　經部/易類/傳說之屬

周易引經通釋十卷　(清)李鈞簡撰　清光緒七年(1881)鶴陰書屋刻本　十冊

330000－1704－0000126　002539　子部/法家類

管子二十四卷　(唐)房玄齡注　清光緒二十三年(1897)新化三味書局刻本　六冊

330000－1704－0000128　000054　經部/易類

周易虞氏義九卷虞氏消息二卷　(清)張惠言撰　清嘉慶至道光刻本　六冊　存二種

330000－1704－0000129　000059　經部/易類/傳說之屬

周易鏡心四卷　(清)李植坊撰　清道光刻本　四冊

330000－1704－0000130　000060　經部/易類/傳說之屬

周易傳義音訓八卷首一卷　(宋)呂祖謙撰　**易學啓蒙一卷**　(宋)朱熹撰　清光緒十五年(1889)江南書局刻本　八冊

330000－1704－0000131　000061　經部/易類/傳說之屬

周易本義闡旨八卷　(清)胡方撰　清嘉慶十七年(1812)盧氏蘭桂堂刻本　七冊　缺二卷

（下經二至三）

330000－1704－0000133　002540　子部/法家類

管子地員篇注四卷　（清）王紹蘭撰　清光緒十七年（1891）蕭山胡燏棻寄虹山館刻本　四冊

330000－1704－0000134　000047　經部/易類/傳說之屬

知非齋易注三卷首一卷末一卷易釋三卷首一卷　（清）陳懋侯撰　清光緒十四年（1888）陳懋侯刻本　三冊

330000－1704－0000135　000048　經部/易類/傳說之屬

周易膚說三卷　（明）蔡月溼撰　清同治三年（1864）蔡興槐刻本　三冊

330000－1704－0000136　000049　經部/叢編

漢魏二十一家易注三十三卷　（清）孫堂輯　清嘉慶四年（1799）平湖孫堂映雪草堂刻本　六冊

330000－1704－0000139　000055　經部/易類/傳說之屬

周易審義四卷　（清）張惠言撰　清咸豐七年（1857）文選樓刻本　四冊

330000－1704－0000142　015368　史部/傳記類/總傳之屬/通代

尚友錄二十二卷補遺一卷　（明）廖用賢輯　（清）張伯琮補輯　清刻本　十冊　存二十卷（一至二十）

330000－1704－0000143　007305　集部/別集類/清別集

栖雲閣詩十六卷拾遺三卷　（清）高珩撰　**留畊堂遺詩四卷**　（清）高瑋撰　清乾隆刻本　六冊

330000－1704－0000145　002537　史部/政書類/邦交之屬

各國立約始末記三十卷首二卷　陸元鼎編　清光緒三十二年（1906）上海商務印書館鉛印本　二十二冊

330000－1704－0000146　007311　集部/別集類/清別集

懷清堂集二十卷首一卷　（清）湯右曾撰　清乾隆十一年（1746）湯學基等刻本　四冊

330000－1704－0000147　009613　集部/別集類/明別集

方孩未先生集十六卷　（明）方震孺撰　（清）李兆洛編　清同治七年（1868）刻本　六冊

330000－1704－0000148　007313　集部/別集類/清別集

吳詩集覽二十卷補註二十卷吳詩談藪二卷拾遺一卷　（清）吳偉業撰　（清）靳榮藩注並輯　清乾隆四十年（1775）淩雲亭刻本　十四冊

330000－1704－0000149　009612　集部/別集類/明別集

明張文忠公全集四十六卷附錄二卷　（明）張居正撰　清光緒二十七年（1901）紅藤碧樹山館刻本　十六冊

330000－1704－0000150　007361　集部/別集類/清別集

梅村詩集箋注十八卷　（清）吳偉業撰　（清）吳翌鳳箋注　**吳梅村先生行狀一卷**　（清）顧湄撰　**吳梅村先生墓表一卷**　（清）陳廷敬撰　清光緒二十二年（1896）新化三味堂刻本　十二冊

330000－1704－0000151　007314　集部/別集類/清別集

梅村詩集箋注十八卷　（清）吳偉業撰　（清）吳翌鳳箋注　清嘉慶十九年（1814）嚴榮滄浪吟榭刻本　四冊

330000－1704－0000152　002538　史部/政書類/邦交之屬

約章成案匯覽甲篇十卷乙篇四十二卷　（清）北洋洋務局輯　清光緒三十一年（1905）上海點石齋石印本　四十六冊

330000－1704－0000153　007362　集部/別集類/清別集

御製詩三集一百卷目錄十二卷 （清）高宗弘曆撰　清乾隆浙江刻本　十八冊　存四十三卷（目錄一至五、一至三十八）

330000－1704－0000154　007317　集部/別集類/清別集

靜惕堂詩集四十四卷 （清）曹溶撰　清雍正三年（1725）李維鈞刻本　十二冊

330000－1704－0000155　009584　集部/別集類/明別集

陳臥子先生安雅堂稿十五卷 （明）陳子龍撰　清宣統元年（1909）上海時中書局鉛印本　六冊

330000－1704－0000156　009583　集部/別集類/明別集

青藤書屋文集三十卷 （明）徐渭撰　（明）袁宏道編　清宣統三年（1911）石印本　八冊

330000－1704－0000157　009582　集部/別集類/明別集

鈐山堂集四十卷 （明）嚴嵩撰　清嘉慶十一年（1806）嚴氏刻本　十六冊

330000－1704－0000158　009558　集部/總集類/彙編之屬

邱海二公文集合編 （清）焦映漢輯　（清）賈棠編　清同治十年（1871）邱氏可繼堂刻本　六冊　存一種

330000－1704－0000162　007393　集部/別集類/清別集

蘀石齋詩集五十卷 （清）錢載撰　清乾隆刻本　十二冊

330000－1704－0000163　007450　集部/別集類/清別集

忠雅堂詩集二十七卷補遺二卷銅絃詞附南北曲二卷 （清）蔣士銓撰　清嘉慶三年（1798）揚州刻本　十冊

330000－1704－0000164　007429　集部/別集類/清別集

勉行堂詩集二十四卷文集六卷首一卷 （清）程晉芳撰　清嘉慶二十三年（1818）、二十五年（1820）鄧廷楨等陝西刻本　八冊

330000－1704－0000165　007458　集部/別集類/清別集

秋江集註六卷 （清）黃任撰　（清）王元麟註　清道光二十三年（1843）王氏東山家塾刻本　六冊

330000－1704－0000166　007422　集部/別集類/清別集

漁洋山人精華錄十卷 （清）王士禛撰　（清）林佶編　清宣統二年（1910）上海嘉尚廬石印本　六冊

330000－1704－0000167　007427　集部/別集類/清別集

靈巖山人詩集四十卷 （清）畢沅撰　清嘉慶四年（1799）畢氏經訓堂刻本　十二冊　存三十五卷（一至八、十二至三十八）

330000－1704－0000169　007451　集部/別集類/清別集

小倉山房詩集三十六卷補遺二卷文集三十五卷外集八卷 （清）袁枚撰　清乾隆刻增修本　十冊　存三十六卷（詩集一至三十四、補遺一至二）

330000－1704－0000171　007300　集部/別集類/清別集

漁洋山人精華錄箋注十二卷補一卷附年譜一卷 （清）王士禛撰　（清）金榮箋注　（清）徐淮纂輯　清康熙五十一年（1712）鳳翽堂刻乾隆印本　符璋句讀圈點並批　六冊

330000－1704－0000172　007462　集部/別集類/清別集

兩當軒集二十卷補遺二卷附錄四卷 （清）黃景仁撰　**兩當軒集攷異二卷** （清）黃志述撰　清光緒二年（1876）武進黃氏家塾刻本　六冊

330000－1704－0000173　007496　集部/別集類/清別集

留耕書屋詩草十二卷 （清）沈惇彝撰　清道光十二年（1832）苕上世承堂刻本　四冊

330000－1704－0000174　007301　集部/别集類/清别集

漁洋山人精華錄訓纂十卷目錄二卷自撰年譜二卷　（清）王士禛撰　（清）惠棟注補　**金氏精華錄箋註辯訛一卷**　（清）惠棟撰　清光緒十七年（1891）會稽徐氏述史樓刻本　二十册

330000－1704－0000176　007497　集部/别集類/清别集

欣遇齋詩鈔十六卷資鏡錄二卷［沈峻］年譜一卷　（清）沈峻撰　清咸豐四年（1854）沈維璥刻本　四册

330000－1704－0000177　007344　集部/别集類/清别集

悦親樓詩集三十卷　（清）祝德麟撰　清嘉慶二年（1797）祝氏悦親樓姑蘇刻本　七册

330000－1704－0000178　007503　集部/别集類/清别集

敬業堂詩集五十卷　（清）查慎行撰　清康熙五十八年（1719）刻雍正增刻本　八册

330000－1704－0000179　007428　類叢部/叢書類/自著之屬

甌北全集八種　（清）趙翼撰　清乾隆至嘉慶湛貽堂刻本　十二册　存一種

330000－1704－0000180　007507　集部/别集類/清别集

缾水齋詩集十七卷别集二卷詩話一卷附錄一卷　（清）舒位撰　清光緒十二年（1886）邊保樞刻十七年（1891）增修本　八册

330000－1704－0000181　007502　類叢部/叢書類/自著之屬

三影閣叢書九種　（清）張雲璈撰　清道光孫之杲刻本　二十二册　存三種

330000－1704－0000182　009602　集部/别集類/明别集

震川大全集三十卷别集十卷補集八卷餘集八卷先太僕評點史記例意一卷歸震川先生論文章體則一卷　（明）歸有光撰　清宣統二年（1910）國學扶輪社石印本　十二册

330000－1704－0000184　009597　集部/别集類/明别集

呂新吾先生去僞齋文集十卷　（明）呂坤撰　清康熙十三年（1674）呂氏刻後印本　十册

330000－1704－0000185　009598　集部/别集類/明别集

重刊校正唐荆川先生文集十二卷外集三卷附錄一卷補遺五卷　（明）唐順之撰　清光緒三十年（1904）江南書局刻本　十册

330000－1704－0000186　009593　集部/别集類/明别集

震川先生集三十卷别集十卷附錄一卷補編一卷　（明）歸有光撰　（清）歸莊校勘　（清）錢謙益選定　（清）歸玠編輯　清光緒六年（1880）常熟歸氏刻本　十六册

330000－1704－0000187　009594　集部/别集類/明别集

震川先生集三十卷别集十卷附錄一卷補編一卷　（明）歸有光撰　（清）歸莊校勘　（清）錢謙益選定　（清）歸玠編輯　清康熙十年至十四年（1671－1675）常熟歸莊、歸玠等刻本　八册　存三十卷（一至三十）

330000－1704－0000188　007468　集部/别集類/清别集

兩當軒集二十卷補遺二卷附錄六卷　（清）黄景仁撰　**兩當軒集攷異二卷**　（清）黄志述撰　清同治十二年（1873）集珍齋木活字印本　八册

330000－1704－0000189　007499　集部/别集類/清别集

還讀齋詩稿二十卷續刻四卷　（清）韓峯撰　清道光七年（1827）吳毓鈞刻本　八册

330000－1704－0000190　007548　集部/别集類/清别集

是程堂集十四卷二集四卷耶溪漁隱詞二卷　（清）屠倬撰　清嘉慶十九年（1814）、二十五年（1820）真州官舍遞刻本　十册　存十四卷（是程堂集一至十四）

330000－1704－0000192　007670　集部/別集類/清別集

懷古田舍詩節鈔六卷　（清）徐榮撰　**徐公傳略一卷**　（清）銘岳撰　清同治三年（1864）錦城徐氏刻光緒十四年（1888）補版印本　六冊

330000－1704－0000193　007558　集部/別集類/清別集

香蘇山館古體詩鈔十四卷今體詩鈔十六卷再生小草四卷　（清）吳嵩梁撰　清道光刻本　九冊

330000－1704－0000194　007596　集部/別集類/清別集

夢陔堂詩集三十五卷　（清）黃承吉撰　清道光十二年（1832）江都黃承吉刻本　七冊　存二十九卷（一至二十九）

330000－1704－0000195　007537　集部/別集類/清別集

覺生詩鈔十卷詠物詩鈔四卷詠史詩鈔三卷感舊詩鈔二卷覺生詩續鈔四卷附自訂年譜一卷　（清）鮑桂星撰　清嘉慶二十五年（1820）、同治四年（1865）刻本　十冊

330000－1704－0000196　007601　集部/別集類/清別集

偶齋詩草內集八卷外集八卷內次集十卷外次集十卷　（清）寶廷撰　清光緒十九年（1893）刻本　八冊　存二十八卷（內集五至八、外集一至八、內次集一至十、外次集一至六）

330000－1704－0000197　007512　集部/別集類/清別集

船山詩註二十卷　（清）張問陶撰　（清）李岑注　（清）江海清增注　清同治九年（1870）席珍山館刻本　十四冊

330000－1704－0000198　007623　集部/別集類/清別集

太鶴山人集十三卷　（清）端木國瑚撰　清道光二十年（1840）瑞安洪坤刻本　六冊

330000－1704－0000199　007624　集部/別集類/清別集

太鶴山人集十三卷　（清）端木國瑚撰　清道光二十年（1840）瑞安洪坤刻本　六冊

330000－1704－0000200　009604　集部/別集類/明別集

梨雲館類定袁中郎先生全集二十四卷　（明）袁宏道撰　清道光九年（1829）培原書屋刻同治八年（1869）補刻本　十六冊

330000－1704－0000201　007625　集部/別集類/清別集

思貽堂詩集六卷　（清）金衍宗撰　清光緒至宣統鉛印本　二冊

330000－1704－0000202　007498　集部/別集類/清別集

壹齋集四十卷奏御集二卷兩朝恩賚記一卷賦一卷畫品一卷畫友錄一卷記一卷泛槳錄二卷蕭湯二老遺詩合編二卷　（清）黃鉞撰　清咸豐九年（1859）蕪湖許氏廣東南海縣刻本　十冊

330000－1704－0000203　007720　集部/別集類/清別集

琴隱園詩集三十六卷詞集四卷　（清）湯貽汾撰　清同治十三年（1874）曹士虎刻本　八冊

330000－1704－0000204　007724　集部/別集類/清別集

壺舟詩存十四卷　（清）黃濬撰　**不俗居詩遺鈔一卷**　（清）黃際明撰　清咸豐八年（1858）刻本　十二冊

330000－1704－0000205　007863　集部/別集類/清別集

二知軒詩鈔十四卷續鈔十六卷　（清）方濬頤撰　清同治五年（1866）、八年（1869）刻本　十二冊　缺六卷（續鈔十一至十六）

330000－1704－0000206　007626　集部/別集類/清別集

思伯子堂詩集三十二卷　（清）張際亮撰　清同治八年（1869）姚濬昌湖口刻本　十冊

330000－1704－0000207　007723　類叢部/叢書類/自著之屬

屺雲樓集四種三十七卷 （清）劉存仁撰 清咸豐至同治刻本 十冊

330000－1704－0000208 007718 集部/別集類/清別集
花宜館詩鈔十六卷續存一卷無腔村笛二卷 （清）吳振棫撰 清同治四年(1865)吳文塨京師刻本 六冊

330000－1704－0000209 007861 集部/別集類/清別集
桐華舸詩鈔八卷續鈔八卷遺詩一卷明季詠史詩鈔一卷褒忠詩鈔一卷 （清）鮑瑞駿撰 清同治三年至光緒十年(1864－1884)刻本 十冊

330000－1704－0000210 007821 集部/別集類/清別集
絳雪山房詩鈔二十卷續鈔六卷試帖三卷 （清）楊慶琛撰 清道光二十八年至同治三年(1848－1864)刻本 八冊 缺六卷(七至九、續鈔四至六)

330000－1704－0000211 007822 集部/別集類/清別集
維周詩鈔十六卷 （清）程之楨撰 清同治十一年(1872)程氏確園刻本 四冊

330000－1704－0000212 007810 集部/別集類/清別集
醽江詩草二十六卷 （清）蘇宗經撰 清光緒十八年(1892)刻本 十二冊

330000－1704－0000213 007732 集部/別集類/清別集
思貽堂詩集十二卷續存八卷第三集四卷書簡八卷後永州集八卷 （清）黃文琛撰 清咸豐元年至同治十二年(1851－1873)刻本 九冊 缺八卷(書簡一至八)

330000－1704－0000214 007790 集部/別集類/清別集
東洲艸堂詩鈔二十七卷詩餘一卷 （清）何紹基撰 清同治六年(1867)長沙無園刻本 六冊

330000－1704－0000215 007671 集部/別集類/清別集
紅豆樹館詩稿十四卷附詞稿八卷逸稿一卷 （清）陶樑撰 （清）樊彬輯 **紅豆樹館書畫記八卷** （清）陶樑輯 清道光二十三年至咸豐七年(1843－1857)刻本、光緒六年(1880)陶彥壽刻本、光緒八年(1882)吳縣潘霨韓園刻本 十冊

330000－1704－0000217 007179 集部/別集類/宋別集
黃詩全集五十八卷 （宋）黃庭堅撰 清乾隆五十四年(1789)南康謝氏樹經堂刻本 十二冊

330000－1704－0000219 006959 集部/詩文評類/詩評之屬
二十四詩品淺解一卷 （清）楊廷芝撰 清光緒三年(1877)刻本 一冊

330000－1704－0000220 007719 集部/別集類/清別集
漆室吟八卷百柱堂詩藁八卷傳一卷 （清）王柏心撰 **彤雲閣遺詩二卷絳雪齋文稿一卷** （清）王家仕撰 清同治三年(1864)、十一年(1872)監利王氏刻本 五冊

330000－1704－0000221 008907 類叢部/叢書類/自著之屬
西山真文忠公全集八種 （宋）真德秀撰 清同治三年(1864)刻本 三十冊 存一種

330000－1704－0000225 007127 集部/別集類/唐五代別集
杜工部集二十卷首一卷 （唐）杜甫撰 **唱酬題詠附錄一卷諸家詩話一卷** 清同治十一年(1872)致一齋刻本 十冊

330000－1704－0000226 007126 集部/別集類/唐五代別集
樹人堂讀杜詩二十五卷首一卷 （清）汪灝輯 （清）胡履亨讀 清道光十二年(1832)刻本 二十一冊 缺二卷(三至四)

330000－1704－0000227 007140 集部/別

集類/唐五代別集

杜詩鏡銓二十卷附錄一卷 （清）楊倫撰 **讀書堂杜工部文集註解二卷** （清）張溍撰 清光緒十八年(1892)鉛印本 六冊

330000－1704－0000230 007142 集部/別集類/唐五代別集

白香山詩長慶集二十卷後集十七卷別集一卷補遺二卷 （唐）白居易撰 （清）汪立名編訂 **白香山年譜舊本一卷** （宋）陳振孫撰 **白香山年譜一卷** （清）汪立名撰 清宣統三年(1911)石印本 十二冊

330000－1704－0000231 007130 集部/別集類/唐五代別集

杜工部集二十卷 （唐）杜甫撰 （清）錢謙益箋註 **少陵先生年譜一卷** 清宣統三年(1911)上海時中書局石印本 八冊

330000－1704－0000232 007131 集部/別集類/唐五代別集

杜工部草堂詩箋二十二卷 （唐）杜甫撰 （宋）魯訔編次 （宋）蔡夢弼會箋 **杜工部草堂詩年譜二卷** （宋）趙子櫟 （宋）魯訔撰 **杜工部草堂詩話二卷** （宋）蔡夢弼輯 清光緒元年(1875)巴陵方功惠碧琳琅館刻本 四冊

330000－1704－0000233 005371 史部/地理類/方志之屬/郡縣志

[光緒]重纂邵武府志三十卷首一卷 （清）王琛 （清）徐兆豐修 （清）張景祁等纂 清光緒二十四年(1898)刻本 二十冊

330000－1704－0000234 008926 集部/總集類/選集之屬/通代

古文淵鑒六十四卷 （清）徐乾學等輯注 清同治十二年(1873)浙江書局刻本 三十二冊

330000－1704－0000236 007132 集部/別集類/唐五代別集

朱竹垞先生杜詩評本二十四卷 （唐）杜甫撰 （清）朱彝尊評 清道光十一年(1831)莊魯駉刻本 八冊

330000－1704－0000237 007133 集部/別集類/唐五代別集

杜工部集二十卷首一卷 （唐）杜甫撰 （清）盧坤輯評 清光緒二年(1876)粵東翰墨園刻六色套印本 十冊

330000－1704－0000238 005408 史部/地理類/方志之屬/通志

[道光]廣東通志三百三十四卷首一卷 （清）阮元修 （清）陳昌齊等纂 清同治三年(1864)刻本 三十四冊 存一百三卷(四至六、二十四至二十六、四十六至四十八、五十八至六十、六十六至六十七、七十至七十一、七十五至八十、九十至九十二、一百三至一百五、一百二十六至一百二十八、一百四十八至一百五十一、一百五十五至一百五十七、一百六十七至一百七十一、一百八十至一百八十五、一百九十四至一百九十六、二百一至二百七、二百十一至二百十四、二百三十二至二百三十五、二百三十九至二百四十一、二百四十八至二百五十三、二百七十二至二百七十四、二百九十三至二百九十六、三百一至三百十六、三百二十一至三百二十四)

330000－1704－0000239 008927 集部/總集類/選集之屬/通代

古文淵鑒六十四卷 （清）徐乾學等輯注 清康熙四十九年(1710)內府刻四色套印本 二十四冊

330000－1704－0000240 008946 史部/目録類/專録之屬

全上古三代秦漢三國晉南北朝文編目一百三卷 （清）嚴可均輯 （清）蔣壑編 清光緒五年(1879)蔣錫礽刻本 十六冊

330000－1704－0000241 005412 史部/地理類/方志之屬/郡縣志

[道光]肇慶府志二十二卷首一卷 （清）屠英等修 （清）江藩等纂 清光緒二年(1876)刻本 二十一冊 缺一卷(八)

330000－1704－0000242 008925 集部/總集類/選集之屬/通代

古文淵鑒六十四卷　(清)徐乾學等輯注　清宣統二年(1910)學部圖書局石印本　二十四册

330000－1704－0000243　005369　史部/地理類/方志之屬/通志

[道光]重纂福建通志二百七十八卷首六卷補採福建全省列女附志一卷　(清)孫爾準等修　(清)陳壽祺纂　(清)程祖洛等續修　(清)魏敬中續纂　清同治七年至十年(1868－1871)正誼書院刻本　三十四册　存九十九卷(首一至三,三至五、十三至十六、二十三至二十九、三十三、三十六至四十一、五十四、六十至六十六、六十九至七十五、八十七至九十二、一百十二至一百十三、一百二十四至一百三十二、一百四十二至一百四十五、一百五十六至一百六十一、一百九十至一百九十三、二百三至二百六、二百十至二百十四、二百二十九至二百三十八、二百四十一至二百四十三、二百五十三至二百五十四、二百五十六至二百五十七、二百七十四至二百七十六)

330000－1704－0000245　005373　史部/地理類/方志之屬/郡縣志

[乾隆]汀州府志四十五卷首一卷　(清)曾日瑛等修　(清)李紱等纂　清同治六年(1867)延楷刻本　二十册

330000－1704－0000246　004963　史部/地理類/方志之屬/通志

[雍正]敕修浙江通志二百八十卷首三卷　(清)李衛　(清)嵇曾筠等修　(清)沈翼機　(清)傅王露等纂　清光緒二十五年(1899)浙江書局刻本　一百二十册

330000－1704－0000247　005402　史部/地理類/方志之屬/通志

[嘉慶]廣西通志二百七十九卷首一卷　(清)謝啟昆修　(清)胡虔纂　清嘉慶六年(1801)刻同治四年(1865)補刻本　七十册　缺三十四卷(首,一至二、三十一至三十三、七十七至七十九、八十三至八十九、九十八至一百一、一百五十一至一百五十四、一百七十七至一百七十八、一百九十六至一百九十九、二百六十至二百六十三)

330000－1704－0000248　008947　集部/總集類/選集之屬/通代

全上古三代秦漢三國六朝文七百四十一卷　(清)嚴可均輯　清光緒二十年(1894)黄岡王氏廣州刻本　一百册

330000－1704－0000250　004964　史部/地理類/方志之屬/通志

[雍正]敕修浙江通志二百八十卷首三卷　(清)李衛　(清)嵇曾筠等修　(清)沈翼機　(清)傅王露等纂　清乾隆元年(1736)刻嘉慶十七年(1812)校補刻本　一百十七册　缺二卷(一百六十九至一百七十)

330000－1704－0000252　008962　集部/總集類/選集之屬/通代

涵芬樓古今文鈔一百卷　吴曾祺輯　清宣統二年(1910)上海商務印書館鉛印本　一百册

330000－1704－0000253　004921　史部/地理類/方志之屬/郡縣志

[嘉慶]溧陽縣志十六卷　(清)李景嶧　(清)陳鴻壽修　(清)史炳等纂　清光緒二十二年(1896)木活字印本　十册

330000－1704－0000257　005015　史部/地理類/方志之屬/郡縣志

[光緒]處州府志三十卷首一卷末一卷　(清)潘紹詒修　(清)周榮椿纂　清光緒三年(1877)刻本　二十八册

330000－1704－0000258　003431　史部/編年類/通代之屬

尺木堂綱鑑易知錄九十二卷　(清)吴乘權等輯　清刻本　四十二册　缺十五卷(明鑑易知錄一至十五)

330000－1704－0000259　004976　史部/地理類/方志之屬/郡縣志

[光緒]嘉興府志八十八卷首二卷　(清)許瑤光修　(清)吴仰賢等纂　清光緒三年至四年(1877－1878)嘉興鴛湖書院刻五年(1879)印本　四十八册

330000－1704－0000260　004978　史部/地理類/方志之屬/郡縣志

[乾隆]紹興府志八十卷首一卷　(清)李亨特修　(清)平恕　(清)徐嵩纂　清乾隆五十七年(1792)刻本　四十八册

330000－1704－0000261　004859　史部/地理類/方志之屬/郡縣志

[嘉慶]重修揚州府志七十二卷首一卷　(清)阿克當阿修　(清)姚文田　(清)江藩等纂　清嘉慶十五年(1810)刻本　三十二册

330000－1704－0000263　004858　史部/地理類/方志之屬/郡縣志

[道光]蘇州府志一百五十卷首十卷　(清)宋如林　(清)羅琦修　(清)石韞玉纂　清道光四年(1824)刻本　五十册　缺三十七卷(首一至七,四十三至五十九、六十二至七十四)

330000－1704－0000264　004989　史部/地理類/方志之屬/郡縣志

[康熙]台州府志十八卷首一卷　(清)張聯元修　(清)方景濂等纂　清康熙六十一年(1722)刻本　十八册

330000－1704－0000265　004977　史部/地理類/方志之屬/郡縣志

[同治]湖州府志九十六卷首一卷　(清)宗源瀚　(清)楊榮緒　(清)郭式昌修　(清)周學濬　(清)陸心源　(清)汪曰楨纂　清同治十一年至十三年(1872－1874)愛山書院刻本　四十册

330000－1704－0000266　003432、003616、003818、003840、003887　史部/紀事本末類

紀事本末五種　(清)□□輯　清同治十二年至十三年(1873－1874)江西書局刻本　一百三十七册

330000－1704－0000267　003878　史部/雜史類/斷代之屬

弇山堂別集一百卷　(明)王世貞撰　清光緒廣雅書局刻本　二十四册

330000－1704－0000268　003433　史部/紀事本末類

歷朝紀事本末九種　(清)陳如升　(清)朱記榮輯　清光緒十四年(1888)上海書業公所鉛印本(遼史紀事本末、金史紀事本末爲清光緒二十八年(1902)上海著易堂書局鉛印本)　五十六册

330000－1704－0000269　004949　史部/地理類/方志之屬/通志

[光緒]重修安徽通志三百五十卷補遺十卷　(清)吴坤修等修　(清)何紹基等纂　清光緒四年(1878)刻本　一百二十九册

330000－1704－0000270　善000251　史部/傳記類/別傳之屬/事狀

先府君述略一卷例贈太孺人顯繼妣林太孺人行狀一卷例贈太孺人亡母朱太孺人述一卷　(清)項傳霖撰　稿本　梅泠生題記　一册

330000－1704－0000271　善000252　史部/傳記類/總傳之屬/家乘

吴氏家乘□□卷　明抄本　一册

330000－1704－0000273　005014　史部/地理類/方志之屬/郡縣志

[光緒]嚴州府志三十八卷首一卷　(清)吴士進原本　(清)吴世榮續修　(清)鄒柏森　(清)馬斯臧等續纂　清光緒八年至九年(1882－1883)刻本　二十八册

330000－1704－0000274　003877　史部/編年類/斷代之屬

明紀六十卷　(清)陳鶴輯　(清)陳克家補　清同治十年(1871)江蘇書局刻本　二十册

330000－1704－0000276　004865　史部/地理類/方志之屬/郡縣志

同治徐州府志二十五卷　(清)吴世熊　(清)朱忻修　(清)劉庠　(清)方駿謨纂　清同治十三年(1874)刻本　十六册

330000－1704－0000277　003885　子部/雜著類/雜説之屬

野獲編三十卷補遺四卷　(明)沈德符撰　清道光七年(1827)錢塘姚氏羊城扶荔山房刻同

治八年(1869)補刻本　二十册

330000－1704－0000278　008915　集部/總集類/選集之屬/通代

重刊李扶九原選古文筆法百篇二十卷　(清)李扶九輯　(清)黄仁黼注　清光緒八年(1882)善化黄氏刻本　五册　缺五卷(十六至二十)

330000－1704－0000279　005052　史部/地理類/方志之屬/郡縣志

[同治]鄞縣志七十五卷　(清)戴枚修　(清)張恕　(清)董沛等纂　清光緒三年(1877)刻四年(1878)增刻本　三十四册

330000－1704－0000281　004864　史部/地理類/方志之屬/郡縣志

[光緒]通州直隸州志十六卷首一卷末一卷訂譌一卷　(清)梁悦馨　(清)莫祥芝修　(清)季念詒　(清)沈鍠纂　清光緒元年(1875)刻本　十六册

330000－1704－0000282　004904　史部/地理類/方志之屬/郡縣志

[道光]江陰縣志二十八卷首一卷　(清)陳延恩修　(清)李兆洛　(清)周仲簡纂　清道光二十年(1840)刻本　清孫衣言批　十六册

330000－1704－0000283　004956　史部/地理類/方志之屬/郡縣志

[嘉慶]黟縣志十六卷首一卷　(清)吴甸華修　(清)程汝翼　(清)孫學道　(清)俞正燮纂　**[道光]黟縣續志一卷**　(清)吕子珏修　(清)詹錫齡纂　清嘉慶十七年(1812)、道光五年(1825)刻本　十六册

330000－1704－0000284　004902　史部/地理類/方志之屬/郡縣志

[光緒]常昭合志稿四十八卷首一卷末一卷　(清)鄭鍾祥　(清)張瀛修　(清)龐鴻文等纂　清光緒三十年(1904)木活字印本　十六册

330000－1704－0000286　004933　史部/地理類/山川之屬/山志

盋山志八卷　(清)顧雲撰　清光緒九年(1883)金陵盋山精舍刻本　三册

330000－1704－0000288　004922　史部/地理類/方志之屬/郡縣志

[光緒]崑新兩縣續修合志五十二卷首一卷末一卷　(清)金吴瀾　(清)李福沂修　(清)汪堃　(清)朱成熙纂　清光緒六年(1880)刻本　二十四册

330000－1704－0000289　004857　史部/地理類/方志之屬/郡縣志

[光緒]松江府續志四十卷首一卷圖一卷　(清)博潤修　(清)姚光發等纂　清光緒十年(1884)刻本　二十四册

330000－1704－0000290　004901　史部/地理類/方志之屬/郡縣志

[光緒]吴江縣續志四十卷首一卷　(清)金福曾等修　(清)熊其英纂　清光緒五年(1879)刻本　八册

330000－1704－0000291　002770、002772、003437　史部/政書類/通制之屬

三通　清咸豐九年(1859)崇仁謝氏刻本　二百七十三册　缺二十一卷(文獻通考一百八十七至二百二、二百十二至二百十六)

330000－1704－0000292　005033　史部/地理類/方志之屬/郡縣志

[同治]安吉縣志十八卷首一卷　(清)汪榮　(清)劉蘭敏修　(清)張行孚　(清)丁寶書纂　清同治十三年(1874)刻本　十六册

330000－1704－0000293　005087　史部/地理類/方志之屬/郡縣志

[光緒]永嘉縣志三十八卷首一卷　(清)張寶琳修　(清)王棻　(清)孫詒讓纂　清光緒八年(1882)溫州維新書局刻本　十七册

330000－1704－0000294　004856　史部/地理類/方志之屬/郡縣志

[嘉慶]松江府志八十四卷首二卷圖一卷　(清)宋如林修　(清)孫星衍　(清)莫晉纂　清嘉慶二十三年(1818)松江府學明倫堂刻

本　四十册

330000－1704－0000296　004862　史部/地理類/方志之屬/郡縣志

[乾隆]直隸通州志二十二卷　(清)王繼祖修　(清)夏之蓉等纂　清乾隆二十年(1755)刻本　十六册

330000－1704－0000298　004863　史部/地理類/方志之屬/郡縣志

嘉慶海州直隸州志三十二卷首一卷　(清)唐仲冕修　(清)汪梅鼎等纂　清嘉慶十年(1805)刻十六年(1811)補修本　十册

330000－1704－0000301　004750　史部/地理類/方志之屬/通志

[雍正]河南通志八十卷　(清)田文鏡等修　(清)孫灝等纂　清雍正十三年(1735)刻道光六年(1826)補刻同治八年(1869)再補刻本　四十册

330000－1704－0000302　005016　史部/地理類/方志之屬/郡縣志

[同治]長興縣志三十二卷　(清)趙定邦修　(清)周學濬　(清)丁寶書纂　**[光緒]長興志拾遺二卷首一卷**　(清)朱鎮纂　清同治十三年至光緒元年(1874－1875)刻光緒十八年(1892)邵同珩、孫德祖增補重校刻本([光緒]長興志拾遺爲清光緒二十三年刻本)　十六册

330000－1704－0000303　004916　史部/地理類/方志之屬/郡縣志

[乾隆]華亭縣志十六卷　(清)馮鼎高　(清)李廷敬修　(清)王顯曾等纂　清乾隆五十六年(1791)刻本　四册

330000－1704－0000304　004730　史部/地理類/方志之屬/郡縣志

[道光]濟南府志七十二卷首一卷　(清)王贈芳　(清)王鎮修　(清)成瓘　(清)冷烜纂　清道光二十年(1840)刻本　三十九册　缺一卷(四十七)

330000－1704－0000305　004955　史部/地理類/方志之屬/郡縣志

[淳熙]新安志十卷附錄一卷　(宋)羅願纂　**鄂州太守存齋先生羅公傳一卷**　(元)曹涇撰　清康熙四十六年(1707)刻本　四册

330000－1704－0000306　000367、008960　類叢部/叢書類/彙編之屬

求實齋叢書十五種　(清)蔣德鈞編　清光緒湘鄉蔣氏龍安郡署刻本　三册　存二種

330000－1704－0000307　004751　史部/地理類/方志之屬/通志

[乾隆]續河南通志八十卷首四卷　(清)阿思哈　(清)嵩貴纂修　清乾隆三十二年(1767)刻本　二十册　缺七卷(九至十五)

330000－1704－0000308　004753　史部/地理類/方志之屬/郡縣志

[康熙]開封府志四十卷　(清)管竭忠修　(清)張沐纂　清康熙三十四年(1695)刻同治二年(1863)修版印本　十册

330000－1704－0000309　002771、002773、善000158　史部/政書類/通制之屬

三通　清乾隆十二年(1747)武英殿刻本　二百六十册　缺十卷(通志一,文獻通考一百四十九至一百五十二、二百八十至二百八十三、三百四十八)

330000－1704－0000310　007414　史部/地理類/方志之屬/通志

[同治]畿輔通志三百卷首一卷　(清)李鴻章等修　(清)黄彭年等纂　清光緒十年(1884)刻本　一百三十九册　存一百六十七卷(五至七、九至十六、十九至二十五、二十七、二十九、三十一至三十三、三十七、四十至四十二、四十四、四十七至四十八、五十至五十二、五十八至六十、七十、七十三至七十四、七十九至八十八、九十七至一百、一百六、一百十一至一百十二、一百十五至一百二十二、一百二十四、一百二十六至一百二十七、一百三十四、一百四十、一百四十三、一百四十五至一百四十六、一百四十八、一百五十至一百五十三、一百五十八至一百七十四、一百八十至一

百八十一、一百八十三至一百八十六、一百九十至一百九十一、一百九十三至一百九十六、一百九十八至二百一、二百三至二百六、二百九至二百十二、二百十六至二百十九、二百二十三至二百二十五、二百二十七至二百二十八、二百三十至二百三十一、二百三十五至二百三十六、二百三十八至二百四十六、二百四十八至二百六十、二百六十二至二百六十五、二百六十八至二百六十九、二百八十一、二百八十三至二百八十四、二百八十七至二百九十、二百九十八)

330000－1704－0000311　002767　史部/政書類/通制之屬
三通　清咸豐九年(1859)崇仁謝氏刻本　一百二十册　存一種

330000－1704－0000312　004708　史部/地理類/方志之屬/郡縣志
[光緒]順天府志一百三十卷附錄一卷　(清)萬青藜　(清)周家楣修　(清)張之洞　(清)繆荃孫纂　清光緒十一年至十二年(1885－1886)刻本　六十册　存一百二十卷(一至六十六、七十二至一百一、一百三至一百二十六)

330000－1704－0000313　004752　史部/地理類/方志之屬/郡縣志
[乾隆]西華縣志十四卷首一卷　(清)宋恂修　(清)于大猷纂　清乾隆十九年(1754)刻本　六册

330000－1704－0000315　004905　史部/地理類/方志之屬/郡縣志
[咸豐]重修興化縣志十卷　(清)梁園棣修　(清)鄭之僑　(清)趙彦俞纂　清咸豐二年(1852)刻本　八册

330000－1704－0000317　004906　史部/地理類/方志之屬/郡縣志
[光緒]江陰縣志三十卷首一卷　(清)盧思誠　(清)馮壽鏡修　(清)季念詒　(清)夏煒如纂　清光緒四年(1878)刻本　十一册　缺十三卷(首,一至三、七至十、十三、二十七至三十)

330000－1704－0000318　004950　史部/地理類/方志之屬/郡縣志
[康熙]徽州府志十八卷　(清)丁廷楗　(清)盧詢修　(清)趙吉士等纂　清康熙三十八年(1699)萬青閣刻本　十册

330000－1704－0000319　004907　史部/地理類/方志之屬/郡縣志
[光緒]丹陽縣志三十六卷首一卷　(清)劉誥　(清)凌焯等修　(清)徐錫麟　(清)姜璘纂　清光緒十一年(1885)鴻鳳書院刻本　五册　存十卷(十八至二十六、三十一)

330000－1704－0000320　004908　史部/地理類/方志之屬/郡縣志
[乾隆]婁縣志三十卷首二卷　(清)謝庭薰修　(清)陸錫熊纂　清乾隆五十三年(1788)刻本　六册

330000－1704－0000322　006934　集部/總集類/郡邑之屬
白田風雅二十四卷末一卷　(清)朱彬輯　清抄本　四册

330000－1704－0000323　004861　史部/地理類/方志之屬/郡縣志
[乾隆]直隸通州志二十二卷　(清)王繼祖修　(清)夏之蓉等纂　清乾隆二十年(1755)刻本　十二册

330000－1704－0000324　004918　史部/地理類/方志之屬/郡縣志
[咸淳]重修毗陵志三十卷　(宋)史能之纂　清嘉慶二十五年(1820)毗陵趙懷玉刻本(原缺卷二十)　三册　存二十卷(三至十四、二十三至三十)

330000－1704－0000325　004919　史部/地理類/方志之屬/郡縣志
宜興荆溪舊志五種　(清)□□輯　清光緒八年(1882)刻本　四册　存一種

330000－1704－0000327　003890　史部/雜史類/通代之屬

荆駝逸史五十一種　（清）陳湖逸士輯　清道光古槐山房木活字印本　十九册　存三十七種

330000－1704－0000328　004930　史部/地理類/防務之屬/海防

江蘇沿海圖說一卷海島表一卷　（清）朱正元撰　清光緒二十五年（1899）上海鉛印本　一册

330000－1704－0000329　004929　史部/地理類/山川之屬/水志

揚州水道記四卷　（清）劉文淇撰　清道光二十五年（1845）江西撫署刻同治十一年（1872）淮南書局補刻本　二册

330000－1704－0000330　004732　史部/地理類/方志之屬/郡縣志

［乾隆］樂陵縣志八卷首一卷末一卷　（清）王謙益修　（清）鄭成中纂　清乾隆二十七年（1762）刻本　八册

330000－1704－0000331　004912　史部/地理類/山川之屬/山志

金山志十卷　（清）盧見曾撰　**續金山志二卷**　（清）釋秋崖撰　清光緒二十七年（1901）刻本　六册

330000－1704－0000332　004920　史部/地理類/方志之屬/郡縣志

宜興荆溪舊志五種　（清）□□輯　清光緒八年（1882）刻本　八册　存一種

330000－1704－0000333　002774、002775、002790、002791、002792、003439　史部/政書類

九通　（清）□□輯　清光緒二十八年（1902）上海鴻寶書局石印本　一百二十册　存六種

330000－1704－0000334　004927　史部/地理類/山川之屬/水志

後湖誌不分卷　王作棫　錢福臻撰　清宣統二年（1910）鉛印本　一册

330000－1704－0000335　004928　史部/地理類/山川之屬/水志

［道光］分湖小識六卷　（清）柳樹芳纂　清道光二十七年（1847）上浣柳樹芳勝谿草堂刻本　二册

330000－1704－0000336　003903　史部/雜史類/通代之屬

荆駝逸史五十一種　（清）陳湖逸士輯　清宣統三年（1911）中國圖書館石印本　十六册

330000－1704－0000337　004913　史部/地理類/山川之屬/山志

焦山志二十卷首一卷　（清）王豫輯　清道光三年（1823）刻本　六册

330000－1704－0000339　002776、002789、003965　史部/政書類

九通　（清）□□輯　清光緒八年至二十二年（1882－1896）浙江書局刻本　三百七册　存三種

330000－1704－0000340　004935　史部/地理類/山川之屬/山志

慧山記四卷　（明）邵寶撰　（明）釋圓顯輯

慧山記續編三卷首一卷　（清）邵涵初輯　清同治七年（1868）邵文燾刻本　三册　存三卷（續編首，一、三）

330000－1704－0000341　004931　史部/地理類/山川之屬/山志

雲臺新志十八卷首一卷末一卷　（清）謝元淮修　（清）許喬林纂　清道光十七年（1837）郁洲書院刻本　六册

330000－1704－0000342　004923　史部/地理類/方志之屬/郡縣志

［嘉慶］丹徒縣志四十七卷首四卷　（清）貴中孚　（清）萬承紀修　（清）蔣宗海　（清）張崟纂　清嘉慶十年（1805）刻本　七册　缺九卷（首一至四、十四至十六、三十一、四十七）

330000－1704－0000343　002768　史部/政書類/通制之屬

文獻通考二十四卷首一卷　（元）馬端臨撰　清光緒十一年（1885）上海點石齋石印本　二十册

330000－1704－0000345　002769　史部/政書類/通制之屬
三通考輯要　湯壽潛輯　清光緒二十五年(1899)圖書集成局鉛印本　三十册

330000－1704－0000346　004936　史部/地理類/雜志之屬
錫山景物畧十卷　(明)王永積輯　清光緒刻本　五册

330000－1704－0000347　004932　史部/地理類/方志之屬/郡縣志
[嘉慶]東臺縣志四十卷　(清)周右修　(清)蔡復午等纂　清嘉慶二十二年(1817)刻本　十册

330000－1704－0000348　004941　史部/地理類/水利之屬
練湖志十卷首一卷　(清)黎世序纂　清嘉慶十五年(1810)刻本　四册

330000－1704－0000349　003303　史部/史評類/史學之屬
文史通義八卷校讐通義三卷　(清)章學誠撰　清光緒二十五年(1899)新化三味堂刻本　六册

330000－1704－0000351　004943　史部/地理類/專志之屬/園林
滄浪小志二卷　(清)宋犖輯　清光緒十年(1884)江蘇書局刻本　一册

330000－1704－0000357　004924　史部/地理類/方志之屬/郡縣志
[乾隆]震澤縣志三十八卷首一卷　(清)陳和志修　(清)倪師孟　(清)沈彤纂　清光緒十九年(1893)刻本　八册

330000－1704－0000358　012989　類叢部/叢書類/彙編之屬
求實齋叢書十五種　(清)蔣德鈞編　清光緒湘鄉蔣氏龍安郡署刻本　十册

330000－1704－0000359　004938　史部/地理類/山川之屬/山志
攝山志八卷首一卷　(清)陳毅撰　(清)汪志伊刪補　清乾隆五十五年(1790)桐城汪志伊刻本　四册

330000－1704－0000360　004946　史部/地理類/山川之屬/水志
莫愁湖志六卷首一卷　(清)馬士圖撰　清光緒八年(1882)、十七年(1891)刻本　二册

330000－1704－0000361　005039　史部/地理類/方志之屬/郡縣志
[光緒]分水縣志十卷首一卷末一卷　(清)陳常鏵　(清)馮圻修　(清)臧承宣等纂　清光緒三十二年(1906)刻民國三十年(1941)印本　五册　缺三卷(九至十、末)

330000－1704－0000364　004951　史部/地理類/方志之屬/郡縣志
[光緒]亳州志二十卷首一卷　(清)鍾泰　(清)宗能徵纂修　清光緒二十一年(1895)木活字印本　十四册

330000－1704－0000365　004925　史部/地理類/方志之屬/郡縣志
梅里志四卷首一卷　(清)吳存禮編　(清)趙宏基繪圖　清道光四年(1824)泰伯廟西院釋華乾刻本　二册

330000－1704－0000366　004947　史部/地理類/山川之屬/水志
莫愁湖志六卷首一卷　(清)馬士圖撰　清光緒八年(1882)、十七年(1891)刻本　二册

330000－1704－0000367　004953　史部/地理類/方志之屬/郡縣志
[道光]祁門縣志三十六卷首一卷　(清)王讓修　(清)桂超萬纂　清道光七年(1827)刻本　清楊紹廉題簽並記　清楊紹廉批並句讀　八册

330000－1704－0000368　004948　史部/地理類/專志之屬/古跡
平山堂圖志十卷首一卷　(清)趙之壁纂　清光緒鉛印本(首卷配清光緒十四年上海同文書局石印本)　四册

330000－1704－0000369　004926　史部/地

理類/方志之屬/郡縣志
[嘉慶]干巷志六卷首一卷 (清)朱棟纂 清嘉慶六年(1801)柘湖丁氏種松山房刻民國二十二年(1933)印本 二册

330000－1704－0000371 004860 史部/地理類/雜志之屬
廣陵通典十卷 (清)汪中撰 清同治八年(1869)揚州書局刻本 二册

330000－1704－0000372 005042 史部/地理類/方志之屬/郡縣志
[同治]江山縣志十二卷首一卷末一卷 (清)王彬 (清)孫晉梓修 (清)朱寶慈等纂 清同治十二年(1873)文溪書院刻本 八册

330000－1704－0000373 004959 史部/地理類/山川之屬/山志
九華山志十二卷 (清)喻成龍 (清)李燦輯 清康熙二十八年至二十九年(1689－1690)池州知府李燦刻乾隆四年(1739)李暲增補本 四册

330000－1704－0000375 004954 史部/地理類/方志之屬/郡縣志
[同治]祁門縣志三十六卷首一卷 (清)周溶修 (清)汪韻珊纂 清同治十二年(1873)刻本 十二册

330000－1704－0000377 005047 史部/地理類/方志之屬/郡縣志
[光緒]蘭谿縣志八卷首一卷附補遺一卷 (清)秦簣 (清)邵秉經修 (清)唐壬森纂 清光緒十三年至十五年(1887－1889)刻本 十一册

330000－1704－0000378 005048 史部/地理類/方志之屬/郡縣志
[光緒]淳安縣志十六卷首一卷 (清)劉世寧修 (清)李詩續修 (清)陳中元 (清)竺士彦續纂 清光緒十年(1884)刻本 八册

330000－1704－0000379 004867 史部/地理類/方志之屬/郡縣志
[道光]銅山縣志二十四卷首一卷 (清)崔志元修 (清)金左泉等纂 清道光十一年(1831)刻本 十二册

330000－1704－0000380 004868 史部/地理類/方志之屬/郡縣志
[光緒]安東縣志十五卷首一卷 (清)金元烺修 (清)吳昆田 (清)魯蕡纂 清光緒元年(1875)刻本 四册

330000－1704－0000381 004866 史部/地理類/方志之屬/郡縣志
[嘉慶]增修贛榆縣志四卷首一卷 (清)王城修 (清)周萃元纂 清嘉慶元年(1796)刻本 三册

330000－1704－0000385 004869 史部/地理類/方志之屬/郡縣志
[光緒]贛榆縣志十八卷 (清)王豫熙修 (清)張謇纂 清光緒十四年(1888)刻本 四册

330000－1704－0000386 004962 史部/地理類/山川之屬/山志
浮山志十卷 (清)陳焯等纂修 清同治十二年(1873)吳康弼木活字印本 六册

330000－1704－0000387 004870 史部/地理類/方志之屬/郡縣志
[嘉慶]重修泰興縣志八卷 (清)凌圻 (清)張先甲修 (清)張福謙等纂 清嘉慶十八年(1813)刻本 五册 存五卷(三、五至八)

330000－1704－0000388 004872 史部/地理類/方志之屬/郡縣志
[嘉慶]甘泉縣續志十卷首一卷 (清)陳觀國修 (清)李保泰纂 清嘉慶十五年(1810)刻本 四册

330000－1704－0000389 004381 史部/傳記類/别傳之屬/年譜
張楊園先生[履祥]年譜四卷 (清)姚夏編 (清)陳梓增訂 **附録一卷** (清)陳梓輯 清道光十四年(1834)補讀書齋刻本 一册

330000－1704－0000390 004871 史部/地

理類/方志之屬/郡縣志
[乾隆]甘泉縣志二十卷首一卷　(清)吳鄂峙等修　(清)厲鶚等纂　清乾隆八年(1743)刻本　十冊

330000－1704－0000391　004873　史部/地理類/方志之屬/郡縣志
[乾隆]江都縣志三十二卷　(清)五格　(清)黃湘修　(清)程夢星等纂　清乾隆八年(1743)刻本　二冊　缺二十六卷(五至三十)

330000－1704－0000394　005050　史部/地理類/方志之屬/郡縣志
[光緒]永康縣志十六卷首一卷　(清)李汝為　(清)郭文翹修　(清)潘樹棠等纂　清光緒十八年(1892)刻本　十二冊

330000－1704－0000395　004874　史部/地理類/方志之屬/郡縣志
[道光]泰州志三十六卷首一卷　(清)王有慶等修　(清)陳世鎔等纂　**[道光]泰州新志刊謬二卷首一卷**　(清)任鈺等纂輯　清道光七年(1827)、十年(1830)刻本　十冊

330000－1704－0000396　004876　史部/地理類/方志之屬/郡縣志
[乾隆]碭山縣志十四卷　(清)劉王瑗纂修　清乾隆三十二年(1767)刻本　五冊

330000－1704－0000397　004877　史部/地理類/方志之屬/郡縣志
[嘉慶]如皋縣志二十四卷　(清)楊受廷　(清)左元鎮修　(清)馬汝舟　(清)江大鍵纂　清嘉慶十三年(1808)刻本　十冊

330000－1704－0000398　004875　史部/地理類/方志之屬/郡縣志
[道光]泰州志三十六卷首一卷　(清)王有慶等修　(清)陳世鎔等纂　清道光七年(1827)刻本　十二冊

330000－1704－0000399　004878　史部/地理類/方志之屬/郡縣志
[道光]如皋縣續志十二卷　(清)范仕義修　(清)吳鎧纂　清道光十七年(1837)刻本　二冊

330000－1704－0000400　004879　史部/地理類/方志之屬/郡縣志
[咸豐]邳州志二十卷首一卷　(清)董用威　(清)馬軼羣修　(清)魯一同纂　清咸豐元年(1851)刻本　四冊

330000－1704－0000401　004880　史部/地理類/方志之屬/郡縣志
[道光]重修寶應縣志二十八卷首一卷　(清)孟毓蘭修　(清)喬載繇等纂　清道光二十年(1840)湯氏沐華堂刻本　十冊

330000－1704－0000402　004882　史部/地理類/方志之屬/郡縣志
[同治]宿遷縣志十九卷　(清)李德溥修　(清)方駿謨纂　清同治十三年(1874)刻本　六冊

330000－1704－0000403　004881　史部/地理類/方志之屬/郡縣志
[光緒]六合縣志八卷圖說一卷附錄一卷　(清)謝延庚等修　(清)賀廷壽等纂　清光緒十年(1884)刻本　十冊

330000－1704－0000404　004883　史部/地理類/方志之屬/郡縣志
[嘉慶]高郵州志十二卷首一卷　(清)楊宜崙修　(清)夏之蓉　(清)沈之本纂　(清)馮馨增修　(清)王念孫等增纂　清乾隆四十八年(1783)刻嘉慶二十年(1815)增刻本　二十冊

330000－1704－0000406　004885　史部/地理類/方志之屬/郡縣志
[咸豐]清河縣志二十四卷首一卷　(清)吳棠修　(清)魯一同纂　清咸豐四年(1854)刻同治元年(1862)補刻本　六冊

330000－1704－0000407　005056　史部/地理類/方志之屬/郡縣志
[光緒]定海廳志三十卷首一卷　(清)史致馴修　(清)陳僑　(清)黃以周纂　清光緒十年至十一年(1884－1885)黃樹藩刻本　十冊

330000－1704－0000408　005054　史部/地理類/方志之屬/郡縣志
[光緒]定海廳志三十卷首一卷　(清)史致馴修　(清)陳僑　(清)黃以周纂　清光緒十年至十一年(1884－1885)黃樹藩刻二十八年(1902)補刻本　十册

330000－1704－0000409　004886　史部/地理類/方志之屬/郡縣志
[同治]清河縣志再續編二卷　(清)劉咸修　(清)吳昆田纂　清同治十二年(1873)刻本　一册

330000－1704－0000410　004884　史部/地理類/方志之屬/郡縣志
[光緒]再續高郵州志八卷首一卷　(清)金元烺　(清)龔定瀛修　(清)夏子鐊纂　清光緒九年(1883)刻本　八册　缺一卷(八)

330000－1704－0000411　004887　史部/地理類/方志之屬/郡縣志
[嘉慶]高郵州志十二卷首一卷　(清)楊宜崙修　(清)夏之蓉　(清)沈之本纂　(清)馮馨增修　(清)王念孫等增纂　清道光二十五年(1845)刻本　十六册

330000－1704－0000412　004888　史部/地理類/方志之屬/郡縣志
[道光]續增高郵州志不分卷　(清)左輝春等纂修　清道光二十三年(1843)刻本　六册

330000－1704－0000414　004889　史部/地理類/方志之屬/郡縣志
[至順]鎮江志二十一卷首一卷　(元)脫因修　(元)俞希魯纂　**附錄一卷**　**校勘記二卷**　(清)劉文淇　(清)劉毓崧撰　**輿地紀勝一卷**　(宋)王象之編　清道光二十二年(1842)丹徒包氏刻本　七册

330000－1704－0000416　004891　史部/地理類/方志之屬/郡縣志
[嘉定]鎮江志二十二卷首一卷附錄一卷　(宋)盧憲撰　**校勘記二卷**　(清)劉文淇　(清)劉毓崧撰　清道光二十二年(1842)丹徒包氏刻本　七册

330000－1704－0000417　004894　史部/地理類/方志之屬/郡縣志
[光緒]高淳縣志二十八卷首一卷　(清)楊福鼎修　(清)陳嘉謀纂　清光緒七年(1881)學山書院刻本　十册

330000－1704－0000418　004896　史部/地理類/方志之屬/郡縣志
[同治]上江兩縣志二十九卷首一卷　(清)莫祥芝　(清)甘紹盤修　(清)汪士鐸等纂　(清)吳崧慶校錄兼繪圖　清同治十三年(1874)刻本　九册　存十六卷(首、一至六、十二至十九、二十四)

330000－1704－0000419　004897　史部/地理類/方志之屬/郡縣志
[光緒]無錫金匱縣志四十卷首一卷附編六卷　(清)裴大中　(清)倪咸生修　(清)秦緗業等纂　清光緒七年(1881)刻本　二十册

330000－1704－0000420　004899　史部/地理類/方志之屬/郡縣志
[光緒]武進陽湖縣志三十卷首一卷　(清)王其淦　(清)吳康壽修　(清)湯成烈等纂　清光緒五年(1879)刻本　二十册

330000－1704－0000423　004769　史部/地理類/專志之屬/祠墓
青冢志十二卷首一卷　(清)胡鳳丹輯　清光緒三年(1877)胡氏退補齋刻本　三册

330000－1704－0000424　004771　史部/地理類/方志之屬/郡縣志
[光緒]補修徐溝縣志六卷　(清)王勳祥修　(清)秦憲纂　清光緒七年(1881)刻本　五册　存五卷(二至六)

330000－1704－0000425　004772　史部/地理類/方志之屬/郡縣志
[光緒]代州志十二卷首一卷　(清)俞廉三修　(清)楊篤纂　清光緒八年(1882)代山書院刻本　六册

330000－1704－0000426　004838　史部/地理類/方志之屬/郡縣志

[光緒]寶山縣志十四卷首一卷　(清)梁蒲貴　(清)吳康壽修　(清)朱延射　(清)潘履祥纂　清光緒八年(1882)學海書院刻本　九册

330000－1704－0000427　004775　史部/地理類/方志之屬/郡縣志
[道光]承德府志六十卷首二十六卷　(清)海忠纂修　(清)廷杰　(清)李世寅重訂　清光緒十三年(1887)刻本　清林從炯批並跋　二十四册

330000－1704－0000429　004768　史部/地理類/山川之屬/山志
清涼山志十卷　(明)釋秋厓原纂　(明)釋鎮澄删訂　清乾隆二十年(1755)釋聚用刻光緒十三年(1887)印本　三册　缺二卷(五至六)

330000－1704－0000430　004777　史部/地理類/方志之屬/郡縣志
[光緒]富平縣志稿十卷首一卷　樊增祥(清)劉錕修　(清)譚麐纂　清光緒十七年(1891)刻本　十册

330000－1704－0000432　005458　史部/地理類/輿圖之屬
圖形一斑一卷　(清)王肇鋐撰　清光緒十七年(1891)王肇鋐日本東京使廨石印本　一册

330000－1704－0000436　005057　史部/地理類/方志之屬/郡縣志
[光緒]慈谿縣志五十六卷附編一卷　(清)楊泰亨　(清)馮可鏞纂　(清)劉一桂校補　清光緒二十五年(1899)德潤書院刻本　二十四册

330000－1704－0000437　005058　史部/地理類/方志之屬/郡縣志
[光緒]鎮海縣志四十卷　(清)于萬川修(清)俞樾等纂　清光緒五年(1879)鯤池書院刻本　十六册

330000－1704－0000439　004793　史部/地理類/方志之屬/郡縣志
[宣統]狄道州續志十二卷首一卷　(清)聯瑛修　(清)李鏡清纂　清宣統元年(1909)刻本　八册

330000－1704－0000442　004785　史部/地理類/方志之屬/郡縣志
[宣統]新修固原直隸州志十一卷　(清)王學伊修　(清)錫麒纂　**[宣統]新修硝河城志一卷**　(清)楊修德纂　清宣統元年(1909)官報書局鉛印本　十二册

330000－1704－0000444　004795　史部/地理類/方志之屬/郡縣志
[嘉慶]永昌縣志八卷續編一卷　(清)南濟漢纂　清嘉慶二十一年(1816)綠雲山房刻本　二册

330000－1704－0000445　004796　史部/地理類/山川之屬/山志
崆峒山志二卷　(清)張伯魁纂　清同治十一年(1872)刻本　一册

330000－1704－0000447　004788　史部/地理類/方志之屬/郡縣志
[正德]武功縣志三卷首一卷　(明)康海纂(清)孫景烈評註　清同治十二年(1873)湖北崇文書局刻本　一册

330000－1704－0000448　004791　史部/地理類/方志之屬/郡縣志
[正德]武功縣志三卷首一卷　(明)康海纂(清)孫景烈評註　清嘉慶十九年(1814)張樹勳綠野書院刻光緒十三年(1887)秦州張世英補刻本　一册

330000－1704－0000450　004797　史部/地理類/方志之屬/郡縣志
[乾隆]成縣新志四卷　(清)黄泳修　(清)汪於雍等纂　清乾隆十七年(1752)刻本　三册　缺一卷(一)

330000－1704－0000451　004799　史部/地理類/方志之屬/郡縣志
[乾隆]伏羌縣志十四卷　(清)周銑修(清)葉芝纂　清乾隆三十五年(1770)刻本　一册　存四卷(十至十三)

330000－1704－0000452　004798　史部/地理類/方志之屬/郡縣志
[同治]續伏羌縣志六卷　(清)侯新嚴修　(清)方承宣纂　清同治十一年(1872)刻本　二冊

330000－1704－0000453　005061　史部/地理類/方志之屬/郡縣志
[光緒]奉化縣志四十卷首一卷　(清)李前泮修　張美翊等纂　清光緒三十四年(1908)刻本　十二冊

330000－1704－0000454　004790　史部/地理類/方志之屬/郡縣志
[正德]武功縣志三卷首一卷　(明)康海纂　(清)孫景烈評註　清同治十二年(1873)湖北崇文書局刻本　一冊

330000－1704－0000455　005060　史部/地理類/方志之屬/郡縣志
[光緒]餘姚縣志二十七卷首一卷末一卷　(清)周炳麟修　(清)邵友濂　(清)孫德祖纂　清光緒二十五年(1899)刻本　十三冊　存十八卷(首,一至二、十至二十四)

330000－1704－0000456　004801　史部/地理類/方志之屬
五凉考治六德集全誌　(清)張之浚　(清)張玿美等修　清乾隆十四年至十五年(1749－1750)刻本　五冊　存五種

330000－1704－0000457　004773　史部/地理類/方志之屬/郡縣志
[乾隆]沁州志十卷首一卷　(清)葉士寬原本　(清)姚學瑛續修　(清)姚學甲續纂　清乾隆六年(1741)刻三十六年(1771)增刻本　一冊　存一卷(五)

330000－1704－0000458　004774　史部/地理類/方志之屬/郡縣志
[光緒]興縣續志二卷　(清)張啟蘊修　(清)孫福昌　(清)溫亮珠纂　清光緒六年(1880)刻本　一冊　存一卷(一)

330000－1704－0000460　004804　史部/地理類/方志之屬/郡縣志
[乾隆]狄道州志十六卷　(清)呼延華國修　(清)吳鎮纂　清乾隆二十八年(1763)刻本　八冊

330000－1704－0000461　004805　史部/地理類/方志之屬/郡縣志
[嘉慶]武階備志二十二卷　(清)吳鵬翱纂　清同治十二年(1873)洪惟善刻本　四冊

330000－1704－0000462　004806　史部/地理類/方志之屬/郡縣志
[乾隆]直隸秦州新志十二卷首一卷　(清)費廷珍修　(清)胡釴纂　**補遺一卷**　(清)陶奕曾輯　清乾隆二十九年(1764)刻本　十六冊

330000－1704－0000463　005063　史部/地理類/方志之屬/郡縣志
[康熙]天台縣志十五卷首一卷　(清)李德燿　(清)黃執中纂修　清康熙二十三年(1684)刻咸豐六年(1856)修版印本　六冊

330000－1704－0000465　004808　史部/地理類/方志之屬/郡縣志
[乾隆]循化志八卷　(清)龔景瀚纂修　清抄本　七冊　缺一卷(一)

330000－1704－0000469　004810　史部/地理類/方志之屬/郡縣志
[光緒]重纂禮縣新志四卷首一卷　(清)雷文淵修　(清)王思溫纂　清光緒十六年(1890)刻本　一冊　缺三卷(二至四)

330000－1704－0000471　008737　集部/別集類/清別集
望山草堂詩鈔十卷　(清)林鶚撰　清咸豐八年(1858)泰順曾璧搢、林用霖刻本　四冊

330000－1704－0000472　004812　史部/地理類/方志之屬/通志
[道光]欽定新疆識畧十二卷首一卷　(清)松筠修　(清)黎松等纂　清道光元年(1821)武英殿修書處刻本　十冊

330000－1704－0000473　004813　史部/地理類/方志之屬

[乾隆]西域記(西域聞見録)八卷　(清)七十一撰　清嘉慶十九年(1814)盧浙味經堂刻本　一冊

330000－1704－0000475　004814　史部/地理類/方志之屬/郡縣志
[嘉慶]西陲要略四卷　(清)祁韻士纂　清光緒四年(1878)同文館鉛印本　一冊

330000－1704－0000476　004817　史部/地理類/方志之屬
[乾隆]西域聞見録八卷首一卷　(清)七十一撰　清刻本　一冊

330000－1704－0000477　004819　史部/地理類/遊記之屬/紀行
辛卯侍行記六卷　(清)陶保廉撰　清光緒二十三年(1897)養樹山房刻本　六冊

330000－1704－0000478　004820　史部/地理類/外紀之屬
漢西域圖考七卷首一卷　(清)李光廷撰　清光緒八年(1882)陽湖趙氏壽萲草堂木活字本　四冊

330000－1704－0000479　004822　史部/地理類/外紀之屬
漢西域圖考七卷首一卷　(清)李光廷撰　清同治九年(1870)刻本　四冊

330000－1704－0000480　善000193　史部/傳記類/别傳之屬/事狀
新鐫增補宋岳鄂武穆王精忠彙編十四卷　(明)高應科輯　明崇禎元年(1628)刻本　四冊

330000－1704－0000481　004829　史部/地理類/雜志之屬
欽定滿洲源流考二十卷　(清)阿桂等撰　清刻本　八冊

330000－1704－0000484　004840　史部/地理類/方志之屬/郡縣志
[光緒]南滙縣志二十二卷首一卷末一卷　(清)金福曾　(清)顧思賢修　(清)張文虎等纂　清光緒五年(1879)刻本　十二冊

330000－1704－0000486　004835　史部/地理類/方志之屬/郡縣志
[同治]上海縣志三十二卷首一卷末一卷補遺一卷　(清)應寶時等修　(清)俞樾　(清)方宗誠纂　清同治十年(1871)吳門臬署刻十一年(1872)南圖志局重校印本　十六冊

330000－1704－0000488　004843　史部/地理類/方志之屬/郡縣志
[光緒]重修奉賢縣志二十卷首一卷末一卷　(清)韓佩金修　(清)張文虎等纂　清光緒四年(1878)刻本　六冊

330000－1704－0000489　004844　史部/地理類/方志之屬/郡縣志
[光緒]青浦縣志三十卷首二卷末一卷　(清)汪祖綬等修　(清)熊其英　(清)邱式金纂　清光緒五年(1879)尊經閣刻本　十二冊

330000－1704－0000491　004842　史部/地理類/方志之屬/郡縣志
[光緒]嘉定縣志三十二卷首一卷補遺一卷附刊誤一卷　(清)程其珏修　(清)楊震福等纂　清光緒七年至八年(1881－1882)刻民國十六年(1927)印本　十六冊

330000－1704－0000492　004766　史部/地理類/方志之屬/通志
[雍正]山西通志二百三十卷　(清)覺羅石麟修　(清)儲大文纂　清雍正十二年(1734)刻本　一百三冊　缺十卷(九至十一、八十五至八十六、九十八至一百、一百十三至一百十四)

330000－1704－0000493　004847　史部/地理類/方志之屬/郡縣志
[紹熙]雲間志三卷續一卷　(宋)楊潛修　(宋)朱端常等纂　(清)顧廣圻續纂　清嘉慶十九年(1814)華亭沈氏金陵刻道光十一年(1831)印本　三冊

330000－1704－0000494　004849　史部/地理類/雜志之屬
六朝事迹編類二卷　(宋)張敦頤撰　清末抄本　一冊

330000－1704－0000495　004848　史部/地理類/雜志之屬

金陵待徵録十卷　(清)金鰲輯　**金陵詩徵一卷**　(清)朱緒曾輯　清光緒二年(1876)刻本　二册

330000－1704－0000496　004852　史部/地理類/方志之屬/郡縣志

[康熙]常州府志三十八卷首一卷　(清)于琨修　(清)陳玉璂纂　**校勘記一卷**　(清)陸彦和撰　清光緒十二年(1886)木活字印本　二十一册

330000－1704－0000497　004853　史部/地理類/方志之屬/郡縣志

[同治]續纂揚州府志二十四卷　(清)方濬頤修　(清)晏端書　(清)錢振倫等纂　清同治十三年(1874)刻本　八册

330000－1704－0000498　004855　史部/地理類/方志之屬/郡縣志

[乾隆]蘇州府志八十卷首一卷　(清)雅爾哈善　(清)傅椿修　(清)習寯　(清)王峻纂　清乾隆十三年(1748)刻本　十八册　缺八卷(二十九至三十二、五十三至五十六)

330000－1704－0000499　004851　史部/地理類/方志之屬/郡縣志

[嘉慶]重刊江寧府志五十六卷首一卷附校勘記一卷　(清)吕燕昭修　(清)姚鼐纂　清光緒六年(1880)刻本　十二册

330000－1704－0000500　善000500　子部/農家農學類/水産之屬

異魚圖贊箋四卷補三卷閏集一卷　(清)胡世安撰　明崇禎刻本　三册

330000－1704－0000501　善000501　子部/藝術類/遊藝之屬/棋弈

碁經二卷　(題)石室老人撰　(明)鮑一明編　明亮明齋刻本　三册

330000－1704－0000502　善000502　集部/曲類/曲韻曲譜曲律之屬

曲譜不分卷　清抄本　六册

330000－1704－0000505　善000505　子部/工藝類/日用器物之屬

辨銀一卷　(清)文苑堂主人編　清乾隆文苑堂刻本　一册

330000－1704－0000506　善000506　子部/農家農學類/鳥獸蟲之屬

貓苑二卷　(清)黄漢輯　清咸豐二年(1852)甕雲草堂刻本　二册

330000－1704－0000507　善000507　子部/工藝類/文房四寶之屬/硯

端溪硯志三卷首一卷　(清)吴繩年撰　清乾隆二十二年(1757)寧遠堂刻本　二册

330000－1704－0000508　善000508　子部/農家農學類/園藝之屬/花卉

藝蘭八法不分卷　(清)金東戲輯　稿本　一册

330000－1704－0000509　004854　史部/地理類/方志之屬/郡縣志

[雍正]揚州府志四十卷　(清)尹會一修　(清)程夢星等纂　清雍正十一年(1733)刻本　十二册

330000－1704－0000510　004850　史部/地理類/方志之屬/郡縣志

[景定]建康志五十卷　(宋)馬光祖修　(宋)周應合纂　清嘉慶六年(1801)金陵孫忠愍祠刻本　二十四册

330000－1704－0000511　善000510　子部/法家類

吕氏春秋注補正一卷　(清)孫鏘鳴撰　稿本　孫詒棫跋　一册

330000－1704－0000512　善000512　子部/雜家類

鬼谷子三卷　(南朝梁)陶弘景注　(清)秦恩復校　**篇目考一卷附録一卷**　(清)秦恩復撰輯　清嘉慶十年(1805)江都秦氏石研齋刻本　二册

330000－1704－0000513　善000513　子部/雜著類/雜説之屬

墨商三卷　王景羲撰　稿本　一册

330000－1704－0000514　004729　史部/地理類/方志之屬/通志

［雍正］山東通志三十六卷首一卷　（清）岳濬　（清）法敏修　（清）杜詔　（清）顧瀛纂　清乾隆元年（1736）刻本　四十二册

330000－1704－0000516　善000516　子部/雜家類

呂氏春秋二十六卷　（漢）高誘注　明末朱夢龍刻本　四册

330000－1704－0000517　善000517　子部/雜家類

呂氏春秋二十六卷　（漢）高誘注　明萬曆七年（1579）虞德燁等刻本　六册

330000－1704－0000518　005331　史部/地理類/方志之屬/通志

［嘉慶］四川通志二百四卷首二十二卷　（清）常明等修　（清）楊芳燦等纂　清嘉慶二十一年（1816）刻本　一百七册　缺二十六卷（首十六至十九，十八至十九、二十五至二十八、八十四至八十五、一百九至一百十九、一百四十五至一百四十七）

330000－1704－0000519　善000519　子部/儒家類/儒學之屬/性理

羅近溪先生語要一卷　（明）羅汝芳撰　（明）陶望齡輯　明萬曆二十八年（1600）何光道刻本　二册

330000－1704－0000520　善000520　子部/雜著類/雜說之屬

淮南子二十一卷　（漢）劉安撰　（漢）高誘注　（清）莊逵吉校　清嘉慶九年（1804）姑蘇王氏聚文堂刻十子全書本　楊紹廉、楊嘉題記　四册

330000－1704－0000521　004735　史部/地理類/方志之屬/郡縣志

［道光］長清縣志十六卷首四卷末二卷　（清）舒化民等修　（清）徐德城等纂　清道光十五年（1835）刻本　六册

330000－1704－0000522　004736　史部/地理類/方志之屬/郡縣志

［宣統］樂陵縣鄉土志六卷　（清）徐壽彭修　（清）李敏珂　（清）鄭秉鈺纂　清宣統元年（1909）濟南國文報館石印本　一册　存三卷（一至三）

330000－1704－0000523　004738　史部/地理類/方志之屬/郡縣志

［光緒］魚臺縣志四卷首一卷末一卷　（清）趙英祚纂修　清光緒十五年（1889）刻本　四册

330000－1704－0000524　004737　史部/地理類/方志之屬/郡縣志

［光緒］滋陽縣志十四卷　（清）莫熾修　（清）黃恩彤纂　（清）李兆霖等續修　（清）黃師誾等續纂　清光緒十四年（1888）刻本　十册

330000－1704－0000525　004740　史部/地理類/方志之屬/郡縣志

［道光］商河縣志八卷首一卷　（清）龔廷煌等纂修　清道光十六年（1836）刻本　二册　存二卷（七至八）

330000－1704－0000526　004739　史部/地理類/方志之屬/郡縣志

［雍正］齊河縣志十卷首一卷　（清）上官有儀修　（清）許琰纂　清乾隆二年（1737）刻同治五年（1866）補刻本　四册

330000－1704－0000527　004741　史部/地理類/方志之屬/郡縣志

［嘉慶］長山縣志十六卷首一卷　（清）倪企望修　（清）鍾廷瑛　（清）徐果行纂　清嘉慶六年（1801）刻本　八册　存十二卷（五至十六）

330000－1704－0000528　004745　史部/地理類/方志之屬/郡縣志

［乾隆］臨清直隸州志十一卷首一卷　（清）張度　（清）鄧希曾修　（清）朱鍾纂　清乾隆五十年（1785）刻本　八册　缺三卷（首、四至五）

330000－1704－0000529　004742　史部/地

理類/方志之屬/郡縣志

[康熙]新城縣志十四卷首一卷 （清）崔懋修 （清）嚴濂曾纂 清康熙三十二年(1693)刻本 一冊 存二卷(十三至十四)

330000－1704－0000531 004743 史部/地理類/方志之屬/郡縣志

[乾隆]昌邑縣志八卷 （清）周來邰纂修 清乾隆七年(1742)刻本 四冊

330000－1704－0000532 004746 史部/地理類/專志之屬/古跡

續山東考古錄三十二卷首一卷 （清）葉圭綬撰 清光緒八年(1882)山東書局刻本 三冊 存十六卷(十一至二十一、二十八至三十二)

330000－1704－0000533 004747 史部/地理類/水利之屬

山東運河備覽十二卷圖說一卷 （清）陸耀纂 清乾隆四十一年(1776)吳江陸耀切問齋刻本 杨绍廉題記 四冊

330000－1704－0000534 004754 史部/地理類/方志之屬/郡縣志

[乾隆]祥符縣志二十二卷 （清）張淑載修 （清）魯曾煜纂 清乾隆四年(1739)刻本 十二冊

330000－1704－0000535 004744 史部/地理類/方志之屬/郡縣志

[光緒]昌邑縣續志八卷 （清）陳嘉楷修 （清）韓天衢纂 清光緒三十三年(1907)刻本 六冊

330000－1704－0000537 004755 史部/地理類/方志之屬/郡縣志

[嘉慶]安陽縣志二十八卷首一卷 （清）貴泰修 （清）武穆淳纂 清嘉慶二十四年(1819)刻本 十冊

330000－1704－0000538 004756 史部/地理類/方志之屬/郡縣志

[道光]扶溝縣志十三卷 （清）王德瑛纂修 清道光十三年(1833)刻本 四冊

330000－1704－0000539 004757 史部/地理類/方志之屬/郡縣志

[乾隆]汲縣志十四卷首一卷末一卷 （清）徐汝瓚修 （清）杜崐纂 清乾隆二十年(1755)刻本 四冊 存十一卷(首、一至十)

330000－1704－0000542 005068 史部/地理類/方志之屬/郡縣志

[光緒]上虞縣志四十八卷首一卷末一卷 （清）唐煦春修 （清）朱士黻纂 清光緒十七年(1891)刻本 二十冊

330000－1704－0000544 004760 史部/地理類/方志之屬/郡縣志

[乾隆]通許縣志十卷 （清）阮龍光修 （清）邵自祐纂 清乾隆三十五年(1770)刻本 六冊

330000－1704－0000545 004758 史部/地理類/方志之屬/郡縣志

[乾隆]湯陰縣志十卷 （清）楊世達纂修 清乾隆三年(1738)刻本 四冊

330000－1704－0000546 004715 史部/地理類/方志之屬/郡縣志

[乾隆]順德府志十六卷 （清）徐景曾纂修 清乾隆十五年(1750)刻本 八冊

330000－1704－0000547 004761 史部/地理類/方志之屬/郡縣志

[道光]淮寧縣志二十七卷 （清）永銘修 （清）趙任之 （清）吳純夫纂 清道光六年(1826)刻本 十二冊

330000－1704－0000548 004716 史部/地理類/方志之屬/郡縣志

[乾隆]正定府志五十卷首一卷 （清）鄭大進纂修 清乾隆二十七年(1762)刻本 五冊 存十九卷(八至二十、二十五至二十八、四十九至五十)

330000－1704－0000549 004759 史部/地理類/方志之屬/郡縣志

[順治]淇縣志十卷圖考一卷 （清）王謙吉 （清）王南國修 （清）白龍躍 （清）葛漢忠

纂　清順治十七年(1660)刻本　二册

330000－1704－0000550　004719　史部/地理類/方志之屬/郡縣志
[同治]阜平縣志四卷首一卷　(清)勞輔芝修　(清)張錫三纂　清同治十三年(1874)刻本　六册

330000－1704－0000553　004720　史部/地理類/方志之屬/郡縣志
[同治]磁州續志六卷首一卷　(清)程光瀅纂修　清同治十三年(1874)刻本　二册

330000－1704－0000554　004763　史部/地理類/專志之屬/古跡
臥龍崗志二卷　(清)羅景輯　清康熙五十一年(1712)襄平羅氏刻本　二册

330000－1704－0000555　004718　史部/地理類/方志之屬/郡縣志
[康熙]趙州志十卷　(清)祝萬祉修　(清)閻永齡　(清)王懿纂　清康熙十二年(1673)刻本　四册

330000－1704－0000556　004721　史部/地理類/方志之屬/郡縣志
[康熙]磁州志十八卷　(清)蔣擢修　(清)樂玉聲等纂　清康熙四十二年(1703)刻四十八年(1709)增刻本　四册

330000－1704－0000559　005071　史部/地理類/方志之屬/郡縣志
[光緒]諸暨縣志六十一卷　陳遹聲修　(清)蔣鴻藻纂　清宣統二年(1910)刻本　十八册

330000－1704－0000562　004724　史部/地理類/方志之屬/郡縣志
[乾隆]邢臺縣志十八卷首一卷　(清)劉蒸雯修　(清)李縱纂　清乾隆六年(1741)刻本　三册　缺七卷(首、一至六)

330000－1704－0000563　004985　史部/地理類/方志之屬/郡縣志
[雍正]寧波府志三十六卷首一卷　(清)曹秉仁等修　(清)萬經等纂　清道光二十六年(1846)慈谿沈琛其刻本　十六册

330000－1704－0000564　004726　史部/地理類/方志之屬/郡縣志
[同治]鹽山縣志十六卷首一卷末一卷　(清)王福謙　(清)江毓秀修　(清)潘震乙纂　清同治七年(1868)京都文采齋刻本　八册

330000－1704－0000565　004722　史部/地理類/方志之屬/郡縣志
[道光]內邱縣志四卷　(清)汪匡鼎原本　(清)施彥士續纂修　清康熙七年(1668)刻道光十二年(1832)增刻本　四册

330000－1704－0000567　004994　史部/地理類/方志之屬/郡縣志
[乾隆]溫州府志三十卷首一卷　(清)李琬修　(清)齊召南　(清)汪沆纂　清乾隆二十七年(1762)刻本　十六册

330000－1704－0000571　006633　集部/總集類/選集之屬/斷代
雪蕉齋宋詩讀本六卷　(清)王德馨輯　稿本　一册

330000－1704－0000572　004993　史部/地理類/方志之屬/郡縣志
[康熙]金華府志三十卷　(清)張藎修　(清)沈麟趾等纂　清宣統元年(1909)嵩連石印本　吴時琅、金鑄題記　十二册

330000－1704－0000573　004765　史部/地理類/專志之屬/寺觀
洛陽伽藍記五卷　(北魏)楊衒之撰　清光緒二年(1876)洛陽西華禪院刻本　一册

330000－1704－0000574　005022　史部/地理類/方志之屬/郡縣志
[光緒]歸安縣志五十二卷首一卷　(清)李昱修　(清)陸心源纂　清光緒八年(1882)刻本　十二册

330000－1704－0000576　004984　史部/地理類/雜志之屬
明州繫年錄七卷　(清)董沛撰　清光緒四年(1878)刻本　三册

330000－1704－0000578　005025　史部/地

理類/方志之屬/郡縣志

[光緒]烏程縣志三十六卷 (清)郭式昌 (清)潘玉璿 (清)馮健修 (清)周學濬 (清)汪曰楨纂 清光緒六年至七年(1880-1881)刻本 十二册

330000-1704-0000579 005026 史部/地理類/方志之屬/郡縣志

富陽縣新舊志校記二卷 朱壽保撰 清光緒三十三年(1907)溫州翰墨林石印本 一册

330000-1704-0000580 005020 史部/地理類/方志之屬/郡縣志

[光緒]重修嘉善縣志三十六卷首一卷 (清)江峯青修 (清)顧福仁纂 清光緒二十年(1894)刻本 十六册

330000-1704-0000581 005027 史部/地理類/方志之屬/郡縣志

富陽縣新志補正二卷 朱壽保撰 清宣統三年(1911)溫州翰墨林石印本 一册

330000-1704-0000583 005028 史部/地理類/方志之屬/郡縣志

[光緒]富陽縣志二十四卷首一卷 (清)汪文炳等修 (清)蔣敬時等纂 清光緒三十二年(1906)刻本 十六册

330000-1704-0000584 005075 史部/地理類/方志之屬/郡縣志

[光緒]寧海縣志二十四卷首一卷 (清)王瑞成 (清)程雲驤修 (清)張濬等纂 清光緒二十八年(1902)刻民國四年(1915)印本 十一册 存二十卷(首,一至四、七至十三、十七至二十四)

330000-1704-0000585 004981 史部/地理類/雜志之屬

會稽三賦一卷 (宋)王十朋撰 清道光十五年至十七年(1835-1837)杜氏刻本 一册

330000-1704-0000586 005076 史部/地理類/方志之屬/郡縣志

[光緒]黃巖縣志四十卷首一卷黃巖集三十二卷首一卷 (清)陳寶善 (清)孫憙修 (清)王棻纂 (清)陳鍾英 (清)鄭錫滜續修 (清)王詠霓續纂 清光緒三年(1877)刻六年(1880)校補刻本 三十册

330000-1704-0000587 005023 史部/地理類/方志之屬/郡縣志

[光緒]石門縣志十一卷首一卷 (清)余麗元等纂修 清光緒四年至五年(1878-1879)刻本 十二册

330000-1704-0000588 005024 史部/地理類/方志之屬/郡縣志

[光緒]平湖縣志二十五卷首一卷末一卷 (清)彭潤章等修 (清)葉廉鍔等纂 **平湖殉難錄一卷** (清)彭潤章輯 清光緒十二年(1886)刻本 十三册

330000-1704-0000591 006290 類叢部/叢書類/自著之屬

啖蔗軒全集四種附二種 (清)方士淦撰 清同治十一年(1872)兩淮運署刻本 一册 存三種

330000-1704-0000592 005031 史部/地理類/方志之屬/郡縣志

[乾隆]臨安縣志四卷 (清)趙民洽修 (清)許琳等纂 清光緒十一年(1885)木活字印本 四册

330000-1704-0000593 004996 史部/地理類/雜志之屬

永嘉聞見錄二卷 (清)孫同元撰 清光緒十四年(1888)端安孫氏刻本 二册

330000-1704-0000595 005078 史部/地理類/方志之屬/郡縣志

[嘉慶]太平縣志十八卷首一卷 (清)慶霖修 (清)戚學標等纂 清光緒二十二年(1896)刻本 十册

330000-1704-0000596 005079 史部/地理類/方志之屬/郡縣志

[光緒]太平續志十八卷首一卷 (清)陳汝霖修 (清)王棻等纂 清光緒二十二年(1896)刻本 八册

330000－1704－0000597　005117　史部/地理類/方志之屬/郡縣志

[光緒]縉雲縣志十六卷首一卷末一卷　(清)何乃容　(清)葛華修　(清)潘樹棠纂　清光緒二年至七年(1876－1881)刻本　八册　缺一卷(首)

330000－1704－0000598　004995　史部/地理類/雜志之屬

永嘉聞見錄二卷補遺一卷　(清)孫同元撰　清光緒十四年(1888)刻本(清光緒十五年補遺)　梅冷生跋　二册

330000－1704－0000601　005082　史部/地理類/方志之屬/郡縣志

[乾隆]永嘉縣志二十六卷　(清)崔錫修　(清)齊召南　(清)汪沆纂　清乾隆三十年(1765)施廷燦刻本　八册

330000－1704－0000602　004998　史部/地理類/雜志之屬

東甌備志長編一卷　(清)孫衣言撰　稿本　一册

330000－1704－0000603　005002　史部/地理類/雜志之屬

永嘉郡記一卷　(南朝宋)鄭緝之撰　(清)孫詒讓輯　清光緒四年(1878)刻本　一册

330000－1704－0000605　005004　史部/地理類/方志之屬/郡縣志

東甌郡縣建置沿革考一卷附方國珍亂郡始末一卷　(清)葉嘉棆輯　清孫鏘鳴抄本　清孫鏘鳴批　一册

330000－1704－0000606　005005　史部/地理類/方志之屬/郡縣志

甌乘補二十卷　(清)黄漢纂　清刻本　二册　存二卷(一至二)

330000－1704－0000607　002892　史部/政書類/邦計之屬/鹽法

溫處鹽務紀要一卷　(清)趙舒翹輯　**溫處鹽務紀要續編不分卷**　(清)沈壽銘輯　清光緒十九年(1893)、二十一年(1895)甌江官舍刻本　二册

330000－1704－0000608　005406　史部/地理類/山川之屬/水志

浯溪考二卷　(清)王士禛撰　清康熙刻雍正印本　一册

330000－1704－0000611　005245　史部/地理類/方志之屬/郡縣志

[光緒]武昌縣志二十六卷首一卷末一卷　(清)鍾桐山修　(清)柯逢時纂　清光緒十一年(1885)刻本　十册

330000－1704－0000612　005407　史部/地理類/雜志之屬

桂海虞衡志一卷　(宋)范成大撰　清末抄本　一册

330000－1704－0000613　005010　史部/地理類/方志之屬/郡縣志

甌乘拾遺二卷　(清)洪守一纂　清道光三十年(1850)愛吾堂刻本　一册

330000－1704－0000615　005013　史部/地理類/方志之屬/郡縣志

[光緒]處州府志三十卷首一卷末一卷　(清)潘紹詒修　(清)周榮椿纂　清光緒三年(1877)刻本　二十八册

330000－1704－0000617　005083　史部/地理類/方志之屬/郡縣志

[乾隆]永嘉縣志二十六卷　(清)崔錫修　(清)齊召南　(清)汪沆纂　清乾隆三十年(1765)施廷燦刻本　九册　缺六卷(九至十四)

330000－1704－0000619　008910　集部/總集類/選集之屬/通代

忠雅堂評選四六法海八卷　(清)蔣士銓評選　清光緒八年(1882)刻本　王希逸句讀　八册

330000－1704－0000620　008911　集部/總集類/選集之屬/通代

忠雅堂評選四六法海八卷　(清)蔣士銓評選　清光緒十年(1884)深柳讀書堂刻朱墨套印

本　八冊

330000－1704－0000624　008914　集部/總集類/選集之屬/通代
四六法海十二卷　(明)王志堅輯　明天啟七年(1627)張我城刻清乾隆二十三年(1758)王鶚槐蔭堂重修載德堂印本　十二冊

330000－1704－0000626　005092　史部/地理類/方志之屬/郡縣志
[光緒]樂清縣志十六卷首一卷　(清)李登雲　(清)錢寶鎔修　(清)陳珅等纂　清光緒二十七年(1901)東甌郭博古齋刻民國元年(1912)高誼校印本　十六冊

330000－1704－0000627　005089　史部/地理類/方志之屬/郡縣志
[道光]樂清縣志十六卷首一卷　(清)劉榮玠修　(清)鮑作雨　(清)張振夔纂　清道光十四年(1834)刻本　九冊　缺五卷(三至六、十三)

330000－1704－0000628　005036　史部/地理類/方志之屬/郡縣志
[光緒]桐鄉縣志二十四卷首四卷　(清)嚴辰纂　**楊園淵源錄四卷**　(清)沈曰富輯　清光緒十三年(1887)桐鄉青鎮立志書院刻本　二十四冊

330000－1704－0000629　008916　集部/總集類/選集之屬/通代
古文舉例五卷論文要言一卷　(明)歸有光編　清光緒三十一年(1905)杭州史學堂蘇州刻本　四冊　存四卷(一至三、五)

330000－1704－0000630　008919　集部/總集類/彙編之屬
明選古文神駒六種　清光緒二十七年(1901)北京鴻文齋石印本　九冊　存三種

330000－1704－0000631　008918　集部/總集類/選集之屬/通代
東萊先生古文關鍵二卷　(宋)呂祖謙評　(宋)蔡文子註　(清)徐樹屏考異　清光緒二十四年(1898)江蘇書局刻本　二冊

330000－1704－0000633　005120　史部/地理類/方志之屬/郡縣志
[同治]雲和縣志十六卷首一卷　(清)伍承吉修　(清)涂冠續修　(清)王士鈖纂　清咸豐七年至同治三年(1857－1864)刻本　六冊

330000－1704－0000634　005121　史部/地理類/方志之屬/郡縣志
[同治]景寧縣志十四卷首一卷末一卷　(清)周杰修　(清)嚴用光等纂　清同治十一年至十二年(1872－1873)刻本　八冊

330000－1704－0000635　005122　史部/地理類/方志之屬/郡縣志
[光緒]龍泉縣志十二卷首一卷　(清)顧國詔修　(清)張世堉纂　清光緒四年(1878)刻本　六冊

330000－1704－0000636　003273　新學/史志/諸國史
萬國通史前編十卷　(英國)李思倫白輯譯　蔡爾康紀述　清光緒二十六年(1900)上海廣學會鉛印本　十冊

330000－1704－0000637　003274　史部/史表類/通代之屬
四裔編年表四卷　李鳳苞輯　清光緒江南製造總局刻本　四冊

330000－1704－0000639　003275　史部/史評類/史論之屬
歷代史論一編四卷　(明)張溥撰　清光緒九年(1883)海上刻本　二冊

330000－1704－0000640　005096　史部/地理類/方志之屬/郡縣志
[嘉慶]瑞安縣志十卷首一卷　(清)張德標修　(清)王殿金　(清)黃徵義纂　清嘉慶十三年至十四年(1808－1809)刻本　八冊

330000－1704－0000641　003276　史部/史評類/史論之屬
歷朝正議五卷　(清)吳雲撰　(清)王璋編　清末刻本　四冊

330000－1704－0000642　005126　史部/地

理類/方志之屬/郡縣志

[同治]景寧縣志十四卷首一卷末一卷　(清)周杰修　(清)嚴用光等纂　清同治十一年至十二年(1872－1873)刻本　七冊　缺二卷(四至五)

330000－1704－0000644　005125　史部/地理類/方志之屬/郡縣志

[光緒]慶元縣志十二卷首一卷　(清)林步瀛　(清)史恩緯修　(清)史恩緒等纂　清光緒三年(1877)刻本　十冊

330000－1704－0000646　005097　史部/地理類/方志之屬/郡縣志

[嘉慶]瑞安縣志十卷首一卷　(清)張德標修　(清)王殿金　(清)黃徵義纂　清嘉慶十三年至十四年(1808－1809)刻本　清孫詒讓批校並句讀　清孫衣言批　七冊　缺二卷(六至七)

330000－1704－0000648　005118　史部/地理類/方志之屬/郡縣志

[光緒]縉雲縣志十六卷首一卷末一卷　(清)何乃容　(清)葛華修　(清)潘樹棠纂　清光緒二年至七年(1876－1881)刻本　九冊　缺三卷(首、一、十一)

330000－1704－0000652　004974　史部/地理類/方志之屬/郡縣志

咸淳臨安志一百卷　(宋)潛說友纂　**校栞咸淳臨安志札記三卷**　(清)黃士珣撰　清道光十年(1830)錢塘汪氏振綺堂刻同治六年(1867)補刻本(卷九十、九十八至一百原缺)　二十四冊　存九十九卷(一至八十九、九十一至九十七,札記一至三)

330000－1704－0000654　008917　集部/詩文評類/文評之屬

文章指南五卷　(明)歸有光編　清末項氏水仙亭抄本　二冊

330000－1704－0000657　005111　史部/地理類/方志之屬/郡縣志

[同治]泰順分疆錄十二卷首一卷　(清)林鶚纂　(清)林用霖續纂　清光緒四年至五年(1878－1879)林氏望山堂刻本　陳雪溪題簽　六冊

330000－1704－0000659　008921　集部/總集類/選集之屬/通代

古文辭類纂三編二十八卷　(清)黎庶昌編　清光緒二十六年(1900)晉省書業昌石印本　四冊

330000－1704－0000662　005123　史部/地理類/方志之屬/郡縣志

[光緒]遂昌縣志十二卷首一卷外編四卷　(清)胡壽海　(清)史恩緯修　(清)褚成允纂　清光緒二十二年(1896)尊經閣刻本　十二冊

330000－1704－0000664　005112　史部/地理類/方志之屬/郡縣志

[同治]泰順分疆錄十二卷首一卷　(清)林鶚纂　(清)林用霖續纂　清光緒四年至五年(1878－1879)林氏望山堂刻本　六冊

330000－1704－0000666　005113　史部/地理類/方志之屬/郡縣志

[光緒]玉環廳志十四卷首一卷　(清)杜冠英　(清)胥壽榮修　(清)呂鴻燾纂　清光緒六年(1880)刻本　八冊

330000－1704－0000667　005104　史部/地理類/方志之屬/郡縣志

[宣統]瑞安鄉土史譚七卷　(清)洪炳文纂　稿本　六冊　缺一卷(三)

330000－1704－0000672　005115　史部/地理類/方志之屬/郡縣志

[光緒]青田縣志十八卷首一卷　(清)雷銑修　(清)王棻纂　清光緒元年至二年(1875－1876)刻本　十二冊

330000－1704－0000673　008924　集部/總集類/選集之屬/通代

乾坤正氣集一百十種五百七十四卷首一卷　(清)姚瑩　(清)顧沅　(清)潘錫恩輯　清道光二十八年(1848)涇縣潘氏袁江節署刻本　梅泠生跋　一百五十七冊　存九十種

330000－1704－0000675　005116　史部/地理類/方志之屬/郡縣志

[光緒]青田縣志十八卷首一卷　(清)雷銑修　(清)王棻纂　清光緒元年至二年(1875－1876)刻本　十二册

330000－1704－0000681　005129　史部/地理類/方志之屬/郡縣志

重輯楓涇小志十卷首一卷　(清)曹相駿纂　(清)許光墉增纂　**楓溪竹枝詞一卷**　(清)沈蓉城撰　清光緒十七年(1891)鉛印本　四册

330000－1704－0000687　005129　史部/地理類/方志之屬/郡縣志

[宣統]續修楓涇小志十卷首一卷　(清)程兼善纂　清宣統三年(1911)鉛印本　四册

330000－1704－0000690　005108　史部/地理類/方志之屬/郡縣志

[乾隆]平陽縣志二十卷首一卷　(清)徐恕修　(清)張南英　(清)孫謙纂　清乾隆二十五年(1760)刻民國七年(1918)修補本　八册

330000－1704－0000693　008924　集部/總集類/選集之屬/通代

乾坤正氣集一百十種五百七十四卷首一卷　(清)姚瑩　(清)顧沅　(清)潘錫恩輯　清道光二十八年(1848)涇縣潘氏袁江節署刻本　七册　存三種

330000－1704－0000697　005143　史部/地理類/山川之屬/山志

重修南海普陀山志二十卷首一卷　(清)秦耀曾輯　清道光十二年(1832)刻民國四年(1915)補刻佛經流通處印本　四册

330000－1704－0000698　008929　集部/總集類/選集之屬/通代

古文翼八卷　(清)唐德宜輯並評　(清)季福襄重訂　清道光二十七年(1847)虞東秦氏刻本　十六册

330000－1704－0000699　008930　集部/總集類/選集之屬/通代

增補古文合評十二卷　(清)王步青撰　(清)徐東升　(清)王以誠　(清)徐東生編　清乾隆十二年(1747)經綸堂刻本　十二册

330000－1704－0000701　008931　集部/總集類/選集之屬/通代

增批繪圖古文觀止十二卷　(清)吳乘權　(清)吳大職輯　清宣統元年(1909)浙紹明達書莊鉛印本　六册

330000－1704－0000704　005140　類叢部/叢書類/彙編之屬

振綺堂叢刊八種　(清)□□輯　清嘉慶至光緒汪氏振綺堂刻本　二册　存一種

330000－1704－0000705　008933　集部/總集類/選集之屬/通代

重訂古文雅正十四卷　(清)蔡世遠輯　清道光八年(1828)崇陽楊氏刻本　四册

330000－1704－0000707　005157　史部/地理類/山川之屬/山志

廣雁蕩山誌二十八卷首一卷末一卷　(清)曾唯輯　清乾隆五十五年(1790)曾唯依綠園刻嘉慶十三年(1808)增刻同治八年(1869)重修本　八册

330000－1704－0000709　008934　類叢部/叢書類/自著之屬

通齋全集十種　(清)蔣超伯撰　清同治三年(1864)高涼郡齋刻本　二册　存一種

330000－1704－0000710　005146　史部/地理類/山川之屬/山志

委羽山志六卷　(明)胡昌賢撰　**續志六卷首一卷**　(清)王維翰撰　清同治九年(1870)委羽石室刻本　三册

330000－1704－0000712　008935　集部/總集類/選集之屬/通代

唐宋八家文讀本三十卷　(清)沈德潛輯　清刻本　十六册

330000－1704－0000714　005237　史部/地理類/方志之屬/郡縣志

[同治]宜昌府志十六卷首一卷　(清)聶光鑾修　(清)王柏心　(清)雷春沼纂　清同治五

年(1866)刻本　梁鼎芬題記　十四册

330000－1704－0000715　005238　史部/地理類/方志之屬/郡縣志
[乾隆]襄陽府志四十卷圖一卷　(清)陳鍔纂修　清乾隆二十五年(1760)刻本　九册　缺十九卷(一至三、五至十一、三十一至三十八,圖)

330000－1704－0000717　005239　史部/地理類/方志之屬/郡縣志
[宣統]黄州府志拾遺六卷　(清)沈致堅纂　清宣統二年(1910)鉛印本　二册

330000－1704－0000719　005236　史部/地理類/方志之屬/郡縣志
[同治]鄖陽志八卷首一卷　(清)吳葆儀修　(清)王嚴恭纂　清同治九年(1870)鄖山書院刻本　十二册

330000－1704－0000723　005240　史部/地理類/方志之屬/郡縣志
[乾隆]黄州府志二十卷　(清)王勍修　(清)靖道謨纂　清乾隆十四年(1749)刻本　十四册

330000－1704－0000724　005241　史部/地理類/方志之屬/郡縣志
[同治]荆門直隸州志十二卷首一卷　(清)恩榮修　(清)張圻纂　清同治七年(1868)明倫堂刻本　十六册

330000－1704－0000725　005242　史部/地理類/方志之屬/郡縣志
[同治]增修施南府志三十卷首一卷　(清)松林　(清)周慶榕修　(清)何遠鑒等纂　清同治十年(1871)刻本　十四册

330000－1704－0000726　005244　史部/地理類/方志之屬/郡縣志
[乾隆]武昌縣志十卷首一卷　(清)邵遐齡修　(清)談有典纂　清乾隆二十八年(1763)刻本　十册

330000－1704－0000731　005158　史部/地理類/山川之屬/山志
廣雁蕩山誌二十八卷首一卷末一卷　(清)曾唯輯　清乾隆五十五年(1790)曾唯依緑園刻本　八册

330000－1704－0000732　005223　史部/地理類/方志之屬/郡縣志
[同治]臨江府志三十二卷首一卷　(清)德馨　(清)鮑孝光修　(清)朱孫詒　(清)陳錫麟纂　清同治十年(1871)刻本　六册

330000－1704－0000733　005159　史部/地理類/山川之屬/山志
廣雁蕩山誌二十八卷首一卷末一卷　(清)曾唯輯　清乾隆五十五年(1790)曾唯依緑園刻嘉慶十三年(1808)增刻同治八年(1869)重修本　六册

330000－1704－0000736　005224　史部/地理類/方志之屬/郡縣志
[乾隆]樂平縣志三十二卷首一卷　(清)陳訥　(清)王猷修　(清)楊人傑等纂　清乾隆十七年(1752)刻本　三册　存十一卷(五至十、十四至十五、二十四至二十六)

330000－1704－0000737　005246　史部/地理類/方志之屬/郡縣志
[同治]續輯漢陽縣志二十八卷　(清)黄式度　(清)王庭楨修　(清)王柏心纂　清同治七年(1868)刻本　十九册　缺一卷(二十八)

330000－1704－0000738　005247　史部/地理類/方志之屬/郡縣志
[同治]重修嘉魚縣志十二卷　(清)鍾傳益修　(清)俞焜纂　清同治五年(1866)刻本　十二册

330000－1704－0000739　005174　史部/地理類/山川之屬/山志
大若巖記一卷　(清)釋蓮舟撰　清乾隆刻本　一册

330000－1704－0000741　005161　史部/地理類/山川之屬/山志
新輯雁山便覽一卷　(清)釋道融撰　清同治七年(1868)荊溪最樂堂刻本　戴氏題記

一冊

330000－1704－0000743　005162　史部/地理類/山川之屬/山志

白石山志五卷　（清）施元孚撰　清抄本　清孫衣言題簽　二冊

330000－1704－0000744　005189　史部/地理類/山川之屬/水志

西湖志四十八卷　（清）李衛　（清）程元章修（清）傅王露撰　清刻本　三十一冊　缺一卷（一）

330000－1704－0000745　005190　史部/地理類/山川之屬/水志

湖山便覽十二卷　（清）翟灝等撰　清光緒元年（1875）杭州王維翰槐蔭堂刻本　六冊

330000－1704－0000749　005191　史部/地理類/山川之屬/水志

湖山便覽十二卷　（清）翟灝等撰　清乾隆三十年（1765）刻本　六冊

330000－1704－0000750　005164　史部/地理類/遊記之屬/紀行

雁山游語一卷附游玉虹洞記一卷　（清）鄭耀廷撰　清道光二十九年（1849）梅姓師古堂刻本　一冊

330000－1704－0000751　008936　集部/總集類/彙編之屬

山曉閣文選十五種　（清）孫琮編　清康熙山曉閣刻本　九冊　存八種

330000－1704－0000755　005165　史部/地理類/遊記之屬/紀勝

三雁紀游三卷　（清）郭鍾岳　（清）張盛藻（清）張克萃撰　清光緒十四年（1888）和天倪齋刻本　一冊

330000－1704－0000758　008938　集部/總集類/選集之屬/通代

古文未曾有集八卷　（清）王甫白評選　清嘉慶十九年（1814）大酉堂刻本　四冊

330000－1704－0000759　005182　史部/地理類/山川之屬/山志

明州阿育王山志十卷　（明）郭子章撰　**明州阿育王山續志六卷**　（清）釋畹荃撰　明萬曆刻清乾隆續刻本　一冊　存三卷（續志四至六）

330000－1704－0000765　005208　史部/地理類/專志之屬/寺觀

天童寺志十卷首一卷　（清）德介　（清）聞性道撰　清康熙刻嘉慶增補本　四冊

330000－1704－0000768　005201　史部/地理類/雜志之屬

浙江沿海圖說一卷附海島表一卷　（清）朱正元撰　清光緒二十五年（1899）上海鉛印本　一冊

330000－1704－0000772　008941　集部/總集類/選集之屬/通代

名雋初集八卷　（清）戴咸弼編　清光緒五年（1879）嘉善愛暉書屋刻本　四冊

330000－1704－0000773　005202　史部/地理類/山川之屬/山志

爛柯山志十三卷　（清）鄭永禧輯　清光緒三十三年（1907）不其山館刻本　�

330000－1704－0000776　005200　史部/地理類/水利之屬

續浚南湖圖志一卷　清光緒三十一年（1905）浙江官書局刻三十三年（1907）增刻本　一冊

330000－1704－0000778　005173　史部/地理類/山川之屬/山志

鴈山志不分卷　（清）釋能仁撰　清乾隆刻本　一冊

330000－1704－0000779　005198　史部/地理類/山川之屬/水志

東湖志二卷　（清）特通阿輯　清嘉慶九年（1804）刻本　王舟瑤批　一冊　存一卷（一）

330000－1704－0000780　005220　史部/地理類/方志之屬/郡縣志

［乾隆］南昌府志七十六卷首一卷末一卷

（清）陳蘭森等修　（清）謝啓昆纂　清乾隆五十四年（1789）刻本　二十九册　缺八卷（四十三至四十四、四十七至四十九、五十六至五十八）

330000－1704－0000785　005221　史部/地理類/方志之屬/郡縣志
［同治］南昌府志六十六卷首一卷末一卷　（清）許應鑅　（清）王之藩修　（清）曾作舟　（清）杜防纂　清同治十二年（1873）刻本　十七册　缺四十卷（二十六至四十、四十二至五十三、五十五至六十六，末）

330000－1704－0000786　005195　史部/地理類/山川之屬/水志
南湖考一卷　（明）陳紡學撰　**節録餘杭縣南湖事略一卷南湖誌考一卷**　（清）陳善撰　清光緒五年（1879）浙江官書局刻本　一册

330000－1704－0000787　005170　史部/地理類/山川之屬/山志
白石山志六卷首一卷末一卷　（清）施元孚撰　（清）陳瑋增輯　清光緒九年（1883）永嘉郭博古齋刻本　二册

330000－1704－0000788　005209　史部/地理類/山川之屬/山志
天台山方外志要十卷　（清）齊召南纂　清乾隆三十二年（1767）刻三十九年（1774）校印本　四册

330000－1704－0000789　000821　子部/宗教類/佛教之屬
佛爾雅八卷　（清）周春撰　清宣統二年（1910）上海國學扶輪社鉛印本　一册

330000－1704－0000791　000820　子部/宗教類/佛教之屬
佛爾雅八卷　（清）周春撰　清刻本　一册

330000－1704－0000794　005231　史部/地理類/山川之屬/山志
重刊麻姑山志十二卷　（清）黄家駒輯　清同治五年（1866）黄家駒洞天書屋刻本　六册

330000－1704－0000795　005232　史部/地理類/山川之屬/山志
石鐘山志十六卷首一卷　（清）李成謀　（清）丁義方撰　清光緒九年（1883）聽濤眺雨軒刻本　八册

330000－1704－0000797　005234　史部/地理類/山川之屬/山志
廬山小志二十四卷首一卷　（清）蔡瀛纂　清道光四年（1824）蔡瀛嫏嬛别館刻本　六册

330000－1704－0000798　008942　集部/詩文評類/文評之屬
文章指南五卷　（明）歸有光編　清午湖草堂抄本　四册

330000－1704－0000799　005226　史部/地理類/方志之屬/郡縣志
［同治］饒州府志三十二卷首一卷　（清）錫德修　（清）石景芬等纂　清同治十一年（1872）刻本　十六册

330000－1704－0000801　005227　史部/地理類/方志之屬/郡縣志
［同治］廬陵縣志五十六卷首一卷補編一卷　（清）陳汝禎等修　（清）匡汝諧等纂　清同治十二年（1873）刻本　三十二册

330000－1704－0000802　008943　集部/總集類/選集之屬/通代
古文眉詮七十九卷首一卷　（清）浦起龍輯　清乾隆九年（1744）蘇州三吳書院刻本　二十四册

330000－1704－0000804　005219　史部/地理類/專志之屬/祠墓
東廟記略一卷　（清）戴光化　（清）楊煥瑛　（清）李錡編　清嘉慶十一年至十二年（1806－1807）戴光化等刻本　一册

330000－1704－0000805　005218　史部/地理類/專志之屬/園林
約園志一卷　（清）徐樹銘輯　清光緒二十三年（1897）刻本　一册

330000－1704－0000806　008944　集部/總集類/彙編之屬

七種古文選 （清）儲欣選評 清乾隆萬卷樓刻本 二十七册 存五種

330000－1704－0000807 005222 史部/地理類/方志之屬/郡縣志

[同治]廣信府志十二卷首一卷 （清）蔣繼洙修 （清）李樹藩等纂 清同治十二年(1873)刻本 十四册 缺二卷(十、十二)

330000－1704－0000808 008944 史部/雜史類/斷代之屬

國語讀本不分卷國策讀本二卷 （清）鮑衠編輯 清康熙十八年(1679)萬卷樓刻本 四册

330000－1704－0000810 005235 史部/地理類/方志之屬/通志

[嘉慶]湖北通志一百卷首五卷 （清）吴熊光等修 （清）陳詩等纂 清嘉慶九年(1804)刻本 五十册 存七十九卷(首一至五,三至十七、二十至五十八、六十三至六十四、六十九至七十、七十八至七十九、八十二至八十五、八十七至八十九、九十二至九十三、九十五至九十九)

330000－1704－0000812 005257 史部/地理類/方志之屬/郡縣志

[康熙]京山縣志十卷 （清）吴游龍修 （清）王演 （清）盧前驥纂 清康熙十三年(1674)刻本 四册

330000－1704－0000813 005258 史部/地理類/方志之屬/郡縣志

[同治]通城縣志二十四卷首一卷補遺一卷 （清）鄭荄修 （清）杜煦明 （清）胡洪鼎纂 清同治六年(1867)木活字印本 十册

330000－1704－0000814 005259 史部/地理類/方志之屬/郡縣志

[光緒]江陵縣志六十五卷首一卷 （清）蒯正昌 （清）吴耀斗修 （清）胡九皋 （清）劉長謙纂 清光緒二年(1876)刻本 二十四册

330000－1704－0000815 005260 史部/地理類/方志之屬/郡縣志

[乾隆]江陵縣志五十八卷首一卷 （清）崔龍見修 （清）魏耀 （清）黄義尊纂 清乾隆五十九年(1794)刻本 二十册

330000－1704－0000816 005225 史部/地理類/方志之屬/郡縣志

[同治]贛州府志七十八卷首一卷 （清）魏瀛修 （清）魯琪光 （清）鍾音鴻纂 清同治十二年(1873)刻本 二十四册 缺一卷(二)

330000－1704－0000817 005248 史部/地理類/方志之屬/郡縣志

[同治]江夏縣志八卷首一卷附文徵二卷 （清）王庭楨修 （清）彭崧毓纂 清同治八年(1869)刻本 十册

330000－1704－0000818 005249 史部/地理類/方志之屬/郡縣志

[同治]廣濟縣志十六卷首一卷 （清）劉宗元 （清）朱榮實修 （清）劉燡纂 清同治十一年(1872)木活字印本 十二册

330000－1704－0000819 005255 史部/地理類/方志之屬/郡縣志

[光緒]長樂縣志十六卷首一卷末一卷 （清）李煥春修 （清）龍兆霖等增補 （清）鄭敦祜續增 清咸豐二年(1852)刻同治九年(1870)增刻光緒元年(1875)續增刻本 八册

330000－1704－0000820 008948 集部/總集類/選集之屬/通代

續古文辭類纂三十四卷 王先謙輯 清光緒十年(1884)行素草堂刻本 八册

330000－1704－0000821 005250 史部/地理類/方志之屬/郡縣志

[同治]建始縣志八卷首一卷 （清）熊啟詠纂修 清同治五年(1866)刻本 四册

330000－1704－0000822 008949 史部/傳記類/總傳之屬/家乘

[浙江紹興]後郇周氏淵源錄十三卷 （清）周源纂修 清道光十二年(1832)引碧齋刻本 四册

330000－1704－0000823 005251 史部/地理類/方志之屬/郡縣志

[同治]恩施縣志十二卷首一卷 （清）多壽修 （清）羅淩漢纂 清同治七年（1868）朱三恪校訂刻本 六冊

330000－1704－0000824 008950 集部/總集類/選集之屬/通代
古文辭類纂七十五卷 （清）姚鼐輯 清道光五年（1825）金陵吳氏刻本 十六冊

330000－1704－0000826 005252 史部/地理類/方志之屬/郡縣志
[同治]長陽縣志七卷首一卷 （清）陳惟模修 （清）譚大勳纂 清同治五年（1866）刻本 六冊

330000－1704－0000827 008952 集部/總集類/選集之屬/通代
古文辭略讀本二十四卷 （清）梅曾亮輯 清光緒三十一年（1905）京師宏道學舍鉛印本 四冊

330000－1704－0000828 005261 史部/地理類/方志之屬/郡縣志
[同治]咸寧縣志十五卷首一卷 （清）陳怡等修 （清）雷以誠 （清）陳國正纂 清同治五年（1866）淦川書院刻本 八冊

330000－1704－0000829 008953 集部/總集類/選集之屬/通代
桐城吳氏古文讀本十三卷 （清）吳汝綸評選 清光緒三十一年（1905）上海文明書局鉛印本 三冊 缺四卷（四至七）

330000－1704－0000830 005253 史部/地理類/方志之屬/郡縣志
[同治]通山縣志八卷首一卷 （清）羅登瀛 （清）胡昌銘修 （清）朱美燮 （清）樂純青纂 清同治六年（1867）心田局木活字印本 八冊

330000－1704－0000831 005256 史部/地理類/方志之屬/郡縣志
[道光]黃岡縣志二十四卷首一卷 （清）俞昌烈修 （清）謝荄 （清）劉秉忠纂 清道光二十八年（1848）刻本 十冊 存十二卷（十三至二十四）

330000－1704－0000832 008954 集部/總集類/選集之屬/通代
重訂古文釋義新編八卷 （清）余誠輯 清宣統三年（1911）周村益友堂刻本 五冊 存五卷（一至四、七）

330000－1704－0000834 005254 史部/地理類/方志之屬/郡縣志
[同治]宜都縣志四卷首一卷末一卷 （清）崔培元 （清）朱甘霖修 （清）龔紹仁纂 清同治五年（1866）刻本 四冊

330000－1704－0000835 005262 史部/地理類/方志之屬/郡縣志
[同治]利川縣志稿十卷首一卷 （清）何蕙馨修 （清）吳江纂 清同治四年（1865）刻本 四冊

330000－1704－0000836 008956 集部/總集類/選集之屬/通代
古文辭類纂七十四卷 （清）姚鼐輯 **續古文辭類纂三十四卷** 王先謙輯 清光緒十九年（1893）思賢講舍刻本 十五冊 存七十一卷（古文辭類纂四至七十四）

330000－1704－0000837 005267 史部/地理類/方志之屬/郡縣志
[康熙]均州志四卷 （清）党居易纂修 **[康熙]均州志補一卷** （清）江闓纂 清抄本 三冊 缺一卷（二）

330000－1704－0000838 005263 史部/地理類/方志之屬/郡縣志
[光緒]興山縣志二十二卷 （清）黃世崇纂修 清光緒十一年（1885）經心書院刻本 四冊

330000－1704－0000840 005270 史部/地理類/方志之屬/郡縣志
[咸豐]蘄州志二十六卷 （清）潘克溥纂修 清咸豐二年（1852）刻同治二年（1863）修版印本 十一冊 缺二卷（八至九）

330000－1704－0000841 005264 史部/地理類/方志之屬/郡縣志

[同治]**興山縣志十卷首一卷** （清）伍繼勛修 （清）范昌棣等纂 清同治四年（1865）刻本 六册

330000－1704－0000842 005268 史部/地理類/方志之屬/郡縣志
[光緒]**黄梅縣志四十卷首一卷** （清）覃瀚元 （清）袁瓚修 （清）宛名昌 （清）余邦士纂 清光緒二年（1876）刻本 十二册

330000－1704－0000843 008958 集部/總集類/選集之屬/通代
自怡軒古文選十卷 （清）許寶善選 （清）杜綱輯 清乾隆五十六年（1791）刻光緒三年吳縣朱氏補刻本 十册

330000－1704－0000844 005271 史部/地理類/方志之屬/郡縣志
[同治]**蒲圻縣志八卷** （清）顧際熙等修 （清）文元音 （清）張承齡纂 清同治五年（1866）刻本 八册

330000－1704－0000845 005269 史部/地理類/方志之屬/郡縣志
[同治]**竹谿縣志十六卷首一卷** （清）陶壽嵩修 （清）楊兆熊等纂 清同治六年（1867）刻本 八册

330000－1704－0000846 008959 集部/總集類/氏族之屬
曹氏傳芳録五種六卷 （清）曹希璨編 清宣統元年（1909）曹氏木活字印本 二册

330000－1704－0000847 005272 史部/地理類/方志之屬/郡縣志
[同治]**保康縣志七卷首一卷末一卷** （清）林譲昆 （清）宋熙曾修 （清）楊世霖纂 清同治五年（1866）刻本 二册

330000－1704－0000848 005273 史部/地理類/方志之屬/郡縣志
[光緒]**孝感縣志二十四卷續補志一卷** （清）朱希白修 （清）沈用增纂 清光緒九年（1883）刻本 十四册

330000－1704－0000849 005274 史部/地理類/方志之屬/郡縣志
[同治]**黄陂縣志十六卷** （清）劉昌緒修 （清）徐瀛纂 清同治十一年至十二年（1872－1873）刻本 十二册

330000－1704－0000850 005275 史部/地理類/方志之屬/郡縣志
[嘉慶]**歸州志十卷** （清）李炘修 （清）陸仲達 （清）向國庠纂 （清）余思訓增修 （清）陳鳳鳴增纂 清嘉慶二十二年（1817）刻同治五年（1866）余思訓增刻本 四册

330000－1704－0000851 005276 史部/地理類/方志之屬/郡縣志
[光緒]**歸州志十七卷** （清）黄世崇纂修 清光緒二十七年（1901）刻本 四册

330000－1704－0000852 005277 史部/地理類/方志之屬/郡縣志
[同治]**當陽縣志十八卷首一卷末一卷** （清）阮恩光修 （清）王柏心纂 清同治五年（1866）刻本 十册

330000－1704－0000853 005265 史部/地理類/方志之屬/郡縣志
[同治]**石首縣志八卷** （清）朱榮實修 （清）傅如筠等纂 清同治五年（1866）刻本 十五册

330000－1704－0000854 005266 史部/地理類/方志之屬/郡縣志
[同治]**枝江縣志二十卷首一卷** （清）查子庚修 （清）熊文瀾纂 清同治五年（1866）刻本 八册

330000－1704－0000856 005280 史部/地理類/方志之屬/郡縣志
[同治]**房縣志十二卷首一卷** （清）楊延烈修 （清）郁方董 （清）劉元棟纂 清同治五年（1866）刻本 六册

330000－1704－0000857 005283 史部/地理類/方志之屬/郡縣志
[同治]**棗陽縣志三十卷首一卷末一卷** （清）張聲正修 （清）史策先纂 清同治四年

(1865)刻本　八册

330000－1704－0000858　005281　史部/地理類/方志之屬/郡縣志

[同治]巴東縣志十六卷首一卷　(清)廖恩樹修　(清)蕭佩聲纂　清同治五年(1866)刻本　六册

330000－1704－0000859　005288　史部/地理類/方志之屬/郡縣志

[同治]鄖縣志十卷首一卷　(清)周瑞(清)定熙修　(清)金瀊廷　(清)崔誥纂　清同治五年(1866)刻本　八册

330000－1704－0000860　005282　史部/地理類/方志之屬/郡縣志

[同治]應山縣志三十六卷首一卷　(清)劉宗元等修　(清)吳天錫纂　清同治十年(1871)刻本　十六册　缺二卷(八至九)

330000－1704－0000861　005284　史部/地理類/方志之屬/郡縣志

[同治]鄖西縣志二十卷首一卷　(清)程光第修　(清)葉年棻　(清)李登鼇纂　清同治五年(1866)刻本　十二册

330000－1704－0000862　008963　史部/史抄類

二十二史文鈔一百九卷　(清)納蘭常安選評　清乾隆刻本　六十四册

330000－1704－0000863　005289　史部/地理類/方志之屬/郡縣志

[同治]來鳳縣志三十二卷首一卷末一卷(清)李勗修　(清)何遠鑒　(清)張鈞纂　清同治五年(1866)刻本　八册

330000－1704－0000864　005278　史部/地理類/方志之屬/郡縣志

[嘉慶]南漳縣志集鈔三十五卷首一卷　(清)陶紹侃修　(清)胡正楷纂　清嘉慶二十年(1815)刻本　八册

330000－1704－0000865　005285　史部/地理類/方志之屬/郡縣志

[同治]鄖西縣志二十卷首一卷　(清)程光第修　(清)葉年棻　(清)李登鼇纂　清同治五年(1866)刻本　十二册

330000－1704－0000866　005290　史部/地理類/方志之屬/郡縣志

[同治]竹山縣志二十九卷　(清)周士楨修(清)黄子遂纂　清同治四年(1865)刻本　六册

330000－1704－0000867　005279　史部/地理類/方志之屬/郡縣志

[光緒]羅田縣志八卷首一卷　(清)管貽葵修　(清)陳錦纂　清光緒二年(1876)刻本　九册

330000－1704－0000868　008964　集部/總集類/選集之屬/通代

古文辭類纂十五卷　(清)姚鼐輯　**續古文辭類纂三十四卷**　王先謙輯　清光緒二十四年(1898)鉛印本　九册　缺二卷(古文辭類纂一至二)

330000－1704－0000870　005291　史部/地理類/方志之屬/郡縣志

[雍正]興國州志十卷首一卷　(清)魏鈿修(清)顏星纂　清雍正十三年(1735)刻本　四册

330000－1704－0000871　005299　史部/地理類/方志之屬/郡縣志

[同治]宜城縣志十卷　(清)程啟安修(清)張炳鍾　(清)魯裔曾纂　清同治五年(1866)刻本　七册

330000－1704－0000872　005292　史部/地理類/方志之屬/郡縣志

[同治]公安縣志八卷首一卷　(清)周承弼(清)袁鳴珂修　(清)王慰纂　清同治十三年(1874)刻本　十册

330000－1704－0000873　005300　史部/地理類/方志之屬/郡縣志

[同治]崇陽縣志十二卷首一卷　(清)高佐廷修　(清)傅燮鼎纂　清同治五年(1866)木活字印本　十二册　缺一卷(首)

330000－1704－0000874　005287　史部/地理類/方志之屬/郡縣志

[同治]襄陽縣志七卷首一卷　(清)楊宗時修　(清)崔淦纂　(清)吳耀斗續修　(清)李士彬續纂　清同治十三年(1874)刻本　八冊

330000－1704－0000876　005293　史部/地理類/方志之屬/郡縣志

[道光]雲夢縣志略十二卷首一卷末一卷　(清)呂錫麟修　(清)程懷璟纂　清道光二十年(1840)刻本　六冊

330000－1704－0000877　005294　史部/地理類/方志之屬/郡縣志

[同治]鶴峯州志續修十四卷首一卷　(清)徐澍楷修　(清)雷春沼纂　清同治六年(1867)刻本　四冊

330000－1704－0000878　005302　史部/地理類/方志之屬/郡縣志

[道光]安陸縣志四十卷首一卷　(清)蔣炯等纂修　(清)李廷錫增纂　清道光二十三年(1843)刻本　十二冊

330000－1704－0000880　005313　史部/地理類/方志之屬/郡縣志

[同治]黃安縣志十卷首一卷　(清)朱錫綬　(清)袁瓚修　(清)張家俊　(清)吳端委纂　清同治八年(1869)刻本　十六冊

330000－1704－0000882　005315　史部/地理類/山川之屬/水志

鸚鵡洲小志四卷首一卷　(清)胡鳳丹撰　清同治十三年(1874)退補齋刻本　二冊

330000－1704－0000883　005316　史部/地理類/山川之屬/山志

大別山志十卷首一卷　(清)胡鳳丹編纂　清同治十三年(1874)退補齋刻本　四冊

330000－1704－0000884　005317　史部/地理類/山川之屬/山志

黃鵠山志十二卷首一卷　(清)胡鳳丹撰　清同治十三年(1874)退補齋刻本　六冊

330000－1704－0000885　005318　史部/地理類/山川之屬/山志

大岳太和山紀畧八卷　(清)王槩等輯　清乾隆九年(1744)下荊南道署刻本　八冊

330000－1704－0000887　005297　史部/地理類/方志之屬/郡縣志

[同治]大冶縣志十八卷首一卷　(清)胡復初修　(清)黃昺杰纂　清同治六年(1867)刻本　七冊　缺三卷(首、一至二)

330000－1704－0000888　005296　史部/地理類/專志之屬/寺觀

玉泉寺志六卷首一卷　(清)李元才修　(清)陶賡唐等纂　清光緒十一年(1885)刻本　四冊

330000－1704－0000889　005298　史部/地理類/方志之屬/郡縣志

[光緒]麻城縣志五十六卷首一卷末一卷　(清)鄭慶華修　(清)潘頤福纂　清光緒元年至二年(1875－1876)刻本　二十六冊　缺一卷(末)

330000－1704－0000890　005303　史部/地理類/方志之屬/郡縣志

[同治]監利縣志十二卷首一卷　(清)徐兆英　(清)林瑞枝修　(清)王柏心纂　清同治十一年(1872)刻本　十冊

330000－1704－0000891　005307　史部/地理類/方志之屬/郡縣志

[同治]宣恩縣志二十卷首一卷　(清)張金瀾修　(清)蔡景星　(清)張金圻纂　清同治二年(1863)刻本　六冊

330000－1704－0000892　005310　史部/地理類/方志之屬/郡縣志

[同治]咸豐縣志二十卷首一卷　(清)張梓修　(清)張光杰纂　清同治四年(1865)刻本　四冊

330000－1704－0000893　005309　史部/地理類/方志之屬/郡縣志

[同治]隨州志三十二卷首一卷　(清)文齡等修　(清)史策先纂　清同治八年(1869)刻本

十六冊

330000－1704－0000894　005304　史部/地理類/方志之屬/郡縣志
[同治]鍾祥縣志二十卷補編二卷　(清)許光曙　(清)孫福海纂修　(清)王和育繪圖　清同治六年(1867)刻八年(1869)增刻本　一冊　存一卷(補編一)

330000－1704－0000895　005311　史部/地理類/方志之屬/郡縣志
[同治]續修東湖縣志三十卷首一卷續補藝文一卷　(清)金大鏞修　(清)王柏心纂　清同治三年(1864)刻本　十冊

330000－1704－0000897　005312　史部/地理類/方志之屬/郡縣志
[同治]松滋縣志十二卷首一卷　(清)呂縉雲　(清)李勗修　(清)羅有文　(清)朱美燮纂　清同治八年(1869)刻本　十冊

330000－1704－0000898　005306　史部/地理類/方志之屬/郡縣志
[同治]穀城縣志八卷　(清)承印修　(清)蔣海澄　(清)黃定鏞纂　清同治六年(1867)刻本　八冊

330000－1704－0000899　005322　史部/地理類/方志之屬/郡縣志
[同治]長沙縣志三十六卷首一卷　(清)劉采邦等修　(清)張延珂　(清)袁繼翰纂　清同治十年(1871)刻本　清李壽蓉校並跋　二十冊

330000－1704－0000900　005308　史部/地理類/方志之屬/郡縣志
[同治]鍾祥縣志二十卷補編二卷　(清)許光曙　(清)孫福海纂修　(清)王和育繪圖　清同治六年(1867)刻八年(1869)增刻本　十四冊

330000－1704－0000901　005325　史部/地理類/方志之屬/郡縣志
[同治]武陵縣志三十二卷首一卷附詩徵二卷文徵二卷　(清)歐陽烈等修　(清)楊丕復纂　(清)楊彝珍續纂　清乾隆、嘉慶刻嘉慶二十二年(1817)曲阜孔氏儀鄭堂彙印本　十冊

330000－1704－0000902　005323　史部/地理類/方志之屬/郡縣志
[同治]祁陽縣志二十四卷首一卷　(清)陳玉祥修　(清)劉希關等纂　清同治九年(1870)刻本　十六冊

330000－1704－0000903　005327　史部/地理類/遊記之屬/紀行
郴遊錄一卷郴州集一卷　金蓉鏡撰　清光緒三十二年(1906)學務處鉛印本　一冊

330000－1704－0000904　005329　史部/地理類/專志之屬/古跡
桃花源志二十四卷首一卷　(清)胡鳳丹輯　清光緒三年(1877)永康胡氏退補齋刻本　十冊

330000－1704－0000905　005320　史部/地理類/方志之屬/郡縣志
[道光]永州府志十八卷首一卷　(清)呂恩湛修　(清)宗績辰纂　清道光八年(1828)刻本　四十冊

330000－1704－0000906　005330　史部/地理類/專志之屬/古跡
桃花源志略十三卷首一卷　(清)胡鳳丹輯　清道光二十六年(1846)刻光緒十七年(1891)胡氏研經堂補刻本　四冊

330000－1704－0000907　005324　史部/地理類/方志之屬/郡縣志
[道光]辰谿縣志四十卷首一卷末一卷　(清)徐會雲等修　(清)劉家傳等纂　清道光元年(1821)刻本　十冊

330000－1704－0000908　005326　史部/地理類/方志之屬/郡縣志
[光緒]巴陵縣志六十三卷首一卷洞庭集六卷君山集六卷岳陽樓集六卷　(清)姚詩德　(清)鄭桂星修　(清)杜貴墀等纂　清光緒二十六年(1900)刻本　十六冊

330000－1704－0000909　005328　史部/地

理類/山川之屬/山志

南嶽總勝集三卷 （宋）陳田夫撰　清嘉慶七年（1802）果克山房刻本　一冊

330000－1704－0000911　005321　史部/地理類/方志之屬/郡縣志

［同治］桂陽直隸州志二十七卷首一卷 （清）汪斅灝修　王闓運纂　清同治七年（1868）刻本　十三冊

330000－1704－0000913　005345　史部/地理類/方志之屬/通志

［乾隆］雲南通志三十卷首一卷 （清）鄂爾泰（清）尹繼善修　（清）靖道謨纂　清乾隆元年（1736）刻本　三十二冊

330000－1704－0000914　005340　史部/地理類/遊記之屬/紀行

蜀道驛程攷略一卷 （清）胡薇元撰　清光緒刻本　一冊

330000－1704－0000917　005342　史部/地理類/遊記之屬/紀行

蜀輶日記四卷 （清）陶澍撰　清光緒七年（1881）刻本　二冊

330000－1704－0000918　005335　史部/地理類/方志之屬/郡縣志

［光緒］越嶲廳全志十二卷 （清）馬忠良修（清）馬湘等纂　（清）孫鏘等續修　清光緒三十二年（1906）鉛印本　六冊

330000－1704－0000919　005343　史部/紀事本末類/通代之屬

蜀鑑十卷 （宋）郭允蹈撰　清光緒五年（1879）詒穀堂吳氏刻本　二冊

330000－1704－0000920　005347　史部/地理類/方志之屬/通志

［光緒］續雲南通志稿一百九十四卷首六卷（清）王文韶　（清）魏光燾修　（清）唐炯等纂　清光緒二十七年（1901）四川岳池縣刻本　一百冊

330000－1704－0000921　005349　史部/地理類/方志之屬/郡縣志

［道光］昆明縣志十卷 （清）戴絅孫纂修　清光緒二十七年（1901）刻三十年（1904）增刻本　六冊

330000－1704－0000922　005344　史部/地理類/雜志之屬

蜀典十二卷 （清）張澍撰　清道光十四年（1834）武威張氏安懷堂刻本　六冊

330000－1704－0000924　005350　史部/地理類/方志之屬/郡縣志

［道光］昆明縣志十卷 （清）戴絅孫纂修　清光緒二十七年（1901）刻本　六冊

330000－1704－0000925　005332　史部/地理類/方志之屬/通志

［雍正］四川通志四十七卷首一卷 （清）黃廷桂等修　（清）張晉生纂　清雍正十一年（1733）刻乾隆元年（1736）補版增刻本　四十八冊

330000－1704－0000929　005337　史部/地理類/山川之屬/水志

峽江救生船志一卷圖考一卷 （清）程以輔等編　**行川必要一卷** （清）羅縉紳輯　清光緒三年至五年（1877－1879）水師新副中營刻本　四冊

330000－1704－0000932　005382　史部/地理類/方志之屬/郡縣志

［萬曆］閩都記三十三卷 （明）王應山纂　清道光十一年（1831）求放心齋刻本　六冊

330000－1704－0000934　005372　史部/地理類/方志之屬/郡縣志

［光緒］長汀縣志三十三卷首一卷末一卷（清）王壘原本　（清）謝昌霖再續修　（清）劉國光再續纂　清光緒五年（1879）刻本　十四冊

330000－1704－0000935　005339　史部/地理類/方志之屬/郡縣志

［道光］夔州府志三十六卷首一卷 （清）恩成修　（清）劉德銓纂　清道光七年（1827）刻本　六冊　存十二卷（十八至十九、二十二至二

十三、二十七、三十至三十六)

330000－1704－0000936　005383　史部/地理類/方志之屬/郡縣志
[乾隆]興化府莆田縣志三十六卷首一卷　(清)宮兆麟　(清)汪大經　(清)王恒修　(清)廖必琦　(清)林瓚纂　清乾隆二十三年(1758)刻本　一册　存三卷(三十二至三十四)

330000－1704－0000937　005384　史部/地理類/方志之屬/郡縣志
[嘉慶]順昌縣志十卷　(清)許廷梧修　(清)謝鍾瑾纂　(清)陸嗣淵　(清)孫化南　(清)賈懋功增修　(清)謝鍾琚增纂　清光緒七年(1881)吳縣吳恩慶刻本　六册

330000－1704－0000939　005359　史部/地理類/方志之屬
[光緒]雲南地志三卷　(清)劉盛堂纂　清光緒三十四年(1908)石印本　三册

330000－1704－0000941　005363　史部/地理類/山川之屬/山志
雞足山志十卷首一卷　(清)范承勳纂　清康熙三十一年(1692)刻本　七册

330000－1704－0000942　008966　集部/總集類/選集之屬/通代
駢體文鈔三十一卷　(清)李兆洛輯　清道光元年(1821)合河康氏家塾刻本　八册　存三十卷(一至十四、十六至三十一)

330000－1704－0000943　005364　史部/地理類/雜志之屬
衛藏圖識四卷附蠻語一卷　(清)盛繩祖撰　清乾隆五十七年(1792)刻本　四册

330000－1704－0000944　008967　集部/總集類/選集之屬/通代
古文辭類纂七十五卷附録一卷　(清)姚鼐輯　**古文辭類纂校勘記一卷**　(清)李承淵撰　清光緒二十七年(1901)滁州李氏求要堂刻三十二年(1906)補刻本　十二册

330000－1704－0000945　005365　史部/地理類/雜志之屬
三省入藏程站紀一卷　范壽金輯　清光緒三十三年(1907)石印本　一册

330000－1704－0000946　善000515　子部/雜家類
鶡冠子三卷　(宋)陸佃注　(明)王宇等評　明天啟五年(1625)朱氏花齋刻本　清孫詒讓批校　一册

330000－1704－0000948　003618　經部/春秋左傳類/傳說之屬
左氏蒙求註解二卷　(元)吳化龍撰　(清)倪陳疇注解　清光緒十九年(1893)樂東倪氏刻本　張㭎跋　一册

330000－1704－0000949　006580　集部/總集類/選集之屬/斷代
唐詩古今體讀本一卷　(清)王德馨輯　稿本　一册

330000－1704－0000951　005370　史部/地理類/方志之屬/郡縣志
[乾隆]福州府志七十六卷首一卷　(清)徐景熹修　(清)魯曾煜　(清)施廷樞等纂　清乾隆十九年(1754)刻本　四册　存六卷(十四、三十六至四十)

330000－1704－0000952　008968　集部/總集類/選集之屬/通代
古文辭類纂七十五卷　(清)姚鼐輯　清同治八年(1869)問竹軒刻本　符璋批並句讀、圈點　十六册

330000－1704－0000954　008970　集部/總集類/選集之屬/通代
續古文辭類纂二十八卷　(清)黎庶昌輯　清光緒二十一年(1895)金陵狀元閣刻本　十二册

330000－1704－0000956　005374　史部/地理類/方志之屬/郡縣志
[道光]厦門志十六卷　(清)周凱等纂修　**皇清誥授通議大夫加按察使銜福建台灣道周公[凱]墓誌銘一卷**　清道光十九年(1839)玉屏

書院刻民國二十年(1931)厦門玉紫財産管理委員會印本　十二册

330000－1704－0000957　008972　集部/總集類/選集之屬/通代

古文辭類纂七十四卷　(清)姚鼐輯　清同治八年(1869)江蘇書局刻本　十二册

330000－1704－0000958　008981　集部/總集類/選集之屬/斷代

御書印心石室詩文薈十卷首一卷　(清)魏源編　清道光十五年(1835)刻本　四册

330000－1704－0000959　005376　史部/地理類/方志之屬/郡縣志

[弘治]大明興化府志五十四卷　(明)陳效修　(明)周瑛　(明)黄仲昭纂　清同治十年(1871)林慶貽刻本　十册　存二十四卷(一、四至二十四、二十七至二十八)

330000－1704－0000962　005378　史部/地理類/方志之屬/郡縣志

[光緒]閩縣鄉土志不分卷　(清)朱景星　(清)李駿斌修　(清)鄭祖庚等纂　清光緒三十二年(1906)鉛印本　四册

330000－1704－0000964　008976　集部/總集類/選集之屬/通代

歷代宫閨文選二十六卷姓氏小録一卷　(清)周壽昌輯　清宣統三年(1911)上海群學社鉛印本　林萱題記　六册

330000－1704－0000965　008977　新學/理學/文學

高等學堂國文講義八卷　唐文治輯　清宣統元年(1909)上海文明書局鉛印本　二册　存二卷(一至二)

330000－1704－0000966　005379　史部/地理類/方志之屬/郡縣志

[光緒]侯官縣鄉土志八卷　(清)胡之楨　(清)陳文緯　(清)李俊斌修　(清)鄭祖庚纂　清光緒三十二年(1906)鉛印本　四册

330000－1704－0000967　005380　史部/雜史類/斷代之屬

福甯紀事二卷首一卷　(清)程榮春撰　清同治五年(1866)吟雨樓刻本　二册

330000－1704－0000969　005386　史部/地理類/方志之屬/郡縣志

[乾隆]福清縣志二十卷圖一卷　(清)饒安鼎　(清)邵應龍修　(清)林昂　(清)李修卿纂　清光緒二十四年(1898)夔門劉玉璋刻本　十二册

330000－1704－0000971　005388　史部/地理類/山川之屬/山志

玉華洞志六卷遊玉華洞記一卷玉華紀遊詩一卷　(清)廖鶴齡等訂　清康熙六十一年(1722)刻雍正增刻本　七册

330000－1704－0000972　005394　史部/地理類/方志之屬/郡縣志

[康熙]壽寧縣誌八卷　(清)趙廷璣修　(清)王錫亩等纂　清康熙二十五年(1686)刻本　三册

330000－1704－0000973　005396　史部/地理類/山川之屬/山志

武夷山志二十四卷首一卷　(清)董天工撰　清道光二十六年至二十七年(1846－1847)籍溪羅氏五夫尺木軒刻本　八册

330000－1704－0000975　005391　史部/地理類/方志之屬/郡縣志

[光緒]續修浦城縣志四十二卷首一卷　(清)翁天祐　(清)呂渭英修　(清)翁昭泰纂　清光緒二十六年(1900)南浦書院刻本　十八册　缺四卷(三至五、三十五)

330000－1704－0000976　005397　史部/地理類/山川之屬/山志

武夷山志二十四卷首一卷　(清)董天工撰　清道光二十六年至二十七年(1846－1847)籍溪羅氏五夫尺木軒刻本　八册

330000－1704－0000977　005398　史部/地理類/山川之屬/山志

鼓山志十四卷首一卷　(清)黄任脩輯　清乾隆刻光緒二年(1876)奇量補刻本　六册

330000－1704－0000979　005389　史部/地理類/方志之屬/郡縣志

［康熙］寧化縣志七卷　（清）祝文郁修（清）李世熊纂　清同治八年（1869）湘南蔣澤沅刻本　八册

330000－1704－0000980　005405　類叢部/叢書類/彙編之屬

知不足齋叢書一百九十六種　（清）鮑廷博編（清）鮑士恭續編　清乾隆三十七年至道光三年（1772－1823）長塘鮑氏刻彙印本　二册　存一種

330000－1704－0000981　005403　史部/地理類/專志之屬/古跡

廣東考古輯要四十六卷　（清）周廣　（清）鄭業崇撰　清光緒十九年（1893）還讀書屋刻本　十册　缺四卷（四十至四十三）

330000－1704－0000985　善000973　集部/别集類/清别集

小三吾亭文甲集一卷詩四卷詞二卷詞附一卷　冒廣生撰　清光緒二十七年（1901）如皋冒氏叢書本　清吳汝綸批校並題記　趙椿年題簽並記　一册　存一卷（小三吾亭文甲集）

330000－1704－0000987　005411　史部/地理類/雜志之屬

羊城古鈔八卷首一卷　（清）仇池石輯　清嘉慶十一年（1806）刻本　五册

330000－1704－0000988　008982　類叢部/類書類/專類之屬

駢文類纂四十六卷　王先謙輯　清光緒二十八年（1902）思賢書局刻本　二十三册

330000－1704－0000989　善000977　集部/别集類/清别集

頗宜茨室詩鈔六卷　（清）林駿撰　清光緒十二年至二十五年（1886－1899）稿本　清張棡批、句讀並圈點　一册

330000－1704－0000990　善000978　集部/别集類/清别集

孫翼齋先生詩稿一卷　（清）孫詒燕撰　清抄本　一册

330000－1704－0000991　善000979　集部/别集類/清别集

馬鞍山人詩艸不分卷　（清）蘇椿撰　清抄本　三册

330000－1704－0000992　善000980　集部/總集類/酬唱之屬

黄鮮公輓聯一卷　趙爾巽等撰　清末鉛印本　一册

330000－1704－0000995　善000983　史部/傳記類/别傳之屬

蓉江芳烈集不分卷　（清）李君城輯　清康熙三十一年（1692）樂清李氏刻本　梅冷生題簽並記　一册

330000－1704－0000997　善000985　集部/别集類/清别集

六吉齋詩七卷　（清）鮑作雨撰　清抄本　一册

330000－1704－0000999　善000987　集部/詞類/别集之屬

雙翠軒詞稿一卷　卓孝復撰　稿本　梅冷生題記　卓孝復題簽　一册

330000－1704－0001000　善000988　集部/别集類/宋别集

白石詩集一卷詞集一卷（姜白石詩詞合刻）（宋）姜夔撰　清乾隆三十六年（1771）刻本　一册

330000－1704－0001002　善000990　集部/詞類/類編之屬

宋元人詞　（清）劉喜海輯　清抄本　八册　存二十四種

330000－1704－0001003　善000991　集部/詞類/别集之屬

花信樓詞稿一卷　（清）洪炳文撰　稿本　一册

330000－1704－0001004　善000992　集部/詞類/别集之屬

香嚴齋詞一卷　(清)龔鼎孳撰　**香嚴齋詞話一卷**　(清)彭孫遹等撰　清康熙十一年(1672)徐釚刻本　一册

330000－1704－0001005　善000993　集部/詞類/别集之屬
九畹閣詩餘三卷　(清)陸瑤林撰　清刻本　一册

330000－1704－0001006　善000994　集部/詞類/别集之屬
憶雲詞甲稾一卷乙稾一卷丙稾一卷丁稾一卷　(清)項廷紀撰　清道光武林鴻文齋姚氏刻本　一册

330000－1704－0001007　013538　經部/周禮類/傳説之屬
周禮正義八十六卷　(清)孫詒讓撰　清光緒三十一年(1905)鉛印本　十八册

330000－1704－0001008　002616　經部/周禮類/傳説之屬
周禮政要二卷　(清)孫詒讓撰　清光緒二十八年(1902)瑞安普通學堂刻本　二册

330000－1704－0001009　013763　經部/周禮類/傳説之屬
周禮政要二卷　(清)孫詒讓撰　清光緒二十八年(1902)瑞安普通學堂刻本　二册

330000－1704－0001010　013764　經部/周禮類/傳説之屬
周禮政要二卷　(清)孫詒讓撰　清光緒二十八年(1902)瑞安普通學堂刻本　戴炳驄批點　二册

330000－1704－0001011　013857　經部/周禮類/傳説之屬
周禮政要二卷　(清)孫詒讓撰　清光緒二十八年(1902)瑞安普通學堂刻本　二册

330000－1704－0001012　002615　經部/周禮類/傳説之屬
評點周禮政要二卷　(清)孫詒讓撰　清光緒二十九年(1903)鉛印本　二册

330000－1704－0001014　000003　史部/傳記類/總傳之屬/儒林
儒林宗派十六卷　(清)萬斯同撰　清宣統三年(1911)浙江圖書館刻本　二册

330000－1704－0001019　003502　經部/叢編
通志堂經解一百四十種　(清)納蘭成德輯　清康熙十九年(1680)納蘭成德刻本　四册　存一種

330000－1704－0001021　000010　新學/雜著/雜記
妖怪學講義録總論一卷　(日本)井上圓了撰　蔡元培譯　清光緒三十年(1904)紹興印書局鉛印本　一册

330000－1704－0001023　000012、000013、000014、000015　類叢部/叢書類/自著之屬
率祖堂叢書(金仁山先生遺書)八種附六種　(宋)金履祥撰　清雍正至乾隆金華金氏刻光緒十三年(1887)鎮海謝駿德補刻本　四册　存四種

330000－1704－0001026　006428　類叢部/叢書類/彙編之屬
武英殿聚珍版書一百三十八種　清乾隆武英殿木活字印本　三册　存一種

330000－1704－0001027　000016　史部/傳記類/總傳之屬/儒林
理學宗傳二十六卷　(清)孫奇逢撰　(清)魏一鼇等編　清光緒六年(1880)浙江書局刻本　十二册

330000－1704－0001029　002619　經部/周禮類/傳説之屬
周禮三家佚注一卷　(清)孫詒讓撰　清光緒二十年(1894)瑞安孫氏刻本　一册

330000－1704－0001030　002617　經部/周禮類/傳説之屬
周禮正義八十六卷　(清)孫詒讓撰　清光緒三十一年(1905)鉛印本　十二册

330000－1704－0001033　000522　經部/群

經總義類

讀書淺解四卷讀易淺解一卷 （清）史尊朱撰　清道光七年（1827）鄭耀廷刻本　一冊

330000－1704－0001035　000081　經部/易類/傳說之屬

周易擇言六卷 （清）鮑作雨撰　清同治三年（1864）瑞安項傅梅甌城刻本　六冊

330000－1704－0001036　000098　經部/易類/傳說之屬

周易擇言六卷 （清）鮑作雨撰　稿本　六冊

330000－1704－0001039　003533　經部/叢編

經苑二十五種 （清）錢儀吉輯　清道光至咸豐大梁書院刻同治七年（1868）王儒行等印本　一冊　存一種

330000－1704－0001042　005409　史部/地理類/雜志之屬

廣東新語二十八卷 （清）屈大均撰　清康熙三十九年（1700）刻本　十冊

330000－1704－0001045　006476　經部/詩類/逸詩之屬

逸詩一卷古逸詩一卷補亡詩一卷 （清）傅傳輯　清光緒六年（1880）東甌郭博古齋刻本　一冊

330000－1704－0001046　006477　經部/詩類/逸詩之屬

逸詩一卷古逸詩一卷補亡詩一卷 （清）傅傳輯　清光緒六年（1880）東甌郭博古齋刻本　一冊

330000－1704－0001047　善000570　類叢部/類書類/通類之屬

初學記三十卷 （唐）徐堅等輯　明嘉靖十三年（1534）晉府虛益堂刻本　楊紹廉題記並批校　十四冊

330000－1704－0001048　善000208　史部/傳記類/別傳之屬/年譜

一笑錄一卷 （明）王欽豫撰　清順治稿本　一冊

330000－1704－0001049　善000576　類叢部/類書類/通類之屬

群書考索前集六十六卷後集六十五卷續集五十六卷別集二十五卷 （宋）章如愚輯　明正德三年至十三年（1508－1518）劉洪慎獨書齋刻十六年（1521）重修本　八十冊　缺四卷（前集四十七至五十）

330000－1704－0001050　002618　經部/周禮類/傳說之屬

周禮三家佚注一卷 （清）孫詒讓撰　清光緒二十年（1894）瑞安孫氏刻本　一冊

330000－1704－0001051　善000589　集部/總集類/選集之屬/通代

歷代文選十四卷 （明）凌雲翼輯　明嘉靖四十年（1561）宋守志等刻本　一冊

330000－1704－0001052　善000559　子部/雜著類/雜纂之屬

樗庵日鈔不分卷問古新編□□卷 （清）周天錫編　清康熙稿本　三冊　存四卷（問古新編七至十）

330000－1704－0001053　善000571　類叢部/類書類/通類之屬

初學記三十卷 （唐）徐堅等輯　明嘉靖十年（1531）安國桂坡館刻本　二十八冊　缺二卷（二十九至三十）

330000－1704－0001054　善000231　史部/傳記類/總傳之屬/家乘

孫氏世系表一卷 （清）孫鏘鳴撰　稿本　一冊

330000－1704－0001055　善000077　經部/小學類/文字之屬/字書

六書正義十二卷 （明）吳元滿編集　明萬曆三十三年（1605）刻本　十二冊

330000－1704－0001056　善000104　經部/小學類/音韻之屬/韻書

古今韻會舉要小補三十卷 （明）方日升編輯　明萬曆三十四年（1606）雲杜周士顯建陽刻本　二十四冊

330000－1704－0001057　002625　經部/周禮類/專著之屬

太平經國之書十一卷首一卷　(宋)鄭伯謙撰　清嘉慶刻本　四冊

330000－1704－0001058　善 000575　類叢部/類書類/通類之屬

古今合璧事類備要前集六十九卷後集八十一卷續集五十六卷　(宋)謝維新輯　**別集九十四卷外集六十六卷**　(宋)虞載輯　明嘉靖三十一年至三十五年(1552－1556)三衢夏相刻本　五十冊

330000－1704－0001059　善 000124　史部/紀傳類/正史之屬

後漢書九十卷　(南朝宋)范曄撰　(唐)李賢注　**志三十卷**　(晉)司馬彪撰　(南朝梁)劉昭注　明崇禎十六年(1643)毛氏汲古閣刻十七史本　清孫衣言批點並題記　十九冊　缺三十六卷(後漢書四至九、志一至三十)

330000－1704－0001060　善 000080　經部/小學類/文字之屬/字書/字典

六書故三十三卷六書通釋一卷　(宋)戴侗撰　清影印刻本　二十冊

330000－1704－0001061　善 000228　史部/傳記類/日記之屬

止庵日記一卷(清同治元年七月至閏八月、二年一月至三月)　(清)孫鏘鳴撰　稿本　一冊

330000－1704－0001062　善 000900　集部/別集類/清別集

花萼樓集六卷　(清)周天錫撰　清康熙刻本　一冊

330000－1704－0001064　善 000187　史部/傳記類/總傳之屬/人表

溫州氏族韻編不分卷　(清)孫衣言撰　稿本　清孫衣言、清孫詒讓、孫延釗批校　五冊

330000－1704－0001065　善 000618　集部/總集類/選集之屬/斷代

唐十二家詩四十九卷　(明)□□輯　明刻本　劉耀東跋　十二冊

330000－1704－0001066　013802　經部/周禮類/傳說之屬

周禮三家佚注一卷　(清)孫詒讓撰　清光緒二十年(1894)瑞安孫氏刻本　一冊

330000－1704－0001067　002622　經部/三禮總義類/名物制度之屬

九旗古義述一卷　(清)孫詒讓撰　清光緒二十八年(1902)瑞安孫氏刻本　一冊

330000－1704－0001068　善 000007　經部/易類/傳說之屬

干常侍易注疏證二卷　(晉)干寶注　(清)方成珪疏證　稿本　清孫詒讓校補　二冊

330000－1704－0001069　013695　經部/易類/傳說之屬

干常侍易注疏證一卷　(晉)干寶注　(清)方成珪疏證　清抄本　佚名過錄清孫詒讓校跋　一冊

330000－1704－0001070　善 000034　經部/周禮類/傳說之屬

周禮正義八十六卷　(清)孫詒讓撰　稿本　清費念慈跋並校　十五冊　存四十卷(一至十、二十六至三十九、四十四、五十至五十二、五十九、六十四至六十六、六十八至六十九、七十三、七十六至七十七、八十一至八十二、八十五)

330000－1704－0001072　002456　經部/禮記類/傳說之屬

禮記集解六十一卷尚書顧命解一卷　(清)孫希旦撰　清咸豐十年至同治七年(1860－1868)瑞安孫氏盤谷草堂刻本　張㭎批　十冊

330000－1704－0001073　005400　史部/地理類/方志之屬/郡縣志

[乾隆]馬巷廳志十八卷首一卷　(清)萬友正纂修　**馬巷廳志附錄三卷**　(清)黃家鼎纂　清光緒九年(1883)丁惠深刻十九年(1893)黃家鼎校補刻本　十冊

330000－1704－0001074　005390　史部/地理類/山川之屬/山志

武夷志畧四卷　(明)徐表然撰　明萬曆四十七年(1619)孫世昌刻本　四册

330000－1704－0001075　008985　子部/雜著類/雜纂之屬

諸子奇賞前集五十一卷後集六十卷　(明)陳仁錫輯評　明天啓三徑齋刻本　九册　存二十四卷(前集四至六、十三至十六、二十四至二十九、四十一至五十一)

330000－1704－0001077　005401　史部/地理類/方志之屬/郡縣志

[同治]淡水廳志十八卷　(清)陳培桂纂修　清同治十年(1871)刻本　八册

330000－1704－0001078　005415　史部/地理類/方志之屬/郡縣志

[光緒]石城縣志九卷首一卷末一卷　(清)蔣廷桂修　(清)陳蘭彬等纂　清光緒十八年(1892)刻本　六册　缺二卷(三至四)

330000－1704－0001079　000826　子部/宗教類/佛教之屬/總録

翻譯名義集二十卷　(宋)釋法雲編　清光緒四年(1878)金陵刻經處刻本　六册

330000－1704－0001080　005416　史部/地理類/方志之屬/郡縣志

[道光]陽江縣志八卷　(清)李澐等修　(清)區啓科等纂　(清)李應均增補　(清)胡瑃續纂　清道光二年(1822)刻本　六册

330000－1704－0001081　005420　史部/地理類/方志之屬/郡縣志

[同治]南海縣志二十六卷首一卷　(清)鄭夢玉修　(清)梁紹獻等纂　清同治十一年(1872)刻本　九册　缺三卷(首、一至二)

330000－1704－0001082　008988　集部/總集類/選集之屬/通代

文選六十卷　(南朝梁)蕭統輯　(唐)李善注　(清)何焯評　清江右文彬堂刻朱墨套印本　十六册

330000－1704－0001083　000824　子部/宗教類/佛教之屬/總録

翻譯名義集選一卷　(宋)釋法雲編　(清)□□輯　清同治十二年(1873)江北刻經處刻本　一册

330000－1704－0001085　005421　史部/地理類/方志之屬/郡縣志

[道光]南海縣志四十四卷首一卷末一卷　(清)潘尚楫等修　(清)鄧士憲等纂　**[同治]南海縣圖說二卷**　(清)鄒伯奇　(清)鄒璡　(清)羅照滄纂　清同治八年(1869)、十一年(1872)刻本　十三册　缺十卷(四至十三)

330000－1704－0001087　008986　集部/總集類/選集之屬/通代

文選六十卷　(南朝梁)蕭統輯　(唐)李善注　(清)何焯評　清雙桂堂刻朱墨套印本　十六册

330000－1704－0001088　008990　集部/總集類/選集之屬/通代

文選六十卷　(南朝梁)蕭統輯　(唐)李善注　(清)何焯評　清刻朱墨套印本　八册

330000－1704－0001091　005423　史部/地理類/方志之屬/郡縣志

[光緒]潮陽縣志二十二卷首一卷　(清)周恒重修　(清)張其䎖纂　清光緒十年(1884)刻本　五册

330000－1704－0001093　005440　史部/地理類/外紀之屬

使東述畧一卷使東雜詠一卷　(清)何如璋撰　清光緒刻本　一册

330000－1704－0001094　005441　子部/雜著類/雜記之屬

談瀛録六卷　(清)袁祖志撰　清光緒十七年(1891)上海同文書局石印本　一册

330000－1704－0001095　005442　史部/地理類/外紀之屬

日本國志四十卷首一卷　(清)黃遵憲輯　清

光緒二十四年(1898)上海圖書集成印書局鉛印本　四册

330000－1704－0001099　005426　史部/地理類/防務之屬/海防
瓊管山海圖説二卷　(明)顧可久撰　清光緒十六年(1890)陳坤如不及齋刻本　二册

330000－1704－0001100　008987　集部/總集類/選集之屬/通代
文選六十卷　(南朝梁)蕭統輯　(唐)李善注　清同治八年(1869)金陵書局刻本　十册

330000－1704－0001101　005424　史部/地理類/方志之屬/郡縣志
[光緒]嘉應州志三十二卷首一卷　(清)吳宗焯　(清)李慶榮修　(清)溫仲和纂　清光緒二十七年(1901)刻本　十二册　存三十卷(首、一至二十九)

330000－1704－0001102　005445　史部/地理類/遊記之屬/紀行
丙午日本遊記一卷附錄一卷　程淯撰　清光緒三十三年(1907)鉛印本　一册

330000－1704－0001103　005446　史部/地理類/遊記之屬/紀行
東游日記一卷　(清)黃慶澄撰　清光緒十年(1884)刻本　一册

330000－1704－0001104　005447　史部/地理類/雜志之屬
談瀛錄四卷　(清)王之春撰　清光緒六年(1880)刻本　二册

330000－1704－0001106　005448　史部/地理類/外紀之屬
日本地理兵要十卷　姚文棟撰　清光緒十年(1884)同文館鉛印本　八册

330000－1704－0001108　005425　史部/地理類/方志之屬/郡縣志
[光緒]新寧縣志二十六卷首一卷　(清)何福海　(清)鄭守昌修　(清)林國賡　(清)黃榮熙纂　清光緒十九年(1893)刻本　十二册　缺八卷(十九至二十六)

330000－1704－0001110　008989　集部/總集類/選集之屬/通代
重訂文選集評十五卷首一卷末一卷　(清)于光華輯　清乾隆五十一年(1786)金閶書業堂刻本　八册

330000－1704－0001111　005428　史部/地理類/方志之屬/郡縣志
[光緒]海陽縣志四十六卷首一卷　(清)盧蔚猷修　(清)吳道鎔纂　清光緒二十六年(1900)刻本　十二册

330000－1704－0001112　005435　史部/地理類/雜志之屬
蒙古游牧記十六卷　(清)張穆撰　清同治六年(1867)壽陽祁氏刻本　四册

330000－1704－0001113　005436　史部/地理類/遊記之屬/紀行
越南游歷記一卷　嚴璩等撰　清光緒三十一年(1905)鉛印本　一册

330000－1704－0001114　005429　史部/地理類/方志之屬/郡縣志
[乾隆]南澳志十二卷　(清)齊翀纂修　清乾隆四十八年(1783)刻本　二册

330000－1704－0001115　000828　史部/目録類/專録之屬
閱藏知津四十四卷總目四卷　(清)釋智旭輯　清光緒十八年(1892)金陵刻經處刻本　十册

330000－1704－0001118　005449　史部/地理類/遊記之屬/紀行
斐洲遊記四卷　(英國)施登萊撰　(清)虛白齋主口譯　鄒弢筆錄　清光緒二十六年(1900)上海中西書室鉛印本　二册

330000－1704－0001119　005461　史部/地理類/輿圖之屬/全國
大清中外壹統輿圖(皇朝中外壹統輿圖)三十一卷首一卷　(清)鄒世詒　(清)晏啟鎮編　(清)李廷簫　(清)汪士鐸增訂　清同治二年(1863)刻本　十册　缺十卷(南一至三、北十

四至二十）

330000－1704－0001120　005438　新學/史志/別國史

俄國新志八卷　（英國）陔勒低撰　（英國）傅蘭雅　（清）潘松譯　清光緒二十四年（1898）上海製造總局刻本　三冊

330000－1704－0001122　005459　史部/地理類/外紀之屬

五洲圖考不分卷　（清）龔柴　（清）許彬撰　清光緒二十四年（1898）上海徐家滙印書館鉛印本　張組成題簽　四冊

330000－1704－0001123　005452　史部/地理類/外紀之屬

大唐西域記十二卷　（唐）釋玄奘譯　（唐）釋辯機撰　清宣統元年（1909）常州天寧寺刻本　四冊

330000－1704－0001124　005453　史部/地理類/遊記之屬/紀行

出使英法義比四國日記六卷（清光緒十六年正月十一日至十七年二月三十日）　（清）薛福成撰　清光緒二十年（1894）孫谿校經堂刻本　六冊

330000－1704－0001125　005462　史部/地理類/輿圖之屬/全國

大清中外壹統輿圖（皇朝中外壹統輿圖）三十一卷首一卷　（清）鄒世詒　（清）晏啟鎮編　（清）李廷簫　（清）汪士鐸增訂　清同治二年（1863）刻本　三十一冊　缺一卷（北二十）

330000－1704－0001126　005454　史部/傳記類/日記之屬

英軺日記十二卷（清光緒二十八年三月至八月）　載振撰　清光緒二十九年（1903）上海文明編譯書局石印本　四冊

330000－1704－0001127　005465　史部/地理類/雜志之屬

浙江全省輿圖並水陸道里記不分卷　（清）宗源瀚等纂　清光緒二十年（1894）石印本　二十冊

330000－1704－0001128　005466　史部/地理類/輿圖之屬/郡縣

江蘇全省輿圖不分卷　（清）諸可寶編　清光緒二十一年（1895）江蘇書局刻本　三冊

330000－1704－0001129　000829　子部/宗教類/佛教之屬/總録

一切經音義二十五卷　（唐）釋玄應撰　**補訂新譯大方廣佛華嚴經音義二卷**　（唐）釋慧苑撰　**華嚴經音義敘錄一卷**　（清）臧庸輯　**刻華嚴經音義校勘記一卷**　（清）曹籀撰　清同治八年（1869）武林張氏寶晉齋刻本　四冊

330000－1704－0001130　000835　子部/宗教類/佛教之屬/經疏

大方廣佛華嚴經疏鈔會本二百二十卷　（唐）釋實叉難陀譯　（唐）釋澄觀撰　清刻本　五十九冊　缺四卷（八十九至九十二）

330000－1704－0001131　005569　史部/金石類/郡邑之屬/雜著

江寧金石記八卷待訪目二卷　（清）嚴觀撰　清宣統二年（1910）江楚編譯書局刻本　二冊

330000－1704－0001132　005470　史部/地理類/總志之屬

李氏歷代輿地沿革圖校勘記一卷　（清）惲毓嘉等撰　清光緒十四年（1888）毘陵惲氏家塾刻本　二冊

330000－1704－0001133　005471　史部/地理類/雜志之屬

臺灣輿圖不分卷　（清）夏獻綸等纂　清光緒福建臺灣道刻本　二冊

330000－1704－0001135　005483　史部/金石類/總志之屬

金石索十二卷首一卷　（清）馮雲鵬　（清）馮雲鵷輯　清光緒十九年（1893）上海積山書局石印本　二十四冊

330000－1704－0001136　005485　史部/金石類/石之屬/文字

小蓬萊閣金石文字十卷　（清）黄易輯　清道光十四年（1834）石墨軒刻本　四冊　缺二卷

（故廬江太守范府君之碑附殘石、武梁祠像唐搨本）

330000－1704－0001137　005463　史部/地理類/外紀之屬
地理志畧一卷　（美國）戴德江撰　清光緒七年（1881）美華書院鉛印本　一册

330000－1704－0001138　005464　史部/地理類/輿圖之屬
皇輿全圖一卷　（清）鄒伯奇繪　清同治十三年（1874）馮焌光刻本　一册

330000－1704－0001139　005486　史部/金石類/總志之屬
金石萴一卷　（清）馮承輝撰　清嘉慶二十三年（1818）雲間馮承輝刻本　一册

330000－1704－0001140　000845　子部/宗教類/佛教之屬/經疏
大方廣佛新華嚴經合論一百二十卷首一卷　（唐）釋實叉難陀譯　（唐）李通玄撰論　（唐）釋志寧釐經合論　清同治十一年（1872）金陵刻經處刻本　三十册

330000－1704－0001141　005478　史部/地理類/輿圖之屬/全國
歷代地理沿革圖一卷　（清）六嚴繪　（清）馬徵麟增輯　清同治十年（1871）金陵刻本　一册

330000－1704－0001142　005481　史部/金石類/總志之屬
金石續編二十一卷首一卷　（清）陸耀遹撰　（清）陸增祥校訂　清光緒十九年（1893）上海醉六堂石印本　八册

330000－1704－0001143　000844　子部/宗教類/佛教之屬/經
大方廣佛華嚴經八十卷　（唐）釋實叉難陀譯　清末刻本　二十册

330000－1704－0001144　005490　史部/金石類/石之屬/文字
隸釋二十七卷隸續二十一卷　（宋）洪適撰　清乾隆四十二年至四十三年（1777－1778）汪日秀樓松書屋刻本（隸續卷九至十原缺）　十二册

330000－1704－0001146　005479　史部/地理類/雜志之屬
廣東圖說九十二卷首一卷　（清）毛鴻賓等修　（清）桂文燦等纂　清同治刻本　十七册　缺四卷（六十四至六十七）

330000－1704－0001147　000846　子部/宗教類/佛教之屬/經
大方廣佛華嚴經八十卷　（唐）釋實叉難陀譯　**華嚴經普賢行願品一卷**　（唐）釋般若譯　**復菴和尚華嚴綸貫一卷**　（宋）釋復菴撰　**修華嚴懺九會請佛儀一卷**　（唐）釋慧覺錄　**華嚴普賢行願懺儀一卷**　（宋）釋淨源編集　清刻本　二十八册

330000－1704－0001149　005492　史部/金石類/總志之屬/圖像
求古精舍金石圖四卷　（清）陳經撰　清嘉慶二十三年（1818）烏程陳經說劍樓刻本　三册

330000－1704－0001151　005480　史部/地理類/雜志之屬
湖南全省輿圖說六卷　（清）彭言孝　（清）左學呂輯　清光緒二十三年（1897）刻本　一册　缺二卷（五至六）

330000－1704－0001152　005467　史部/地理類/山川之屬/水志
臨漳縣漳水圖經一卷　（清）姚柬之撰　清道光十七年（1837）刻本　一册

330000－1704－0001153　005497　史部/金石類/總志之屬/題跋
寶鴨齋題跋三卷　（清）徐樹鈞撰　清宣統二年（1910）宏文社石印本　一册

330000－1704－0001154　005505　史部/金石類/總志之屬/題跋
清儀閣題跋不分卷　（清）張廷濟撰　清光緒十九年（1893）丁立誠刻本　四册

330000－1704－0001155　005473　史部/地理類/總志之屬

歷代輿地沿革險要圖說一卷　楊守敬　饒敦秩撰　王尚德繪　清光緒二十四年(1898)上海文賢閣石印本　一冊

330000－1704－0001156　005491　史部/金石類/總志之屬

金石摘十卷　(清)陳善墀輯　清同治十年至光緒二年(1871－1876)瀏陽縣學之不求甚解齋刻本　十冊

330000－1704－0001157　005504　史部/金石類/總志之屬/題跋

清儀閣題跋不分卷　(清)張廷濟撰　清宣統蘇州振新書社石印本　二冊

330000－1704－0001158　005474　史部/地理類/輿圖之屬/郡縣

福建全省輿圖一卷　(清)傅以禮提調　(清)董毓琦　(清)顧芹會辦　(清)李藻測量　(清)保津繪圖　清光緒三十一年(1905)石印本　一冊

330000－1704－0001159　000851　子部/宗教類/佛教之屬/經

大方廣入如來智德不思議經一卷　(唐)釋實叉難陀譯　**大方廣佛華嚴經修慈分一卷**　(唐)釋提雲般若譯　**顯無邊佛土功德經一卷**　(唐)釋玄奘譯　**大方廣佛華嚴經不思議佛境界分一卷**　(唐)提雲般若譯　**大方廣如來不思議境界經一卷**　(唐)釋實叉難陀譯　**大方廣普賢所說經一卷**　(唐)釋實叉難陀譯　**莊嚴菩提心經一卷**　(後秦)釋鳩摩羅什譯　**佛說菩薩本業經一卷**　(三國吳)釋支謙譯　**大方廣佛華嚴經續入法界品一卷**　(唐)釋地婆訶羅譯　**佛說兜沙經一卷**　(漢)釋支婁迦讖譯　**大方廣菩薩十地經一卷**　(北魏)釋吉迦夜　(北魏)釋曇曜譯　清宣統二年(1910)常州天寧寺刻本　一冊

330000－1704－0001160　000849　子部/宗教類/佛教之屬/經疏

華嚴法界玄鏡三卷　(唐)釋澄觀撰　**注華嚴法界觀門一卷**　(唐)釋宗密撰　清光緒二十一年(1895)金陵刻經處刻本　一冊

330000－1704－0001161　005475　史部/地理類/總志之屬

歷代輿地沿革險要圖一卷　楊守敬　饒敦秩撰　清光緒五年(1879)東湖饒氏刻朱墨套印本　一冊

330000－1704－0001162　005510　史部/金石類/總志之屬/通考

重定金石契不分卷　(清)張燕昌撰　清光緒二十二年(1896)貴池劉氏聚學軒刻本　十四冊

330000－1704－0001163　005500　史部/金石類/總志之屬/文字

隨軒金石文字九種　(清)徐渭仁輯　清道光十七年(1837)、二十四年(1844)春暉堂刻本　四冊

330000－1704－0001164　005476　史部/地理類/總志之屬

歷代輿地沿革險要圖一卷　楊守敬　饒敦秩撰　清光緒五年(1879)饒氏刻三色套印本　一冊

330000－1704－0001165　004851　史部/地理類/方志之屬/郡縣志

[同治]續纂江寧府志十五卷首一卷　(清)蔣啟勛　(清)趙佑宸修　(清)汪士鐸等纂　清光緒六年(1880)刻十年(1884)印本　十二冊

330000－1704－0001166　005517　史部/金石類/總志之屬

八磚吟館刻燭集□□卷　(清)阮元輯　清末抄本　一冊

330000－1704－0001167　005477　史部/地理類/雜志之屬

廣東輿地全圖不分卷　(清)張人駿等撰　清光緒二十三年(1897)廣州石經堂石印本　二冊

330000－1704－0001168　005519　史部/金石類/總志之屬/圖像

金石屑四卷附編一卷　(清)鮑昌熙摹　清光緒二年至三年(1876－1877)鮑昌熙刻本

四册

330000－1704－0001169　000850　子部/宗教類/佛教之屬/經疏

大華嚴經略策一卷三聖圓融觀門一卷　(唐)釋澄觀撰　**答順宗心要法門一卷**　(唐)釋澄觀撰　(唐)釋宗密注　**原人論一卷**　(唐)釋宗密撰　**華嚴念佛三昧論一卷**　(清)彭紹升撰　清同治十三年(1874)雞園刻經處、光緒二十一年(1895)、二十三年(1897)金陵刻經處刻本　一册

330000－1704－0001171　005526　史部/金石類/總志之屬

金石萃編校字記一卷　羅振玉撰　清光緒十一年(1885)刻本　一册

330000－1704－0001172　005522　史部/金石類/總志之屬

金石契不分卷　(清)張燕昌撰　清乾隆四十一年(1776)刻本　三册

330000－1704－0001173　005527　史部/金石類/石之屬/目録

十二硯齋金石過眼録十八卷　(清)汪鋆輯　清同治十二年(1873)刻本　四册

330000－1704－0001176　005528　史部/金石類/總志之屬

九鐘精舍金石跋尾甲編一卷乙編一卷　吳士鑑撰　清宣統二年(1910)刻本　二册

330000－1704－0001177　005525　史部/金石類/總志之屬

金石索十二卷首一卷　(清)馮雲鵬　(清)馮雲鵷輯　清道光元年至十五年(1821－1835)紫琅馮氏邃古齋滋陽刻本　十二册

330000－1704－0001179　005530　史部/金石類/總志之屬

金石萃編補畧二卷　(清)王言撰　清光緒八年(1882)刻本　四册

330000－1704－0001180　005531　史部/金石類/總志之屬/文字

藝風堂金石文字目十八卷　繆荃孫撰　清光緒三十二年(1906)王先謙湖南刻本　八册

330000－1704－0001181　005533　史部/金石類/總志之屬

金石萃編一百六十卷　(清)王昶撰　清嘉慶十年(1805)青浦王氏經訓堂刻本　四十八册

330000－1704－0001182　005537　史部/金石類/郡邑之屬/文字

粵東金石略九卷首一卷附二卷　(清)翁方綱撰　清光緒十七年(1891)廣州石經堂書局影印本　四册

330000－1704－0001183　000871　子部/宗教類/佛教之屬/經

十住經六卷　(後秦)釋鳩摩羅什　(後秦)釋佛陀耶舍譯　清光緒十年(1884)常熟刻經處刻本　二册

330000－1704－0001185　000872　子部/宗教類/佛教之屬/經

佛說羅摩伽經四卷　(晉)釋聖堅譯　清宣統元年(1909)常熟刻經處刻本　一册

330000－1704－0001186　005546　史部/金石類/郡邑之屬

東甌金石志十二卷　(清)戴咸弼撰　(清)孫詒讓校補　清光緒九年(1883)郭博古齋刻本　張棡跋　四册

330000－1704－0001187　005540　史部/金石類/郡邑之屬/文字

粵東金石略九卷首一卷附二卷　(清)翁方綱撰　清乾隆三十六年(1771)刻本　二册

330000－1704－0001188　005532　史部/金石類/石之屬/文字

金薤琳琅二十卷　(明)都穆撰　**金薤琳琅補遺一卷**　(清)宋振譽撰　清乾隆四十三年(1778)汪萩洲刻本　四册

330000－1704－0001189　000869　子部/宗教類/佛教之屬/經

漸備一切智德經五卷　(晉)釋竺法護譯　清宣統二年(1910)常州天寧寺刻本　二册

330000－1704－0001190　005536　史部/金石類

行素草堂金石叢書　（清）朱記榮輯　清光緒吳縣朱氏刻十四年（1888）彙印本　三十一冊　存十七種

330000－1704－0001191　000870　子部/宗教類/佛教之屬/經疏

華嚴一乘十玄門一卷華嚴五十要問答二卷　（唐）釋智儼撰　清光緒二十二年（1896）金陵刻經處刻本　一冊

330000－1704－0001192　005547　史部/金石類/郡邑之屬

栝蒼金石志十二卷　（清）李遇孫輯　清道光十三年至十四年（1833－1834）刻本　四冊

330000－1704－0001194　005543　史部/金石類/總志之屬/文字

金石苑不分卷　（清）劉喜海輯　清道光二十八年（1848）劉氏刻本　六冊

330000－1704－0001196　005548　史部/金石類/郡邑之屬

栝蒼金石志十二卷　（清）李遇孫輯　清道光十三年至十四年（1833－1834）刻本　四冊

330000－1704－0001197　000866　子部/宗教類/佛教之屬

大方廣圓覺修多羅了義經二卷　（唐）釋佛陀多羅譯　清同治八年（1869）金陵刻經處刻本　一冊

330000－1704－0001198　005550　史部/金石類/郡邑之屬/文字

越中金石記十卷越中金石目二卷　（清）杜春生撰　清道光十年（1830）山陰杜春生詹波館刻本　八冊

330000－1704－0001199　000864　子部/宗教類/佛教之屬/經

觀佛三昧海經十卷　（南朝宋）釋佛陀跋陀羅譯　清光緒十七年（1891）金陵刻經處刻本　二冊

330000－1704－0001204　000863　子部/宗教類/佛教之屬/經疏

圓覺經析義疏四卷首一卷　（清）釋通理撰　清光緒三十三年（1907）揚州藏經院刻本　四冊

330000－1704－0001205　000860　子部/宗教類/佛教之屬/經疏

大方廣圓覺修多羅了義經近釋六卷　（明）釋通潤撰　清光緒十二年（1886）金陵刻經處刻本　二冊

330000－1704－0001208　000867　子部/宗教類/佛教之屬/經疏

大方廣佛華嚴經著述集要二十三種　（清）楊文會輯　清同治八年至民國六年（1869－1917）如臯刻經處、雞園刻經處、長沙刻經處、金陵刻經處等刻本　一冊　存一種

330000－1704－0001211　005564　史部/金石類/郡邑之屬/文字

濟州金石志八卷　（清）徐宗幹　（清）馮雲鵷輯　清道光二十五年（1845）閩中刻本　八冊

330000－1704－0001213　005565　史部/金石類/郡邑之屬/文字

常山貞石志二十四卷　（清）沈濤譔　清道光二十二年（1842）刻本　八冊

330000－1704－0001214　005570　史部/金石類/郡邑之屬/雜著

山右金石錄一卷　（清）夏寶晉撰　清光緒八年（1882）歸安石宗建古歡閣刻本　一冊

330000－1704－0001217　005566　史部/地理類/方志之屬/通志

［雍正］敕修浙江通志二百八十卷首三卷　（清）李衛　（清）嵇曾筠等修　（清）沈翼機　（清）傅王露等纂　清乾隆元年（1736）刻嘉慶十七年（1812）校補刻本　楊紹廉題簽　一冊

330000－1704－0001219　005571　史部/金石類/郡邑之屬

濟南金石志四卷　（清）馮雲鵷撰　清道光二十年（1840）刻本　四冊

330000－1704－0001220　000883　子部/宗教類/佛教之屬/經
大哀經八卷　(晉)釋竺法護譯　清宣統元年(1909)常州天寧寺刻本　二册

330000－1704－0001221　005572　史部/金石類/郡邑之屬/目録
安陽縣金石録十二卷　(清)武億　(清)趙希璜撰　清嘉慶二十四年(1819)鐵嶺貴泰刻本　四册

330000－1704－0001222　000884　子部/宗教類/佛教之屬/經
金光明經八卷　(隋)釋闍那崛多等譯　(隋)釋寶貴　(隋)釋志德合　清末刻本　二册

330000－1704－0001225　005575　史部/金石類/石之屬/文字
韓蘄王碑釋文一卷　(清)顧沅撰　清道光長洲顧氏刻本　一册

330000－1704－0001226　005551　史部/金石類/郡邑之屬/文字
中州金石記五卷　(清)畢沅撰　清光緒八年(1882)蛟川邵氏望三益齋刻本　楊紹廉批　一册

330000－1704－0001228　000888　子部/宗教類/佛教之屬/經
佛爲海龍王說法印經一卷佛說妙色王因緣經一卷　(唐)釋義淨譯　**右繞佛塔功德經一卷**　(唐)釋實叉難陀譯　**師子素馱娑王斷肉經一卷**　(唐)釋智嚴譯　**差摩婆帝受記經一卷**　(北魏)釋菩提留支譯　**師子莊嚴王菩薩請問經一卷**　(唐)釋那提譯　**中陰經二卷**　(晉)釋竺佛念譯　**佛說蓮華面經二卷**　(隋)釋那連提耶舍譯　**佛說三品弟子經一卷**　(三國吳)釋支謙譯　**佛說四輩經一卷**　(晉)釋竺法護譯　**佛說當來變經一卷過去佛分衛經一卷**　(晉)釋竺法護譯　**佛說法滅盡經一卷**　(南朝宋)□□譯　**佛說甚深大迴向經一卷**　(南朝宋)□□譯　**天王太子辟羅經一卷**　(晉)□□譯　清宣統三年(1911)常州天寧寺刻本　一册

330000－1704－0001231　005576　史部/金石類/郡邑之屬/文字
海東金石苑四卷　(清)劉喜海撰　清光緒七年(1881)衢州張德容二銘艸堂刻本　四册

330000－1704－0001233　000887　子部/宗教類/佛教之屬/經
持世經四卷　(後秦)釋鳩摩羅什譯　清宣統二年(1910)常州天寧寺刻本　一册

330000－1704－0001234　000889　子部/宗教類/佛教之屬/經
佛說離垢施女經一卷佛說阿闍世王女阿術達菩薩經一卷　(晉)釋竺法護譯　清光緒六年(1880)常熟刻經處刻本　一册

330000－1704－0001235　005562　史部/金石類/郡邑之屬
關中金石記八卷　(清)畢沅撰　**目録一卷**　(清)蔡錫棟編　**附記一卷**　(清)蔡汝霖輯　清光緒三十四年(1908)渭南嚴嶽蓮成都刻民國十四年(1925)補刻本　四册

330000－1704－0001236　000890　子部/宗教類/佛教之屬/經
寶女所問經四卷　(晉)釋竺法護譯　清宣統三年(1911)常州天寧寺刻本　一册

330000－1704－0001237　005583　史部/金石類/甲骨之屬/圖像
鐵雲藏龜不分卷　(清)劉鶚輯　清光緒二十九年(1903)褒殘守缺齋石印本　六册

330000－1704－0001238　000891　子部/宗教類/佛教之屬/經
悲華經十卷　(晉)釋曇無讖譯　清光緒四年(1878)金陵刻經處刻本　三册

330000－1704－0001239　000892　子部/宗教類/佛教之屬/經
大方廣寶篋經二卷　(南朝宋)釋求那跋陀羅譯　清宣統三年(1911)常州天寧寺刻本　一册

330000－1704－0001241　005577　史部/金石類/石之屬/目録

輿地碑記目四卷　(宋)王象之撰　清同治九年(1870)吳縣潘祖蔭滂喜齋刻本　二冊

330000－1704－0001245　000876　子部/宗教類/佛教之屬/經
諸法本無經三卷　(隋)釋闍那崛多譯　清宣統二年(1910)常州天寧寺刻本　一冊

330000－1704－0001246　000877　子部/宗教類/佛教之屬/經
得無垢女經一卷　(北魏)釋般若流支譯　**文殊師利所說不思議佛境界經二卷**　(唐)釋菩提留志等譯　清光緒六年(1880)常熟刻經處刻本　一冊

330000－1704－0001247　000878　子部/宗教類/佛教之屬/經
諸法無行經二卷　(後秦)釋鳩摩羅什譯　清末常州天寧寺刻本　一冊

330000－1704－0001250　005574　史部/地理類/方志之屬/郡縣志
[嘉慶]濬縣志二十二卷首一卷末一卷　(清)熊象階修　(清)武穆淳纂　清嘉慶七年(1802)刻本　一冊　存二卷(金石錄一至二)

330000－1704－0001252　005563　史部/金石類/郡邑之屬/雜著
湖北金石志十四卷　楊守敬撰　清光緒湖北通志局刻朱印本　十四冊

330000－1704－0001253　000882　子部/宗教類/佛教之屬/經
善思童子經二卷　(隋)釋闍那崛多譯　清宣統二年(1910)常州天寧寺刻本　一冊

330000－1704－0001254　000881　子部/宗教類/佛教之屬/經
大方廣三戒經三卷　(晉)釋曇無讖譯　清光緒五年(1879)常熟刻經處刻本　一冊

330000－1704－0001255　000880　子部/宗教類/佛教之屬/經
郁迦羅越問菩薩行經一卷幻士仁賢經一卷佛說決定毗尼經一卷　(晉)釋竺法護譯　清光緒六年(1880)常熟刻經處刻本　一冊

330000－1704－0001256　000879　子部/宗教類/佛教之屬/經
虛空孕菩薩經二卷　(隋)釋闍那崛多譯　**虛空藏菩薩經一卷**　(晉)釋佛陀耶舍譯　**虛空藏菩薩神咒呪經一卷**　(南朝宋)釋曇摩蜜多譯　清光緒五年(1879)姑蘇刻經處、八年(1882)常熟刻經處刻本　一冊

330000－1704－0001267　005558　史部/金石類/郡邑之屬/文字
兩浙金石志十八卷補遺一卷　(清)阮元撰　清道光四年(1824)廣州刻本　十二冊

330000－1704－0001268　005559　史部/金石類/郡邑之屬/文字
兩浙金石志十八卷補遺一卷　(清)阮元撰　清光緒十六年(1890)浙江書局刻本　楊紹廉校　十二冊

330000－1704－0001269　000911　子部/宗教類/佛教之屬
地藏菩薩本願經科注六卷首一卷　(清)釋靈椉輯　清光緒十一年(1885)杭州慧空經房刻本　笑禪題簽　六冊

330000－1704－0001272　000895　子部/宗教類/佛教之屬/經
持人菩薩所問經四卷　(晉)釋竺法護譯　清末常州天寧寺刻本　一冊

330000－1704－0001273　005766　史部/金石類/石之屬/義例
碑版文廣例十卷　(清)王芑孫撰　清道光二十一年(1841)長洲王氏刻本　四冊

330000－1704－0001274　005609　史部/金石類/金之屬/圖像
恒軒所見所藏吉金錄不分卷　(清)吳大澂輯　清光緒十一年(1885)吳大澂刻本　二冊

330000－1704－0001278　000894　子部/宗教類/佛教之屬/經
佛說大方廣十輪經八卷　(北涼)□□譯　清宣統三年(1911)常州天寧寺刻本　二冊

330000－1704－0001279　005618　史部/金

石類/錢幣之屬/圖像
吉金志存四卷 （清）李光庭撰 清咸豐九年（1859）刻本 四冊

330000－1704－0001280 000896 子部/宗教類/佛教之屬/經
阿差末菩薩經七卷 （晉）釋竺法護譯 清宣統三年（1911）常州天寧寺刻本 二冊

330000－1704－0001281 005611 史部/金石類/金之屬/圖像
陶齋吉金錄八卷 （清）端方撰 清光緒三十四年（1908）上海有正書局石印本 四冊

330000－1704－0001283 000898 子部/宗教類/佛教之屬/經
寶星陀羅尼經八卷 （唐）釋波羅頗迦羅密多羅譯 清宣統三年（1911）常州天寧寺刻本 二冊

330000－1704－0001284 005633 史部/金石類/金之屬/文字
歷代鐘鼎彝器款識法帖二十卷 （宋）薛尚功撰 清嘉慶二年（1797）儀徵阮元小琅環僊館刻本 四冊

330000－1704－0001285 005612 史部/金石類/金之屬/圖像
陶齋吉金續錄二卷 （清）端方撰 清宣統元年（1909）上海有正書局石印本 一冊

330000－1704－0001286 000899 子部/宗教類/佛教之屬/經
拔陂菩薩經一卷 題（漢）釋支婁迦讖譯 **無盡意菩薩經四卷** （南朝宋）釋智嚴 （南朝宋）釋寶雲譯 清光緒八年（1882）常熟刻經處刻本 一冊

330000－1704－0001288 000900 子部/宗教類/佛教之屬/經
善住意天子所問經二卷 （北魏）釋毗目智仙等譯 清光緒六年（1880）常熟刻經處刻本 一冊

330000－1704－0001290 000901 子部/宗教類/佛教之屬/經
思益梵天所問經四卷 （後秦）釋鳩摩羅什譯 清光緒五年（1879）金陵刻經處刻本 一冊

330000－1704－0001292 000902 子部/宗教類/佛教之屬/經
大方等大集賢護經五卷 （隋）釋闍那崛多 （隋）釋達摩笈多等譯 清同治十二年（1873）江北刻經處刻本 一冊

330000－1704－0001294 000903 子部/宗教類/佛教之屬/經
奮迅王問經二卷 （北魏）釋般若流支等譯 清末金陵刻經處刻本 一冊

330000－1704－0001295 000905 子部/宗教類/佛教之屬/經
佛說巨力長者所問大乘經三卷 （宋）釋智吉祥等譯 清光緒元年（1875）江北刻經處刻本 一冊

330000－1704－0001296 000904 子部/宗教類/佛教之屬/經
大方廣如來不思議境界經一卷 （唐）釋實叉難陀譯 **大方廣佛華嚴經修慈分一卷** （唐）釋提雲般若等譯 **佛華嚴入如來德智不思議境界經一卷** （隋）釋闍那崛多譯 清同治十三年（1874）雞園刻經處刻本 一冊

330000－1704－0001300 000906 子部/宗教類/佛教之屬/經
大乘大方等日藏經十卷 （隋）釋那連提耶舍譯 清宣統三年（1911）常州天寧寺刻本 四冊

330000－1704－0001301 000907 子部/宗教類/佛教之屬/經
大方等大集月藏經十卷 （隋）釋那連提耶舍譯 清光緒八年（1882）常熟刻經處刻本 三冊

330000－1704－0001303 000908 子部/宗教類/佛教之屬/經
佛說大方等要慧經一卷 （漢）釋安清譯 **彌勒菩薩所問本願經一卷** （晉）釋竺法護譯 **度一切諸佛境界智嚴經一卷** （南朝梁）釋僧

伽婆羅等譯　**佛遺日摩尼寶經一卷**　（漢）釋支婁迦讖譯　**佛説摩訶衍寶嚴經一卷**　（晉）□□譯　清光緒五年至六年（1879－1880）常熟刻經處、宣統二年（1910）常州天寧寺刻本　一冊

330000－1704－0001306　005637　史部/金石類/金之屬
嘯堂集古錄二卷　（宋）王俅撰　**嘯堂集古錄考異二卷**　（清）張蓉鏡考異　清嘉慶十七年（1812）鴛湖張氏醉經堂刻本　一冊　存二卷（嘯堂集古錄考異一至二）

330000－1704－0001307　005638　史部/金石類/金之屬
嘯堂集古錄二卷　（宋）王俅撰　**嘯堂集古錄考異二卷**　（清）張蓉鏡考異　清嘉慶十七年（1812）鴛湖張氏醉經堂刻本　二冊

330000－1704－0001308　005639　史部/金石類/金之屬
敬吾心室彝器款識不分卷　（清）朱善旂撰　清光緒三十四年（1908）平湖朱氏影印本　二冊

330000－1704－0001312　000912　子部/宗教類/佛教之屬/經
毘耶娑問經二卷　（北魏）釋瞿曇般若流支譯　清光緒六年（1880）常熟刻經處刻本　一冊

330000－1704－0001313　000913　子部/宗教類/佛教之屬/經
大乘頂王經一卷　（南朝陳）釋月婆首那譯　**大方等頂王經一卷**　（晉）釋竺法護譯　清宣統二年（1910）常州天寧寺刻本　一冊

330000－1704－0001314　000914　子部/宗教類/佛教之屬/經
勝鬘師子吼一乘大方便方廣經一卷　（南朝宋）釋求那跋陀羅譯　**勝鬘夫人會一卷**　（唐）釋菩提流志譯　清光緒二十二年（1896）金陵刻經處刻本　一冊

330000－1704－0001315　000915　子部/宗教類/佛教之屬/經
佛説大方等大集菩薩念佛三昧經十卷　（隋）釋達磨笈多譯　清宣統三年（1911）常州天寧寺刻本　二冊

330000－1704－0001316　005649　史部/金石類/金之屬
西清續鑑甲編二十卷附錄一卷　（清）王杰等纂修　清宣統三年（1911）上海商務印書館石印本　四十二冊

330000－1704－0001317　000916　子部/宗教類/佛教之屬/經
大集須彌藏經二卷　（隋）釋那連提耶舍（隋）釋法智譯　清光緒九年（1883）常熟刻經處刻本　一冊

330000－1704－0001318　000917　子部/宗教類/佛教之屬/經
大乘本生心地觀經八卷　（唐）釋般若等譯　清末刻本　二冊

330000－1704－0001320　005628、005629　史部/金石類/總志之屬/圖像
三古圖三種　（清）黄晟輯　明萬曆二十八年至三十年（1600－1602）吳萬化刻清乾隆十七年（1752）天都黄氏亦政堂印本　十七冊　存二種

330000－1704－0001321　000918　子部/宗教類/佛教之屬/經疏
勝鬘經寶窟十五卷　（唐）釋吉藏撰　清光緒二十六年（1900）金陵刻經處刻本　四冊

330000－1704－0001322　005667　史部/金石類/金之屬/文字
積古齋鐘鼎彝器款識十卷　（清）阮元　（清）朱為弼撰　清刻本　四冊

330000－1704－0001324　005668　史部/金石類/金之屬/文字
積古齋鐘鼎彝器款識十卷　（清）阮元　（清）朱為弼撰　清光緒五年（1879）武昌刻本　六冊

330000－1704－0001325　009689　集部/別集類/清別集

善卷堂四六十卷　(清)陸繁弨撰　(清)吳自高注　清道光二年(1822)刻本　四册

330000－1704－0001326　000920　子部/宗教類/佛教之屬/經
大方等大集經三十卷　(晉)釋曇無讖譯　清光緒七年至八年(1881－1882)常熟刻經處刻本　七册　缺四卷(九至十二)

330000－1704－0001327　009666　史部/傳記類/雜傳之屬
牧齋晚年家乘文一卷　(清)錢謙益撰　**錢牧翁先生年譜一卷**　(清)彭城退士撰　清宣統三年(1911)上海國學扶輪社鉛印本　一册

330000－1704－0001328　005624　史部/金石類/總志之屬/圖像
三古圖三種　(清)黃晟輯　明萬曆二十八年至三十年(1600－1602)吳萬化刻清乾隆十七年(1752)天都黃氏亦政堂印本　五册　存一種

330000－1704－0001330　000921　子部/宗教類/佛教之屬/經
大方便佛報恩經七卷　清同治十一年(1872)金陵刻經處刻本　二册

330000－1704－0001331　000919　子部/宗教類/佛教之屬/經
大方等大集賢護經四卷　(隋)釋闍那崛多　(隋)釋達摩笈多等譯　清同治十二年(1873)江北刻經處刻本　一册

330000－1704－0001332　005669　史部/金石類/金之屬/文字
積古齋鐘鼎彝器款識十卷　(清)阮元　(清)朱為弼撰　清光緒五年(1879)武昌刻本　六册

330000－1704－0001333　009620　集部/別集類/明別集
黃漳浦集五十卷首一卷目錄二卷　(明)黃道周撰　(清)陳壽祺重編　**漳浦黃先生年譜二卷**　(明)莊起儔編　清末鉛印本　八册

330000－1704－0001337　000923　子部/宗教類/佛教之屬/經
入定不定印經一卷不必定入定入印經一卷　(唐)釋義淨　(北魏)釋瞿曇般若流支譯　清宣統三年(1911)常州天寧寺刻本　一册

330000－1704－0001338　005793　史部/金石類/總志之屬/圖像
三古圖三種　(清)黃晟輯　明萬曆二十八年至三十年(1600－1602)吳萬化刻清乾隆十七年(1752)天都黃氏亦政堂印本　一册　存一種

330000－1704－0001341　005671　史部/金石類/錢幣之屬
錢録十六卷　(清)梁詩正等輯　清光緒二十年(1894)上海積山書局石印本　四册

330000－1704－0001343　006287　子部/小說家類/異聞之屬
閱微草堂筆記二十四卷　(清)紀昀撰　清光緒十七年(1891)上海廣百宋齋鉛印本　二册

330000－1704－0001344　005645　史部/金石類/總志之屬/文字
鐘鼎款識一卷　(宋)王厚之輯　清嘉慶七年(1802)阮氏積古齋影刻宋拓本　一册

330000－1704－0001345　005656　史部/金石類/金之屬/文字
從古堂款識學十六卷　(清)徐同柏撰　(清)徐士燕輯　清光緒三十二年(1906)蒙學報館石印本　四册

330000－1704－0001347　005648　史部/金石類/金之屬
西清古鑑四十卷錢録十六卷　(清)梁詩正　(清)蔣溥等纂修　清光緒十四年(1888)上海鴻文書局石印本　二十四册

330000－1704－0001348　005646　史部/金石類/總志之屬/文字
鐘鼎款識一卷　(宋)王厚之輯　清道光二十八年(1848)漢陽葉氏刻本　一册

330000－1704－0001349　005658　史部/金石類/金之屬/通考

寶盤銘釋文一卷　(清)陳介祺撰　清道光至咸豐刻本　一册

330000－1704－0001350　005674　史部/金石類/錢幣之屬
泉志十五卷　(宋)洪遵撰　清同治十三年至光緒元年(1874－1875)隸釋齋刻本　一册

330000－1704－0001351　009611　集部/別集類/明別集
新刻張太岳先生詩文集四十七卷　(明)張居正撰　清刻本　十三册　缺十二卷(一至六、十八至二十三)

330000－1704－0001352　005659　史部/金石類/金之屬
齊陳氏韶舞樂罍銘通釋二卷　(清)陳慶鏞撰　清道光二十六年(1846)光澤何秋濤一鐙書舍刻本　楊紹廉題記　一册

330000－1704－0001354　005640　史部/金石類/金之屬
長安獲古編二卷補編一卷　(清)劉喜海撰　清同治東武劉氏刻光緒三十一年(1905)丹徒劉鶚補刻本　二册

330000－1704－0001355　005635　史部/金石類/金之屬
長安獲古編二卷補編一卷　(清)劉喜海撰　清同治東武劉氏刻光緒三十一年(1905)丹徒劉鶚補刻本　一册

330000－1704－0001356　005660　史部/金石類/金之屬/文字
筠清館金石文字五卷　(清)吳榮光撰　清道光二十二年(1842)南海吳榮光筠清館刻本　五册

330000－1704－0001357　005675　史部/金石類/錢幣之屬/雜著
吉金所見録十六卷首一卷末一卷　(清)初尚齡撰　清嘉慶二十四年(1819)萊陽初氏古香書屋刻道光七年(1827)補刻本　四册

330000－1704－0001358　005661　史部/金石類/金之屬/文字
筠清館金石文字五卷　(清)吳榮光撰　清道光二十二年(1842)南海吳榮光筠清館刻本　五册

330000－1704－0001359　005689　史部/金石類/錢幣之屬/圖像
遯盦古泉存八卷　吳隱輯　清宣統元年(1909)西泠印社影印本　八册

330000－1704－0001360　000926　子部/宗教類/佛教之屬/經
大乘大集地藏十輪經十卷　(唐)釋玄奘譯　清光緒七年(1881)金陵刻經處刻本　二册

330000－1704－0001361　005662　史部/金石類/金之屬/圖像
兩罍軒彝器圖釋十二卷　(清)吳雲撰　清同治十一年(1872)刻本　四册

330000－1704－0001365　005679　史部/金石類/錢幣之屬/雜著
錢志新編二十卷　(清)張崇懿輯　清道光十年(1830)古婁尹湘酌春堂刻本　四册

330000－1704－0001367　005636　史部/金石類/金之屬/文字
歷代鐘鼎彝器款識法帖二十卷　(宋)薛尚功撰　清嘉慶二年(1797)儀徵阮元小琅環僊館刻本　一册

330000－1704－0001368　000927　子部/宗教類/佛教之屬/經
佛說無言童子經二卷　(晉)釋竺法護譯　清金陵刻經處刻本　一册

330000－1704－0001369　000928　子部/宗教類/佛教之屬/經
佛說造像量度經一卷解一卷續補一卷　(清)工布查布譯並撰　清同治十三年(1874)金陵刻經處刻本　一册

330000－1704－0001370　000931　子部/宗教類/佛教之屬/經
自在王菩薩經二卷　(後秦)釋鳩摩羅什譯　清光緒三十二年(1906)刻本　一册

330000－1704－0001371　005736　史部/金石類/郡邑之屬/目録

寰宇訪碑録十二卷　(清)孫星衍　(清)邢澍撰　清光緒九年(1883)江蘇書局刻本　四册

330000－1704－0001372　000930　子部/宗教類/佛教之屬/經

大樹緊那羅王所問經四卷　(後秦)釋鳩摩羅什譯　清宣統二年(1910)常州天寧寺刻本　一册

330000－1704－0001373　000929　子部/宗教類/佛教之屬/經

佛昇忉利天為母説法經三卷　(晉)釋竺法護譯　清宣統元年(1909)揚州藏經院刻本　一册

330000－1704－0001375　005707　史部/金石類/石之屬

昭陵碑攷十二卷　(清)孫三錫撰　清咸豐八年(1858)刻本　五册　缺二卷(五至六)

330000－1704－0001376　000932　子部/宗教類/佛教之屬/經

金光明最勝王經十卷　(唐)釋義淨譯　清同治十年(1871)常熟刻經處刻本　二册

330000－1704－0001377　005737　史部/金石類/郡邑之屬/目録

補寰宇訪碑録五卷失編一卷　清同治三年(1864)刻本　二册

330000－1704－0001379　000933　子部/宗教類/佛教之屬/經

諸佛要集經二卷　(晉)釋竺法護譯　**佛説菩薩投身飼餓虎起塔因緣經一卷**　(晉)釋法盛譯　**不思議光菩薩所説經一卷**　(後秦)釋鳩摩羅什譯　清光緒二十一年(1895)金陵刻經處刻本　一册

330000－1704－0001380　005665　史部/金石類/總志之屬/文字

十六長樂堂古器款識四卷　(清)錢坫撰　清嘉慶元年(1796)錢坫刻本　二册

330000－1704－0001381　000934　子部/宗教類/佛教之屬/經疏

維摩詰所説經註八卷　(後秦)釋鳩摩羅什譯　(後秦)釋僧肇注　清光緒十三年(1887)金陵刻經處刻本　二册

330000－1704－0001382　000935　子部/宗教類/佛教之屬/經

維摩詰所説經三卷　(後秦)釋鳩摩羅什譯　清同治九年(1870)金陵刻經處刻本　一册

330000－1704－0001383　005688　史部/金石類/總志之屬

金石圖説二卷　(清)牛運震集説　(清)褚峻摹圖　劉世珩編補　清光緒十九年至二十二年(1893－1896)貴池劉氏聚學軒刻本　四册

330000－1704－0001384　000936　子部/宗教類/佛教之屬/經疏

占察善惡業報經疏二卷　(隋)釋菩提登譯　(清)釋智旭述　**占察善惡業報經玄義一卷占察善惡業報經行法一卷**　(清)釋智旭輯　清同治七年(1868)清芬堂刻本　二册

330000－1704－0001391　005741　史部/金石類/石之屬

寶刻類編八卷　(宋)□□撰　清道光十八年(1838)東武劉氏十七樹梅花山館臨汀郡齋刻本　三册　缺二卷(七至八)

330000－1704－0001393　000939　子部/宗教類/佛教之屬/經

維摩詰所説經三卷　(後秦)釋鳩摩羅什譯　清同治九年(1870)杭州昭慶寺慧空經房刻本　一册

330000－1704－0001395　005735　史部/金石類/郡邑之屬/文字

山右石刻叢編四十卷　(清)胡聘之撰　清光緒二十五年至二十七年(1899－1901)刻本　三十二册

330000－1704－0001396　005703　史部/金石類/石之屬/通考

讀碑小箋一卷　羅振玉撰　清光緒十八年(1892)陸庵所著書本　楊紹廉跋　一册

330000－1704－0001398　000940　子部/宗教類/佛教之屬/諸宗
淨業初學須知一卷　(清)釋悟開撰　清光緒八年(1882)杭州昭慶寺慧空經房刻本　一册

330000－1704－0001399　000941　子部/宗教類/佛教之屬/經
佛説大阿彌陀經二卷　(宋)王日休校正　清刻本　一册

330000－1704－0001400　000942　子部/宗教類/佛教之屬/經
佛説阿彌陀經二卷　(三國吳)釋支謙譯　清光緒五年(1879)常熟刻經處刻本　一册

330000－1704－0001401　000943　子部/宗教類/佛教之屬/經疏
佛説阿彌陀經義疏一卷　(宋)釋元照撰　清光緒二十四年(1898)金陵刻經處刻本　一册

330000－1704－0001402　005705　子部/藝術類/書畫之屬
大瓢偶筆八卷鐵函齋書跋四卷附大瓢所論碑帖纂列總目備覽一卷　(清)楊賓撰　(清)楊霈輯　清道光二十七年(1847)鐵嶺楊霈粵東糧道署刻本　一册　存二卷(鐵函齋題跋一至二)

330000－1704－0001403　000951　子部/宗教類/佛教之屬/諸宗
阿彌陀佛四十八願頌一卷　(清)釋古崑頌　(清)釋維遐等録　清光緒十五年(1889)寧波西方寺戀西堂刻本　一册

330000－1704－0001404　005685　史部/金石類/石之屬
桐建訪碑記不分卷　清抄本　一册

330000－1704－0001406　000945　子部/宗教類/佛教之屬/經
無量壽如來會二卷　(唐)釋菩提流志譯　**説大乘無量壽莊嚴經一卷**　(宋)釋法賢譯　清光緒二十二年(1896)金陵刻經處刻本　一册

330000－1704－0001407　000946　子部/宗教類/佛教之屬/經
佛説無量清淨平等覺經三卷　(漢)釋支婁迦讖譯　清同治十年(1871)金陵刻經處刻本　一册

330000－1704－0001408　005710　史部/金石類/金之屬
建昭雁足鐙考二卷　(清)徐渭仁輯　清道光十七年(1837)刻本　一册

330000－1704－0001409　005768　史部/金石類/郡邑之屬
墨妙亭碑目攷二卷附攷一卷　(清)張鑑撰　清光緒十年(1884)江蘇書局刻本　二册

330000－1704－0001410　000947　子部/宗教類/佛教之屬/諸宗
徑中徑又徑四卷　(清)張師誠輯　清光緒二十九年(1903)揚州藏經院刻本　二册

330000－1704－0001411　005711　史部/金石類/總志之屬/題跋
枕經堂金石書畫題跋三卷　(清)方朔撰　清同治三年(1864)濟南刻本　一册

330000－1704－0001412　005770　史部/金石類/石之屬/義例
漢石例六卷　(清)劉寶楠録　清同治八年(1869)丁彥臣刻本　二册

330000－1704－0001413　005727　史部/金石類/石之屬/文字
石鼓文考釋不分卷　清抄本　梅冷生題簽　一册

330000－1704－0001414　005712　史部/金石類/金之屬/圖像
浣花拜石軒鏡銘集録二卷　(清)錢坫撰　清嘉慶二年(1797)刻本　一册

330000－1704－0001415　000948　子部/宗教類/佛教之屬/諸宗
雲棲法彙二十八種七十四卷　(明)釋袾宏撰　(明)王宇春等輯　清光緒二十三年至二十五年(1897－1899)金陵刻經處刻本　五册　存一種

330000－1704－0001416　005728　史部/金石類/石之屬/文字

周宣王石鼓文定本二卷　(清)劉凝撰　清康熙四十四年(1705)刻本　四冊

330000－1704－0001417　005771　子部/藝術類/書畫之屬/法帖

蘇米齋蘭亭考八卷　(清)翁方綱撰　清嘉慶刻本　一冊

330000－1704－0001420　005749　史部/金石類/郡邑之屬

蜀碑記十卷　(宋)王象之撰　清光緒八年(1882)樂道齋刻本　一冊

330000－1704－0001421　005750　史部/金石類/郡邑之屬

蜀碑記補十卷　(清)李調元撰　清光緒八年(1882)樂道齋刻本　一冊

330000－1704－0001422　005752　史部/金石類/郡邑之屬/文字

趙州石刻全錄三卷　(清)陳鐘祥輯　清同治元年(1862)刻本　三冊

330000－1704－0001425　005759　史部/金石類/石之屬/通考

陶齋藏石記四十四卷首一卷藏甎記二卷　(清)端方輯　清宣統二年(1910)上海商務印書館石印本　十二冊

330000－1704－0001426　005748　史部/金石類/石之屬

寶刻叢編二十卷　(宋)陳思纂　清道光吳式芬刻本　八冊

330000－1704－0001429　005730　史部/金石類/石之屬/文字

石鼓文釋存一卷補注一卷　(清)張燕昌撰　清光緒二十八年(1902)貴池劉氏刻本　二冊

330000－1704－0001430　005765　史部/金石類/石之屬/文字

思古齋雙鉤漢碑篆額三卷　(清)何澂輯　清光緒九年(1883)刻本　三冊

330000－1704－0001431　005746　史部/金石類/石之屬

樂毅論翻刻表不分卷　(清)翁方綱撰并書　清末影印本　一冊

330000－1704－0001432　005731　史部/金石類/郡邑之屬

荆南石刻三種雙鉤本一卷　(清)劉瀚輯　清光緒二十九年(1903)海天旭日硯齋刻朱印本　一冊

330000－1704－0001436　005774　史部/金石類/總志之屬

二銘艸堂金石聚十六卷　(清)張德容輯　清同治十一年(1872)衢州張氏二銘草堂刻本　十二冊　存十二卷(一至十二)

330000－1704－0001437　005733　集部/詩文評類

校補金石例四種十七卷　(清)李瑤輯　清道光十二年至十三年(1832－1833)李瑤泥活字印本　六冊

330000－1704－0001440　005784　史部/金石類/石之屬/通考

語石十卷　葉昌熾撰　清宣統元年(1909)葉氏刻本　四冊

330000－1704－0001441　005777　史部/金石類/總志之屬

金石圖說二卷　(清)牛運震集說　(清)褚峻摹圖　劉世珩編補　清光緒十九年至二十二年(1893－1896)貴池劉氏聚學軒刻本　四冊

330000－1704－0001442　005779　史部/金石類/總志之屬

金石索十二卷首一卷　(清)馮雲鵬　(清)馮雲鵷輯　清道光元年至十五年(1821－1835)紫琅馮氏邃古齋滋陽刻本　十二冊

330000－1704－0001443　005781　類叢部/叢書類/彙編之屬

蟫隱廬叢書十八種　羅振常編　清宣統二年至民國二十五年(1910－1936)上虞羅氏謄寫及鉛印本三十三年(1944)吳興周延年彙印本

一冊　存一種

330000－1704－0001444　005716　經部/叢編

省吾堂四種二十五卷　(清)蔣光弼輯　清刻本　一冊　存一種

330000－1704－0001445　000950　子部/宗教類/佛教之屬/經疏

佛說無量壽經義疏六卷　(三國魏)釋康僧鎧譯　(隋)釋慧遠疏　清光緒二十年(1894)金陵刻經處刻本　二冊

330000－1704－0001448　000956　子部/宗教類/佛教之屬/經

佛說觀無量壽佛經附圖頌一卷　(南朝宋)釋畺良耶舍譯　(明)釋傳燈圖並頌　清同治七年(1868)杭州昭慶寺慧空經房刻本　一冊

330000－1704－0001450　005795　史部/金石類/璽印之屬

周秦古鉨不分卷　吴隱輯　清光緒二十一年(1895)西泠印社鈐印本　二冊

330000－1704－0001451　000957　子部/宗教類/佛教之屬/經疏

佛說阿彌陀經疏鈔四卷　(明)釋袾宏撰　清光緒杭州昭慶寺慧空經房刻本　四冊

330000－1704－0001452　000958　子部/宗教類/佛教之屬/經疏

佛說摩訶阿彌陀經衷論不分卷　(清)魏源會譯　王耕心衷論　清光緒三十年(1904)刻本　一冊

330000－1704－0001458　000953　子部/宗教類/佛教之屬/諸宗

靈峰蕅益大師選定淨土十要十卷　(清)釋智旭撰　(清)釋成時評點節略　清刻本　一冊　存一種

330000－1704－0001463　005787　史部/金石類/玉之屬/圖像

宋淳熙敕編古玉圖譜一百卷　(宋)龍大淵等編　清乾隆四十四年(1779)歙縣江春康山草堂刻同治八年(1869)補刻本　二十九冊　存九十卷(一至十五、二十六至一百)

330000－1704－0001465　005720　經部/群經總義類/石經之屬/通考

歷代石經略二卷　(清)桂馥撰　清光緒九年(1883)海豐吳氏陳州郡齋刻本　二冊

330000－1704－0001466　000954　子部/宗教類/佛教之屬/諸宗

淨土承恩集一卷附錄一卷　(清)釋芳慧編　清光緒二年(1876)慧空經房刻本　一冊

330000－1704－0001467　005788　史部/金石類/玉之屬

古玉圖譜三十二卷　(宋)龍大淵等編纂　(宋)劉松年等寫圖　清乾隆三十六年至三十七年(1771－1772)余文儀刻本　八冊

330000－1704－0001469　005722　經部/群經總義類/石經之屬

石經考文提要十三卷　(清)彭元瑞撰　清嘉慶四年(1799)刻本　二冊

330000－1704－0001472　005842　經部/小學類/音韻之屬/等韻

李氏音鑑六卷首一卷　(清)李汝珍撰　清光緒十四年(1888)蘇州掃葉山房刻本　四冊

330000－1704－0001473　005843　經部/小學類/音韻之屬/等韻

李氏音鑑六卷首一卷　(清)李汝珍撰　清嘉慶十五年(1810)寶善堂刻同治七年(1868)木樨山房印本　四冊

330000－1704－0001475　005829　經部/小學類/文字之屬/字書/訓蒙

文字發凡四卷　(清)龍志澤編輯　清光緒三十一年(1905)上海廣智書局鉛印本　二冊

330000－1704－0001477　005724　經部/群經總義類/石經之屬

石經彙函四十五卷　王秉恩輯　清光緒十六年(1890)四川尊經書局刻本　十一冊　存十種

330000－1704－0001481　005847　經部/小

學類/音韻之屬

今韻三辨三種 (清)孫同元撰輯 清道光十九年至二十三年(1839－1843)刻本 三冊

330000－1704－0001483 005881 經部/小學類/文字之屬/字書/字典

六書系韻二十四卷首一卷檢字二卷 (清)李貞輯 清光緒十六年(1890)刻本 二十六冊

330000－1704－0001485 005848 經部/小學類/音韻之屬

四聲正誤一卷附反切法一卷 (清)謝思澤輯 清光緒二十一年(1895)刻本 一冊

330000－1704－0001487 005882 經部/小學類/音韻之屬/古今韻說

音學五書五種 (清)顧炎武撰 清光緒十六年(1890)思賢講舍刻本 十四冊

330000－1704－0001488 005852 經部/小學類/音韻之屬/韻書

韻辨附文五卷 (清)沈兆霖撰 清同治十一年(1872)刻本 五冊

330000－1704－0001489 005853 經部/小學類/音韻之屬/古今韻說

切字肆考不分卷 (清)張畊撰 清道光六年(1826)張畊芸心堂刻本 一冊

330000－1704－0001490 005854 類叢部/叢書類/自著之屬

橘蔭軒全集七種 (清)陳錦撰 清光緒山陰陳氏橘蔭軒刻本 一冊 存一種

330000－1704－0001491 005855 經部/小學類/音韻之屬/等韻

音學辨微一卷 (清)江永撰 清宣統元年(1909)上海國學保存會影印本 一冊

330000－1704－0001492 005859 子部/藝術類/音樂之屬/琴學

山門新語二卷 (清)周贇撰 清光緒十九年(1893)六聲草堂刻本 二冊

330000－1704－0001493 005860 經部/小學類/音韻之屬/等韻

五音韻譜正字二卷 (清)曾紀澤撰 清末刻本 二冊

330000－1704－0001496 005863 經部/小學類/文字之屬/字書/字典

經韻集字析解二卷全韻字數一卷 (清)熊守謙撰 (清)彭良敞集注 清光緒三年(1877)來鹿堂刻本 四冊

330000－1704－0001497 005864 經部/小學類/音韻之屬/韻書

詩韻辨字增注五卷 (清)張澐卿輯 清光緒七年(1881)張澐卿刻本 一冊

330000－1704－0001498 000973 子部/宗教類/佛教之屬/諸宗

淨土極信錄一卷厭離濁世思歸淨土文一卷附三卷 (清)釋戒香撰 清同治十年(1871)杭州昭慶寺經房刻光緒四年(1878)印本 一冊

330000－1704－0001499 005866 經部/小學類/音韻之屬

述均十卷 (清)夏燮撰 清咸豐五年(1855)番陽官廨刻本 二冊

330000－1704－0001500 005867 經部/小學類/音韻之屬

切音捷訣一卷附幼學切音便讀一卷 (清)酈珩輯 清光緒六年(1880)諸暨摭古堂刻本 一冊

330000－1704－0001503 005870 經部/小學類/音韻之屬

韻字略十二卷 (清)毛謨撰 清光緒元年(1875)刻本 二冊

330000－1704－0001507 005874 經部/小學類/音韻之屬/音韻

字類標韻六卷古詩通叶韻一卷 (清)華綱輯 清光緒元年(1875)肄江王氏刻本 一冊 缺一卷(古詩通叶韻)

330000－1704－0001508 005887、006445 經部/詩類/文字音義之屬

毛詩古音攷五卷屈宋古音義三卷 (明)陳第編輯 **屈宋古音義三卷** (明)陳第撰 清光

緒六年(1880)武昌張裕釗刻本　六冊

330000－1704－0001509　005876　經部/小學類/音韻之屬

韻字急就篇十卷　(清)迮鶴壽編　(清)沈懋悳輯　清咸豐元年(1851)蓬萊山房刻本　五冊

330000－1704－0001510　005877　經部/小學類/音韻之屬

形聲類篇四卷末一卷　(清)丁履恒撰　清末丁同方抄本　一冊

330000－1704－0001514　000961　子部/宗教類/佛教之屬/諸宗

龍舒淨土文十卷　(宋)王日休撰　**龍舒淨土文卷首一卷**　(明)釋袾宏等撰　**龍舒淨土文卷末一卷**　(宋)劉章等撰　清光緒二十四年(1898)東甌頭陀山妙智禪寺刻本　一冊

330000－1704－0001515　005883　經部/小學類/音韻之屬/古今韻說

音學五書五種　(清)顧炎武撰　清刻本　十二冊

330000－1704－0001518　000962　子部/宗教類/佛教之屬/諸宗

淨土聖賢錄九卷　(清)彭希涑撰　**淨土聖賢錄續編四卷**　(清)胡珽撰　**種蓮集一卷**　(清)陳本仁輯　清光緒元年(1875)錢塘許靈虛刻本　三冊　存九卷(一至九)

330000－1704－0001519　005837　經部/小學類/文字之屬/字書

小學答問一卷　章炳麟撰　清宣統元年(1909)刻本　一冊

330000－1704－0001520　005884　經部/小學類/音韻之屬/古今韻說

音學五書五種　(清)顧炎武撰　清光緒十一年(1885)四明觀稼樓刻本　十二冊

330000－1704－0001522　005885　經部/小學類/音韻之屬/古今韻說

音學五書五種　(清)顧炎武撰　清刻本　十五冊　存四種

330000－1704－0001534　005894　經部/小學類/音韻之屬/古今韻說

古韻通說二十卷　(清)龍啟瑞撰　清光緒九年(1883)四川尊經書局刻本　四冊

330000－1704－0001535　005822　經部/小學類/訓詁之屬/方言

廣續方言四卷　程先甲輯　清光緒二十三年(1897)木活字印本　二冊

330000－1704－0001538　005915、005968　經部/小學類/叢編

姚氏叢刻(姚刻三韻)三種三十卷　(清)姚覲元輯　清光緒二年(1876)歸安姚覲元川東官舍刻本　二十四冊　存二種

330000－1704－0001539　000967　子部/宗教類/佛教之屬/諸宗

淨土聖賢錄九卷　(清)彭希涑撰　**淨土聖賢錄續編四卷**　(清)胡珽撰　**種蓮集一卷**　(清)陳本仁輯　清光緒元年(1875)錢塘許靈虛刻本　二冊　缺九卷(一至九)

330000－1704－0001540　005897　經部/小學類/音韻之屬/韻書

元韻譜五十四卷首一卷　(明)喬中和撰　清康熙三十年(1691)石渠閣刻本　十六冊

330000－1704－0001541　000968　子部/宗教類/佛教之屬/諸宗

淨土生無生論會集不分卷　(明)釋傳燈撰　(清)釋達默集　清道光二十九年(1849)刻本　一冊

330000－1704－0001542　005916　經部/小學類/音韻之屬/韻書

集韻攷正十卷　(清)方成珪撰　清抄本　十冊

330000－1704－0001544　005823　經部/小學類/訓詁之屬/方言

方言釋字一卷　(清)汪汲輯　清同治二年(1863)刻本　一冊

330000－1704－0001549　000969　子部/宗教類/佛教之屬/諸宗

龍舒增廣淨土文十二卷 (宋)王日休撰 清同治八年(1869)刻本 二册

330000－1704－0001550 005901 經部/小學類/音韻之屬/古今韻說

古今韻略五卷 (清)邵長蘅撰 清康熙三十五年(1696)商丘宋犖刻本 五册

330000－1704－0001551 005868 經部/小學類/文字之屬/字書/字典

經韻集字析解二卷全韻字數一卷 (清)熊守謙撰 (清)彭良敞集注 清道光十三年(1833)河南撫署刻本 二册

330000－1704－0001553 005856 經部/小學類/音韻之屬/韻書

詩韻異同辨五卷 (清)彭元瑞撰 (清)任以治等輯 清乾隆五十二年(1787)刻本 二册

330000－1704－0001554 000970 子部/宗教類/佛教之屬/諸宗

淨土隨學二卷 (清)釋古崑輯 清光緒元年(1875)杭州昭慶寺慧空經房刻本 一册

330000－1704－0001556 005919 經部/小學類/音韻之屬/韻書

集韻十卷 (宋)丁度等撰 清康熙四十五年(1706)揚州使院刻嘉慶十九年(1814)桐城方葆巖補刻本 十册

330000－1704－0001557 000971 子部/宗教類/佛教之屬/諸宗

淨土隨學前集二卷後集四卷 (清)釋古崑輯 清光緒十三年(1887)杭州瑪瑙經房刻本 一册 存四卷(後集一至四)

330000－1704－0001559 000972 子部/宗教類/佛教之屬/諸宗

淨土證心集三卷 (清)釋曉柔撰 清光緒元年(1875)古杭昭慶寺刻本 一册

330000－1704－0001564 005920 經部/小學類/音韻之屬/韻書

古今韻會舉要三十卷禮部韻略七音三十六母通攷一卷 (元)黃公紹撰 (元)熊忠舉要 清刻朱印本 十册

330000－1704－0001568 000974 子部/宗教類/佛教之屬/諸宗

靈峰蕅益大師選定淨土十要十卷 (清)釋智旭輯 (清)釋成時評點節略 清同治六年(1867)刻本 四册

330000－1704－0001569 005925 經部/小學類/音韻之屬/韻書

韻歧五卷 (清)江昱撰 清光緒七年(1881)刻本 二册

330000－1704－0001570 005905 經部/小學類/叢編

姚氏叢刻(姚刻三韻)三種三十卷 (清)姚覲元輯 清光緒二年(1876)歸安姚覲元川東官舍刻本 四册 存一種

330000－1704－0001571 000975 子部/宗教類/佛教之屬/諸宗

西歸行儀一卷 (清)釋古崑輯 清同治刻本 一册

330000－1704－0001572 000976 子部/宗教類/佛教之屬/諸宗

徹悟禪師遺稿二卷 (清)釋際醒撰 (清)釋了亮 (清)釋了梅等輯 清同治七年(1868)刻本 一册

330000－1704－0001573 000977 子部/宗教類/佛教之屬/諸宗

上品資糧一卷 (清)釋古崑輯 清光緒杭州昭慶寺慧空經房刻本 一册

330000－1704－0001574 005928 經部/小學類/音韻之屬

詩雙聲疊韻譜一卷 (清)鄧廷楨撰 清道光十八年(1838)刻本 一册

330000－1704－0001575 005963 經部/小學類/訓詁之屬/群雅

駢雅訓纂十六卷首一卷 (明)朱謀㙔撰 (清)魏茂林訓纂 清光緒二十年(1894)上海積山書局石印本 七册

330000－1704－0001576 005964 經部/小學類/訓詁之屬/群雅

別雅五卷 （清）吳玉搢撰 清道光二十九年（1849）小蓬萊山館刻本 四册

330000－1704－0001577 005965 經部/小學類/訓詁之屬/群雅
拾雅二十卷 （清）夏味堂撰 清嘉慶二十四年（1819）夏氏遂園刻本 十册

330000－1704－0001578 005966 經部/群經總義類/文字音義之屬
經籍籑詁一百六卷補遺一百六卷首一卷 （清）阮元撰 清嘉慶十七年（1812）揚州阮元琅嬛仙館刻本 四十八册

330000－1704－0001579 005930 經部/小學類/音韻之屬/韻書
廣韻五卷 （宋）陳彭年等重修 清道光三十年（1850）新化鄧氏邵州東山精舍刻本 三册

330000－1704－0001583 005949 經部/小學類/訓詁之屬/爾雅
爾雅三卷 （晉）郭璞注 （唐）陸德明音義 清光緒十二年（1886）湖北官書處刻本 戴家祥過錄王國維批校 三册

330000－1704－0001584 005936 經部/小學類/文字之屬
小學鉤沈三十九種附六種合十九卷 （清）任大椿撰 （清）王念孫校 清光緒十年（1884）龍氏刻本 二册

330000－1704－0001586 005931 經部/小學類/訓詁之屬/字詁
字說一卷 （清）吳大澂撰 清光緒十九年（1893）長沙思賢講舍刻本 一册

330000－1704－0001587 005906 經部/小學類/音韻之屬/韻書
佩文詩韻釋要五卷 （清）周兆基輯 （清）朱蘭重輯 清刻本 一册

330000－1704－0001588 005929 經部/小學類/文字之屬/說文/專著
許氏說文解字雙聲疊韻譜一卷 （清）鄧廷楨撰 清道光十八年（1838）刻本 一册

330000－1704－0001589 005908 經部/小學類/音韻之屬/韻書
佩文詩韻釋要五卷 （清）周兆基輯 清光緒十八年（1892）浙江書局刻本 一册

330000－1704－0001591 005909 經部/小學類/音韻之屬/韻書
廣韻校刊札記一卷玉篇校刊札記一卷 （清）鄧顯鶴撰 清刻本 楊紹廉批校 一册

330000－1704－0001592 005933 經部/四書類/總義之屬/文字音義
四書字詁七十八卷檢字一卷 （清）段謌廷撰 （清）黄本驥編訂 清道光二十九年（1849）刻本 八册 存三十三卷（三至二十、二十七至二十九、六十三至七十、七十五至七十八）

330000－1704－0001593 005935 經部/群經總義類/文字音義之屬
羣經字詁七十二卷檢字一卷 （清）段謌廷撰 （清）黄本驥編訂 清道光二十九年（1849）黔陽楊氏刻本 八册 存三十三卷（二十七至三十二、三十六至三十八、四十九至七十二）

330000－1704－0001595 005910 經部/小學類/音韻之屬
古韻溯原八卷 （清）安念祖 （清）華湛恩輯 清道光十九年（1839）親仁堂刻本 三册 缺二卷（一至二）

330000－1704－0001596 005977 經部/小學類/文字之屬/字書/字典
大廣益會玉篇三十卷 （南朝梁）顧野王撰 （唐）孫強增字 （宋）陳彭年等重修 **玉篇校刊札記一卷** （清）鄧顯鶴撰 清道光三十年至咸豐元年（1850－1851）新化鄧顯鶴東山精舍刻本 四册

330000－1704－0001598 005937 經部/小學類/訓詁之屬/字詁
增注字詁義府合按 （清）黄承吉輯 清光緒三年（1877）歙西黄氏刻本 四册

330000－1704－0001599 005951 經部/小

學類/訓詁之屬/群雅
新刻爾雅翼三十二卷　(宋)羅願撰　清刻本　四冊

330000－1704－0001600　005950　經部/小學類/訓詁之屬/爾雅
爾雅郭注義疏二十卷　(清)郝懿行撰　清光緒十年(1884)榮縣蜀南閣刻本　六冊　缺八卷(中一至八)

330000－1704－0001603　005913　經部/小學類/音韻之屬/韻書
唐寫本唐韻殘卷二卷　(唐)孫愐撰　清光緒三十四年(1908)影印本　一冊

330000－1704－0001604　005959　經部/小學類/訓詁之屬/群雅
續廣雅三卷　(清)劉燦輯　(清)王堃訂　清道光二十五年(1845)鄞邑陸鑑刻本　二冊

330000－1704－0001605　005940　經部/小學類/訓詁之屬/爾雅
爾雅正義二十卷　(清)邵晉涵撰　**爾雅釋文三卷**　(唐)陸德明撰　清乾隆五十三年(1788)邵氏面水層軒刻本　一冊

330000－1704－0001606　005952　經部/小學類/訓詁之屬/爾雅
爾雅郭注義疏二十卷　(清)郝懿行撰　清咸豐六年(1856)蘇州胡珽刻本　八冊

330000－1704－0001608　005942　經部/小學類/訓詁之屬/爾雅
爾雅直音二卷　(清)孫偘輯　清嘉慶十五年(1810)彬蔚齋刻本　一冊

330000－1704－0001610　005953　經部/小學類/訓詁之屬/方言
輶軒使者絕代語釋別國方言十三卷首一卷　(漢)揚雄撰　(晉)郭璞注　**續方言二卷**　(清)杭世駿撰　**續方言補一卷**　(清)程際盛撰　清光緒十七年(1891)長沙思賢講舍刻本　楊紹廉題記　三冊

330000－1704－0001612　005961　經部/小學類/訓詁之屬/群雅
廣雅疏證十卷　(清)王念孫撰　清光緒五年(1879)淮南書局刻本　八冊

330000－1704－0001613　005943　經部/小學類/訓詁之屬/爾雅
爾雅蒙求二卷　(清)李拔式撰　清嘉慶三年(1798)姑蘇七映堂刻本　二冊

330000－1704－0001615　005962　經部/小學類/訓詁之屬/爾雅
爾雅疏十卷　(宋)邢昺等撰　清光緒四年(1878)吳興陸氏十萬卷樓刻本　戴家祥過錄王國維題記　二冊

330000－1704－0001616　005944　經部/小學類/訓詁之屬/爾雅
爾雅郭註補正九卷　(清)戴鎣撰　清光緒十一年(1885)海陽韓氏刻本　三冊

330000－1704－0001617　005955　經部/小學類/訓詁之屬/爾雅
爾雅正義二十卷　(清)邵晉涵撰　**爾雅釋文三卷**　(唐)陸德明撰　清乾隆五十三年(1788)餘姚邵氏面水層軒刻本　六冊

330000－1704－0001619　005954　經部/小學類/訓詁之屬/爾雅
爾雅正義二十卷　(清)邵晉涵撰　**爾雅釋文三卷**　(唐)陸德明撰　清刻本　八冊

330000－1704－0001621　000987　子部/宗教類/佛教之屬/諸宗
重訂西方公據二卷　(清)彭紹升輯　清光緒四年(1878)金陵刻經處刻本　一冊

330000－1704－0001622　000988　子部/宗教類/佛教之屬/諸宗
西方要決釋疑通規一卷　題(唐)釋窺基撰　清末金陵刻經處刻本　一冊

330000－1704－0001623　005945　經部/小學類/訓詁之屬/群雅
小爾雅疏證五卷　(清)葛其仁撰　清道光十九年(1839)歙學署刻本　一冊

330000－1704－0001624　006026　經部/小

學類/文字之屬/字書/古文
通俗文一卷 (漢)服虔造 清嘉慶四年(1799)甘泉林慰曾刻本 一册

330000－1704－0001626 000989 子部/宗教類/佛教之屬/諸宗
西歸直指四卷首一卷 (清)周夢顔輯 清光緒十二年(1886)金陵刻經處刻本 一册

330000－1704－0001627 000989－1 子部/宗教類/佛教之屬/論疏
大乘起信論直解二卷 (明)釋德清撰 清光緒十六年(1890)金陵刻經處刻本 一册

330000－1704－0001628 005946 經部/小學類/訓詁之屬/群雅
小爾雅疏八卷 (清)王煦撰 清嘉慶五年(1800)鑿翠山莊刻本 一册

330000－1704－0001632 006023 經部/小學類/文字之屬/字書/字體
六書通十卷 (明)閔齊伋撰 (清)畢弘述篆訂 清光緒刻本 六册

330000－1704－0001633 000990 子部/宗教類/佛教之屬/諸宗
修西輯要一卷 (清)釋信庵輯 清光緒十年(1884)江北刻經處刻本 一册

330000－1704－0001634 000991 子部/宗教類/佛教之屬/經疏
佛説觀無量壽佛經疏四卷 (唐)釋善導撰 清光緒二十年(1894)金陵刻經處刻本 二册

330000－1704－0001635 006024 經部/小學類/文字之屬/字書/字體
六書通十卷 (明)閔齊伋撰 (清)畢弘述篆訂 清光緒刻本 五册

330000－1704－0001636 005998 經部/小學類/文字之屬
字學三種 (清)傅雲龍輯 清同治十三年(1874)德清傅雲龍味腴山館刻本 一册

330000－1704－0001637 006025 經部/小學類/文字之屬/字書/字體
隸篇十五卷續十五卷再續十五卷金石目一卷部目一卷字目一卷 (清)翟云升撰 清道光十七年至十八年(1837－1838)五經歲徧齋刻本 十册

330000－1704－0001638 005983 經部/小學類/文字之屬/字書/字典
復古編二卷 (宋)張有撰 **曾樂軒稿一卷** (宋)張維撰 **安陸集一卷** (宋)張先撰 清光緒八年(1882)淮南書局刻本 三册

330000－1704－0001640 006000 經部/小學類/文字之屬/字書/字典
通俗字林辨證五卷 (清)唐壎輯 清咸豐六年(1856)錫山丁氏刻本 二册

330000－1704－0001641 005978 經部/群經總義類/文字音義之屬
十三經集字摹本不分卷分畫便查一卷韻有經無各字摘錄一卷 (清)彭玉雯撰 清道光二十九年(1849)江右彭氏刻本 四册 缺二卷(分畫便查、韻有經無各字摘錄)

330000－1704－0001642 002492 史部/地理類/專志之屬/祠墓
永嘉王氏宗祠紀事一卷 (清)王心一 (清)王玉 (清)王壬輯 清道光十年(1830)永嘉王氏刻本 一册

330000－1704－0001643 005987 經部/小學類/文字之屬/字書/訓蒙
倉頡篇校證三卷補遺一卷 (清)梁章鉅撰 清光緒五年(1879)梁氏刻民國十年(1921)蘇州寶華山房印本 二册

330000－1704－0001644 010869 集部/總集類/氏族之屬
姑媳雙貞詩一卷 (清)曾希輅編 清道光二十二年(1842)刻本 一册

330000－1704－0001646 008706 集部/別集類/清別集
蚓吹集一卷 (清)郁豫撰 清瑞安項氏水仙亭抄本 一册

330000－1704－0001647 005991 經部/小

學類/文字之屬/字書
臨文便覽七卷 (清)毛昶熙輯 清光緒二年(1876)松林齋刻本 二冊

330000－1704－0001650 008502 集部/別集類/清別集
茶話軒詩集二卷 (清)陳舜咨撰 清咸豐六年至八年(1856－1858)樂清董氏刻本 二冊

330000－1704－0001651 006007 經部/小學類/文字之屬/説文/傳説
説文古籀疏證六卷原目一卷 (清)莊述祖撰 清光緒十一年(1885)刻本 四冊

330000－1704－0001652 006035 經部/小學類/文字之屬/字書/字體
隸韻十卷碑目一卷 (宋)劉球撰 **碑目攷證一卷隸韻攷證二卷** (清)翁方綱撰 清嘉慶十五年(1810)秦恩復刻本 六冊

330000－1704－0001653 005948 經部/小學類/訓詁之屬/爾雅
爾雅補郭二卷 (清)翟灝撰 清刻本 一冊

330000－1704－0001655 006008 經部/小學類/文字之屬/字書/字體
鐘鼎字源五卷附録一卷 (清)汪立名撰 清康熙五十五年(1716)錢塘汪立名一隅草堂刻本 四冊

330000－1704－0001657 005970－1 經部/小學類/文字之屬/字書
字學舉隅不分卷 (清)黄本驥 (清)龍啟瑞撰 清光緒十三年(1887)上海鴻文書局石印本 一冊

330000－1704－0001658 006009 經部/小學類/文字之屬/字書/字體
鐘鼎字源五卷附録一卷 (清)汪立名撰 清康熙五十五年(1716)錢塘汪立名一隅草堂刻嘉慶十五年(1810)印本 一冊

330000－1704－0001659 010306 集部/別集類/清別集
一粟軒詩集二卷文集四卷 (清)鮑臺撰 清末抄本 五冊 存五卷(詩集一至二、文集一至二、四)

330000－1704－0001660 005970 經部/小學類/文字之屬/字書
字學舉隅續編不分卷 (清)黄本驥 (清)龍啟瑞撰 清光緒北京秀文齋刻本 二冊

330000－1704－0001662 005957 經部/小學類/訓詁之屬/群雅
埤雅二十卷 (宋)陸佃撰 清康熙刻本 四冊

330000－1704－0001664 006037 經部/小學類/文字之屬/字書/字體
六書分類十二卷首一卷 (清)傅世垚輯 清康熙四十四年(1705)聽松閣刻本 六冊 存十一卷(首、一至六、九至十二)

330000－1704－0001665 005958 經部/小學類/訓詁之屬/群雅
埤雅二十卷 (宋)陸佃撰 清康熙刻本 四冊

330000－1704－0001666 006010 經部/小學類/文字之屬/字書/字體
名原二卷 (清)孫詒讓撰 清光緒刻本 孫延杲校 一冊

330000－1704－0001667 000994 子部/宗教類/佛教之屬/諸宗
寶王三昧念佛直指二卷 (明)釋妙叶輯 清光緒十七年(1891)杭州佛經流通處鉛印本 一冊

330000－1704－0001668 009662 集部/別集類/清別集
湛園未定藁六卷 (清)姜宸英撰 清宣統二年(1910)寧波汲綆齋書局、上海國學扶輪社石印本 六冊

330000－1704－0001669 006010－1 經部/小學類/文字之屬/字書/字體
名原二卷 (清)孫詒讓撰 清光緒刻本 一冊

330000－1704－0001672 006013 子部/藝

術類/書畫之屬/書法書品
隸法彙纂十卷 （清）項懷述編　清乾隆五十一年（1786）小西山房刻本　四冊

330000－1704－0001674　006011　經部/小學類/文字之屬/字書/字典
六書故三十三卷六書通釋一卷 （宋）戴侗撰　清乾隆四十九年（1784）西蜀李鼎元師竹齋刻本　十三冊　存二十七卷（六書故七至三十三）

330000－1704－0001675　000997　子部/宗教類/佛教之屬/諸宗
樂邦文類五卷 （宋）釋宗曉輯　清刻本　五冊

330000－1704－0001676　005992　經部/小學類/文字之屬/字書/字典
字鑑五卷 （元）李文仲撰　清末抄本　楊紹廉題簽並校　陳墩校　五冊

330000－1704－0001679　006036　經部/小學類/文字之屬/字書/字體
隸辨八卷 （清）顧藹吉撰　清刻本　八冊

330000－1704－0001681　006042、006083　經部/小學類/文字之屬/字書
新附字考重文彙列一卷 （清）楊調元輯　抄本　二冊

330000－1704－0001683　006043　子部/宗教類/佛教之屬/總録
一切經音義二十五卷 （唐）釋玄應撰　**補訂新譯大方廣佛華嚴經音義二卷** （唐）釋慧苑撰　**華嚴經音義敘錄一卷** （清）臧庸輯　**刻華嚴經音義校勘記一卷** （清）曹籀撰　清同治八年（1869）武林張氏寶晉齋刻本　戴家祥過錄王國維批校　四冊　存二十七卷（一至二十五、補訂新譯大方廣佛華嚴經音義一至二）

330000－1704－0001684　006030　經部/小學類/文字之屬/說文/專著
六書假借經徵四卷 （清）朱駿聲撰　清光緒十八年（1892）元和朱氏金陵刻本　三冊

330000－1704－0001685　006040　經部/群經總義類/文字音義之屬
經典釋文三十卷 （唐）陸德明撰　**經典釋文攷證三十卷** （清）盧文弨撰　清同治八年（1869）湖北崇文書局刻本　十二冊

330000－1704－0001693　006019　經部/小學類/文字之屬/字書/通論
集漢隸分韻七卷 （元）□□撰　清乾隆三十七年（1772）九沙萬氏辨志堂刻本　二冊

330000－1704－0001694　005990　經部/小學類/文字之屬/字書/字體
佩觿三卷 （宋）郭忠恕撰　清刻本　一冊

330000－1704－0001695　006034　子部/儒家類/儒家之屬
御製勸善要言一卷 （清）世祖福臨撰　清刻本　一冊

330000－1704－0001696　000998　子部/宗教類/佛教之屬/諸宗
重梓歸元直指集三卷 （五代）釋宗本撰　清同治十年（1871）杭省昭慶禪寺慧空經房刻本　三冊

330000－1704－0001697　001002　子部/宗教類/佛教之屬/諸宗
西歸直指五卷 （清）周夢顏輯　清宣統三年（1911）溫州頭陀山妙智寺刻本　一冊

330000－1704－0001702　006056　經部/小學類/文字之屬/說文
說文通訓定聲十八卷分部柬韻一卷說雅一卷古今韻準一卷 （清）朱駿聲撰　（清）朱鏡蓉參訂　**行述一卷** （清）朱孔彰撰　清道光二十九年（1849）刻咸豐元年（1851）朱孔彰臨嘯閣補刻本　二十六冊

330000－1704－0001705　001005　子部/宗教類/佛教之屬/諸宗
持名四十八法一卷 （清）鄭韋庵撰　**戒殺四十八問一卷** （清）周思仁撰　**體仁要術一卷** （清）彭紹升　（清）薛起鳳撰　清光緒刻本　一冊

330000－1704－0001706　005979　史部/金石類/石之屬/文字

金石文字辨異十二卷　(清)邢澍撰　清嘉慶十五年(1810)刻本　六册

330000－1704－0001708　001006　子部/宗教類/佛教之屬/經

佛説無量壽經二卷　(三國魏)釋康僧鎧譯　清同治十三年(1874)金陵刻經處刻本　一册

330000－1704－0001709　001008　子部/宗教類/佛教之屬/諸宗

永明禪師念佛訣一卷禪淨平心論一卷獨讚淨土論一卷　(清)釋古崑摘錄　**天如禪師淨土或問一卷**　(元)釋惟則撰　清光緒十年(1884)杭州昭慶寺慧空經房刻本　一册　存一卷(永明禪師念佛訣)

330000－1704－0001710　006050　經部/小學類/文字之屬/説文

説文解字注十五卷附六書音韻表五卷　(清)段玉裁撰　**説文部目分韻一卷**　(清)陳煥編　清同治七年(1868)丁日昌蘇州刻本　十五册　缺五卷(六書音均表一至五)

330000－1704－0001711　006057　經部/小學類/文字之屬/説文/傳説

説文解字句讀三十卷　(清)王筠撰　清刻本　十六册

330000－1704－0001712　006020　經部/小學類/文字之屬/字書/字體

汗簡七卷　(宋)郭忠恕撰　清康熙四十二年(1703)錢唐汪立名一隅艸堂刻本　三册

330000－1704－0001713　006055　經部/小學類/文字之屬/説文

説文通訓定聲十八卷分部柬韻一卷説雅一卷古今韻準一卷　(清)朱駿聲撰　(清)朱鏡蓉參訂　**行述一卷**　(清)朱孔彰撰　清道光二十九年(1849)刻咸豐元年(1851)朱孔彰臨嘯閣補刻本　二十四册

330000－1704－0001714　006051　經部/小學類/文字之屬/説文

説文解字十五卷標目一卷　(漢)許慎撰　(宋)徐鉉等校定　清同治十三年(1874)東吳浦氏刻本　三册

330000－1704－0001715　006076　類叢部/叢書類/自著之屬

王菉友著述九種　(清)王筠撰　清道光至咸豐刻本　二册　存一種

330000－1704－0001716　006002　經部/群經總義類/文字音義之屬

經字異同四十八卷　(清)張維屏輯　清光緒五年(1879)清泉精舍刻本　六册

330000－1704－0001717　006021　經部/小學類/文字之屬/字書/字體

古籀拾遺三卷附宋政和禮器文字考一卷　(清)孫詒讓撰　清光緒十四年至十六年(1888－1890)刻本　一册

330000－1704－0001718　005999　經部/小學類/文字之屬/字書/字典

龍龕手鑑四卷　(遼)釋行均撰　清刻本　五册

330000－1704－0001719　006052　經部/小學類/文字之屬/説文

説文解字十五卷標目一卷　(漢)許慎撰　(宋)徐鉉等校定　清嘉慶十二年(1807)額勒布藤花榭刻本　八册

330000－1704－0001720　005995　經部/小學類/文字之屬/字書/訓蒙

倉頡篇三卷　(清)孫星衍輯　清刻本　一册

330000－1704－0001721　006077　經部/小學類/文字之屬/説文

繫傳四十卷　(南唐)徐鍇撰　(南唐)朱翺反切　**校勘記三卷**　(清)苗夔等撰　清光緒二年(1876)平江吳氏刻本　十册

330000－1704－0001722　006022　類叢部/叢書類/彙編之屬

古逸叢書二十六種　(清)黎庶昌編　清光緒八年至十年(1882－1884)黎庶昌日本東京使署影刻本　楊紹廉題記　一册　存一種

330000－1704－0001723　001007　子部/宗教類/佛教之屬/諸宗

淨土古佚十書　金陵刻經處編　清光緒十九年至民國三年(1893－1914)金陵刻經處刻本　一册　存一種

330000－1704－0001724　006078　經部/小學類/文字之屬/說文

繫傳四十卷　(南唐)徐鍇撰　(南唐)朱翺反切　**附錄一卷**　(清)朱文藻編　清乾隆四十七年(1782)新安汪啓淑刻本　六册

330000－1704－0001726　001010　子部/宗教類/佛教之屬/諸宗

蓮宗十一祖往生正傳一卷　(清)釋悟開編　清光緒三十年(1904)溫州劉慶潤經房刻本　一册

330000－1704－0001728　005985　經部/小學類/文字之屬/字書/字體

干祿字書一卷　(唐)顔元孫撰　(清)余集書　清嘉慶十年(1805)仁和龔麗正刻本　一册

330000－1704－0001729　006079　類叢部/叢書類/自著之屬

雷刻四種　(清)雷浚輯　清光緒二年至十年(1876－1884)吳縣雷氏刻本　四册　存二種

330000－1704－0001730　006053　經部/小學類/文字之屬/說文

說文解字十五卷標目一卷　(漢)許慎撰　清光緒七年(1881)淮南書局刻本　楊紹廉校　六册

330000－1704－0001733　006080　經部/小學類/文字之屬/說文

說文蠡箋十四卷　(清)潘奕雋撰　清同治十三年(1874)吳縣潘氏三松堂刻本　一册

330000－1704－0001734　006054　經部/小學類/文字之屬/說文

說文解字十五卷標目一卷　(漢)許慎撰　清光緒七年(1881)淮南書局刻本　六册

330000－1704－0001735　001013　子部/宗教類/佛教之屬/諸宗

淨業染香集一卷　(清)釋悟靈輯　清道光十七年(1837)紅螺山資福寺了梅刻本　一册

330000－1704－0001736　006081　類叢部/叢書類/自著之屬

千一齋全書　程先甲撰　清光緒至民國江寧程氏千一齋刻本　一册　存一種

330000－1704－0001738　006059　經部/小學類/文字之屬/說文

羣經不見說文之字一卷　(清)□□撰　稿本　一册

330000－1704－0001739　006060　經部/小學類/文字之屬/說文

說文徐氏未詳說一卷　(清)許溎祥輯　清光緒十六年(1890)海寧許氏古均閣刻本　一册

330000－1704－0001740　006082　經部/小學類/文字之屬/說文/傳說

說文解字斠詮十四卷　(清)錢坫撰　清光緒九年(1883)淮南書局刻本　十二册

330000－1704－0001741　006061　經部/小學類/文字之屬/說文/傳說

段氏說文注訂八卷　(清)鈕樹玉撰　清道光三年(1823)吳縣鈕樹玉非石居刻同治五年(1866)碧螺山館補刻本　一册

330000－1704－0001742　006062　類叢部/叢書類/自著之屬

校經廎全書　(清)李富孫撰　清嘉慶嘉興李氏刻本　四册　存一種

330000－1704－0001744　001015　子部/宗教類/佛教之屬/諸宗

蓮修必讀一卷　(清)釋觀如輯　清光緒十二年(1886)揚州藏經院刻本　一册

330000－1704－0001745　009667　集部/别集類/明别集

秉燭齋文集初刻一卷續刻一卷　(明)顧大韶撰　清宣統元年(1909)國學扶輪社鉛印本　二册

330000－1704－0001746　001016　子部/宗

教類/佛教之屬/諸宗
蓮社備覽一卷 （清）□□輯 清同治六年(1867)廣陵藏經院刻本 一册

330000－1704－0001747 001017 子部/宗教類/佛教之屬/諸宗
蓮修起信錄六卷首一卷 （清）程兆鸞錄 清光緒二十二年(1896)江北刻經處刻本 一册

330000－1704－0001751 004921 史部/地理類/方志之屬/郡縣志
[光緒]溧陽縣續志十六卷末一卷 （清）朱畯等修 （清）馮煦等纂 清光緒二十五年(1899)木活字印本 八册

330000－1704－0001752 006073 經部/小學類/文字之屬/說文
說文逸字辨證二卷 （清）鄭珍撰 （清）李楨辨證 清光緒十一年(1885)善化李氏畹蘭室刻本 二册

330000－1704－0001754 006106 經部/小學類/文字之屬/說文/專著
許氏說文解字雙聲疊韻譜一卷 （清）鄧廷楨撰 清光緒九年(1883)上海同文書局石印本 一册

330000－1704－0001755 006107 經部/小學類/文字之屬/字書/訓蒙
文字蒙求四卷 （清）王筠撰 清光緒十三年(1887)梁谿浦氏刻本 一册

330000－1704－0001757 006074 經部/小學類/文字之屬/說文
說文通檢十四卷首一卷末一卷 （清）黎永椿撰 清光緒二年(1876)崇文書局刻本 二册

330000－1704－0001761 001028 子部/宗教類/佛教之屬/經疏
楞伽阿跋多羅寶經註解四卷 （南朝宋）釋求那跋多羅譯 （明）釋宗泐 （明）释如玘注 清光緒四年(1878)長沙刻經處刻本 四册

330000－1704－0001764 001029 子部/宗教類/佛教之屬/經
楞伽阿跋多羅寶經四卷 （南朝宋）釋求那跋陀羅譯 清同治九年(1870)金陵刻經處刻本 二册

330000－1704－0001765 001030 子部/宗教類/佛教之屬/經疏
入楞伽心玄義一卷 （唐）釋法藏撰 清光緒十八年(1892)金陵刻經處刻本 一册

330000－1704－0001773 001667 子部/宗教類/道教之屬
悟真直指二卷 （清）劉一明撰 清光緒六年(1880)上海翼化堂刻本 一册

330000－1704－0001775 006115 類叢部/叢書類/家集之屬
績溪胡氏叢書十種 （清）胡培系編 清同治十年至光緒二年(1871－1876)世澤樓刻本暨木活字印本 一册 存一種

330000－1704－0001776 006151 經部/小學類
小學類編六種附三種合五十九卷 （清）李祖望編 清咸豐至光緒江都李氏半畝園刻本 八册 存八種

330000－1704－0001777 006114 類叢部/叢書類/家集之屬
績溪胡氏叢書十種 （清）胡培系編 清同治十年至光緒二年(1871－1876)世澤樓刻本暨木活字印本 一册 存二種

330000－1704－0001778 006142 經部/小學類/文字之屬/說文/專著
說文古籀補十四卷補遺一卷附錄一卷 （清）吳大澂撰 清光緒二十四年(1898)刻本 戴家祥過錄王國維批 二册

330000－1704－0001779 006110 經部/小學類/文字之屬/字書/訓蒙
文字蒙求廣義四卷 （清）王筠撰 （清）蒯光典補注 清光緒二十七年(1901)江楚書局刻本 五册

330000－1704－0001780 006143 經部/小學類/文字之屬/說文/傳說
說文段注撰要九卷 （清）馬壽齡撰 清光緒

九年(1883)金陵胡氏愚園刻本　四冊

330000－1704－0001782　006144　經部/小學類/文字之屬/説文
王氏説文三種一百三卷　(清)王筠撰　清道光至咸豐刻同治四年(1865)彙印本　十冊　存一種

330000－1704－0001783　006152　經部/叢編
許學叢刻九種九卷　(清)許頌鼎　(清)許溎祥輯　清光緒十三年(1887)海寧許氏古均閣刻本　四冊

330000－1704－0001784　006116　經部/小學類/説文之屬
文字存真二種十五卷　(清)饒炯撰　清光緒三十年(1904)資州饒氏達古軒刻本　四冊

330000－1704－0001787　006118　類叢部/叢書類/自著之屬
石遺室叢書十九種　陳衍撰　清光緒至民國刻本　一冊　存一種

330000－1704－0001788　006119　經部/小學類/文字之屬/説文/傳説
段氏説文注訂八卷　(清)鈕樹玉撰　清同治十三年(1874)湖北崇文書局刻本　二冊

330000－1704－0001789　006120　經部/小學類/文字之屬/説文
説文新附攷六卷續攷一卷　(清)鈕樹玉撰　清同治十三年(1874)湖北崇文書局刻本　二冊

330000－1704－0001791　006153　經部/小學類/文字之屬/字書/字典
字彙十二集首一卷末一卷韻法直圖一卷　(明)梅膺祚撰　**韻法横圖一卷**　(明)李世澤撰　清尺木堂刻本　十四冊　缺一卷(末)

330000－1704－0001793　006153－1　經部/小學類/文字之屬/字書/字典
字彙十二集首一卷末一卷韻法直圖一卷　(明)梅膺祚撰　**韻法横圖一卷**　(明)李世澤撰　清尺木堂刻本　一冊　存一卷(首)

330000－1704－0001795　006041　經部/小學類
澤存堂五種　(清)張士俊輯　清光緒十四年(1888)上海蜚英館石印本　一冊　存一種

330000－1704－0001796　006158　經部/小學類/訓詁之屬/方言
新安鄉音字義考正一卷　(宋)朱熹撰　清光緒三十年(1904)石印本　一冊

330000－1704－0001798　006084　經部/小學類/文字之屬/説文/傳説
説文解字繫傳三十二卷　(五代)徐鍇撰　清末抄本　二冊

330000－1704－0001799　001035　子部/宗教類/佛教之屬/經
大乘入楞伽經七卷　(唐)釋實叉難陀譯　清光緒三十四年(1908)金陵刻經處刻本　二冊

330000－1704－0001800　006153－2　經部/小學類/文字之屬/字書/字典
字彙十二集首一卷末一卷韻法直圖一卷　(明)梅膺祚撰　**韻法横圖一卷**　(明)李世澤撰　清刻本　一冊　存二卷(韻法直圖、韻法横圖)

330000－1704－0001801　001034　子部/宗教類/佛教之屬/經
楞伽阿跋多羅寶經會譯四卷　(南朝宋)釋求那跋陀羅初譯　(北魏)釋菩提留支再譯　(唐)釋實叉難陀後譯　(明)釋員珂會合　清光緒三十四年(1908)金陵刻經處刻本　四冊

330000－1704－0001802　006122　經部/小學類/文字之屬/説文
説文辨疑一卷附條記一卷　(清)顧廣圻撰　清光緒三年(1877)湖北崇文書局刻本　一冊

330000－1704－0001803　006123　類叢部/叢書類/自著之屬
田園雜著八種　(清)丁午撰　清光緒錢唐丁氏刻朱印本　二冊　存一種

330000－1704－0001804　006159　經部/小學類/訓詁之屬/爾雅

爾雅讀本一卷　(清)周先登輯　清嘉慶十二年(1807)刻本　一冊

330000－1704－0001805　006124、006125　類叢部/叢書類/彙編之屬
金峨山館叢書(望三益齋叢書)十一種　(清)郭傳璞編　清光緒八年至十六年(1882－1890)鄞郭氏刻二十年(1894)鎮海邵氏彙印本　二冊　存五種

330000－1704－0001807　006160　新學/學校
英字入門一卷　(清)曹驤譯　清末鉛印本　一冊

330000－1704－0001809　006154　經部/小學類/文字之屬/字書/字典
字彙十二卷　(明)梅膺祚撰　清簡菴關西刻本　十二冊

330000－1704－0001810　006127　經部/小學類/文字之屬/說文
說文便檢十二卷附說文重文十二卷檢字一卷　(清)丁源撰　清道光七年(1827)刻本　二冊

330000－1704－0001811　006161　經部/小學類/文字之屬/字書
韻語雜字一卷　(清)潘際雲撰　清光緒十五年(1889)施餘齋抄本　一冊

330000－1704－0001812　006128　類叢部/叢書類/自著之屬
古均閣遺箸二種　(清)許槤撰　清光緒十四年(1888)海寧許頌鼎刻本　一冊

330000－1704－0001813　006162　經部/小學類/文字之屬
繪圖蒙學造句實在易一卷　清光緒三十一年(1905)上海彪蒙書室石印本　一冊

330000－1704－0001814　006155　經部/小學類/訓詁之屬/字詁
字音異讀通用同錄一卷　(清)金之傑摘抄　清光緒二年(1876)抄本　二冊

330000－1704－0001815　001047　子部/宗教類/佛教之屬/論
成唯識論十卷　(天竺)護法等菩薩造　(唐)釋玄奘譯　清光緒二十二年(1896)金陵刻經處刻本　二冊

330000－1704－0001816　006156　經部/小學類/文字之屬/字書/字典
正字通十二卷　(明)張自烈撰　(清)廖文英輯　**字彙舊本首一卷**　(明)梅膺祚音釋　清康熙芥子園刻本　三十四冊

330000－1704－0001817　001046　子部/宗教類/佛教之屬/經
諸菩薩求佛本業經一卷　(題晉)聶道真譯　**菩薩十住行道品一卷等目菩薩所問三昧經二卷**　(晉)釋竺法護譯　**佛說菩薩十住經一卷**　題(晉)釋祇多密譯　**文殊師利問菩薩署經一卷**　(漢)釋支婁迦讖譯　清光緒十年(1884)常熟刻經處刻本　一冊

330000－1704－0001818　001045　子部/宗教類/佛教之屬/論疏
成唯識論觀心法要十卷　(清)釋智旭撰　清光緒二十六年(1900)揚州藏經院刻本　十冊

330000－1704－0001821　001044　子部/宗教類/佛教之屬/諸宗
性相通說一卷　(明)釋德清撰　清同治十二年(1873)金陵刻經處刻本　一冊

330000－1704－0001822　001044－1　子部/雜著類/雜纂之屬
儒釋道平心論二卷　(元)劉謐撰　清同治二年(1863)刻本　一冊

330000－1704－0001824　006208　集部/小說類/長篇之屬
繪圖說岳全傳八卷八十回　(清)錢彩撰　清光緒三十二年(1906)上海商務印書館鉛印本　八冊

330000－1704－0001825　001044－2　子部/宗教類/佛教之屬
戒殺放生文一卷附放生義一卷　(明)釋袾宏

等撰　清光緒三十二年(1906)金陵刻經處刻本　一冊

330000－1704－0001826　001043　子部/宗教類/佛教之屬/論疏

唯識開蒙問答二卷　(元)釋雲峰撰　清宣統三年(1911)揚州藏經禪院刻本　二冊

330000－1704－0001831　006164　經部/小學類/音韻之屬/韻書

增註字類標韻六卷　(清)華綱撰　(清)范多玨重訂　清光緒十六年(1890)上海鴻寶齋石印本　一冊

330000－1704－0001833　006190　經部/春秋左傳類/傳說之屬

方氏左傳評點二卷　(清)方苞撰　(清)廉泉輯　清末瑞安孫氏玉海樓抄本　一冊

330000－1704－0001839　006191　子部/儒家類/儒學之屬/蒙學

三字經註解備要一卷　(清)賀興思注解　清同治十年(1871)善成堂刻本　一冊

330000－1704－0001843　006205　子部/小說家類/雜事之屬

圖像三國志演義第一才子書六十卷首一卷一百二十回　(明)羅貫中撰　(清)金聖嘆評　(清)毛宗崗增評　清光緒十六年(1890)廣百宋齋鉛印本　十二冊

330000－1704－0001845　006167　子部/雜著類/雜說之屬

寄學速成法一卷　林文潛撰　清光緒二十七年(1901)溫州瑞安虹橋寄社刻本　一冊

330000－1704－0001846　006206　子部/小說家類/異聞之屬

繪圖增像西遊記二十卷一百回　(明)吳承恩撰　(清)陳士斌詮解　清光緒十五年(1889)上海廣百宋齋鉛印本　十冊

330000－1704－0001847　006129　類叢部/叢書類/彙編之屬

漸西村舍彙刊(漸西村舍叢刻)四十四種　(清)袁昶編　清光緒十六年至二十四年(1890－1898)桐廬袁氏刻本　四冊　存一種

330000－1704－0001849　006132　類叢部/叢書類/彙編之屬

天壤閣叢書二十種　(清)王祖源　(清)王懿榮編　清同治至光緒福山王氏刻彙印本　二冊　存一種

330000－1704－0001851　006130　經部/小學類/文字之屬/說文/傳說

說文答問疏證六卷　(清)錢大昕撰　(清)薛傳均疏證　清刻本　二冊

330000－1704－0001852　006212　集部/小說類/長篇之屬

新刊宣和遺事前集一卷后集一卷　清刻本　二冊

330000－1704－0001854　006170　經部/小學類/文字之屬/字書/字典

文科大詞典十二卷　國學扶輪社編　清宣統三年(1911)上海國學扶輪社鉛印本　孫延釗題記　十二冊

330000－1704－0001855　006171　經部/小學類/文字之屬

字典考證不分卷　(清)王念孫　(清)王引之撰　清光緒二年(1876)湖北崇文書局刻本　六冊

330000－1704－0001857　006168　經部/小學類/文字之屬/字書/字典

康熙字典十二集三十六卷總目一卷檢字一卷辨似一卷等韻一卷補遺一卷備考一卷　(清)張玉書等纂修　清刻本　四十冊

330000－1704－0001858　006201　集部/小說類/長篇之屬

第一才子書六十卷首一卷一百二十回　(明)羅本撰　(清)毛宗崗評　清咸豐三年(1853)常熟珍藝堂刻本　九冊　缺六卷(五至十)

330000－1704－0001861　006204　集部/小說類/長篇之屬

第一才子書六十卷首一卷一百二十回　(明)羅本撰　(清)毛宗崗評　清光緒二十一年

(1895)上海飛鴻閣石印本　十二册

330000－1704－0001862　006198　集部/小說類/長篇之屬

東周列國全志二十三卷一百八回　(清)蔡奡評點　清末刻本　十一册　缺一卷(一)

330000－1704－0001863　006213　集部/小說類/長篇之屬

新刻批評繡像後西遊記四十回　(清)天花才子評點　清刻本　八册　缺四回(三十七至四十)

330000－1704－0001865　006195　子部/儒家類/儒學之屬/蒙學

六藝綱目二卷附發原一卷字原一卷　(元)舒天民撰　(元)舒恭注　(明)趙宜中附注　清道光二十八年(1848)東武劉喜海刻本　二册

330000－1704－0001866　006214　集部/小說類/長篇之屬

圖像鏡花緣全傳八卷首一卷一百回　(清)李汝珍撰　清光緒三十一年(1905)上海須才學堂石印本　六册

330000－1704－0001867　006215　集部/小說類/長篇之屬

飛龍傳六十回　(清)吳璿撰　清乾隆三十三年(1768)刻本　八册

330000－1704－0001868　006221　集部/小說類/長篇之屬

西遊原旨二十四卷一百回　(清)劉一明解　清嘉慶二十四年(1819)刻本　二十四册

330000－1704－0001870　006216　集部/小說類/長篇之屬

評論出像水滸傳二十卷　(元)施耐庵撰　(清)金人瑞評　清刻本　二十册

330000－1704－0001872　006173　經部/小學類

馬氏文通十卷　(清)馬建忠撰　清光緒二十四年(1898)上海商務印書館鉛印本　二册　存六卷(一至六)

330000－1704－0001873　006222　集部/小說類/長篇之屬

義俠好逑傳四卷十八回　(清)名教中人編次　(清)游方外客批評　清光緒大文堂刻本　四册

330000－1704－0001876　006218　集部/小說類/長篇之屬

聽月樓二十回　清嘉慶二十年(1815)積秀堂刻本　四册

330000－1704－0001880　000625、006176　經部/小學類/文字之屬

虚字闡義三卷讀書說約三卷末一卷　(清)謝鼎卿撰　清光緒元年(1875)京都琉璃厰善成堂刻本　二册　缺一卷(末)

330000－1704－0001890　006177　經部/群經總義類/文字音義之屬

經傳釋詞十卷　(清)王引之撰　清嘉慶二十四年(1819)刻本　四册

330000－1704－0001891　006223　子部/小說家類/異聞之屬

燕山外史註釋八卷　(清)陳球撰　(清)傅聲谷注　清末石印本　二册

330000－1704－0001895　006224　集部/小說類/長篇之屬

品花寶鑑六十回　(清)陳森撰　清刻本　三册　存三十六回(一至三十六)

330000－1704－0001896　006236　集部/小說類/長篇之屬

增補齊省堂儒林外史六十回　(清)吳敬梓撰　清光緒十四年(1888)石印本　六册

330000－1704－0001897　006179　類叢部/叢書類/彙編之屬

海源閣叢書七種　(清)楊以增編　清咸豐二年至五年(1852－1855)聊城楊氏海源閣刻本　五册　存一種

330000－1704－0001899　006258　子部/小說家類/雜事之屬

虞初新志二十卷　(清)張潮輯　清咸豐元年

(1851)小嫏嬛山館刻本　五冊

330000－1704－0001900　001066　子部/宗教類/佛教之屬/論
唐玄奘法師八識規矩母頌一卷附八識總論頌二卷　(唐)釋玄奘撰頌　(清)釋性起論釋　(清)釋善漳等錄　清光緒三年(1877)刻本　一冊　存一卷(八識規矩母頌)

330000－1704－0001901　006259　子部/小說家類/雜事之屬
虞初續志十二卷　(清)鄭澍若輯　清咸豐元年(1851)小嫏嬛山館刻本　三冊

330000－1704－0001902　006225　子部/小說家類/異聞之屬
燕山外史八卷　(清)陳球撰　清三陋居刻本　一冊

330000－1704－0001903　006260　類叢部/叢書類/彙編之屬
十萬卷樓叢書五十一種　(清)陸心源編　清光緒歸安陸氏刻本　十六冊　存一種

330000－1704－0001904　001065　子部/宗教類/佛教之屬/論疏
因明入正理論疏八卷　(唐)釋窺基撰　清光緒二十二年(1896)金陵刻經處刻本　二冊

330000－1704－0001906　006182　新學/學校
日本文法教科書一卷　林公任編　清光緒三十年(1904)溫州汲古齋刻本　一冊

330000－1704－0001909　006263　子部/小說家類/雜事之屬
塗說四卷　(清)繆艮撰　清道光八年(1828)如此草堂刻本　四冊

330000－1704－0001913　006238　集部/詩文評類
石頭記分評□□卷　(清)王希廉撰　清刻本　一冊

330000－1704－0001915　006227　子部/小說家類/異聞之屬
燕山外史註釋八卷　(清)陳球撰　(清)傅聲谷注　清光緒五年(1879)刻本　二冊

330000－1704－0001918　006266　子部/雜著類/雜纂之屬
宋稗類鈔八卷　(清)潘永因輯　清宣統元年(1909)上海有正書局鉛印本　四冊

330000－1704－0001920　006186　經部/小學類/文字之屬/字書/訓蒙
澄衷蒙學堂字課圖說四卷檢字一卷類字一卷　(清)劉樹屏撰　(清)吳子城繪圖　清光緒二十七年(1901)澄衷蒙學堂印書處石印本　四冊

330000－1704－0001923　001062　子部/宗教類/佛教之屬/論
顯揚聖教論二十卷　(天竺)無著菩薩造　(唐)釋玄奘譯　清宣統元年(1909)揚州藏經院刻本　四冊

330000－1704－0001925　006172　經部/小學類/文字之屬/字書/字典
正字通十二卷　(明)張自烈撰　(清)廖文英輯　**字彙舊本首一卷**　(明)梅膺祚音釋　清康熙帶月樓刻本　三十二冊

330000－1704－0001926　001061　子部/宗教類/佛教之屬/諸宗
相宗八要直解八卷　(明)釋智旭撰　清同治九年(1870)金陵刻經處刻本　二冊

330000－1704－0001927　006242　集部/小說類/長篇之屬
繪圖繪芳錄八卷八十回　(清)西泠野樵撰　清光緒四年(1878)鉛印本　七冊　缺一卷(三)

330000－1704－0001929　006268　子部/小說家類/雜事之屬
稗販八卷　(清)曹斯棟輯　清乾隆五十九年(1794)曹氏飯顆山房刻本　四冊

330000－1704－0001931　006267　子部/小說家類/異聞之屬
宋豔十二卷　(清)徐士鑾輯　清光緒十七年

(1891)天津徐氏蝶園刻本　六冊

330000－1704－0001932　006243　集部/小說類/長篇之屬
增注繪圖官場現形記五編六十卷　(清)李伯元撰　(清)歐陽淦增注　清光緒二十九年(1903)石印本　十七冊

330000－1704－0001933　006230　集部/小說類/長篇之屬
綠野仙踪八十回　(清)李百川撰　清刻本　二十四冊

330000－1704－0001934　006278　子部/小說家類/雜事之屬
庸盦筆記六卷　(清)薛福成撰　清光緒二十三年(1897)蕭山陳氏遺經樓刻本　六冊

330000－1704－0001936　006231　集部/小說類/長篇之屬
繡像京本雲合奇蹤玉茗英烈全傳十卷八十回　(明)徐渭編　清刻本　十冊

330000－1704－0001938　006279　子部/雜著類/雜纂之屬
兩般秋雨盦隨筆八卷　(清)梁紹壬撰　清道光十七年(1837)錢唐汪氏振綺堂刻本　七冊　缺一卷(四)

330000－1704－0001940　001078　子部/宗教類/佛教之屬/經疏
金剛經五十三家註解四卷　(後秦)釋鳩摩羅什譯　(明)成祖朱棣集註　清同治十三年(1874)杭州昭慶寺慧空經房刻本　四冊

330000－1704－0001942　006232　集部/小說類/長篇之屬
花月痕全書十六卷五十二回　(清)魏秀仁撰　(清)棲霞居士評　清光緒著易堂鉛印本　四冊

330000－1704－0001944　006233　集部/小說類/長篇之屬
雪月梅傳十卷五十回　(清)陳朗撰　(清)董孟汾評釋　清乾隆四十年(1775)德華堂刻本　十冊

330000－1704－0001947　006271　子部/雜著類/雜說之屬
浪跡叢談八卷　(清)梁章鉅撰　清光緒鉛印本　二冊

330000－1704－0001951　006282　子部/雜著類/雜纂之屬
兩般秋雨盦隨筆八卷　(清)梁紹壬撰　清宣統二年(1910)上海掃葉山房石印本　四冊

330000－1704－0001953　006247　子部/小說家類/雜事之屬
世說新語補二十卷附釋名一卷　(南朝宋)劉義慶撰　(南朝梁)劉孝標注　(明)何良俊增補　(明)王世貞删定　(明)王世懋批釋　(明)張文柱校注　清刻本　四冊

330000－1704－0001957　001073　子部/宗教類/佛教之屬/經疏
金剛經註釋一卷　(清)延陵青山子編　清同治四年(1865)刻本　一冊

330000－1704－0001959　006284　子部/雜著類/雜纂之屬
志古堂雜志一卷　(清)黄本誠編　清乾隆四十一年(1776)刻本　二冊

330000－1704－0001960　006285　類叢部/叢書類/彙編之屬
雅雨堂叢書(雅雨堂藏書)十三種　(清)盧見曾編　清乾隆二十一年(1756)德州盧氏雅雨堂刻增修本　二冊　存一種

330000－1704－0001962　006286　子部/雜著類/雜說之屬
池北偶談二十六卷　(清)王士禛撰　清康熙三十九年(1700)臨汀郡署刻本　十二冊

330000－1704－0001963　006301　子部/小說家類/異聞之屬
對山書屋墨餘錄十六卷　(清)毛祥麟撰　清同治九年(1870)湖州吳氏醉六堂刻本　四冊

330000－1704－0001966　001070　子部/宗教類/佛教之屬/論疏
大宗地玄文本論略注四卷首一卷　(南朝陳)

釋真諦譯　(清)楊文會略注　清光緒三十二年(1906)金陵刻經處刻本　一册

330000－1704－0001967　001069　子部/宗教類/佛教之屬/論

般若燈論十五卷　(天竺)龍樹菩薩造偈　(天竺)釋分別明釋論　(唐)釋波羅頗迦羅密多羅譯　清光緒二十四年(1898)金陵刻經處刻本　三册

330000－1704－0001969　001067　子部/宗教類/佛教之屬/經

般若波羅蜜多心經一卷　(唐)釋玄奘譯　**摩訶般若波羅蜜大明咒經一卷**　(後秦)釋鳩摩羅什譯　**實相般若波羅蜜經一卷**　(唐)釋菩提流志等譯　**文殊師利所說摩訶般若波羅蜜經一卷**　(南朝梁)釋曼陀羅僊譯　清光緒元年(1875)江北刻經處刻本　一册

330000－1704－0001970　006275　子部/雜著類/雜說之屬

浪跡續談八卷　(清)梁章鉅撰　清末梅師古齋刻本　四册

330000－1704－0001971　006293　子部/小說家類/瑣語之屬

客窗閒話八卷　(清)吳熾昌撰　清光緒二年(1876)刻本　二册　缺三卷(三至五)

330000－1704－0001973　006294　子部/小說家類/雜事之屬

蕉軒摭錄十二卷　(清)俞夢蕉撰　清道光十九年(1839)雙桂樓刻本　四册

330000－1704－0001974　006274　子部/小說家類/雜事之屬

西青散記四卷　(清)史震林撰　清乾隆二年(1737)三餘堂刻本　四册

330000－1704－0001975　006295　子部/雜著類/雜說之屬

椒生隨筆八卷詩草六卷續草六卷　(清)王之春撰　清光緒七年(1881)上海文藝齋刻本　二册　存八卷(隨筆一至八)

330000－1704－0001976　006276　子部/雜著類/雜考之屬

野記四卷　(明)祝允明撰　清同治十三年(1874)元和祝氏刻本　二册

330000－1704－0001977　006302　子部/小說家類/雜事之屬

遺珠貫索八卷　(清)張純照撰　清同治三年(1864)刻本　四册

330000－1704－0001978　006277　子部/雜著類/雜說之屬

浪跡三談六卷　(清)梁章鉅撰　清咸豐七年(1857)福州梁氏刻本　六册

330000－1704－0001979　006296　類叢部/叢書類/自著之屬

春在堂全書　(清)俞樾撰　清光緒二十五年(1899)刻本　八册　存一種

330000－1704－0001981　006303　史部/雜史類/斷代之屬

熙朝新語十六卷　(清)余金輯　清道光二年(1822)有金堂刻本　四册

330000－1704－0001982　001080　子部/宗教類/佛教之屬/經疏

金剛決疑一卷般若波羅密多心經直說一卷　(明)釋德清撰　清末刻本　一册

330000－1704－0001983　006297　類叢部/叢書類/自著之屬

春在堂全書　(清)俞樾撰　清光緒二十五年(1899)刻本　六册　存一種

330000－1704－0001985　006304　子部/小說家類/雜事之屬

寄蝸殘贅十六卷　(清)汪堃撰　清同治十一年(1872)不懼無悶齋刻本　七册　缺二卷(九至十)

330000－1704－0001986　006261　子部/小說家類/雜事之屬

世說新語補二十卷附釋名一卷　(南朝宋)劉義慶撰　(南朝梁)劉孝標注　(明)何良俊增補　(明)王世貞删定　(明)王世懋批釋　(明)張文柱校注　清乾隆二十七年(1762)黃

汝琳茂清書屋刻本　六册

330000－1704－0001988　006298　類叢部/叢書類/自著之屬

郝氏遺書三十三種　(清)郝懿行撰　清嘉慶至光緒刻彙印本　三册　存一種

330000－1704－0001990　006251　類叢部/叢書類/彙編之屬

崇文書局彙刻書三十一種　(清)崇文書局編　清光緒元年至三年(1875－1877)湖北崇文書局刻本　四册　存一種

330000－1704－0001991　006252　類叢部/叢書類/彙編之屬

崇文書局彙刻書三十三種　(清)崇文書局編　清光緒三年(1877)湖北崇文書局刻本　二册　存一種

330000－1704－0001992　006288　子部/小說家類/異聞之屬

閱微草堂筆記二十四卷　(清)紀昀撰　清光緒二十四年(1898)宏文閣鉛印本　四册　缺六卷(十九至二十四)

330000－1704－0001994　006254　子部/小說家類/雜事之屬

今世說八卷　(清)王晫撰　清末抄本　一册

330000－1704－0001995　006342　子部/小說家類/異聞之屬

情史類畧二十四卷　(明)馮夢龍輯　清道光二十八年(1848)經綸堂刻本　十二册

330000－1704－0001996　006343　子部/小說家類/異聞之屬

情史類畧二十四卷　(明)馮夢龍輯　清刻本　八册　缺七卷(一至二、二十至二十四)

330000－1704－0001998　006344　集部/小說類/短篇之屬

聊齋志異新評十六卷　(清)蒲松齡撰　(清)王士慎評　(清)呂湛恩注　(清)但明論批　清末刻本　十六册

330000－1704－0001999　006256　子部/雜著類/雜說之屬

履園叢話二十四卷　(清)錢泳撰　清道光十八年(1838)刻同治九年(1870)錢曰壽補刻本　十二册

330000－1704－0002000　006292　子部/小說家類/雜記之屬

漁洋說部精華十二卷書籍跋尾二卷　(清)王士禛撰　(清)劉堅輯　**說鈴一卷**　(清)汪琬撰　清乾隆刻本　四册

330000－1704－0002001　006257　子部/雜著類/雜說之屬

履園叢話二十四卷　(清)錢泳撰　清道光十八年(1838)刻本　八册　缺八卷(四、十五至十九、二十一至二十二)

330000－1704－0002002　006291　子部/雜著類

蝸廬隨筆不分卷眠景樓隨筆一卷　(清)金之傑鈔錄　清道光至同治金氏抄本　清金之傑題簽並記　六册

330000－1704－0002004　001090　子部/宗教類/佛教之屬/經疏

心經要解一卷怡山願文解一卷佛說世界人天論一卷　清光緒三十四年(1908)常州天寧寺刻本　一册

330000－1704－0002006　001088　子部/宗教類/佛教之屬/經疏

般若波羅蜜多心經註解一卷　(唐)釋玄奘譯　(明)釋宗泐　(明)釋如玘注　**金剛般若波羅蜜經註解一卷**　(後秦)釋鳩摩羅什譯　(明)釋宗泐　(明)釋如玘注　清光緒二年(1876)長沙刻經處刻本　一册

330000－1704－0002007　001087　子部/宗教類/佛教之屬/經疏

般若綱要十卷首一卷　(清)葛□撰　清光緒二十三年(1897)揚州藏經院刻本　四册

330000－1704－0002008　001086　子部/宗教類/佛教之屬/經

文殊師利所說般若波羅蜜經一卷　(南朝梁)

釋僧伽婆羅譯　清光緒十五年(1889)江北刻經處刻本　一冊

330000－1704－0002010　001084　子部/宗教類/佛教之屬/經

勝天王般若波羅蜜經七卷　(南朝陳)釋月婆首那譯　清光緒二年(1876)江北刻經處刻本　二冊

330000－1704－0002011　001083　子部/宗教類/佛教之屬/經

道行般若波羅蜜經十卷　(漢)釋支婁迦讖譯　清光緒十三年(1887)刻本　二冊

330000－1704－0002012　001082　子部/宗教類/佛教之屬/經

大乘理趣六波羅密多經十卷　(唐)釋般若譯　清光緒十九年(1893)金陵刻經處刻本　二冊

330000－1704－0002013　001106　子部/宗教類/佛教之屬/論

大智度論一百卷　(天竺)龍樹菩薩造　(後秦)釋鳩摩羅什譯　清光緒九年(1883)姑蘇刻經處刻本　二十五冊

330000－1704－0002016　006332　子部/小說家類/異聞之屬

續閱微草堂筆記四卷　(清)甫塘逸士撰　清光緒二十二年(1896)上海文瑞樓石印本　二冊

330000－1704－0002018　006305　類叢部/叢書類/彙編之屬

古今說部叢書二百七十二種　國學扶輪社編　清宣統二年至民國二年(1910－1913)上海國學扶輪社鉛印本　六冊　存一種

330000－1704－0002020　006333　子部/小說家類/異聞之屬

鏡花水月十二卷　(清)隨園老人撰　清光緒三十年(1904)上海書局石印本　四冊

330000－1704－0002023　006345　集部/小說類/短篇之屬

聊齋志異新評十六卷　(清)蒲松齡撰　(清)王士慎評　(清)呂湛恩注　(清)但明論批　清道光二十二年(1842)廣順但氏刻朱墨套印本　五冊　存七卷(一至二、六、八至九、十五至十六)

330000－1704－0002024　006334　子部/小說家類/異聞之屬

秋燈叢話十八卷　(清)王椷撰　清同治十年(1871)文盛堂刻本　八冊

330000－1704－0002025　006307　子部/小說家類/異聞之屬

涼棚夜話四卷續編二卷　(清)海槎客撰　清刻本　一冊　存二卷(涼棚夜話一至二)

330000－1704－0002027　004874　史部/地理類/方志之屬/郡縣志

[道光]泰州新志刊謬二卷首一卷　(清)任鈺等纂輯　清道光十年(1830)刻本　二冊

330000－1704－0002028　001097　子部/宗教類/佛教之屬/經

放光般若波羅蜜經三十卷　(晉)釋無羅叉　(晉)釋竺叔蘭譯　清光緒十三年(1887)如皋刻經處刻本　六冊

330000－1704－0002029　001098　子部/宗教類/佛教之屬/經

光讚般若波羅蜜經十卷　(晉)釋竺法護譯　清光緒十二年(1886)刻本　二冊

330000－1704－0002030　006335　子部/小說家類/異聞之屬

挑燈新錄六卷　(清)吳荆園撰　清同治二年(1863)刻本　四冊

330000－1704－0002034　006346　集部/小說類/短篇之屬

聊齋志異新評十六卷　(清)蒲松齡撰　(清)王士慎評　(清)呂湛恩注　(清)但明論批　清光緒十二年(1886)上海江左書林石印本　八冊

330000－1704－0002035　001096　子部/宗教類/佛教之屬/經

小品般若波羅蜜經十卷　(後秦)釋鳩摩羅什

譯　清末刻本　二冊

330000－1704－0002038　001095　子部/宗教類/佛教之屬/經

摩訶般若波羅蜜鈔經五卷　(後秦)釋曇摩蜱　(後秦)釋竺佛念等譯　清至民國揚州磚橋刻經處刻本　一冊

330000－1704－0002039　006308　子部/小說家類/雜事之屬

金壺七墨六種　(清)黃鈞宰撰　清同治十二年(1873)刻本　張組成題簽　四冊

330000－1704－0002040　001094　子部/宗教類/佛教之屬/經疏

金剛般若經疏一卷　(隋)釋智顗注　**般若波羅密多心經疏一卷**　(唐)釋玄奘譯經　(唐)釋靖邁撰疏　清光緒二十三年(1897)、三十三年(1907)金陵刻經處刻本　一冊

330000－1704－0002041　001093　子部/宗教類/佛教之屬/論

金剛般若波羅蜜經破空論一卷心經釋要一卷波羅蜜經觀心釋一卷　(明)釋智旭撰　清同治十年(1871)如皋刻經處刻本　一冊

330000－1704－0002043　006338　子部/小說家類/異聞之屬

異屑一卷　(清)祝垚之撰　稿本　一冊

330000－1704－0002046　006339　子部/小說家類/異聞之屬

島居隨錄二卷　(明)盧若騰撰　清道光十二年(1832)林樹梅雲龕刻本　二冊

330000－1704－0002049　006340　子部/小說家類/異聞之屬

談異八卷　(清)伊園撰　清光緒十九年(1893)刻本　四冊

330000－1704－0002051　006309　子部/小說家類/雜事之屬

里乘十卷　(清)許奉恩撰　清光緒五年(1879)常熟抱芳閣刻本　卯麓山樵琴題簽並記　一冊　存四卷(一、三至五)

330000－1704－0002053　001112　子部/宗教類/佛教之屬/經

大般若波羅蜜多經六百卷　(唐)釋玄奘譯　清同治十三年(1874)雞園刻經處刻本　一百二十冊

330000－1704－0002054　006341　類叢部/叢書類/家集之屬

黎氏家集十二種附四種　(清)黎庶昌編　清光緒十四年至十五年(1888－1889)黎庶昌日本使署刻本暨鉛印本　一冊　存二種

330000－1704－0002055　006383　集部/小說類/短篇之屬

淞隱漫錄十二卷續錄五卷漫遊隨錄二卷　(清)王韜撰　清光緒十年(1884)上海點石齋石印本　二冊　存十一卷(漫錄四至六、十二,續錄一至五,隨錄一至二)

330000－1704－0002057　006380　子部/小說家類/瑣語之屬

青泥蓮花記十三卷　(明)梅鼎祚撰　清宣統二年(1910)北京自強書局石印本　四冊

330000－1704－0002058　006310　子部/雜著類/雜說之屬

在野邇言八卷　(清)王嘉楨撰　清光緒二十年(1894)刻本　四冊

330000－1704－0002060　006325　子部/小說家類/雜事之屬

漁磯漫鈔十卷　(清)汪琇瑩　(清)雷琳　(清)莫劍光輯　清同治十年(1871)刻本　二冊

330000－1704－0002061　006326　子部/小說家類/異聞之屬

見聞隨筆二十六卷　(清)齊學裘撰　清同治十年(1871)天空海闊之居刻本　八冊

330000－1704－0002063　006311　集部/小說類/短篇之屬

西湖佳話古今遺蹟十六卷　(清)墨浪子撰　清刻本　二冊

330000－1704－0002065　006329　子部/小

說家類/異聞之屬

酉陽雜俎二十卷續集十卷 （唐）段成式撰 清道光二十九年（1849）小嫏嬛山館刻本 二册

330000－1704－0002066　001109　子部/宗教類/佛教之屬/經

仁王護國般若波羅密多經二卷 （唐）釋不空譯 清末杭州弼教坊瑪瑙經房刻本 一册

330000－1704－0002067　006330　子部/小說家類/雜事之屬

明齋小識十二卷 （清）諸聯撰 清同治四年（1865）刻本 三册

330000－1704－0002068　006312　子部/小說家類/雜事之屬

池上草堂筆記八卷 （清）梁恭辰撰 清同治十二年（1873）聽鸝館主人金陵刻本 六册 缺二卷（七至八）

330000－1704－0002070　001107　子部/宗教類/佛教之屬/經

摩訶般若波羅蜜經三十卷 （後秦）釋鳩摩羅什 （後秦）釋僧叡譯 清光緒十五年（1889）如臯刻經處刻本 八册

330000－1704－0002072　006331　子部/小說家類/異聞之屬

酉陽雜俎二十卷續集十卷 （唐）段成式撰 清刻本 三册 存二十三卷（一至二十、續集一至三）

330000－1704－0002075　006385　子部/小說家類/瑣語之屬

珊瑚舌雕談初筆八卷 （清）許起撰 清光緒十一年（1885）弢園王氏木活字印本 四册

330000－1704－0002076　006386　子部/小說家類/雜事之屬

常談叢錄六卷 （清）李元復撰 清末刻本 十二册

330000－1704－0002077　006323　集部/小說類/長篇之屬

增評補像全圖金玉緣十五卷一百二十回首一卷 （清）曹霑 （清）高鶚撰 （清）王希廉 （清）張新之 （清）姚燮評 清末石印本 十五册

330000－1704－0002078　006387　子部/小說家類/雜事之屬

白門新柳記一卷 （清）許豫撰 **白門新柳補記一卷** （清）楊亨輯 **白門衰柳附記一卷** （清）盋孏雲撰 **秦淮豔品一卷** 清光緒元年（1875）滬上刻本 一册

330000－1704－0002081　006314　子部/小說家類/異聞之屬

山海經箋疏十八卷圖讚一卷訂譌一卷敘錄一卷 （清）郝懿行撰 清光緒十七年（1891）上海五彩公司石印三色套印本 五册 缺二卷（三至四）

330000－1704－0002084　006315　子部/小說家類/異聞之屬

山海經箋疏十八卷圖讚一卷訂譌一卷敘錄一卷 （清）郝懿行撰 清光緒十八年（1892）上海五彩公司石印三色套印本 五册 缺二卷（三至四）

330000－1704－0002086　006316　子部/小說家類/異聞之屬

山海經箋疏十八卷圖讚一卷訂譌一卷敘錄一卷 （清）郝懿行撰 清光緒十九年（1893）上海仿古齋石印三色套印本 五册 缺二卷（一至二）

330000－1704－0002087　006324　集部/小說類/長篇之屬

西遊真詮一百回 （清）陳士斌詮解 清康熙刻本 二十四册

330000－1704－0002089　006354　子部/小說家類/異聞之屬

搜神記二十卷 （晉）干寶撰 **搜神後記十卷** （晉）陶潛撰 清光緒二十年（1894）湖南藝文書局刻本 五册

330000－1704－0002090　006394、006395　子部/雜著類/雜纂之屬

陳刻二種　(清)陳世修輯　清光緒元年至二年(1875－1876)陳氏庸閒齋刻本　二冊

330000－1704－0002091　006317　子部/小說家類/異聞之屬
山海經十八卷　(晉)郭璞傳　清光緒三年(1877)浙江書局刻本　二冊

330000－1704－0002092　006327　子部/小說家類/雜事之屬
回頭再想四卷　(清)戚學標撰　清抄本　一冊　存一卷(一)

330000－1704－0002093　006355　子部/雜著類/雜纂之屬
勸戒九錄六卷　(清)梁恭辰撰　清光緒十年(1884)刻本　一冊　存三卷(一至三)

330000－1704－0002094　006397　子部/小說家類/雜事之屬
剪桐載筆一卷　(明)王象晉撰　明崇禎海虞毛氏刻本後印本　一冊

330000－1704－0002095　006399　子部/小說家類/雜事之屬
板橋雜記三卷　(清)余懷撰　清光緒二十七年(1901)傅春官晦齋刻本　一冊

330000－1704－0002096　006407　經部/詩類/傳說之屬
毛詩詁訓傳三十卷　(漢)鄭玄箋　(唐)陸德明音義　(唐)孔穎達疏　**毛詩譜一卷**　(漢)鄭玄撰　(唐)孔穎達疏　清光緒四年(1878)淮南書局刻本　二十冊

330000－1704－0002097　006318　子部/小說家類/異聞之屬
山海經廣注十八卷讀山海經語一卷山海經雜述一卷圖五卷　(清)吳任臣撰　清乾隆五十一年(1786)金閶書業堂刻本　四冊

330000－1704－0002098　006408　經部/詩類/傳說之屬
御纂詩義折中二十卷　(清)高宗弘曆敕撰　(清)傅恒　(清)陳兆崙等纂　清道光長蘆鹽運使如山刻本　六冊

330000－1704－0002101　006409　經部/詩類/三家詩之屬
陳氏毛詩五種　(清)陳奐撰　清道光至咸豐吳門南園陳氏掃葉山房刻本　十五冊　缺一卷(詩毛氏傳疏三)

330000－1704－0002102　006319　子部/小說家類/異聞之屬
山海經箋疏十八卷圖讚一卷訂譌一卷敘錄一卷　(清)郝懿行撰　清嘉慶十四年(1809)揚州阮元琅嬛仙館刻本　四冊

330000－1704－0002104　006411　經部/小學類/文字之屬/說文
苗氏說文四種　(清)苗夔撰　清道光至咸豐壽陽祁氏漢専亭刻本　四冊　存一種

330000－1704－0002105　006410　經部/詩類/詩序之屬
詩序廣義二十四卷　(清)姜炳璋撰　清嘉慶二十年(1815)姜人寬尊行堂刻本　九冊　缺三卷(十六至十八)

330000－1704－0002106　006412　類叢部/叢書類/彙編之屬
廣雅書局叢書一百五十九種　徐紹棨編　清光緒廣雅書局刻民國九年(1920)番禺徐紹棨彙編印本　十二冊　存一種

330000－1704－0002107　006358　子部/小說家類/雜事之屬
新鍥幽閑玩味奪趣羣芳國色天香十卷　(明)吳敬所輯　清初刻本　十冊

330000－1704－0002108　006320　類叢部/叢書類/彙編之屬
格致叢書　(明)胡文煥編　明萬曆胡氏文會堂刻本　三冊　存一種

330000－1704－0002109　006401　類叢部/叢書類/自著之屬
戚鶴泉所著書十一種　(清)戚學標撰　清乾隆至嘉慶刻本　三冊　存一種

330000－1704－0002110　006402　經部/詩類/正文之屬

詩經不分卷　清末刻本　一冊

330000－1704－0002111　006321　子部/小說家類/異聞之屬

山海經箋疏十八卷圖讚一卷訂譌一卷敘錄一卷　(清)郝懿行撰　清光緒十二年(1886)上海還讀樓刻本　四冊

330000－1704－0002112　006403　經部/詩類/傳說之屬

毛詩傳箋通釋三十二卷　(清)馬瑞辰撰　清光緒十四年(1888)廣雅書局刻本　十二冊

330000－1704－0002116　006420　經部/詩類/傳說之屬

毛詩要義二十卷　(宋)魏了翁撰　清光緒八年(1882)莫祥芝上海影宋刻本　十一冊　缺二卷(十一至十二)

330000－1704－0002117　006405　經部/詩類/傳說之屬

欽定詩經傳說彙纂二十一卷首二卷詩序二卷　(清)聖祖玄燁定　(清)王鴻緒　(清)揆敘總裁　清同治七年(1868)馬新貽刻本　十六冊

330000－1704－0002118　006406　經部/詩類/傳說之屬

欽定詩經傳說彙纂二十一卷首二卷詩序二卷　(清)聖祖玄燁定　(清)王鴻緒　(清)揆敘總裁　清雍正五年(1727)刻本　十六冊

330000－1704－0002119　006421　經部/詩類/傳說之屬

毛詩稽古編三十卷　(清)陳啟源撰　(清)龐佑清校　清嘉慶十八年(1813)龐佑清刻本　八冊

330000－1704－0002120　006390　子部/雜著類/雜纂之屬

守孔約齋雜記一卷　(清)方成珪撰　**研經堂文集一卷**　(清)周灝撰　清末瑞安孫氏玉海樓抄本　一冊

330000－1704－0002123　006396　子部/小說家類/雜事之屬

吴門畫舫錄二卷　(清)西溪山人撰　**吴門畫舫續錄三卷**　(清)箇中生撰　清嘉慶紅樹山房、來青閣刻本　三冊

330000－1704－0002124　006398　子部/小說家類/異聞之屬

清異錄二卷　(宋)陶穀撰　清鹽官陳世修溆六閣刻乾隆最宜草堂印本　二冊

330000－1704－0002126　006360　類叢部/叢書類/彙編之屬

抱經堂叢書十六種　(清)盧文弨編　清乾隆至嘉慶刻彙印本　一冊　存一種

330000－1704－0002127　006417　經部/詩類/傳說之屬

詩經集傳八卷詩序辨說一卷　(宋)朱熹撰　清同治十一年(1872)湖南尊經閣刻本　五冊

330000－1704－0002128　006423　經部/詩類/傳說之屬

詩經繹參四卷　(清)鄧翔撰　清同治六年(1867)孔廣陶等刻朱墨套印本　四冊

330000－1704－0002129　006418、012868　經部/叢編

十一經音訓　(清)楊國楨等編　清光緒三年(1877)湖北崇文書局刻本　二十六冊

330000－1704－0002130　006361　類叢部/叢書類/彙編之屬

津逮祕書十五集一百四十種　(明)毛晉編　明崇禎虞山毛氏汲古閣刻本　一冊　存一種

330000－1704－0002132　006419　經部/詩類/傳說之屬

詩經集傳二十卷　(宋)朱熹撰　清光緒十五年(1889)上海守經堂刻本　四冊

330000－1704－0002133　006425　經部/詩類/傳說之屬

嚴氏詩緝補義八卷　(清)劉燦編　清嘉慶十六年(1811)鎮海劉氏墨莊刻本　四冊

330000－1704－0002134　006362　子部/叢編

子書百家 （清）崇文書局編 清光緒元年(1875)湖北崇文書局刻本 一册 存一種

330000－1704－0002137 006426 經部/詩類/傳說之屬
詩緝三十六卷 （宋）嚴粲撰 清嘉慶十五年(1810)谿上聽彝堂刻本 八册

330000－1704－0002138 006444 經部/詩類/詩譜之屬
鄭氏詩譜攷正一卷 （漢）鄭玄撰 （宋）歐陽修補亡 （清）丁晏重編 清嘉慶二十五年(1820)南河節署刻本 一册

330000－1704－0002139 006364 子部/小說家類
重訂海上羣芳譜四卷 （清）慵情侍者撰 清光緒十二年(1886)刻本 一册 存二卷(一至二)

330000－1704－0002141 006365 史部/傳記類/總傳之屬
南蘭五十種華景譜二卷 （清）小小棵華屋主者編 清刻本 一册

330000－1704－0002142 006473 經部/詩類/專著之屬
毛詩名物圖說九卷 （清）徐鼎輯 清乾隆三十六年(1771)刻本 二册

330000－1704－0002145 006478 經部/詩類/三家詩之屬
韓詩外傳十卷 （漢）韓嬰撰 （清）趙懷玉（清）周廷寀校注 **補逸一卷** （清）趙懷玉輯 **校注拾遺一卷** （清）周宗杬撰 清光緒元年(1875)盱眙吳氏望三益齋刻本 二册

330000－1704－0002147 006448 經部/詩類/傳說之屬
毛詩讀三十卷 （清）王劼撰 清咸豐五年(1855)成都刻本 六册 缺十二卷(十九至三十)

330000－1704－0002149 006482 集部/楚辭類
屈子章句七卷 （清）劉夢鵬撰 清乾隆五十四年(1789)藜青堂刻本 四册

330000－1704－0002151 006429 經部/詩類/傳說之屬
毛詩傳箋三十卷 （漢）毛亨傳 （漢）毛萇撰 （漢）鄭玄箋 （唐）陸德明音釋 清道光七年(1827)刻本 四册

330000－1704－0002152 006366 子部/小說家類/異聞之屬
埋憂集十卷續集二卷 （清）朱翊清撰 清光緒元年(1875)文元堂刻本 六册

330000－1704－0002153 006430 經部/詩類/傳說之屬
參校詩傳說存二卷 （清）葛士清等輯 清光緒十五年(1889)上海守經堂刻本 一册

330000－1704－0002155 006367 史部/地理類/雜志之屬
海上冶遊備覽四卷 （清）指迷生輯 清光緒九年(1883)寄月軒刻本 一册

330000－1704－0002156 006449 類叢部/叢書類/自著之屬
景紫堂全書十一種 （清）夏炘撰 清咸豐至同治刻同治元年(1862)王光甲等彙印本 四册 存一種

330000－1704－0002157 006368 子部/小說家類/雜事之屬
珊海餘詼十二卷 （清）玉册道人撰 清光緒三十二年(1906)中新書局鉛印本 張浣莊觀款 二册

330000－1704－0002161 006451 經部/詩類/傳說之屬
詩經廣詁三十卷 （清）徐璈撰 清道光刻本 八册

330000－1704－0002163 006452 經部/小學類/音韻之屬/韻書
江氏音學十書七種附一種 （清）江有誥撰 清嘉慶至道光刻本 一册 存一種

330000－1704－0002164 006371 子部/小

說家類/雜事之屬

豔史叢鈔十二種 （清）王韜編　清光緒四年（1878）弢園鉛印本　二冊　存一種

330000－1704－0002166　006453　經部/詩類/傳說之屬

毛詩傳箋二十卷 （漢）毛亨傳　（漢）毛萇撰　（漢）鄭玄箋　**鄭氏詩譜一卷** （漢）鄭玄撰　**毛詩音義三卷** （唐）陸德明撰　清同治十一年（1872）江南書局刻本　六冊

330000－1704－0002170　006455　經部/叢編

四書五經九種 （清）鮑氏輯　清同治三年（1864）浙江撫署刻本　四冊　存一種

330000－1704－0002172　006486　類叢部/叢書類/彙編之屬

集虚草堂叢書甲集九種 李國松編　清光緒三十年至三十二年（1904－1906）合肥李氏刻本　一冊　存一種

330000－1704－0002173　006495　集部/楚辭類

楚辭章句十七卷 （漢）王逸撰　（宋）洪興祖補注　清光緒九年（1883）長沙書堂山館刻本　四冊

330000－1704－0002174　006498　集部/楚辭類

離騷箋二卷 （清）龔景瀚撰　清光緒三年（1877）湖北崇文書局刻本　一冊

330000－1704－0002176　006454　經部/群經總義類/傳說之屬

詩書古訓六卷 （清）阮元撰　清道光二十一年（1841）儀徵阮氏刻本　一冊　存一卷（二）

330000－1704－0002179　006500　集部/別集類/清別集

太鶴山館試帖二卷補抄一卷詩餘一卷賦鈔一卷 （清）端木國瑚撰　清末刻本　一冊

330000－1704－0002180　006501　集部/別集類/清別集

東甌選勝賦一卷 （清）陳祖綬撰　清末刻本　一冊

330000－1704－0002181　006502　集部/別集類/清別集

石壽山房賦稿不分卷 （清）盧崟撰　（清）陳兆熙選　清末狀元閣刻本　一冊

330000－1704－0002182　006503　類叢部/叢書類/彙編之屬

矚遠樓叢書 清光緒二十二年（1896）刻本　清王朝清題簽　二冊　存一種

330000－1704－0002184　006505　集部/總集類/選集之屬/通代

古小賦鈔二卷 （清）郏掄才　（清）蔣承志選　清嘉慶十七年（1812）姑蘇刻本　劉紹寬批並句讀　二冊

330000－1704－0002186　006460、006461、006462、006456、006457、006458　類叢部/叢書類/家集之屬

侯官陳氏遺書 （清）陳壽祺　（清）陳喬樅撰　清嘉慶至同治三山陳氏刻本　二十五冊　存六種

330000－1704－0002188　006356　類叢部/叢書類/彙編之屬

稗海四十六種續稗海二十四種 （明）商濬編　明萬曆商氏半埜堂刻本　一冊　存一種

330000－1704－0002189　006459　類叢部/叢書類/家集之屬

侯官陳氏遺書 （清）陳壽祺　（清）陳喬樅撰　清嘉慶至同治三山陳氏刻本　四冊　存一種

330000－1704－0002190　006374　類叢部/叢書類/家集之屬

毘陵徐氏家集 （清）徐堉輯　清光緒六年（1880）濟上刻本　二冊　存一種

330000－1704－0002191　006440　經部/詩類/傳說之屬

田間詩學不分卷 （清）錢澄之撰　清刻本　七冊

330000－1704－0002192　006463　經部/叢編
五經備旨四十五卷　(清)鄒聖脉纂輯　清光緒十二年(1886)上海點石齋石印本　一冊　存八卷(詩經一至八)

330000－1704－0002193　006508　集部/總集類/選集之屬/通代
六朝唐賦讀本二卷　(清)馬傳庚選註　清光緒十三年(1887)點石齋石印本　二冊

330000－1704－0002194　006464　經部/詩類/專著之屬
毛詩品物圖考七卷　(日本)岡元鳳纂輯　(日本)橘國雄繪圖　清光緒十二年(1886)上海積山書局石印本　二冊

330000－1704－0002196　006483　集部/楚辭類
楚辭新註求確十卷　(清)胡濬源撰　清嘉慶二十一年(1816)刻本　四冊

330000－1704－0002197　006475　經部/詩類/三家詩之屬
三家詩異文疏證六卷　(宋)王應麟集攷　(清)馮登府補釋　**三家詩異文疏證補遺三卷**　(清)馮登府輯攷　**韓詩續補遺一卷**　清道光十年(1830)四明學舍刻本　一冊

330000－1704－0002198　006509　集部/總集類/選集之屬/通代
七十家賦鈔六卷　(清)張惠言輯　清光緒八年(1882)廣東載文堂刻本　四冊

330000－1704－0002201　006467　經部/詩類/傳說之屬
詩經集傳八卷　(宋)朱熹撰　清宣統二年(1910)上海會文堂粹記石印本　一冊

330000－1704－0002202　006491　集部/楚辭類
楚辭新集註(楚辭、楚辭新註)八卷末一卷　(清)屈復撰　(清)屈啓賢編　**楚懷襄二王在位事蹟考一卷**　(清)林銘雲撰　清乾隆三年(1738)刻本　二冊

330000－1704－0002205　006493　集部/楚辭類
楚辭章句十七卷　(漢)王逸撰　(宋)洪興祖補注　清光緒二十一年(1895)昭陵經畬堂刻本　六冊

330000－1704－0002206　006469　經部/詩類/傳說之屬
詩經大義一卷　清末江蘇高等學堂石印本　一冊

330000－1704－0002207　006470　經部/詩類/專著之屬
毛詩名物畧四卷　(清)朱桓撰　清嘉慶朱麟徵刻本　四冊

330000－1704－0002208　006494　集部/楚辭類
楚辭集註八卷總評一卷　(宋)朱熹撰　(明)沈雲翔輯評　清乾隆五十三年(1788)聽雨齋刻朱墨套印本　四冊

330000－1704－0002209　006487　集部/楚辭類
楚辭燈四卷　(清)林雲銘撰　清康熙刻本　四冊

330000－1704－0002210　006510　集部/詞類/類編之屬
蒙香室叢書　馮煦輯　清光緒刻本　二冊　存一種

330000－1704－0002211　006504　集部/總集類/選集之屬/通代
賦鈔箋畧十五卷　(清)雷琳　(清)張杏濱輯　清嘉慶二十年(1815)刻本　清王德馨題簽　八冊

330000－1704－0002212　006522　集部/總集類/選集之屬/通代
詩紀一百五十六卷目錄三十六卷　(明)馮惟訥輯　明萬曆吳琯、謝陛、陸弼、俞策金陵刻本　三十三冊　缺十五卷(六至十、一百五十至一百五十六,目錄二、三十五至三十六)

330000－1704－0002213　006471　類叢部/

叢書類/自著之屬
煙嶼樓集四種 (清)徐時棟撰 清同治至光緒刻彙印本 一冊 存一種

330000－1704－0002214 006511 集部/總集類/選集之屬/斷代
閩南唐賦六卷 (清)楊浚輯 **考異一卷** (清)胡鳳丹撰 清光緒二年(1876)永康胡鳳丹刻本 二冊

330000－1704－0002216 006507 集部/總集類/選集之屬/斷代
唐人應試賦選八卷 (清)劉文蔚 (清)姚亢宗箋輯 清乾隆二十五年(1760)劉文蔚探珠樓刻本 四冊

330000－1704－0002217 006512 集部/總集類/選集之屬/通代
七十家賦鈔六卷 (清)張惠言輯 清道光元年(1821)合河康氏刻本 四冊

330000－1704－0002218 006506 集部/總集類/選集之屬/通代
歷代賦钞三十二卷 (清)趙維烈輯 清康熙二十五年(1686)刻本 六冊

330000－1704－0002219 006489 集部/楚辭類
楚辭約註不分卷 (清)高秋月 (清)曹同春撰 清康熙文粹堂刻本 一冊

330000－1704－0002220 006523 集部/總集類/選集之屬/通代
樂府詩集一百卷目錄二卷 (宋)郭茂倩輯 明崇禎虞山毛氏汲古閣刻清康熙毛扆重訂本 十冊

330000－1704－0002221 006485 集部/楚辭類
楚辭讀本不分卷 (清)方人傑評輯 清刻本 一冊

330000－1704－0002222 006524 集部/總集類/選集之屬/通代
樂府詩集一百卷目錄二卷 (宋)郭茂倩輯 清同治十三年(1874)湖北崇文書局刻本 十六冊

330000－1704－0002223 006542 集部/總集類/選集之屬/通代
漁洋山人古詩選三十二卷 (清)王士禛輯 **惜抱軒今體詩選十八卷** (清)姚鼐輯 清同治五年(1866)金陵書局刻本 十冊

330000－1704－0002224 006479 經部/詩類/傳說之屬
詩說一卷 (漢)申培撰 **詩攷一卷** (宋)王應麟撰 清影刻本 一冊

330000－1704－0002225 006513 集部/總集類/選集之屬/通代
六朝唐賦讀本不分卷 (清)馬傳庚選註 清同治十三年(1874)京都馬氏玉燕書巢刻本 二冊

330000－1704－0002226 006543 集部/總集類/選集之屬/通代
漁洋山人古詩選三十二卷 (清)王士禛輯 **惜抱軒今體詩選十八卷** (清)姚鼐輯 清同治五年(1866)金陵書局刻本 黃群題記 十冊

330000－1704－0002227 006488 集部/楚辭類
楚辭疏(楚辭)十九卷讀楚辭語一卷楚辭雜論一卷 (明)陸時雍撰 明末緝柳齋刻本 二冊

330000－1704－0002228 006514 集部/總集類/選集之屬/通代
六朝唐賦讀本不分卷 (清)馬傳庚選註 清光緒二年(1876)京都松竹齋刻本 二冊

330000－1704－0002230 006525 集部/總集類/彙編之屬
五朝詩別裁集 (清)□□輯 清刻本 三十八冊 缺四卷(唐詩別裁二、國朝詩別裁十一至十三)

330000－1704－0002231 006539 集部/總集類/選集之屬/通代
古唐詩合解古詩四卷唐詩十二卷 (清)王堯

衢注　清嘉慶十二年(1807)藜照樓刻本　五冊　存十四卷(古詩一至四,唐詩一至二、五至十二)

330000 - 1704 - 0002232　006540　集部/總集類/選集之屬/通代
古唐詩合解古詩四卷唐詩十二卷　(清)王堯衢注　清光緒二十一年(1895)味經堂刻本　六冊

330000 - 1704 - 0002233　006541　集部/總集類/選集之屬/通代
古唐詩合解古詩四卷唐詩十二卷　(清)王堯衢注　清光緒二十八年(1902)有益堂刻本　五冊　存十二卷(唐詩一至十二)

330000 - 1704 - 0002236　006554　集部/總集類/選集之屬/通代
御選唐宋詩醇四十七卷目錄二卷　(清)高宗弘曆輯　清光緒七年(1881)浙江書局刻本　二十冊

330000 - 1704 - 0002237　006515　集部/總集類/選集之屬/通代
御定歷代賦彙一百四十卷外集二十卷補遺二十二卷逸句二卷目錄二卷　(清)陳元龍輯　清康熙四十五年(1706)刻本　六十三冊　缺一卷(目錄一)

330000 - 1704 - 0002242　006529　集部/總集類/選集之屬/通代
歷朝名媛詩詞十二卷　(清)陸昶輯　清宣統三年(1911)上海掃葉山房石印本　四冊

330000 - 1704 - 0002244　006556　集部/總集類/選集之屬/通代
古詩箋三十二卷　(清)王士禛輯　(清)聞人倓箋　清乾隆三十一年(1766)芷蘭堂刻本　十冊

330000 - 1704 - 0002245　006545　集部/總集類/選集之屬/通代
回文類聚四卷首一卷　(宋)桑世昌輯　**織錦回文圖一卷回文類聚續編十卷首一卷**　(清)朱象賢輯並繪　清刻本　二冊

330000 - 1704 - 0002246　006557　類叢部/叢書類/郡邑之屬
武林掌故叢編一百九十種　(清)丁丙編　清光緒三年至二十六年(1877 - 1900)錢塘丁氏嘉惠堂刻本([乾道]臨安志卷四至十五、南宋館閣錄卷一原缺)　二冊　存一種

330000 - 1704 - 0002252　006533　集部/總集類/選集之屬/通代
歷朝名媛詩詞十二卷　(清)陸昶輯　清乾隆三十八年(1773)吳門陸昶紅樹樓刻本　二冊

330000 - 1704 - 0002255　006546　集部/總集類/選集之屬/通代
古詩選不分卷　(清)符兆綸輯　清抄本　一冊

330000 - 1704 - 0002256　006534　集部/總集類/選集之屬/通代
宋元明詩三百首六卷摘句一卷　(清)朱梓　(清)冷昌言輯　清咸豐三年(1853)虞山顧氏家塾刻本　一冊

330000 - 1704 - 0002258　006563　集部/總集類/氏族之屬
鶴陽謝氏家集鈔略一卷　王元翼豐湖王氏譜藝文鈔略一卷　(宋)王益大撰　**尚志堂文集鈔略一卷**　(清)葉嘉棆撰　清同治十一年(1872)瑞安孫鏘鳴抄本　一冊

330000 - 1704 - 0002259　006547　集部/總集類/選集之屬/通代
宛鄰書屋古詩錄十二卷　(清)張琦輯　清同治八年(1869)刻本　四冊

330000 - 1704 - 0002260　006564　集部/總集類/選集之屬/斷代
漢鐃歌釋文箋正一卷　王先謙撰　清同治十一年(1872)王氏虛受堂刻本　一冊

330000 - 1704 - 0002261　006521　集部/總集類/選集之屬/通代
古詩源十四卷　(清)沈德潛輯　清康熙至雍正刻本　五冊

330000 - 1704 - 0002263　006548　集部/總

集類/選集之屬/通代

詩林韶濩選二十卷 (清)顧嗣立輯 (清)周煌重輯 清乾隆刻本 四冊

330000－1704－0002264 006535 集部/總集類/選集之屬/通代

咏物詩選八卷 (清)俞琰輯 清雍正刻本 四冊

330000－1704－0002265 006549 類叢部/叢書類/彙編之屬

半畝園叢書三十種 (清)吳坤修編 清同治新建吳氏皖城刻本 八冊 存一種

330000－1704－0002266 006537 集部/總集類/選集之屬/通代

唐宋八家詩八種 (清)姚培謙編 清雍正六年(1728)遂安堂刻本 十四冊

330000－1704－0002267 006536 集部/總集類/選集之屬/通代

詩比興箋四卷簡學齋詩存一卷簡學齋館課試律存一卷簡學齋試律續鈔一卷月生試律詩存一卷 (清)陳沆輯 清咸豐刻本 四冊

330000－1704－0002268 006550 集部/總集類/選集之屬/通代

御定歷代題畫詩類一百二十卷 (清)陳邦彦輯 清嘉慶二十二年(1817)裕文堂刻本 二十冊

330000－1704－0002270 006551 類叢部/類書類/自著之屬

曾文正公全集十五種 (清)曾國藩撰 清同治至光緒傳忠書局刻本 十三冊 存一種

330000－1704－0002272 006599 集部/總集類/選集之屬/斷代

全唐詩三十二卷 (清)曹寅等輯 清光緒十三年(1887)上海同文書局石印本 三十二冊

330000－1704－0002274 006571 集部/總集類/選集之屬/通代

玉臺新詠十卷 (南朝陳)徐陵輯 (清)吳兆宜注 (清)程琰刪補 清乾隆三十九年(1774)刻本 四冊

330000－1704－0002275 006552 類叢部/叢書類/彙編之屬

武英殿聚珍版書一百三十八種 清光緒二十五年(1899)廣雅書局刻本 二冊 存一種

330000－1704－0002276 006572 集部/總集類/選集之屬/通代

玉臺新詠十卷 (南朝陳)徐陵輯 清康熙錫山華綺刻本 三冊

330000－1704－0002277 006601 集部/總集類/選集之屬/斷代

河嶽英靈集二卷 (唐)殷璠輯 清光緒四年(1878)遼陽賴氏刻本 一冊 存一卷(上)

330000－1704－0002278 006603 集部/總集類/選集之屬/斷代

唐人萬首絶句選七卷 (清)王士禛輯 清光緒二十三年(1897)金陵書局刻本 二冊

330000－1704－0002279 006604 集部/總集類/選集之屬/斷代

唐人萬首絶句選七卷 (清)王士禛輯 清光緒二十三年(1897)金陵書局刻本 二冊

330000－1704－0002280 006605 集部/總集類/選集之屬/斷代

唐四家詩集二十卷附二種 (清)胡鳳丹輯 清同治九年(1870)永康胡氏退補齋刻本 六冊

330000－1704－0002282 006581 集部/總集類/選集之屬/斷代

唐四家詩集二十八卷 清光緒十年(1884)上海同文書局石印本 八冊

330000－1704－0002283 006574 集部/總集類/選集之屬/通代

月午樓古詩十九首詳解二卷 (清)饒學斌撰 清光緒元年(1875)無諸城刻本 二冊

330000－1704－0002284 006553 集部/總集類/選集之屬/通代

御選唐宋詩醇四十七卷目錄二卷 (清)高宗弘曆輯 清刻本 二十冊

330000－1704－0002285　006606　集部/總集類/選集之屬/斷代
中晚唐詩叩彈集十二卷續集三卷　(清)杜詔(清)杜庭珠輯　清刻本　三册　存十一卷(一至十一)

330000－1704－0002287　006575　集部/總集類/選集之屬/通代
詩岑二十二卷　(清)楊梓　(清)蕭殿颺輯　清康熙積風樓刻本　四册

330000－1704－0002289　006607　集部/總集類/選集之屬/斷代
唐詩三百首註疏六卷　(清)孫洙編　(清)章燮注　**續選一卷姓氏小傳一卷**　(清)于慶元輯　清粵東集益堂刻本　四册

330000－1704－0002290　006568　集部/總集類/選集之屬/通代
乾坤正氣集二十卷　(清)顧沅輯　清道光二十三年(1843)長洲顧氏藝海樓刻本　八册

330000－1704－0002292　006583　集部/詞類/類編之屬
三家宮詞三卷二家宮詞二卷　(明)毛晉編　清宣統三年(1911)上海掃葉山房石印本　一册

330000－1704－0002293　006569　集部/總集類/選集之屬/斷代
漢詩統箋三卷　(清)陳本禮箋注　清嘉慶十五年(1810)裛露軒刻本　一册

330000－1704－0002294　006618　集部/總集類/選集之屬/通代
五七言今體詩鈔十八卷　(清)姚鼐輯　清同治五年(1866)金陵書局刻本　二册

330000－1704－0002297　006619　集部/總集類/選集之屬/斷代
疊山先生注解章泉澗泉二先生選唐詩五卷　(宋)趙蕃　(宋)韓淲選　(宋)謝枋得注　清同治二年(1863)望三益齋刻本　一册

330000－1704－0002298　006602　集部/詩文評類/詩評之屬
而菴說唐詩十卷補遺一卷　(清)徐增撰　清刻本　二册　存六卷(一至六)

330000－1704－0002299　006608　集部/總集類/彙編之屬
詩詞雜俎十二種　(明)毛晉輯　明天啓至崇禎海虞毛氏汲古閣刻清古松堂印本　一册　存一種

330000－1704－0002303　006615　集部/總集類/選集之屬/斷代
唐詩諧律二卷　(清)沈寶青選　清光緒十六年(1890)溧陽沈氏刻本　二册

330000－1704－0002304　006585　集部/總集類/選集之屬/斷代
唐四家詩集二十八卷　清宣統三年(1911)上海掃葉山房石印本　三册　存二種

330000－1704－0002305　006610　集部/總集類/選集之屬/斷代
唐賢三昧集三卷　(清)王士禛輯　清末上海錦章書局石印本　一册　存一卷(三)

330000－1704－0002307　006612　集部/總集類/選集之屬/斷代
唐詩三百首註疏六卷　(清)孫洙編　(清)章燮注　清立言堂刻本　六册

330000－1704－0002309　006622　集部/總集類/選集之屬/通代
瀛奎律髓刊誤四十九卷　(元)方回輯　(清)紀昀勘誤　清嘉慶五年(1800)侯官李氏雙桂堂刻本　八册

330000－1704－0002310　006611　集部/總集類/選集之屬/斷代
唐詩三百首註疏六卷　(清)孫洙編　(清)章燮注　清末古香閣刻本　六册

330000－1704－0002312　006613　集部/詞類/類編之屬
三家宮詞三卷二家宮詞二卷　(明)毛晉編　清同治十二年(1873)淮南書局刻本　一册

330000－1704－0002313　006623　類叢部/

叢書類/彙編之屬

懺花盦叢書三十種　(清)宋澤元編　清光緒山陰宋氏刻十三年(1887)彙印本　十冊　存一種

330000－1704－0002316　006624　類叢部/叢書類/彙編之屬

懺花盦叢書三十種　(清)宋澤元編　清光緒山陰宋氏刻十三年(1887)彙印本　十二冊　存一種

330000－1704－0002317　006561　史部/雜史類

都門紀變百詠一卷　(清)復儂氏　(清)杞廬氏撰　**痛定詞一卷**　**髮逆小史摘鈔一卷**　**蠡湖異響一卷**　**王邁園老人宮井詞一卷**　清末張棡抄本　一冊

330000－1704－0002322　006614　集部/總集類/選集之屬/斷代

聞鶴軒初盛唐近體讀本十七卷　(清)盧bindings
(清)王溥輯　清刻本　四冊　存十二卷(六至十七)

330000－1704－0002324　006616　集部/總集類/選集之屬/斷代

唐詩品彙九十卷拾遺十卷詩人爵里詳節一卷　(明)高棅輯　清抄本　二冊　存十四卷(唐詩品彙三十九至五十二)

330000－1704－0002326　006625　集部/總集類/選集之屬/斷代

全唐詩鈔八十卷補遺十六卷　(清)吳成儀輯　清嘉慶刻本　二十四冊

330000－1704－0002329　001115　子部/宗教類/佛教之屬/經疏

金剛般若波羅蜜經宗通九卷　(後秦)釋鳩摩羅什譯　(明)曾鳳儀注　清光緒十一年(1885)金陵刻經處刻本　二冊

330000－1704－0002335　006637　集部/總集類/選集之屬/斷代

宋十五家詩選　(清)陳訏輯　清康熙三十二年(1693)刻本　十冊　存十一種

330000－1704－0002336　006638　集部/總集類/選集之屬/斷代

宋四名家詩六卷　(清)周之鱗　(清)柴升編　清光緒元年(1875)湘西章氏望雲草廬刻本　五冊　缺一卷(東坡先生詩選一)

330000－1704－0002338　006647　集部/總集類/選集之屬/斷代

元詩選初集一百十四卷首一卷　(清)顧嗣立輯　清刻本　二十冊

330000－1704－0002341　006644　集部/總集類/選集之屬/通代

宋詩百一鈔八卷元詩百一鈔八卷補遺一卷　(清)張景星　(清)姚培謙　(清)王永祺輯　清道光十三年(1833)寶仁堂刻本　八冊

330000－1704－0002344　006651　史部/傳記類/總傳之屬

七姬詠林三卷　(清)貝墉輯　清嘉慶二十五年(1820)貝氏千墨庵刻道光補刻本　一冊

330000－1704－0002345　006593　集部/總集類/選集之屬/斷代

姚姬傳先生唐人五言絕句詩鈔一卷七言絕句詩鈔一卷　(清)姚鼐選　清光緒十七年(1891)石印本　孫延釗題記　一冊　存一卷(五言絕句詩鈔)

330000－1704－0002347　006636　類叢部/叢書類/自著之屬

宋金仁山先生遺書八種附六種　(宋)金履祥撰　清雍正至乾隆金華金氏刻光緒十三年(1887)鎮海謝駿德補刻本　二冊　存一種

330000－1704－0002350　006640　類叢部/叢書類/彙編之屬

饔喜廬叢書五種　(清)傅雲龍編　清光緒十五年(1889)德清傅氏日本東京刻本　一冊　存一種

330000－1704－0002352　006594　集部/總集類/選集之屬/斷代

重訂唐詩別裁集二十卷　(清)沈德潛輯　清刻本　八冊

330000－1704－0002353　006653　集部/總集類/選集之屬/斷代
明三十家詩選初集八卷二集八卷　(清)汪端輯　清同治十二年(1873)蘊蘭吟館刻本　八冊

330000－1704－0002354　006641　集部/總集類/氏族之屬
信天巢遺藁一卷　(宋)高翥撰　(清)高士奇輯　**林湖遺藁一卷**　(宋)高鵬飛撰　**江邨遺藁一卷**　(宋)高選等撰　**疎寮小集一卷**　(宋)高似孫撰　清康熙二十六年(1687)高士奇刻本　一冊

330000－1704－0002355　006649　集部/總集類/選集之屬/斷代
列朝詩集乾集二卷甲集前編十一卷甲集二十二卷乙集八卷丙集十六卷丁集十六卷閏集六卷　(清)錢謙益選　清宣統二年(1910)上海國光社鉛印本　五十六冊

330000－1704－0002356　006628　集部/總集類/選集之屬/斷代
宋代五十六家詩集　(清)坐春書塾選　清宣統二年(1910)北京龍文閣石印本　六冊

330000－1704－0002357　006597　集部/總集類/選集之屬/斷代
唐人五言長律清麗集六卷　(清)徐曰璉　(清)沈士駿輯　清乾隆二十二年(1757)刻本　四冊

330000－1704－0002358　001125　子部/宗教類/佛教之屬/經疏
妙法蓮華經要解七卷　(宋)釋戒環撰　清光緒三十四年(1908)常州天寧寺刻本　六冊

330000－1704－0002359　006664　集部/總集類/選集之屬/斷代
國朝詩鐸二十六卷首一卷　(清)張應昌輯　清同治八年(1869)永康應氏秀芝堂刻本　二十冊

330000－1704－0002360　006629　集部/總集類/選集之屬/斷代
宋代五十六家詩集　(清)坐春書塾選　清宣統二年(1910)北京龍文閣石印本　六冊

330000－1704－0002361　006598　集部/總集類/選集之屬/斷代
才調集十卷　(五代)韋縠輯　清康熙四十三年(1704)汪氏垂雲堂刻本　二冊　存五卷(一至五)

330000－1704－0002362　006595　集部/總集類/選集之屬/斷代
唐詩鼓吹十卷　(金)元好問輯　(元)郝天挺注　(明)廖文炳解　清初刻本　二冊

330000－1704－0002364　001121　子部/宗教類/佛教之屬/經疏
妙法蓮華經綸貫一卷妙法蓮華經台宗會義十六卷　(明)釋智旭撰　清光緒十九年(1893)江北刻經處刻本　八冊

330000－1704－0002367　001123　子部/宗教類/佛教之屬/經疏
妙法蓮華經通義二十卷　(明)釋德清撰　清光緒三十四年(1908)金陵刻經處刻本　五冊

330000－1704－0002368　006665　集部/總集類/選集之屬/斷代
湖海詩傳四十六卷　(清)王昶輯　清嘉慶刻本　十六冊

330000－1704－0002369　001122　子部/宗教類/佛教之屬/經疏
妙法蓮華經玄義節要二卷　(隋)釋智顗撰　(明)釋智旭節要　清光緒六年(1880)福德因緣堂刻本　二冊

330000－1704－0002370　006654　集部/總集類/郡邑之屬
南園前五先生詩五卷首一卷　(明)葛徵奇輯　**南園後五先生詩二十五卷首一卷**　(清)陳文藻輯　**附刻南園花信詩一卷**　(明)黎遂球輯　清同治九年(1870)南海陳氏樵山草堂刻本　六冊

330000－1704－0002371　001128　子部/宗教類/佛教之屬/經

妙法蓮華經七卷　(後秦)釋鳩摩羅什譯　清光緒二十九年(1903)揚州藏經院刻本　六冊　存六卷(一至四、六至七)

330000－1704－0002372　0001130　子部/宗教類/佛教之屬/經疏
妙法蓮華經玄義二十卷　(隋)釋智顗說　(唐)釋灌頂記　清嘉慶十七年(1812)杭州天溪大覺寺刻本　二十冊

330000－1704－0002373　006668　集部/總集類/選集之屬/斷代
宮閨百詠四卷　(清)陳其泰編次　清道光二十五年(1845)海鹽陳氏桐花鳳閣刻本　二冊

330000－1704－0002374　006669　集部/總集類/選集之屬/斷代
國朝閨秀正始集二十卷附錄一卷補遺一卷題詞一卷續集十卷附錄一卷補遺一卷輓詞一卷　(清)惲珠輯　清道光十一年至十六年(1831－1836)紅香館刻本　一冊　存六卷(正始集六至八、十二至十四)

330000－1704－0002375　001129　子部/宗教類/佛教之屬/經疏
妙法蓮華經演義七卷科文一卷　(清)釋一松講　(清)釋曉柔輯　清光緒二年(1876)東甌刻本　二十冊　缺一卷(科文)

330000－1704－0002376　006655　類叢部/叢書類/彙編之屬
邵武徐氏叢書二十三種　(清)徐榦編　清光緒邵武徐氏刻本　四冊　存一種

330000－1704－0002378　006683　集部/別集類/清別集
百美新詠一卷集詠一卷圖傳一卷　(清)顏希源撰　清嘉慶刻本　一冊　缺一卷(圖傳)

330000－1704－0002380　006685　集部/總集類/酬唱之屬
東嘉送行詩一卷　(清)楊堯章輯　清道光十九年(1839)刻本　一冊

330000－1704－0002382　006672　集部/總集類/選集之屬
蘭社詩略六卷　(清)林滋秀輯　(清)吳枚庵評定　清嘉慶二十四年(1819)四十二樹書屋刻本　一冊

330000－1704－0002384　006657　集部/總集類/郡邑之屬
三節合編三卷　林氏編　清宣統二年至三年(1910－1911)太平陳氏志澄閣木活字印本　一冊

330000－1704－0002386　006639　集部/總集類/選集之屬/斷代
宋四名家詩　(清)周之鱗　(清)柴升編　清刻本　五冊　存三種

330000－1704－0002387　006686　集部/總集類/酬唱之屬
載生吟合鈔三卷　(清)王望霖輯　清道光十一年(1831)天香樓刻本　二冊

330000－1704－0002388　006687　集部/總集類/選集之屬/斷代
感舊集十六卷　(清)王士禛輯　(清)盧見曾補傳　清乾隆十七年(1752)德州盧見曾刻本　五冊　缺六卷(三至四、九至十、十三至十四)

330000－1704－0002392　006673　集部/總集類/選集之屬/斷代
二談女史詩詞合刊三種六卷　(清)孫錫祉輯　清光緒十六年(1890)歸安孫氏刻本　二冊

330000－1704－0002394　001140　子部/宗教類/佛教之屬/經
大悲經五卷　(隋)釋那連提黎耶舍　(隋)釋法智譯　清宣統元年(1909)常州天寧寺刻本　二冊

330000－1704－0002395　006634　類叢部/叢書類/郡邑之屬
金華叢書六十八種　(清)胡鳳丹編　清同治七年至光緒八年(1868－1882)永康胡氏退補齋刻民國補刻本　二冊　存一種

330000－1704－0002399　006688　集部/總集類/氏族之屬

諸氏家集十卷　(清)諸以謙　(清)諸以敦編　清嘉慶刻本　二冊

330000－1704－0002407　001133　子部/宗教類/佛教之屬/經疏
妙法蓮華經玄義輯略一卷　(明)釋傳燈撰
釋籤緣起序指明一卷　(清)釋靈曜撰　明萬曆二十六年(1598)刻清補刻本　一冊

330000－1704－0002409　006662　集部/總集類/選集之屬/斷代
欽定國朝詩別裁集三十二卷　(清)沈德潛纂評　清乾隆刻本　梅泠生題記　六冊

330000－1704－0002411　006679　集部/總集類/選集之屬/斷代
國朝正雅集九十九卷首一卷　(清)符葆森輯　清咸豐六年至七年(1856－1857)京師半畝園刻本　三十二冊

330000－1704－0002413　006680　集部/總集類/選集之屬/斷代
同岑詩鈔五種　(清)曾燠編　清道光九年(1829)刻本　六冊

330000－1704－0002414　006689　集部/總集類/酬唱之屬
銷夏三會詩一卷續銷夏集一卷延秋集一卷　(清)汪繼熊輯　清嘉慶刻本　一冊

330000－1704－0002416　006690　集部/總集類/選集之屬/斷代
吾炙集一卷　(清)錢謙益輯　清光緒二十八年(1902)成都大關唐氏刻本　一冊

330000－1704－0002417　006715　集部/總集類/選集之屬/斷代
篤舊集十八卷　(清)劉存仁編輯　清咸豐十年(1860)刻本　八冊

330000－1704－0002419　006716　集部/總集類/選集之屬/斷代
道咸同光四朝詩史一斑錄不分卷續編不分卷　孫雄輯　清光緒三十四年(1908)油印本　六冊

330000－1704－0002420　006681　集部/總集類/酬唱之屬
清尊集十六卷　(清)汪遠孫輯　清道光十九年(1839)錢塘汪氏振綺堂刻本　四冊

330000－1704－0002421　006719　集部/總集類/酬唱之屬
聽琴別館消寒詩鈔九集　(清)曾元基等撰　清末刻本　一冊

330000－1704－0002423　006682　集部/總集類/氏族之屬
新安先集二十卷　(清)朱之榛輯　清同治十三年(1874)蘇州刻本　六冊

330000－1704－0002424　006717　集部/總集類/選集之屬/斷代
道咸同光四朝詩史甲集八卷首一卷乙集八卷　孫雄輯　清宣統二年至三年(1910－1911)刻本　十八冊

330000－1704－0002425　006691　集部/總集類/題詠之屬
雲江泛櫂圖題辭一卷附錄贈行詩一卷　(清)林培厚輯　清刻本　一冊

330000－1704－0002426　006677　集部/總集類/選集之屬/斷代
賜泉堂詩鈔附朱古巢等詩不分卷　(清)秦瀛等撰　(清)□□輯　清抄本　一冊

330000－1704－0002427　006692　集部/總集類/酬唱之屬
新柳唱酬一卷　(清)葉廷勳輯　清咸豐六年(1856)刻本　一冊

330000－1704－0002428　006693　集部/總集類/選集之屬/斷代
國朝六家詩鈔八卷　(清)劉執玉選編　清宣統二年(1910)上海澄衷學堂石印本　三冊

330000－1704－0002429　006678　集部/總集類
叢桂社詩札三卷　(清)吳乃伊輯　清道光八年(1828)且有園抄本　一冊

330000－1704－0002439　006731　集部/總集類/酬唱之屬

心壺雅集菁華錄二卷　(清)狄煜等撰　(清)周炳琦選鈔　清光緒十七年(1891)刻本　一册

330000－1704－0002440　001153　子部/宗教類/佛教之屬/經疏

妙法蓮華經科註七卷首一卷　(明)釋一如集註　清同治十一年(1872)刻本　七册

330000－1704－0002443　001152　子部/宗教類/佛教之屬/經疏

妙法蓮華經科註七卷首一卷　(明)釋一如集註　清末寧波崇壽庭記經房刻本　七册

330000－1704－0002444　006727　集部/總集類/彙編之屬

鄧林唱和詩詞合刻二種四卷　陳潛輯　清宣統元年(1909)江浦陳氏刻本　一册

330000－1704－0002445　006694　集部/總集類/題詠之屬

護國寺志異詩一卷　(清)陳遇春輯　清道光九年(1829)甌城張氏錄古齋刻本　一册

330000－1704－0002447　006728　集部/總集類/題詠之屬

趙忠節公祠題壁錄存一卷　(清)蕭治輝輯　清光緒二十六年(1900)刻本　一册

330000－1704－0002448　006729　集部/總集類/酬唱之屬

四明酬倡集二卷　(清)黄大華輯　清光緒二十九年(1903)勾東譯社鉛印本　二册

330000－1704－0002449　006695　史部/史評類/詠史之屬

南宋雜事詩七卷　(清)沈嘉轍等撰　清同治十一年(1872)淮南書局刻本　二册

330000－1704－0002451　001148　子部/宗教類/佛教之屬/經

四童子三昧經三卷　(隋)釋闍那崛多譯　清宣統元年(1909)常州天寧寺刻本　一册

330000－1704－0002452　001147　子部/宗教類/佛教之屬/經疏

法華擊節一卷　(明)釋德清撰　清宣統元年(1909)揚州藏經院刻本　一册

330000－1704－0002455　006696　集部/總集類/彙編之屬

簡學齋清夜齋手書詩稿合印不分卷　(清)陳沆　(清)魏源撰　清宣統三年(1911)影印本　一册

330000－1704－0002457　006697　集部/總集類/酬唱之屬

鴛鴦湖櫂歌五種五卷　(清)朱彝尊　(清)譚吉璁撰　(清)陸以誠　(清)張燕昌續　清光緒二年(1876)刻本　一册

330000－1704－0002460　006726　集部/總集類/酬唱之屬

嗜古軒贈言錄一卷　(清)蔡慶恒輯　清道光二十九年(1849)刻本　一册

330000－1704－0002461　001144　子部/雜著類/雜纂之屬

海南一勺合編外函三十二卷　(清)徐謙編　清光緒十一年(1885)浙東止水樓刻本　六册

330000－1704－0002462　001143　子部/雜著類/雜纂之屬

海南一勺合編内函十卷首二卷　(清)徐謙編　清光緒九年(1883)浙東止水樓刻本　四册

330000－1704－0002464　006698　集部/總集類/酬唱之屬

舊雨唱酬集一卷　(清)李懿曾　(清)錢紱輯　清嘉慶二年(1797)刻本　一册

330000－1704－0002466　006699　子部/藝術類/篆刻之屬/印譜

寶印集六卷附二卷　(清)王之佐輯　清道光刻本　一册

330000－1704－0002467　006722　集部/總集類/酬唱之屬

明湖載酒二集不分卷補遺不分卷　(清)陳琪輯　清宣統二年(1910)片雲樓鉛印本　一册

330000－1704－0002469　006721　集部/總集類/題詠之屬
吹台生壙圖題詞錄不分卷　(清)曾賢輯　清咸豐六年(1856)浙甌梅師古堂刻本　一冊

330000－1704－0002470　006744　集部/總集類/題詠之屬
都梁草題詞一卷　(清)于樹滋輯　清光緒三十二年(1906)刻本　一冊

330000－1704－0002475　006700　集部/總集類/酬唱之屬
南屏唱和一卷　(清)蔣光煦等撰　清刻本　一冊

330000－1704－0002479　006742　集部/總集類/題詠之屬
濟上鴻泥圖題冊錄存一卷三石圖題詠一卷　(清)張士珩輯　清宣統二年(1910)淞雲精舍鉛印本　一冊

330000－1704－0002480　006701　集部/總集類/郡邑之屬
四明四友詩六卷　(清)鄭梁輯　清末抄本　四冊　存三種

330000－1704－0002487　006702　集部/總集類/選集之屬/斷代
國朝六家詩鈔八卷　(清)劉執玉選編　清嘉慶八年(1803)埽葉山房刻本　三冊　存四卷(二、六至八)

330000－1704－0002488　006850　集部/總集類/酬唱之屬
東甌贈言一卷　(清)章又溢輯　清光緒二十四年(1898)刻本　一冊

330000－1704－0002491　006725、006739　類叢部/叢書類/彙編之屬
晨風閣叢書第一集五十二種　沈宗畸等編　清光緒三十四年至宣統三年(1908－1911)國學萃編社鉛印本　二冊　存二種

330000－1704－0002495　006703　集部/總集類/題詠之屬
詠梅集古詩題詞不分卷　(清)劉扶山輯　清刻本　一冊

330000－1704－0002496　006735　集部/總集類/題詠之屬
瑞安四忠詩一卷　(清)錢國珍　(清)戴咸弼等撰　清末抄本　一冊

330000－1704－0002497　006704　集部/總集類/酬唱之屬
省吾齋贈言前集一卷後集一卷閒吟一卷　(清)孟毓藻輯　清道光二十五年(1845)刻本　一冊

330000－1704－0002503　006849　集部/總集類/選集之屬/斷代
亨帚閣詩選一卷　(清)趙墉撰　(清)曹應樞選　**雲樓詩鈔一卷**　(清)鮑作雨撰　(清)曹應樞選　**念珊詩選一卷詞鈔一卷**　(清)朱美鏐撰　(清)曹應樞選　清抄本　一冊

330000－1704－0002504　006747　集部/總集類/酬唱之屬
東甌留別唱和詩鈔不分卷　(清)王琛等撰　清光緒三十年(1904)刻本　一冊

330000－1704－0002506　006741　集部/總集類/題詠之屬
安固二忠詩一卷　(清)戴威弼輯　清末刻本　一冊

330000－1704－0002507　006706　集部/總集類/酬唱之屬
銷夏倡和詩存一卷　(清)汪遠孫等撰　清道光十五年(1835)刻本　一冊

330000－1704－0002509　006707　集部/總集類/郡邑之屬
樂成詩錄四卷　(清)鄭一龍輯　清光緒十九年至二十年(1893－1894)刻本　二冊

330000－1704－0002513　006863　集部/總集類/酬唱之屬
雙谿唱和詩集一卷　(清)李贊常撰　清同治元年(1862)石印本　一冊

330000－1704－0002515　006710　集部/總

集類/酬唱之屬

郵籤倡和一卷續刻一卷附錄誌異倡和詩一卷 （清）陳遇春輯　清道光刻本　一冊

330000－1704－0002520　006711　類叢部/叢書類/自著之屬

隨園三十種　（清）袁枚撰　清乾隆至嘉慶刻本　二冊　存一種

330000－1704－0002522　006712　集部/總集類/課藝之屬

浙江詩課十卷考卷一卷　（清）阮元訂　清嘉慶再到亭刻本　二冊

330000－1704－0002525　006868　集部/總集類/選集之屬/斷代

落花酬唱集初編不分卷　（清）沈宗疇編　清光緒二十四年（1898）刻本　二冊

330000－1704－0002527　006713　集部/總集類/氏族之屬

馮氏清芬集三卷　（清）馮詢輯　清光緒元年（1875）上海榷署刻本　一冊

330000－1704－0002529　006773　集部/總集類/選集之屬/斷代

柳堂師友詩錄初編　（清）李長榮編　清同治二年（1863）刻本　一冊　存二種

330000－1704－0002532　006769　集部/總集類/酬唱之屬

衡湘泉清集四卷首一卷　（清）李揚華編　清光緒四年（1878）衡陽刻本　三冊

330000－1704－0002533　006763　集部/總集類/家集之屬

二熊君詩賸三種　清光緒刻本　一冊　存二種

330000－1704－0002534　006708、009137　類叢部/叢書類/家集之屬

丹徒戴氏叢刻七種（戴友梅八種、戴氏所著書）　（清）戴肇辰編　清同治至光緒刻本　十冊　存一種

330000－1704－0002536　006764　集部/總集類/酬唱之屬

且園賡唱集三卷　（清）方鼎鋭等撰　清同治十三年（1874）且園刻本　一冊

330000－1704－0002538　006770　類叢部/叢書類/彙編之屬

漸西村舍彙刊（漸西村舍叢刻）四十四種（清）袁昶編　清光緒十六年至二十四年（1890－1898）桐廬袁氏刻本　一冊　存二種

330000－1704－0002549　006879　集部/總集類/郡邑之屬

國朝嚴州詩錄八卷　（清）宗源瀚輯　清光緒刻本　二冊

330000－1704－0002551　006765　類叢部/叢書類/彙編之屬

荔牆叢刻十三種　（清）汪曰楨編　清同治至光緒烏程汪氏刻本　一冊　存一種

330000－1704－0002554　006874　集部/總集類/郡邑之屬

甬上耆舊詩三十卷　（清）胡文學　（清）李鄴嗣輯　清康熙十五年（1676）敬義堂刻本　十二冊

330000－1704－0002555　006766　集部/總集類/氏族之屬

怡園同懷吟草二卷　（清）曾佩雲　（清）曾畜雲撰　清同治十一年（1872）繫虹舫刻本　一冊

330000－1704－0002556　006776　史部/地理類/雜志之屬

甌江竹枝詞一卷　（清）郭鍾岳撰　**溫州竹枝詞一卷**　（清）方鼎鋭撰　清同治十一年（1872）和天倪齋、剜綠軒刻本　一冊

330000－1704－0002557　006881　集部/總集類/郡邑之屬

浙西六家詩鈔六卷　（清）吳應和等撰　清道光七年（1827）紫薇山館刻本　六冊

330000－1704－0002559　006767　集部/總集類/選集之屬/斷代

于湖題襟集十卷　（清）袁昶輯　**舞雩風一卷**

（清）湛子剛撰　**梁節庵詩一卷**　（清）陳伯嚴評　清光緒二十一年（1895）小漚巢刻本　一冊

330000－1704－0002561　006771　集部/總集類/選集之屬/斷代
言志詩輯補不分卷　（清）汪昶輯　清光緒元年（1875）元雨書屋刻本　二冊

330000－1704－0002563　006751　集部/別集類/清別集
東甌記略不分卷　（清）戴槃撰　**東甌留別和章三卷**　清末刻本　一冊　存三卷（東甌留別和章一至三）

330000－1704－0002567　006891　集部/總集類/郡邑之屬
越風三十卷　（清）商盤輯　清乾隆三十七年（1772）山陰王大治刻嘉慶十六年（1811）徐兆補修本　十五冊　存十五卷（一至十五）

330000－1704－0002570　006877　集部/總集類/郡邑之屬
國朝杭郡詩三輯一百卷姓氏韻編一卷　（清）丁申　（清）丁丙編　清光緒十九年（1893）刻本　五十冊

330000－1704－0002571　006825　集部/總集類/酬唱之屬
臺江驪唱集一卷天南鴻爪集一卷　黃鼎瑞輯　清光緒三十四年（1908）永嘉刻本　一冊

330000－1704－0002574　006882　集部/總集類/郡邑之屬
國朝湖州詩錄三十四卷　（清）陳焯輯　**補編二卷**　（清）鄭祖琛輯　**續錄十六卷**　（清）鄭佶輯　清道光十年至十一年（1830－1831）小谷口刻本　梅冷生題記　十八冊　缺二卷（詩錄五至六）

330000－1704－0002577　006883、006884　集部/總集類/郡邑之屬
國朝杭郡詩輯三十二卷姓氏韻編一卷　（清）吳顥輯　（清）吳振棫重輯　**續輯四十六卷姓氏韻編一卷**　（清）吳振棫輯　清同治十三年（1874）、光緒二年（1876）錢唐丁氏刻本　二十八冊

330000－1704－0002578　006890　集部/總集類/郡邑之屬
金華詩錄六十卷外集六卷別集四卷書後一卷　（清）黃彬　（清）朱琰輯　清乾隆三十八年（1773）金華府學刻本　二十冊　缺三十四卷（十四至二十三、二十八至三十一、三十八至四十一、四十四至四十七、五十二至六十，別集一至二，書後）

330000－1704－0002584　006889　集部/總集類/郡邑之屬
續檇李詩繫四十卷　（清）胡昌基輯　清宣統三年（1911）刻本　二十冊

330000－1704－0002586　006886　集部/總集類/郡邑之屬
國朝天台詩存十四卷補遺一卷　（清）金文田輯　清光緒三十四年（1908）木活字印本　四冊　缺一卷（補遺）

330000－1704－0002591　006836　集部/總集類/酬唱之屬
門存倡和詩鈔十卷續刻三卷　陳鋭等撰　清末刻本　二冊

330000－1704－0002593　006888　類叢部/叢書類/自著之屬
潛園總集十七種　（清）陸心源撰　清同治至光緒刻本　十六冊　存一種

330000－1704－0002597　006894　集部/總集類/郡邑之屬
東甌詩存四十六卷補遺一卷　（清）曾唯輯　清乾隆五十五年（1790）刻本　十五冊　缺三卷（八至十）

330000－1704－0002600　006898　集部/總集類/郡邑之屬
四靈詩集　（清）鄭一龍輯　清光緒四年（1878）息耒園刻本　二冊

330000－1704－0002604　006896　集部/總集類/郡邑之屬

東甌詩存四十六卷補遺一卷　(清)曾唯輯　清乾隆五十五年(1790)刻本　冒廣生批　二十冊

330000－1704－0002609　006846　集部/總集類/選集之屬/斷代
百老吟一卷　錢溯耆輯　清宣統二年(1910)太倉錢氏聽邠館刻本　一冊

330000－1704－0002610　006913　集部/總集類/郡邑之屬
兩浙輶軒錄四十卷補遺十卷姓氏韻編二卷　(清)阮元輯　清光緒十六年(1890)浙江書局刻本　三十二冊

330000－1704－0002611　006915　集部/總集類/郡邑之屬
兩浙輶軒錄四十卷姓氏韻編一卷　(清)阮元輯　清嘉慶仁和朱氏碧溪草堂、錢塘陳氏種榆仙館刻本　二十冊

330000－1704－0002613　006914　集部/總集類/郡邑之屬
兩浙輶軒續錄五十四卷補遺六卷姓氏韻編二卷　(清)潘衍桐輯　清光緒十七年(1891)浙江書局刻本　四十冊

330000－1704－0002614　006904　集部/總集類/郡邑之屬
瑞安詩存四卷　(清)金正聲輯　清吳翊抄本　二冊

330000－1704－0002615　006752　集部/總集類/題詠之屬
萍因蕉夢十二圖題辭二卷松陰詩逸圖題辭一卷　(清)金鱗廷撰　清光緒五年(1879)刻本　一冊

330000－1704－0002617　006917　類叢部/叢書類/彙編之屬
邵武徐氏叢書二十三種　(清)徐榦編　清光緒邵武徐氏刻本　二冊　存一種

330000－1704－0002619　006918　集部/總集類/郡邑之屬
嶺南三大家詩選二十四卷　(清)王隼編　清康熙刻本　六冊

330000－1704－0002620　006760　集部/總集類/酬唱之屬
潘江贈行集一卷　(清)葉佐清等撰　清同治六年(1867)刻本　清王德馨題記　一冊

330000－1704－0002621　006919　集部/總集類/郡邑之屬
嶺南三大家詩選二十四卷　(清)王隼編　清同治七年(1868)南海陳氏刻本　六冊

330000－1704－0002622　006759　集部/總集類/題詠之屬
小樓吟飲圖題詠彙錄二卷　(清)王恩溥輯　清光緒十三年(1887)海上小樓刻本　二冊

330000－1704－0002624　006920　集部/總集類/郡邑之屬
江左三大家詩鈔　(清)顧有孝　(清)趙澐輯　清刻本　六冊

330000－1704－0002625　006921　集部/總集類/郡邑之屬
江左三大家詩鈔　(清)顧有孝　(清)趙澐輯　清康熙七年(1668)刻本　三冊

330000－1704－0002628　006908　集部/總集類/郡邑之屬
平陽詩錄不分卷　王鋭輯　清抄本　一冊

330000－1704－0002634　006749　集部/總集類/酬唱之屬
漸源唱和集四卷　(清)王詠霓編　清光緒二十六年(1900)刻本　二冊

330000－1704－0002636　006750　集部/總集類/酬唱之屬
唱和續集八卷　王詠霓編次　清光緒二十七年(1901)刻本　四冊

330000－1704－0002638　006931　集部/總集類/郡邑之屬
曲阿詩綜三十二卷詞綜四卷　(清)劉會恩輯　清道光四年(1824)刻本　四冊　缺九卷(九至十一、二十四至二十五,詞綜一至四)

330000－1704－0002639　006912　集部/總集類/郡邑之屬

瑞安詩存二卷　(清)金正聲輯　清光緒二十六年(1900)洪氏花信樓抄本　一冊

330000－1704－0002640　006762　集部/總集類/選集之屬/斷代

言志詩輯五卷論詩囈語一卷　(清)汪昶輯　清末刻本　三冊

330000－1704－0002641　006761　類叢部/叢書類/家集之屬

況氏叢書□□種　清末刻本　七冊　存一種

330000－1704－0002642　006932　類叢部/叢書類/自著之屬

石遺室叢書十九種　陳衍撰　清光緒至民國刻本　十冊　存一種

330000－1704－0002644　006718　集部/總集類/選集之屬/斷代

道咸同光四朝詩史甲集八卷首一卷　孫雄輯　清宣統二年至三年(1910－1911)刻本　九冊　存六卷(二至七)

330000－1704－0002648　006927　集部/總集類/郡邑之屬

安洲詩錄八卷　(清)王魏勝輯　清道光二十二年(1842)天香樓刻本　一冊　缺三卷(六至八)

330000－1704－0002650　001159　子部/宗教類/佛教之屬/經

大集譬喻王經二卷　(隋)釋闍那崛多等譯　清宣統三年(1911)常州天寧寺刻本　一冊

330000－1704－0002651　006755　集部/總集類/酬唱之屬

西泠酬倡集五卷二集五卷三集五卷　(清)秦緗業等撰　清光緒刻本　二冊　存五卷(西泠酬倡集一至五)

330000－1704－0002652　006774　集部/總集類/課藝之屬

三山同聲集四卷續編一卷首一卷　(清)王凱泰輯　清同治十二年(1873)儉明簡齋刻本　二冊

330000－1704－0002653　001160　子部/宗教類/佛教之屬/經

阿難問事佛吉凶經一卷　(漢)釋安清譯　**十二緣生祥瑞經二卷**　(宋)釋施護譯　清同治九年(1870)如皋刻經處刻本(十二緣生祥瑞經為清光緒三年(1877)江北刻經處刻本)　一冊

330000－1704－0002654　006928　集部/總集類/郡邑之屬

師山詩存十卷首一卷　(清)茅炳文撰　清咸豐十年(1860)茅齋刻本　二冊

330000－1704－0002655　001161　子部/宗教類/佛教之屬/經

佛說罵意經一卷禪行法想經一卷佛說處處經一卷佛說分別善惡所起經一卷　(漢)釋安清譯　清宣統二年(1910)常州天寧寺刻本　一冊

330000－1704－0002657　006923　集部/總集類/郡邑之屬

吳中女士詩鈔　(清)任兆麟　(清)張滋蘭輯　清乾隆五十四年至五十五年(1789－1790)刻本　清王德馨題記　一冊　存十一種

330000－1704－0002658　006936　集部/總集類/郡邑之屬

蛟川耆舊詩續集二卷　(清)張錫申輯　清咸豐七年(1857)刻本　一冊

330000－1704－0002659　006937　集部/總集類/域外之屬

琉球詩錄二卷　(清)徐榦評定　清同治刻本　一冊

330000－1704－0002660　006905－1　集部/總集類/郡邑之屬

羅陽詩始四卷　(清)董斿輯　清同治五年(1866)羅陽書院刻本　二冊

330000－1704－0002661　006775　集部/總集類/題詠之屬

杏莊題詠三集六卷　(清)鄧大林輯　清咸豐

三年(1853)刻本　一冊

330000－1704－0002662　001154　子部/宗教類/佛教之屬/經

大般涅槃經四十卷　(晉)釋曇無讖譯　**大般涅槃經後分二卷**　(唐)釋若那跋陀羅　(唐)釋會寧等譯　清光緒五年(1879)刻本　十一冊

330000－1704－0002663　006943　集部/總集類/郡邑之屬

江蘇詩徵一百八十三卷　(清)王豫輯　清道光元年(1821)焦山海西庵詩徵閣刻本　三十八冊　存一百七十五卷(一至一百五十九、一百六十五至一百八十)

330000－1704－0002664　001155　子部/宗教類/佛教之屬/經

大般泥洹經六卷　(晉)釋法顯　(晉)釋覺賢譯　清宣統元年(1909)常州天寧寺刻本　二冊

330000－1704－0002666　006938　集部/總集類/郡邑之屬

三台名媛詩輯五卷續一卷詞輯一卷　(清)黄瑞編　清光緒元年(1875)臨海周翰清刻本　一冊

330000－1704－0002667　001156　子部/宗教類/佛教之屬/經

雜阿含經五十卷　(南朝宋)釋求那跋陀羅譯　清光緒十年至十四年(1884－1888)常熟刻經處刻本　十二冊

330000－1704－0002668　006939　集部/總集類/郡邑之屬

重訂昭陽扶雅集六卷　(清)徐幹輯　清光緒八年(1882)邵武徐氏刻本　六冊

330000－1704－0002669　006945　集部/總集類/郡邑之屬

廣濟耆舊詩集十二卷　(清)夏槐輯　清光緒十三年(1887)松江金山縣署刻本　六冊

330000－1704－0002672　006946　集部/總集類/郡邑之屬

徐州詩徵八卷　(清)桂中行輯　清光緒十七年(1891)刻本　四冊

330000－1704－0002674　006948　集部/總集類/郡邑之屬

國朝金陵詩徵四十八卷　(清)朱緒曾編　清光緒十三年(1887)刻本　十六冊

330000－1704－0002675　001162　子部/宗教類/佛教之屬/經

本事經七卷　(唐)释玄奘譯　清宣統二年(1910)常州天寧寺刻本　二冊

330000－1704－0002676　006778　集部/總集類/選集之屬/斷代

雪鴻偶鈔詩四卷詞一卷　(清)倪世珍錄　清光緒四年(1878)吳縣倪氏刻本　二冊

330000－1704－0002677　006947　集部/總集類/郡邑之屬

國朝山左詩鈔六十卷　(清)盧見曾輯　清乾隆二十三年(1758)德州盧見曾雅雨堂刻本　二十冊

330000－1704－0002678　006952　集部/總集類/郡邑之屬

國朝松陵詩徵二十卷　(清)袁景輅輯　清乾隆三十二年(1767)吳江袁氏愛吟齋刻本　十六冊

330000－1704－0002679　006956　集部/詩文評類/詩評之屬

元詩紀事二十四卷　陳衍輯　清光緒十二年(1886)侯官陳衍石遺室鉛印本　六冊

330000－1704－0002682　001163　子部/宗教類/佛教之屬/經

別譯雜阿含經二十卷　清宣統元年(1909)刻本　四冊

330000－1704－0002683　006753　集部/總集類/選集之屬/斷代

紅犀館詩課八卷　(清)王蒔蘭等撰　(清)姚燮輯　**丹山倡和詩一卷**　(清)姚燮等撰　**海山小集分韻詩一卷**　清同治四年(1865)刻本　一冊　缺四卷(紅犀館詩課一至四)

330000－1704－0002685　001164　子部/宗教類/佛教之屬/經

起世經十卷　(隋)釋闍那崛多譯　清末常州天寧寺刻本　二册

330000－1704－0002686　006960　集部/詩文評類

唐二十四詩品一卷　(唐)司空圖撰　**附二十四畫品一卷**　(清)黄鉞撰　**附二十四書品一卷**　(清)楊景曾撰　清抄本　一册

330000－1704－0002687　006772　集部/總集類/尺牘之屬

紀夢質言一卷　(清)張瞻龍輯　清光緒三十一年(1905)油印本　一册

330000－1704－0002688　001165　子部/宗教類/佛教之屬/經

佛説大安般守意經二卷　(漢)釋安清譯　清末刻本　一册

330000－1704－0002690　001166　子部/宗教類/佛教之屬/經

佛説樓炭經六卷　(晉)釋法立　(晉)釋法炬譯　清末刻本　一册

330000－1704－0002691　006950　集部/總集類/郡邑之屬

松陵詩徵前編十二卷　(清)殷增輯　清嘉慶二十一年(1816)刻本　四册

330000－1704－0002692　001167　類叢部/叢書類/彙編之屬

獨抱廬叢刻十一種　(清)陳宗彝編　清道光金陵陳氏刻本　一册　存一種

330000－1704－0002693　006961　集部/詩文評類/詩評之屬

司空詩品註釋一卷　(唐)司空圖撰　清刻本　一册

330000－1704－0002696　006951　集部/總集類/郡邑之屬

吴會英才集二十四卷　(清)畢沅輯　清道光刻本　四册

330000－1704－0002697　001168　子部/宗教類/佛教之屬/經疏

佛説四十二章經解一卷佛遺教經解一卷八大人覺經略解一卷　(清)釋智旭撰　**大乘寶讃十首一卷**　(南朝梁)釋寶誌撰　清光緒四年(1878)杭州昭慶經房刻本　一册

330000－1704－0002698　001170　子部/宗教類/佛教之屬/經

增壹阿含經五十卷首一卷　(晉)釋曇摩難提譯　清光緒十二年(1886)江北刻經處刻本　十二册

330000－1704－0002699　006980　集部/詩文評類/詩評之屬

杜工部詩話一卷　(清)劉鳳誥撰　清宣統三年(1911)上海掃葉山房石印本　一册

330000－1704－0002700　006966　集部/詩文評類/詩評之屬

明詩紀事甲籤三十卷乙籤二十二卷丙籤十二卷丁籤十七卷戊籤二十二卷己籤二十卷庚籤三十卷辛籤三十四卷　陳田撰　清光緒二十五年至宣統三年(1899－1911)貴陽陳從書聽詩齋刻本　三十八册

330000－1704－0002701　001171　子部/宗教類/佛教之屬/經

佛説長阿含經二十二卷　(後秦)釋佛陀耶舍　(後秦)釋竺佛念譯　清光緒十三年(1887)姑蘇刻經處刻本　六册

330000－1704－0002702　006981　集部/詩文評類/詩評之屬

古今詩話選雋二卷　(清)盧衍仁輯　清乾隆四十五年(1780)刻本　一册

330000－1704－0002703　006982　集部/詩文評類/詩評之屬

初白菴詩評三卷　(清)查慎行撰　(清)張載華輯　清末上海六藝書局石印本　五册

330000－1704－0002710　006972　集部/詩文評類/詩評之屬

詩法萃編十五卷　(清)許印芳選抄　清光緒

二十一年(1895)樸學齋刻民國三十四年(1945)印本　十冊

330000－1704－0002713　001172　子部/宗教類/佛教之屬/經疏

大佛頂如來密因修證了義諸菩薩萬行首楞嚴經會解二十卷　(唐)釋般剌密帝　(唐)釋彌伽釋迦譯　(唐)房融筆受　(元)釋惟則會解　清宣統元年(1909)常州天寧寺刻本　六冊

330000－1704－0002716　006987　集部/詩文評類/詩評之屬

西河詩話一卷詞話一卷襍箋一卷　(清)毛奇齡撰　清宣統三年(1911)上海文瑞樓石印本　二冊

330000－1704－0002720　001174　子部/宗教類/佛教之屬/經疏

大佛頂經序指味疏一卷　(元)釋唯則撰序　釋諦閑述疏　清光緒二十八年(1902)慈谿西方寺刻本　一冊

330000－1704－0002721　001175　子部/宗教類/佛教之屬/經

大佛頂如來密因修證了義諸菩薩萬行首楞嚴經十卷　(唐)釋般剌蜜諦　(唐)釋彌伽釋迦譯　(唐)房融筆受　清同治八年(1869)金陵刻經處刻本　二冊

330000－1704－0002722　001176　子部/宗教類/佛教之屬

大佛頂首楞嚴懺悔行法不分卷　釋諦閑撰　清末刻本　一冊

330000－1704－0002723　006974　集部/詩文評類/詩評之屬

歷代詩話二十七種　(清)何文煥編　**歷代詩話考索一卷**　(清)何文煥撰　清乾隆三十五年(1770)何氏刻嘉慶印本　十七冊　存二十五種

330000－1704－0002724　006955　類叢部/叢書類/自著之屬

潛園總集十七種　(清)陸心源撰　清同治至光緒刻本　二十六冊　存一種

330000－1704－0002726　001177　子部/宗教類/佛教之屬/經疏

大佛頂如來密因修證了義諸菩薩萬行首楞嚴經纂註十卷首一卷末一卷　(唐)釋般剌密帝　(唐)釋彌伽釋迦譯　(唐)房融筆受　(明)釋真界纂註　清光緒三十四年(1908)金陵刻經處刻本　五冊

330000－1704－0002728　006976　集部/詩文評類/詩評之屬

漁隱叢話前集六十卷後集四十卷　(宋)胡仔撰　清乾隆五年至六年(1740－1741)海鹽楊佑啟耘經樓刻本　十冊

330000－1704－0002729　006977　集部/詩文評類/詩評之屬

初白菴詩評三卷　(清)查慎行撰　(清)張載華輯　清乾隆四十二年(1777)張氏涉園觀樂堂刻本　一冊　存一卷(中)

330000－1704－0002730　001178　子部/宗教類/佛教之屬/經

千眼千臂觀世音菩薩陀羅尼神咒經二卷　(唐)釋智通譯　**千手千眼觀世音菩薩姥陀羅尼身經一卷**　(唐)釋菩提流志譯　**千手千眼觀世音菩薩廣大圓滿無礙大悲心陀羅尼經一卷**　(唐)釋伽梵達摩譯　**觀世音菩薩秘密藏神咒經一卷**　(唐)釋實叉難陀譯　**觀世音菩薩如意摩尼陀羅尼經一卷**　(唐)釋寶思惟譯　**觀自在菩薩如意心陀羅尼咒經一卷**　(唐)釋義淨譯　清末刻本　一冊

330000－1704－0002731　006978　類叢部/叢書類/彙編之屬

廣雅書局叢書一百五十九種　徐紹棨編　清光緒廣雅書局刻民國九年(1920)番禺徐紹棨彙編印本　四冊　存一種

330000－1704－0002733　006953　集部/詩文評類/詩評之屬

宋詩紀事一百卷　(清)厲鶚　(清)馬曰琯輯　清乾隆十一年(1746)厲鶚樊榭山房刻本　三十三冊　缺九卷(十三至十五、三十三至三十四、七十一至七十四)

330000－1704－0002734　001180　子部/宗教類/佛教之屬/經

大佛頂如來密因修證了義諸菩薩萬行首楞嚴經十卷　(唐)釋般刺密帝　(唐)釋彌伽釋迦譯　(唐)釋懷迪證譯　(唐)房融筆受　(明)王應乾參標　清光緒三十一年(1905)浙寧三寶經房刻本　三册

330000－1704－0002735　006954　集部/詩文評類/詩評之屬

宋詩紀事一百卷　(清)厲鶚　(清)馬曰琯輯　清乾隆十一年(1746)厲鶚樊榭山房刻本　二十九册　缺九卷(十二至十七、六十四至六十六)

330000－1704－0002736　006989　類叢部/叢書類/彙編之屬

知不足齋叢書一百九十六種　(清)鮑廷博編　(清)鮑士恭續編　清乾隆三十七年至道光三年(1772－1823)長塘鮑氏刻彙印本　一册　存三種

330000－1704－0002737　006991　類叢部/叢書類/彙編之屬

武英殿聚珍版書一百三十八種　清刻本　二册　存一種

330000－1704－0002738　006992　類叢部/叢書類/彙編之屬

讀畫齋叢書四十六種　(清)顧修編　清嘉慶四年至十六年(1799－1811)桐川顧氏刻本　一册　存一種

330000－1704－0002739　006998　集部/詩文評類/詩評之屬

詩人玉屑二十卷　(宋)魏慶之撰　清刻本　四册

330000－1704－0002741　006999　類叢部/叢書類

求是齋叢書□□種　清末刻本　一册　存一種

330000－1704－0002743　007006　類叢部/叢書類/自著之屬

南野堂全集三種　(清)吳文溥撰　清乾隆至嘉慶刻本　四册　存一種

330000－1704－0002744　001182　子部/宗教類/佛教之屬/經疏

首楞嚴經疏二十卷　(宋)釋子璿輯　清光緒三十二年(1906)揚州藏經院刻本　八册

330000－1704－0002745　007007　集部/別集類/清別集

養一齋集二十六卷首一卷劄記九卷詞三卷詩話十卷李杜詩話三卷四書文不分卷試帖一卷　(清)潘德輿撰　清道光至同治刻本　四册　存十三卷(詩話一至十、李杜詩話一至三)

330000－1704－0002746　007014　集部/詩文評類/詩評之屬

平等閣詩話二卷　狄葆賢撰　清末上海有正書局鉛印本　二册

330000－1704－0002751　007234　類叢部/叢書類/郡邑之屬

金華叢書六十八種　(清)胡鳳丹編　清同治七年至光緒八年(1868－1882)永康胡氏退補齋刻民國補刻本　四册　存一種

330000－1704－0002753　007001　集部/詩文評類/詩評之屬

石林詩話三卷　(宋)葉夢得撰　清道光二十四年(1844)東洞庭山葉氏刻本　一册

330000－1704－0002755　007016　集部/詩文評類/詩評之屬

養自然齋詩話十卷　(清)鍾駿聲撰　清同治十三年(1874)仁和鍾氏京師刻本　十册

330000－1704－0002757　006994　集部/詩文評類/詩評之屬

全唐詩話六卷　(宋)尤袤撰　(明)毛晉訂　清宣統三年(1911)三樂堂石印本　三册

330000－1704－0002762　006953－1　集部/詩文評類/詩評之屬

宋詩紀事一百卷　(清)厲鶚　(清)馬曰琯輯　清乾隆十一年(1746)厲鶚樊榭山房刻本　一册　存四卷(七十二至七十五)

330000－1704－0002763　006997　類叢部/叢書類/彙編之屬

武英殿聚珍版書一百三十八種　清刻本　一冊　存一種

330000－1704－0002764　001183　子部/宗教類/佛教之屬/諸宗

秘藏指南二卷　（清）趙鉞編　清同治八年（1869）杭州昭慶經房刻本　一冊

330000－1704－0002765　007004　類叢部/叢書類/自著之屬

張師筠著述三種　（清）張燮承撰　清咸豐九年至同治十年（1859－1871）刻本　二冊　存一種

330000－1704－0002766　007019　集部/詩文評類/詩評之屬

說詩樂趣類編二十卷　（清）伍涵芬輯　清光緒刻本　二冊

330000－1704－0002769　007250　類叢部/叢書類/彙編之屬

新陽趙氏叢刊十四種　（清）趙元益編　清光緒十一年至二十八年（1885－1902）新陽趙氏刻本　三冊　存一種

330000－1704－0002770　007013　集部/詩文評類/詩評之屬

隨園詩話十六卷補遺十卷　（清）袁枚撰　清道光四年（1824）刻本　五冊

330000－1704－0002771　007021　集部/詩文評類/詩評之屬

雨村詩話十六卷　（清）李調元撰　清嘉慶元年（1796）九經堂刻本　三冊　存九卷（一至三、六至十一）

330000－1704－0002772　007005　集部/總集類/選集之屬/斷代

重訂主客圖二卷補遺二卷　（清）李懷民輯　清嘉慶刻本　四冊

330000－1704－0002773　007017　集部/詩文評類/詩評之屬

借月山房彙鈔十六集一百三十九種　（清）張海鵬編　清嘉慶十一年至十七年（1806－1812）虞山張氏增刻本　二冊　存一種

330000－1704－0002774　007031　集部/詩文評類/詩評之屬

甌北詩話十卷續詩話二卷　（清）趙翼撰　清光緒三十四年（1908）上海掃葉山房石印本　四冊

330000－1704－0002777　007251　集部/別集類/明別集

空同詩鈔十六卷附錄一卷　（明）李夢陽撰　（清）桑調元編　清乾隆十五年（1750）李氏刻道光二十九年（1849）補刻本　四冊

330000－1704－0002778　007032　子部/小說家類/異聞之屬

青溪風雨錄二卷　（清）雪樵居士撰　清刻本　一冊　存一卷（一）

330000－1704－0002779　007033　集部/別集類/清別集

快軒詩則四卷　（清）林滋秀撰　清道光七年（1827）刻本　二冊

330000－1704－0002780　007022　集部/詩文評類/詩評之屬

雨村詩話十六卷補遺四卷　（清）李調元撰　清刻本　六冊　缺三卷（五至七）

330000－1704－0002781　007018　集部/詩文評類/詩評之屬

古今詩話探奇二卷　（清）蔣鳴珂撰　清乾隆四十九年（1784）杭州蔣鳴珂刻朱墨套印本　二冊

330000－1704－0002782　001186　子部/宗教類/佛教之屬/經

佛說七俱胝佛母準提大明陀羅尼經一卷　（唐）釋金剛智譯　**千手千眼觀世音菩薩廣大圓滿无礙大悲心陀羅尼經一卷**　（唐）釋伽梵達摩譯　**佛頂尊勝陀羅尼經一卷**　（唐）釋波利譯　**穢跡金剛說神通大滿陀羅尼法術靈要門經一卷**　（唐）釋無能勝譯　清同治八年至光緒八年（1869－1882）金陵刻經處刻本

一册

330000－1704－0002783　001187　子部/宗教類/佛教之屬
九經同本不分卷　清末刻本　一册

330000－1704－0002784　007024　集部/詩文評類/詩評之屬
藝苑名言八卷首一卷　(清)蔣瀾撰　清刻本　三册　存七卷(首,一至三、六至八)

330000－1704－0002785　001188　子部/宗教類/佛教之屬
七俱胝佛母所說準提陀羅尼經會釋三卷　(唐)釋不空譯　(清)釋宏贊會釋　清宣統三年(1911)常州天寧寺刻本　一册

330000－1704－0002786　007034　集部/詩文評類/詩評之屬
挹翠樓詩話四卷　(清)潘清撰　清同治二年(1863)刻本　一册

330000－1704－0002788　007039　集部/詩文評類/詩評之屬
詩觸十六種十九卷　(清)朱琰編　清嘉慶三年(1798)刻本　一册　存二卷(三至四)

330000－1704－0002789　007020　集部/詩文評類/詩評之屬
雨村詩話十六卷　(清)李調元撰　清上海文瑞樓石印本　四册

330000－1704－0002790　007040　集部/詩文評類/詩評之屬
管刻詩學問難一卷　(清)陳僅答　清光緒十二年(1886)管可壽齋刻本　一册

330000－1704－0002791　007025　集部/詩文評類/詩評之屬
藝苑名言八卷首一卷　(清)蔣瀾撰　清乾隆四十年(1775)刻本　三册　存七卷(首,一至四、七至八)

330000－1704－0002792　007035　集部/總集類/選集之屬
盥花軒詩話四卷　(清)廖古檀輯　**罨畫樓詩話八卷**　(清)廖景文編　清乾隆刻本　二册　缺四卷(罨畫樓詩話五至八)

330000－1704－0002793　007028　集部/詩文評類/詩評之屬
柳亭詩話三十卷　(清)宋長白纂　清康熙天茁園刻本　六册

330000－1704－0002794　007041　集部/詩文評類/詩評之屬
耐冷譚十六卷　(清)宋咸熙撰　清道光九年(1829)武林亦西齋刻本　六册

330000－1704－0002795　001189　子部/宗教類/佛教之屬/經疏
大佛頂如來密因修證了義諸菩薩萬行首楞嚴經通議十卷附三卷　(明)釋德清撰　清光緒二十年(1894)金陵刻經處刻本　六册

330000－1704－0002796　007042　集部/詩文評類/詩評之屬
師友詩傳錄一卷　(清)王士禛述　(清)郎廷槐輯　**師友詩傳續錄一卷**　(清)劉大勤編　**師友詩傳續錄詩指十卷**　(清)周佳編　清嘉慶二十一年(1816)連雲閣刻本　二册

330000－1704－0002797　007026　類叢部/叢書類/彙編之屬
硯雲甲編八種乙編八種　(清)金忠淳編　清乾隆四十年至四十三年(1775－1778)金氏硯雲書屋刻本　二册　存三種

330000－1704－0002799　007054　類叢部/叢書類/自著之屬
伯山全集四種　(清)康發祥撰　清道光至同治泰州康氏刻本　二册　存一種

330000－1704－0002801　007044　類叢部/叢書類/彙編之屬
知不足齋叢書一百九十六種　(清)鮑廷博編　(清)鮑士恭續編　清乾隆三十七年至道光三年(1772－1823)長塘鮑氏刻彙印本　一册　存一種

330000－1704－0002802　007030　集部/詩文評類/詩評之屬

帶經堂詩話三十卷首一卷　(清)王士禛撰　(清)張宗柟輯　清同治十二年(1873)廣州藏修堂刻本　十册

330000－1704－0002803　007045　集部/詩文評類/詩評之屬
緝雅堂詩話二卷　(清)潘衍桐撰　清光緒十七年(1891)杭州刻本　一册

330000－1704－0002804　007052　集部/詩文評類/詩評之屬
射鷹樓詩話二十四卷　(清)林昌彝撰　清咸豐元年(1851)刻本　八册

330000－1704－0002806　007027　類叢部/叢書類/彙編之屬
懺花盦叢書三十種　(清)宋澤元編　清光緒山陰宋氏刻十三年(1887)彙印本　十册　存一種

330000－1704－0002807　007046　集部/詩文評類/詩評之屬
壽松堂詩話四卷　(清)陳來泰撰　清咸豐四年(1854)刻本　一册

330000－1704－0002808　007055　類叢部/叢書類/彙編之屬
金峨山館叢書(望三益齋叢書)十一種　(清)郭傳璞編　清光緒八年至十六年(1882－1890)鄞郭氏刻二十年(1894)鎮海邵氏彙印本　一册　存一種

330000－1704－0002810　007048　類叢部/叢書類/自著之屬
方植之全集十四種　(清)方東樹撰　清光緒刻本　六册　存一種

330000－1704－0002812　007056　集部/詩文評類/詩評之屬
小石帆亭著録六卷　(清)翁方綱撰　清乾隆刻本　三册

330000－1704－0002814　007253　集部/總集類/選集之屬/斷代
二藍集十二卷　(明)藍仁　(明)藍智撰　清咸豐七年(1857)藍蔚雯刻光緒十四年(1888)宣敬熙補刻本　六册

330000－1704－0002817　007254　類叢部/叢書類/彙編之屬
問影樓叢刻初編九種　胡思敬編　清光緒三十四年至民國二年(1908－1913)新昌胡氏南昌刻本暨鉛印本　三册　存一種

330000－1704－0002818　007050　集部/詩文評類
楚天樵話二卷　(清)張清標撰　清同治十二年(1873)南湖林崇本堂刻本　一册

330000－1704－0002819　007242　集部/別集類/明別集
草閣詩集六卷拾遺一卷　(明)李曄撰　清刻本　一册　存五卷(一至五)

330000－1704－0002820　007071　集部/詩文評類/詩評之屬
飲冰室詩話五卷　梁啓超撰　清宣統二年(1910)上海書局石印本　五册

330000－1704－0002821　007057　集部/詩文評類/詩評之屬
小石帆亭著録六卷　(清)翁方綱撰　清乾隆刻本　一册

330000－1704－0002822　007038　集部/別集類
快軒詩則摘鈔不分卷　(清)林滋秀撰　清瑞安項氏水仙亭抄本　一册

330000－1704－0002824　007243　集部/別集類/元別集
知非堂稿六卷文獻外錄一卷　(元)何中撰　清刻本　一册　存三卷(一至三)

330000－1704－0002825　007059　集部/詩文評類/詩評之屬
海山詩屋詩話十卷　(清)李文泰撰　清光緒四年(1878)粵冬羊城森寶閣鉛印本　五册

330000－1704－0002826　007053　類叢部/叢書類/自著之屬
甌北全集八種　(清)趙翼撰　清乾隆至嘉慶

湛貽堂刻本　二冊　存一種

330000－1704－0002827　007051　集部/詩文評類

海天琴思錄八卷　(清)林昌彝撰　清同治三年(1864)刻本　清王韶、清華孫跋　四冊

330000－1704－0002829　007245　集部/別集類/元別集

栖碧先生黃楊集三卷補遺一卷　(元)華幼武撰　**附錄一卷**　(明)俞貞木等撰　清嘉慶元年(1796)無錫華宏源刻同治十三年(1874)華翼綸詒穀堂重修本　四冊

330000－1704－0002833　007043　集部/詩文評類/詩評之屬

詩話雜鈔□□種　(清)陳梓輯　清乾隆十二年(1747)抄本　一冊　存三種

330000－1704－0002834　007076　集部/詩文評類/郡邑之屬

全浙詩話五十四卷　(清)陶元藻輯　(清)陶廷珍　(清)陶廷琡編　清嘉慶元年(1796)怡雲閣刻本　十六冊

330000－1704－0002836　001193　子部/宗教類/佛教之屬/諸宗

秘密曼荼羅十住心論六卷　(日本)空海撰　清末民初刻本　二冊

330000－1704－0002837　007085　集部/詩文評類

閨秀錄一卷　(清)孫兆溎輯　(清)石室居士錄　清光緒十一年(1885)刻本　一冊

330000－1704－0002840　007086　集部/詩文評類/詩評之屬

閨秀詩評一卷　(清)棣華園主人撰　清光緒三年(1877)申報館鉛印本　一冊

330000－1704－0002842　007061　集部/詩文評類/詩評之屬

南浦詩話八卷　(清)梁章鉅撰　清嘉慶十五年(1810)刻本　四冊

330000－1704－0002845　007062　子部/雜著類/雜說之屬

風雅遺聞四卷　(清)戚學標撰　清乾隆五十八年(1793)刻本　二冊

330000－1704－0002848　001196　子部/宗教類/佛教之屬/經

佛説大灌頂神咒經十二卷　(晉)釋帛尸梨蜜多羅譯　清宣統三年(1911)常州天寧寺刻本　三冊

330000－1704－0002849　001197　子部/宗教類/佛教之屬/經

佛説守護大千國土經三卷　(宋)釋施護譯　清同治十三年(1874)雞園刻經處刻本　一冊

330000－1704－0002850　007100　集部/詩文評類/詩評之屬

陶詩彙評四卷東坡和陶合箋四卷　(晉)陶潛　(宋)蘇軾撰　(清)溫汝能彙評　清宣統二年(1910)掃葉山房石印本　二冊　存四卷(陶詩彙評一至四)

330000－1704－0002857　001199　子部/宗教類/佛教之屬/經

大雲輪請雨經二卷　(唐)釋不空譯　清同治十三年(1874)如皋刻經處刻本　一冊

330000－1704－0002858　007064　類叢部/叢書類/自著之屬

玉函山房全集十二種　(清)馬國翰撰　清道光至咸豐歷城馬氏刻光緒十五年(1889)章丘李氏彙印本　一冊　存一種

330000－1704－0002859　001200　子部/宗教類/佛教之屬

首楞嚴神咒灌頂疏一卷附密宗綱要譯釋陀羅尼九章　(清)釋續法輯　清光緒二十四年(1898)杭州昭慶經房刻本　一冊

330000－1704－0002860　007077－1　集部/詩文評類/詩評之屬

雁山詩話二卷　(清)梁章鉅撰　清咸豐二年(1852)文華堂刻本　一冊

330000－1704－0002861　007102　集部/詩文評類/詩評之屬

陶詩集註四卷　（晉）陶潛撰　（清）詹夔錫注　**附東坡和陶詩一卷**　（宋）蘇軾撰　清刻本　一冊

330000－1704－0002862　007077　集部/詩文評類/詩評之屬
雁山詩話二卷　（清）梁章鉅撰　清咸豐二年（1852）文華堂刻本　一冊

330000－1704－0002863　007065　集部/詩文評類/詩評之屬
小匏庵詩話十卷　（清）吳仰賢輯　清光緒八年（1882）刻本　二冊

330000－1704－0002869　007103　類叢部/叢書類/家集之屬
如皋冒氏叢書三十四種附二種　冒廣生輯　清光緒至民國如皋冒氏刻本　一冊　存一種

330000－1704－0002870　007066　類叢部/叢書類/彙編之屬
張氏適園叢書　張鈞衡編　清宣統三年（1911）上海國學扶輪社鉛印本　一冊　存一種

330000－1704－0002872　007095　集部/詩文評類/詩評之屬
閩川閨秀詩話四卷　（清）梁章鉅撰　清道光二十九年（1849）刻本　一冊

330000－1704－0002875　001203　子部/宗教類/佛教之屬/經疏
大佛頂如來密因修證了義諸菩薩萬行首楞嚴經宗通十卷　（唐）釋般刺密帝譯　（唐）釋彌伽釋迦譯　（明）曾鳳儀宗通　清道光十年（1830）浙寧太白天童寺刻本　六冊　存六卷（一至六）

330000－1704－0002876　007096　集部/詩文評類
彙纂詩法度鍼三十三卷首一卷　（清）徐文弼輯　清乾隆二十三年（1758）大文堂刻本　四冊

330000－1704－0002877　007079　集部/詩文評類/詩評之屬
湘上詩緣錄四卷新安詩萃一卷　（清）張修府撰　清光緒十四年（1888）長沙刻本　一冊

330000－1704－0002878　001204　子部/宗教類/佛教之屬/經
大佛頂如來密因修證了義諸菩薩萬行首楞嚴經十卷　（唐）釋般刺蜜諦　（唐）釋彌伽釋迦譯　（唐）房融筆受　清光緒二十四年（1898）刻本　釋幻痕題簽　五冊

330000－1704－0002879　007080　集部/詩文評類/詩評之屬
吳興詩話十六卷　（清）戴璐撰　清末刻本　一冊　存七卷（十至十六）

330000－1704－0002880　007104　集部/別集類/漢魏六朝別集
陶公詩評注初學讀本二卷首一卷　（清）孫人龍纂輯　清乾隆刻本　清王德馨批並觀款　一冊

330000－1704－0002881　007081　史部/傳記類/總傳之屬/文苑
廣陵詩事十卷　（清）阮元撰　清嘉慶六年（1801）杭州刻本　二冊

330000－1704－0002882　007097　類叢部/叢書類/彙編之屬
吉林探源書舫叢書二十一種　（清）盛福編　清光緒刻本　三冊　存一種

330000－1704－0002884　007098　類叢部/類書類/專類之屬
新刻重校增補圓機活法詩學全書二十四卷新刊校正增補圓機韻學活法全書十四卷　（明）王世貞校正　明刻本　七冊　缺十卷（韻學活法全書一至十）

330000－1704－0002885　007106　類叢部/叢書類/彙編之屬
重校拜經樓叢書七種　（清）吳騫原編　（清）□□重編　清光緒十一年（1885）會稽章氏鄂渚刻本　一冊　存一種

330000－1704－0002886　007082　史部/傳記類/總傳之屬/文苑

廣陵詩事十卷　(清)阮元撰　清光緒十六年(1890)京師揚州老館刻本　二册

330000－1704－0002887　007114　集部/別集類/唐五代別集

杜工部集二十卷首一卷　(唐)杜甫撰　(清)鄭澐校　清乾隆玉勾草堂刻本　十册

330000－1704－0002888　007107　集部/別集類/漢魏六朝別集

陶靖節詩集四卷　(晉)陶潛撰　(清)蔣薰評　**附東坡和陶詩一卷**　(宋)蘇軾撰　**律陶一卷**　(明)王思任輯　**敦好齋律陶纂一卷**　(清)黄槐開輯　清乾隆二年(1737)最樂堂刻本　一册　存五卷(一至四、和陶詩)

330000－1704－0002889　007115　集部/總集類/選集之屬/斷代

唐四家詩集二十卷附二種　(清)胡鳳丹輯　清光緒十三年(1887)湖北官書處刻本　一册　存一種

330000－1704－0002894　007109　集部/別集類/漢魏六朝別集

靖節先生集十卷　(晉)陶潛撰　(清)陶澍注　**靖節先生集諸本序録一卷**　(清)陶澍編輯　**靖節先生年譜攷異二卷**　(清)陶澍撰　清光緒九年(1883)江蘇書局刻本　四册

330000－1704－0002895　001206　子部/宗教類/佛教之屬/經疏

首楞嚴經指掌疏事義十卷懸示一卷　(清)釋通理撰　清末刻本　一册

330000－1704－0002896　007116　集部/總集類/選集之屬/斷代

唐四家詩集二十卷附二種　(清)胡鳳丹輯　清同治九年(1870)永康胡氏退補齋刻本　陳懷題簽　一册　存一種

330000－1704－0002897　001207　子部/宗教類/佛教之屬

顯密圓通成佛心要集二卷　(遼)釋道□輯　清同治十一年(1872)金陵刻經處刻本　一册

330000－1704－0002900　007112　集部/別集類/唐五代別集

讀杜心解六卷首二卷　(清)浦起龍撰　清雍正二年至三年(1724－1725)前澗浦氏寧我齋刻本　四册　缺三卷(四至六)

330000－1704－0002901　001209　子部/宗教類/佛教之屬/經咒

千手千眼大悲心呪行法一卷　(宋)釋知禮輯　清光緒十一年(1885)旌教寺刻本　玉舫居士題簽　一册

330000－1704－0002902　007113　集部/別集類/唐五代別集

九家集注杜詩三十六卷　(唐)杜甫撰　(宋)郭知達集注　清刻本　十五册　存三十四卷(三至三十六)

330000－1704－0002903　001210　子部/宗教類/佛教之屬/經疏

大佛頂如來密因修證了義諸菩薩萬行首楞嚴經圓通疏十卷首一卷　(元)釋惟則會解　(明)釋傳燈疏　清光緒三年(1877)杭州昭慶寺慧空經房刻本　十册

330000－1704－0002904　007119　集部/別集類/唐五代別集

杜詩註釋二十四卷首一卷　(清)許寶善輯　清光緒三年(1877)吳縣朱氏自怡軒刻本　十二册

330000－1704－0002905　007117　集部/別集類/唐五代別集

杜工部集二十卷　(唐)杜甫撰　(清)錢謙益箋註　清康熙六年(1667)泰興季振宜靜思堂刻本　十一册　缺一卷(一)

330000－1704－0002906　007120　集部/別集類/唐五代別集

杜詩集説二十卷末一卷　(唐)杜甫撰　(清)江浩然輯　清乾隆刻本　十二册

330000－1704－0002908　007118　集部/別集類/唐五代別集

杜工部集二十卷　(唐)杜甫撰　(清)錢謙益箋註　清康熙六年(1667)泰興季振宜靜思堂

刻本　勁風題記　四冊　缺八卷(二至六、十至十二)

330000－1704－0002911　007121　集部/別集類/唐五代別集
杜詩詳註二十五卷　(唐)杜甫撰　(清)仇兆鰲輯註　**首一卷附編二卷**　(清)仇兆鰲輯　清康熙刻本　十四冊

330000－1704－0002912　007128　集部/別集類/唐五代別集
杜詩分類全集五卷　(唐)杜甫撰　(明)傅振商輯　(清)張縉彥　(清)谷應泰　(清)汪憺漪輯定　清順治十六年(1659)還讀齋刻本　二冊

330000－1704－0002914　007111　集部/別集類/唐五代別集
杜詩鏡銓二十卷附諸家論杜一卷　(清)楊倫撰　**讀書堂杜工部文集註解二卷**　(清)張溍撰　清同治十一年(1872)望三益齋刻本　九冊　存二十一卷(杜詩鏡銓一至二十、附)

330000－1704－0002915　007129　集部/別集類/唐五代別集
杜詩論文五十六卷　(清)吳見思撰　(清)潘眉評　清康熙十一年(1672)常州岱淵堂刻本　七冊　缺二卷(一至二)

330000－1704－0002916　001215　子部/宗教類/佛教之屬/經咒
七佛所說神咒經四卷　(晉)釋□□譯　**文殊師利寶藏陀羅尼經一卷**　(唐)釋菩提流志譯　清宣統三年(1911)常州天寧寺刻本　一冊

330000－1704－0002917　007134　集部/別集類/唐五代別集
李義山詩集十六卷　(唐)李商隱撰　(清)姚培謙箋　清乾隆五年(1740)姚氏松桂讀書堂刻本　一冊　存七卷(一至七)

330000－1704－0002919　007135　集部/別集類/唐五代別集
李義山詩集三卷　(唐)李商隱撰　(清)朱鶴齡箋注　(清)沈厚塽輯評　**李義山詩譜一卷　附錄諸家詩評一卷**　清同治九年(1870)廣州倅署刻三色套印本　四冊

330000－1704－0002920　007143　集部/別集類/唐五代別集
昌黎先生詩增注証訛十一卷　(唐)韓愈撰　(清)黄鉞增注証訛　**昌黎先生年譜一卷**　(清)黄鉞編　清道光二十八年(1848)黄中民刻咸豐七年(1857)四明鮑氏二客軒印本　四冊

330000－1704－0002922　007136　集部/別集類/唐五代別集
昌黎先生詩集注十一卷年譜一卷　(唐)韓愈撰　(清)顧嗣立刪補　清康熙刻本　二冊

330000－1704－0002923　007122　集部/別集類/唐五代別集
藏雲山房杜律詳解八卷　(清)石閭居士評點　清道光八年(1828)藏雲山房刻本　八冊

330000－1704－0002924　007144　集部/別集類/唐五代別集
豐溪存稿一卷　(唐)呂從慶撰　清嘉慶七年(1802)刻本　一冊

330000－1704－0002925　007123　集部/別集類/唐五代別集
辟疆園杜詩註解十七卷　(唐)杜甫撰　(清)顧宸注解　清康熙二年(1663)吳門書林刻本　十一冊　缺二卷(七至八)

330000－1704－0002926　001216　子部/宗教類/佛教之屬/經
佛母大孔雀明王經三卷　(唐)釋不空譯　清光緒十四年(1888)常熟刻經處刻本　一冊

330000－1704－0002927　007145　集部/別集類/唐五代別集
寒山子詩集一卷　(唐)釋寒山子撰　**天目中峯國師懷淨土詩一卷**　清光緒九年(1883)刻本　一冊

330000－1704－0002931　0011218　子部/宗教類/佛教之屬/經疏
大佛頂經序指味疏一卷　(元)釋唯則撰序

釋諦閑述疏　清光緒二十八年(1902)慈谿西方寺刻本　釋明瀨題簽　一冊

330000－1704－0002932　007124　集部/別集類/唐五代別集
杜工部詩集二十卷文集二卷集外詩一卷　(唐)杜甫撰　(清)朱鶴齡輯註　清康熙刻本　八冊

330000－1704－0002934　007146　集部/別集類/唐五代別集
玉谿生詩箋註三卷首一卷樊南文集箋註八卷首一卷　(唐)李商隱撰　(清)馮浩箋注　清乾隆四十五年(1780)德聚堂刻嘉慶元年(1796)增刻本　二冊　存四卷(玉谿生詩箋註首、一至三)

330000－1704－0002935　001220　子部/宗教類/佛教之屬/經疏
大佛頂如來密因修證了義諸菩薩萬行首楞嚴經玄義二卷　(清)釋智旭撰　清末刻本　一冊

330000－1704－0002936　007157　集部/別集類/唐五代別集
孟東野集十卷附一卷　(唐)孟郊撰　**追昔游集三卷**　(唐)李紳撰　清宣統二年(1910)上海著易堂石印本　四冊

330000－1704－0002937　007138　集部/別集類/唐五代別集
昌黎先生詩集注十一卷年譜一卷　(唐)韓愈撰　(清)顧嗣立刪補　清光緒九年(1883)廣州翰墨園刻三色套印本　四冊

330000－1704－0002944　007160　集部/別集類/唐五代別集
溫飛卿詩集七卷別集一卷集外詩一卷附錄諸家詩評一卷　(唐)溫庭筠撰　(明)曾益注　(清)顧予咸補注　(清)顧嗣立續注　清宣統二年(1910)石印本　四冊　缺一卷(諸家詩評)

330000－1704－0002948　007169　集部/別集類/唐五代別集
韋蘇州集十卷　(唐)韋應物撰　清宣統三年(1911)上海自強書局石印本　二冊

330000－1704－0002949　007170　集部/別集類/唐五代別集
韓昌黎詩集編年箋注十二卷　(唐)韓愈撰　(清)方世舉考訂　(清)盧見曾刪定　清宣統二年(1910)石印本　十二冊

330000－1704－0002951　007147　集部/別集類/唐五代別集
樊川詩集四卷外集一卷別集一卷　(唐)杜牧撰　(清)馮集梧注　清嘉慶六年(1801)德裕堂刻本　五冊

330000－1704－0002952　007148　集部/別集類/唐五代別集
孟東野集二卷　(唐)孟郊撰　清康熙十九年(1680)錦川韓逢庥刻本　二冊

330000－1704－0002953　007150　集部/別集類/唐五代別集
玉谿生詩箋註三卷首一卷樊南文集箋註八卷首一卷　(唐)李商隱撰　(清)馮浩箋注　清乾隆四十五年(1780)德聚堂刻本　四冊　存四卷(玉谿生詩箋註首、一至三)

330000－1704－0002958　007192　集部/別集類/宋別集
劍南詩鈔六卷　(宋)陸游撰　(清)楊大鶴選　清同治六年(1867)刻本　八冊

330000－1704－0002959　007173　集部/別集類/宋別集
伊川擊壤集二十卷　(宋)邵雍撰　明刻本　四冊

330000－1704－0002961　007248　集部/別集類/金別集
遺山先生詩集二十卷補遺一卷　(金)元好問撰　清宣統元年至二年(1909－1910)山陰周肇祥仿汲古閣刻本　四冊

330000－1704－0002962　007193　集部/總集類/選集之屬/斷代
西江詩派韓饒二集　沈曾植編　清宣統二年

(1910)姚埭沈氏刻本　二冊

330000－1704－0002963　007214　類叢部/叢書類/彙編之屬

武英殿聚珍版書一百三十八種　清乾隆浙江刻本　二冊　存一種

330000－1704－0002964　007215　集部/別集類/宋別集

月洞詩集二卷　(宋)王鎡撰　**二十一世祖皞如公詩十四首一卷**　(明)王皞如撰　清光緒十三年(1887)王人泰刻本　一冊

330000－1704－0002966　007176　集部/別集類/唐五代別集

李商隱詩集三卷　(唐)李商隱撰　清宣統元年(1909)神州國光社據錢謙益手寫校本影印本　二冊

330000－1704－0002972　007171　集部/別集類/宋別集

林和靖詩集四卷拾遺一卷　(宋)林逋撰　清同治十二年(1873)長洲朱氏抱經堂刻本　二冊

330000－1704－0002973　007196　類叢部/叢書類/彙編之屬

武英殿聚珍版書一百三十八種　清刻本　九冊　存一種

330000－1704－0002975　007189　集部/別集類/宋別集

蘇文忠公詩集五十卷目錄二卷　(宋)蘇軾撰　(清)紀昀評點　清同治八年(1869)韞玉山房粵東省城刻翰墨園朱墨套印本　十二冊

330000－1704－0002977　007257　集部/別集類/明別集

海叟集四卷附錄一卷集外詩一卷　(明)袁凱撰　清宣統三年(1911)江西印刷局石印本　二冊

330000－1704－0002980　007222　集部/別集類/宋別集

姜白石全集　(宋)姜夔撰　清宣統二年(1910)上海掃葉山房石印本　三冊

330000－1704－0002981　007197　集部/別集類/宋別集

斜川詩集十卷　(宋)蘇過撰　清刻本　二冊

330000－1704－0002982　001223　子部/宗教類/佛教之屬/經

佛說梵網經二卷　(後秦)釋鳩摩羅什譯　清光緒十年(1884)金陵刻經處刻本　一冊

330000－1704－0002983　007190　集部/詩文評類/詩評之屬

角山樓蘇詩評註彙鈔二十卷附錄三卷目錄二卷　(宋)蘇軾撰　(清)趙克宜輯訂　清咸豐二年(1852)丹徒趙氏刻本　八冊

330000－1704－0002984　001224　子部/宗教類/佛教之屬/律

菩薩戒本經一卷菩薩戒本經箋要一卷　(晉)釋曇無讖譯　(明)釋智旭箋　清同治九年(1870)、光緒六年(1880)金陵刻經處刻本　一冊

330000－1704－0002985　007172　集部/別集類/宋別集

宛陵先生文集六十卷　(宋)梅堯臣撰　清宣統二年(1910)上海影印清康熙徐惇復白華書屋刻本　十冊

330000－1704－0002987　001226　子部/宗教類/佛教之屬/經疏

梵網經菩薩戒本疏十卷　(唐)釋法藏撰　清光緒二十五年(1899)金陵刻經處刻本　二冊

330000－1704－0002989　001227　子部/宗教類/佛教之屬/律

四分律藏六十卷　(後秦)釋佛陀耶舍　(後秦)釋竺佛念譯　清末刻本　二十冊

330000－1704－0002990　007258　集部/別集類/明別集

高季迪先生大全集十八卷　(明)高啟撰　清光緒十四年(1888)木活字印本　六冊

330000－1704－0002994　007200　類叢部/叢書類/郡邑之屬

台州叢書九種　(清)宋世犖輯　清嘉慶至道

光臨海宋氏刻本　三册　存一種

330000－1704－0002997　007221　集部/别集類/宋别集

白石道人詩集二卷集外詩一卷附録諸賢酬贈詩一卷投贈詩詞補遺一卷　(宋)姜夔撰　清末刻本　一册

330000－1704－0002998　007259　集部/别集類/明别集

逃僊草□□卷　(明)莊楷撰　明末刻本　一册　存一卷(一)

330000－1704－0002999　007201　集部/别集類/宋别集

瓜廬詩一卷　(宋)薛師石撰　清瑞安孫氏玉海樓抄本　一册

330000－1704－0003003　007211　集部/别集類/宋别集

歐陽文忠公詩集十二卷　(宋)歐陽修撰　清世綵堂刻本　四册

330000－1704－0003004　007260　集部/别集類/明别集

張文烈公遺詩一卷　(明)張家玉撰　清光緒二十九年(1903)東宫寓園刻本　一册

330000－1704－0003005　007202　集部/别集類/宋别集

方泉先生詩集三卷　(宋)周文璞撰　清宣統元年(1909)國光社石印本　一册

330000－1704－0003007　007261　類叢部/叢書類/彙編之屬

邵武徐氏叢書二十三種　(清)徐幹編　清光緒邵武徐氏刻本　二册　存一種

330000－1704－0003009　007212　集部/别集類/宋别集

誠齋詩集十六卷　(宋)楊萬里撰　清嘉慶七年(1802)吴江徐達源刻本　八册

330000－1704－0003011　007289　集部/别集類/清别集

初學集二十卷　(清)錢謙益撰　(清)錢曾箋注　**牧翁先生[錢謙益]年譜一卷**　(清)葛萬里編　清宣統三年(1911)上海國學扶輪社石印本　張桐跋　四册

330000－1704－0003014　007262　集部/别集類/元别集

雲松巢詩集五卷　(元)朱希晦撰　(明)朱諫輯　清道光十三年(1833)木活字印本　一册

330000－1704－0003017　007281　集部/别集類/明别集

蕩南集四卷　(明)朱諫撰　清道光十三年(1833)朱氏木活字印本　二册

330000－1704－0003019　001232　子部/宗教類/佛教之屬/經

大乘大方等日藏經十卷　(隋)釋那連提耶舍譯　清宣統三年(1911)常州天寧寺刻本　二册

330000－1704－0003020　007213　集部/别集類/宋别集

楊文節公文集四十二卷首一卷末一卷詩集四十二卷誠齋文節先生錦繡策二卷　(宋)楊萬里撰　清乾隆五十九年至六十年(1794－1795)帶經軒刻本　十二册　存四十四卷(詩集一至四十二、錦繡策一至二)

330000－1704－0003021　007205　類叢部/叢書類/彙編之屬

鐵琴銅劍樓叢書十三種　瞿啟甲編　清光緒至民國刻本暨影印本　一册　存一種

330000－1704－0003024　007264　集部/别集類/明别集

宋布衣詩集二卷　(明)宋登春撰　清康熙刻本　亭萑、廷諤觀款　廷玉跋　一册

330000－1704－0003027　001234　子部/宗教類/佛教之屬/經疏

佛説梵網經菩薩心地品合註七卷附玄義一卷　(後秦)釋鳩摩羅什譯　(明)釋智旭註　清同治十三年(1874)金陵刻經處刻本　三册　缺二卷(六至七)

330000－1704－0003029　001235　子部/宗

教類/佛教之屬/律

菩薩戒羯磨文釋一卷重定授菩薩戒法一卷學菩薩戒法一卷梵網經懺悔行法一卷毘尼後集問辯一卷 (明)釋智旭撰 **菩薩戒本經一卷** (晉)釋曇無讖譯 清同治九年(1870)、十三年(1874)金陵刻經處刻本 一册

330000－1704－0003033 007265 集部/别集類/明别集

石臼前集九卷後集七卷 (明)邢昉撰 清光緒十八年(1892)刻本 六册

330000－1704－0003039 001237 子部/宗教類/佛教之屬

佛説十善業道經一卷 (唐)釋實叉難陀譯 **十善業道經節要一卷善惡十界業道品一卷** (清)釋智旭編訂 **見聞録一卷** (清)釋智旭隨筆 清末刻本 一册

330000－1704－0003040 001238 子部/宗教類/佛教之屬/律

四分比丘尼戒本一卷 (後秦)釋佛陀耶舍 (後秦)釋竺佛念譯 清光緒二十一年(1895)金陵刻經處刻本 一册

330000－1704－0003042 001239 子部/宗教類/佛教之屬/諸宗

雲棲法彙二十八種七十四卷 (明)釋袾宏撰 (明)王宇春等輯 清光緒二十三年至二十五年(1897－1899)金陵刻經處刻本 五册 存一種

330000－1704－0003043 007208 類叢部/叢書類/彙編之屬

鐵琴銅劍樓叢書十三種 瞿啟甲編 清光緒至民國間刻本暨影印本 一册 存一種

330000－1704－0003044 007304 類叢部/叢書類/郡邑之屬

金華雙谿王氏冰壺山館叢書(冰壺山館叢書)九種 (清)王家齊編 清道光二十三年(1843)金華雙溪王氏刻本 一册 存一種

330000－1704－0003048 007318 集部/别集類/明别集

南湼集三卷 (清)彭孫遹撰 清乾隆八年(1743)武原彭氏刻本 一册

330000－1704－0003049 007324 集部/别集類/清别集

吕晚村詩集八卷補遺一卷 (清)吕留良撰 清光緒石印本 四册

330000－1704－0003051 007319、007320、007321、007322、007323 集部/總集類/彙編之屬

國初十大家詩鈔十種 (清)王相輯 清道光十年(1830)秀水王氏信芳閣木活字印本 十册 存四種

330000－1704－0003056 007327 類叢部/叢書類/彙編之屬

龍潭室叢書 龍潭室主編 清光緒至宣統鉛印本 二册 存一種

330000－1704－0003057 007307 集部/别集類/清别集

燕晉遊草一卷黄山草一卷 (清)黄元治撰 清康熙刻本 一册

330000－1704－0003059 007328 類叢部/叢書類/彙編之屬

龍潭室叢書 龍潭室主編 清光緒至宣統鉛印本 一册 存一種

330000－1704－0003061 007330 集部/别集類/清别集

崇禎宫詞二卷 (清)王譽昌撰 清光緒十二年(1886)鑄古閣刻本 一册

330000－1704－0003062 007296 集部/别集類/清别集

吳梅村詩三卷 (清)吳偉業撰 清光緒二十九年(1903)費德保抄本 清費德保題記 一册

330000－1704－0003065 007333 集部/别集類/清别集

樸巢詩選二卷 (清)冒襄撰 (清)張明弼 (清)杜濬評選 清光緒二十年(1894)冒廣生粤東刻本 一册 存一卷(一)

330000－1704－0003068　007297　集部/別集類/清別集
漁洋山人精華録會心偶筆六卷　(清)王士禛撰　(清)伊應鼎編　清乾隆刻本　四冊

330000－1704－0003069　007334　集部/別集類/清別集
樂飢齋詩草一卷　(清)傅山撰並書　清宣統元年(1909)上海國學保存會影印本　一冊

330000－1704－0003070　007310　集部/別集類/清別集
補堂遺稿一卷　(清)陶思淵撰　清陶介亭賢奕書樓抄本　王理孚跋　一冊

330000－1704－0003073　007335　集部/別集類/清別集
秋水吟一卷　(清)王悦撰　清康熙五十五年(1716)俞卿刻本　一冊

330000－1704－0003075　007342　集部/別集類/清別集
飴山詩集二十卷　(清)趙執信撰　清乾隆十七年(1752)因園刻本　三冊　存十五卷(一至十、十六至二十)

330000－1704－0003076　007274　集部/別集類/明別集
黃石齋手寫詩卷不分卷　(明)黃道周撰並書　清光緒三十三年(1907)上海國學保存會石印本　一冊

330000－1704－0003077　007309　類叢部/叢書類/家集之屬
德州田氏叢書十五種　(清)田同之編　清康熙至乾隆田氏刻彙印本　一冊　存一種

330000－1704－0003078　007343　集部/別集類/清別集
固哉叟詩鈔八卷　(清)高孝本撰　清乾隆三十一年(1766)金永昌刻本　二冊

330000－1704－0003079　007336　類叢部/叢書類/彙編之屬
風雨樓叢書二十三種　鄧實編　清宣統順德鄧氏鉛印本　一冊　存一種

330000－1704－0003080　001243　子部/宗教類/佛教之屬/經疏
梵網經心地品菩薩戒義疏發隱四卷　(隋)釋智顗說　(明)釋袾宏發隱　明末董遐周刻本　釋企蓮題簽　三冊

330000－1704－0003082　007337　集部/別集類/清別集
野香亭集十三卷　(清)李孚青撰　清光緒十四年(1888)鉛印本　六冊

330000－1704－0003084　007269　集部/別集類/明別集
鹿木居詩集三卷　(明)鄒元檄撰　(清)朱鑣輯　清嘉慶十八年(1813)植桂堂刻本　一冊

330000－1704－0003085　007339　集部/別集類/清別集
味和堂詩集六卷　(清)高其倬撰　清乾隆五年(1740)高恪等刻本　一冊

330000－1704－0003086　007340　集部/別集類/清別集
託素齋詩集四卷文集六卷　(清)黎士弘撰　清刻本　一冊　存一卷(詩集一)

330000－1704－0003087　001244　子部/宗教類/佛教之屬/律
四分戒本一卷　題(唐)釋道宣輯　清刻本　海顧題簽　一冊

330000－1704－0003088　007346　集部/別集類/清別集
在璞堂吟稿一卷續稿一卷　(清)方芳佩撰　清乾隆刻本　一冊

330000－1704－0003089　007377　集部/別集類/清別集
甌江朱東村遺稿一卷　(清)朱鏡物撰　清乾隆十九年(1754)馬世俊刻本　一冊

330000－1704－0003091　001245　子部/宗教類/佛教之屬
梵網經菩薩戒本二卷　(後秦)釋鳩摩羅什譯　(唐)釋法藏疏　清刻本　一冊

330000－1704－0003093　001247　子部/宗教類/佛教之屬/律

毘尼日用切要一卷　(清)釋讀體輯　**沙彌律儀要略一卷**　(明)釋祩宏輯　清光緒十八年(1892)金陵刻經處刻本　一冊

330000－1704－0003094　007345　集部/別集類/清別集

寶綸堂詩鈔六卷　(清)齊召南撰　清嘉慶十三年(1808)刻本　二冊

330000－1704－0003095　001248　子部/宗教類/佛教之屬/律

沙彌律儀要略一卷　(明)釋祩宏輯　**毘尼日用切要一卷**　(清)釋讀體辑　清末刻本　一冊

330000－1704－0003096　007378　集部/別集類/清別集

鳳研齋存稿二卷　(清)陳乙撰　清道光十七年(1837)刻本　一冊

330000－1704－0003097　007403　集部/別集類/清別集

寄嶽雲齋初稿十卷補遺一卷回文賦一卷　(清)聶銑敏撰　清嘉慶十四年(1809)積秀堂刻本　三冊

330000－1704－0003098　007332　集部/總集類/氏族之屬

劉學博詩一卷　(清)劉漢中撰　**藜照閣詩集一卷**　(清)劉信嘉撰　**劉萬吹詩集一卷**　(清)劉培風撰　**訒齋存稿一卷**　(清)劉應賡撰　清抄本　一冊

330000－1704－0003100　001249、001250　子部/宗教類/佛教之屬/律

重治毘尼事義集要十七卷首一卷沙彌十戒威儀錄要一卷四分律藏大小持戒犍度略釋一卷　(明)釋智旭撰　清光緒十九年(1893)江北刻經處刻本　七冊

330000－1704－0003101　007394　集部/別集類/清別集

滑疑集十卷　(清)韓錫胙稿　清光緒少微山房刻本　二冊　缺一卷(二)

330000－1704－0003103　007395　集部/別集類/清別集

秋江集六卷　(清)黃任撰　清乾隆二十一年(1756)刻本　二冊

330000－1704－0003104　007365　集部/別集類/清別集

雪薑老人詩稿四卷　(清)洪枰撰　清嘉慶刻本　一冊

330000－1704－0003105　009970　集部/別集類/清別集

蘊愫閣詩集十二卷續集八卷琴竹山莊樂府二卷文集八卷別集四卷　(清)盛大士撰　**嘯雨草堂集十卷**　(清)盛徵璵撰　清道光元年至六年(1821－1826)刻本　十六冊

330000－1704－0003108　007366　集部/總集類/郡邑之屬

西泠五布衣遺箸　(清)丁丙輯　清同治至光緒錢塘丁氏當歸草堂刻本　二冊　存一種

330000－1704－0003112　007383　子部/宗教類/道教之屬

東嶽經一卷　清光緒十一年(1885)李殿祥石印本　一冊

330000－1704－0003113　007367　集部/別集類/清別集

清素堂詩集九卷詞鈔一卷　(清)石鈞撰　清乾隆六十年(1795)徐態飛刻本　二冊

330000－1704－0003114　007396　集部/別集類/清別集

質園詩集三十二卷　(清)商盤撰　清乾隆刻本　二冊　存十六卷(九至二十四)

330000－1704－0003116　007397　集部/別集類/清別集

樊榭山房集十卷文集八卷續集十卷　(清)厲鶚撰　清乾隆刻本　六冊

330000－1704－0003117　007368　集部/別集類/清別集

丁辛老屋集二十卷 （清）王又曾撰 清乾隆四十一年（1776）刻本 四册

330000－1704－0003119 001251 子部/宗教類/佛教之屬/律

寶華傳戒秘本三卷 （清）釋讀體撰 清咸豐十年（1860）杭州瑪瑙寺刻本 一册

330000－1704－0003120 007369 集部/總集類/郡邑之屬

西泠五布衣遺箸 （清）丁丙輯 清同治至光緒錢塘丁氏當歸草堂刻本 一册 存一種

330000－1704－0003121 001252 子部/宗教類/佛教之屬/律

沙彌律儀要略一卷 （明）釋袾宏輯 **毘尼日用切要一卷** （清）釋讀體辑 清末刻本 一册

330000－1704－0003123 001253 子部/宗教類/佛教之屬/律

毘尼日用切要香乳記二卷 （清）釋書玉箋記 清光緒五年（1879）華山律堂刻本 二册

330000－1704－0003124 007398 集部/别集類/清别集

笠亭詩集十二卷 （清）朱炎撰 清乾隆三十八年（1773）樊桐山房刻本 四册

330000－1704－0003126 007404 集部/别集類/清别集

半醒軒詩稿二卷 （清）蔡敏撰 清道光五年（1825）刻本 二册

330000－1704－0003127 007387 集部/别集類/清别集

不易居齋集一卷豐湖漫草一卷續草一卷 （清）宋湘撰 清嘉慶刻本 一册

330000－1704－0003128 007370 集部/别集類/清别集

好山詩四卷 （清）吳修齡撰 清乾隆十六年（1751）滋德堂刻本 一册

330000－1704－0003129 007388 集部/别集類/清别集

蒿菴詩鈔五卷 （清）馮甦撰 （清）洪承澤編 清乾隆十五年（1750）洪氏刻本 一册

330000－1704－0003130 007389 類叢部/叢書類/彙編之屬

張氏適園叢書 張鈞衡編 清宣統三年（1911）上海國學扶輪社鉛印本 一册 存二種

330000－1704－0003131 001254 子部/宗教類/佛教之屬/律

曇無德部四分律删補隨機羯磨十五卷 （唐）釋道宣撰 （清）釋讀體釋 清華山律堂刻本 七册

330000－1704－0003132 007406 集部/别集類/清别集

香屑集十八卷首一卷末一卷 （清）黄之雋撰 （清）陳邦直注 清同治十年（1871）近文堂刻本 四册

330000－1704－0003133 001255 子部/宗教類/佛教之屬/律

毘尼關要十六卷附事義一卷 （清）釋德基輯 清光緒三十二年（1906）華山律堂刻本 九册

330000－1704－0003134 007390 集部/别集類/清别集

鮚埼亭詩集十卷 （清）全祖望撰 清光緒十六年（1890）慈谿童氏大鄮山館刻本 四册

330000－1704－0003137 007399 集部/别集類/清别集

培遠堂詩集四卷 （清）張藻撰 清乾隆五十年（1785）刻本 一册

330000－1704－0003138 001257 子部/宗教類/佛教之屬/論疏

大乘起信論直解二卷 （明）釋德清撰 清光緒十六年（1890）金陵刻經處刻本 一册

330000－1704－0003139 007371 集部/别集類/清别集

學古集四卷詩論一卷 （清）宋大樽撰 清嘉慶刻本 一册

330000 – 1704 – 0003142　007391　集部/別集類/清別集
小樹軒詩集八卷　(清)金虞撰　清乾隆五十四年(1789)刻本　二册

330000 – 1704 – 0003143　007409　集部/別集類/清別集
冬心先生集四卷　(清)金農撰　清宣統二年(1910)上海掃葉山房石印本　四册

330000 – 1704 – 0003144　007392　集部/別集類/清別集
喬羽書巢詩内集六卷外集四卷　(清)金士松撰　清嘉慶七年(1802)刻本　一册

330000 – 1704 – 0003145　007410　集部/別集類/清別集
勤襄公詩稿遺存三卷孝思留翰一卷　(清)方維甸撰　清光緒二十二年(1896)上海書局石印本　一册

330000 – 1704 – 0003146　007372　集部/別集類/清別集
蘇門山人詩鈔三卷　(清)張符升撰　清乾隆寄雲書屋刻本　一册

330000 – 1704 – 0003147　007400　集部/別集類/清別集
樊榭山房集外詩三卷　(清)厲鶚撰　清同治十三年(1874)錢唐丁氏當歸草堂刻本　一册

330000 – 1704 – 0003148　007423　集部/別集類/清別集
嶺南集八卷　(清)杭世駿撰　清乾隆刻本　二册

330000 – 1704 – 0003149　007373　集部/別集類/清別集
羨門山人詩鈔十一卷　(清)孫霖撰　清乾隆刻本　二册

330000 – 1704 – 0003151　007374　集部/別集類/清別集
畬經堂詩集六卷　(清)朱景英撰　清乾隆刻本　二册

330000 – 1704 – 0003153　007375　集部/別集類/清別集
靜便齋集十卷　(清)王曾祥撰　清乾隆二十八年(1763)刻本　二册

330000 – 1704 – 0003155　001261　子部/宗教類/佛教之屬
大乘修行菩薩行門諸經要集三卷　(唐)釋智嚴譯　清光緒二十一年(1895)江北刻經處刻本　一册

330000 – 1704 – 0003156　007426　集部/別集類/清別集
南華山人詩鈔十六卷南華山房詩鈔六卷　(清)張鵬翀撰　清乾隆十年(1745)刻本　四册　存十五卷(南華山人詩鈔一至十五)

330000 – 1704 – 0003158　007411　集部/別集類/清別集
愛堂詩偶存二卷　(清)吳鉞撰　清乾隆二十六年(1761)刻本　一册

330000 – 1704 – 0003159　007412　集部/別集類/清別集
澹仙詩鈔四卷　(清)熊璉撰　清嘉慶二年(1797)茹雪山房刻本　二册

330000 – 1704 – 0003162　007376　集部/別集類/清別集
容安齋詩集八卷　(清)汪應銓撰　清乾隆二十年(1755)刻民國海虞瞿氏鐵琴銅劍樓修補印本　二册

330000 – 1704 – 0003163　001262　子部/宗教類/佛教之屬/論疏
大乘法界無差別論疏二卷　(唐)釋法藏撰　清光緒二十一年(1895)金陵刻經處刻本　一册

330000 – 1704 – 0003164　001263　子部/宗教類/佛教之屬/論
十二門論一卷　(後秦)釋鳩摩羅什譯　清光緒二十一年(1895)金陵刻經處刻本　一册

330000 – 1704 – 0003165　001264　子部/宗教類/佛教之屬/論疏

大乘起信論科注不分卷 （南朝陳）釋真諦譯 （清）桂伯華注 清光緒三十年（1904）廬陵黄家玨刻本 一册

330000－1704－0003166 007425 集部/别集類/清别集

侯鯖集十卷 （清）李友棠撰 清乾隆静香閣刻本 二册

330000－1704－0003168 007417 集部/别集類/清别集

寶綸堂外集十二卷 （清）齊召南撰 （清）齊毓川輯 清宣統三年（1911）上海掃葉山房石印本 二册

330000－1704－0003170 007430 集部/别集類/清别集

香草齋詩註六卷 （清）黄任撰 （清）陳應魁注 清嘉慶十九年（1814）陳應奎刻本 三册

330000－1704－0003171 007431 集部/别集類/清别集

蘭韻堂詩集八卷文集五卷經進文稿二卷御覽集六卷 （清）沈初撰 清乾隆四十九年（1784）刻五十九年（1794）增刻本 二册 存八卷（詩集一至四、御覽集一至四）

330000－1704－0003172 007434 集部/别集類/清别集

觀河集四卷 （清）彭紹升撰 清道光三年（1823）刻同治元年（1862）合肥劉朝侍印本 一册

330000－1704－0003173 007435 類叢部/叢書類/自著之屬

養餘齋全集四種附三種 （清）柳樹芳撰 清道光勝溪草堂刻本 一册 存一種

330000－1704－0003174 007436 集部/别集類/清别集

香蘇山館詩集三十八卷 （清）吳嵩梁撰 清道光刻本 四册

330000－1704－0003175 007437 集部/别集類/清别集

耘業堂遺稿二卷附録一卷 （清）項溶撰 東園詩存一卷 （清）陳張翼撰 清乾隆十年（1745）東園陳氏刻本 一册

330000－1704－0003176 007438 集部/别集類/清别集

孫淵如先生全集二種二十二卷 （清）孫星衍撰 清光緒十一年（1885）長沙王氏刻本 一册 存一種

330000－1704－0003177 007433 集部/别集類/清别集

立崖詩鈔七卷 （清）蔣業晉撰 清嘉慶四年（1799）交翠堂刻本 四册

330000－1704－0003178 007432 集部/别集類/清别集

半舫齋編年詩二十卷 （清）夏之蓉撰 清乾隆三十六年（1771）高沙夏氏刻本 三册 存十五卷（一至十五）

330000－1704－0003179 007354 集部/别集類/清别集

葦間詩集五卷 （清）姜宸英撰 清道光四年（1824）葉元塏睿吾樓刻本 三册

330000－1704－0003180 007424 集部/别集類/清别集

省吾齋詩四卷 （清）竇光鼐撰 清乾隆刻本 一册

330000－1704－0003181 007355 集部/别集類/清别集

秋水集十卷 （清）嚴繩孫撰 清抄本 二册

330000－1704－0003184 007449 集部/别集類/清别集

潛研堂詩集十卷詩續集十卷文集五十卷 （清）錢大昕撰 清嘉慶十一年（1806）刻本 六册 存二十卷（詩集一至十、詩續集一至十）

330000－1704－0003185 007419 集部/别集類/清别集

兩當軒集二十卷補遺二卷附録四卷 （清）黄景仁撰 **兩當軒集攷異二卷** （清）黄志述撰 清宣統二年（1910）掃葉山房石印本 六册

330000－1704－0003186　007439　集部/别集類/清别集

仙都百詠一卷　（清）王詰撰　清德照堂刻本　一册

330000－1704－0003187　007452　類叢部/叢書類/家集之屬

毘陵徐氏家集　（清）徐堉輯　清光緒六年（1880）濟上刻本　一册　存二種

330000－1704－0003189　007420　集部/别集類/清别集

鶴泉集杜二卷續刊二卷三春日咏一卷仙源詩餘一卷　（清）戚學標撰　清嘉慶元年（1796）刻本　二册

330000－1704－0003190　007453　集部/總集類/郡邑之屬

西泠五布衣遺箸　（清）丁丙輯　清同治至光緒錢塘丁氏當歸草堂刻本　一册　存一種

330000－1704－0003191　007357　集部/别集類/明别集

寒木居詩鈔一卷　（明）張家珍撰　清光緒三十二年（1906）東官寓園祖若舊廬刻本　一册

330000－1704－0003193　007358　集部/别集類/清别集

樗巢詩選五卷　（清）李必恒撰　清嘉慶十四年（1809）夏味堂半舫齋刻本　一册　存三卷（一至三）

330000－1704－0003195　007455　類叢部/叢書類/彙編之屬

振綺堂叢刊八種　（清）□□輯　清嘉慶至光緒汪氏振綺堂刻本　一册　存一種

330000－1704－0003196　007456　集部/别集類/清别集

春巢詩鈔七卷詩餘四卷樂府一卷　（清）何承燕撰　清嘉慶刻本　二册　缺三卷（詩餘三至四、樂府）

330000－1704－0003199　007359　集部/别集類/清别集

貞一齋集十卷續集一卷詩説一卷　（清）李重華撰　清乾隆刻本　三册　缺一卷（一）

330000－1704－0003200　007466　集部/别集類/清别集

花餘亭詩存一卷　（清）葉廷芳撰　（清）葉志詵編　清同治元年（1862）刻本　一册

330000－1704－0003201　007441　集部/别集類/清别集

漸齋詩鈔一卷　（清）桂鴻撰　清咸豐七年（1857）刻本　一册

330000－1704－0003202　007442　集部/别集類/清别集

煙霞萬古樓詩殘藁一卷　（清）王曇撰　清光緒二十六年（1900）寒松閣刻本　一册

330000－1704－0003203　007360　集部/别集類/清别集

桐野詩集四卷　（清）周起渭撰　清咸豐二年（1852）陳氏世恩堂刻本　一册

330000－1704－0003205　007467　集部/别集類/清别集

素賞樓稾八卷破涕吟一卷　（清）陳皖永撰　清康熙五十六年（1717）楊大晟刻本　一册　存五卷（一至五）

330000－1704－0003206　007457　集部/别集類/清别集

海峯詩集十一集　（清）劉大櫆撰　清刻本　二册

330000－1704－0003207　007459　集部/别集類/清别集

嘉樹樓詩鈔四卷　（清）余文儀撰　（清）余延良編　清乾隆三十九年（1774）古越余延良刻本　二册

330000－1704－0003208　007469　集部/别集類/清别集

兩當軒詩鈔十四卷悔存詞鈔二卷　（清）黄景仁撰　清嘉慶四年（1799）長寧趙希璜河南高堰廳署刻本　三册　存十四卷（一至十四）

330000－1704－0003209　001267　子部/宗

教類/佛教之屬/論疏

三論玄義二卷　(隋)釋吉藏撰　清光緒二十五年(1899)金陵刻經處刻本　一冊

330000－1704－0003210　001268　子部/宗教類/佛教之屬

大乘起信論一卷　題(天竺)馬鳴菩薩造　(南朝陳)釋真諦譯　清光緒二十四年(1898)金陵刻經處刻本　一冊

330000－1704－0003211　007460　集部/別集類/清別集

竹嘯軒詩鈔十八卷　(清)沈德潛撰　清雍正刻本　二冊　缺九卷(五至十三)

330000－1704－0003212　001269　子部/宗教類/佛教之屬/論

十八空論一卷　(南朝陳)釋真諦譯　**百論二卷**　(後秦)釋鳩摩羅什譯　**廣百論本一卷**　(唐)釋玄奘譯　清宣統三年(1911)常州天寧寺刻本　一冊

330000－1704－0003213　007444　集部/別集類/清別集

惜分陰齋詩鈔十六卷　(清)李集撰　清嘉慶刻本　六冊

330000－1704－0003215　007463　類叢部/叢書類/家集之屬

昆陵徐氏家集　(清)徐堉輯　清光緒六年(1880)濟上刻本　一冊　存一種

330000－1704－0003216　007470　集部/別集類/清別集

侶蛩吟詩集九卷　(清)盛逢春撰　稿本　四冊

330000－1704－0003218　007461　集部/別集類/清別集

可儀堂詩偶存二卷　(清)俞葆寅撰　清刻本　二冊

330000－1704－0003219　001272　子部/宗教類/佛教之屬/論疏

大乘起信論纂註二卷　(天竺)馬鳴菩薩造　(南朝陳)釋真諦譯　(明)釋真界纂註　清光緒十一年(1885)金陵刻經處刻本　一冊

330000－1704－0003223　007445　集部/別集類/清別集

頤綵堂文集十六卷詩鈔十卷劍舟律賦二卷經進文藁一卷駢體文鈔二卷　(清)沈叔埏撰　清光緒九年(1883)沈宗濟刻本　二冊　存十卷(詩鈔一至十)

330000－1704－0003224　007464　集部/別集類/清別集

松花菴全集十二卷　(清)吳鎮撰　清宣統二年(1910)刻本　五冊　存五卷(二、四至五、七至八)

330000－1704－0003225　007446　集部/別集類/清別集

津寄齋詩鈔四卷　(清)溫汝進撰　清刻本　一冊　缺二卷(一至二)

330000－1704－0003226　007471　集部/別集類/清別集

南野堂詩集七卷首一卷　(清)吳文溥撰　清嘉慶味蘭居刻本　二冊

330000－1704－0003227　007448　集部/別集類/清別集

存吾春軒集十卷附錄一卷　(清)周大樞撰　清光緒八年(1882)刻十八年(1892)會稽陶誾寒梅館補刻本　五冊

330000－1704－0003229　007473　集部/別集類/清別集

遠邨唫藁一卷　(清)陳鑑撰　清同治十三年(1874)刻本　一冊

330000－1704－0003230　007474　集部/別集類/清別集

淺山堂集一卷　(清)趙賢撰　**閩遊雜詩一卷**　(清)趙籅撰　清道光十一年(1831)退盦刻本　一冊

330000－1704－0003231　007475　集部/別集類/清別集

向日堂詩集十六卷　(清)陳寅撰　清道光二年(1822)刻本　吹臺山人題簽　一冊　存四

卷(七至八、十一至十二)

330000－1704－0003232　007484　集部/别集類/清别集

自怡軒初稿四卷　(清)陶湊悦撰　清乾隆刻本　二册

330000－1704－0003233　007476　集部/别集類/清别集

不櫛吟三卷　(清)潘素心撰　清刻本　一册

330000－1704－0003234　007485　集部/别集類/清别集

秣陵集六卷金陵歷代紀年事表一卷圖考一卷　(清)陳文述撰　清光緒十年(1884)淮南書局刻本　三册

330000－1704－0003235　007477　史部/史評類/詠史之屬

十國宫詞一卷　(清)吴省蘭撰　清同治十二年(1873)淮南書局刻本　一册

330000－1704－0003237　007513　集部/别集類/清别集

種香詩草六卷　(清)胡作肅撰　清嘉慶十二年(1807)梯雲樓刻本　二册

330000－1704－0003241　007494　集部/别集類/清别集

借庵弁山詩草三卷　(清)釋巨超撰　清嘉慶十三年(1808)刻本　一册

330000－1704－0003242　007504　集部/别集類/清别集

玉磬山房詩十三卷　(清)劉大觀撰　清道光刻本　六册

330000－1704－0003243　007495　集部/别集類/清别集

從征詩草五卷　(清)彭昭麟撰　清嘉慶十三年(1808)刻本　二册

330000－1704－0003245　007486　集部/别集類/清别集

碧城僊館詩鈔十卷　(清)陳文述撰　清嘉慶十七年(1812)刻本　四册

330000－1704－0003246　007514　集部/别集類/清别集

古人今我齋詩八卷　(清)吴維彰撰　清嘉慶二十五年(1820)梁廷枏刻本　四册

330000－1704－0003247　007480　集部/别集類/清别集

高東井先生詩選四卷蕢香詞一卷　(清)高文照撰　(清)徐熊飛選　清道光十二年(1832)刻本　一册　存二卷(一至二)

330000－1704－0003248　007487　類叢部/叢書類/郡邑之屬

武林掌故叢編一百九十種　(清)丁丙編　清光緒三年至二十六年(1877－1900)錢塘丁氏嘉惠堂刻本([乾道]臨安志卷四至十五、南宋館閣錄卷一原缺)　二册　存一種

330000－1704－0003249　007481　類叢部/叢書類/彙編之屬

天壤閣叢書二十種　(清)王祖源　(清)王懿榮編　清同治至光緒福山王氏刻彙印本　一册　存一種

330000－1704－0003250　007515　集部/别集類/清别集

船山詩草二十卷　(清)張問陶撰　清嘉慶二十年(1815)石韞玉吴中刻本　六册

330000－1704－0003251　001276　子部/宗教類/佛教之屬/論

十住毗婆沙論十五卷　(後秦)釋鳩摩羅什譯　清光緒二十一年(1895)江北刻經處刻本　三册

330000－1704－0003252　007505　集部/别集類/清别集

硯壽堂詩鈔八卷詩續鈔二卷詩餘一卷　(清)吴存楷撰　清光緒十二年(1886)鄂垣刻本　二册

330000－1704－0003253　007482　集部/别集類/清别集

執虚詩鈔二卷詞鈔一卷　(清)吴蔚光撰　清乾隆三十九年(1774)吴蔚光刻本　一册

330000－1704－0003254　007527　集部/別集類/清別集

懶雲樓詩草四卷　(清)釋與宏撰　清道光七年(1827)小雲棲刻本　二册

330000－1704－0003255　007516　集部/別集類/清別集

欒清軒詩鈔十二卷欒欒草一卷　(清)鄭祖芳撰　清道光刻本　一册　缺八卷(五至十二)

330000－1704－0003256　007526　集部/別集類/清別集

退庵詩稿五卷　(清)闻福增撰　清光緒三十二年(1906)素美軒刻本　一册　存三卷(覆瓿集、瀛洲草、眉川覆瓿續稿)

330000－1704－0003257　007528　集部/別集類/清別集

菁江詩鈔一卷　(清)李聖就撰　清宣統二年(1910)奉天微言報館鉛印本　一册

330000－1704－0003259　007530　集部/別集類/清別集

浮湘草一卷韋廬小草一卷遣愁小草一卷　(清)李秉禮撰　清嘉慶十四年(1809)刻本　一册

330000－1704－0003260　007531　集部/別集類/清別集

秋室詩錄二卷　(清)楊鳳苞撰　清末楊炳堃刻本　一册

330000－1704－0003261　007532　集部/別集類/清別集

草心亭詩鈔六卷　(清)陸坊撰　清嘉慶十三年(1808)刻本　一册

330000－1704－0003262　007533　集部/別集類/清別集

環青閣詩稿四卷　(清)王韞徽撰　清道光元年(1821)刻本　一册

330000－1704－0003263　007534　集部/別集類/清別集

燃藜閣詩鈔四卷首一卷　(清)蔡濤撰　清光緒七年(1881)刻本　一册

330000－1704－0003264　007535　集部/詞類/別集之屬

西湖秋柳詞一卷　(清)楊鳳苞撰　(清)楊知新注　清光緒十年(1884)湖州楊氏春及軒刻本　一册

330000－1704－0003266　007488　類叢部/叢書類/郡邑之屬

武林掌故叢編一百九十種　(清)丁丙編　清光緒三年至二十六年(1877－1900)錢塘丁氏嘉惠堂刻本([乾道]臨安志卷四至十五、南宋館閣錄卷一原缺)　三册　存一種

330000－1704－0003267　007483　集部/別集類/清別集

雪莊西湖漁唱七卷　(清)許承祖撰　清乾隆刻本　一册　存四卷(四至七)

330000－1704－0003268　007506　集部/別集類/清別集

缾水齋詩集十七卷別集二卷詩話一卷附錄一卷　(清)舒位撰　清光緒十二年(1886)邊保樞刻十七年(1891)增修本　四册　存十九卷(詩集一至十七、別集一至二)

330000－1704－0003269　007489　類叢部/叢書類/郡邑之屬

武林掌故叢編一百九十種　(清)丁丙編　清光緒三年至二十六年(1877－1900)錢塘丁氏嘉惠堂刻本([乾道]臨安志卷四至十五、南宋館閣錄卷一原缺)　四册　存一種

330000－1704－0003270　007490　集部/別集類/清別集

香草堂集十卷續集二卷詞一卷試帖一卷　(清)陳廷桂撰　清嘉慶十六年(1811)刻本　六册　缺二卷(續集一至二)

330000－1704－0003271　007518　類叢部/叢書類/自著之屬

桂馨堂集八種　(清)張廷濟撰　清道光至咸豐刻本　四册　存六種

330000－1704－0003272　007517　集部/別集類/清別集

悔生文集八卷詩鈔六卷　(清)王灼撰　清嘉慶十三年(1808)刻本　二冊　存六卷(詩鈔一至六)

330000－1704－0003273　007519　集部/別集類/清別集
李養一先生詩集四卷賦一卷詩餘一卷　(清)李兆洛撰　清光緒八年(1882)江陰曹佳刻本　二冊　存四卷(一至四)

330000－1704－0003274　007508　集部/別集類/清別集
繞竹山房詩稿十卷詩餘一卷續詩稿十四卷　(清)朱文治撰　清嘉慶二十三年(1818)、咸豐五年(1855)朱氏刻本　八冊

330000－1704－0003276　007520　集部/總集類/彙編之屬
臨海葉氏蔭玉閣叢書五種　(清)葉書輯　清光緒臨海葉氏木活字印本　一冊

330000－1704－0003277　007539　集部/別集類/清別集
壺園詩鈔選十卷五代新樂府一卷　(清)徐寶善撰　清道光刻本　二冊

330000－1704－0003278　001277　子部/宗教類/佛教之屬/論
中論六卷　(天竺)龍樹菩薩造　(天竺)釋青目釋　(後秦)釋鳩摩羅什譯　清光緒三十三年(1907)揚州藏經院刻本　二冊

330000－1704－0003279　007540　集部/別集類/清別集
祖硯堂集十卷畫舫齋詞二卷　(清)朱人鳳撰　清道光二年(1822)嶺南薇署刻本　四冊

330000－1704－0003280　007491　集部/別集類/清別集
紅杏山房詩鈔十四卷　(清)宋湘撰　清刻彙印本　三冊　缺三卷(不易居齋集一、豐湖漫草一續草一)

330000－1704－0003281　007521　集部/別集類/清別集
抱山堂集十八卷　(清)朱彭撰　清咸豐十一年(1861)刻本　四冊

330000－1704－0003282　007541　集部/別集類/清別集
雲怡閣詩存六卷　(清)單炤撰　清瑞安項氏水仙亭抄本　一冊

330000－1704－0003283　007522　集部/別集類/清別集
荔邨詩稿四卷　(清)王惟孫撰　清嘉慶二十四年至道光二年(1819－1822)刻本　二冊

330000－1704－0003284　007492　史部/史評類/詠史之屬
樹經堂詠史詩八卷　(清)謝啟昆撰　清嘉慶刻本　二冊

330000－1704－0003285　007509　集部/別集類/清別集
小蓬山館吟草二卷　(清)方坰撰　清嘉慶二十一年(1816)刻本　一冊

330000－1704－0003286　007510　集部/別集類/清別集
湖山吟嘯集一卷　(清)吳修撰　清嘉慶十四年(1809)刻本　一冊

330000－1704－0003287　007181　集部/別集類/宋別集
蘇文忠公詩編註集成四十六卷集成總案四十五卷諸家雜綴酌存一卷蘇海識餘四卷牋詩圖一卷　(清)蘇軾撰　(清)王文誥輯注　清光緒十四年(1888)浙江書局刻本　二十四冊

330000－1704－0003288　007523　集部/別集類/清別集
梅庵詩鈔五卷　(清)鐵保撰　清嘉慶十年(1805)刻本　二冊

330000－1704－0003289　007542　集部/別集類/清別集
是程堂初集四卷　(清)屠倬撰　清道光元年(1821)錢塘潛園刻本　一冊

330000－1704－0003290　007524　集部/別集類/清別集

雲谷詩鈔八卷年譜一卷　(清)張邦伸撰　清嘉慶九年(1804)刻本　二冊

330000－1704－0003292　007525　集部/別集類/清別集

賞雨茅屋詩集十六卷外集一卷　(清)曾燠撰　清嘉慶刻本　六冊

330000－1704－0003293　007544　集部/別集類/清別集

一品集二卷　(清)費錫章撰　清嘉慶十四年(1809)恩詒堂刻本　二冊

330000－1704－0003294　007493　集部/別集類/清別集

桐陰書屋稾三卷　(清)章坤撰　清嘉慶二十三年(1818)刻本　一冊

330000－1704－0003295　007591　集部/別集類/清別集

瑞芍軒詩鈔四卷詞稿一卷　(清)許乃穀撰　清同治七年(1868)刻本　二冊

330000－1704－0003296　007674　集部/別集類/清別集

綺雲樓遺草一卷詞草一卷　(清)朱美英撰　清道光刻本　一冊

330000－1704－0003297　007187　集部/別集類/宋別集

蘇文忠公詩編註集成四十六卷集成總案四十五卷諸家雜綴酌存一卷蘇海識餘四卷牋詩圖一卷　(清)蘇軾撰　(清)王文誥輯注　清嘉慶二十四年(1819)武林王氏韻山堂刻道光補刻本　十二冊

330000－1704－0003298　007184　集部/別集類/宋別集

施註蘇詩四十二卷目錄二卷　(宋)蘇軾撰　(宋)施元之　(宋)顧禧注　(清)顧嗣立　(清)邵長蘅　(清)宋至刪補　**蘇詩續補遺二卷**　(清)馮景補註　**王註正譌一卷**　(清)邵長蘅撰　**東坡先生年譜一卷**　(宋)王宗稷編　清康熙三十八年(1699)商丘宋犖刻本　十四冊

330000－1704－0003299　007592　集部/總集類/氏族之屬

金山姚氏二先生集　(清)張文虎輯　清光緒二年(1876)松韻草堂刻本　一冊

330000－1704－0003300　007186　集部/別集類/宋別集

蘇文忠詩合註五十卷首一卷目錄一卷　(宋)蘇軾撰　(清)馮應榴輯　清乾隆五十八年(1793)桐鄉馮氏踵息齋刻同治九年(1870)補修本　張棡跋並過錄紀昀評　十二冊

330000－1704－0003301　007627　類叢部/叢書類/彙編之屬

邵武徐氏叢書二十三種　(清)徐榦編　清光緒邵武徐氏刻本　八冊　存一種

330000－1704－0003302　007545　集部/別集類/清別集

癸酉集二卷　(清)楊瑛撰　清嘉慶刻本　張棡批校　一冊

330000－1704－0003303　007182　集部/別集類/宋別集

黃詩全集五十八卷　(宋)黃庭堅撰　清光緒二年(1876)敘郡山谷祠刻本　二十四冊

330000－1704－0003304　007183　集部/別集類/宋別集

施註蘇詩四十二卷目錄二卷　(宋)蘇軾撰　(宋)施元之　(宋)顧禧注　(清)顧嗣立　(清)邵長蘅　(清)宋至刪補　**蘇詩續補遺二卷**　(清)馮景補註　**王註正譌一卷**　(清)邵長蘅撰　**東坡先生年譜一卷**　(宋)王宗稷編　清康熙三十八年(1699)商丘宋犖刻本　十冊

330000－1704－0003305　007593　集部/別集類/清別集

通藝閣詩遺編一卷　(清)姚椿撰　**白石鈍樵遺稿三卷**　(清)姚楗撰　清光緒十年(1884)木活字印本　一冊

330000－1704－0003306　007546　集部/別集類/清別集

聽雨齋詩集二十五卷詩別集一卷詩集補編一卷　(清)吴照撰　清嘉慶刻增修本　四冊

330000－1704－0003307　007547　集部/別集類/清別集
思補齋詩集六卷　(清)潘世恩撰　清道光三十年(1850)刻本　二冊

330000－1704－0003308　007594　集部/總集類/選集之屬/斷代
彤籢雙璧二卷　(清)王維翰輯　清同治八年(1869)黄巖王氏雙硯齋木活字印本　一冊

330000－1704－0003309　007185　集部/別集類/宋別集
東坡先生編年詩五十卷　(宋)蘇軾撰　(清)查慎行補註　清乾隆二十六年(1761)查開香雨齋刻本　六冊　存二十三卷(一至三、八至十一、二十一至三十三、三十六至三十八)

330000－1704－0003310　001280　子部/宗教類/佛教之屬/論疏
大乘起信論疏記會本六卷　(南朝陳)釋真諦譯　(新羅)釋元曉疏　清光緒二十五年(1899)金陵刻經處刻本　二冊

330000－1704－0003311　007180　集部/別集類/宋別集
山谷内集詩註二十卷外集詩註十七卷別集詩註二卷　(宋)黄庭堅撰　(宋)任淵　(宋)史容　(宋)史季溫注　清光緒二十一年至二十五年(1895－1899)義寧陳三立影宋刻本　二十冊

330000－1704－0003312　001278　子部/宗教類/佛教之屬/論疏
大乘起信論直解二卷　(明)釋德清撰　清光緒十六年(1890)金陵刻經處刻本　一冊

330000－1704－0003314　001281　子部/宗教類/佛教之屬/論疏
大乘起信論裂網疏六卷　(清)釋智旭撰　清光緒金陵書局刻本　一冊

330000－1704－0003315　001282　子部/宗教類/佛教之屬/論疏
大乘起信論義記七卷別記一卷　(唐)釋法藏撰　清光緒二十三年至二十四年(1897－1898)金陵刻經處刻本　二冊

330000－1704－0003316　001283　子部/宗教類/佛教之屬/論
大乘中觀釋論十卷　(天竺)釋安慧造　(宋)釋惟浄等譯　清光緒三十四年(1908)金陵刻經處刻本　二冊

330000－1704－0003317　001284　子部/宗教類/佛教之屬/論
阿毗曇八揵度論三十卷　(天竺)迦旃延尊子造　(晉)釋僧伽提婆　(後秦)釋竺佛念譯　清宣統三年(1911)常州天寧寺刻本　五冊　存二十五卷(六至三十)

330000－1704－0003318　001285　子部/宗教類/佛教之屬/論
阿毗達磨俱舍論三十卷　(天竺)世親菩薩造　(唐)釋玄奘譯　清宣統三年(1911)常州天寧寺刻本　三冊　存十六卷(一至十、十五至二十)

330000－1704－0003319　001286　子部/宗教類/佛教之屬/論
阿毗達磨法蘊足論十卷　(天竺)大目乾連尊者造　(唐)釋玄奘譯　清宣統二年(1910)常州天寧寺刻本　四冊

330000－1704－0003320　001287　子部/宗教類/佛教之屬/論
立世阿毗曇論十卷　(南朝陳)釋真諦譯　清宣統二年(1910)常州天寧寺刻本　三冊

330000－1704－0003322　001291　子部/宗教類/佛教之屬/經
分別緣起初勝法門經二卷　(唐)釋玄奘譯
佛説緣生初勝分法本經二卷　(隋)釋笈多譯
　清宣統二年(1910)常州天寧寺刻本　一冊

330000－1704－0003324　007669　集部/別集類/清別集
城北草堂詩鈔四卷詩餘二卷詞餘一卷　(清)顧夔撰　清光緒十四年(1888)刻本　二冊

330000－1704－0003325　007549　集部/別集類/清別集

鶴半巢詩存十卷　(清)馮培撰　清嘉慶三年(1798)馮培刻本　二册

330000－1704－0003326　007595　集部/別集類/清別集

二垞詩稿四卷詞稿一卷　(清)朱棟撰　清嘉慶十一年(1806)踵息山莊刻本　二册

330000－1704－0003327　007597　集部/別集類/清別集

篛峴山房詩鈔二卷　(清)姚五庸撰　清嘉慶二十年(1815)刻本　一册

330000－1704－0003328　007550　集部/別集類/清別集

春園吟稿十卷　(清)查有新撰　清道光刻本　三册

330000－1704－0003329　007672　集部/別集類/清別集

冬巢詩集四卷　(清)汪潮生撰　清道光十七年(1837)黄承吉刻本　四册

330000－1704－0003330　007551　集部/別集類/清別集

思無邪齋詩鈔十卷　(清)蔣浩撰　清嘉慶二十四年(1819)刻本　二册

330000－1704－0003331　007673　集部/別集類/清別集

蘿綠草堂詩鈔一卷　(清)蔡壽祺撰　清刻本　一册

330000－1704－0003332　007552　集部/別集類/清別集

邕筦竹枝詞一卷　(清)馬鼎梅撰　清嘉慶十九年(1814)刻本　一册

330000－1704－0003333　007363　集部/別集類/清別集

御製詩初集四十四卷目錄四卷　(清)高宗弘曆撰　清乾隆刻本　十一册　缺四卷(四十一至四十四)

330000－1704－0003335　007628　集部/別集類/清別集

東汀小稿五卷　(清)葉愚撰　清則古軒刻本　一册

330000－1704－0003336　007553　集部/別集類/清別集

繞竹山房詩稿十卷詩餘一卷　(清)朱文治撰　清嘉慶二十三年(1818)刻本　四册

330000－1704－0003337　007675　集部/別集類/清別集

依舊草堂遺稿二卷　(清)費丹旭撰　**二如居贈答詩二卷贈答詞一卷**　(清)汪鉽撰　清光緒汪氏刻本　一册

330000－1704－0003338　007629　集部/總集類/選集之屬/斷代

彤史紀事詩四卷　(清)孟一飛撰　**續集五卷**　(清)黄之定撰　清道光十二年(1832)暨陽孟一飛刻本　二册

330000－1704－0003339　007630　集部/別集類/清別集

洞簫樓詩紀二十二卷　(清)宋翔鳳撰　清道光刻本　四册

330000－1704－0003340　007554　集部/別集類/清別集

快軒詩存四卷詩餘一卷　(清)林滋秀撰　清嘉慶二十二年(1817)刻本　一册　存二卷(一至二)

330000－1704－0003341　007631　集部/別集類/清別集

西舍詩鈔十六卷文選編四卷　(清)況澄撰　清同治十三年(1874)況氏登善堂刻本　六册　缺八卷(詩鈔三至四、十一至十二,文選編一至四)

330000－1704－0003342　007599　類叢部/叢書類/彙編之屬

滂喜齋叢書五十種　(清)潘祖蔭編　清同治至光緒吳縣潘氏京師刻本　一册　存一種

330000－1704－0003343　007555　集部/別

集類/清別集

堅白石齋詩集十六卷　(清)李鑾宣撰　清嘉慶二十四年(1819)廉讓堂刻本　四册

330000－1704－0003344　007676　類叢部/叢書類/自著之屬

養餘齋全集四種附三種　(清)柳樹芳撰　清道光勝溪草堂刻本　一册　存一種

330000－1704－0003345　007556　類叢部/叢書類/自著之屬

養餘齋全集四種附三種　(清)柳樹芳撰　清道光勝溪草堂刻本　一册　存一種

330000－1704－0003346　007600　集部/別集類/清別集

春星閣詩鈔十五卷　(清)楊季鸞撰　清道光刻本　二册

330000－1704－0003348　007557　集部/別集類/清別集

臥雲山房詩草一卷　(清)吳邦治撰　(清)吳元愷等編　清同治元年(1862)刻本　一册

330000－1704－0003349　007633　集部/別集類/清別集

繡餘續草五卷　(清)歸懋儀撰　清道光十二年(1832)魏文瀛刻本　一册

330000－1704－0003350　007602　類叢部/叢書類/自著之屬

啖蔗軒全集四種附二種　(清)方士淦撰　清同治十一年(1872)兩淮運署刻本　二册　存一種

330000－1704－0003351　007559　集部/別集類/清別集

韻山堂詩集七卷補遺一卷　(清)王文誥撰　清光緒十四年(1888)浙江書局刻本　一册

330000－1704－0003352　007634　集部/別集類/清別集

怡園詩集十四卷冬碧樓樂府一卷　(清)姜安撰　清道光元年至三年(1821－1823)錢塘姜安刻本　二册

330000－1704－0003354　007678　集部/別集類/清別集

古春軒詩鈔二卷　(清)梁德繩撰　清同治二年(1863)柘浦刻本　一册

330000－1704－0003355　007635　集部/別集類/清別集

三千藏印齋詩鈔八卷　(清)沈淮撰　清道光二十四年(1844)刻本　一册　存四卷(一至四)

330000－1704－0003356　007636　集部/別集類/清別集

好深湛思室詩存二十二卷　(清)孫義鈞撰　清同治十二年(1873)武林孫憙刻本　四册

330000－1704－0003357　007607　集部/別集類/清別集

燕香居詩稿七卷　(清)葉恕撰　清道光二十六年(1846)崇敬堂木活字印本　一册

330000－1704－0003358　007681　類叢部/叢書類/自著之屬

通齋全集十種　(清)蔣超伯撰　清同治三年(1864)高涼郡齋刻本　一册　存一種

330000－1704－0003359　007679　類叢部/叢書類/彙編之屬

滂喜齋叢書五十種　(清)潘祖蔭編　清同治至光緒吳縣潘氏京師刻本　一册　存一種

330000－1704－0003360　007637　集部/別集類/清別集

孟塗先生遺集二卷　(清)劉開撰　清光緒十二年(1886)王錫元刻本　一册

330000－1704－0003361　007680　集部/別集類/清別集

金薤山房詩稿四卷　(清)韓維鏞撰　清同治十一年(1872)漢鎮湯積秀刻本　二册

330000－1704－0003362　007608　集部/別集類/清別集

息耒園吟草六卷補遺一卷　(清)鄭作朋撰　清道光十二年(1832)求定軒刻本　一册

330000－1704－0003363　007560　集部/別集類/清別集
傅巖詩集四卷　（清）張聰咸撰　清嘉慶二十三年（1818）刻道光六年（1826）印本　一冊

330000－1704－0003364　007561　集部/別集類/清別集
長真閣詩集七卷詩餘一卷　（清）席佩蘭撰　清嘉慶刻本　二冊

330000－1704－0003365　007638　集部/別集類/清別集
半巖廬遺詩二卷　（清）邵懿辰撰　清同治十年（1871）潘祖蔭刻本　一冊

330000－1704－0003366　007562　集部/別集類/清別集
聞妙香室詩鈔八卷　（清）李宗昉撰　清刻本　一冊

330000－1704－0003367　007603　集部/別集類/清別集
朱文定公集十卷　（清）朱士彥撰　**望雲山廬詩存一卷**　（清）朱百谷撰　（清）朱勵相（清）朱勖志編　清刻本　二冊

330000－1704－0003369　007640　集部/別集類/清別集
梅莊詩鈔十六卷　（清）華長卿撰　（清）華鼎元輯　清同治八年至九年（1869－1870）華氏東觀室都門刻本　三冊　存十一卷（一至六、十二至十六）

330000－1704－0003370　001289　子部/宗教類/佛教之屬/經
佛說出家緣經一卷佛說阿含正行經一卷佛說十八泥犁一卷經佛說法受塵經一卷　（漢）釋安清譯　**佛說進學經一卷**　（南朝宋）沮渠京聲譯　**佛說得道梯隥錫杖經一卷**　（晉）□□譯　**佛說貧窮老公經一卷**　（南朝宋）釋慧簡譯　**須摩提長者經一卷**　（三國吳）釋支謙譯　**長者懊惱三處經一卷犍陀國王經一卷**　（漢）釋安清譯　**阿難四事經一卷**　（三國吳）釋支謙譯　清宣統二年（1910）常州天寧寺刻本　一冊

330000－1704－0003371　007563　集部/別集類/清別集
韋廬初集一卷續集一卷近集一卷　（清）李秉禮撰　清嘉慶刻本　三冊

330000－1704－0003372　007604　集部/別集類/清別集
又其次齋詩集七卷　（清）吳世涵撰　清咸豐二年（1852）宜園刻本　四冊

330000－1704－0003373　001292　子部/宗教類/佛教之屬/經
發覺淨心經二卷　（隋）釋闍那崛多譯　**佛說優填王經**　（晉）釋法炬譯　**佛說須摩提經**（晉）釋竺法護譯　**佛說須摩提菩薩經**　（後秦）釋鳩摩羅什譯　清光緒六年（1880）常熟刻經處刻本　一冊

330000－1704－0003374　007641　集部/別集類/清別集
文徵君遺詩一卷　（清）文漢光撰　清同治八年（1869）刻本　一冊

330000－1704－0003375　007703　集部/別集類/清別集
拙宧詩存三卷　（清）史復善撰　清咸豐二年（1852）刻本　一冊

330000－1704－0003376　007564　集部/別集類/清別集
韋廬續集一卷　（清）李秉禮撰　清末抄本一冊

330000－1704－0003377　007682　集部/別集類/清別集
含暉堂遺稿二卷　（清）陳觀酉撰　清咸豐元年（1851）刻本　一冊

330000－1704－0003378　007605　類叢部/叢書類/自著之屬
養餘齋全集四種附三種　（清）柳樹芳撰　清道光勝溪草堂刻本　四冊　存一種

330000－1704－0003379　007642　集部/別集類/清別集
撼山草堂遺稾三卷補錄一卷　（清）陳起書撰

清同治五年(1866)刻本　一冊

330000－1704－0003381　007565　集部/別集類/清別集
韋廬詩外集四卷首一卷末一卷　(清)李秉禮撰　清刻本　二冊

330000－1704－0003382　007683　集部/別集類/清別集
雪船吟初稿六卷　(清)謝秀嵐撰　清宣統二年(1910)活字印本　一冊　存四卷(一至四)

330000－1704－0003383　007643　集部/別集類/清別集
梵隱堂詩存十卷　(清)釋祖觀撰　**通隱堂詩存四卷**　(清)張京度撰　清同治五年(1866)通濟龕、六年(1867)五百梅花草堂刻本　三冊

330000－1704－0003384　007566　集部/別集類/清別集
介白山人近體詩鈔一卷　(清)鄒謌撰　清道光五年(1825)許槤古韻閣刻本　一冊

330000－1704－0003385　007567　集部/別集類/清別集
金源紀事詩八卷　(清)湯運泰撰　(清)湯顯業　(清)湯顯翰注　清同治十二年(1873)淮南書局刻本　四冊

330000－1704－0003386　007606　集部/別集類/清別集
藤花吟館詩鈔十卷　(清)梁章鉅撰　清道光刻本　四冊　缺二卷(三至四)

330000－1704－0003387　007705　集部/別集類/清別集
尚簡堂詩稿十卷　(清)韓印撰　清同治十三年(1874)蘿川官廨刻本　二冊

330000－1704－0003388　007706　集部/別集類/清別集
蒲桔山房詩集二卷　(清)黄國培撰　清咸豐十年(1860)刻本　一冊　存一卷(上)

330000－1704－0003389　001293　子部/宗教類/佛教之屬/經
分別經一卷佛說所欲致患經一卷　(晉)釋竺法護譯　**未生怨經一卷四願經一卷猘狗經一卷黑氏梵志經一卷佛說龍王兄弟經一卷佛說長者音悅經一卷佛說七女經一卷佛說八師經一卷佛說越難經一卷**　(三國吳)釋支謙譯　**八關齋經一卷**　(南朝宋)沮渠京聲譯　**孝子經一卷阿鳩留經一卷佛為阿支羅迦葉自化作苦經一卷**　**佛說罪業報應教化地獄經一卷**　(漢)釋安清譯　**阿闍世王問五逆經一卷**　(晉)釋法炬譯　清同治十三年(1874)常熟刻經處刻本　一冊

330000－1704－0003390　007644　集部/別集類/清別集
秦川焚餘草六卷首一卷補遺一卷附刻一卷　(清)董平章撰　清光緒二十七年(1901)董氏容齋刻本　六冊

330000－1704－0003391　007568　集部/別集類/清別集
一朵山房詩集十八卷　(清)傅濂撰　清光緒三年(1877)武昌刻本　二冊

330000－1704－0003394　007645　集部/別集類/清別集
道華堂詩畧四卷　(清)馮焯撰　清咸豐元年(1851)刻十年(1860)馮氏笠尉亭補刻本　一冊

330000－1704－0003395　007569　集部/別集類/清別集
有正味齋全集　(清)吳錫麒撰　清嘉慶十三年(1808)刻本　四冊　存二十卷(詩集一至十六、詞集一至四)

330000－1704－0003397　007685　集部/別集類/清別集
味諫果齋詩集六卷文集二卷別集二卷外集一卷詩餘一卷　(清)王汝金撰　(清)戴元謙編　清光緒八年(1882)錢江刻本　六冊　存六卷(詩集一至六)

330000－1704－0003398　007646　集部/別集類/清別集

蓬萊閣詩録四卷　（清）陳克家撰　清同治二年（1863）刻本　一册

330000－1704－0003399　001295　子部/宗教類/佛教之屬/經

慧上菩薩問大善權經二卷　（晉）釋竺法護譯

大乘顯識經二卷　（唐）釋地婆訶羅等譯

清光緒六年（1880）常熟刻經處刻本　一册

330000－1704－0003400　001296　子部/宗教類/佛教之屬/經

佛説阿闍世王經二卷　（漢）釋支婁迦讖譯

清宣統元年（1909）常州天寧寺刻本　一册

330000－1704－0003401　007707　集部/别集類/清别集

藤香館詩删存四卷詞删存二卷　（清）薛時雨撰　清光緒五年（1879）刻本　五册

330000－1704－0003402　001297　子部/宗教類/佛教之屬/經

佛説德護長者經二卷　（隋）釋那連提黎耶舍譯　清末刻本　一册

330000－1704－0003403　007708　集部/别集類/清别集

薛氏五種　（清）薛時雨撰　清同治五年至七年（1866－1868）刻本　六册　存一種

330000－1704－0003405　007647　集部/别集類/清别集

笛倚樓詩草二卷　（清）吳元鏡撰　清咸豐四年（1854）刻本　二册

330000－1704－0003406　007709　集部/别集類/清别集

青荃詩集二卷外集二卷　（清）蔣夔撰　清咸豐四年（1854）許氏古均閣刻本　一册

330000－1704－0003408　007687　集部/别集類/清别集

印雪軒詩鈔十六卷　（清）俞鴻漸撰　清道光刻本　三册

330000－1704－0003409　007610　集部/别集類/清别集

蟦廬詩鈔八卷　（清）王蔭槐撰　清道光二十二年（1842）盱眙王氏紫藤花館刻本　二册

330000－1704－0003410　007710　類叢部/叢書類/自著之屬

徐遯齋先生全集三種　（清）徐崑撰　清光緒六年（1880）刻本　一册　存一種

330000－1704－0003411　007711　集部/别集類/清别集

鑄廬詩賸一卷蕉竹山房詞賸一卷　（清）裕貴撰　清光緒石印本　一册

330000－1704－0003412　007688　集部/别集類/清别集

欽齋詩稾四卷　（清）蘇惇元撰　清道光刻本　一册　存二卷（一至二）

330000－1704－0003413　007611　子部/藝術類/書畫之屬/畫法畫品

松壺畫贅二卷畫憶二卷　（清）錢杜撰　清光緒六年（1880）吳縣潘祖蔭八喜齋刻本　二册

330000－1704－0003414　007712　集部/總集類/選集之屬/斷代

詒安堂全集　（清）王慶勳輯　清道光至咸豐上海王氏刻本　六册　存一種

330000－1704－0003415　007649　集部/别集類/清别集

半巖廬遺集二卷　（清）邵懿辰撰　清光緒三十四年（1908）邵章等刻本　一册　存一卷（遺詩）

330000－1704－0003416　007570　集部/别集類/清别集

有正味齋全集　（清）吳錫麒撰　清嘉慶十三年（1808）刻本　五册　存十六卷（詩續集一至八、詞集一至四、詞續集一至二、外集一至二）

330000－1704－0003417　007650　集部/别集類/清别集

梅臣詩存二卷　（清）譚錫洪撰　清咸豐八年（1858）譚氏刻本　二册

330000－1704－0003418　007612　集部/别集類/清别集
真息齋詩鈔四卷續鈔一卷　(清)陸費瑔撰　清同治九年(1870)陸費氏履厚堂刻本　四册

330000－1704－0003421　007571　集部/别集類/清别集
吴穀人手書有正味齋續集之九一卷　(清)吴錫麒撰　清光緒三十四年(1908)上海有正書局影印本　一册

330000－1704－0003422　007690　集部/别集類/清别集
櫻桃軒詩集二卷試帖附錄一卷　(清)謝震撰　清嘉慶趙氏小積石山房刻本　二册

330000－1704－0003424　007572　集部/别集類/清别集
留春草堂詩鈔七卷　(清)伊秉綬撰　清嘉慶十九年(1814)寧化伊秉綬秋水園廣州刻本　二册

330000－1704－0003425　007691　集部/别集類/清别集
嘯古堂詩集八卷遺集一卷芬陀利室詞集五卷遺集一卷詞話三卷　(清)蔣敦復撰　清光緒十一年(1885)長洲王韜淞隱廬刻本　五册

330000－1704－0003426　007613　集部/别集類/清别集
鏡池樓吟稿六卷　(清)陳文藻撰　清道光十九年(1839)刻本　一册　存二卷(一至二)

330000－1704－0003427　007653　集部/别集類/清别集
讀書樓詩集六卷　(清)吴應奎撰　清嘉慶七年(1802)刻本　二册

330000－1704－0003429　007614　集部/别集類/清别集
綠雲僊館詩藁十二卷玉鏡臺詞一卷　(清)溫啟封撰　清同治九年(1870)長沙學署刻本　二册　存四卷(一至四)

330000－1704－0003431　007573　類叢部/叢書類/自著之屬
戚鶴泉所著書十一種　(清)戚學標撰　清乾隆至嘉慶刻本　一册　存一種

330000－1704－0003432　007713　集部/别集類/清别集
讀秋水齋詩十六卷　(清)陸獻恩撰　清同治七年(1868)刻本　四册

330000－1704－0003433　001300　子部/宗教類/佛教之屬/經
佛說貝多樹下思惟十二因緣經一卷　(三國吴)釋支謙譯　**佛說緣起聖道經一卷**　(唐)釋玄奘譯　**佛說稻稈經一卷**　(晉)釋□□譯　**大乘舍黎娑擔摩經一卷**　(宋)釋施護譯　清光緒三年(1877)金陵刻經處刻本　一册

330000－1704－0003434　001301　子部/宗教類/佛教之屬/經
大乘造像功德經二卷　(唐)釋提雲般若等譯　清同治十一年(1872)常熟刻經處刻本　一册

330000－1704－0003435　007714　類叢部/叢書類/彙編之屬
如不及齋叢書十三種　(清)陳坤編　清同治至光緒錢塘陳氏粤東刻本　六册　存一種

330000－1704－0003436　007654　集部/别集類/清别集
微尚齋詩集初編四卷續集一卷　(清)馮志沂撰　清同治三年(1864)廬州郡齋刻本　一册

330000－1704－0003437　007574　集部/别集類/清别集
蘊真居詩集六卷詩餘一卷　(清)陸學欽撰　清光緒十三年(1887)陸寶忠刻本　一册　存六卷(一至六)

330000－1704－0003438　001302　子部/宗教類/佛教之屬/經
出曜經二十卷　(天竺)法救尊者造　(後秦)釋竺佛念譯　清光緒十五年(1889)江北刻經處刻本　六册

330000－1704－0003439　007692　類叢部/叢書類/自著之屬

芑川先生合集四種　(清)劉家謀撰　清道光二十八年至二十九年(1848－1849)東洋學署刻本　一册　存一種

330000－1704－0003440　007575　集部/別集類/清別集

吹月墳詞館賸稾三卷　(清)瞿紹堅撰　**鐵琴銅劍樓詞草一卷**　(清)瞿鏞撰　清光緒三十三年(1907)鉛印本　一册

330000－1704－0003441　007715、007716　集部/別集類/清別集

倚晴樓集五種　(清)黃燮清撰　清咸豐至同治海鹽黃氏拙宜園刻本　五册　存二種

330000－1704－0003442　007693　集部/別集類/清別集

東洋小草四卷㘭斫劍詞一卷　(清)劉家謀撰　清道光刻本　二册

330000－1704－0003443　007657　集部/別集類/清別集

綠窗吟草一卷　(清)楊瓊華撰　**先妣太宜人行狀一卷**　(清)姚德恒　(清)姚德豫　(清)姚德豐撰　清道光十二年(1832)姚德恒等刻本　一册

330000－1704－0003444　007615　集部/別集類/清別集

聖禾鄉農詩鈔四卷　(清)沈珏撰　清光緒九年至十年(1883－1884)刻本　一册

330000－1704－0003445　007576　集部/別集類/清別集

紅雪山房詩鈔十二卷　(清)吳嵰撰　清嘉慶十九年(1814)陸介眉寫刻本　一册　存三卷(一至三)

330000－1704－0003446　007576－1　集部/別集類/清別集

紅雪山房詩鈔十二卷　(清)吳嵰撰　清嘉慶十九年(1814)陸介眉寫刻本　二册

330000－1704－0003447　007717　集部/別集類/清別集

海秋詩集二十六卷後集一卷　(清)湯鵬撰　清道光十八年(1838)刻同治十二年(1873)湯壽銘增修本　十册

330000－1704－0003448　007694　集部/別集類/清別集

蓉洲初集六卷　(清)戴鈞衡撰　清道光刻本　一册

330000－1704－0003450　007695　集部/別集類/清別集

寄巢詩稿一卷　(清)端木百禄撰　清瑞安敬鄉樓抄本　一册

330000－1704－0003451　001308　子部/宗教類/佛教之屬/經

度諸佛境界智光嚴經一卷　(十六國)□□譯　**大乘金剛髻珠菩薩修行分經一卷**　(唐)釋菩提流志譯　清宣統三年(1911)常州天寧寺刻本　一册

330000－1704－0003452　001307　子部/宗教類/佛教之屬/經

佛說濡首菩薩無上清淨分衛經二卷　(南朝宋)釋翔公譯　清光緒十五年(1889)江北刻經處刻本　一册

330000－1704－0003453　007696　集部/別集類/清別集

小鷗波館詩鈔十卷詞鈔一卷　(清)潘曾瑩撰　清道光刻本　一册　存四卷(一至四)

330000－1704－0003454　001306　子部/宗教類/佛教之屬/經

大明度無極經六卷　(三國吳)釋支謙譯　清末至民國刻本　一册

330000－1704－0003455　007658　類叢部/叢書類/自著之屬

振綺堂遺書五種　(清)汪遠孫撰　清道光刻民國十一年(1922)錢唐汪氏彙印本　一册　存一種

330000－1704－0003456　007577　集部/別集類/清別集

印心石屋詩鈔初集四卷二集三卷　(清)陶澍撰　清嘉慶二十一年(1816)刻本　二册

330000－1704－0003457　007722　集部/别集類/清别集

翠螺閣詩稾四卷詞稾一卷　(清)凌祉媛撰　清咸豐四年(1854)丁氏延慶堂刻本　一册

330000－1704－0003458　007697　集部/别集類/清别集

小重山房詩續錄十二卷　(清)張祥河撰　清光緒元年(1875)刻本　四册

330000－1704－0003460　007659　集部/别集類/清别集

毋自欺齋詩畧一卷　(清)梁元撰　**茗香室詩畧一卷**　(清)李如蕙撰　清道光十五年(1835)刻本　一册

330000－1704－0003461　007698　集部/别集類/清别集

小重山房初稿十五卷　(清)張祥河撰　**霞閣小稿一卷**　(清)張昌緒撰　清道光二年(1822)刻本　一册　缺七卷(一至二、四、十一至十二、十四至十五)

330000－1704－0003462　007578　集部/别集類/清别集

烏目山房詩存六卷　(清)蔣因培撰　(清)楊文蓀編　清光緒十年(1884)平江張岳齡大雅堂刻本　二册

330000－1704－0003464　007655　集部/别集類/清别集

毋自欺齋詩畧一卷　(清)梁元撰　**茗香室詩畧一卷**　(清)李如蕙撰　清抄本　一册

330000－1704－0003465　007721　集部/總集類/題詠之屬

重刊忠義廟記略一卷　(清)王殿金　(清)黄徵乂校　清嘉慶十二年(1807)刻本　一册

330000－1704－0003466　007579　集部/别集類/清别集

誠齋詩鈔三卷　(清)達三撰　清道光四年(1824)粤東省城富文齋刻本　一册　存一卷(一)

330000－1704－0003467　007699　集部/别集類/清别集

龔定盦集外未刻詩一卷　(清)龔自珍撰　清宣統三年(1911)上海秋星社石印本　一册

330000－1704－0003468　007660　集部/别集類/清别集

古薌吟稿二卷詩餘一卷　(清)徐莅撰　清道光十九年(1839)刻本　一册

330000－1704－0003469　007618　集部/别集類/清别集

毋自欺齋詩畧一卷　(清)梁元撰　**茗香室詩畧一卷**　(清)李如蕙撰　清同治七年(1868)刻本　一册

330000－1704－0003470　001305　子部/宗教類/佛教之屬/經

佛説阿閦佛國經三卷　(漢)釋支婁迦讖譯　清刻本　一册

330000－1704－0003471　007700　集部/别集類/清别集

攬青閣詩鈔二卷蓼春盧詞一卷　(清)李貽德撰　**早花集一卷**　(清)吳筠撰　清同治六年(1867)刻本　二册

330000－1704－0003473　001303　子部/宗教類/佛教之屬/經

伅真陀羅所問寶如來三昧經三卷　(漢)釋支婁迦讖譯　清宣統二年(1910)常州天寧寺刻本　一册

330000－1704－0003474　007661　集部/别集類/清别集

梅麓詩鈔十八卷　(清)齊彦槐撰　清刻本　二册　存六卷(改官集一、梁溪集一至二、養痾集一、雙溪草堂集一至二)

330000－1704－0003475　007701　集部/别集類/清别集

小鷗波館文鈔二卷駢體文鈔二卷詩鈔十二卷詩補錄二卷詞鈔一卷又二卷　(清)潘曾瑩撰　清道光二十五年(1845)刻本　二册　存十五卷(詩鈔一至十二、詩補錄一至二、詞鈔)

330000－1704－0003476　007619　集部/别集類/清别集

集類/清別集
夙好齋詩鈔十五卷賦鈔一卷試帖詩鈔一卷 (清)楊知新撰 清道光二十五年(1845)莗史樓刻本 四册

330000－1704－0003478 007580 類叢部/叢書類/彙編之屬
振綺堂叢刊八種 (清)□□輯 清嘉慶至光緒汪氏振綺堂刻本 一册 存一種

330000－1704－0003479 007620 集部/別集類/清別集
蘊愫閣詩集十二卷 (清)盛大士撰 清道光元年(1821)刻本 二册

330000－1704－0003480 007662 集部/別集類/清別集
抱玉堂集八卷 (清)周三燮撰 清道光二十年(1840)董醇刻二十七年(1847)補刻本 二册

330000－1704－0003482 007725 集部/別集類/清別集
菜根軒詩鈔十四卷續集一卷 (清)王省山撰 清咸豐四年至六年(1854－1856)刻本 四册

330000－1704－0003483 007582 集部/別集類/清別集
江行雜詠一卷詩餘一卷 (清)褚全德撰 清光緒十八年(1892)上海刻本 一册

330000－1704－0003484 007733 集部/別集類/清別集
煉石樓賸稾一卷 (清)甄藍玉撰 清道光二十二年(1842)巢園刻本 一册

330000－1704－0003485 007702 集部/別集類/清別集
大梅山館集五十五卷 (清)姚燮撰 清道光十三年至咸豐六年(1833－1856)大梅山館刻本 八册 存一種

330000－1704－0003486 007621 集部/別集類/清別集
妙華仙館詩二卷學讀書齋詩三卷裁雲館詞二卷 (清)喬載繇撰 清道光二十六年(1846)刻本 一册

330000－1704－0003487 007663 集部/別集類/清別集
浩然堂初集二卷 (清)江開撰 清道光十八年(1838)刻本 一册

330000－1704－0003488 007584 集部/別集類/清別集
東岡詩賸十四卷首一卷末一卷 (清)周有聲撰 清嘉慶二十年(1815)夷白齋刻本 二册

330000－1704－0003489 007726 集部/別集類/清別集
寄青齋詩稿一卷詞稿一卷 (清)徐虔復撰
綠雲館吟草一卷賦鈔一卷 (清)程芙亭撰 清光緒十三年(1887)徐煥章留餘堂刻本 一册

330000－1704－0003490 007664 集部/別集類/清別集
辛卯生詩四卷 (清)吳衡照撰 清道光九年(1829)刻本 一册

330000－1704－0003491 007727 集部/別集類/清別集
黛方山莊詩集六卷首一卷詩餘一卷 (清)黎吉雲撰 清同治五年(1866)羅汝懷長沙刻本 二册

330000－1704－0003492 001311 子部/宗教類/佛教之屬/經
無量義經一卷 (南朝齊)釋曇摩伽陀耶舍譯 **佛説觀普賢菩薩行法經一卷** (南朝宋)釋曇摩蜜多譯 清光緒三年(1877)江北刻經處、七年(1881)金陵刻經處刻本 一册

330000－1704－0003493 007585 集部/別集類/清別集
亦園詩賸五卷 (清)謝學崇撰 清刻本 二册

330000－1704－0003495 007622 集部/別集類/清別集
楓江草堂詩稿三卷 (清)朱紫貴撰 清道光

七年(1827)刻本　一册

330000－1704－0003496　001312　子部/宗教類/佛教之屬/經
僧伽吒經四卷　(北魏)釋月婆首那譯　**出生菩提心經一卷**　(隋)釋闍那崛多譯　**佛說佛印三昧經一卷**　(漢)釋安清譯　**佛說十二頭陀經一卷佛說樹提伽經一卷**　(南朝宋)釋求那跋陀羅譯　**佛說法常住經一卷佛說長壽王經一卷**　(晉)釋□□譯　清宣統三年(1911)常州天寧寺刻本　一册

330000－1704－0003497　007728　集部/别集類/清别集
芬響閣初稿十卷　(清)王棨之撰　清咸豐九年(1859)刻本　二册

330000－1704－0003498　007666　集部/别集類/清别集
養一齋集十卷首一卷　(清)潘德輿撰　清道光二十九年(1849)刻本　三册

330000－1704－0003499　007729　集部/别集類/清别集
學安心室詩鈔二卷　(清)饒觀化撰　清同治元年(1862)刻本　一册　存一卷(上)

330000－1704－0003500　001313　子部/宗教類/佛教之屬/經
佛說十二頭陀經一卷佛說樹提伽經一卷　(南朝宋)釋求那跋陀羅譯　**佛說法常住經**　(晉)釋□□譯　**佛說長壽王經一卷**　(晉)釋□□譯　**佛說轉女身經一卷**　(南朝宋)釋曇摩蜜多譯　清光緒十五年(1889)江北刻經處刻本　一册

330000－1704－0003502　007667　集部/别集類/清别集
心嚮往齋詩集二卷　(清)孔繼鑅撰　清道光二十九年(1849)王相刻本　一册

330000－1704－0003503　001315　子部/宗教類/佛教之屬/律
佛說目連問戒律中五百輕重事經二卷　(晉)釋□□譯　清光緒二年(1876)江北刻經處刻本　一册

330000－1704－0003504　001316　子部/宗教類/佛教之屬/經
大乘大悲分陀利經八卷　(晉)釋□□譯　清宣統二年(1910)常州天寧寺刻本　三册

330000－1704－0003505　007586　集部/别集類/清别集
瑤草珠華閣詩鈔五卷附鏤冰詞一卷　(清)席慧文撰　清道光刻本　一册　缺一卷(鏤冰詞)

330000－1704－0003506　001317　子部/宗教類/佛教之屬/經
大薩遮尼乾子受記經十卷　(東魏)釋菩提留支譯　清光緒十九年(1893)江北刻經處刻本　二册

330000－1704－0003509　007730　集部/總集類/氏族之屬
四水子遺著一卷　(清)錢友泗撰　**邠農偶吟稿一卷**　(清)錢炳森撰　清同治十一年(1872)、光緒七年(1881)刻本　一册

330000－1704－0003510　007824　集部/别集類/清别集
彝壽軒詩鈔十二卷寄庵雜著二卷煙波漁唱四卷　(清)張應昌撰　**聞妙香室詞一卷**　(清)陸珊撰　**青藜精舍詩鈔一卷**　(清)張應鼎撰　**話雨齋詩鈔一卷**　(清)張興仁撰　清同治二年(1863)南昌旅舍增刻本　六册

330000－1704－0003511　007587　類叢部/叢書類/家集之屬
長洲彭氏家集九種　(清)彭祖賢編　清同治至光緒刻本　八册　存一種

330000－1704－0003512　007731　集部/别集類/清别集
通甫類稿四卷續編二卷通父詩存四卷詩存之餘二卷　(清)魯一同撰　清咸豐九年(1859)刻本　一册　存六卷(通父詩存一至四、詩存之餘一至二)

330000－1704－0003513　007588　集部/别

集類/清別集

勤補軒吟稿六卷 （清）鮑淦撰 （清）鮑繼聲輯 清道光十六年(1836)木活字印本 三冊

330000－1704－0003514 007826 集部/別集類/清別集

峰青館詩鈔七卷 （清）錢國珍撰 清同治六年(1867)古禹旗署刻本 二冊

330000－1704－0003516 007668 集部/別集類/清別集

翠岩室詩鈔四卷 （清）韓弼元撰 清光緒四年(1878)韓弼元刻本 二冊

330000－1704－0003517 007738 集部/別集類/清別集

養自然齋詩鈔三卷 （清）鍾駿聲撰 清同治九年(1870)刻本 二冊

330000－1704－0003518 007778 集部/別集類/清別集

萬太宗師觀風題選刻二卷周太宗師觀風詩選錄附刻一卷 （清）呂熊飛撰 清咸豐七年(1857)刻本 一冊

330000－1704－0003520 007742 集部/別集類/清別集

味靈華館詩六卷 （清）商廷煥撰 清宣統二年(1910)商衍鎏、商衍瀛刻本 一冊

330000－1704－0003521 007779 集部/別集類/清別集

屑瓊集四卷補遺一卷 （清）俞廷瑛撰 清咸豐十一年(1861)刻本 一冊

330000－1704－0003522 007656 集部/別集類/清別集

和乩仙詩一卷 （清）□□撰 稿本 一冊

330000－1704－0003523 007825 集部/別集類/清別集

煙嶼樓詩集十八卷 （清）徐時棟撰 **重刻遊杭合集一卷** （清）徐元第 （清）徐時棟撰 清同治六年(1867)虎胛山房葉氏刻本 四冊

330000－1704－0003524 007780 集部/別集類/清別集

妙香軒集唐詩四卷 （清）程祖潤輯 清末鉛印本 一冊 存二卷(一至二)

330000－1704－0003525 007589 集部/別集類/清別集

桐村遺稿二卷 （清）李方煦撰 清道光二十四年(1844)刻本 一冊

330000－1704－0003526 007743、007957 集部/別集類/清別集

紉蘭室詩鈔三卷鰈硯廬詩鈔二卷鰈硯廬聯吟集一卷 （清）嚴永華撰 清光緒二十二年(1896)耦園刻本 二冊

330000－1704－0003527 007590 集部/別集類/清別集

讀月樓詩鈔八卷 （清）林壽春撰 清道光二十五年(1845)刻本 一冊 存四卷(五至八)

330000－1704－0003528 007827 集部/別集類/清別集

峰青館詩續鈔四卷 （清）錢國珍撰 清光緒二年(1876)刻本 一冊

330000－1704－0003529 007781 集部/別集類/清別集

味經山館詩鈔六卷 （清）戴均衡撰 清咸豐二年(1852)王祐蕃刻本 一冊

330000－1704－0003530 007782 集部/總集類/氏族之屬

香海盦叢書九種 （清）徐琪輯 清仁和徐氏刻光緒二十年(1894)彙印本 一冊 存一種

330000－1704－0003531 007783 集部/別集類/清別集

蜨庵詩鈔八卷 （清）楊棨撰 清同治二年(1863)楊氏刻本 二冊

330000－1704－0003534 001321 子部/宗教類/佛教之屬/諸宗

智證傳一卷 （宋）釋惠洪撰 （宋）釋覺慈編 **附雲巖寶鏡三昧** （唐）釋良价撰 清光緒二年(1876)金陵刻經處刻本 一冊

330000－1704－0003535　007829　類叢部/叢書類/自著之屬
鄭子尹遺書五種　(清)鄭珍撰　清咸豐至同治刻本　二册　存一種

330000－1704－0003537　007740　集部/別集類/清別集
澤雅堂詩集六卷　(清)施補華撰　清同治十二年(1873)刻本　二册

330000－1704－0003540　007734　集部/別集類/清別集
雁影齋詩存一卷　(清)李希聖撰　清光緒三十一年(1905)京師刻本　一册

330000－1704－0003541　007735　集部/總集類/謠諺之屬
雁山遊覽記一卷溫州竹枝詞一卷　(清)方鼎銳編　**甌江竹枝詞一卷**　(清)郭鍾岳撰　清同治十年(1871)、十一年(1872)剣綠軒刻本　一册

330000－1704－0003542　007736　集部/別集類/清別集
退思軒詩集六卷補遺一卷　(清)張百熙撰　清宣統三年(1911)王式通武昌刻本　二册

330000－1704－0003543　007862　集部/別集類/清別集
敦艮吉齋詩存二卷　(清)徐子苓撰　清同治五年(1866)刻本　二册

330000－1704－0003546　善000442　子部/儒家類/儒學之屬/經濟
新纂門目五臣音註揚子法言十卷　(漢)揚雄撰　(晉)李軌　(唐)柳宗元　(宋)宋咸　(宋)吳祕　(宋)司馬光注　明嘉靖十二年(1533)吳郡顧氏世德堂刻六子全書本　楊紹廉批　楊宰綱題記　六册

330000－1704－0003547　善000300　史部/詔令奏議類/奏議之屬
諫垣奏議一卷　(明)李維樾撰　清瑞安項氏水仙庵抄本　一册

330000－1704－0003548　善000567　子部/宗教類/佛教之屬
諸佛世尊如來菩薩尊者名稱歌曲不分卷　(明)成祖朱棣撰　明永樂內府刻本　八册

330000－1704－0003549　善000151　史部/編年類/通代之屬
新鍥官板音釋標題皇明通紀十卷　(明)陳建撰　**皇明續紀三卷**　(明)卜大有撰　明萬曆摘星樓刻本　一册　存三卷(十一至十三)

330000－1704－0003550　善000609　集部/總集類/選集之屬/斷代
重校正唐文粹一百卷　(宋)姚鉉輯　明嘉靖三年(1524)姑蘇徐焴刻萬曆二十六年(1598)金應祥重修本　十二册

330000－1704－0003551　007784　集部/別集類/清別集
子良詩錄二卷附一卷　(清)馮詢撰　清同治二年(1863)廣州寶華坊刻本　二册

330000－1704－0003552　善000389　史部/地理類/雜志之屬
蜀有閒八卷　(清)金之翰撰　清抄本　清李如檽跋　四册

330000－1704－0003553　善000600　集部/總集類/選集之屬/通代
文章辨體五十卷外集五卷總論一卷　(明)吳訥輯　明嘉靖刻本　十四册　缺五卷(五十二至五十六)

330000－1704－0003554　善000604　集部/總集類/選集之屬/通代
秦漢文八卷　(明)胡纘宗輯　明嘉靖二十二年(1543)新安程良錫刻本　四册

330000－1704－0003555　善000842　集部/別集類/明別集
空同先生集六十三卷　(明)李夢陽撰　明嘉靖刻本　十一册　缺一卷(六十三)

330000－1704－0003556　001322　子部/宗教類/佛教之屬/經
坐禪三昧法門經二卷　(天竺)釋僧伽羅刹造　(後秦)釋鳩摩羅什譯　清光緒刻本　一册

330000－1704－0003557　001326　子部/宗教類/佛教之屬/諸宗

筠州黄蘗山斷際禪師傳心法要二卷　(唐)釋希運説　(唐)裴休輯　清光緒十年(1884)金陵刻經處刻本　一冊

330000－1704－0003558　001323　子部/宗教類/佛教之屬/諸宗

萬善同歸集三卷　(宋)釋延壽撰　清同治十一年(1872)金陵刻經處刻本　三冊

330000－1704－0003559　善000598　集部/總集類/選集之屬/斷代

文粹一百卷　(宋)姚鉉纂　明初刻本　楊紹廉批校　九冊　存二十八卷(二十五至二十七、三十至五十四)

330000－1704－0003561　善000180　史部/傳記類/總傳之屬/忠孝

孝友傳二十四卷附孝釋一卷　(明)郭凝之輯　明崇禎刻本　四冊　缺一卷(孝釋)

330000－1704－0003562　001325　子部/宗教類/佛教之屬/諸宗

竺源禪師註證道歌一卷　(元)釋宏德撰　(元)釋德弘編　清光緒三十四年(1908)金陵刻經處刻本　一冊

330000－1704－0003563　善000673　集部/總集類/郡邑之屬

永嘉集内編不分卷外編不分卷　(清)孫衣言輯　稿本　七冊

330000－1704－0003564　001327　子部/宗教類/佛教之屬/諸宗

永嘉禪宗集註二卷　(唐)釋玄覺撰　(明)釋傳燈重輯並注　清光緒二十二年(1896)刻本　一冊

330000－1704－0003565　007785　集部/别集類/清别集

小辭經室詩集六卷　(清)徐廷珍撰　清光緒十年(1884)江都徐氏刻本　二冊

330000－1704－0003566　007864　類叢部/叢書類/自著之屬

豹隱堂集六種　(清)趙蓮城撰　清光緒十年(1884)刻本　二冊　存一種

330000－1704－0003567　001328　子部/宗教類/佛教之屬/諸宗

天童密雲禪師語錄二十二卷　(明)釋圓悟撰　(清)釋道忞輯　清光緒二十五年(1899)刻本　四冊

330000－1704－0003568　善000140　史部/編年類/通代之屬

資治通鑑大全四百二十八卷　題(明)陳仁錫輯　明陳仁錫刻本　三冊　存十四卷(通鑑釋文辯誤一至十二、資治通鑑問疑、資治通鑑釋例圖譜)

330000－1704－0003569　001329　子部/宗教類/佛教之屬/諸宗

列祖提綱錄四十二卷　(清)釋行悦輯　清同治十三年(1874)西湖昭慶慧空經房刻本　十冊

330000－1704－0003570　000569　類叢部/類書類/通類之屬

藝文類聚一百卷　(唐)歐陽詢輯　明刻本　二十冊

330000－1704－0003571　善000207　史部/傳記類/别傳之屬/年譜

陳文節公[傅良]年譜一卷　(清)孫鏘鳴編　稿本　一冊

330000－1704－0003572　001330　子部/宗教類/佛教之屬/諸宗

壇經一卷附六祖大師事畧一卷　(唐)釋慧能撰　(唐)釋法海等輯　清同治十一年(1872)如皋刻經處刻本　一冊　缺一卷(事畧)

330000－1704－0003573　001331　子部/宗教類/佛教之屬/諸宗

禪源諸詮集都序四卷　(唐)釋宗密撰　清光緒十八年(1892)金陵刻經處刻本　一冊

330000－1704－0003574　善000227　史部/傳記類/日記之屬

請纓日記十卷(清光緒八年七月九日至光緒

十一年十一月） （清）唐景崧撰　清光緒十九年(1893)臺灣布政使署刻本　十冊

330000－1704－0003575　001332　子部/宗教類/佛教之屬/諸宗
永覺和尚洞上古轍二卷　(明)釋元賢輯　(清)釋道霖重編　清末民初刻本　一冊

330000－1704－0003576　善 000485　子部/天文曆算類/天文之屬
補修宋金六家術六卷四十六家日法朔餘疆弱攷一卷　(清)李銳撰　清抄本　清孫詒讓跋　一冊

330000－1704－0003577　善 000177　史部/傳記類/總傳之屬/儒林
台學源流七卷　(明)金賁亨撰　清道光金文煒刻同治八年(1869)同善會補刻本　一冊

330000－1704－0003578　善 000155　史部/雜史類/斷代之屬
國語二十一卷　(三國吳)韋昭注　(宋)宋庠補音　明萬曆十三年(1585)吳汝紀刻本　六冊

330000－1704－0003579　善 000178　史部/傳記類/總傳之屬/郡邑
永嘉學案不分卷　(清)孫衣言撰　稿本　一冊

330000－1704－0003580　善 000054　經部/春秋總義類/傳說之屬
春秋四傳三十八卷綱領一卷提要一卷列國東坡圖說一卷春秋二十國年表一卷諸國興廢說一卷　(宋)胡安國撰　明刻本　十四冊

330000－1704－0003581　善 000489　子部/藝術類/書畫之屬/書法書品
廣藝舟雙楫六卷　康有為撰　清光緒十九年(1893)南海康氏萬木草堂刻本　梅冷生題簽並記　清黃紹箕批　一冊　存三卷(一至三)

330000－1704－0003582　善 000491　子部/藝術類/書畫之屬
真蹟日錄一卷二集一卷三集一卷　(明)張丑撰　清抄本　楊紹廉題記　三冊

330000－1704－0003583　善 000176　子部/雜著類/雜說之屬
人物志三卷　(三國魏)劉邵撰　(西涼)劉昞注　明萬曆十二年(1584)劉元霖刻本　二冊

330000－1704－0003584　善 000016、善 000040　經部/禮記類/傳說之屬
禮記集解六十一卷尚書顧命解一卷　(清)孫希旦撰　稿本　十三冊　存四十七卷(一至七、十至十三、十七至二十九、三十四至五十、五十七至六十一,尚書顧命解)

330000－1704－0003585　001340　子部/宗教類/佛教之屬/總録
御選語錄十九卷　(清)世宗胤禛輯　清光緒四年(1878)金陵刻經處刻本　十四冊

330000－1704－0003586　善 000141　史部/編年類/通代之屬
綱鑑要編二十四卷附紀一卷　(明)陳臣忠　(明)張睿卿輯　明末刻本　十二冊

330000－1704－0003587　001339　子部/宗教類/佛教之屬/諸宗
天隱禪師語錄二十卷　(明)釋圓修說　(清)釋通琇輯　清宣統元年(1909)常州天寧寺刻本　五冊

330000－1704－0003588　001338　子部/宗教類/佛教之屬/諸宗
肇論三卷寶藏論一卷　(後秦)釋僧肇撰　清同治九年(1870)杭省刻經處刻本　一冊　存三卷(肇論一至三)

330000－1704－0003589　善 000299　史部/詔令奏議類/奏議之屬
綸扉奏草三十卷　(明)葉向高撰　明刻本　十六冊

330000－1704－0003590　001337　子部/宗教類/佛教之屬/諸宗
龍池幻有禪師語錄十卷　(明)釋正傳撰　(明)釋圓悟等輯　清宣統二年(1910)常州天寧寺刻本　四冊

330000－1704－0003591　001336　子部/宗

教類/佛教之屬/諸宗

博山和尚參禪警語一卷 (明)釋元來撰 (清)釋成正集 清光緒三十四年(1908)鎮江金山江天寺刻本 一冊

330000－1704－0003592 001335 子部/宗教類/佛教之屬/諸宗

天目中峯和尚信心銘闢義解三卷 (元)釋慈寂輯 清末刻本 一冊

330000－1704－0003594 001334 子部/宗教類/佛教之屬/諸宗

肇論略注六卷 (明)釋德清撰 清光緒十四年(1888)金陵刻經處刻本 二冊

330000－1704－0003595 善 000574 子部/小說家類/異聞之屬

太平廣記五百卷目錄十卷 (宋)李昉等輯 明許自昌刻本 三十六冊 缺五卷(二百四十三至二百四十五、四百八十八至四百八十九)

330000－1704－0003596 001333 子部/宗教類/佛教之屬/諸宗

禪關策進一卷 (明)釋袾宏輯 清光緒二十四年(1898)金陵刻經處刻本 一冊

330000－1704－0003597 善 000652 集部/總集類/郡邑之屬

永嘉集外編二十六卷 (清)孫衣言輯 清抄本 二十五冊 存二十四卷(一至八、十至二十五)

330000－1704－0003598 善 000492 子部/藝術類/書畫之屬/畫法畫品

聖朝名畫評三卷 (宋)劉道醇撰 明刻本 楊紹廉跋 二冊

330000－1704－0003599 007747 集部/別集類/清別集

思僭室遺稿一卷 (清)施寯撰 清宣統三年(1911)抄本 一冊

330000－1704－0003600 善 000088 經部/小學類/文字之屬/說文/專著

重刊許氏說文解字五音韻譜十二卷 (宋)李燾撰 明刻本 八冊

330000－1704－0003601 007832 集部/別集類/清別集

劫餘軒存稿三卷 (清)戴家麟撰 清同治二年(1863)刻本 一冊 存三卷(一)

330000－1704－0003603 001350 子部/宗教類/佛教之屬/諸宗

指月錄三十二卷 (明)瞿汝稷輯 清同治十一年(1872)杭州昭慶寺慧空經房刻本 十冊

330000－1704－0003604 007786 集部/別集類/清別集

息笠庵詩集六卷 (清)楊韵撰 清光緒八年(1882)嘉興楊氏滬城刻本 二冊

330000－1704－0003605 007787 集部/別集類/清別集

秋嘯堂詩稿二卷 (清)孙麟撰 清光緒五年(1879)高鼎渤海寄巢刻本 一冊

330000－1704－0003610 007833 集部/別集類/清別集

嘯劍山房詩鈔十二卷試帖秋鐙課草一卷 (清)文星瑞撰 清同治九年至十二年(1870－1873)羊城刻本 四冊

330000－1704－0003611 007750 集部/別集類/清別集

願學堂詩鈔二十八卷 (清)王宗燿撰 清咸豐十年(1860)鄞縣王氏刻本 六冊

330000－1704－0003612 007754 集部/別集類/清別集

小梅花館詩集六卷詞集三卷 (清)吳廷燮撰 清光緒四年(1878)刻本 三冊 存六卷(詩集一至六)

330000－1704－0003613 007834 類叢部/叢書類/家集之屬

黎氏家集十二種附四種 (清)黎庶昌編 清光緒十四年至十五年(1888－1889)黎庶昌日本使署刻本暨鉛印本 一冊 存一種

330000－1704－0003614 007748 集部/別

集類/清別集
石門山房詩鈔一卷 (清)端木百禄撰 清末抄本 一册

330000－1704－0003615 007749 集部/别集類/清别集
紅巖山房詩稿十二卷 (清)徐鏞撰 (清)徐善員編 清光緒海甯徐亨記木活字印本 四册

330000－1704－0003616 007789 類叢部/叢書類/家集之屬
黎氏家集十二種附四種 (清)黎庶昌編 清光緒十四年至十五年(1888－1889)黎庶昌日本使署刻本暨鉛印本 二册 存二種

330000－1704－0003617 007835 集部/别集類/清别集
話雨山房詩鈔□□卷 (清)孫福田撰 清刻本 一册 存一卷(下)

330000－1704－0003618 007751 集部/别集類/清别集
春草齋詩集四卷 (清)謝蕙撰 清光緒八年(1882)刻本 二册

330000－1704－0003619 007865 集部/别集類/清别集
己酉北行草一卷續草一卷仙屏書屋文一卷 (清)黄爵滋撰 清刻本 愛菊觀款 二册

330000－1704－0003620 007752 類叢部/叢書類/彙編之屬
漸西村舍彙刊(漸西村舍叢刻)四十四種 (清)袁昶編 清光緒十六年至二十四年(1890－1898)桐廬袁氏刻本 一册 存一種

330000－1704－0003621 007836 集部/别集類/清别集
東溪草堂存稿二卷 (清)吴清蓮撰 清同治五年(1866)刻本 一册

330000－1704－0003622 007791 集部/别集類/清别集
退齋詩稿五卷 (清)方鼎銳撰 清宣統元年(1909)從吾書屋刻本 一册

330000－1704－0003623 001347 子部/宗教類/佛教之屬/諸宗
九占昌禪師語録一卷 (清)釋佛登編 清刻本 一册

330000－1704－0003624 007753 集部/别集類/清别集
隱梅廬遺詩一卷玉簫詞鈔一卷 (清)殷秉璣撰 清光緒七年(1881)青田官署刻本 一册

330000－1704－0003625 001346 子部/宗教類/佛教之屬/諸宗
續指月録二十卷首一卷尊宿集一卷 (清)聶先輯 清光緒十二年(1886)金陵刻經處刻本 六册 缺一卷(尊宿集)

330000－1704－0003626 007866 集部/别集類/清别集
織餘憁草一卷 (清)吴淑儀撰 清嘉慶十一年(1806)刻本 一册

330000－1704－0003627 001345 子部/宗教類/佛教之屬/諸宗
注心賦四卷 (宋)釋延壽撰 清光緒三年(1877)金陵刻經處刻本 釋指禪題簽 四册

330000－1704－0003629 001344 子部/宗教類/佛教之屬/諸宗
宗鏡録一百卷 (宋)釋延壽輯 清光緒二十五年(1899)江北刻經處刻本 二十册

330000－1704－0003630 001343 子部/宗教類/佛教之屬/諸宗
揞黑豆集八卷首一卷 (清)平聖臺輯並頌注 (清)心圓拈頌别並注 清末刻本 四册

330000－1704－0003631 007755 集部/别集類/清别集
白華山人詩集十六卷詩説二卷 (清)厲志撰 清光緒九年(1883)厲學潮刻本 四册

330000－1704－0003632 001342 子部/宗教類/佛教之屬/諸宗
佛説禪宗祕密修證了義集經三卷 (清)周求觀重校并註 清光緒二十八年(1902)蘇州瑪瑙經房刻本 一册

330000－1704－0003634　007931　集部/別集類/清別集
餐鞠軒詩草一卷　(清)伍淡如撰　清光緒十四年(1888)歸安楊氏刻本　一册

330000－1704－0003635　007932　集部/別集類/清別集
花天月地吟八卷　(清)蔣坦撰　清道光二十四年(1844)刻本　一册　存二卷(五至六)

330000－1704－0003637　007867　集部/別集類
聊復軒詩存一卷詩餘附存一卷　施贊唐撰　清宣統元年至三年(1909－1911)活字印本　一册

330000－1704－0003638　007868　集部/別集類/清別集
傳魯堂試律第一集一卷　(清)周錫恩撰　**佩秋遺稿一卷**　(清)周淑蘭撰　清光緒二十一年(1895)武昌書局刻本　澹庵題簽　一册

330000－1704－0003639　007934　史部/地理類/外紀之屬
日本雜事詩二卷　(清)黄遵憲撰　清光緒十一年(1885)梧州黄氏鴛江榷舍刻本　二册

330000－1704－0003640　007792　集部/別集類/清別集
通雅堂詩鈔十卷續集二卷　(清)施山撰　清光緒元年(1875)荊州刻本　一册　存四卷(詩鈔一至四)

330000－1704－0003642　007793　集部/別集類/清別集
綠槐書屋詩稿三卷　(清)張綸英撰　清同治七年(1868)刻本　一册

330000－1704－0003643　007794　集部/別集類/清別集
芸香館遺詩二卷　(清)那遜蘭保撰　清同治十三年(1874)盛昱刻本　一册

330000－1704－0003644　007870　集部/別集類
草廬韻言鈔存一卷東游草一卷　高毓浵撰　清宣統元年(1909)京師京華書局鉛印本　一册

330000－1704－0003645　007935　集部/別集類/清別集
隨山館詩簡編四卷　(清)汪瑔撰　清光緒十七年(1891)刻本　一册

330000－1704－0003647　007795　集部/別集類/清別集
三恥齋初稿十一卷　(清)吳坤修撰　清同治四年(1865)鳩江戎幄刻本　三册

330000－1704－0003648　007937　集部/別集類/清別集
知白齋詩鈔五卷詩草附存一卷雙橋小築詞存六卷集餘一卷　(清)江人鏡撰　清光緒二十年(1894)刻本　四册

330000－1704－0003651　007840　集部/別集類/清別集
淡永山窗詩集十一卷　(清)周世滋撰　清同治元年(1862)木活字印本　四册

330000－1704－0003652　007756　集部/別集類/清別集
芝隱室詩存八卷附存一卷續存一卷　(清)長善撰　清同治十年(1871)廣州將軍節署刻本　二册　存八卷(一至八)

330000－1704－0003653　007871　集部/別集類/清別集
晝延年室詩稿六卷詩餘三卷遊吳草一卷　(清)袁起撰　**新安消夏唱酬草一卷**　(清)邵亨豫　(清)袁起撰　**小蓬萊吟館酬唱草一卷**　(清)朱蘭　(清)袁起撰　**牌舞燈詞一卷**　(清)味餘老人填　清同治三年(1864)刻本　四册

330000－1704－0003654　007796　集部/別集類/清別集
禮部遺集九卷　(清)黄富民撰　清同治九年(1870)黄安謹刻本　二册

330000－1704－0003655　007797　集部/別集類/清別集

大能寒軒詩鈔八卷前一卷後一卷 （清）吳為楫撰　清同治四年（1865）刻本　四册

330000－1704－0003657　007757　集部/別集類/清別集
抱山草堂遺稿二卷 （清）楊寶彝撰　清光緒二年（1876）楊峴吳門刻本　一册

330000－1704－0003659　007872　集部/別集類/清別集
延秋吟館詩鈔四卷 （清）張聯桂撰　清光緒十一年（1885）刻本　二册

330000－1704－0003661　007918　集部/別集類/清別集
屑瓊集四卷補遺一卷 （清）俞廷瑛撰　清同治刻本　一册

330000－1704－0003662　007758　集部/別集類/清別集
含暉堂遺稿二卷 （清）陳觀酉撰　清同治七年（1868）翥山官廨刻本　一册

330000－1704－0003663　007858　集部/別集類/清別集
真意齋詩存一卷詩外一卷 （清）許楣撰　清同治五年至六年（1866－1867）刻本　一册

330000－1704－0003665　007759　集部/別集類/清別集
放猨集一卷桐江集一卷江山風月集一卷 （清）潘曾沂撰　清咸豐二年（1852）刻本　一册

330000－1704－0003667　007919　集部/別集類/清別集
澤山詩鈔二卷賦鈔一卷 （清）王再咸撰　清光緒十五年（1889）成都昌福公司鉛印本　二册

330000－1704－0003669　001367　子部/宗教類/佛教之屬/諸宗
天台四教儀註彙補輔弘記二十卷 （高麗）釋諦觀輯　（元）釋蒙潤集注　（清）釋性權彙補　**畧科提綱一卷**　釋諦閑排訂　清光緒二十四年（1898）刻本　二十册　存二十卷（一至二十）

330000－1704－0003671　007760　集部/別集類/清別集
蘇鄰遺詩二卷 （清）李鴻裔撰　清光緒十四年（1888）遵義黎氏日本刻本　二册

330000－1704－0003672　007860　集部/別集類/清別集
觀香室遺稾四卷 （清）李星漁撰　清同治十三年（1874）刻本　二册

330000－1704－0003674　007920　集部/別集類/清別集
鬱華閣遺集四卷 （清）盛昱撰　清光緒三十一年（1905）有正書局石印本　一册

330000－1704－0003675　007847　集部/別集類/清別集
邀月軒遺草五卷 （清）吳宗璜撰　清同治五年（1866）刻本　一册

330000－1704－0003676　007848　集部/別集類/清別集
嘯古堂詩集八卷遺集一卷 （清）蔣敦復撰　清宣統三年（1911）上海廣益書局石印本　二册　缺一卷（遺集）

330000－1704－0003677　007761　集部/別集類/清別集
髯仙詩舫遺稿二卷 （清）李鴻裔撰　清光緒十四年（1888）遵義黎氏日本刻本　一册

330000－1704－0003678　007921　集部/別集類/清別集
寶綸堂詩稿四卷 （清）李鴻鈞撰　清光緒十八年（1892）李鴻儀刻本　四册

330000－1704－0003679　007762　集部/別集類/清別集
荔村草堂詩續鈔一卷 （清）譚宗浚撰　清宣統二年（1910）譚祖任京師刻本　一册

330000－1704－0003682　007763　集部/別集類/清別集
廣雅堂詩集四卷 （清）張之洞撰　（清）紀鉅

維編　清光緒順德龍鳳鑣刻本　二冊

330000－1704－0003683　007923　集部/別集類/清別集

述菴詩零一卷　(清)林崧祁撰　清宣統元年(1909)林之夏鉛印本　一冊

330000－1704－0003684　007764　集部/別集類/清別集

芝霞莊詩存五卷　(清)黃錫彤撰　清光緒九年(1883)刻本　二冊

330000－1704－0003686　007800　集部/別集類/清別集

紹坡詩鈔一卷　(清)苏蕴玉撰　清同治九年(1870)成都刻本　一冊

330000－1704－0003688　007765　集部/別集類/清別集

白香亭詩集二卷和陶詩一卷　(清)鄧輔綸撰　清光緒十九年(1893)東河督署刻本　二冊

330000－1704－0003689　007766　集部/別集類/清別集

榴實山莊詩鈔六卷詞鈔一卷　(清)吳存義撰　清同治十年(1871)刻本　一冊

330000－1704－0003690　007876　集部/別集類/清別集

斷釵吟艸不分卷　(清)樊綸撰　清刻本　一冊

330000－1704－0003691　007801　集部/別集類/清別集

偶存集一卷附援守井研記畧一卷　(清)董貽清撰　清同治十一年(1872)刻本　一冊

330000－1704－0003693　007925　集部/別集類/清別集

劫火紀焚一卷　(清)何桂笙撰　清光緒九年(1883)上海點石齋石印本　一冊

330000－1704－0003694　007767　集部/別集類/清別集

松夢寮詩稿六卷　(清)丁丙撰　清光緒二十五年(1899)丁氏刻本　二冊

330000－1704－0003695　007850　集部/別集類/清別集

轉蕙軒詩存八卷　(清)謝質卿撰　清光緒元年(1875)刻本　二冊

330000－1704－0003699　007851　集部/別集類/清別集

桂一齋僅存稿不分卷　(清)莊錦撰　清光緒二十三年(1897)莊氏刻本　一冊

330000－1704－0003700　007878　類叢部/叢書類/家集之屬

鄂不齋叢書　(清)唐贊衮撰并輯　清光緒桐園鄂不齋刻本　一冊　存三種

330000－1704－0003701　007928　集部/別集類/清別集

越縵堂集十卷　(清)李慈銘撰　清末石印本　六冊

330000－1704－0003703　007802　類叢部/叢書類/自著之屬

留書種閣集九種　(清)黃炳垕撰　清同治六年至光緒二十年(1867－1894)餘姚黃氏留書種閣刻本　一冊　存一種

330000－1704－0003704　007880　集部/別集類/清別集

蘭墅詩存二卷　(清)陳允頤撰　清光緒三十二年(1906)陳允豫杭州刻本　一冊

330000－1704－0003705　007852　集部/別集類/清別集

篋山詩草二卷　(清)劉日蕚撰　清光緒十七年(1891)刻本　一冊

330000－1704－0003706　007929　類叢部/叢書類/彙編之屬

弢園叢書□□種　(清)王韜編　清光緒鉛印本　二冊　存一種

330000－1704－0003709　007853　集部/別集類/清別集

子廉古今體詩合編五卷坿翠鯨詞一卷　(清)姚斌敏撰　清同治十二年至光緒三年(1873－1877)刻本　五冊

330000－1704－0003710　007882　集部/別集類/清別集
熙朝樂府十四卷　(清)周鈞鏊撰　(清)陳福綬評　清光緒六年(1880)刻本　六冊

330000－1704－0003712　007854　集部/別集類/清別集
樨香山房詩鈔一卷　(清)朱世德撰　清宣統二年(1910)濟南日報館石印本　一冊

330000－1704－0003713　007855　集部/別集類/清別集
薇花吟館初稿四卷　(清)龔顯曾撰　清同治三年(1864)溫陵龔氏芳草堂刻本　一冊

330000－1704－0003714　007856　集部/別集類/清別集
焦尾閣遺稿一卷　(清)盧德儀撰　(清)王彥威　(清)王彥澈輯　清光緒九年(1883)蘇州刻本　一冊

330000－1704－0003715　007804　集部/別集類/清別集
寫經堂文鈔二卷詩鈔四卷　(清)蔡篪撰　**同光集一卷**　(清)徐濬撰　清光緒六年(1880)刻本　一冊　缺二卷(文鈔一至二)

330000－1704－0003716　007857　集部/別集類/清別集
峴嶕山房詩集初稿八卷續編一卷　(清)董文渙撰　清同治七年(1868)刻本　五冊

330000－1704－0003717　007883　集部/別集類/清別集
大野草堂詩一卷螟巢詞一卷白癡詞餘一卷　(清)張文田撰　清光緒十三年(1887)刻本　一冊

330000－1704－0003718　007805　集部/別集類/清別集
蜨庵詩鈔八卷　(清)楊棨撰　清同治二年(1863)楊氏刻本　二冊

330000－1704－0003719　007769　集部/別集類/清別集
今白華堂詩錄八卷　(清)童槐撰　清同治八年(1869)童華刻本　二冊

330000－1704－0003721　007771　集部/別集類/清別集
重訂厲廉州先生詩全集八卷　(清)厲同勳撰　清同治三年(1864)刻本　一冊　存二卷(七至八)

330000－1704－0003722　007772　集部/別集類/清別集
澹餘詩略三卷　(清)汪暕撰　清咸豐八年(1858)溧陽宋晉署刻本　一冊

330000－1704－0003724　001366　類叢部/叢書類/彙編之屬
玉海堂景宋元本叢書二十種別行二種　劉世珩編　清光緒至民國貴池劉氏玉海堂影刻本　十二冊　存一種

330000－1704－0003726　001364　子部/宗教類/佛教之屬/諸宗
禪門鍛鍊說一卷　(清)釋戒顯撰　清同治十一年(1872)如皋刻經處刻本　一冊

330000－1704－0003728　001361　子部/宗教類/佛教之屬/諸宗
永明心賦注四卷　(宋)釋延壽撰　清光緒三年(1877)杭州昭慶寺慧空經房刻本　二冊

330000－1704－0003729　001360　子部/宗教類/佛教之屬/諸宗
高峰大師語錄一卷　(元)釋原妙撰　清光緒二年(1876)福德因緣堂刻本　一冊

330000－1704－0003730　001359　子部/宗教類/佛教之屬/諸宗
潮音旭禪師語錄五卷　(清)釋通旭撰　(清)釋廣明等錄　清光緒二十四年(1898)寧波墨畊齋刻本　竺征氏題簽　一冊

330000－1704－0003731　001358　子部/宗教類/佛教之屬/諸宗
林間錄二卷後集一卷　(宋)釋德洪撰　清光緒二十七年(1901)揚州藏經院刻本　二冊

330000－1704－0003735　007966　集部/別

集類/清別集

鄔道源先生遺書三卷 （清）鄔道源撰 **智因閣遺文逸事記一卷** （現代）鄔慶時述 清宣統元年至二年（1909－1910）番禺南山鄔氏耕雲別墅刻本 一冊

330000－1704－0003737 007806 類叢部/叢書類/自著之屬

曾文正公雜著五歌一卷楹聯一卷 （清）曾國藩撰 清同治十二年（1873）刻本 一冊

330000－1704－0003738 007773 集部/別集類/清別集

萍軒小草二卷詞草一卷律賦賸稾一卷試帖賸稾一卷過庭小稾一卷晢墓餘稾一卷避弋小草二卷 （清）黄富民撰 清光緒七年（1881）刻本 二冊

330000－1704－0003739 007775 集部/別集類/清別集

吟秋閣詩鈔一卷 （清）鈕欽霞撰 清同治十三年（1874）刻本 一冊

330000－1704－0003740 007884 集部/別集類/清別集

小蘋花漁榭遺詩一卷 （清）孫宗佑撰 清光緒十六年（1890）刻本 一冊

330000－1704－0003741 007968 集部/別集類/清別集

訓真書屋詩存二卷 （清）黄國瑾撰 清光緒三十二年（1906）貴筑黄氏家塾刻本 二冊

330000－1704－0003742 007885 集部/別集類/清別集

望眉草堂詩集十二卷文集四卷 （清）顏嗣徽撰 清光緒十九年（1893）古筑顏氏文蔚堂刻本 一冊 存二卷（詩集一至二）

330000－1704－0003743 007774 集部/別集類/清別集

畫餘偶存八卷 （清）段永源撰 清道光二十八年（1848）至同治刻本 四冊

330000－1704－0003745 001379 子部/宗教類/佛教之屬/諸宗

修習止觀坐禪法要一卷 （隋）釋智顗撰 清咸豐七年（1857）武林護國寺刻本 一冊

330000－1704－0003747 007969 集部/別集類/清別集

三十二蘭亭室詩存八卷續刻二卷再續刻二卷 （清）劉湗年撰 清光緒元年（1875）廣州刻本 三冊 缺二卷（續刻一至二）

330000－1704－0003749 007970 集部/別集類/清別集

桂管游草二卷金臺游草一卷 （清）楊恩壽撰 清同治十三年（1874）長沙楊氏坦園刻本 二冊

330000－1704－0003750 007887 集部/別集類/清別集

趣園合集六卷 （清）沈炳然撰 清光緒十八年（1892）刻本 二冊

330000－1704－0003751 007971 集部/別集類/清別集

映雪軒詩草一卷附詩餘一卷雜著一卷附錄一卷 （清）孫鼎吉撰 清光緒三十二年（1906）刻本 一冊

330000－1704－0003752 007888 集部/別集類/明別集

磐那室詩存一卷 （清）張亨嘉撰 清宣統三年（1911）平江蘇氏鉛印本 一冊

330000－1704－0003753 007938 集部/別集類/清別集

鬱華閣遺集四卷 （清）盛昱撰 清光緒二十八年（1902）楊鍾羲武昌刻留垞叢刻朱印本 一冊

330000－1704－0003754 007889 集部/別集類/清別集

聽桐廬殘草一卷王孝子遺墨一卷 （清）王繼穀撰 清光緒七年（1881）寧波宗源翰刻本 一冊 存一卷（聽桐廬殘草）

330000－1704－0003755 007972 集部/別集類/清別集

通藝堂詩錄二卷 （清）陶濬宣撰 清光緒二

十六年(1900)漳州環玉樓、二十八年(1902)刻本　一册　存二卷(勸學篇一、勸俗篇一)

330000－1704－0003756　007890　集部/別集類/清別集
玉屏山館詩草四卷　(清)彭祖潤撰　清光緒十三年(1887)刻本　二册

330000－1704－0003759　007891　集部/別集類/清別集
來雲閣詩六卷　(清)金和撰　清光緒十八年(1892)丹陽束氏刻本　二册

330000－1704－0003762　007807　集部/別集類/清別集
曾文正公詩槀四卷　(清)曾國藩撰　清光緒二年(1876)上海醉六堂刻本　一册

330000－1704－0003764　007808　集部/別集類/清別集
青欞山房詩鈔十一卷附刻一卷　(清)馬士龍撰　清光緒元年(1875)刻本　四册

330000－1704－0003767　007809　集部/別集類/清別集
柏井集六卷　(清)汪昶撰　清同治九年(1870)菜根書屋刻本　二册

330000－1704－0003768　008164　集部/別集類
喁于館詩草二卷　言敦源　丁毓瑛撰　清光緒三十四年(1908)言氏鉛印本　一册

330000－1704－0003769　007941　集部/別集類/清別集
篷吟集一卷　(清)謝光綺撰　清光緒十九年(1893)京師刻本　一册

330000－1704－0003770　007892　集部/別集類
古香閣詩集二卷　葉璧華撰　清光緒二十九年(1903)聚文堂刻本　二册

330000－1704－0003773　008166　集部/別集類/清別集
知稼軒詩稿三卷　(清)張元奇撰　清光緒鉛印本　三册

330000－1704－0003774　007893　集部/別集類/清別集
圭盦詩錄一卷　(清)吳觀禮撰　清光緒五年(1879)張佩綸刻本　一册

330000－1704－0003776　007975　史部/地理類/外紀之屬
日本雜事詩二卷　(清)黃遵憲撰　清鉛印本　一册

330000－1704－0003777　007894　集部/別集類/清別集
嬾雲樓詩鈔四卷　(清)嚴錦撰　清光緒二十五年(1899)桐谿嚴氏梧州刻本　二册

330000－1704－0003778　007942　集部/別集類/清別集
古餘薌閣集一卷　(清)慕昌溎撰　清宣統元年(1909)南皮張氏代興堂刻本　一册

330000－1704－0003779　007895　集部/別集類/清別集
退思草堂詩鈔二卷　(清)李懋勳撰　清光緒三十二年(1906)永嘉刻本　一册

330000－1704－0003781　007976　類叢部/叢書類/自著之屬
寒松閣集五種　(清)張鳴珂撰　清光緒十年至二十四年(1884－1898)嘉興張氏刻本　一册　存一種

330000－1704－0003786　007943　集部/別集類/清別集
傳樸堂詩稿四卷補遺一卷竹樊山莊詞一卷　(清)葛金烺撰　**附錄一卷**　(清)譚獻　(清)許景澄　(清)沈曾植撰　**弢華館詩稿一卷**　(清)葛嗣濚撰　清光緒二十一年(1895)刻三十三年(1907)補刻民國增修本　二册

330000－1704－0003787　001380　子部/宗教類/佛教之屬/諸宗
大乘止觀法門四卷　(南朝陳)釋慧思撰　清光緒六年(1880)長沙刻經處刻本　一册

330000－1704－0003789　007944　類叢部/叢書類/家集之屬
黎氏家集十二種附四種　(清)黎庶昌編　清光緒十四年至十五年(1888－1889)黎庶昌日本使署刻本暨鉛印本　一册　存一種

330000－1704－0003790　007977　集部/別集類/清別集
水流雲在館集杜詩存一卷　(唐)杜甫撰　(清)周天麟輯　清光緒十七年(1891)刻本　一册

330000－1704－0003793　007897　集部/別集類/清別集
蘿藦亭遺詩四卷詞附錄一卷　(清)喬松年撰　清光緒七年(1881)劉傳楨等皖城刻本　四册

330000－1704－0003796　007978　集部/別集類/清別集
謇諤堂詩稿一卷　(清)金文田撰　清光緒三十四年(1908)木活字印本　一册

330000－1704－0003797　007945　集部/別集類/清別集
璞齋集詩六卷詞一卷　(清)諸可寶撰　**清足居集一卷蕉窗詞一卷**　(清)鄧瑜撰　清光緒二十二年(1896)玉峰官舍刻本　四册

330000－1704－0003798　007898　集部/別集類
檗隖詩存十二卷末一卷　王以敏撰　清光緒刻本　四册

330000－1704－0003801　007979　類叢部/叢書類/彙編之屬
滂喜齋叢書五十種　(清)潘祖蔭編　清同治至光緒吳縣潘氏京師刻本　一册　存一種

330000－1704－0003804　007980　集部/別集類/清別集
綺窗吟草一卷　(清)申志廉撰　清光緒十八年(1892)刻本　一册

330000－1704－0003806　007900　類叢部/叢書類/自著之屬
簣喜廬所箸書　(清)傅雲龍編　清光緒十五年(1889)德清傅氏日本石印本暨鉛印本　一册　存一種

330000－1704－0003808　001377　子部/宗教類/佛教之屬/諸宗
幻如禪宗四卷　(清)王幻如撰　清光緒二十七年(1901)東甌孫績古齋刻本　四册

330000－1704－0003809　008181　集部/別集類/清別集
養花軒詩集不分卷　(清)徐官海撰　清宣統元年(1909)鉛印本　一册

330000－1704－0003813　007981　類叢部/叢書類/氏族之屬
鄔家初集十種　(清)鄔慶時編　清宣統元年(1909)刻本　一册　存一種

330000－1704－0003815　007982　集部/別集類/清別集
心齋逸吟五卷　(清)何纮度撰　清至民國木活字印本　一册

330000－1704－0003816　007947　集部/別集類/清別集
三硯齋詩賸一卷　(清)趙彦修撰　清光緒八年(1882)丹徒趙氏刻本　一册

330000－1704－0003818　008041　集部/別集類/清別集
漸西村人詩十六卷　(清)袁昶撰　(清)瀨鄉樵隱編次　清光緒十六年(1890)鉛印本　一册　存九卷(八至十六)

330000－1704－0003820　008042　集部/別集類/清別集
漸西村人詩十三卷　(清)袁昶撰　(清)瀨鄉樵隱編次　清光緒十六年(1890)鉛印本　三册

330000－1704－0003822　007983　集部/別集類/清別集
周莘仲廣文遺詩一卷　(清)周長庚撰　清光緒二十一年(1895)福州雙辛夷樓刻本　一册

330000－1704－0003824　007949　集部/別集類/清別集
桐鳳集二卷　曾彦撰　清光緒十五年(1889)蘇州書局刻本　一冊

330000－1704－0003825　008043　集部/別集類/清別集
惠龕詩稿一卷　(清)潘敬撰　清宣統三年(1911)鉛印本　一冊

330000－1704－0003826　007984　集部/別集類/清別集
倦繡吟草一卷　(清)繆寶娟撰　清光緒四年(1878)鉛印本　一冊

330000－1704－0003829　008044　集部/別集類/清別集
菊園詩鈔二集二卷　(清)金士芳撰　(清)劉文蔚評　清末刻本　一冊

330000－1704－0003831　008045　集部/別集類/清別集
冷香室遺稿一卷　(清)王佩珩撰　清光緒二十六年(1900)刻本　一冊

330000－1704－0003833　007901　集部/別集類/清別集
蘭因館詩草□□卷　(清)周柄撰　清刻本　一冊　存一卷(三)

330000－1704－0003834　008046　集部/別集類
愛日廬詩鈔一卷　李景祥撰　清光緒鉛印本　一冊

330000－1704－0003835　007985　集部/別集類/清別集
墨花吟館感舊懷人集二卷　(清)嚴辰撰　清光緒十五年(1889)刻本　一冊

330000－1704－0003837　007812　集部/別集類/清別集
賜龍堂詩稿八卷　(清)彭瑞毓撰　清同治十年(1871)戎洲刻本　二冊　存四卷(三至六)

330000－1704－0003840　007902　集部/別集類/清別集
新安遊草二卷　(清)戴啟文撰　清光緒二十一年(1895)刻本　一冊

330000－1704－0003841　007952　集部/別集類/清別集
怡雲山館詩存八卷　(清)楊柄鋥撰　清光緒九年(1883)錦城刻本　四冊

330000－1704－0003842　007813　集部/別集類/清別集
守柔齋行河草二卷　(清)蘇廷魁撰　清同治十二年(1873)刻本　一冊

330000－1704－0003844　008048　集部/別集類/清別集
連居閣吟草四卷　(清)黄禧撰　清光緒八年至十年(1882－1884)刻本　清黄翹芝題記　二冊

330000－1704－0003845　007986　集部/別集類/清別集
崇蘭堂詩初存十卷　(清)張預撰　清光緒二十年(1894)刻本　二冊

330000－1704－0003847　007987　集部/別集類/清別集
因樹書屋詩稿十二卷　(清)沈寶森撰　清光緒二十三年(1897)上虞枕湖樓連氏刻本　一冊　存九卷(四至十二)

330000－1704－0003848　007814　集部/別集類/清別集
硯食齋詩鈔四卷　(清)彭定灝撰　清同治二年(1863)刻本　四冊

330000－1704－0003849　008049　類叢部/叢書類/自著之屬
愛梅樓雜著十四種　(清)林慶炳撰輯　清光緒小石渠閣刻本　一冊　存一種

330000－1704－0003851　007903　集部/別集類/清別集
小琅環園詩錄七卷集顧亭林先生詩一卷詞錄一卷　(清)張修府撰　清光緒七年(1881)長沙刻本　二冊

330000－1704－0003854　008051　集部/别集類/清别集

吴摯甫詩集一卷　(清)吴汝綸撰　清宣統二年(1910)上海國學扶輪社石印本　一册

330000－1704－0003855　007904　集部/别集類/清别集

十華小築詩鈔四卷　(清)余本愚撰　清光緒十一年(1885)刻本　二册

330000－1704－0003858　007816　集部/别集類/清别集

讀雪齋詩集九卷　(清)孫文川撰　清光緒八年(1882)刻本　二册

330000－1704－0003862　007817　集部/别集類/清别集

自知齋詩集九卷詞一卷　(清)黄長森撰　清同治十二年(1873)刻本　二册

330000－1704－0003865　007818　集部/别集類/清别集

退補齋詩存十六卷文存十二卷首二卷　(清)胡鳳丹撰　(清)王柏心等删定　清同治十二年(1873)永康胡氏退補齋刻本　四册　存十七卷(首一、詩存一至十六)

330000－1704－0003869　001374　子部/宗教類/佛教之屬/諸宗

摩訶止觀輔行傳弘訣四十卷　(唐)釋湛然撰　明天啟六年(1626)刻清嘉慶補刻本　二十册

330000－1704－0003870　007988　集部/别集類/清别集

擊鉢吟存稿四卷　(清)郭柏蔭撰　清刻本　一册

330000－1704－0003871　007907　集部/别集類/清别集

酴醾花館詩稿一卷詞稿一卷　(清)毛玉荷撰　清光緒十五年(1889)刻本　一册

330000－1704－0003872　007989　集部/别集類/清别集

萃堂詩錄一卷詞錄一卷　(清)潘鴻撰　清光緒三十三年(1907)刻本　一册

330000－1704－0003874　007908　集部/别集類/清别集

伏敔堂詩錄十五卷首一卷續錄四卷　(清)江湜撰　清同治元年至五年(1862－1866)刻本　四册　缺二卷(續錄三至四)

330000－1704－0003876　007819　集部/别集類/清别集

蔗餘軒詩鈔六卷　(清)車元春撰　清同治十二年(1873)刻本　二册

330000－1704－0003877　008053　集部/别集類

戊丁詩存一卷　陳霞章撰　清宣統元年(1909)京師鉛印本　一册

330000－1704－0003879　007820　集部/别集類/清别集

寶德堂詩鈔十卷附存二卷　(清)周衡撰　清光緒二年(1876)刻本　三册

330000－1704－0003880　007909　集部/别集類/清别集

越縵堂集十卷　(清)李慈銘撰　清光緒十六年(1890)刻本　二册

330000－1704－0003881　001373　子部/宗教類/佛教之屬/諸宗

教觀綱宗釋義紀三卷　(清)釋智旭撰　**始終心要一卷**　(唐)釋湛然撰　(宋)釋從義注　**三千有門頌畧解一卷**　(宋)陳瓘撰　(明)釋真覺畧解　清光緒二十七年(1901)刻本　二册　缺一卷(教觀綱宗釋義紀二)

330000－1704－0003882　007823　集部/别集類/清别集

榆園雜興詩一卷　(清)袁振業撰　清光緒十八年(1892)春藻堂刻本　一册

330000－1704－0003883　001372　子部/宗教類/佛教之屬/諸宗

天台四教儀集註十卷　(元)釋蒙潤撰　清同治七年(1868)杭州昭慶寺慧空經房刻本　五册

330000－1704－0003886　001388　子部/宗教類/佛教之屬/諸宗

修習止觀坐禪法要二卷六妙法門一卷　（隋）釋智顗撰　清光緒十八年（1892）、二十九年（1903）金陵刻經處刻本　一册

330000－1704－0003887　007910　集部/別集類/清別集

南湖草堂詩集六卷　（清）楊伯潤撰　清光緒八年（1882）滬上語石齋刻本　二册

330000－1704－0003888　001387　子部/宗教類/佛教之屬/諸宗

賢首五教儀開蒙增註五卷附華嚴經品會大義一卷　（清）釋通理撰　清宣統元年（1909）揚州藏經院刻本　五册　缺一卷（華嚴經品會大義）

330000－1704－0003890　001385　子部/宗教類/佛教之屬/諸宗

十不二門指要鈔詳解二卷　（唐）釋湛然釋籤　（宋）釋可度詳解　（明）釋正謐分會　清福德因緣堂刻本　二册　存二卷（一上、二下）

330000－1704－0003892　007991　集部/別集類/清別集

灑然廬吟草四卷　劉原道撰　清光緒三十四年（1908）鉛印本　二册

330000－1704－0003893　008058　集部/別集類/清別集

范伯子詩集十九卷　（清）范當世撰　清光緒三十四年（1908）刻本　俞澄懷題記　四册

330000－1704－0003894　007911　集部/總集類/題詠之屬

題江南曾文正公祠百詠一卷　朱孔彰撰　清光緒十三年（1887）刻本　一册

330000－1704－0003895　007992　集部/別集類/清別集

景惠室詩存一卷　（清）易蘗撰　清光緒二十七年（1901）刻本　一册

330000－1704－0003896　008059　集部/別集類

澄清堂詩存四卷　范祝崧撰　清咸豐十年（1860）刻本　二册

330000－1704－0003897　007912　集部/別集類/清別集

采百集二卷　（清）戴錫鈞撰　清光緒十三年（1887）鉛印本　一册

330000－1704－0003900　007913　集部/別集類/清別集

函樓詩鈔八卷因遇詩一卷詞鈔一卷　（清）易佩紳撰　清光緒八年（1882）刻本　二册

330000－1704－0003902　007914　集部/別集類/清別集

暢園遺稿十卷（大野草堂詩八卷白癡詞二卷）　（清）張邁撰　清光緒三十年（1904）刻本　一册

330000－1704－0003903　007916　集部/別集類/清別集

仿潛齋詩鈔十五卷　（清）李嘉樂撰　清光緒十五年（1889）刻本　四册

330000－1704－0003906　007995　類叢部/叢書類/彙編之屬

書三味樓叢書六十五種　（清）張應時編　清嘉慶十年至道光五年（1805－1825）張氏書三味樓刻本　一册　存一種

330000－1704－0003907　007917　集部/別集類/清別集

墨壽閣詩集四卷　（清）汪承慶撰　清光緒二十七年（1901）刻本　二册

330000－1704－0003908　007996　集部/別集類/清別集

悲盦居士詩賸一卷　（清）趙之謙撰　清光緒十六年（1890）刻本　一册

330000－1704－0003909　001384　子部/宗教類/佛教之屬/諸宗

天台四教儀一卷　（高麗）釋諦觀輯　**始終心要一卷**　（唐）釋湛然撰　（宋）釋從義注　**天台八教大意一卷**　（唐）釋灌頂撰　清宣統元年（1909）揚州藏經院刻本　一册

330000－1704－0003910　001383　子部/宗教類/佛教之屬/諸宗

始終心要一卷　（唐）釋湛然述　（宋）釋從義註　清末民國刻本　一冊

330000－1704－0003914　008137　史部/地理類/雜志之屬

京華俗詠一卷　題（清）觀棋道人撰　清光緒二十二年（1896）鉛印本　戴炳驄題記　一冊

330000－1704－0003918　007953　類叢部/叢書類/家集之屬

黎氏家集十二種附四種　（清）黎庶昌編　清光緒十四年至十五年（1888－1889）黎庶昌日本使署刻本暨鉛印本　二冊　存二種

330000－1704－0003922　007998　集部/別集類

享敝帚軒吟稿一卷　褚傳誥撰　**嶺南吟草一卷**　高誼撰　清宣統元年（1909）鉛印本　一冊

330000－1704－0003923　008142　集部/別集類

補松廬詩錄六卷　吳慶坻撰　清宣統三年（1911）湖南學務公所鉛印本　二冊

330000－1704－0003925　007955　集部/別集類/清別集

彭剛直公詩集八卷　（清）彭玉麟撰　（清）俞樾編　清光緒十七年（1891）德清俞樾吳下刻本　二冊

330000－1704－0003929　001391　子部/宗教類/佛教之屬/諸宗

法界聖凡水陸普度大齋勝會儀軌會本六卷　（南朝梁）釋寶誌等撰　（宋）釋志磐重訂　（明）釋袾宏補儀　（清）釋儀潤彙刊　清同治八年（1869）杭州昭慶寺刻本　三冊

330000－1704－0003949　007958　集部/別集類/清別集

師竹軒詩集四卷　（清）劉樹堂撰　**韻香閣詩草一卷**　（清）孔祥淑撰　清光緒十五年（1889）蘇州刻本　三冊

330000－1704－0003955　008245　集部/別集類/清別集

孝威詩集十八卷　（清）陳孝威撰　清光緒鉛印本　二冊

330000－1704－0003957　007961　集部/別集類/清別集

天韻堂詩存八卷賦鈔一卷　（清）徐維城撰　清光緒四年（1878）貴陽徐維城刻本　二冊　缺一卷（賦鈔）

330000－1704－0003959　008151　集部/別集類

倉海君庚戌羅浮游草一卷　邱逢甲撰　清宣統二年（1910）鉛印本　沈同芳題記　一冊

330000－1704－0003963　007962　集部/別集類/清別集

人境結廬詩稾十二卷　（清）褚維塏撰　清光緒十九年至二十年（1893－1894）褚氏刻本　六冊

330000－1704－0003968　007963、007964　集部/別集類/清別集

萬山草堂詩集六卷續集六卷　李登雲撰　清光緒三十三年（1907）武林刻民國二十一年（1932）續刻本　四冊

330000－1704－0003970　007965　集部/別集類/清別集

蒙廬詩存四卷外集一卷　（清）沈景脩撰　清光緒二十一年（1895）杭州刻本　一冊

330000－1704－0003972　001408　子部/宗教類/佛教之屬/經

佛說大乘十法經一卷　（南朝梁）釋僧伽婆羅譯　**佛說普門品經一卷文殊師利佛土嚴淨經二卷**　（晉）釋竺法護譯　清光緒五年至六年（1879－1880）常熟刻經處刻本　一冊

330000－1704－0003973　001407　子部/宗教類/佛教之屬

摩尼燭坤集要七十二卷　（清）善一輯　清光緒八年（1882）杭州慈孝禪院靈禪、靈鋭刻本　十一冊　存六十卷（一至二十一、三十三至

七十一）

330000－1704－0003975　008310　集部/别集類

北征集詩一卷詞一卷　林繖楨撰　清光緒三十四年(1908)廣益印字館鉛印本　一冊

330000－1704－0003977　008002　集部/别集類/清别集

木庵居士詩四卷補遺一卷　(清)陳書撰　清光緒三十二年(1906)武昌刻石遺室叢書本　沈覲冕題記　一冊

330000－1704－0003988　008098　集部/别集類

鞮芬室近詩一卷　何震彝撰　清宣統元年(1909)天津行館鉛印本　一冊

330000－1704－0003992　008004　集部/别集類/清别集

冬日百詠一卷　(清)徐琪撰　清光緒元年(1875)刻本　一冊

330000－1704－0003993　001405　子部/宗教類/佛教之屬

佛祖心燈一卷宗教律諸家演派一卷摘錄聖武記之卷五溯查西藏剌麻來源一卷　(清)釋守一編　清光緒十六年(1890)金陵刻經處刻本　一冊

330000－1704－0003999　001404　子部/宗教類/佛教之屬/經疏

佛說四十二章經解一卷佛遺教經解一卷八大人覺經略解一卷　(清)釋智旭撰　清光緒十一年(1885)金陵刻經處刻本　一冊

330000－1704－0004002　008007　集部/别集類/清别集

醉薹館詩集一卷　(清)李經世撰　清光緒二十九年(1903)李國模等合肥刻本　一冊

330000－1704－0004023　008253　集部/别集類

湘綺樓詩八卷夜雪集一卷後集一卷　王闓運撰　清光緒二十六年(1900)東州講舍刻本　四冊

330000－1704－0004030　008222　集部/别集類

據梧集一卷　陳詩撰　清光緒二十九年(1903)上海商務印書館鉛印本　一冊

330000－1704－0004031　008223　集部/别集類/清别集

尊瓠室詩一卷　陳詩撰　清光緒三十四年(1908)鉛印本　一冊

330000－1704－0004035　007994　集部/别集類/清别集

醉月居詩鈔一卷詞鈔一卷　(清)葉世熊撰　清光緒三十年(1904)刻本　一冊

330000－1704－0004041　001402　子部/宗教類/佛教之屬/經

佛說四諦七經七卷　清光緒六年(1880)金陵刻經處刻本　一冊

330000－1704－0004042　008008　集部/别集類/清别集

息養廬詩集四卷末一卷　(清)徐錦華撰　清光緒二十七年(1901)木活字印本　一冊

330000－1704－0004043　008297　集部/别集類

居東集二卷　蔣智由撰　清宣統二年(1910)上海文明書局鉛印本　一冊

330000－1704－0004056　008010　集部/别集類/清别集

晚香亭詩鈔六卷袁江旅稿一卷　(清)蔡邦甸撰　清光緒十八年(1892)天津石印本　二冊　缺一卷(袁江旅稿)

330000－1704－0004058　001399　子部/宗教類/佛教之屬/諸宗

修習止觀坐禪法要二卷六妙法門一卷　(隋)釋智顗撰　清光緒十八年(1892)、二十九年(1903)金陵刻經處刻本　一冊

330000－1704－0004060　001398　子部/宗教類/佛教之屬/諸宗

憨山老人夢遊集五十五卷　(明)釋德清撰　(明)釋福善錄　(明)釋通炯輯　清光緒五年

(1879)江北刻經處刻本　二十冊　缺三卷(二至四)

330000－1704－0004066　008011　集部/別集類/清別集

藕濱詩集一卷　(清)許斌撰　清光緒鉛印本　一冊

330000－1704－0004068　008090　集部/別集類/清別集

嚼梅吟二卷　(清)釋敬安撰　清光緒七年(1881)四明刻本　一冊

330000－1704－0004073　008228　類叢部/叢書類/自著之屬

十髮盦叢書二種　程頌萬編　清光緒刻彙印本　一冊　存一種

330000－1704－0004076　008229　類叢部/叢書類/自著之屬

十髮盦叢書二種　程頌萬編　清光緒刻彙印本　二冊　存一種

330000－1704－0004077　008012　集部/別集類/清別集

梅影盧遺詩四卷憶梅詞存一卷　(清)陳錫祺撰　清光緒十二年(1886)新城刻本　一冊

330000－1704－0004086　008014　集部/別集類/清別集

吟秋館詩存四卷　(清)江澄撰　清光緒七年(1881)刻本　一冊

330000－1704－0004088　008015　集部/別集類/清別集

靈洲山人詩錄六卷　(清)徐灝撰　清同治三年(1864)刻本　二冊

330000－1704－0004092　008016　集部/別集類/清別集

鴻雪草廬詩鈔一卷　(清)徐奎藻撰　清同治二年(1863)刻本　一冊

330000－1704－0004096　008018　集部/別集類/清別集

珠泉草廬詩鈔六卷　(清)廖樹蘅撰　清光緒二十七年(1901)刻本　一冊

330000－1704－0004098　001020、001393　子部/宗教類/佛教之屬/諸宗

雲棲法彙二十八種七十四卷　(明)釋袾宏撰　(明)王宇春等輯　清光緒二十三年至二十五年(1897－1899)金陵刻經處刻本　二十五冊　存二十七種

330000－1704－0004104　008021　集部/別集類/清別集

養拙齋詩十四卷附錄一卷　(清)王必達撰

桂隱詩存一卷　(清)王必蕃撰　清光緒十六年至十九年(1890－1893)王維翰等刻本　四冊

330000－1704－0004106　001392　子部/宗教類/佛教之屬/諸宗

三千有門頌畧解一卷　(明)釋真覺解　清光緒十一年(1885)杭州昭慶寺慧空經房刻本　一冊

330000－1704－0004108　008022　集部/別集類/清別集

寥山樵唱二卷　(清)侯紹瀛撰　清末刻本　一冊　存一卷(南游草)

330000－1704－0004113　008024　集部/別集類/清別集

楞嵒草堂詩存四卷　(清)歐景辰撰　清光緒三十二年(1906)鉛印本　二冊

330000－1704－0004119　008336　集部/別集類

戊丁詩存一卷　陳霞章撰　清宣統元年(1909)京師鉛印本　一冊

330000－1704－0004130　008129　集部/別集類

海藏樓詩不分卷　鄭孝胥撰　清光緒二十八年(1902)武昌刻本　讓于題記　一冊

330000－1704－0004132　008130　集部/別集類

海藏樓詩不分卷　鄭孝胥撰　清光緒三十二年(1906)鉛印本　一冊

330000－1704－0004133　008026　集部/别集類/清别集
笠杖集六卷　(清)張盛藻撰　清光緒七年(1881)刻本　一册　存四卷(一至四)

330000－1704－0004140　008028　集部/别集類/清别集
緗芸館詩鈔一卷　(清)許之雯撰　清光緒二十五年(1899)吳下刻本　一册

330000－1704－0004141　008156　集部/别集類
南海先生詩集十三卷　(清)康有為撰　清宣統三年(1911)上海廣智書局影印本　一册　存四卷(一至四)

330000－1704－0004145　008030　集部/别集類/清别集
隨扈紀行詩存二卷麻鞋紀行詩存一卷　(清)蔣廷黻撰　清光緒刻本　一册

330000－1704－0004147　001427　子部/宗教類/佛教之屬/諸宗
釋門真孝錄五卷　(清)張廣湉輯　清末刻本　一册

330000－1704－0004148　008238　集部/别集類
夜雪集一卷　王闓運撰　清光緒九年(1883)湘潭王闓運成都石室刻本　一册

330000－1704－0004150　008031　集部/别集類/清别集
退思軒詩集六卷補遺一卷　(清)張百熙撰　清宣統三年(1911)王式通京師鉛印本　一册

330000－1704－0004151　008345　集部/别集類
向湖村舍詩初集十二卷　趙藩撰　清光緒十四年(1888)長沙刻本　三册

330000－1704－0004152　008032　集部/别集類/清别集
束溪詩草三卷　(清)曾毓瑜撰　清京師官書局鉛印本　一册

330000－1704－0004153　008033　集部/别集類/清别集
八指詩存二卷　(清)閔萃祥撰　清光緒三十四年(1908)上海閔氏刻本　二册

330000－1704－0004157　008239　集部/别集類/清别集
長安宫詞一卷　(清)胡延撰　清光緒二十八年(1902)刻本　一册

330000－1704－0004160　008034　集部/别集類/清别集
娱草詩集四卷　(清)繆文瀾撰　清光緒十一年(1885)刻本　一册

330000－1704－0004161　001424　集部/别集類/清别集
禪餘詩草四卷　(清)釋達智撰　(清)釋悟慧等輯　清咸豐七年(1857)刻本　一册

330000－1704－0004165　008240　集部/别集類
缶廬詩八卷　吳俊卿撰　清光緒十九年(1893)刻本　二册

330000－1704－0004168　008035　集部/别集類/清别集
水明廔集一卷　(清)袁昶撰　清光緒二十五年(1899)湛然精舍鉛印本　一册

330000－1704－0004175　008036　集部/别集類/清别集
袁忠節公遺詩補刻三卷　(清)袁昶撰　清宣統元年(1909)鉛印本　一册

330000－1704－0004180　008037　類叢部/叢書類/彙編之屬
漸西村舍彙刊(漸西村舍叢刻)四十四種　(清)袁昶編　清光緒十六年至二十四年(1890－1898)桐廬袁氏刻本　二册　存一種

330000－1704－0004183　008038　集部/别集類/清别集
安般簃詩續鈔(安般簃集)十卷附春闈雜詠一卷　(清)袁昶撰　清光緒袁氏小漚巢刻本　五册

330000－1704－0004184　008039　史部/地理類/雜志之屬

甌江竹枝詞一卷　(清)戴文儁撰　清光緒六年(1880)刻本　一冊

330000－1704－0004189　008040　集部/别集類/清别集

于湖小集五卷　(清)袁昶撰　清光緒二十二年(1896)水明樓刻本　二冊

330000－1704－0004192　008256　類叢部/叢書類/自著之屬

石遺室叢書十九種　陳衍撰　清光緒至民國刻本　二冊　存一種

330000－1704－0004197　001416　子部/宗教類/佛教之屬/總録

閱藏隨筆二卷　(清)釋元度撰　**續閱藏隨筆一卷**　(清)釋太穆撰　清宣統元年(1909)揚州天寧寺刻本　二冊

330000－1704－0004201　001414　子部/宗教類/佛教之屬/諸宗

名賢信向錄二卷　(清)釋澹雲　(清)鄧在達集　清光緒刻本　二冊

330000－1704－0004207　001412　子部/宗教類/佛教之屬/諸宗

佛祖心髓三卷　(清)釋達如輯　清光緒十七年(1891)杭州昭慶寺刻本　三冊

330000－1704－0004209　001411　子部/宗教類/佛教之屬/經

大方等如來藏經一卷　(南朝宋)釋佛陀跋陀羅譯　**莊嚴菩提心經一卷**　(後秦)釋鳩摩羅什譯　**寶授菩薩菩提行經一卷**　(宋)釋法賢譯　**佛說長者女庵提遮獅子吼了義經一卷**　(南朝梁)釋□□譯　**佛說老女人經一卷**　(三國吳)釋支謙譯　**稱讚大乘功德經一卷**　(唐)釋玄奘譯　**佛說長者法志妻經一卷**　(晉)釋□□譯　**佛說堅固女經一卷**　(隋)釋那連提耶舍譯　清光緒二十二年至二十三年(1896－1897)金陵刻經處刻本　一冊

330000－1704－0004218　001410　子部/宗教類/佛教之屬/諸宗

釋摩訶般若波羅密經覺意三昧一卷　(隋)釋智顗說　(隋)釋灌頂記　**天台傳佛心印記一卷淨土境觀要門一卷**　(元)釋懷則撰　**始終心要一卷**　(唐)釋湛然撰　(宋)釋從義註　清光緒二十九年(1903)、民國七年(1918)揚州藏經院刻本　一冊

330000－1704－0004226　008262　類叢部/叢書類/自著之屬

琴志樓叢書四十六種　易順鼎撰　清光緒刻本　四冊　存一種

330000－1704－0004233　008331　集部/别集類/清别集

南游草一卷　江瀚撰　清光緒二十五年(1899)江氏慎所立齋刻本　一冊

330000－1704－0004240　001446　子部/宗教類/佛教之屬

經律異相摘錄二卷　(南朝梁)釋僧旻等撰　(清)釋古崑摘錄　清同治十三年(1874)刻本　一冊

330000－1704－0004242　001445　子部/宗教類/佛教之屬/諸宗

淨土生無生論會集不分卷　(明)釋傳燈撰　(清)釋達默集　清道光二十九年(1849)刻本　釋若有題簽　一冊

330000－1704－0004243　008501　集部/别集類/清别集

蓉江吟草二卷遺文一卷首一卷　(清)翁效曾撰　**看劍樓賸稿一卷**　(清)洪福撰　清咸豐六年至九年(1856－1859)樂清黃夢香刻本　一冊

330000－1704－0004244　008503　集部/别集類/清别集

孫敬軒先生遺稿一卷　(清)孫希旦撰　清林欣、張黻木活字印本　一冊

330000－1704－0004246　008372　集部/别集類/清别集

天東驪唱一卷　(清)顧雲撰　清光緒十九年

(1893)刻本　一册

330000－1704－0004248　001444　子部/宗教類/佛教之屬
釋門應用文疏四種　清同治十年(1871)杭州昭慶寺慧空經房刻本　一册　存一種

330000－1704－0004249　008504　集部/别集類/清别集
秋田詩稿一卷　(清)朱豐撰　清嘉慶十五年(1810)朱氏刻本　一册

330000－1704－0004251　008462　集部/别集類/清别集
瘦梅香室詩鈔二卷　(清)李縉雲撰　清同治稿本　一册

330000－1704－0004252　001443　子部/宗教類/佛教之屬/諸宗
蓮社訓勉二卷　(清)釋行景述　清刻本　釋企蓮題簽　二册

330000－1704－0004254　008463　集部/别集類/清别集
曹秋槎遺詩一卷　(清)曹應樞撰　清抄本　一册

330000－1704－0004258　001441　子部/宗教類/佛教之屬/諸宗
萬法歸心録三卷　(清)釋超溟撰　清光緒三十四年(1908)揚州刻本　一册

330000－1704－0004260　008505　集部/别集類/清别集
熊丸集一卷　(清)陳瑞輝撰　清嘉慶九年(1804)張氏敦本堂刻本　一册

330000－1704－0004261　008506　集部/别集類/清别集
慕橋詩集五卷　(清)林上梓撰　清乾隆刻本　一册

330000－1704－0004264　008507　集部/别集類/清别集
鳳研齋存稿二卷　(清)陳乙撰　清道光十七年(1837)刻本　一册

330000－1704－0004265　008268　類叢部/叢書類
安雅叢刻　清末安雅書局鉛印本　一册　存一種

330000－1704－0004267　008508　集部/别集類/清别集
味義根齋詩稿一卷二集一卷　(清)董正揚撰　清道光二十三年(1843)刻本　二册

330000－1704－0004268　008465　集部/别集類/清别集
存樸軒吟草一卷　稿本　一册

330000－1704－0004272　008509　集部/别集類/清别集
五楳一研齋詩鈔六卷　(清)潘宗耀撰　清道光十二年(1832)潘氏刻本　一册

330000－1704－0004273　008469　集部/别集類/清别集
逋客集一卷　(清)蔡玄撰　稿本　一册

330000－1704－0004274　008467　集部/别集類/清别集
梅花詠一卷續一卷三續一卷四續一卷　(清)釋佛第撰　**甌江朱東村遺稿一卷**　(清)朱鏡物撰　清瑞安孫氏玉海樓抄本　一册

330000－1704－0004276　008510　集部/别集類/清别集
味義根齋集選一卷　(清)董正揚撰　清嘉慶十六年(1811)刻本　一册

330000－1704－0004279　008511　集部/别集類/清别集
雁山遊草一卷　(清)陳遇春撰　清道光陳遇春刻本　一册

330000－1704－0004285　001440　子部/宗教類/佛教之屬/諸宗
八宗綱要二卷　(日本)釋凝然撰　清宣統三年(1911)揚州藏經院刻本　一册

330000－1704－0004286　001439　子部/宗教類/佛教之屬/諸宗

天慧徹禪師語録二卷　（清）釋實徹撰　（清）釋際聖輯　清光緒三十二年（1906）刻本　二册

330000－1704－0004287　001438　子部/宗教類/佛教之屬/諸宗

緇門警訓十卷　（宋）釋澤賢輯　（元）釋永中補輯　（明）釋如卺續輯　清光緒十八年（1892）江北刻經處刻本　二册

330000－1704－0004290　001435　子部/宗教類/佛教之屬/諸宗

萬松老人評唱天童覺和尚拈古請益録六卷　（宋）釋正覺拈古　（元）釋行秀評唱　（元）釋從隆輯　清末福德因緣堂刻本　二册

330000－1704－0004292　001433　子部/宗教類/佛教之屬/總録

重訂教乘法數十二卷　（清）釋超海等輯　清光緒四年（1878）杭州昭慶寺慧空經房刻本　六册

330000－1704－0004301　001429　集部/別集類/宋別集

鐔津文集十九卷首一卷　（宋）釋契嵩撰　清光緒二十八年（1902）揚州藏經院刻本　四册

330000－1704－0004303　008514　集部/別集類/清別集

對松峨一卷愛日樓詩一卷　（清）林元炯撰　清乾隆二十年（1755）林元炯刻本　一册

330000－1704－0004307　008516　集部/別集類/清別集

翠微山房詩稿八卷　（清）金璋撰　清道光十九年至二十年（1839－1840）金氏漱芳齋刻本　二册

330000－1704－0004311　008517　集部/別集類/清別集

梅雪堂詩集十卷　（清）曹應樞撰　清咸豐三年（1853）唐虞勳録古齋刻本　四册

330000－1704－0004312　008518　集部/別集類/清別集

梅雪堂詩集十卷　（清）曹應樞撰　清咸豐三年（1853）唐虞勳録古齋刻本　二册

330000－1704－0004314　008537　集部/別集類/清別集

菜香齋詩槀一卷　（清）黄漢撰　稿本　一册

330000－1704－0004315　001465　子部/宗教類/佛教之屬/諸宗

一乘決疑論一卷　（清）彭紹升撰　清同治八年（1869）如皋刻經處刻本　一册

330000－1704－0004318　001462　子部/宗教類/佛教之屬/諸宗

頓悟入道要門論一卷　（唐）釋慧海撰　清嘉慶六年（1801）普濟寺刻本　一册

330000－1704－0004321　001459　子部/宗教類/佛教之屬

法苑珠林一百卷　（唐）釋道世撰　清宣統二年（1910）常州天寧寺刻本　三十册

330000－1704－0004322　001458　子部/宗教類/佛教之屬/諸宗

大覺普濟玉林禪師語録十二卷　（清）釋通琇撰　（清）釋音緯等輯　（清）釋超琦彙　**大覺普濟能仁國師［釋能琇］年譜二卷**　（清）釋超琦輯　清同治十三年（1874）杭州昭慶寺慧空經房刻本　六册

330000－1704－0004323　001457　子部/儒家類/儒學之屬

姚江釋毀録一卷　（清）彭定求撰　清光緒七年（1881）刻本　一册

330000－1704－0004324　001456　集部/別集類/清別集

卐蓮賦草一卷註三卷續卐蓮賦草一卷註一卷淨土百八詠一卷　（清）釋曉柔撰　清光緒八年（1882）武林瑪瑙經房刻本　一册　存五卷（卐蓮賦草註一至三、續卐蓮賦草、續卐蓮賦草註）

330000－1704－0004325　001455　子部/宗教類/佛教之屬/律

法海觀瀾五卷附梵室偶談一卷　（明）釋智旭輯　清光緒二十三年（1897）揚州藏經院刻本

二冊

330000－1704－0004328　001452　子部/宗教類/佛教之屬/諸宗

兜率龜鏡集三卷　（清）釋弘贊輯　清宣統三年（1911）常州天寧寺刻本　一冊

330000－1704－0004330　001450　史部/目録類/專録之屬

大清重刻龍藏彙記一卷　清同治九年（1870）金陵刻經處刻本　一冊

330000－1704－0004331　008273　集部/别集類/清别集

小睡足寮詩錄四卷　（清）秦敏樹撰　清光緒刻本　一冊

330000－1704－0004332　001449　子部/宗教類/佛教之屬/諸宗

百丈叢林清規證義記九卷首一卷　（唐）釋懷海撰　（清）釋儀潤證義　清同治十年（1871）刻本　五冊　缺二卷（八至九）

330000－1704－0004333　008473　集部/别集類/清别集

驅蠹山房初稿一卷　（清）季煥南撰　稿本　一冊

330000－1704－0004334　001448　子部/宗教類/佛教之屬/諸宗

禪林重刻寶訓筆說三卷　（清）釋智祥撰　清同治八年（1869）刻本　三冊

330000－1704－0004335　001447　子部/宗教類/佛教之屬/諸宗

省齋法鐘和尚九會畧錄十卷　（清）釋湛碧等編　清康熙二十三年（1684）玉几松堂刻本　二冊

330000－1704－0004336　008519　集部/别集類/清别集

雨花堂吟一卷　（清）釋無言撰　清乾隆三十九年（1774）刻本　一冊

330000－1704－0004337　008474　集部/别集類/清别集

卷石山房續詩存一卷　（清）李麟書撰　清末抄本　一冊

330000－1704－0004338　008538　集部/别集類/清别集

西峰山人詩錄一卷　（清）余國鼎撰　抄本　一冊

330000－1704－0004342　008274　集部/别集類

感知集二卷復丁老人詩記一卷續一卷　劉炳照撰　清光緒三十一年（1905）、宣統二年（1910）溽谿劉氏刻本　二冊

330000－1704－0004353　008479　集部/别集類/清别集

趙灌松詩稿不分卷　（清）趙貽瑄撰　清末民國初抄本　一冊

330000－1704－0004355　008540　集部/别集類/清别集

楊蔚亭詩稿一卷　（清）楊蔚亭撰　清抄本　一冊

330000－1704－0004360　008541　集部/别集類/清别集

葉篔林詩八卷　（清）葉嘉棆撰　清抄本　楊紹廉批　一冊

330000－1704－0004364　008480　集部/别集類/清别集

篔林詩鈔一卷仰止集一卷仰止集之餘一卷舞鶴吟一卷　（清）葉嘉棆撰　清抄本　一冊

330000－1704－0004365　008542　集部/别集類/清别集

張潛齋先生詩藁二卷　（清）張綦毋撰　清抄本　二冊

330000－1704－0004375　008481　集部/别集類/明别集

石樓詩稿一卷　（明）陳憲邦撰　清同治抄本　清錢虞校並題記　一冊

330000－1704－0004376　008543　集部/别集類/清别集

太玉山房詩鈔□□卷 (清)周灝撰 清抄本 二册 存三卷(一至二、□)

330000－1704－0004382 008544 集部/别集類/清别集
甕雲草堂詩稾五卷 (清)黄漢撰 清抄本 二册

330000－1704－0004385 008545 集部/别集類/清别集
翠微山房詩稿四卷 (清)金璋撰 清抄本 一册

330000－1704－0004391 008552 集部/别集類/清别集
玉甑山館詩鈔八卷 (清)林從炯撰 清抄本 張棡批校 四册

330000－1704－0004392 008548 集部/别集類/清别集
松風吟館小草一卷 (清)孟錦城撰 清抄本 一册

330000－1704－0004393 008553 集部/别集類/清别集
鄭雪舫詩一卷 (清)鄭衡撰 **劉勬芝詩一卷** (清)劉眉錫撰 清末民國初朱景新抄本 王理孚題簽 一册

330000－1704－0004395 008549 集部/别集類/清别集
潛園初稿一卷 (清)任一桂撰 **芷畦詩鈔一卷** (清)趙沅撰 **水南詩鈔一卷** (清)張超英撰 **補庵詩鈔一卷** (清)華軫撰 清瑞安項氏水仙亭抄本 一册

330000－1704－0004396 008283 集部/别集類
居東集二卷 蔣智由撰 清宣統二年(1910)上海文明書局鉛印本 一册

330000－1704－0004397 008554 集部/别集類/清别集
張渠西先生遺稾五卷 (清)張南英撰 **船屯漁唱一卷** (清)張綦毋撰 **姑蘇紀遊一卷武林紀遊一卷蘭畦小草一卷** (清)張元啟撰 清抄本 一册

330000－1704－0004401 008555 集部/别集類/清别集
玉甑山房詩文賸稿不分卷 (清)林從炯撰 清末林駿抄本 一册

330000－1704－0004404 001483 子部/宗教類/佛教之屬/諸宗
禪門日誦一卷 清末刻本 一册

330000－1704－0004406 001481 子部/宗教類/佛教之屬/諸宗
重訂西方公據二卷 (清)彭紹升輯 清光緒十三年(1887)揚州藏經禪院刻本 一册

330000－1704－0004407 008551 集部/别集類/清别集
桐樹園集六卷 (清)釋超寤撰 清抄本 二册

330000－1704－0004408 008484 集部/總集類/郡邑之屬
慎江詩類六卷 (清)周天錫輯 稿本 楊紹廉批 三册

330000－1704－0004409 001480 子部/宗教類/佛教之屬/諸宗
四眾弟子淨土詩六種 清同治十一年(1872)如皋刻經處刻本 一册 存一種

330000－1704－0004410 001479 子部/宗教類/佛教之屬/諸宗
性相通説一卷 (明)釋德清撰 清同治十二年(1873)金陵刻經處刻本 一册

330000－1704－0004413 008557 集部/别集類/清别集
澹澹軒詩稿六卷增補四卷 (清)胡玉峰撰 清乾隆五十九年(1794)、嘉慶元年(1796)林坰抄本 二册

330000－1704－0004415 001475 子部/宗教類/佛教之屬/諸宗
宗教律諸家演派一卷摘錄聖武記之卷五溯查西藏剌麻來源一卷 (清)釋守一重編 **佛祖**

心燈一卷　清末刻本　一冊

330000－1704－0004417　001474　子部/宗教類/佛教之屬/諸宗
溈山警策句釋記二卷　（清）釋弘贊注　清宣統二年（1910）常州天寧寺刻本　一冊

330000－1704－0004418　001473　子部/宗教類/佛教之屬/諸宗
恒贊如禪師語錄十卷　（清）釋達如說　（清）釋悟潔等編　（清）釋沼蘭錄　清宣統二年（1910）常州天寧寺刻本　四冊

330000－1704－0004426　001467　子部/宗教類/佛教之屬/經
佛教西來玄化應運略錄一卷　（宋）程輝編　**佛說四十二章經一卷**　（漢）釋迦葉摩騰（漢）釋竺法蘭譯　**佛遺教經一卷**　（後秦）釋鳩摩羅什譯　**八大人覺經一卷**　（漢）釋安清譯　清同治九年（1870）金陵刻經處刻本　一冊

330000－1704－0004428　008586　集部/別集類/清別集
潛齋詩草一卷　（清）張綦毋撰　抄本　一冊

330000－1704－0004431　008556　集部/別集類/清別集
小謝吟稿一卷　（清）池塘撰　清末民國初抄本　一冊

330000－1704－0004432　008587　集部/別集類/清別集
可笑人集一卷　（清）顧苞育撰　清抄本　一冊

330000－1704－0004434　008588　集部/別集類/清別集
龍坪詩草二卷　（清）姜雲緗撰　清抄本　二冊

330000－1704－0004436　008589　集部/別集類/清別集
雁蕩吟一卷　（清）孟守廉撰　清同治十一年（1872）刻本　一冊

330000－1704－0004440　008590　集部/別集類/清別集
杏橋詩草三卷　（清）胡維寬撰　**率爾吟一卷**　（清）胡名秀撰　清同治六年至九年（1867－1870）刻本　一冊

330000－1704－0004441　008591　集部/別集類/清別集
弦佩齋吟草不分卷　（清）董澐撰　清光緒二十二年（1896）刻本　一冊

330000－1704－0004443　008624　集部/別集類/清別集
三樂軒吟草不分卷　（清）釋小默撰　清同治十二年（1873）稿本　楊紹廉校　一冊

330000－1704－0004445　008562　集部/別集類/清別集
愛月廬詩存一卷　（清）錢松筠撰　清光緒二十六年（1900）狄一南抄本　一冊

330000－1704－0004448　008592　集部/別集類/清別集
杏橋詩草三卷　（清）胡維寬撰　**率爾吟一卷**　（清）胡名秀撰　清同治六年至九年（1867－1870）刻本　一冊

330000－1704－0004449　008593　集部/別集類/清別集
池上集六卷　（清）梁祉撰　清咸豐二年（1852）刻本　一冊

330000－1704－0004451　008565　集部/別集類/清別集
吟香舫吟稿不分卷　（清）黄青霄撰　清道光稿本　一冊

330000－1704－0004452　008566　集部/別集類/清別集
楊調元詩鈔一卷　（清）楊調元撰　稿本　一冊

330000－1704－0004453　008594　集部/別集類/清別集
卍蓮詩鈔一卷　（清）釋曉柔撰　清光緒二年（1876）一淨刻本　一冊

330000－1704－0004455　008625　集部/別集類/清別集

琴玉山房詩錄不分卷　(清)蔡世禎撰　稿本　一冊

330000－1704－0004458　008626　集部/別集類/清別集

味義根齋待刪草不分卷　(清)董正揚撰　清抄本　一冊

330000－1704－0004459　008567　集部/別集類/明別集

槐陰集一卷　(明)王毓撰　清末民國初抄本　楊紹廉批　王理孚校並題記　一冊

330000－1704－0004461　008568　集部/別集類/元別集

雲松巢集二卷　(元)朱希晦撰　清末民國初抄本　一冊

330000－1704－0004464　008570　集部/別集類/清別集

二朱一周詩鈔三卷　(清)朱鳳輝　(清)朱銘　(清)周萬清撰　清末朱景新抄本　一冊

330000－1704－0004466　008572　集部/總集類/郡邑之屬

馱山返轡集一卷　(清)張應煦撰　**桂樵詩鈔一卷**　(清)胡玠撰　**玉井詩鈔一卷**　(清)陳兆麟撰　**嘯篠吟草一卷**　(清)潘福綸撰　**韞玉山館唫草一卷**　(清)沈寶瑚撰　**卷石山房近稿一卷**　(清)李麟書撰　**四箴堂稿一卷**　(清)釋大川撰　**古香室遺稿一卷**　(清)端木順撰　清抄本　一冊

330000－1704－0004468　008575　集部/總集類/氏族之屬

象浦焦氏文乘不分卷　(清)焦克棻補輯　清末抄本　一冊

330000－1704－0004469　008576　集部/總集類/郡邑之屬

華棟詩一卷　(清)華棟撰　**張綦毋詩一卷**　(清)張綦毋撰　**吳莘夫詩一卷**　(清)吳莘夫(乃伊)撰　**蓀湖山房詩集一卷**　(清)王書升撰　**吳醒山詩稿一卷**　(清)吳醒山撰　**郭梅坪詩稿一卷**　(清)郭梅坪撰　**蔡敏詩一卷**　(清)蔡敏撰　**朱古巢詩一卷**　(清)朱古巢(鳳輝)撰　**夏星槎詩一卷**　(清)夏星槎撰　**夏星杓詩一卷**　(清)夏星杓撰　清末抄本　一冊

330000－1704－0004470　008674　集部/別集類/清別集

雨華樓吟節錄不分卷　(清)戴慶祥撰　清光緒稿本　戴炳聰批　四十冊

330000－1704－0004471　008596　集部/別集類/清別集

溪山吟稿一卷溪山續吟一卷　(清)陳遇春撰　清嘉慶刻本　吳赤城題記　一冊

330000－1704－0004472　008597　集部/別集類/清別集

萼綠華窗遺吟一卷　(清)馬如珮撰　清咸豐八年(1858)曾氏刻本　一冊

330000－1704－0004473　008598　集部/別集類/清別集

少有園二十四小照一卷　(清)吳乃伊撰　清道光七年(1827)刻本　一冊

330000－1704－0004474　008599　集部/別集類/清別集

雁山游草一卷　(清)曾佩雲撰　清道光二十七年(1847)刻本　一冊

330000－1704－0004475　008600　集部/別集類/清別集

翠微山房吟稾一卷　(清)金璋撰　清道光十五年(1835)刻本　一冊

330000－1704－0004476　008601　集部/別集類/清別集

鷗亭吟稿四卷　(清)吳城撰　清咸豐十年(1860)縉雲陳國金木活字印本　一冊

330000－1704－0004477　008602　集部/別集類/清別集

求是齋詩鈔三卷垂涕集二卷　(清)林大椿撰　清同治十三年(1874)菜香室刻本　二冊

330000－1704－0004478　008578　集部/總集類/酬唱之屬

同遊吟草一卷　(清)蔡慶桓　(清)孫衣言撰　**蕓根唫一卷**　(清)孫衣言撰　**供硯山房唫草二卷**　(清)孫鏘鳴撰　稿本　一冊

330000－1704－0004479　008579　集部/別集類/清別集

花萼樓集六卷　(清)周天錫撰　清抄本　一冊

330000－1704－0004480　008627　集部/別集類/清別集

小東山草堂詩存不分卷　(清)張泰青撰　稿本　一冊

330000－1704－0004481　008580　集部/總集類/郡邑之屬

草堂管窺四卷　(清)鮑作瑞輯錄　清抄本　二冊

330000－1704－0004482　008581　集部/別集類/清別集

九松軒詩稿不分卷　(清)華棟撰　清抄本　楊紹廉批　一冊

330000－1704－0004483　008582　集部/別集類/清別集

雨花堂吟一卷　(清)釋無言撰　清抄本　一冊

330000－1704－0004484　008603　集部/別集類/清別集

友十花樓詩存一卷　(清)曾熑撰　清咸豐六年(1856)曾氏刻本　一冊

330000－1704－0004485　008604　集部/別集類/清別集

留硯山房遺草一卷　(清)王朝清撰　清光緒二十八年(1902)刻本　一冊

330000－1704－0004486　008649　集部/別集類/清別集

陶寫山房雜詠二卷　(清)陳兆賓撰　稿本　戴炳驄跋　一冊

330000－1704－0004487　008605　集部/別集類/清別集

友十花樓詩存一卷　(清)曾熑撰　清咸豐六年(1856)曾氏刻本　一冊

330000－1704－0004489　008584　集部/總集類/郡邑之屬

船屯漁唱一卷張潛齋先生詩稿錄一卷　(清)張綦毋撰　**尚志堂詩稿七卷仰止集一卷臥遊百詠一卷還珠亭日課編二卷**　(清)葉嘉棆撰　**海東詩鈔一卷**　(清)張御撰　清抄本　一冊

330000－1704－0004491　008585　集部/別集類/清別集

香草樓詩集四卷文集一卷　(清)祝垚之撰　稿本　三冊

330000－1704－0004492　008628　集部/別集類/清別集

味道腴齋詩存不分卷　(清)董暐撰　稿本　一冊

330000－1704－0004493　008651　集部/別集類/清別集

古香室遺稿一卷　(清)端木順撰　**浣芳遺稿一卷**　(清)宗康撰　清抄本　一冊

330000－1704－0004494　008652　集部/別集類/清別集

樨香室詩草一卷　(清)胡玠撰　**綠靜軒草一卷**　(清)劉琴漁撰　清抄本　二冊

330000－1704－0004495　008653　集部/別集類/清別集

羅山樵子吟稿一卷　(清)余瀾撰　清光緒稿本　一冊

330000－1704－0004497　008654　集部/別集類/清別集

張夢義遺稿一卷　(清)張夢義撰　稿本　一冊

330000－1704－0004499　008609　集部/別集類/清別集

娱草一卷　(清)繆文瀾撰　抄本　一冊

330000－1704－0004500　008583　集部/別集類/清別集

女書癡存稿三卷　(清)錢蕙孃撰　清抄本　老松山館主者題記　一冊

330000－1704－0004501　008610　集部/別集類/清別集

蟄吟草一卷　(清)張應煦撰　稿本　一冊

330000－1704－0004502　001357　子部/宗教類/佛教之屬/諸宗

高峰大師語錄一卷　(元)釋原妙撰　清光緒十五年(1889)金陵刻經處刻本　一冊

330000－1704－0004503　001503　史部/傳記類/總傳之屬/釋道

比丘尼傳四卷　(南朝梁)釋寶唱撰　清光緒十一年(1885)金陵刻經處刻本　一冊

330000－1704－0004504　001502　史部/地理類/外紀之屬

大唐西域記十二卷　(唐)釋玄奘譯　(唐)釋辯機撰　清宣統元年(1909)常州天寧寺刻本　吳啟誠題簽　四冊

330000－1704－0004506　001500　史部/傳記類/總傳之屬/釋道

高僧傳初集至四集　(清)楊文會輯　清光緒十年至十八年(1884－1892)金陵刻經處、江北刻經處刻本　八冊　存一種

330000－1704－0004507　001499　史部/傳記類/總傳之屬/釋道

高僧傳初集至四集　(清)楊文會輯　清光緒十年至十八年(1884－1892)金陵刻經處、江北刻經處刻本　二冊　存一種

330000－1704－0004508　001498　史部/傳記類/總傳之屬/釋道

高僧傳初集至四集　(清)楊文會輯　清光緒十年至十八年(1884－1892)金陵刻經處、江北刻經處刻本　十冊　存一種

330000－1704－0004509　001497　史部/傳記類/總傳之屬/釋道

高僧傳初集至四集　(清)楊文會輯　清光緒十年至十八年(1884－1892)金陵刻經處、江北刻經處刻本　四冊　存一種

330000－1704－0004510　001496　類叢部/叢書類/家集之屬

如皋冒氏叢書三十四種附二種　冒廣生輯　清光緒至民國如皋冒氏刻本　四冊　存一種

330000－1704－0004513　001493　子部/醫家類/養生之屬

衛生集三卷　(清)華梧棲輯　清同治八年(1869)刻本　一冊

330000－1704－0004519　001487　子部/宗教類/佛教之屬/諸宗

靈峰藕益大師宗論十卷首一卷附靈峰藕益大師自傳靈峰藕益大師續傳靈峰始日大師私謚竊議　(清)釋智旭撰　(清)釋成時輯　清光緒元年(1875)江北刻經處刻本　十冊

330000－1704－0004520　001486　集部/別集類/唐五代別集

御選妙覺普度和聖寒山大士詩一卷　(唐)釋寒山撰　**御選圓覺慈度合聖拾得大士詩一卷**　(唐)釋拾得撰　**中峰淨土詩一卷**　(元)釋明本撰　清光緒二年(1876)揚州藏經院刻本　一冊

330000－1704－0004521　001485　子部/宗教類/佛教之屬/諸宗

萬松老人評唱天童覺和尚頌古從容庵錄十卷　(宋)釋正覺頌古　(元)釋行秀評唱　(元)釋離知錄　清光緒七年(1881)姑蘇刻經處刻本　三冊

330000－1704－0004523　008652－1　集部/別集類/清別集

玉井詩鈔一卷　(清)陳兆麟撰　清抄本　一冊

330000－1704－0004524　008564　集部/總集類/郡邑之屬

鄉先生詩賦摘鈔　清抄本　二冊

330000－1704－0004529　008655　集部/別集類/清別集

退園偶吟小稿二卷拾遺一卷後稿一卷　(清)吳樹森撰　清抄本　一册

330000－1704－0004530　008577　集部/别集類/清别集
少白詩稿一卷　(清)□少白撰　稿本　一册

330000－1704－0004531　008656　集部/别集類/清别集
容膝軒賸稾一卷　(清)鄭敷榮撰　**研農詩藁一卷**　(清)鄭均撰　清光緒五年(1879)抄本　一册

330000－1704－0004532　008573　集部/總集類/郡邑之屬
高溥詩一卷柏園詩鈔摘錄一卷　(清)高溥撰　**高澐詩一卷**　(清)高澐撰　**項果園詩一卷**　(清)項維仁撰　**曲水餘吟一卷**　(清)陳汝埰撰　清抄本(曲水餘吟為稿本)　清王德馨、清陳汝埰題記　一册

330000－1704－0004536　008657　集部/别集類/清别集
瘦梅香室詩鈔二卷　(清)李縉雲撰　清林駿抄本　張棡題記　清林駿批並校　一册

330000－1704－0004541　008659　集部/别集類/清别集
心古軒詩稿一卷　(清)不食肉氏撰　清咸豐五年(1855)稿本　一册

330000－1704－0004542　008574　集部/别集類/清别集
姜小峰詩一卷　(清)姜小峰撰　清抄本　一册

330000－1704－0004543　008569　集部/别集類/清别集
佚名詩稿一卷　清抄本　一册

330000－1704－0004544　008671　集部/别集類/清别集
章江游草四卷　(清)王撫辰撰　清抄本　一册

330000－1704－0004545　008660　集部/别集類/清别集
鮑雲樓先生詩稿不分卷　(清)鮑作雨撰　稿本　一册

330000－1704－0004547　008629　集部/别集類/清别集
己酉歲抄一卷丙午歲抄一卷　(清)徐步衢撰　清抄本　清翁效曾題記　一册

330000－1704－0004549　008661　集部/别集類/清别集
鮑璞堂詩稿不分卷　(清)鮑作瑞撰　稿本　一册

330000－1704－0004551　008709　集部/别集類/清别集
林若衣先生詩稿一卷　(清)林用光撰　清抄本　一册

330000－1704－0004557　008662　集部/别集類/清别集
澹香吟館詩鈔六卷　(清)周鳴桐撰　稿本　一册

330000－1704－0004558　008676　集部/别集類/清别集
寄微草廬未定草十四卷　(清)陳拙夫撰　清光緒三十三年(1907)稿本　十四册

330000－1704－0004560　008663　集部/别集類/清别集
澹香吟館詩鈔不分卷　(清)周鳴桐撰　稿本　一册

330000－1704－0004562　008678　集部/别集類/清别集
友十花樓詩存一卷　(清)曾煐撰　清抄本　一册

330000－1704－0004566　008571　集部/總集類
遺奩草一卷　(清)劉湘文撰　**竹牕見便錄一卷**　(清)竹莊主人撰　**佚名詩鈔一卷**　**吳梅坡先生稿一卷**　(清)吳梅坡撰　**雜詩一卷**　(清)林一松等撰　**佚名詩鈔一卷**　清抄本　一册

330000－1704－0004567　008666　集部/別集類/清別集

耐廬野唱一卷　(清)蔡龍儕撰　稿本　一册

330000－1704－0004572　008668　集部/別集類/清別集

先器識齋詩草一卷　(清)蔡其鍔撰　清抄本　一册

330000－1704－0004573　008669　集部/別集類/清別集

二十四孝詩一卷　(清)薛源撰　清抄本　一册

330000－1704－0004574　008670　集部/別集類/清別集

六吉齋詩鈔五卷　(清)鮑作雨撰　清抄本　一册

330000－1704－0004575　008681　集部/總集類/郡邑之屬

永嘉詩鈔一卷　清抄本　一册

330000－1704－0004576　008682　集部/總集類/郡邑之屬

瑞安詩存四卷　(清)金正聲輯　清抄本　四册

330000－1704－0004580　008747　集部/別集類/清別集

耕讀亭詩鈔七卷　(清)項傅梅撰　清同治十三年(1874)南堤項氏刻本　二册

330000－1704－0004582　008748　集部/別集類/清別集

望山堂詩續二卷　(清)林用霖撰　清光緒八年(1882)刻本　一册

330000－1704－0004583　008749　集部/別集類/清別集

且甌集九卷　(清)項霽撰　清咸豐三年(1853)刻本　二册

330000－1704－0004587　008685　集部/別集類/清別集

太玉山館今體詩鈔一卷　(清)曾元琳撰　**雩風草堂詩草一卷**　(清)曾壿撰　**金石聲齋詩存一卷**　(清)曾賢撰　清同治九年(1870)刻本　亞東題簽　愛菊題記　一册

330000－1704－0004590　008750　集部/別集類/清別集

小石詩鈔六卷補編一卷詩餘一卷鰔鸝山館詩草一卷　(清)曾諧撰　清同治十年(1871)刻光緒七年(1881)補刻本　二册

330000－1704－0004591　008630　集部/別集類/清別集

味義根齋詩稿一卷二集一卷　(清)董正揚撰　清抄本　二册

330000－1704－0004592　008751　集部/別集類/清別集

六吉齋詩鈔五卷　(清)鮑作雨撰　清同治十二年(1873)南堤項氏刻本　一册

330000－1704－0004593　008631　集部/別集類/清別集

庚申集一卷　(清)張元品撰　**仙樵吟稿一卷**　(清)吳觀周撰　清末抄本　一册

330000－1704－0004597　008633　集部/別集類/清別集

太霞山館詩鈔不分卷　(清)董斿撰　清太霞山館抄本　一册

330000－1704－0004606　008636　集部/別集類/清別集

鄭雪舫稿不分卷　(清)鄭衡撰　清吳雲樵抄本　冒廣生題記　一册

330000－1704－0004607　008759　史部/地理類/雜志之屬

瑞安百詠一卷　(清)黄紹第撰　清刻本　一册

330000－1704－0004609　008637　集部/別集類/清別集

張潛齋先生詩稿不分卷　(清)張綦母撰　清末抄本　劉紹寬題記並批　一册

330000－1704－0004611　008686　集部/別

集類/清別集

葉嘉棆張南英趙沅華軫陳韶諸詩稿五卷　(清)葉嘉棆等撰　清抄本　一冊

330000－1704－0004616　008688　集部/別集類

稿本四種不分卷　(清)孫衣言等撰　稿本　四冊

330000－1704－0004620　008689　集部/別集類/清別集

佚名遺詩一卷　(清)□□撰　清抄本　一冊

330000－1704－0004621　008638　集部/別集類/清別集

秋圃吟草一卷　(清)周學淮撰　清抄本　一冊

330000－1704－0004627　008691　集部/別集類/清別集

張慶奎詩一卷　(清)張慶奎撰　清抄本　一冊

330000－1704－0004642　008695　集部/別集類/清別集

林東明詩一卷　(清)林東明撰　抄本　華文漪跋　一冊

330000－1704－0004647　008697　集部/別集類/清別集

古香室遺稿一卷　(清)端木順撰　清抄本　一冊

330000－1704－0004649　008639　集部/別集類/清別集

味道腴齋詩存不分卷　(清)董暲撰　清抄本　一冊

330000－1704－0004651　008698　集部/別集類/清別集

施愚山詩一卷　(清)施閏章撰　清抄本　一冊

330000－1704－0004652　008738　集部/別集類/清別集

雪蕉齋詩鈔四卷補編一卷　(清)王德馨撰

鍼餘集殘稿一卷　(清)邵匹蘭撰　**留硯山房遺草一卷**　(清)王朝清撰　清光緒二十六年至三十年(1900－1904)刻本　四冊

330000－1704－0004656　008700　集部/別集類/清別集

研經堂詩稿一卷　(清)周衣德撰　抄本　一冊

330000－1704－0004657　008640　集部/別集類/清別集

蕉綠園吟草不分卷　(清)張時樞撰　清道光二十五年(1845)稿本　張組成題簽　一冊

330000－1704－0004658　008740　集部/別集類/清別集

南遊唫草一卷　(清)方道生撰　清光緒二十二年(1896)方氏刻本　一冊

330000－1704－0004660　008701　集部/別集類/清別集

張蘭畦詩稿不分卷　(清)張元啟撰　抄本　一冊

330000－1704－0004661　008702　集部/別集類/清別集

耕讀亭詩鈔六卷　(清)項傅梅撰　抄本　二冊

330000－1704－0004662　008703　集部/別集類/清別集

耕讀亭詩鈔六卷　(清)項傅梅撰　抄本　二冊

330000－1704－0004663　008704　集部/別集類/清別集

耕讀亭詩鈔七卷　(清)項傅梅撰　清末抄本　二冊

330000－1704－0004665　008741　集部/別集類/清別集

留別杭州求是書院諸生詩一卷　(清)宋恕撰　清光緒刻本　一冊

330000－1704－0004666　008742　集部/別集類/清別集

古香室遺稿一卷 (清)端木順撰 清光緒十二年(1886)刻本 一冊

330000－1704－0004669 008743 集部/別集類/清別集
遜學齋詩鈔十卷 (清)孫衣言撰 清咸豐九年(1859)吳門刻本 二冊

330000－1704－0004671 008744 集部/別集類/清別集
且甌歌一卷附楠溪竹枝詞一卷五十述懷一卷 (清)石方洛撰 清光緒十七年(1891)永嘉葉懷古齋刻本 一冊

330000－1704－0004673 008641 集部/別集類/清別集
蔣雪齋唫稿一卷 (清)蔣鋒撰 稿本 清姜雲湘批校 一冊

330000－1704－0004676 008745 集部/別集類/清別集
吟香舫吟稿一卷 (清)黃青霄撰 清道光刻本 一冊

330000－1704－0004677 008642 集部/別集類
瘋吟集一卷 邱君雨撰 清末抄本 一冊

330000－1704－0004679 001509 史部/傳記類/總傳之屬/釋道
禪林僧寶傳三十卷首一卷 (宋)釋惠洪撰 清光緒五年至六年(1879－1880)常熟刻經處刻本 三冊

330000－1704－0004682 001511 子部/宗教類/佛教之屬
普陀列祖錄一卷 (清)釋通旭集 **潮音旭禪師隨錄一卷** (清)釋心明記錄 清光緒墨畊齋刻本 一冊

330000－1704－0004690 008784 集部/別集類
洪博卿先生未刻詩一卷 洪炳文撰 稿本 一冊

330000－1704－0004691 008872 集部/總集類/選集之屬/通代
文館詞林一千卷 (唐)許敬宗等撰 清光緒十九年(1893)楊壽昌景蘇園刻本 二冊

330000－1704－0004695 008645 集部/別集類/清別集
問夢樓吟草不分卷醉墨軒遊戲漫錄不分卷 (清)陳兆麟撰 稿本 四冊

330000－1704－0004704 008646 集部/別集類/清別集
梅史詩鈔一卷 (清)余瀾撰 清末民國初抄本 張組成題簽 一冊

330000－1704－0004705 008647 集部/別集類/清別集
那悉茗軒詩草不分卷 (清)項傳梅撰 稿本 一冊

330000－1704－0004706 008648 集部/別集類/清別集
直菴詩鈔五卷 (清)朱方撰 稿本 一冊

330000－1704－0004707 008837 集部/別集類/清別集
半耕軒吟草一卷 (清)馮邁撰 清光緒十五年(1889)馮氏刻本 一冊

330000－1704－0004709 008873 集部/總集類/選集之屬/通代
古文苑二十一卷 (宋)章樵注 清光緒十二年(1886)江蘇書局刻本 四冊

330000－1704－0004711 008840 集部/別集類
詩界革命篇一卷 馮豹撰 清末東甌郭博古齋刻本 一冊

330000－1704－0004713 008874 集部/總集類/選集之屬/通代
續古文苑二十卷 (清)孫星衍輯 清光緒九年(1883)江蘇書局刻本 六冊

330000－1704－0004726 008876 集部/總集類/選集之屬/通代
古文苑九卷 清光緒五年(1879)宜都楊氏飛

青閣刻本　三册

330000－1704－0004729　008877　類叢部/叢書類/彙編之屬
岱南閣叢書二十種　(清)孫星衍編　清乾隆五十年至嘉慶十四年(1785－1809)蘭陵孫氏刻本　三册　存一種

330000－1704－0004734　008878　集部/詩文評類/文評之屬
文章軌範七卷　(宋)謝枋得輯　清桂林暘谷謝氏刻朱墨套印本　四册

330000－1704－0004738　008879　集部/總集類/選集之屬/通代
六朝文絜四卷　(清)許槤評選　清光緒三年(1877)讀有用書齋朱墨套印本　一册

330000－1704－0004743　008821　集部/戲劇類/雜劇之屬
羅陽秋億一卷　李遂賢填詞　陳栩正譜　陸澐評文　**信香秋夢一卷**　洪炳文填詞　李遂賢正譜　陳廷韶評文　清光緒油印本　一册

330000－1704－0004748　008880　史部/史抄類
二十一史文鈔五十八卷　(明)沈國元輯　明崇禎十二年(1639)大來堂刻本　六册　存十六卷(十五至十六、二十至二十三、二十九至三十一、三十四至三十六、四十一、五十六至五十八)

330000－1704－0004750　008893　集部/總集類/選集之屬
樂琴書以消憂一卷　(清)黄體芳等撰　清抄本　一册

330000－1704－0004752　008980　集部/詩文評類
中國歷代文派沿革錄一卷　池虬撰　清光緒油印本　一册

330000－1704－0004753　008894　集部/總集類/課藝之屬
制藝詩鈔一卷　清朱順庸抄本　一册

330000－1704－0004757　001512　史部/傳記類/總傳之屬/釋道
神僧傳九卷　(明)成祖朱棣撰　清宣統元年(1909)常州天寧寺刻本　四册

330000－1704－0004758　001513　史部/傳記類/總傳之屬/釋道
居士傳五十六卷　(清)彭紹升撰　清光緒金陵刻經處刻本　四册

330000－1704－0004759　001514　子部/宗教類/佛教之屬/總録
釋迦譜十卷　(南朝齊)釋僧祐輯　清光緒三十四年(1908)武昌刻本　四册

330000－1704－0004760　008908　集部/總集類/選集之屬/通代
文苑英華選六十卷　(清)宫夢仁輯　清康熙四十一年至四十三年(1702－1704)刻本　十一册　存五十四卷(一至五十四)

330000－1704－0004763　008808　集部/別集類
補學齋詩二卷　胡調元撰　清光緒三十三年(1907)木活字印本　一册

330000－1704－0004764　008809　集部/別集類
補學齋詩三卷　胡調元撰　清光緒三十三年(1907)木活字印宣統三年(1911)增印本　一册

330000－1704－0004768　001516－1　史部/傳記類/總傳之屬/列女
善女人傳二卷　(清)彭際清撰　清同治十一年(1872)常熟刻本　一册

330000－1704－0004769　008913　集部/總集類/選集之屬/通代
忠雅堂評選四六法海八卷　(清)蔣士銓評選　清同治刻朱墨套印本　八册

330000－1704－0004773　001517　子部/宗教類/佛教之屬/諸宗
法界宗五祖略記一卷賢首五教儀開蒙一卷　(清)釋續法輯　清光緒二年(1876)長沙刻經

處、二十二年(1896)金陵刻經處刻本　一冊

330000－1704－0004775　008909　集部/總集類/選集之屬/通代

文章正宗復刻三十卷續十二卷　(宋)真德秀撰　清刻本　十二冊

330000－1704－0004777　008898　集部/總集類/郡邑之屬

耆舊詩鈔一卷括州詩錄一卷　汪昉等撰　清抄本　一冊

330000－1704－0004782　001518　子部/宗教類/佛教之屬/總録

釋迦如來應化事蹟不分卷　(清)釋永珊編繪　清光緒二十三年(1897)石印本　一冊

330000－1704－0004785　008899　類叢部/叢書類

東槎二十二種　姚文棟編　清光緒刻本　一冊　存三種

330000－1704－0004786　001521　子部/宗教類/佛教之屬

明州定應大師布袋和尚傳一卷　(元)釋曇噩撰　清同治十三年(1874)杭州昭慶寺慧空經房刻本　一冊

330000－1704－0004788　008991　集部/總集類/選集之屬/通代

文選六十卷　(南朝梁)蕭統輯　(唐)李善注　(清)何焯評　清羊城翰墨園刻朱墨套印本　十二冊

330000－1704－0004790　008992　集部/總集類/選集之屬/通代

文選六十卷　(南朝梁)蕭統輯　(唐)李善注　**文選考異十卷**　(清)胡克家撰　清同治八年(1869)湖北崇文書局刻本　二十四冊

330000－1704－0004794　008993　集部/總集類/選集之屬/通代

文選六十卷　(南朝梁)蕭統輯　(唐)李善　(唐)呂延濟　(唐)劉良　(唐)張銑　(唐)呂向　(唐)李周翰注　清乾隆三十三年(1768)雲林周氏光霽堂刻本　十冊

330000－1704－0004796　001523　子部/宗教類/佛教之屬/總録

釋氏稽古略四卷　(元)釋覺岸撰　**釋鑑稽古略續集三卷**　(明)釋幻輪撰　清光緒十二年(1886)釋清道刻本　四冊

330000－1704－0004798　001525　子部/宗教類/佛教之屬

重刻佛祖道影四卷　(清)釋守一編　清光緒六年(1880)蘇州瑪瑙經房刻本　四冊

330000－1704－0004799　008994　集部/總集類/選集之屬/通代

六臣註文選六十卷　(南朝梁)蕭統輯　(唐)李善　(唐)呂延濟　(唐)劉良　(唐)張銑　(唐)李周翰　(唐)呂向註　清康熙刻本(卷八至九配清刻本)　十八冊　存三十五卷(一至三十五)

330000－1704－0004800　008901　集部/別集類

歸省贈言錄一卷　潘飛聲撰　清光緒十五年(1889)刻本　一冊

330000－1704－0004810　008904　集部/詩文評類/詩評之屬

名勝詩話不分卷　清嶂嶼山人抄本　一冊

330000－1704－0004811　008997　集部/總集類/選集之屬/通代

文選六十卷　(南朝梁)蕭統輯　(唐)李善注　**文選考異十卷**　(清)胡克家撰　清光緒十八年(1892)上海古香閣石印本　四冊

330000－1704－0004812　008995　集部/總集類/選集之屬/通代

文選六十卷　(南朝梁)蕭統輯　(唐)李善注　**文選考異十卷**　(清)胡克家撰　清宣統三年(1911)上海會文堂石印本　十六冊

330000－1704－0004813　008905　集部/詩文評類/詩評之屬

詩話抄一卷　清抄本　一冊

330000－1704－0004821　001527　子部/宗教類/佛教之屬

唐大薦福寺故寺主翻經大德法藏和尚傳一卷 （新羅）崔致遠撰　清光緒二十三年（1897）金陵刻經處刻本　一册

330000－1704－0004822　009007　集部/總集類/選集之屬/通代
文選箋證三十二卷 （清）胡紹煐撰　清抄本　六册　存十四卷（一至二、二十一至三十二）

330000－1704－0004824　009026　集部/總集類/選集之屬/斷代
唐文粹補遺二十六卷 （清）郭麐輯　清嘉慶刻本　六册

330000－1704－0004826　001528　子部/宗教類/佛教之屬
旃檀佛西來歷代傳祀記一卷 （清）聖祖玄燁等撰　清同治八年（1869）□□刻經處刻本　一册

330000－1704－0004827　009008　集部/總集類/選集之屬/通代
文選李注補正四卷考異四卷理學權輿補一卷 （清）孫志祖輯　**文選理學權輿八卷** （清）汪師韓撰　清光緒十五年（1889）刻本　七册　缺一卷（理學權輿一）

330000－1704－0004829　001530　類叢部/叢書類/彙編之屬
增訂漢魏叢書八十六種 （清）王謨編　清光緒刻本　一册　存一種

330000－1704－0004830　009023　集部/總集類/選集之屬/斷代
初唐四傑集三十七卷 （清）項家達編　清乾隆四十六年（1781）星渚項氏刻本　六册

330000－1704－0004831　009009　集部/總集類/選集之屬/通代
漢魏六朝女子文選二卷 張維輯　清宣統三年（1911）海鹽朱氏刻本　一册

330000－1704－0004832　008999　集部/總集類/選集之屬/通代
文選旁證四十六卷 （清）梁章鉅撰　清光緒八年（1882）吳下刻本　十二册

330000－1704－0004833　009010　集部/總集類/選集之屬/通代
選學拾瀋二卷 李詳撰　清光緒二十年（1894）李詳刻本　一册

330000－1704－0004836　009000　集部/總集類/選集之屬/通代
文選六十卷 （南朝梁）蕭統輯　（唐）李善注　**文選考異十卷** （清）胡克家撰　清光緒六年（1880）四明林植梅刻本　陳光耀題簽　二十四册

330000－1704－0004837　009024　集部/總集類/選集之屬/斷代
初唐四傑集三十七卷 （清）項家達編　清乾隆四十六年（1781）星渚項氏刻本　十册

330000－1704－0004839　001532　史部/傳記類/總傳之屬/釋道
佛祖歷代通載三十六卷 （元）釋念常撰　清宣統元年（1909）江北刻經處刻本　八册

330000－1704－0004841　009011　集部/總集類/選集之屬/通代
八代文粹二百二十卷目錄十八卷 （清）簡棨　（清）陳崇哲輯　清光緒十一年（1885）富順考雋堂刻本　七十七册　缺九卷（目錄一至三，一百九至一百十一、一百六十九至一百七十一）

330000－1704－0004843　001534　子部/宗教類/佛教之屬
折疑論集註二卷 （元）釋子成撰　（明）釋師子注　清光緒三十四年（1908）揚州藏經院刻本　一册

330000－1704－0004845　001536　子部/宗教類/佛教之屬
續原教論二卷 （明）沈士榮撰　清光緒元年（1875）金陵刻經處刻本　一册

330000－1704－0004846　009012　集部/總集類/彙編之屬
六朝四家全集 （清）胡鳳丹輯　清同治九年

(1870)永康胡氏退補齋刻本　六冊

330000－1704－0004848　009001　集部/總集類/選集之屬/通代

文選六十卷　(南朝梁)蕭統輯　(唐)李善注　**文選考異十卷**　(清)胡克家撰　清光緒六年(1880)四明林植梅刻本　二十冊

330000－1704－0004851　009021　集部/總集類/選集之屬/斷代

文粹一百卷　(宋)姚鉉輯　**補遺二十六卷**　(清)郭麐輯　清光緒十六年(1890)杭州許增榆園刻本　十五冊　缺三十三卷(文粹二十二至二十七、三十三至三十九、七十五至九十四)

330000－1704－0004853　009027　集部/總集類/選集之屬/斷代

初唐四傑文集二十一卷　(清)□□編　清光緒五年(1879)淮南書局刻本　三冊

330000－1704－0004855　009028　集部/總集類/選集之屬/斷代

初唐四傑集三十七卷　(清)項家達編　清咸豐六年(1856)儒雅堂刻本　八冊

330000－1704－0004856　009002　集部/總集類/選集之屬/通代

重訂文選集評十五卷首一卷末一卷　(清)于光華輯　清乾隆刻本　八冊

330000－1704－0004858　009030　集部/總集類/選集之屬/通代

唐宋大家全集錄十種　(清)儲欣編　清康熙四十四年(1705)居易堂刻本　三十二冊

330000－1704－0004859　009031　集部/總集類/選集之屬/通代

唐宋八大家類選十四卷　(清)儲欣輯　清乾隆五十一年(1786)寶章堂刻本　八冊

330000－1704－0004860　009032　集部/總集類/選集之屬/通代

唐宋八大家類選十四卷　(清)儲欣輯　清光緒元年(1875)湖北崇文書局刻本　六冊

330000－1704－0004861　009033　集部/總集類/選集之屬/通代

唐宋八大家類選十四卷　(清)儲欣輯　清光緒十八年(1892)湖北官書處刻本　六冊

330000－1704－0004862　009034　集部/總集類/選集之屬/通代

唐宋八大家類選十四卷　(清)儲欣輯　清乾隆五十年(1785)二南堂刻本　八冊

330000－1704－0004863　009035　集部/總集類/選集之屬/通代

唐宋八家文讀本三十卷　(清)沈德潛輯　清光緒十四年(1888)掃葉山房刻本　十四冊

330000－1704－0004865　009037　集部/總集類/選集之屬/通代

唐宋八大家文鈔一百六十六卷　(明)茅坤編　清光緒安徽聚文堂刻本　三十冊　存八種

330000－1704－0004866　009003　集部/總集類/選集之屬/通代

重訂文選集評十五卷首一卷末一卷　(清)于光華輯　清同治七年(1868)刻本　十六冊

330000－1704－0004867　001538　子部/宗教類/佛教之屬

護法論一卷　(宋)張商英撰　清光緒三年(1877)常熟刻經處刻本　一冊

330000－1704－0004868　001539　子部/宗教類/佛教之屬

辯僞錄六卷　(元)釋祥邁撰　清光緒三十三年(1907)揚州藏經院刻本　二冊

330000－1704－0004869　001540　子部/宗教類/佛教之屬

破邪論二卷　(唐)釋法琳撰　清光緒三十四年(1908)揚州藏經院刻本　一冊

330000－1704－0004873　009038　集部/總集類/選集之屬/斷代

唐四家古文選十三卷　(清)何焯評點　清初挹秀齋刻本　三冊　存二種

330000－1704－0004874　009013　集部/總

集類/選集之屬/通代

六朝文絜四卷 (清)許槤評選 清光緒五年(1879)吳門刻朱墨套印本 二冊

330000－1704－0004875 009053 集部/總集類/選集之屬/斷代

金文最一百二十卷首一卷 (清)張金吾輯 清光緒八年至九年(1882－1883)伍氏粵雅堂刻本 三十六冊

330000－1704－0004876 009014 集部/總集類/選集之屬/通代

古今小品八卷 (明)陳天定輯並評 清道光九年(1829)蕓香堂刻本 七冊 存七卷(二至八)

330000－1704－0004882 009054 集部/總集類/選集之屬/斷代

金文最六十卷首一卷 (清)張金吾輯 清光緒二十一年(1895)蘇州書局刻本 十六冊

330000－1704－0004883 001543 子部/宗教類/佛教之屬/總録

雜華文表三卷附諸品佛事對聯一卷 (清)釋智生撰 清杭州昭慶寺慧空經房刻本 一冊 存三卷(文表一至三)

330000－1704－0004884 001544 子部/宗教類/佛教之屬

弘明集十四卷 (南朝梁)釋僧祐輯 清光緒二十二年(1896)金陵刻經處刻本 四冊

330000－1704－0004889 009055 集部/總集類/選集之屬/斷代

金文雅十六卷作者考一卷 (清)莊仲方輯 清光緒十七年(1891)江蘇書局刻本 四冊

330000－1704－0004890 009019 集部/總集類/選集之屬/斷代

南北朝文鈔二卷 (清)彭兆蓀輯 清光緒八年(1882)紫雲室刻本 一冊 存一卷(一)

330000－1704－0004895 001547 經部/四書類/總義之屬/傳說

四書小參一卷四書問答一卷 (明)朱斯行撰 清光緒三年(1877)姑蘇刻經處刻本 一冊

330000－1704－0004898 001550 子部/宗教類/佛教之屬/經疏

佛說盂蘭盆經疏一卷 (唐)釋宗密撰 (宋)釋淨源錄疏 清光緒三十二年(1906)金陵刻經處刻本 一冊

330000－1704－0004899 009072 集部/總集類/選集之屬/斷代

皇清文穎一百卷首二十四卷目錄六卷 (清)張廷玉等輯 清乾隆刻本 三十冊

330000－1704－0004900 009040 集部/總集類/選集之屬/通代

御選唐宋文醇五十八卷目錄一卷 (清)高宗弘曆輯 清刻本 十六冊

330000－1704－0004901 009057 集部/總集類/選集之屬/通代

金元明八大家文選 (清)李祖陶編 清道光二十五年(1845)吉安刻本 十八冊

330000－1704－0004903 009073 集部/總集類/課藝之屬

詁經精舍三集經解二卷辭賦三卷戊辰己巳庚午年官師課合刻六卷四集十六卷 (清)俞樾編 清同治六年至九年(1867－1870)、光緒五年(1879)刻本 九冊

330000－1704－0004904 001552 子部/宗教類/佛教之屬/經

無量壽如來會二卷 (唐)釋菩提流志譯 清光緒二十二年(1896)金陵刻經處刻本 一冊

330000－1704－0004905 001553 子部/宗教類/佛教之屬/經

般舟三昧經三卷 題(漢)釋支婁迦讖譯 清宣統三年(1911)常州天寧寺刻本 一冊

330000－1704－0004906 001554 子部/宗教類/佛教之屬/諸宗

禪淨合編二卷 清光緒二十九年(1903)四川萬縣彌陀院刻本 二冊

330000－1704－0004907 001555 子部/宗教類/佛教之屬/諸宗

賢首五教儀開蒙一卷 (清)釋續法輯 清光

緒二年(1876)長沙刻經處刻本　一冊

330000－1704－0004909　001557　子部/宗教類/佛教之屬/經
佛說阿闍世王經二卷　(漢)釋支婁迦讖譯　清宣統元年(1909)常州天寧寺刻本　一冊

330000－1704－0004911　001559　子部/宗教類/佛教之屬
三千佛懺三卷　清宣統元年(1909)溫州頭陀山妙智寺刻本　釋宏蓮題簽　一冊

330000－1704－0004912　001560　子部/宗教類/佛教之屬
水懺科註三卷　(清)釋成簡撰　清光緒二十四年(1898)寧波千歲坊文光齋刻本　一冊

330000－1704－0004917　009058　集部/總集類/選集之屬/斷代
元文類七十卷目錄三卷　(元)蘇天爵編　清光緒十五年(1889)江蘇書局刻本　十冊

330000－1704－0004918　009074　集部/總集類/課藝之屬
詁經精舍文續集八卷　(清)羅文俊輯　清道光二十二年(1842)刻本　四冊

330000－1704－0004919　009041　集部/總集類/選集之屬/通代
御選唐宋文醇五十八卷目錄一卷　(清)高宗弘曆輯　清光緒三年(1877)浙江書局刻本　二十冊

330000－1704－0004920　009075　集部/總集類/課藝之屬
詁經精舍文集八卷　(清)阮元輯　清嘉慶刻本　四冊

330000－1704－0004922　009076　集部/總集類/選集之屬/斷代
國朝古文彙鈔初集一百七十六卷首一卷　(清)朱珔輯　**二集一百卷首一卷**　(清)楊文蓀輯　清道光二十七年(1847)吳江沈氏世美堂刻本　六十二冊　缺一百二十五卷(初集一至二十八、四十二至五十、六十七至六十九、七十六至七十七、八十至八十一、八十四至八十五、一百二至一百三、一百八至一百九、一百十二至一百十六、一百二十一至一百二十四、一百二十七至一百三十二、一百四十一至一百四十二、一百四十五至一百四十六、一百五十一至一百五十四、一百五十九至一百六十、一百六十三至一百六十六、一百六十九至一百七十三、二集四至十五、二十二至二十四、二十七至三十、四十三至四十六、五十二至五十五、六十五至六十六、七十一至七十二、七十七至七十八、八十五至八十六、九十一至九十六)

330000－1704－0004923　009066　集部/總集類/選集之屬/斷代
國朝文匯甲前集二十卷甲集六十卷乙集七十卷丙集三十卷丁集二十卷　(清)上海國學扶輪社輯　清宣統元年(1909)上海國學扶輪社石印本　一百冊

330000－1704－0004924　009060　類叢部/叢書類/郡邑之屬
台州叢書九種　(清)宋世犖輯　清嘉慶至道光臨海宋氏刻本　三冊　存二種

330000－1704－0004925　009077　集部/總集類/選集之屬/斷代
皇朝文典七十四卷　(清)李兆洛編　清嘉慶李淦刻本　二十三冊　缺二卷(七十三至七十四)

330000－1704－0004926　009061　集部/總集類/選集之屬/斷代
明文在一百卷　(清)薛熙輯　清光緒十五年(1889)江蘇書局刻本　十冊

330000－1704－0004927　009042　集部/總集類/選集之屬/通代
陳太僕批選八家文鈔九卷　(清)陳兆崙編　清光緒二十六年(1900)天津文美齋石印本　六冊

330000－1704－0004928　009078　集部/別集類/清別集
永思集二卷　(清)包仁義撰　清道光十九年至二十年(1839－1840)包氏矢志堂刻本

一册

330000－1704－0004929　001566　子部/宗教類/佛教之屬
選佛譜六卷　(清)釋智旭撰　清光緒十七年(1891)金陵刻經處刻本　二册

330000－1704－0004935　009062　集部/總集類/郡邑之屬
池陽遺愛集五卷首一卷末一卷　(明)李呈祥　(明)施宗道輯　(清)何啟培　(清)何鑑清編　清光緒十九年(1893)何氏敬慎堂刻本　二册

330000－1704－0004936　009043　集部/總集類/選集之屬/通代
海峰先生精選八家文鈔二卷　(清)劉大櫆選　清光緒二年(1876)邢邱劉氏刻本　二册

330000－1704－0004937　009079　集部/總集類/選集之屬/斷代
今雨集二十四卷　(清)顧沅輯　清道光二十九年(1849)長洲顧氏賜硯堂刻本　八册

330000－1704－0004938　009044　集部/總集類/選集之屬/斷代
宋四六選二十四卷　(清)彭元瑞　(清)曹振鏞輯　清刻本　八册

330000－1704－0004939　009080　集部/總集類/氏族之屬
寧都三魏全集八十三卷　(清)林時益編　清道光二十五年(1845)寧都謝庭綬紱園書塾刻本　三十六册　缺十九卷(魏伯子文集二至三,魏叔子文集十、十二至十三、十九至二十二,魏叔子日錄一,魏季子文集七至十,魏敬士文集四至八)

330000－1704－0004945　009067　集部/總集類/選集之屬/斷代
國朝二十四家文鈔二十四卷　(清)徐斐然輯　清道光十年(1830)三餘堂刻本　八册

330000－1704－0004946　009082　集部/總集類/選集之屬/斷代
同人集十二卷　(清)冒襄輯　清咸豐九年(1859)冒溶木活字印本　十二册

330000－1704－0004947　009070　集部/總集類/課藝之屬
學海堂三集二十四卷　(清)張維屏輯　清咸豐九年(1859)啟秀山房刻本　八册

330000－1704－0004948　009068　集部/總集類/課藝之屬
學海堂集十六卷　(清)阮元輯　清道光五年(1825)啟秀山房刻本　六册

330000－1704－0004949　009071　集部/總集類/課藝之屬
學海堂四集二十八卷　(清)金錫齡輯　清光緒十二年(1886)啟秀山房刻本　十五册　缺一卷(十五)

330000－1704－0004950　009069　集部/總集類/課藝之屬
學海堂二集二十二卷　(清)吳蘭脩輯　清道光十六年(1836)啟秀山房刻本　十册

330000－1704－0004952　009087　集部/總集類/選集之屬/斷代
卷勺園集三卷續編一卷　(清)劉茂榕撰　清道光元年(1821)、九年(1829)劉茂榕刻本　三册

330000－1704－0004954　009088　集部/總集類/選集之屬/斷代
篷窗隨錄十四卷續錄二卷附錄二卷　(清)沈兆澐輯　清咸豐二年至七年(1852－1857)刻光緒十八年(1892)沈氏補刻本　十三册　存十七卷(一至十四、續錄下、附錄上下)

330000－1704－0004955　009048　集部/總集類/氏族之屬
三蘇全集四種　(清)弓翊清等編　清道光七年至十二年(1827－1832)眉州三蘇祠刻本　三十三册　存三種

330000－1704－0004956　009047　集部/總集類/氏族之屬
沈氏三先生文集六十二卷　(宋)□□輯　清光緒二十二年(1896)浙江書局刻本(長興集

卷四至十二、三十一、三十三至四十一原缺）
十册

330000－1704－0004957　009086　集部/總集類/氏族之屬
鄒氏三先生遺稿　清光緒十年(1884)刻本　二册

330000－1704－0004958　009083　集部/總集類/選集之屬/斷代
國朝文錄八十二卷　(清)姚椿輯　清光緒二十六年(1900)掃葉山房石印本　八册

330000－1704－0004959　009101　集部/總集類/選集之屬/斷代
國朝駢體正宗評本十二卷補編一卷　(清)曾燠輯　(清)姚燮評　(清)張壽榮參　清光緒十一年(1885)鎮海張氏花雨樓刻朱墨套印本　六册

330000－1704－0004961　009121　集部/總集類/選集之屬/斷代
皇朝經世文新編二十一卷　麥仲華輯　清光緒上海大同譯書局石印本　十二册

330000－1704－0004962　009122　集部/總集類/選集之屬/斷代
皇朝經世文統編一百七卷　(清)□潤甫輯　清光緒二十七年(1901)上海寶善齋石印本　五十二册

330000－1704－0004963　009089　集部/總集類/選集之屬/斷代
國朝文錄八十二卷　(清)姚椿輯　清咸豐元年(1851)終南山館刻本　三十二册

330000－1704－0004964　009123　集部/總集類/選集之屬/斷代
皇朝經世文四編五十二卷　(清)何良棟輯　清光緒二十八年(1902)上海書局石印本　八册

330000－1704－0004965　001572　子部/宗教類/佛教之屬/經疏
盂蘭盆經折衷疏一卷　(清)釋靈耀撰　清刻本　一册

330000－1704－0004966　009090　集部/總集類/選集之屬/斷代
國朝文錄初編四十種　(清)李祖陶編　清同治七年(1868)敖陽李氏刻本　二十册　存二十九種

330000－1704－0004976　009102　集部/總集類/選集之屬/斷代
國朝駢體正宗續編八卷　(清)張鳴珂輯　清光緒二十一年(1895)善化章氏刻本　張棡題記　四册

330000－1704－0004977　009124　子部/儒家類/儒學之屬/經濟
皇朝經世文新增時務續編四十卷洋務續編八卷　(清)甘韓輯　清光緒二十三年(1897)上海掃葉山房鉛印本　六册

330000－1704－0004978　009103　集部/總集類/選集之屬/斷代
國朝駢體正宗續編八卷　(清)張鳴珂輯　清光緒二十一年(1895)湖南崇德書局刻本　四册

330000－1704－0004979　009125　集部/總集類
師友緒餘一卷　(清)吳寶初撰　清光緒活字印本　一册

330000－1704－0004980　009104　集部/總集類/選集之屬/斷代
國朝駢體正宗十二卷　(清)曾燠輯　清嘉慶十一年(1806)南城曾氏賞雨茅屋刻本　六册

330000－1704－0004981　009105　集部/總集類/選集之屬/斷代
國朝駢體正宗十二卷　(清)曾燠輯　清同治十三年(1874)聚賢堂刻本　六册

330000－1704－0004982　009091　集部/別集類/清別集
漈溪貽芳集十卷　(清)釋西來稿　清刻本　一册　存三卷(八至十)

330000－1704－0004984　009126　集部/總集類/選集之屬/斷代

實學齋文編二卷　(清)林啟編　清光緒二十三年(1897)影印本　一冊　存一卷(二)

330000－1704－0004985　009049　集部/總集類/選集之屬/斷代

南宋文範七十卷外編四卷作者考二卷　(清)莊仲方輯　清光緒十四年(1888)江蘇書局刻本　十六冊

330000－1704－0004986　009127　集部/總集類/選集之屬/斷代

國朝文述初編七卷　(清)王崟輯　清道光二十二年(1842)藝海堂刻本　六冊　存六卷(一至六)

330000－1704－0004988　009106　類叢部/類書類/專類之屬

皇朝駢文類苑十四卷首一卷　(清)姚燮選　清光緒七年(1881)鎮海張壽榮刻本　二十四冊

330000－1704－0004989　009094　集部/總集類/選集之屬/斷代

國朝二十四家文鈔二十四卷　(清)徐斐然輯　清乾隆六十年(1795)刻本　六冊

330000－1704－0004991　009050　集部/總集類/選集之屬/通代

遼文萃七卷藝文志補證一卷西夏文綴二卷藝文志一卷　(清)王仁俊輯并補證　清光緒三十年(1904)長沙刻本　一冊

330000－1704－0004995　009095　集部/總集類/選集之屬/通代

駢體南鍼十六卷　(清)汪傳懿輯　清同治五年(1866)容我讀齋刻本　八冊

330000－1704－0004997　009110　集部/總集類/彙編之屬

國朝十家四六文鈔十一卷　王先謙輯　清光緒十五年(1889)長沙王先謙刻本　四冊

330000－1704－0004998　009052　集部/總集類/選集之屬/斷代

宋文鑑一百五十卷目錄三卷　(宋)呂祖謙輯　清光緒十二年(1886)江蘇書局刻本　二十四冊

330000－1704－0005000　009128　集部/總集類/選集之屬/斷代

湖海文傳七十五卷　(清)王昶輯　清道光十七年(1837)經訓堂刻同治五年(1866)印本　二十冊

330000－1704－0005001　009129　子部/儒家類/儒學之屬/經濟

皇朝經世文續編一百二十卷　(清)葛士濬輯　清光緒十四年(1888)上海圖書集成局鉛印本　十四冊　缺十五卷(五十七至七十一)

330000－1704－0005002　009135　類叢部/叢書類/彙編之屬

晨風閣叢書第一集五十二種　沈宗畸等編　清光緒三十四年至宣統三年(1908－1911)國學萃編社鉛印本　一冊　存一種

330000－1704－0005003　009136　集部/總集類/彙編之屬

國朝十家文鈔十卷　(清)石韞玉選　清道光刻本　三冊

330000－1704－0005004　009138　集部/總集類/選集之屬/斷代

切問齋文鈔三十卷　(清)陸燿輯　清同治八年(1869)金陵錢氏刻本　十二冊

330000－1704－0005005　009139　集部/總集類/選集之屬/斷代

庻永集不分卷　(清)俞明旭等輯　清乾隆刻本　二冊

330000－1704－0005008　009142　集部/總集類/選集之屬/斷代

漳南棠詠二卷　(清)李威等撰　清嘉慶刻本　一冊　存一卷(一)

330000－1704－0005009　009098　集部/總集類/選集之屬/斷代

國朝二十四家文鈔二十四卷　(清)徐斐然輯　清道光十年(1830)文光堂刻本　十一冊　缺一卷(七)

330000－1704－0005011　009143　新學/學校

瑞安德象女子高等小學堂國文課本一卷　清宣統元年(1909)油印本　一册

330000－1704－0005012　009099　集部/總集類/選集之屬/斷代

八家四六文註八卷首一卷　(清)吳鼒輯　(清)許貞幹注　**補註一卷**　陳衍撰　清光緒十八年(1892)上海圖書集成印書局鉛印本　八册

330000－1704－0005013　009144　集部/總集類/氏族之屬

銅梁吳氏一家言集古三卷　(清)吳謙福等撰　清光緒刻本　一册

330000－1704－0005014　009145　集部/總集類/酬唱之屬

過情録一卷　(清)應振緒輯　清光緒十一年(1885)刻本　一册

330000－1704－0005015　009111　集部/總集類/選集之屬/斷代

皇朝經世文編一百二十卷姓名總目二卷生存姓名一卷　(清)賀長齡輯　清道光七年(1827)刻本　九十六册

330000－1704－0005016　009146　集部/總集類/郡邑之屬

永康胡氏八烈序文一卷詩詞七卷鄉賢録詩詞三卷試費義田記一卷　(清)胡鳳丹輯　清同治四年(1865)胡氏退補齋刻本　四册

330000－1704－0005018　009112　集部/總集類/選集之屬/斷代

皇朝經世文編一百二十卷姓名總目二卷　(清)賀長齡輯　清光緒十三年(1887)上海點石齋石印本　十二册

330000－1704－0005020　009114　集部/總集類/選集之屬/斷代

皇朝經世文編一百二十卷姓名總目二卷　(清)賀長齡輯　清光緒十七年(1891)上海廣百宋齋鉛印本　二十四册

330000－1704－0005021　009147　集部/總集類/題詠之屬

笠杖集(三雁紀游)三卷　(清)方鼎鋭等撰　清光緒十四年(1888)刻本　一册

330000－1704－0005022　009115　子部/儒家類/儒學之屬/經濟

皇朝經世文續編一百二十卷　(清)葛士濬輯　清光緒十四年(1888)上海圖書集成局鉛印本　十六册　缺三卷(二十三、三十二至三十三)

330000－1704－0005023　009113　集部/總集類/選集之屬/斷代

皇朝經世文編一百二十卷姓名總目二卷　(清)賀長齡輯　清光緒二十一年(1895)積山書局石印本　十二册

330000－1704－0005025　009116　子部/儒家類/儒學之屬/經濟

皇朝經世文續編一百二十卷　(清)葛士濬輯　清光緒十四年(1888)上海圖書集成局鉛印本　十六册

330000－1704－0005026　009148　史部/傳記類/别傳之屬

銅官感舊集四卷　章同　章華輯　清宣統二年(1910)長沙章氏盋山舊館石印本　二册

330000－1704－0005027　009119　子部/儒家類/儒學之屬/經濟

皇朝經世文續編一百二十卷　(清)葛士濬輯　清光緒二十二年(1896)寶善書局石印本　十册

330000－1704－0005028　009120　集部/總集類/選集之屬/斷代

皇朝經世文三編八十卷　(清)陳忠倚輯　清光緒二十八年(1902)龍文書局石印本　八册

330000－1704－0005033　009131　集部/總集類/選集之屬/斷代

國朝常州駢體文録三十一卷附結一宧駢體文一卷　屠寄輯　清光緒刻本　六册

330000－1704－0005034　009134　史部/傳

記類/别傳之屬/事狀

孀評初編四卷 (清)何梁器輯 清活字印本 一册

330000－1704－0005036 009118 集部/總集類/選集之屬/斷代

皇朝經世文編一百二十卷姓名總目二卷生存姓名一卷 (清)賀長齡輯 清光緒二十八年(1902)上海詞源閣書局石印本 十四册

330000－1704－0005037 009133 集部/總集類/選集之屬/斷代

八旗文經五十六卷作者攷三卷敘錄一卷 (清)盛昱 (清)楊鍾羲輯 清光緒二十七年(1901)武昌刻朱印本 十二册

330000－1704－0005038 009117 集部/總集類/選集之屬/斷代

皇朝經世文編一百二十卷姓名總目二卷 (清)賀長齡輯 清光緒二十二年(1896)上海掃葉山房鉛印本 二十四册

330000－1704－0005039 001584 子部/宗教類/佛教之屬

佛教初學課本一卷註一卷 (清)楊文會撰 清光緒三十二年(1906)金陵刻經處刻本 一册

330000－1704－0005040 001585 子部/宗教類/佛教之屬/諸宗

徹悟禪師語錄二卷 (清)釋際醒説 (清)釋了亮輯 清同治十年(1871)金陵刻本 一册

330000－1704－0005044 009226 集部/總集類/郡邑之屬

縉雲文徵二十卷補編一卷 (清)湯成烈編録 清光緒二年(1876)刻本 八册

330000－1704－0005045 009216 集部/總集類/郡邑之屬

龍眠古文一集二十四卷 (清)李雅 (清)何永紹彙定 **吳無齋先生文一卷** (清)吳道新撰 清道光十五年(1835)刻本 十册

330000－1704－0005048 009227 史部/目録類/總録之屬/地方

常郡八邑藝文志十二卷 (清)盧文弨輯 (清)莊翊昆校補 清光緒十六年(1890)刻民國十二年(1923)印本 十六册

330000－1704－0005049 009166 集部/總集類/課藝之屬

南菁講舍文集六卷書院文集一卷 (清)黄以周輯 清光緒十五年(1889)刻本 四册

330000－1704－0005050 009167 集部/總集類/課藝之屬

南菁文鈔二集六卷 (清)黄以周輯 清光緒二十年(1894)顧鴻閶等刻本 四册

330000－1704－0005052 009168、009168－1 集部/總集類/題詠之屬

石筍山房圖題詠集二卷 (清)熊少牧等撰 (清)何燮 (清)楊書霖編次 清光緒三年(1877)城步學署刻本 一册

330000－1704－0005053 009217 集部/總集類/郡邑之屬

全蜀秇文志六十四卷首一卷 (明)楊慎編 清嘉慶二十二年(1817)張汝杰刻本 十六册

330000－1704－0005056 009218 集部/總集類/郡邑之屬

海虞文徵三十卷目錄二卷 邵松年編輯 清光緒三十一年(1905)鴻文書局石印本 十六册

330000－1704－0005059 001588 子部/宗教類/佛教之屬

看破世界一卷 (清)周祖道輯 清末石印本 一册

330000－1704－0005060 009169 集部/總集類/課藝之屬

尊經書院初集十二卷 (清)王闓運輯 清光緒刻本 十册 存十卷(三至十二)

330000－1704－0005063 009170 集部/總集類/課藝之屬

南菁文鈔三集十六卷 (清)丁立鈞輯 清光緒二十七年(1901)刻朱印本 八册

330000－1704－0005067　009220　史部/地理類/方志之屬/郡縣志

[光緒]黄巖縣志四十卷首一卷附黄巖集三十二卷　(清)陳寶善　(清)孫憙修　(清)王棻纂　(清)陳鍾英　(清)鄭錫滜續修　(清)王詠霓續纂　清光緒三年(1877)刻本　十三册　存二十九卷(黄巖集四至三十二)

330000－1704－0005070　009191　集部/總集類/選集之屬/斷代

王氏彙刻唐人集七種　(清)王遐春輯　清嘉慶十五年(1810)福鼎王氏麟後山房刻本　十四册

330000－1704－0005071　009150　集部/總集類/選集之屬/斷代

最近四大家古文鈔四卷　寄古齋編　清光緒三十四年(1908)寄古齋鉛印本　四册

330000－1704－0005073　009153　集部/總集類/郡邑之屬

褱介錄三卷　(清)王林芬輯　清咸豐九年(1859)王氏刻本　二册

330000－1704－0005074　009151　類叢部/叢書類/郡邑之屬

粟香室叢書五十九種　金武祥編　清光緒至民國江陰金氏刻本　一册　存三種

330000－1704－0005076　009192　集部/總集類/郡邑之屬

天台三高士遺集五種五卷　(清)金文田輯　清宣統三年(1911)木活字印本　一册

330000－1704－0005078　009154　集部/總集類/郡邑之屬

惜硯錄三卷　(清)林用光編　清咸豐三年(1853)林氏刻本　一册

330000－1704－0005079　009232　類叢部/叢書類/彙編之屬

邵武徐氏叢書二十三種　(清)徐榦編　清光緒邵武徐氏刻本　一册　存一種

330000－1704－0005082　009156　新學/學校

竢實學堂課文一卷外課文一卷　楊模輯　清光緒二十七年(1901)楊模鉛印本　一册

330000－1704－0005085　009157　集部/總集類/酬唱之屬

輿頌錄一卷　(清)許乃文輯　清同治五年(1866)刻本　一册

330000－1704－0005087　009235　集部/詩文評類/文評之屬

文心雕龍十卷　(南朝梁)劉勰撰　(清)黄叔琳輯注　清乾隆六年(1741)北平黄氏養素堂刻本　二册

330000－1704－0005088　009193　集部/總集類/郡邑之屬

國朝中州文徵五十四卷首一卷　(清)蘇源生編　清道光二十三年至二十五年(1843－1845)刻本　二十八册

330000－1704－0005089　009159　集部/總集類/題詠之屬

懷忠錄五卷首一卷　(清)湯成烈輯　清末刻本　一册

330000－1704－0005093　009224　集部/總集類/氏族之屬

海虞三陶先生集合刻三種　(清)楊沂孫輯　清光緒七年(1881)楊同福貴池縣署刻本　六册

330000－1704－0005095　009160　集部/總集類/題詠之屬

竹居錄存一卷　張士珩輯　清光緒張氏刻本　一册

330000－1704－0005098　009196　集部/總集類/郡邑之屬

會稽掇英總集二十卷　(宋)孔延之輯　**校正會稽掇英總集札記一卷**　(清)杜丙杰撰　清道光元年(1821)山陰杜氏浣花宗塾刻本　四册

330000－1704－0005099　009198　集部/總集類/選集之屬/斷代

國朝常州駢體文錄三十一卷附結一宧駢體文

一卷　屠寄輯　清光緒石印本　四册

330000－1704－0005104　009238　集部/詩文評類/文評之屬

論文偶記一卷　（清）劉大櫆撰　**惜抱軒語一卷**　（清）廉泉輯　清光緒十八年（1892）金匱廉氏木活字印本　一册

330000－1704－0005107　009162　類叢部/叢書類/家集之屬

如皋冒氏叢書三十四種附二種　冒廣生編　清光緒至民國如皋冒氏刻本　一册　存一種

330000－1704－0005108　009248　集部/詩文評類/文評之屬

鳴原堂論文二卷　（清）曾國藩選　（清）曾國荃審訂　清光緒四年（1878）上海淞隱閣鉛印本　二册

330000－1704－0005109　009163　集部/總集類/題詠之屬

銅官感舊圖題詠一卷　（清）章壽麟輯　清光緒鉛印本　一册

330000－1704－0005110　009199　集部/總集類/郡邑之屬

蛟川先正文存二十卷補遺一卷　（清）陳繼聰編　清光緒八年（1882）刻本　十册

330000－1704－0005111　009200　集部/總集類/郡邑之屬

縉雲文徵二十卷補編一卷　（清）湯成烈編錄　清光緒二年（1876）刻本　八册

330000－1704－0005112　009164　集部/總集類/酬唱之屬

攀轅詩卷二卷　（清）王彦威等撰　（清）馮城等輯　清光緒六年（1880）椒江刻本　一册

330000－1704－0005114　009165　史部/傳記類/别傳之屬/事狀

詒煒集五卷侍香集一卷　（清）許振禕輯　清光緒二十三年（1897）廣州節署許振禕刻本　二册

330000－1704－0005115　009259　集部/總集類/選集之屬/通代

四忠遺集　（清）羅文謙編　清光緒二十三年（1897）湘南書局刻本　四册　存一種

330000－1704－0005117　009260　集部/别集類/漢魏六朝别集

諸葛忠武侯文集四卷附錄二卷首一卷諸葛忠武侯故事五卷　（三國蜀）諸葛亮撰　（清）張澍輯　清嘉慶十七年（1812）刻本　八册

330000－1704－0005121　009240　集部/詩文評類/文評之屬

文心雕龍十卷　（南朝梁）劉勰撰　（清）黄叔琳輯注　（清）紀昀評　清道光十三年（1833）盧坤兩廣節署刻朱墨套印本　二册

330000－1704－0005122　009261　集部/别集類/漢魏六朝别集

蔡中郎集十卷末一卷外紀一卷外集四卷（漢）蔡邕撰　清光緒十六年（1890）番禺陶氏愛廬刻本　五册

330000－1704－0005123　009262　類叢部/叢書類/彙編之屬

海源閣叢書七種　（清）楊以增編　清咸豐二年至五年（1852－1855）聊城楊氏海源閣刻本　六册　存一種

330000－1704－0005129　009263　集部/别集類/漢魏六朝别集

曹集銓評十卷　（三國魏）曹植撰　（清）丁晏詮評　**曹集逸文一卷**　（清）丁晏輯　**魏陳思王［曹植］年譜一卷附錄一卷**　（清）丁晏撰　清同治十一年（1872）金陵書局刻本　二册

330000－1704－0005130　009242　集部/詩文評類

藝概六卷　（清）劉熙載撰　清宣統三年（1911）山西兩級師範學堂鉛印本　二册

330000－1704－0005132　009264　集部/别集類/漢魏六朝别集

陶淵明集十卷　（晉）陶潛撰　清光緒二年（1876）桐城徐椒岑刻本　二册

330000－1704－0005134　009249　子部/儒

家類/儒學之屬/蒙學

讀書作文譜十二卷父師善誘法二卷 （清）唐彪輯　清嘉慶二十四年(1819)刻本　六冊

330000－1704－0005135　009257　集部/詩文評類/文評之屬

全唐文紀事一百二十二卷首一卷 （清）陳鴻墀撰　清同治十二年(1873)廣州刻本　十六冊

330000－1704－0005136　009265　集部/別集類/漢魏六朝別集

陶淵明文集十卷 （晉）陶潛撰　清宣統元年(1909)上海著易堂書局石印本　四冊

330000－1704－0005137　009243　類叢部/叢書類/自著之屬

古桐書屋六種 （清）劉熙載撰　清同治至光緒刻本　二冊　存一種

330000－1704－0005141　009267　集部/別集類/漢魏六朝別集

靖節先生集十卷 （晉）陶潛撰　（清）陶澍注　**靖節先生集諸本序錄一卷** （清）陶澍編輯　**靖節先生年譜攷異二卷** （清）陶澍撰　清光緒九年(1883)江蘇書局刻本　四冊

330000－1704－0005146　009245　集部/詩文評類

藝概六卷 （清）劉熙載撰　清光緒三年(1877)嶺南刻本　二冊

330000－1704－0005147　009268　集部/總集類/彙編之屬

六朝四家全集 （清）胡鳳丹輯　清同治九年(1870)永康胡氏退補齋刻本　楊紹廉批校　一冊　存一種

330000－1704－0005148　009246　集部/詩文評類/文評之屬

論文要言一卷 （清）鄒壽祺編　清光緒三十一年(1905)蘇州刻本　一冊

330000－1704－0005151　009269　集部/別集類/漢魏六朝別集

陶淵明集八卷首一卷末一卷 （晉）陶潛撰　清光緒五年(1879)廣州翰墨園刻朱墨套印本　二冊

330000－1704－0005154　009256　集部/詩文評類/文評之屬

四六叢話三十三卷選詩叢話一卷 （清）孫梅撰　清光緒七年(1881)吳下刻本　十二冊

330000－1704－0005155　009270　集部/別集類/漢魏六朝別集

陶淵明文集十卷 （晉）陶潛撰　清同治二年(1863)何氏篤慶堂刻本　二冊

330000－1704－0005156　009255　集部/詩文評類/文評之屬

四六叢話三十三卷選詩叢話一卷 （清）孫梅撰　清光緒七年(1881)吳下刻本　十二冊

330000－1704－0005160　009210　類叢部/叢書類/郡邑之屬

台州叢書九種 （宋）宋世犖編　清嘉慶至道光臨海宋氏刻本　三冊　存一種

330000－1704－0005161　009211　集部/總集類/郡邑之屬

廬陽三賢集 （清）張樹聲編　清光緒元年(1875)合肥張氏毓秀堂刻本　四冊

330000－1704－0005164　009214　集部/總集類/郡邑之屬

東甌先正文錄十二卷栝蒼先正文錄三卷補遺一卷 （明）陳遇春輯　清道光十四年(1834)刻本　十六冊

330000－1704－0005166　009271　集部/別集類/漢魏六朝別集

陶淵明文集十卷 （晉）陶潛撰　清光緒五年(1879)番禺俞秀山刻本　三冊

330000－1704－0005167　009272　集部/別集類/漢魏六朝別集

陶淵明文集十卷 （晉）陶潛撰　清刻本　三冊

330000－1704－0005171　009253　集部/詩

文評類

中國歷代文派沿革錄一卷　池虬撰　清光緒油印本　池虬題記　一册

330000－1704－0005172　009333　集部/别集類/唐五代别集

樊川文集二十卷外集一卷别集一卷　(唐)杜牧撰　清光緒二十二年(1896)刻本　六册

330000－1704－0005175　009339　集部/别集類/宋别集

徐騎省集三十卷　(宋)徐鉉撰　**徐集補遺一卷附錄一卷**　(清)朱孔彰輯　**徐騎省集校勘記一卷**　(清)李英元撰　清光緒十六年至十九年(1890－1893)黟南李氏刻本　八册

330000－1704－0005176　009179　集部/總集類

南社叢刻　南社編輯　清宣統至民國鉛印本　十八册　存十八種

330000－1704－0005177　009309　集部/别集類/唐五代别集

李太白文集三十六卷　(唐)李白撰　(清)王琦輯注　清乾隆刻本　十二册

330000－1704－0005179　009310　集部/别集類/唐五代别集

李太白文集三十卷　(唐)李白撰　清康熙五十六年(1717)吳門繆曰芑雙泉草堂刻本　四册

330000－1704－0005180　009360　集部/别集類/宋别集

宋端明殿學士蔡忠惠公文集三十六卷首一卷　(宋)蔡襄撰　**宋蔡忠惠公别紀補遺二卷**　(明)徐𤊹編　(明)宋珏增補　清雍正十二年至乾隆五年(1734－1740)蔡仕舢、蔡廷魁遜敏齋刻本　四册　存十三卷(十至二十、補遺一至二)

330000－1704－0005181　009273　集部/别集類/漢魏六朝别集

徐孝穆全集六卷　(南朝陳)徐陵撰　(清)吳兆宜箋注　**備考一卷**　(清)徐文炳撰　清嶼塘徐氏敦善堂刻本　三册

330000－1704－0005182　009279　集部/别集類/漢魏六朝别集

謝康樂先生集四卷　(南朝宋)謝靈運撰　清同治六年(1867)謝氏刻本　二册

330000－1704－0005185　009280　集部/别集類/漢魏六朝别集

庾子山集十六卷總釋一卷　(北周)庾信撰　(清)倪璠註　**年譜一卷**　(清)倪璠撰　清道光十九年(1839)善成堂刻本　十二册

330000－1704－0005187　009281　集部/别集類/漢魏六朝别集

庾子山集十六卷總釋一卷　(北周)庾信撰　(清)倪璠註　**年譜一卷**　(清)倪璠撰　清康熙二十六年(1687)崇岫堂刻本　六册　缺一卷(總釋)

330000－1704－0005188　009311　集部/别集類/唐五代别集

制詔集二十卷　(唐)常袞撰　清光緒七年至九年(1881－1883)閩郭伯蒼沁泉山館刻本　四册

330000－1704－0005189　009285　集部/别集類/漢魏六朝别集

庾子山集十六卷總釋一卷　(北周)庾信撰　(清)倪璠註　**年譜一卷**　(清)倪璠撰　清道光十九年(1839)大文堂刻本　十二册

330000－1704－0005191　009312　集部/别集類/唐五代别集

新刊權載之文集五十卷補刻一卷　(唐)權德輿撰　清嘉慶十一年(1806)朱氏刻本　八册

330000－1704－0005193　001606　子部/宗教類/佛教之屬/諸宗

瑜伽餤口施食要集一卷　(清)釋德基輯　(清)釋寶華述　清光緒十七年(1891)永記經房刻本　黃積穀題簽　一册

330000－1704－0005194　009284　集部/别集類/漢魏六朝别集

庾子山集十六卷總釋一卷　(北周)庾信撰

(清)倪璠註　**年譜一卷**　(清)倪璠撰　清道光十九年(1839)同文堂刻本　十二册

330000－1704－0005195　009313　類叢部/叢書類/彙編之屬
天壤閣叢書二十種　(清)王祖源　(清)王懿榮編　清同治至光緒福山王氏刻彙印本　一册　存一種

330000－1704－0005196　001607　子部/宗教類/佛教之屬/諸宗
端章禪師法語一卷　(清)釋鼎慧錄　**端章禪師法語一卷**　(清)釋普忍錄　**戴雲法語一卷**　(清)釋普源錄　**愧軒草一卷**　(清)釋海印撰　**毬堂艸一卷**　(清)釋照拙撰　清刻本　一册

330000－1704－0005197　009361　集部/别集類/宋别集
曾文定公全集二十卷首一卷末一卷　(宋)曾鞏撰　清康熙三十一年(1692)南豐彭期七業堂刻本　十四册

330000－1704－0005198　009274　集部/别集類/漢魏六朝别集
徐孝穆全集六卷　(南朝陳)徐陵撰　(清)吳兆宜箋注　**備考一卷**　(清)徐文炳撰　清光緒二年(1876)廣東翰墨園刻本　四册

330000－1704－0005199　009286　集部/别集類/唐五代别集
陳伯玉文集三卷詩集二卷附錄一卷　(唐)陳子昂撰　清道光二十二年(1842)春林柯道麟刻本　四册

330000－1704－0005200　009314　類叢部/叢書類/彙編之屬
天壤閣叢書二十種　(清)王祖源　(清)王懿榮編　清同治至光緒福山王氏刻彙印本　二册　存一種

330000－1704－0005202　009315　集部/别集類/唐五代别集
唐丞相曲江張文獻公集十二卷附錄一卷千秋金鑑錄五卷　(唐)張九齡撰　清光緒十八年(1892)張曉如刻本　六册

330000－1704－0005203　009334　類叢部/叢書類/彙編之屬
玉海堂景宋元本叢書二十種别行二種　劉世珩編　清光緒至民國貴池劉氏玉海堂影刻本　六册　存一種

330000－1704－0005205　009316　集部/别集類/唐五代别集
顏魯公文集十五卷補遺一卷附錄一卷　(唐)顏真卿撰　**顏魯公文集年譜一卷**　(宋)留元剛編　清嘉慶七年(1802)顏崇椝刻本　二册

330000－1704－0005206　009317　集部/别集類/唐五代别集
顧華陽集三卷　(唐)顧況撰　**補遺一卷**　(清)顧球輯　清同治元年(1862)顧氏雙峯堂刻民國二十年(1931)印本　二册

330000－1704－0005210　009275　集部/别集類/漢魏六朝别集
江文通集四卷　(南朝梁)江淹撰　(清)梁賓輯　清乾隆二十四年(1759)考城安愚堂刻本　四册

330000－1704－0005211　009366　集部/别集類/宋别集
蘇學士文集十六卷　(宋)蘇舜欽撰　清宣統三年(1911)北京龍文閣書局石印本　六册

330000－1704－0005212　009287　集部/别集類/唐五代别集
王子安集註二十卷首一卷末一卷　(唐)王勃撰　(清)蔣清翊注　清光緒九年(1883)吳縣蔣氏雙唐碑館刻本　六册

330000－1704－0005214　009288　集部/總集類/選集之屬/斷代
唐人三家集　(清)秦恩復編　清嘉慶至道光秦氏石研齋影宋刻本　二册　存一種

330000－1704－0005215　009318　集部/總集類/選集之屬/斷代
唐人三家集　(清)秦恩復編　清嘉慶至道光秦氏石研齋影宋刻本　四册　存一種

330000－1704－0005216　009276　集部/别集類/漢魏六朝别集
徐孝穆全集六卷　(南朝陳)徐陵撰　(清)吴兆宜箋注　**備考一卷**　(清)徐文炳撰　清光緒二年(1876)廣東翰墨園刻本　三册　存六卷(二至六、備考)

330000－1704－0005217　009336　集部/别集類/宋别集
元豐類稿五十卷　(宋)曾鞏撰　清康熙四十九年(1710)長嶺曾國光西爽堂刻本　九册　缺六卷(五至十)

330000－1704－0005219　009289　集部/别集類/唐五代别集
駱臨海集十卷首一卷末一卷　(唐)駱賓王撰　(清)陳熙晉箋註　清咸豐三年(1853)松林宗祠刻本　七册

330000－1704－0005220　009369　集部/别集類/宋别集
王臨川文集四卷　(宋)王安石撰　清宣統二年(1910)上海會文堂書局石印本　池傳楹題記　四册

330000－1704－0005221　009290　類叢部/叢書類/郡邑之屬
金華叢書六十八種　(清)胡鳳丹編　清同治七年至光緒八年(1868－1882)永康胡氏退補齋刻民國補刻本　二册　存一種

330000－1704－0005222　009319　集部/總集類/選集之屬/斷代
唐人三家集　(清)秦恩復編　清嘉慶至道光秦氏石研齋影宋刻本　二册　存一種

330000－1704－0005223　009277　集部/别集類/漢魏六朝别集
庾子山集十六卷總釋一卷　(北周)庾信撰　(清)倪璠註　**年譜一卷**　(清)倪璠撰　清同治八年(1869)刻本　十二册

330000－1704－0005224　009371　集部/總集類/氏族之屬
范文正公全集四十八卷　(宋)范仲淹撰　**范忠宣公全集二十五卷**　(宋)范純仁撰　清道光十年(1830)范玉琨刻本　八册

330000－1704－0005225　009304　集部/别集類/唐五代别集
李太白文集三十六卷　(唐)李白撰　(清)王琦輯注　清光緒三十四年(1908)上海掃葉山房石印本　二十册

330000－1704－0005226　009320　集部/總集類/彙編之屬
三唐人集　(清)馮焌光編　清光緒南海馮氏讀有用書齋刻本　二册　存一種

330000－1704－0005227　009337　集部/别集類/宋别集
元豐類稿五十卷　(宋)曾鞏撰　清康熙四十九年(1710)長嶺曾國光西爽堂刻本　八册

330000－1704－0005229　009321　集部/總集類/彙編之屬
三唐人集　(清)馮焌光編　清光緒南海馮氏讀有用書齋刻本　四册　存一種

330000－1704－0005231　009322　集部/總集類/彙編之屬
三唐人集　(清)馮焌光編　清光緒南海馮氏讀有用書齋刻本　二册　存一種

330000－1704－0005232　009370　集部/總集類/氏族之屬
范文正公忠宣公全集七十三卷　(宋)范仲淹　(宋)范純仁撰　清康熙四十六年(1707)吴郡范氏歲寒堂刻本　十六册

330000－1704－0005233　009278　集部/别集類/漢魏六朝别集
謝宣城集六卷首一卷　(南朝齊)謝脁撰　清康熙四十六年(1707)郭威釗刻本　二册

330000－1704－0005235　009323　類叢部/叢書類/彙編之屬
結一廬朱氏賸餘叢書四種　(清)朱澂編　清光緒三十一年(1905)仁和朱氏刻本　五册　存一種

330000－1704－0005236　009291　集部/别集類/唐五代别集

唐丞相曲江張文獻公集十二卷附録一卷千秋金鑑録五卷　(唐)張九齡撰　清光緒十八年(1892)張曉如刻本　六册

330000－1704－0005239　009324　集部/别集類/唐五代别集

重刊五百家註音辯昌黎先生文集四十卷　(唐)韓愈撰　(宋)魏仲舉輯注　清兩儀堂刻本　十二册

330000－1704－0005240　009294　集部/别集類/唐五代别集

王右丞集二十八卷首一卷末一卷　(唐)王維撰　(清)趙殿成箋注　清乾隆刻本　四册　缺十卷(二十至二十八、末)

330000－1704－0005241　009341　集部/别集類/宋别集

元豐類稾五十卷　(宋)曾鞏撰　清光緒十六年(1890)慈利漁浦書院刻本　十册

330000－1704－0005242　009342　集部/别集類/宋别集

元豐類稿五十卷　(宋)曾鞏撰　清乾隆二十八年(1763)查溪刻本　十二册

330000－1704－0005243　009325　集部/總集類/選集之屬/通代

唐宋大家全集録十種　(清)儲欣編　清康熙刻本　八册　存一種

330000－1704－0005253　009326　集部/别集類/唐五代别集

新刊五百家註音辯昌黎先生文集四十卷　(唐)韓愈撰　(宋)魏仲舉輯注　清乾隆四十九年(1784)刻本　十二册

330000－1704－0005254　009327　集部/别集類/唐五代别集

昌黎先生集四十卷外集十卷遺文一卷　(唐)韓愈撰　(宋)廖瑩中校正　**朱子校昌黎先生集傳一卷**　(宋)朱熹撰　清同治八年(1869)江蘇書局刻本　葉琮批並觀款　十册

330000－1704－0005255　009372　集部/别集類/宋别集

歐陽文忠公全集一百五十三卷首一卷附録五卷　(宋)歐陽修撰　清光緒十九年(1893)澹雅書局刻本　二十六册　存一百二十八卷(一至五十三、八十二至一百十四、一百十七至一百五十三,附録一至五)

330000－1704－0005256　009328　集部/别集類/唐五代别集

韓子粹言一卷　(唐)韓愈撰　(清)李光地選　清康熙五十二年(1713)教忠堂刻本　二册

330000－1704－0005259　009376　集部/别集類/宋别集

歐陽文忠公全集一百五十三卷首一卷附録五卷　(宋)歐陽修撰　清嘉慶二十四年(1819)歐陽衡刻本　二十四册

330000－1704－0005260　009373　集部/别集類/宋别集

歐陽文忠公全集一百五十三卷首一卷附録五卷　(宋)歐陽修撰　清光緒十九年(1893)澹雅書局刻本　五册

330000－1704－0005261　009331　集部/别集類/唐五代别集

韓文起十二卷　(唐)韓愈撰　(清)林雲銘評註　**韓文公年譜一卷**　(清)林雲銘撰　清康熙三十二年(1693)林氏建陽刻本　四册

330000－1704－0005262　009374　集部/總集類/選集之屬/通代

唐宋八大家文鈔一百六十六卷　(明)茅坤編　明崇禎四年(1631)茅著刻本　五册　存一種

330000－1704－0005263　009332　集部/别集類/唐五代别集

讀韓記疑十卷首一卷　(清)王元啓撰　清刻本　二册

330000－1704－0005264　009375　類叢部/叢書類/郡邑之屬

浦城遺書十四種　(清)梁章鉅　(清)祝昌泰

編　清嘉慶十六年至十九年(1811－1814)浦城祝氏留香室刻道光十四年(1834)彙印本　六册　存一種

330000－1704－0005269　009301　集部/別集類/唐五代別集
河東先生文集六卷　(唐)柳宗元撰　清宣統二年(1910)上海會文堂粹記石印本　六册

330000－1704－0005270　009302　集部/別集類/唐五代別集
昌黎先生集四十卷外集十卷遺文一卷　(唐)韓愈撰　(宋)廖瑩中校正　**朱子校昌黎先生集傳一卷**　(宋)朱熹撰　**韓集點勘四卷**　(清)陳景雲撰　清宣統三年(1911)上海掃葉山房石印本　十二册

330000－1704－0005272　009343　類叢部/叢書類/彙編之屬
廣雅書局叢書一百五十九種　徐紹棨編　清光緒廣雅書局刻民國九年(1920)番禺徐紹棨彙编印本　一册　存一種

330000－1704－0005274　009345　集部/別集類/唐五代別集
羅昭諫集八卷　(唐)羅隱撰　清同治六年(1867)方坦刻本　二册

330000－1704－0005275　009377　集部/別集類/宋別集
司馬溫公文集八十卷目錄二卷　(宋)司馬光撰　明崇禎元年(1628)吴時亮等刻清康熙四十七年(1708)蔣起龍等重修本　二十四册

330000－1704－0005276　009378　集部/別集類/宋別集
武溪集二十卷　(宋)余靖撰　**首一卷**　清廣州蕓香堂刻本　六册

330000－1704－0005277　009346　集部/別集類/唐五代別集
唐皮日休文藪十卷　(唐)皮日休撰　清光緒二十一年(1895)合肥李氏蘭雪堂刻本　楊紹廉跋、題記並批　二册

330000－1704－0005278　009357　集部/別集類/唐五代別集
玉谿生詩箋註三卷首一卷樊南文集箋註八卷首一卷　(唐)李商隱撰　(清)馮浩箋注　清乾隆四十五年(1780)德聚堂刻本　二册　存九卷(首、樊南文集箋註一至八)

330000－1704－0005279　009379　集部/別集類/宋別集
司馬溫公文集十四卷　(宋)司馬光撰　(清)張伯行訂　清康熙四十八年(1709)儀封張伯行正誼堂刻光緒七年(1881)滸灣趙氏修補印本　六册

330000－1704－0005280　009386　集部/別集類/宋別集
安陽集五十卷首一卷附錄一卷　(宋)韓琦撰　**忠獻韓魏王別錄三卷**　(宋)王巖叟撰　**忠獻韓魏王遺事一卷**　(宋)強至撰　**忠獻韓魏王家傳十卷**　(明)郭璞校　清乾隆三十七年(1772)刻本　十册

330000－1704－0005281　009356　集部/別集類/唐五代別集
玉谿生詩箋註三卷首一卷樊南文集箋註八卷首一卷　(唐)李商隱撰　(清)馮浩箋注　清乾隆四十五年(1780)德聚堂刻嘉慶元年(1796)增刻本　四册　存九卷(首、樊南文集箋註一至八)

330000－1704－0005283　009355　集部/別集類/唐五代別集
樊南文集詳註八卷　(唐)李商隱撰　(清)馮浩編訂　清乾隆四十五年(1780)刻同治七年(1868)馮寶圻重修印本　四册

330000－1704－0005285　009387　集部/別集類/宋別集
東坡先生全集七十五卷　(宋)蘇軾撰　**東坡詩選十二卷**　(宋)蘇軾撰　(明)譚元春選　**東坡先生年譜一卷**　(明)王宗稷編　明末文盛堂刻本　二十四册　存七十五卷(一至七十五)

330000－1704－0005286　009354　集部/別集類/唐五代別集

玉谿生詩箋註三卷首一卷樊南文集箋註八卷首一卷 （唐）李商隱撰 （清）馮浩箋注 清乾隆四十五年(1780)德聚堂刻本 四册 存九卷(首、樊南文集箋註一至八)

330000－1704－0005287 009380 集部/别集類/宋别集

盱江先生全集三十七卷外集三卷門人録一卷 （宋）李覯撰 **盱江先生年譜一卷** （宋）陳次公編 清雍正五年(1727)鶴城李氏刻十一年(1733)補刻本 十册

330000－1704－0005288 009353 集部/别集類/唐五代别集

樊南文集補編十二卷 （唐）李商隱撰 （清）錢振倫 （清）錢振常箋注 清同治五年(1866)望三益齋刻本 四册 缺一卷(二)

330000－1704－0005290 009381 集部/别集類/宋别集

蘇老泉先生全集二十卷 （宋）蘇洵撰 **附録二卷** （宋）沈斐輯 清康熙三十七年(1698)吴郡邵仁泓安樂居刻本 六册

330000－1704－0005293 009395 類叢部/叢書類/彙編之屬

武英殿聚珍版書一百三十八種 清木活字印本 八册 存一種

330000－1704－0005296 009396 集部/别集類/宋别集

後山先生集二十四卷首一卷 （宋）陳師道撰 清光緒十一年(1885)番禺陶福祥刻本 四册

330000－1704－0005297 009383 集部/别集類/宋别集

重刊明成化本東坡七集一百十卷 （宋）蘇軾撰 **東坡集校記二卷** 繆荃孫撰 **東坡先生年譜一卷** （宋）王宗稷編 清光緒三十四年至宣統元年(1908－1909)端方寶華盦刻本 三十四册 缺四十卷(一至四十)

330000－1704－0005298 009417 集部/别集類/宋别集

燭湖集二十卷附編二卷 （宋）孫應時撰 （清）孫景洛等輯 清嘉慶八年(1803)孫氏靜遠軒刻本 六册

330000－1704－0005299 009416 集部/别集類/宋别集

梁谿先生文集一百八十卷附録一卷年譜一卷行狀三卷 （宋）李綱撰 清道光十四年(1834)刻本 四十册

330000－1704－0005300 009398 集部/别集類/宋别集

乖崖集存六卷 （宋）張詠撰 清宣統二年(1910)通州李氏鉛印本 一册

330000－1704－0005301 009399 集部/别集類/宋别集

乖崖先生文集十二卷 （宋）張詠撰 **附録一卷** 清光緒八年(1882)獨山莫祥芝刻本 二册

330000－1704－0005302 009418 集部/别集類/宋别集

瀘溪文集五十卷 （宋）王庭珪撰 **附刻竹西聽雨集殘稿一卷** （明）王尊陽撰 清乾隆五十一年(1786)愛敬堂刻本 四册

330000－1704－0005303 009400 集部/别集類/宋别集

青山集三十卷續集五卷附録一卷 （宋）郭祥正撰 清嘉慶八年(1803)宋鉞、葛錞、吴立堅刻本 二册 缺十四卷(十一至二十四)

330000－1704－0005306 009419 集部/别集類/宋别集

胡澹庵先生文集三十二卷補遺一卷 （宋）胡銓撰 清道光十三年(1833)胡氏刻本 五册 存十九卷(一至三、九至二十、二十四至二十七)

330000－1704－0005307 009397 類叢部/叢書類/家集之屬

傅氏續録 （清）傅以禮編 清光緒演慎齋刻本 三册 存一種

330000－1704－0005309 009401 集部/别

集類/宋別集

道鄉先生文集四十卷補遺一卷　（宋）鄒浩撰　**道鄉集附録一卷**　清道光十一年（1831）鄒氏刻本　七冊　缺七卷（六至十一、二十九）

330000－1704－0005310　009384　集部/别集類/宋別集

歐陽文忠公全集一百五十三卷首一卷附録五卷　（宋）歐陽修撰　清嘉慶二十四年（1819）歐陽衡刻本　十八冊

330000－1704－0005311　009420　集部/别集類/宋別集

栟櫚先生文集二十五卷　（宋）鄧肅撰　清道光三年（1823）江寧鄧廷楨萬竹園刻本　四冊

330000－1704－0005313　009402　集部/别集類/宋別集

羅豫章先生集十二卷首一卷末一卷　（宋）羅從彦撰　（清）黄植亨重訂　清光緒九年（1883）古燕張國正延平郡署刻本　四冊

330000－1704－0005314　009421　集部/别集類/宋別集

宋劉文靖公屏山全集二十卷首一卷附考異一卷　（宋）劉子翬撰　清光緒二十七年至二十八年（1901－1902）武夷潘氏雲屏山房刻本　四冊　存十五卷（首、一至十四）

330000－1704－0005316　009403　集部/别集類/宋別集

宋宗忠簡公集八卷首一卷　（宋）宗澤撰　清咸豐元年（1851）宗氏刻本　四冊

330000－1704－0005317　009388　集部/别集類/宋別集

王臨川全集一百卷目録二卷　（宋）王安石撰　清光緒九年（1883）溧陽繆氏小岯山館刻本　十六冊

330000－1704－0005319　009404　集部/别集類/宋別集

楊龜山先生集四十二卷首一卷末一卷　（宋）楊時撰　清康熙四十六年（1707）延平楊繩祖刻本（卷末原缺）　九冊　存四十卷（首、五至四十二、末）

330000－1704－0005320　009390　集部/别集類/宋別集

王臨川全集一百卷目録二卷　（宋）王安石撰　清光緒九年（1883）聽香館刻本　十六冊

330000－1704－0005321　009391　集部/别集類/宋別集

淮海集十七卷後集二卷詞一卷補遺一卷　（宋）秦觀撰　**淮海文集攷證一卷**　（清）王敬之　（清）茆泮林　（清）金長福撰　**重編淮海先生年譜節要一卷**　（清）秦瀛編　（清）王敬之節要　清道光十七年（1837）王敬之等刻二十一年（1841）增刻本　六冊

330000－1704－0005324　009441　集部/别集類/宋別集

朱子集一百四卷目録二卷　（宋）朱熹撰　清咸豐十年至同治元年（1860－1862）鰲峰書院刻本　四十冊

330000－1704－0005325　009405　集部/别集類/宋別集

楊龜山先生集四十二卷首一卷末一卷　（宋）楊時撰　清光緒九年（1883）張國正刻本（卷末原缺）　十冊

330000－1704－0005326　009422　類叢部/叢書類/彙編之屬

武英殿聚珍版書一百三十八種　清刻本　八冊　存一種

330000－1704－0005328　009442　類叢部/叢書類/彙編之屬

洪氏唐石經館叢書十九種　（清）洪汝奎編　清光緒涇縣洪氏公善堂刻並彙印本　二十四冊　存一種

330000－1704－0005330　009423　集部/别集類/宋別集

韋齋集十二卷　（宋）朱松撰　**首一卷行狀一卷**　（宋）朱熹撰　**玉瀾集一卷**　（宋）朱槔撰　清雍正六年（1728）朱玉刻本　四冊

330000－1704－0005331　009443　集部/别

集類/宋別集

陸象山先生文集三十六卷　(宋)陸九淵撰　**附錄少湖徐先生學則辯一卷**　(明)徐階撰　清道光三年(1823)金谿陸邦瑞槐堂書齋刻本　十二冊

330000－1704－0005332　001622　子部/宗教類/道教之屬

感應篇贅言一卷　(清)于覺世撰　清光緒二十年(1894)潘敏德堂刻本　一冊

330000－1704－0005333　009407　集部/別集類/宋別集

河南集三卷　(宋)穆修撰　清抄本　一冊

330000－1704－0005334　009444　集部/別集類/宋別集

朱子古文讀本六卷　(宋)朱熹撰　(清)周大璋輯　清道光二十八年(1848)長沙小瑯嬛山館刻本　六冊

330000－1704－0005335　009408　集部/別集類/宋別集

忠正德文集十卷　(宋)趙鼎撰　**附錄一卷**　清道光十一年(1831)會稽吳傑刻本　四冊

330000－1704－0005336　001623　子部/宗教類/佛教之屬/經

佛昇忉利天為母說法經三卷　(晉)釋竺法護譯　清光緒五年(1879)刻本　釋從功題簽　一冊

330000－1704－0005337　009409　集部/別集類/宋別集

忠正德文集十卷　(宋)趙鼎撰　**附錄一卷**　清道光十一年(1831)會稽吳傑刻本　四冊

330000－1704－0005338　009445　類叢部/叢書類/彙編之屬

正誼堂全書六十三種續刻五種　(清)張伯行　(清)楊浚重編　清同治五年(1866)福州正誼書院刻同治八年至光緒十三年(1869－1887)續刻本　十冊　存一種

330000－1704－0005340　001624　子部/宗教類/佛教之屬

雲來集一卷　(清)釋玉尺輯　清光緒六年(1880)刻本　一冊

330000－1704－0005342　009410　類叢部/叢書類/郡邑之屬

常州先哲遺書七十二種　盛宣懷編　清光緒二十一年至三十三年(1895－1907)武進盛氏思惠齋刻宣統彙印本　四冊　存一種

330000－1704－0005343　009425　集部/別集類/宋別集

屏山全集二十卷　(宋)劉子翬撰　清道光十八年(1838)溫陵李廷鈺秋柯草堂刻本　六冊

330000－1704－0005344　001625　子部/宗教類/佛教之屬/經疏

佛說阿彌陀經要解便蒙鈔三卷　(清)釋智旭解　(清)釋達默鈔　(清)釋達林參訂　清刻本　三冊

330000－1704－0005345　001626　子部/宗教類/佛教之屬

大懺悔文畧解二卷　(清)釋書玉釋　清刻本　一冊

330000－1704－0005346　001627　子部/宗教類/佛教之屬/諸宗

求生淨土三時繫念法三卷　清光緒七年(1881)刻本　一冊

330000－1704－0005348　009448　集部/別集類/宋別集

楊文節公文集四十二卷首一卷末一卷詩集四十二卷誠齋文節先生錦繡策二卷　(宋)楊萬里撰　清乾隆五十九年至六十年(1794－1795)帶經軒刻本　十二冊　存四十四卷(首、文集一至四十二、末)

330000－1704－0005349　009426　類叢部/叢書類/家集之屬

洪氏晦木齋叢書二十一種　(清)洪汝奎編　清同治八年至宣統元年(1869－1909)刻本　一冊　存一種

330000－1704－0005350　009394　集部/別集類/宋別集

龍雲先生文集三十二卷附録一卷　(宋)劉弇撰　清乾隆十三年(1748)安福劉氏龍雲讀書室刻本　六册

330000－1704－0005351　009411　類叢部/叢書類/彙編之屬
武英殿聚珍版書一百三十八種　清乾隆武英殿木活字印本　三册　存一種

330000－1704－0005352　009446　類叢部/叢書類/自著之屬
陸放翁全集六種　(宋)陸游撰　明末海虞毛氏汲古閣刻清毛扆增刻張氏詩禮堂印本　十二册　存一種

330000－1704－0005353　009449　類叢部/叢書類/自著之屬
陸放翁全集六種　(宋)陸游撰　明末海虞毛氏汲古閣刻清初毛扆增刻彙印本　四十五册　存三種

330000－1704－0005354　009450　集部/别集類/宋别集
水心文鈔十卷　(宋)葉適撰　(清)方棨如選　清乾隆五十五年(1790)希古堂刻本　六册

330000－1704－0005355　009451　集部/别集類/宋别集
水心文集二十九卷　(宋)葉適撰　清乾隆二十年(1755)溫州府學刻本　八册

330000－1704－0005356　009452　類叢部/叢書類/郡邑之屬
永嘉叢書十三種　(清)孫衣言編　清同治至光緒瑞安孫氏詒善祠塾刻本　四册　存一種

330000－1704－0005357　009453　類叢部/叢書類/郡邑之屬
永嘉叢書十三種　(清)孫衣言編　清同治至光緒瑞安孫氏詒善祠塾刻本　八册　存一種

330000－1704－0005358　009454、000221　類叢部/叢書類/自著之屬
張宣公全集三種　(宋)張栻撰　清咸豐四年(1854)綿邑南軒祠刻本　十八册

330000－1704－0005359　009455　集部/總集類/選集之屬/通代
四忠遺集　(清)羅文謙編　清光緒二十三年(1897)湘南書局刻本　十六册　存一種

330000－1704－0005360　009456　集部/别集類/宋别集
宋王忠文公文集五十卷目録四卷　(宋)王十朋撰　**梅溪王忠文公年譜一卷**　(清)徐炯文編　清雍正六年(1728)唐傳鉎刻鴈就堂印本　十二册

330000－1704－0005361　009461　集部/别集類/宋别集
杜清獻公集十九卷首一卷末一卷附録一卷　(宋)杜範撰　**杜清獻公校勘記一卷**　(清)王棻撰　清同治七年(1868)王棻刻本　四册

330000－1704－0005365　009428　集部/别集類/宋别集
西山先生真文忠公文集五十五卷目録二卷補遺一卷　(宋)真德秀撰　**西山真文忠公年譜一卷**　(清)真采編　清同治四年(1865)浦城真氏拱極堂刻本　十八册　存五十七卷(文集一至五十五、目録一至二)

330000－1704－0005366　009462　集部/别集類/宋别集
稼軒集鈔存四卷首一卷末一卷詞四卷補遺一卷　(宋)辛棄疾撰　(清)辛啟泰編　清嘉慶十六年(1811)萬載辛氏清修學館刻本　六册

330000－1704－0005367　009463　類叢部/叢書類/家集之屬
洪氏晦木齋叢書二十一種　(清)洪汝奎編　清同治八年至宣統元年(1869－1909)刻本　四册

330000－1704－0005369　009414　集部/别集類/宋别集
岳忠武王文集八卷首一卷末一卷　(宋)岳飛撰　(清)黄邦寧纂修　清光緒十二年(1886)上海簡玉山房刻本　八册

330000－1704－0005370　009464　集部/别

集類/宋別集
竹軒雜著六卷補遺一卷　(宋)林季仲撰　清光緒二年(1876)孫詒讓刻本　一册

330000－1704－0005371　009457　集部/别集類/宋別集
宋王忠文公文集五十卷目錄四卷　(宋)王十朋撰　**梅溪王忠文公年譜一卷**　(清)徐炯文編　清光緒二年(1876)溫州梅溪書院刻本　十六册

330000－1704－0005372　009415　集部/别集類/宋別集
後樂集二十卷　(宋)衛涇撰　清光緒八年(1882)衛氏友順堂木活字印本　十册

330000－1704－0005373　009429　集部/别集類/宋別集
雙溪集十二卷　(宋)王炎撰　清康熙五十七年(1718)王氏刻本　六册

330000－1704－0005374　009465　集部/别集類/宋別集
宋陳文節公詩集五卷文集十九卷首一卷末一卷　(宋)陳傅良撰　清乾隆十年(1745)瑞安林上梓愛日樓刻本　八册

330000－1704－0005375　009433　集部/别集類/宋別集
舒文靖公類稾四卷　(宋)舒璘撰　**附錄三卷**　(清)徐時棟輯　清同治十一年(1872)刻本　三册　缺一卷(舒文靖公類稾一)

330000－1704－0005376　009458　集部/别集類/宋別集
龍川文集三十卷首一卷　(宋)陳亮撰　**辨譌考異二卷附錄二卷**　(清)胡鳳丹撰　清宣統三年(1911)掃葉山房石印本　八册

330000－1704－0005377　009459　集部/别集類/宋別集
龍川文集三十卷補遺一卷　(宋)陳亮撰　**附錄二卷**　(清)應寶時補編　**札記一卷**　(明)宋廷輔撰　清同治八年(1869)永康應寶時刻本　十册

330000－1704－0005378　009430　集部/别集類/宋別集
鶴山文鈔三十二卷　(宋)魏了翁撰　清同治十三年(1874)望三益齋刻本　十册

330000－1704－0005379　009466　集部/别集類/宋別集
宋陳文節公詩集五卷文集十九卷首一卷末一卷　(宋)陳傅良撰　清道光十四年(1834)杭州詁經精舍刻本　五册

330000－1704－0005380　009431　類叢部/叢書類/自著之屬
北溪先生全集八種　(宋)陳淳撰　清乾隆四十八年(1783)陳文芳刻本　八册　存七種

330000－1704－0005381　009460　集部/别集類/宋別集
龍川文集三十卷　(宋)陳亮撰　**辨譌考異二卷附錄二卷**　(清)胡鳳丹撰　清光緒元年(1875)湖北崇文書局刻本　五册

330000－1704－0005382　009435　類叢部/叢書類/自著之屬
廬陵周益國文忠公集十三種　(宋)周必大撰　清道光二十八年(1848)廬陵歐陽棨瀛塘別墅刻咸豐元年(1851)續刻本　三十九册　缺七卷(省齋文稾三十四至四十)

330000－1704－0005388　001634　子部/宗教類/佛教之屬/論
菩提資糧論六卷　(印度)龍樹本　(印度)釋自在釋　(隋)釋達摩笈多譯　清宣統三年(1911)常州天寧寺刻本　一册　存三卷(一至三)

330000－1704－0005390　001636　子部/宗教類/佛教之屬/律
法海觀瀾五卷　(明)釋智旭輯　清光緒二十三年(1897)揚州藏經院刻本　二册

330000－1704－0005391　001637　子部/宗教類/佛教之屬/諸宗
修西聞見錄七卷　(清)咫觀輯　清末刻本　一册

330000－1704－0005394　001640　子部/宗教類/道教之屬/經文

三聖經靈驗圖注三卷　清光緒三十二年(1906)上海宏大善書局石印本　一册

330000－1704－0005395　009490　類叢部/叢書類/自著之屬

率祖堂叢書(金仁山先生遺書)八種附六種　(宋)金履祥撰　清雍正至乾隆金華金氏刻光緒十三年(1887)鎮海謝駿德補刻本　三册　存一種

330000－1704－0005396　009491　類叢部/叢書類/郡邑之屬

武林往哲遺箸五十六種後編十種　(清)丁丙編　清光緒二十年至二十六年(1894－1900)錢唐丁氏嘉惠堂刻本(錢塘章先生文集卷一至二原缺)　二册　存二種

330000－1704－0005397　009432　集部/别集類/宋别集

羅豫章先生集十二卷首一卷末一卷　(宋)羅從彦撰　(清)黄植亨重訂　清光緒九年(1883)古燕張國正延平郡署刻本　四册

330000－1704－0005398　009492　集部/别集類/元别集

清閟閣全集十二卷　(元)倪瓚撰　(清)曹培廉校　清康熙五十二年(1713)曹培廉城書室刻本　四册

330000－1704－0005399　009427　類叢部/叢書類/郡邑之屬

金華叢書六十八種　(清)胡鳳丹編　清同治七年至光緒八年(1868－1882)永康胡氏退補齋刻民國補刻本　八册　存一種

330000－1704－0005400　009467　集部/别集類/宋别集

廬陵宋丞相信國公文忠烈先生全集十六卷首一卷　(宋)文天祥撰　(清)文攀舟等編輯　清道光十七年(1837)廬陵文氏刻本　八册

330000－1704－0005401　009493　集部/别集類/元别集

柳待制文集二十卷附錄一卷　(元)柳貫撰　(清)柳寅東等校　清順治十一年(1654)馮如京、范養民等刻本　七册　存十八卷(一至十七、附錄)

330000－1704－0005402　009468　集部/别集類/金别集

遺山集四十卷　(金)元好問撰　**附錄一卷**　(明)儲瓘輯　清道光二十七年(1847)京都貴文堂李鎔經刻本　八册

330000－1704－0005403　009494　集部/别集類/元别集

木訥齋文集五卷附錄一卷　(元)王毅撰　清乾隆二十七年(1762)蘇遇龍刻本　一册

330000－1704－0005404　009469　集部/總集類/選集之屬/斷代

二妙集八卷逸文一卷　(金)段克己　(金)段成己撰　清光緒三十二年(1906)繆荃孫刻朱印本　二册

330000－1704－0005405　009495　類叢部/叢書類/彙編之屬

武英殿聚珍版書一百三十八種　清乾隆四十二年(1777)福建刻道光至同治遞修光緒二十一年(1895)增刻本　十册　存一種

330000－1704－0005406　009536　集部/别集類/明别集

鶴泉公文集不分卷　(明)王健撰　清同治十一年(1872)瑞安孫氏抄本　一册

330000－1704－0005408　009496　類叢部/叢書類/彙編之屬

宜稼堂叢書七種　(清)郁松年編　清道光二十年至二十二年(1840－1842)上海郁氏刻本(續後漢書卷一、八十八原缺)　四册　存一種

330000－1704－0005410　009497　集部/别集類/元别集

文獻公全集十卷首一卷日損齋筆記一卷補遺一卷　(元)黄溍撰　(清)陳坡校訂　清咸豐元年(1851)黄氏刻本　十册

330000－1704－0005412　009470　集部/別集類/宋別集

鐵函心史二卷　(宋)鄭思肖撰　清光緒二十年(1894)種竹書屋刻本　四冊

330000－1704－0005413　009520　集部/別集類/明別集

方正學先生遜志齋集二十四卷拾補一卷　(明)方孝孺撰　(明)張紹謙纂定　(清)盧演輯訂　(清)方忠奕等編　(清)俞化鵬　(清)趙予信重纂　(清)方潛等重編　**方正學先生遜志齋集外紀一卷**　(明)張紹謙纂定　(清)盧演輯訂　(清)方忠奕編　(清)俞化鵬　(清)趙予信重纂　(清)方潛重編　**方正學先生年譜一卷**　(清)盧演　(清)翁明英輯纂　清康熙刻本　十二冊

330000－1704－0005414　009471　類叢部/叢書類/彙編之屬

武英殿聚珍版書一百三十八種　清乾隆浙江刻本　一冊　存一種

330000－1704－0005418　009498　集部/別集類/元別集

剡源先生文鈔四卷　(元)戴表元撰　(清)黄宗羲選　清康熙二十七年(1688)馬思贊刻本　一冊

330000－1704－0005419　009499　集部/別集類/明別集

宋文憲公全集五十三卷首四卷　(明)宋濂撰　清嘉慶十五年(1810)金華府學刻本　二十冊

330000－1704－0005420　009508　類叢部/叢書類/郡邑之屬

檇李遺書　(清)孫福清編　清光緒四年(1878)秀水孫氏望雲仙館刻本　一冊　存一種

330000－1704－0005422　009509　集部/別集類/明別集

危學士全集十四卷　(明)危素撰　清乾隆二十三年(1758)芳樹園刻本　六冊

330000－1704－0005424　009473　集部/別集類/宋別集

謝疊山先生文集九卷首一卷　(宋)謝枋得撰　(清)陳喬樅輯　**詩傳注疏三卷**　清道光二十九年(1849)弋陽刻本　六冊

330000－1704－0005426　009516　集部/別集類/明別集

方正學先生遜志齋集二十四卷拾補一卷年譜一卷外紀一卷校勘記一卷　(明)方孝孺撰　(明)張紹謙纂定　清同治十一年至十二年(1872－1873)孫憙武林刻本　十三冊　缺四卷(十二至十三、十六至十七)

330000－1704－0005427　009511　集部/別集類/明別集

陶學士先生文集二十卷　(明)陶安撰　**陶學士先生事蹟一卷**　(明)費宏撰　**明翰林學士當塗陶主敬先生年譜一卷**　(清)夏忻編　清同治六年(1867)永寧官廨刻本　六冊　缺一卷(事蹟)

330000－1704－0005429　009517　集部/總集類/彙編之屬

明八大家集　(清)張汝瑚編　清溫陵書林刻本　四冊　存一種

330000－1704－0005432　009476　集部/別集類/宋別集

霽山先生詩文集五卷　(宋)林景熙撰　清康熙三十二年(1693)沈士尊等白下刻本　一冊

330000－1704－0005434　009513　集部/別集類/明別集

易齋劉先生遺集二卷　(明)劉璟撰　清光緒二十七年(1901)劉氏刻本　二冊

330000－1704－0005435　009514　集部/別集類/明別集

易齋劉先生遺集二卷　(明)劉璟撰　清光緒二十七年(1901)劉氏刻本　二冊

330000－1704－0005439　009522　集部/別集類/明別集

鶴泉文集不分卷　(明)王健撰　清瑞安孫氏

玉海樓抄本　一册

330000－1704－0005440　009546　集部/别集類/明别集

白沙子全集十卷古詩教解二卷首一卷末一卷　(明)陳獻章撰　(明)湛若水輯解　清乾隆三十六年(1771)陳氏碧玉樓刻本　十册

330000－1704－0005442　009524　集部/别集類/清别集

謙齋詩集八卷首一卷遺集十二卷首一卷　(清)蔡仲光撰　清咸豐三年(1853)蕭山蔡氏篤慶堂刻本　二册　存五卷(首、遺集一至四)

330000－1704－0005443　009478　類叢部/叢書類/彙編之屬

宜稼堂叢書七種　(清)郁松年編　清道光二十年至二十二年(1840－1842)上海郁氏刻本(續後漢書卷一、八十八原缺)　十四册　存一種

330000－1704－0005444　009479　集部/别集類/元别集

元張文忠公歸田類稿二十卷附録一卷　(元)張養浩撰　清乾隆五十五年(1790)歷城周永年、毛埜刻本　六册

330000－1704－0005445　009526　集部/别集類/明别集

溪園詩稿九卷遺稿五卷梅花百詠一卷　(明)駱象賢撰　清嘉慶十年(1805)木活字印本　二册

330000－1704－0005446　009506　集部/别集類/明别集

太師誠意伯劉文成公集二十卷首一卷　(明)劉基撰　清康熙劉元奇刻雍正萬里補刻乾隆括芝南田果育堂印本　十六册

330000－1704－0005447　009480　集部/别集類/元别集

趙文敏公松雪齋全集十卷外集一卷續集一卷　(元)趙孟頫撰　清康熙五十二年(1713)海上曹培廉城書室刻光緒八年(1882)楊氏重修本　四册

330000－1704－0005448　009507　集部/别集類/明别集

太師誠意伯劉文成公集二十卷首一卷　(明)劉基撰　清康熙劉元奇刻雍正萬里補刻乾隆括芝南田果育堂印本　八册

330000－1704－0005449　009500　集部/别集類/元别集

五峰集□□卷　(元)李孝光撰　清末抄本　二册　存六卷(一至四、九至十)

330000－1704－0005451　009501　集部/别集類/元别集

青華集四卷　(元)史伯璿撰　清嘉慶抄本　清孫衣言題簽　一册　存二卷(三至四)

330000－1704－0005455　001642　子部/醫家類/養生之屬

修養須知一卷　(清)朱本中撰　清抄本　一册

330000－1704－0005456　009481　集部/别集類/元别集

歐陽文公圭齋集十五卷首一卷附録一卷　(元)歐陽玄撰　清道光十四年(1834)盧陵釣源歐陽杰、歐陽棨刻本　六册

330000－1704－0005459　001644　子部/宗教類/道教之屬/戒律

太上感應篇註合鈔二卷　(清)惠棟箋　(清)姚學塽註　清咸豐五年(1855)蘇城潄芳齋刻本　一册

330000－1704－0005460　009482　集部/别集類/元别集

九靈山房集三十卷首一卷補編二卷　(元)戴良撰　清乾隆三十六年(1771)戴殿江刻本　八册

330000－1704－0005461　009527　集部/别集類/明别集

薛文清公全集四十卷附録一卷　(明)薛瑄撰　**年譜一卷**　(明)楊鶴輯　清初抄本(卷三至二十為明刻本)　四十七册　缺一卷(九)

330000－1704－0005463　009588　集部/別集類/明別集

陳士業先生集六種　(明)陳弘緒撰　清康熙二十六年(1687)刻本　一册　存一種

330000－1704－0005464　009483　集部/別集類/元別集

陳定宇先生文集十六卷別集一卷　(元)陳櫟撰　清康熙三十三年(1694)休寧陳嘉基刻本　六册

330000－1704－0005465　001645　子部/宗教類/道教之屬/戒律

太上感應經註證類編十卷　(清)王省初(清)王復初刊刻　清同治十二年(1873)金陵高錦文刻字店刻本　五册

330000－1704－0005466　001646　子部/宗教類/道教之屬/戒律

暗室燈註解二卷　清光緒四年(1878)上海翼化堂刻本　一册

330000－1704－0005467　009530　集部/別集類/明別集

卓忠毅公遺稿三卷首一卷附錄一卷　(明)卓敬撰　(清)林從炯編　清嘉慶張德標刻本　張㮚跋並題記　一册

330000－1704－0005472　009484　集部/別集類/元別集

余忠宣公文集六卷　(元)余闕撰　(清)余秉剛編　清同治六年(1867)皖江臬署刻本　二册

330000－1704－0005474　009556　集部/別集類/明別集

楓山章先生文集九卷語錄一卷　(明)章懋撰　(明)章沛編輯　**楓山章先生實紀八卷**　(明)章接編次　**楓山章文懿公年譜二卷**　(明)阮鶚撰　明嘉靖八年至九年(1529－1530)張大綸刻明遞修增刻清嘉慶印本　八册

330000－1704－0005475　009548　集部/別集類/明別集

懷麓堂詩稿二十卷文稿三十卷詩後稿十卷文後稿三十卷雜記十卷　(明)李東陽撰　**首一卷**　清刻本　四十册　缺六卷(詩稿十二至十五、雜記九至十)

330000－1704－0005476　009531　集部/別集類/明別集

王忠文公集二十五卷　(明)王禕撰　清康熙三十年(1691)王廷曾刻本　十册

330000－1704－0005479　009532　集部/別集類/明別集

解文毅公集十六卷後集六卷首一卷附錄一卷目錄一卷　(明)解縉撰　清乾隆三十二年(1767)解氏敦仁堂刻本　六册　缺六卷(後集一至六)

330000－1704－0005480　009547　集部/別集類/明別集

懷麓堂詩稿二十卷文稿三十卷詩後稿十卷文後稿三十卷雜記十卷　(明)李東陽撰　**首一卷**　清刻本　二十册

330000－1704－0005481　009487　集部/別集類/元別集

道園學古錄五十卷　(元)虞集撰　清刻本　十二册

330000－1704－0005482　009488　集部/別集類/元別集

李雲陽集四卷　(元)李祁撰　清康熙三十八年(1699)嶺南石濂刻本　二册

330000－1704－0005483　009533　集部/別集類/明別集

文清公薛先生文集二十四卷　(明)薛瑄撰　明刻本　九册　缺七卷(十二至十三、二十至二十四)

330000－1704－0005486　001653　子部/宗教類/道教之屬

天警訣一卷辨正離註一卷地理辨正註一卷　清抄本　一册

330000－1704－0005488　001655　子部/宗教類/道教之屬

佐元直指圖解九卷首一卷　（明）劉基撰　清刻本　一册

330000－1704－0005489　001656　子部/宗教類/道教之屬
璇璣圖集註一卷　（晉）趙載撰　（清）顧滄籌注　清刻本　一册

330000－1704－0005490　001657　子部/宗教類/道教之屬
地理祕書一卷　（明）葉希賢撰　清抄本　一册

330000－1704－0005491　001658　子部/宗教類/道教之屬
感應篇引經箋注一卷　（清）惠棟撰　清同治六年（1867）京師龍文齋刻本　一册

330000－1704－0005495　009557　集部/别集類/明别集
忠介公集十三卷附録五卷　（明）楊爵撰　清順治楊紹武溫州刻本　遜萕跋　二册　存四卷（四至五、附録四至五）

330000－1704－0005496　009559　集部/别集類/明别集
王陽明先生全集二十二卷首一卷　（明）王守仁撰　（清）俞嶙輯　清康熙十二年（1673）餘姚俞嶙自公堂刻本　六册　存十三卷（一、三至八、十五至十九、二十一）

330000－1704－0005497　009576　集部/别集類/明别集
明太師張文忠公文集六卷葩經全旨一卷　（明）張孚敬撰　清道光二十一年（1841）居易堂刻本　二册

330000－1704－0005498　009560　集部/别集類/明别集
王文成公全書三十八卷　（明）王守仁撰　清光緒浙江書局刻本　二十四册

330000－1704－0005499　009489　類叢部/叢書類/彙編之屬
漸西村舍彙刊（漸西村舍叢刻）四十四種　（清）袁昶編　清光緒十六年至二十四年（1890－1898）桐廬袁氏刻本　四册　存一種

330000－1704－0005501　009562　集部/别集類/明别集
王陽明先生全集十六卷　（明）王守仁撰　（清）王貽樂編　（清）陶潯批評　清道光六年（1826）柳庭芳刻本　十六册

330000－1704－0005502　009652　集部/别集類/清别集
飴山文集十二卷附録一卷　（清）趙執信撰　清乾隆三十八年（1773）刻本　四册

330000－1704－0005503　009563　類叢部/叢書類/自著之屬
陽明先生集要四種　（明）王守仁撰　（明）施邦曜編　清乾隆五十二年（1787）朱培行濟美堂刻本　十册

330000－1704－0005504　009653　集部/别集類/清别集
思綺堂文集十卷　（清）章藻功撰　清康熙六十一年（1722）聚錦堂刻本　十册

330000－1704－0005505　009654　集部/别集類/清别集
三魚堂文集十二卷外集六卷　（清）陸隴其撰
全集附録一卷　清同治七年（1868）楊昌濬武林薇署刻本　五册

330000－1704－0005507　009565　集部/别集類/明别集
汲古堂集二十八卷　（明）何白撰　清道光十六年（1836）東甌梅嶼守直堂刻本　十册

330000－1704－0005509　009655　集部/别集類/清别集
梅村集二十卷　（清）吳偉業撰　清宣統二年（1910）上海國學昌明社石印本　三册

330000－1704－0005511　009555　集部/别集類/明别集
篁墩程先生文粹二十五卷　（明）程敏政撰　（明）程曾　（明）戴銑輯　明刻本　一册　存六卷（五至十）

330000－1704－0005513　009599　集部/別集類/明別集

青湖先生文集十四卷首一卷末一卷　（明）汪應軫撰　清同治十三年（1874）汪瑔廣州刻本　四冊

330000－1704－0005515　009595　集部/別集類/明別集

嶠雅二卷　（明）鄺露撰　清光緒影印本　一冊　存一卷（二）

330000－1704－0005516　009596　集部/別集類/明別集

止止堂集五卷　（明）戚繼光撰　清光緒十四年（1888）山東書局刻本　四冊

330000－1704－0005517　009549　集部/別集類/明別集

湄邱集二卷　（明）邢宥撰　清道光刻本　一冊

330000－1704－0005518　009550　集部/別集類/明別集

六如居士全集六種　（明）唐寅撰　清嘉慶六年（1801）長沙唐仲冕果克山房刻本　六冊

330000－1704－0005519　009551　集部/別集類/明別集

兩谿文集二十四卷詩集四卷　（明）劉球撰　清乾隆三十五年（1770）、三十八年（1773）安成劉氏刻本　七冊　缺二卷（詩集三至四）

330000－1704－0005520　009552　集部/別集類/明別集

羅圭峯先生文集三十卷首一卷　（明）羅玘撰　清康熙刻本　八冊

330000－1704－0005522　009577　集部/別集類/明別集

王龍谿先生全集二十卷　（明）王畿撰　（清）莫晉校　清道光二年（1822）會稽莫晉刻本　八冊

330000－1704－0005525　009578　集部/別集類/明別集

楊忠愍公全集四卷　（明）楊繼盛撰　清敬一齋刻本　六冊

330000－1704－0005526　009579　集部/別集類/明別集

張東海詩集四卷附錄題識詩文一卷　（明）張弼撰　清刻本　三冊

330000－1704－0005527　009570　集部/別集類/明別集

劉忠宣公文集一卷宣召錄一卷詩集四卷（明）劉大夏撰　**劉忠宣公年譜二卷**　（明）劉世節編　**附錄三卷**　清光緒元年（1875）刻本　四冊　缺四卷（年譜一至二、附錄二至三）

330000－1704－0005528　009571　集部/別集類/明別集

湛甘泉先生文集三十二卷　（明）湛若水撰　清康熙二十年（1681）黃楷刻本　十冊

330000－1704－0005530　009589　集部/別集類/明別集

夢澤集摘刊九卷　（明）王廷陳撰　**首一卷附錄五卷**　（明）王追醇輯　清道光十七年（1837）江漢書院刻本　二冊

330000－1704－0005532　009590　子部/雜著類/雜說之屬

贅言錄八卷　（明）戴豪撰　**附錄一卷**　清宣統三年（1911）太平陳乃楫志澄閣活字印本　二冊

330000－1704－0005534　009573　集部/別集類/明別集

枝山文集四卷　（明）祝允明撰　清同治十三年（1874）元和祝氏刻本　四冊

330000－1704－0005535　009658　類叢部/叢書類/彙編之屬

風雨樓叢書二十三種　鄧實編　清宣統順德鄧氏鉛印本　一冊　存一種

330000－1704－0005536　009591　集部/別集類/明別集

詹養貞先生文集三卷　（明）詹事講撰　清乾隆五年（1740）詹氏刻本　三冊

330000－1704－0005537　009574　集部/別集類/明別集
嶠雅二卷　（明）鄺露撰　清刻本　二冊

330000－1704－0005539　009575　集部/別集類/明別集
甫田集三十五卷　（明）文徵明撰　**附録一卷**　（明）文嘉撰　清刻本　六冊

330000－1704－0005540　009553　類叢部/叢書類/自著之屬
王氏家藏集五種　（明）王廷相撰　明嘉靖刻清順治十二年（1655）重修康熙印本　十六冊

330000－1704－0005541　009605　集部/別集類/明別集
太史升菴全集八十一卷目録二卷附年譜一卷　（明）楊慎撰　（明）楊有仁録　**升菴外集一百卷**　（明）楊慎撰　（明）焦竑編　**太史升菴遺集二十六卷**　（明）楊慎撰　（清）楊金吾　（清）楊宗吾輯　清乾隆六十年（1795）新都周氏養拙山房刻本、道光二十四年（1844）刻本　四十八冊

330000－1704－0005543　009614　集部/別集類/明別集
二谷山人近稿十卷　（明）侯一元撰　清光緒二十年（1894）浙甌樂東緱山侯氏刻本　六冊

330000－1704－0005544　009660　集部/別集類/清別集
二曲集二十六卷　（清）李顒撰　清光緒二十六年（1900）刻本　八冊

330000－1704－0005545　009615　集部/別集類/明別集
二谷山人集十卷　（明）侯一元撰　清光緒十七年（1891）浙甌樂東侯氏刻本　楊紹廉批校並題簽　六冊

330000－1704－0005547　009661　集部/別集類/清別集
錢牧齋全集一百六十三卷　（清）錢謙益撰　（清）錢曾箋註　清宣統二年（1910）邃漢齋鉛印本　三十二冊　存一百三十二卷（初學集一至一百十、有學集一至二十二）

330000－1704－0005548　009606　集部/別集類/明別集
二谷山人集十卷　（明）侯一元撰　清光緒十七年（1891）浙甌樂東侯氏刻本　六冊

330000－1704－0005551　009616　集部/別集類/明別集
姚江孫月峯先生全集十二卷　（明）孫鑛撰　清嘉慶十九年（1814）姚江孫氏靜遠軒刻本　十二冊

330000－1704－0005553　001668　子部/宗教類/道教之屬/戒律
文昌帝君陰騭文廣義節録三卷　（清）周夢顏撰　清光緒七年（1881）揚州藏經禪院刻本　三冊

330000－1704－0005554　009680　集部/別集類/清別集
定山堂古文小品二卷　（清）龔鼎孳撰　清宣統二年（1910）上海國學昌明社石印本　一冊

330000－1704－0005556　009617　集部/別集類/明別集
高子遺書十二卷附録一卷　（明）高攀龍撰　（明）陳龍正輯　**高忠憲公年譜一卷**　（明）華允誠編　清光緒二年（1876）周士錦無錫東林書院刻本　八冊

330000－1704－0005560　001671　經部/易類/傳說之屬
周易通義十六卷　（清）莊忠棫撰　清光緒六年（1880）儀徵劉壽曾冶城山館刻本　二冊

330000－1704－0005561　001672　經部/易類/傳說之屬
周易變通解六卷首一卷末一卷　（清）萬裕澐注　清同治十二年（1873）集錦堂刻本　六冊

330000－1704－0005562　001673　子部/宗教類/其他宗教之屬/基督教
歸元直指二卷　（葡萄牙）趙若望撰　清光緒二十八年（1902）寧波七苦堂活字印本　一冊

330000－1704－0005564　009681　類叢部/叢書類/自著之屬

西堂全集　(清)尤侗撰　清康熙刻本　四册　存一種

330000－1704－0005565　009618　類叢部/叢書類/郡邑之屬

金華叢書七十種　(清)胡丹鳳編　清同治七年至光緒八年(1868－1882)永康胡氏退補齋刻本　八册　存一種

330000－1704－0005567　009608　類叢部/叢書類/自著之屬

總纂升菴合集七十種　(明)楊慎撰　(清)鄭寶琛纂集　清光緒八年(1882)新都王鴻文堂刻本　張棡題記並校　六十册

330000－1704－0005569　009684　集部/别集類/清别集

戴南山文鈔六卷　(清)戴名世撰　清宣統二年(1910)上海國學扶輪社鉛印本　三册

330000－1704－0005570　009685　集部/别集類/清别集

竹園類輯十卷　(清)朱鴻瞻撰　清康熙朱氏刻同治十二年(1873)補刻本　四册

330000－1704－0005571　009619　集部/别集類/明别集

左忠毅公集三卷　(明)左光斗撰　**左忠毅公年譜二卷**　(清)左宰撰　**左侍御公集一卷**　(明)左光先撰　清刻本　六册

330000－1704－0005572　009609　集部/别集類/明别集

唐文恪公文集十六卷首一卷　(明)唐文獻撰　清道光三十年(1850)唐天溥實研山房刻本　六册

330000－1704－0005573　009686　集部/别集類/清别集

大愚集二十七卷　(清)王鑨撰　(清)王鐸選　(清)傅而師註　**諸同人尺牘一卷**　清康熙四年(1665)刻本　十二册　缺八卷(一、十九至二十五)

330000－1704－0005574　009610　集部/别集類/明别集

凝翠集五卷　(明)王元翰撰　清嘉慶五年(1800)寧州王氏樹德堂刻本　五册　存四卷(疏草、詩集、文集、墓誌)

330000－1704－0005575　009622　集部/别集類/明别集

熊襄愍公集十卷首一卷末一卷　(明)熊廷弼撰　清同治元年至三年(1862－1864)刻本　九册　缺二卷(首、一)

330000－1704－0005577　009668　集部/别集類/清别集

錢牧齋文鈔不分卷　(清)錢謙益撰　清宣統元年(1909)國學扶輪社鉛印本　四册

330000－1704－0005578　009623　集部/别集類/明别集

黄漳浦集五十卷首一卷目録二卷　(明)黄道周撰　(清)陳壽祺重編　**漳浦黄先生年譜二卷**　(明)莊起儔編　清道光八年至十年(1828－1830)福州陳氏刻本　十五册　缺三卷(一至三)

330000－1704－0005580　009669　集部/别集類/清别集

帶經堂集九十二卷　(清)王士禛撰　(清)程哲校編　清康熙四十九年至五十一年(1710－1712)程氏七略書堂刻乾隆十二年(1747)黄晟重修本　九册

330000－1704－0005583　009624　集部/别集類/明别集

金忠節公文集八卷　(明)金聲撰　清光緒十四年(1888)黟縣李氏刻本　四册

330000－1704－0005585　001675　子部/宗教類/其他宗教之屬/基督教

聖教理證一卷　(清)黄伯禄撰　清光緒三十二年(1906)寧波七苦堂活字印本　徐修仕題簽　一册

330000－1704－0005586　001676　子部/宗教類/其他宗教之屬/基督教

要理解畧四卷 （清）□□輯　清光緒三十三年（1907）北京救世堂鉛印本　一册

330000－1704－0005591　009693　集部/别集類/清别集
張亟齋遺集一卷 （清）張招撰　清同治四年（1865）望三益齋刻本　一册

330000－1704－0005592　009626　集部/别集類/明别集
樓山堂集二十七卷 （明）吳應箕撰　清宣統二年（1910）鉛印本　六册

330000－1704－0005594　009694　集部/别集類/清别集
邵子湘全集三十卷（青門簏稿十六卷旅稿六卷賸稿八卷） （清）邵長蘅撰　**邵氏家錄二卷**　清康熙三十二年至三十八年（1693－1699）宋犖青門草堂刻本　八册　缺二卷（邵氏家錄一至二）

330000－1704－0005595　009633　類叢部/叢書類/自著之屬
春浮園集七種 （明）蕭士瑋撰　清光緒十八年（1892）蕭氏聞餘軒刻本　三册　存五種

330000－1704－0005596　009670　集部/别集類/清别集
鹿洲初集二十卷 （清）藍鼎元撰　（清）曠敏本評　清雍正十年（1732）刻本　六册　存十五卷（一至五、八至十三、十七至二十）

330000－1704－0005597　009628　集部/别集類/明别集
張忠敏公遺集十卷首一卷附錄六卷 （明）張國維撰　（清）張振珂輯　清咸豐七年（1857）張振珂刻本　六册

330000－1704－0005598　009634　集部/别集類/明别集
北海亭文集四卷詩集四卷 （明）鹿化麟撰（清）孫奇逢輯　清光緒刻本　二册

330000－1704－0005599　009695　類叢部/叢書類/自著之屬
西堂全集 （清）尤侗撰　清文富堂刻本　十二册

330000－1704－0005600　009629　集部/别集類/明别集
鹿忠節公集二十一卷 （明）鹿善繼撰　清刻本　六册

330000－1704－0005601　009671　集部/别集類/清别集
涉需堂文集一卷後集一卷詩集一卷迂言百則一卷史見一卷正學續四卷 （清）陳遇夫撰　清道光二十三年（1843）刻本　三册　存三卷（涉需堂文集、涉需堂詩集、涉需堂集）

330000－1704－0005602　009630　集部/别集類/明别集
劉蕺山文粹二卷 （明）劉宗周撰　清光緒二十一年（1895）海天旭日硯齋刻本　二册

330000－1704－0005604　009672　集部/别集類/清别集
西河文選十一卷 （清）毛奇齡撰　（清）汪霦等選　清乾隆刻本　四册

330000－1704－0005605　001678　子部/宗教類/其他宗教之屬/基督教
耶穌真教一卷 （清）柯德烈編　清光緒三十四年（1908）鉛印本　多明題簽　一册

330000－1704－0005606　009673　集部/别集類/清别集
七頌堂詩集十卷文集二卷 （清）劉體仁撰　清同治六年（1867）劉瓆刻七年（1868）增修本　四册

330000－1704－0005610　009700　集部/别集類/清别集
陳檢討四六二十卷 （清）陳維崧撰　（清）程師恭注　清乾隆三十五年（1770）武進陳明善亦園刻本　八册

330000－1704－0005611　009701　集部/别集類/清别集
陳檢討集二十卷 （清）陳維崧撰　（清）程師恭注　清道光二年（1822）金閶步月樓刻本　四册

330000－1704－0005614　009674　集部/別集類/清別集

珂雪集一卷　(清)曹貞吉撰　(清)王士禛評　**珂雪二集一卷**　(清)曹貞吉撰　**珂雪詞二卷詞補遺一卷**　(清)曹貞吉撰　(清)同學諸子評選　**朝天集一卷黄山紀遊詩一卷十子詩略□□卷**　(清)曹貞吉撰　**鴻爪集一卷**　(清)曹貞吉輯　**澹餘詩集四卷南行日記一卷**　(清)曹申吉撰　清乾隆三十五年(1770)曹益厚刻本　九册　存十四卷(珂雪集、二集、詞一至二、詞補遺、朝天集、黄山紀遊詩、十子詩略三、鴻爪集、澹餘詩集四卷、南行日記)

330000－1704－0005616　009697　集部/別集類/清別集

笠翁一家言全集十六卷　(清)李漁撰　清刻本　八册

330000－1704－0005617　009698　集部/別集類/清別集

笠翁一家言全集十六卷　(清)李漁撰　清光緒二十三年(1897)刻本　十二册　缺四卷(詩集一至三、偶集六)

330000－1704－0005618　009707　集部/別集類/清別集

柯齋選稿二十卷　(清)周綸撰　清康熙午山草堂刻本　四册

330000－1704－0005619　009703　集部/別集類/清別集

劉萬資詩古文集不分卷　(清)劉培元撰　清抄本　二册

330000－1704－0005620　009704　集部/別集類/清別集

膽餘軒集不分卷疏稿一卷詩一卷　(清)孫光祀撰　清康熙刻本　二册　缺二卷(疏稿、詩)

330000－1704－0005621　009705　集部/別集類/清別集

日知堂集四卷首一卷末一卷　(清)鄭端撰　清同治十三年(1874)保定蓮花池黄彭年、黄國瑾刻本　二册

330000－1704－0005622　009708　集部/別集類/清別集

陳檢討集十二卷詩鈔十卷詞鈔十二卷　(清)陳維崧撰　(清)蔣景祁等輯　清康熙二十三年(1684)天藜閣刻本　六册

330000－1704－0005623　009706　集部/別集類/清別集

西陂類稿五十卷　(清)宋犖撰　清光緒四年(1878)鉛印本　五册　存十九卷(一至三、十四至十七、三十二至三十九、四十三至四十六)

330000－1704－0005625　009740　集部/別集類/清別集

南山全集十六卷　(清)戴名世撰　清光緒十九年(1893)印鴻堂活字印本　八册

330000－1704－0005628　009710　集部/別集類/清別集

聊齋先生文集四卷　(清)蒲松齡撰　清宣統二年(1910)上海國學扶輪社鉛印本　二册

330000－1704－0005632　009742　集部/別集類/清別集

林蕙堂全集二十六卷　(清)吳綺撰　清乾隆三十九年至四十一年(1774－1776)夷白堂刻本　十四册

330000－1704－0005637　009676　集部/別集類/清別集

曝書亭集八十卷附録一卷　(清)朱彝尊撰　**笛漁小稾十卷**　(清)朱昆田撰　清康熙五十三年(1714)朱稻孫刻雍正印本　十五册

330000－1704－0005639　009677　集部/別集類/清別集

曝書亭集外稿八卷　(清)朱彝尊撰　(清)馮登府　(清)朱墨林輯　清嘉慶二十二年(1817)刻本　四册

330000－1704－0005643　009755　集部/別集類/清別集

望溪先生文集十八卷集外文十卷集外文補遺二卷年譜二卷　(清)方苞撰　清宣統二年

(1910)上海集成圖書公司鉛印本　十冊

330000－1704－0005644　009678　集部/別集類/清別集
曝書亭集八十卷附錄一卷　(清)朱彝尊撰
笛漁小稾十卷　(清)朱昆田撰　清光緒三十四年(1908)陶闇刻本　二十四冊

330000－1704－0005645　009756　集部/別集類/清別集
方望溪文鈔六卷首一卷　(清)方苞撰　清宣統二年(1910)上海國學扶輪社鉛印本　五冊

330000－1704－0005646　009757　類叢部/叢書類/自著之屬
抗希堂十六種　(清)方苞撰　清康熙至嘉慶刻彙印本　四冊　存一種

330000－1704－0005647　009758　集部/別集類/清別集
望溪先生文外集不分卷　(清)方苞撰　(清)方傳貴輯　清嘉慶十七年(1812)刻本　二冊

330000－1704－0005648　009759　集部/別集類/清別集
望溪先生文集十八卷集外文十卷集外文補遺二卷年譜二卷　(清)方苞撰　清咸豐元年(1851)戴鈞衡刻二年(1852)增刻本　十四冊

330000－1704－0005650　009743　集部/別集類/清別集
袁文箋正十六卷補注一卷　(清)袁枚撰　(清)石韞玉箋　清同治八年(1869)松壽山房刻本　二冊

330000－1704－0005651　009744　類叢部/叢書類/彙編之屬
式訓堂叢書四十一種　(清)章壽康編　清光緒會稽章氏刻本　一冊　存一種

330000－1704－0005652　009745　集部/別集類/清別集
筠心堂存稿八卷　(清)張孝時撰　清光緒五年(1879)刻本　四冊　缺二卷(七至八)

330000－1704－0005653　009715　集部/總集類/氏族之屬
寧都三魏全集八十三卷　(清)林時益編　清康熙易堂刻本　十冊　存一種

330000－1704－0005654　009716　集部/總集類/氏族之屬
寧都三魏全集八十三卷　(清)林時益編　清道光二十五年(1845)寧都謝庭綬紱園書塾刻本　五冊　存一種

330000－1704－0005655　009761　集部/別集類/清別集
錢南園先生遺集五卷　(清)錢灃撰　清光緒十九年(1893)保山劉樹堂浙江書局刻本　二冊

330000－1704－0005656　009717　集部/總集類/選集之屬/斷代
陸陳兩先生文鈔二種　(清)葉裕仁輯　清同治九年(1870)合肥蒯德模刻本　六冊

330000－1704－0005657　009762　集部/別集類/清別集
南園文存一卷　(清)錢灃撰　清道光十五年(1835)錢嘉棗玉成書屋廣州刻本　一冊

330000－1704－0005658　009746　集部/別集類/清別集
儲遯菴文集十二卷　(清)儲方慶撰　**附錄一卷**　(清)魏象樞撰　清光緒二年(1876)刻本　四冊

330000－1704－0005659　009763　集部/別集類/清別集
弢甫集詩十四卷詩續集二十卷文集三十卷　(清)桑調元撰　清乾隆七年(1742)蘭陔草堂刻三十二年(1767)補刻本　十冊

330000－1704－0005660　009747　集部/別集類/清別集
御製文初集三十卷目錄二卷　(清)高宗弘曆撰　清乾隆二十九年(1764)刻本　六冊　缺六卷(二十五至三十)

330000－1704－0005661　009718　集部/別集類/清別集

高江村全集 (清)高士奇撰 清康熙朗潤堂刻本 十二冊 存五種

330000－1704－0005663 009764 集部/別集類/清別集

果堂集十二卷附錄一卷 (清)沈彤撰 清乾隆刻本 二冊

330000－1704－0005664 009765 集部/別集類/清別集

裘文達公文集六卷補遺一卷恭和御製詩六卷詩集十二卷奏議一卷 (清)裘曰修撰 清嘉慶八年(1803)裘行簡刻同治十一年(1872)修補本 七冊

330000－1704－0005665 009748 集部/別集類/清別集

痦堂集五十卷附冬錄一卷 (清)黃之雋撰 清乾隆刻本 六冊 缺一卷(冬錄)

330000－1704－0005666 009772 集部/別集類/清別集

鮚埼亭集三十八卷經史問答十卷鮚埼亭集外編五十卷 (清)全祖望撰 **全氏世譜一卷年譜一卷** (清)董秉純撰 清嘉慶九年(1804)餘姚史夢蛟借樹山房刻同治十一年(1872)印本(經史問答為清乾隆三十年董秉純刻本) 二十二冊

330000－1704－0005667 009749 集部/別集類/清別集

新城伯子文集八卷首一卷末一卷 (清)胡賡善撰 清嘉慶四年(1799)歙縣胡良會東井觀室刻本 四冊

330000－1704－0005670 009750 集部/別集類/清別集

樂善堂全集定本三十卷 (清)高宗弘曆撰 清乾隆二十四年(1759)內府刻本 十八冊

330000－1704－0005671 009766 集部/總集類/選集之屬/斷代

汪羅彭薛四家合鈔四種 (清)國學扶輪社輯 清宣統二年(1910)上海國學扶輪社鉛印本 一冊 存一種

330000－1704－0005672 009639 集部/總集類/選集之屬/通代

四忠遺集 (清)羅文謙編 清光緒二十三年(1897)湘南書局刻本 二冊 存一種

330000－1704－0005673 009767 集部/別集類/清別集

翊翊齋遺書四卷首一卷 (清)馬翮飛撰 清道光十八年(1838)刻本 一冊

330000－1704－0005674 009751 類叢部/叢書類/郡邑之屬

湖州叢書十二種 (清)陸心源編 清光緒湖城義塾刻本 一冊 存一種

330000－1704－0005675 009752 集部/別集類/清別集

繩庵內集十六卷外集八卷 (清)劉綸撰 清乾隆刻本 六冊

330000－1704－0005676 009768 集部/別集類/清別集

羅臺山文鈔四卷 (清)羅有高撰 清國學扶輪社鉛印本 二冊

330000－1704－0005677 009640 集部/別集類/明別集

陳忠裕公全集三十卷首一卷末一卷自著年譜三卷 (明)陳子龍撰 (清)王昶輯 清嘉慶八年(1803)簳山草堂刻本 十冊

330000－1704－0005678 009769 集部/別集類/清別集

白華前稿六十卷後稿四十卷 (清)吳省欽撰 **年譜一卷** (清)吳敬樞撰 清乾隆四十八年(1783)刻嘉慶十五年(1810)石經堂增刻本 十六冊

330000－1704－0005679 009753 集部/別集類/清別集

新城伯子文集八卷首一卷末一卷 (清)胡賡善撰 清嘉慶四年(1799)歙縣胡良會東井觀室刻本 四冊

330000－1704－0005680 009770 集部/別集類/清別集

鈔釋袁簡齋駢體四卷　(清)潘振鱗鈔釋　清咸豐潘振鱗抄本　二冊

330000－1704－0005681　009771　集部/別集類/清別集

全謝山文鈔十六卷　(清)全祖望撰　清宣統二年(1910)上海國學扶輪社鉛印本　八冊

330000－1704－0005682　009754　集部/別集類/清別集

小倉山房外集六卷　(清)袁枚撰　清乾隆刻本　二冊

330000－1704－0005683　009774　集部/別集類/清別集

海峰文集八卷　(清)劉大櫆撰　清乾隆至嘉慶刻本　五冊　缺一卷(五)

330000－1704－0005685　009775　集部/別集類/清別集

海峰文集八卷詩集十一卷劉海峰稿不分卷　(清)劉大櫆撰　清同治十三年(1874)、光緒元年(1875)邢邱劉繼刻本　十冊

330000－1704－0005686　009642　集部/別集類/明別集

陶菴文集七卷陶菴詩集八卷補遺三卷吾師錄一卷陶菴自監錄四卷首一卷末一卷　(明)黃淳耀撰　(清)陶應鯤輯　清乾隆二十六年(1761)賓山學刻本　六冊

330000－1704－0005687　009776　集部/別集類/清別集

石笥山房集二十四卷　(清)胡天遊撰　清咸豐二年(1852)聊城楊氏海源閣刻本　十冊

330000－1704－0005689　009806　集部/別集類/清別集

嶧桐文集十卷詩集十卷　(清)劉城撰　清光緒十九年(1893)養雲山莊刻本　八冊

330000－1704－0005690　009807　集部/別集類/清別集

歸愚文鈔二十卷餘集七卷　(清)沈德潛撰　清乾隆刻本　十六冊

330000－1704－0005692　009643　集部/別集類/明別集

陶菴集二十二卷首一卷末一卷　(明)黃淳燿撰　清光緒五年至七年(1879－1881)童式穀、宋道南刻本　七冊　存二十卷(首、一至十九)

330000－1704－0005694　009802　集部/別集類/清別集

謝梅莊先生雜著十二卷　(清)謝濟世撰　清光緒十年(1884)梁家鈺寄生草堂刻本　四冊

330000－1704－0005696　009777　集部/別集類/清別集

山木居士文集十二卷　(清)魯仕驥撰　清道光十四年(1834)魯應祥刻本　六冊

330000－1704－0005697　009644　集部/別集類/清別集

亭林文集六卷餘集一卷　(清)顧炎武撰　清光緒三十二年(1906)俞鍾穎山隱居刻本　四冊

330000－1704－0005699　009804　集部/別集類/清別集

頻羅庵遺集十六卷　(清)梁同書撰　清光緒十三年(1887)蛟川修綆山莊刻本　四冊　存十三卷(一至十三)

330000－1704－0005700　009829　集部/別集類/清別集

泰雲堂文集二卷駢體文集二卷詩集十八卷詞集三卷　(清)孫爾準撰　清刻本　二冊　存五卷(駢體文集一至二、詞集一至三)

330000－1704－0005701　009803　類叢部/叢書類/自著之屬

沈歸愚詩文全集十四種　(清)沈德潛撰　清乾隆教忠堂刻本　十五冊　缺四卷(歸愚文鈔五至八)

330000－1704－0005702　009723　集部/別集類/清別集

嘯竹堂集十六卷　(清)王錫撰　清乾隆二十二年(1757)刻本　三冊

330000－1704－0005703　009645　集部/別集類/清別集

黄梨洲先生南雷文約四卷　(清)黄宗羲撰　清乾隆鄭性刻本　六册

330000－1704－0005704　009778　集部/別集類/清別集

山木居士外集四卷　(清)魯仕驥撰　清乾隆四十七年(1782)刻嘉慶二年(1797)補修本　二册

330000－1704－0005705　009646　類叢部/叢書類/自著之屬

船山遺書五十八種　(清)王夫之撰　清同治四年(1865)湘鄉曾國荃金陵刻本　二册　存一種

330000－1704－0005706　009724　集部/別集類/清別集

朱秋崖文集四卷　(清)朱克生撰　清刻本　一册

330000－1704－0005707　009779　集部/別集類/清別集

香樹齋詩集十八卷詩續集三十六卷文集二十八卷文續鈔五卷　(清)錢陳羣撰　清乾隆刻本　二十四册

330000－1704－0005708　009647　類叢部/叢書類/自著之屬

顧亭林先生遺書補遺十一種　(清)顧炎武撰　(清)席威　(清)朱記榮編　清光緒十一年(1885)吴縣朱記榮槐廬家塾刻本　一册　存三種

330000－1704－0005709　009800　集部/別集類/清別集

删後詩存十卷文集十六卷　(清)陳梓撰　清嘉慶二十年(1815)胡氏敬義堂刻本　五册　缺四卷(文集九至十二)

330000－1704－0005710　009725　集部/別集類/清別集

屺思堂文集八卷詩集八卷　(清)劉子壯撰　(清)劉孫茂輯　清康熙二十五年(1686)刻本　六册

330000－1704－0005711　009830　集部/總集類/選集之屬/斷代

汪羅彭薛四家合鈔四種　(清)國學扶輪社輯　清宣統二年(1910)上海國學扶輪社鉛印本　一册　存一種

330000－1704－0005712　009726　集部/別集類/清別集

青溪草堂文偶存二卷登嶽謠一卷　(清)蔣錫震撰　清光緒二年(1876)刻本　一册

330000－1704－0005713　009727　集部/別集類/清別集

獨善堂文集八卷　(清)王大經撰　(清)周右編　清嘉慶二十二年(1817)春暉堂刻本　二册

330000－1704－0005714　009831　集部/別集類/清別集

二林居集二十四卷　(清)彭紹升撰　清嘉慶四年(1799)刻本　四册

330000－1704－0005715　009801　類叢部/叢書類/自著之屬

北江全集七種　(清)洪亮吉撰　清乾隆至嘉慶刻彙印本　十四册　存三種

330000－1704－0005716　009780　集部/別集類

芙蓉山館文鈔一卷　(□)陸全撰　清抄本　一册

330000－1704－0005717　009832　集部/別集類/清別集

寶綸堂文鈔八卷詩鈔六卷　(清)齊召南撰　清光緒十三年(1887)郭傳璞金峨山館刻本　四册

330000－1704－0005718　009833　集部/別集類/清別集

槐塘詩稿十六卷文稿四卷　(清)汪沆撰　清乾隆刻本　六册

330000－1704－0005720　009648　集部/別

集類/清别集

聖雨齋詩文集十卷　(明)周拱辰撰　清道光三年(1823)聖雨齋刻本　三册

330000－1704－0005721　009728　集部/别集類/清别集

醉白堂文集四卷續集一卷　(清)謝良琦撰　清光緒十九年(1893)臨桂王鵬運刻本　一册　存三卷(一至三)

330000－1704－0005722　009782　集部/别集類/清别集

紀文達公遺集十六卷首一卷　(清)紀昀撰　(清)紀樹馨編　清宣統二年(1910)上海保粹樓石印本　八册

330000－1704－0005724　009834　集部/别集類/清别集

道古堂文集四十八卷詩集二十六卷附三卷　(清)杭世駿撰　清乾隆四十一年(1776)刻光緒十四年(1888)錢塘汪氏振綺堂增修本　十六册

330000－1704－0005725　009729　集部/别集類/清别集

白茅堂集四十六卷　(清)顧景星撰　**耳提錄一卷**　(清)顧昌輯　清康熙四十三年(1704)刻乾隆二十年(1755)白茅堂續刻光緒二十八年(1902)補刻本　二十册

330000－1704－0005726　009835　集部/總集類/選集之屬/斷代

戴段合刻二種　(清)張壽榮輯　清光緒十年(1884)鎮海張氏秋樹根齋刻本　四册　存一種

330000－1704－0005727　009650　集部/别集類/明别集

亭林詩集五卷文集六卷　(清)顧炎武撰　清康熙刻本　二册

330000－1704－0005728　009808　類叢部/叢書類/自著之屬

清獻堂全編八種　(清)趙佑撰　清乾隆刻本　三册　存一種

330000－1704－0005729　009809　集部/别集類/清别集

重鐫香雪文鈔十二卷　(清)曹學詩撰　清乾隆三十五年(1770)曹學詩刻本　十二册

330000－1704－0005730　009730　集部/别集類/清别集

高江村全集　(清)高士奇撰　清康熙朗潤堂刻本　五册　存七種

330000－1704－0005731　009810　集部/别集類/清别集

樊榭山房全集四十二卷　(清)厲鶚撰　**輓辭一卷**　(清)龔胡崟輯　**墓碣銘一卷**　(清)全祖望撰　**軼事一卷**　清光緒十年(1884)錢塘汪氏振綺堂刻本　十册　缺二卷(輓辭、軼事)

330000－1704－0005732　009783　集部/别集類/清别集

華陽散稿二卷　(清)史震林撰　清光緒九年(1883)王韜弢園鉛印本　二册

330000－1704－0005733　009651　集部/别集類/清别集

亭林餘集一卷　(清)顧炎武撰　清光緒二年(1876)誦芬樓刻本　一册

330000－1704－0005734　009836　集部/别集類/清别集

道古堂文集四十六卷詩集二十六卷　(清)杭世駿撰　清乾隆五十五年至五十七年(1790－1792)杭賓仁長沙黄甲書院刻本　八册

330000－1704－0005736　009838　集部/别集類/清别集

復初齋文集三十五卷　(清)翁方綱撰　清光緒三年(1877)刻本　十册

330000－1704－0005738　009840　集部/别集類/清别集

紫竹山房文集二十卷　(清)陳兆崙撰　清乾隆刻本　六册

330000－1704－0005739　009841　集部/别集類/清别集

忠雅堂文集十二卷 (清)蔣士銓撰 清嘉慶二十一年(1816)藏園刻本 八冊

330000－1704－0005740 009842 集部/別集類/清別集
忠雅堂文集十二卷詩集二十七卷詩補遺二卷銅絃詞附南北曲二卷 (清)蔣士銓撰 清刻本 十二冊 缺八卷(文集一至二、九,詩集二十至二十一、二十五至二十七)

330000－1704－0005741 009843 集部/別集類/清別集
問字堂集六卷 (清)孫星衍撰 清光緒十年(1884)四明是亦軒刻本 二冊

330000－1704－0005742 009844 集部/別集類/清別集
滑疑集文不分卷詩十卷 (清)韓錫胙稿 清乾隆少微山房刻本 劉耀東題簽並跋 四冊

330000－1704－0005743 009845 集部/別集類/清別集
滑疑集八卷 (清)韓錫胙撰 (清)宗稷辰重編 清咸豐五年(1855)石門山房刻本 四冊

330000－1704－0005744 009846 集部/別集類/清別集
滑疑集八卷 (清)韓錫胙撰 (清)宗稷辰重編 清同治十三年(1874)浙江處州府署刻本 四冊

330000－1704－0005745 009847 集部/別集類/清別集
四焉齋文集八卷詩集六卷附一卷 (清)曹一士撰 (清)曹錫黼編 清乾隆十五年(1750)刻本 六冊

330000－1704－0005746 009848 集部/別集類/清別集
白田草堂存稿二十四卷 (清)王懋竑撰 **先考王公府君[王懋竑]行狀一卷** (清)王箴聽等撰 **崇祀鄉賢錄一卷** 清乾隆十七年(1752)刻本 六冊

330000－1704－0005747 009849 集部/別集類/清別集
噉蔗全集文八卷詩八卷附喪禮詳考一卷周官隨筆一卷 (清)張羲年撰 (清)錢大昕(清)陳以綱評輯 清光緒十九年(1893)鉛印本 六冊

330000－1704－0005748 009850 集部/別集類/清別集
芳蓀書屋存稿四卷附制藝一卷 (清)吳瑛撰 清乾隆十八年(1753)刻本 一冊

330000－1704－0005749 009851 集部/別集類/清別集
集虛齋學古文十二卷附離騷經解畧一卷 (清)方椝如撰 清光緒十年(1884)李詩、竺士彥淳安縣署刻本 四冊

330000－1704－0005750 009852 集部/別集類/清別集
集虛齋學古文十二卷附離騷經解畧 (清)方椝如撰 清乾隆十九年(1754)佩古堂刻本 四冊

330000－1704－0005751 009853 集部/別集類/清別集
存硯樓二集二十五卷 (清)儲大文撰 (清)張晃 (清)徐柱臣編 清乾隆十九年(1754)刻本 十冊

330000－1704－0005752 009854 類叢部/叢書類/郡邑之屬
畿輔叢書 (清)王灝編 清光緒五年至十八年(1879－1892)定州王氏謙德堂刻三十二年(1906)彙印本 二冊 存一種

330000－1704－0005753 009855 集部/別集類/清別集
恩餘堂經進初藁十二卷續藁二十二卷三藁十一卷策問存課二卷知聖道齋讀書跋尾二卷 (清)彭元瑞撰 清嘉慶刻本 十八冊

330000－1704－0005754 009856 集部/別集類/清別集
銅鼓書堂遺稿三十二卷 (清)查禮撰 (清)查淳輯 清乾隆五十七年(1792)查淳刻本 四冊

330000－1704－0005756　009731　集部/別集類/清別集
天愚山人詩集十二卷文集十六卷　(清)謝泰宗撰　**附錄一卷**　(清)吳偉業撰　清光緒六年(1880)謝駿德靈蕤館刻本　八冊

330000－1704－0005757　009825　類叢部/叢書類/自著之屬
春融堂集三種　(清)王昶撰　清嘉慶塾南書舍刻光緒十八年(1892)補刻本　十冊

330000－1704－0005759　009811　集部/別集類/清別集
擷石齋文集二十六卷詩集五十卷十國詞箋略一卷　(清)錢載撰　清光緒四年(1878)錢卿銖蘇州府署刻本　十冊

330000－1704－0005760　009786　集部/別集類/清別集
知足齋詩集二十卷詩續集四卷文集六卷進呈文稿二卷　(清)朱珪撰　**年譜三卷**　(清)朱錫經等述　清嘉慶九年(1804)阮元刻十一年(1806)大興朱氏增修本　梅冷生跋　十四冊

330000－1704－0005761　009826　集部/別集類/清別集
孫淵如先生全集二十二卷　(清)孫星衍撰　(清)王先豫編　清光緒二十年(1894)思賢書局刻本　十冊

330000－1704－0005762　009732　類叢部/叢書類/自著之屬
西堂全集　(清)尤侗撰　清康熙刻本　十九冊　存三種

330000－1704－0005763　009812　集部/別集類/清別集
綠蘿山莊文集二十四卷　(清)胡浚撰　清乾隆刻本　十二冊

330000－1704－0005764　009813　集部/別集類/清別集
孟亭居士文稿五卷詩稿四卷經進槀一卷　(清)馮浩撰　清嘉慶刻本　六冊

330000－1704－0005765　009814、009815　集部/別集類/清別集
漱芳居文鈔八卷二集八卷　(清)趙青藜撰　清乾隆刻本　五冊　缺六卷(文鈔一至六)

330000－1704－0005766　009733　集部/別集類/明別集
西廬文集四卷補錄一卷　(明)張雋撰　清宣統二年(1910)上海國學扶輪社鉛印本　一冊　存二卷(一至二)

330000－1704－0005767　009787　集部/別集類/清別集
笥河詩集二十卷文集十六卷首一卷　(清)朱筠撰　(清)朱錫庚編訂　清嘉慶二十年(1815)朱錫庚椒華吟舫刻本　十四冊

330000－1704－0005768　009734　集部/別集類/清別集
讀書堂綵衣全集四十六卷　(清)趙士麟撰　(清)梁永淳等輯　(清)趙宸黼編　清光緒十九年(1893)浙江書局刻本　十二冊

330000－1704－0005770　009735　集部/別集類/清別集
徧行堂集十六卷　(清)釋今釋撰　清宣統三年(1911)上海國學扶輪社鉛印本　八冊

330000－1704－0005771　009817　集部/別集類/清別集
紀文達公遺集三十二卷　(清)紀昀撰　(清)紀樹馨編　清嘉慶十七年(1812)紀樹馥刻本　十八冊

330000－1704－0005772　009736　集部/總集類/氏族之屬
海虞三陶先生集合刻三種　(清)楊沂孫輯　清光緒七年(1881)楊同福貴池縣署刻本　二冊

330000－1704－0005773　009737　集部/別集類/清別集
在陸草堂文集六卷　(清)儲欣撰　(清)邢維信編　清光緒十七年(1891)儲氏刻本　六冊

330000－1704－0005774　009788　集部/別集類/清別集

已山先生文集十卷別集四卷　傳一卷　(清)王步青撰　清乾隆十七年(1752)敦復堂刻本　四冊

330000－1704－0005775　009818　類叢部/叢書類/自著之屬

南江邵氏遺書十四種　(清)邵晉涵撰　清乾隆至嘉慶邵氏刻本　六冊　存二種

330000－1704－0005776　009738　集部/別集類/清別集

南沙文集八卷附二卷　(清)洪若臯撰　清康熙刻本(原缺附卷二)　八冊

330000－1704－0005777　009819　集部/別集類/清別集

板橋集五種　(清)鄭燮撰　清宣統元年(1909)湖南益元書局刻本　四冊

330000－1704－0005778　009739　集部/別集類/清別集

寒松堂全集十二卷年譜一卷　(清)魏象樞撰　清嘉慶十六年(1811)魏煜刻本　十三冊

330000－1704－0005779　009820　集部/別集類/清別集

芙蓉山館文鈔不分卷　(清)楊芳燦撰　清刻本　一冊

330000－1704－0005781　009821　集部/別集類/清別集

貫道堂文集四卷　(清)費錫璜撰　清康熙汪文著刻本　二冊

330000－1704－0005783　009857　集部/別集類/清別集

鑾山遺集十卷　(清)王有嘉撰　清乾隆四十一年(1776)漳仰賢齋刻本　一冊　存二卷(一至二)

330000－1704－0005784　009877　類叢部/叢書類/自著之屬

授堂遺書七種　(清)武億撰　清道光二十三年(1843)偃師武氏刻本　五冊　存二種

330000－1704－0005785　009822　類叢部/叢書類/自著之屬

戚鶴泉所著書十一種　(清)戚學標撰　清乾隆至嘉慶刻本　一冊　存一種

330000－1704－0005786　009858　集部/別集類/清別集

頤綵堂文集十六卷劍舟律賦二卷駢體文鈔二卷　(清)沈叔埏撰　清嘉慶二十三年(1818)沈維鐈武昌刻本　四冊　存十八卷(頤綵堂文集一至十六、劍舟律賦一至二)

330000－1704－0005788　009824　集部/別集類/清別集

秋塍文鈔十二卷　(清)魯曾煜撰　清乾隆九年(1744)鳴野山房刻本　四冊

330000－1704－0005789　009878　類叢部/叢書類/彙編之屬

文選樓叢書三十三種　(清)阮亨編　清嘉慶至道光阮元刻道光二十二年(1842)阮亨彙印本　二十四冊　存一種

330000－1704－0005790　009879　類叢部/叢書類/彙編之屬

文選樓叢書三十三種　(清)阮亨編　清嘉慶至道光阮元刻道光二十二年(1842)阮亨彙印本　六冊　存一種

330000－1704－0005791　009880　集部/別集類/清別集

秋塍書屋詩鈔七卷文鈔二卷　(清)王斯年撰　清嘉慶十七年(1812)刻本　二冊

330000－1704－0005792　009792　集部/別集類/清別集

板橋集五種　(清)鄭燮撰　清同治七年(1868)刻本　四冊

330000－1704－0005793　009823　集部/別集類/清別集

培遠堂偶存稿十卷　(清)陳弘謀撰　清吳門刻本　七冊　存九卷(一至三、五至十)

330000－1704－0005794　009902　集部/別集類/清別集

平園雜著內編十四卷　(清)林有席撰　(清)

林大佐編　清道光六年(1826)刻本　六冊

330000－1704－0005795　009793　集部/別集類/清別集
樗寮先生全集七種四十三卷　(清)姚椿撰　清道光至咸豐刻本　十冊　存四種

330000－1704－0005796　009859　集部/別集類/清別集
頤綵堂文集十六卷詩鈔十卷劍舟律賦二卷經進文藁一卷駢體文鈔二卷　(清)沈叔埏撰　清光緒九年(1883)沈宗濟刻本　八冊　缺三卷(文集四至六)

330000－1704－0005797　009903　集部/別集類/清別集
焚餘草二卷　(清)陳之綱撰　清嘉慶十三年(1808)李澐刻本　一冊

330000－1704－0005798　009860　類叢部/叢書類/家集之屬
長洲彭氏家集九種　(清)彭祖賢編　清同治至光緒刻本　六冊　存一種

330000－1704－0005799　009861　集部/別集類/清別集
玉亭集十四卷　(清)吳高增撰　清乾隆刻本　二冊

330000－1704－0005800　009904　集部/別集類/清別集
萸江古文存四卷詩存三卷附崇祀鄉賢祠錄一卷朋舊詩一卷　(清)陶必銓撰　清嘉慶二十一年(1816)陶氏愛吾廬刻本　二冊

330000－1704－0005801　009862　集部/別集類/清別集
梅崖居士文集三十卷首一卷外集八卷　(清)朱仕琇撰　清乾隆四十七年(1782)新城魯仕驥刻道光重修本　十二冊

330000－1704－0005802　009794　集部/別集類/清別集
香聞遺集四卷　(清)薛起鳳撰　清光緒十一年(1885)彭祖賢湖北撫署刻本　二冊

330000－1704－0005804　009795　集部/別集類/清別集
述學内篇三卷外篇一卷補遺一卷別錄一卷校勘記一卷附錄一卷　(清)汪中撰　(清)汪喜孫編　清光緒二十二年(1896)上海古香閣石印本　三冊

330000－1704－0005805　009905　集部/別集類/清別集
尚絅堂詩集五十二卷詞集二卷駢體文二卷　(清)劉嗣綰撰　清同治八年(1869)劉氏刻宣統二年(1910)印本　十冊

330000－1704－0005806　009864　集部/別集類/清別集
青虛山房集十一卷　(清)王太岳撰　清光緒十九年(1893)定興鹿傳霖刻本　六冊

330000－1704－0005807　009906　集部/別集類/清別集
有正味齋駢體文二十四卷　(清)吳錫麒撰　(清)王廣業箋　清咸豐九年(1859)青箱塾刻本　八冊

330000－1704－0005808　009796　集部/別集類/清別集
述學内篇三卷外篇一卷補遺一卷別錄一卷　(清)汪中撰　(清)汪喜孫編　清光緒二十年(1894)刻本　四冊

330000－1704－0005809　009865　集部/別集類/清別集
清谷文鈔六卷　(清)朱辰應撰　(清)楊志麟輯　清嘉慶七年(1802)刻本　二冊

330000－1704－0005810　009913　集部/別集類/清別集
嘉樹山房集二十卷外集二卷　(清)張士元撰　清嘉慶二十四年(1819)刻本　四冊

330000－1704－0005811　009866　集部/別集類/清別集
吞松閣集三十六卷補遺四卷　(清)鄭虎文撰　(清)馮敏昌編　清嘉慶十四年(1809)馮敏昌等刻本　八冊

330000－1704－0005813　009881　類叢部/叢書類/自著之屬

靈芬館集十種　(清)郭麐撰　清嘉慶至道光刻本　三十冊　存六種

330000－1704－0005815　009868　集部/別集類/清別集

大俞山房文稿六卷　(清)黃璋撰　清刻本　二冊

330000－1704－0005816　009914　集部/別集類/清別集

存悔齋集二十八卷外集四卷　(清)劉鳳誥撰　清道光十年至十七年(1830－1837)劉氏刻本　八冊

330000－1704－0005817　009798　集部/別集類/清別集

述學内篇三卷外篇一卷補遺一卷別錄一卷　(清)汪中撰　(清)汪喜孫編　清道光汪喜孫刻本　一冊　存四卷(内篇一至三、補遺)

330000－1704－0005818　009799　集部/別集類/清別集

述學内篇三卷補遺一卷外篇一卷別錄一卷附錄一卷校勘記一卷　(清)汪中撰　(清)汪喜孫編　清同治八年(1869)揚州書局刻本　二冊

330000－1704－0005819　009882　集部/別集類/清別集

蘭雪集八卷　(清)柯振嶽撰　清嘉慶二十三年(1818)藏修齋刻本　四冊

330000－1704－0005820　009883　集部/別集類/清別集

晚學集八卷未谷詩集四卷　(清)桂馥撰　(清)孔憲彝編　清道光二十一年(1841)闕里孔氏刻桂氏遺書本　三冊　存八卷(晚學集一至八)

330000－1704－0005821　009907　類叢部/叢書類/自著之屬

養餘齋全集四種附三種　(清)柳樹芳撰　清道光勝溪草堂刻本　四冊　存一種

330000－1704－0005822　009869　集部/別集類/清別集

曙林遺稿二卷　(清)陶愈隆撰　清陶介亭賢奕書樓抄本　一冊

330000－1704－0005823　009908　集部/別集類/清別集

任午橋存稿三卷　(清)任朝楨撰　清光緒九年(1883)任氏弇山鐸署刻本　一冊

330000－1704－0005824　009909　集部/別集類/清別集

十誦齋集詩四卷詞一卷雜文一卷　(清)周天度撰　清乾隆四十八年(1783)刻本　二冊

330000－1704－0005825　009870　集部/別集類/清別集

存研樓文集十六卷　(清)儲大文撰　(清)張耀先等輯　清光緒元年(1875)刻本　八冊

330000－1704－0005826　009884　集部/別集類/清別集

壺園雜著不分卷　(清)徐寶善撰　清刻本　一冊

330000－1704－0005827　009944　集部/別集類/清別集

雙桂堂文集六卷首一卷末一卷　(清)林滋秀撰　清嘉慶二十四年(1819)刻本　四冊

330000－1704－0005828　009910　集部/別集類/清別集

艮山文集八卷　(清)賈聲槐撰　清道光七年(1827)刻本　一冊　存五卷(四至八)

330000－1704－0005829　009912　集部/別集類/清別集

述古堂文集十二卷　(清)錢兆鵬撰　清光緒七年(1881)刻本　四冊

330000－1704－0005830　009871　集部/別集類/清別集

天真閣集五十四卷外集六卷　(清)孫原湘撰　**長真閣集七卷詩餘一卷**　(清)席佩蘭撰　清嘉慶五年(1800)、十七年(1812)刻本　十六冊　缺二十二卷(天真閣集三十三至五十

四）

330000－1704－0005831　009911　集部/别集類/清别集

雙白燕堂文集二卷外集八卷詩集八卷集唐詩二卷　（清）陸耀遹撰　清道光二十二年（1842）、同治六年（1867）、光緒四年（1878）刻本　八册

330000－1704－0005832　009885　集部/别集類/清别集

白鵠山房駢體文續鈔二卷　（清）徐熊飛撰　清刻本　一册

330000－1704－0005834　009886　類叢部/叢書類/彙編之屬

文選樓叢書三十三種　（清）阮亨編　清嘉慶至道光阮元刻道光二十二年（1842）阮亨彙印本　六册　存一種

330000－1704－0005835　009872　集部/别集類/清别集

李穆堂詩文全集一百卷　（清）李紱撰　清道光十一年（1831）奉國堂刻本　二十八册

330000－1704－0005836　009987　集部/别集類/清别集

邁堂文畧一卷　（清）李祖陶撰　清道光十五年（1835）江西鷺洲書院刻本　一册

330000－1704－0005837　009946　集部/别集類/清别集

崇百藥齋文集二十卷續集四卷三集十二卷（清）陸繼輅撰　**五真閣吟藁一卷**　（清）錢惠尊撰　清光緒四年（1878）陸祐勤等興國州署刻本　三册　存十卷（三集一至三、七至十二，五真閣吟槀）

330000－1704－0005838　009988　集部/别集類/清别集

頤道堂文鈔十三卷詩選三十卷詩外集十卷戒後詩存二卷　（清）陳文述撰　清嘉慶至道光刻本　瑞安項氏題簽　二十二册

330000－1704－0005839　009915　集部/别集類/清别集

煙霞萬古樓文集六卷詩選二卷　（清）王曇撰　清光緒二十一年（1895）鴻文書局影印本　二册

330000－1704－0005840　009916　集部/别集類/清别集

煙霞萬古樓文集六卷　（清）王曇撰　清道光二十年（1840）刻本　二册

330000－1704－0005841　009947　集部/别集類/清别集

丹魁堂詩集七卷外集四卷　（清）季芝昌撰　**茗韻軒遺詩一卷**　（清）王甥稙撰　清咸豐十一年（1861）崇川寓館、同治四年（1865）紫瑯寓館刻本　六册

330000－1704－0005842　009873　集部/别集類/清别集

孝思堂集十卷　（清）侯七乘撰　清康熙三十二年（1693）刻光緒二十八年（1902）六安程長椿補刻本　六册　缺三卷（一至三）

330000－1704－0005843　009917　類叢部/叢書類/彙編之屬

心矩齋叢書十一種　（清）蔣鳳藻編　清光緒長洲蔣氏刻本　二册　存一種

330000－1704－0005844　009918　類叢部/叢書類/彙編之屬

心矩齋叢書十一種　（清）蔣鳳藻編　清光緒長洲蔣氏刻本　四册　存一種

330000－1704－0005845　009874　集部/别集類/清别集

變雅堂文集八卷詩集十卷附録二卷　（清）杜濬撰　清光緒二十年（1894）黄岡沈氏刻本　六册

330000－1704－0005846　009919　集部/别集類/清别集

鑑止水齋集二十卷　（清）許宗彦撰　清咸豐八年（1858）德清許延穀刻本　六册

330000－1704－0005847　009875　集部/别集類/明别集

寒支初集十卷二集四卷李寒支先生歲紀一卷

（清）李世熊撰　（清）李向旻編　清同治十三年（1874）刻本　十四册

330000－1704－0005849　009876　集部/别集類/清别集

淵雅堂全集五十六卷附錄二種六卷　（清）王芑孫撰　清嘉慶八年至二十五年（1803－1820）王氏刻本　二十四册

330000－1704－0005850　009948　類叢部/叢書類/自著之屬

彭文敬公集五種　（清）彭蘊章撰　清道光至同治刻同治彙印本　四册　存一種

330000－1704－0005851　009920　類叢部/叢書類/自著之屬

校禮堂全集六種　（清）淩廷堪撰　清嘉慶至道光刻本　六册　存一種

330000－1704－0005852　009949　集部/别集類/清别集

崇百藥齋文集二十卷續集四卷三集十二卷　（清）陸繼輅撰　清嘉慶二十五年（1820）、道光四年（1824）合肥學舍刻本　四册　存二十四卷（文集一至二十、續集一至四）

330000－1704－0005854　009950　集部/别集類/清别集

味經齋文集六卷　（清）葛其仁撰　清道光三十年（1850）歙縣學署刻本　二册

330000－1704－0005855　010018　集部/别集類/清别集

大梅山館集五十五卷　（清）姚燮撰　清道光十三年至咸豐六年（1833－1856）大梅山館刻本　四册　存一種

330000－1704－0005856　009928　子部/藝術類/書畫之屬/總論

藝舟雙楫二卷　（清）包世臣撰　清道光十年（1830）釋性恬刻本　一册

330000－1704－0005857　010019　集部/别集類/清别集

大梅山館集五十五卷　（清）姚燮撰　清道光十三年至咸豐六年（1833－1856）大梅山館刻本　四册　存一種

330000－1704－0005858　009930　集部/别集類/清别集

杭經堂詩鈔二卷駢體文三卷　（清）方朔撰　清刻本　二册

330000－1704－0005859　009888　集部/别集類/清别集

復齋文集二十一卷詩集四卷首一卷末一卷制藝不分卷　（清）曾鏞撰　清嘉慶二十五年（1820）刻本　十六册

330000－1704－0005860　009931　類叢部/叢書類/彙編之屬

惕園全集十一種　（清）陳庚煥撰　清咸豐元年（1851）有有齋刻本　八册　存四種

330000－1704－0005862　010022　集部/别集類/清别集

半巖廬遺集二卷　（清）邵懿辰撰　清光緒三十四年（1908）邵章等刻本　一册

330000－1704－0005863　000562、009951　子部/儒家類/儒學之屬/蒙學

人範六卷首一卷附錄一卷　（清）蔣元輯　（清）顧廣譽增輯　清光緒十六年（1890）平湖學署刻本　二册

330000－1704－0005864　010021　集部/别集類/清别集

半巖廬遺文不分卷　（清）邵懿辰撰　清抄本　一册

330000－1704－0005865　009921　集部/别集類/清别集

李石農文稿一卷　（清）李鑾宣撰　**李鑾宣行述一卷**　稿本（行述為清刻本）　一册

330000－1704－0005866　009952　類叢部/叢書類/彙編之屬

清頌堂叢書八種　（清）黃奭輯　清道光甘泉刻本　七册　存一種

330000－1704－0005867　009889　集部/别集類/清别集

芙蓉山館詩鈔八卷詩補鈔一卷詞鈔二卷文鈔三卷　（清）楊芳燦撰　清道光二十三年（1843）刻本　六冊

330000－1704－0005868　009932　集部/別集類/清別集

養一齋文集二十卷　（清）李兆洛撰　清光緒四年（1878）刻本　八冊

330000－1704－0005870　009922　集部/別集類/清別集

小謨觴館文集四卷　（清）彭兆蓀撰　清光緒六年（1880）存存軒刻本　二冊

330000－1704－0005871　009933　集部/別集類/清別集

小安樂窩文集四卷詩存一卷南池唱和詩存一卷　（清）張海珊撰　清道光十一年（1831）刻本　一冊　缺一卷（南池唱和詩存）

330000－1704－0005872　010023　集部/別集類/清別集

因寄軒文初集十卷二集六卷補遺一卷　（清）管同撰　**小異遺文一卷**　（清）管嗣復撰　清光緒五年（1879）顧雲等刻本　四冊

330000－1704－0005874　009923　集部/別集類/清別集

小謨觴館文集四卷　（清）彭兆蓀撰　清光緒七年（1881）近性樓刻本　二冊

330000－1704－0005875　009924　集部/別集類/清別集

小謨觴館詩集注八卷詩餘注一卷詩續集注二卷續集詩餘注一卷文集注四卷文續集注二卷　（清）彭兆蓀撰　（清）孫元培　（清）孫長熙注　清光緒二十年（1894）泉唐汪氏刻本　張檲跋　八冊

330000－1704－0005877　010026　集部/別集類/清別集

小萬卷齋詩藁三十二卷詩續藁十二卷詩遺藁一卷文藁二十四卷經進藁四卷　（清）朱琦撰　清光緒十一年（1885）朱臧成嘉樹山房刻本　十二冊　缺二十四卷（文藁一至二十四）

330000－1704－0005878　009954　類叢部/叢書類/自著之屬

吳侍讀全集四種　（清）吳慈鶴撰　清嘉慶至道光刻本　一冊　存一種

330000－1704－0005879　009925　集部/別集類/清別集

窺園詩鈔八卷首一卷末一卷　（清）王夢篆撰　清刻本　二冊

330000－1704－0005880　009890　集部/別集類/清別集

茗柯文初編一卷二編二卷三編一卷四編一卷　（清）張惠言撰　清道光十五年（1835）刻本　二冊

330000－1704－0005881　009926　集部/別集類/清別集

韞山堂文集八卷詩集十六卷　（清）管世銘撰　清光緒二十年（1894）吳炳敬刻本　五冊

330000－1704－0005882　009955　集部/別集類/清別集

聞妙香室詩十二卷文十九卷黔記四卷　（清）李宗昉撰　清道光刻本　九冊

330000－1704－0005883　009927　類叢部/叢書類/自著之屬

邃雅堂全集九種　（清）姚文田撰　清嘉慶至光緒歸安姚氏刻本　六冊　存一種

330000－1704－0005884　010027　類叢部/叢書類/自著之屬

蒼莨集三種　（清）孫鼎臣撰　清咸豐刻本　四冊　存一種

330000－1704－0005885　009891　集部/別集類/清別集

秋水閣詩集八卷雜著一卷首一卷　（清）許兆椿撰　清道光二十五年（1845）刻本　六冊

330000－1704－0005886　010028　集部/別集類/清別集

枕經堂文鈔二卷　（清）方朔撰　清同治刻本　二冊

330000－1704－0005887　009991　集部/别集類/清别集

東井文鈔二卷詩鈔四卷　（清）黄定文撰　清道光元年（1821）刻本　二册

330000－1704－0005888　009934　類叢部/叢書類/彙編之屬

滂喜齋叢書五十種　（清）潘祖蔭編　清同治至光緒吴縣潘氏京師刻本　一册　存一種

330000－1704－0005889　009956　子部/雜著類/雜考之屬

癸巳類稿十五卷　（清）俞正燮撰　清道光十三年（1833）王藻求日益齋刻本　八册

330000－1704－0005890　009989　集部/别集類/清别集

勤補軒雜著二卷　（清）鮑淦撰　（清）鮑繼聲輯　清同治五年（1866）刻本　一册

330000－1704－0005891　009990　集部/别集類/清别集

餘慶堂詩文集十卷　（清）陳美訓撰　清餘慶堂刻本　二册

330000－1704－0005892　009992　集部/别集類/清别集

玉函山房續集□卷試帖一卷詩鈔八卷海棠百詠一卷文選擬題詩一卷五峰山館詩課二卷　（清）馬國翰撰　清光緒十五年（1889）刻本　六册　存九卷（玉函山房續集四至五、試帖、詩鈔七至八、海棠百詠、文選擬題詩、五峰山館詩課一至二）

330000－1704－0005893　009892　集部/别集類/清别集

風希堂文集四卷詩集六卷　（清）戴殿泗撰　清道光八年（1828）戴氏九靈山房刻本　四册

330000－1704－0005894　009957　集部/别集類/清别集

豸華堂文鈔八卷　（清）金應麟撰　清道光刻本　清金應麟題記　二册

330000－1704－0005895　010029　集部/别集類/清别集

初月樓文鈔十卷詩鈔四卷　（清）吴德旋撰　**後一卷**　清光緒九年（1883）木活字印本　四册

330000－1704－0005896　009958　集部/别集類/清别集

積石文稿十八卷詩存四卷鱠餘編一卷　（清）張履撰　**南池唱和詩存一卷**　（清）張履　（清）張海珊撰　清光緒二十年（1894）刻朱印本　六册

330000－1704－0005897　009935　集部/别集類/清别集

小謨觴館詩集八卷續集二卷詩餘附錄二卷文集四卷續集二卷　（清）彭兆蓀撰　清嘉慶十一年（1806）刻本　四册

330000－1704－0005898　009893　類叢部/叢書類/郡邑之屬

海昌叢載三十二種　（清）羊復禮編　清光緒海昌羊氏傳卷樓粤東刻本　二册　存一種

330000－1704－0005899　010030　集部/别集類/清别集

習苦齋詩集八卷古文四卷　（清）戴熙撰　清同治六年（1867）錢塘張曜刻本　六册

330000－1704－0005901　009936　類叢部/叢書類/自著之屬

潛研堂全書十六種　（清）錢大昕撰　清乾隆至嘉慶刻本　十二册　存一種

330000－1704－0005902　009959　集部/别集類/清别集

郭大理遺稿八卷　（清）郭尚先撰　清道光二十四年至二十五年（1844－1845）刻本　二册

330000－1704－0005903　010031　類叢部/叢書類/自著之屬

經德堂集　（清）龍啟瑞撰　清光緒四年至七年（1878－1881）龍繼棟京師刻本　四册　存一種

330000－1704－0005904　009938　類叢部/叢書類/自著之屬

獨學廬全稿七種　（清）石韞玉撰　清乾隆至

嘉慶刻本　六册　存二種

330000－1704－0005905　009895　集部/别集類/清别集
雙佩齋詩集八卷文集四卷駢體文集一卷　(清)王友亮撰　**補梅書屋詩草一卷**　(清)王麟生撰　清嘉慶十六年(1811)刻本　四册

330000－1704－0005906　010032　類叢部/叢書類/自著之屬
錢頤壽中丞全集正編三種續編二種　(清)錢寶琛撰　清同治七年至光緒六年(1868－1880)錢鼎銘刻本　八册　存三種

330000－1704－0005909　009961　集部/别集類/清别集
桐閣先生文鈔十二卷首一卷　(清)李元春撰　(清)賀瑞麟輯　清光緒十年(1884)朝邑同義文會刻本　十二册

330000－1704－0005910　009937　集部/别集類/清别集
太鶴山人文集一卷　(清)端木國瑚撰　清抄本　一册

330000－1704－0005911　009962　類叢部/叢書類/家集之屬
侯官陳氏遺書　(清)陳壽祺　(清)陳喬樅撰　清嘉慶至同治三山陳氏刻本　十三册　存三種

330000－1704－0005912　009993　集部/别集類/清别集
竹西客隱草堂集十卷　(清)金學蓮撰　清道光七年(1827)刻本　一册　存六卷(一至六)

330000－1704－0005913　009994　集部/别集類/清别集
通藝閣文集六卷補編一卷　(清)姚椿撰　清道光二十八年(1848)木活字印本　四册

330000－1704－0005914　009995　集部/别集類/清别集
崇雅堂詩鈔十卷删餘詩一卷應制存稿一卷駢體文鈔四卷　(清)胡敬撰　清道光二十六年(1846)刻本　六册

330000－1704－0005915　009996　集部/别集類/清别集
崇雅堂詩鈔四卷附文鈔二卷　(清)胡敬撰　清道光二年(1822)杭州愛日軒刻本　二册

330000－1704－0005916　009997　集部/别集類/清别集
林皐閒集十三卷　(清)潘諮撰　清道光十六年(1836)京師廠肆刻本　六册

330000－1704－0005917　009998　集部/别集類/清别集
師水齋全集十八卷　(清)崔預撰　清同治八年(1869)刻本　四册

330000－1704－0005918　009999　集部/别集類/清别集
姚鏡塘先生全集十卷　(清)姚學塽撰　清光緒九年(1883)東陽學署尊經閣刻本　二册

330000－1704－0005919　009939　集部/别集類/清别集
延釐堂集九卷　(清)孫玉庭撰　清同治十一年(1872)孫毓漢刻本　八册

330000－1704－0005920　010000　集部/别集類/清别集
内自訟齋詩鈔□□卷文鈔四卷　(清)周凱撰　清道光十一年(1831)天香樓刻本　七册　存十四卷(詩鈔閩南集三至四、襄陽集一至八,文鈔一至四)

330000－1704－0005921　010034　集部/别集類/清别集
小鷗波館文鈔二卷駢體文鈔二卷詩鈔十二卷詩補鈔二卷詞鈔一卷又二卷　(清)潘曾瑩撰　清道光刻本　一册　存二卷(駢體文鈔一至二)

330000－1704－0005922　010035　類叢部/叢書類/自著之屬
影山草堂六種　(清)莫與儔　(清)莫友芝撰　清咸豐至光緒刻本　一册　存一種

330000－1704－0005923　010036　集部/别集類/清别集

校訂定盦全集十卷 （清）龔自珍撰 **定盦年譜藁本一卷** （清）黄守恆撰 清宣統元年(1909)上海時中書局鉛印本 八册

330000－1704－0005924 009963 集部/别集類/清别集

宛鄰詩二卷文二卷 （清）張琦撰 **蓬室偶吟一卷** （清）湯瑶卿撰 清光緒十七年(1891)張氏鉛印本 二册

330000－1704－0005927 009896 集部/别集類/清别集

敦艮堂文集十二卷 （清）蔣師爚撰 （清）蔣詩 （清）蔣健編 清嘉慶十六年(1811)刻本 四册

330000－1704－0005928 009942 集部/别集類/清别集

茗柯文初編一卷二編二卷三編一卷四編一卷 （清）張惠言撰 清宣統三年(1911)上海掃葉山房石印本 一册

330000－1704－0005929 010037 類叢部/叢書類/彙編之屬

風雨樓叢書二十三種 鄧實編 清宣統順德鄧氏鉛印本 一册 存二種

330000－1704－0005931 010001 集部/别集類/清别集

石甫文鈔三卷 （清）姚瑩撰 清刻本 二册 存二卷(一至二)

330000－1704－0005933 009964 集部/别集類/清别集

小雲廬晚學文槀八卷 （清）朱壬林撰 清光緒二十六年(1900)平湖朱氏刻本 二册

330000－1704－0005934 010003 集部/别集類/清别集

無近名齋文鈔四卷雜著二卷 （清）彭翊撰 清道光二十二年(1842)蘇州彭氏刻本 二册

330000－1704－0005935 010053 集部/别集類/清别集

慎其餘齋文集二十卷詩集六卷 （清）王贈芳撰 **慎其餘齋詩集首一卷文集末一卷** 清咸豐四年(1854)留香書屋刻本暨木活字印本 七册

330000－1704－0005936 009897 集部/别集類/清别集

大雲山房文稿初集四卷二集四卷言事二卷 （清）惲敬撰 清嘉慶二十年(1815)武寧盧旬宣、二十一年(1816)長州宋揚光刻本 八册

330000－1704－0005937 010038 集部/别集類/清别集

定盦文集三卷續集四卷續錄一卷古今體詩二卷雜詩一卷詞錄一卷詞選一卷 （清）龔自珍撰 清同治七年(1868)吳煦刻本 三册

330000－1704－0005938 010054 集部/别集類/清别集

可久處齋文鈔八卷 （清）馬樹華撰 清刻本 二册

330000－1704－0005939 009965 集部/别集類/清别集

衎石齋記事槀十卷續槀十卷續良吏述一卷刻楮集四卷旅逸小槀二卷 （清）錢儀吉撰 清光緒三年(1877)廣州刻本 十二册

330000－1704－0005940 009898 集部/别集類/清别集

茗柯文初編一卷二編二卷三編一卷四編一卷 （清）張惠言撰 清光緒七年(1881)刻本 二册

330000－1704－0005941 010055 集部/别集類/清别集

學詁齋文集二卷 （清）薛壽撰 清光緒六年(1880)冶城山館刻本 一册

330000－1704－0005942 010039 集部/别集類/清别集

縵舫亭集三十二卷後集十二卷 （清）祁寯藻撰 清咸豐七年(1857)刻本 六册

330000－1704－0005943 010004 集部/别集類/清别集

迂存遺文二卷 （清）倪模撰 **年譜二卷** （清）江爾維編 清光緒四年(1878)倪文蔚荊

州府署兩勉彊齋刻本　二冊

330000－1704－0005944　010056　集部/別集類/清別集
耐庵文集一卷賦鈔一卷　(清)許光鸝撰　清末刻本　一冊　存一卷(文集)

330000－1704－0005945　010005　集部/別集類/清別集
一規八棱研齋詩鈔六卷附一卷詞鈔一卷文鈔一卷　(清)徐廷華撰　清光緒九年(1883)武昌刻本　三冊

330000－1704－0005946　009966　集部/別集類/清別集
移華館駢體文四卷　(清)董基誠　(清)董詒誠撰　清光緒十四年(1888)刻本　二冊

330000－1704－0005947　010057　集部/別集類/清別集
青溪舊屋文集十卷詩集一卷　(清)劉文淇撰　清光緒九年(1883)刻本　四冊

330000－1704－0005948　010060　集部/別集類/清別集
孟塗前集十卷後集二十二卷文集十卷駢體文二卷　(清)劉開撰　清道光六年(1826)姚氏檗山草堂刻本　八冊　缺一卷(後集八)

330000－1704－0005949　010006　集部/別集類/清別集
嶺南集七卷續集一卷山左集一卷山左續集一卷中州集一卷　(清)程含章撰　清末刻本　四冊

330000－1704－0005950　010058、010059　類叢部/叢書類/自著之屬
今白華堂集六種附一種　(清)童槐撰　清同治刻本　七冊　存三種

330000－1704－0005951　009899　集部/別集類/清別集
有正味齋駢文箋注十六卷補注一卷　(清)吳錫麒撰　(清)葉聯芬注　清道光二十年(1840)慈谿葉氏刻本　二冊　存十六卷(一至十六)

330000－1704－0005952　009967　集部/別集類/清別集
蘚花崖館詩集一卷文略一卷家書二卷　(清)梅鍾澍撰　**附錄三卷　年譜一卷**　梅英杰撰　清宣統三年(1911)莓田古屋刻本　三冊

330000－1704－0005953　010007　集部/別集類/清別集
治經堂集二十卷外集四卷續編一卷外集續編一卷　(清)朱錦琮撰　清道光十九年(1839)瑞州刻、二十七年(1847)補刻本　十冊

330000－1704－0005954　009900　集部/別集類/清別集
有正味齋全集　(清)吳錫麒撰　清嘉慶十三年(1808)刻本　十冊　存五十三卷(駢體文一至二十四、詩集一至十六、詞集一至八、外集一至五)

330000－1704－0005955　010040　子部/藝術類/書畫之屬/書法書品
包世臣書詩文襍藁一卷　(清)包世臣書　清宣統二年(1910)湖北官書處石印本　一冊

330000－1704－0005957　009968　集部/別集類/清別集
劉禮部集十二卷　(清)劉逢祿撰　清道光十年(1830)刻本　六冊

330000－1704－0005958　010042　集部/別集類/清別集
孟塗文集十卷駢體文二卷　(清)劉開撰　清抄本　二冊

330000－1704－0005959　010061　類叢部/叢書類/自著之屬
儀衛軒全集四種　(清)方東樹撰　清同治方宗誠刻本　六冊　存二種

330000－1704－0005960　009901　集部/別集類/清別集
有正味齋全集　(清)吳錫麒撰　清嘉慶十三年(1808)刻本　十二冊　存七十三卷(駢體文一至二十四、續集一至八、詩集一至十六、續集一至八、詞集一至八、續集一至二、外集

一至五、詞外集一至二）

330000－1704－0005961　010043　集部/別集類/清別集

受恒受漸齋集六卷　（清）沈曰富撰　清咸豐九年（1859）刻本　二冊

330000－1704－0005963　009969　集部/別集類/清別集

儀鄭堂殘藁二卷　（清）曹堉撰　**賜硯齋題畫偶錄一卷**　（清）戴熙撰　清同治七年（1868）刻本　一冊

330000－1704－0005964　010009　集部/別集類/清別集

恥躬堂文鈔十卷詩鈔十六卷　（清）彭士望撰　清道光四年（1824）、咸豐二年（1852）彭玉雯刻本　六冊　存十八卷（文鈔一至十、詩鈔九至十六）

330000－1704－0005965　010010　集部/別集類/清別集

墨井集五卷　（清）吳漁山撰　清宣統元年（1909）徐家匯印書館鉛印本　一冊

330000－1704－0005966　010044　集部/別集類/清別集

馬徵君遺集六卷首一卷　（清）馬三俊撰　（清）方宗誠編　清同治三年（1864）刻本　一冊　缺二卷（五至六）

330000－1704－0005967　010062　集部/別集類/清別集

未灰齋文集八卷外集一卷　（清）徐鼒撰　清咸豐十一年（1861）福寧郡齋刻本　四冊

330000－1704－0005968　010045　集部/別集類/清別集

張亨甫全集二十七卷文集六卷首一卷　（清）張際亮撰　（清）李雲誥輯　清咸豐建寧孔慶衢刻同治六年（1867）李雲誥補刻本　十冊

330000－1704－0005969　010063　集部/別集類/清別集

抱璞亭詩集十六卷初錄五卷文集十卷　（清）張湘任撰　**能閒草堂藁一卷**　（清）沈鑫撰　清光緒元年（1875）刻本　六冊

330000－1704－0005970　010071　集部/別集類/清別集

倭文端公遺書十一卷首二卷　（清）倭仁撰　清光緒二十年（1894）山東書局刻本　八冊

330000－1704－0005971　009971　集部/別集類/清別集

梧溪石屋詩鈔四卷　（清）溫訓撰　**登雲山房文稾四卷**　（清）溫訓撰　（清）潘正理編　清道光三年（1823）刻本　二冊

330000－1704－0005972　010011　集部/別集類/清別集

續學堂文鈔六卷首一卷　（清）梅文鼎撰　清末抄本　四冊

330000－1704－0005973　010012　集部/別集類/清別集

問山文集八卷　（清）丁煒撰　（清）黃與堅等選　清刻本　二冊

330000－1704－0005974　010013　集部/別集類/清別集

寒松堂全集十二卷　（清）魏象樞撰　清康熙刻本　十二冊

330000－1704－0005976　010015　集部/別集類/清別集

柏梘山房文集十六卷文續集一卷詩集十卷詩續集二卷駢體文二卷　（清）梅曾亮撰　清光緒二十七年（1901）刻本　六冊

330000－1704－0005977　010016　集部/別集類/清別集

柏梘山房文集十六卷文續集一卷詩集十卷詩續集二卷駢體文二卷　（清）梅曾亮撰　清咸豐六年（1856）楊以增、楊紹穀等慎修書屋刻同治三年（1864）補刻本　四冊

330000－1704－0005978　010017　集部/別集類/清別集

大梅山館集五十五卷　（清）姚燮撰　清道光十三年至咸豐六年（1833－1856）大梅山館刻本　十二冊　缺八卷（復莊駢儷文榷二編一

至八)

330000－1704－0005980　009972　集部/别集類/清别集

嵇庵詩集六卷　(清)梅植之撰　清道光十六年(1836)刻本　二册

330000－1704－0005981　010047　集部/别集類/清别集

一鳴集六卷首一卷　(清)何豫撰　清同治十年(1871)雙桂軒刻本　六册　存六卷(一至六)

330000－1704－0005982　010048　集部/别集類/清别集

甘泉鄉人稿二十四卷　(清)錢泰吉撰　**皇清敕授修職郎誥封朝議大夫顯考警石府君年譜一卷**　(清)錢應溥撰　**邠農偶吟稿一卷**　(清)錢炳森撰　清同治七年(1868)、十一年(1872)刻本　六册

330000－1704－0005983　010072　類叢部/叢書類/自著之屬

養晦堂集五種　(清)劉蓉撰　清光緒三年(1877)、十一年(1885)思賢講舍刻本　六册　存二種

330000－1704－0005984　010101　集部/别集類/清别集

沈文忠公[兆霖]集十卷自訂年譜一卷　(清)沈兆霖撰　清同治八年(1869)刻本　四册

330000－1704－0005985　010072　史部/詔令奏議類/奏議之屬

劉中丞奏議二十卷　(清)劉蓉撰　清光緒十一年(1885)思賢講舍刻本　十册

330000－1704－0005986　009973　史部/叢編

史論五種　(清)李祖陶撰　清同治十年(1871)敖陽李氏尚友樓刻本　三册

330000－1704－0005987　010102　集部/别集類/清别集

自鏡齋文鈔一卷詩鈔一卷補遺一卷試帖一卷雜録一卷詠花詞一卷　(清)潘曾瑋撰　清光緒十三年(1887)刻本　二册　存三卷(文鈔、詩鈔、雜録)

330000－1704－0005988　009973　集部/别集類/清别集

邁堂文畧一卷　(清)李祖陶撰　清道光十五年(1835)江西鷺洲書院刻本　一册

330000－1704－0005989　010064　集部/别集類/清别集

北山詩鈔五卷文鈔四卷　(清)姜文衡撰　清咸豐六年(1856)、八年(1858)刻本　二册

330000－1704－0005990　010049　集部/别集類/清别集

天岳山館文鈔四十卷　(清)李元度撰　清光緒六年(1880)爽溪精舍刻本　十六册

330000－1704－0005991　010050　集部/别集類/清别集

古微堂文集十卷　(清)魏源撰　(清)黄象離輯　清宣統二年(1910)上海國學扶輪社鉛印本　六册

330000－1704－0005992　009973　集部/别集類/清别集

邁堂文畧四卷　(清)李祖陶撰　清同治四年(1865)刻本　三册

330000－1704－0005993　010065　集部/别集類/清别集

肙齋文集八卷詩集四卷　(清)張穆撰　(清)吳履敬　(清)吳式訓編　清咸豐八年(1858)壽陽祁寯藻北京刻本　四册

330000－1704－0005994　010103　集部/别集類/清别集

寄鴻堂文集四卷　(清)李宗傳撰　清同治二年(1863)刻本　一册　存二卷(一至二)

330000－1704－0005995　010051　集部/别集類/清别集

古微堂内集三卷外集七卷　(清)魏源撰　清光緒四年(1878)揚州淮南書局刻本　四册

330000－1704－0005996　010066　集部/别

集類/清别集

狄雲行館偶刊一卷 (清)王家璧撰 清末刻本 一册

330000－1704－0005997 010067 集部/别集類/清别集

籀經堂集十四卷補遺二卷 (清)陳慶鏞撰 (清)何秋濤輯 清同治十三年(1874)誦芬堂木活字印本 四册

330000－1704－0005998 010052 集部/别集類/清别集

樂志堂文集十八卷詩集十二卷 (清)譚瑩撰 清咸豐九年至十一年(1859－1861)吏隱園刻本 十册

330000－1704－0005999 010104 集部/别集類/清别集

示樸齋駢體文六卷 (清)錢振倫撰 清同治六年至七年(1867－1868)袁浦崇實書院刻本 四册

330000－1704－0006000 010068 集部/别集類/清别集

繆武烈公遺集六卷首一卷 (清)繆梓撰 清光緒七年(1881)溧陽繆氏刻本 四册

330000－1704－0006001 009974 集部/别集類/清别集

綠雪堂遺集二十卷 (清)王衍梅撰 清道光二十年(1840)刻本 六册

330000－1704－0006002 009975 集部/别集類/清别集

研六室文鈔十卷補遺一卷附墓志銘一卷行狀一卷 (清)胡培翬撰 清光緒四年(1878)胡培系世澤樓刻本 四册 存十一卷(文鈔一至十、補遺)

330000－1704－0006003 010105 集部/别集類/清别集

樂道堂集十種 (清)奕訢撰 清咸豐至光緒刻本 十三册 存七種

330000－1704－0006004 009975－1 集部/别集類/清别集

夏仲子集六卷 (清)夏炯撰 清咸豐五年(1855)夏燮鄱陽官廨刻本 三册

330000－1704－0006006 010069 集部/别集類/清别集

味無味齋駢文二卷 (清)董兆熊撰 清同治十三年(1874)刻本 二册

330000－1704－0006007 010148 類叢部/叢書類/自著之屬

小西腴山館集五種 (清)吳大廷撰 清同治元年至十二年(1862－1873)刻本 二册 存一種

330000－1704－0006008 010070 集部/别集類/清别集

心白日齋集六卷 (清)尹耕雲撰 清光緒十年(1884)刻本 三册

330000－1704－0006009 010149 集部/别集類/清别集

淡園文集一卷 (清)馬徵麐撰 清光緒十五年(1889)思古書堂刻本 二册

330000－1704－0006010 009976 集部/别集類/清别集

蔗園集不分卷 (清)張豐撰 清道光三十年(1850)刻本 四册

330000－1704－0006011 010098 集部/别集類/清别集

悔翁詩鈔十五卷補遺一卷詩餘五卷筆記六卷 (清)汪士鐸撰 清光緒九年(1883)合肥張氏味古齋刻本 四册

330000－1704－0006012 010106 集部/别集類/清别集

二知軒文存三十四卷 (清)方濬頤撰 清光緒四年(1878)刻本 十四册

330000－1704－0006013 010099 集部/别集類/清别集

移芝室古文十二卷 (清)楊彝珍撰 清末刻本 三册

330000－1704－0006014 010099－1 集部/

別集類/清別集

移芝室古文十二卷詩鈔三卷 (清)楊彝珍撰 清末刻本 四册 存十一卷(古文一至八、詩鈔一至三)

330000-1704-0006015 010100 類叢部/叢書類/自著之屬

有恆心齋集六種附一種 (清)程鴻詔撰 清同治刻本 二册 存一種

330000-1704-0006016 009977 集部/別集類/清別集

通齋文集二卷南行紀程一卷 (清)蔣超伯撰 清刻本 一册

330000-1704-0006017 009978 集部/別集類/清別集

嬰山小園詩集十六卷晚年手定藁五卷 (清)張誠撰 清光緒元年(1875)刻本 三册 存十六卷(六至十六、手定稿一至五)

330000-1704-0006019 010150 集部/別集類/清別集

東塾集六卷 (清)陳澧撰 清光緒十八年(1892)刻本 三册

330000-1704-0006020 010107 集部/別集類/清別集

邃懷堂全集三十八卷 (清)袁翼撰 清光緒十三年至十四年(1887-1888)袁鎮嵩刻本 二十册

330000-1704-0006021 010073 集部/別集類/清別集

復堂詩四卷詞一卷 (清)譚獻撰 **待堂文一卷** (清)吳懷珍撰 清咸豐九年(1859)刻同治四年(1865)補刻本 一册

330000-1704-0006022 010151 集部/別集類/清別集

拙吾詩稾四卷首一卷末一卷文稾一卷 (清)高鼎撰 清光緒八年(1882)刻本 四册

330000-1704-0006023 010221 集部/別集類/清別集

攜雪堂文集四卷 (清)吳可讀撰 (清)楊慶生箋注 (清)郭嵐 (清)李崇洸輯 清光緒二十六年(1900)浙江書局刻本 四册

330000-1704-0006024 010074 集部/別集類/清別集

江忠烈公遺集二卷首一卷附錄一卷 (清)江忠源撰 清同治十二年(1873)刻本 二册

330000-1704-0006025 010222 集部/別集類/清別集

養餘外集一卷 (清)張大昌撰 清末刻本 一册

330000-1704-0006026 009979 集部/別集類/清別集

句溪雜著五卷 (清)陳立撰 清道光二十三年(1843)揚州刻同治三年(1864)增修本 二册

330000-1704-0006027 010152 集部/別集類/清別集

小蝸廬文存二卷詩鈔二卷試帖一卷 (清)吳其泰撰 清咸豐九年(1859)刻同治十一年(1872)固始吳氏增刻一㡍十七實齋全集本 五册

330000-1704-0006028 010223 集部/別集類/清別集

恥不逮齋文集三卷附錄一卷補遺一卷首一卷 (清)熊其英撰 清光緒十六年至十七年(1890-1891)蘇州五畝園刻本 三册

330000-1704-0006029 010075 集部/別集類/清別集

屺雲樓文鈔十二卷 (清)劉存仁撰 清光緒四年(1878)福州鉛印本 六册

330000-1704-0006030 010076 類叢部/叢書類/自著之屬

羲停山館集六種 (清)王景賢撰 清同治十三年(1874)三山王氏刻本 三册 存一種

330000-1704-0006031 010224 集部/別集類/清別集

古紅梅閣集八卷附錄一卷 (清)劉履芬撰 **紫藤花館詩餘一卷** (清)劉觀藻撰 清光緒

六年(1880)蘇州刻本　二冊

330000－1704－0006032　009980　集部/別集類/清別集
選樓集句二卷首一卷　(清)許祥光撰　清道光二十年(1840)刻本　一冊

330000－1704－0006034　009981　類叢部/叢書類/自著之屬
求志堂存稿彙編八種　(清)周濟撰　清光緒刻本　三冊　存四種

330000－1704－0006036　010108　類叢部/叢書類/自著之屬
庸庵全集六種二十一卷　(清)薛福成撰　清光緒二十七年(1901)上海書局石印本　十冊

330000－1704－0006037　010097　集部/別集類/清別集
玉井山館集五種　(清)許宗衡撰　清同治四年至九年(1865－1870)許宗衡刻本　五冊

330000－1704－0006038　009982　集部/別集類/清別集
藏密盧文稾四卷　(清)鄭橋遷撰　清道光十四年(1834)刻本　一冊

330000－1704－0006039　010077　集部/別集類/清別集
吳徵士遺文一卷遺詩一卷　(清)吳廷香撰　清同治二年(1863)刻本　一冊

330000－1704－0006040　010078　集部/別集類/清別集
微尚齋文集一卷　(清)馮志沂撰　清同治十三年(1874)管城李翰華淮上刻本　一冊

330000－1704－0006041　010109　類叢部/叢書類/自著之屬
曾惠敏公全集四種　(清)曾紀澤撰　清光緒二十年(1894)上海石印本　四冊

330000－1704－0006043　010155　類叢部/叢書類/自著之屬
有恆心齋集六種附一種　(清)程鴻詔撰　清同治刻本　二冊　存一種

330000－1704－0006044　009983　集部/別集類/清別集
壑舟園初稿一卷　(清)王鎏撰　清道光十四年(1834)藝海堂刻本　一冊

330000－1704－0006045　010156　集部/別集類/清別集
湘梫宦遺稾二卷　(清)高銘彤撰　(清)宋育仁編　清光緒十一年(1885)資中刻本　黃裳題記　一冊

330000－1704－0006046　009984　集部/別集類/清別集
寶研堂集四卷　(清)舒化民撰　清同治三年(1864)刻本　四冊

330000－1704－0006048　010080　集部/別集類/清別集
悔餘庵集三種　(清)何栻撰　清同治四年(1865)鳩江戎幄刻本　七冊　缺六卷(詩稿一至三、十一至十三)

330000－1704－0006049　010091　集部/別集類/清別集
汪梅村先生集十二卷外集一卷　(清)汪士鐸撰　清光緒七年(1881)刻本　四冊

330000－1704－0006050　010157　集部/別集類/清別集
攀古小廬文一卷　(清)許瀚撰　**補遺一卷**　(清)楊鐸輯　清光緒元年(1875)商城楊氏函青閣刻本　一冊

330000－1704－0006051　009985　類叢部/叢書類/自著之屬
方學博全集五種　(清)方坰撰　清光緒元年(1875)王大經武昌藩署刻本　六冊

330000－1704－0006052　010225　子部/雜家類
寄廬雜記四卷　(清)錢國珍撰　清光緒刻本　二冊

330000－1704－0006053　010226　集部/別集類/清別集
鐵瓶詩鈔九卷雜存二卷　(清)張岳齡撰　清

末刻本　一册　存二卷(雜存一至二)

330000－1704－0006054　010227　集部/總集類/題詠之屬
雁山遊覽記一卷雁山題詠一卷　(清)方鼎銳編　清同治十年(1871)溫州刻本　一册

330000－1704－0006055　010228　集部/別集類/清別集
謫麐堂遺集四卷　(清)戴望撰　清光緒元年(1875)會稽趙之謙刻本　一册

330000－1704－0006056　010229　集部/別集類/清別集
哀生閣初稿四卷續稿三卷　(清)王大經撰　清光緒十一年(1885)平湖王氏刻本　六册

330000－1704－0006057　009986　集部/別集類/清別集
思適齋集十八卷　(清)顧廣圻撰　清道光二十九年(1849)上海徐渭仁刻本　四册

330000－1704－0006059　010111　集部/別集類/清別集
曾文正公文集三卷詩集一卷　(清)曾國藩撰　清宣統三年(1911)掃葉山房石印本　四册

330000－1704－0006060　010159　集部/別集類/清別集
唐魯泉先生遺稿一卷附錄一卷　(清)唐治撰　(清)甘紹盤輯　清同治刻本　一册

330000－1704－0006061　010160　集部/別集類/清別集
柈湖文集十二卷　(清)吳敏樹撰　清光緒十九年(1893)思賢講舍刻本　四册

330000－1704－0006062　010092　集部/別集類/清別集
古懽齋文錄不分卷　(清)朱舲撰　清光緒十一年(1885)古塘朱氏刻本　一册

330000－1704－0006063　010093　集部/別集類/清別集
炳燭齋詩草一卷拾遺一卷　(清)王樂雝撰
炳燭齋詩草附錄一卷　(清)王樂胥輯　清同治八年(1869)黃巖王氏木活字印本　一册

330000－1704－0006064　010290　集部/別集類/清別集
鹿城訊渡張正宰前輩文稿一卷　(清)張正宰撰　(清)胡光耀評點　清逍遙居士抄本　一册

330000－1704－0006065　010161　集部/別集類/清別集
遜學齋文鈔十卷詩鈔十卷　(清)孫衣言撰　清同治三年(1864)、十二年(1873)刻光緒增刻本　六册

330000－1704－0006067　010094　集部/別集類/清別集
彤雲閣遺詩二卷絳雪齋文稿一卷附錄一卷　(清)王家仕撰　清同治十一年(1872)監利王氏刻本　一册

330000－1704－0006068　010292　集部/別集類/清別集
遜學齋文鈔十二卷首一卷末一卷文續鈔五卷詩鈔十卷詩續鈔五卷　(清)孫衣言撰　清同治三年(1864)、十二年(1873)刻光緒增刻本　四册

330000－1704－0006069　010162　集部/別集類/清別集
駐帆閣駢體文二卷　(清)馬沅撰　清光緒七年(1881)合肥張氏刻本　一册

330000－1704－0006070　010095　集部/別集類/清別集
望三益齋燼餘吟草二卷公餘吟草二卷雜體文四卷歸田詩一卷詞草一卷謝恩摺子一卷讀書一得一卷　(清)吳棠撰　清同治十三年(1874)成都使署刻本　四册　缺二卷(歸田詩、讀書一得)

330000－1704－0006072　010096　類叢部/叢書類/自著之屬
煙嶼樓集四種　(清)徐時棟撰　清同治至光緒刻彙印本　八册　存一種

330000－1704－0006073　010113　集部/別

集類/清別集

退思存稿五卷附仕隱圖題詞一卷木犀香館詩草一卷都門唱和詩一卷　(清)范志熙撰　清光緒十四年(1888)木犀香館刻本　四冊

330000－1704－0006074　010231　集部/別集類/清別集

虛白山房詩集四卷駢體文二卷一簾花影樓試律詩一卷律賦一卷　(清)朱鳳毛撰　清光緒十五年(1889)廣州刻本　三冊

330000－1704－0006075　010292－1　集部/別集類/清別集

遜學齋文鈔十二卷首一卷末一卷　(清)孫衣言撰　清同治十二年(1873)刻光緒增刻本　一冊　存二卷(一至二)

330000－1704－0006076　010232　集部/別集類/清別集

誰與庵文鈔二卷附孫氏先德傳一卷　(清)孫世均撰　清光緒十五年(1889)歸安孫氏守恆堂刻本　一冊

330000－1704－0006077　010233　集部/別集類/清別集

何子清先生遺文二卷附錄一卷　(清)何忠萬撰　清光緒八年(1882)金陵翁氏茹古閣刻本　一冊

330000－1704－0006078　010163　集部/別集類/清別集

結一廬遺文二卷　(清)朱學勤撰　朱澂輯　繆荃孫編　清光緒三十四年(1908)刻朱印本　一冊

330000－1704－0006081　010236　集部/別集類/清別集

孤峯剩稿四卷　(清)釋開霽撰　清光緒三十三年(1907)龍印古靈光丈室刻本　一冊　存一卷(二)

330000－1704－0006082　010237　集部/別集類/清別集

虹橋老屋遺稿九卷補遺三卷　(清)秦緗業撰　(清)鄧濂輯　清光緒十五年(1889)秦光簡刻本　四冊

330000－1704－0006083　010238　集部/別集類/清別集

鎮亭山房詩集十八卷文集十二卷　陸廷黻撰　清光緒刻本　六冊

330000－1704－0006084　010164　集部/別集類/清別集

結一廬遺文二卷　(清)朱學勤撰　朱澂輯　繆荃孫編　清光緒三十四年(1908)刻本　一冊

330000－1704－0006085　010239　集部/別集類/清別集

荔雨軒文集六卷文續集二卷詩集三卷　(清)華翼綸撰　清光緒九年(1883)梁溪華氏刻本　二冊　存六卷(文集一至六)

330000－1704－0006086　010293　集部/別集類/清別集

玉甑山館詩鈔八卷　(清)林從炯撰　清抄本　四冊

330000－1704－0006087　010165　類叢部/叢書類/自著之屬

息柯居士全集十二種　(清)楊翰撰　清同治至光緒刻本　二冊　存一種

330000－1704－0006088　010114　類叢部/叢書類/自著之屬

庸盦全集十種　(清)薛福成撰　清光緒十年至二十四年(1884－1898)無錫薛氏刻本　四冊　存一種

330000－1704－0006089　010240　集部/別集類/清別集

抱經室詩文初編八卷　(清)呂傳愷撰　清光緒三十一年(1905)永康呂氏刻本　五冊

330000－1704－0006091　010242　集部/別集類/清別集

漱六山房文集十二卷詩集十三卷　(清)郝植恭撰　清光緒四年(1878)、六年(1880)刻本　十冊

330000－1704－0006094　010245　類叢部/叢書類/自著之屬

桐城吴先生全書六種附二種　(清)吴汝綸撰　清光緒三十年(1904)王恩紱等刻本　五冊　存二種

330000－1704－0006096　010081　集部/別集類/清別集

復堂類集文四卷詩九卷詞二卷日記六卷　(清)譚獻撰　清光緒刻本　五冊　缺二卷(文三至四)

330000－1704－0006099　010166　類叢部/叢書類/自著之屬

拙盦叢稿　(清)朱一新撰　清光緒二十二年(1896)順德龍氏葆真堂刻本　三冊　存二種

330000－1704－0006100　010084　集部/別集類/清別集

慎盦文鈔二卷詩鈔二卷　(清)左宗植撰　清光緒元年(1875)刻本　四冊

330000－1704－0006101　010166－1　類叢部/叢書類/自著之屬

拙盦叢稿　(清)朱一新撰　清光緒二十二年(1896)順德龍氏葆真堂刻本　一冊　存二種

330000－1704－0006102　010085　集部/別集類/清別集

左文襄公文集五卷詩集一卷聯語一卷　(清)左宗棠撰　清宣統元年(1909)蘇城左孝同鉛印本　二冊

330000－1704－0006103　010115　集部/別集類/清別集

印雪軒文鈔三卷讀三國志隨筆一卷　(清)俞鴻漸撰　清光緒二年(1876)刻本　一冊

330000－1704－0006104　010167　集部/別集類/清別集

曇雲閣詩集八卷補遺一卷附録二卷外集一卷詞鈔一卷詞續刻一卷音匏隨筆一卷　(清)曹楙堅撰　清道光二十三年(1843)刻同治十二年(1873)增刻本　六冊

330000－1704－0006105　010248　集部/別集類/清別集

彝經堂詩鈔六卷賦鈔一卷駢文一卷首一卷　(清)王維翰撰　清光緒七年(1881)昆山半繭園刻本　一冊　存五卷(首、詩鈔一至四)

330000－1704－0006106　010116　集部/別集類/清別集

邃懷堂文集箋註十六卷　(清)袁翼撰　(清)朱舲箋註　清咸豐八年(1858)古唐朱氏古懽齋刻本　五冊　存二卷(十一至十二)

330000－1704－0006107　010086　集部/別集類/清別集

恪靖侯盾鼻餘瀋一卷　(清)左宗棠撰　清光緒刻本　一冊

330000－1704－0006108　010249　集部/別集類/清別集

虚受堂文集十六卷　王先謙撰　清宣統二年(1910)上海國學書社石印本　二冊

330000－1704－0006109　010087　集部/別集類/清別集

怡志堂文初編六卷　(清)朱琦撰　清同治三年至四年(1864－1865)朱氏運甓軒京師刻本　二冊

330000－1704－0006110　010117　集部/別集類/清別集

青草堂集十二卷二集十六卷　(清)趙國華撰　清同治十一年(1872)、光緒八年(1882)趙國華濟南刻本　十冊

330000－1704－0006112　010088　集部/別集類/清別集

求闕齋文鈔八卷　(清)曾國藩撰　清同治十二年(1873)李鴻章刻本　二冊

330000－1704－0006113　010251　集部/別集類/清別集

知非齋古文録一卷　(清)沈湛鈞撰　(清)劉明祺編訂　清光緒三十二年(1906)木活字印本　一冊

330000－1704－0006114　010169　集部/別集類/清別集

醫俗軒遺稾一卷 （清）管名篙撰 **燕臺倡和一卷** （清）管荼簃 （清）邱子昕撰 **荼簃吟草外編一卷管世駿編** 清宣統元年（1909）鉛印本 管仲敘題記 一冊

330000－1704－0006116 010118 集部/別集類/清別集

遲鴻軒詩棄四卷文棄二卷 （清）楊峴撰 清光緒十一年至十三年（1885－1887）刻本 二冊

330000－1704－0006117 010089 集部/別集類/清別集

曾文正公文鈔四卷附刻一卷 （清）曾國藩撰 清同治十二年（1873）刻本 二冊 存二卷（一、三）

330000－1704－0006118 010119 集部/別集類/清別集

顯志堂稿十二卷夢柰詩稿一卷 （清）馮桂芬撰 清光緒二年（1876）吳縣馮氏校邠廬刻本 八冊

330000－1704－0006119 010090 子部/雜著類/雜說之屬

曾文正公雜著四卷 （清）曾國藩撰 （清）李瀚章輯 清同治十三年（1874）傳忠書局刻本 二冊

330000－1704－0006120 010120 集部/別集類/清別集

嘯古堂文集八卷 （清）蔣敦復撰 清同治七年（1868）應寶時上海道署刻本 二冊

330000－1704－0006121 010170 集部/別集類/清別集

春星草堂集文二卷詩五卷 （清）沈丙瑩撰 清光緒刻本 三冊

330000－1704－0006122 010171 集部/別集類/清別集

深詣齋文鈔五卷 （清）黃鐎撰 清同治九年（1870）活字印本 二冊

330000－1704－0006123 010252 集部/別集類/清別集

莫宧草文一卷詩一卷 黃壽袞撰 清光緒二十五年（1899）刻本 一冊

330000－1704－0006124 010378 集部/別集類

樊山集二十八卷公牘三卷時文一卷批判十五卷續集二十八卷 樊增祥撰 **二家詠古詩一卷二家試帖二卷二家詞鈔五卷** 樊增祥編 清光緒十九年至二十三年（1893－1897）渭南縣署、二十八年（1902）西安臬署樊增祥刻本 十四冊

330000－1704－0006125 010121 集部/別集類/清別集

弢園文錄八卷文錄外編十二卷 （清）王韜撰 清光緒九年（1883）長洲王氏香海鉛印本 二冊 存二卷（外編三至四）

330000－1704－0006127 010379 集部/別集類

樊山集二十八卷公牘三卷時文一卷批判十五卷續集二十八卷 樊增祥撰 **二家詠古詩一卷二家試帖二卷二家詞鈔五卷** 樊增祥編 清光緒十九年至二十三年（1893－1897）渭南縣署、二十八年（1902）西安臬署樊增祥刻本 梅泠生題記 二十四冊

330000－1704－0006128 010122 集部/別集類/清別集

濂亭文集八卷 （清）張裕釗撰 （清）查燕緒編 清宣統三年（1911）上海掃葉山房石印本 二冊

330000－1704－0006129 010123 集部/別集類/清別集

柈湖文錄八卷 （清）吳敏樹撰 清同治八年（1869）刻本 四冊

330000－1704－0006130 010254 類叢部/叢書類/自著之屬

曾惠敏公遺集四種 （清）曾紀澤撰 清光緒十九年（1893）江南製造總局鉛印本 八冊

330000－1704－0006131 010124 集部/別集類/清別集

濂亭文集八卷　(清)張裕釗撰　(清)查燕緒編　清光緒八年(1882)查氏木漸齋蘇州刻本　二册

330000－1704－0006133　010172　集部/別集類/清別集
廣經室文鈔不分卷　(清)劉恭冕撰　清末刻本　二册

330000－1704－0006134　010125　集部/別集類/清別集
琴語堂雜體文續一卷　(清)李肇增撰　清同治三年(1864)揚州李肇增刻本　一册

330000－1704－0006135　010173　集部/別集類/清別集
擇雅堂初集二卷二集八卷　(清)許惠撰　清同治九年(1870)刻本　一册　存一卷(初集一)

330000－1704－0006136　010126　集部/別集類/清別集
拙尊園叢稿六卷　(清)黎庶昌撰　清光緒二十一年(1895)金陵狀元閣刻本　四册

330000－1704－0006137　010174　集部/別集類/清別集
張嘯山文鈔不分卷　(清)張文虎撰　清瑞安孫氏玉海樓抄本　清孫衣言題簽　一册

330000－1704－0006138　010255　集部/別集類/清別集
經訓堂詩賸一卷聯語彙存一卷文鈔一卷　(清)戴成禧撰　清末民初瑞安戴炳驄抄本　一册

330000－1704－0006140　010175　類叢部/叢書類/自著之屬
平湖顧氏遺書五種　(清)顧廣譽撰　清光緒三年(1877)顧鴻昇刻本　二册　存一種

330000－1704－0006141　010127　集部/別集類/清別集
東洲艸堂文鈔二十卷　(清)何紹基撰　**眠琴閣遺文一卷詩二卷**　(清)何慶涵撰　**浣月樓遺詩二卷**　(清)李楣撰　清光緒刻本　六册

330000－1704－0006142　010256　集部/別集類/清別集
經微室遺存一卷　(清)孫詒讓撰　清末民國初經微室抄本　一册

330000－1704－0006143　010176　集部/別集類/清別集
歸盦文稾八卷　(清)葉裕仁撰　清光緒八年(1882)蔣銘勳校刻本　四册

330000－1704－0006144　010257　集部/別集類/清別集
周藕農遺文一卷　(清)周衣德撰　清抄本　清孫鏘鳴題簽　一册

330000－1704－0006146　010128　集部/別集類/清別集
存誠齋文集十四卷　(清)何曰愈撰　清同治五年(1866)皖江藩署刻本　四册

330000－1704－0006150　010177　類叢部/叢書類/自著之屬
覆瓿集十三種附一種　(清)張文虎撰　清同治至光緒刻本　三册　存一種

330000－1704－0006153　010178　子部/雜著類/雜說之屬
讀海外奇書室雜著一卷　姚文棟撰　清光緒十四年(1888)刻本　一册

330000－1704－0006158　010180　集部/別集類/清別集
金峨山館文集不分卷　(清)郭傳璞撰　清光緒刻本　二册

330000－1704－0006159　010294　集部/別集類/清別集
尚志堂文集鈔存一卷詩鈔一卷　(清)葉嘉棆撰　清瑞安孫氏玉海樓抄本　清孫鏘鳴批校　一册

330000－1704－0006160　010181　集部/別集類/清別集
一肚皮集十八卷小草拾遺一卷　(清)吳子光撰　清光緒元年(1875)雙峯草堂刻本　十册

330000－1704－0006161　010130　集部/別集類/清別集
古懽齋文錄四卷　(清)朱舲撰　清光緒十一年(1885)古塘朱氏刻本　二册

330000－1704－0006162　010295　集部/別集類/元別集
五峯集十卷　(元)李孝光撰　清林大椿抄本　清孫鏘鳴題簽、批校並跋　楊紹廉批校　一册　存五卷(六至十)

330000－1704－0006163　010131　集部/別集類/清別集
蘇盦文錄二卷駢文錄五卷詩錄八卷詞錄一卷　(清)楊葆光撰　清光緒九年(1883)杭州刻本　五册

330000－1704－0006164　010403　類叢部/叢書類/自著之屬
千一齋全書　程先甲撰　清光緒至民國江寧程氏千一齋刻本　十册　存一種

330000－1704－0006165　010182　類叢部/叢書類/彙編之屬
留垞叢刻八種　楊鍾義編　清光緒十六年至宣統二年(1890－1910)刻本　一册　存一種

330000－1704－0006166　010132　集部/別集類/清別集
退補齋詩存十六卷文存十二卷首二卷　(清)胡鳳丹撰　(清)王柏心等刪定　清同治十二年(1873)永康胡氏退補齋刻本　四册　存十二卷(文存一至十二)

330000－1704－0006169　010133　類叢部/叢書類/自著之屬
潛園總集十七種　(清)陸心源撰　清同治至光緒刻本　四册　存一種

330000－1704－0006172　010258　集部/別集類/清別集
冠悔堂詩鈔八卷駢體文鈔六卷　(清)楊浚撰　清光緒十八年至二十二年(1892－1896)刻本　十册　存十卷(詩鈔一至八,駢體文鈔五至六)

330000－1704－0006173　010259　集部/別集類/清別集
小雅樓詩集八卷首一卷遺文二卷　(清)鄧方撰　清光緒二十六年(1900)廣州刻本　五册

330000－1704－0006175　010261　集部/別集類/清別集
碧蘅館文集一卷詩集一卷　周蕃撰　清宣統元年(1909)鉛印本　一册

330000－1704－0006181　010134　集部/別集類/清別集
儀顧堂集十二卷　(清)陸心源撰　清刻本　四册

330000－1704－0006185　010135　集部/別集類/清別集
敬孚類稿十六卷　(清)蕭穆撰　清光緒三十二年至三十三年(1906－1907)刻本　四册

330000－1704－0006186　010187　集部/別集類/清別集
悲盦居士文存一卷　(清)趙之謙撰　清光緒十六年(1890)刻本　一册

330000－1704－0006189　010136　集部/別集類/清別集
靈素堂駢體文一卷詩鈔四卷　(清)徐錦撰　清光緒十二年(1886)刻本　一册

330000－1704－0006193　010137　類叢部/叢書類/自著之屬
古桐書屋六種　(清)劉熙載撰　清同治至光緒刻本　一册　存一種

330000－1704－0006194　010189　集部/別集類
萬物炊累室文乙集二卷鸞蕭集一卷　沈同芳撰　清光緒二十二年(1896)廣州刻本　二册

330000－1704－0006196　010298　集部/別集類/清別集
鹿蹟山房文集一卷　(清)葉正陽撰　清抄本　一册

330000－1704－0006198　010264　集部/別

集類/清別集

珠泉草廬文錄二卷 (清)廖樹蘅撰 清宣統二年(1910)長沙刻本 二冊

330000－1704－0006199 010138 集部/別集類/清別集

養知書屋文集二十八卷詩集十五卷郭侍郎奏疏十二卷 (清)郭嵩燾撰 王先謙編 清光緒十八年(1892)刻本 二十八冊

330000－1704－0006201 010300 集部/別集類/清別集

晚華居遺集七卷 (清)周恩煦撰 劉聯官編 清宣統元年(1909)周氏鉛印本 二冊

330000－1704－0006202 010301 集部/別集類/清別集

茹古堂文集三卷 (清)曹應樞撰 清道光刻本 二冊

330000－1704－0006206 010267、010269 集部/別集類/清別集

燕游集一卷留月軒文鈔一卷三冬消夜詩一卷 (清)朱國華撰 清光緒二十八年(1902)天台齊品亨堂木活字印本 二冊

330000－1704－0006207 010268 集部/別集類/清別集

撰異遺文一卷 (清)田曾撰 (清)張士珩編 清光緒十五年(1889)合肥張氏竹居刻本 一冊

330000－1704－0006211 010190 集部/別集類/清別集

窺生鐵齋詩存一卷詞一卷希晦堂遺文一卷雜著一卷 (清)宗山撰 清光緒十六年(1890)刻本 二冊

330000－1704－0006212 010139 集部/別集類/清別集

鄉嬛小築詩存三卷文存一卷 (清)龔汝霖撰 清同治十一年至十三年(1872－1874)刻本 一冊

330000－1704－0006215 010192 集部/別集類/清別集

盋山文錄八卷 (清)顧雲撰 清光緒十五年(1889)南京刻本 二冊

330000－1704－0006216 010413 集部/別集類

面城精舍襍文甲編一卷乙編一卷 羅振玉撰 清光緒刻本 一冊

330000－1704－0006217 010140 集部/別集類/清別集

市隱書屋文藁十一卷巵言一卷詩藁二卷 (清)亢樹滋撰 清同治刻本 四冊

330000－1704－0006218 010270 集部/別集類/清別集

荻芬書屋文藁不分卷 (清)董恂撰 清光緒刻本 一冊

330000－1704－0006220 010193 集部/別集類/清別集

七經樓文鈔六卷 (清)蔣湘南撰 清同治七年至九年(1868－1870)馬佩玖刻本 四冊

330000－1704－0006221 010194 集部/別集類/清別集

畹蘭齋文集四卷 (清)李楨撰 清光緒十八年(1892)王先謙刻本 二冊

330000－1704－0006223 010415 類叢部/叢書類/自著之屬

石遺室叢書十九種 陳衍撰 清光緒至民國刻本 一冊 存一種

330000－1704－0006224 010141 集部/別集類/清別集

通義堂文集十六卷 (清)劉毓崧撰 清光緒十四年(1888)青溪舊屋刻本(卷六至十六原缺) 三冊 存五卷(一至五)

330000－1704－0006225 010416 集部/別集類

裒碧齋詩五卷詞一卷襍文一卷 陳銳撰 清光緒二十一年至三十一年(1895－1905)揚州刻本 二冊

330000－1704－0006226 010303 集部/別

集類/清別集

脂雪軒詩鈔六卷清秘堂文鈔五卷 (清)胡玠撰 抄本 四册 缺一卷(清秘堂文鈔四)

330000－1704－0006228 010142 集部/別集類/清別集

姚震甫文略十卷 (清)姚興撰 清刻本 四册

330000－1704－0006229 010196 集部/別集類/清別集

景詹閣遺文一卷 (清)姚諶撰 清宣統三年(1911)歸安陸氏刻本 一册

330000－1704－0006230 010143 類叢部/叢書類/彙編之屬

洪氏唐石經館叢書十九種 (清)洪汝奎編 清光緒涇縣洪氏公善堂刻並彙印本 四册 存一種

330000－1704－0006231 010417 集部/別集類/清別集

說劍堂集九種 潘飛聲撰 清光緒刻本 六册

330000－1704－0006232 010197 集部/別集類/清別集

南岡草堂文存二卷詩選二卷續編一卷 (清)秦際唐撰 清光緒二十七年(1901)刻本 二册 存二卷(文存一至二)

330000－1704－0006234 010144 集部/別集類/清別集

堅白齋集詩存三卷駢文存一卷雜稿存四卷 (清)龍汝霖撰 清光緒七年(1881)刻本 四册

330000－1704－0006235 010199 集部/別集類/清別集

湖塘林館駢體文二卷 (清)李慈銘撰 清光緒十年(1884)刻本 一册

330000－1704－0006237 010145 集部/別集類/清別集

續東軒遺集四卷 (清)高均儒撰 清光緒七年(1881)刻本 一册

330000－1704－0006239 010146 類叢部/叢書類/彙編之屬

榆園叢刻十五種附一種 (清)許增編 清同治至光緒刻本 二册 存一種

330000－1704－0006240 010200 集部/別集類/清別集

越縵堂駢體文四卷散體文一卷 (清)李慈銘撰 清光緒二十三年(1897)常熟曾氏虛霩居刻本 四册

330000－1704－0006252 010436 集部/別集類/清別集

函雅堂集四十卷 王詠霓撰 清光緒二十二年(1896)刻本 八册 存二十四卷(一至二十四)

330000－1704－0006259 010311 集部/別集類/清別集

西高秋集句一卷 (清)柴楫青撰 **朱鴻增文鈔一卷** (清)朱鴻增撰 抄本 一册

330000－1704－0006260 010312 集部/別集類/清別集

龍川公殘稿一卷 (清)王龍川撰 清抄本 一册

330000－1704－0006264 010204 集部/別集類/清別集

朱九江先生集十卷首一卷 (清)朱次琦撰 簡朝亮編 清光緒二十年至二十三年(1894－1897)簡氏讀書草堂刻本 四册

330000－1704－0006265 010438 集部/別集類

結一宧駢體文二卷詩略三卷 屠寄撰 清光緒十六年(1890)廣州刻本 一册

330000－1704－0006268 010205 集部/別集類/清別集

扁善齋文存三卷詩存二卷 (清)鄧嘉緝撰 清光緒二十七年(1901)江寧鄧氏刻本 四册

330000－1704－0006270 010206 類叢部/叢書類/自著之屬

高陶堂遺集四種 (清)高心夔撰 清光緒八

年(1882)平湖朱氏經注經齋刻本　盧貞木跋　四冊

330000－1704－0006273　010440　類叢部/叢書類/彙編之屬
崧岱山館叢鈔　清末鉛印本　法天廬主人題記　六冊　存一種

330000－1704－0006274　010389　史部/傳記類/別傳之屬/事狀
先考太僕公行狀一卷　(清)孫詒讓撰　清末抄本　一冊

330000－1704－0006275　010207　集部/別集類/清別集
扁善齋文存二卷　(清)鄧嘉緝撰　清光緒二十七年(1901)江寧鄧氏刻本　二冊

330000－1704－0006284　010210　集部/別集類/清別集
桂之華軒文集九卷　(清)朱銘盤撰　清江蘇通州翰墨林書局鉛印本　二冊

330000－1704－0006290　010212　集部/別集類/清別集
劍虹居文集二卷　(清)秦煥撰　清光緒三十一年(1905)秦氏刻本　二冊

330000－1704－0006295　010374　集部/別集類
湘綺樓全集三十三卷　王闓運撰　清光緒三十三年(1907)墨莊劉氏長沙刻本　十六冊

330000－1704－0006297　010215　集部/別集類/清別集
劉葆真太史遺稾二卷　(清)劉可毅撰　清宣統二年(1910)刻本　一冊

330000－1704－0006300　010216　集部/別集類
萬物炊累室文乙集二卷　沈同芳撰　清光緒二十二年(1896)廣州刻本　一冊

330000－1704－0006301　010318　類叢部/叢書類/自著之屬
師鄭叢書□□種　孫雄撰　清光緒二十一年(1895)刻本　一冊　存一種

330000－1704－0006305　010368　集部/別集類
黃卣薌比部悼柳儒人文附悼亡詩一卷　(清)黃體立撰　清末抄本　一冊

330000－1704－0006307　010371　集部/別集類/清別集
蓉林筆鈔摘稿不分卷　(清)何子祥撰　清抄本　一冊

330000－1704－0006310　010372　集部/別集類/清別集
松生詩稿一卷　(清)華棟撰　稿本　一冊

330000－1704－0006322　010323　類叢部/叢書類/自著之屬
隨山館全集七種附刻三種　(清)汪瑔撰　清光緒刻本　一冊　存一種

330000－1704－0006325　010581　集部/總集類/尺牘之屬
昭代名人尺牘續集二十四卷　陶湘輯　清宣統三年(1911)天寶石印局影印本　十二冊

330000－1704－0006327　010582　集部/總集類/尺牘之屬
昭代名人尺牘二十四卷小傳二十四卷　(清)吳修輯　清光緒三十四年(1908)西泠印社影印本　二十四冊　存二十四卷(昭代名人尺牘一至二十四)

330000－1704－0006336　010587　集部/總集類/尺牘之屬
歷代名人書札二卷　吳曾祺輯　清宣統元年(1909)上海商務印書館鉛印本　二冊

330000－1704－0006337　010588　集部/總集類/尺牘之屬
歷代名人書札二卷　吳曾祺輯　清宣統二年(1910)上海商務印書館鉛印本　二冊

330000－1704－0006338　010589　集部/總集類/尺牘之屬
歷代名人小簡二卷　吳曾祺輯　清宣統二年

(1910)上海商務印書館鉛印本　二冊

330000－1704－0006340　010590　集部/總集類/尺牘之屬
明代名人尺牘七種　鄧實輯　清光緒三十三年至三十四年(1907－1908)上海國學保存會影印本　一冊　存一種

330000－1704－0006342　010591　集部/總集類/尺牘之屬
明代名人尺牘七種　鄧實輯　清光緒三十三年至三十四年(1907－1908)上海國學保存會影印本　一冊　存一種

330000－1704－0006343　010592　集部/總集類/尺牘之屬
明代名人尺牘七種　鄧實輯　清光緒三十三年至三十四年(1907－1908)上海國學保存會影印本　一冊　存一種

330000－1704－0006344　010593　集部/總集類/尺牘之屬
明代名人尺牘七種　鄧實輯　清光緒三十三年至三十四年(1907－1908)上海國學保存會影印本　一冊　存一種

330000－1704－0006345　010594　集部/總集類/尺牘之屬
名人尺牘小品四卷　(清)王元勲　(清)程化騄輯　清末刻本　八冊

330000－1704－0006350　010596　集部/總集類/尺牘之屬
明人尺牘四卷國朝尺牘六卷　(清)梁書同輯　清光緒十七年(1891)刻本　一冊

330000－1704－0006351　010597　子部/藝術類/書畫之屬
有明名賢遺翰二卷　(清)謝若農輯　清光緒十三年(1887)漢皋文淵書局刻本　二冊

330000－1704－0006354　010459　集部/別集類
惜道味齋集文編二卷詩編一卷　姚大榮撰　清宣統三年(1911)普定姚大榮刻本　一冊

330000－1704－0006355　010599　集部/總集類/尺牘之屬
國朝先輩十公手札不分卷　清光緒三十年(1904)石印本　一冊

330000－1704－0006356　010325　集部/別集類
萬物炊累室類稿四種十八卷　沈同芳撰　清宣統三年(1911)上海中國圖書公司鉛印本　四冊　存三種

330000－1704－0006359　010326　集部/別集類/清別集
逢原齋文鈔四卷補遺一卷詩鈔三卷　(清)華文漪撰　清刻本　二冊　缺一卷(補遺)

330000－1704－0006365　010602　集部/總集類/尺牘之屬
明賢尺牘四卷　(清)王元勳　(清)程化騄輯　清光緒二十六年(1900)仁和許增榆園刻本　二冊

330000－1704－0006367　010327　集部/別集類/清別集
含英軒文集十六卷(學堂芻言一卷經世曝言二卷中史辨論三卷外史論要六卷記傳雜著四卷)　鄭傳笈撰　清光緒三十年(1904)競化書局鉛印本　一冊　存一卷(記傳雜著一)

330000－1704－0006371　010603　子部/藝術類/書畫之屬/法帖
國朝畫家書四卷荔香室石刻二卷　(清)蔡載福輯　**國朝畫家書小傳四卷附荔香室小傳一卷**　葉銘輯　清宣統元年(1909)西泠印社石印暨鉛印本　七冊

330000－1704－0006374　010604　類叢部/類書類/通類之屬
分類緘腋四卷　(清)涂謙撰　清道光二十九年(1849)文富堂刻本　四冊

330000－1704－0006377　008414　集部/別集類/清別集
瘦盦吟草一卷　(清)雲韶撰　清末民國初石印本　一冊

330000－1704－0006378　010605　集部/總集類/尺牘之屬

分類詳註飲香尺牘四卷首一卷　（清）飲香居士輯　（清）白下慵隱子牋釋　清道光元年（1821）金閶經義堂刻本　二册

330000－1704－0006389　010333　集部/總集類/選集之屬/通代

雜錄一卷　清抄本　一册

330000－1704－0006390　010608　集部/總集類/尺牘之屬

歷朝名媛尺牘二卷　（清）靜寄東軒輯　清靜寄東軒刻本　清王德馨題記　一册　存一卷（上）

330000－1704－0006391　010334　集部/別集類/清別集

女書癡存稿三卷　（清）錢蕙孃撰　清道光五年（1825）刻本　一册

330000－1704－0006392　010464　集部/別集類

飲冰室文集十六卷補遺二卷　梁啓超撰　清光緒二十九年（1903）上海廣智書局鉛印本　十八册

330000－1704－0006399　010609　集部/總集類/選集之屬/斷代

聽嚶堂選四六新書廣集八卷尺牘新書廣集□□卷　（清）黄始選輯　清康熙聽嚶堂刻本　四册　存九卷（一至八、尺牘四）

330000－1704－0006400　010610　類叢部/類書類/專類之屬

胭脂牡丹六卷　（清）韓鄂撰　清道光二十七年（1847）文德堂刻本　二册

330000－1704－0006409　010615　子部/藝術類/書畫之屬/書法書品

松禪老人遺墨不分卷　（清）翁同龢書　清光緒三十一年（1905）石印本　許達題記　二册

330000－1704－0006414　010336　集部/別集類/清別集

傳忠堂學古文一卷　（清）周星譼撰　清刻本　一册

330000－1704－0006417　010337　集部/別集類/清別集

比玉樓遺稿四卷　（清）黄振均撰　清光緒二十年（1894）楊文鼎等甬江刻朱印本　一册

330000－1704－0006423　010623　集部/別集類/清別集

契蓮先生駢體文二卷　（清）宋體淳撰　清同治十三年（1874）柏翠軒刻本　二册

330000－1704－0006425　010340　集部/別集類/清別集

藕農文鈔一卷　（清）周衣德撰　清午湖草堂抄本　一册

330000－1704－0006428　010341　集部/別集類/清別集

葉嘉棆文稿一卷　（清）葉嘉棆撰　抄本　一册

330000－1704－0006437　010629　集部/總集類/尺牘之屬

名賢手札八種　（清）郭慶藩輯　清光緒十年（1884）湘陰郭氏岵瞻堂刻本　四册

330000－1704－0006457　010638　集部/別集類/清別集

翁松禪手劄不分卷　（清）翁同龢撰　清宣統三年（1911）上海有正書局石印本　十册

330000－1704－0006458　010639　子部/藝術類/書畫之屬/書法書品

趙撝叔手札一卷　（清）趙之謙書　**附楊海琴尺牘一卷**　（清）楊翰書　清光緒三十四年（1908）則山簃石印本　一册

330000－1704－0006459　010347　集部/總集類/課藝之屬

雜文鈔一卷　清抄本　一册

330000－1704－0006461　010348　集部/總集類/郡邑之屬

溫州文鈔一卷　清抄本　一册

330000－1704－0006463　010349　集部/別

集類
浣垞瓿築草本四卷　張組成撰　清光绪稿本　四冊

330000－1704－0006466　010496　集部/别集類/清别集
效學樓述文三卷　(清)馬綗章撰　清光緒三十四年(1908)京師鉛印本　一冊

330000－1704－0006468　010498　類叢部/叢書類/自著之屬
潛廬全集五種附一種　金蓉鏡撰　清光緒三十四年(1908)、宣統二年(1910)刻本　一冊　存一種

330000－1704－0006474　010726　集部/總集類/尺牘之屬
歷代名媛尺牘二卷　(清)陳韶編　清光緒十五年(1889)木活字印本　二冊

330000－1704－0006485　010727　子部/藝術類/遊藝之屬/聯語
自怡軒對聯綴語二卷　(清)王堃撰　清光緒十二年(1886)同文書局石印本　一冊

330000－1704－0006500　010650　集部/總集類/尺牘之屬
潛園友朋書問十二卷　(清)陸心源輯　清末石印本　二冊

330000－1704－0006512　010654　類叢部/叢書類/自著之屬
陶廬叢刻二十種　王樹枏撰　清光緒至民國新城王氏刻本　二冊　存一種

330000－1704－0006517　010656　集部/總集類/尺牘之屬
梶香樓尺牘不分卷文傳不分卷　(清)張應𤓰撰　稿本　楊逢春題記　八冊

330000－1704－0006524　010691　集部/别集類/清别集
陽湖史氏家藏左文襄公手札不分卷　(清)左宗棠撰　清光緒三十三年(1907)石印本　一冊

330000－1704－0006543　010699　集部/總集類/尺牘之屬
瑤華集一卷　(清)張邁撰　清光緒二十八年(1902)始豐傳是樓木活字印本　一冊

330000－1704－0006544　010735　子部/藝術類/遊藝之屬/聯語
楹聯叢話十二卷　(清)梁章鉅輯　**楹聯雜紀一卷**　(清)呂恩湛輯　清道光二十二年(1842)呂恩湛長沙府署刻本　清王德馨批　四冊

330000－1704－0006545　010663　集部/總集類/尺牘之屬
蘇東坡尺牘八卷　(宋)蘇軾撰　**黃山谷尺牘十卷**　(宋)黃庭堅撰　清宣統元年(1909)上海掃葉山房石印本　八冊

330000－1704－0006547　010700　子部/藝術類/書畫之屬/書法書品
張文襄公手劄不分卷　(清)張之洞書　清宣統二年(1910)敦藝廬影印本　二冊

330000－1704－0006550　010664　集部/總集類/尺牘之屬
蘇東坡黃山谷尺牘合編　(明)黃始輯　清刻本　二冊　缺一卷(蘇長公尺牘一)

330000－1704－0006551　010701　類叢部/叢書類/自著之屬
桐城吳先生全書六種附二種　(清)吳汝綸撰　清光緒三十年(1904)王恩紱等刻本　三冊　存一種

330000－1704－0006558　010736　子部/藝術類/遊藝之屬/聯語
楹聯叢話十二卷續話四卷　(清)梁章鉅輯　清光緒十六年(1890)醉六堂刻本　四冊

330000－1704－0006559　010702　集部/别集類/清别集
尺牘偶存二卷　(清)陸隴其撰　清光緒十七年(1891)上海書局刻本　一冊

330000－1704－0006561　010813　史部/傳記類/别傳之屬

哀友錄一卷　清宣統三年（1911）鉛印本　一冊

330000－1704－0006564　010815　史部/傳記類/别傳之屬/事狀
宋徵君哀挽錄一卷　（清）陳黻宸撰　清宣統二年（1910）瑞安務本局石印本暨鉛印本　一冊

330000－1704－0006568　010705　集部/别集類/清别集
弢園尺牘續鈔六卷　（清）王韜撰　清光緒十五年（1889）弢園鉛印本　二冊

330000－1704－0006573　010671　集部/别集類/清别集
音註小倉山房尺牘八卷補遺一卷　（清）袁枚撰　（清）胡光斗箋釋　清宣統三年（1911）上海掃葉山房石印本　四冊

330000－1704－0006575　010737　子部/藝術類/遊藝之屬/聯語
楹聯叢話十二卷續話四卷　（清）梁章鉅輯　清道光二十三年（1843）南浦寓齋刻本　一冊　存四卷（續話一至四）

330000－1704－0006583　010739　子部/藝術類/遊藝之屬/聯語
西湖楹聯四卷　清光緒二十二年（1896）暨陽周慶祺知正軒刻本　一冊

330000－1704－0006584　010740　子部/藝術類/遊藝之屬/聯語
楹聯新話十卷　（清）朱應鎬輯　清光緒十八年（1892）刻本　二冊

330000－1704－0006588　010742　子部/藝術類/遊藝之屬/詩鐘
詩鐘嗚盛集初編十卷　（清）沈宗畸輯　清光緒三十四年（1908）著涒吟社鉛印本　一冊

330000－1704－0006594　010674　類叢部/叢書類/彙編之屬
子才新舊叢刻三種　（清）周亮工批點　（清）繆學賢輯　清宣統元年（1909）上海賴古堂鉛印本　七冊　存一種

330000－1704－0006597　010675　集部/總集類/尺牘之屬
歸錢尺牘　（清）顧棫輯　清宣統二年（1910）保定官書局石印本　一冊　存一種

330000－1704－0006599　010676　集部/别集類/清别集
管注秋水軒尺牘四卷續刻一卷　（清）許思湄撰　（清）婁世瑞注釋　（清）管斯駿補注　清光緒二十年（1894）吳縣管氏管可壽齋刻朱墨套印本　五冊

330000－1704－0006601　010677　集部/總集類/尺牘之屬
名賢手札十卷　清光緒二十年（1894）關弼臣刻本　二冊

330000－1704－0006603　010678　集部/别集類/清别集
兩罍軒尺牘十二卷　（清）吳雲撰　清宣統二年（1910）上海時中書局石印本　二冊

330000－1704－0006609　010682　集部/總集類/尺牘之屬
國朝名人小簡二卷　吳曾祺輯　清宣統元年（1909）上海商務印書局鉛印本　二冊

330000－1704－0006610　010683　集部/總集類/尺牘之屬
國朝名人書札二卷　吳曾祺編　清宣統元年（1909）上海商務印书館鉛印本　四冊

330000－1704－0006613　010684　集部/總集類/尺牘之屬
國朝名人書札二卷　吳曾祺編　清宣統元年（1909）上海商務印书館鉛印本　四冊

330000－1704－0006615　010685　集部/别集類/清别集
繡虎軒尺牘八卷二集八卷三集八卷　（清）曹煜撰　清康熙刻本　八冊　缺八卷（初集三至六，三集三至四、七至八）

330000－1704－0006619　010715　集部/總集類/尺牘之屬
尺牘叢刻十七種　文明書局輯　清宣統三年

(1911)上海文明書局鉛印本　一册　存二種

330000－1704－0006626　010744　子部/藝術類/遊藝之屬/聯語
野學堂聯存八卷　(清)江式撰　清光緒十年(1884)刻本　一册　存七卷(一至六、八)

330000－1704－0006633　010824　史部/傳記類/别傳之屬
賈君豈凡哀輓録一卷　竺新輯　清宣統三年(1911)瑞安務本書局石印本　一册

330000－1704－0006636　010909　集部/總集類/選集之屬/斷代
明文鈔六編不分卷國朝文鈔五編不分卷論文集鈔二卷　(清)高塘輯　清乾隆五十一年(1786)刻本　四十五册

330000－1704－0006638　010826　史部/傳記類/别傳之屬/事狀
王舍人哀輓録一卷附王君仲舒哀輓録一卷　洪炳文等撰　清宣統二年(1910)瑞安務本局石印本　一册

330000－1704－0006639　010827　集部/總集類
林伯齡哀輓録一卷　清光緒三十三年(1907)廣東學務公所鉛印本　一册

330000－1704－0006643　010717　集部/别集類/清别集
留茆盦尺牘叢殘四卷　(清)嚴籀撰　清咸豐六年(1856)刻本　四册

330000－1704－0006646　010910　史部/傳記類/别傳之屬
小螺盦病榻憶語一卷　(清)孫道乾撰　清同治十三年(1874)刻本　一册

330000－1704－0006648　010911　集部/總集類/選集之屬/斷代
國朝律賦凌雲集箋注十卷二集十二卷　(清)謝文若輯評　(清)謝春蘭　(清)王上泰箋注　清乾隆三十七年(1772)、四十七年(1782)刻本　十一册　缺二卷(箋注八至九)

330000－1704－0006649　012748　類叢部/類書類/專類之屬
廣博物志五十卷　(明)董斯張　(明)楊鶴輯　明萬曆高暉堂刻本　二十四册

330000－1704－0006651　010912　集部/總集類/課藝之屬
敬修堂詞賦課鈔十六卷附金臺課藝一卷　(清)胡敬輯　清同治十一年(1872)山陰俞氏刻本　二册　存十一卷(一至十一)

330000－1704－0006654　010718　集部/總集類/尺牘之屬
蘇東坡黄山谷尺牘合編　(明)黄始輯　清光緒三十四年(1908)上海著易堂石印本　四册

330000－1704－0006655　010913　集部/詩文評類/制藝之屬
制義叢話二十四卷題名一卷　(清)梁章鉅撰　清道光三十年(1850)知足知不足齋刻本　五册

330000－1704－0006659　010914　集部/詩文評類/制藝之屬
制義叢話二十四卷題名一卷　(清)梁章鉅撰　清咸豐九年(1859)刻本　八册

330000－1704－0006660　010535　史部/傳記類/别傳之屬
魯君仲雄哀輓録一卷　姜周華等撰　清宣統油印本　一册

330000－1704－0006662　010915　集部/總集類/課藝之屬
制義體要十九卷　(清)陳兆崙輯　(清)孫衣言校補　清光緒二年(1876)敬敷書院刻本　四册

330000－1704－0006666　010720　集部/别集類/清别集
周文忠公尺牘二卷雜文附録一卷　(清)周天爵撰　清同治七年(1868)蘇松太道署刻本　一册　缺一卷(一)

330000－1704－0006669　010753　子部/藝術類/遊藝之屬/聯語

楹聯集錦八卷　(清)胡鳳丹輯　清光緒五年(1879)刻本　二冊

330000－1704－0006675　010754　子部/藝術類/遊藝之屬/詩鐘

詩夢鐘聲録一卷　(清)李嘉樂等撰　清光緒刻本　一冊

330000－1704－0006679　010916　史部/傳記類/科舉録之屬/歷科鄉試録

[咸豐戊午科]浙江鄉試硃卷一卷　(清)戴邦榮撰　清咸豐刻本　一冊

330000－1704－0006681　010916－1　史部/傳記類/科舉録之屬/諸貢録

己酉選拔貢卷不分卷　(清)俞煦甡撰　清宣統溫州日新印書局鉛印本　一冊

330000－1704－0006685　010841　史部/傳記類/別傳之屬/事狀

天一笑廬哀輓録一卷　黄式蘇輯　清宣統油印本　一冊

330000－1704－0006686　010916－2　史部/傳記類/科舉録之屬/歷科登科録

[光緒二年丙子恩科]朝考卷一卷　(清)馮文蔚撰　**[同治十三年癸酉科]朝考卷一卷**　(清)王煥熙撰　清刻本　一冊

330000－1704－0006690　010916－3　史部/傳記類/科舉録之屬/歷科登科録

[光緒甲午恩科]會試硃卷一卷　(清)項芳蘭撰　清光緒刻本　一冊

330000－1704－0006691　010916－4　史部/傳記類/科舉録之屬/歷科登科録

[光緒十六年庚寅恩科]會試硃卷一卷　(清)潘其祝撰　清光緒刻本　一冊

330000－1704－0006694　010916－5　史部/傳記類/科舉録之屬/歷科登科録

[光緒二年丙子恩科]會試硃卷一卷　(清)李紹衣撰　清光緒刻本　一冊

330000－1704－0006697　010916－6　史部/傳記類/科舉録之屬/歷科登科録

[光緒二十一年乙未科]朝考卷不分卷　(清)章華撰　清光緒刻本　一冊

330000－1704－0006698　010916－7　史部/傳記類/科舉録之屬/歷科登科録

[光緒二十四年戊戌科]會試硃卷不分卷　(清)王儀通撰　清光緒刻本　一冊

330000－1704－0006700　010916－8　史部/傳記類/科舉録之屬/歷科鄉試録

[光緒五年己卯科]浙江鄉試硃卷不分卷　(清)吳光宸撰　清光緒刻本　一冊

330000－1704－0006701　010916－9　史部/傳記類/科舉録之屬/歷科鄉試録

[同治九年庚午科]浙江鄉試硃卷不分卷　(清)葛詠裳撰　清同治刻本　一冊

330000－1704－0006703　010916－10　史部/傳記類/科舉録之屬/歷科鄉試録

[光緒二年丙子科]浙江鄉試硃卷一卷　(清)林元榮撰　清光緒刻本　一冊

330000－1704－0006706　010916－11　史部/傳記類/科舉録之屬/歷科鄉試録

[光緒庚子辛丑恩正併科]浙江鄉試卷一卷　(清)朱文劭撰　清光緒刻本　一冊

330000－1704－0006707　010916－12　史部/傳記類/科舉録之屬/諸貢録

[光緒十四年戊子科]浙江優貢卷不分卷　王舟瑤撰　清光緒刻本　一冊

330000－1704－0006719　010757　子部/藝術類/遊藝之屬/聯語

新鐫對語集腋四種　(清)章慶輯　清同治九年(1870)耕紅主人刻本　一冊　存二種

330000－1704－0006720　010916－13　史部/傳記類/科舉録之屬/歷科鄉試録

[同治六年丁卯科]浙江鄉試硃卷不分卷　(清)王詠霓撰　清同治刻本　一冊

330000－1704－0006721　010916－14　史部/傳記類/科舉録之屬/諸貢録

[宣統元年己酉科]浙江選拔貢卷不分卷　鄭

紹鈞撰　清宣統刻本　一册

330000－1704－0006722　010939　集部/總集類/彙編之屬

增廣詩句題解彙編四卷姓氏考一卷　(清)同文書局編　清光緒二十二年(1896)上海慎記莊石印本　四册

330000－1704－0006723　010916－15　史部/傳記類/科舉録之屬/歷科登科録

[咸豐庚申恩科]會試硃卷不分卷　(清)潘自彊撰　清咸豐刻本　一册

330000－1704－0006724　010916－16　史部/傳記類/科舉録之屬/歷科登科録

[光緒十六年庚寅恩科]會試硃卷一卷　(清)潘其祝撰　清光緒刻本　一册

330000－1704－0006725　010916－17　史部/傳記類/科舉録之屬/歷科登科録

[光緒十八年壬辰科]會試硃卷不分卷　(清)牟育撰　清光緒刻本　一册

330000－1704－0006726　010916－18　史部/傳記類/科舉録之屬/歷科鄉試録

[同治九年庚午科]浙江鄉試硃卷不分卷　(清)王禹堂撰　清同治刻本　一册

330000－1704－0006727　010916－19　史部/傳記類/科舉録之屬/歷科鄉試録

[光緒十七年辛卯科]浙江鄉試硃卷不分卷　(清)陳尚彬撰　清光緒刻本　一册

330000－1704－0006728　010549　集部/戲劇類/傳奇之屬

桃花扇後序註釋一卷　(清)玉溪鏡坡居士校訂　清道光五年(1825)種桃院刻本　一册

330000－1704－0006731　010551、010552　集部/總集類/尺牘之屬

明代名人尺牘七種　鄧實輯　清光緒三十三年至三十四年(1907－1908)上海國學保存會影印本　三册　存二種

330000－1704－0006732　010940　集部/總集類/課藝之屬

浙江試牘(兩浙校士錄)不分卷　(清)陳梘等撰　清光緒渠霖書室石印本　一册

330000－1704－0006734　010917　集部/別集類/清別集

書經集句文稿選本二卷續編選本二卷續選一卷補遺一卷賦稿選本一卷續選一卷易經卦名試帖選本一卷續選一卷　(清)戴槃撰　(清)李承霖　(清)薛時雨　(清)楊棨等評選　清咸豐十一年(1861)、同治八年(1869)刻本　四册

330000－1704－0006736　010941　集部/總集類/課藝之屬

明文才調集不分卷國朝文才調集不分卷　(清)許振禕輯　清光緒著易堂鉛印本　五册

330000－1704－0006737　010918　集部/別集類/清別集

養一齋集二十六卷首一卷劄記九卷詞三卷詩話十卷李杜詩話三卷四書文不分卷試帖一卷　(清)潘德輿撰　清刻本　四册　存一卷(四書文)

330000－1704－0006739　010942　集部/總集類/課藝之屬

雲間小課三卷　(清)趙佑宸等輯　清光緒七年(1881)琴雀軒刻本　二册

330000－1704－0006741　010919　類叢部/叢書類/家集之屬

陳氏叢書十三種　(清)陳濬　(清)陳宸書撰　清嘉慶至同治刻本　四册　存一種

330000－1704－0006744　010943　集部/總集類/課藝之屬

試策集珍一卷附錄一卷　(清)諸開泉編　清嘉慶十八年(1813)刻本　二册

330000－1704－0006745　010759　子部/藝術類/書畫之屬/題跋

似昇長生册三卷　周嵩堯撰　清宣統三年(1911)浙江印刷公司鉛印本　一册　缺一卷(三)

330000－1704－0006747　010944　集部/別

集類/清別集

有正味齋賦四卷 （清）吳錫麒撰　清道光六年至七年（1826－1827）刻本　二册

330000－1704－0006749　010557　集部/別集類

鄭齋類稿一卷　孫雄撰　清光緒石印本　一册

330000－1704－0006755　010920　集部/別集類/清別集

集虛齋全稿合刻六卷 （清）方棨如撰　（清）朱桓　（清）何忠相編次　清光緒二十年（1894）浙江書局刻本　四册

330000－1704－0006756　010945　集部/總集類/課藝之屬

浙江試牘不分卷 （清）柯汝霖等撰　清刻本　三册

330000－1704－0006757　010921　集部/總集類/課藝之屬

敬修堂詞賦課鈔十六卷附金臺課藝一卷（清）胡敬輯　清道光二十二年（1842）刻本　六册

330000－1704－0006758　010760　史部/傳記類/別傳之屬/事狀

南皮廣雅尚書六十壽序（集漢書句）一卷（清）姚汝說撰　清光緒三十四年（1908）鉛印本　一册

330000－1704－0006759　010761　史部/傳記類/別傳之屬/事狀

李傅相七十壽序一卷 （清）張之洞撰　清光緒十八年（1892）刻本　一册

330000－1704－0006763　010922　集部/總集類/選集之屬/斷代

本朝五言近體瓣香集十六卷 （清）許英輯並注　清乾隆二十八年（1763）心逸堂刻本　四册

330000－1704－0006766　010923　新學/雜著/叢編

新學舉隅續選二卷 （清）張應燨編　稿本　二册

330000－1704－0006768　010946　集部/總集類/選集之屬/斷代

近九科同館賦鈔四卷 （清）孫欽昂編輯　清光緒四年（1878）上海淞隱閣鉛印本　一册

330000－1704－0006769　010947　子部/雜家類

天花亂墜八卷二集八卷三集八卷 （清）寅半生編　清光緒二十九年至三十三年（1903－1907）杭州崇寔齋刻本　四册　缺八卷（三集一至八）

330000－1704－0006770　010924　集部/總集類/選集之屬/斷代

先月樓文選不分卷 （清）方養卿錄　抄本　一册

330000－1704－0006771　010566　類叢部/叢書類/自著之屬

潛廬全集五種附一種　金蓉鏡撰　清光緒三十四年（1908）、宣統二年（1910）刻本　一册　存一種

330000－1704－0006772　010925　集部/別集類/清別集

制藝文不分卷 （清）湯紹煙撰　稿本　二册

330000－1704－0006774　010948　集部/總集類/課藝之屬

紹興府學堂課藝一卷 （清）徐錫麟選　清光緒三十一年（1905）石印本　一册

330000－1704－0006776　010949　集部/總集類/選集之屬/斷代

詳註七家詩七卷 （清）王廷紹等撰　（清）張熙宇評選　（清）石暉甲箋注　清光緒十八年（1892）上海廣百宋齋鉛印本　二册

330000－1704－0006780　010860　集部/總集類/選集之屬/通代

古謠諺一百卷 （清）杜文瀾輯　清咸豐十一年（1861）曼陀羅華閣刻本　十六册

330000－1704－0006781　010861　子部/藝

術類/遊藝之屬/謎語

花信樓燈謎一卷 洪炳文輯 清光緒二十年(1894)刻本 一册

330000－1704－0006785 010865 史部/傳記類/别傳之屬

南山佳話二卷 鄔慶時輯 清光緒三十四年(1908)耕雲别墅刻本 一册

330000－1704－0006790 010950 集部/總集類/選集之屬/斷代

詳註七家詩七卷 (清)王廷紹等撰 (清)張熙宇評選 (清)石暉甲箋注 清光緒十八年(1892)上海廣百宋齋鉛印本 四册

330000－1704－0006792 010575 類叢部/叢書類/自著之屬

隨園三十種 (清)袁枚撰 清刻本 四册 存一種

330000－1704－0006794 010576 子部/小說家類

紅樓夢後序一卷 (清)蔡保東撰 清光緒六年(1880)刻本 一册

330000－1704－0006795 010272 集部/别集類

夢南雷齋文鈔二卷 黄壽袞撰 清宣統三年(1911)石印本 二册

330000－1704－0006796 010926 史部/傳記類/科舉録之屬/歷科鄉試録

[光緒二十三年丁酉科]福建闈墨不分卷 (清)鄭書祥等撰 清光緒二十三年(1897)衡鑒堂刻本 一册

330000－1704－0006797 010951 集部/總集類/課藝之屬

格致書院課藝不分卷 (清)王韜編 清光緒弢園鉛印本 七册 存庚寅、癸巳、戊子、己丑

330000－1704－0006802 010578 類叢部/叢書類/自著之屬

菽園著書五種 (清)邱煒萲撰 清光緒二十三年(1897)香港邱氏鉛印本 八册 存三種

330000－1704－0006803 010870 史部/傳記類/别傳之屬/事狀

旌表集一卷 (清)陳朝璉輯 清乾隆二年(1737)刻本 一册

330000－1704－0006804 010927 集部/總集類/課藝之屬

璞廬課藝不分卷 戴炳驄撰 稿本 清黄紹箕、清黄體芳、清項芳蘭、清王祖光、清郭慶恒、清徐兆豐、清舒端甫、清宗湘文、清孫鏘鳴批 清陳鑾坡觀款 七册

330000－1704－0006807 010871 集部/總集類/酬唱之屬

祈黄録四卷首一卷 (清)張寶元等編 清同治十年(1871)崇義堂刻本 一册

330000－1704－0006808 010548 集部/戲劇類/傳奇之屬

桃花扇後序詳註二卷 (清)聽雨樓居士箋 清聽雨樓刻本 一册

330000－1704－0006809 010952 集部/總集類/選集之屬/斷代

增註七家詩七卷 (清)張熙宇輯評 (清)王植桂輯註 清光緒十八年(1892)上海圖書集成印書局鉛印本 二册

330000－1704－0006810 010928 集部/别集類/清别集

章雲李先生時文稿不分卷 (清)章金牧撰 清末抄本 一册

330000－1704－0006814 010930 集部/别集類/清别集

寄廬試律賸二卷附刻一卷 (清)王祖光撰 (清)張維楨注 (清)周濂馨編次 清光緒二十六年(1900)鹿城巡署刻本 一册

330000－1704－0006818 010278 集部/别集類/清别集

介石山房遺文二卷遺詩一卷 (清)朱培源撰 清宣統二年(1910)朱氏刻本 二册

330000－1704－0006822 010931 子部/雜著類/雜說之屬

黼社筆談三卷　(清)張時中撰　清光緒十六年(1890)廣延徐振翰刻本　一册

330000－1704－0006824　010953　集部/總集類/課藝之屬
江左校士錄六卷　(清)黄體芳輯　清光緒十一年(1885)刻本　五册

330000－1704－0006825　010875　集部/別集類/清別集
半埜園自壽吟草一卷　(清)張春暢撰　清道光刻本　一册

330000－1704－0006826　010932　集部/別集類/清別集
增批寄嶽雲齋試體詩選四卷　(清)聶銑敏撰　(清)張學蘇箋　清光緒十年(1884)刻本　二册

330000－1704－0006827　010765　子部/藝術類/遊藝之屬/聯語
楹聯一卷　高澂輯　清末抄本　高澂題記　一册

330000－1704－0006832　010877　集部/總集類/酬唱之屬
貞壽錄二卷　(清)董氏撰　金之傑集　清道光二十六年(1846)刻本　二册

330000－1704－0006833　010933　集部/別集類/清別集
先君課藝不分卷　劉耀東輯　稿本　清徐紹藩批並校　劉耀東題記　一册

330000－1704－0006835　010954　集部/總集類/課藝之屬
惜陰書院東齋課藝八卷　(清)劉壽曾等撰　(清)孫渠田鑒定　清光緒四年至五年(1878－1879)刻本　八册

330000－1704－0006836　010982　類叢部/類書類/專類之屬
類賦玉盆珠五卷　(清)梁樹輯　清同治十二年(1873)刻本　五册

330000－1704－0006837　010934　集部/別集類/清別集
書經集句賦稿補註不分卷　(清)戴槃撰　(清)劉成忠評選　(清)戴燮元　(清)戴啟文注　清同治十一年(1872)刻本　一册

330000－1704－0006841　010935　集部/別集類/清別集
可自怡齋試帖詩注釋二卷　(清)顧文彬撰　清同治十三年(1874)刻本　二册

330000－1704－0006842　010955　集部/總集類/課藝之屬
安定書院課藝不分卷　(清)周縵雲選定　清刻本　六册

330000－1704－0006843　010879　史部/傳記類/科舉録之屬
湖北闈墨不分卷　清刻本　一册

330000－1704－0006844　010936　集部/總集類/選集之屬/斷代
四家文鈔　清刻本　二册

330000－1704－0006846　010880　集部/總集類
聞鶴軒酬應錄見二十四卷　(清)盧彝輯　清刻本　十册

330000－1704－0006849　010938　集部/別集類/清別集
望益齋賦存不分卷時文存不分卷　(清)孫詒燕撰　稿本　八册

330000－1704－0006851　010989　類叢部/叢書類
冬心齋叢書　清宣統木活字印本　一册　存一種

330000－1704－0006852　010990　子部/宗教類/道教之屬
呂祖師降乩贈天王寺小默上人序一卷　清刻本　一册

330000－1704－0006856　010992　集部/詞類/類編之屬
蒙香室叢書　馮煦輯　清光緒刻本　三册

存二種

330000－1704－0006857　010956　集部/總集類/課藝之屬

致用書院文集不分卷(光緒己亥年)　(清)陳其相等撰　清光緒二十五年(1899)致用堂惟半室刻本　一册

330000－1704－0006859　010993　集部/詞類/類編之屬

蒙香室叢書　馮煦輯　清光緒十三年(1887)冶城山館刻本　四册　存一種

330000－1704－0006860　011064　集部/詞類/類編之屬

四印齋所刻詞三十一種　(清)王鵬運編　清光緒十四年(1888)桂林王氏四印齋刻本　一册　存一種

330000－1704－0006861　010957　集部/總集類/課藝之屬

江左校士錄六卷　(清)黄體芳輯　清光緒十二年(1886)上洋石印本　一册

330000－1704－0006862　011065　集部/詞類/類編之屬

四印齋所刻詞三十一種　(清)王鵬運編　清光緒十四年(1888)桂林王氏四印齋刻本　一册　存二種

330000－1704－0006864　010885　集部/總集類/酬唱之屬

節義流芳錄一卷　(清)邱篤平輯　清光緒十八年(1892)刻本　一册

330000－1704－0006865　010958　集部/總集類/課藝之屬

婁縣小課不分卷　(清)陶然輯　清同治十年(1871)刻本　一册

330000－1704－0006867　011066　類叢部/叢書類/彙編之屬

雲自在龕叢書五集十九種　繆荃孫輯　清光緒江陰繆氏刻本　二册　存一種

330000－1704－0006870　010767　子部/藝術類/遊藝之屬/聯語

圍爐集一卷　(清)陳宗濂輯　清光緒十四年(1888)刻本　一册

330000－1704－0006871　010886　集部/總集類/選集之屬

沈珠集一卷　(清)陳辰基輯　清嘉慶二十二年(1817)刻本　一册

330000－1704－0006878　010887　史部/傳記類/别傳之屬/事狀

合肥相國七十賜壽圖一卷附壽言一卷　(清)楊宗濂　盛宣懷輯　清光緒十八年(1892)海軍石印書局石印本　四册

330000－1704－0006880　010959　集部/總集類/選集之屬/斷代

盛朝律楷十二卷　(清)姚光縉緝　清乾隆五十三年(1788)刻本　六册

330000－1704－0006882　011000　集部/詞類/總集之屬

宋六十一家詞選十二卷　馮煦輯　清宣統二年(1910)上海掃葉山房石印本　三册　存九卷(一至九)

330000－1704－0006884　011071　類叢部/叢書類/自著之屬

蕙風叢書七種附一種　况周頤撰　清光緒刻民國十四年(1925)上海中國書店彙印本　一册　存一種

330000－1704－0006886　010960　集部/總集類/課藝之屬

辨志文會課藝初集六卷　(清)葉意深等撰　(清)宗源瀚輯　清光緒六年至七年(1880－1881)刻本　六册

330000－1704－0006887　011072　集部/詞類/總集之屬

國朝常州詞錄三十一卷　繆荃孫校輯　清光緒二十二年(1896)江陰繆氏雲自在龕刻本　十册

330000－1704－0006889　010280　集部/别集類/清别集

舫廬文存内集四卷外集一卷餘集一卷首一卷　（清）張壽榮撰　清光緒九年（1883）蛟川張氏秋樹根齋刻本　四册

330000－1704－0006890　010961　集部/别集類/清别集
復齋制義不分卷　（清）曾鏞撰　清嘉慶二十五年（1820）刻本　二册

330000－1704－0006891　010889　集部/總集類/選集之屬/通代
憑山閣增輯留青新集三十卷　（清）陳枚選　（清）陳德裕增輯　清聯墨堂刻本　十六册

330000－1704－0006892　010281　集部/别集類
可園文存十六卷詩存二十八卷詞存四卷　陳作霖撰　清宣統元年（1909）刻本　十册

330000－1704－0006893　010962　集部/總集類/課藝之屬
浙江校士録不分卷　（清）潘鴻等撰　清刻本　二册

330000－1704－0006894　011003　集部/詞類/總集之屬
古今别腸詞選四卷　（清）趙式輯　（清）陳維崧評點　清康熙四十八年（1709）趙式聆蛩書屋刻本　一册　存二卷（一至二）

330000－1704－0006895　011073　集部/詞類/類編之屬
四印齋所刻詞三十一種　（清）王鵬運編　清光緒十四年（1888）桂林王氏四印齋刻本　一册　存一種

330000－1704－0006897　011005　集部/詞類/詞話之屬
詞源二卷　（宋）張炎編　**詞旨一卷**　（元）陸輔之撰　**樂府指迷一卷**　（宋）沈義父撰　清光緒湖南思賢書局刻本　一册

330000－1704－0006898　011074　集部/詞類/别集之屬
荔園詞二卷　（清）徐本立撰　清同治十年（1871）徐本立刻本　一册

330000－1704－0006899　010963　集部/總集類/郡邑之屬
東甌校士文不分卷　（清）王琛輯　清光緒二十九年（1903）王琛刻本　一册

330000－1704－0006900　011075　集部/詞類/别集之屬
翠薇花館詞二十九卷　（清）戈載撰　清嘉慶二十三年至二十四年（1818－1819）吴縣戈載刻本　六册

330000－1704－0006903　011076　集部/别集類/清别集
篷霜輪雪集一卷　（清）陳康祺撰　清光緒五年（1879）吴門刻本　一册

330000－1704－0006904　011007　集部/詞類/總集之屬
詞綜補遺二十卷　（清）陶樑輯　清道光刻本　二册　存十卷（一至五、十一至十五）

330000－1704－0006905　010892　子部/藝術類/遊藝之屬/謎語
擷綠山房隱語二卷　（清）葉金璜　（清）葉康瑞撰　清光緒三十二年（1906）葉氏刻本　一册

330000－1704－0006906　010893　子部/藝術類/遊藝之屬/謎語
擷綠山房隱語二卷　（清）葉金璜　（清）葉康瑞撰　清光緒三十二年（1906）葉氏刻本　一册

330000－1704－0006907　011008　集部/詞類/總集之屬
詞綜三十八卷　（清）朱彝尊輯　（清）王昶增輯　**明詞綜十二卷國朝詞綜四十八卷國朝詞綜二集八卷**　（清）王昶輯　清刻本　十二册　存三十二卷（一至七、十四至三十八）

330000－1704－0006908　011077　集部/詞類/别集之屬
藤香館詞一卷　（清）薛時雨撰　清同治五年（1866）全椒薛氏刻本　一册

330000－1704－0006910　010964　集部/總

集類/選集之屬/斷代

山左校士錄不分卷 (清)黄體芳輯 清光緒二年(1876)刻本 二册

330000－1704－0006911 011078 集部/詞類/别集之屬

苾芻館詞集六卷 (清)胡延撰 清光緒二十九年(1903)金陵糧儲道廨刻本 四册

330000－1704－0006914 011079 集部/總集類/彙編之屬

鄧林唱和詩詞合刻二種四卷 陳潛輯 清宣統元年(1909)江浦陳氏刻本 一册

330000－1704－0006916 011080 集部/詞類/别集之屬

鶴茗詞鈔一卷 (清)吴敏樹撰 清同治刻本 一册

330000－1704－0006917 011013 集部/總集類/選集之屬/通代

雞跖賦續刻二十八卷擬古二卷 (清)應泰泉輯 清同治十三年(1874)蘭言室刻本 五册

330000－1704－0006918 011081 集部/詞類/别集之屬

冰壺詞六卷 (清)張雲驤撰 清光緒十二年(1886)刻本 一册 存四卷(一至四)

330000－1704－0006920 010965 集部/别集類/清别集

守硯齋試帖初集四卷二集二卷 (清)王祖光撰 清光緒二十三年至二十四年(1897－1898)刻本 六册

330000－1704－0006921 011082 集部/詞類/别集之屬

半甲乙詞草不分卷 朱家驊撰 清光緒三十一年(1905)吴郡朱氏花好月圓人壽廬刻本 二册

330000－1704－0006925 010282 集部/别集類/清别集

介軒詩鈔十卷文鈔八卷外集二卷 (清)張振夔撰 清同治九年(1870)刻本 六册

330000－1704－0006928 010966 集部/詞類/總集之屬

御選歷代詩餘一百二十卷 (清)聖祖玄燁定 (清)沈辰垣等輯 清康熙四十六年(1707)刻本 二十八册 存一百八卷(一至十七、二十一至四十三、四十七至七十一、七十三至七十八、八十至九十二、九十七至一百二十)

330000－1704－0006929 010899 集部/總集類/選集之屬/斷代

國朝律賦偶箋四卷 (清)沈豐岐撰 清乾隆二十四年(1759)養素齋刻本 四册

330000－1704－0006931 011084 集部/詞類/别集之屬

大小雅堂詩餘(冰蠶詞)一卷 (清)承齡撰 清刻本 一册

330000－1704－0006932 010900 史部/傳記類/科舉録之屬

膠庠錄三卷 清抄本 三册

330000－1704－0006933 011085 集部/詞類/别集之屬

射雕詞二卷續鈔一卷 (清)應寶時撰 清光緒十年(1884)、十四年(1888)刻本 佛癡題簽 一册

330000－1704－0006935 011086 集部/詞類/别集之屬

秋夢盦詞鈔二卷續一卷 (清)葉衍蘭撰 清光緒十六年(1890)葉衍蘭羊城刻本 一册

330000－1704－0006938 010901 集部/詩文評類/制藝之屬

試律叢話八卷 (清)梁章鉅撰 清同治八年(1869)知足知不足齋刻本 三册 缺二卷(七至八)

330000－1704－0006939 010286 集部/别集類/清别集

潄六山房全集十一卷 (清)吴昆田撰 清末刻本 五册 存九卷(一至九)

330000－1704－0006941 011031 集部/詞類/總集之屬

宋七家詞選七卷 (清)戈載輯 **玉田先生樂府指迷一卷** (宋)張炎撰 清宣統三年(1911)掃葉山房石印本 二冊

330000－1704－0006944 011088 集部/詞類/别集之屬
曉夢春紅詞一卷 (清)潘介繁撰 清同治刻本 一冊

330000－1704－0006949 011093 集部/詞類/類編之屬
四印齋所刻詞三十一種 (清)王鵬運編 清光緒十四年(1888)桂林王氏四印齋刻本 一冊 存一種

330000－1704－0006950 011032 集部/詞類/總集之屬
宋四家詞選一卷 (清)周濟輯 清光緒湖南思賢書局刻本 一冊

330000－1704－0006951 011033 集部/詞類/總集之屬
明詞綜十二卷 (清)王昶輯 清同治四年(1865)亦西齋刻本 四冊

330000－1704－0006954 010289 集部/别集類/清别集
芸馨書屋遺草不分卷 (清)賀慶祖撰 清光緒九年(1883)章門寓盧味菜根齋刻本 一冊

330000－1704－0006956 011034 集部/詞類/總集之屬
國朝詞綜四十八卷二集八卷 (清)王昶輯 清刻本 十冊 存四十八卷(一至四十八)

330000－1704－0006957 011035 集部/詞類/總集之屬
天下同文一卷 (元)盧摯等撰 清宣統雙照樓鉛印本 一冊

330000－1704－0006958 011015 類叢部/叢書類/彙編之屬
邵武徐氏叢書二十三種 (清)徐榦編 清光緒邵武徐氏刻本 二冊 存一種

330000－1704－0006959 011094 類叢部/叢書類/彙編之屬
曼陀羅華閣叢書十六種 (清)杜文瀾編 清咸豐至同治秀水杜氏刻光緒十八年(1892)上海掃葉山房修補印本 一冊 存一種

330000－1704－0006960 011016 集部/詞類/總集之屬
絕妙好詞箋七卷 (宋)周密輯 (清)查爲仁 (清)厲鶚箋 **絕妙好詞續鈔一卷** (清)余集輯 **絕妙好詞又續鈔一卷** (清)徐楙補錄 清同治十一年(1872)會稽章氏刻本 四冊

330000－1704－0006961 011095 集部/詞類/類編之屬
詞學叢書六種二十三卷 (清)秦恩復編 清嘉慶至道光江都秦氏享帚精舍刻本 二冊 存一種

330000－1704－0006962 011017 集部/詞類/總集之屬
詞選二卷 (清)張惠言輯 **附錄一卷** (清)鄭善長輯 **續詞選二卷** (清)董毅輯 清同治十一年(1872)會稽章氏刻本 二冊

330000－1704－0006963 011018 集部/詞類/總集之屬
詞選二卷 (清)張惠言輯 **附錄一卷** (清)鄭善長輯 **續詞選二卷** (清)董毅輯 清光緒湖南思賢書局刻本 一冊

330000－1704－0006964 011193 集部/詞類/别集之屬
願為明鏡室詞稿九卷 (清)江順詒撰 清同治八年(1869)武林江順詒刻本 二冊

330000－1704－0006968 011194 集部/詞類/别集之屬
癸辛詞不分卷 (清)項瓓撰 清末刻本 一冊

330000－1704－0006970 011019 集部/詞類/總集之屬
詞選二卷 (清)張惠言輯 **茗柯詞一卷** (清)張惠言撰 **立山詞一卷** (清)張琦撰 清刻本 一冊

330000－1704－0006971　011098　集部/詞類/總集之屬

閨秀詞鈔十六卷補遺一卷續補遺四卷　徐乃昌輯　清宣統元年(1909)南陵徐氏小檀欒室刻本　十冊

330000－1704－0006973　011195　集部/詞類/別集之屬

轉蕙軒詞一卷　(清)謝質卿撰　清光緒元年(1875)刻本　一冊

330000－1704－0006974　010772　集部/總集類/謠諺之屬

杭諺詩一卷　(清)邵懿辰輯　清光緒三十四年(1908)刻本　一冊

330000－1704－0006975　011196　集部/詞類/別集之屬

濯絳宧存稾一卷　劉毓盤撰　清宣統元年(1909)刻本　一冊

330000－1704－0006977　010773　經部/小學類/訓詁之屬/方言

越諺三卷越諺賸語二卷　(清)范寅撰　清光緒谷應山房刻本　一冊　缺二卷(越諺一至二)

330000－1704－0006979　011197　集部/詞類/別集之屬

受辛詞二卷　(清)王莢撰　清光緒十年(1884)刻本　一冊

330000－1704－0006980　011198　集部/詞類/別集之屬

眉綠樓詞八卷　(清)顧文彬撰　清光緒十年(1884)吳下刻本　四冊

330000－1704－0006981　011199　集部/詞類/別集之屬

檗隖詞存十二卷別集五卷　王以敏撰　清光緒刻本　四冊

330000－1704－0006987　010907　子部/藝術類/書畫之屬/題跋

似昇長生冊三卷　周嵩堯撰　清宣統三年(1911)石印本　二冊

330000－1704－0006988　010987　經部/小學類/訓詁之屬/爾雅

增註爾雅時文會編必詳不分卷　(清)魏雲璜時文　(清)顧澍會編　(清)余學密增註　(清)傅傳校訂　清抄本　清傅傳跋　一冊

330000－1704－0006991　010988　集部/總集類/課藝之屬

惜陰書院西齋課藝賦鈔讀本不分卷續選二卷詩鈔讀本不分卷　(清)秦際唐等撰　(清)薛時雨鑒定　清末抄本　五冊

330000－1704－0006992　011102　集部/詞類/別集之屬

香南雪北詞一卷　(清)吳藻撰　清道光二十四年(1844)刻三十年(1850)增刻本　梅冷生題簽　二冊

330000－1704－0006993　010775　類叢部/叢書類/自著之屬

橘蔭軒全集七種　(清)陳錦撰　清光緒山陰陳氏橘蔭軒刻本　一冊　存一種

330000－1704－0006997　010291　集部/別集類/清別集

樂山雜著一卷　(清)林昕撰　稿本　一冊

330000－1704－0006998　011103　集部/詞類/類編之屬

吳氏石蓮庵刻山左人詞　吳重熹編　清光緒二十七年(1901)海豐吳氏金陵刻本　二冊　存一種

330000－1704－0006999　010776　子部/藝術類/遊藝之屬/聯語

楹聯叢話十二卷續話四卷巧對錄八卷　(清)梁章鉅輯　清咸豐元年(1851)刻本　二冊

330000－1704－0007000　010329　集部/別集類/清別集

蟄庵文存五卷　(清)何慶輔撰　稿本　一冊　存一卷(一)

330000－1704－0007001　011200　集部/別集類/清別集

悔翁詩鈔十五卷補遺一卷詩餘五卷筆記六卷

（清）汪士鐸撰　清光緒九年（1883）合肥張氏味古齋刻本　一冊　存五卷（詩餘一至五）

330000－1704－0007002　011023　集部/詞類/詞話之屬
周氏止庵詞辨二卷　（清）周濟撰　（清）譚獻評　**周氏止菴介存齋論詞雜箸一卷**　（清）周濟撰　清光緒三多、徐珂、趙逢年刻本　一冊

330000－1704－0007003　011201　集部/詞類/別集之屬
鴛鴦宜福館吹月詞二卷　（清）陳元鼎撰　清同治元年（1862）刻光緒十六年（1890）小羽琌山館補刻本　二冊

330000－1704－0007004　011202　集部/詞類/別集之屬
留雲借月盦詞五卷　（清）劉炳照撰　清光緒十九年（1893）刻本　二冊

330000－1704－0007005　010356　集部/別集類/清別集
慶輔文存四卷　（清）何慶輔撰　稿本　四冊

330000－1704－0007006　011104　集部/詞類/別集之屬
萬青閣詩餘三卷補遺一卷　（清）趙吉士撰　清康熙刻本　一冊　存二卷（二至三）

330000－1704－0007007　010969　集部/詩文評類/詩評之屬
西河詩話一卷詞話一卷襍箋一卷　（清）毛奇齡撰　清宣統三年（1911）上海文瑞樓石印本　二冊

330000－1704－0007009　011024　類叢部/叢書類/彙編之屬
曼陀羅華閣叢書十六種　（清）杜文瀾編　清咸豐至同治秀水杜氏刻光緒十八年（1892）上海掃葉山房修補印本　二冊　存一種

330000－1704－0007013　011105　集部/詞類/別集之屬
知止堂詞錄三卷　（清）朱綬撰　清光緒二十年（1894）湖南思賢書局刻本　一冊

330000－1704－0007015　011026　類叢部/叢書類/自著之屬
賭棋山莊所著書七種　（清）謝章鋌撰　清光緒至民國刻本　二冊　存一種

330000－1704－0007018　011106　集部/詞類/別集之屬
浣雪詞鈔二卷　（清）毛際可撰　（清）李天馥　（清）王士禛評　清康熙刻本　一冊

330000－1704－0007019　011027　集部/詞類/總集之屬
心日齋十六家詞錄二卷　（清）周之琦輯　清刻本　二冊

330000－1704－0007021　011028　集部/詞類/總集之屬
絕妙好詞箋七卷　（宋）周密輯　（清）查爲仁　（清）厲鶚箋　**絕妙好詞續鈔一卷**　（清）余集輯　**絕妙好詞又續鈔一卷**　（清）徐楙補錄　清道光八年（1828）徐楙杭州愛日軒刻本　三冊

330000－1704－0007024　011029　集部/詞類/詞話之屬
蓮子居詞話四卷　（清）吳衡照輯　清道光十二年（1832）錢唐汪氏振綺堂刻同治六年（1867）重修本　一冊

330000－1704－0007026　011109　集部/詞類/別集之屬
心日齋詞集六卷　（清）周之琦撰　清刻本　二冊

330000－1704－0007027　010780　類叢部/叢書類/家集之屬
得一山房四種附一種　（清）唐景崧撰　清光緒十九年（1893）刻本　四冊

330000－1704－0007033　011111　類叢部/叢書類/彙編之屬
榆園叢刻十五種附一種　（清）許增編　清同治至光緒刻本　二冊　存一種

330000－1704－0007034　011037　集部/別集類/清別集

倚晴樓集五種　(清)黄燮清撰　清咸豐至同治海鹽黄氏拙宜園刻本　八册　存一種

330000－1704－0007035　011312　集部/詞類/別集之屬

西廂詞集二卷　(清)悔叟蘭樵撰　清光緒三十三年(1907)溫州新甌印刷公司鉛印本　一册

330000－1704－0007037　011112　類叢部/叢書類/自著之屬

大鶴山房全書十種　鄭文焯撰　清光緒至民國刻民國九年(1920)蘇州交通圖書館彙印本　二册　存二種

330000－1704－0007044　010782　子部/藝術類/遊藝之屬/詩鐘

鯨華社鐘選二卷附錄一卷　(清)吕景端輯　清光緒三十一年(1905)上海通元書局石印本　一册

330000－1704－0007045　011205　類叢部/叢書類/彙編之屬

曼陀羅華閣叢書十六種　(清)杜文瀾編　清咸豐至同治秀水杜氏刻光緒十八年(1892)上海掃葉山房修補印本　一册　存一種

330000－1704－0007046　011206　集部/詞類/別集之屬

弢園詞一卷　(清)史念祖撰　清光緒三十一年(1905)趙爾巽刻本　一册

330000－1704－0007050　011113　類叢部/叢書類/自著之屬

潘文勤公雜著六種附一種　(清)潘祖蔭撰　清吳縣潘氏刻本　一册　存一種

330000－1704－0007052　011114　集部/詞類/別集之屬

空青館詞稾三卷　(清)邊浴禮撰　清刻本　一册

330000－1704－0007053　011115　類叢部/叢書類/彙編之屬

榆園叢刻十五種附一種　(清)許增編　清同治至光緒刻本　五册　存一種

330000－1704－0007054　011116　集部/詞類/別集之屬

吴梅村詞一卷　(清)吳偉業撰　清光緒十六年(1890)湖北官書處刻本　一册

330000－1704－0007058　011118　集部/詞類/別集之屬

吴梅村詞一卷　(清)吳偉業撰　清宣統二年(1910)上海埽葉山房石印本　一册

330000－1704－0007064　011121　集部/詞類/別集之屬

滄江虹月詞三卷　(清)汪初撰　清嘉慶九年(1804)汪氏振綺堂刻光緒十五年(1889)汪曾唯增刻本　二册

330000－1704－0007067　011122　集部/詞類/別集之屬

玉壺山房詞選二卷　(清)改琦撰　清道光八年(1828)華亭沈文偉來隺樓刻光緒補版印本　四册

330000－1704－0007070　011323　集部/詞類/叢編之屬

題襟集八卷　楊朝慶撰　清光緒二十五年(1899)刻本　一册　存一卷(玉龍詞)

330000－1704－0007071　011123　集部/詞類/別集之屬

煙波漁唱一卷續鈔一卷又續一卷附鈔一卷　(清)張應昌撰　清道光二十四年(1844)刻本　二册　存三卷(煙波漁唱、續鈔、附鈔)

330000－1704－0007072　011124　集部/詞類/別集之屬

憶雲詞甲稾一卷乙稾一卷丙稾一卷丁稾一卷删存一卷　(清)項廷紀撰　清光緒二十五年(1899)思賢書局刻本　劉紹寬題記　一册

330000－1704－0007074　011125　集部/詞類/別集之屬

亦有秋齋詞鈔二卷　(清)鈕福疇撰　清道光刻本　一册

330000－1704－0007075　010785　子部/雜著類/雜纂之屬

聯語詩詞文雜錄不分卷　清抄本　一冊

330000－1704－0007076　010786　子部/藝術類/遊藝之屬/聯語
魏塘楹帖錄存一卷　(清)江峯青撰　清光緒刻本　一冊

330000－1704－0007077　011403　集部/曲類/曲韻曲譜曲律之屬
納書楹曲譜全集二十二卷　(清)葉堂撰　清道光二十八年(1848)刻本　二十二冊

330000－1704－0007078　011126　類叢部/叢書類/自著之屬
香禪精舍集十種附一種另附四種　(清)潘鍾瑞撰　清光緒長洲潘氏香禪精舍刻本　一冊　存一種

330000－1704－0007079　011127　集部/詞類/别集之屬
二波軒詞選三卷　(清)王嘉福撰　清道光十四年(1834)刻本　一冊

330000－1704－0007080　010787　子部/藝術類/遊藝之屬/聯語
莫愁湖楹聯便覽一卷　(清)釋壽安編　清光緒五年(1879)刻本　一冊

330000－1704－0007081　011128　集部/詞類/别集之屬
冬巢詞集四卷　(清)汪潮生撰　清道光十七年(1837)黄承吉刻本　二冊

330000－1704－0007083　011129　集部/詞類/别集之屬
香銷酒醒詞一卷附曲一卷　(清)趙慶熺撰　清道光二十九年(1849)刻本　一冊

330000－1704－0007087　011130　集部/詞類/别集之屬
畫溪漁唱二卷　(清)陳丙綬撰　清道光十三年(1833)武林刻本　楊紹廉題記　一冊

330000－1704－0007090　010789　子部/藝術類/遊藝之屬/聯語
莫愁湖楹聯便覽一卷　(清)釋壽安編　清光緒五年(1879)刻本　一冊

330000－1704－0007093　010790　子部/藝術類/遊藝之屬/聯語
雪蕉齋雜錄楹聯一卷　(清)王德馨錄　清稿本　一冊

330000－1704－0007094　010791　子部/藝術類/遊藝之屬/聯語
楹聯雜錄一卷　(清)王朝清錄　稿本　一冊

330000－1704－0007102　011044　集部/詞類/總集之屬
庚子秋詞二卷　(清)王鵬運等撰　清光緒刻本　一冊

330000－1704－0007104　011046　集部/詞類/總集之屬
唐五代詞選三卷　(清)成肇麐輯　清光緒湖南思賢書局刻本　一冊

330000－1704－0007106　011048　集部/詞類/詞譜之屬
詞律二十卷　(清)萬樹撰　清康熙二十六年(1687)萬氏堆絮園刻本　六冊

330000－1704－0007107　011049　類叢部/叢書類/彙編之屬
半厂叢書初編十種　(清)譚獻編　清同治至光緒仁和譚氏刻本　四冊　存一種

330000－1704－0007108　011050　集部/詞類/總集之屬
淮海秋笳集十二卷附錄一卷　(清)李肇增輯　清咸豐十年(1860)遲雲山館刻本　一冊

330000－1704－0007110　011407　集部/曲類/彈詞之屬
粵謳一卷　(清)招子庸輯　清光緒三十年(1904)五桂堂刻本　一冊

330000－1704－0007111　011131　集部/詞類/别集之屬
棕亭詞鈔七卷　(清)金兆燕撰　(清)金珉編次　清道光十六年(1836)全椒金氏贈雲軒刻二十四年(1844)增刻本　一冊　存四卷(一

至四）

330000－1704－0007115　011132　集部/別集類/清別集

黄樓集三卷　（清）蔡偁撰　清刻本　一冊

330000－1704－0007118　011133　集部/詞類/别集之屬

笛椽詞二卷　（清）夏寶晉撰　清道光十三年（1833）刻本　二冊

330000－1704－0007120　011057　集部/詞類/總集之屬

詩餘偶鈔六卷　王先謙輯　清光緒十六年（1890）長沙王先謙刻本　二冊

330000－1704－0007121　011134　集部/詞類/别集之屬

花簾詞一卷　（清）吴藻撰　清道光十年（1830）趙慶熺刻本　梅泠生題簽　二冊

330000－1704－0007122　011409　集部/曲類

説花文嘆骷髏不分卷　（清）釋願來録　清光緒十九年（1893）抄本　一冊

330000－1704－0007127　011135　集部/别集類/清别集

大梅山館集五十五卷　（清）姚燮撰　清道光十三年至咸豐六年（1833－1856）大梅山館刻本　二冊　存一種

330000－1704－0007129　011411　集部/曲類

白鶴圖卷不分卷　（清）戴孝華記　清光緒三十二年（1906）抄本　一冊

330000－1704－0007130　011136　集部/詞類/别集之屬

玉井山館詞一卷　（清）許宗衡撰　清咸豐六年（1856）許宗衡刻本　梅泠生題記　一冊

330000－1704－0007131　011137　集部/詞類/别集之屬

捧月樓綺語八卷　（清）袁通撰　清光緒十一年（1885）錢唐袁氏隨園刻本　二冊

330000－1704－0007132　010796　子部/藝術類/遊藝之屬/聯語

摩兜堅齋汲古集聯一卷續一卷再續一卷　白遇道撰　清光緒三十年至三十二年（1904－1906）鉛印本　三冊

330000－1704－0007133　011060　集部/詞類/總集之屬

湖州詞徵二十四卷　朱祖謀輯　清宣統三年（1911）章震福刻本　三冊　缺六卷（七至十二）

330000－1704－0007134　011061　類叢部/叢書類/自著之屬

隨盦所著書四種　徐乃昌撰　清光緒刻民國四年（1915）南陵徐氏積學齋彙印本　一冊　存一種

330000－1704－0007135　011278　集部/戲劇類/傳奇之屬

詩扇記傳奇二卷三十三折　（清）汪柱撰　清刻本　二冊

330000－1704－0007136　011138　集部/詞類/别集之屬

清夢盦二白詞五卷附刻一卷　（清）沈傳桂撰　清道光二十五年（1845）沈傳桂清夢盦刻同治十一年（1872）沈寶恒補刻本　四冊

330000－1704－0007138　011413　類叢部/叢書類/彙編之屬

天壤閣叢書二十種　（清）王祖源　（清）王懿榮編　清同治至光緒福山王氏刻彙印本　一冊　存一種

330000－1704－0007139　010797　子部/藝術類/遊藝之屬/聯語

楹帖集存七卷　程頌萬撰　清宣統元年（1909）稿本　一冊

330000－1704－0007142　011371　集部/戲劇類/傳奇之屬

桃谿雪二卷帝女花二卷　（清）黄燮清撰　清抄本　二冊

330000－1704－0007144　011210　集部/詞

類/别集之屬
荓綠詞三卷　(清)丁至和撰　清咸豐十一年(1861)曼陀羅華閣刻本　一册

330000－1704－0007147　011373　集部/戲劇類/雜劇之屬
補天石傳奇八種　(清)周樂清撰　(清)譚光祜訂譜　清道光十年(1830)静遠草堂刻本　八册

330000－1704－0007150　011139　集部/詞類/别集之屬
東甌草堂詞二卷　(清)周星譽撰　**勉意集詞一卷**　(清)周星詒撰　清刻本　一册

330000－1704－0007151　011374　集部/戲劇類/傳奇之屬
洞庭緣傳奇一卷十六齣　(清)陸繼輅填詞　清光緒刻本　一册

330000－1704－0007152　011140　集部/詞類/别集之屬
約園詞四卷　(清)劉湘年撰　清光緒十二年(1886)揚城刻本　二册

330000－1704－0007153　011283　類叢部/叢書類/自著之屬
藤花亭十七種　(清)梁廷枏撰　清道光八年至十三年(1828－1833)刻本　一册　存一種

330000－1704－0007154　011141　集部/詞類/别集之屬
鶴緣詞一卷　(清)吕耀斗撰　清光緒二十六年(1900)吕氏敬止堂刻本　一册

330000－1704－0007155　011375　集部/戲劇類/傳奇之屬
沈賓漁四種曲八卷　(清)沈起鳳撰　清古香林刻本　四册　缺四卷(文星榜一、才人福一、伏虎韜一至二)

330000－1704－0007156　011142　集部/詞類/别集之屬
百萼紅詞二卷　(清)吴肅撰　清光緒五年(1879)合肥張開敏刻本　二册

330000－1704－0007157　011414　集部/曲類/寶卷之屬
惜穀免災寶卷不分卷　(清)□□撰　清咸豐八年(1858)刻本　一册

330000－1704－0007158　011214　集部/曲類/寶卷之屬
韓湘子寶卷一卷　清末新河王師竹齋刻本　白勝嘉題簽　一册

330000－1704－0007159　011143　集部/詞類/别集之屬
聽雨小樓詞稿二卷　(清)楊英燦撰　清光緒十八年(1892)木活字印本　二册

330000－1704－0007164　010800　子部/藝術類/遊藝之屬/聯語
自作聯一卷　(清)□□撰　清同治稿本　一册

330000－1704－0007166　011144　集部/詞類/别集之屬
橫經堂詩餘二卷　(清)張泰初撰　清光緒二年(1876)刻本　一册

330000－1704－0007168　011145　集部/詞類/别集之屬
擷雲閣詞一卷　(清)徐灝撰　清宣統三年(1911)南京刻民國十四年(1925)北京補刻朱印本　一册

330000－1704－0007170　011146　集部/詞類/别集之屬
玉洤詞一卷　(清)潘曾瑋撰　清咸豐四年(1854)刻本　一册

330000－1704－0007172　011147　集部/詞類/别集之屬
留漚唫館詞存一卷　(清)沈鍪撰　清光緒八年(1882)元和江標師鄦室刻朱印本　一册

330000－1704－0007177　011376　集部/戲劇類/總集之屬/傳奇
惺齋新曲六種十三卷　(清)夏綸撰　(清)徐夢元評　清乾隆十八年(1753)夏氏世光堂刻本　二册　存一種

330000－1704－0007178　011148　集部/詞類/别集之屬

繡蛙龕詞鈔五卷　（清）汪藻撰　**附録一卷**　（清）吳雲等撰　清光緒四年（1878）汪氏刻本　一册

330000－1704－0007179　011417　集部/曲類/寶卷之屬

玉英寶卷一卷　清刻本　一册

330000－1704－0007180　011149　集部/詞類/别集之屬

太素齋詞鈔二卷　（清）勒方錡撰　清光緒十年（1884）陳仲泉刻本　一册

330000－1704－0007181　011150　集部/詞類/别集之屬

瘦鶴軒詞一卷續一卷　（清）趙彦俞撰　清同治十二年（1873）丹徒趙氏刻本　一册

330000－1704－0007184　011441　集部/詞類/類編之屬

小檀欒室彙刻閨秀詞　徐乃昌編　**閨秀詞鈔十六卷補遺一卷續補遺四卷**　徐乃昌撰録　清光緒二十一年至二十二年（1895－1896）南陵徐乃昌刻宣統元年（1909）增刻本　三十册

330000－1704－0007185　011377　集部/曲類/曲韻曲譜曲律之屬

納書楹曲譜全集二十二卷　（清）葉堂撰　清刻本　一册　存二卷（正集四、續集一）

330000－1704－0007187　011288　集部/戲劇類/傳奇之屬

鏡香園毛聲山評第七才子書十二卷　（元）高明撰　（清）毛綸　（清）毛宗綱評　**首一卷**　（清）從周增訂　清張元振刻聚錦堂印本　四册　存九卷（二至七、十至十二）

330000－1704－0007188　011439　集部/曲類/曲韻曲譜曲律之屬

曲譜不分卷　清抄本　一册

330000－1704－0007189　011221　集部/詞類/别集之屬

娱老詞一卷　（清）孫衣言撰　清光緒二十年（1894）合肥張氏冶竹山居石印本　孫延釗跋並批　一册

330000－1704－0007190　011380　集部/戲劇類/傳奇之屬

長生殿傳奇二卷五十折　（清）洪昇撰　清刻本　四册

330000－1704－0007193　011381　集部/戲劇類/傳奇之屬

小蓬萊傳奇十種　（清）劉清韻撰　清光緒二十六年（1900）上海藻文石印本　六册

330000－1704－0007198　011420　集部/曲類/彈詞之屬

再生緣全傳二十卷　（清）陳端生撰　清道光元年（1821）刻本　十八册　缺二卷（二、十一）

330000－1704－0007199　011383　集部/曲類/彈詞之屬

綉像荊釵全傳六卷二十回　（清）黄彦撰　**荊釵新詠一卷**　清光緒二年（1876）古虞喜雨山房刻本　五册　缺三回（八至十）

330000－1704－0007200　011152　集部/詞類

茶夢盦燼餘詞一卷劫後藁一卷　（清）高望曾撰　**寫麋樓遺詞一卷**　（清）陳嘉撰　清同治九年（1870）福州刻本　一册

330000－1704－0007201　011224　集部/詞類/别集之屬

呹盦詞一卷　夏敬觀撰　清光緒三十三年（1907）新建夏氏寫刻本　一册

330000－1704－0007203　011153　類叢部/叢書類/彙編之屬

留垞叢刻八種　楊鍾義編　清光緒十六年至宣統二年（1890－1910）刻本　一册　存一種

330000－1704－0007209　011155　集部/詞類/别集之屬

茂陵秋雨詞四卷　（清）王錫振撰　清同治三年（1864）刻本　清周星譽跋　一册

330000－1704－0007211　011293　集部/曲類/曲韻曲譜曲律之屬

隱梅樂一卷七夕詞一卷　(清)顧春福　(清)張逢甲撰　清咸豐八年(1858)刻本　一册

330000－1704－0007212　011229　集部/詞類/別集之屬

彊邨詞四卷　朱祖謀撰　清光緒三十一年(1905)刻本　一册

330000－1704－0007213　011421　集部/曲類/彈詞之屬

繡像夢影緣四十八回　(清)鄭澹若撰　清光緒二十一年(1895)竹簡齋石印本　十六册

330000－1704－0007216　011294　集部/詞類/別集之屬

惜分陰館詞絮一卷　清抄本　一册

330000－1704－0007219　011233　集部/詞類/別集之屬

抱山樓詞錄四卷　(清)張炳堃撰　清光緒十五年(1889)當湖張氏刻本　一册

330000－1704－0007220　011234　集部/詞類/別集之屬

冰甌館詞鈔一卷　(清)張丙炎撰　清光緒十一年(1885)刻本　一册

330000－1704－0007223　011295　集部/曲類/曲韻曲譜曲律之屬

曲譜一卷　清笈仙子抄本　一册

330000－1704－0007226　011424　集部/曲類/彈詞之屬

庚子國變彈詞四十卷四十回　(清)李寶嘉撰　清光緒二十九年(1903)上海世界繁華報館鉛印本　四册　存二十六卷(一至十八、三十三至四十)

330000－1704－0007227　011388　集部/戲劇類/傳奇之屬

桃谿雪二卷　(清)黃燮清撰　(清)李光溥評文　清末石印本　一册

330000－1704－0007230　011159　集部/詞類/別集之屬

味梨集一卷　(清)王鵬運撰　清光緒二十一年(1895)刻本　一册

330000－1704－0007239　011393　集部/曲類

喬影一卷　(清)吳藻撰　清道光五年(1825)吳載功刻本　一册

330000－1704－0007240　011164　集部/詞類/別集之屬

翦紅詞草一卷　(清)惲毓巽撰　清宣統二年(1910)刻本　一册

330000－1704－0007242　011425　集部/曲類/彈詞之屬

雙鸚鵡五十卷　清潮城友芝堂刻本　十二册

330000－1704－0007243　011165　集部/詞類/別集之屬

半塘定稿二卷賸稿一卷　(清)王鵬運撰　清光緒三十一年至三十二年(1905－1906)朱祖謀小放下庵刻本　一册

330000－1704－0007246　011235　集部/曲類/曲選之屬

綴白裘十二集四十八卷　(清)玩花主人輯　(清)錢德蒼增輯　清刻本　二十二册　缺二卷(初集一至二)

330000－1704－0007250　011239　集部/詞類/別集之屬

委宛詞一卷　(清)郭鍾岳撰　清光緒二十年(1894)郭鍾岳和天倪齋刻本　一册

330000－1704－0007252　011394　集部/戲劇類/總集之屬

奢摩他室曲叢第一集三種　吳梅輯　清宣統二年(1910)長洲吳氏靈鳺刻本　一册　存一種

330000－1704－0007253　011426　集部/詞類/類編之屬

詞學叢書六種二十三卷　(清)秦恩復編　清嘉慶至道光江都秦氏享帚精舍刻本　十一册　缺一卷(樂府雅詞二)

330000－1704－0007254　011300　子部/藝術類/音樂之屬/樂譜
瓶笙館修簫譜四卷　(清)舒位撰　清道光十三年(1833)钱塘汪氏振綺堂刻本　一冊

330000－1704－0007255　011166　集部/詞類/别集之屬
夢窗甲稿一卷乙稿一卷丙稿一卷丁稿一卷夢窗補遺一卷　(宋)吴文英撰　**校勘夢窗詞劄記一卷**　(清)王鵬運撰　清光緒二十五年(1899)臨桂王鵬運四印齋刻本　孤芳題記　一冊

330000－1704－0007259　011168　集部/詞類/類編之屬
四印齋所刻詞三十一種　(清)王鵬運編　清光緒十四年(1888)桂林王氏四印齋刻本　一冊　存一種

330000－1704－0007262　011170　集部/詞類/總集之屬
徐氏一家詞　(清)徐琪編　清光緒三十四年(1908)刻本　三冊

330000－1704－0007263　011303　集部/戲劇類/雜劇之屬
合訂西廂記文機活趣全解八卷　(元)王德信撰　清光緒十三年(1887)上海鉛印本　一冊

330000－1704－0007267　011427　集部/詞類/類編之屬
宋元名家詞十五種　(清)江標編　清光緒二十一年(1895)湖南思賢書局刻本　四冊

330000－1704－0007269　011400　集部/曲類/彈詞之屬
綉像九龍陣十六卷十六回　清刻本　三冊

330000－1704－0007270　011401　集部/曲類/彈詞之屬
綉像閙盧莊十六卷十六回　清刻本　三冊

330000－1704－0007272　011402　集部/曲類/彈詞之屬
鳳凰山七十二卷七十二回　清海陵軒刻本　二十四冊

330000－1704－0007275　011431　集部/詞類/類編之屬
四印齋所刻詞三十一種　(清)王鵬運編　清光緒十四年(1888)桂林王氏四印齋刻本　四冊

330000－1704－0007277　011432　集部/詞類/類編之屬
侯鯖詞五種　(清)吳唐林編　清光緒十一年(1885)杭州吳氏刻本　一冊

330000－1704－0007278　011173　類叢部/叢書類/彙編之屬
微波榭叢書十一種　(清)孔繼涵編　清孔氏刻彙印本　一冊　存一種

330000－1704－0007281　011174　集部/詞類/别集之屬
玉玲瓏館詞存三卷曲存一卷詩詞贅草二卷　(清)魏熙元撰　清光緒十六年(1890)、二十二年(1896)杭州魏氏一樹冬青草堂刻本　一冊

330000－1704－0007282　011175　集部/詞類/别集之屬
藕絲詞四卷　(清)汪淵撰　清光緒七年(1881)新安茹古堂刻本　一冊　存二卷(一至二)

330000－1704－0007283　011176　集部/詞類/别集之屬
秋棠吟榭詩餘六卷　(清)孫超撰　清咸豐七年(1857)孫超刻本　三冊

330000－1704－0007284　011434　類叢部/叢書類/彙編之屬
榆園叢刻十五種附一種　(清)許增編　清同治至光緒刻本　十四冊　存十五種

330000－1704－0007285　011177　集部/詞類/别集之屬
寄廬詞存二卷　(清)錢國珍撰　清咸豐十年(1860)江都錢氏古章安署刻本　一冊

330000－1704－0007287　011179　集部/詞類/别集之屬

考功詞一卷 （清）鄭守廉撰 清光緒二十八年（1902）武昌刻本 一册

330000－1704－0007289 011180 集部/詞類/别集之屬
小梅花館詞集三卷 （清）吴廷燮撰 清光緒四年（1878）刻本 一册

330000－1704－0007290 011181 集部/詞類/别集之屬
菊壽盦詞稿四卷 （清）姚輝第撰 清咸豐二年（1852）木活字印本 四册

330000－1704－0007292 011182 集部/詞類/别集之屬
天淚盦詞一卷 （清）姜繼襄撰 清末刻本 一册

330000－1704－0007293 011183 集部/詞類/别集之屬
懺盦詞鈔一卷 （清）沈澤棠撰 清光緒二十九年（1903）刻本 一册

330000－1704－0007295 011184 集部/詞類/别集之屬
擊缶詞二卷懊儂詞一卷屑玉詞一卷 （清）郭鍾岳撰 清光緒十二年至十三年（1886－1887）郭鍾岳和天倪齋溫州刻本 一册

330000－1704－0007299 011185 類叢部/叢書類/自著之屬
鶴南蜚館雜著 清光緒刻本 一册 存一種

330000－1704－0007301 011479 子部/藝術類/書畫之屬/總論
畫禪室隨筆四卷 （明）董其昌撰 清宣統三年（1911）掃葉山房石印本 一册

330000－1704－0007302 011480 子部/藝術類/書畫之屬/總論
庚子銷夏記八卷 （清）孫承澤撰 清宣統三年（1911）掃葉山房石印本 四册

330000－1704－0007305 011355 集部/戲劇類/傳奇之屬
桃花扇傳奇四卷首一卷 （清）孔尚任撰 清西園刻本 一册

330000－1704－0007306 011187 集部/詞類/别集之屬
木南山館詞一卷 （清）梁履將撰 清光緒十八年（1892）賭棋山莊刻本 一册

330000－1704－0007307 011188 集部/詞類/别集之屬
夢春廬詞一卷 （清）李貽德撰 **早花集一卷** （清）吴筠撰 清同治六年（1867）朱蘭刻本 一册

330000－1704－0007308 011356 集部/戲劇類/傳奇之屬
桃花扇傳奇二卷 （清）孔尚任撰 清刻本 二册

330000－1704－0007314 011191 集部/詞類/别集之屬
零錦集詞藁二卷 （清）袁學瀾撰 清同治蘇州文學山房刻本 二册

330000－1704－0007316 011192 集部/詞類/别集之屬
鵲泉山館詞一卷 （清）潘觀保撰 清光緒十五年（1889）復始堂刻本 一册

330000－1704－0007317 011482 史部/金石類/總志之屬/題跋
退庵題跋二卷 （清）梁章鉅撰 清福州梁氏刻杭縣鄭氏小琳瑯館印本 二册

330000－1704－0007319 011483 子部/藝術類/書畫之屬/總論
清河書畫舫十二卷 （明）張丑輯 清刻本 十一册 缺一卷（九）

330000－1704－0007321 011484 子部/藝術類/書畫之屬/總論
江邨銷夏錄三卷 （清）高士奇撰 清康熙三十二年（1693）刻朗潤堂印本 二册 缺一卷（三）

330000－1704－0007322 011359 集部/戲劇類/傳奇之屬

梅花夢二卷　(清)張道撰　清光緒二十年(1894)刻本　二冊

330000－1704－0007323　011360　集部/戲劇類/總集之屬/傳奇

玉獅堂傳奇十種　(清)陳烺撰　清光緒十一年(1885)武林刻十七年(1891)徐光瑩增刻本　十冊

330000－1704－0007325　011485　子部/藝術類/書畫之屬/總論

愛日吟廬書畫錄四卷　(清)葛金烺撰　清宣統二年(1910)當湖葛氏上海刻朱印本　二冊

330000－1704－0007326　011508　史部/金石類/總志之屬

學古齋金石叢書四集　(清)葛元煦輯　清光緒崇川葛氏學古齋刻本　四冊　存一種

330000－1704－0007327　011486　子部/藝術類/書畫之屬/總論

愛日吟廬書畫錄四卷　(清)葛金烺撰　**補錄一卷續錄八卷別錄四卷**　葛嗣浵撰　清宣統二年至民國二年(1910－1913)當湖葛氏上海刻本　六冊

330000－1704－0007329　011244　類叢部/叢書類/自著之屬

隨山館全集七種附刻三種　(清)汪瑔撰　清光緒刻本　一冊　存二種

330000－1704－0007330　011509　子部/藝術類/書畫之屬/畫録

虛齋名畫錄十六卷　龐元濟輯　清宣統元年(1909)烏程龐氏申江刻本　十六冊

330000－1704－0007331　011245　集部/詞類/别集之屬

瓶隱山房詞八卷　(清)黄曾撰　清道光二十七年(1847)刻本　八冊

330000－1704－0007338　011361　集部/戲劇類/傳奇之屬

漁邨記二卷十三折　(清)韓錫胙撰　清光緒二年(1876)括郡照水堂刻本　二冊

330000－1704－0007339　011445　集部/别集類/清别集

玉甑山館詩鈔八卷文鈔一卷又詩鈔二卷　(清)林從炯撰　清抄本　六冊

330000－1704－0007342　011501　類叢部/叢書類/彙編之屬

風雨樓叢書二十三種　鄧實編　清宣統順德鄧氏鉛印本　一冊　存一種

330000－1704－0007343　011362　集部/戲劇類/總集之屬/選集

蔣氏四種　(清)蔣士銓撰　清咸豐至同治刻本　二冊　存一種

330000－1704－0007349　011512　子部/藝術類/書畫之屬/總論

畫禪室隨筆四卷　(明)董其昌撰　(清)楊補輯　清康熙刻本　二冊

330000－1704－0007351　011504　子部/藝術類/書畫之屬/題跋

似昇長生冊三卷　周嵩堯撰　清宣統三年(1911)刻本　一冊　缺一卷(一)

330000－1704－0007352　011447　集部/别集類/清别集

楊葩園文存一卷　(清)楊詩撰　清抄本　一冊

330000－1704－0007353　011448　集部/别集類/清别集

小東山草堂駢體文鈔十卷　(清)張泰青撰　清道光刻本　四冊

330000－1704－0007354　011505　子部/藝術類/書畫之屬/總論

澄蘭室古緣萃錄十八卷　邵松年輯　清光緒三十年(1904)上海鴻文書局石印本　六冊

330000－1704－0007355　011514　子部/藝術類/書畫之屬

書畫傳習錄四卷　(明)王紱撰　**書畫續錄一卷梁谿書畫徵一卷**　(清)嵇承咸撰　清嘉慶十九年(1814)稽氏層雲閣刻本　二冊　缺二卷(三至四)

330000－1704－0007357　011364　類叢部/叢書類/自著之屬
坦園全集八種　(清)楊恩壽撰　清光緒長沙楊氏刻本　三冊　存一種

330000－1704－0007358　011496　子部/藝術類/書畫之屬/題跋
書畫跋跋三卷續三卷　(明)孫鑛撰　清乾隆五年(1740)孫宗濂、孫宗溥刻本　四冊

330000－1704－0007361　011497　類叢部/叢書類/彙編之屬
十萬卷樓叢書五十一種　(清)陸心源編　清光緒歸安陸氏刻本　二冊　存二種

330000－1704－0007363　011365　集部/戲劇類/傳奇之屬
碧聲吟館叢書六種　(清)許善長撰　清光緒仁和許善長碧聲吟館刻本　二冊　存一種

330000－1704－0007364　011366　集部/戲劇類/傳奇之屬
闇公雜著　丁傳靖撰　清末刻本　一冊　存一種

330000－1704－0007365　011449　集部/別集類/清別集
客途雜詠一卷華陽雜錄一卷　(清)周官撰　**翔雲野嘯一卷**　(清)徐炯文撰　清嘉慶二十一年(1816)、二十二年(1817)、乾隆刻本　一冊

330000－1704－0007366　011499　子部/藝術類/書畫之屬
鐵網珊瑚二十卷　(明)都穆撰　清乾隆二十三年(1758)吳郡都肇斌刻本　二冊　存十卷(一至五、十六至二十)

330000－1704－0007367　011544　類叢部/叢書類/彙編之屬
埽葉山房叢鈔二十六種　(清)席威編　清光緒九年(1883)刻本　二十四冊　存一種

330000－1704－0007368　011498　子部/藝術類/書畫之屬
鐵網珊瑚二十卷　(明)都穆撰　清乾隆二十三年(1758)吳郡都肇斌刻本　四冊

330000－1704－0007373　011519　子部/藝術類/書畫之屬/畫録
國朝畫識十七卷墨香居畫識十卷　(清)馮金伯撰　清乾隆刻道光十一年(1831)江左書林增修本　八冊　存十七卷(國朝畫識一至十七)

330000－1704－0007374　011500　子部/藝術類/書畫之屬/總論
辛丑銷夏記五卷　(清)吳榮光撰　清道光刻本　五冊

330000－1704－0007379　011450　集部/別集類/清別集
研經堂文集□□卷　(清)周灝撰　清道光十九年(1839)周灝刻本　一冊　存一卷(一)

330000－1704－0007381　011256　集部/詞類/別集之屬
雨屋深鐙詞一卷續稿一卷　汪兆鏞撰　清宣統三年(1911)、民國十七年(1928)鉛印本　一冊

330000－1704－0007387　011489　史部/金石類/總志之屬/題跋
清儀閣題跋不分卷　(清)張廷濟撰　清宣統蘇州振新書社石印本　六冊

330000－1704－0007389　011549　史部/傳記類/總傳之屬/技藝
國朝畫徵錄三卷續錄二卷　(清)張庚撰　**明人附錄一卷**　(明)黎遂球　(明)袁樞撰　清光緒十九年(1893)上海積山書局石印本　一冊　缺一卷(明人附錄)

330000－1704－0007391　011451　集部/別集類/清別集
太霞山館詩稿二卷文集四卷　(清)董斿撰　清同治刻本　三冊

330000－1704－0007393　011523　子部/藝術類/書畫之屬/畫録
國朝院畫錄二卷西清劄記四卷南薰殿圖像攷二卷　(清)胡敬輯　清道光二十三年(1843)

崇雅堂刻本　四册

330000－1704－0007395　011576　子部/藝術類/書畫之屬/書法書品
丹山集帖四卷　(清)江浩然彙選　清嘉慶十五年(1810)刻本　四册

330000－1704－0007396　011502　子部/藝術類/書畫之屬/總論
庚子銷夏録碑帖攷一卷　(清)孫承澤撰　清抄本　一册

330000－1704－0007398　011452　集部/別集類/清別集
后嶼墨夫翰和尚遺稿不分卷　(清)釋宗翰撰　(清)無言編　清乾隆三十九年(1774)刻本　一册

330000－1704－0007399　011577　子部/藝術類/書畫之屬/總論
御覽書苑菁華二十卷　(宋)陳思撰　清乾隆三十九年(1774)刻本　五册

330000－1704－0007400　011551　史部/目録類/專録之屬
井亭庵供奉歷代名人畫一卷　(清)沈承禧輯　清道光二十六年(1846)古槐堂沈氏刻本　一册

330000－1704－0007401　011578　子部/藝術類/書畫之屬/書法書品
漢溪書法通解八卷　(清)戈守智撰　清乾隆霽雲閣刻本　四册

330000－1704－0007407　011526　子部/藝術類/書畫之屬/畫録
清朝書畫家筆錄四卷　竇鎮輯　清宣統三年(1911)上海自強書局石印本　四册

330000－1704－0007408　011579　子部/藝術類/書畫之屬/書法書品
重校分部書法正傳一卷　(清)蔣和編　清光緒元年(1875)刻本　一册　存一卷(一)

330000－1704－0007409　011527　子部/藝術類/書畫之屬/總論
甌鉢羅室書畫過目攷四卷首一卷附一卷　(清)李玉棻撰　清末上海江南圖書局石印本　三册　存五卷(首、一至三、附)

330000－1704－0007412　011455　集部/別集類/清別集
釋耒集四卷　(清)施元孚撰　清道光十一年(1831)甌城凌峯堂書坊刻本　一册

330000－1704－0007413　011580　子部/儒家類/儒學之屬/禮教
筆諫八卷首一卷百孝圖一卷末編一卷　(清)馬萬選輯　清光緒八年至九年(1882－1883)京口一得軒刻本　十册

330000－1704－0007415　011553　類叢部/叢書類/彙編之屬
春暉堂叢書十二種　(清)徐渭仁編　清道光至咸豐上海徐渭仁刻同治九年至十年(1870－1871)徐允臨補刻彙印本　二册　存一種

330000－1704－0007417　011259　類叢部/叢書類/自著之屬
十髮盦類藁三種　(清)程頌萬編　清光緒刻彙印本　一册　存一種

330000－1704－0007420　011260　類叢部/叢書類/彙編之屬
晨風閣叢書第一集五十二種　沈宗畸等編　清光緒三十四年至宣統三年(1908－1911)國學萃編社鉛印本　一册　存二種

330000－1704－0007422　011581　子部/藝術類/書畫之屬/法帖
鳳墅殘帖釋文二卷　(清)錢大昕撰　清乾隆三十四年(1769)刻本　一册

330000－1704－0007425　011453　集部/別集類/清別集
釋耒集四卷　(清)施元孚撰　清道光十一年(1831)甌城凌峯堂書坊刻本　二册

330000－1704－0007426　011582　子部/藝術類/書畫之屬/總論
庚子銷夏記八卷附閒者軒帖考一卷　(清)孫承澤撰　清乾隆二十六年(1761)長塘鮑廷

博、慈溪鄭竺刻本　一册　存一卷(閒者軒帖考)

330000－1704－0007427　011454　集部/別集類/清別集
釋耒集四卷　(清)施元孚撰　清光緒四年(1878)施氏刻本　二册

330000－1704－0007428　011532　史部/傳記類/總傳之屬/技藝
國朝書人輯略十一卷首一卷　震鈞輯　清光緒三十四年(1908)金陵刻本　八册

330000－1704－0007430　011456　集部/別集類/清別集
靜觀樓詩集不分卷　(清)黄雲岫　清乾隆元年(1736)刻本　一册

330000－1704－0007431　011557　子部/藝術類/書畫之屬/總論
佩文齋書畫譜一百卷　(清)孫岳頒等輯　清康熙内府刻乾隆宋銑靜永堂印本　五十六册

330000－1704－0007432　011533　史部/傳記類/總傳之屬
圖繪寶鑑八卷　(元)夏文彦撰　(明)毛大倫增補　清康熙借緑草堂刻本　吴綸跋　四册

330000－1704－0007433　011534　史部/傳記類/總傳之屬/技藝
懷古田舍梅統十三卷　(清)徐榮輯　清刻本　清麟石題記　四册

330000－1704－0007434　011457　集部/別集類/清別集
靜觀樓詩集不分卷　(清)黄雲岫　清末抄本　一册

330000－1704－0007435　011558　子部/藝術類/書畫之屬/總論
佩文齋書畫譜一百卷　(清)孫岳頒等輯　清康熙内府刻本　三十三册　存五十六卷(一至五十六)

330000－1704－0007439　011535　史部/傳記類/總傳之屬/技藝
國朝畫徵録三卷續録二卷　(清)張庚撰　**明人附録一卷**　(明)黎遂球　(明)袁樞撰　清刻本　尤德民題記　二册　缺一卷(明人附録)

330000－1704－0007442　011536　史部/傳記類/總傳之屬/技藝
無聲詩史七卷　(清)姜紹書撰　清康熙五十九年(1720)嘉興李光暎觀妙齋刻本　二册

330000－1704－0007447　012860　經部/叢編
十三經讀本一百二十九卷附校刊記十四卷　(清)丁寶楨等校並撰　清同治十一年(1872)山東書局刻本　六十六册

330000－1704－0007453　011564　子部/藝術類/書畫之屬
安吴先生藝舟雙楫不分卷　(清)包世臣撰　朱齡録　清抄本　二册

330000－1704－0007455　011460　集部/別集類/清別集
文舩稿不分卷　清乾隆稿本　二册

330000－1704－0007456　012861　經部/叢編
仿宋相臺五經九十六卷附考證　清光緒十年(1884)柚香閣刻本　三十六册　存四種

330000－1704－0007457　011461　集部/別集類/清別集
太玉山房文稿不分卷　(清)周灝撰　清道光稿本　一册

330000－1704－0007459　011462　集部/別集類/清別集
冠悔堂賦鈔四卷　(清)楊浚撰　清光緒十八年至十九年(1892－1893)刻本　四册

330000－1704－0007462　011463　類叢部/叢書類/自著之屬
德清俞蔭甫所著書　(清)俞樾撰　清同治十年(1871)刻本　五册　存四種

330000－1704－0007463　012863　經部/

叢編

通志堂經解一百四十種　(清)納蘭成德輯　清康熙十九年(1680)納蘭成德刻乾隆五十年(1785)補修本　五百十九册　存一百三十九種

330000－1704－0007466　011565　子部/藝術類/書畫之屬

書法正傳十卷　(清)馮武輯　清世豸堂刻本　二册

330000－1704－0007475　011465　集部/别集類/清别集

巖霞山房詩存三卷文存一卷詞存一卷　(清)潘壎撰　**知足知不足軒詩存二卷文存一卷**　(清)潘銘憲撰　清光緒元年(1875)刻本　一册

330000－1704－0007476　011467　集部/别集類/清别集

鹿跡山房詩草一卷鹿跡山房文集一卷　(清)葉正陽撰　清光緒二十四年(1898)東甌樂成湖西林氏刻本　二册

330000－1704－0007477　011542　子部/藝術類/書畫之屬/題跋

墨緣小錄一卷　(清)潘曾瑩撰　清刻本　一册

330000－1704－0007478　011466　集部/别集類/清别集

巖霞山房詩存三卷附錄一卷文存一卷　(清)潘壎撰　**知足知不足軒詩存二卷文存一卷**　(清)潘銘憲撰　**掬月軒詩存一卷文存一卷**　(清)潘福煇撰　清光緒元年(1875)刻七年(1881)增刻本　二册

330000－1704－0007481　011598　子部/藝術類/書畫之屬/法帖

戲鴻堂法書十六卷　(明)董其昌輯　清宣統二年(1910)上海新學會社影印本　十六册

330000－1704－0007483　011468　集部/别集類/清别集

一粟軒詩集二卷文集四卷　(清)鮑臺撰　清道光二十六年(1846)鄭兆璜等刻本　四册　存五卷(詩集一至二、文集一至三)

330000－1704－0007492　011635　子部/藝術類/書畫之屬/法帖

初搨書譜一卷　(唐)孫過庭撰　清末上海有正書局影印本　張組成題記　一册

330000－1704－0007494　011637　子部/藝術類/書畫之屬/法帖

淳化祕閣法帖考正十卷附二卷　(清)王澍撰　清刻本　四册

330000－1704－0007498　011572　類叢部/叢書類/家集之屬

胡氏三種　(清)胡元常編　清光緒長沙胡氏刻本　一册　存一種

330000－1704－0007504　011608　史部/金石類/石之屬/文字

明拓石鼓文不分卷　清末有正書局影印本　林誠題記　一册

330000－1704－0007505　011609　史部/金石類/石之屬/文字

原拓泰山金剛經不分卷　清宣統三年(1911)求古齋影印本　三册

330000－1704－0007506　011620　子部/藝術類/書畫之屬/法帖

淳化閣帖釋文十卷　(清)朱家標輯　清康熙二十二年(1683)龍潭朱氏絅錦堂刻本　一册

330000－1704－0007510　011862　子部/藝術類/書畫之屬/畫譜

晚笑堂畫傳一卷明太祖功臣圖一卷　(清)上官周繪　清乾隆刻本　一册

330000－1704－0007511　011611　子部/藝術類/書畫之屬/書法書品

徐鼎臣臨泰碣石不分卷　(宋)徐鉉臨　清同治五年至六年(1866－1867)常熟楊詠春刻本　一册

330000－1704－0007514　011471　集部/别集類/清别集

小迦陵館文集一卷　(清)陳寶撰　清宣統二年(1910)浙江官報兼印刷局鉛印本　一冊

330000－1704－0007526　011268　集部/詞類/別集之屬
第一生修梅花館詞六卷附錄一卷香海棠館詞話一卷　況周頤撰　清光緒刻本　一冊

330000－1704－0007533　011276　集部/戲劇類/雜劇之屬
繪像第六才子書八卷附才子西厢醉心篇一卷　(元)王德信　(元)關漢卿撰　清末刻朱墨套印本　五冊　缺三卷(一至三)

330000－1704－0007535　012864　經部/叢編
經學叢書九種　(清)吳志忠輯　清嘉慶璜川吳氏刻本　二十四冊

330000－1704－0007539　012865　經部/叢編
經苑二十五種　(清)錢儀吉輯　清道光至咸豐大梁書院刻同治七年(1868)王儒行等印本　七十四冊　存二十四種

330000－1704－0007548　012866　類叢部/叢書類/彙編之屬
經策通纂二種　(清)顧煐炎　(清)陳通聲等纂　清光緒十九年(1893)上海點石齋石印本　三十二冊　存一種

330000－1704－0007551　012867　經部/叢編
四書五經九種　(清)鮑氏輯　清同治三年(1864)浙江撫署刻本　三十冊　存四種

330000－1704－0007557　012869　經部/叢編
欽定篆文六經四書十種　(清)李光地等輯　清光緒九年(1883)上海同文書局石印本　四冊　存六種

330000－1704－0007561　012870　經部/群經總義類/傳說之屬
皇朝五經彙解二百七十卷　(清)朱鏡清輯　清光緒十四年(1888)上海鴻文書局石印本　十二冊　缺五卷(易經二十一至二十五)

330000－1704－0007563　011616　子部/藝術類/書畫之屬/法帖
草字彙十二卷　(清)石梁輯　清乾隆五十二年(1787)刻本　六冊

330000－1704－0007564　011868　子部/藝術類/書畫之屬/畫譜
竹譜一卷　清刻本　一冊

330000－1704－0007565　011617　子部/藝術類/書畫之屬/書法書品
草聖彙辯四卷　(清)朱宗文摹輯　清乾隆四十八年(1783)鴦湖香雲閣刻本　四冊

330000－1704－0007566　012871　經部/叢編
皇清經解一千四百八卷首一卷　(清)阮元輯　清道光九年(1829)廣東學海堂刻咸豐十一年(1861)補刻本　三百五十九冊　缺二卷(一千二百八十七至一千二百八十八)

330000－1704－0007575　011619　子部/藝術類/書畫之屬/法帖
歷代帝王法帖釋文十卷　(宋)劉次莊撰　(清)羅森　(清)孫際昌訂　清康熙八年(1669)西楚戴岦選、三韓胡獻瑤刻本　二冊

330000－1704－0007576　012899　類叢部/叢書類/彙編之屬
稗海四十八種續集二十二種　(明)商濬編　明萬曆商氏半埜堂刻清康熙至乾隆、宣統元年(1909)修補重訂本　五十六冊

330000－1704－0007577　012900　類叢部/叢書類/彙編之屬
廣漢魏叢書　(明)何允中編　清嘉慶刻本　三十六冊　存六十三種

330000－1704－0007580　012872　經部/叢編
皇清經解一千四百八卷首一卷　(清)阮元輯　清道光九年(1829)廣東學海堂刻咸豐十一年(1861)補刻本　二百六十九冊　缺二百一卷(十七、二十七至二十九、三十八至三十九、

一百二十六至一百三十、二百一至二百四、二百八至二百十四、二百四十至二百四十三、三百六十六至三百七十四、三百九十一至三百九十六、四百四、四百三十五至四百三十八、四百四十四至四百五十四、五百五十四至五百六十四、五百六十八至五百六十九、五百七十一至五百八十、六百十至六百十九、六百四十五、六百五十一至六百五十二、六百五十六至六百六十、六百七十二至六百七十三、六百八十七至六百九十一、七百二十四至七百二十六、七百四十九至七百五十七、九百十四、九百六十六至九百七十八、一千二十一至一千二十六、一千三十二至一千三十四、一千一百至一千一百二、一千一百六至一千一百十六、一千一百四十至一千一百四十六、一千一百七十八至一千一百八十六、一千一百八十九至一千一百九十八、一千二百十八至一千二百二十一、一千二百五十五至一千二百五十六、一千三百二十三至一千三百二十七、一千三百三十八至一千三百四十三、一千三百九十七至一千四百)

330000－1704－0007587　011876　子部/藝術類/書畫之屬/畫法畫品

詩中畫不分卷　(清)馬濤繪　清光緒十一年(1885)石印本　二册

330000－1704－0007588　011906　子部/藝術類/書畫之屬/畫法畫品

竹波軒梅册不分卷　(清)鄭淳繪　清道光刻本　一册

330000－1704－0007589　011644　子部/藝術類/書畫之屬/書法書品

南田叢帖不分卷　(清)惲格書　清宣統影印本　五册

330000－1704－0007590　011645　經部/小學類/文字之屬/字書/字體

楷法溯源十四卷古碑目一卷帖目一卷　(清)潘存孺輯　(清)楊守敬編　清光緒三年至四年(1877－1878)刻本　十五册

330000－1704－0007604　012873　史部/目録類/專録之屬

皇清經解敬修堂編目十六卷　(清)陶治元編　清光緒十二年(1886)石印本　四册

330000－1704－0007607　012874　史部/目録類/專録之屬

皇清經解縮版編目十六卷　(清)陶治元編　清光緒十七年(1891)上海鴻寶齋石印本　二册

330000－1704－0007608　011879　子部/藝術類/書畫之屬/畫譜

芥子園畫傳五卷二集不分卷三集不分卷　(清)王槩　(清)王蓍　(清)王臬輯　清光緒十六年(1890)石印本　十三册

330000－1704－0007610　012875　經部/叢編

皇清經解一百九十卷首一卷　(清)阮元輯　清光緒十七年(1891)上海鴻寶齋石印本　二十四册

330000－1704－0007617　012876　經部/叢編

皇清經解一千四百八卷　(清)阮元輯　清光緒十三年(1887)上海書局石印本　六十四册

330000－1704－0007618　012901　類叢部/叢書類/彙編之屬

津逮祕書十五集一百四十種　(明)毛晉編　明崇禎虞山毛氏汲古閣刻本　一百五十七册　存一百三十一種

330000－1704－0007619　011883　子部/藝術類/書畫之屬/畫譜

太平歡樂圖一卷　(清)方蘭坻繪　清光緒十四年(1888)積山書局石印本　一册

330000－1704－0007625　011653　子部/藝術類/書畫之屬/書法書品

北宋拓聖教序一卷　(晉)王羲之書　(唐)釋懷仁集　清光緒上海有正書局影印本　一册

330000－1704－0007627　011885　史部/地理類/專志之屬/古跡

申江勝景圖二卷　(清)吳友如繪　清光緒二

十年(1894)上海點石齋石印本　一冊

330000－1704－0007628　012877　經部/叢編

皇清經解續編一千四百三十卷　王先謙輯　清光緒十四年(1888)江陰南菁書院刻本(卷三十原缺)　三百二十一冊

330000－1704－0007668　011892　子部/藝術類/書畫之屬/畫法畫品

停雲小愒畫賸一卷詩中畫一卷　馬濤繪　清光緒十一年(1885)石印本　二冊

330000－1704－0007682　011922　子部/藝術類/書畫之屬

詩畫舫六卷　(清)點石齋輯　清光緒十四年(1888)上海點石齋石印本　五冊　缺一卷(一)

330000－1704－0007685　011923　子部/藝術類/書畫之屬/畫譜

點石齋叢畫十卷　(清)尊聞閣主人輯　清光緒十三年(1887)上海點石齋石印本　六冊　缺三卷(二、四、七)

330000－1704－0007698　011900　子部/藝術類/書畫之屬

王公繪佛不分卷　稿本　一冊

330000－1704－0007699　011926　集部/總集類/題詠之屬

高西園詩畫錄一卷　(清)鄧元鏸纂　清光緒二十一年(1895)刻本　一冊

330000－1704－0007700　011974　子部/藝術類/篆刻之屬/印譜

聖廟祀典爵里姓氏印譜不分卷　(清)趙穆篆刻　清鈐印本　宋廉題簽　六冊

330000－1704－0007703　011901　子部/藝術類/書畫之屬/畫譜

列仙酒牌一卷　(清)任熊繪　清咸豐四年(1854)蔡照初刻本　一冊

330000－1704－0007708　011902　子部/藝術類/書畫之屬/畫譜

卅三劍客圖一卷　(清)任熊繪　清咸豐六年(1856)蔡照初刻本　一冊

330000－1704－0007711　012904　集部/總集類/彙編之屬

詩詞雜俎十二種　(明)毛晉輯　明天啓至崇禎海虞毛氏汲古閣刻清古松堂印本　四冊

330000－1704－0007713　012905　集部/總集類/彙編之屬

七十二家集　(明)張燮編　明天啟至崇禎刻本　七十二冊　存六十八種

330000－1704－0007715　011903　子部/藝術類/書畫之屬/畫譜

紉齋畫賸不分卷　(清)陳允升繪　清光緒二年(1876)甬上陳氏德古歡室刻七年(1881)補刻本　四冊

330000－1704－0007719　011708　子部/藝術類/書畫之屬/法帖

心經拓本一卷　(清)鄧石如書　清石印本　一冊

330000－1704－0007723　011931　子部/藝術類/書畫之屬/畫譜

夢跡圖一卷　(清)寶琳繪　清光緒元年(1875)上海點石齋石印本　一冊

330000－1704－0007727　012878　經部/叢編

皇清經解續編一千四百三十卷　王先謙輯　清光緒十五年(1889)上海蜚英館石印本(卷三十原缺)　三十二冊

330000－1704－0007728　012879　經部/叢編

十三經古注二百九十卷　(明)金蟠　(明)葛鼒校　明崇禎十二年(1639)金蟠刻清同治八年(1869)浙江書局重修本　四十八冊

330000－1704－0007729　012891　經部/叢編

五經合纂大成　(清)同文書局主人輯　清光緒十一年(1885)上海同文書局石印本　十八冊　缺五卷(首、詩經合纂大成一至四)

330000 - 1704 - 0007730　012880　經部/叢編
十三經注疏附考證　(清)□□輯　清同治十年(1871)廣東書局刻本　一百二十册

330000 - 1704 - 0007731　012882　經部/叢編
遵阮本重校印十三經注疏并校勘記　(清)阮元撰校勘記　(清)盧宣旬摘錄校勘記　清光緒十三年(1887)上海點石齋石印本　二十四册

330000 - 1704 - 0007732　012884　經部/叢編
重刊宋本十三經注疏四百十六卷附十三經注疏校勘記四百十六卷　(清)阮元撰　(清)盧宣旬摘錄　**校勘記識語四卷**　(清)汪文臺撰　清光緒十三年(1887)上海脈望仙館石印本　二十四册　存十種

330000 - 1704 - 0007733　012886　經部/叢編
古經解彙函十六種附小學彙函十四種　(清)鍾謙鈞等輯　清同治十二年(1873)粵東書局刻本　六十四册

330000 - 1704 - 0007734　011935　子部/工藝類/日用器物之屬/陶瓷
陶說六卷　(清)朱琰撰　清乾隆刻本　一册

330000 - 1704 - 0007744　011983　子部/藝術類/篆刻之屬/印譜
雪廬百印不分卷　(清)王琛輯并注　清光緒三十二年(1906)刻鈐印本　四册

330000 - 1704 - 0007746　011939　子部/工藝類/日用器物之屬/陶瓷
景德鎮陶錄十卷　(清)藍浦撰　(清)鄭廷桂補輯　清同治九年(1870)昌南鄭氏刻本　二册　缺七卷(二至八)

330000 - 1704 - 0007747　012887　經部/群經總義類/文字音義之屬
十三經注疏校勘記識語四卷　(清)汪文臺撰　清光緒三年(1877)江西書局刻本　一册　存二卷(一至二)

330000 - 1704 - 0007748　012889　經部/叢編
南海桂氏經學叢書　(清)桂文燦撰　清咸豐至光緒刻本　十五册　存八種

330000 - 1704 - 0007750　011984　子部/藝術類/篆刻之屬/印譜
癖石山房印譜初集不分卷　(清)侯紹裘鐫藏　清同治鈐印本　一册

330000 - 1704 - 0007752　012890　經部/叢編
萬充宗先生經學五書五種十九卷　(清)萬斯大撰　清乾隆二十四年至二十六年(1759 - 1761)辨志堂刻嘉慶元年(1796)印本　四册

330000 - 1704 - 0007767　012888　經部/群經總義類/傳說之屬
易詩書三經雜錄一卷　清抄本　一册

330000 - 1704 - 0007776　012883　經部/叢編
重刊宋本十三經注疏四百十六卷附十三經注疏校勘記四百十六卷　(清)阮元撰　(清)盧宣旬摘錄　清嘉慶二十年(1815)南昌府學刻道光六年(1826)盱江朱華臨重校印本　一百三十册

330000 - 1704 - 0007779　012030　子部/藝術類/篆刻之屬/印譜
穌天倪齋印存不分卷　(清)郭鍾岳篆刻　清光緒二十二年(1896)鈐印本　一册

330000 - 1704 - 0007782　011943　類叢部/叢書類/自著之屬
陳氏所著書三種　(清)陳澧撰　清道光至咸豐刻彙印本　一册　存一種

330000 - 1704 - 0007784　011991　子部/藝術類/篆刻之屬/印譜
悟樓印存不分卷　(清)樊廷英篆　清光緒二十七年(1901)鈐印本　一册

330000 - 1704 - 0007787　011721　史部/傳

記類/别傳之屬/事狀
鑑湖女俠秋君墓表一卷附西泠十字碑一卷 吴芝瑛撰 **西報事略一卷廉夫人吴芝瑛傳一卷** 嚴復譯撰 清光緒三十四年(1908)上海悲秋閣影印本 張叔誠題記 一册

330000－1704－0007788 011947 子部/藝術類/篆刻之屬/印譜
小石山房印譜四卷歸去來辭一卷集名刻一卷 (清)顧湘 (清)顧浩輯 清道光八年(1828)海虞顧氏小石山房鈐印本 六册

330000－1704－0007790 012881 經部/叢編
十三經注疏三百三十三卷 (明)□□輯 清嘉慶三年(1798)金閶書業堂刻本 一百二十一册 缺六卷(論語註疏解經一至六)

330000－1704－0007796 012034 史部/金石類/璽印之屬
吉金齋古銅印譜不分卷 (清)何昆玉輯 清鈐印本 六册

330000－1704－0007801 012970 類叢部/叢書類/彙編之屬
琳琅祕室叢書三十種 (清)胡珽編 清光緒十四年(1888)會稽董氏取斯家塾木活字印本 二十四册

330000－1704－0007803 011997 史部/金石類/璽印之屬
觀自得齋印集十六册 (清)趙之謙篆刻 (清)徐士愷輯 清光緒十五年(1889)石埭徐氏鈐印本 六册 存六册

330000－1704－0007812 011725 子部/藝術類/書畫之屬/書法書品
元明古德墨跡不分卷 清石印本 一册

330000－1704－0007815 012973 類叢部/叢書類/彙編之屬
當歸草堂叢書八種 (清)丁丙編 清同治二年至五年(1863－1866)錢塘丁氏刻本 五册 存七種

330000－1704－0007817 011728 子部/藝術類/書畫之屬/法帖
唐太宗百字箴不分卷 (清)戴熙書 清石印本 一册

330000－1704－0007818 012972 類叢部/叢書類/彙編之屬
小萬卷樓叢書十七種 (清)錢培名輯 清光緒四年(1878)金山錢氏刻本 十六册 存十六種

330000－1704－0007822 012037 類叢部/叢書類/自著之屬
京塵雜録四種四卷 (清)楊懋建撰 清光緒十二年(1886)上海同文書局石印本 二册

330000－1704－0007824 012974 類叢部/叢書類/彙編之屬
長恩書室叢書十九種 (清)莊肇麟編 清咸豐四年(1854)新昌莊氏過客軒刻本 十六册

330000－1704－0007827 011960 子部/藝術類/篆刻之屬
篆學瑣著 (清)顧湘輯 清道光二十年(1840)海虞顧氏刻本 六册 存十四種

330000－1704－0007832 011729 史部/傳記類/别傳之屬/事狀
楊調元墓志銘不分卷 陳三立撰 清宣統三年(1911)石印本 一册

330000－1704－0007833 012003 子部/藝術類/篆刻之屬/印譜
大雅山房印集不分卷 (清)蘇璠篆 清道光鈐印本 四册

330000－1704－0007834 012977 類叢部/叢書類/彙編之屬
述古叢鈔二十八種 (清)劉晚榮編 清同治至光緒古岡劉氏藏修書屋刻本 八册

330000－1704－0007835 012003－1 子部/藝術類/篆刻之屬/印譜
大雅山房印集不分卷 (清)蘇璠篆 清道光鈐印本 二册

330000－1704－0007838 012003－2 子部/

藝術類/篆刻之屬/印譜
大雅山房印集不分卷 (清)蘇璠篆 清鈐印本 一冊

330000－1704－0007841 011730 子部/藝術類/書畫之屬/書法書品
北宋拓蘇書醉翁亭記一卷 (宋)蘇軾書 清光緒三十二年(1906)有正書局石印本 一冊

330000－1704－0007842 012044 集部/曲類/曲韻曲譜曲律之屬
遏雲閣曲譜不分卷 (清)王錫純輯 (清)李秀雲拍正 清光緒十九年(1893)著易堂鉛印本 八冊

330000－1704－0007843 011731 子部/藝術類/書畫之屬
宋人書簡不分卷元名賢真蹟不分卷 (清)謝氏契蘭堂藏 清光緒二十七年(1901)石印本 一冊

330000－1704－0007845 012976 類叢部/叢書類/彙編之屬
述古叢鈔二十八種 (清)劉晚榮編 清同治至光緒古岡劉氏藏修書屋刻本 二十九冊 存十四種

330000－1704－0007848 011732 史部/傳記類/別傳之屬/事狀
曾文正公譔書季文敏公墓志銘不分卷 (清)曾國藩撰并書 清石印本 一冊

330000－1704－0007851 011733 子部/藝術類/書畫之屬/書法書品
孝經一卷 (清)吳大澂書 清光緒十一年(1885)上海同文書局石印本 一冊

330000－1704－0007858 011735 史部/傳記類/別傳之屬/墓誌
陳金益墓誌不分卷 (清)歐陽漸撰並書 清末石印本 一冊

330000－1704－0007860 012978 類叢部/叢書類/彙編之屬
滂喜齋叢書五十種 (清)潘祖蔭編 清同治至光緒吳縣潘氏京師刻本 三十二冊

330000－1704－0007861 012906 集部/總集類/彙編之屬
漢魏六朝一百三家集(漢魏六朝百三名家集) (明)張溥編 明婁東張氏刻本 九十九冊 存一百一種

330000－1704－0007862 012010 子部/藝術類/篆刻之屬/印譜
鐵畊偶存一卷 (清)曾衍東篆 清鈐印本 二冊

330000－1704－0007864 012978－1 類叢部/叢書類/彙編之屬
滂喜齋叢書五十種 (清)潘祖蔭編 清同治至光緒吳縣潘氏京師刻本 一冊 存一種

330000－1704－0007870 012907 集部/總集類/選集之屬/斷代
唐人五十家小集 (清)江標編 清光緒二十一年(1895)元和江氏靈鶼閣刻本 二十四冊 存四十八種

330000－1704－0007873 012909 類叢部/叢書類/彙編之屬
古今說海一百三十五種 (明)陸楫編 清道光元年(1821)苕溪邵氏酉山堂刻本 十八冊 存一百四種

330000－1704－0007875 012975 類叢部/叢書類/彙編之屬
半畝園叢書三十種 (清)吳坤修編 清同治新建吳氏皖城刻本 六十六冊 缺二卷(大佛頂如來密因修證了義諸菩薩萬行首楞嚴經校勘記、佛說八大人覺經)

330000－1704－0007881 011741 子部/藝術類/書畫之屬/書法書品
篆書帖不分卷 清寫本 梅冷生題記 一冊

330000－1704－0007888 012017 史部/金石類/璽印之屬
觀自得齋秦漢官私銅印譜不分卷 (清)徐士愷藏並撰 清光緒鈐印本 四十七冊

330000－1704－0007891 012079 類叢部/叢書類/家集之屬

學壽堂叢書十二種　徐紹楨編　清咸豐至光緒番禺徐氏梧州刻本　一册　存一種

330000－1704－0007892　012969　類叢部/叢書類/彙編之屬

海山仙館叢書五十六種　（清）潘仕成編　清道光二十五年至咸豐元年（1845－1851）番禺潘氏刻光緒十一年（1885）增刻彙印本　一百十二册　存四十八種

330000－1704－0007895　012080　經部/樂類/樂理之屬

苑洛志樂十三卷　（明）韓邦奇撰　清康熙二十二年（1683）吴元萊刻本　五册　存九卷（一至四、七至十一）

330000－1704－0007901　012971　類叢部/叢書類/彙編之屬

粤雅堂叢書一百八十四種　（清）伍崇曜編　清道光二十九年至光緒十一年（1849－1885）南海伍氏刻彙印本（原缺春秋五禮例宗卷四至六、乾道臨安志卷四至十五、群書治要卷四、十三、二十）　三百九十九册　存一百八十三種

330000－1704－0007903　012081　經部/樂類/律吕之屬

樂律表微八卷　（清）胡彦昇撰　清乾隆二十八年（1763）耆學齋刻本　二册

330000－1704－0007904　012151　類叢部/叢書類/彙編之屬

武英殿聚珍版書一百三十八種　清乾隆四十二年（1777）福建刻道光至同治遞修光緒二十一年（1895）增刻本　一百二十册　存一種

330000－1704－0007906　012154　史部/目録類/總録之屬/官修

欽定四庫全書總目二百卷首四卷　（清）紀昀等撰　清宣統二年（1910）存古齋石印本　三十二册

330000－1704－0007908　012082　類叢部/叢書類/彙編之屬

武英殿聚珍版書一百三十八種　清乾隆四十二年（1777）福建刻道光至同治遞修光緒二十一年（1895）增刻本　二册　存一種

330000－1704－0007910　012055　子部/藝術類/音樂之屬/樂譜

琵琶譜三卷　（清）王君錫　（清）陳牧夫傳譜　（清）華文彬等參訂　清嘉慶二十四年（1819）刻小綠天印本　三册

330000－1704－0007911　012156　史部/目録類/總録之屬/官修

欽定四庫全書總目二百卷首一卷　（清）紀昀等撰　清乾隆刻嘉慶印本　一百十二册

330000－1704－0007912　011748　子部/藝術類/書畫之屬/法帖

鄧石如書司馬溫公家儀不分卷　（清）鄧石如書　清末上海有正書局石印本　一册

330000－1704－0007913　012084　經部/樂類/律吕之屬

燕樂考原六卷　（清）淩廷堪撰　清絲埜堂刻本　一册　存三卷（一至三）

330000－1704－0007917　012157　史部/目録類/總録之屬/官修

欽定四庫全書總目二百卷首四卷　（清）紀昀等撰　清刻本　八十册

330000－1704－0007918　012158　史部/目録類/總録之屬/官修

欽定四庫全書總目二百卷首一卷　（清）紀昀等撰　清光緒二十年（1894）上海點石齋石印本　二十册

330000－1704－0007921　012159　史部/目録類/總録之屬/官修

欽定四庫全書簡明目録二十卷首一卷　（清）紀昀等撰　清同治七年（1868）廣東書局刻本　十二册

330000－1704－0007922　012059　子部/藝術類/音樂之屬/樂譜

琴譜選錄不分卷　清抄本　一册

330000－1704－0007924　012060　子部/藝

術類/音樂之屬/樂譜
琴譜新聲六卷首一卷　(清)曹尚絅等撰　(清)祝鳳喈評　清嘉慶六年(1801)春草堂刻本　四册

330000－1704－0007925　012160　史部/目録類/總録之屬/官修
欽定四庫全書簡明目錄二十卷　(清)紀昀等撰　清光緒二十年(1894)上海點石齋石印本　四册

330000－1704－0007928　012161　史部/目録類/總録之屬/官修
欽定四庫全書簡明目錄二十卷　(清)紀昀等撰　清乾隆刻本　清孫詒讓批　十二册

330000－1704－0007931　011755　子部/藝術類/書畫之屬
論書十二絕句不分卷　(清)包世臣書　清咸豐元年(1851)石印本　一册

330000－1704－0007935　012892　經部/叢編
公是遺書三十七卷　(宋)劉敞撰　清乾隆十六年(1751)水西劉氏刻本　九册　缺三卷(七經小傳一至三)

330000－1704－0007936　012893　經部/讖緯類/總義之屬
考正古微書三十六卷　(明)孫瑴撰　清嘉慶十六年(1811)勤業堂刻本　六册

330000－1704－0007937　012894　類叢部/叢書類/自著之屬
喬勤恪公全集四種　(清)喬松年撰輯　清光緒三年(1877)強恕堂刻本　八册　存一種

330000－1704－0007940　012085　類叢部/叢書類/自著之屬
大鶴山房全書十種　鄭文焯撰　清光緒至民國刻民國九年(1920)蘇州交通圖書館彙印本　一册　存一種

330000－1704－0007943　012163　史部/目録類/總録之屬/官修
四庫全書書目表四卷附四庫未收書目表一卷　李滋然編　清宣統三年(1911)京師京華印書局鉛印本　四册

330000－1704－0007945　012087　子部/藝術類/音樂之屬/樂譜
天聞閣琴譜十六卷首三卷　(清)唐彝銘輯　清光緒二年(1876)成都葉氏刻本　二十册

330000－1704－0007952　012169　史部/目録類/總録之屬/官修
四庫簡明目錄標注二十卷附錄一卷　(清)邵懿辰撰　清宣統三年(1911)仁和邵章刻半巖廬所箸書本　孫延釗批跋並過錄孫詒讓校　六册

330000－1704－0007953　011759　子部/藝術類/書畫之屬/書法書品
包世臣書詩文襍稾一卷　(清)包世臣書　清宣統二年(1910)湖北官書處石印本　一册

330000－1704－0007959　012171　史部/目録類/總録之屬/彙刻
彙刻書目初編十卷　(清)顧修輯　**續編五卷新編一卷補編一卷**　(清)陳光照輯　清光緒元年(1875)長洲陳氏無夢園刻本　十册

330000－1704－0007962　012066　子部/藝術類/音樂之屬/樂譜
與古齋琴譜四卷　(清)祝鳳喈撰　清咸豐五年(1855)浦城祝氏刻本　四册

330000－1704－0007965　012092　子部/雜著類/雜考之屬
敦書弖聞二卷附瀛洲弖聞一卷　楊晨撰　清宣統石印本　一册

330000－1704－0007966　012172　史部/目録類/總録之屬/彙刻
彙刻書目初編十卷補編一卷　(清)顧修輯　清嘉慶四年(1799)刻本　七册

330000－1704－0007967　012068　子部/藝術類/音樂之屬
誠一堂琴譜六卷琴談二卷　(清)程允基輯　清康熙四十四年(1705)程允基誠一堂刻本　二册　存六卷(琴譜一至五、琴談一)

330000－1704－0007968　012979　類叢部/叢書類/彙編之屬
功順堂叢書　(清)潘祖蔭編　清光緒吳縣潘氏刻本　二十八册　存十八種

330000－1704－0007969　012173　史部/目録類/總録之屬/彙刻
彙刻書目初編十卷　(清)顧修輯　**續編五卷新編一卷補編一卷**　(清)陳光照輯　清光緒元年(1875)長洲陳氏無夢園刻本　二册　存二卷(續編一至二)

330000－1704－0007970　012093　類叢部/叢書類/彙編之屬
受經堂叢書□□種　張選青輯　清光緒三年(1877)廣漢張氏受經堂刻本　一册　存一種

330000－1704－0007972　012069　子部/藝術類/音樂之屬/樂譜
瑟譜六卷　(元)熊朋來撰　清抄本　一册

330000－1704－0007973　012980　類叢部/叢書類/彙編之屬
榕園叢書六十二種續刻三種　(清)張丙炎編　(清)張允顗重編　清同治至光緒真州張氏廣東刻本　四十八册

330000－1704－0007974　012070　子部/藝術類/音樂之屬/樂譜
自遠堂琴譜十二卷　(清)吳灴輯　清嘉慶七年(1802)廣陵吳灴自遠堂吳中刻本　十二册

330000－1704－0007975　012174　史部/目録類/總録之屬/私撰
馬氏手稾存目一卷　(清)蔣式瑆校錄　清光緒十四年(1888)刻本　一册

330000－1704－0007978　012071　子部/藝術類/音樂之屬/樂譜
五知齋琴譜八卷　(清)徐祺撰　(清)周魯封輯　清乾隆十一年(1746)懷德堂刻本　四册

330000－1704－0007982　012984　類叢部/叢書類/彙編之屬
式訓堂叢書四十一種　(清)章壽康編　清光緒會稽章氏刻本　二十二册　存二十五種

330000－1704－0007983　012072　子部/藝術類/音樂之屬/樂譜
琴譜六卷谿山琴況一卷附萬峰閣指法閟箋一卷　(清)徐谼撰　清康熙十二年(1673)蔡毓榮刻本　六册

330000－1704－0007987　012982　類叢部/叢書類/彙編之屬
三餘書屋叢書五種　(清)蔡學蘇編　清光緒二年(1876)盱南上塘蔡氏刻本　四册　存四種

330000－1704－0007989　012073　子部/藝術類/音樂之屬/樂譜
松風閣琴譜二卷　(清)程雄輯　清文粹堂刻本　四册　存二卷(一)

330000－1704－0007990　012983　類叢部/叢書類/彙編之屬
荔牆叢刻十三種　(清)汪曰楨編　清同治至光緒烏程汪氏刻本　十六册

330000－1704－0007992　012074　子部/藝術類/音樂之屬/琴學
琴學入門二卷　(清)張鶴輯　清光緒七年(1881)刻本　一册　存一卷(一)

330000－1704－0007995　012074－1　子部/藝術類/音樂之屬/琴學
琴學入門二卷　(清)張鶴輯　清光緒七年(1881)刻本　三册

330000－1704－0007996　012985　類叢部/叢書類/彙編之屬
十萬卷樓叢書五十一種　(清)陸心源編　清光緒歸安陸氏刻本　三十九册　存十六種

330000－1704－0007997　011769　子部/藝術類/書畫之屬/法帖
翁松禪寫書譜墨蹟不分卷　(清)翁同龢書　清宣統二年(1910)上海有正書局石印本　一册

330000－1704－0007999　012185　類叢部/叢書類/彙編之屬
觀自得齋叢書二十三種別集六種　(清)徐士

愷編　清光緒十三年至二十年(1887－1894)石埭徐氏刻本　一冊　存一種

330000－1704－0008003　011771　子部/藝術類/書畫之屬/法帖

大佛頂如來密因修證了義諸菩薩萬行首楞嚴經十卷　吳芝瑛書　清光緒三十四年至宣統元年(1908－1909)杭州小萬柳堂石印本　二冊

330000－1704－0008005　012986　類叢部/叢書類/彙編之屬

十萬卷樓叢書五十一種　(清)陸心源編　清光緒歸安陸氏刻本　三十六冊　存二十種

330000－1704－0008007　012187　史部/目録類/通論之屬/藏書約

徵訪溫州遺書約一卷遜學齋收藏鄉先哲遺書目錄一卷　(清)孫詒讓撰　清光緒瑞安孫氏刻本　一冊

330000－1704－0008011　012189　史部/目録類/總録之屬

經籍訪古志六卷補遺一卷　(日本)澁江全善　(日本)森立之撰　清光緒十一年(1885)六合徐承祖鉛印本　八冊

330000－1704－0008012　012911　類叢部/叢書類/彙編之屬

祕書廿一種　(清)汪士漢編　清康熙七年(1668)汪士漢據明刻古今逸史板重編印本　十冊

330000－1704－0008017　012987　類叢部/叢書類/彙編之屬

十萬卷樓叢書五十一種　(清)陸心源編　清光緒歸安陸氏刻本　三十二冊　存二十種

330000－1704－0008018　012910　類叢部/叢書類/彙編之屬

祕書廿一種　(清)汪士漢編　清嘉慶九年(1804)新安汪氏刻本　二十冊　存十九種

330000－1704－0008019　011775　集部/別集類

西湖載鶴圖序一卷　張騫撰　清光緒三十四年(1908)石印本　一冊

330000－1704－0008020　012912　類叢部/叢書類/彙編之屬

楝亭藏書十二種　(清)曹寅編　清康熙四十五年(1706)揚州詩局刻本　十冊

330000－1704－0008023　012981　類叢部/叢書類/彙編之屬

申報館叢書正集五十七種附錄三種　(清)尊聞閣主編　**續集一百四十二種**　(清)蔡爾康編　清同治至光緒上海申報館鉛印本　一百四十九冊　存五十一種

330000－1704－0008028　011781　子部/藝術類/書畫之屬/法帖

蘇黃米蔡墨寶不分卷　(宋)蘇軾等書　清末上海有正書局影印本　二冊

330000－1704－0008035　011784　子部/藝術類/書畫之屬

陳迦陵填詞圖附題跋不分卷　(清)萬頁珍摹刻　清石印本　二冊

330000－1704－0008038　012914　類叢部/叢書類/彙編之屬

説鈴前集三十三種後集十九種續集七種　(清)吳震方編　清康熙刻本　二十六冊　存五十八種

330000－1704－0008039　012915　類叢部/叢書類/彙編之屬

正誼堂全書六十三種續刻五種　(清)張伯行編　(清)楊浚重編　清同治五年(1866)福州正誼書院刻同治八年至光緒十三年(1869－1887)續刻本　一百四十八冊　存六十種

330000－1704－0008041　012196　史部/目録類/總録之屬/徵訪

采訪台州先哲書目約一卷　清末刻本　一冊

330000－1704－0008045　012197　史部/目録類/書志之屬/提要

東西學書錄二卷附一卷　徐維則輯　清光緒二十五年(1899)石印本　一冊

330000－1704－0008047　012198　史部/目録類/專録之屬

西學書目表三卷附一卷讀西學書法一卷　梁啓超撰　清光緒二十二年(1896)時務報館石印本　一冊

330000－1704－0008048　012098　類叢部/叢書類/自著之屬

拾遺補藝齋遺書五種　(清)莊綬甲撰　清抄本　一冊　存一種

330000－1704－0008054　012200　史部/目録類/專録之屬

東西學書録總敘二卷　沈桐生撰　清光緒二十三年(1897)讀有用書齋刻本　二冊

330000－1704－0008056　012201　類叢部/叢書類/彙編之屬

菜香室叢書　清刻本　一冊　存一種

330000－1704－0008058　012202　史部/目録類/總録之屬/史志

補晉書經籍志四卷　吴士鑑撰　清光緒二十一年(1895)刻本　一冊

330000－1704－0008059　012203　類叢部/叢書類/彙編之屬

菜香室叢書　清刻本　一冊　存一種

330000－1704－0008062　012204　史部/目録類/總録之屬/史志

漢藝文志考證十卷　(宋)王應麟撰　清抄本　一冊　存五卷(一至五)

330000－1704－0008064　012239　史部/目録類/總録之屬/官修

浙江藏書樓甲編書目五卷補遺一卷乙編書目一卷補遺一卷日文書目一卷　楊復編　清光緒三十三年(1907)杭州華豐書局鉛印本　二冊　存五卷(甲編書目三至四、乙編書目、乙編補遺、日文書目)

330000－1704－0008065　012103　類叢部/叢書類/彙編之屬

式訓堂叢書四十一種　(清)章壽康編　清光緒會稽章氏刻本　楊紹廉題簽　一冊　存一種

330000－1704－0008068　011788　史部/金石類/石之屬/文字

望堂金石文字　楊守敬輯　清同治至宣統宜都楊氏飛青閣刻本　二十一冊

330000－1704－0008069　012236　類叢部/叢書類/彙編之屬

汗筠齋叢書第一集(蘭芬齋叢書初集)四種　(清)秦鑑編　清嘉慶三年至四年(1798－1799)嘉定秦氏刻本　六冊　存一種

330000－1704－0008070　012205　史部/紀傳類/正史之屬

二十四史　清同治至光緒五省官書局據汲古閣本合刻光緒五年(1879)湖北書局彙印本　一冊　存一種

330000－1704－0008071　012206　類叢部/叢書類/自著之屬

潛研堂全書十六種　(清)錢大昕撰　清乾隆至嘉慶刻本　一冊　存一種

330000－1704－0008072　012237　類叢部/叢書類/彙編之屬

汗筠齋叢書第一集(蘭芬齋叢書初集)四種　(清)秦鑑編　清嘉慶三年至四年(1798－1799)嘉定秦氏刻本　四冊　存一種

330000－1704－0008073　012207　史部/叢編

常熟丁氏叢書二種　丁國鈞撰　清光緒木活字印本　六冊　存一種

330000－1704－0008074　012988　類叢部/叢書類/彙編之屬

金峨山館叢書(望三益齋叢書)十一種　(清)郭傳璞編　清光緒八年至十六年(1882－1890)鄞郭氏刻二十年(1894)鎮海邵氏彙印本　十冊

330000－1704－0008076　012208　類叢部/叢書類/彙編之屬

廣雅書局叢書一百五十九種　徐紹棨編　清光緒廣雅書局刻民國九年(1920)番禺徐紹棨

彙編印本　一册　存一種

330000－1704－0008078　012105　史部/目録類/書志之屬/題跋

士禮居藏書題跋記六卷　(清)黄丕烈撰　清光緒十年(1884)吴縣潘祖蔭滂喜齋刻本　四册

330000－1704－0008080　012990　子部/儒家類/儒學之屬

四語彙編　(清)詹坦編　清光緒十八年至二十四年(1892－1898)揚州府學刻本　四册

330000－1704－0008081　012238　史部/目録類/總録之屬/官修

欽定天祿琳琅書目十卷　(清)于敏中等撰　**欽定天祿琳琅書目後編二十卷**　(清)彭元瑞等撰　清光緒十年(1884)長沙王氏刻本　十册

330000－1704－0008082　012209　類叢部/叢書類/彙編之屬

崇文書局彙刻書三十一種　(清)崇文書局編　清光緒元年至三年(1875－1877)湖北崇文書局刻本　四册　存一種

330000－1704－0008083　012106　史部/目録類/書志之屬/提要

開有益齋讀書志六卷金石文字記一卷續志一卷　(清)朱緒曾撰　清光緒六年(1880)金陵翁氏茹古閣刻本　四册

330000－1704－0008085　012991　類叢部/叢書類/彙編之屬

聚學軒叢書六十種　劉世珩編　清光緒貴池劉氏刻本　二十册　存八種

330000－1704－0008087　012210　史部/目録類/總録之屬/私撰

行素堂目睹書録十卷　(清)朱記榮編　**汲古閣珍藏秘本書目一卷**　(清)毛扆輯　清光緒十年至十一年(1884－1885)吴縣朱記榮槐廬刻本　十册

330000－1704－0008090　012992　類叢部/叢書類/彙編之屬

榆園叢刻十五種附一種　(清)許增編　清同治至光緒刻民國九年(1920)補刻本　十六册

330000－1704－0008092　012211　史部/目録類/總録之屬/私撰

郘亭知見傳本書目十六卷　(清)莫友芝撰　清宣統元年(1909)日本田中慶太郎北京鉛印本　楊紹廉批　十册

330000－1704－0008094　012109　史部/目録類/書志之屬/提要

楹書隅録五卷續編四卷　(清)楊紹和藏並撰　清光緒二十年(1894)聊城楊氏海源閣刻本　七册　存六卷(二至四,續編一、三至四)

330000－1704－0008097　012214　類叢部/叢書類/郡邑之屬

金華叢書六十八種　(清)胡鳳丹編　清同治七年至光緒八年(1868－1882)永康胡氏退補齋刻民國補刻本　一册　存一種

330000－1704－0008098　012993　類叢部/叢書類/彙編之屬

檵盦叢刻十種　劉世珩編　清光緒貴池劉世珩刻朱印本　十七册

330000－1704－0008104　011790　子部/藝術類/書畫之屬/法帖

何臨道因碑一卷　(清)何紹基書　清光緒三十三年(1907)石印本　一册

330000－1704－0008107　012113　類叢部/叢書類/彙編之屬

靈鶼閣叢書五十六種　(清)江標編　清光緒元和江氏湖南使院刻本　十二册　存一種

330000－1704－0008108　012999　類叢部/叢書類/彙編之屬

懷豳雜俎十二種　徐乃昌編　清光緒三十三年至宣統三年(1907－1911)南陵徐乃昌刻本　七册

330000－1704－0008113　012997　類叢部/叢書類/彙編之屬

鮑紅葉叢書十七種　(清)鮑祖祥輯　清光緒三十三年(1907)古香女子北京鉛印本　四册

330000－1704－0008114　011792　子部/藝術類/遊藝之屬/聯語
天津西沽弢樓楹聯一卷　(清)孫鏘鳴撰並書　清宣統元年(1909)松雪精舍石印本　一册

330000－1704－0008118　012217　史部/目録類/總録之屬/官修
浙江採集遺書總録十一卷　(清)沈初等輯　清乾隆三十九年(1774)浙江布政使王亶望刻本(閏集原缺)　十册

330000－1704－0008119　012998　類叢部/叢書類/彙編之屬
郋齋叢書二十種　徐乃昌編　清光緒二十六年(1900)南陵徐氏刻本　十六册

330000－1704－0008123　012117　史部/目録類/通論之屬/掌故瑣記
皕宋樓藏書源流考一卷　(日本)島田翰撰　清光緒三十三年(1907)武進董康京師刻本　一册

330000－1704－0008124　012250　類叢部/叢書類/彙編之屬
知不足齋叢書一百九十六種　(清)鮑廷博編　(清)鮑士恭續編　清乾隆三十七年至道光三年(1772－1823)長塘鮑氏刻彙印本　二册　存一種

330000－1704－0008125　012271　史部/目録類/書志之屬/提要
直齋書録解題二十二卷　(宋)陳振孫撰　清光緒九年(1883)江蘇書局刻本　六册

330000－1704－0008128　012118　史部/目録類/通論之屬/掌故瑣記
皕宋樓藏書源流考一卷　(日本)島田翰撰　清光緒三十三年(1907)武進董康京師刻朱印本　一册

330000－1704－0008130　013001　類叢部/叢書類/彙編之屬
振綺堂叢書初集十種二集十二種　(清)□□輯　清光緒二十年(1894)、宣統二年(1910)泉唐汪氏刻本暨鉛印本　六册　存八種

330000－1704－0008131　012119　史部/目録類/通論之屬/掌故瑣記
藏書紀事詩七卷　葉昌熾撰　清宣統二年(1910)刻本　六册

330000－1704－0008132　012251　類叢部/叢書類/彙編之屬
士禮居黃氏叢書十九種附四種　(清)黃丕烈編　清嘉慶至道光黃氏士禮居刻本　一册　存三種

330000－1704－0008133　013002　類叢部/叢書類/彙編之屬
隨盦徐氏叢書十種續編十種　徐乃昌編　清光緒至民國南陵徐氏刻本　二十册　存十八種

330000－1704－0008134　012120　史部/目録類/通論之屬/掌故瑣記
藏書紀事詩七卷　葉昌熾撰　清宣統二年(1910)刻本　匋齋題記　四册　存四卷(一至四)

330000－1704－0008136　012272　類叢部/叢書類/彙編之屬
武英殿聚珍版書一百三十八種　清同治十三年(1874)江西書局刻本　十六册　存一種

330000－1704－0008138　012123　史部/目録類/書志之屬/提要
楹書隅録五卷續編四卷　(清)楊紹和藏並撰　清抄本　二册　存二卷(楹書隅録一至二)

330000－1704－0008139　013000　類叢部/叢書類/彙編之屬
知服齋叢書三十種　(清)龍鳳鑣編　清光緒順德龍氏刻本　二十册　存二十一種

330000－1704－0008141　012273　史部/目録類/書志之屬/提要
直齋書録解題二十二卷　(宋)陳振孫撰　清刻本　十二册

330000－1704－0008145　012275　類叢部/叢書類/彙編之屬
蟫隱廬叢書十八種　羅振常編　清宣統二年

至民國二十五年(1910－1936)上虞羅氏謄寫及鉛印本三十三年(1944)吳興周延年彙印本　一册　存一種

330000－1704－0008149　012276　史部/目録類/總録之屬/氏族

袁氏藝文志一卷文錄一卷詩錄一卷金石錄一卷附錄一卷　(清)袁渭漁等撰　(清)袁昶輯　清光緒十六年至二十四年(1890－1898)桐廬袁氏刻漸西村舍彙刊(漸西村舍叢刻)本　楊紹廉題簽　一册　存一種

330000－1704－0008153　012995　類叢部/叢書類/彙編之屬

南菁札記十四種　(清)溥良編　清光緒二十年(1894)江陰使署刻本　六册

330000－1704－0008155　012128　史部/目録類/版本之屬/書影

留真譜初編十二卷　(清)楊守敬輯　清光緒二十七年(1901)宜都楊氏刻本　八册

330000－1704－0008173　012996　類叢部/叢書類/彙編之屬

積學齋叢書二十種　徐乃昌編　清光緒南陵徐乃昌刻本　十六册

330000－1704－0008176　012145　集部/別集類

靜庵文集一卷詩稿一卷　王國維撰　清光緒三十一年(1905)鉛印本　一册

330000－1704－0008184　012279　史部/目録類/總録之屬/彙刻

江刻書目三種　(清)江標輯　清光緒元和江氏師鄦室刻蘇州振新書社印本　一册　存一種

330000－1704－0008185　012994　類叢部/叢書類/彙編之屬

南菁書院叢書四十一種　王先謙　繆荃孫編　清光緒十四年(1888)江陰南菁書院刻本　三十八册

330000－1704－0008188　012280　史部/目録類/總録之屬/彙刻

江刻書目三種　(清)江標輯　清光緒元和江氏師鄦室刻蘇州振新書社印本　一册　存一種

330000－1704－0008189　012148　集部/別集類/清別集

藝風堂文集七卷外集一卷　繆荃孫撰　清光緒二十七年(1901)刻本　四册

330000－1704－0008190　013003　類叢部/叢書類

知聖教齋叢書　清光緒山陰杜氏刻本　八册　存三種

330000－1704－0008193　012281　史部/目録類/總録之屬/私撰

持靜齋書目五卷　(清)丁日昌藏並撰　清同治九年(1870)豐順丁日昌刻本　五册

330000－1704－0008194　013004　類叢部/叢書類/彙編之屬

有福讀書堂叢刻前編八種後編七種附二種　吳引孫編　清光緒二十三年至二十七年(1897－1901)儀徵吳氏刻彙印本　十四册

330000－1704－0008199　012285　史部/目録類/總録之屬/私撰

孫氏祠堂書目内編四卷外編三卷　(清)孫星衍撰　清嘉慶十五年(1810)孫氏金陵祠屋刻本　二册

330000－1704－0008200　012286　史部/目録類/總録之屬/私撰

玉函山房藏書簿錄二十五卷　(清)馬國翰撰　清刻本　七册　缺十二卷(一至九、十七、二十四至二十五)

330000－1704－0008205　012327　類叢部/叢書類/自著之屬

存齋雜纂　(清)陸心源撰　清光緒吳興陸氏十萬卷樓刻本　三十一册　存一種

330000－1704－0008207　012288　史部/目録類/書志之屬/提要

昭德先生郡齋讀書志二十卷　(宋)晁公武撰　清嘉慶二十四年(1819)吳門汪氏藝芸書舍

刻本　四册

330000－1704－0008208　013006　新學/雜著/叢編

富強叢書正集七十七種續集一百二十一種　(清)袁俊德編　清光緒二十五年(1899)、二十七年(1901)小倉山房石印本　六十一册　存一百七十七種

330000－1704－0008209　012268　史部/目録類/書志之屬/提要

昭德先生郡齋讀書志四卷後志二卷　(宋)晁公武撰　**附志一卷考異一卷**　(宋)趙希弁撰　清刻本　六册　缺一卷(考異)

330000－1704－0008210　011812　子部/藝術類/書畫之屬

張廉卿先生楷書千字文不分卷　(清)張裕釗書　清宣統元年(1909)石印本　一册

330000－1704－0008211　012916　類叢部/叢書類/彙編之屬

武英殿聚珍版書一百三十八種　清光緒二十五年(1899)廣雅書局刻本　八百十册

330000－1704－0008215　012328　類叢部/叢書類/彙編之屬

式訓堂叢書四十一種　(清)章壽康編　清光緒會稽章氏刻本　四册　存二種

330000－1704－0008217　011817　子部/藝術類/書畫之屬/法帖

蔣拙存書姜白石書譜一卷　(清)蔣衡書　清宣統元年(1909)國學保存會影印本　一册

330000－1704－0008220　012330　史部/目録類/總録之屬/私撰

金山錢氏家刻書目十卷　(清)錢培蓀編　清光緒四年(1878)金山錢氏刻本　四册

330000－1704－0008221　012269　史部/目録類/書志之屬/提要

昭德先生郡齋讀書志二十卷　(宋)晁公武撰　**附志二卷**　(宋)趙希弁撰　**考證一卷考異一卷校補一卷**　王先謙撰　清光緒十年(1884)長沙王先謙刻本　六册　存十六卷(一至十六)

330000－1704－0008222　012331　類叢部/叢書類/彙編之屬

獨抱廬叢刻十一種　(清)陳宗彝編　清道光金陵陳氏刻本　二册　存一種

330000－1704－0008223　012290　史部/目録類/總録之屬/私撰

天一閣書目四卷　(清)阮元　(清)范邦甸等編　**附碑目一卷續增一卷**　(清)錢大昕編　(清)范懋敏續編　清嘉慶十三年(1808)揚州阮元文選樓刻本　五册

330000－1704－0008224　012291　史部/目録類/總録之屬/私撰

天一閣見存書目四卷首一卷末一卷　(清)薛福成撰　清光緒十五年(1889)無錫薛福成甬上崇實書院刻本　四册

330000－1704－0008226　012332　類叢部/叢書類/彙編之屬

獨抱廬叢刻十一種　(清)陳宗彝編　清道光金陵陳氏刻本　一册　存一種

330000－1704－0008227　012270　史部/目録類/書志之屬/提要

昭德先生郡齋讀書志二十卷　(宋)晁公武撰　**附志二卷**　(宋)趙希弁撰　**考證一卷考異一卷校補一卷**　王先謙撰　清光緒十年(1884)長沙王先謙刻本　十册　缺一卷(考證)

330000－1704－0008229　012333　史部/目録類/書志之屬/提要

藝風藏書記八卷續記八卷　繆荃孫撰　清光緒二十六年至二十七年(1900－1901)江陰繆荃孫刻民國元年至二年(1912－1913)續刻本　六册

330000－1704－0008232　012334　史部/目録類/書志之屬/提要

揅經室經進書錄四卷　(清)阮元撰　(清)阮福編　(清)傅以禮重編　清光緒八年(1882)大興傅氏刻本　二册

330000－1704－0008234　012295　史部/目録類/總録之屬/彙刻
江刻書目三種　(清)江標輯　清光緒元和江氏師鄦室刻蘇州振新書社印本　楊紹廉批　四册

330000－1704－0008235　011820　子部/藝術類/書畫之屬/法帖
沈竹礽傳不分卷　高邕書　唐文治撰　清宣統二年(1910)求古齋書帖局影印本　一册

330000－1704－0008240　012393　子部/儒家類/儒學之屬/性理
慈溪黄氏日抄分類九十七卷　(宋)黄震撰　清乾隆三十二年(1767)新安汪佩鍔珠樹堂刻本(卷八十一、八十九、九十二原缺)　二十四册

330000－1704－0008248　012339　類叢部/叢書類/彙編之屬
後知不足齋叢書四十七種　(清)鮑廷爵編　清同治至光緒常熟鮑氏刻本　二册　存一種

330000－1704－0008249　012395　子部/雜著類/雜説之屬
夢溪筆談二十六卷補筆談三卷續筆談一卷　(宋)沈括撰　清大関唐氏成都刻本　四册

330000－1704－0008252　012396　類叢部/叢書類/彙編之屬
學津討原一百七十三種　(清)張海鵬編　清嘉慶十年(1805)虞山張氏照曠閣刻本　六册　存一種

330000－1704－0008253　012397　子部/雜著類/雜説之屬
習學記言序目五十卷　(宋)葉適撰　清光緒十年(1884)黄體芳刻本　十册

330000－1704－0008255　012398　子部/雜著類/雜考之屬
困學紀聞注二十卷首一卷　(清)翁元圻撰　清光緒八年(1882)新都廖氏家塾刻本　十六册

330000－1704－0008258　012307　史部/目録類/總録之屬/私撰
玉海樓書目初稿不分卷　(清)孫衣言輯　稿本　一册

330000－1704－0008260　012345　史部/目録類/專録之屬
小學考五十卷　(清)謝啟昆撰　清咸豐二年(1852)謝氏樹經堂刻本　十六册

330000－1704－0008262　013007　新學/雜著/叢編
西學自強叢書七十五種　(清)張之洞編　清光緒二十四年(1898)上海測海山房石印本　三十册

330000－1704－0008264　012399　子部/雜著類/雜考之屬
困學紀聞二十卷首一卷　(宋)王應麟撰　(清)趙敬襄輯評　清嘉慶十八年(1813)刻本　十四册

330000－1704－0008266　012309　史部/金石類/石之屬/目録
話雨樓碑帖目録四卷　(清)王鯤撰　清道光十五年(1835)刻民國九年(1920)柳亞子印本　二册

330000－1704－0008267　012400　子部/雜著類/雜考之屬
困學紀聞注二十卷　(清)翁元圻撰　清道光五年(1825)餘姚翁氏守福堂刻本　清徐時棟跋　八册

330000－1704－0008268　012346　經部/小學類/文字之屬/説文
歷代注訂説文解字目一卷　(清)姚凱元記　清光緒八年(1882)石天閣刻本　一册

330000－1704－0008272　012401　子部/雜著類/雜考之屬
困學紀聞二十卷　(宋)王應麟撰　(清)閻若璩箋　(清)何焯評　清乾隆桐鄉汪垕桐華書塾刻本　六册

330000－1704－0008273　012347　史部/政書類/公牘檔册之屬

浙江官書局減定書價一卷 （清）浙江官書局編 清光緒十八年（1892）浙江官書局刻朱印本 一冊

330000－1704－0008277 012402 子部/雜著類/雜考之屬
困學紀聞注二十卷首一卷 （清）翁元圻撰 清光緒十三年（1887）上海同文書局石印本 六冊

330000－1704－0008278 012311 史部/目録類/總録之屬/私撰
經微室書目不分卷 （清）孫衣言輯 稿本 一冊

330000－1704－0008279 012917 類叢部/叢書類/彙編之屬
武英殿聚珍版書一百三十八種 清乾隆浙江刻本 十六冊 存十三種

330000－1704－0008281 011833 子部/藝術類/書畫之屬
岐亭五首不分卷 （清）劉墉等書 清末影印本 一冊

330000－1704－0008283 012314 史部/目録類/書志之屬
善本書室藏書志四十卷附錄一卷 （清）丁丙輯 清光緒二十五年至二十七年（1899－1901）錢唐丁氏刻本 楊紹廉題簽並校 十六冊

330000－1704－0008284 012403 子部/雜著類/雜考之屬
困學紀聞集證二十卷首一卷末一卷 （宋）王應麟撰 （清）萬希槐集證 清嘉慶八年（1803）會友堂刻本 六冊

330000－1704－0008285 012315 史部/目録類/書志之屬/提要
愛日精廬藏書志三十六卷續志四卷 （清）張金吾藏並撰 清光緒十三年（1887）吳縣徐氏靈芬閣木活字印本 十冊

330000－1704－0008286 012410 子部/雜著類/雜考之屬
丹鉛總錄二十七卷 （明）楊慎撰 清乾隆五十九年（1794）大順堂刻本 八冊

330000－1704－0008289 012404 子部/雜著類/雜考之屬
困學紀聞二十卷 （宋）王應麟撰 （清）閻若璩箋 清同治九年（1870）揚州書局刻本 四冊

330000－1704－0008291 012351 史部/目録類/總録之屬/私撰
經籍舉要一卷附錄吳晴舫學使告示六條一卷附家塾課程一卷附中江講院添設季課示一卷 （清）龍啟瑞撰 清光緒十九年（1893）中江講院刻本 一冊

330000－1704－0008292 013011 類叢部/叢書類/彙編之屬
雙楳景闇叢書十六種 葉德輝編 清光緒至宣統長沙葉氏郎園刻本 十冊 存十種

330000－1704－0008293 011852 子部/藝術類/書畫之屬/畫譜
蘭譜不分卷 （清）陳逵繪 清石印本 一冊

330000－1704－0008295 012352 史部/目録類/總録之屬/私撰
經籍舉要一卷 （清）龍啟瑞撰 清光緒七年（1881）京師刻本 一冊

330000－1704－0008297 013010 類叢部/叢書類/彙編之屬
集虛草堂叢書甲集九種 李國松編 清光緒三十年至三十二年（1904－1906）合肥李氏刻本 二十四冊

330000－1704－0008299 012354 史部/目録類/總録之屬/私撰
書目答問五卷別錄一卷國朝著述諸家姓名略一卷 （清）張之洞撰 清光緒四年（1878）上海淞隱閣鉛印本 二冊

330000－1704－0008300 013009 新學/雜著/叢編
西政叢書三十二種 梁啓超編 清光緒二十三年（1897）上海慎記書莊石印本 二十冊

330000－1704－0008301　012355　史部/目録類/總録之屬/私撰

書目答問五卷別錄一卷國朝著述諸家姓名略一卷　(清)張之洞撰　清光緒二十一年(1895)上海蜚英館石印本　二冊

330000－1704－0008302　013008　類叢部/叢書類/彙編之屬

普通百科全書一百種　(清)東華譯書社編譯　清光緒二十九年(1903)上海會文學社石印本　九十九冊　存九十九種

330000－1704－0008303　012412　子部/雜著類/雜考之屬

湛園札記四卷　(清)姜宸英撰　清光緒四年(1878)張麟洲見山樓刻七年(1881)王定祥續刻本　二冊

330000－1704－0008305　012413　子部/雜著類/雜考之屬

湛園札記四卷　(清)姜宸英撰　清嘉慶葉元堺鶴麓山房刻本　一冊

330000－1704－0008306　012414　子部/雜著類/雜考之屬

松崖筆記三卷　(清)惠棟撰　清道光二年(1822)吳門玉照堂刻本　一冊

330000－1704－0008309　012415　子部/雜著類/雜考之屬

蘿藦亭札記八卷　(清)喬松年撰　清同治十二年(1873)刻本　四冊

330000－1704－0008313　012416　子部/雜著類/雜考之屬

攷厓考古錄四卷　(清)鍾襄撰　清末抄本　一冊

330000－1704－0008314　012356　史部/目録類/總録之屬/私撰

書目答問箋補四卷　(清)江人度撰　清光緒三十年(1904)仲秋漢川江氏刻本　四冊

330000－1704－0008318　012405　子部/雜著類/雜說之屬

容齋隨筆十六卷續筆十六卷三筆十六卷四筆十六卷五筆十卷　(宋)洪邁撰　明崇禎三年(1630)嘉定馬元調刻清康熙洪璟重修本　十二冊

330000－1704－0008319　011840　子部/藝術類/書畫之屬/法帖

國朝名人手蹟八集不分卷　有正書局輯　清光緒至宣統上海有正書局影印本　三冊

330000－1704－0008320　012357　史部/目録類/總録之屬/私撰

書目答問不分卷　(清)張之洞撰　清末存古學堂刻民國三十一年(1942)成都國立四川大學印本　一冊

330000－1704－0008322　012358　史部/目録類/總録之屬/私撰

書目答問不分卷輶軒語不分卷　(清)張之洞撰　清末存古學堂刻民國三十一年(1942)成都國立四川大學印本　一冊

330000－1704－0008324　012406　子部/雜著類/雜說之屬

容齋隨筆十六卷續筆十六卷三筆十六卷四筆十六卷五筆十卷　(宋)洪邁撰　清乾隆五十九年(1794)掃葉山房刻本　十二冊

330000－1704－0008326　012359　史部/目録類/總録之屬/私撰

書目答問四卷叢書目一卷別錄目一卷國朝著述諸家姓名略一卷　(清)張之洞撰　清光緒四年(1878)吳縣潘霨刻本　一冊

330000－1704－0008327　012407　子部/雜著類/雜說之屬

容齋續筆十六卷　(宋)洪邁撰　清抄本　二冊　存七卷(九至十五)

330000－1704－0008328　011842　子部/藝術類/書畫之屬/法帖

明代名臣墨寶八卷　清光緒有正書局影印本　二冊　存二卷(七至八)

330000－1704－0008329　012408　子部/雜著類/雜說之屬

容齋隨筆十六卷續筆十六卷三筆十六卷四筆

十六卷五筆十卷　(宋)洪邁撰　清刻本　三冊　存十六卷(續筆一至十六)

330000－1704－0008331　012361　史部/目録類/總録之屬/私撰
簡玉山房書目一卷　(清)簡玉山房編　清光緒刻本　一冊

330000－1704－0008332　013013　類叢部/叢書類/彙編之屬
國粹叢書四十九種　(清)國學保存會編　清光緒至宣統鉛印本　十七冊　存十種

330000－1704－0008333　012409　子部/雜著類/雜說之屬
容齋隨筆十六卷續筆十六卷三筆十六卷四筆十六卷五筆十卷　(宋)洪邁撰　清光緒二十年(1894)皖南洪氏刻民國四年(1915)補刻本　十四冊

330000－1704－0008336　012418　子部/雜著類/雜考之屬
日知録三十二卷　(清)顧炎武撰　清康熙三十四年(1695)潘耒刻本　十二冊

330000－1704－0008338　012419　子部/雜著類/雜考之屬
日知録集釋三十二卷刊誤二卷續刊誤二卷　(清)黄汝成撰　清道光十四年至十八年(1834－1838)黄氏西谿草廬刻本　十六冊　存三十四卷(集釋一至三十二、刊誤一至二)

330000－1704－0008339　012420　子部/雜著類/雜考之屬
日知録之餘四卷　(清)顧炎武撰　清宣統二年(1910)吳中刻本　二冊

330000－1704－0008340　011844　子部/藝術類/書畫之屬/書法畫品
聖朝名畫評三卷　(宋)劉道醇撰　清刻本　一冊　缺一卷(一)

330000－1704－0008344　004386　史部/傳記類/别傳之屬
先大父履歷一卷　(清)陳保隆撰　清同治十二年(1873)抄本　一冊

330000－1704－0008345　012423　子部/雜著類/雜考之屬
日知録集釋三十二卷刊誤二卷續刊誤二卷　(清)黄汝成撰　清同治八年(1869)廣州述古堂刻本　八冊

330000－1704－0008346　012424　子部/雜著類/雜考之屬
日知録集釋三十二卷刊誤二卷續刊誤二卷　(清)黄汝成撰　清同治十一年(1872)湖北崇文書局刻本　十六冊

330000－1704－0008348　011848　子部/藝術類/書畫之屬/題跋
冬心先生題畫記五卷　(清)金農撰　清同治十一年(1872)刻本　一冊

330000－1704－0008349　012425　類叢部/叢書類/自著之屬
甌北全集八種　(清)趙翼撰　清乾隆至嘉慶湛貽堂刻本　十冊　存一種

330000－1704－0008352　011850　子部/藝術類/書畫之屬/畫法畫品
紅雪山房畫品一卷　(清)潘曾瑩撰　清末刻朱印本　一冊

330000－1704－0008353　012426　集部/别集類/清别集
萬物吹累室類稿外編　(清)沈同芳輯　清宣統三年(1911)中國圖書公司鉛印本　二冊　存十卷(秘書集一至十)

330000－1704－0008359　013012　類叢部/叢書類/彙編之屬
國粹叢書四十九種　(清)國學保存會編　清光緒至宣統鉛印本　四十七冊　存四十種

330000－1704－0008360　012919　類叢部/叢書類/彙編之屬
知不足齋叢書一百九十六種　(清)鮑廷博編　(清)鮑士恭續編　清乾隆三十七年至道光三年(1772－1823)長塘鮑氏刻彙印本　二百四十冊

330000－1704－0008361　013097　類叢部/

叢書類/郡邑之屬

台州叢書九種 (清)宋世犖輯 清嘉慶至道光臨海宋氏刻本 十冊 存七種

330000－1704－0008367 013100 類叢部/叢書類/郡邑之屬

續台州叢書十種 楊晨編 清光緒二十四年(1898)翁氏刻本 一冊 存四種

330000－1704－0008374 013014 史部/目録類

葉氏存古叢書四種 葉銘輯 清宣統二年(1910)西泠印社鉛印本 十冊

330000－1704－0008376 013015 類叢部/叢書類/彙編之屬

晨風閣叢書二十二種 沈宗畸編 清宣統元年(1909)番禺沈氏刻本 十五冊 存二十一種

330000－1704－0008379 013102 類叢部/叢書類/郡邑之屬

太平陳氏枕經閣叢書 清宣統太平陳樹鈞刻本 一冊 存三種

330000－1704－0008380 012436 子部/雜著類/雜考之屬

義門讀書記五十八卷 (清)何焯撰 (清)蔣維鈞輯 清乾隆三十四年(1769)蔣維鈞刻光緒六年(1880)苕溪吳氏重修本 十六冊

330000－1704－0008381 012373 子部/雜著類/雜考之屬

東塾讀書記十五卷 (清)陳澧撰 清末石印本 四冊

330000－1704－0008382 013103 類叢部/叢書類/郡邑之屬

金華叢書六十八種 (清)胡鳳丹編 清同治七年至光緒八年(1868－1882)永康胡氏退補齋刻民國補刻本 二百七十五冊

330000－1704－0008383 013016 類叢部/叢書類/彙編之屬

風雨樓叢書二十三種 鄧實編 清宣統順德鄧氏鉛印本 二十七冊 存十一種

330000－1704－0008384 012374 子部/雜著類/雜考之屬

日知録集釋三十二卷刊誤二卷續刊誤二卷 (清)黄汝成撰 清光緒二十一年(1895)上海點石齋石印本 六冊

330000－1704－0008385 012437 子部/雜著類/雜考之屬

義門讀書記五十八卷 (清)何焯撰 (清)蔣維鈞輯 清乾隆三十四年(1769)蔣維鈞刻本 十冊

330000－1704－0008386 012921 類叢部/叢書類/彙編之屬

龍威秘書一百六十九種 (清)馬俊良編 清乾隆五十九年至嘉慶元年(1794－1796)浙江石門馬氏大西山房刻本 七十七冊 存一百五十二種

330000－1704－0008387 012375 子部/雜著類/雜考之屬

無邪堂答問五卷 (清)朱一新撰 清光緒二十二年(1896)上海鴻寶齋石印本 五冊

330000－1704－0008388 012438 子部/雜著類/雜考之屬

灤源問答十二卷 (清)沈可培撰 清嘉慶二十年(1815)刻本 四冊

330000－1704－0008389 012439 類叢部/叢書類/自著之屬

竹柏山房十五種附刻八種 (清)林春溥撰 清嘉慶至咸豐竹柏山房刻本 四冊 存一種

330000－1704－0008390 012376 類叢部/叢書類/彙編之屬

武英殿聚珍版書一百三十八種 清乾隆浙江刻本 一冊 存一種

330000－1704－0008391 013017 類叢部/叢書類/彙編之屬

風雨樓祕笈留真十種 鄧實編 清宣統元年(1909)至民國順德鄧氏風雨樓影印本 十冊 存九種

330000－1704－0008392 013018 類叢部/

叢書類/彙編之屬

藕香零拾三十九種 繆荃孫編 清光緒至宣統刻本 三十二冊

330000－1704－0008394 012440 子部/雜著類/雜考之屬

讀書雜志八十二卷餘編二卷 (清)王念孫撰 清嘉慶十七年至道光十二年(1812－1832)刻本 十三冊

330000－1704－0008397 013022 類叢部/叢書類/彙編之屬

元和江氏靈鶼閣叢書五十六種 (清)江標輯 清光緒元和江氏湖南使院刻蘇州振新書社印本 四十七冊 存五十五種

330000－1704－0008398 013105 類叢部/叢書類/自著之屬

率祖堂叢書八種附六種 (宋)金履祥撰 清雍正至乾隆金華金氏刻光緒十三年(1887)鎮海謝駿德補刻本 二十一冊 存十種

330000－1704－0008399 011857 子部/藝術類/書畫之屬/畫譜

芥子園畫傳四集四卷 (清)丁臯等撰輯 **芥子園圖章會纂一卷** (清)李漁撰 清嘉慶二十三年(1818)刻本 四冊

330000－1704－0008400 012441 子部/雜著類/雜考之屬

援鶉堂筆記五十卷 (清)姚範撰 **援鶉堂筆記栞誤一卷補遺一卷** (清)方東樹撰 清道光十八年(1838)刻本 十二冊

330000－1704－0008402 013107 類叢部/叢書類/郡邑之屬

永嘉叢書十三種 (清)孫衣言編 清同治至光緒瑞安孫氏詒善祠塾刻本 張棡題記並過錄清孫衣言評 五十二冊 存十二種

330000－1704－0008403 011858 子部/藝術類/書畫之屬/畫譜

芥子園畫傳初集六卷二集九卷三集六卷 (清)王槩 (清)王蓍 (清)王臯輯 清光緒十六年(1890)上海鴻寶齋刻本(二集至三集補配清光緒十三年至十四年鴻文書局石印本) 十二冊

330000－1704－0008405 012442 子部/雜著類/雜考之屬

援鶉堂筆記五十卷 (清)姚範撰 **援鶉堂筆記栞誤一卷補遺一卷** (清)方東樹撰 清道光十八年(1838)刻本 十三冊

330000－1704－0008407 012444 子部/雜著類/雜考之屬

過庭錄十六卷 (清)宋鳳翔撰 清光緒七年(1881)章氏刻本 四冊

330000－1704－0008408 012445 類叢部/叢書類/自著之屬

曾文正公全集十六種 (清)曾國藩撰 清同治至光緒傳忠書局刻本 六冊 存一種

330000－1704－0008409 012377 類叢部/叢書類/彙編之屬

武英殿聚珍版書一百三十八種 清乾隆浙江刻本 二冊 存一種

330000－1704－0008414 012378 類叢部/叢書類/彙編之屬

嘯園叢書五十七種 (清)葛元煦編 清光緒二年至七年(1876－1881)仁和葛氏刻本 一冊 存一種

330000－1704－0008415 012447 子部/雜著類/雜考之屬

讀書脞錄七卷 (清)孫志祖撰 清光緒十三年(1887)醉六堂刻本 四冊

330000－1704－0008418 012449 類叢部/叢書類/彙編之屬

月河精舍叢鈔五種 (清)丁寶書編 清光緒四年至十二年(1878－1886)苕溪丁氏刻本 六冊 存一種

330000－1704－0008419 012379 類叢部/叢書類/彙編之屬

知不足齋叢書一百九十六種 (清)鮑廷博編 (清)鮑士恭續編 清乾隆三十七年至道光三年(1772－1823)長塘鮑氏刻彙印本 六冊

存一種

330000－1704－0008422　012450　類叢部/叢書類/彙編之屬

月河精舍叢鈔五種　(清)丁寶書編　清光緒四年至十二年(1878－1886)苕溪丁氏刻本　四冊　存一種

330000－1704－0008423　012451　子部/雜著類/雜考之屬

札樸十卷　(清)桂馥撰　清嘉慶十八年(1813)山陰李宏信小李山房刻本　十冊

330000－1704－0008424　011860　子部/藝術類/書畫之屬/畫譜

畫譜采新不分卷　(清)張熊等繪　清光緒十六年(1890)上海西法石印本　一冊

330000－1704－0008425　012922　類叢部/叢書類/彙編之屬

龍威秘書一百六十九種　(清)馬俊良編　清乾隆五十九年至嘉慶元年(1794－1796)浙江石門馬氏大酉山房刻本　三十五冊　存一百十九種

330000－1704－0008428　012452　類叢部/叢書類/彙編之屬

融經館叢書十一種　(清)徐友蘭編　清光緒六年至十一年(1880－1885)會稽徐氏八杉齋刻本　四冊　存一種

330000－1704－0008429　012453　子部/雜著類/雜考之屬

潛研堂答問十二卷　(清)錢大昕撰　清光緒七年(1881)謨觴室刻本　四冊

330000－1704－0008433　012479　子部/雜著類/雜考之屬

癸巳類稿十五卷　(清)俞正燮撰　清乾隆五十六年(1791)刻光緒三年(1877)吳縣朱氏補刻本　八冊

330000－1704－0008434　012454　子部/雜著類/雜考之屬

三餘偶筆十六卷　(清)左暄撰　清嘉慶十六年(1811)桂林書屋刻本　六冊

330000－1704－0008436　012455　類叢部/叢書類/彙編之屬

嘯園叢書五十七種　(清)葛元煦編　清光緒二年至七年(1876－1881)仁和葛氏刻本　四冊　存一種

330000－1704－0008440　012480　子部/雜著類/雜考之屬

癸巳存稿十五卷　(清)俞正燮撰　清光緒十年(1884)李宗煝武林刻本　六冊

330000－1704－0008442　012458　子部/雜著類/雜考之屬

羣書拾補不分卷　(清)盧文弨撰　清光緒十三年(1887)上海蜚英館石印本　八冊

330000－1704－0008443　012481　類叢部/叢書類/彙編之屬

連筠簃叢書十二種　(清)楊尚文編　清道光二十七年至二十九年(1847－1849)靈石楊氏刻本(羣書治要卷四、十三、二十原缺)　五冊　存一種

330000－1704－0008444　012382　史部/目録類/通論之屬/藏書約

國學保存會章程一卷附藏書樓章程一卷　鄧實等編　清光緒三十二年(1906)鉛印本　一冊

330000－1704－0008446　012459　類叢部/叢書類/自著之屬

潛研堂全書十六種　(清)錢大昕撰　清乾隆至嘉慶刻道光二十年(1840)錢師光重修印本　八冊　存一種

330000－1704－0008447　012482　子部/雜著類/雜考之屬

癸巳類稿十五卷　(清)俞正燮撰　清道光十三年(1833)王藻求日益齋刻本　五冊

330000－1704－0008450　012483　子部/雜著類/雜考之屬

娱親雅言六卷　(清)嚴元照撰　清光緒十年(1884)吳興陸氏刻本　二冊

330000－1704－0008451　012384　史部/目

録類/總録之屬/私撰

華延年室題跋二卷殘明大統歷一卷殘明宰輔年表一卷 (清)傅以禮撰 **邁廬題跋一卷** (清)傅栻撰 清宣統元年(1909)餘杭俞人蔚鉛印本 二册

330000-1704-0008454 012484 子部/雜著類/雜考之屬

攷辨隨筆二卷 (清)黄定宜撰 清道光二十七年(1847)萍鄉文晟刻本 一册

330000-1704-0008456 012923 類叢部/叢書類/彙編之屬

龍威秘書一百六十九種 (清)馬俊良編 清乾隆五十九年至嘉慶元年(1794-1796)浙江石門馬氏大酉山房刻本 八十册

330000-1704-0008457 012460 經部/群經總義類/傳說之屬

匏瓜錄十卷 (清)芮長恤撰 清光緒十三年(1887)刻本 六册

330000-1704-0008458 013032 類叢部/叢書類/彙編之屬

峭帆樓叢書十八種 趙詒琛編 清宣統三年至民國八年(1911-1919)新陽趙氏峭帆樓刻本 二十册

330000-1704-0008460 012461 子部/雜著類/雜說之屬

賨存四卷 (清)胡式鈺撰 清道光二十一年(1841)刻本 二册

330000-1704-0008462 012462 子部/雜著類/雜說之屬

吹綱錄六卷 (清)葉廷琯撰 清同治八年(1869)刻本 四册

330000-1704-0008465 012464 類叢部/叢書類/自著之屬

沈蓮溪全集六種 (清)沈濂撰 清道光至咸豐秀水沈氏始言堂刻本 六册 存一種

330000-1704-0008466 012465 子部/雜著類/雜考之屬

合肥學舍札記十二卷 (清)陸繼輅撰 清光緒四年(1878)興國州署刻本 四册

330000-1704-0008468 012466 子部/雜著類/雜考之屬

東塾讀書記二十五卷 (清)陳澧撰 清光緒刻本 四册 存十二卷(一至十二)

330000-1704-0008469 013116 類叢部/叢書類/郡邑之屬

常州先哲遺書七十二種 盛宣懷編 清光緒二十一年至三十三年(1895-1907)武進盛氏思惠齋刻宣統彙印本 六十册 存四十二種

330000-1704-0008470 012467 子部/雜著類

悔翁筆記六卷 (清)汪士鐸撰 清光緒九年(1883)合肥張氏味古齋刻本 一册

330000-1704-0008471 012468 類叢部/叢書類/自著之屬

思益堂集四種 (清)周壽昌撰 清光緒十四年(1888)王先謙等刻本 三册 存一種

330000-1704-0008474 012469 類叢部/叢書類/自著之屬

春在堂全書三十六種 (清)俞樾撰 清同治至光緒刻光緒末彙印本 二册 存一種

330000-1704-0008481 013119 類叢部/叢書類/郡邑之屬

婁東雜著(棣香齋叢書)五十六種 (清)邵廷烈輯 清道光十三年(1833)太倉東陵氏刻本 楊紹廉題簽 七册 存四十六種

330000-1704-0008485 012924 類叢部/叢書類/彙編之屬

藝海珠塵二百六種 (清)吳省蘭輯 清嘉慶南匯吳氏聽彝堂刻本 張㭎題簽 四十册 存一百六十四種

330000-1704-0008486 012925 類叢部/叢書類/彙編之屬

經訓堂叢書二十一種 (清)畢沅編 清乾隆至嘉慶鎮洋畢氏刻本 二十二册 存十九種

330000-1704-0008487 012926 類叢部/

叢書類/彙編之屬

經訓堂叢書二十一種　(清)畢沅編　清光緒十三年(1887)上海大同書局石印本　十二册

330000－1704－0008488　012391　類叢部/叢書類/彙編之屬

函海一百六十種　(清)李調元編　清光緒七年至八年(1881－1882)廣漢鍾登甲樂道齋刻本　一册　存一種

330000－1704－0008489　012927　類叢部/叢書類/彙編之屬

貸園叢書初集十二種四十九卷　(清)周永年編　清乾隆五十四年(1789)歷城周氏竹西書屋重編印益都李文藻等刻本　十册　存十一種

330000－1704－0008490　012928　類叢部/叢書類/彙編之屬

雅雨堂叢書(雅雨堂藏書)十三種　(清)盧見曾編　清乾隆二十一年(1756)德州盧氏雅雨堂刻增修本　十二册　存十種

330000－1704－0008492　012508　子部/雜著類/雜説之屬

七修類藁五十一卷續藁七卷　(明)郎瑛撰　清乾隆四十年(1775)耕烟草堂刻本　十六册

330000－1704－0008495　012470　子部/雜著類/雜考之屬

二初齋讀書記十卷　(清)倪思寬撰　清乾隆華亭倪元坦涵和堂刻本　一册　存六卷(五至十)

330000－1704－0008496　012509　子部/雜著類/雜説之屬

輟耕録三十卷　(明)陶宗儀撰　明刻清初廣文堂印本　十六册

330000－1704－0008497　012510　類叢部/叢書類/彙編之屬

廣雅書局叢書一百五十九種　徐紹棨編　清光緒廣雅書局刻民國九年(1920)番禺徐紹棨彙編印本　八册　存一種

330000－1704－0008498　013121　類叢部/叢書類/郡邑之屬

浦城遺書十四種　(清)梁章鉅　(清)祝昌泰編　清嘉慶十六年至十九年(1811－1814)浦城祝氏留香室刻道光十四年(1834)彙印本　三十二册　存十二種

330000－1704－0008499　012471　子部/雜著類/雜考之屬

讀書記疑十六卷　(清)王懋竑撰　清同治十一年(1872)刻本　八册

330000－1704－0008501　012472　子部/雜著類/雜考之屬

羣書疑辨十二卷　(清)萬斯同撰　清嘉慶二十一年(1816)古董水氏刻本　四册

330000－1704－0008505　013030－2　類叢部/叢書類/彙編之屬

結一廬朱氏賸餘叢書四種　(清)朱澂編　清光緒三十一年(1905)仁和朱氏刻本　十四册

330000－1704－0008508　012473　子部/雜著類/雜考之屬

東塾讀書記二十五卷　(清)陳澧撰　清光緒刻本(卷十三至十四、十七至二十、二十二至二十五原缺)　四册

330000－1704－0008510　012930　類叢部/叢書類/彙編之屬

函海一百五十二種　(清)李調元編　清乾隆綿州李氏萬卷樓刻嘉慶十四年(1809)李鼎元、道光五年(1825)李朝夔重校補刻本　一百六十册　存一百四十七種

330000－1704－0008514　012493　子部/雜著類/雜説之屬

聞見瓣香録四卷　(清)秦武域撰　清嘉慶八年(1803)刻本　四册

330000－1704－0008516　012513　類叢部/叢書類/彙編之屬

武英殿聚珍版書一百三十八種　清乾隆浙江刻本　二册　存一種

330000－1704－0008517　012494　子部/雜著類/雜説之屬

交翠軒筆記四卷 （清）沈濤撰 清刻本 一冊 存二卷（一至二）

330000－1704－0008522 012476 子部/雜著類/雜考之屬

南潯楛語八卷 （清）蔣超伯輯 清同治十年（1871）兩廣山房刻本 四冊

330000－1704－0008524 012477 類叢部/叢書類/彙編之屬

廣雅書局叢書一百五十九種 徐紹棨編 清光緒廣雅書局刻民國九年（1920）番禺徐紹棨彙編印本 一冊 存一種

330000－1704－0008525 012498 子部/雜著類/雜說之屬

黃學廬雜述三卷 （清）陳士芑撰 清宣統元年（1909）鉛印本 一冊

330000－1704－0008527 012499 子部/雜著類/雜考之屬

舒蓺室隨筆六卷 （清）張文虎撰 清同治十三年（1874）金陵冶城賓館刻本 二冊

330000－1704－0008528 012478 類叢部/叢書類/自著之屬

拙盦叢稿 （清）朱一新撰 清光緒二十二年（1896）順德龍氏葆真堂刻本 五冊 存一種

330000－1704－0008529 012515 子部/小說家類/雜事之屬

遂昌雜錄一卷 （元）鄭元祐撰 明萬曆刻稗海本 劉耀東批校並跋 一冊

330000－1704－0008530 012514 類叢部/叢書類/彙編之屬

知不足齋叢書一百九十六種 （清）鮑廷博編 （清）鮑士恭續編 清乾隆三十七年至道光三年（1772－1823）長塘鮑氏刻彙印本 二冊 存一種

330000－1704－0008532 012456 子部/雜著類/雜纂之屬

研經堂隨筆不分卷 （清）周衣德撰 清抄本 張棡跋 六冊

330000－1704－0008535 012516 類叢部/叢書類/彙編之屬

武英殿聚珍版書一百三十八種 清刻本 一冊 存一種

330000－1704－0008537 012929 類叢部/叢書類/彙編之屬

函海一百六十種 （清）李調元編 清光緒七年至八年（1881－1882）廣漢鍾登甲樂道齋刻本 一百五十九冊 存一百五十五種

330000－1704－0008541 012503 類叢部/叢書類/自著之屬

蕙風叢書七種附一種 況周頤撰 清光緒刻本 二冊 存一種

330000－1704－0008542 013126 類叢部/叢書類/郡邑之屬

嶺南遺書五十九種 （清）伍元薇（崇曜）編 清道光十一年至同治二年（1831－1863）南海伍氏粤雅堂文字歡娛室刻光緒三十三年（1907）彙印本 一百冊

330000－1704－0008543 012538 類叢部/叢書類/彙編之屬

崇文書局彙刻書三十一種 （清）崇文書局編 清光緒元年至三年（1875－1877）湖北崇文書局刻本 二冊 存一種

330000－1704－0008545 012518 子部/雜著類/雜說之屬

草木子四卷 （明）葉子奇撰 清光緒四年至五年（1878－1879）葉氏居德堂刻本 二冊

330000－1704－0008546 012539 類叢部/叢書類/彙編之屬

雅雨堂叢書（雅雨堂藏書）十三種 （清）盧見曾編 清乾隆二十一年（1756）德州盧氏雅雨堂刻增修本 二冊 存一種

330000－1704－0008549 013127 集部/總集類/郡邑之屬

粤十三家集 （清）伍元薇撰 清道光二十年（1840）南海伍氏詩雪軒刻本 三十冊

330000－1704－0008550 012540 子部/雜

家類

范子輯畧正編四卷雜編一卷　(春秋)范蠡撰　符璋輯　稿本　符璋題記　二冊

330000－1704－0008551　012521　子部/雜著類/雜說之屬

燕窗閒話二卷　(清)鄭經撰　清光緒十七年(1891)陳氏刻本　二冊

330000－1704－0008552　012522　集部/別集類/清別集

復堂類集文四卷詩九卷詞二卷日記六卷　(清)譚獻撰　清光緒刻本　二冊　存六卷(日記一至六)

330000－1704－0008553　012526　子部/雜著類/雜說之屬

嗇庵隨筆六卷末一卷　(清)陸文衡撰　清光緒二十二年至二十三年(1896－1897)吳江陸同壽刻本　二冊

330000－1704－0008554　012541　子部/雜著類/雜說之屬

密齋筆記五卷續筆記一卷　(宋)謝采伯撰　清光緒琳琅秘室叢書本　一冊

330000－1704－0008555　012523　子部/雜著類/雜說之屬

雜記一卷　(清)洪炳文撰　稿本　一冊

330000－1704－0008556　012524　史部/傳記類/日記之屬

秋舫日記二卷　(清)朱克生撰　清抄本　一冊

330000－1704－0008557　012598　子部/小說家類/雜事之屬

息影偶錄八卷　(清)張埏輯　清嘉慶九年(1804)刻本　八冊

330000－1704－0008558　012599　子部/小說家類/雜事之屬

遺珠貫索八卷　(清)張純照撰　清道光十年(1830)刻本　四冊

330000－1704－0008559　012601　類叢部/類書類/通類之屬

小知錄十二卷　(清)陸鳳藻輯　清嘉慶九年(1804)刻本　二冊　存四卷(一至二、四至五)

330000－1704－0008560　012544　子部/叢編

子書百家　(清)崇文書局編　清光緒元年(1875)湖北崇文書局刻本　四冊　存二種

330000－1704－0008561　012525　子部/雜著類/雜說之屬

榕鄉風味一卷　(清)林喬蔭撰　清抄本　一冊

330000－1704－0008565　012528　子部/雜著類

鑑樓政學會條約一卷　池虬撰　清抄本　一冊

330000－1704－0008566　012931　經部/叢編

省吾堂四種二十五卷　(清)蔣光弼輯　清乾隆常熟蔣氏省吾堂刻本　四冊　缺一卷(五經同異下)

330000－1704－0008567　012505　子部/雜著類/雜說之屬

七修類藁五十一卷續藁七卷　(明)郎瑛撰　清光緒六年(1880)廣州翰墨園刻本　十六冊

330000－1704－0008569　012933　類叢部/叢書類/彙編之屬

岱南閣叢書十八種　(清)孫星衍編　清乾隆五十年至嘉慶十五年(1785－1810)蘭陵孫氏刻本　四十冊　缺一卷(括地志一)

330000－1704－0008572　012506　子部/雜著類/雜考之屬

硯桂緒錄十六卷　(清)林昌彝撰　清同治五年(1866)廣州刻本　八冊

330000－1704－0008573　012530　子部/儒家類/儒學之屬/經濟

繹志十九卷　(清)胡承諾撰　清同治十一年(1872)浙江書局刻本　八冊

330000－1704－0008574　012934　類叢部/叢書類/彙編之屬
讀畫齋叢書四十六種　(清)顧修編　清嘉慶四年至十六年(1799－1811)桐川顧氏刻本　六十四冊

330000－1704－0008575　012507　子部/儒家類/儒學之屬/性理
榕村語録續集二十卷　(清)李光地撰　清光緒二十年(1894)刻本　六冊

330000－1704－0008576　012531　類叢部/叢書類/自著之屬
海嶽軒叢刻九種　(清)杜俞撰　清光緒三十三年(1907)蘇省刷印總局鉛印本　一冊　存一種

330000－1704－0008579　012529　子部/雜著類/雜説之屬
左庵瑣語一卷　(清)李佳繼昌撰　清光緒二十七年(1901)刻朱印本　一冊

330000－1704－0008580　012543　子部/雜著類/雜説之屬
風俗通義十卷　(漢)應劭撰　清道光六年(1826)廣州喜聞過齋刻本　四冊

330000－1704－0008581　012533　史部/雜史類/斷代之屬
行素齋雜記二卷　(清)李佳繼昌撰　清光緒二十七年(1901)湖南臬署刻本　二冊

330000－1704－0008584　012534　子部/雜著類/雜考之屬
合肥學舍札記十二卷　(清)陸繼輅撰　清光緒四年(1878)興國州署刻本　四冊

330000－1704－0008587　012546　類叢部/叢書類/彙編之屬
對雨樓叢書五種　繆荃孫編　清光緒江陰繆氏刻本　四冊　存一種

330000－1704－0008588　012536　子部/雜著類/雜説之屬
碧聲吟館談塵四卷硯辨一卷　(清)許善長撰　清末至民國初年西泠印社吴氏木活字印本　二冊　缺一卷(硯辨)

330000－1704－0008589　013038　類叢部/叢書類/彙編之屬
枕碧樓叢書十二種　沈家本編　清宣統元年至民國二年(1909－1913)歸安沈氏刻本　十八冊

330000－1704－0008590　012547　史部/政書類/通制之屬
廣治平略正集三十六卷續集八卷　(清)蔡方炳撰　清光緒十六年(1890)上海廣百宋齋鉛印本　七冊

330000－1704－0008592　012548　子部/雜著類/雜説之屬
歸田瑣記八卷　(清)梁章鉅撰　清道光二十五年(1845)刻本　二冊

330000－1704－0008593　012658　類叢部/類書類/通類之屬
新義録一百卷　(清)孫璧文撰　清光緒二十七年(1901)兩湖書院刻本　二十冊　缺十九卷(十五、十七至十八、四十二至四十四、五十五至五十六、六十五至六十七、七十五至八十、八十九至九十)

330000－1704－0008596　012549　子部/雜著類/雜説之屬
冷廬雜識八卷　(清)陸以湉撰　清咸豐六年(1856)刻本　八冊

330000－1704－0008597　012667　子部/雜著類/雜説之屬
瀛舟筆談十二卷首一卷　(清)阮亨仲撰　清嘉慶二十五年(1820)刻本　六冊

330000－1704－0008599　012550　史部/政書類/通制之屬
廣治平畧三十六卷　(清)蔡方炳撰　清同治九年(1870)漁古山房刻本　八冊

330000－1704－0008600　012551　史部/政書類/通制之屬
廣治平略補編八卷　(清)蔡方炳輯　清刻本　四冊

330000－1704－0008601　012659　類叢部/類書類/通類之屬
策學備纂三十二卷首一卷　(清)蔡啟盛(清)吳潁炎等輯　清光緒十四年(1888)上海點石齋石印本　四十八册

330000－1704－0008602　012552　子部/小說家類/雜事之屬
稗販八卷　(清)曹斯棟輯　清乾隆五十九年(1794)曹氏飯顆山房刻本　二册

330000－1704－0008604　012553　子部/雜著類/雜說之屬
灞陵賓語二卷　(清)李清臣撰　清光緒十二年(1886)恒士堂刻本　二册

330000－1704－0008605　012600　子部/雜著類/雜說之屬
隨園隨筆二十八卷　(清)袁枚撰　清刻本　三册

330000－1704－0008607　013132　類叢部/叢書類/家集之屬
晁氏叢書六種　(清)晁貽端編　清道光十年(1830)晁氏待學樓刻本　六册

330000－1704－0008609　012668　子部/雜著類/雜纂之屬
寄園寄所寄十二卷　(清)趙吉士輯　清康熙三十五年(1696)刻本　十二册

330000－1704－0008610　012661　子部/雜著類/雜纂之屬
片玉山房花箋錄二十卷　(清)孫兆溎輯　清同治四年(1865)景福堂刻本　五册　存十五卷(一至二、八至二十)

330000－1704－0008611　012660　子部/雜著類/雜編之屬
增訂集錄十二卷　(清)于光華編　清乾隆刻本　十二册

330000－1704－0008612　012554　史部/雜史類/斷代之屬
燼餘錄甲編一卷乙編一卷　(元)徐大焯撰　清光緒刻本　一册

330000－1704－0008613　013133　史部/詔令奏議類/奏議之屬
諭對錄重鐫十卷首一卷　(明)張璁撰　清咸豐三年(1853)刻本　六册

330000－1704－0008614　012662　子部/小說家類/雜事之屬
談徵五卷　(清)段長基撰　清道光二十年(1840)拾芥園刻本　五册

330000－1704－0008615　013134　集部/總集類/氏族之屬
午夢堂集七種九卷　(明)葉紹袁編　清乾隆二十三年(1758)葉恒椿刻本　十二册

330000－1704－0008616　012603　類叢部/叢書類/自著之屬
隨山館全集七種附刻三種　(清)汪瑔撰　清光緒刻本　二册　存一種

330000－1704－0008617　012663　子部/雜著類/雜纂之屬
寄園寄所寄十二卷　(清)趙吉士輯　清刻本　十六册

330000－1704－0008619　012654　子部/雜著類/雜纂之屬
玉芝堂談薈三十六卷　(明)徐應秋輯　明崇禎刻清康熙四十二年(1703)、乾隆三十八年(1773)、道光二十九年(1849)、光緒元年(1875)蒨園遞修本　十九册　缺二卷(二至三)

330000－1704－0008620　012664　子部/雜著類/雜纂之屬
藤陰雜記十二卷　(清)戴璐撰　清光緒三年(1877)浙江吳興會館刻本　二册

330000－1704－0008622　012669　子部/雜著類/雜說之屬
小滄浪筆談四卷　(清)阮元撰　清光緒二十六年(1900)江蘇書局刻本　四册

330000－1704－0008624　012665　子部/雜著類/雜纂之屬
海南日抄三十卷　(清)張眉大撰　清嘉慶元

年(1796)刻本　八冊

330000－1704－0008625　012557　新學/議論/通論
洋務幼學瓊林四卷　(清)劉翰芬撰　清光緒二十八年(1902)東亞洋務學堂刻本　二冊

330000－1704－0008626　013136　類叢部/叢書類/家集之屬
如皋冒氏叢書三十四種附二種　冒廣生輯　清光緒至民國如皋冒氏刻本　二十冊　存二十四種

330000－1704－0008628　012558　子部/小說家類/雜事之屬
蕉軒隨錄十二卷　(清)方濬師撰　清同治十一年(1872)退一步齋刻本　十二冊

330000－1704－0008629　012559　子部/雜著類/雜考之屬
雲谷雜記四卷首一卷末一卷　(宋)張淏撰　清刻本　四冊

330000－1704－0008630　012606　子部/雜著類/雜編之屬
葉榕樓雜抄不分卷　清末至民國抄本　三冊

330000－1704－0008632　013137　類叢部/叢書類/家集之屬
馬氏彂刻二十四種附三種　(清)馬登先編　清同治關中馬氏敦倫堂刻本　三十七冊　存十四種

330000－1704－0008634　012671　集部/總集類
存齋偶編一卷　(清)胡宗藩輯　清同治十年(1871)胡宗藩刻本　一冊

330000－1704－0008636　012672　類叢部/叢書類/彙編之屬
槐盧叢書四十六種　(清)朱記榮編　清光緒三年至十五年(1877－1889)吳縣朱氏槐廬家塾刻本　四冊　存一種

330000－1704－0008645　012564　子部/雜著類/雜說之屬
證疑備覽六卷　(清)夏力恕撰　清刻本　四冊

330000－1704－0008646　012609　子部/儒家類/儒學之屬/蒙學
新刻蒙求便覽不分卷　(明)劉基撰　(清)夏雲峰注　清嘉慶六年(1801)刻本　一冊

330000－1704－0008648　012675　集部/別集類/清別集
食舊德齋雜著不分卷　(清)劉嶽雲撰　清光緒八年(1882)劉嶽雲刻本　一冊

330000－1704－0008649　012566　子部/雜著類/雜說之屬
淮南雜識四卷　(清)聞益編　清同治七年(1868)刻本　四冊

330000－1704－0008652　012602　子部/雜著類/雜品之屬
耳學錄十卷附東汀小稿五卷　(清)葉愚撰　清嘉慶十九年(1814)刻本　四冊

330000－1704－0008655　013042　類叢部/叢書類/彙編之屬
房山山房叢書十種十卷　陳洙編　清宣統至民國江浦陳氏刻本　二冊

330000－1704－0008667　012567　類叢部/叢書類/自著之屬
耐安類稿五種　(清)陳偉撰　清光緒二十二年(1896)梅叔瀚等刻本　六冊

330000－1704－0008668　013143　集部/總集類/氏族之屬
海鹽張氏涉園叢刻七種　張元濟輯　清宣統三年(1911)海鹽張氏鉛印本　八冊

330000－1704－0008670　012568　子部/雜著類/雜考之屬
一齋雜著六卷　(清)陳梓撰　清嘉慶二十一年(1816)刻本　四冊

330000－1704－0008671　012604　子部/雜著類/雜說之屬
涉獵璞言三卷　(清)祝垚之撰　稿本　一冊

330000－1704－0008675　012569　子部/雜著類/雜考之屬
讀書雜釋十四卷　(清)徐鼒撰　清咸豐十一年(1861)福寧郡齋刻本　四冊

330000－1704－0008676　012572　子部/儒家類/儒學之屬/性理
樂志簃筆記四卷　(清)沈祥龍撰　清光緒二十七年(1901)雲間沈氏刻本　一冊

330000－1704－0008678　012570　子部/雜著類/雜考之屬
讀書雜釋十四卷　(清)徐鼒撰　清光緒十二年(1886)扶桑使廨鉛印本　四冊

330000－1704－0008681　012934－1　集部/總集類/選集之屬/斷代
南宋羣賢小集　(宋)陳起編　(清)顧修重輯　清嘉慶六年(1801)石門顧氏讀畫齋刻本　三十二冊　存八十種

330000－1704－0008684　012573　集部/別集類/清別集
湯子遺書節要八卷　(清)湯斌撰　(清)彭定求編輯　清道光七年(1827)芸香閣刻本　二冊

330000－1704－0008687　012646　類叢部/類書類/專類之屬
漢唐事箋十二卷後集八卷　(元)朱禮撰　清道光二年(1822)南城胡氏刻本　四冊

330000－1704－0008689　012574　子部/雜著類/雜說之屬
家言隨記四卷　(清)王賢儀撰　清同治九年(1870)素風堂刻本　四冊

330000－1704－0008692　012647　子部/雜著類/雜纂之屬
餘冬錄六十一卷　(明)何孟春輯　清同治三年(1864)大興邵綬名恭壽堂刻本　十六冊

330000－1704－0008693　013149　類叢部/叢書類/家集之屬
項城袁氏家集　丁振鐸編　清宣統三年(1911)清芬閣鉛印本　五十四冊　缺二卷(文誠公奏議二至三)

330000－1704－0008694　012575　集部/別集類/清別集
止齋遺書十六卷　(清)黃俊苑撰　清光緒六年(1880)刻本　四冊

330000－1704－0008699　012934－2　集部/總集類/選集之屬/斷代
南宋羣賢小集　(宋)陳起編　(清)顧修重輯　清嘉慶六年(1801)石門顧氏讀畫齋刻本　八冊　存一種

330000－1704－0008700　012648　子部/雜著類/雜說之屬
沈氏學弢十六卷　(明)沈堯中編　明萬曆刻本　一冊　存四卷(一至四)

330000－1704－0008701　012576　子部/雜著類/雜說之屬
菰中隨筆一卷　(清)顧炎武撰　清道光十二年(1832)鄂氏刻本　一冊

330000－1704－0008703　013152　類叢部/叢書類/自著之屬
石林遺書十三種　(宋)葉夢得撰　清光緒至宣統長沙葉氏觀古堂刻本　十四冊

330000－1704－0008705　012935、012936　類叢部/叢書類/彙編之屬
昭代叢書合刻十集五百六十種附一種　(清)張潮　(清)張漸編　(清)楊復吉　(清)沈楙悳續編　清道光吳江沈氏世楷堂刻本　一百七十三冊　存五百五十七種附一種

330000－1704－0008710　013153　類叢部/叢書類/自著之屬
朱子遺書十五種　(宋)朱熹撰　清康熙禦兒呂氏寶誥堂刻本　十二冊　存七種

330000－1704－0008711　012565　類叢部/叢書類/自著之屬
春在堂全書　(清)俞樾撰　清光緒二十五年(1899)刻本　八冊　存一種

330000－1704－0008712　012655　類叢部/

類書類/通類之屬

策府統宗六十五卷目錄一卷 （清）劉昌齡輯　清光緒上海點石齋石印本　二十冊

330000－1704－0008713　013154　類叢部/叢書類/自著之屬

總纂升菴合集七十種 （明）楊慎撰　（清）鄭寶琛纂集　清光緒八年（1882）新都王鴻文堂刻本　九十九冊　缺二卷（字說二至三）

330000－1704－0008717　012577　類叢部/叢書類/彙編之屬

貸園叢書初集十二種四十九卷 （清）周永年編　清乾隆五十四年（1789）歷城周氏竹西書屋重編印益都李文藻等刻本　包筱清批　一冊　存一種

330000－1704－0008719　012656　子部/雜著類/雜纂之屬

任兆麟述記三卷 （清）任兆麟撰　清光緒二十一年（1895）上海煥文書局石印本　一冊

330000－1704－0008720　012578　子部/雜著類/雜說之屬

居易錄三十四卷 （清）王士禛撰　清康熙刻本　八冊

330000－1704－0008721　013155　經部/叢編

石齋先生經傳九種 （明）黃道周撰　清康熙三十二年（1693）晉安鄭肇刻道光二十八年（1848）長洲彭蘊章補刻本　二十六冊　存八種

330000－1704－0008722　012683　新學/幼學

蒙學書報不分卷 清光緒上海石印本　七冊

330000－1704－0008724　012684　新學/報章

杭州白話報不分卷 （清）杭州白話報館編　清光緒二十七年至二十八年（1901－1902）刻本　張組成題簽　一冊

330000－1704－0008726　012657　類叢部/類書類/專類之屬

新鐫校正詳註分類百子金丹全書十卷 （明）郭偉選注　（明）郭中吉編　（明）王星聚校訂　清光緒二十年（1894）上海袖海山房代文林堂石印本　張棡校並題記　三冊

330000－1704－0008727　013156　類叢部/叢書類/自著之屬

歸雲別集十種 （明）陳士元撰　清道光十三年（1833）應城吳毓梅刻本　三十二冊

330000－1704－0008730　012686　新學/報章

國粹學報不分卷 （清）國學保存會編　清末鉛印本　三十三冊　存三十三冊

330000－1704－0008731　013157　類叢部/叢書類/自著之屬

大雅堂訂正枕中十書十卷 （明）李贄輯　明刻本　一冊　存二種

330000－1704－0008732　013158　類叢部/叢書類/自著之屬

孫文恭公遺書七種 （明）孫應鼇撰　清宣統二年（1910）上海南洋官書局鉛印本　八冊

330000－1704－0008736　012652　子部/雜著類/雜說之屬

鴻苞節錄十卷 （明）屠隆撰　（清）屠繼烈編　清咸豐七年（1857）章丘保硯齋刻本　十冊

330000－1704－0008737　013160　類叢部/叢書類/自著之屬

黃梨洲遺書十種 （清）黃宗羲撰　清光緒三十一年（1905）杭州羣學社石印本　張棡題簽並記　十四冊

330000－1704－0008739　012687　子部/雜著類

南學治經史積分日程不分卷 （清）林慶衍撰　清光緒石印本暨稿本　一冊

330000－1704－0008743　012587　子部/雜著類

鐵鞭四卷 （日本）岡本監輔撰　清光緒二十七年（1901）上海商務印書館鉛印本　一冊

330000－1704－0008744　012588　子部/雜著類/雜説之屬
香祖筆記十二卷　（清）王士禛撰　清宣統三年（1911）上海掃葉山房石印本　四册

330000－1704－0008746　012589　子部/雜著類/雜説之屬
吹網録六卷鷗陂漁話六卷　（清）葉廷琯撰　清同治八年至九年（1869－1870）刻本　四册　存六卷（鷗陂漁話一至六）

330000－1704－0008747　013161　類叢部/叢書類/自著之屬
顧端文公遺書十五種附一種　（明）顧憲成撰　清光緒三年（1877）涇里宗祠刻本（證性編卷七至八原缺）　七册　存十二種

330000－1704－0008749　012626　子部/雜著類/雜説之屬
讀書偶録一卷讀經世文編摘句二卷讀廿二史文鈔摘句一卷讀史偶録一卷蝸廬隨筆文録一卷摘胡況生遺集句一卷　（清）金之傑鈔録　清同治至光緒稿本　六册

330000－1704－0008750　012590　類叢部/叢書類/自著之屬
舊雨艸堂叢書□□種　（清）陳康祺撰　清光緒刻本　十册　存一種

330000－1704－0008751　013162　類叢部/叢書類/自著之屬
陸桴亭先生遺書二十二種　（清）陸世儀撰　（清）唐受祺編　清光緒二十五年（1899）太倉唐受祺京師刻本　二十三册　缺十八卷（首一、桴亭先生文集一至二、思辨録輯要前集一至十二、後集一至三）

330000－1704－0008752　012716　類叢部/叢書類/自著之屬
利濟叢書八種　（清）陳虬撰　清光緒二十三年（1897）利濟學堂報館刻本　七册

330000－1704－0008754　012591　子部/雜著類/雜説之屬
佔畢叢談六卷勸學巵言一卷時文蠡測一卷　（清）袁守定撰　清光緒十二年（1886）刻本　四册

330000－1704－0008756　013163　類叢部/叢書類/自著之屬
樓山堂遺書五種　（明）吴應箕撰　清同治當塗夏氏刻本　十三册

330000－1704－0008757　012728　子部/雜著類/雜纂之屬
百家類纂四十卷　（明）沈津輯　明刻本　一册　存二卷（二十五至二十六）

330000－1704－0008758　012592　子部/醫家類/養生之屬
老老恒言五卷　（清）曹庭棟撰　清同治九年（1870）刻本　二册

330000－1704－0008759　013164　類叢部/叢書類/自著之屬
亭林遺書十種　（清）顧炎武撰　清康熙吴江潘氏遂初堂刻本　楊紹廉批　六册

330000－1704－0008763　012720　類叢部/類書類/通類之屬
萬國分類時務大成四十卷首一卷　（清）錢豐選輯　清光緒二十三年（1897）申江袖海山房石印本　十五册

330000－1704－0008764　012593　子部/雜著類
丹泉海島録四卷　（清）徐景福撰　清光緒四年（1878）遂昌徐氏家塾刻本　二册

330000－1704－0008765　012721　新學/格致總
時務通考三十一卷續編三十一卷　（清）王奇英等編　清光緒二十三年至二十七年（1897－1901）上海點石齋石印本　四十册

330000－1704－0008766　013164－1　經部/小學類/音韻之屬/古今韻説
音學五書五種　（清）顧炎武撰　清刻本　十二册

330000－1704－0008773　012722　類叢部/

叢書類/彙編之屬

普通百科全書一百種 （清）東華譯書社編譯 清光緒二十九年（1903）上海會文學社石印本 一百冊 存六十七種

330000－1704－0008775 012594 子部/小說家類/雜事之屬

竹葉亭雜記八卷 （清）姚元之撰 清光緒十九年（1893）桐城姚氏刻本 二冊

330000－1704－0008777 012634 子部/雜著類/雜考之屬

起鳳書院答問五卷 姚永樸撰 清光緒刻本 一冊

330000－1704－0008778 012596 集部/別集類/清別集

味餘書室隨筆二卷 （清）仁宗顒琰撰 （清）慶桂等編 清嘉慶五年（1800）刻本 一冊 存一卷（二）

330000－1704－0008780 013166 類叢部/叢書類/自著之屬

西堂全集 （清）尤侗撰 清康熙刻本 二十冊 存十種

330000－1704－0008782 012597 類叢部/叢書類/自著之屬

曾文正公全集十六種 （清）曾國藩撰 清同治至光緒傳忠書局刻本 二冊 存一種

330000－1704－0008784 013167 類叢部/叢書類/自著之屬

船山遺書六十三種 （清）王夫之撰 清同治四年（1865）曾國荃金陵節署刻光緒十三年（1887）船山書院補刻本（永厤實錄卷十六原缺） 一百冊

330000－1704－0008785 012694 史部/政書類

政藝叢書壬寅全書二十一種 鄧實編 清光緒二十八年（1902）政藝通報館鉛印本 十冊

330000－1704－0008786 012638 子部/雜著類/雜考之屬

眼學偶得一卷 羅振玉撰 清光緒十七年（1891）刻本 一冊

330000－1704－0008788 012723 經部/小學類/訓詁之屬/字詁

普通百科新大詞典十二卷總目錄一卷分類目錄一卷異名一卷補遺一卷表一卷 （清）黃人編輯 清宣統三年（1911）上海國學扶輪社鉛印本 十四冊 存十四卷（子、丑、寅、卯、辰、巳、午、未、申、酉、戌、亥、補遺、表）

330000－1704－0008789 012706 新學/議論/通論

洋務實學新編二卷 （清）傅雲龍輯 清光緒二十二年（1896）上海書局石印本 一冊

330000－1704－0008790 012707 子部/雜著類/雜纂之屬

記聞類編十四卷 蔡爾康輯 清光緒三年（1877）上海印書局鉛印本 六冊

330000－1704－0008791 012640 類叢部/叢書類/自著之屬

蕙風叢書七種附一種 況周頤撰 清光緒刻民國十四年（1925）上海中國書店彙印本 一冊 存一種

330000－1704－0008792 013168 類叢部/叢書類/自著之屬

孫夏峰全集十二種附一種 （清）孫奇逢撰 清康熙刻道光至光緒遞刻印本 五十一冊 存七種

330000－1704－0008797 012724 經部/小學類/訓詁之屬/群雅

新爾雅三卷 （清）汪榮寶撰 葉瀾纂 清光緒二十年（1894）上海國學社鉛印本 一冊 存一卷（一）

330000－1704－0008801 012726 類叢部/類書類/通類之屬

古香齋鑒賞袖珍初學記三十卷 （唐）徐堅等輯 清光緒刻本 十三冊 缺三卷（十八至二十）

330000－1704－0008802 012727 類叢部/類書類/通類之屬

北堂書鈔一百六十卷首一卷　(唐)虞世南撰　(清)孔廣陶校注　清光緒十四年(1888)南海孔氏三十有三萬卷堂刻本　二十冊

330000 – 1704 – 0008804　012733　類叢部/類書類/通類之屬
太平御覽一千卷目錄十五卷　(宋)李昉等輯　清嘉慶十二年至十七年(1807 – 1812)歙縣鮑崇城刻本　一百二十冊

330000 – 1704 – 0008811　012685　新學/報章
國風報類編不分卷　何國楨編輯　清宣統二年至三年(1910 – 1911)上海國風報館鉛印本　二十八冊

330000 – 1704 – 0008820　013169　類叢部/叢書類/自著之屬
湯子遺書(湯文正公全集)七種　(清)湯斌撰　清同治九年(1870)蘇廷魁等刻本　十四冊　存一種

330000 – 1704 – 0008822　013170　類叢部/叢書類/自著之屬
庸書二種附一種　(清)張貞生撰　清康熙十八年(1679)張世坤、張世坊刻後印本　十六冊　存二種

330000 – 1704 – 0008825　013171　類叢部/叢書類/自著之屬
湯子遺書(湯文正公全集)七種　(清)湯斌撰　清同治九年(1870)蘇廷魁等刻本　三十二冊

330000 – 1704 – 0008828　013173　類叢部/叢書類/彙編之屬
高安朱文端公校輯藏書十三種　(清)朱軾撰輯　清康熙至乾隆刻彙印本　二十九冊　存六種

330000 – 1704 – 0008831　013173　集部/別集類/清別集
朱文端公集四卷　(清)朱軾撰　清康熙六十年(1721)山西劉鎮刻乾隆二年(1737)江西吳學濂續刻本　四冊

330000 – 1704 – 0008834　012729　類叢部/類書類/通類之屬
事類賦三十卷　(宋)吳淑撰並注　清乾隆五十四年(1789)刻本　五冊

330000 – 1704 – 0008835　013173　史部/政書類/掌故瑣記之屬
輶車雜錄二卷　(清)朱軾撰　(清)劉鎮編　清刻本　一冊

330000 – 1704 – 0008837　013173　史部/傳記類/别傳之屬/事狀
皇清誥授光祿大夫太子太傅文華殿大學士兼吏部尚書加五級世襲拜他喇布勒哈番太傅文端顯考可亭府君行述一卷　(清)朱必堦等述　清刻本　一冊

330000 – 1704 – 0008838　012645　子部/雜著類/雜纂之屬
新增智囊補二十八卷　(明)馮夢龍輯　清末維經堂刻本　十二冊　存十二卷(一至十二)

330000 – 1704 – 0008839　013173　史部/傳記類/别傳之屬/墓誌
大清故太子太傅文華殿大學士兼吏部尚書加五級世襲騎都尉加贈太傅謚文端高安朱公[軾]墓誌銘一卷　(清)鄂爾泰撰　**皇清誥授光祿大夫太子太傅文華殿大學士兼吏部兵部尚書加贈太傅文端朱公[軾]墓表一卷**　(清)張廷玉撰　清乾隆刻本　一冊

330000 – 1704 – 0008840　012734　類叢部/類書類/通類之屬
玉海二百四卷附刻十三種　(宋)王應麟撰　**校補玉海瑣記二卷王深甯先生年譜一卷**　(清)張大昌撰　清光緒九年至十六年(1883 – 1890)浙江書局刻本　一百十九冊　缺三卷(玉海一百八十四至一百八十六)

330000 – 1704 – 0008841　012730　類叢部/類書類/通類之屬
帝王經世圖譜十六卷附錄一卷　(宋)唐仲友撰　清道光二十八年(1848)錢塘瞿氏清吟閣刻本　六冊

330000－1704－0008842　012649　類叢部/叢書類/彙編之屬
月河精舍叢鈔五種　（清）丁寶書編　清光緒四年至十二年（1878－1886）苕溪丁氏刻本　四冊　存一種

330000－1704－0008843　012699　類叢部/叢書類/彙編之屬
國學叢刊十三種　國學叢刊社編　清宣統三年（1911）石印本　三冊

330000－1704－0008844　013174　類叢部/叢書類/自著之屬
施愚山先生全集五種附一種　（清）施閏章撰　清康熙至乾隆刻彙印本　十九冊　存五種

330000－1704－0008848　012735　類叢部/類書類/通類之屬
玉海二百四卷附刻十三種　（宋）王應麟撰　**校補玉海瑣記二卷王深甯先生年譜一卷**　（清）張大昌撰　清光緒十年（1884）成都志古堂刻本　一百二十冊

330000－1704－0008851　013175　類叢部/叢書類/自著之屬
聖嘆秘書七種　（清）金人瑞撰　清光緒三十一年（1905）證㱕社鉛印本　張組成題記　一冊

330000－1704－0008852　012736　類叢部/叢書類/彙編之屬
文林綺繡五種五十九卷　（明）淩迪知編　清光緒十九年（1893）上洋鴻寶齋石印本　五冊　缺十卷（文選錦字錄卷一至十）

330000－1704－0008853　012731　類叢部/叢書類/郡邑之屬
金華叢書六十八種　（清）胡鳳丹編　清同治七年至光緒八年（1868－1882）永康胡氏退補齋刻民國補刻本　六冊　存一種

330000－1704－0008855　012737　類叢部/叢書類/彙編之屬
融經館叢書十一種　（清）徐友蘭編　清光緒六年至十一年（1880－1885）會稽徐氏八杉齋刻本　四冊　存一種

330000－1704－0008856　013176　類叢部/叢書類/自著之屬
二曲先生全集二種三十五卷　（清）李顒撰　清咸豐江陰蔣氏小嫏嬛山館刻本　六冊　存一種

330000－1704－0008858　012746　類叢部/類書類/通類之屬
蘭雪堂古事苑定本十二卷　（清）鄧志謨輯　清乾隆十四年（1749）文翰樓刻本　八冊

330000－1704－0008859　013177　類叢部/叢書類/自著之屬
盛于埜遺著五種　（清）盛大謨撰　清同治五年（1866）刻本　三冊

330000－1704－0008860　012739　子部/儒家類/儒學之屬/蒙學
龍文鞭影四卷　（明）蕭良有纂輯　（清）楊臣諍增訂　（清）李恩綬校補　清光緒十五年（1889）文光堂刻本　二冊

330000－1704－0008861　012732　類叢部/叢書類/彙編之屬
誦芬室叢刊二十二種　董康編　清光緒三十四年至民國十四年（1908－1925）武進董氏刻本　十二冊　存一種

330000－1704－0008862　012701　新學/報章
國聞報彙編二卷　（清）愛顥編輯　清光緒二十九年（1903）鉛印本　二冊

330000－1704－0008863　012747　類叢部/類書類/通類之屬
山堂肆考二百四十卷　（明）彭大翼撰　（明）張幼學編　明萬曆刻本　五十五冊　缺七卷（二十三、一百十三至一百十六、一百五十二、一百九十三）

330000－1704－0008864　012740　類叢部/類書類/專類之屬
新增說文韻府羣玉二十卷　（元）陰時夫輯　（元）陰中夫注　清乾隆二十三年（1758）□經

堂刻本　五冊

330000－1704－0008865　012702　類叢部/叢書類/彙編之屬

晨風閣叢書第一集五十二種　沈宗畸等編　清光緒三十四年至宣統三年(1908－1911)國學萃編社鉛印本　七冊　存二十種

330000－1704－0008866　012741　類叢部/類書類/專類之屬

新增說文韻府羣玉二十卷　(元)陰時夫輯　(元)陰中夫注　清康熙五十五年(1716)萃華堂刻本　八冊

330000－1704－0008867　013178　類叢部/叢書類/自著之屬

楊園先生全集十七種　(清)張履祥撰　清乾隆二十一年(1756)刻四十七年(1782)屈橋年修補印本　六冊

330000－1704－0008868　012742　類叢部/類書類/通類之屬

新編古今事文類聚新集三十六卷　(元)富大用編　抄本　一冊　存一卷(新集一)

330000－1704－0008869　012743　類叢部/類書類/通類之屬

精選黃眉故事十卷　(明)鄧志謨輯　清嘉慶二十五年(1820)三槐堂刻本　四冊

330000－1704－0008870　013179　類叢部/叢書類/彙編之屬

微波榭叢書十一種　(清)孔繼涵編　清孔氏刻彙印本　二十冊　存三種

330000－1704－0008871　012744　類叢部/類書類/通類之屬

註釋白眉故事十卷　(明)許以忠輯　清康熙四十一年(1702)聚錦堂刻本　四冊

330000－1704－0008873　013177　集部/別集類/清別集

字雲巢文稿二十卷　(清)盛大謨撰　清同治二年(1863)課花別館刻本　四冊

330000－1704－0008875　013177　集部/總集類/氏族之屬

三盛詩鈔三種附一種　清同治五年(1866)磊思巢刻本　四冊

330000－1704－0008876　012745　類叢部/類書類/專類之屬

新刻重校增補圓機活法詩學全書二十四卷新刊校正增補圓機詩韻活法全書十四卷　(明)王世貞校正　清刻本　十二冊

330000－1704－0008878　013180　類叢部/叢書類/自著之屬

榕村全書三十二種附十種　(清)李光地撰　清道光九年(1829)安溪李維迪刻本　九十五冊　存三十一種

330000－1704－0008879　012749　類叢部/類書類/專類之屬

廣博物志五十卷　(明)董斯張　(明)楊鶴輯　清乾隆二十六年(1761)刻本　十五冊　缺三卷(二十八至三十)

330000－1704－0008880　012750　類叢部/類書類/通類之屬

潛確居類書一百二十卷　(明)陳仁錫輯　明崇禎刻本　四冊　存六卷(一至六)

330000－1704－0008881　012752　類叢部/類書類/通類之屬

唐類函二百卷目錄二卷　(明)俞安期輯　明萬曆三十一年(1603)東吳俞安期刻本　二十八冊　缺六十一卷(十二至十六、二十一至二十五、三十七至四十二、五十四至六十四、八十六至九十、九十六至一百、一百三十至一百四十三、一百七十五至一百七十九、一百九十一至一百九十五)

330000－1704－0008882　012937　類叢部/叢書類/彙編之屬

昭代叢書甲集五十種乙集四十種丙集五十六種　(清)張潮編　清康熙三十六年至四十二年(1697－1703)刻本　六冊　存三十八種

330000－1704－0008883　012751　類叢部/類書類/通類之屬

天中記六十卷　(明)陳耀文輯　清刻本　五十九冊　缺一卷(六)

330000－1704－0008884　012753　類叢部/類書類/通類之屬
奩史一百卷拾遺一卷　(清)王初桐輯　清嘉慶二年(1797)古香堂刻本　十二冊

330000－1704－0008886　012756　類叢部/類書類/專類之屬
佩文韻府一百六卷　(清)張玉書　(清)蔡升元等輯　**韻府拾遺一百六卷**　(清)汪灝　(清)何焯等輯　清光緒石印本　一百九十九冊

330000－1704－0008888　012757　類叢部/類書類/專類之屬
韻府約編二十四卷　(清)鄧愷輯　清乾隆二十四年(1759)刻本　二十三冊　缺一卷(二)

330000－1704－0008889　012754　類叢部/類書類/通類之屬
御定駢字類編二百四十卷　(清)吳士玉　(清)沈宗敬等奉敕輯　清光緒十三年(1887)上海同文書局石印本　四十八冊

330000－1704－0008890　012758　類叢部/類書類/通類之屬
記事珠十卷　(清)張以謙輯　清嘉慶二十一年(1816)雲間王剛知不足軒刻本　十冊

330000－1704－0008891　013181　類叢部/叢書類/自著之屬
西河合集一百十九種　(清)毛奇齡撰　清康熙刻本　八十冊　存一百十八種

330000－1704－0008892　012755　類叢部/類書類/專類之屬
分類字錦六十四卷　(清)何焯等纂　清刻本　六十四冊

330000－1704－0008893　012938　類叢部/叢書類/彙編之屬
檀几叢書五十種二集五十種餘集四十七種附政十種　(清)王晫　(清)張潮編　清康熙霞舉堂刻本　十四冊　存一百四十二種

330000－1704－0008894　012939　類叢部/叢書類/彙編之屬
檀几叢書錄要七種　(清)何思鈞輯　清道光八年(1828)程正棨刻本　一冊

330000－1704－0008896　012765　類叢部/叢書類/彙編之屬
古香齋袖珍十種　清刻本　一百九十九冊　存一種

330000－1704－0008897　012759　類叢部/類書類/專類之屬
格致鏡原一百卷　(清)陳元龍撰　清康熙五十六年(1717)刻雍正十三年(1735)印本　三十冊

330000－1704－0008899　012760　類叢部/類書類/通類之屬
淵鑑類函四百五十卷目錄四卷　(清)張英等輯　清康熙四十九年(1710)内府刻本　二百冊

330000－1704－0008900　013182　類叢部/叢書類/自著之屬
徐位山先生七種　(清)徐文靖撰　清雍正至乾隆刻志寧堂彙印本　二十一冊　存五種

330000－1704－0008902　012761　類叢部/類書類/通類之屬
淵鑑類函四百五十卷目錄四卷　(清)張英等輯　清康熙四十九年(1710)内府刻同治九年(1870)三元堂補刻本　一百十九冊　缺四卷(四百二十七至四百三十)

330000－1704－0008903　012940　類叢部/叢書類/彙編之屬
拜經樓叢書(愚谷叢書)二十三種　(清)吳騫編　清乾隆至嘉慶海昌吳氏刻彙印本　十冊

330000－1704－0008905　012766　類叢部/類書類/通類之屬
省軒考古類編十二卷　(清)柴紹炳撰　(清)姚廷謙評　清雍正四年(1726)澹成堂雲間刻本　六冊

330000－1704－0008906　013183　類叢部/

叢書類/自著之屬
鹿洲全集 (清)藍鼎元撰 清刻本 二十册 存六種

330000－1704－0008907 013185 類叢部/叢書類/自著之屬
燕禧堂五種 (清)任大椿輯撰 清乾隆刻本 六册

330000－1704－0008908 012769 子部/儒家類/儒學之屬/蒙學
幼學求源三十三卷 (清)程登吉撰 (清)鄒聖脈 (清)董成注 清道光二十二年(1842)刻本 九册 存三十卷(一至十六、二十至三十三)

330000－1704－0008909 012767 類叢部/類書類/專類之屬
子史精華一百六十卷 (清)吳士玉 (清)吳襄等輯 清刻本 二十四册

330000－1704－0008910 012762 類叢部/類書類/專類之屬
子史精華一百六十卷 (清)吳士玉 (清)吳襄等輯 清光緒十三年(1887)上海積山書局石印本 八册

330000－1704－0008911 012788 經部/群經總義類/傳說之屬
經傳繹義五十卷 (清)陳煒撰 清嘉慶九年(1804)校字齋刻本 二十册

330000－1704－0008912 012941 類叢部/叢書類/彙編之屬
拜經樓叢書(愚谷叢書)二十三種 (清)吳騫編 清乾隆至嘉慶海昌吳氏刻彙印本 五册 存十五種

330000－1704－0008913 012943 經部/叢編
拜經堂叢書十種 (清)臧琳 (清)臧庸撰 清乾隆至嘉慶武進臧氏同述觀刻本 十二册

330000－1704－0008915 013184 類叢部/叢書類/自著之屬
重訂汪子遺書 (清)汪烜撰 (清)李承超編 清同治十二年(1873)曲水書局木活字印本 三十八册 存五種

330000－1704－0008916 012763 類叢部/類書類/通類之屬
子史精華一百六十卷 (清)吳士玉 (清)吳襄等輯 清末朝記書莊影印本 八册

330000－1704－0008917 012768 類叢部/類書類/通類之屬
讀書紀數略五十四卷 (清)宮夢仁輯 清康熙四十六年至四十七年(1707－1708)維揚宮夢仁刻本 十册

330000－1704－0008918 012764 類叢部/類書類/通類之屬
子史精華三十卷 (清)吳士玉 (清)吳襄等輯 清光緒九年(1883)上海點石齋石印本 二册

330000－1704－0008920 013186 類叢部/叢書類/自著之屬
心齋十種 (清)任兆麟撰 清乾隆五十年至五十五年(1785－1790)震澤任氏忠敏家塾刻本 四册

330000－1704－0008923 012770 類叢部/類書類/專類之屬
壹是紀始二十二卷補遺一卷 (清)魏崧撰 清刻本 十册

330000－1704－0008924 012771 經部/小學類/訓詁之屬/字詁
增訂金壺字考十九卷 (宋)釋適之編 (清)田朝恒增訂 **金壺字考二集二十一卷補錄一卷補註一卷** (清)田朝恒續編 清乾隆二十四年至二十七年(1759－1762)貽安堂刻本 二册

330000－1704－0008926 012790 新學/學校
廣學類編十二卷 (英國)唐蘭孟編輯 清光緒二十七年(1901)上海商務印書館鉛印本 六册

330000－1704－0008927 013187 經部/

叢編

通藝錄十九種附二種　(清)程瑤田撰　清嘉慶刻本　清孫詒讓批　十册

330000－1704－0008928　012772　類叢部/類書類/通類之屬

穀玉類編五十卷　(清)汪兆舒輯　清乾隆二十二年至二十三年(1757－1758)休寧汪質資履堂刻本　十册

330000－1704－0008929　012796　類叢部/類書類/專類之屬

佩文韻府一百六卷　(清)張玉書　(清)蔡升元等輯　**韻府拾遺一百六卷**　(清)汪灝　(清)何焯等輯　清嶺南潘氏海山僊館刻本　一百六十册

330000－1704－0008931　012773　集部/總集類/選集之屬/斷代

唐詩金粉十卷　(清)沈炳震輯　清雍正二年(1724)冬讀書齋刻本　四册

330000－1704－0008933　013188　類叢部/叢書類/自著之屬

杭大宗七種叢書　(清)杭世駿撰　清刻彙印本　八册

330000－1704－0008935　012846　類叢部/類書類/專類之屬

經典萃華六卷　(清)方苹野撰　清道光十七年(1837)刻本　六册

330000－1704－0008936　013189　類叢部/叢書類/自著之屬

心齋十種　(清)任兆麟撰　清乾隆五十年至五十五年(1785－1790)震澤任氏忠敏家塾刻本　四册

330000－1704－0008938　012774　類叢部/類書類/通類之屬

類林新咏三十六卷　(清)姚之駰撰　清文暎書屋刻本　六册

330000－1704－0008939　012847　類叢部/類書類

十三經分類政要十卷　(清)周世樟撰　清光緒二十八年(1902)教育世界社石印本　八册

330000－1704－0008940　013190　經部/叢編

錢氏四種八卷　(清)錢坫撰　清嘉慶七年(1802)刻本　四册

330000－1704－0008941　012776　類叢部/類書類/通類之屬

純是比喻四卷　(清)吳興慕盦氏輯　清末石印本　一册

330000－1704－0008942　012777　類叢部/類書類/通類之屬

類腋五十五卷　(清)姚培謙　(清)張卿雲輯　**類腋補遺一卷**　(清)張隆孫輯　清乾隆刻本　八册　缺一卷(天部八)

330000－1704－0008943　012795　子部/雜著類/雜考之屬

讀書雜志八十二卷餘編二卷　(清)王念孫撰　清同治九年(1870)金陵書局刻本　二十四册

330000－1704－0008945　012850　經部/群經總義類/傳說之屬

新學僞經考十四卷　康有為撰　清光緒十七年(1891)武林望雲樓石印本　八册

330000－1704－0008947　013191　類叢部/叢書類/自著之屬

潛研堂全書十六種　(清)錢大昕撰　清乾隆至嘉慶刻道光二十年(1840)錢師光重修印本　九十册　存十一種

330000－1704－0008948　012851　經部/群經總義類/文字音義之屬

經傳釋詞十卷　(清)王引之撰　清道光二十七年(1847)錢熙祚刻本　二册

330000－1704－0008949　012852　史部/目録類/專録之屬

經義考三百卷　(清)朱彝尊撰　**經義考總目二卷**　(清)盧見曾編　清光緒二十三年(1897)浙江書局刻本(卷二八六、二九九至三百原缺)　五十册

330000－1704－0008950　012775　經部/小學類/訓詁之屬

金壺精粹五卷　(宋)釋適之撰　(清)郝在田編　(清)張抑山輯　清光緒二年(1876)京師松竹齋寫刻本　二册

330000－1704－0008952　012853　新學/學校

國學教科書　清光緒鉛印本　二册　存一種

330000－1704－0008954　012944　類叢部/叢書類/彙編之屬

問經堂叢書二十七種　(清)孫馮翼編　清嘉慶承德孫氏刻本　十二册　存十六種

330000－1704－0008955　012778　類叢部/類書類/專類之屬

巾經纂二十卷　(清)宋宗元撰　清同治十年(1871)陸川李廷樟刻本　五册

330000－1704－0008956　012779　類叢部/類書類/通類之屬

重訂廣事類賦四十卷　(清)華希閔撰　清乾隆五十四年(1789)刻本　九册

330000－1704－0008957　012942　類叢部/叢書類/彙編之屬

平津館叢書六集三十五種　(清)孫星衍編　清嘉慶蘭陵孫氏刻本　四十四册

330000－1704－0008958　012945　類叢部/叢書類/彙編之屬

唐代叢書一百六十四種　(清)王文誥編　清嘉慶十一年(1806)弁山樓刻本　十八册

330000－1704－0008959　012946　類叢部/叢書類/彙編之屬

唐人説薈一百六十五種　(清)陳世熙編　清同治三年(1864)緯文堂刻本　二十册

330000－1704－0008961　012781　類叢部/類書類/通類之屬

增補事類統編九十三卷首一卷　(清)黄葆真輯　清光緒十四年(1888)上海積山書局石印本　十二册

330000－1704－0008963　012854　類叢部/類書類/專類之屬

五經類編二十八卷　(清)周世樟撰　清刻本　八册

330000－1704－0008964　013192　類叢部/叢書類/自著之屬

經韻樓叢書九種　(清)段玉裁撰　清乾隆至道光金壇段氏刻本　二十四册　存八種

330000－1704－0008967　012856　類叢部/類書類/專類之屬

五經類編二十八卷　(清)周世樟撰　清乾隆四十六年(1781)友益齋刻本　十二册

330000－1704－0008968　013193　類叢部/叢書類/自著之屬

授堂遺書七種　(清)武億撰　清道光二十三年(1843)偃師武氏刻本　十六册

330000－1704－0008971　013194　類叢部/叢書類/自著之屬

洪北江全集二十一種　(清)洪亮吉撰　清光緒三年至五年(1877－1879)洪用懃授經堂刻本　六十四册

330000－1704－0008972　012859　類叢部/叢書類/彙編之屬

玲瓏山館叢刻六種　(清)顧湘編　清嘉慶至道光刻道光二十九年(1849)虞山顧氏彙刻本　一册　存一種

330000－1704－0008973　012783　類叢部/類書類/通類之屬

小知錄十二卷　(清)陸鳳藻輯　清同治十二年(1873)淮南書局刻本　六册

330000－1704－0008974　004698　史部/地理類

無鄭學廬地理叢刊　(清)施世杰輯　清光緒二十三年(1897)會稽施氏無鄭學廬刻本　一册　存一種

330000－1704－0008977　012784　類叢部/類書類/通類之屬

三才揭要十二卷　(清)鄧埍生撰　清道光十

二年(1832)述古齋刻本　三冊

330000－1704－0008979　012785　類叢部/類書類/專類之屬
初學行文語類四卷　(清)孫埏編　清乾隆刻本　二冊

330000－1704－0008980　004699　史部/政書類/軍政之屬/邊政
西北邊界圖地名譯漢考證二卷　(清)許景澄撰　清光緒二十八年(1902)上海藻文書局石印本　二冊

330000－1704－0008981　013195　經部/叢編
省吾堂四種二十五卷　(清)蔣光弼輯　清乾隆常熟蔣氏省吾堂刻本　三冊　存二種

330000－1704－0008982　013196　類叢部/叢書類/自著之屬
汪龍莊先生遺書四種　(清)汪輝祖撰　清同治十一年(1872)刻本　六冊

330000－1704－0008983　004727　類叢部/叢書類/彙編之屬
武英殿聚珍版書一百三十八種　清乾隆武英殿木活字印本　二十三冊　存一種

330000－1704－0008984　004700　史部/政書類/軍政之屬/邊政
朔方備乘六十八卷首十二卷　(清)何秋濤撰　清光緒石印本　八冊

330000－1704－0008985　012786　類叢部/叢書類/彙編之屬
山居小玩十種　(明)毛晉編　明末毛氏汲古閣刻本　一冊　存一種

330000－1704－0008986　013197　經部/叢編
味經齋遺書十二種　(清)莊存與撰　清道光莊綬甲寶研堂刻本　清孫詒讓批　六冊

330000－1704－0008988　004701　史部/雜史類/外紀之屬
皇朝藩部要略十八卷世系表四卷　(清)祁韻士撰　清光緒十年(1884)浙江書局刻本　八冊

330000－1704－0008989　012787　類叢部/類書類/通類之屬
通俗編三十八卷　(清)翟灝撰　清乾隆十六年(1751)仁和翟氏無不宜齋刻本　八冊

330000－1704－0008991　004703　史部/政書類/軍政之屬/邊政
中俄界約斠注七卷首一卷　錢恂撰　清光緒二十年(1894)上海醉六堂刻本　二冊

330000－1704－0008992　013198　經部/叢編
蜚雲閣凌氏叢書六種四十卷　(清)凌曙撰　清嘉慶至道光江都凌氏蜚雲閣刻本　十二冊

330000－1704－0008993　004778　類叢部/叢書類/自著之屬
王漁洋遺書三十八種　(清)王士禛撰　清刻本　一冊　存一種

330000－1704－0008995　012797　史部/地理類/遊記之屬/紀行
凝香室鴻雪因緣圖記三集六卷　(清)完顔麟慶撰　清光緒十二年(1886)上海點石齋石印本　清桃潭主人題簽　清有心人題記　一冊　存四卷(一集二、二集一、三集一至二)

330000－1704－0008997　004704　史部/地理類/總志之屬/通代
歷代疆域表三卷圖一卷　(清)段長基撰　(清)段搢書参注　清嘉慶二十年(1815)刻本　四冊

330000－1704－0008998　004780　類叢部/叢書類/彙編之屬
經訓堂叢書二十一種　(清)畢沅編　清乾隆至嘉慶鎮洋畢氏刻本　四冊　存一種

330000－1704－0008999　013199　類叢部/叢書類/自著之屬
焦氏遺書十種附一種　(清)焦循撰　清嘉慶至道光江都焦氏雕菰樓刻光緒二年(1876)衡陽魏氏補刻本　四十冊

330000－1704－0009002　013200　類叢部/叢書類/彙編之屬

抱經堂叢書十六種　(清)盧文弨編　清乾隆至嘉慶刻彙印本　十八冊　存九種

330000－1704－0009004　012947　類叢部/叢書類/彙編之屬

士禮居黃氏叢書十九種附四種　(清)黃丕烈編　清光緒十三年(1887)上海蜚英館石印本　二十九冊

330000－1704－0009005　012798　類叢部/叢書類/彙編之屬

抱經堂叢書十六種　(清)盧文弨編　清乾隆至嘉慶刻彙印本　四冊　存一種

330000－1704－0009006　012948　類叢部/叢書類/彙編之屬

湖海樓叢書十二種　(清)陳春編　清嘉慶蕭山陳氏刻二十四年(1819)彙印本　三十五冊

330000－1704－0009007　012949　類叢部/叢書類/彙編之屬

湖海樓叢書續編十四種　(清)張之洞編　清光緒九年(1883)湖海樓刻本　張鋆跋　十二冊　存十三種

330000－1704－0009008　012950　類叢部/叢書類/彙編之屬

紛欣閣叢書十四種　(清)周心如編　清嘉慶至道光浦江周氏刻本　十六冊　缺一卷(遊仙詩下)

330000－1704－0009009　004786　史部/地理類/專志之屬/宮殿

三輔黃圖六卷　(漢)□□撰　清刻本　一冊

330000－1704－0009010　004792　類叢部/叢書類/彙編之屬

經訓堂叢書二十一種　(清)畢沅編　清乾隆至嘉慶鎮洋畢氏刻本　一冊　存三種

330000－1704－0009011　013201　類叢部/叢書類/自著之屬

顨軒孔氏所著書七種　(清)孔廣森撰　清乾隆、嘉慶刻嘉慶二十二年(1817)曲阜孔氏儀鄭堂彙印本　十冊

330000－1704－0009012　004815　史部/叢編

大興徐氏三種　(清)徐松撰　清道光刻本　五冊　存一種

330000－1704－0009013　012799　子部/雜家類

白虎通四卷　(漢)班固撰　**白虎通義考一卷**　(清)莊述祖撰　**白虎通闕文一卷**　(清)莊述祖輯　(清)盧文弨訂　**白虎通校勘補遺一卷**　(清)盧文弨撰　清乾隆四十九年(1784)餘姚盧氏抱經堂刻抱經堂叢書本　楊紹廉題記　四冊

330000－1704－0009014　004818　類叢部/叢書類/自著之屬

陶廬叢刻第二集十種　王樹枏撰　清光緒九年至民國十四年(1883－1925)新城王氏刻本暨鉛印本　一冊　存二種

330000－1704－0009015　012800　子部/雜家類

白虎通疏證十二卷　(清)陳立撰　清光緒元年(1875)淮南書局刻本　四冊

330000－1704－0009016　012801　子部/雜家類

白虎通德論補釋三卷白虎通義闕文補訂一卷　劉師培撰　清末抄本　一冊

330000－1704－0009017　004705　子部/雜著類/雜編之屬

古香齋鑒賞袖珍春明夢餘錄七十卷　(清)孫承澤撰　清刻本　十四冊　缺三十三卷(一至六、二十四至三十一、三十九、四十五、四十八、五十五至七十)

330000－1704－0009018　004706　史部/地理類/雜志之屬

都門彙纂不分卷　(清)楊靜亭編　(清)李靜山增補　清同治八年(1869)刻本　二冊

330000－1704－0009019　013202　類叢部/叢書類/彙編之屬

花雨樓叢鈔十一種續鈔十一種附一種　(清)張壽榮編　清光緒八年至十四年(1882－1888)蛟川張氏花雨樓刻本　十册　存七種

330000－1704－0009020　004707　史部/地理類/雜志之屬
宸垣識畧十六卷　(清)吳長元撰　清乾隆五十三年(1788)池北草堂刻本　八册

330000－1704－0009021　013203　類叢部/叢書類/自著之屬
邃雅堂全集九種　(清)姚文田撰　清嘉慶至光緒歸安姚氏刻本　十六册　存一種

330000－1704－0009022　004709　史部/地理類/雜志之屬
日下尊聞録五卷　(清)□□撰　清咸豐二年(1852)刻本　二册

330000－1704－0009026　013204　類叢部/叢書類/自著之屬
甌北全集八種　(清)趙翼撰　清乾隆至嘉慶湛貽堂刻本　四十三册　缺二十二卷(陔餘叢考二十三至二十五,甌北集一至五、二十一至三十四)

330000－1704－0009028　012952　類叢部/叢書類/彙編之屬
別下齋叢書初集二十三種　(清)蔣光煦編　清道光海昌蔣氏別下齋刻本　六册　存十三種

330000－1704－0009031　013205　類叢部/叢書類/自著之屬
惜抱軒全集十種　(清)姚鼐撰　清同治五年(1866)李瀚章省心閣刻本　張棡批、題記並過録孫衣言批　八册

330000－1704－0009034　004824　類叢部/叢書類/彙編之屬
漸西村舍彙刊(漸西村舍叢刻)四十四種　(清)袁昶編　清光緒十六年至二十四年(1890－1898)桐廬袁氏刻本　一册　存一種

330000－1704－0009035　012952－1　類叢部/叢書類/彙編之屬
涉聞梓舊二十五種　(清)蔣光煦輯　清咸豐元年(1851)海昌蔣氏宜年堂刻六年(1856)重編本　二册　存二種

330000－1704－0009036　013205　集部/總集類/選集之屬/斷代
唐絕詩鈔注略二卷首一卷　(清)馬沅選　(清)趙彥傳注　清同治十二年(1873)趙彥傳補讀齋刻本　與330000－1704－0009031合八册

330000－1704－0009037　013206　類叢部/叢書類/自著之屬
惜抱軒遺書三種　(清)姚鼐撰　清光緒五年(1879)桐城徐宗亮刻本　四册

330000－1704－0009038　004826　類叢部/叢書類/彙編之屬
漸西村舍彙刊(漸西村舍叢刻)四十四種　(清)袁昶編　清光緒十六年至二十四年(1890－1898)桐廬袁氏刻本　四册　存一種

330000－1704－0009039　004825　類叢部/叢書類/自著之屬
清吟堂全集十四種　(清)高士奇撰　清康熙刻本　二册　存一種

330000－1704－0009044　013207　類叢部/叢書類/自著之屬
隨園三十八種　(清)袁枚撰　清光緒十八年(1892)勤裕堂鉛印本　張棡題簽、題記並校　四十册

330000－1704－0009045　004846　類叢部/叢書類/彙編之屬
南菁書院叢書四十一種　王先謙　繆荃孫編　清光緒十四年(1888)江陰南菁書院刻本　一册　存二種

330000－1704－0009046　012959　類叢部/叢書類/彙編之屬
珠叢別録二十八種　(清)錢熙祚編　清道光金山錢氏重編增刻墨海金壺本　十册

330000－1704－0009047　012960　類叢部/叢書類/彙編之屬

宜稼堂叢書七種 （清）郁松年編 清道光二十年至二十二年（1840－1842）上海郁氏刻本（續後漢書卷一、八十八原缺） 六十三冊 缺七卷（續後漢書札記一至四、剡源集二十八至三十）

330000－1704－0009048 004827 類叢部/叢書類/彙編之屬
漸西村舍彙刊（漸西村舍叢刻）四十四種 （清）袁昶編 清光緒十六年至二十四年（1890－1898）桐廬袁氏刻本 二冊 存一種

330000－1704－0009049 012961 類叢部/叢書類/彙編之屬
春暉堂叢書十二種 （清）徐渭仁編 清道光至咸豐上海徐渭仁刻同治九年至十年（1870－1871）徐允臨補刻彙印本 十冊

330000－1704－0009050 012962 類叢部/叢書類/彙編之屬
敏果齋七種 （清）許乃釗編 清道光十二年至二十九年（1832－1849）錢塘許氏刻彙印本 十二冊 存六種

330000－1704－0009052 013082 經部/叢編
鄭氏佚書二十三種 （漢）鄭玄撰 （清）袁鈞輯 清光緒十四年（1888）浙江書局刻本 十冊

330000－1704－0009053 013083 類叢部/叢書類/輯佚之屬
十種古逸書三十卷 （清）茆泮林編 清道光十四年（1834）梅瑞軒刻本 六冊

330000－1704－0009054 004680 史部/地理類/山川之屬/水志
水經注釋地四十卷補遺二卷水道直指一卷 （清）張匡學撰 清嘉慶二年（1797）新安張氏上池書屋刻本 十六冊

330000－1704－0009055 012802 子部/雜家類
白虎通德論十卷 （漢）班固撰 清末楊紹廉抄本 楊紹廉題記 三冊

330000－1704－0009056 013208 類叢部/叢書類/自著之屬
隨園三十種 （清）袁枚撰 清光緒十七年（1891）經綸堂刻本 七十九冊 存二十二種

330000－1704－0009057 004681 史部/地理類/山川之屬/水志
水經注圖一卷附錄一卷 （清）汪士鐸撰 清咸豐十一年（1861）刻同治元年（1862）重修本 二冊

330000－1704－0009058 004682 子部/藝術類/書畫之屬/畫譜
泛槎圖六集六卷 （清）張寶繪 清光緒六年（1880）上海點石齋石印本 四冊

330000－1704－0009059 004828 類叢部/叢書類/彙編之屬
函海一百五十二種 （清）李調元編 清乾隆綿州李氏萬卷樓刻本 一冊 存一種

330000－1704－0009060 012803 類叢部/叢書類/家集之屬
侯官陳氏遺書 （清）陳壽祺 （清）陳喬樅撰 清嘉慶至同治三山陳氏刻本 三冊 存一種

330000－1704－0009062 004683 史部/地理類/遊記之屬/紀行
凝香室鴻雪因緣圖記三集六卷 （清）完顔麟慶撰 清光緒十二年（1886）上海點石齋石印本 三冊

330000－1704－0009063 013084 類叢部/叢書類/自著之屬
箋經室叢書三種 曹元忠撰輯 清光緒十九年至二十七年（1893－1901）曹氏箋經室刻本 二冊 存二種

330000－1704－0009067 004685 史部/地理類/遊記之屬/紀行
凝香室鴻雪因緣圖記三集六卷 （清）完顔麟慶撰 清光緒二十二年（1896）上海點石齋石印本 六冊

330000－1704－0009070 013085 類叢部/

叢書類/彙編之屬

二酉堂叢書(張氏叢書)二十一種 (清)張澍輯 清道光元年(1821)武威張氏二酉堂刻本 十二冊

330000－1704－0009071 013210 類叢部/叢書類/自著之屬

珍埶宧遺書十一種 (清)莊述祖撰 清嘉慶、道光武進莊氏脊令舫刻本 二十冊

330000－1704－0009072 012804 經部/叢編

通志堂經解一百三十九種 (清)納蘭成德輯 清同治十二年(1873)粵東書局刻本 六冊 存一種

330000－1704－0009073 004890 類叢部/叢書類/郡邑之屬

橫山草堂叢書二十二種附三種 陳慶年編 清宣統二年至民國八年(1910－1919)丹徒陳氏刻本 八冊 存一種

330000－1704－0009075 013211 類叢部/叢書類/自著之屬

清白士集六種附一種 (清)梁玉繩撰 清嘉慶刻本 十二冊

330000－1704－0009078 012805 經部/叢編

通志堂經解一百三十九種 (清)納蘭成德輯 清同治十二年(1873)粵東書局刻本 六冊 存一種

330000－1704－0009080 004940 史部/地理類/專志之屬/古跡

金陵瑣志五種續刊二種 陳作霖撰 清光緒江寧陳氏可園刻本 一冊 存一種

330000－1704－0009081 013212 類叢部/叢書類/自著之屬

袖海樓雜箸四種 (清)黃汝成撰 清道光十八年(1838)嘉定黃氏西谿草廬刻本 四冊

330000－1704－0009082 013091 類叢部/叢書類/郡邑之屬

檇李遺書 (清)孫福清編 清光緒四年(1878)秀水孫氏望雲仙館刻本 二十冊 存一種

330000－1704－0009083 013213 類叢部/叢書類/彙編之屬

微波榭叢書十一種 (清)孔繼涵編 清孔氏刻彙印本 五冊 存二種

330000－1704－0009084 004688 史部/傳記類/別傳之屬

花甲閒談十六卷 (清)張維屏輯 清光緒十年(1884)上海同文書局石印本 四冊

330000－1704－0009085 012806 經部/叢編

通志堂經解一百三十九種 (清)納蘭成德輯 清同治十二年(1873)粵東書局刻本 四冊 存一種

330000－1704－0009086 013214 類叢部/叢書類/自著之屬

郝氏遺書三十三種 (清)郝懿行撰 清嘉慶至光緒刻彙印本 二十六冊 存八種

330000－1704－0009087 004689 集部/別集類/清別集

西征集四卷首一卷 (清)黃家鼎撰 清光緒八年(1882)補不足齋刻本 二冊 存二卷(首、一)

330000－1704－0009088 004696 史部/傳記類/別傳之屬

花甲閒談十六卷 (清)張維屏輯 清道光十九年(1839)富文齋刻本 六冊

330000－1704－0009089 004895 史部/地理類/方志之屬/郡縣志

宜興荊溪舊志五種 (清)□□輯 清光緒八年(1882)刻本 十冊 存一種

330000－1704－0009090 012807 經部/叢編

通志堂經解一百三十九種 (清)納蘭成德輯 清同治十二年(1873)粵東書局刻本 四冊 存一種

330000－1704－0009092　013381　類叢部/叢書類/彙編之屬

邵武徐氏叢書二十三種　(清)徐榦編　清光緒邵武徐氏刻本　二十冊　存十五種

330000－1704－0009093　013215　子部/小說家類/雜事之屬

萝厂雜著十卷　(清)俞蛟撰　清道光八年(1828)刻本　五冊

330000－1704－0009094　004914　史部/地理類/山川之屬/山志

焦山志二十六卷首一卷　(清)吳雲輯　清同治十三年(1874)刻京口三山志本　佛癡題記　八冊

330000－1704－0009096　013215　子部/小說家類/雜事之屬

萝厂雜著十卷　(清)俞蛟撰　清刻本　一冊　存一種

330000－1704－0009098　013092　集部/總集類/郡邑之屬

西泠五布衣遺箸　(清)丁丙輯　清同治至光緒錢塘丁氏當歸草堂刻本　十冊

330000－1704－0009099　004915　史部/地理類/山川之屬/山志

京口三山志　(清)□□輯　清同治至光緒刻本　二冊　存一種

330000－1704－0009100　004692　新學/地學/地理學

經心書院課程輿地學不分卷戊戌遊記一卷　(清)姚炳奎撰　清光緒二十七年(1901)經心書院刻本　八冊　缺一卷(戊戌遊記)

330000－1704－0009104　013218　類叢部/叢書類/自著之屬

澹靜齋全集　(清)龔景瀚撰　清道光八年(1828)恩錫堂刻本　十二冊　存五種

330000－1704－0009106　004695　類叢部/叢書類/彙編之屬

暢園叢書甲函六種　(清)張邁編　清光緒二十年(1894)始豐張氏四明刻本　一冊　存一種

330000－1704－0009108　013219　類叢部/叢書類/自著之屬

崔東壁先生遺書八種附一種　(清)崔述撰　清嘉慶至道光陳履和刻本　八冊　存五種

330000－1704－0009109　013093　類叢部/叢書類/郡邑之屬

湖州叢書八種　(清)陸心源編　清光緒湖城義塾刻本　二十冊

330000－1704－0009110　005006　史部/政書類/邦計之屬

兩浙宦游紀畧四種　(清)戴槃撰　清同治七年(1868)刻本　一冊　存一種

330000－1704－0009111　013220　類叢部/叢書類/自著之屬

二思堂叢書六種五十一卷　(清)梁章鉅撰　清光緒元年(1875)浙江書局刻本　十二冊

330000－1704－0009112　012808　經部/叢編

通志堂經解一百三十九種　(清)納蘭成德輯　清同治十二年(1873)粵東書局刻本　四冊　存一種

330000－1704－0009113　012809　類叢部/叢書類/彙編之屬

文選樓叢書三十三種　(清)阮亨編　清嘉慶至道光阮元刻道光二十二年(1842)阮亨彙印本　二十四冊　存一種

330000－1704－0009114　004983　類叢部/叢書類/彙編之屬

漸西村舍彙刊(漸西村舍叢刻)四十四種　(清)袁昶編　清光緒十六年至二十四年(1890－1898)桐廬袁氏刻本　一冊　存一種

330000－1704－0009115　013382　類叢部/叢書類/彙編之屬

槐廬叢書四十六種　(清)朱記榮編　清光緒三年至十五年(1877－1889)吳縣朱氏槐廬家塾刻本　三十二冊　存二十種

330000－1704－0009116　012837　類叢部/叢書類/彙編之屬

嘯園叢書五十七種　（清）葛元煦編　清光緒二年至七年（1876－1881）仁和葛氏刻本　二冊　存一種

330000－1704－0009117　013221　類叢部/叢書類/自著之屬

安吳四種　（清）包世臣撰　清同治十一年（1872）湖北包誠注經堂刻光緒十四年（1888）印本　十六冊

330000－1704－0009118　004669　類叢部/叢書類/彙編之屬

武英殿聚珍版書一百三十八種　清刻本　八冊　存一種

330000－1704－0009119　004990　類叢部/叢書類/自著之屬

戚鶴泉所著書十一種　（清）戚學標撰　清乾隆至嘉慶刻本　六冊　存一種

330000－1704－0009120　013222　類叢部/叢書類/自著之屬

衡齋遺書　（清）汪萊撰　清咸豐刻本　二冊

330000－1704－0009121　012810　經部/叢編

拜經堂叢書十種　（清）臧琳　（清）臧庸撰　清乾隆至嘉慶武進臧氏同述觀刻本　八冊　存一種

330000－1704－0009122　004991　類叢部/叢書類/郡邑之屬

台州叢書九種　（清）宋世犖輯　清嘉慶至道光臨海宋氏刻本　六冊　存一種

330000－1704－0009123　004671　集部/別集類

晦明軒稿二卷附壬癸金石跋一卷丁戊金石跋一卷　楊守敬撰　清光緒二十七年至三十三年（1901－1907）楊氏鄰蘇園刻本　一冊

330000－1704－0009124　013223　類叢部/叢書類/自著之屬

西齋三種　（清）博明撰　清嘉慶六年（1801）刻本　二冊　存二種

330000－1704－0009126　004672　史部/地理類/山川之屬/水志

水經注西南諸水考三卷　（清）陳澧撰　清道光二十七年（1847）刻本　一冊

330000－1704－0009127　012811　經部/群經總義類/傳說之屬

十三經札記二十二卷附羣書札記十六卷　（清）朱亦棟撰　清光緒四年（1878）武林竹簡齋刻本　十六冊

330000－1704－0009128　005181　類叢部/叢書類/郡邑之屬

武林掌故叢編一百九十種　（清）丁丙編　清光緒三年至二十六年（1877－1900）錢塘丁氏嘉惠堂刻本（［乾道］臨安志卷四至十五、南宋館閣錄卷一原缺）　二冊　存一種

330000－1704－0009129　004673　史部/地理類/山川之屬/水志

水經注疏要刪四十卷補遺一卷　楊守敬撰　清光緒三十一年（1905）楊守敬觀海堂刻本　一冊　存五卷（一至五）

330000－1704－0009130　013224　類叢部/叢書類/自著之屬

古愚老人消夏錄十七種　（清）汪汲撰輯　清乾隆至嘉慶古愚山房刻本　十冊　存十四種

330000－1704－0009131　012812　類叢部/叢書類/自著之屬

授堂遺書七種　（清）武億撰　清道光二十三年（1843）偃師武氏刻本　一冊　存一種

330000－1704－0009133　004674　史部/地理類/山川之屬/水志

水經注釋四十卷首一卷附錄二卷水經注箋刊誤十二卷　（清）趙一清撰　清乾隆五十一年（1786）趙氏小山堂刻五十九年（1794）重修本　十六冊　缺十二卷（二十九至三十、三十二至三十九，刊誤一至二）

330000－1704－0009134　013227　類叢部/叢書類/自著之屬

敬堂遺書六種　(清)辛紹業撰　清嘉慶二十一年(1816)刻本　六冊　存四種

330000－1704－0009135　013225　類叢部/叢書類/自著之屬
劉端臨先生遺書五種　(清)劉台拱撰　清嘉慶十一年(1806)阮長生刻十三年(1808)續刻本　一冊　存二種

330000－1704－0009136　012958　類叢部/叢書類/彙編之屬
指海一百四十種　(清)錢熙祚編　(清)錢培讓　(清)錢培杰續編　清道光十六年至二十二年(1836－1842)金山錢氏重編增刻借月山房彙鈔本　三十七冊　存四十四種

330000－1704－0009137　012834　類叢部/叢書類/自著之屬
春在堂全書　(清)俞樾撰　清同治至光緒刻本　十二冊　存一種

330000－1704－0009139　013226　類叢部/叢書類/自著之屬
劉端臨先生遺書九種　(清)劉台拱撰　清道光十四年(1834)刻本　四冊　存八種

330000－1704－0009140　005034　史部/政書類/邦計之屬
兩浙宦游紀畧四種　(清)戴槃撰　清同治七年(1868)刻本　一冊　存一種

330000－1704－0009141　012813　類叢部/叢書類/自著之屬
授堂遺書七種　(清)武億撰　清道光二十三年(1843)偃師武氏刻本　二冊　存一種

330000－1704－0009142　004675　史部/地理類/山川之屬/水志
水經注不分卷　(北魏)酈道元撰　(清)戴震校訂　清乾隆刻本　十四冊

330000－1704－0009143　013228　類叢部/叢書類/自著之屬
介亭全集九種三十六卷　(清)江濬源撰　清同治十三年(1874)江潮刻本　六冊

330000－1704－0009145　004676　類叢部/叢書類/彙編之屬
崇文書局彙刻書三十三種　(清)崇文書局編　清光緒元年(1875)湖北崇文書局刻本　十冊　存一種

330000－1704－0009146　013086　類叢部/叢書類/輯佚之屬
玉函山房輯佚書六百二十二種附一種　(清)馬國翰輯　清光緒十年(1884)楚南湘遠堂刻本　六十四冊

330000－1704－0009147　012814　史部/政書類/考工之屬/營造
新鐫工師雕斲正式魯班木經匠家鏡三卷靈驅解法洞明眞言秘書一卷　(明)午榮　(明)章嚴撰　明末刻本　一冊

330000－1704－0009148　004677　史部/地理類/叢編之屬
山水二經合刻　清乾隆天都黄晟槐蔭草堂刻本　十冊　存一種

330000－1704－0009149　005211　類叢部/叢書類/彙編之屬
知不足齋叢書一百九十六種　(清)鮑廷博編　(清)鮑士恭續編　清乾隆三十七年至道光三年(1772－1823)長塘鮑氏刻彙印本　三冊　存一種

330000－1704－0009150　013229　類叢部/叢書類/自著之屬
一經廬叢書五種　(清)姚配中撰　清道光二十五年(1845)一經廬木活字印本　九冊　存四種

330000－1704－0009151　012815　經部/群經總義類/傳說之屬
九經古義十六卷　(清)惠棟撰　清乾隆潮陽縣署刻本　四冊

330000－1704－0009153　012816　類叢部/叢書類/自著之屬
授堂遺書七種　(清)武億撰　清乾隆至嘉慶偃師武穆淳刻本　二冊　存一種

330000－1704－0009155　012954　類叢部/叢書類/彙編之屬
惜陰軒叢書三十四種續編一種　(清)李錫齡編　清道光二十六年(1846)刻本　一百八册　存三十三種

330000－1704－0009156　004678　史部/地理類/山川之屬/水志
水經注四十卷首一卷　(北魏)酈道元撰　王先謙校　**附録二卷**　(清)趙一清輯　清光緒十八年(1892)思賢講舍刻本　十六册

330000－1704－0009157　005212　類叢部/叢書類/郡邑之屬
武林掌故叢編一百九十種　(清)丁丙編　清光緒三年至二十六年(1877－1900)錢塘丁氏嘉惠堂刻本([乾道]臨安志卷四至十五、南宋館閣録卷一原缺)　二册　存一種

330000－1704－0009158　005215　類叢部/叢書類/郡邑之屬
武林掌故叢編一百九十種　(清)丁丙編　清光緒三年至二十六年(1877－1900)錢塘丁氏嘉惠堂刻本([乾道]臨安志卷四至十五、南宋館閣録卷一原缺)　八册　存一種

330000－1704－0009160　005216　類叢部/叢書類/郡邑之屬
武林掌故叢編一百九十種　(清)丁丙編　清光緒三年至二十六年(1877－1900)錢塘丁氏嘉惠堂刻本([乾道]臨安志卷四至十五、南宋館閣録卷一原缺)　二册　存一種

330000－1704－0009161　013230　類叢部/叢書類/自著之屬
朱氏羣書六種　(清)朱駿聲撰　清光緒八年(1882)臨嘯閣刻本　四册

330000－1704－0009162　012956　類叢部/叢書類/彙編之屬
守山閣叢書一百十二種　(清)錢熙祚編　清光緒十五年(1889)上海鴻文書局石印本　九十九册　缺六卷(經傳釋詞五至十)

330000－1704－0009163　004679　史部/地理類/山川之屬/水志
水經注釋四十卷首一卷附録二卷水經注箋刊誤十二卷　(清)趙一清撰　清光緒六年(1880)蛟川張氏華雨樓刻本　二十册

330000－1704－0009164　012817　類叢部/叢書類/自著之屬
亭林先生遺書彙輯二十三種附録三種　(清)顧炎武撰　(清)席威　(清)朱記榮編　清光緒十一年至三十二年(1885－1906)吳縣朱氏槐廬家塾刻本　二册　存一種

330000－1704－0009166　004647　史部/地理類/總志之屬/斷代
大清一統志輯要五十卷　(清)洪亮吉撰　清光緒二十八年(1902)山左輿圖局石印本　十二册

330000－1704－0009167　005333　類叢部/叢書類/彙編之屬
函海一百六十種　(清)李調元編　清光緒七年至八年(1881－1882)廣漢鍾登甲樂道齋刻本　二册　存一種

330000－1704－0009168　013231　類叢部/叢書類/自著之屬
玉函山房全集十二種　(清)馬國翰撰　清道光至咸豐歷城馬氏刻光緒十五年(1889)章丘李氏彙印本　四十册　存一種

330000－1704－0009169　013087　類叢部/叢書類/輯佚之屬
玉函山房輯佚書六百二十二種附一種　(清)馬國翰輯　清光緒十八年(1892)湖南思賢書局刻本　一百九册　存五百四十三種

330000－1704－0009170　004648　史部/地理類/總志之屬/斷代
廣輿記二十四卷　(明)陸應陽輯　(清)蔡方炳增輯　清嘉慶七年(1802)刻本　十四册

330000－1704－0009171　012957　類叢部/叢書類/彙編之屬
守山閣叢書一百十二種　(清)錢熙祚編　清道光二十四年(1844)金山錢氏重編增刻墨海

金壺本　八十七册　存八十三種

330000－1704－0009172　005243　史部/地理類/雜志之屬

荆州記三卷　（南朝宋）盛弘之撰　曹元忠輯　清光緒十九年（1893）曹氏箋經室刻朱印本　楊紹廉、莫棠題記　一册

330000－1704－0009173　012818　經部/群經總義類/文字音義之屬

相臺書塾刊正九經三傳沿革例一卷　（宋）岳珂撰　清嘉慶十九年（1814）影宋刻本　一册

330000－1704－0009174　004649　史部/地理類/山川之屬/水志

水道提綱二十八卷　（清）齊召南撰　清光緒四年（1878）津門徐士鑾霞城精舍刻本　八册

330000－1704－0009175　013232　集部/别集類/清别集

養一齋集二十六卷首一卷劄記九卷詞三卷詩話十卷李杜詩話三卷四書文不分卷試帖一卷　（清）潘德輿撰　清道光至同治刻本　二十册

330000－1704－0009177　012819　經部/群經總義類/傳説之屬

古經解鉤沉三十卷　（清）余蕭客撰　清乾隆六十年（1795）刻道光二十年（1840）京江魯氏重修本　十册

330000－1704－0009178　012820　子部/雜著類/雜考之屬

讀書雜釋十四卷　（清）徐鼒撰　清咸豐十一年（1861）刻本　四册

330000－1704－0009179　004650　史部/地理類/總志之屬/通代

柳庭輿地隅説三卷大地山河圖説一卷　（清）孫蘭撰　清光緒十一年（1885）吳丙湘蟄園校刻本　一册

330000－1704－0009180　004651　史部/地理類/總志之屬/通代

輿地沿革表四十卷　（清）楊丕復撰　清光緒十四年（1888）楊琪光刻本　二十四册

330000－1704－0009181　004652　史部/地理類/防務之屬

三省邊防備覽十四卷苗防備覽二十二卷洋防輯要二十四卷　（清）嚴如熤輯　清道光刻本　二十四册

330000－1704－0009182　013233　子部/天文曆算類/算書之屬

董方立遺書　（清）董祐誠撰　清道光十年（1830）陽湖董氏刻本　二册　存六種

330000－1704－0009183　013234　類叢部/叢書類/自著之屬

蛾術堂集十四種十七卷　（清）沈豫撰　清道光十八年（1838）蕭山沈氏漢讀齋刻本　三册　存九種

330000－1704－0009184　012821　子部/雜著類/雜考之屬

讀書雜釋十四卷　（清）徐鼒撰　清光緒十二年（1886）扶桑使廨鉛印本　四册　缺四卷（八至十、十二）

330000－1704－0009185　013235　類叢部/叢書類/家集之屬

侯官陳氏遺書　（清）陳壽祺　（清）陳喬樅撰　清嘉慶至同治三山陳氏刻本　二十九册　存九種

330000－1704－0009186　012835　經部/群經總義類/傳説之屬

經義述聞三十二卷　（清）王引之撰　清道光七年（1827）京師西江米巷壽藤書屋刻本　十六册

330000－1704－0009187　004653　史部/地理類/山川之屬/山志

萬山綱目二十一卷　（清）李誠撰　清光緒二十六年（1900）長沙刻本　八册

330000－1704－0009188　012822　類叢部/叢書類/家集之屬

雷氏叢書六種　（清）雷學淇編　清道光刻本　四册　存一種

330000－1704－0009189　013236　類叢部/

叢書類/自著之屬
詠梅軒叢書 (清)謝蘭生撰 清道光二十九年至三十年(1849－1850)詠梅軒刻本 六冊 存四種

330000－1704－0009190 004654 史部/地理類
李氏五種 (清)李兆洛撰 清光緒十四年(1888)掃葉山房刻本 十三冊

330000－1704－0009191 012823 經部/叢編
五經補綱七卷附二卷 (清)伊樂堯輯 清咸豐四年(1854)晉江黃宗漢刻本 一冊

330000－1704－0009192 012824 經部/群經總義類/傳說之屬
稽古日鈔八卷 (清)郁文等輯 清乾隆二十九年(1764)秋曉山房刻本 四冊

330000－1704－0009193 012825 經部/群經總義類/傳說之屬
七經偶記十四卷 (清)汪德鉞撰 清道光十二年(1832)汪時漣長汀木活字印本 三冊

330000－1704－0009194 005177 類叢部/叢書類/郡邑之屬
武林掌故叢編一百九十種 (清)丁丙編 清光緒三年至二十六年(1877－1900)錢塘丁氏嘉惠堂刻本([乾道]臨安志卷四至十五、南宋館閣錄卷一原缺) 二冊 存一種

330000－1704－0009195 004645 史部/地理類/總志之屬/通代
讀史方輿紀要歷代州域形勢十卷 (清)顧祖禹撰 **附統論歷朝形勢一卷** (清)朱棠撰 清光緒二十二年(1896)澹雅書局刻本 八冊

330000－1704－0009196 013237 類叢部/叢書類/家集之屬
毘陵謝氏叢書十六種 (清)謝蘭生撰並編 清光緒毘陵謝氏瑞雲堂刻本及鉛印本 三冊 存三種

330000－1704－0009197 013238 類叢部/叢書類/自著之屬
多識錄四卷附後一卷 (清)練恕撰 清道光十八年(1838)練氏上海官舍刻本 陶濬宣題簽 二冊

330000－1704－0009198 004655 史部/地理類/總志之屬/通代
歷代沿革表三卷 (清)段長基撰 (清)段搢書參注 清嘉慶二十年(1815)刻本 三冊

330000－1704－0009200 013239 類叢部/叢書類/自著之屬
紀慎齋先生全集十二種續集七種 (清)紀大奎撰 清嘉慶十三年至咸豐二年(1808－1852)刻本 三十四冊 存十三種

330000－1704－0009201 012826 類叢部/叢書類/自著之屬
春在堂全書三十六種 (清)俞樾撰 清同治至光緒刻光緒末彙印本 六冊 存一種

330000－1704－0009203 012827 經部/群經總義類/傳說之屬
經學提要十五卷 (清)蔡孔炘撰 清道光五年(1825)江洲蔡氏刻本 四冊

330000－1704－0009206 004646 史部/地理類/總志之屬/斷代
大清一統志表不分卷 (清)徐午撰 清乾隆刻本 楊紹廉題簽 十二冊

330000－1704－0009207 013240 類叢部/叢書類/自著之屬
石經閣叢書七種 (清)馮登府撰輯 清道光十一年至十七年(1831－1837)刻本 七冊

330000－1704－0009209 012829 經部/群經總義類/傳說之屬
西崖經說四卷 (清)顧成章撰 清光緒十八年(1892)木活字印本 一冊

330000－1704－0009210 004658 史部/地理類/山川之屬/水志
太湖備考十六卷首一卷 (清)金友理撰 **續編四卷** (清)鄭言紹撰 **湖程紀略一卷** (清)吳曾撰 清光緒刻本 十二冊

330000－1704－0009212　005360　類叢部/叢書類/郡邑之屬
台州叢書九種　(清)宋世犖輯　清嘉慶至道光臨海宋氏刻本　二冊　存一種

330000－1704－0009213　012830　類叢部/叢書類/家集之屬
侯官陳氏遺書　(清)陳壽祺　(清)陳喬樅撰　清嘉慶至同治三山陳氏刻本　一冊　存一種

330000－1704－0009214　013241　類叢部/叢書類/自著之屬
鄒叔子遺書七種附二種　(清)鄒漢勛撰　清光緒八年(1882)鄒代鈞刻本　十冊　缺五卷(讀書偶識六至十)

330000－1704－0009215　012963　類叢部/叢書類/彙編之屬
連筠簃叢書十二種　(清)楊尚文編　清道光二十七年至二十九年(1847－1849)靈石楊氏刻本(羣書治要卷四、十三、二十原缺)　二十九冊

330000－1704－0009216　012965　類叢部/叢書類/彙編之屬
玲瓏山館叢書七十種　(清)□□編　清光緒十五年(1889)文選樓刻本　四十六冊　存六十一種

330000－1704－0009217　005361　類叢部/叢書類/自著之屬
林文忠公遺集四種　(清)林則徐撰　清光緒三山林氏刻本　二冊　存二種

330000－1704－0009218　013242　類叢部/叢書類/自著之屬
中復堂全集九種附一種　(清)姚瑩撰　清同治六年(1867)姚濬昌安福縣署刻本　二十七冊

330000－1704－0009219　012831　經部/叢編
關氏經學五書十二卷　(清)關涵輯　清嘉慶十三年(1808)仁和關炳刻本　五冊　缺一卷(禹貢指掌)

330000－1704－0009220　012832　類叢部/叢書類/自著之屬
竹柏山房十五種附刻八種　(清)林春溥撰　清嘉慶至咸豐竹柏山房刻本　四冊　存一種

330000－1704－0009221　012833　經部/群經總義類/傳說之屬
左海經辨二卷　(清)陳壽祺撰　清道光三年(1823)刻本　二冊

330000－1704－0009222　013088　類叢部/叢書類/郡邑之屬
武林掌故叢編一百九十種　(清)丁丙編　清光緒三年至二十六年(1877－1900)錢塘丁氏嘉惠堂刻本([乾道]臨安志卷四至十五、南宋館閣錄卷一原缺)　二百八冊　存一百八十七種

330000－1704－0009223　004659　史部/地理類/山川之屬/水志
水道提綱二十八卷　(清)齊召南撰　清乾隆四十年至四十一年(1775－1776)戴殿海傳經書屋刻本　七冊

330000－1704－0009224　004643　類叢部/叢書類/自著之屬
北江全集七種　(清)洪亮吉撰　清乾隆至嘉慶刻彙印本　十二冊　存一種

330000－1704－0009225　004660　史部/地理類/山川之屬/水志
中國江海險要圖誌二十二卷首一卷補編五卷附圖五卷　(英國)海軍海圖官局編　陳壽彭譯　清光緒二十七年(1901)經世文社石印本　三冊　存十卷(首、一至六、補編三至五)

330000－1704－0009227　004644　史部/地理類/雜志之屬
啟東錄六卷　(清)林壽圖撰　清光緒刻本　二冊

330000－1704－0009229　004661　類叢部/叢書類/自著之屬
蒼莨集三種　(清)孫鼎臣撰　清咸豐刻本

二冊　存一種

330000－1704－0009230　013243　類叢部/叢書類/自著之屬
鄂宰四種　(清)王筠撰　清咸豐二年(1852)賀蕙賀蓉賀荃刻本　二冊

330000－1704－0009231　013244　集部/别集類/清别集
倚晴樓集五種　(清)黄燮清撰　清咸豐至同治海鹽黄氏拙宜園刻本　十二冊

330000－1704－0009232　004662　史部/地理類/總志之屬
京師譯學館輿地學講義不分卷　韓樸存編　清光緒三十一年至三十三年(1905－1907)京師譯學館鉛印本　一冊

330000－1704－0009233　004663　史部/地理類/水利之屬
指津説鑾江説畧□□卷　(清)張振集撰　清乾隆寶箴堂刻本　二冊　存三卷(□□)

330000－1704－0009234　012836　經部/叢編
文藻四種十四卷　(清)黄暹輯　清刻本　四冊　存二種

330000－1704－0009235　005460　新學/雜著/叢編
江南製造局譯書　(清)江南製造局編　清光緒江南製造局刻本暨鉛印本　四冊　存一種

330000－1704－0009236　013247　類叢部/叢書類/自著之屬
鄭子尹遺書五種　(清)鄭珍撰　清咸豐至同治刻本　四冊　存二種

330000－1704－0009237　005434　類叢部/叢書類/自著之屬
還硯齋全集五種　(清)趙新撰　清光緒八年(1882)黄樓刻本　一冊　存一種

330000－1704－0009239　013245　類叢部/叢書類/自著之屬
番禺陳氏東塾叢書初函四種附一種　(清)陳澧撰　清咸豐至光緒刻本　八冊

330000－1704－0009240　012838　經部/叢編
四益館經學叢書　廖平撰　清光緒十二年(1886)刻本　二冊　存一種

330000－1704－0009241　004664　史部/地理類/山川之屬/水志
皇朝輿地水道源流五卷　(清)胡宣慶撰　清光緒十七年(1891)長沙胡鴻浚、胡鴻賓刻本　一冊

330000－1704－0009242　013246　類叢部/叢書類/自著之屬
頤志齋叢書二十二種　(清)丁晏撰　清道光至同治山陽丁氏六蓺堂刻同治元年(1862)彙印本　十四冊　存十五種

330000－1704－0009243　005431　史部/地理類
皇朝藩屬輿地叢書　(清)浦□編　清光緒二十九年(1903)金匱浦氏靜寄東軒石印本　六冊　存一種

330000－1704－0009246　004624　史部/地理類/總志之屬/通代
天下郡國利病書一百二十卷　(清)顧炎武撰　清道光成都龍萬育敷文閣刻本　四十冊

330000－1704－0009247　004666　史部/地理類/水利之屬
淮揚水利圖説一卷淮揚治水論一卷　(清)馮道立撰　清道光十九年(1839)馮道立西園朱墨套印本　一冊

330000－1704－0009248　004627　史部/地理類/總志之屬/通代
讀史方輿紀要序二卷　(清)顧祖禹撰　(清)李式摸註釋　清光緒二十八年(1902)養拙山房刻本　二冊

330000－1704－0009254　005366　類叢部/叢書類/彙編之屬
漸西村舍彙刊(漸西村舍叢刻)四十四種　(清)袁昶編　清光緒十六年至二十四年

(1890－1898)桐廬袁氏刻本　八冊　存一種

330000－1704－0009255　004667　史部/地理類/山川之屬/水志
長江圖說十二卷首一卷　(清)馬徵麟等撰　清同治十年(1871)湖北崇文書局刻本(原缺卷一至二)　五冊

330000－1704－0009257　004668　史部/政書類/邦計之屬/漕運
江北運程四十卷首一卷末一卷　(清)董恂撰　清同治六年(1867)刻本　四十冊　缺一卷(二十三)

330000－1704－0009258　012844　經部/群經總義類/傳說之屬
易堂問目四卷　(清)吳鼎撰　清乾隆三十七年(1772)鄒容成刻本　二冊

330000－1704－0009259　013249　類叢部/叢書類/自著之屬
求在我齋全集九種　(清)陳濬撰　清同治十三年(1874)賜葛堂刻本　二十五冊　存七種

330000－1704－0009260　012845　經部/群經總義類/傳說之屬
通介堂經說十二卷　(清)徐灝撰　清咸豐四年(1854)廣東省城藝芳齋刻本　五冊

330000－1704－0009261　013250　集部/別集類/清別集
王壯武公遺集二十四卷首一卷　(清)王鑫撰　清光緒十八年(1892)湘鄉王氏江寧刻本　七冊　存十三卷(十至十四、十七至二十四)

330000－1704－0009262　013251　史部/地理類
鄦鄭學廬地理叢刊　(清)施世杰輯　清光緒二十三年(1897)會稽施氏鄦鄭學廬刻本　二冊

330000－1704－0009263　012964　類叢部/叢書類/彙編之屬
惜陰軒叢書三十四種續編一種　(清)李錫齡編　清刻本　十冊　存一種

330000－1704－0009264　005450　史部/地理類/外紀之屬
歐洲新志一卷　(英國)計羅撰　(清)李家駒譯　清末刻本　一冊

330000－1704－0009265　013252　類叢部/叢書類/自著之屬
獨山莫氏郘亭叢書七種　(清)莫友芝撰輯　清咸豐至光緒刻本　十二冊　存五種

330000－1704－0009267　004628　史部/地理類/總志之屬/斷代
元豐九域志十卷　(宋)王存等撰　清光緒八年(1882)金陵書局刻本　四冊

330000－1704－0009268　005455　新學/雜著/叢編
江南製造局譯書　(清)江南製造局編　清光緒江南製造局刻本暨鉛印本　二冊　存一種

330000－1704－0009269　004630　類叢部/叢書類/彙編之屬
武英殿聚珍版書一百三十八種　清乾隆武英殿木活字印本　八冊　存一種

330000－1704－0009270　004629　史部/地理類/總志之屬/斷代
元和郡縣圖志四十卷　(唐)李吉甫撰　**闕卷逸文一卷**　(清)孫星衍輯　**元和郡縣補志九卷**　(清)嚴觀輯　清光緒六年(1880)、八年(1882)金陵書局刻本(卷十九至二十、二十三至二十四、三十五至三十六原缺)　八冊

330000－1704－0009272　013254　類叢部/叢書類/自著之屬
春雨樓叢書六種　(清)朱士端撰　清同治元年至四年(1862－1865)寶應朱氏刻本　六冊　存五種

330000－1704－0009273　004637　史部/地理類/總志之屬/通代
歷代地理志韻編今釋二十卷皇朝輿地圖一卷皇朝輿地韻編二卷　(清)李兆洛撰　清光緒上海蜚英館石印本　四冊

330000－1704－0009274　013255　史部/政

書類/邦計之屬

兩浙宦游紀畧四種 （清）戴槃撰　清同治七年（1868）刻本　八冊

330000－1704－0009275　005487　類叢部/叢書類/自著之屬

蘇齋叢書十八種 （清）翁方綱撰　清乾隆至嘉慶刻彙印本　八冊　存一種

330000－1704－0009277　013256　類叢部/叢書類/自著之屬

澹勤室全集五種 （清）傅壽彤撰　清光緒三年（1877）武昌刻本　六冊

330000－1704－0009278　013258　類叢部/叢書類/自著之屬

竹柏山房十五種附刻八種 （清）林春溥撰　清嘉慶至咸豐竹柏山房刻本　四十冊　存十四種

330000－1704－0009280　005494　類叢部/叢書類/彙編之屬

涉聞梓舊二十五種 （清）蔣光煦輯　清咸豐元年（1851）海昌蔣氏宜年堂刻六年（1856）重編本　四冊　存一種

330000－1704－0009281　004697　史部/地理類

皇朝藩屬輿地叢書 （清）浦□編　清光緒二十九年（1903）金匱浦氏靜寄東軒石印本　四十八冊　存二十七種

330000－1704－0009282　012966　類叢部/叢書類/彙編之屬

小石山房叢書三十八種 （清）顧湘編　清道光刻同治十三年（1874）虞山顧氏補刻本　十五冊　存三十七種

330000－1704－0009283　004611　史部/傳記類/日記之屬

環遊日記一卷（清光緒三十年四月初六至三十一年二月二十七） （清）陳琪撰　清光緒三十一年（1905）湖南學務處鉛印本　一冊

330000－1704－0009284　004640　史部/地理類/總志之屬/斷代

大清一統志四百二十四卷 （清）和珅等纂修　清光緒二十七年（1901）上海寶善齋石印本　二十九冊　缺二十八卷（八十九至一百十六）

330000－1704－0009285　012968　類叢部/叢書類/彙編之屬

海山仙館叢書五十六種 （清）潘仕成編　清道光二十五年至咸豐元年（1845－1851）番禺潘氏刻光緒十一年（1885）增刻彙印本　一百二十冊

330000－1704－0009286　005495　類叢部/叢書類/彙編之屬

三長物齋叢書二十六種 （清）黄本驥編　清道光二十二年至二十八年（1842－1848）湘陰蔣環刻光緒四年（1878）古香書閣印本　六冊　存二種

330000－1704－0009288　013259　類叢部/叢書類/自著之屬

曾文正公全集十六種 （清）曾國藩撰　清同治至光緒傳忠書局刻本　八十六冊　存十五種

330000－1704－0009290　005498　類叢部/叢書類/自著之屬

授堂遺書七種 （清）武億撰　清道光二十三年（1843）偃師武氏刻本　二冊　存一種

330000－1704－0009291　013257　類叢部/叢書類/自著之屬

槐軒全集二十一種附九種 （清）劉沅撰　清咸豐至民國刻彙印本　一百五冊　存二十二種

330000－1704－0009292　005499　類叢部/叢書類/彙編之屬

結一廬朱氏賸餘叢書四種 （清）朱澂編　清光緒三十一年（1905）仁和朱氏刻本　楊紹廉批　四冊　存二種

330000－1704－0009293　004613　史部/地理類/外紀之屬

環遊地球新錄四卷 （清）李圭撰　清光緒四

年(1878)鉛印本　王希逸題簽　二册

330000－1704－0009294　004632　史部/地理類/總志之屬/斷代
太平寰宇記二百卷目錄二卷　(宋)樂史撰　清光緒八年(1882)金陵書局刻本(卷四、一百十三至一百十九原缺)　三十六册

330000－1704－0009295　004610　史部/地理類/遊記之屬/紀行
乘查筆記一卷海國勝遊草一卷天外歸帆草一卷　(清)斌椿撰　清同治七年至八年(1868－1869)刻本　一册

330000－1704－0009296　004614　史部/地理類/外紀之屬
環遊地球新錄四卷　(清)李圭撰　清光緒三年(1877)刻本　二册

330000－1704－0009298　004616　類叢部/叢書類/彙編之屬
實學叢書□□種　清光緒鉛印本　四册　存一種

330000－1704－0009300　004636　史部/地理類/總志之屬/通代
讀史方輿紀要一百三十卷輿圖要覽四卷　(清)顧祖禹撰　清敷文閣刻本　八十册

330000－1704－0009301　013265　類叢部/叢書類/自著之屬
景紫堂全書十一種　(清)夏炘撰　清咸豐至同治刻同治元年(1862)王光甲等彙印本　二十二册

330000－1704－0009302　005502　類叢部/叢書類/彙編之屬
士禮居黄氏叢書十九種附四種　(清)黄丕烈編　清嘉慶至道光黄氏士禮居刻本　一册　存一種

330000－1704－0009304　004617　史部/地理類/外紀之屬
歐游雜錄二卷　(清)徐建寅撰　清光緒刻本　二册

330000－1704－0009305　004634　類叢部/叢書類/彙編之屬
武英殿聚珍版書一百三十八種　清乾隆武英殿木活字印本　六册　存一種

330000－1704－0009306　004635　史部/地理類/總志之屬/通代
天下郡國利病書一百二十卷　(清)顧炎武撰　清道光成都龍萬育敷文閣刻本　六十册

330000－1704－0009307　005503　類叢部/叢書類/彙編之屬
函海一百六十種　(清)李調元編　清光緒七年至八年(1881－1882)廣漢鍾登甲樂道齋刻本　楊嘉跋　一册　存一種

330000－1704－0009308　005506　新學/報章
國粹學報不分卷　(清)國學保存會編　清末鉛印本　楊紹廉題記　一册　存一册

330000－1704－0009309　004597　新學/地學/地志學
海道圖説十五卷長江圖説一卷　(英國)金約翰輯　(美國)金楷理口譯　(清)王德均筆述　清光緒二十二年(1896)上海書局石印本　八册

330000－1704－0009310　013266　類叢部/叢書類/自著之屬
庸盦全集十種　(清)薛福成撰　清光緒十年至二十四年(1884－1898)無錫薛氏刻本　四十八册

330000－1704－0009311　013260　類叢部/叢書類/自著之屬
御覽三編　(清)夏炘撰　清道光至咸豐景紫堂刻同治七年(1868)印本　六册

330000－1704－0009312　013089　類叢部/叢書類/郡邑之屬
武林往哲遺箸五十六種後編十種　(清)丁丙編　清光緒二十年至二十六年(1894－1900)錢唐丁氏嘉惠堂刻本(錢塘韋先生文集卷一至二原缺)　九十五册　存六十六種

330000－1704－0009313　004598　史部/地理類/外紀之屬

萬國近政考略十六卷　(清)鄒弢撰　清光緒二十七年(1901)三借廬鉛印本　一冊

330000－1704－0009315　013267　類叢部/叢書類/自著之屬

覆瓿集十三種附一種　(清)張文虎撰　清同治至光緒刻本　十二冊

330000－1704－0009316　004599　新學/地學/地志學

地理須知一卷　(英國)傅蘭雅撰　清光緒九年(1883)刻本　一冊

330000－1704－0009318　004600　新學/地學/地志學

地志須知一卷　(英國)傅蘭雅撰　清光緒八年(1882)刻本　一冊

330000－1704－0009319　013261　類叢部/叢書類/自著之屬

羅忠節公遺集八種　(清)羅澤南撰　清咸豐至同治刻本　八冊　存七種

330000－1704－0009320　004601　新學/地學/地理學

地理學講義一卷　(日本)志賀重昂述　(清)薩端譯　清光緒二十八年(1902)金粟齋譯書處鉛印本　一冊

330000－1704－0009321　004607　新學/地學/地理學

兩廣師範學堂地理學講義六卷　清光緒鉛印兩廣師範學堂講義本　劉景晨校並題簽　一冊　存五卷(二至六)

330000－1704－0009322　004602　史部/地理類/外紀之屬

續瀛環志略初編不分卷　(清)薛福成鑒定　(清)瞿昂來譯　清光緒二十八年(1902)無錫傳經樓石印本　一冊　存四種

330000－1704－0009324　004603　史部/地理類/叢編之屬

域外叢書九種　(清)王蘊香輯　清道光二十二年(1842)靜觀齋刻本　一冊

330000－1704－0009325　005509　類叢部/叢書類/自著之屬

嘉定錢氏潛研堂全書二十種　(清)錢大昕撰　清光緒十年(1884)長沙龍氏家塾刻本　二冊　存一種

330000－1704－0009326　013261　子部/儒家類/儒學之屬/蒙學

小學韻語一卷　(清)羅澤南撰　清光緒二十一年(1895)澹雅書局刻本　一冊

330000－1704－0009327　004604　史部/地理類/外紀之屬

地球韻言四卷　(清)張士瀛撰　清光緒二十四年(1898)鄂垣務急書館刻本　二冊

330000－1704－0009329　013262　類叢部/叢書類/自著之屬

有恆心齋集六種附一種　(清)程鴻詔撰　清同治刻本　十冊　存四種

330000－1704－0009330　004623　史部/地理類/方志之屬/郡縣志

[至順]鎮江志二十一卷首一卷　(元)脫因修　(元)俞希魯纂　**輿地紀勝一卷**　(宋)王象之編　清道光二十二年(1842)丹徒包氏刻本　一冊　存一卷(輿地紀勝)

330000－1704－0009331　004605　新學/地學/地志學

世界地理志七卷　(日本)中村五六撰　(日本)頓野廣太郎修訂　(日本)樋田保熙譯　清光緒二十八年(1902)金粟齋鉛印本　三冊

330000－1704－0009334　004606　新學/地學/地志學

地理全志不分卷　(英國)慕維廉撰　清光緒九年(1883)上海美華書館鉛印本　一冊

330000－1704－0009336　004625　史部/地理類/總志之屬/斷代

太平寰宇記二百卷目錄二卷　(宋)樂史撰　清嘉慶八年(1803)刻本　二十九冊

330000－1704－0009337　013263　類叢部/叢書類/自著之屬
記過齋藏書　(清)蘇源生撰　清道光至光緒鄢陵蘇氏刻本　十冊　存五種

330000－1704－0009339　004626　史部/地理類/總志之屬/斷代
方輿類纂二十八卷首一卷　(清)顧祖禹撰　(清)溫汝能輯　清嘉慶十三年(1808)文畬堂刻本　三十二冊

330000－1704－0009340　005511　類叢部/叢書類/彙編之屬
春暉堂叢書十二種　(清)徐渭仁編　清道光至咸豐上海徐渭仁刻同治九年至十年(1870－1871)徐允臨補刻彙印本　二冊　存一種

330000－1704－0009341　004615　史部/傳記類/日記之屬
道西齋日記二卷(清光緒十三年)　王詠霓撰　清光緒十八年(1892)上洋鴻寶齋石印本　一冊

330000－1704－0009342　005512　類叢部/叢書類/自著之屬
潛園總集十七種　(清)陸心源撰　清同治至光緒刻本　一冊　存一種

330000－1704－0009343　013264　類叢部/叢書類/自著之屬
鄒徵君遺書八種附二種　(清)鄒伯奇撰　清同治十二年(1873)鄒達泉拾芥園刻本　五冊　存八種

330000－1704－0009344　013264－1　類叢部/叢書類/自著之屬
鄒徵君遺書八種附二種　(清)鄒伯奇撰　清同治十二年(1873)鄒達泉拾芥園刻本　三冊　存六種

330000－1704－0009346　004631　史部/地理類/總志之屬/通代
讀史方輿紀要一百三十卷輿圖要覽四卷　(清)顧祖禹撰　清敷文閣刻本　五十冊

330000－1704－0009347　005513　類叢部/叢書類/彙編之屬
亦園子版書　(清)龔顯曾編　清同治至光緒晉江龔顯曾亦園刻本暨木活字印本　二冊　存一種

330000－1704－0009348　004618　史部/地理類/總志之屬/斷代
方輿紀要簡覽三十四卷　(清)顧祖禹撰　(清)潘鐸輯　清光緒經元書室刻本　十三冊　存二十六卷(六至三十一)

330000－1704－0009350　004619　類叢部/叢書類/彙編之屬
雲自在龕叢書五集十九種　繆荃孫輯　清光緒江陰繆氏刻本　一冊　存一種

330000－1704－0009352　005515　類叢部/叢書類/自著之屬
授堂遺書七種　(清)武億撰　清道光二十三年(1843)偃師武氏刻本　三冊　存一種

330000－1704－0009353　013277　類叢部/叢書類/自著之屬
春在堂全書三十六種　(清)俞樾撰　清同治至光緒刻光緒末彙印本　一百四十冊　存三十三種

330000－1704－0009354　004620　史部/地理類/總志之屬/斷代
輿地廣記三十八卷　(宋)歐陽忞撰　**校勘札記二卷**　(清)黃丕烈撰　清光緒六年(1880)金陵書局刻本　四冊

330000－1704－0009355　005516　類叢部/叢書類/彙編之屬
天壤閣叢書二十種　(清)王祖源　(清)王懿榮編　清同治至光緒福山王氏刻彙印本　一冊　存一種

330000－1704－0009356　013268　類叢部/叢書類/自著之屬
左文襄公全集　(清)左宗棠撰　清光緒刻本　八十六冊　存八種

330000－1704－0009357　005518　類叢部/叢書類/家集之屬

洪氏晦木齋叢書二十一種　(清)洪汝奎編　清同治八年至宣統元年(1869－1909)刻本　八冊　存一種

330000－1704－0009359　004621　史部/地理類/總志之屬/通代
天下郡國利病書一百二十卷　(清)顧炎武撰　清光緒二十七年(1901)上海圖書集成印書局鉛印本　二十八冊

330000－1704－0009361　005520　類叢部/叢書類/彙編之屬
函海一百六十種　(清)李調元編　清光緒七年至八年(1881－1882)廣漢鍾登甲樂道齋刻本　五冊　存一種

330000－1704－0009363　013269　類叢部/叢書類/自著之屬
寶韋齋類稿八種　(清)李桓撰　清光緒六年(1880)武林趙寶墨齋刻本　三十八冊

330000－1704－0009364　005521　類叢部/叢書類/家集之屬
洪氏晦木齋叢書二十一種　(清)洪汝奎編　清同治八年至宣統元年(1869－1909)刻本　八冊　存一種

330000－1704－0009366　013270　類叢部/叢書類/自著之屬
魏稼孫先生全集三種　(清)魏錫曾撰　清光緒九年(1883)羊城刻本　十四冊

330000－1704－0009368　004622　類叢部/叢書類/彙編之屬
岱南閣叢書二十種　(清)孫星衍編　清乾隆五十年至嘉慶十四年(1785－1809)蘭陵孫氏刻本　八冊　存一種

330000－1704－0009369　013271　類叢部/叢書類/自著之屬
武陵山人遺書十種續刊二種　(清)顧觀光撰　清光緒九年(1883)獨山莫祥芝上海刻高桂續刻民國四年(1915)金山高煌修補彙印本　十二冊

330000－1704－0009371　013272　類叢部/叢書類/自著之屬
武陵山人遺書十種續刊二種　(清)顧觀光撰　清光緒九年(1883)獨山莫祥芝上海刻本　六冊　存十種

330000－1704－0009373　021833　子部/術數類/相宅相墓之屬
地學二卷　(清)沈鎬撰　清刻本　二冊

330000－1704－0009378　005567　類叢部/叢書類/彙編之屬
滂喜齋叢書五十種　(清)潘祖蔭編　清同治至光緒吳縣潘氏京師刻本　一冊　存一種

330000－1704－0009380　013273　經部/叢編
希鄭堂叢書十二卷　(清)潘任撰輯　清光緒二十年(1894)木活字印本　二冊

330000－1704－0009381　005568　類叢部/叢書類/彙編之屬
滂喜齋叢書五十種　(清)潘祖蔭編　清同治至光緒吳縣潘氏京師刻本　一冊　存一種

330000－1704－0009382　013274　類叢部/叢書類/自著之屬
師伏堂叢書十五種　(清)皮錫瑞撰　清光緒善化皮氏刻本　四十冊

330000－1704－0009384　005573　史部/金石類/郡邑之屬
涇川金石記一卷　(清)趙紹祖撰　清刻本　一冊

330000－1704－0009385　005584　類叢部/叢書類/彙編之屬
蟫隱廬叢書十八種　羅振常編　清宣統二年至民國二十五年(1910－1936)上虞羅氏謄寫及鉛印本三十三年(1944)吳興周延年彙印本　一冊　存一種

330000－1704－0009388　013275　類叢部/叢書類/彙編之屬
半厂叢書初編十種　(清)譚獻編　清同治至光緒仁和譚氏刻本　二十冊

330000－1704－0009389　013284　類叢部/叢書類/自著之屬

大鶴山房全書十種　鄭文焯撰　清光緒至民國刻民國九年(1920)蘇州交通圖書館彙印本　八冊

330000－1704－0009395　013276　類叢部/叢書類/自著之屬

春在堂全書　(清)俞樾撰　清光緒二十三年(1897)石印本　十六冊　存二十一種

330000－1704－0009396　013079　類叢部/叢書類/輯佚之屬

漢學堂叢書二百三十種　(清)黄奭輯　清道光甘泉黄氏刻光緒印本　張棡題記　四十冊

330000－1704－0009397　013286　類叢部/叢書類/自著之屬

拙盦叢稿　(清)朱一新撰　清光緒二十二年(1896)順德龍氏葆真堂刻本　十六冊　存五種

330000－1704－0009398　004591　史部/地理類/外紀之屬

海國圖志五十卷　(清)魏源撰　清活字印本　三十九冊　缺一卷(二)

330000－1704－0009400　005488　史部/金石類/總志之屬

兩漢金石記二十二卷　(清)翁方綱撰　清刻本　六冊

330000－1704－0009401　013279　類叢部/叢書類/自著之屬

王湘綺先生全集二十六種　王闓運撰　清光緒至民國刻民國十二年(1923)長沙王氏彙印本　八十八冊　存二十一種

330000－1704－0009402　013287　集部/詞類/别集之屬

寄龕詞問六卷　(清)孫德祖撰　清光緒二十六年(1900)長興王承湛古綏述廬刻本　一冊

330000－1704－0009403　013287　集部/别集類/清别集

寄龕詩質十二卷　(清)孫德祖撰　清光緒二十五年(1899)會稽孫氏刻本　三冊

330000－1704－0009404　004590　史部/地理類/外紀之屬

海國圖志一百卷　(清)魏源撰　清刻本　三十二冊

330000－1704－0009407　013287　集部/别集類/清别集

寄龕文存四卷　(清)孫德祖撰　清光緒十年(1884)鄞縣翰墨林刻本　四冊

330000－1704－0009409　004592　史部/地理類

小方壺齋輿地叢鈔十二帙補編十二帙再補編十二帙　(清)王錫祺輯　清光緒十七年至二十三年(1891－1897)上海著易堂鉛印本　三十冊　存一百二十種

330000－1704－0009411　013280　類叢部/叢書類/自著之屬

寒松閣集五種　(清)張鳴珂撰　清光緒十年至二十四年(1884－1898)嘉興張氏刻本　六冊

330000－1704－0009412　013287　子部/雜著類/雜説之屬

寄龕褉著　(清)孫德祖撰　清光緒刻本　四冊　存一種

330000－1704－0009413　013281　類叢部/叢書類/自著之屬

賭棋山莊所著書七種　(清)謝章鋌撰　清光緒十年至三十年(1884－1904)刻本　二十三冊　存三種

330000－1704－0009415　005602　類叢部/叢書類/彙編之屬

十萬卷樓叢書五十一種　(清)陸心源編　清光緒歸安陸氏刻本　二冊　存一種

330000－1704－0009416　013288　類叢部/叢書類/自著之屬

還硯齋全集五種　(清)趙新撰　清光緒八年(1882)黄樓刻本　十一冊　存四種

330000－1704－0009417　013282　類叢部/叢書類/自著之屬

柏堂遺書(方柏堂全集)八種附一種　(清)方宗誠撰　清光緒元年至十二年(1875－1886)桐城方氏刻本　十九冊　存四種

330000－1704－0009418　013289　類叢部/叢書類/自著之屬

思益堂集四種　(清)周壽昌撰　清光緒十四年(1888)王先謙等刻本　六冊

330000－1704－0009419　005604　類叢部/叢書類/彙編之屬

十萬卷樓叢書五十一種　(清)陸心源編　清光緒歸安陸氏刻本　二冊　存一種

330000－1704－0009423　013290　子部/雜著類/雜說之屬

食報錄一卷　(清)郭鍾岳編　清光緒二十五年(1899)溫州和天倪齋刻本　一冊

330000－1704－0009424　013292　史部/傳記類/別傳之屬

宜堂類編二十五卷　(清)丁中立編　清光緒二十六年(1900)錢塘丁氏嘉惠堂刻本　八冊

330000－1704－0009428　013290　子部/儒家類/儒學之屬

思悲錄一卷　(清)郭鍾岳撰　清光緒二十六年(1900)和天倪齋刻本　一冊

330000－1704－0009432　013291　子部/藝術類/遊藝之屬/棋弈

睫巢鏡影十二卷　(清)童叶庚撰　清光緒十六年(1890)武林任有容齋刻本　二冊

330000－1704－0009434　013296　類叢部/叢書類/自著之屬

如諫果室叢刻三種　(清)王延釗撰　清宣統二年(1910)京師益森書館鉛印本(庚辛之際月表卷一原缺)　一冊

330000－1704－0009439　013304　子部/叢編

強自力齋集(清渠叢書)十四種三十三卷　(清)馮澂撰　清光緒二十三年(1897)上海著易堂石印本　六冊

330000－1704－0009440　013297　類叢部/叢書類/自著之屬

古桐書屋續刻三種　(清)劉熙載撰　清光緒十三年(1887)刻本　一冊

330000－1704－0009442　013305　類叢部/叢書類/自著之屬

隨山館全集七種附刻三種　(清)汪瑔撰　清光緒刻本　十二冊

330000－1704－0009445　013307　子部/醫家類/類編之屬

霄鵬先生遺著　(清)黃保康撰　清宣統三年(1911)南海黃氏刻本　三冊

330000－1704－0009446　013298　類叢部/叢書類/自著之屬

橘蔭軒全集七種　(清)陳錦撰　清光緒山陰陳氏橘蔭軒刻本　二十二冊　存六種

330000－1704－0009447　013308　新學/格致總

科學叢書第一集八種　樊炳清編　清光緒二十七年(1901)石印本　四冊　存三種

330000－1704－0009451　005676　類叢部/叢書類/彙編之屬

後知不足齋叢書四十七種　(清)鮑廷爵編　清同治至光緒常熟鮑氏刻本　一冊　存一種

330000－1704－0009452　013299　類叢部/叢書類/自著之屬

海嶽軒叢刻九種　(清)杜俞撰　清光緒三十三年(1907)蘇省刷印總局鉛印本　六冊　存六種

330000－1704－0009454　013309　類叢部/叢書類/家集之屬

富陽夏氏叢刻七種　夏震武　夏鼎武撰　清光緒刻本　四冊

330000－1704－0009457　005670　類叢部/叢書類/彙編之屬

文選樓叢書三十三種　(清)阮亨編　清嘉慶

至道光阮元刻道光二十二年(1842)阮亨彙印本　四册　存一種

330000－1704－0009458　013301　集部/别集類/清别集

含英軒文集十六卷(學堂芻言一卷經世曝言二卷中史辨論三卷外史論要六卷記傳雜著四卷)　鄭傳笈撰　清光緒三十年(1904)競化書局鉛印本　五册

330000－1704－0009459　013310　類叢部/叢書類/自著之屬

蟄廬叢書　(清)陳虬撰　清光緒甌雅堂刻本　六册　存二種

330000－1704－0009460　013302　類叢部/叢書類/自著之屬

儆居遺書十一種　(清)黄式三撰　清同治至光緒刻本　八册　存一種

330000－1704－0009461　005655　類叢部/叢書類/自著之屬

蘇齋叢書十八種　(清)翁方綱撰　清乾隆至嘉慶刻彙印本　一册　存一種

330000－1704－0009463　005657　類叢部/叢書類/自著之屬

頤志齋叢書二十二種　(清)丁晏撰　清道光至同治山陽丁氏六蓺堂刻同治元年(1862)彙印本　楊紹廉題記　一册　存二種

330000－1704－0009466　013303　類叢部/叢書類/自著之屬

宗月鋤先生遺箸八種　(清)宗廷輔撰　清光緒刻民國六年(1917)徐兆瑋印本　四册

330000－1704－0009467　013318　類叢部/叢書類/自著之屬

蟄廬叢書　(清)陳虬撰　清光緒石印本　六册　存二種

330000－1704－0009468　013312　類叢部/叢書類/自著之屬

東海褰冥氏三十以前舊學四種　(清)譚嗣同撰　清光緒二十八年(1902)石印本　二册

330000－1704－0009470　013313　類叢部/叢書類/家集之屬

如皋冒氏叢書三十四種附二種　冒廣生輯　清光緒至民國如皋冒氏刻本　戴學正題記並批　一册　存一種

330000－1704－0009476　004593　史部/地理類

小方壺齋輿地叢鈔十二帙補編十二帙再補編十二帙　(清)王錫祺輯　清光緒十七年至二十三年(1891－1897)上海著易堂鉛印本　二册　存五十五種

330000－1704－0009484　004594　史部/地理類

小方壺齋輿地叢鈔十二帙補編十二帙再補編十二帙　(清)王錫祺輯　清光緒十七年至二十三年(1891－1897)上海著易堂鉛印本　八册　存一百七十五種

330000－1704－0009498　013326　類叢部/叢書類/自著之屬

籛園叢書九種　(清)張慎儀撰　清光緒至民國刻本　十三册

330000－1704－0009499　013327　類叢部/叢書類/自著之屬

原學三種　陳澹然撰　清宣統三年(1911)安徽印刷局鉛印本　一册

330000－1704－0009502　004543　新學/雜著/小説

拿破崙本紀四十二章　(英國)洛加德撰　林紓　魏易譯　清光緒三十一年(1905)京師學務處官書局鉛印本　四册

330000－1704－0009503　004544　新學/史志/臣民傳記

美國名君言行録二卷　(美國)貝德禮撰　清光緒三十年(1904)上海廣學會鉛印本　一册

330000－1704－0009505　005691、005694、005695　類叢部/叢書類/家集之屬

觀古閣叢刻十五種　(清)鮑康編　清嘉慶十一年至光緒二十一年(1806－1895)歙縣鮑氏

刻本　三冊　存二種

330000－1704－0009517　013332　類叢部/叢書類/自著之屬
隨盦所著書四種　徐乃昌撰　清光緒刻民國四年(1915)南陵徐氏積學齋彙印本　二冊

330000－1704－0009518　004595　新學/地學/地志學
海道圖說十五卷長江圖說一卷　(英國)金約翰輯　(美國)金楷理口譯　(清)王德均筆述　清末刻本　十冊

330000－1704－0009521　004596　史部/地理類/外紀之屬
東西洋考十二卷　(明)張燮撰　明萬曆刻本　三冊

330000－1704－0009522　005692　類叢部/叢書類/家集之屬
觀古閣叢刻十五種　(清)鮑康編　清嘉慶十一年至光緒二十一年(1806－1895)歙縣鮑氏刻本　一冊　存一種

330000－1704－0009524　005693　史部/金石類/錢幣之屬
古泉叢話三卷又一卷　(清)戴熙撰　清同治十一年(1872)潘氏滂喜齋刻本　一冊

330000－1704－0009534　005697　類叢部/叢書類/彙編之屬
式訓堂叢書四十一種　(清)章壽康編　清光緒會稽章氏刻本　一冊　存一種

330000－1704－0009535　013328　類叢部/叢書類/自著之屬
琴志樓叢書四十六種　易順鼎撰　清光緒刻本　十八冊　存二十種

330000－1704－0009541　005699　類叢部/叢書類/自著之屬
石泉書屋全集六種　(清)李佐賢撰　清咸豐至光緒利津李氏刻本　十六冊　存一種

330000－1704－0009552　013341　類叢部/叢書類/自著之屬
侯官嚴氏叢刻五種　嚴復撰　清光緒二十七年(1901)南昌讀有用書齋刻本　四冊

330000－1704－0009560　005702　類叢部/叢書類/彙編之屬
平津館叢書八集三十八種　(清)孫星衍編　清嘉慶蘭陵孫氏刻本　一冊　存一種

330000－1704－0009562　004499　史部/傳記類/日記之屬
拙宜日記不分卷(咸豐九年四月至六月、十一月至咸豐十年八月)　(清)黃燮清撰　稿本　委羽山農題簽並記　一冊

330000－1704－0009563　005704　類叢部/叢書類/彙編之屬
晨風閣叢書二十二種　沈宗畸編　清宣統元年(1909)番禺沈氏刻本　一冊　存一種

330000－1704－0009567　005706　類叢部/叢書類/彙編之屬
貸園叢書初集十二種四十九卷　(清)周永年編　清乾隆五十四年(1789)歷城周氏竹西書屋重編印益都李文藻等刻本　一冊　存一種

330000－1704－0009573　004320　類叢部/叢書類/自著之屬
藤花亭十七種　(清)梁廷枏撰　清道光八年至十三年(1828－1833)刻本　十冊　存一種

330000－1704－0009575　004321　史部/地理類/方志之屬/郡縣志
濂溪志七卷濂溪遺芳集一卷　(清)周誥輯　清道光十九年(1839)道州周氏愛蓮堂刻本　四冊

330000－1704－0009578　004322　史部/傳記類/總傳之屬/儒林
程子[程顥、程頤]年譜二種十二卷首一卷終一卷　(清)池生春　(清)諸星杓輯　清咸豐五年(1855)味經室刻本　二冊

330000－1704－0009582　006087　經部/小學類/文字之屬/說文
說文五翼八卷　(清)王煦撰　清嘉慶十三年(1808)上虞王煦芮鞫山莊刻本　一冊

330000－1704－0009584　013365　類叢部/叢書類/彙編之屬

國朝名人著述叢編十三種　(清)□□編　清光緒五年(1879)上海淞隱閣鉛印本　四冊

330000－1704－0009585　004318　史部/傳記類/别傳之屬/年譜

朱子[朱熹]年譜四卷考異四卷　(清)王懋竑撰　**朱子論學切要語二卷**　(清)王懋竑輯　清乾隆十七年(1752)寶應王氏白田草堂刻本　四冊

330000－1704－0009586　013366　類叢部/叢書類/彙編之屬

崇文書局彙刻書三十一種　(清)崇文書局編　清光緒元年至三年(1875－1877)湖北崇文書局刻本　八十冊

330000－1704－0009587　005709　史部/金石類/石之屬/文字

攀古廔漢石紀存一卷　(清)潘祖蔭撰　清同治十二年(1873)潘氏滂喜齋刻本　一冊

330000－1704－0009588　004319　史部/傳記類/别傳之屬/年譜

朱子[朱熹]年譜四卷考異四卷附錄朱子論學切要語二卷附校勘記三卷　(清)王懋竑撰并輯　(清)王炳校勘　清同治九年(1870)永康應氏刻本　四冊

330000－1704－0009590　005709　史部/金石類/錢幣之屬

古泉叢話三卷又一卷　(清)戴熙撰　清同治十一年(1872)潘氏滂喜齋刻本　與330000－1704－0009587合一冊

330000－1704－0009593　004305　史部/地理類/專志之屬/祠墓

吳山伍公廟志六卷首一卷附一卷　(清)金文淳纂修　(清)沈永青增輯　清光緒二年(1876)刻本　一冊

330000－1704－0009598　004307　類叢部/叢書類/彙編之屬

王益吾所刻書十種　王先謙編　清光緒九年至十年(1883－1884)長沙王氏刻本　一冊　存一種

330000－1704－0009603　013367　類叢部/叢書類/彙編之屬

花雨樓叢鈔十一種續鈔十一種附一種　(清)張壽榮編　清光緒八年至十四年(1882－1888)蛟川張氏花雨樓刻本　五十一冊　存二十二種

330000－1704－0009605　004308　類叢部/叢書類/郡邑之屬

武林掌故叢編一百九十種　(清)丁丙編　清光緒三年至二十六年(1877－1900)錢塘丁氏嘉惠堂刻本([乾道]臨安志卷四至十五、南宋館閣錄卷一原缺)　二冊　存一種

330000－1704－0009607　004562　史部/傳記類/總傳之屬/家乘

南海九江朱氏家譜十二卷首一卷　(清)朱次琦等纂修　清同治八年(1869)刻本　十二冊

330000－1704－0009608　004309、004310、004311　類叢部/叢書類/彙編之屬

王益吾所刻書十種　王先謙編　清光緒九年至十年(1883－1884)長沙王氏刻本　五冊　存四種

330000－1704－0009610　013368　類叢部/叢書類/彙編之屬

嘯園叢書五十七種　(清)葛元煦編　清光緒二年至七年(1876－1881)仁和葛氏刻本　十三冊　存十一種

330000－1704－0009611　004312　史部/傳記類/别傳之屬

溫忠靖王傳略一卷　(清)趙嘉榍撰　清光緒五年(1879)刻本　一冊

330000－1704－0009615　004313　類叢部/叢書類/自著之屬

頤志齋叢書二十二種　(清)丁晏撰　清道光至同治山陽丁氏六蓺堂刻同治元年(1862)彙印本　一冊　存一種

330000－1704－0009617　013369　類叢部/

類書類/通類之屬

小嫏嬛山館彙刊類書十二種　(清)小嫏嬛山館編　清連元閣刻本　八册

330000－1704－0009618　004314　史部/地理類/專志之屬/祠墓

曹江孝女廟誌八卷首一卷末一卷補遺一卷　(清)金廷棟輯　(清)唐煦春增輯　清光緒八年(1882)五社公所刻本　二册

330000－1704－0009619　013374　類叢部/叢書類/彙編之屬

古逸叢書二十六種　(清)黎庶昌編　清光緒八年至十年(1882－1884)黎庶昌日本東京使署影刻本　四十一册　存二十五種

330000－1704－0009620　013370　類叢部/叢書類/彙編之屬

咫進齋叢書三十五種　(清)姚覲元編　清光緒九年(1883)歸安姚氏刻本　十八册

330000－1704－0009622　004315　類叢部/叢書類/彙編之屬

武英殿聚珍版書一百三十八種　清刻本　一册　存一種

330000－1704－0009623　005721　類叢部/叢書類/自著之屬

顧亭林先生遺書十種補遺十一種　(清)顧炎武撰　清蓬瀛閣刻吳縣朱記榮增刻光緒三十二年(1906)彙印本　一册　存一種

330000－1704－0009624　004564　史部/傳記類/總傳之屬/家乘

[廣東南海]南海學正黄氏家譜節本不分卷　黄任恒纂修　清宣統三年(1911)保粹堂刻本　二册

330000－1704－0009625　013371　類叢部/叢書類/彙編之屬

鐵華館叢書六種　(清)蔣鳳藻編　清光緒九年至十年(1883－1884)長洲蔣氏刻本　六册

330000－1704－0009627　005723　類叢部/叢書類/自著之屬

四録堂類集九種　(清)嚴可均撰　清嘉慶至道光刻本　一册　存一種

330000－1704－0009628　013372　類叢部/叢書類/彙編之屬

後知不足齋叢書四十七種　(清)鮑廷爵編　清同治至光緒常熟鮑氏刻本　三十二册　存十六種

330000－1704－0009629　004324　史部/傳記類/别傳之屬/事狀

鄂國金佗稡編二十八卷續編三十卷　(宋)岳珂編　清光緒九年(1883)浙江書局刻本　十册

330000－1704－0009630　013375　類叢部/叢書類/彙編之屬

古逸叢書二十六種　(清)黎庶昌編　清光緒八年至十年(1882－1884)黎庶昌日本東京使署影刻本　四十一册　存十九種

330000－1704－0009633　004325　史部/傳記類/别傳之屬/事狀

岳鄂王金陀稡編二十卷續編八卷首一卷　(宋)岳珂編　(清)岳士景重訂　清乾隆元年(1736)岳士景刻本　六册

330000－1704－0009634　005726　類叢部/叢書類/彙編之屬

函海一百六十種　(清)李調元編　清光緒七年至八年(1881－1882)廣漢鍾登甲樂道齋刻本　一册　存一種

330000－1704－0009635　013373　類叢部/叢書類/彙編之屬

後知不足齋叢書四十七種　(清)鮑廷爵編　清同治至光緒常熟鮑氏刻本　三十册　存十五種

330000－1704－0009636　004566　史部/傳記類/總傳之屬/家乘

普門張氏聞知録六卷首一卷　(清)張銘述　清道光二十六年至二十七年(1846－1847)張氏崇義堂刻本　一册　存四卷(首、一至三)

330000－1704－0009637　004326　史部/傳記類/别傳之屬/年譜

孱守齋所編年譜五種　(清)錢大昕撰　清嘉慶嘉興郡齋刻本　一冊

330000－1704－0009638　005732　類叢部/叢書類/彙編之屬
槐廬叢書四十六種　(清)朱記榮編　清光緒三年至十五年(1877－1889)吴縣朱氏槐廬家塾刻本　五冊　存二種

330000－1704－0009639　013377　類叢部/叢書類/彙編之屬
傳硯齋叢書十種　(清)吴丙湘編　清光緒十一年(1885)儀徵吴氏孱守山莊刻本　九冊

330000－1704－0009640　004327　史部/傳記類/別傳之屬
陳忠肅公[瓘]言行錄八卷　(宋)陳載興編輯　清光緒刻本　五冊　存七卷(二至八)

330000－1704－0009643　004569　史部/傳記類/總傳之屬/家乘
[江蘇吴江]河東家乘四卷　(清)柳樹芳纂修　清光緒八年(1882)刻本　二冊

330000－1704－0009644　013375　類叢部/叢書類/彙編之屬
古逸叢書二十六種　(清)黎庶昌編　清光緒八年至十年(1882－1884)黎庶昌日本東京使署影刻本　五冊　存三種

330000－1704－0009645　013378　類叢部/叢書類/彙編之屬
木犀軒叢書二十七種　李盛鐸編　清光緒德化李氏木犀軒刻本　二十二冊　存十八種

330000－1704－0009647　004570　史部/傳記類/總傳之屬/家乘
[浙江温州]東嘉王氏家錄續刻二卷附一卷　(清)王玉　(清)王壬輯　清道光八年(1828)王氏刻本　一冊

330000－1704－0009648　004433　史部/傳記類/別傳之屬/事狀
李鴻章(中國四十年來大事記)十二章　梁啓超撰　清末鉛印本　一冊

330000－1704－0009650　013379　類叢部/叢書類/彙編之屬
正覺樓叢刻(正覺樓叢書)二十九種　(清)崇文書局編　清光緒崇文書局刻本　三十六冊

330000－1704－0009653　005734　史部/金石類
金石全例　(清)朱記榮輯　清光緒刻十八年(1892)吴縣朱氏彙印本　四冊　存一種

330000－1704－0009655　013380　類叢部/叢書類/彙編之屬
仰視千七百二十九鶴齋叢書四十種　(清)趙之謙編　清光緒會稽趙氏刻本　三十冊

330000－1704－0009656　004437　史部/傳記類/別傳之屬/事狀
先府君事略一卷　吴啓孫撰　清光緒木活字印本　一冊

330000－1704－0009658　004438　史部/傳記類/別傳之屬/事狀
皇清誥授奉政大夫晉朝議大夫同知銜江西議敘知縣先考搗叔府君行略一卷　(清)趙壽佺　(清)趙壽俔　(清)趙壽偘撰　清刻本　一冊

330000－1704－0009659　013383　類叢部/叢書類/彙編之屬
心矩齋叢書八種　(清)蔣鳳藻編　清光緒九年至十四年(1883－1888)長洲蔣氏刻民國十四年(1925)蘇州文學山房印本　二十四冊　存七種

330000－1704－0009660　005738　類叢部/叢書類/彙編之屬
平津館叢書八集三十八種　(清)孫星衍編　清嘉慶蘭陵孫氏刻本　四冊　存一種

330000－1704－0009661　004572　史部/傳記類/總傳之屬/家乘
[浙江海寧]海寧巖門高氏四修家譜十四卷首一卷末一卷　(清)高仕謙　(清)高汴永纂修　清乾隆二十年(1755)刻本　五冊　缺四卷(三、十至十一,末)

330000－1704－0009663　005740　類叢部/叢書類/彙編之屬

知不足齋叢書一百九十六種　(清)鮑廷博編　(清)鮑士恭續編　清乾隆三十七年至道光三年(1772－1823)長塘鮑氏刻彙印本　一冊　存一種

330000－1704－0009665　013384　類叢部/叢書類/郡邑之屬

粟香室叢書五十九種　金武祥編　清光緒至民國江陰金氏刻本　二十冊　存二十五種

330000－1704－0009666　005742　類叢部/叢書類/彙編之屬

月河精舍叢鈔五種　(清)丁寶書編　清光緒四年至十二年(1878－1886)苕溪丁氏刻本　二冊　存一種

330000－1704－0009669　005751　類叢部/叢書類/彙編之屬

知不足齋叢書一百九十六種　(清)鮑廷博編　(清)鮑士恭續編　清乾隆三十七年至道光三年(1772－1823)長塘鮑氏刻彙印本　二冊　存一種

330000－1704－0009670　004442　類叢部/叢書類/自著之屬

香禪精舍集十種附一種另附四種　(清)潘鍾瑞撰　清光緒長洲潘氏香禪精舍刻本　一冊　存一種

330000－1704－0009672　004443　類叢部/叢書類/家集之屬

如皋冒氏叢書三十四種附二種　冒廣生輯　清光緒至民國如皋冒氏刻本　二冊　存一種

330000－1704－0009676　004573　史部/傳記類/總傳之屬/家乘

[浙江黃巖]黃城姜氏家譜六卷　(清)姜丹書編纂　(清)姜景華增輯　清光緒十三年至十五年(1887－1889)東禪來經堂刻本暨木活字印本　一冊　存三卷(一至三)

330000－1704－0009678　005755　類叢部/叢書類/彙編之屬

連筠簃叢書　(清)楊尚文編　清道光至光緒靈石楊氏刻本　四冊　存一種

330000－1704－0009679　004574　類叢部/叢書類/家集之屬

江都汪氏叢書七種　(清)汪喜孫編　清道光汪喜孫刻本　二冊　存一種

330000－1704－0009680　005756　類叢部/叢書類/自著之屬

息柯居士全集十二種　(清)楊翰撰　清同治至光緒刻本　一冊　存一種

330000－1704－0009681　004447　史部/傳記類/別傳之屬/事狀

愍孝錄不分卷　(清)王繼香輯　清光緒十年(1884)刻本　一冊

330000－1704－0009682　004448　史部/傳記類/別傳之屬/事狀

太常袁公行畧一卷附一卷　袁允橚等撰　清光緒三十一年(1905)商務印書館石印本　一冊

330000－1704－0009683　013444　經部/叢編

通藝錄十九種附二種　(清)程瑤田撰　清刻本　十九冊

330000－1704－0009685　005757　類叢部/叢書類/自著之屬

蕙風叢書七種附一種　況周頤撰　清光緒刻本　一冊　存一種

330000－1704－0009687　013386　子部/雜著類/雜考之屬

讀書叢錄二十四卷　(清)洪頤煊撰　清光緒十三年(1887)吳氏醉六堂刻本　八冊

330000－1704－0009688　004576　新學/史志/諸國史

世界諸國名義考　(日本)秋鹿見二撰　(清)沈誦清譯　清光緒二十九年(1903)廣智書局鉛印本　一冊

330000－1704－0009690　013445　類叢部/

叢書類/自著之屬

嘉定錢氏潛研堂全書二十種　(清)錢大昕撰　清嘉慶十年(1805)長沙龍氏家塾刻本　三冊　存一種

330000－1704－0009692　004450　類叢部/叢書類/自著之屬

月河草堂叢書三種　蔣清瑞編　清宣統至民國歸安蔣氏月河草堂刻本　一冊　存一種

330000－1704－0009695　013388　子部/藝術類/書畫之屬/畫譜

唐六如先生畫譜三卷　(明)唐寅輯　清石室山人刻本　一冊

330000－1704－0009700　004451　史部/傳記類/別傳之屬/事狀

皇清例授修職郎晉封文林郎前署海寧州學正會稽縣教諭兼理訓道事先考壽田府君行述一卷　王詠霓述　(清)許景澄填諱　清光緒活字印本　一冊

330000－1704－0009703　005762　類叢部/叢書類/彙編之屬

春暉堂叢書十二種　(清)徐渭仁編　清道光至咸豐上海徐渭仁刻同治九年至十年(1870－1871)徐允臨補刻彙印本　三冊　存一種

330000－1704－0009704　013389　子部/藝術類/書畫之屬

桐陰論畫三卷附錄一卷桐陰畫訣一卷續桐陰論畫一卷　(清)秦祖永撰　清同治三年至六年(1864－1867)刻朱墨套印本　四冊

330000－1704－0009705　005763　類叢部/叢書類/彙編之屬

滂喜齋叢書五十種　(清)潘祖蔭編　清同治至光緒吳縣潘氏京師刻本　一冊　存一種

330000－1704－0009710　013391　子部/藝術類/書畫之屬

桐陰論畫三卷附錄一卷桐陰畫訣一卷續桐陰論畫一卷　(清)秦祖永撰　清末石印本　二冊　存二卷(二編一至二)

330000－1704－0009713　004454　史部/傳記類/別傳之屬/墓誌

誥授光祿大夫兵部尚書贈太子少保毛文達公墓志銘一卷　(清)周壽昌撰　清光緒長沙周墨香簃刻本　一冊

330000－1704－0009714　013392　類叢部/叢書類/彙編之屬

知不足齋叢書一百九十六種　(清)鮑廷博編　(清)鮑士恭續編　清乾隆三十七年至道光三年(1772－1823)長塘鮑氏刻彙印本　一冊　存一種

330000－1704－0009715　005767　類叢部/叢書類/自著之屬

潛研堂全書十六種　(清)錢大昕撰　清乾隆至嘉慶刻本　一冊　存一種

330000－1704－0009718　013456　史部/傳記類/總傳之屬/家乘

普門張氏合刻備要彙紀　清咸豐三年(1853)張應琛、張應璠刻本　一冊

330000－1704－0009720　005769　類叢部/叢書類/彙編之屬

後知不足齋叢書四十七種　(清)鮑廷爵編　清同治至光緒常熟鮑氏刻本　一冊　存一種

330000－1704－0009724　005772　類叢部/叢書類/自著之屬

蘇齋叢書十八種　(清)翁方綱撰　清乾隆至嘉慶刻彙印本　一冊

330000－1704－0009725　004582　史部/地理類/方志之屬/郡縣志

瑞安縣志局總例六條一卷　(清)孫詒讓撰　清末東甌郭博古齋刻本　一冊

330000－1704－0009727　004581　史部/地理類/方志之屬/郡縣志

瑞安縣志局採訪人物條例一卷　(清)孫詒讓撰　清末刻本　一冊

330000－1704－0009730　004457　史部/傳記類/別傳之屬/事狀

皇清誥授光祿大夫兵部尚書兼都察院右都御史雲貴總督予謚武慎劉公行狀一卷　(清)王

定安撰　清光緒十六年(1890)刻本　一册

330000－1704－0009733　013460　集部/曲類/曲韻曲譜曲律之屬

遏雲閣曲譜初集不分卷　(清)王錫純輯　(清)李秀雲拍正　清光緒十九年(1893)著易堂鉛印本　四册

330000－1704－0009734　004458　史部/傳記類/别傳之屬/事狀

羅壯節公表忠錄二卷首一卷末一卷　(清)羅少村輯　清光緒元年(1875)宿松羅氏刻本　二册

330000－1704－0009735　013461　子部/術數類/數學之屬

黄氏數學啟蒙一卷　(清)黄慶澄撰　清光緒刻本　一册

330000－1704－0009737　004459　史部/傳記類/别傳之屬/事狀

曾太傅毅勇侯傳略一卷　(清)黎庶昌撰　清末刻本　一册

330000－1704－0009741　004412　史部/傳記類/别傳之屬

磨盾餘談二卷　(清)張炳撰　清刻本　一册

330000－1704－0009743　004413　史部/傳記類/别傳之屬

磨盾餘談二卷　(清)張炳撰　清刻本　一册

330000－1704－0009744　004414　史部/傳記類/别傳之屬/年譜

歸[有光]顧[炎武]朱[用純]三先生年譜合刻　(清)金吳瀾輯　清光緒六年(1880)嘉興金氏刻本　三册　存一種

330000－1704－0009748　005782　類叢部/叢書類/彙編之屬

文選樓叢書三十三種　(清)阮亨編　清嘉慶至道光阮元刻道光二十二年(1842)阮亨彙印本　清小東居士跋　一册　存一種

330000－1704－0009752　005783　類叢部/叢書類/自著之屬

古墨齋集十二種　(清)趙紹祖撰　清嘉慶元年至道光十四年(1796－1834)涇縣趙氏古墨齋刻本　十册　存一種

330000－1704－0009753　004587　史部/傳記類/總傳之屬/家乘

[浙江海寧]海寧陳氏家譜二十卷　(清)陳元龍纂修　(清)陳邦直增訂　清乾隆八年(1743)刻本　六册　缺五卷(十六至二十)

330000－1704－0009754　013400　類叢部/叢書類/彙編之屬

滂喜齋叢書　(清)潘祖蔭編　清末吳承志抄本　梅冷生題記　一册　存四種

330000－1704－0009757　004419　史部/傳記類/别傳之屬/年譜

雷塘庵主[阮元]弟子記八卷　(清)張鑑錄　(清)阮常生等續編　清道光二十一年(1841)甘泉羅士琳刻咸豐儀徵阮氏琅嬛仙館補刻本　二册

330000－1704－0009759　013403　類叢部/叢書類/自著之屬

亭林先生遺書彙輯二十三種附錄三種　(清)顧炎武撰　(清)席威　(清)朱記榮編　清光緒十一年至三十二年(1885－1906)吳縣朱氏槐廬家塾刻本　王理孚題記　一册　存三種

330000－1704－0009765　005791　類叢部/叢書類/自著之屬

潛園總集十七種　(清)陸心源撰　清同治至光緒刻本　楊紹廉題記　四册　存一種

330000－1704－0009768　004421　類叢部/叢書類/自著之屬

顧亭林先生遺書補遺十一種　(清)顧炎武撰　(清)席威　(清)朱記榮編　清光緒十一年(1885)吳縣朱記榮槐廬家塾刻本　一册　存一種

330000－1704－0009769　005792　類叢部/叢書類/自著之屬

潛園總集十七種　(清)陸心源撰　清同治至光緒刻本　三册　存一種

330000－1704－0009770　004330　史部/地理類/專志之屬/祠墓
岳廟志略十卷首一卷　(清)馮培輯　清光緒五年(1879)浙江書局刻本　四冊

330000－1704－0009772　004420　類叢部/叢書類/自著之屬
春融堂集三種　(清)王昶撰　清嘉慶青浦王氏塾南書舍刻本　楊紹廉題簽　一冊　存一種

330000－1704－0009775　004462　史部/傳記類/別傳之屬/事狀
康南海傳一卷　梁啓超撰　清末刻本　一冊

330000－1704－0009776　004422　類叢部/叢書類/自著之屬
洪北江先生遺集　(清)洪亮吉撰　清光緒洪用懃授經堂刻本　一冊　存一種

330000－1704－0009777　013469　史部/詔令奏議類/奏議之屬
變法自強奏議彙編二十卷　(清)毛佩之撰　清光緒二十七年(1901)上海書局石印本　十冊

330000－1704－0009780　004461　史部/傳記類/日記之屬
客閩日記不分卷(光緒十七年正月初一至五月二十二日)　清光緒十七年(1891)稿本　梅冷生題簽　一冊

330000－1704－0009785　004424　史部/傳記類/別傳之屬/年譜
閻潛丘先生[若璩]年譜一卷　(清)張穆編　清道光二十七年(1847)祁氏刻本　一冊

330000－1704－0009786　004333　史部/傳記類/別傳之屬/年譜
陳文節公[傅良]年譜一卷　(清)孫鏘鳴編　稿本　一冊

330000－1704－0009787　004426　史部/傳記類/別傳之屬/年譜
先船山公[王夫之]年譜前編一卷後編一卷　(清)王之春編　清光緒十九年(1893)刻本　二冊

330000－1704－0009789　005800　史部/金石類
陸厝沓古録　羅振玉輯　清光緒二十九年(1903)上虞羅氏石印本　一冊　存一種

330000－1704－0009790　004334　史部/地理類/專志之屬/祠墓
宋潛溪先生祠墓防護録一卷　(清)孫鏗輯
潛溪録目録一卷　丁立中撰　清光緒三十三年(1907)刻本　一冊

330000－1704－0009791　004428　史部/傳記類/別傳之屬/年譜
顧亭林先生[炎武]年譜一卷　(清)張穆編　清道光二十四年(1844)刻本　一冊

330000－1704－0009793　004429　史部/傳記類/別傳之屬/年譜
歸[有光]顧[炎武]朱[用純]三先生年譜合刻　(清)金吳瀾輯　清光緒六年(1880)嘉興金氏刻本　六冊

330000－1704－0009794　004465　史部/傳記類/別傳之屬
宜堂類編二十五卷　(清)丁中立編　清光緒二十六年(1900)錢塘丁氏嘉惠堂刻本　張崟批並跋　二冊

330000－1704－0009797　004467　類叢部/叢書類/自著之屬
葵園四種　王先謙撰　清光緒至民國長沙王氏刻本　三冊　存一種

330000－1704－0009799　004335　史部/傳記類/別傳之屬
詩人元遺山先生墓圖一卷　(清)汪本直輯
元遺山[好問]先生年譜一卷　(清)翁方綱編　清刻本　一冊

330000－1704－0009801　004427　史部/傳記類/別傳之屬/事狀
台星閣履歷一卷　(清)齊中嵚編　清抄本　一冊

330000－1704－0009805　004430　史部/傳記類/别傳之屬/年譜
阿文成公[阿桂]年譜三十四卷　(清)那彦成編　(清)王昶勘定　(清)盧蔭溥增修　清嘉慶十八年(1813)刻本　三十二册

330000－1704－0009806　004468　史部/傳記類/别傳之屬/年譜
小西腴山館主人[吴大廷]自著年譜二卷　(清)吴大廷撰　清光緒刻本　二册

330000－1704－0009808　004431　史部/傳記類/别傳之屬
求闕齋弟子記三十二卷　(清)王定安撰　清光緒二年(1876)都門刻本　十六册

330000－1704－0009809　004432　史部/傳記類/别傳之屬
求闕齋弟子記三十二卷　(清)王定安撰　清光緒二年(1876)都門刻本　八册　缺十六卷(三至十六、二十九至三十)

330000－1704－0009812　004469　史部/傳記類/别傳之屬/年譜
潘文勤公[祖蔭]年譜一卷　潘祖年編　清光緒刻本　一册

330000－1704－0009814　004337　史部/地理類/專志之屬/祠墓
岳廟志略十卷首一卷　(清)馮培輯　清光緒五年(1879)浙江書局刻本　四册

330000－1704－0009815　013470－7　新學/雜著/叢編
質學叢書初集三十種　(清)武昌質學會編　清光緒二十二年至二十三年(1896－1897)武昌質學會刻本　二册　存三種

330000－1704－0009817　013470－8　集部/别集類/清别集
水流雲在館奏議二卷　(清)宋晉撰　清光緒十三年(1887)刻本　二册

330000－1704－0009818　004470　史部/傳記類/别傳之屬/年譜
觀齋[祁寯藻]行年自記一卷　(清)祁寯藻撰　(清)祁世長續編　清同治壽陽祁氏刻本　一册

330000－1704－0009822　004340　史部/傳記類/别傳之屬/年譜
戚少保[繼光]年譜耆編十二卷首一卷　(明)戚祚國彙纂　(明)戚昌國集錄　清道光二十七年(1847)王氏刻光緒四年(1878)仙遊戚氏崇勲祠補刻本　十二册

330000－1704－0009824　004261　子部/小説家類/雜事之屬
明僮合錄二卷　(清)碧里生編　清同治六年(1867)擷芷館刻本　一册

330000－1704－0009825　004262　史部/地理類/專志之屬/祠墓
宋四賢祠附祀諸賢實錄一卷　(清)戴槃撰　清同治七年(1868)刻本　一册

330000－1704－0009826　004263　史部/傳記類/科舉録之屬/總録
毗陵科第考八卷　(清)赵熙鸿編　(清)錢人麟　(清)莊柱續編　清同治七年(1868)刻十二年(1873)重修本　二册

330000－1704－0009827　004264　類叢部/叢書類/自著之屬
陳澹然三種　(清)陳澹然撰　清光緒二十六年至二十八年(1900－1902)長沙刻本　劉紹寬題記　四册　存一種

330000－1704－0009829　004474　類叢部/叢書類/自著之屬
敝帚齋遺書四種　(清)徐鼒撰　清光緒三年(1877)六合徐氏刻本　一册　存一種

330000－1704－0009830　004265　史部/傳記類/總傳之屬
湖南褒忠錄初藁不分卷　(清)郭嵩燾等輯　清同治十二年(1873)仁和王文韶木活字印本　十五册

330000－1704－0009833　004342　史部/傳記類/别傳之屬/年譜
黄忠端公[尊素]年譜二卷忠端公年譜舊本一

卷　(清)黄炳垕編　清光緒元年(1875)留書種閣刻本　一冊

330000－1704－0009836　004266　史部/傳記類

海鹽陳氏二烈傳一卷　(清)許楣撰　**海鹽陳氏雙烈徵詩啟一卷**　(清)錢振倫撰　**季女長婦死難志略一卷**　(清)陳其泰識　清同治刻本　一冊

330000－1704－0009837　013470－12　史部/政書類/公牘檔冊之屬

浙江巡撫審訂諮議局議案錄八編　(清)浙江諮議局編　清宣統二年(1910)浙江官報兼印刷局鉛印本　八冊

330000－1704－0009839　013470－13　史部/政書類/公牘檔冊之屬

浙江巡撫審訂諮議局議案錄八編　(清)浙江諮議局編　清宣統二年(1910)浙江官報兼印刷局鉛印本　八冊

330000－1704－0009840　004343　史部/傳記類/別傳之屬/事狀

忠節紀畧八卷續編一卷　(清)柯自遂輯　清同治十年(1871)黄秉鈞刻本　二冊

330000－1704－0009842　013470－14　史部/政書類/公牘檔冊之屬

浙江諮議局籌辦處報告甲編一卷乙編二卷補遺一卷　清光緒至宣統鉛印本　四冊

330000－1704－0009843　013470－15　史部/政書類/公牘檔冊之屬

憲政編查館諮議局章程及選舉章程解釋彙鈔不分卷　(清)奕劻等撰　清宣統元年(1909)鉛印本　一冊

330000－1704－0009846　004269　史部/傳記類/職官録之屬

江寧同官錄一卷　(清)劉坤一輯　清光緒七年(1881)刻本　六冊

330000－1704－0009847　013470－16　史部/政書類/公牘檔冊之屬

浙江諮議局第一屆常年會議決案不分卷第二屆常年會議決案不分卷　(清)浙江諮議局編　清宣統鉛印本　一冊

330000－1704－0009848　004478　史部/傳記類/別傳之屬

徐錫麟一卷　清末石印本　一冊

330000－1704－0009850　004270　史部/傳記類/科舉録之屬/歷科鄉試録

[光緒八年壬午科]十八省鄉試同年錄不分卷　清光緒刻本　一冊

330000－1704－0009852　013470－17　史部/政書類/公牘檔冊之屬

浙江諮議局建議案一卷　(清)浙江諮議局編　清宣統鉛印本　一冊

330000－1704－0009854　013470－18　史部/政書類/公牘檔冊之屬

浙江諮議局議員質問書一卷附巡撫諮詢事件一卷　(清)浙江諮議局編　清宣統鉛印本　一冊

330000－1704－0009855　013470－19　史部/政書類/公牘檔冊之屬

浙江諮議局文牘第一編不分卷第二編不分卷　清宣統鉛印本　二冊

330000－1704－0009856　004480　史部/傳記類/別傳之屬

左文襄公榮哀録不分卷　(清)左念謙等編　清光緒刻本　四冊

330000－1704－0009857　004347　史部/傳記類/別傳之屬/年譜

楊忠愍公[繼盛]年譜家訓不分卷　(明)楊繼盛撰　清宣統二年(1910)刻本　一冊

330000－1704－0009859　013470－20　史部/政書類/公牘檔冊之屬

浙江地方自治籌辦處文報不分卷　(清)浙江地方自治籌辦處編　清宣統鉛印本　九冊　存九卷(一至九)

330000－1704－0009861　004272　史部/傳記類/職官録之屬

江南江寧同官錄不分卷　清末活字印本　六冊

330000－1704－0009863　004348　類叢部/叢書類/彙編之屬
集虚草堂叢書甲集九種　李國松編　清光緒三十年至三十二年(1904－1906)合肥李氏刻本　一冊　存一種

330000－1704－0009865　004273　史部/傳記類/職官録之屬
皖省同官錄不分卷　清同治十年(1871)刻本　四冊

330000－1704－0009866　004274　史部/傳記類/職官録之屬
浙江全省現任文職同官錄不分卷　清光緒九年(1883)薇垣竹葉山房活字印本　一冊

330000－1704－0009867　004482　史部/傳記類/別傳之屬/年譜
左文襄公[宗棠]年譜十卷　(清)羅正鈞編　清光緒二十三年(1897)湘陰左氏刻本　十冊

330000－1704－0009868　004349　史部/傳記類/別傳之屬/事狀
明郝太僕[景春]褒忠録六卷首一卷末一卷　(清)郝明龍輯　清道光十八年(1838)刻本　一冊　缺三卷(五至六、末)

330000－1704－0009871　004353　類叢部/叢書類/郡邑之屬
東倉書庫叢刻初編十一種　繆朝荃編　清光緒十二年至二十八年(1886－1902)太倉繆氏刻本　一冊　存一種

330000－1704－0009874　004276　類叢部/叢書類/彙編之屬
漸學盧叢書第一集十五種　(清)胡祥鑅編　清光緒元和胡氏石印本　二冊　存一種

330000－1704－0009875　004277　史部/傳記類/總傳之屬/仕宦
中興將帥別傳三十卷　朱孔彰撰　清光緒二十三年(1897)江寧刻本　十二冊

330000－1704－0009876　004483　史部/傳記類/別傳之屬/事狀
皇清誥封通議大夫顯考魯臣府君誥封淑人顯妣丁太淑人行述一卷　(清)魯衣言　(清)魯鏘鳴　(清)魯嘉言述　清末刻本　一冊

330000－1704－0009877　004484　史部/傳記類/別傳之屬/事狀
皇清誥封通議大夫顯考魯臣府君誥封淑人顯妣丁太淑人行述一卷　(清)魯衣言　(清)魯鏘鳴　(清)魯嘉言述　清末刻本　一冊

330000－1704－0009881　004485　史部/傳記類/別傳之屬/事狀
平陽范登良遺囑一卷附祭章一卷輓聯一卷　(清)范登良等撰　清光緒三十二年(1906)木活字印本　一冊

330000－1704－0009887　004281　史部/傳記類/別傳之屬/年譜
孔孟編年　(清)狄子奇輯　清光緒十三年(1887)浙江書局刻本　一冊　存一種

330000－1704－0009888　004486　史部/傳記類/別傳之屬/事狀
歲閲編一卷　(清)彭蘊琳撰　清道光抄本　一冊

330000－1704－0009889　004282　史部/傳記類/別傳之屬
先聖生卒年月日考二卷　(清)孔廣牧撰　清光緒十九年(1893)浙江書局刻本　一冊

330000－1704－0009890　013470－29　集部/小說類/長篇之屬
增評補像全圖金玉緣一百二十回首一卷　(清)曹霑　(清)高鶚撰　(清)王希廉　(清)張新之　(清)姚燮評　清光緒三十四年(1908)求不負齋石印本　十六冊

330000－1704－0009891　004487　史部/傳記類/日記之屬
項申甫日記不分卷(光緒二十二年至二十三年正月十九日)　(清)項崧撰　清光緒稿本　二冊

330000－1704－0009892　004283　史部/傳記類/別傳之屬/事狀

宗聖志二十卷　(清)王定安編　清光緒十六年(1890)金陵刻本　六册

330000－1704－0009895　004488　史部/傳記類/日記之屬

張小孟日記不分卷(光緒十二年七月十一日至十六年三月初七)　(清)張志瑛撰　清光緒稿本　梅冷生題簽　一册

330000－1704－0009896　004284　子部/叢編

二十二子(二十二子彙函)　(清)浙江書局編　清光緒元年至三年(1875－1877)浙江書局刻本　四册　存一種

330000－1704－0009898　004285　子部/叢編

韓晏合編二種　清吴鼒編　清嘉慶全椒吴氏刻本　二册　存一種

330000－1704－0009900　013470－31　經部/小學類/文字之屬/字書/字典

康熙字典十二集三十六卷總目一卷檢字一卷辨似一卷等韻一卷補遺一卷備考一卷　(清)張玉書等纂修　清末上海鴻寶書局石印本　五册　缺五卷(亥集上中下、補遺、備考)

330000－1704－0009902　013470－32　集部/總集類/選集之屬/通代

文選六十卷　(南朝梁)蕭統輯　(唐)李善注　**文選考異十卷**　(清)胡克家撰　清末上海鴻文書局石印本　十册

330000－1704－0009903　004286　子部/叢編

韓晏合編二種　清吴鼒編　清嘉慶全椒吴氏刻本　二册　存一種

330000－1704－0009904　004357　史部/傳記類/別傳之屬

劉如行先生事實不分卷　(清)陳懷敬撰　清抄本　一册

330000－1704－0009907　004287　史部/傳記類/別傳之屬/事狀

晏子春秋七卷　(清)蘇輿校注　清光緒十八年(1892)湖南思賢講舍刻本　二册

330000－1704－0009908　004491　類叢部/叢書類/自著之屬

陶樓雜著四種　(清)黄彭年撰　清光緒十五年(1889)貴筑黄氏刻本　一册　存一種

330000－1704－0009910　004288　史部/地理類/專志之屬/古跡

重纂三遷志十卷首一卷　(清)孟廣均輯　(清)陳錦　(清)孫葆田重輯　清光緒十三年(1887)山東書局刻本　六册

330000－1704－0009913　013470－33　經部/叢編

重刊宋本十三經注疏四百十六卷附十三經注疏校勘記四百十六卷　(清)阮元撰　(清)盧宣旬摘錄　清嘉慶二十年(1815)南昌府學刻本　五册　存一種

330000－1704－0009914　004359　史部/傳記類/別傳之屬

王陽明先生遺像不分卷　(明)張岱等撰　清光緒影印本　一册

330000－1704－0009915　004289　史部/傳記類/別傳之屬/年譜

孔孟編年　(清)狄子奇輯　清光緒十三年(1887)浙江書局刻本　一册　存一種

330000－1704－0009916　004494　類叢部/叢書類/自著之屬

曾文正公全集十六種　(清)曾國藩撰　清同治至光緒傳忠書局刻本　六册　存一種

330000－1704－0009917　004290　史部/傳記類/別傳之屬/年譜

孔子編年五卷　(宋)胡仔編　清嘉慶二十三年(1818)績溪胡氏家祠刻本　四册

330000－1704－0009918　004495　史部/傳記類/日記之屬

曾文正公手書日記不分卷(清道光二十一年正月初一日至同治十一年二月初三日)

（清）曾國藩撰　清宣統元年（1909）上海中國圖書公司石印本　四十册

330000－1704－0009919　004360　史部/傳記類/别傳之屬/年譜
武進李申耆［兆洛］先生年譜三卷先師小德錄一卷　（清）蔣彤編　清光緒十三年（1887）嘉興金吳瀾木活字印本　二册

330000－1704－0009921　013470－34　子部/宗教類/道教之屬/經文
玄關經二卷　（清）李昌仁撰　清光緒三十一年（1905）刻本　一册

330000－1704－0009923　004292　史部/地理類/專志之屬/古跡
闕里誌二十四卷　（明）陳鎬撰　（清）孔胤植重修　明崇禎刻清雍正補刻本　九册　存二十一卷（四至二十四）

330000－1704－0009929　004364　史部/傳記類/别傳之屬/事狀
明太師張文忠公世家初編四卷首一卷末一卷　（明）李思誠　（明）姜應麟輯　清末瑞安孫氏玉海樓抄本　一册

330000－1704－0009930　004293　史部/傳記類/别傳之屬/年譜
孔子編年五卷　（宋）胡仔編　清同治九年（1870）胡湛刻本　二册

330000－1704－0009931　000018　子部/叢編
二十二子（二十二子彙函）　（清）浙江書局編　清光緒元年至三年（1875－1877）浙江書局刻二十七年（1901）重修本　六十册　存十七種

330000－1704－0009937　004295　類叢部/叢書類/彙編之屬
明辨齋叢書三十二種　（清）余肇鈞編　清同治元年至九年（1862－1870）長沙余氏刻本　一册　存一種

330000－1704－0009939　013470－41　子部/術數類/命書相書之屬
春樹齋叢說一卷　（清）温葆深撰　清光緒二年（1876）金陵温氏刻本　二册

330000－1704－0009940　004296　史部/地理類/專志之屬/祠墓
漂母祠志七卷首一卷　（清）胡鳳丹輯　清光緒三年（1877）胡氏退補齋刻本　二册

330000－1704－0009941　004259　史部/傳記類/總傳之屬/技藝
天津名伶小傳一卷　題（清）劍影客撰　清宣統元年（1909）鉛印本　一册

330000－1704－0009943　004258　史部/傳記類/總傳之屬/仕宦
紫光閣功臣小像一卷湘軍平定粵匪戰圖一卷　（清）彭鴻年輯　（清）吳嘉猷等繪　清光緒二十七年（1901）上海點石齋石印本　一册

330000－1704－0009945　004297　史部/傳記類/别傳之屬
關帝志四卷　（清）張鎮輯　清刻本　四册

330000－1704－0009947　005814　史部/金石類/石之屬
遯盦古塼存不分卷　吳隱輯　清宣統二年（1910）西泠印社拓本　七册

330000－1704－0009948　004298　史部/傳記類/别傳之屬
漢關侯事蹟彙編八卷附錄四卷　（清）萬之衡　（清）吳寶彝輯　清嘉慶刻本　四册　存八卷（一至八）

330000－1704－0009949　004260　史部/傳記類/總傳之屬/斷代
國朝耆獻類徵初編七百二十卷賢媛類徵初編十二卷　（清）李桓輯　清光緒十年至十六年（1884－1890）湘陰李氏刻本（卷二十九至三十、一百十三至一百十七、一百二十至一百二十一、一百二十三、一百三十至一百三十二原缺）　二百九十九册　缺二卷（一百九十一至一百九十二）

330000－1704－0009950　000019　子部/叢編

二十二子(二十二子彙函)　(清)浙江書局編　清光緒元年至三年(1875－1877)浙江書局刻二十七年(1901)重修本　八十三冊

330000－1704－0009951　004366　史部/地理類/專志之屬/祠墓
西湖林公祠墓誌一卷　(清)程鍾瑞輯　清同治八年(1869)刻本　楊紹廉題記　一冊

330000－1704－0009953　004300　史部/傳記類/別傳之屬/事狀
忠武誌十卷　(清)張鵬翮輯　(清)周畹蘭增　清嘉慶十九年(1814)麻城周畹蘭刻本　六冊

330000－1704－0009954　004299　史部/地理類/專志之屬/祠墓
忠武祠墓志七卷首一卷末一卷　(清)李復心編　清同治五年至六年(1866－1867)山陰莫增奎沔署刻本　四冊

330000－1704－0009955　005815　新學/學校
國學教科書　清光緒鉛印本　一冊　存一種

330000－1704－0009958　004368　史部/傳記類/別傳之屬/事狀
皇清誥授奉政大夫吏部考功司主事顯考甲三府君行述一卷　(清)王濟榮述　清道光刻本　一冊

330000－1704－0009961　004302　史部/傳記類/別傳之屬/事狀
關帝聖蹟圖誌全集十卷　(清)盧湛等輯　王玉樹重訂　清道光三十年(1850)浙江慶廉刻本　四冊

330000－1704－0009962　004257　史部/傳記類/總傳之屬/斷代
欽定外藩蒙古回部王公表傳一百二十卷欽定續纂外藩蒙古回部王公傳十二卷表十二卷　清刻本　七十八冊　缺四卷(四十七至四十八、六十三至六十四)

330000－1704－0009964　004246　史部/傳記類/總傳之屬/斷代
國朝尚友錄八卷　(清)李佩芳　(清)孫鼎輯　清光緒二十八年(1902)上海南洋七日報館石印本　四冊

330000－1704－0009966　004222　史部/職官類/官制之屬
清秘述聞十六卷　(清)法式善編　清嘉慶四年(1799)刻本　四冊

330000－1704－0009968　004223　史部/傳記類/總傳之屬/仕宦
鶴徵錄八卷首一卷　(清)李集輯　(清)李富孫　(清)李遇孫續輯　**鶴徵後錄十二卷首一卷**　(清)李富孫輯　清嘉慶漾葭老屋刻同治修補本　六冊

330000－1704－0009970　004224　史部/紀傳類/別史之屬
國史儒林傳二卷文苑傳二卷循吏傳一卷賢良傳二卷　清刻本　四冊

330000－1704－0009971　005825　類叢部/叢書類/彙編之屬
微波榭叢書十一種　(清)孔繼涵編　清孔氏刻彙印本　二冊　存一種

330000－1704－0009974　004251　史部/傳記類/別傳之屬/事狀
左海交游錄一卷　(清)帥方蔚撰　清同治十年(1871)刻本　一冊

330000－1704－0009975　005838　類叢部/叢書類/自著之屬
邃雅堂全集九種　(清)姚文田撰　清嘉慶至光緒歸安姚氏刻本　二冊　存一種

330000－1704－0009977　004225　史部/傳記類/總傳之屬/仕宦
熙朝宰輔錄一卷　(清)潘世恩等輯　(清)沈桂芬增補　清光緒刻本　一冊

330000－1704－0009979　004252　史部/政書類/儀制之屬/專志/科舉校規
國朝貢舉考略四卷明貢舉考略二卷　(清)黄崇蘭輯　(清)趙學曾續輯　清光緒刻本　四冊　存四卷(一至四)

330000－1704－0009980　004369　史部/傳記類/别傳之屬/事狀
皇清增貢生鄂士府君行狀一卷　(清)戴以恒(清)戴其恒撰　清同治刻本　一册

330000－1704－0009981　004226　史部/傳記類/總傳之屬/郡邑
浙省節孝全録十一卷　(清)高念曾輯　清光緒十九年(1893)刻本　三册

330000－1704－0009982　005831　類叢部/叢書類/彙編之屬
邵武徐氏叢書二十三種　(清)徐幹編　清光緒邵武徐氏刻本　三册　存二種

330000－1704－0009983　004227　史部/傳記類/總傳之屬/郡邑
浙江忠義録十卷　(清)浙江采訪忠義總局編　清同治六年(1867)浙江采訪忠義總局刻本　四册

330000－1704－0009984　004253　史部/傳記類/總傳之屬/文苑
國朝名家詩鈔小傳四卷補遺一卷附録一卷　(清)鄭方坤撰　清光緒十二年(1886)萬山草堂刻本　二册

330000－1704－0009986　004228　史部/傳記類/總傳之屬/文苑
湖海詩傳小傳六卷　(清)王昶撰　清光緒四年(1878)上海淞隱閣鉛印本　二册

330000－1704－0009987　004370　類叢部/叢書類/家集之屬
長洲彭氏家集九種　(清)彭祖賢編　清同治至光緒刻本　一册　存一種

330000－1704－0009989　004254　史部/傳記類/總傳之屬/斷代
碑傳集一百六十卷首二卷末二卷　(清)錢儀吉輯　清光緒十九年(1893)江蘇書局刻本　六十册

330000－1704－0009990　004229　史部/傳記類/總傳之屬/文苑
漁洋感舊集小傳四卷補遺一卷　(清)盧見曾撰　清光緒四年(1878)鉛印本　一册　存三卷(三至四、補遺)

330000－1704－0009992　004255　史部/傳記類/總傳之屬/斷代
續碑傳集八十六卷首二卷　繆荃孫纂　清宣統二年(1910)江楚編譯書局刻本　二十四册

330000－1704－0009993　005865　經部/小學類/音韻之屬/古今韻説
六書音均表五卷　(清)段玉裁撰　清刻本　一册　存二卷(一至二)

330000－1704－0009995　004371　史部/傳記類/别傳之屬/年譜
張楊園[履祥]先生年譜一卷附録一卷　(清)蘇惇元編　清道光二十三年(1843)儀宋堂刻本　一册

330000－1704－0010000　000020　經部/易類/傳説之屬
孫氏周易集解十二卷附周易集解序并注一卷　(清)孫星衍撰　**周易口訣義六卷**　(唐)史徵撰　**周易口訣義補一卷**　(清)潘泉輯　清光緒二年(1876)廣陵雙梧書屋刻本　六册

330000－1704－0010001　004216　史部/傳記類/總傳之屬/仕宦
滿洲名臣傳四十八卷　(清)國史館撰　清菊花書屋刻本　四十八册

330000－1704－0010004　005845　類叢部/叢書類/自著之屬
鄒叔子遺書七種附二種　(清)鄒漢勛撰　清光緒八年(1882)鄒代鈞刻本　二册　存一種

330000－1704－0010007　004217　史部/傳記類/總傳之屬/仕宦
漢名臣傳三十二卷　(清)國史館撰　清菊花書屋刻本　三十二册

330000－1704－0010008　004234　史部/傳記類/總傳之屬/儒林
國朝漢學師承記八卷國朝經師經義目録一卷　(清)江藩撰　清嘉慶二十五年(1820)藝古堂刻本　二册

330000－1704－0010009　005844　類叢部/叢書類/自著之屬
古桐書屋六種　(清)劉熙載撰　清同治至光緒刻本　二册　存一種

330000－1704－0010010　004235　史部/傳記類/總傳之屬/儒林
國朝漢學師承記八卷國朝經師經義目錄一卷國朝宋學淵源記二卷附記一卷　(清)江藩撰　清光緒二十二年(1896)周大文堂刻本　四册

330000－1704－0010014　004219　史部/傳記類/科舉録之屬/總録
國朝兩浙科名錄不分卷　(清)黄安綬輯　清咸豐七年(1857)至光緒遞刻本　章嵚題記　二册

330000－1704－0010015　004236　史部/傳記類
國史備採錄六卷　(清)繆朝荃輯　清光緒九年(1883)抄本　六册

330000－1704－0010016　004160　史部/傳記類/總傳之屬/歷代
歷代名賢齒譜九卷歷代名媛齒譜三卷　(清)易宗涒輯　清雍正三年(1725)賜書堂刻乾隆六十年(1795)補刻本　十九册　缺一卷(九)

330000－1704－0010017　004375　史部/傳記類/别傳之屬/事狀
皇清誥授中憲大夫湖北糧儲道祖考敏齋公行述一卷　(清)林用光輯　**積石文稿一卷**　(清)張履撰　清道光刻本　一册

330000－1704－0010019　000026　類叢部/叢書類/彙編之屬
求實齋叢書十五種　(清)蔣德鈞編　清光緒湘鄉蔣氏龍安郡署刻本　一册　存一種

330000－1704－0010020　004238　史部/傳記類/總傳之屬/儒林
學案小識十四卷首一卷末一卷　(清)唐鑑撰　清光緒十年(1884)刻本　十一册　缺二卷(十四、末)

330000－1704－0010022　004162　史部/傳記類/總傳之屬/通代
尚友錄二十二卷補遺一卷　(明)廖用賢輯　(清)張伯琮補輯　清康熙浙蘭林天祿齋刻本　十册

330000－1704－0010023　005849　類叢部/叢書類/彙編之屬
微波榭叢書十一種　(清)孔繼涵編　清孔氏刻彙印本　一册　存一種

330000－1704－0010027　004376　類叢部/叢書類/自著之屬
黄勤敏公全集九種附一種　(清)黄鉞撰　清咸豐至同治刻本　一册　存一種

330000－1704－0010028　000035　經部/易類/傳說之屬
易說醒四卷首一卷末一卷　(明)洪守美撰　清同治十一年(1872)新豐刻本　一册　存二卷(首、一)

330000－1704－0010029　004239　史部/傳記類/總傳之屬/斷代
文獻徵存錄十卷　(清)錢林撰　清咸豐八年(1858)有嘉樹軒刻本　十册

330000－1704－0010030　004213　史部/傳記類/總傳之屬/仕宦
國朝名臣言行錄三十卷首一卷　(清)董壽輯　清光緒二十九年(1903)上海順成書局石印本　八册

330000－1704－0010031　004377　類叢部/叢書類/家集之屬
黎氏家集十二種附四種　(清)黎庶昌編　清光緒十四年至十五年(1888－1889)黎庶昌日本使署刻本暨鉛印本　一册　存一種

330000－1704－0010032　004240　史部/傳記類/職官録之屬
大清最新職官錄四卷　(清)彭汝疇編　清光緒三十一年(1905)復述齋刻本　四册

330000－1704－0010034　004214　史部/傳記類/總傳之屬/斷代

國朝先正事略六十卷 (清)李元度撰 清同治五年至八年(1866－1869)循陔草堂刻本 二十四册

330000－1704－0010035 000023 子部/叢編

子書二十八種彙函 (清)文瑞樓編 清宣統三年(1911)上海集成圖書公司鉛印本 四十八册

330000－1704－0010036 004163 史部/傳記類/總傳之屬/儒林

儒林宗派十六卷 (清)萬斯同撰 清宣統三年(1911)浙江圖書館刻本 二册

330000－1704－0010037 004164 史部/傳記類/總傳之屬/儒林

儒林宗派十六卷 (清)萬斯同撰 清宣統三年(1911)浙江圖書館刻本 二册

330000－1704－0010038 004241 史部/傳記類/職官録之屬/總録

大清搢紳全書四卷 清文寶齋刻本 四册

330000－1704－0010039 004215 史部/傳記類/總傳之屬/斷代

國朝先正事略六十卷 (清)李元度撰 清光緒二十八年(1902)益元書局刻本 二十四册

330000－1704－0010040 004174 史部/地理類/專志之屬/祠墓

篁墩程朱闕里祠志八卷 (清)徐光文等撰 清乾隆三十六年(1771)愛餘書屋刻本 四册

330000－1704－0010041 005851 類叢部/叢書類/彙編之屬

微波榭叢書十一種 (清)孔繼涵編 清孔氏刻彙印本 一册 存一種

330000－1704－0010042 004378 史部/地理類/遊記之屬/紀行

凝香室鴻雪因緣圖記二卷 (清)完顔麟慶撰 清道光十八年至二十一年(1838－1841)雲蔭堂刻本 二册 存二卷(一至二)

330000－1704－0010044 004167 史部/傳記類/總傳之屬/通代

人壽金鑑二十二卷 (清)程得齡輯 清光緒元年(1875)湖北崇文書局刻本 六册

330000－1704－0010048 004242 史部/傳記類/職官録之屬/總録

[清光緒三十四年冬季]大清搢紳全書四卷 清光緒三十四年(1908)榮録堂刻本 四册

330000－1704－0010049 004182 史部/傳記類/總傳之屬/儒林

宋元學案一百卷首一卷考畧一卷 (清)黄宗羲撰 (清)全祖望修定 (清)王梓材 (清)馮雲濠校並考 清光緒五年(1879)長沙寄廬刻本 四十册

330000－1704－0010050 004243 史部/傳記類/總傳之屬/斷代

敏求軒述記十六卷 (清)陳世箴輯 清道光二十八年(1848)刻本 八册

330000－1704－0010053 004183 史部/職官類/官制之屬/專志

宋宰輔編年錄二十卷 (宋)徐自明纂 清抄本 劉景晨校 十六册

330000－1704－0010057 004191 史部/傳記類/總傳之屬/儒林

明儒學案六十二卷師說一卷 (清)黄宗羲撰 清光緒十四年(1888)南昌縣學刻本 三十二册

330000－1704－0010058 004084 史部/傳記類/總傳之屬/仕宦

歷代名臣言行錄二十四卷首一卷 (清)朱桓輯 清光緒三十年(1904)上海商務印書館鉛印本 八册

330000－1704－0010061 004085 史部/傳記類/總傳之屬

北學編四卷 (清)魏一鼇輯 (清)尹會一續 清道光二十四年(1844)刻本 一册 存二卷(一至二)

330000－1704－0010062 004190 史部/傳記類/總傳之屬/儒林

明儒學案六十二卷師說一卷附案一卷　（清）黄宗羲撰　清康熙三十年（1691）萬言、三十二年（1693）賈樸、雍正十三年至乾隆四年（1735－1739）慈溪鄭性二老閣刻光緒八年（1882）馮全垓修補本　二十四册

330000－1704－0010063　004086　史部/政書類/儀制之屬/典禮
文廟思源錄一卷　（清）葉慶禔編　清同治九年（1870）霅溪縣署刻本　一册

330000－1704－0010064　004170　史部/傳記類/總傳之屬/通代
廿二史言行略四十二卷　（清）過元旼輯　清嘉慶十五年（1810）拜經齋刻本　五册　存四十一卷（一至四十一）

330000－1704－0010066　004194　史部/傳記類/總傳之屬/儒林
明儒學案六十二卷師說一卷　（清）黄宗羲撰　清道光元年（1821）會稽莫晉、莫階刻本　十六册

330000－1704－0010067　004172　史部/傳記類/總傳之屬/文苑
唐才子傳十卷　（元）辛文房撰　清道光十九年（1839）孫雲鴻味古書室刻本　五册

330000－1704－0010068　000070　經部/叢編
御纂七經二百八十卷首十一卷序三卷　（清）李光地等撰　清刻本　二十册

330000－1704－0010069　004087　史部/傳記類/總傳之屬/仕宦
五朝名臣言行錄前集十卷後集十四卷　（宋）朱熹輯　**續集八卷别集二十六卷外集十七卷**　（宋）李幼武輯　清道光歙績學堂洪氏刻本　十六册

330000－1704－0010070　004195　史部/傳記類/總傳之屬/儒林
明儒學案六十二卷師說一卷　（清）黄宗羲撰　清道光元年（1821）會稽莫晉、莫階刻本　符璋批　十六册

330000－1704－0010076　005875　經部/小學類/音韻之屬/韻書
古音類表九卷　（清）傅壽彤撰　清同治三年（1864）宛南郡署刻本　二册

330000－1704－0010077　004090　子部/儒家類/儒學之屬
正學編八卷　（清）潘世恩輯　（清）潘曾瑋疏解　清同治六年（1867）刻本　四册

330000－1704－0010083　004091　史部/傳記類/總傳之屬/忠孝
永嘉節孝姓氏錄三卷　清末抄本　唐志廉、蘇繩武題記　一册

330000－1704－0010085　004186　類叢部/叢書類/自著之屬
潛園總集十七種　（清）陸心源撰　清同治至光緒刻本　三册　存一種

330000－1704－0010086　004093　史部/史評類/史論之屬
唐宋名賢歷代確論一百卷　清光緒二十八年（1902）石印本　八册

330000－1704－0010087　005888　類叢部/叢書類/自著之屬
北江全集七種　（清）洪亮吉撰　清乾隆至嘉慶刻彙印本　一册　存一種

330000－1704－0010088　004187　史部/傳記類/别傳之屬/年譜
延平四先生［楊時、羅從彦、李侗、朱考亭］年譜　（清）毛念恃編　清乾隆十年（1745）張坦刻本　二册

330000－1704－0010089　005889　類叢部/叢書類/家集之屬
績溪胡氏叢書十種　（清）胡培系編　清同治十年至光緒二年（1871－1876）世澤樓刻本暨木活字印本　一册　存一種

330000－1704－0010092　004188　類叢部/叢書類/彙編之屬
正誼堂全書六十三種續刻五種　（清）張伯行編　（清）楊浚重編　清同治五年（1866）福州

正誼書院刻同治八年至光緒十三年(1869－1887)續刻本　二冊　存一種

330000－1704－0010093　005891　類叢部/叢書類/自著之屬
周松靄先生遺書八種　(清)周春撰　清乾隆至嘉慶刻本　二冊　存一種

330000－1704－0010095　004384　類叢部/叢書類/家集之屬
沈端恪公遺書二種　(清)沈曰富編　清同治十二年(1873)浙江書局刻本　二冊

330000－1704－0010096　004385　史部/傳記類/别傳之屬/年譜
丹魁堂[季芝昌]自訂年譜一卷感遇錄一卷　(清)季芝昌撰　清同治三年(1864)崇川文成堂刻本　一冊

330000－1704－0010097　000050　經部/易類/傳說之屬
易漢學八卷　(清)惠棟撰　清刻本　楊紹廉題簽　一冊

330000－1704－0010098　000051　經部/易類/傳說之屬
御纂周易述義十卷　(清)傅恆等撰　清刻本　四冊

330000－1704－0010099　004181　史部/傳記類/總傳之屬/儒林
宋元學案一百卷首一卷考畧一卷　(清)黃宗羲撰　(清)全祖望修定　(清)王梓材(清)馮雲濠校並考　清光緒五年(1879)長沙寄廬刻本　四十冊

330000－1704－0010101　004094　史部/傳記類/總傳之屬/通代
洛學編四卷　(清)湯斌輯　**續編一卷**　(清)尹會一輯　清乾隆三年(1738)刻本　二冊

330000－1704－0010102　004189　史部/傳記類/總傳之屬/仕宦
宋名臣言行錄前集十卷後集十四卷續集八卷別集二十六卷外集十七卷　(宋)□□輯　清道光二十二年(1842)丹徒包氏刻本　十二冊

330000－1704－0010103　004095　史部/傳記類/總傳之屬/仕宦
道齊正軌二十卷　(清)鄒鳴鶴撰　清道光三十年(1850)刻本　六冊

330000－1704－0010104　004387　史部/傳記類/别傳之屬/年譜
陳步雲年譜一卷　(清)陳步雲撰　清道光二十五年(1845)二思堂刻本　一冊

330000－1704－0010105　000053　類叢部/叢書類/自著之屬
張臯文箋易詮全集十六種　(清)張惠言撰　清嘉慶八年至道光十年(1803－1830)刻本　十一冊　存十種

330000－1704－0010107　004388　史部/傳記類/别傳之屬/年譜
朱文端公[軾]年譜一卷　(清)朱瀚輯　(清)朱舲補訂　清同治十年(1871)古唐朱氏刻本　一冊

330000－1704－0010108　005892　類叢部/叢書類/彙編之屬
貸園叢書初集十二種四十九卷　(清)周永年編　清乾隆五十四年(1789)歷城周氏竹西書屋重編印益都李文藻等刻本　二冊　存一種

330000－1704－0010109　004389　類叢部/叢書類/家集之屬
冒氏叢書三十四種附二種　冒廣生編　清光緒至民國如臯冒氏刻本　一冊　存一種

330000－1704－0010110　004096　史部/傳記類/總傳之屬/儒林
希聖贅言四卷　(清)祝登雲編　清咸豐刻本　一冊

330000－1704－0010111　000062　經部/叢編
省吾堂四種二十五卷　(清)蔣光弼輯　清刻本　一冊　存一種

330000－1704－0010112　004196　史部/政書類/科舉學校之屬
增補貢舉考略五卷(明貢舉考略二卷國朝貢

舉考略三卷）（清）黄崇蘭輯　（清）趙學曾續輯　清道光元年(1821)刻本　二册

330000－1704－0010113　004103　史部/傳記類/總傳之屬/通代
學統五十六卷　（清）熊賜履編　清刻本　十六册

330000－1704－0010114　004097　史部/傳記類/總傳之屬/通代
洛學編六卷　（清）湯斌輯　（清）尹會一續輯　（清）郭程先補輯　清光緒二年(1876)有不為齋刻本　二册

330000－1704－0010115　004197　史部/傳記類/科舉録之屬/諸貢録
明貢舉考畧二卷　（清）黄崇蘭輯　清刻本　二册

330000－1704－0010116　005895　類叢部/叢書類/自著之屬
邃雅堂全集九種　（清）姚文田撰　清嘉慶至光緒歸安姚氏刻本　五册　存一種

330000－1704－0010119　004098　類叢部/叢書類/自著之屬
湯子遺書(湯文正公全集)七種　（清）湯斌撰　清同治九年(1870)蘇廷魁等刻本　一册　存一種

330000－1704－0010121　005902　類叢部/叢書類/郡邑之屬
畿輔叢書一百二十六種　（清）王灝編　清光緒五年至十八年(1879－1892)定州王氏謙德堂刻三十二年(1906)彙印本　二册

330000－1704－0010122　000063　經部/易類/傳說之屬
周會魁校正易經大全二十卷首一卷　（明）胡廣等纂修　（明）周士顯校正　清豫章東邑書林王氏刻本　八册

330000－1704－0010123　004099　史部/傳記類/總傳之屬/通代
洛學編四卷　（清）湯斌輯　**續編一卷**　（清）尹會一輯　**補編一卷**　（清）郭程先輯　清光緒二年(1876)鉛印本　二册

330000－1704－0010126　005907　經部/群經總義類/文字音義之屬
九經補韻一卷附錄一卷　（宋）楊伯喦撰　（清）錢侗攷證　清嘉慶四年(1799)刻本　一册

330000－1704－0010127　000064　類叢部/叢書類/彙編之屬
雅雨堂叢書(雅雨堂藏書)十三種　（清）盧見曾編　清乾隆二十一年(1756)德州盧氏雅雨堂刻增修本　六册　存二種

330000－1704－0010128　005911　類叢部/叢書類/彙編之屬
汗筠齋叢書第一集(蘭芬齋叢書初集)四種　（清）秦鑑編　清嘉慶三年至四年(1798－1799)嘉定秦氏刻本　一册　存一種

330000－1704－0010129　004105　集部/總集類/郡邑之屬
松陵文錄二十四卷　（清）淩淦輯　**作者姓氏爵里著述攷一卷**　（清）柳兆薰撰　**刊誤一卷**　（清）沈成章撰　清同治十三年(1874)刻本　一册　缺二十四卷(一至二十四)

330000－1704－0010130　004200　史部/傳記類/總傳之屬
明名臣言行錄九十五卷　（清）徐開任撰　清康熙刻本　四册　存二十六卷(二十三至四十、六十五至七十二)

330000－1704－0010131　004392　史部/傳記類/別傳之屬/事狀
褒忠錄[陳化成]四卷末一卷　（清）黄仁　（清）顧夔編　清道光二十三年(1843)刻本　二册

330000－1704－0010132　004201　史部/傳記類/總傳之屬/斷代
明季甌江四先生殉節一卷　（清）鄭烺輯　清刻本　一册

330000－1704－0010133　004107　類叢部/叢書類/自著之屬

郝氏遺書三十三種　(清)郝懿行撰　清嘉慶至光緒刻彙印本　四册　存一種

330000－1704－0010134　000065　經部/易類/傳說之屬
易經精華六卷首一卷末一卷　(清)薛嘉穎撰　清道光元年(1821)光韙堂刻本(卷首原缺)　一册

330000－1704－0010135　004100　史部/地理類/專志之屬/祠墓
兩浙防護陵寢祠墓錄不分卷　(清)阮元輯　清光緒十五年(1889)浙江書局刻本　二册

330000－1704－0010136　004108　史部/傳記類/總傳之屬/列女
廣列女傳二十卷附錄一卷　(清)劉開纂　清道光二十六年(1846)刻本　八册

330000－1704－0010137　005918　經部/叢編
曹楝亭五種六十五卷　(清)曹寅輯　清康熙四十五年(1706)揚州使院刻本　十册　存一種

330000－1704－0010138　004101　史部/傳記類/總傳之屬/姓名
歷代名賢列女氏姓譜一百五十七卷　(清)蕭智漢輯　清嘉慶二十年(1815)刻本　一百二十册

330000－1704－0010139　004109　類叢部/叢書類/彙編之屬
半畝園叢書三十種　(清)吳坤修編　清同治新建吳氏皖城刻本　六册　存一種

330000－1704－0010140　000066　經部/易類/傳說之屬
周易義傳合訂十五卷首一卷　(宋)朱熹　(宋)程頤撰　(清)張道緒音釋　清嘉慶十六年(1811)人境軒刻本　四册

330000－1704－0010141　004202　史部/傳記類/總傳之屬/斷代
貳臣傳十二卷　(清)國史館撰　清刻本　八册

330000－1704－0010142　004203　史部/傳記類/總傳之屬/斷代
貳臣傳十二卷逆臣傳四卷　(清)國史館撰　清都城琉璃廠半松居士刻本　二册　存四卷(逆臣傳一至四)

330000－1704－0010143　004110　類叢部/叢書類/彙編之屬
崇文書局彙刻書三十一種　(清)崇文書局編　清光緒元年至三年(1875－1877)湖北崇文書局刻本　四册　存一種

330000－1704－0010145　004204　史部/傳記類/總傳之屬/斷代
逆臣傳不分卷　清抄本　四册

330000－1704－0010146　000067　經部/易類/傳說之屬
周易觀象十二卷　(清)李光地撰　清刻本　四册

330000－1704－0010147　005923　集部/詞類/類編之屬
四印齋所刻詞三十一種　(清)王鵬運編　清光緒十四年(1888)桂林王氏四印齋刻本　二册　存一種

330000－1704－0010148　000068　經部/叢編
十三經讀本一百五十二卷　(清)□□編　清同治金陵書局刻本　三册　存一種

330000－1704－0010149　004394　史部/傳記類/別傳之屬/年譜
樂山[許松年]年譜一卷　(清)許松年撰　清道光刻本　一册

330000－1704－0010150　004111　史部/傳記類/總傳之屬/列女
列女傳二卷　(漢)劉向撰　(明)汪道昆輯　(明)仇英繪圖　清光緒十六年(1890)石印本　二册

330000－1704－0010152　000069　類叢部/叢書類/自著之屬
汪雙池先生叢書二十種附浙刻雙池遺書十二

種 (清)汪紱撰 清道光至光緒刻光緒二十三年(1897)長安趙舒翹等彙印本 十三冊 存一種

330000－1704－0010154 004395 史部/傳記類/別傳之屬/年譜

皇清敕授修職郎誥封朝議大夫顯考警石府君[錢泰吉]年譜一卷 (清)錢應溥撰 清同治三年(1864)刻本 一冊

330000－1704－0010157 004132 史部/傳記類/總傳之屬/郡邑

於越先賢傳一卷 (清)王齡撰 (清)任熊繪像 清光緒十二年(1886)上海同文書局石印本 一冊

330000－1704－0010160 004113 史部/傳記類/總傳之屬/列女

列女傳八卷 (漢)劉向撰 (清)梁端校注 清道光十七年(1837)錢唐汪氏振綺堂刻同治十三年(1874)補刻本 一冊 存四卷(一至四)

330000－1704－0010161 004397 史部/傳記類/別傳之屬/年譜

姚惜抱先生[鼐]年譜一卷 (清)鄭福照輯 清同治七年(1868)刻本 一冊

330000－1704－0010162 000072 經部/易類/傳說之屬

梁山來知德先生易經來註十五卷末一卷上下經篇義一卷易說雜說諸圖一卷易學六十四卦啓蒙一卷 (明)來知德撰 (清)崔華重訂 清敦仁堂刻本 十冊

330000－1704－0010163 004133 史部/傳記類/總傳之屬

晉陵先賢傳不分卷 (明)歐陽東鳳輯 清木活字印本 二冊

330000－1704－0010164 004211 史部/傳記類/總傳之屬/仕宦

史外八卷 (清)汪有典撰 清同治三年(1864)尋樂山房刻本 八冊

330000－1704－0010165 004398 史部/傳記類/別傳之屬/事狀

遺愛錄一卷附錄一卷 (清)陳翼輯 清嘉慶十一年(1806)刻本 一冊

330000－1704－0010166 004209 類叢部/叢書類/自著之屬

張南山全集十二種 (清)張維屏撰 清道光十年(1830)刻本 十六冊 存一種

330000－1704－0010167 000071 經部/易類/傳說之屬

新刻來瞿唐先生易註十五卷首一卷末一卷 (明)來知德撰 清同治九年(1870)刻本 十一冊

330000－1704－0010168 004135 類叢部/叢書類/自著之屬

率祖堂叢書八種附六種 (宋)金履祥撰 清雍正至乾隆金華金氏刻光緒十三年(1887)鎮海謝駿德補刻本 八冊 存一種

330000－1704－0010169 005926 類叢部/叢書類/自著之屬

古桐書屋六種 (清)劉熙載撰 清同治至光緒刻本 一冊 存一種

330000－1704－0010170 000073 經部/易類/傳說之屬

新刻來瞿唐先生易註十五卷首一卷末一卷 (明)來知德撰 清刻本 十二冊

330000－1704－0010171 004136 史部/傳記類/總傳之屬/文苑

西湖三祠名賢考畧三卷首一卷 (清)戴啓文撰 清光緒三十年(1904)丹徒戴啓文刻本 一冊 存二卷(首、一)

330000－1704－0010172 004114 類叢部/叢書類/彙編之屬

文選樓叢書三十三種 (清)阮亨編 清嘉慶至道光阮元刻道光二十二年(1842)阮亨彙印本 四冊 存一種

330000－1704－0010173 005927 類叢部/叢書類/自著之屬

古桐書屋六種 (清)劉熙載撰 清同治至光

緒刻本　二冊　存一種

330000－1704－0010174　004399　史部/傳記類/別傳之屬/事狀

許將軍小傳一卷　(清)鮑作雨撰　清抄本　一冊

330000－1704－0010175　004115　史部/傳記類/總傳之屬/列女

越女表微錄五卷　(清)汪輝祖纂　清光緒十八年(1892)杭州浙江學院刻本　一冊

330000－1704－0010176　003956　史部/紀事本末類/斷代之屬

欽定廓爾喀紀畧五十四卷首四卷　清乾隆六十年(1795)武英殿刻本　三十二冊

330000－1704－0010178　004116　史部/傳記類/總傳之屬/列女

典故列女傳四卷　清光緒六年(1880)刻本　謝磊明題簽　四冊

330000－1704－0010181　004117　史部/傳記類/總傳之屬/郡邑

瑞安列女志一卷補遺一卷附事畧　(清)瑞安縣志局輯　清光緒二十五年(1899)刻本　一冊

330000－1704－0010182　000074　經部/易類/傳說之屬

讀易蒐十二卷　(清)鄭賡唐撰　清光緒四年(1878)五雲松溪刻本　六冊

330000－1704－0010186　004138　史部/傳記類/總傳之屬/通代

百將圖傳二卷　(清)丁日昌編　清同治八年(1869)江蘇書局刻本　清顧曾壽題記　二冊

330000－1704－0010187　004118　史部/傳記類/總傳之屬/郡邑

瑞安列女志一卷補遺一卷附事畧　(清)瑞安縣志局輯　清光緒二十五年(1899)刻本　一冊

330000－1704－0010190　004119　史部/傳記類/總傳之屬/列女

典故列女全傳四卷　清李光明莊刻本　四冊

330000－1704－0010191　000076　經部/易類/傳說之屬

師白山房講易四卷　(清)張學尹撰　清道光九年(1829)刻本　六冊

330000－1704－0010192　004134　史部/政書類

國朝常郡文獻備采錄不分卷　莊毓鋐錄　清末抄本　三冊

330000－1704－0010193　003960　史部/雜史類/斷代之屬

悲憤記一卷　(清)鮑廷薦撰　(清)朱表民注釋　清抄本　一冊

330000－1704－0010194　000083　經部/叢編

四書五經九種　(清)鮑氏輯　清同治三年(1864)浙江撫署刻本　二冊　存一種

330000－1704－0010197　004140　史部/傳記類/總傳之屬/姓名

史姓韻編六十四卷　(清)汪輝祖撰　清光緒十年(1884)上海中西書局石印本　四冊

330000－1704－0010199　004121　類叢部/叢書類/家集之屬

如臯冒氏叢書三十四種附二種　冒廣生輯　清光緒至民國如臯冒氏刻本　四冊　存一種

330000－1704－0010200　000080　經部/叢編

通志堂經解一百四十種　(清)納蘭成德輯　清康熙十九年(1680)納蘭成德刻本　三冊　存二種

330000－1704－0010201　003964　史部/政書類/邦計之屬/貿易

國朝柔遠記二十卷　(清)王之春輯　清光緒十七年(1891)廣雅書局刻本　六冊

330000－1704－0010205　004141　史部/傳記類/總傳之屬/姓名

九史同姓名略七十二卷補遺四卷　(清)汪輝

祖撰　清乾隆五十六年(1791)雙節堂刻本　十二册

330000 - 1704 - 0010207　005932　經部/小學類/訓詁之屬/字詁

班馬字類二卷　(宋)婁機撰　清刻本　一册

330000 - 1704 - 0010208　003965　史部/叢編

九通二千三百二十一卷　(清)□□輯　清光緒八年至二十二年(1882 - 1896)浙江書局刻本　二十七册　缺四十五卷(六十一至一百五)

330000 - 1704 - 0010209　004126　史部/傳記類/總傳之屬/郡邑

甌海軼聞五十八卷　(清)孫衣言撰　清光緒刻本　孫延釗批並校　二十册

330000 - 1704 - 0010210　004401　史部/傳記類/別傳之屬/事狀

誥授建威將軍浙江提督總兵官總統閩浙水師軍功加二級紀錄二次追封三等壯烈伯世襲謚忠毅顯考西巖府君行述一卷　(清)李廷鈺撰　清嘉慶刻本　一册

330000 - 1704 - 0010214　004143　史部/傳記類/總傳之屬/姓名

史姓韻編六十四卷　(清)汪輝祖撰　清同治九年(1870)金陵書局木活字印本　二十四册

330000 - 1704 - 0010215　005934　類叢部/叢書類/自著之屬

燕禧堂五種　(清)任大椿輯撰　清乾隆刻本　一册　存一種

330000 - 1704 - 0010217　004127　史部/傳記類/總傳之屬/郡邑

甌海軼聞五十八卷　(清)孫衣言撰　清光緒刻本　二十册

330000 - 1704 - 0010218　004145　史部/傳記類/總傳之屬/姓名

史姓韻編六十四卷　(清)汪輝祖撰　清刻本　二十册

330000 - 1704 - 0010219　004402　史部/傳記類/別傳之屬/年譜

禧壽堂[盧蔭溥]自訂年譜一卷　(清)盧蔭溥撰　清道光十九年(1839)德州盧氏刻本　一册

330000 - 1704 - 0010223　003971　新學/史志/戰記

中國六十年戰史十三章　(英國)艾特華斯撰　史悠明　(清)程履祥譯校　清光緒二十九年(1903)上海美華書館鉛印本　六册

330000 - 1704 - 0010225　004144　史部/傳記類/總傳之屬/姓名

百家姓考略一卷　(清)王相箋注　清乙照齋刻本　一册

330000 - 1704 - 0010226　000086　類叢部/叢書類/自著之屬

一經廬叢書五種　(清)姚配中撰　清道光二十五年(1845)一經廬木活字印本　一册　存一種

330000 - 1704 - 0010227　003973　史部/雜史類/斷代之屬

中西紀事二十四卷首一卷　(清)夏燮撰　清同治七年(1868)刻本　六册

330000 - 1704 - 0010229　000087　經部/叢編

十三經注疏三百三十三卷　(明)□□輯　明崇禎元年至十二年(1628 - 1639)古虞毛氏汲古閣刻本　八册　存一種

330000 - 1704 - 0010231　000088　類叢部/叢書類/彙編之屬

津逮祕書十五集一百四十種　(明)毛晉編　明崇禎虞山毛氏汲古閣刻本　二册　存一種

330000 - 1704 - 0010233　003975　史部/雜史類/斷代之屬

中西紀事二十四卷首一卷　(清)夏燮撰　清光緒七年(1881)慧香簃木活字印本　六册

330000 - 1704 - 0010234　005941　經部/小學類

小學類編六種附三種合五十九卷 (清)李祖望編 清咸豐至光緒江都李氏半畝園刻本 二冊 存一種

330000－1704－0010236 000089 經部/易類/傳說之屬
周易述四十卷 (清)惠棟集注並疏 清乾隆二十五年(1760)德州盧見曾雅雨堂刻本(卷八、二一、二六、二九至三十原缺,卷二四至二五、二七至二八、三一至四十未刻) 六冊

330000－1704－0010237 003976 史部/雜史類
時變紀畧一卷 清抄本 一冊

330000－1704－0010239 004403 史部/傳記類/別傳之屬/年譜
云翁[王楚堂]自訂年譜一卷 (清)王楚堂撰 清光緒十三年(1887)王永言刻本 一冊

330000－1704－0010240 005956 類叢部/叢書類/彙編之屬
經訓堂叢書二十一種 (清)畢沅編 清乾隆至嘉慶鎮洋畢氏刻本 二冊 存二種

330000－1704－0010241 004130 史部/傳記類/總傳之屬/郡邑
吳郡名賢圖傳贊二十卷 (清)顧沅輯 (清)孔繼垚繪 清道光九年(1829)長洲顧氏刻本 八冊

330000－1704－0010242 004147 類叢部/叢書類/彙編之屬
小石山房叢書三十八種 (清)顧湘編 清道光刻同治十三年(1874)虞山顧氏補刻本 二冊 存二種

330000－1704－0010244 004147－1 類叢部/叢書類/自著之屬
潛園總集十七種 (清)陸心源撰 清同治至光緒刻本 四冊 存二種

330000－1704－0010246 000090 經部/易類/傳說之屬
易經傳八卷 (宋)程頤撰 清光緒九年(1883)江南書局刻本 三冊

330000－1704－0010247 003979 史部/雜史類/斷代之屬
征西紀畧四卷 (清)曾毓瑜撰 清光緒二十年(1894)京師官書局鉛印本 一冊

330000－1704－0010249 005967 經部/小學類/叢編
姚氏叢刻(姚刻三韻)三種三十卷 (清)姚覲元輯 清光緒二年(1876)歸安姚覲元川東官舍刻本 十四冊 存一種

330000－1704－0010250 000091 經部/易類/傳說之屬
槎溪學易三卷 (清)陳黼撰 清同治十三年(1874)陳公亮等保定蓮花池刻本 二冊

330000－1704－0010251 003980 史部/雜史類/斷代之屬
三朝聞見錄一卷 朱孔彰撰 清木活字印本 一冊

330000－1704－0010252 004148 類叢部/叢書類/自著之屬
潛園總集十七種 (清)陸心源撰 清同治至光緒刻本 一冊 存一種

330000－1704－0010253 003981 史部/雜史類/斷代之屬
豫軍紀畧十二卷 (清)尹耕雲等纂 清同治刻本 十二冊

330000－1704－0010254 004149 類叢部/叢書類/自著之屬
潛園總集十七種 (清)陸心源撰 清同治至光緒刻本 三冊 存一種

330000－1704－0010255 004404 史部/傳記類/日記之屬
夢痕錄餘一卷(清嘉慶元年至十二年) (清)汪輝祖撰 清嘉慶刻本 一冊

330000－1704－0010256 005969 經部/叢編
曹楝亭五種六十五卷 (清)曹寅輯 清康熙四十五年(1706)揚州使院刻本 九冊 存一種

330000－1704－0010257　000092　類叢部/叢書類/自著之屬

西河合集一百十九種　(清)毛奇齡撰　清刻本　一冊　存一種

330000－1704－0010258　004405　史部/傳記類/别傳之屬/年譜

陸清獻公[隴其]年譜一卷　(清)吳光西編次　(清)陸宸徵　(清)李鉉輯　清同治七年(1868)武林薇署刻本　一冊

330000－1704－0010261　003914　史部/雜史類/通代之屬

所知錄六卷　(清)錢澄之撰　清宣統三年(1911)上海新學會社鉛印本　二冊

330000－1704－0010262　004022　史部/詔令奏議類/奏議之屬

南海先生五上書記一卷　(清)康有為撰　清光緒二十三年(1897)上海大同譯書局石印本　一冊

330000－1704－0010263　004023　新學/議論/論政

新政真詮六卷　(清)何啟　(清)胡禮垣撰　清光緒二十七年(1901)吳雲記廣譯書局鉛印本　六冊

330000－1704－0010264　004150　史部/傳記類/總傳之屬/姓名

姓氏詳註四卷　(清)周魯輯　清刻本　四冊

330000－1704－0010265　004025　子部/雜著類/雜纂之屬

翼教叢編六卷附一卷　(清)蘇輿輯　清光緒二十四年(1898)武昌刻本　三冊　存六卷(一至六)

330000－1704－0010266　004033　史部/雜史類/斷代之屬

拳教析疑説一卷　勞乃宣撰　清光緒二十八年(1902)刻本　霖□題簽　一冊

330000－1704－0010267　004026　史部/詔令奏議類/奏議之屬

南海先生戊戌奏稿一卷　(清)康有為撰　清宣統三年(1911)鉛印本　一冊

330000－1704－0010268　004027　史部/雜史類/斷代之屬

拳匪紀事六卷　(日本)佐原篤介　(清)浙西漚隱輯　清光緒二十七年(1901)鉛印本　六冊

330000－1704－0010269　004406　史部/傳記類/别傳之屬/年譜

弇山畢公[沅]年譜一卷　(清)史善長編　清同治十一年(1872)畢長慶刻本　一冊

330000－1704－0010272　005973　類叢部/叢書類/彙編之屬

後知不足齋叢書四十七種　(清)鮑廷爵編　清同治至光緒常熟鮑氏刻本　楊紹廉批　一冊　存一種

330000－1704－0010274　004031　史部/政書類/邦交之屬

辛丑和約全稿一卷　中外日報館輯　清光緒二十八年(1902)中外日報館鉛印本　一冊

330000－1704－0010276　004151　史部/傳記類/總傳之屬/姓名

新纂千家希姓一卷　(清)王栴撰　清光緒楊純約、宋賓家、諸葛鈞刻本　一冊

330000－1704－0010277　000093　經部/易類/專著之屬

易例二卷　(清)惠棟撰　清乾隆四十年(1775)張錦芳刻本　楊紹廉題簽　一冊

330000－1704－0010279　003915　史部/紀傳類/别史之屬

南天痕二十六卷附錄一卷　(清)凌雪撰　清宣統二年(1910)復古社鉛印本　六冊

330000－1704－0010280　003983　類叢部/叢書類/自著之屬

董氏遺書四種　(清)董若洵編　清咸豐至同治刻彙印本　一冊　存一種

330000－1704－0010281　003986　史部/紀事本末類/斷代之屬

平定粵匪紀畧十八卷附記四卷 （清）杜文瀾撰 清刻本 十冊

330000－1704－0010284 004153 史部/傳記類/總傳之屬/通代
古懽録八卷 （清）王士禛撰 清康熙朱從延快宜堂刻本 二冊

330000－1704－0010285 003987 史部/雜史類/斷代之屬
湘軍水陸戰紀十六卷 （清）曾國藩撰 （清）鮑叔衡輯 清光緒十一年(1885)京都同文堂石印本 二冊

330000－1704－0010286 003919 史部/雜史類/斷代之屬
海東逸史十八卷 （清）翁洲老民撰 清光緒十年(1884)慈谿楊泰亨經畬塾刻本 一冊

330000－1704－0010287 003988 史部/雜史類/斷代之屬
湘軍記二十卷 （清）王定安撰 清末上海書局石印本 二冊

330000－1704－0010288 004154 類叢部/類書類/通類之屬
古事比五十二卷 （清）方中德輯 清康熙四十五年(1706)書種齋刻本(卷三十五至三十七配抄本) 十四冊

330000－1704－0010289 004408 史部/傳記類/別傳之屬/年譜
潘紱庭先生[曾綬]自訂年譜一卷 （清）潘曾綬撰 （清）潘祖蔭 （清）潘祖年補編 清光緒九年(1883)吴縣潘氏刻本 一冊

330000－1704－0010292 004409 史部/傳記類/別傳之屬/年譜
誥授朝議大夫翰林院侍講學士書農府君[胡敬]年譜一卷 （清）胡珵述 清道光刻本 一冊

330000－1704－0010293 004410 史部/傳記類/別傳之屬/事狀
皇清誥授光禄大夫經筵講官體仁閣大學士工部尚書謚文恪顯考筠浦府君行述一卷 （清）費誾述 清嘉慶刻本 一冊

330000－1704－0010295 004155 類叢部/類書類/專類之屬
人鏡類纂四十六卷 （清）程之楨輯 清同治十二年(1873)江夏程氏确園刻本 十冊

330000－1704－0010297 004158 類叢部/類書類/通類之屬
記事珠十卷 （清）張以謙輯 清同治十三年(1874)天倪清室刻本 十冊

330000－1704－0010298 003999 史部/雜史類/斷代之屬
湘軍志十六卷 王闓運撰 清刻本 四冊

330000－1704－0010299 003923 史部/紀事本末類/斷代之屬
聖武記十四卷 （清）魏源撰 清刻本 十四冊

330000－1704－0010300 005975 經部/小學類
澤存堂五種 （清）張士俊輯 清康熙吴郡張士俊澤存堂刻本 三冊 存一種

330000－1704－0010301 004156 史部/傳記類/總傳之屬/姓名
元和姓纂十卷 （唐）林寶撰 （清）孫星衍 （清）洪瑩補 清嘉慶七年(1802)古歙洪瑩刻本 六冊

330000－1704－0010305 003993 史部/雜史類/斷代之屬
湘軍記二十卷 （清）王定安撰 清光緒十五年(1889)江南書局刻本 五冊 缺四卷(十二至十五)

330000－1704－0010306 004157 史部/傳記類/總傳之屬/姓名
元和姓纂十卷 （唐）林寶撰 （清）孫星衍 （清）洪瑩補 清光緒六年(1880)金陵書局刻本 四冊

330000－1704－0010308 005976 經部/小學類

澤存堂五種　(清)張士俊輯　清康熙吳郡張士俊澤存堂刻本　三冊　存一種

330000－1704－0010312　003925　史部/編年類/斷代之屬

皇朝大事紀年二卷　(清)黃壽衮定　(清)黃之焱編　清光緒二十八年(1902)石印本　一冊

330000－1704－0010313　005980　類叢部/叢書類/彙編之屬

聚學軒叢書六十種　劉世珩編　清光緒貴池劉氏刻本　八冊　存一種

330000－1704－0010314　004002　新學/史志/戰記

中東戰紀本末八卷首一卷末一卷續編四卷首一卷末一卷三編四卷　(美國)林樂知撰並譯　蔡爾康輯　**文學興國策二卷**　(美國)林樂知譯　清光緒二十二年(1896)、二十三年(1897)、二十六年(1900)上海廣學會鉛印本　四冊　存十卷(中東戰紀本末首、一至八、末)

330000－1704－0010315　003941　史部/雜史類/斷代之屬

大清一統史略十一卷　(日本)佐藤楚材輯　清光緒石印本　十三冊

330000－1704－0010318　004003　史部/雜史類/斷代之屬

淮軍平捻記十二卷　(清)周世澄撰　清同治刻本　四冊

330000－1704－0010319　005986　類叢部/叢書類/彙編之屬

雅雨堂叢書(雅雨堂藏書)十三種　(清)盧見曾編　清乾隆二十一年(1756)德州盧氏雅雨堂刻增修本　一冊　存一種

330000－1704－0010321　003943　史部/雜史類/斷代之屬

本朝史講義不分卷　汪榮寶撰　清光緒三十二年(1906)京師譯學館鉛印本　二冊

330000－1704－0010322　004004　史部/政書類/公牘檔冊之屬

金雞談薈十四卷首一卷　(清)歐陽利見輯　清光緒十五年(1889)四明節署鉛印本　八冊

330000－1704－0010323　005988　類叢部/叢書類/自著之屬

燕禧堂五種　(清)任大椿輯撰　清乾隆刻本　二冊　存一種

330000－1704－0010326　005989　類叢部/叢書類/彙編之屬

玲瓏山館叢刻六種　(清)顧湘編　清嘉慶至道光刻道光二十九年(1849)虞山顧氏彙刻本　一冊　存一種

330000－1704－0010328　000094　經部/易類/傳說之屬

易解經傳證五卷首一卷　(清)張步騫註　清同治十年(1871)刻本　三冊

330000－1704－0010329　000095　子部/宗教類/道教之屬

道貫真源　(清)董德寧輯　清乾隆至嘉慶古越集陽樓刻本　三冊　存一種

330000－1704－0010330　000096　子部/宗教類/道教之屬

周易參同契發揮三卷釋疑一卷　(元)俞琰撰　清同治十年(1871)錢江王氏詒燕堂刻本　二冊

330000－1704－0010331　000097　經部/易類/傳說之屬

易鑑三十八卷　(清)歐陽厚均撰　清同治三年至四年(1864－1865)歐陽世洵刻本　十冊

330000－1704－0010332　000099　類叢部/叢書類/彙編之屬

岱南閣叢書五種　(清)孫星衍編　清嘉慶三年(1798)蘭陵孫氏沇州刻本　六冊　存一種

330000－1704－0010334　000101　經部/易類/傳說之屬

易經通注九卷　(清)傅以漸　(清)曹本榮撰　清光緒十二年(1886)雖園刻本　八冊

330000－1704－0010335　003928　史部/紀事本末類/斷代之屬

聖武記十四卷　(清)魏源撰　清道光二十六年(1846)古微堂刻本　十二冊

330000－1704－0010336　003947　史部/編年類/斷代之屬

十朝東華錄五百二十五卷同治朝東華續錄一百卷　王先謙　潘頤福撰　清光緒二十五年(1899)石印本　八十六冊　缺八卷(雍正一至八)

330000－1704－0010341　000104　類叢部/叢書類/自著之屬

水田居全集七種附一種　(清)賀貽孫撰　清道光至同治勅書樓刻本　五冊　存一種

330000－1704－0010344　000105　子部/儒家類/儒學之屬

儒史略一卷　(清)余炳文撰　清光緒三十二年(1906)京師學務處官書局鉛印本　一冊

330000－1704－0010347　003496　經部/書類/傳說之屬

桐城吳氏尚書讀本二卷　(清)吳汝綸勘定　清光緒三十四年(1908)保陽書局鉛印本　眉奇觀款　二冊

330000－1704－0010348　003948　史部/編年類/斷代之屬

十朝東華錄五百二十五卷同治朝東華續錄一百卷　王先謙　潘頤福撰　清光緒二十五年(1899)石印本　八十二冊　缺三十九卷(雍正一至五,道光二十四至四十二,咸豐二十七至三十、九十一至九十七,同治七十二至七十五)

330000－1704－0010350　003949　史部/編年類/斷代之屬

十一朝東華約錄二百三十二卷　王先謙編　清光緒二十八年(1902)石印本　二十四冊

330000－1704－0010351　004010　史部/雜史類/斷代之屬

平浙紀略十六卷　(清)秦湘業　(清)陳鍾英撰　清同治十二年(1873)浙江書局刻本　三冊

330000－1704－0010352　003497　經部/叢編

五經要義一百三十四卷　(宋)魏了翁撰　清光緒江蘇書局刻本　六冊　存一種

330000－1704－0010353　003933　類叢部/叢書類/自著之屬

鹿洲全集　(清)藍鼎元撰　清刻本　一冊　存一種

330000－1704－0010354　004011　史部/雜史類/斷代之屬

談浙四卷　(清)許瑤光撰　清光緒十四年(1888)刻本　二冊

330000－1704－0010355　003950　史部/編年類/斷代之屬

東華錄三十二卷　(清)蔣良騏撰　清刻本　八冊

330000－1704－0010356　000107　子部/叢編

二十二子(二十二子彙函)　(清)浙江書局編　清光緒新化三味書局刻本　四冊　存一種

330000－1704－0010357　004024　史部/詔令奏議類/奏議之屬

南海先生四上書記四卷　(清)康有為撰　清光緒二十一年(1895)上海時務報館石印本　一冊

330000－1704－0010358　004012　史部/政書類/公牘檔冊之屬

常勝軍案畧一卷　(清)謝元壽輯　清光緒成德堂木活字印本　一冊

330000－1704－0010359　004013　史部/傳記類/日記之屬

虎口日記一卷附題辭一卷(清咸豐十一年九月二十九日至十二月十九日)　(清)魯叔容撰　清光緒二十二年(1896)福州刻本　一冊

330000－1704－0010360　000108　類叢部/

叢書類/彙編之屬
平津館叢書六集三十五種 （清）孫星衍編 清嘉慶蘭陵孫氏刻本 二冊 存一種

330000－1704－0010362 004015 類叢部/叢書類/自著之屬
陳炯齋著述二種 （清）陳徽言撰 清咸豐七年（1857）章門刻同治四年（1865）檇李吳昌言重修本 一冊

330000－1704－0010365 000109 子部/叢編
二十二子（二十二子彙函） （清）浙江書局編 清光緒元年至三年（1875－1877）浙江書局刻本 四冊 存一種

330000－1704－0010366 003934 史部/雜史類/斷代之屬
臨清寇畧一卷 （清）俞蛟撰 清抄本 一冊

330000－1704－0010368 006001 經部/叢編
古經解彙函十六種附小學彙函十四種 （清）鍾謙鈞等輯 清同治十二年（1873）粵東書局刻本 一冊 存二種

330000－1704－0010369 003951 史部/編年類/斷代之屬
東華錄一百九十五卷（天命朝至雍正朝）東華續錄四百三十卷（乾隆朝至同治朝） 王先謙編 清光緒刻本 四十八冊

330000－1704－0010370 003936 史部/雜史類/斷代之屬
靖逆記六卷 （清）盛大士撰 清嘉慶二十五年（1820）刻本 一冊

330000－1704－0010371 004014 史部/雜史類/斷代之屬
會匪紀畧一卷 （清）孫衣言撰 清末刻本 梅泠生題簽 一冊

330000－1704－0010375 003499 經部/書類/傳說之屬
古文尚書攷二卷 （清）惠棟撰 清乾隆五十七年（1792）讀經樓刻本 一冊

330000－1704－0010376 006003 類叢部/叢書類/彙編之屬
後知不足齋叢書四十七種 （清）鮑廷爵編 清同治至光緒常熟鮑氏刻本 楊紹廉批 一冊 存一種

330000－1704－0010377 003952 史部/編年類/斷代之屬
東華錄一百九十五卷（天命朝至雍正朝）東華續錄四百三十卷（乾隆朝至同治朝） 王先謙編 清光緒刻本 二十冊

330000－1704－0010378 004018 史部/雜史類/外紀之屬
中日戰輯六卷 （清）王炳耀撰 清光緒二十二年（1896）上海書局石印本 四冊

330000－1704－0010379 000111 史部/傳記類/總傳之屬/儒林
闕里文獻考一百卷首一卷末一卷 （清）孔繼汾撰 清乾隆二十七年（1762）孔昭煥刻本 八冊

330000－1704－0010380 003953 史部/編年類/斷代之屬
東華續錄二百二十卷（光緒朝） （清）朱壽朋編 清宣統元年（1909）上海集成圖書公司鉛印本 六十四冊

330000－1704－0010382 003939 史部/編年類/斷代之屬
皇朝政典擥要八卷 （日本）增田貢撰 （清）毛淦補編 清光緒二十八年（1902）上海書局石印本 四冊

330000－1704－0010383 004019 集部/總集類/選集之屬/斷代
普天忠憤集十四卷首一卷 （清）孔廣德編 清光緒二十一年（1895）石印本 六冊

330000－1704－0010384 000112 子部/儒家類/儒學之屬/性理
志學錄四卷存心淺說一卷 （清）王玉樹撰 清道光十三年（1833）芳梫堂刻本 二冊

330000－1704－0010385 003940 史部/雜

史類/斷代之屬
大清一統史略十一卷 （日本）佐藤楚材輯 清光緒二十八年（1902）石印本 二十九冊 缺一卷（一）

330000－1704－0010386 006015 經部/小學類/文字之屬/字書/訓蒙
急就章考異一卷 （清）孫星衍撰 清聊城楊氏刻本 一冊

330000－1704－0010387 003500 經部/書類/傳說之屬
尚書大傳五卷 （漢）伏勝撰 （漢）鄭玄注 （清）陳壽祺輯校 清道光十年（1830）廣州刻本 二冊

330000－1704－0010388 003954 史部/編年類/斷代之屬
東華續錄一百卷（咸豐朝） 潘頤福編 清刻朱印本 四十九冊 缺一卷（八十九）

330000－1704－0010389 004020 史部/雜史類/外紀之屬
東方兵事紀略五卷 （清）姚錫光撰 清光緒二十四年（1898）京都得古歡室石印本 五冊

330000－1704－0010392 000114 子部/雜著類/雜考之屬
孔子改制考二十一卷 康有爲撰 清光緒上海大同譯書局石印本 十冊

330000－1704－0010393 003501 經部/叢編
九經補注八種 （清）姜兆錫撰 清雍正至乾隆寅清樓刻本 二冊 存一種

330000－1704－0010394 003955 史部/編年類/斷代之屬
東華續錄六十九卷（咸豐朝） 潘頤福編 清光緒十八年（1892）上海圖書集成印書局鉛印本 十六冊

330000－1704－0010395 003503 經部/書類/傳說之屬
今文尚書經說攷三十二卷敘錄一卷首一卷 （清）陳喬樅撰 清同治元年（1862）侯官陳氏江西刻本 十八冊

330000－1704－0010396 006017 類叢部/叢書類/自著之屬
邃雅堂全集九種 （清）姚文田撰 清嘉慶至光緒歸安姚氏刻本 一冊 存一種

330000－1704－0010403 003897 史部/雜史類/斷代之屬
明季北略二十四卷明季南略十八卷 （清）計六奇撰 清都城琉璃廠半松居士木活字印本 十六冊

330000－1704－0010404 003868 史部/紀事本末類
紀事本末五種 （清）□□輯 清光緒二十四年（1898）湖南思賢書局刻本 十六冊 存一種

330000－1704－0010405 000121 子部/儒家類/儒家之屬
孔氏家語十卷 （三國魏）王肅注 清刻本 二冊

330000－1704－0010406 003869 史部/編年類/斷代之屬
欽定明鑑二十四卷首一卷 （清）胡敬等輯 清同治九年（1870）湖北崇文書局刻本 十冊

330000－1704－0010407 006018 類叢部/叢書類/家集之屬
江都陳氏叢書七種 （清）陳本禮 （清）陳逢衡撰 清嘉慶至道光刻本 一冊 存一種

330000－1704－0010408 000122 子部/儒家類/儒家之屬
孔氏家語十卷 （三國魏）王肅注 清道光三十年（1850）天祿齋刻本 四冊

330000－1704－0010409 003884 史部/編年類/通代之屬
御撰資治通鑑綱目三編二十卷 （清）張廷玉等撰 清刻本 六冊

330000－1704－0010410 003886 史部/編年類/斷代之屬

國榷十卷　(清)談遷撰　清抄本　七冊　缺三卷(七至九)

330000－1704－0010411　003870　史部/編年類/斷代之屬

明通鑑九十卷前編四卷附編六卷首一卷目錄二十卷　(清)夏燮撰　清同治十二年(1873)宜黃官廨刻本　四十六冊

330000－1704－0010412　000123　子部/儒家類/儒學之屬

家語疏證六卷　(清)孫志祖撰　清乾隆仁和孫氏刻本　二冊

330000－1704－0010413　006039　經部/叢編

通志堂經解一百四十種　(清)納蘭成德輯　清康熙十九年(1680)納蘭成德刻本　九冊　存一種

330000－1704－0010415　003871　史部/叢編

勝朝遺事初編三十二種二編十八種　(清)吴彌光輯　清道光二十二年(1842)南海吴彌光芬陀羅館刻光緒九年(1883)宋澤元懺華盦修補本　十八冊

330000－1704－0010416　000124　類叢部/叢書類/彙編之屬

會稽徐氏鑄學齋叢書十三種　徐維則編　清咸豐至光緒會稽徐氏刻光緒二十六年(1900)彙印本　二冊　存一種

330000－1704－0010417　003888　史部/雜史類/斷代之屬

孑遺錄一卷　(清)戴名世撰　清刻本　一冊

330000－1704－0010419　003889　史部/雜史類/斷代之屬

蜀碧四卷附記一卷　(清)彭遵泗撰　清嘉慶二十年(1815)天祿閣刻本　二冊

330000－1704－0010421　003506　經部/書類/傳說之屬

尚書離句六卷　(清)錢在培輯解　清道光二十七年(1847)刻本　二冊

330000－1704－0010422　000125　子部/叢編

子書百家　(清)崇文書局編　清光緒元年(1875)湖北崇文書局刻本　一冊　存一種

330000－1704－0010423　003891　類叢部/叢書類/彙編之屬

學津討原一百七十三種　(清)張海鵬編　清嘉慶十年(1805)虞山張氏照曠閣刻本　八冊　存一種

330000－1704－0010424　003892　史部/雜史類/斷代之屬

明季北略二十四卷南略十八卷　(清)計六奇撰　清光緒十三年(1887)上海圖書集成印書局鉛印本　十冊

330000－1704－0010425　003898　史部/雜史類/斷代之屬

東明聞見錄一卷　(明)瞿共美撰　**青燐屑二卷**　(明)應延吉撰　清末刻本　一冊

330000－1704－0010426　003901　類叢部/叢書類/郡邑之屬

貴池先哲遺書(唐石簃叢書、唐石簃彙刻貴池先哲遺書)二十種附刻一種續刊一種附一種　劉世珩編　清光緒二十四年至民國九年(1898－1920)貴池劉氏唐石簃刻民國十五年(1926)續刻彙印本　一冊　存一種

330000－1704－0010427　003893　類叢部/叢書類/郡邑之屬

台州叢書九種　(清)宋世犖輯　清嘉慶至道光臨海宋氏刻本　二冊　存一種

330000－1704－0010428　006163　子部/雜家類

萬事不求人不分卷　清刻本　一冊

330000－1704－0010429　003894　史部/雜史類/斷代之屬

二申野錄八卷　(清)孫之騄撰　清道光二十一年(1841)吟香館刻同治六年(1867)印本　二冊

330000－1704－0010430　003872　史部/編

年類/通代之屬

御撰資治通鑑綱目三編四十卷 (清)舒赫德等奉敕撰 清同治十一年(1872)江西書局刻本 十二册

330000－1704－0010431 000126 經部/四書類/總義之屬/傳説

增訂四書集註大全四十七卷附錄一卷 (明)胡廣等輯 (清)汪份增訂 清康熙長洲汪份遄喜齋刻本 十八册

330000－1704－0010432 003873 類叢部/叢書類/彙編之屬

金峨山館叢書(望三益齋叢書)十一種 (清)郭傳璞編 清光緒八年至十六年(1882－1890)鄞郭氏刻二十年(1894)鎮海邵氏彙印本 一册 存一種

330000－1704－0010434 003900 史部/雜史類/斷代之屬

餘生錄一卷塘報稿一卷塘報再稿一卷 (清)邊大綬撰 清抄本 一册

330000－1704－0010436 003874 史部/編年類/斷代之屬

明通鑑九十卷前編四卷附編六卷首一卷 (清)夏燮撰 清光緒二十六年(1900)上海掃葉山房石印本 八册

330000－1704－0010438 006600 集部/總集類/選集之屬/斷代

唐人萬首絶句選七卷 (清)王士禛輯 清刻本 一册 存三卷(五至七)

330000－1704－0010440 003876 史部/編年類/斷代之屬

新刻陳眉公訂正通紀會纂四卷 (明)諸燮撰 (明)鍾惺定 (明)陳繼儒訂正 清刻本 四册

330000－1704－0010442 003905 史部/雜史類/斷代之屬

明季稗史彙編十六種 (清)留雲居士輯 清光緒二十二年(1896)上海圖書集成印書局鉛印本 六册

330000－1704－0010443 006447 類叢部/叢書類/自著之屬

頤志齋叢書二十二種 (清)丁晏撰 清道光至同治山陽丁氏六蓺堂刻同治元年(1862)彙印本 一册 存一種

330000－1704－0010444 000129 經部/四書類/總義之屬/專著

四書詳説講文二卷 (清)朱鴻瞻撰 清康熙二十九年(1690)朱氏刻本 一册

330000－1704－0010445 003906 史部/雜史類/斷代之屬

明季稗史彙編十六種 (清)留雲居士輯 清光緒二十二年(1896)上海圖書集成印書局鉛印本 六册

330000－1704－0010446 000128 經部/四書類/總義之屬/專著

四書詳説講文二卷 (清)朱鴻瞻撰 清康熙二十九年(1690)朱氏刻本 一册

330000－1704－0010447 004039 史部/雜史類/外紀之屬

安法戰紀一卷附聖朝盛事一卷 (清)王廷學輯 清光緒十年(1884)上海王氏刻本 一册

330000－1704－0010450 003907 類叢部/叢書類/自著之屬

樓山堂遺書五種 (明)吴應箕撰 清同治當塗夏氏刻本 四册

330000－1704－0010451 000128 經部/四書類/總義之屬/文字音義

四書訓蒙字解一卷 (清)朱鴻瞻撰 清康熙二十六年(1687)宋鴻念刻本 一册

330000－1704－0010453 003845 史部/雜史類/斷代之屬

元朝祕史十五卷 (清)李文田注 清光緒二十九年(1903)上海文瑞樓石印本 四册

330000－1704－0010454 003909 史部/叢編

痛史二十一種附九種 樂天居士輯 清宣統至民國上海商務印書館鉛印本 二十九册

存十八種

330000－1704－0010455　003843　史部/紀傳類/正史之屬
元史二百十卷附元史語解三十四卷　(明)宋濂等修　清道光四年(1824)刻本　六十四册

330000－1704－0010457　004042　類叢部/叢書類/自著之屬
滇南四種　姚文棟撰　清光緒刻本　一册　存一種

330000－1704－0010460　003910　類叢部/叢書類/彙編之屬
國粹叢書四十九種　(清)國學保存會編　清光緒至宣統鉛印本　一册　存一種

330000－1704－0010461　003832　史部/紀傳類/正史之屬
遼史一百十五卷附語解十卷　(元)托克托(脱脱)等撰　清道光四年(1824)刻本　十六册

330000－1704－0010463　003819　史部/編年類/通代之屬
宋元通鑑一百五十七卷　(明)薛應旂撰　(明)陳仁錫評　明天啟六年(1626)長洲陳仁錫刻本　二十七册　缺五卷(七至十一)

330000－1704－0010464　003833　史部/紀傳類/正史之屬
遼史拾遺二十四卷　(清)厲鶚撰　**遼史拾遺補五卷**　(清)楊復吉撰　清道光元年至二年(1821－1822)錢塘汪氏振綺堂刻本　六册

330000－1704－0010465　003866　史部/紀傳類/正史之屬
明史稿三百十卷目録三卷　(清)王鴻緒撰　清雍正敬慎堂刻本　一百册

330000－1704－0010467　003830　史部/雜史類
宋遼金元别史五種　(清)席世臣輯　清乾隆至嘉慶南沙席氏掃葉山房刻本　二册　存一種

330000－1704－0010468　003507　類叢部/叢書類/郡邑之屬
金華叢書六十八種　(清)胡鳳丹編　清同治七年至光緒八年(1868－1882)永康胡氏退補齋刻民國補刻本　一册　存一種

330000－1704－0010469　004044　史部/政書類/軍政之屬/邊政
邊事彙鈔十二卷續鈔八卷　(清)朱克敬輯　清光緒六年(1880)長沙刻本　八册

330000－1704－0010470　003831　史部/紀傳類/正史之屬
二十四史　清同治至光緒五省官書局據汲古閣本等合刻光緒五年(1879)湖北書局彙印本　十二册　存一種

330000－1704－0010471　004045　類叢部/叢書類/彙編之屬
漸西村舍彙刊(漸西村舍叢刻)四十四種　(清)袁昶編　清光緒十六年至二十四年(1890－1898)桐廬袁氏刻本　一册　存一種

330000－1704－0010472　003829　史部/編年類/斷代之屬
建炎以來繫年要録二百卷　(宋)李心傳撰　清光緒五年至八年(1879－1882)仁壽蕭氏刻本　六十册

330000－1704－0010473　003508　類叢部/叢書類/彙編之屬
望三益齋叢書十種　(清)吴棠編　清咸豐至光緒吴氏望三益齋刻本　八册　存一種

330000－1704－0010474　003834　史部/紀傳類/正史之屬
金史一百三十五卷欽定金史語解十二卷　(元)脱脱撰　**欽定金國語解一卷**　(清)高宗弘曆敕撰　清道光四年(1824)刻本　四十册

330000－1704－0010475　004046　類叢部/叢書類/彙編之屬
函海一百六十種　(清)李調元編　清光緒七年至八年(1881－1882)廣漢鍾登甲樂道齋刻本　一册　存一種

330000－1704－0010477　004047　史部/地理類/雜志之屬
滇攷二卷　（清）馮甦撰　清康熙十九年（1680）刻本　二冊

330000－1704－0010478　003835　史部/紀事本末類/斷代之屬
遼史紀事本末四十卷首一卷金史紀事本末五十二卷首一卷　（清）李有棠撰　清光緒十九年（1893）同文書局石印本　十冊

330000－1704－0010479　003867　史部/紀傳類/正史之屬
明史三百三十二卷目錄四卷　（清）張廷玉等撰　清刻本　一百十三冊

330000－1704－0010480　003846　史部/雜史類/斷代之屬
元朝祕史十五卷　（清）李文田注　清光緒二十九年（1903）上海文瑞樓石印本　四冊

330000－1704－0010482　003514　經部/書類/傳說之屬
尚書大傳四卷　（漢）鄭玄注　**尚書大傳補遺一卷**　（清）盧見曾補遺　**尚書大傳續補遺一卷考異一卷**　（清）盧文弨撰　清嘉慶五年（1800）刻本　周承煥觀款　二冊

330000－1704－0010483　003509　類叢部/叢書類/彙編之屬
十萬卷樓叢書五十一種　（清）陸心源編　清光緒歸安陸氏刻本　六冊　存一種

330000－1704－0010485　003847　史部/紀傳類/正史之屬
元史譯文證補三十卷　（清）洪鈞撰　清末石印本（卷七至八、十三、十六至十七、十九至二十一、二十五、二十八原缺）　四冊　存二十卷（一至六、九至十二、十四至十五、十八、二十二至二十四、二十六至二十七、二十九至三十）

330000－1704－0010486　003806　史部/紀傳類/別史之屬
南唐書合刻四十九卷　（清）蔣國祥　（清）蔣國祚校　清同治十三年（1874）盱南三餘書屋刻本　六冊

330000－1704－0010487　003822　史部/雜史類
宋遼金元別史五種　（清）席世臣輯　清乾隆至嘉慶南沙席氏掃葉山房刻本　五冊　存一種

330000－1704－0010488　003510　經部/書類/專著之屬
晚書訂疑三卷　（清）程廷祚撰　清乾隆三餘書屋刻本　二冊

330000－1704－0010489　003836　史部/雜史類
宋遼金元別史五種　（清）席世臣輯　清乾隆至嘉慶南沙席氏掃葉山房刻本　三冊　存一種

330000－1704－0010490　003799　類叢部/叢書類/彙編之屬
玉海堂景宋元本叢書二十種別行二種　劉世珩編　清光緒至民國貴池劉氏玉海堂影刻本　十冊　存一種

330000－1704－0010491　003511　類叢部/叢書類/彙編之屬
雲自在龕叢書五集十九種　繆荃孫輯　清光緒江陰繆氏刻本　楊紹廉題記　一冊　存一種

330000－1704－0010492　003848　新學/史志/別國史
最近支那史二卷　（日本）河野通之　（日本）石村貞一輯　清光緒上海振東室學社影印本　四冊

330000－1704－0010493　003823　史部/史評類/史論之屬
宋論十五卷　（清）王夫子撰　清光緒二十九年（1903）通文書局石印本　二冊

330000－1704－0010494　003837　類叢部/叢書類/家集之屬
洪氏晦木齋叢書二十一種　（清）洪汝奎編

清同治八年至宣統元年(1869－1909)刻本　一册　存一種

330000－1704－0010497　000127　經部/四書類/總義之屬/傳說
四書玩註詳說四十卷　(清)冉覲祖輯　(清)孟鑄訂　清康熙冉氏寄願堂刻本　四十八册

330000－1704－0010498　003825　類叢部/叢書類/郡邑之屬
永嘉叢書十三種　(清)孫衣言編　清同治至光緒瑞安孫氏詒善祠塾刻本　一册　存一種

330000－1704－0010500　003849　類叢部/叢書類/彙編之屬
漸西村舍彙刊(漸西村舍叢刻)四十四種　(清)袁昶編　清光緒十六年至二十四年(1890－1898)桐廬袁氏刻本　一册　存一種

330000－1704－0010502　003826　史部/雜史類/斷代之屬
錢塘遺事十卷　(元)劉一清撰　清嘉慶四年(1799)席世臣掃葉山房刻本　二册

330000－1704－0010503　003512　經部/書類/書序之屬
書序攷異一卷答問一卷　(清)王詠霓撰　清光緒刻本　一册

330000－1704－0010504　003838　史部/紀傳類/正史之屬
二十四史　清同治至光緒五省官書局據汲古閣本等合刻光緒五年(1879)湖北書局彙印本　二十册　存一種

330000－1704－0010506　003802　史部/紀傳類/正史之屬
二十四史　清同治至光緒五省官書局據汲古閣本等合刻光緒五年(1879)湖北書局彙印本　十六册　存一種

330000－1704－0010507　003827　史部/史評類/考訂之屬
舊聞證誤四卷　(宋)李心傳撰　清光緒二十二年至宣統二年(1896－1910)刻藕香零拾朱印本　一册

330000－1704－0010508　003803　史部/紀傳類/正史之屬
五代史記纂誤續補六卷　(清)吳光耀撰　清光緒十四年(1888)江夏吳氏刻本　六册

330000－1704－0010509　003850　類叢部/叢書類/彙編之屬
漸西村舍彙刊(漸西村舍叢刻)四十四種　(清)袁昶編　清光緒十六年至二十四年(1890－1898)桐廬袁氏刻本　四册　存一種

330000－1704－0010511　003828　史部/紀事本末類/斷代之屬
三朝北盟會編二百五十卷首一卷　(宋)徐夢莘撰　**校勘記二卷補遺一卷**　(清)袁祖安校勘並補遺　清光緒四年(1878)如皋袁氏鉛印本　四十册

330000－1704－0010513　003851　史部/雜史類/外紀之屬
元寇紀略二卷年表一卷　(日本)大橋順撰
黑韃事略一卷　(宋)彭大雅編　(宋)徐霆疏　清光緒二十九年(1903)江蘇通州翰墨林編譯印書局鉛印本　一册

330000－1704－0010514　003842　史部/雜史類
宋遼金元別史五種　(清)席世臣輯　清乾隆至嘉慶南沙席氏掃葉山房刻本　六册　存一種

330000－1704－0010515　003841　史部/紀傳類/正史之屬
二十四史　清同治至光緒五省官書局據汲古閣本等合刻光緒五年(1879)湖北書局彙印本　四十册　存一種

330000－1704－0010516　003820、003821　史部/雜史類
宋遼金元別史五種　(清)席世臣輯　清乾隆至嘉慶南沙席氏掃葉山房刻本　二十二册　存二種

330000－1704－0010517　003804　類叢部/叢書類/彙編之屬

知不足齋叢書一百九十六種　(清)鮑廷博編　(清)鮑士恭續編　清乾隆三十七年至道光三年(1772－1823)長塘鮑氏刻彙印本　一冊　存一種

330000－1704－0010518　004051　史部/地理類/外紀之屬
日本國志四十卷首一卷　(清)黄遵憲輯　清光緒二十四年(1898)上海圖書集成印書局鉛印本　瑞安汀川張氏題記　五冊

330000－1704－0010519　004052　史部/地理類/外紀之屬
日本國志四十卷首一卷　(清)黄遵憲輯　清光緒二十四年(1898)浙江書局刻本　八冊

330000－1704－0010520　004053　新學/史志/别國史
日本維新慷慨史二卷　(日本)西村三郎輯　趙必振譯　清光緒二十八年(1902)上海廣智書局鉛印本　二冊

330000－1704－0010521　003777　史部/紀傳類/正史之屬
二十四史　清同治至光緒五省官書局據汲古閣本等合刻光緒五年(1879)湖北書局彙印本　二十冊　存一種

330000－1704－0010522　003778　類叢部/叢書類/彙編之屬
王益吾所刻書十種　王先謙編　清光緒九年至十年(1883－1884)長沙王氏刻本　一冊　存一種

330000－1704－0010523　003852　史部/紀傳類/正史之屬
元史本證五十卷　(清)汪輝祖撰　(清)汪繼培補　清嘉慶七年(1802)刻本　六冊　存三十八卷(十三至五十)

330000－1704－0010524　003779　類叢部/叢書類/自著之屬
樹經堂集三種　(清)謝啟昆撰　清乾隆至嘉慶刻本　六冊　存一種

330000－1704－0010525　003807　史部/雜史類/通代之屬
十國春秋一百十四卷　(清)吳任臣撰　**拾遺一卷備考一卷　拾遺備考補**　(清)周昂輯　清乾隆五十八年(1793)海虞周昂此宜閣刻本　二十一冊

330000－1704－0010526　003780　史部/紀傳類/正史之屬
二十四史　清同治至光緒五省官書局據汲古閣本等合刻光緒五年(1879)湖北書局彙印本　二十冊　存一種

330000－1704－0010527　003854　史部/雜史類/斷代之屬
三河創業記五卷　(清)范壽金撰　清光緒三十三年(1907)石印本　一冊　存四卷(二至五)

330000－1704－0010528　003856　類叢部/叢書類/自著之屬
潛研堂全書十六種　(清)錢大昕撰　清乾隆至嘉慶刻本　二冊　存一種

330000－1704－0010529　003855　類叢部/叢書類/自著之屬
潛研堂全書十六種　(清)錢大昕撰　清乾隆至嘉慶刻本　一冊　存一種

330000－1704－0010531　003808　史部/雜史類/斷代之屬
增訂吳越備史六卷　題(宋)范埛　(宋)林禹撰　(清)錢時鈺增訂　**增訂吳越備史雜考附刻一卷**　(清)錢柱峰輯　(清)錢時鈺增訂　**五代史吳越十家疑辯一卷**　(明)馬藎臣撰　(清)錢敬業重訂　清乾隆六十年(1795)刻本　四冊

330000－1704－0010532　003782　史部/紀傳類/正史之屬
十七史一千五百七十四卷　(明)毛晉編　明崇禎元年至十七年(1628－1644)琴川毛氏汲古閣刻清順治五年至十三年(1648－1656)重修本　王希逸題簽　十三冊　存二種

330000－1704－0010533　000130　經部/四

書類/總義之屬/傳說

四書便蒙十九卷 (宋)朱熹注 清侯官林氏銅活字印本 十四冊

330000－1704－0010534 003809 類叢部/叢書類/彙編之屬

函海一百五十二種 (清)李調元編 清乾隆綿州李氏萬卷樓刻本 一冊 存一種

330000－1704－0010536 003814 史部/紀傳類/正史之屬

二十四史 清同治至光緒五省官書局據汲古閣本等合刻光緒五年(1879)湖北書局彙印本 一百冊 存一種

330000－1704－0010537 003783 史部/紀傳類/正史之屬

二十四史 清同治至光緒五省官書局據汲古閣本等合刻光緒五年(1879)湖北書局彙印本 四冊 存一種

330000－1704－0010538 003810 史部/雜史類/斷代之屬

吴越備史四卷補遺一卷 題(宋)范坰 (宋)林禹撰 清康熙十七年(1678)燕喜堂刻本 二冊

330000－1704－0010540 003784 史部/紀傳類/正史之屬

十七史一千五百七十四卷 (明)毛晉編 明崇禎元年至十七年(1628－1644)琴川毛氏汲古閣刻清順治五年至十三年(1648－1656)重修本 六冊 存一種

330000－1704－0010541 004054 新學/史志/戰記

日俄交涉戰紀初編十六卷 題(清)寒江釣雪叟撰 清光緒三十年(1904)香港清記書局石印本 六冊

330000－1704－0010544 003785 史部/紀傳類/正史之屬

十七史一千五百七十四卷 (明)毛晉編 明崇禎元年至十七年(1628－1644)琴川毛氏汲古閣刻清順治五年至十三年(1648－1656)重修本 十八冊 存一種

330000－1704－0010546 003812 史部/雜史類/斷代之屬

吴越備史四卷首一卷 (宋)錢儼撰 清道光二年(1822)南沙席氏掃葉山房刻本 二冊

330000－1704－0010547 003786 史部/紀傳類/正史之屬

二十四史 清同治至光緒五省官書局據汲古閣本等合刻光緒五年(1879)湖北書局彙印本 十六冊 存一種

330000－1704－0010549 000132 經部/四書類/總義之屬/傳說

四書集註十九卷 (宋)朱熹撰 清光緒三年(1877)永康胡氏退補齋刻本 六冊

330000－1704－0010551 004055 新學/史志/别國史

日本維新三十年史十二編附錄一卷 (日本)博文館輯 (清)上海廣智書局譯 清光緒二十八年(1902)上海廣智書局鉛印本 六冊

330000－1704－0010553 000135 經部/四書類/總義之屬/傳說

四書集註十九卷 (宋)朱熹撰 清清華書屋刻本 十四冊

330000－1704－0010554 003787 史部/紀傳類/正史之屬

二十四史 清乾隆四年(1739)武英殿刻本 四十九冊 存一種

330000－1704－0010555 003861 類叢部/叢書類/彙編之屬

知服齋叢書三十種 (清)龍鳳鑣編 清光緒順德龍氏刻本 一冊 存一種

330000－1704－0010556 003770 史部/紀傳類/正史之屬

十七史一千五百七十四卷 (明)毛晉編 明崇禎元年至十七年(1628－1644)毛氏汲古閣刻本 六冊 存一種

330000－1704－0010557 003860 史部/編

年類/斷代之屬
遼金元三史語解四十六卷　(清)高宗弘曆敕撰　清光緒四年(1878)江蘇書局刻本　六冊　存二十四卷(欽定元史語解一至二十四)

330000－1704－0010558　003813　史部/紀傳類/正史之屬
二十四史　清同治至光緒五省官書局據汲古閣本等合刻光緒五年(1879)湖北書局彙印本　一百十二冊　存一種

330000－1704－0010559　000136　經部/四書類/總義之屬/傳說
四書朱子本義匯參四十三卷首四卷　(清)王步青輯　清漁古山房刻本　二十八冊

330000－1704－0010560　003771　史部/紀傳類/正史之屬
二十四史　清同治至光緒五省官書局據汲古閣本等合刻光緒五年(1879)湖北書局彙印本　四冊　存一種

330000－1704－0010561　000138　經部/四書類/總義之屬/傳說
四書考異七十二卷　(清)翟灝撰　清乾隆三十四年(1769)無不宜齋刻本　十冊

330000－1704－0010563　003515　經部/書類/傳說之屬
尚書地理今釋一卷　(清)蔣廷錫撰　清光緒七年(1881)成都淪雅齋刻本　一冊

330000－1704－0010566　003516　經部/書類/傳說之屬
尚書後案三十卷附後辨一卷　(清)王鳴盛撰　清乾隆四十五年(1780)禮堂刻本　八冊

330000－1704－0010567　003788　史部/紀傳類/正史之屬
舊唐書二百卷　(後晉)劉昫撰　**校勘記六十六卷**　(清)羅士琳等撰　**逸文十二卷**　(清)岑建功輯　清道光二十三年至二十六年(1843－1846)懼盈齋刻同治十一年(1872)方濬頤重修本　五十八冊

330000－1704－0010569　003791　史部/紀傳類/正史之屬
二十四史附考證　清光緒十年(1884)上海同文書局石印本　四十八冊　存一種

330000－1704－0010572　003793　史部/史評類/史論之屬
東萊先生音註唐鑑二十四卷　(宋)范祖禹撰　(宋)吕祖謙注　清光緒十八年(1892)浙江書局刻本　四冊

330000－1704－0010573　000139　經部/四書類/總義之屬/文字音義
陳氏四書音義十九卷首一卷　(清)陳國琳釋　清光緒二十一年(1895)瑞安甌雅堂刻本　六冊

330000－1704－0010574　003789　史部/紀傳類/正史之屬
舊唐書二百卷　(後晉)劉昫撰　**校勘記六十六卷**　(清)羅士琳等撰　**逸文十二卷**　(清)岑建功輯　清道光二十三年至二十六年(1843－1846)懼盈齋刻同治十一年(1872)方濬頤重修本　二十二冊　存六十六卷(校勘記一至六十六)

330000－1704－0010575　003794　史部/史評類/史論之屬
東萊先生音註唐鑑二十四卷　(宋)范祖禹撰　(宋)吕祖謙注　清同治十三年(1874)蓉城尊經書院刻本　四冊

330000－1704－0010577　003796　史部/紀傳類/正史之屬
十七史一千五百七十四卷　(明)毛晉編　明崇禎元年至十七年(1628－1644)琴川毛氏汲古閣刻清順治五年至十三年(1648－1656)重修本　六冊　存一種

330000－1704－0010578　003790　史部/紀傳類/正史之屬
二十四史　清同治至光緒五省官書局據汲古閣本等合刻光緒五年(1879)湖北書局彙印本　四十冊　存一種

330000－1704－0010579　003774　史部/紀

傳類/正史之屬

二十四史 清同治至光緒五省官書局據汲古閣本等合刻光緒五年(1879)湖北書局彙印本 六冊 存一種

330000－1704－0010581 003775 史部/紀傳類/正史之屬

二十四史 清同治至光緒五省官書局據汲古閣本等合刻光緒五年(1879)湖北書局彙印本 三十二冊 存一種

330000－1704－0010583 000140 經部/四書類/總義之屬/傳說

四書正體十九卷校定字音一卷 (清)呂世鏞輯 清玉山堂刻本 六冊

330000－1704－0010584 003776 史部/紀傳類/正史之屬

十七史一千五百七十四卷 (明)毛晉編 明崇禎元年至十七年(1628－1644)毛氏汲古閣刻本 十六冊 存一種

330000－1704－0010585 003798 史部/紀傳類/正史之屬

五代史記七十四卷 (宋)歐陽修撰 (宋)徐無黨注 (清)彭元瑞增注 (清)劉鳳誥排次 清嘉慶二十年(1815)萍鄉劉氏雲牲書屋刻道光八年(1828)重修本 四十冊

330000－1704－0010586 003712 史部/紀傳類/正史之屬

四史四百十五卷 清同治十一年(1872)成都書局刻本 二十八冊 存一種

330000－1704－0010587 003864 史部/雜史類/斷代之屬

元祕史注續補一卷 (清)高寶銓撰 清刻本 一冊

330000－1704－0010588 003714 史部/紀傳類/正史之屬

東觀漢記二十四卷 (漢)劉珍等撰 清乾隆六十年(1795)掃葉山房刻本 二冊

330000－1704－0010589 003865 史部/紀傳類/正史之屬

元書一百二卷首一卷 曾廉撰 清宣統三年(1911)刻本 二十冊

330000－1704－0010592 000143 經部/四書類/總義之屬/傳說

四書改錯二十二卷 (清)毛奇齡撰 清嘉慶十六年(1811)金孝柏學圃刻本 劉景晨題記 四冊

330000－1704－0010593 003713 史部/紀傳類/正史之屬

四史四百十五卷 清光緒金陵書局、江南書局刻本 十六冊 存一種

330000－1704－0010594 000141 經部/四書類/總義之屬/傳說

四書講義尊聞錄二十卷 (清)戴鋐撰 清雍正懷新堂刻本 二十二冊

330000－1704－0010596 003715 史部/紀傳類/正史之屬

後漢書補逸二十一卷 (清)姚之駰輯 清康熙五十二年(1713)錢唐姚之駰露滌齋刻嘉慶栢筠書屋印本 六冊

330000－1704－0010597 003751 類叢部/叢書類/自著之屬

北江全集七種 (清)洪亮吉撰 清乾隆至嘉慶刻彙印本 二冊 存一種

330000－1704－0010598 003727 史部/叢編

思益堂史學四種 (清)周壽昌撰 清光緒長沙周氏小對竹軒刻本 四冊 存一種

330000－1704－0010599 003752 史部/叢編

常熟丁氏叢書二種 丁國鈞撰 清光緒木活字印本 二冊 存一種

330000－1704－0010600 003716 史部/紀傳類/正史之屬

後漢書補注二十四卷 (清)惠棟撰 清嘉慶九年(1804)桐鄉馮集梧德裕堂刻本(卷六至十二配清抄本) 二冊

330000－1704－0010601　000146　經部/四書類/總義之屬

四書古註羣義彙解九種九十四卷　（清）□□輯　清光緒十六年（1890）上海珍藝書局鉛印本　十二冊

330000－1704－0010603　003853　史部/紀傳類/正史之屬

二十一史二千五百六十七卷　明刻明清遞修本　六冊　存一種

330000－1704－0010604　003753　類叢部/叢書類/彙編之屬

式訓堂叢書四十一種　（清）章壽康編　清光緒會稽章氏刻本　一冊　存一種

330000－1704－0010606　003754　類叢部/叢書類/自著之屬

郝氏遺書三十三種　（清）郝懿行撰　清嘉慶至光緒刻彙印本　一冊　存一種

330000－1704－0010607　000147　經部/四書類/總義之屬/傳說

四書啟蒙易知□□卷　（清）傅錫九輯　清刻本　十二冊　存十六卷（大學啟蒙易知一至二、中庸啟蒙易知一至四、論語啟蒙易知一至十）

330000－1704－0010608　003755　類叢部/叢書類/彙編之屬

廣雅書局叢書一百五十九種　徐紹棨編　清光緒廣雅書局刻民國九年（1920）番禺徐紹棨彙編印本　一冊　存一種

330000－1704－0010609　003730　史部/叢編

桐華館史翼五種　（清）金德輿輯　清嘉慶桐華館刻本　三冊　存一種

330000－1704－0010611　003717　史部/紀傳類/正史之屬

後漢書補注二十四卷　（清）惠棟撰　清嘉慶九年（1804）桐鄉馮集梧德裕堂刻本　四冊

330000－1704－0010612　003731　類叢部/叢書類/彙編之屬

廣雅書局叢書一百五十九種　徐紹棨編　清光緒廣雅書局刻民國九年（1920）番禺徐紹棨彙編印本　一冊　存一種

330000－1704－0010613　000149　經部/四書類

四書咫聞五卷　（清）楊希閔撰　清刻本　一冊　存三卷（一至三）

330000－1704－0010614　003718　類叢部/叢書類/彙編之屬

汗筠齋叢書第一集（蘭芬齋叢書初集）四種　（清）秦鑑編　清嘉慶三年至四年（1798－1799）嘉定秦氏刻本　二冊　存一種

330000－1704－0010615　003756　史部/紀傳類/正史之屬

十七史一千五百七十四卷　（明）毛晉編　明崇禎元年至十七年（1628－1644）毛氏汲古閣刻本　十七冊　存一種

330000－1704－0010616　000150　經部/四書類/總義之屬/傳說

註釋校正華英四書四卷　（英國）雷祈師譯　清光緒二十五年（1899）上海書局石印本　六冊

330000－1704－0010619　003720　類叢部/叢書類/彙編之屬

廣雅書局叢書一百五十九種　徐紹棨編　清光緒廣雅書局刻民國九年（1920）番禺徐紹棨彙編印本　二冊　存一種

330000－1704－0010620　007060　集部/詩文評類/詩評之屬

牖窺詩話一卷隱居放言一卷鄉先生紀畧一卷　（清）祝堯之撰　稿本　一冊

330000－1704－0010621　003733　史部/紀傳類/正史之屬

四史四百十五卷　清光緒金陵書局、江南書局刻本　八冊　存一種

330000－1704－0010622　003721　類叢部/叢書類/彙編之屬

廣雅書局叢書一百五十九種　徐紹棨編　清

光緒廣雅書局刻民國九年(1920)番禺徐紹棨彙編印本　一册　存三種

330000－1704－0010623　004734　史部/地理類/方志之屬/郡縣志

[光緒]棲霞縣志校議十卷首一卷　稿本　一册

330000－1704－0010624　003517　經部/書類/傳說之屬

尚書要旨一卷　(清)馬貞榆撰　清光緒湖北存古學堂刻本　一册

330000－1704－0010625　004059　新學/史志/別國史

日本史綱二卷　(清)江楚編譯局編　清光緒三十二年(1906)金陵江楚編譯官書局石印本　□季傑題記　一册

330000－1704－0010626　003518　類叢部/叢書類/自著之屬

半巖廬所箸書九種　(清)邵懿辰撰　清宣統三年至民國二十年(1911－1931)仁和邵氏家祠刻本　邵章題記　一册　存一種

330000－1704－0010631　004062　新學/史志/戰記

普法戰紀二十卷　(清)張宗良口譯　(清)王韜撰輯　清光緒十二年(1886)弢園王氏刻本　十册

330000－1704－0010632　004063　史部/地理類/外紀之屬

重訂普法戰紀四卷　(清)張宗良譯　(清)王韜撰　(清)李光廷纂　清光緒二十四年(1898)中華印務局鉛印本　四册

330000－1704－0010633　004064　新學/史志/帝王傳

大英帝王世系表并紀略二卷　郭鍾岳編　清光緒二十五年(1899)溫州刻本　一册

330000－1704－0010634　004065　新學/史志/諸國史

歐羅巴通史不分卷　(日本)箕作元八　(日本)峰岸米撰　(清)胡景伊等譯　清光緒二十六年(1900)東亞譯書會鉛印本　一册

330000－1704－0010635　004066　新學/史志/別國史

俄史輯譯四卷　(英國)闞斐迪譯　(清)徐景羅重譯　清光緒十四年(1888)益智書會刻本　四册

330000－1704－0010636　004067　新學/史志/別國史

俄史輯譯四卷　(英國)闞斐迪譯　(清)徐景羅重譯　清光緒十四年(1888)益智書會刻本　四册

330000－1704－0010637　004068　新學/史志/別國史

大美國史略八卷附一卷　(美國)蔚利高撰并譯　黄乃裳屬文　清光緒二十五年(1899)福州美華書局鉛印本　二册

330000－1704－0010638　004069　史部/地理類/外紀之屬

歐洲史略十三卷　清光緒十二年(1886)總稅務司刻本　一册

330000－1704－0010640　003521　經部/書類/分篇之屬

禹貢水道便覽一卷　(清)張先振輯　清同治六年(1867)漢陽張氏家塾刻本　一册

330000－1704－0010641　004070　新學/雜著/叢編

西學啟蒙十六種　(英國)赫德編　(英國)艾約瑟譯　清光緒十二年(1886)總稅務司刻本　一册　存一種

330000－1704－0010642　004071　新學/史志/別國史

希臘志畧十三卷　清光緒十二年(1886)總稅務司刻本　一册

330000－1704－0010643　003522　經部/書類/分篇之屬

禹貢說二卷　(清)魏源撰　清同治六年(1867)廣州方濬頤碧玲瓏館刻本　一册

330000－1704－0010644　003523　經部/書類/分篇之屬
禹貢新圖說二卷　（清）楊懋建撰　清同治六年（1867）廣州方濬頤碧玲瓏館刻本　二册

330000－1704－0010645　000144　經部/四書類/總義之屬/專著
增補四書類典賦二十四卷　（清）甘紱撰　清乾隆五十五年（1790）刻本　八册

330000－1704－0010646　003722、003723　類叢部/叢書類/彙編之屬
宜稼堂叢書七種　（清）郁松年編　清道光二十年至二十二年（1840－1842）上海郁氏刻本（續後漢書卷一、八十八原缺）　三十二册　存二種

330000－1704－0010647　003757　史部/紀傳類/別史之屬
晋記六十八卷首一卷　（清）郭倫撰　清乾隆五十一年（1786）有斐堂刻本　九册

330000－1704－0010648　000145　類叢部/類書類/專類之屬
四書典制類聯音註三十三卷　（清）閻其淵輯　清嘉慶二年（1797）刻本　十四册

330000－1704－0010649　000151　經部/四書類/總義之屬
較正監韻分章分節四書正文六卷　（清）陳豸（清）顏茂猷較正　清光緒三十年（1904）點石齋石印本　六册

330000－1704－0010650　003758　史部/雜史類
十六國春秋一百卷　（北魏）崔鴻撰　清乾隆三十九年（1774）汪氏欣託山房刻四十六年（1781）印本　二十册

330000－1704－0010651　003724　史部/紀傳類/別史之屬
七家後漢書　（清）汪文臺輯　清光緒八年（1882）太平崔國榜等刻本　六册

330000－1704－0010652　003759　史部/雜史類
十六國春秋一百卷　（北魏）崔鴻撰　清乾隆三十九年（1774）汪氏欣託山房刻本　二十四册

330000－1704－0010653　003524　類叢部/叢書類/自著之屬
頤志齋叢書二十二種　（清）丁晏撰　清道光至同治山陽丁氏六蓺堂刻同治元年（1862）彙印本　二册　存三種

330000－1704－0010654　003734　史部/紀傳類/正史之屬
三國志六十五卷　（晉）陳壽撰　（南朝宋）裴松之注　清同治六年（1867）金陵書局木活字印本　二十册

330000－1704－0010655　000152　經部/四書類/總義之屬/傳說
四書典故辨正二十卷附錄一卷　（清）周柄中撰　清刻本　六册

330000－1704－0010657　003525　經部/書類/分篇之屬
禹貢正詮四卷　（清）姚彦渠輯　清光緒十一年（1885）姚丙吉刻本　一册

330000－1704－0010658　003725　史部/紀傳類/正史之屬
二十四史附考證　清乾隆武英殿刻本　十七册　存一種

330000－1704－0010659　003736　類叢部/叢書類/家集之屬
學壽堂叢書十二種　徐紹楨編　清咸豐至光緒番禺徐氏梧州刻本　二册　存一種

330000－1704－0010660　003526　類叢部/叢書類/彙編之屬
岱南閣叢書二十種　（清）孫星衍編　清乾隆五十年至嘉慶十四年（1785－1809）蘭陵孫氏刻本　二册　存一種

330000－1704－0010661　003760　類叢部/叢書類/彙編之屬
廣漢魏叢書　（明）何允中編　清嘉慶刻本　一册　存一種

330000－1704－0010662　003737　類叢部/叢書類/自著之屬
伯山全集四種　(清)康發祥撰　清道光至同治泰州康氏刻本　三册　存一種

330000－1704－0010663　003738　類叢部/叢書類/自著之屬
北江全集七種　(清)洪亮吉撰　清乾隆至嘉慶刻彙印本　一册　存一種

330000－1704－0010664　000154　經部/四書類/總義之屬/傳說
四書集註大全四十三卷　(明)胡廣等輯　**四書備考三十七卷**　(明)陳仁錫等輯　清初刻本　二十册

330000－1704－0010665　003761　類叢部/叢書類/自著之屬
北江全集七種　(清)洪亮吉撰　清乾隆至嘉慶刻彙印本　四册　存一種

330000－1704－0010666　003739　史部/紀傳類/正史之屬
三國志證聞三卷　(清)錢儀吉撰　清光緒十一年(1885)江蘇書局刻本　二册

330000－1704－0010667　003762　史部/史抄類
南史識小錄十四卷北史識小錄十四卷　(清)沈名蓀　(清)朱昆田輯　(清)張應昌補正　清同治十年(1871)武林吳氏清來堂刻本　十二册

330000－1704－0010668　000155　經部/四書類/總義之屬/傳說
三魚堂四書大全四十六卷　(清)陸隴其輯　清康熙三十七年(1698)席永恂、王前席刻本　二十一册　缺四卷(論語集註大全十七至二十)

330000－1704－0010669　003527　經部/書類/傳說之屬
讀尚書記一卷　(清)范泰衡撰　清同治七年(1868)刻本　一册

330000－1704－0010670　003740　史部/紀傳類/正史之屬
三國志六十五卷　(晉)陳壽撰　(南朝宋)裴松之注　清光緒七年(1881)文雅齋刻本　八册

330000－1704－0010671　003763　史部/紀傳類/正史之屬
十七史一千五百七十四卷　(明)毛晉編　明崇禎元年至十七年(1628－1644)毛氏汲古閣刻本　十六册　存一種

330000－1704－0010672　004072　新學/史志/臣民傳記
地球一百名人傳一卷　(英國)李提摩太譯　林朝圻達旨　清光緒二十七年(1901)上海廣學會譯箸圖書集成局鉛印本　一册

330000－1704－0010673　004079　史部/傳記類/總傳之屬/通代
古聖賢像傳畧十六卷　(清)顧沅輯　清道光十年(1830)刻本　六册

330000－1704－0010674　003528　經部/書類/分篇之屬
禹貢班義述三卷附漢縻水入尚龍谿考一卷　(清)成蓉鏡撰　清光緒十一年(1885)刻本　一册

330000－1704－0010675　004073　史部/傳記類/總傳之屬/通代
碧血錄五卷　(清)莊仲方撰　(清)夏鸞翔繪圖　清光緒八年(1882)上海同文書局石印本　五册

330000－1704－0010676　003704　史部/紀傳類/正史之屬
漢書疏證三十六卷後漢書疏證三十卷　(清)沈欽韓撰　清光緒二十六年(1900)浙江官書局刻本　二十四册　存三十六卷(漢書疏證一至三十六)

330000－1704－0010678　004074　史部/傳記類/總傳之屬/通代
正學續四卷　(清)陳遇夫撰　清光緒二十四年(1898)刻本　四册

330000－1704－0010679　003705、003706　史部/編年類/斷代之屬
兩漢紀六十卷　(宋)王銍輯　**兩漢紀校記二卷**　(清)陳璞撰　清光緒二年(1876)嶺南學海堂刻本　十一冊

330000－1704－0010680　003741　史部/紀傳類/正史之屬
二十四史　清同治至光緒五省官書局據汲古閣本等合刻光緒五年(1879)湖北書局彙印本　八冊　存一種

330000－1704－0010681　003529　類叢部/叢書類/自著之屬
徐位山先生七種　(清)徐文靖撰　清雍正至乾隆刻志寧堂彙印本　四冊　存一種

330000－1704－0010684　003742　史部/叢編
思益堂史學四種　(清)周壽昌撰　清光緒長沙周氏小對竹軒刻本　二冊　存一種

330000－1704－0010685　003765　史部/紀傳類/正史之屬
南北史補志十四卷附贊一卷　(清)汪士鐸撰　清光緒四年(1878)淮南書局刻本　十冊

330000－1704－0010686　004076　史部/傳記類/總傳之屬/通代
安危注四卷　(明)吳甡輯　清康熙吳氏刻本　四冊

330000－1704－0010688　003707　史部/紀傳類/正史之屬
漢書評林一百卷　(明)凌稚隆輯　清光緒二十七年(1901)上海天章書局石印本　十二冊

330000－1704－0010689　003766　類叢部/叢書類/彙編之屬
廣雅書局叢書一百五十九種　徐紹棨編　清光緒廣雅書局刻民國九年(1920)番禺徐紹棨彙編印本　一冊　存一種

330000－1704－0010690　003767　類叢部/叢書類/自著之屬
郝氏遺書三十三種　(清)郝懿行撰　清嘉慶至光緒刻彙印本　一冊　存二種

330000－1704－0010691　000137　經部/四書類/總義之屬/傳說
四書管窺不分卷　(元)史伯璿撰　清抄本　四冊

330000－1704－0010692　003743　史部/紀傳類/斷代之屬
季漢書九十卷　(清)章陶撰　**季漢書辨異一卷**　(清)張廉評註　清道光九年(1829)章氏青山環漪軒刻本　十五冊　缺六卷(二十七至三十二)

330000－1704－0010693　003530　類叢部/叢書類/彙編之屬
函海一百五十二種　(清)李調元編　清乾隆綿州李氏萬卷樓刻本　一冊　存一種

330000－1704－0010694　004077　集部/別集類/清別集
厚德錄節識二卷　(清)舒化民撰　清同治三年(1864)刻本　二冊

330000－1704－0010695　003768　史部/紀傳類/正史之屬
十七史一千五百七十四卷　(明)毛晉編　明崇禎元年至十七年(1628－1644)毛氏汲古閣刻本　十五冊　存一種

330000－1704－0010697　003744　類叢部/叢書類/彙編之屬
廣雅書局叢書一百五十九種　徐紹棨編　清光緒廣雅書局刻民國九年(1920)番禺徐紹棨彙編印本　六冊　存一種

330000－1704－0010698　003531　經部/書類/分篇之屬
禹貢水道論一卷附錄一卷　(清)闞遠光撰　清道光八年(1828)九經閣刻本　一冊

330000－1704－0010699　003769　史部/紀傳類/正史之屬
十七史一千五百七十四卷　(明)毛晉編　明崇禎元年至十七年(1628－1644)毛氏汲古閣刻本　六冊　存一種

330000－1704－0010700　004078　史部/傳記類/總傳之屬/郡邑
敬鄉錄十四卷　(元)吳師道撰　清瑞安項氏水仙亭抄本　三冊　存八卷(五至六、九至十四)

330000－1704－0010701　003745　史部/紀傳類/正史之屬
三國疆域志補注十九卷　(清)洪亮吉撰　(清)謝鍾英補注　清光緒二十四年(1898)刻本　八冊

330000－1704－0010702　003710　史部/紀傳類/正史之屬
四史四百十五卷　清光緒十四年(1888)上海蜚英館石印本　十二冊　存一種

330000－1704－0010703　003532　經部/書類/分篇之屬
禹貢錐指二十卷略例一卷圖一卷　(清)胡渭撰　清康熙四十四年(1705)漱六軒刻本　六冊

330000－1704－0010704　003746、003747　類叢部/叢書類/彙編之屬
廣雅書局叢書一百五十九種　徐紹棨編　清光緒廣雅書局刻民國九年(1920)番禺徐紹棨彙編印本　三冊　存二種

330000－1704－0010705　004080　史部/政書類/儀制之屬/典禮
聖廟祀典圖考五卷附聖蹟圖一卷孟子聖蹟圖一卷　(清)顧沅撰　清道光六年(1826)刻本　六冊

330000－1704－0010706　004081　史部/政書類/儀制之屬/典禮
文廟通考六卷首一卷　(清)牛樹梅撰　清同治十一年(1872)浙江書局刻本　二冊

330000－1704－0010708　004082　史部/傳記類/總傳之屬
聖賢像贊不分卷　(明)吕維祺撰　清光緒四年(1878)曲阜會文堂刻本　四冊

330000－1704－0010709　003534　類叢部/叢書類/自著之屬
煙嶼樓集四種　(清)徐時棟撰　清同治至光緒刻彙印本　楊紹廉題記　二冊　存一種

330000－1704－0010710　004083　類叢部/叢書類/彙編之屬
崇文書局彙刻書三十三種　(清)崇文書局編　清光緒元年(1875)湖北崇文書局刻本　一冊　存一種

330000－1704－0010712　003669　史部/雜史類/斷代之屬
戰國策十卷　(宋)鮑彪校注　(元)吳師道補正　清姑蘇書業堂刻本　六冊

330000－1704－0010713　003670　類叢部/叢書類/自著之屬
武陵山人遺書十種續刊二種　(清)顧觀光撰　清光緒九年(1883)獨山莫祥芝上海刻本　二冊　存一種

330000－1704－0010715　000156　經部/四書類/總義之屬/專著
四書正事括略七卷附錄一卷　(清)毛奇齡撰　清道光十九年(1839)蕭山沈豫刻本　四冊

330000－1704－0010716　000157　經部/四書類/總義之屬/傳說
四書經典通考不分卷　(清)陸文籥輯　清嘉慶十二年(1807)木活字印本　八冊

330000－1704－0010717　003693　史部/地理類/總志之屬/斷代
新斠注地里志十六卷　(清)錢坫撰　(清)徐松集釋　清同治十三年(1874)會稽章氏刻本　八冊

330000－1704－0010718　003671　史部/雜史類/斷代之屬
戰國策十八卷　(清)張星徽評點　清廣州儒雅堂刻本　十冊

330000－1704－0010719　003748　史部/雜史類/斷代之屬
晉畧六十六卷　(清)周濟撰　清光緒二年(1876)味雋齋刻本　十冊

330000－1704－0010720　003694　史部/地理類/總志之屬/斷代

新斠注地里志十六卷　(清)錢坫撰　(清)徐松集釋　清嘉慶二年(1797)刻本　四冊

330000－1704－0010722　003672　史部/雜史類/斷代之屬

戰國策去毒二卷　(清)陸隴其評定　清同治九年(1870)六安涂氏求我齋刻本　二冊

330000－1704－0010723　003749　史部/紀傳類/正史之屬

二十四史　清同治至光緒五省官書局據汲古閣本等合刻光緒五年(1879)湖北書局彙印本　二十冊　存一種

330000－1704－0010724　003673　類叢部/叢書類/彙編之屬

廣雅書局叢書一百五十九種　徐紹棨編　清光緒廣雅書局刻民國九年(1920)番禺徐紹棨彙編印本　一冊　存一種

330000－1704－0010725　003695　類叢部/叢書類/自著之屬

拙盦叢稿　(清)朱一新撰　清光緒二十二年(1896)順德龍氏葆真堂刻本　四冊　存一種

330000－1704－0010726　007191　類叢部/叢書類/自著之屬

陸放翁全集六種　(宋)陸游撰　明末海虞毛氏汲古閣刻清初毛扆增刻彙印本　三十一冊　存二種

330000－1704－0010727　003674　史部/雜史類/斷代之屬

戰國策三十三卷　(漢)高誘注　**重刻剡川姚氏本戰國策札記三卷**　(清)黃丕烈撰　清同治八年(1869)湖北崇文書局刻本　六冊

330000－1704－0010728　003696、003698　類叢部/叢書類/彙編之屬

廣雅書局叢書一百五十九種　徐紹棨編　清光緒廣雅書局刻民國九年(1920)番禺徐紹棨彙編印本　六冊　存二種

330000－1704－0010729　003697　類叢部/叢書類/自著之屬

振綺堂遺書五種　(清)汪遠孫撰　清道光刻民國十一年(1922)錢唐汪氏彙印本　二冊　存一種

330000－1704－0010730　003635　經部/春秋左傳類/傳說之屬

欽定春秋左傳讀本三十卷　(清)英和等撰　清同治八年(1869)江蘇書局刻本　王理孚跋　十冊

330000－1704－0010731　003535　經部/書類/傳說之屬

尚書商誼三卷　王樹枏撰　清光緒文莫室刻本　二冊

330000－1704－0010732　003675　史部/雜史類/斷代之屬

戰國策三十三卷　(漢)高誘注　**重刻剡川姚氏本戰國策札記三卷**　(清)黃丕烈撰　清光緒二十二年(1896)上海鴻寶齋石印本　五冊

330000－1704－0010733　003699　史部/編年類/斷代之屬

西漢年紀三十卷　(宋)王益之撰　清嘉慶四年(1799)南沙席氏掃葉山房刻本　六冊

330000－1704－0010734　003676　史部/史鈔類

戰國策選四卷　(清)儲欣評選　清乾隆四十五年(1780)刻本　二冊

330000－1704－0010735　003700　史部/叢編

大興徐氏三種　(清)徐松撰　清道光刻本　二冊　存一種

330000－1704－0010736　000159　經部/四書類/總義之屬/傳說

酌雅齋四書遵註合講十九卷　(清)翁復編　清光緒二十六年(1900)浙蘭慎言堂刻本　六冊

330000－1704－0010738　003536　經部/書類/傳說之屬

尚書質疑三卷　(清)顧棟高撰　清道光六年

(1826)蔣廷瓚刻本　二冊

330000－1704－0010739　003701　史部/地理類/總志之屬/斷代
楚漢諸侯疆域志三卷　(清)劉文淇撰　清光緒二年(1876)金陵刻本　一冊

330000－1704－0010740　003702　類叢部/叢書類/彙編之屬
廣雅書局叢書一百五十九種　徐紹棨編　清光緒廣雅書局刻民國九年(1920)番禺徐紹棨彙編印本　一冊　存一種

330000－1704－0010741　003677　史部/雜史類/斷代之屬
吴越春秋一卷　(漢)趙曄撰　(清)俞長城評點　清乾隆二十四年(1759)可儀堂刻本　一冊

330000－1704－0010742　000160　經部/四書類/總義之屬/傳說
呂晚邨先生四書講義四十三卷　(清)呂留良撰　(清)陳鏦編次　清康熙呂氏天蓋樓刻本　八冊

330000－1704－0010743　003559　經部/春秋總義類/專著之屬
春秋中國夷狄辨三卷　徐勤撰　清光緒上海點石齋書局刻本　一冊

330000－1704－0010744　003637　類叢部/叢書類/彙編之屬
張氏適園叢書　張鈞衡編　清宣統三年(1911)上海國學扶輪社鉛印本　一冊　存一種

330000－1704－0010745　003537　經部/書類/傳說之屬
尚書約注四卷末一卷　(清)任啟運撰　清光緒十二年(1886)刻本　二冊

330000－1704－0010749　003638　類叢部/叢書類/彙編之屬
滂喜齋叢書五十種　(清)潘祖蔭編　清同治至光緒吴縣潘氏京師刻本　一冊　存二種

330000－1704－0010750　003679　類叢部/叢書類/彙編之屬
祕書廿一種　(清)汪士漢編　清康熙七年(1668)汪士漢據明刻古今逸史板重編印本　四冊　存一種

330000－1704－0010751　003538　經部/書類/文字音義之屬
尚書釋音二卷　(唐)陸德明撰　清光緒元年(1875)江山劉氏刻本　一冊

330000－1704－0010753　000163　經部/四書類/總義之屬/傳說
樂天齋重訂王觀濤先生四書翼註十卷　(明)王丟俞撰　(清)周時雍訂評　清順治十三年(1656)刻本　五冊

330000－1704－0010754　003680　史部/雜史類/斷代之屬
戰國策三十三卷　(漢)高誘注　**重刻剡川姚氏本戰國策札記三卷**　(清)黄丕烈撰　清光緒三年(1877)永康胡氏退補齋刻本　六冊

330000－1704－0010755　003639　經部/春秋總義類/傳說之屬
公羊傳評二卷穀梁傳評一卷　(清)王源評訂　清康熙五十五年(1716)漣水程氏刻本(有抄配)　四冊

330000－1704－0010756　000167　經部/四書類/總義之屬/專著
俞南莊先生四書評本十九卷　(清)俞廷鑣撰　清同治十一年(1872)刻本　六冊

330000－1704－0010757　003561　經部/春秋左傳類/釋例之屬
春秋釋例十五卷首一卷　(晉)杜預撰　清嘉慶五年(1800)掃葉山房刻本　十二冊

330000－1704－0010758　003539　史部/紀事本末類/通代之屬
繹史一百六十卷世系圖一卷年表一卷　(清)馬驌撰　清光緒二十三年(1897)武林尚友齋石印本　二十四冊

330000－1704－0010761　003641　類叢部/

叢書類/彙編之屬

木犀軒叢書二十七種續刻六種　李盛鐸編　清光緒德化李氏木犀軒刻本　一冊　存一種

330000－1704－0010762　003681　類叢部/叢書類/彙編之屬

雅雨堂叢書(雅雨堂藏書)十三種　(清)盧見曾編　清乾隆二十一年(1756)德州盧氏雅雨堂刻增修本　六冊　存一種

330000－1704－0010763　003586　經部/春秋總義類/傳說之屬

春秋宗朱辨義十二卷首一卷　(清)張自超撰　清刻本　八冊

330000－1704－0010764　003587　經部/春秋總義類/傳說之屬

御纂春秋直解十二卷　(清)傅恆等撰　清乾隆刻本　八冊

330000－1704－0010765　000168　經部/四書類/總義之屬/傳說

四書訓解參證十二卷補遺四卷續補編四卷　(清)張定鋆撰　清咸豐二年(1852)、同治四年(1865)、九年(1870)刻本　四冊

330000－1704－0010766　003682　史部/紀傳類/正史之屬

漢書補注一百卷首一卷　王先謙撰　清光緒二十六年(1900)長沙王氏虛受堂刻本　三十二冊

330000－1704－0010767　000169　經部/四書類/總義之屬/傳說

四書彙解四十卷　(清)司天開纂輯　清道光二十四年(1844)柳波館刻本　八冊

330000－1704－0010768　003588　經部/春秋總義類/傳說之屬

春秋集古傳注二十六卷首一卷　(清)郜坦撰　清光緒二年(1876)淮南書局刻本　六冊

330000－1704－0010769　003683　史部/紀傳類/正史之屬

漢書補注一百卷首一卷　王先謙撰　清光緒二十六年(1900)長沙王氏虛受堂刻本　三十二冊

330000－1704－0010770　003540　子部/叢編

二十五子彙函　(清)鴻文書局編　清光緒上海鴻文書局石印本　一冊　存一種

330000－1704－0010772　003642　經部/春秋公羊傳類/傳說之屬

春秋公羊經傳解詁十二卷　(漢)何休撰　(唐)陸德明音義　清道光四年(1824)揚州汪氏問禮堂影刻宋紹熙本　四冊

330000－1704－0010773　000165　經部/四書類/總義之屬/傳說

四書翼注論文三十八卷　(清)張甄陶撰　清乾隆五十二年(1787)浙湖竹下書堂刻本　十二冊

330000－1704－0010774　003685　類叢部/叢書類/自著之屬

五經歲徧齋校書三種　(清)翟云升輯　清道光東萊翟氏刻本　一冊　存一種

330000－1704－0010775　003686　史部/紀傳類/正史之屬

漢書引經異文錄證六卷　(清)繆祐孫撰　清光緒十一年(1885)刻本　二冊

330000－1704－0010777　003643、003644　經部/叢編

蜚雲閣凌氏叢書六種四十卷　(清)凌曙撰　清嘉慶至道光江都凌氏蜚雲閣刻本　二冊　存一種

330000－1704－0010778　000166　經部/四書類/總義之屬/傳說

四書益智錄二十卷　(清)桂含章輯　清光緒八年(1882)金陵石埭桂氏務本堂刻本　二十冊

330000－1704－0010779　003645　經部/叢編

蜚雲閣凌氏叢書六種四十卷　(清)凌曙撰　清嘉慶至道光江都凌氏蜚雲閣刻本　四冊　存一種

330000－1704－0010780　000161　經部/四書類/總義之屬/傳說

四書講義困勉録三十七卷續困勉録六卷附録一卷　(清)陸隴其撰　(清)陸公鏐編　清寶翰樓刻本　九册　缺十卷(中庸一至二、孟子一至八)

330000－1704－0010781　003688　類叢部/叢書類/彙編之屬

式訓堂叢書四十一種　(清)章壽康編　清光緒會稽章氏刻本　二册　存一種

330000－1704－0010782　003589　經部/春秋左傳類/傳說之屬

春秋經傳集解三十卷附考證　(晉)杜預註　(唐)陸德明音義　**春秋年表一卷附考證**　**春秋名號歸一圖二卷附考證**　(五代)馮繼先撰　清刻本　十五册

330000－1704－0010783　003689　史部/叢編

思益堂史學四種　(清)周壽昌撰　清光緒長沙周氏小對竹軒刻本　十二册　存一種

330000－1704－0010784　003646　類叢部/叢書類/自著之屬

周孟侯先生全書五種　(明)周拱辰撰　清道光二十七年(1847)刻光緒元年(1875)補刻本　漸伯題簽　二册　存一種

330000－1704－0010786　000162　經部/四書類/總義之屬/專著

天蓋樓四書語録四十六卷　(清)吕留良評選　(清)周在延編次　清康熙刻本　十册

330000－1704－0010788　000170　經部/四書類/總義之屬/傳說

四書釋地補一卷續補一卷又續補一卷三續補一卷　(清)閻若璩撰　(清)樊廷枚校補　清嘉慶二十一年(1816)梅陽海涵堂刻本　四册

330000－1704－0010789　003591　經部/叢編

通志堂經解一百四十種　(清)納蘭成德輯　清康熙十九年(1680)納蘭成德刻本　六册　存一種

330000－1704－0010790　003647　經部/春秋穀梁傳類/傳說之屬

春秋穀梁經傳補注二十四卷首一卷末一卷　(清)鍾文烝補注　清光緒二年(1876)嘉善鍾氏信美室刻本　八册

330000－1704－0010791　000171　經部/四書類/總義之屬/傳說

四書經註集證十九卷　(清)吴昌宗撰　清嘉慶三年(1798)江都汪廷機刻本　十六册

330000－1704－0010792　003690　史部/紀傳類

漢書補注七卷　王榮商撰　清光緒十七年(1891)刻本　二册

330000－1704－0010793　003542　子部/叢編

二十二子(二十二子彙函)　(清)浙江書局編　清光緒元年至三年(1875－1877)浙江書局刻本　四册　存一種

330000－1704－0010794　000172　經部/四書類/總義之屬/傳說

四書味根録三十七卷　(清)金澂撰　清雲聲堂刻本　九册　存十六卷(大學、中庸一、論語九至二十、孟子一至二)

330000－1704－0010795　003648　經部/叢編

十三經讀本一百五十二卷　(清)□□編　清同治金陵書局刻本　二册　存一種

330000－1704－0010796　003592　經部/春秋左傳類/傳說之屬

春秋大事表五十卷讀春秋偶筆一卷輿圖一卷附録一卷　(清)顧棟高輯　清乾隆十三年至十四年(1748－1749)錫山顧氏萬卷樓刻本　二十四册

330000－1704－0010797　003691　類叢部/叢書類/自著之屬

高梅亭讀書叢鈔十一種　(清)高嵣集評　清乾隆五十三年(1788)廣郡永邑培遠堂楊氏刻

本　六册　存二種

330000－1704－0010798　003649　經部/春秋公羊傳類/傳說之屬
春秋公羊經傳解詁十二卷　(漢)何休撰　(唐)陸德明音義　**重刊宋紹熙公羊傳注附音本校記一卷**　(清)魏彥撰　清光緒二十一年(1895)金陵書局刻本　二册

330000－1704－0010799　000173　經部/四書類/總義之屬/傳說
四書摭餘說七卷　(清)曹之升撰　清嘉慶三年(1798)刻本　三册

330000－1704－0010801　003650　類叢部/叢書類/彙編之屬
古逸叢書二十六種　(清)黎庶昌編　清光緒八年至十年(1882－1884)黎庶昌日本東京使署影刻本　二册　存一種

330000－1704－0010802　003544　史部/編年類/通代之屬
汲冢紀年存真二卷周年表一卷　(清)朱右曾撰　清歸硯齋刻本　二册

330000－1704－0010803　000174　經部/四書類/總義之屬/傳說
集虛齋四書口義十卷　(清)方椉如撰　(清)于光華編　清乾隆五十八年(1793)刻本　八册

330000－1704－0010804　003593　經部/春秋左傳類/傳說之屬
春秋大事表五十卷讀春秋偶筆一卷輿圖一卷附錄一卷　(清)顧棟高輯　清乾隆十三年至十四年(1748－1749)錫山顧氏萬卷樓刻本　二十册

330000－1704－0010805　003545　類叢部/叢書類/自著之屬
郝氏遺書三十三種　(清)郝懿行撰　清嘉慶至光緒刻彙印本　一册　存一種

330000－1704－0010806　003594　經部/春秋左傳類/傳說之屬
春秋大事表五十卷綱領一卷讀春秋偶筆一卷　(清)顧棟高輯　清光緒十四年(1888)陝西求友齋刻本　四册　存四卷(一至二、綱領、讀春秋偶筆)

330000－1704－0010807　003546　類叢部/叢書類/家集之屬
侯官陳氏遺書二十種　(清)陳壽祺　(清)陳喬樅撰　清嘉慶至同治三山陳氏刻光緒八年(1882)彙印本　三册　存一種

330000－1704－0010808　000176　經部/四書類/總義之屬/傳說
四書釋地一卷續一卷又續二卷三續一卷附孟子生卒年月考一卷　(清)閻若璩撰　清乾隆五十二年(1787)丁傑刻本　四册

330000－1704－0010809　003617　經部/春秋左傳類/傳說之屬
春秋左傳杜注三十卷首一卷　(清)姚培謙撰　**春秋名號歸一圖二卷**　(五代)馮繼先撰　清光緒十九年(1893)浙江書局刻本　十册

330000－1704－0010810　003595　類叢部/叢書類/彙編之屬
式訓堂叢書四十一種　(清)章壽康編　清光緒會稽章氏刻本　一册　存一種

330000－1704－0010811　003611　經部/叢編
十三經讀本一百五十二卷　(清)□□編　清同治金陵書局刻本　十册　存一種

330000－1704－0010812　003596　經部/春秋總義類/傳說之屬
春秋比事參義十六卷　(清)桂含章輯　清光緒八年(1882)石埭桂氏務本堂金陵刻本　十六册

330000－1704－0010813　003547　類叢部/叢書類/自著之屬
徐位山先生七種　(清)徐文靖撰　清雍正至乾隆刻志寧堂彙印本　四册　存一種

330000－1704－0010814　003612　經部/春秋左傳類/傳說之屬
讀左傳法不分卷　馬貞榆撰　清末刻朱印本

二冊

330000－1704－0010815　003597　經部/叢編

九經補注八種　（清）姜兆錫撰　清雍正至乾隆寅清樓刻本　三冊　存二種

330000－1704－0010816　003651　類叢部/叢書類/彙編之屬

士禮居黃氏叢書十九種附四種　（清）黃丕烈編　清光緒十三年（1887）上海蜚英館石印本　八冊　存二種

330000－1704－0010818　003614　經部/春秋左傳類/傳說之屬

左通補釋三十二卷　（清）梁履繩撰　清道光九年（1829）錢塘汪氏振綺堂刻光緒元年（1875）補刻本　十二冊

330000－1704－0010820　003598　經部/春秋總義類/傳說之屬

春秋或問六卷　（清）郜坦撰　清光緒二年（1876）淮南書局刻本　二冊

330000－1704－0010821　003599　經部/春秋總義類/傳說之屬

春秋經傳日月考一卷　（清）鄒伯奇撰　清光緒二十七年（1901）兩湖書院刻朱印本　一冊

330000－1704－0010822　003615　經部/春秋左傳類/傳說之屬

春秋左傳杜注三十卷首一卷　（清）姚培謙撰　清道光七年（1827）刻朱墨套印本　十二冊

330000－1704－0010823　003620　經部/春秋左傳類/傳說之屬

方氏左傳評點二卷　（清）方苞撰　（清）廉泉輯　清光緒十九年（1893）金匱廉氏刻本　一冊

330000－1704－0010824　003610　類叢部/叢書類/自著之屬

洪北江全集二十一種　（清）洪亮吉撰　清光緒三年至五年（1877－1879）洪用懃授經堂刻本　十冊　存一種

330000－1704－0010825　003619　類叢部/叢書類/彙編之屬

紛欣閣叢書十四種　（清）周心如編　清嘉慶至道光浦江周氏刻本　一冊　存一種

330000－1704－0010826　003623　經部/春秋左傳類/傳說之屬

曲江書屋新訂批註左傳快讀十八卷首一卷　（清）李紹崧輯　清道光二十三年（1843）刻本　十六冊

330000－1704－0010827　000175　經部/四書類/總義之屬/傳說

四書講四十卷　（清）金松撰　清康熙刻乾隆五年（1740）朱邦椿求志堂刻本　二十冊

330000－1704－0010829　003613　經部/春秋左傳類/傳說之屬

春秋左傳屬事二十卷　（明）傅遜撰　清刻朱印本　一冊　存欽定四庫總目提要、春秋左傳屬事目錄、春秋畧係列國年表、春秋提要、序文

330000－1704－0010831　003624　類叢部/叢書類/彙編之屬

崇文書局彙刻書三十一種　（清）崇文書局編　清光緒元年至三年（1875－1877）湖北崇文書局刻本　四冊　存一種

330000－1704－0010833　003625　集部/總集類/彙編之屬

七種古文選　（清）儲欣選評　清乾隆萬卷樓刻本　劉繙題簽　劉厚莊批　五冊　存一種

330000－1704－0010834　003601　經部/春秋總義類/傳說之屬

春秋宗朱辨義十二卷首一卷末一卷　（清）張自超撰　清光緒七年（1881）高淳書院刻本　八冊

330000－1704－0010835　000177　經部/四書類/總義之屬/傳說

朱子四書或問小註三十六卷　（清）徐方廣增注　清康熙刻本　十四冊

330000－1704－0010836　003626　經部/春

秋左傳類/傳說之屬

評點春秋綱目左傳句解彙雋六卷 （清）韓菼重訂　清光緒狀元閣李光明莊刻本　六冊

330000－1704－0010837　003654　史部/雜史類/斷代之屬

國語選四卷 （清）儲欣評　清乾隆四十五年（1780）刻本　二冊

330000－1704－0010838　003602　經部/春秋左傳類/傳說之屬

春秋經傳類求十二卷 （清）孫從添　（清）過臨汾撰　（清）吴禧祖校定　清乾隆二十四年（1759）歙縣吴禧祖舊名堂刻本　十冊

330000－1704－0010839　003627　經部/春秋左傳類/傳說之屬

東萊先生左氏博議二十五卷 （宋）吕祖謙撰　清道光十九年（1839）錢唐瞿氏清吟閣刻本　四冊

330000－1704－0010840　003655　史部/雜史類/斷代之屬

國語正義二十一卷 （清）董增齡撰　清光緒六年（1880）會稽章氏式訓堂刻本　十冊

330000－1704－0010841　003628　類叢部/叢書類/自著之屬

朱氏羣書六種 （清）朱駿聲撰　清光緒八年（1882）臨嘯閣刻本　一冊　存一種

330000－1704－0010842　003656　類叢部/叢書類/自著之屬

振綺堂遺書五種 （清）汪遠孫撰　清道光刻民國十一年（1922）錢唐汪氏彙印本　五冊　存一種

330000－1704－0010843　000178　經部/四書類/總義之屬/傳說

四書典林三十卷 （清）江永輯　清乾隆元年（1736）鋤經齋刻本　十冊　缺一卷（三十）

330000－1704－0010844　003657　類叢部/叢書類/自著之屬

振綺堂遺書五種 （清）汪遠孫撰　清道光刻民國十一年（1922）錢唐汪氏彙印本　一冊　存一種

330000－1704－0010845　003551　史部/雜史類/斷代之屬

王會篇箋釋三卷 （清）何秋濤撰　清光緒十七年（1891）江蘇書局刻本　三冊

330000－1704－0010846　003603　類叢部/叢書類/彙編之屬

邵武徐氏叢書二十三種 （清）徐榦編　清光緒邵武徐氏刻本　一冊　存一種

330000－1704－0010847　000179　經部/四書類/總義之屬/傳說

四書典故辨正二十卷附錄一卷 （清）周柄中撰　清溧陽周氏敬藝堂刻本　三冊

330000－1704－0010848　003604　類叢部/叢書類/自著之屬

儆居遺書十一種 （清）黄式三撰　清同治至光緒刻本　一冊　存一種

330000－1704－0010849　000180　經部/四書類/總義之屬/專著

松陽講義十二卷 （清）陸隴其撰　清刻本　四冊

330000－1704－0010850　003605　類叢部/叢書類/自著之屬

郝氏遺書三十三種 （清）郝懿行撰　清嘉慶至光緒刻彙印本　一冊　存一種

330000－1704－0010851　003606　類叢部/叢書類/自著之屬

郝氏遺書三十三種 （清）郝懿行撰　清嘉慶至光緒刻彙印本　三冊　存一種

330000－1704－0010852　003552　史部/雜史類/斷代之屬

周書集訓校釋十卷周書逸文一卷 （清）朱右曾撰　清道光二十六年（1846）刻本　二冊

330000－1704－0010853　003553　史部/雜史類

重訂路史全本四十七卷 （宋）羅泌撰　（宋）羅苹注　（明）吴弘基重編　明刻本　十四冊

330000－1704－0010854　003658　史部/雜史類/斷代之屬

國語二十一卷　(三國吳)韋昭注　**校刊明道本韋氏解國語札記一卷**　(清)黄丕烈撰　**明道本考異四卷**　(清)汪遠孫撰　清同治八年(1869)湖北崇文書局刻本　五册

330000－1704－0010855　003607　經部/春秋總義類/傳説之屬

毛氏春秋三種　(清)毛士撰　清同治至光緒刻本　八册　存一種

330000－1704－0010856　003621　經部/春秋左傳類/傳説之屬

春秋左傳服注存二卷續一卷補遺一卷再續一卷地名集錦二卷左官異禮略一卷　(漢)服虔撰　(清)沈豫輯　清道光蕭山沈氏蛾術堂刻本　二册

330000－1704－0010858　003608　經部/春秋總義類/傳説之屬

欽定春秋傳説彙纂三十八卷首二卷　(清)王掞等撰　清刻本　二十四册

330000－1704－0010859　003622　經部/春秋左傳類/傳説之屬

左繡三十卷首一卷　(清)馮李驊　(清)陸浩評輯　清蘭邑慎言堂刻本　十六册

330000－1704－0010860　003660　史部/雜史類/斷代之屬

重訂國語國策合註　清嘉慶十一年(1806)姑蘇書業堂刻本　四册　存二十一卷(國語一至二十一)

330000－1704－0010861　003629　經部/春秋左傳類/傳説之屬

讀左補義五十卷首一卷　(清)姜炳璋輯　清光緒三十年(1904)浙寧汲綆齋刻本　八册

330000－1704－0010862　003661　史部/雜史類/斷代之屬

國語二十一卷　(三國吳)韋昭注　(宋)宋庠補音　清刻本　四册

330000－1704－0010863　003442　史部/史抄類

史記選六卷　(清)儲欣選評　清乾隆四十五年(1780)受祉堂刻本　二册　存四卷(一至四)

330000－1704－0010864　003630　類叢部/叢書類/彙編之屬

滂喜齋叢書五十種　(清)潘祖蔭編　清同治至光緒吳縣潘氏京師刻本　二册　存一種

330000－1704－0010865　003662　史部/雜史類/斷代之屬

戰國策十卷　(宋)鮑彪校注　(元)吴師道補正　清武林二餘堂刻本　六册

330000－1704－0010867　003663　史部/雜史類/斷代之屬

戰國策十卷　(宋)鮑彪校注　(元)吴師道補正　清武林二餘堂刻本　八册

330000－1704－0010870　003664　史部/雜史類/斷代之屬

國語二十一卷　(三國吳)韋昭注　**校刊明道本韋氏解國語札記一卷**　(清)黄丕烈撰　**明道本考異四卷**　(清)汪遠孫撰　清光緒三年(1877)永康胡氏退補齋刻本　四册　缺四卷(考異一至四)

330000－1704－0010871　003634　經部/春秋左傳類/傳説之屬

左傳事緯十二卷左傳字釋一卷　(清)馬驌撰　清乾隆四十九年(1784)仁和黄暹懷澄堂刻本　五册

330000－1704－0010872　003444　史部/傳記類/總傳之屬

史學聯珠十卷　(清)胡文炳輯　清光緒十三年(1887)著易堂鉛印本　十册

330000－1704－0010875　003665　類叢部/叢書類/彙編之屬

士禮居黄氏叢書十九種附四種　(清)黄丕烈編　清嘉慶至道光黄氏士禮居刻本　清鏡山觀款　六册　存一種

330000－1704－0010876　003446　史部/史

抄類

史記菁華録六卷 (清)姚祖恩輯 清刻朱墨套印本 六册

330000－1704－0010877 003447 史部/史抄類

史記菁華録六卷 (清)姚祖恩輯 清光緒九年(1883)廣州翰墨園刻朱墨套印本 六册

330000－1704－0010878 003448 史部/史抄類

史記菁華録六卷 (清)姚祖恩輯 清刻朱墨套印本 六册

330000－1704－0010879 003423 類叢部/類書類/通類之屬

玉海二百四卷附刻十三種 (宋)王應麟撰 **校補玉海瑣記二卷王深甯先生年譜一卷** (清)張大昌撰 清光緒九年至十六年(1883－1890)浙江書局刻本 二册 存一種

330000－1704－0010880 003438 史部/紀傳類/别史之屬

弘簡録二百五十四卷 (明)邵經邦撰 **續弘簡録元史類編四十二卷** (清)邵遠平撰 清刻本 八十册

330000－1704－0010881 003666 類叢部/叢書類/自著之屬

儆居遺書十一種 (清)黄式三撰 清同治至光緒刻本 四册 存一種

330000－1704－0010882 003668 史部/雜史類/斷代之屬

戰國策十卷 (宋)鮑彪校注 (元)吴師道補正 清刻本 八册

330000－1704－0010883 003451 史部/史抄類

讀史鏡古編三十二卷 (清)潘世恩輯 清同治十三年(1874)冶城飛霞閣刻本 六册

330000－1704－0010884 003453 史部/史評類/史論之屬

讀史紀畧四卷 (清)蕭濬撰 清道光二十一年(1841)靈石楊氏澹静齋刻本 一册

330000－1704－0010885 003424 史部/編年類/通代之屬

王鳳洲先生綱鑑正史全編二十四卷附記一卷 (明)王世貞撰 (明)陳仁錫評 (明)張睿卿輯 明崇禎刻本 十一册 缺三卷(四至六)

330000－1704－0010886 000181 經部/四書類/總義之屬/傳説

四書摭餘説七卷 (清)曹之升撰 清嘉慶十九年(1814)刻本 四册

330000－1704－0010887 000182 類叢部/叢書類/郡邑之屬

金華叢書六十八種 (清)胡鳳丹編 清同治七年至光緒八年(1868－1882)永康胡氏退補齋刻民國補刻本 六册 存一種

330000－1704－0010888 000183 經部/四書類/總義之屬/傳説

四書考輯要二十卷 (清)陳弘謀輯 (清)陳蘭森編校 清乾隆三十六年(1771)陳氏培遠堂刻本 八册

330000－1704－0010889 000189 類叢部/叢書類/自著之屬

竹柏山房十五種附刻八種 (清)林春溥撰 清嘉慶至咸豐竹柏山房刻本 王理孚題記 五册 存一種

330000－1704－0010890 000190 經部/四書類/總義之屬/傳説

四書或問三十九卷 (宋)朱熹撰 **四書或問考異一卷** (清)劉啟發等撰 清同治十二年(1873)霍山劉啟發五忠堂刻本 六册

330000－1704－0010891 000187 經部/四書類/總義之屬/專著

四書經世緒言三卷 趙佩茳撰 清末稿本 一册

330000－1704－0010892 000188 經部/四書類/總義之屬/傳説

四書題鏡不分卷 (清)汪鯉翔撰 清乾隆三十五年(1770)刻本 十册

330000－1704－0010893　000184　經部/四書類/總義之屬/傳說
四書述朱大全四十卷首一卷　(清)周亦魯輯　清康熙六十一年(1722)刻本　三十冊　缺一卷(論語二十)

330000－1704－0010894　000185　經部/四書類/總義之屬/傳說
四書朱子本義匯參四十三卷首四卷　(清)王步青輯　清乾隆十年(1745)敦復堂刻本　三十二冊

330000－1704－0010895　000186　經部/四書類/總義之屬/傳說
四書朱子本義匯參四十三卷首四卷　(清)王步青輯　清刻本　二十四冊

330000－1704－0010896　000191　經部/四書類/總義之屬/傳說
四書偶談内外編二卷　(清)戚學標撰　清刻本　一冊　存一卷(内編)

330000－1704－0010897　000192　經部/四書類/總義之屬/傳說
四書續談内編二卷補一卷外編二卷補一卷　(清)戚學標撰　清嘉慶二十四年(1819)四明青照樓刻本　一冊　存二卷(内編一至二)

330000－1704－0010901　003452　史部/史抄類
二十一史精義二十一卷　(清)王南珍輯　清乾隆刻本　四冊

330000－1704－0010902　003426　類叢部/叢書類/彙編之屬
十萬卷樓叢書五十一種　(清)陸心源編　清光緒歸安陸氏刻本　六冊　存一種

330000－1704－0010905　000195　經部/四書類/總義之屬/傳說
增補四書人物聚考十二卷圖考一卷　(明)鍾惺增訂　(明)黄澍衆訂　清刻本　十四冊

330000－1704－0010906　003428　類叢部/叢書類/彙編之屬
獨抱廬叢刻十一種　(清)陳宗彝編　清道光金陵陳氏刻本　四冊　存一種

330000－1704－0010907　003264　新學/史志/諸國史
萬國史記二十卷　(日本)岡本監輔撰　清光緒二十三年(1897)上海六先書局鉛印本　八冊

330000－1704－0010908　003563　經部/春秋總義類/傳說之屬
春秋十六卷首一卷　陸氏三傳釋文音義十六卷　(唐)陸德明撰　清光緒二年至三年(1876－1877)刻本　十四冊

330000－1704－0010909　003450　史部/雜史類/斷代之屬
史約裁玉二卷　清抄本　一冊　存一卷(一)

330000－1704－0010911　000573　子部/儒家類/儒學之屬/禮教/家訓
傳家要錄二卷　清刻本　一冊

330000－1704－0010912　000574　子部/雜家類
顔氏家訓七卷　(北齊)顔之推撰　**攷證一卷**　(宋)沈揆撰　清末至民國上海江左書林石印本　一冊

330000－1704－0010913　000577　子部/儒家類/儒學之屬/勸學
先正遺規四卷　(清)汪正輯　清光緒十九年(1893)浙江書局刻本　二冊

330000－1704－0010914　000575　子部/儒家類/儒學之屬/禮教/家訓
治家格言類證一卷　(清)曹顯偉輯　清光緒十一年(1885)刻本　一冊

330000－1704－0010915　003265　新學/史志/諸國史
歷史叢書　清光緒上海商務印書館鉛印本　八冊　存七種

330000－1704－0010916　000578　子部/儒家類/儒學之屬/俗訓
訓俗遺規摘鈔四卷　(清)陳弘謀撰輯　(清)

劉肇紳輯　清同治七年(1868)崇文書局刻本　二册

330000－1704－0010917　000579　子部/儒家類/儒學之屬/勸學
先正遺規四卷　(清)汪正輯　清道光二十四年(1844)刻本　清王朝清題簽　一册

330000－1704－0010918　000580　類叢部/叢書類/家集之屬
天台張氏兩銘樓叢書□□種　(清)張廷琛編　清光緒至宣統木活字印本　一册　存一種

330000－1704－0010919　000581　子部/雜著類/雜纂之屬
媿林漫錄二卷　(明)瞿式耜輯　清光緒十六年(1890)江蘇書局刻本　二册

330000－1704－0010920　000582　類叢部/叢書類/自著之屬
鹿洲全集七種　(清)藍鼎元撰　清康熙至雍正刻彙印本　一册　存一種

330000－1704－0010921　003429　史部/編年類/通代之屬
資治通鑑後編校勘記十五卷　夏震武撰　清光緒二十四年(1898)刻本　四册

330000－1704－0010923　000196　經部/四書類/總義之屬/專著
四書典林三十卷四書古人典林十二卷　(清)江永輯　清石印本　六册　缺九卷(一至三、古人典林七至十二)

330000－1704－0010925　003554　史部/雜史類/斷代之屬
世本十卷　(清)秦嘉謨輯補　清嘉慶刻本　六册

330000－1704－0010928　000576　子部/儒家類/儒學之屬/禮教
五種遺規輯要　(清)陳弘謀輯並撰　(清)楊恩澍等輯　清同治九年(1870)龍山書院刻光緒二十年(1894)會稽徐氏補刻本　六册

330000－1704－0010929　003434　史部/紀事本末類
歷朝紀事本末九種　(清)陳如升　(清)朱記榮編　(清)慎記主人增輯　清光緒二十五年(1899)上海慎記書莊石印本　五十四册

330000－1704－0010930　003555　類叢部/叢書類/彙編之屬
抱經堂叢書十六種　(清)盧文弨編　清乾隆至嘉慶刻彙印本　四册　存一種

330000－1704－0010931　003556　史部/雜史類
路史四十七卷　(宋)羅泌撰　(宋)羅苹注　明萬曆三十九年(1611)廣陵喬可傳刻本　十六册

330000－1704－0010933　000213　經部/四書類/論語之屬/分篇
鄉黨圖考十卷　(清)江永撰　清刻本　二册　缺一卷(七)

330000－1704－0010934　003435　史部/紀事本末類
歷朝紀事本末九種　(清)陳如升　(清)朱記榮輯　(清)捷記主人增輯　清光緒二十八年(1902)上海捷記書局石印本　四十二册

330000－1704－0010936　003456　史部/史抄類
鑑撮四卷　(清)曠敏本撰　清光緒二十八年(1902)亦西齋石印本　二册

330000－1704－0010937　003565　經部/春秋總義類/傳說之屬
春秋說三十卷首一卷　(宋)洪咨夔撰　清刻本　四册

330000－1704－0010938　003457　史部/史抄類
廿一史約編八卷首一卷　(清)鄭元慶撰　清光緒六年(1880)得月樓刻本　八册

330000－1704－0010939　000215　經部/四書類/論語之屬/正文
篆文論語四卷　清光緒十一年(1885)上海同文書局石印本　四册

330000－1704－0010940　003436　史部/紀傳類/別史之屬

藏書六十八卷　(明)李贄撰　明末刻本　二十一册　缺三卷(一至三)

330000－1704－0010941　003267　新學/報章

西國近事彙編三十六卷　(美國)金楷理口述　(清)蔡錫齡筆述　清光緒上海機器製造局刻本暨鉛印本　三十六册

330000－1704－0010942　003458　史部/史抄類

廿一史約編八卷首一卷　(清)鄭元慶撰　清同治七年(1868)聚錦堂刻本　八册

330000－1704－0010943　003566　類叢部/叢書類/彙編之屬

岱南閣叢書二十種　(清)孫星衍編　清乾隆五十年至嘉慶十四年(1785－1809)蘭陵孫氏刻本　四册　存一種

330000－1704－0010944　000216　經部/四書類/論語之屬/傳說

論語正義二十四卷　(清)劉寶楠撰　(清)劉恭冕述　清同治刻本　六册

330000－1704－0010945　003440　史部/史抄類

史緯三百三十卷首一卷　(清)陳允錫輯　**明史緯六十八卷**　(清)鄭第銜輯　清光緒二十九年(1903)上海英商順成書局石印本　四十九册　缺二十一卷(一百二十八至一百三十九、一百七十三至一百八十一)

330000－1704－0010946　003268　新學/史志/諸國史

世界近世史二卷　(日本)松平康國撰　梁啓勳譯　清光緒上海廣智書局鉛印本　二册

330000－1704－0010947　000217　經部/四書類/論語之屬/傳說

論語正義二十四卷　(清)劉寶楠撰　(清)劉恭冕述　清光緒十八年(1892)黄岡嘯園范氏刻本　六册

330000－1704－0010949　003459　史部/史抄類

史略八十七卷　(清)朱堃輯　清同治五年(1866)皖南朱氏衮麓山房刻本　二十册

330000－1704－0010950　003441　史部/史抄類

廿二史文鈔一百九卷　(清)納蘭常安選評　清乾隆刻本　四十册

330000－1704－0010951　003460　新學/史志/别國史

續支那通史二卷　(日本)山峯畯藏撰　(清)中國漢陽青年編譯　清光緒二十九年(1903)會文政記石印本　二册

330000－1704－0010953　003568　經部/叢編

萬充宗先生經學五書五種十九卷　(清)萬斯大撰　清乾隆二十四年至二十六年(1759－1761)辨志堂刻嘉慶元年(1796)印本　一册　存一種

330000－1704－0010954　003271　新學/史志/别國史

節本泰西新史攬要八卷　(英國)李提摩太譯　周慶雲節録　清光緒二十七年(1901)周慶雲夢坡室刻本　洪炳文批　二册

330000－1704－0010956　003571　類叢部/叢書類/自著之屬

志學齋集十三種　(清)徐壽基撰　清光緒至民國武進徐氏刻本　四册　存一種

330000－1704－0010958　003461　新學/理學/文學

中國四千年白話史□□卷　(清)黄慶澄撰　清刻本　一册　存二卷(一至二)

330000－1704－0010959　003277　子部/雜著類/雜說之屬

讀史比事五卷　(清)林捣撰　清光緒四年(1878)蔡盛儔刻本　二册

330000－1704－0010960　003463　史部/史評類/史論之屬

讀史論畧增註三卷　(清)杜詔撰　(清)唐桂註　(清)傳傳增註　清光緒七年(1881)永嘉徐氏刻本　一冊

330000－1704－0010961　003422　史部/編年類/通代之屬
御批資治通鑑綱目一百九卷　(清)宋犖編　清康熙刻本　五十冊

330000－1704－0010963　003464　類叢部/類書類/專類之屬
王先生十七史蒙求十六卷　(宋)王令撰　清道光九年(1829)京口敦經堂刻本　二冊

330000－1704－0010965　000198　經部/小學類/訓詁之屬/爾雅
爾雅音圖三卷　(晉)郭璞註　(清)姚之麟摹圖　清光緒二十四年(1898)上海古香閣石印本　二冊

330000－1704－0010966　003572　經部/春秋總義類/傳說之屬
毛氏春秋三種　(清)毛士撰　清同治至光緒刻本　七冊　存一種

330000－1704－0010968　003420　史部/編年類/通代之屬
綱鑑正史約三十六卷　(明)顧錫疇撰　(清)陳弘謀增訂　**甲子紀元一卷**　(清)陳弘謀撰　清同治八年(1869)浙江書局刻本　二十冊

330000－1704－0010969　003464　類叢部/類書類/專類之屬
李氏蒙求補注六卷　(唐)李瀚撰　(清)金三俊補注　清道光九年(1829)京口敦經堂刻本　二冊

330000－1704－0010970　000199　經部/四書類/總義之屬/傳說
學庸示掌二卷　(清)湯自銘撰　清廣聚堂刻本　一冊　存一卷(一)

330000－1704－0010971　003421　史部/編年類
資治通鑑大全八種　(明)陳仁錫輯　明崇禎刻本　三冊　存一種

330000－1704－0010972　003573　經部/春秋總義類/傳說之屬
春秋辨疑四卷　(宋)蕭楚撰　清咸豐五年(1855)刻本　二冊

330000－1704－0010973　000200　經部/四書類/中庸之屬
中庸引悟三卷首一卷末一卷　(清)潘樹棠撰　清光緒十二年(1886)衢州開化天香書院刻本　一冊

330000－1704－0010974　003280　類叢部/叢書類/自著之屬
鹿洲全集　(清)藍鼎元撰　清刻本　二冊　存一種

330000－1704－0010976　003574　類叢部/類書類/專類之屬
春秋經傳類聯三十三卷　(清)王繩曾撰　(清)屈作梅補注　清嘉慶七年(1802)刻本　清孫鏘鳴跋　一冊

330000－1704－0010977　003557　史部/紀傳類/別史之屬
尚史七十二卷　(清)李鍇撰　清乾隆三十八年(1773)刻本　二十冊

330000－1704－0010978　000201　經部/四書類/總義之屬
學庸補釋新編二卷(大學補釋一卷中庸補釋一卷)　(清)張承華撰　清同治刻本　二冊

330000－1704－0010980　003282　史部/史評類/史論之屬
史通削繁四卷　(清)紀昀撰　清道光十三年(1833)盧坤兩廣節署刻朱墨套印本　八冊

330000－1704－0010981　003466　新學/史志
中等本國歷史不分卷　楊敏曾編　清光緒澄衷學堂抄本　四冊

330000－1704－0010982　003419　史部/編年類/通代之屬
資治通鑑綱目五十九卷首一卷　(宋)朱熹撰　清康熙九年(1670)張朝珍徽州婺源崇正堂

刻康熙二十八年(1689)朱廷梅、雍正十三年(1735)楊雲服補刻本　一百十四冊

330000－1704－0010983　003575　經部/叢編

璜川吴氏經學叢書十五種　(清)吳志忠等輯　清道光十年(1830)寶仁堂刻本　六冊　存一種

330000－1704－0010984　003467　類叢部/類書類/專類之屬

王先生十七史蒙求十六卷　(宋)王令撰　清道光二十八年(1848)粵東文雅齋刻本　五冊

330000－1704－0010985　003558　史部/紀傳類/別史之屬

尚史七十二卷　(清)李鍇撰　清乾隆三十八年(1773)刻本　二十四冊

330000－1704－0010986　000202　子部/儒家類/儒學之屬

中庸直指不分卷　(明)釋德清撰　清光緒十年(1884)金陵刻經處刻本　一冊

330000－1704－0010987　003411　史部/編年類/通代之屬

資治通鑑後編一百八十四卷　(清)徐乾學撰　清光緒二十四年(1898)富陽夏氏刻本　四十五冊　缺十一卷(五至八、四十四至四十七、九十二至九十四)

330000－1704－0010988　003576　類叢部/叢書類/彙編之屬

武英殿聚珍版書一百三十八種　清乾隆武英殿木活字印本　六冊　存一種

330000－1704－0010989　003467　類叢部/類書類/專類之屬

李氏蒙求補注六卷　(唐)李瀚撰　(清)金三俊補注　清刻本　三冊

330000－1704－0010990　000203　經部/四書類/大學之屬/傳說

大學章句一卷　(宋)朱熹撰　清刻本　一冊

330000－1704－0010991　003412　史部/史評類/史論之屬

兩朝評鑑彙錄十二卷　(清)陸紹源纂　清光緒二十八年(1902)通志學社石印本　八冊

330000－1704－0010992　003283　史部/史評類/史論之屬

歷代史事論斷三卷讀史小論一卷　(清)仲弘道撰　清光緒二十四年(1898)時宜書局石印本　二冊

330000－1704－0010993　000204　經部/四書類/總義之屬/傳說

學庸示掌二卷　(清)湯自銘撰　清嘉慶二十年(1815)毘陵湯貽汾刻本　一冊

330000－1704－0010994　003284　史部/史評類/考訂之屬

廿二史策案十二卷首一卷　(清)王鎏輯　清道光十一年(1831)綠蔭山房刻本　五冊　存十一卷(首、一至十)

330000－1704－0010996　003413　類叢部/叢書類/自著之屬

率祖堂叢書八種附六種　(宋)金履祥撰　清雍正至乾隆金華金氏刻光緒十三年(1887)鎮海謝駿德補刻本　八冊　存一種

330000－1704－0010997　000583　子部/儒家類/儒學之屬/蒙學

重訂小學纂註六卷文公朱子[朱熹]年譜一卷　(清)高愈撰　**忠經一卷**　(漢)鄭玄集註　**孝經一卷**　(明)陳選集註　清光緒十二年(1886)上洋掃葉山房刻本　四冊

330000－1704－0010998　003477　史部/史評類/史論之屬

歷代史略六卷　柳詒徵撰　清光緒刻本　八冊

330000－1704－0010999　003468　史部/史評類/史論之屬

中國歷史教科書六卷　陳慶年編　清末活字印本　楊紹廉批校　六冊

330000－1704－0011000　003414　史部/編年類/通代之屬

大事記十二卷通釋三卷解題十二卷　（宋）呂祖謙撰　清活字印本　二十四册

330000－1704－0011001　003286　史部/史評類/史論之屬
歷代史論十二卷附宋史論三卷元史論一卷　（明）張溥撰　**明史論四卷**　（清）谷應泰撰　**左傳史論二卷**　（清）高士奇撰　清光緒二十四年（1898）圖書集成局石印本　四册

330000－1704－0011002　000584　子部/儒家類/儒學之屬/禮教/家訓
詒穀堂家訓二卷　（清）王子堅編　清光緒二十四年（1898）杭州任有容齋刻本　一册

330000－1704－0011003　003577　經部/春秋左傳類/傳說之屬
劉炫規杜持平六卷　（清）邵瑛撰　清嘉慶二十二年（1817）刻本　二册

330000－1704－0011004　003415　史部/編年類/通代之屬
御批歷代通鑑輯覽一百二十卷　（清）傅恆等撰　清光緒三十年（1904）上海通元書局石印本　二十四册

330000－1704－0011005　000205　經部/四書類/總義之屬/專著
讀大學中庸記二卷　（清）范泰衡撰　清刻本　一册

330000－1704－0011006　003478　史部/史評類/史論之屬
史闕十四卷　（清）張岱撰　（清）鄭佶編　清道光四年（1824）刻本　六册

330000－1704－0011007　000206　經部/四書類/總義之屬/專著
四書詳說講文二卷　（清）朱鴻瞻撰　清康熙二十九年（1690）朱氏刻本　一册　存一卷（一）

330000－1704－0011010　003578　經部/春秋總義類/傳說之屬
董子春秋繁露十七卷附録一卷　（漢）董仲舒撰　清光緒二十三年（1897）新化三味書屋刻本　二册

330000－1704－0011011　003416　史部/編年類/斷代之屬
續資治通鑑長編拾補六十卷　（清）秦緗業等輯注　清光緒九年（1883）浙江書局刻本　十六册

330000－1704－0011012　000586　類叢部/叢書類/家集之屬
富陽夏氏叢刻七種　夏震武　夏鼎武撰　清光緒至民國初刻民國九年（1920）彙印本　一册　存一種

330000－1704－0011013　003288　史部/史評類/史論之屬
洪稚存先生評史十八卷　（清）洪亮吉撰　（清）龔熙評點　清光緒三十年（1904）杭州兩浙採辦書報處石印本　二册

330000－1704－0011016　003417　史部/編年類/通代之屬
讀通鑑綱目劄記二十卷　（清）章邦元撰　清末刻本　五册　存十七卷（四至二十）

330000－1704－0011017　000587　子部/儒家類/儒學之屬/禮教/家訓
治家格言繹義一卷　（清）戴翊清撰　清光緒十五年（1889）刻本　一册

330000－1704－0011018　003418　史部/編年類/通代之屬
通鑑綱目引義三十六卷續編引義十卷三編引義六卷　（清）王恂撰　清光緒十八年（1892）王氏刻本　二十四册

330000－1704－0011019　003470　史部/史抄類
讀史及幼編一卷　（清）鄭德暉撰　清同治十三年（1874）刻本　一册

330000－1704－0011020　003289　史部/史評類/史論之屬
洪稚存先生評史十八卷　（清）洪亮吉撰　（清）龔熙評點　清光緒三十年（1904）杭州兩浙採辦書報處石印本　四册

330000－1704－0011021　003480　史部/史抄類
史鑑節要便讀六卷　（清）鮑東里撰　清同治十二年(1873)崇文書局刻本　二冊

330000－1704－0011026　003482　經部/叢編
御纂七經二百八十卷首十一卷序三卷　（清）李光地等撰　清同治刻本　十二冊　存一種

330000－1704－0011027　003410　史部/編年類/通代之屬
資治通鑑綱目五十九卷　（宋）朱熹撰　（明）陳仁錫評　**續編一卷**　（明）陳桱拾遺　（明）陳仁錫評　**前編二十五卷**　（明）南軒撰　（明）陳仁錫評　**續資治通鑑綱目二十七卷**　（明）商輅撰　（明）陳仁錫評　清嘉慶九年(1804)姑蘇聚文堂刻本　一百三冊　缺一卷(續編)

330000－1704－0011029　002826　史部/政書類/邦計之屬
兩浙宦游紀畧四種　（清）戴槃撰　清同治七年(1868)刻本　一冊　存一種

330000－1704－0011030　000209　經部/四書類/總義之屬/傳說
四書集註十九卷　（宋）朱熹撰　清光緒十八年(1892)浙江書局刻本　五冊　缺十卷(論語一至十)

330000－1704－0011032　000589　類叢部/叢書類/家集之屬
沈端恪公遺書二種　（清）沈曰富編　清同治十二年(1873)浙江書局刻本　一冊　存一種

330000－1704－0011033　003473　新學/史志/别國史
支那通史七卷　（日本）那珂通世編　清光緒二十五年(1899)上海東文學社石印本　五冊　存四卷(一至四)

330000－1704－0011034　003409　史部/編年類/斷代之屬
續資治通鑑長編五百二十卷目錄二卷　（宋）李燾撰　清光緒七年(1881)浙江書局刻本　一百二十冊

330000－1704－0011037　003291　史部/史評類/考訂之屬
廿二史劄記三十六卷補遺一卷　（清）趙翼撰　清光緒三十一年(1905)上海廣益書局鉛印本　四冊

330000－1704－0011038　000211　經部/四書類/總義之屬/傳說
新刻批點四書讀本十九卷　（宋）朱熹撰　（清）高玲批點　清光緒元年(1875)刻朱墨套印本　一冊　存二卷(大學、中庸)

330000－1704－0011039　003292　史部/史評類/史論之屬
史通削繁四卷　（清）紀昀撰　清道光十三年(1833)盧坤兩廣節署刻朱墨套印本　四冊

330000－1704－0011040　003579　經部/春秋左傳類/傳說之屬
春秋地名攷略十四卷　（清）高士奇撰　清康熙刻本　二冊　存八卷(一至八)

330000－1704－0011042　000212　經部/四書類/中庸之屬/傳說
十先生中庸集解二卷附錄一卷　（宋）石憝編　清道光二十九年(1849)莫友芝影山草堂刻本　二冊

330000－1704－0011043　003483　經部/叢編
御纂七經二百八十卷首十一卷序三卷　（清）李光地等撰　清同治刻本　十二冊　存一種

330000－1704－0011044　003408　史部/編年類/通代之屬
御批歷代通鑑輯覽一百二十卷　（清）傅恆等撰　清同治十一年(1872)湖北崇文書局刻本　六十冊

330000－1704－0011045　003293　經部/書類/傳說之屬
讀書隨筆四卷　（清）吳大廷撰　清同治十二年(1873)刻本　一冊

330000－1704－0011047　003484　經部/叢編
御纂七經二百八十卷首十一卷序三卷　（清）李光地等撰　清康熙至乾隆刻本　八冊　存一種

330000－1704－0011048　003294　史部/史評類/史論之屬
史通通釋二十卷　（清）浦起龍撰　清乾隆十七年（1752）浦氏求放心齋刻本　五冊

330000－1704－0011049　003579－1　經部/春秋左傳類/傳說之屬
春秋地名攷略十四卷　（清）高士奇撰　清康熙刻本　清吳承志批　二冊　存九卷（六至十四）

330000－1704－0011050　003406　史部/編年類/通代之屬
續資治通鑑二百二十卷　（清）畢沅撰　清乾隆鎮洋畢氏刻嘉慶六年（1801）桐鄉馮氏德裕堂續刻同治六年（1867）永康應氏補刻八年（1869）江蘇書局修補印本　六十冊

330000－1704－0011051　003407　史部/編年類/通代之屬
續資治通鑑二百二十卷　（清）畢沅撰　清乾隆鎮洋畢氏刻嘉慶六年（1801）桐鄉馮氏德裕堂續刻本　六十四冊

330000－1704－0011052　003404　史部/叢編
資治通鑑彙刻　清同治至光緒江蘇書局刻本　十冊　存一種

330000－1704－0011053　003475　史部/史評類/史論之屬
讀史論畧二卷　（清）杜詔撰　清光緒三十四年（1908）刻本　一冊

330000－1704－0011054　003405　史部/編年類/通代之屬
司馬溫公稽古錄二十卷　（宋）司馬光撰　清同治十一年（1872）湖北崇文書局刻本　四冊

330000－1704－0011055　003476　史部/史評類/詠史之屬
增定二十一史韻四卷首一卷末一卷續編四卷　（明）趙南星撰　（清）仲弘道續　清康熙蘭雪堂刻本　六冊

330000－1704－0011056　000218　經部/四書類/論語之屬/傳說
論語古訓十卷附一卷　（清）陳鱣撰　清乾隆六十年（1795）海寧陳氏簡莊刻本　二冊

330000－1704－0011057　000592　子部/儒家類/儒學之屬/禮教
弟子箴言十六卷　（清）胡達源撰　清光緒二十四年（1898）京都官書局刻本　四冊

330000－1704－0011058　003580　經部/春秋左傳類/傳說之屬
左傳事緯十二卷左傳字釋一卷　（清）馬驌撰　清乾隆四十九年（1784）仁和黃暹懷澄堂刻本　八冊

330000－1704－0011060　003295　史部/史評類/考訂之屬
廿二史劄記三十六卷補遺一卷　（清）趙翼撰　清光緒二十四年（1898）上海文瑞樓石印本　六冊

330000－1704－0011061　000219　經部/四書類/總義之屬/傳說
四書翊註四十二卷首一卷　（清）刁包輯　清刻本　六冊　存十卷（論語一至十）

330000－1704－0011062　000594　子部/儒家類/儒學之屬/蒙學
小學韻語一卷　（清）羅澤南撰　清咸豐六年（1856）浙江書局刻本　一冊

330000－1704－0011063　003399　史部/編年類/通代之屬
資治通鑑外紀十卷目錄五卷　（宋）劉恕撰　清吳氏璜川書塾刻本　六冊

330000－1704－0011064　003485　類叢部/叢書類/自著之屬
頤志齋叢書二十二種　（清）丁晏撰　清道光至同治山陽丁氏六蓺堂刻同治元年（1862）彙

印本　一冊　存一種

330000－1704－0011065　000595　子部/儒家類/儒學之屬/蒙學
課子隨筆鈔六卷　(清)張師載輯　(清)夏錫疇鈔錄　清同治三年(1864)刻本　六冊

330000－1704－0011066　000220　經部/四書類/論語之屬/分篇
鄉黨義考七卷　(清)胡薰輯　(清)胡愿編　清乾隆六十年(1795)中林書屋刻本　六冊

330000－1704－0011067　003396　史部/編年類/通代之屬
資治通鑑二百九十四卷　(宋)司馬光撰　(元)胡三省音注　**通鑑釋文辯誤十二卷**　(元)胡三省撰　清同治十年(1871)湖北崇文書局刻本　一百四冊

330000－1704－0011068　003581　經部/春秋總義類/傳說之屬
春秋傳說薈要十二卷　(清)□□輯　(清)聖祖玄燁案　清刻本　四冊

330000－1704－0011069　000596　子部/儒家類/儒學之屬/蒙學
心遠堂新編小學纂註六卷附小學句讀一卷　(清)高愈編訂　**文公朱夫子[朱熹]年譜一卷**　題(宋)李方子撰　清嘉慶二十二年(1817)金閶文萃堂刻本　四冊　缺一卷(小學句讀)

330000－1704－0011070　003296　史部/史評類/史論之屬
讀史大畧六十卷首一卷　(清)沙張白撰　**小沙子史畧一卷**　(清)沙晉撰　清末石印本　張組成題簽　二冊

330000－1704－0011071　000598　子部/儒家類/儒學之屬/蒙學
課子隨筆鈔六卷　(清)張師載輯　(清)夏錫疇鈔錄　清光緒二十一年(1895)湖南官書局刻本　二冊　存四卷(一至四)

330000－1704－0011072　003366　史部/紀傳類/正史之屬
史記評林一百三十卷難字直音一卷　(明)凌稚隆輯　明崇禎程正揆刻清懷德堂重修本　二十冊

330000－1704－0011074　003486　經部/書類/傳說之屬
尚書考異六卷　(明)梅鷟撰　清光緒十八年(1892)浙江書局刻本　四冊

330000－1704－0011075　000597　子部/儒家類/儒學之屬/蒙學
還珠亭日課二卷　(清)葉嘉棆撰　清光緒九年(1883)尚志堂刻本　一冊

330000－1704－0011076　003297　史部/史評類/史學之屬
中國史學通論續編二卷首一卷　(清)京師大學堂編　清光緒三十一年(1905)北京學務官書局鉛印本　一冊　存一卷(二)

330000－1704－0011077　000222　經部/四書類/論語之屬/傳說
論語古訓十卷附一卷　(清)陳鱣撰　清光緒九年(1883)浙江書局刻本　二冊

330000－1704－0011078　003582　經部/叢編
御纂七經二百八十卷首十一卷序三卷　(清)李光地等撰　清同治六年至九年(1867－1870)浙江書局刻本　二十冊　存一種

330000－1704－0011080　003398　史部/編年類/通代之屬
資治通鑑目錄三十卷　(宋)司馬光撰　明崇禎二年(1629)刻本　十四冊

330000－1704－0011082　000600　子部/儒家類/儒學之屬/勸學
勸學篇二卷　(清)張之洞撰　清光緒二十四年(1898)浙江刻本　一冊

330000－1704－0011083　000601　子部/儒家類/儒學之屬/勸學
勸學篇二卷　(清)張之洞撰　清光緒二十四年(1898)兩湖書院刻本　一冊

330000－1704－0011084　003298　史部/史

評類/史論之屬

讀史提要錄十二卷 （清）夏之蓉編　清乾隆三十七年（1772）刻道光、同治補刻本　四冊

330000－1704－0011085　003487　類叢部/叢書類/彙編之屬

平津館叢書八集三十八種 （清）孫星衍編　清嘉慶蘭陵孫氏刻本　四冊　存一種

330000－1704－0011086　003299　類叢部/叢書類/彙編之屬

暢園叢書甲函六種 （清）張邁編　清光緒二十年（1894）始豐張氏四明刻本　二冊　存三種

330000－1704－0011087　003583　經部/春秋左傳類/傳說之屬

春秋左氏傳賈服註輯述二十卷 （清）李貽德撰　清同治五年（1866）餘姚朱蘭金陵書局刻本　六冊

330000－1704－0011089　003300　史部/史評類/史論之屬

讀史大畧六十卷首一卷 （清）沙張白撰　**小沙子史畧一卷** （清）沙晉撰　清光緒二十六年（1900）刻本　十二冊

330000－1704－0011090　003488　類叢部/叢書類/自著之屬

率祖堂叢書八種附六種 （宋）金履祥撰　清雍正至乾隆金華金氏刻光緒十三年（1887）鎮海謝駿德補刻本　一冊　存一種

330000－1704－0011091　003400　史部/編年類/通代之屬

資治通鑑綱目發明五十九卷 （宋）尹起莘撰　清雍正八年至十一年（1730－1733）刻嘉慶重修同治十三年（1874）補刻本　四冊

330000－1704－0011093　003401　史部/叢編

資治通鑑彙刻　清同治至光緒江蘇書局刻本　一冊　存一種

330000－1704－0011094　003374　史部/紀傳類/正史之屬

歸方評點史記合筆六卷 （清）王拯輯　清同治五年（1866）王拯廣州刻本　四冊

330000－1704－0011095　003489　經部/叢編

十三經讀本一百五十二卷 （清）□□編　清同治金陵書局刻本　四冊　存一種

330000－1704－0011097　003490　經部/書類/傳說之屬

尚書今古文注三十卷 （清）孫星衍撰　（清）王闓運書　清光緒五年（1879）丁寶楨刻本　二冊

330000－1704－0011099　003491　經部/書類/傳說之屬

古文尚書撰異三十二卷 （清）段玉裁撰　清乾隆七葉衍祥堂刻本　六冊

330000－1704－0011100　003492　經部/書類/傳說之屬

古文尚書私議三卷 （清）張崇蘭撰　清咸豐元年（1851）悔廬刻本　二冊

330000－1704－0011101　003301　史部/史評類/史論之屬

于文定公讀史漫錄二十卷 （明）于慎行撰　清道光二十六年（1846）刻本　八冊

330000－1704－0011102　003585　經部/春秋左傳類/傳說之屬

讀左補義五十卷首一卷 （清）姜炳璋輯　清乾隆刻本　十六冊

330000－1704－0011103　003372　史部/紀傳類/正史之屬

史記一百三十卷方望溪評點史記四卷 （漢）司馬遷撰　（明）歸有光評點　（清）方苞評點　清光緒二年至四年（1876－1878）武昌張氏刻本　二十八冊

330000－1704－0011104　003302　史部/史評類/史論之屬

史餘二十卷補錄一卷 （清）陳堯松撰　（清）陳慶颺注並補　**揭庶韓先生註一卷** （清）陳慶颺輯　清同治三年（1864）刻本　清鶴琴題

簽　六冊

330000－1704－0011105　003493　經部/書類/傳說之屬

尚書孜辨四卷　(清)宋鑒箸　清嘉慶四年(1799)刻本　四冊

330000－1704－0011106　003304　史部/史評類/史論之屬

歷代史論十二卷附宋史論三卷元史論一卷　(明)張溥撰　**明史論四卷**　(清)谷應泰撰　**左傳史論二卷**　(清)高士奇撰　清光緒五年(1879)西江裴氏刻本　十二冊

330000－1704－0011107　003373　史部/紀傳類/正史之屬

史記一百三十卷首一卷　(漢)司馬遷撰　(南朝宋)裴駰集解　清刻本　張棡批校並過錄清孫衣言題記　十六冊

330000－1704－0011108　003494　經部/群經總義類/傳說之屬

兩湖文高等學堂經學課程二卷末一卷　(清)馬貞榆撰　清末刻本　二冊　缺一卷(末)

330000－1704－0011110　003495　經部/叢編

仿宋相臺五經九十六卷附考證　清刻本　三冊　存一種

330000－1704－0011111　003306　類叢部/叢書類/自著之屬

章氏遺書二種　(清)章學誠撰　清道光十二年至十三年(1832－1833)章華紱刻本　五冊

330000－1704－0011113　003375　類叢部/叢書類/自著之屬

抗希堂十六種　(清)方苞撰　清康熙至嘉慶刻彙印本　一冊　存一種

330000－1704－0011114　003402　史部/編年類/通代之屬

資治通鑑外紀十卷目錄五卷　(宋)劉恕撰　清嘉慶十六年(1811)吳郡山淵堂刻本　六冊

330000－1704－0011115　003570　經部/春秋總義類/傳說之屬

春秋十六卷首一卷　陸氏三傳釋文音義十六卷　(唐)陸德明撰　清刻朱印本　十四冊

330000－1704－0011116　003403　史部/叢編

資治通鑑彙刻　清同治至光緒江蘇書局刻本　十冊　存一種

330000－1704－0011117　000223　類叢部/叢書類/自著之屬

浮谿精舍叢書十九種　(清)宋翔鳳撰　清刻本　一冊　存四種

330000－1704－0011119　003395　史部/叢編

資治通鑑彙刻　清同治至光緒江蘇書局刻本　一百冊　存二種

330000－1704－0011120　003307　類叢部/叢書類/自著之屬

章氏遺書二種　(清)章學誠撰　清光緒三年至四年(1877－1878)貴陽章氏刻十九年(1893)補刻本　五冊

330000－1704－0011121　000224　經部/四書類/論語之屬/傳說

朱子論語集注訓詁攷二卷　(清)潘衍桐輯　清光緒十七年(1891)浙江書局刻本　一冊

330000－1704－0011123　003371　史部/史評類/史論之屬

史記句讀異同考錄本一卷　張棡撰　清光緒十四年(1888)林駿抄本　一冊

330000－1704－0011124　000225　經部/四書類/論語之屬/傳說

論語戴氏注二十卷　(清)戴望撰　清同治十年(1871)刻本　一冊

330000－1704－0011125　003394　史部/叢編

資治通鑑彙刻　清同治至光緒江蘇書局刻本　十冊　存一種

330000－1704－0011126　003387　史部/史

評類/史論之屬
史記論文一百三十卷 （清）吴見思撰　清刻本　戴炳驄題記　二十四册　缺四卷（一至四）

330000－1704－0011127　003308　史部/史評類/史論之屬
史通通釋二十卷 （清）浦起龍撰　清乾隆十七年（1752）浦氏求放心齋刻本　八册

330000－1704－0011128　000226　經部/四書類/論語之屬/傳説
論語講義一卷 諸宗元撰　清光緒三十一年（1905）江蘇通州翰墨林編譯印書局鉛印本　一册

330000－1704－0011129　003388　史部/紀傳類/正史之屬
二十四史 清同治至光緒五省官書局據汲古閣本等合刻光緒五年（1879）湖北書局彙印本　王理孚過録清孫衣言題記　十六册　存一種

330000－1704－0011130　003309　史部/史評類/史論之屬
欽定古今儲貳金鑑六卷 （清）高宗弘曆等撰　清光緒二十一年（1895）浙江官書局刻本　四册

330000－1704－0011132　000227　類叢部/叢書類/自著之屬
羲停山館集六種 （清）王景賢撰　清同治十三年（1874）三山王氏刻本　四册　存一種

330000－1704－0011134　003379　史部/紀傳類/正史之屬
史記探源八卷 （清）崔適撰　清宣統二年（1910）刻本　四册

330000－1704－0011136　003567　經部/春秋公羊傳類/傳説之屬
春秋公羊傳十二卷 （漢）何休注　（明）閔齊伋裁注　**春秋公羊傳攷一卷** （明）閔齊伋撰　明天啟元年（1621）烏程閔氏刻本　四册

330000－1704－0011137　003380　類叢部/叢書類/彙編之屬
望三益齋叢書十種 （清）吴棠編　清咸豐至光緒吴氏望三益齋刻本　四册　存一種

330000－1704－0011138　000603　子部/儒家類/儒學之屬/禮教/鑑戒
有山誠子録一卷 （清）桂士杞撰　清同治六年（1867）南海桂氏刻本　一册

330000－1704－0011139　003569　經部/春秋穀梁傳類/傳説之屬
春秋穀梁傳十二卷 （明）閔齊伋裁注　**春秋穀梁傳攷一卷** （明）閔齊伋撰　明天啟元年（1621）烏程閔氏刻本　四册

330000－1704－0011140　003311　類叢部/叢書類/自著之屬
嘉定錢氏潛研堂全書二十種 （清）錢大昕撰　清光緒十年（1884）長沙龍氏家塾刻本　二十册　存一種

330000－1704－0011141　000604　子部/法家類
弟子職集解一卷 （清）莊述祖輯　**考證一卷** （清）黄彭年輯　清光緒七年（1881）四川鹽茶道署刻本　一册

330000－1704－0011142　003381　史部/紀傳類/正史之屬
史記志疑三十六卷 （清）梁玉繩撰　**補遺一卷** （清）梁學昌輯　清光緒十四年（1888）餘姚朱氏刻本　十册

330000－1704－0011143　000605　子部/儒家類/儒學之屬/禮教
弟子箴言十六卷 （清）胡達源撰　清道光十五年（1835）聞妙香軒刻本　四册

330000－1704－0011145　000606　子部/法家類
弟子職集解一卷 （清）莊述祖輯　**弟子職句讀一卷考證一卷補音一卷** （清）黄彭年輯　清光緒十四年（1888）江蘇書局刻本　一册

330000－1704－0011146　003382　類叢部/叢書類/自著之屬

空山堂全集九種附刊二種　(清)牛運震撰　清乾隆至嘉慶刻嘉慶二十三年(1818)空山堂彙印本　六册　存一種

330000－1704－0011147　000228　經部/四書類/論語之屬/傳說
論語古注集箋十卷論語考一卷附一卷　(清)潘維城撰　清光緒七年(1881)江蘇書局刻本　五册　存八卷(一至八)

330000－1704－0011148　003361　史部/紀傳類/正史之屬
史記一百三十卷　(漢)司馬遷撰　(南朝宋)裴駰集解　(唐)司馬貞索隱　(唐)張守節正義　清同治五年至九年(1866－1870)金陵書局刻本　張棡跋　二十册

330000－1704－0011149　003390　類叢部/叢書類/彙編之屬
廣雅書局叢書一百五十九種　徐紹棨編　清光緒廣雅書局刻民國九年(1920)番禺徐紹棨彙編印本　一册　存一種

330000－1704－0011150　000229　經部/四書類/論語之屬/傳說
論語補註三卷　(清)劉開撰　清同治七年(1868)桐城劉氏刻本　一册

330000－1704－0011152　003391　史部/紀傳類/正史之屬
校刊史記集解索隱正義札記五卷　(清)張文虎撰　清同治十一年(1872)金陵書局刻本　二册

330000－1704－0011153　000231　經部/四書類/論語之屬/傳說
論語事實錄一卷三毫考一卷　(清)楊守敬撰　清光緒刻本　一册

330000－1704－0011155　000232　經部/四書類/論語之屬/傳說
論語發疑四卷　(清)顧成章撰　清光緒十八年(1892)木活字印本　一册

330000－1704－0011156　003393　史部/紀傳類/正史之屬
四史四百十五卷　清同治十一年(1872)成都書局刻本　二十六册　存一種

330000－1704－0011157　000233　類叢部/叢書類/自著之屬
儆居遺書十一種　(清)黃式三撰　清同治至光緒刻本　十册　存一種

330000－1704－0011158　003383　類叢部/叢書類/彙編之屬
廣雅書局叢書一百五十九種　徐紹棨編　清光緒廣雅書局刻民國九年(1920)番禺徐紹棨彙編印本　十四册　存一種

330000－1704－0011159　003363　史部/紀傳類/正史之屬
史記一百三十卷首一卷　(漢)司馬遷撰　(南朝宋)裴駰集解　(唐)司馬貞索隱　(唐)張守節正義　(明)徐孚遠　(明)陳子龍測議　明末刻本　三十二册

330000－1704－0011160　000234　經部/四書類/論語之屬/傳說
古文論語鄭註二卷　(漢)鄭玄注　(宋)王應麟撰集　清刻本　一册

330000－1704－0011161　003312　史部/叢編
史論五種　(清)李祖陶撰　清同治十年(1871)敖陽李氏尚友樓刻本　三册

330000－1704－0011163　003358　史部/紀傳類/正史之屬
二十四史附考證　清光緒十八年(1892)武林竹簡齋石印本　清張棡跋　一百六册　缺十八卷(宋史二百十至二百二十七)

330000－1704－0011164　003360　史部/紀傳類/正史之屬
史記一百三十卷　(漢)司馬遷撰　(明)陳仁錫評　(南朝宋)裴駰集解　(唐)司馬貞索隱　(唐)張守節正義　**史記補一卷**　(唐)司馬貞撰并註　明崇禎刻本　十册　存一百二十九卷(史記一至五、八至一百三十,史記補)

330000－1704－0011165　003365　史部/紀

傳類/正史之屬

二十一史二千五百六十七卷 明萬曆二十三年至三十四年(1595－1606)北京國子監刻本(史記卷一、補一卷補配清抄本) 四百六十三冊 缺三百六十五卷(前漢書一至五、十七至十九、二十六,後漢書一百一至一百三,晉書一至四、十三至十五、九十五至九十七,宋書十四至二十六、三十至三十六、七十三至七十七,陳書十九至三十六,南史十九至二十二、三十四至三十七、六十九至七十二,魏書七十七至八十、九十六至九十八、一百六,唐書七十六至七十九、八十四至八十七,五代史四十三至四十九,宋史二百九、二百八十七至四百九十六,遼史一至九、一百五至一百十六,金史一百至一百四,元史二十三至二十六、六十六至六十九、一百六至一百七、一百五十七至一百六十、一百六十五至一百六十七、一百八十九至一百九十三、二百五至二百十)

330000－1704－0011166 003313 類叢部/叢書類/自著之屬

潛研堂全書十六種 (清)錢大昕撰 清乾隆至嘉慶刻本 三冊 存二種

330000－1704－0011167 003385 史部/史評類/史論之屬

史記論文一百三十卷 (清)吳見思撰 清乾隆四十五年(1780)尺木堂刻本 十冊

330000－1704－0011168 000235 經部/四書類/論語之屬/傳說

論語後案二十卷 (清)黃式三撰 清道光二十四年(1844)魯岐峯木活字印本 四冊

330000－1704－0011169 003314 史部/史評類/考訂之屬

十七史商榷一百卷 (清)王鳴盛撰 清乾隆五十二年(1787)刻本 二十四冊

330000－1704－0011170 000236 經部/四書類/論語之屬/分篇

鄉黨圖考十卷 (清)江永撰 清刻本 六冊

330000－1704－0011172 003315 史部/史評類/史論之屬

一草亭讀史漫筆二卷 (清)吳孟堅撰 清光緒北京大學堂官書局鉛印本 一冊 存一卷(一)

330000－1704－0011173 003316 史部/史評類/史論之屬

四史發伏十卷 (清)洪亮吉撰 清光緒八年(1882)小石山房刻本 四冊

330000－1704－0011175 003318 史部/史評類/史論之屬

公餘偶談四卷 (清)俞樹風撰 清咸豐五年(1855)刻本 四冊

330000－1704－0011176 003359 史部/紀傳類/正史之屬

二十四史 清同治至光緒五省官書局據汲古閣本等合刻光緒五年(1879)湖北書局彙印本 一百八十四冊 存十五種

330000－1704－0011177 003357 史部/紀傳類/正史之屬

十七史一千五百七十四卷 (明)毛晉編 明崇禎元年至十七年(1628－1644)琴川毛氏汲古閣刻清順治五年至十三年(1648－1656)重修本 清葉琮批 一百二冊 存十種

330000－1704－0011178 003327 類叢部/叢書類/彙編之屬

粵雅堂叢書一百八十四種 (清)伍崇曜編 清道光二十九年至光緒十一年(1849－1885)南海伍氏刻彙印本(春秋五禮例宗卷四至六、乾道臨安志卷四至十五、群書治要卷四、十三、二十原缺) 三冊 存一種

330000－1704－0011180 003321 史部/史評類/史論之屬

史案二十卷首一卷 (清)吳裕垂撰 (清)吳世宣纂緝 清道光六年(1826)吳世宣刻本 四冊

330000－1704－0011181 003328 史部/編年類/斷代之屬

紀元編三卷末一卷 (清)李兆洛撰 (清)六

承如輯　清道光十一年(1831)武進李兆洛葦學齋刻本　三册

330000－1704－0011182　000237　經部/四書類/論語之屬/傳說

論語集注旁證二十卷　(清)梁章鉅撰　清同治十二年(1873)刻本　四册

330000－1704－0011183　003322　史部/史評類/史論之屬

涉史偶悟五卷　(清)溫啟封撰　(清)溫忠翰編　清光緒八年至十年(1882－1884)東甌道署刻本　一册

330000－1704－0011185　003330　史部/史評類/史論之屬

浙江四大家史論合編四卷　(清)李蔭鑾輯　清光緒二十八年(1902)刻本　二册

330000－1704－0011186　003331　史部/史評類/考訂之屬

永嘉朱先生三國六朝紀年總辨二十八卷　(宋)朱黼撰　清抄本　四册

330000－1704－0011189　003334　子部/天文曆算類/曆法之屬

中西四千年紀曆一卷正統改元　(清)孔昭焱輯　清光緒二十三年(1897)粤木草堂刻本　一册

330000－1704－0011190　003335　史部/編年類/通代之屬

紀元通攷十二卷　(清)葉維庚撰　清道光八年(1828)鍾秀山房刻本　四册

330000－1704－0011191　003336　類叢部/叢書類/彙編之屬

文選樓叢書三十三種　(清)阮亨編　清嘉慶至道光阮元刻道光二十二年(1842)阮亨彙印本　四册　存二種

330000－1704－0011192　003337　史部/地理類/總志之屬

圖史提綱三卷　(清)胡宣慶編　清光緒十七年(1891)長沙胡氏刻本　一册

330000－1704－0011193　003338　史部/史評類/史論之屬

讀史津逮四卷　(清)潘永圜編　清康熙五年(1666)刻本　四册

330000－1704－0011194　003356　史部/紀傳類/正史之屬

武英殿本二十四史附考證　清同治八年(1869)嶺南葄古堂刻本　八百四十七册　缺十卷(元史九十至九十九)

330000－1704－0011196　003323　史部/史評類/史論之屬

涉史偶悟五卷　(清)溫啟封撰　(清)溫忠翰編　清光緒八年至十年(1882－1884)東甌道署刻本　一册

330000－1704－0011198　000239　經部/四書類/論語之屬/傳說

論語古訓十卷附一卷　(清)陳鱣撰　清乾隆六十年(1795)海寧陳氏簡莊刻本　二册

330000－1704－0011200　003324　史部/史評類/史論之屬

史論一卷　(清)秦粤生撰　清光緒三十四年(1908)秦粤生刻本　一册

330000－1704－0011201　003325　史部/史評類/史論之屬

論史拾遺一卷　(清)□茹輯　清光緒五年(1879)枕湖樓刻本　一册

330000－1704－0011202　000607　類叢部/叢書類/彙編之屬

留垞叢刻八種　楊鍾義編　清光緒十六年至宣統二年(1890－1910)刻本　一册　存一種

330000－1704－0011204　003326　史部/史評類/詠史之屬

讀史碎金六卷讀史碎金註八十卷　(清)胡文炳輯　清光緒元年(1875)刻本　七十五册　缺六卷(讀史碎金註二十三至二十八)

330000－1704－0011205　000608　子部/儒家類/儒學之屬/禮教/女範

女誡淺釋一卷附校勘記一卷　(漢)班昭撰

(清)勞紡釋　清光緒二十五年(1899)秀水陶葆廉守拙之居刻本　一册

330000－1704－0011208　000242　類叢部/叢書類/自著之屬
焦氏叢書九種附一種　(清)焦循撰　清嘉慶至道光江都焦氏雕菰樓刻本　十册　存一種

330000－1704－0011209　003339　史部/史表類/通代之屬
廿一史四譜五十四卷　(清)沈炳震撰　清同治十年(1871)武林吳氏清來堂刻本　十六册

330000－1704－0011210　003067　史部/政書類/律令之屬/律例
大清律例增修統纂集成四十卷督捕則例附纂二卷　(清)姚潤輯　(清)陶駿　(清)陶念霖增輯　清光緒六年(1880)刻本　二十四册

330000－1704－0011211　003341　史部/目録類
史學津逮目錄一卷　(清)戴咸弼編　清光緒十一年(1885)刻本　一册

330000－1704－0011213　003120　新學/格致總
便蒙叢書初二集十七種　張一鵬輯　清光緒二十八年(1902)蘇州開智書室刻本(算學歌畧卷三至六原缺)　十册

330000－1704－0011216　003121　子部/儒家類/儒學之屬/蒙學
養蒙金鑑二卷首一卷　(清)林之望編　清光緒元年(1875)鄂垣藩署刻本　二册

330000－1704－0011217　003342　新學/雜著/叢編
歷史一千題鼓吹三種　(清)南洋編譯圖書社彙輯　清光緒三十年(1904)石印本　三册　缺四卷(歷史策題會纂五至八)

330000－1704－0011218　003343　史部/史表類/通代之屬
歷代帝王世系圖一卷　(清)□□輯　清宣統二年(1910)陸軍部刷印處石印本　一册

330000－1704－0011220　000245　類叢部/叢書類/郡邑之屬
湖北叢書三十種　(清)趙尚輔編　清光緒十七年(1891)三餘草堂刻本　一册　存一種

330000－1704－0011221　003122　子部/雜家類
牖蒙叢編二十四卷首一卷　(清)王錫祺編　清光緒二十七年(1901)鉛印本　二十四册

330000－1704－0011222　003194　新學/商務/商學
節本原富五卷　(英國)亞丹斯密撰　嚴復譯　張鵬一纂　清末鉛印本　一册　存三卷(一至三)

330000－1704－0011223　000246　類叢部/叢書類/自著之屬
所願學齋書鈔四種附一種　(清)沈夢蘭撰　清光緒八年(1882)刻本　一册　存一種

330000－1704－0011224　003344　史部/史表類/通代之屬
歷代史表五十九卷　(清)萬斯同撰　清嘉慶元年(1796)留香閣刻七年(1802)舒石溪印本　六册

330000－1704－0011225　003195　史部/政書類/通制之屬
政書輯要四卷　(清)中外日報館輯　清光緒鉛印本　二册　存二卷(二至三)

330000－1704－0011226　003345　史部/史表類/通代之屬
歷代史表五十九卷　(清)萬斯同撰　清嘉慶元年(1796)留香閣刻本　六册

330000－1704－0011228　003346　史部/史表類/通代之屬
歷代帝王年表十四卷　(清)齊召南撰　(清)阮福續　**帝王廟謚年諱譜一卷**　(清)陸費墀撰　清同治二年(1863)武林葉敦怡堂刻本　四册

330000－1704－0011230　003123　新學/學校

兩廣優級師範學校選科講義不分卷　清末鉛印本　二十一冊

330000－1704－0011231　000611　類叢部/叢書類/郡邑之屬
蔭玉閣叢書五種　(清)葉書編　清光緒臨海葉氏蔭玉閣木活字印本　一冊　存一種

330000－1704－0011232　003068　史部/政書類/律令之屬
讀例存疑五十四卷　(清)薛允升撰　清光緒三十一年(1905)京師刻本　四十冊

330000－1704－0011233　003198　史部/政書類/律令之屬/法驗
洗冤錄詳義四卷首一卷　(清)許槤輯　**洗冤錄摭遺二卷**　(清)葛元煦輯　**洗冤錄摭遺補一卷**　(清)張開運輯　清光緒三年(1877)湖北藩署刻本　六冊

330000－1704－0011234　000612　子部/雜著類/雜說之屬
篤素堂雜著四卷　(清)張英撰　清末鉛印本　一冊

330000－1704－0011238　003125　史部/地理類/雜志之屬
浙江藏書樓志略一卷　(清)張亨嘉輯　清光緒三十三年(1907)杭州華豐書局鉛印本　一冊

330000－1704－0011240　003071　史部/政書類/律令之屬/律例
大清律講義四卷　徐象先編　清光緒三十三年(1907)京師京華書局鉛印本　二冊　存二卷(一至二)

330000－1704－0011242　000249　經部/四書類/孟子之屬/傳說
增補蘇批孟子二卷孟子年譜一卷　(宋)蘇洵撰　(清)趙大浣增補　清道光五年(1825)刻朱墨套印本　一冊

330000－1704－0011243　003196　史部/詔令奏議類/詔令之屬
諭摺彙存不分卷(清光緒二十七年)　清光緒鉛印本　一冊

330000－1704－0011244　000250　經部/四書類/孟子之屬/傳說
蘇老泉批點孟子二卷　(宋)苏洵批點　清嘉慶八年(1803)三友益齋刻本　四冊

330000－1704－0011245　003072　史部/政書類/律令之屬/律例
大清律例總類不分卷　清光緒十五年(1889)江蘇書局刻本　四冊

330000－1704－0011251　003199　集部/別集類/唐五代別集
唐陸宣公集二十二卷　(唐)陸贄撰　清刻本　二冊

330000－1704－0011252　000251　經部/四書類/孟子之屬/傳說
載詠樓重鐫硃批孟子二卷　(宋)蘇洵批點　清刻朱墨套印本　一冊

330000－1704－0011255　002992　史部/政書類/軍政之屬/團練
團練條議不分卷　(清)文慶等撰　清刻本　一冊

330000－1704－0011256　003075　史部/政書類/儀制之屬/專志/科舉校規
東瀛觀學記一卷　劉紹寬撰　清光緒鉛印本　一冊

330000－1704－0011257　000613　子部/雜著類/雜編之屬
聽訓齋語一卷倭文端公日記一卷曾文正公求闕齋日記一卷　(清)李炎炯節錄　清光緒二十七年(1901)瑞安李炎炯抄本　一冊

330000－1704－0011258　003130　類叢部/叢書類/郡邑之屬
武林掌故叢編一百九十種　(清)丁丙編　清光緒三年至二十六年(1877－1900)錢塘丁氏嘉惠堂刻本([乾道]臨安志卷四至十五、南宋館閣錄卷一原缺)　三冊　存一種

330000－1704－0011259　003076　新學/

學校

浙學堂說略不分卷　清末京師官書局鉛印本　一冊

330000－1704－0011260　000252　類叢部/叢書類/彙編之屬

微波榭叢書十一種　（清）孔繼涵編　清孔氏刻彙印本　一冊　存一種

330000－1704－0011262　002993　史部/雜史類/通代之屬

灊山守禦志二卷外編一卷　（清）孫振銓輯　清同治四年(1865)培本堂刻本　三冊

330000－1704－0011263　000614　子部/雜著類/雜說之屬

嘐嘐言六卷首一卷末一卷　（清）郭柏蔭撰　清道光三十年(1850)刻本　一冊

330000－1704－0011264　000615　子部/雜著類/雜纂之屬

古格言十二卷　（清）梁章鉅輯　清道光二十九年(1849)刻本　四冊

330000－1704－0011266　002994　史部/政書類/軍政之屬/邊政

湖南苗防屯政考十五卷首一卷補編一卷　（清）但湘良撰　清光緒九年(1883)蒲圻但氏刻本　十七冊　缺一卷(二)

330000－1704－0011267　003077　子部/儒家類/蒙學

詒善祠塾課約一卷　（清）孫衣言撰　清光緒刻本　一冊

330000－1704－0011269　000253　類叢部/叢書類/彙編之屬

湖海樓叢書十二種　（清）陳春編　清嘉慶蕭山陳氏刻二十四年彙印本　二冊　存一種

330000－1704－0011272　003202　史部/政書類/律令之屬/律例

故唐律疏議三十卷　（唐）長孫無忌等撰　**律音義一卷**　（宋）孫奭等撰　**宋提刑洗冤集錄五卷**　（宋）宋慈編　清光緒十七年(1891)江蘇書局刻本　七冊　缺五卷(七至十一)

330000－1704－0011275　002995　新學/兵制/槍炮

礮法圖解一卷　（清）丁乃文撰　清光緒五年(1879)金陵算學局刻本　一冊

330000－1704－0011276　000254　子部/叢編

桐城吳先生點勘諸子七種　（清）吳汝綸評點　清宣統二年(1910)衍星社鉛印本　八冊　存五種

330000－1704－0011277　003350　史部/史表類/通代之屬

歷代古人世系譜六卷　（清）傅傳編　清光緒十三年(1887)徐憲清崇禮堂刻本　二冊

330000－1704－0011278　003134　子部/藝術類/遊藝之屬/棋弈

繪圖百局象棋譜八卷　（清）三樂居士輯　清刻本　一冊　缺四卷(五至八)

330000－1704－0011280　000618　子部/儒家類/儒學之屬/性理

求艾錄十卷　（清）楊以貞撰　清光緒二十七年(1901)志遠齋刻本　二冊

330000－1704－0011281　000619　子部/儒家類/儒學之屬/性理

仁書二卷　（清）易佩紳撰　清光緒十年(1884)刻本　一冊

330000－1704－0011285　002996　新學/兵制/槍炮

礮法舉隅一卷　（清）丁乃文述　清光緒五年(1879)金陵算學局刻本　一冊

330000－1704－0011286　003351　史部/史表類/通代之屬

二十四史三表三種二十卷　（清）段長基撰　（清）段搢書編注　清嘉慶二十二年(1817)小西山房刻本　十五冊　存一種

330000－1704－0011287　000256　類叢部/叢書類/自著之屬

郝氏遺書三十三種　（清）郝懿行撰　清嘉慶至光緒刻彙印本　二冊　存一種

330000－1704－0011289　002997　史部/政書類/軍政之屬/邊政

籌海初集四卷　（清）關天培輯　清道光十六年（1836）刻本　四冊

330000－1704－0011290　003137　子部/藝術類/遊藝之屬/棋弈

四子譜二卷　（清）過百齡輯　清宣統三年（1911）上海千頃堂石印本　二冊

330000－1704－0011294　003197　史部/政書類/邦計之屬/荒政

義田義莊義塾雜鈔一卷　清末抄本　一冊

330000－1704－0011297　003204　史部/詔令奏議類/奏議之屬

奏摺合訂不分卷　清光緒鉛印本　二冊

330000－1704－0011298　002998　新學/兵制/陸軍

陸操新義四卷　（德國）康貝撰　（清）李鳳苞譯　清光緒十年（1884）上海同文書局石印本　二冊

330000－1704－0011302　000624　子部/儒家類/儒學之屬/勸學

輶軒語六卷　（清）張之洞撰　清光緒四年（1878）葛元煦刻本　一冊

330000－1704－0011304　003065　史部/政書類/律令之屬/律例

漢律考一卷　張鵬一輯　清光緒十七年（1891）陝甘味經刊書處刻本　一冊

330000－1704－0011305　003078　史部/政書類/儀制之屬/專志/科舉校規

學部奏定各學堂考試章程一卷　清光緒刻本　一冊

330000－1704－0011306　002999　新學/兵制/陸軍

德國陸軍紀略四卷　（清）許景澄撰　清光緒三十一年（1905）刻朱印本　一冊　存二卷（一至二）

330000－1704－0011307　003079　史部/政書類/儀制之屬/專志/科舉校規

算學書院章程一卷學規一卷　（清）黃紹第等撰　清光緒二十二年（1896）刻本　一冊

330000－1704－0011308　000626　子部/儒家類/儒學之屬/勸學

讀書法不分卷　（日本）澤柳政太郎撰　大無畏生譯　清光緒二十九年（1903）上海商務印書館鉛印本　一冊

330000－1704－0011310　000627　子部/儒家類/儒學之屬/勸學

雲峰書院勵學語一卷　惲毓鼎撰　清光緒二十四年（1898）刻本　一冊

330000－1704－0011312　003080　史部/地理類/專志之屬/書院

明德學堂規則一卷　清光緒機器印刷局鉛印本　一冊

330000－1704－0011313　000628　子部/儒家類/儒學之屬/勸學

輶軒語六卷　（清）張之洞撰　清光緒九年（1883）刻本　□蓉泉題記　一冊

330000－1704－0011314　003206　子部/雜著類/雜考之屬

無邪堂答問五卷　（清）朱一新撰　清光緒石印本　一冊　存二卷（二至三）

330000－1704－0011315　003066　史部/政書類/律令之屬/律例

大清律例彙輯便覽四十卷督捕則例附纂二卷五軍道里表一卷三流道里表一卷秋審實緩比較彙案一卷　清光緒三年（1877）北京善成堂刻本　三十二冊

330000－1704－0011316　003140　子部/藝術類/遊藝之屬

蘭閨清玩一卷　清末抄本　一冊

330000－1704－0011317　000629　子部/儒家類/儒學之屬/勸學

輶軒語六卷　（清）張之洞撰　**求在我齋示弟子帖一卷**　（清）成毅撰　清光緒刻本　一冊

330000－1704－0011319　000630　子部/儒家類/儒學之屬/勸學
輶軒語六卷　(清)張之洞撰　清光緒二年(1876)退補齋刻本　一冊

330000－1704－0011320　000632　子部/儒家類/儒學之屬/勸學
程氏家塾讀書分年日程三卷綱領一卷　(元)程端禮撰　清嘉慶刻本　二冊

330000－1704－0011321　003081　子部/叢編
教育叢書初集十一種二集十五種三集十一種　(清)教育世界社編譯　清光緒教育世界出版所刻本暨石印本　八冊　存十一種

330000－1704－0011322　000631　類叢部/叢書類/彙編之屬
當歸草堂叢書八種　(清)丁丙編　清同治二年至五年(1863－1866)錢塘丁氏刻本　二冊　存一種

330000－1704－0011323　003207　史部/政書類/律令之屬
大清民律草案第四編一卷　清末石印本　一冊

330000－1704－0011324　003143　子部/藝術類/遊藝之屬/棋弈
橘中秘四卷　(明)朱晉楨撰　清嘉慶十六年(1811)五柳居刻本　二冊

330000－1704－0011326　003064　史部/政書類/律令之屬/律例
大清律例根原一百二十四卷　(清)吳坤修編　清同治十年(1871)安徽敷文書局木活字印本　七十九冊　缺二十七卷(八十七、九十九至一百二十四)

330000－1704－0011329　003082　新學/學校
日本明治小學教育沿革不分卷　(清)京師編書局譯　清光緒三十二年(1906)京師學部編譯書局鉛印本　一冊

330000－1704－0011331　003026　新學/交涉/公法
公法新編四卷　(英國)霍珥撰　(美國)丁韙良編譯　(清)綦策鰲筆述　清光緒二十九年(1903)上海廣學會鉛印本　二冊

330000－1704－0011332　003210　史部/政書類/通制之屬
資治新書十四卷二集二十卷　(清)李漁輯　清光緒二十年(1894)上海圖書集成印書局鉛印本　五冊　存十四卷(初集十一至十四、二集三至五、十四至二十)

330000－1704－0011333　003083　新學/學校
實驗學校行政法三卷　(日本)清水直義撰　(清)劉荃業譯　(清)徐珂校　清光緒三十一年(1905)京師學務印書官局鉛印本　四冊

330000－1704－0011334　003027　史部/政書類/律令之屬/刑制
明刑管見錄一卷　(清)穆翰撰　清光緒三十年(1904)浙江官書局刻本　一冊

330000－1704－0011339　003146　子部/兵家類/操練之屬
湖北武學十八種四十二卷　(德國)福克斯　(清)何福滿等選　清光緒二十六年(1900)湖北武備學堂刻本　二冊　存一種

330000－1704－0011340　003085　史部/政書類/儀制之屬/專志/科舉校規
學部奏定簡易識字學塾章程一卷　清末鉛印本　一冊

330000－1704－0011341　003029　史部/政書類/律令之屬/律例
讀法圖存四卷　(清)邵繩清編　清光緒七年(1881)刻本　符璋題簽、題記並批　四冊

330000－1704－0011342　003086　史部/政書類/儀制之屬/專志/科舉校規
學部奏定各項學堂分別停止招考及考選詳細辦法章程一卷　清末鉛印本　一冊

330000－1704－0011343　003147　子部/藝術類/遊藝之屬/棋弈

桃花泉奕譜二卷　(清)范世勳撰　清刻本　一册

330000－1704－0011344　003148　子部/藝術類/遊藝之屬/棋弈

桃花泉奕譜二卷　(清)范世勳撰　清乾隆刻本　二册

330000－1704－0011347　003030　史部/政書類/律令之屬/刑制

重修名法指掌圖四卷　(清)沈辛田撰　(清)徐灝重訂　清同治九年(1870)湖北崇文書局刻本　符璋批並跋　四册

330000－1704－0011348　003149　子部/藝術類/遊藝之屬/棋弈

海昌二妙集三卷首二卷　(清)黄紹箕輯　清刻本　二册　存二卷(中、下)

330000－1704－0011349　003031　史部/政書類/律令之屬/律例

刑部通行條例六卷　(清)刑部撰　清同治八年(1869)木活字印本　六册

330000－1704－0011350　003087　史部/政書類/儀制之屬/專志/科舉校規

學部奏各省高等學堂畢業生調京覆試再行奏獎並酌擬辦學不實處分摺一卷　清宣統元年(1909)鉛印本　一册

330000－1704－0011351　003032　史部/政書類/律令之屬/律例

刑部通行條例六卷　(清)刑部撰　清同治八年(1869)木活字印本　六册

330000－1704－0011353　003033　史部/政書類/律令之屬/刑制

三流道里表不分卷　(清)唐紹祖輯　清同治十一年(1872)湖北讞局刻本　二册

330000－1704－0011354　003150　子部/藝術類/遊藝之屬/棋弈

尊天爵齋奕譜一卷　(清)傅延燾輯　清抄本　梅泠生題簽　一册

330000－1704－0011355　003088　新學/學校

初等小學堂章程不分卷　清末刻本　一册

330000－1704－0011357　003151　子部/藝術類/遊藝之屬/棋弈

三張奕譜三卷　(清)張永年　(清)張世昌　(清)張世仁輯　清乾隆四十二年(1777)刻本　一册

330000－1704－0011358　003089　史部/政書類/公牘檔冊之屬

湖北提學使司詳定設立宣講所章程不分卷　清光緒三十四年(1908)鉛印本　一册

330000－1704－0011360　003211　史部/政書類/邦計之屬

中國電報新編一卷　(清)上海電報局編　清光緒石印本　一册

330000－1704－0011361　003034　史部/政書類/律令之屬/刑制

大清現行刑律案語不分卷核訂現行刑律不分卷修正刑律案語二卷　沈家本　俞廉三輯　清宣統元年(1909)法律館鉛印本　四十八册

330000－1704－0011363　003152　子部/藝術類/遊藝之屬/棋弈

石室仙機五卷諸家集説一卷　(明)許穀輯　明刻朱墨套印本　二册

330000－1704－0011365　003090　史部/政書類/掌故制度之屬

增訂同文館章程不分卷　清光緒鉛印本　一册

330000－1704－0011366　003153　子部/藝術類/遊藝之屬/棋弈

官子譜三卷　(清)陶式玉輯　清刻本　六册

330000－1704－0011367　003154　子部/藝術類/遊藝之屬/棋弈

兼山堂奕譜一卷　(清)徐星友撰　清刻本　張㭎題簽　一册

330000－1704－0011368　003091　史部/政書類/儀制之屬/專志/科舉校規

學部奏請變通中學堂課程分為文科實科摺一卷　清末鉛印本　一册

330000－1704－0011369　003155　子部/藝術類/遊藝之屬/棋弈

奕譜一卷　清刻本　一册

330000－1704－0011370　003156　子部/藝術類/遊藝之屬/棋弈

奕譜一卷　清刻本　一册

330000－1704－0011372　003092　類叢部/叢書類/彙編之屬

江蘇存古學堂三種　（清）江蘇存古學堂編　清光緒三十四年(1908)江蘇存古學堂木活字印本　一册　存一種

330000－1704－0011374　003157　子部/藝術類/遊藝之屬/棋弈

弈理指歸續編一卷　（清）施紹闇撰　清乾隆四十三年(1778)刻本　三册

330000－1704－0011375　003222　子部/藝術類/遊藝之屬/棋弈

國技觀光不分卷　（日本）丈和先生撰　清末民國初石印本　一册

330000－1704－0011376　000260　子部/叢編

二十二子(二十二子彙函)　（清）浙江書局編　清光緒元年至三年(1875－1877)浙江書局刻本　六册　存一種

330000－1704－0011378　003158　子部/藝術類/遊藝之屬/棋弈

弈理指歸圖三卷　（清）施紹闇撰　（清）錢長澤繪　清光緒七年(1881)刻本　三册

330000－1704－0011379　003035　史部/政書類/律令之屬/刑制

刑案匯覽六十卷首一卷末一卷拾遺備考一卷　（清）祝慶祺輯　清道光十四年(1834)刻本　六十二册　缺二卷(二十四、五十七)

330000－1704－0011381　003093　新學/學校

日本各學校章程不分卷　姚錫光輯　清光緒二十四年(1898)浙江書局刻本　一册

330000－1704－0011382　003159　子部/藝術類/遊藝之屬/棋弈

子仙百局不分卷　（清）陳子仙等撰　（清）趙晉卿編　清光緒十六年(1890)刻本　一册

330000－1704－0011383　000262　子部/儒家類/儒家之屬

荀子二十卷校勘補遺一卷　（唐）楊倞注　（清）盧文弨　（清）谢墉輯校並補遺　清乾隆五十一年(1786)嘉善謝墉安雅堂刻本　四册

330000－1704－0011385　000633　子部/儒家類/儒學之屬/勸學

程氏家塾讀書分年日程三卷綱領一卷　（元）程端禮撰　清同治十年(1871)山東尚志堂刻本　一册

330000－1704－0011386　003036　史部/政書類/律令之屬/刑制

續增刑案匯覽十六卷　（清）祝慶祺輯　清道光二十年(1840)棠樾慎思堂刻本　十六册

330000－1704－0011387　003225　子部/藝術類/遊藝之屬/棋弈

官子譜不分卷　清刻本　一册

330000－1704－0011389　003160　子部/藝術類/遊藝之屬/棋弈

受子譜選二卷首一卷　（清）李汝珍輯　清嘉慶刻本　張楓題簽　一册

330000－1704－0011390　003000　新學/兵制/陸軍

養兵秘訣後編一卷　（日本）倉辻明俊撰　清光緒二十八年(1902)泰東同文局鉛印本　一册

330000－1704－0011391　003037　史部/政書類/律令之屬/刑制

粵東成案初編三十八卷補遺一卷　（清）朱橒輯　清道光十二年(1832)刻本　四十册

330000－1704－0011392　003161　子部/藝

術類/遊藝之屬/棋弈
皖游奕萃一卷 （清）方濬頤輯　清光緒二年(1876)刻本　一册

330000－1704－0011394　003001　新學/兵制/陸軍
戰術學三卷 （日本）細田謙藏譯述　（日本）稻村新六參訂　清光緒南洋公學譯書院鉛印本　四册

330000－1704－0011395　000634　經部/易類/傳說之屬
易學象數論六卷 （清）黄宗羲撰　清康熙汪瑞齡西麓堂新安刻本　二册

330000－1704－0011396　003226　史部/政書類/邦計之屬/賦税
田賦成例一卷 （清）莊作守撰　清抄本　一册

330000－1704－0011397　000263　子部/儒家類/儒家之屬
荀子二十卷首一卷 （唐）楊倞注　王先謙集解　清光緒十七年(1891)刻本　六册

330000－1704－0011398　000635　子部/儒家類/儒學之屬/勸學
輶軒語七卷 （清）張之洞撰　清光緒刻本　一册　存四卷(一至四)

330000－1704－0011400　003002　新學/兵制/海軍
外國師船圖表八卷雜說三卷圖一卷 （清）許景澄等編　清光緒二十二年(1896)浙江官書局石印本　四册

330000－1704－0011401　003096　新學/學校
奏定學堂章程不分卷 （清）張百熙　（清）榮慶　（清）張之洞纂　清光緒湖北學務處刻朱印本　四册

330000－1704－0011402　000264　類叢部/叢書類/彙編之屬
古逸叢書二十六種 （清）黎庶昌編　清光緒八年至十年(1882－1884)黎庶昌日本東京使署影刻本　四册　存一種

330000－1704－0011403　003038　史部/政書類/律令之屬/治獄
駁案彙編四十一卷 （清）朱梅臣輯　清光緒九年(1883)上海圖書集成局鉛印本　十一册　缺四卷(駁案新編五至八)

330000－1704－0011405　003039　史部/政書類/律令之屬/律例
律例便覽八卷諸圖一卷 （清）蔡嵩年　（清）蔡逢年編　**處分則例圖要六卷** （清）蔡逢年編　清同治九年(1870)江蘇書局刻本　符璋題簽並記　四册　缺六卷(處分則例圖要一至六)

330000－1704－0011406　003003　史部/政書類/軍政之屬/兵制
汴城籌防備覽四卷 （清）傅壽彤撰　（清）胡廷楨編次　（清）朱鵬文繪圖　清咸豐十年(1860)刻本　二册

330000－1704－0011407　000265　子部/儒家類/儒家之屬
荀子考異一卷 （宋）錢佃撰　清光緒江陰繆氏刻對雨樓叢書朱印本　一册

330000－1704－0011408　003097　史部/政書類/儀制之屬/專志/科舉校規
司鐸箴言一卷附札文一卷 （清）黄體芳撰　清光緒八年(1882)刻本　一册

330000－1704－0011409　003227　新學/學校
蒙學堂擬章一卷小學堂擬章一卷中學堂擬章一卷高等學堂擬章一卷京師大學堂擬章一卷 清末鉛印本　一册

330000－1704－0011410　003040　史部/政書類/律令之屬/治獄
鍾雲亭中丞聽訟緝匪條約一卷 （清）鍾雲亭撰　**劉廉舫觀察理訟捕盜條程一卷** （清）劉廉舫撰　清同治六年(1867)浙江臬署刻本　一册

330000－1704－0011412　003004　新學/兵

制/營壘

營城揭要二卷附圖　(英國)儲意比撰　(英國)傅蘭雅口譯　(清)徐壽筆述　清光緒江南機器製造局刻本　二册

330000－1704－0011413　000636　子部/術數類/數學之屬

皇極經世緒言九卷首二卷　(宋)邵雍撰　(明)黄畿注　(清)劉斯組輯　(清)包耀復增圖注　清嘉慶四年(1799)刻本　十二册

330000－1704－0011415　003005　新學/兵制/營壘

營壘圖説一卷圖一卷　(比利時)伯里牙芒撰　(美國)金楷理　(清)李鳳苞譯　清光緒刻本　一册

330000－1704－0011416　000638　子部/術數類/數學之屬

太玄集注四卷　(宋)司馬光　(宋)許翰撰　(清)孫澍增補　清道光十一年(1831)鵝溪孫氏青棠書屋刻本　四册

330000－1704－0011418　000640　子部/術數類/占卜之屬

河洛精蘊九卷　(清)江永撰　清乾隆三十九年(1774)旌德黄聖謙蘊真書屋刻五十年(1785)印本　四册

330000－1704－0011419　003229　子部/天文曆算類/曆法之屬

大清光緒十六年歲次庚寅時憲書一卷　清光緒刻朱墨套印本　一册

330000－1704－0011422　003041　史部/政書類/律令之屬

秋審實緩比較條欵不分卷　(清)謝誠鈞撰　清光緒四年(1878)江蘇書局刻本　符璋題簽　二册

330000－1704－0011424　003042　史部/政書類/律令之屬

秋讞輯要六卷首一卷　(清)剛毅輯　清光緒十五年(1889)江蘇書局刻本　八册

330000－1704－0011426　003168　子部/藝術類/遊藝之屬/棋弈

中山弈譜一卷　(清)孫小文輯　清同治八年(1869)荔香水榭刻本　一册

330000－1704－0011428　003044　史部/政書類/律令之屬/律例

審看擬式四卷首一卷末一卷　(清)剛毅輯　清光緒十八年(1892)浙江書局刻本　符璋題簽　二册

330000－1704－0011430　003046　史部/職官類/官箴之屬

宦游紀略二卷　(清)高廷瑤撰　清同治十二年(1873)高培穀成都刻本　一册

330000－1704－0011432　003170　子部/藝術類/遊藝之屬/棋弈

四子譜二卷　(清)過百齡輯　清乾隆五十一年(1786)金閶書業堂刻本　二册

330000－1704－0011434　003172　子部/藝術類/遊藝之屬/棋弈

六家奕譜六卷　(清)王彦侗輯　清咸豐七年(1857)刻本　二册

330000－1704－0011435　003173　子部/藝術類/遊藝之屬/棋弈

弈悟不分卷　(清)周勷撰　清刻本　一册

330000－1704－0011436　003047　史部/政書類/律令之屬/律例

成案所見集三十七卷二集十九卷三集二十一卷　(清)馬世璘編　**成案所見四集十八卷**　(清)謝奎　(清)王又槐編　清乾隆五十八年(1793)再思堂、嘉慶十年(1805)三餘堂刻本(一集卷一至三、十五、十八、二十一原缺)　五十六册

330000－1704－0011437　003174　子部/藝術類/遊藝之屬/棋弈

奕妙一卷　(清)吴峻輯　**奕妙二編一卷**　(清)吴駉輯　清乾隆二十九年(1764)崇雅堂刻本　二册

330000－1704－0011438　003175　子部/藝術類/遊藝之屬/棋弈

奕學會海四卷　(清)董耀輯　清康熙三十七年(1698)京都文錦堂刻本　一冊

330000－1704－0011442　003099　新學/學校
東吳大學堂簡章不分卷　清光緒刻本　一冊

330000－1704－0011445　003101　史部/政書類/公牘檔冊之屬
溫州商會試辦章程一卷　王嶽崧纂訂　清末刻本　一冊

330000－1704－0011446　000266　子部/道家類
老子章義二卷　(清)姚鼐撰　清同治九年(1870)桐城吳氏邗上刻本　一冊

330000－1704－0011449　000269　子部/道家類
老子河上公注二卷　題(漢)河上公注　(宋)王用之重校　清道光二十五年(1845)竹山堂刻本　一冊

330000－1704－0011451　003006　史部/政書類/軍政之屬/兵制
杭州八旗駐防營志略二十五卷　(清)張大昌輯　清光緒十九年(1893)浙江書局刻本　六冊

330000－1704－0011452　000272　類叢部/叢書類/自著之屬
汪雙池先生叢書二十種附浙刻雙池遺書十二種　(清)汪紱撰　清道光至光緒刻光緒二十三年(1897)長安趙舒翹等彙印本　二冊　存二種

330000－1704－0011453　003007　新學/兵制/海軍
防海新論十八卷　(德國)希理哈撰　(英國)傅蘭雅口譯　(清)華蘅芳筆述　清刻本　六冊

330000－1704－0011456　003008　新學/兵制/陸軍
列國陸軍制不分卷　(美國)歐潑登撰　(美國)林樂知譯　(清)瞿昂來譯　清末刻本　三冊

330000－1704－0011462　003010　新學/兵制/海軍
外國師船圖表十六卷　(清)許景澄等編　清光緒十二年(1886)石印本　四冊

330000－1704－0011464　003011　新學/商務
大美國欽命會議銀價大臣條議中國新圜法覺書一卷　(美國)精琪撰　清光緒三十三年(1907)都城京報館鉛印本　一冊

330000－1704－0011465　003012　史部/政書類/律令之屬/律例
萬國憲法志三卷　(清)周逵撰　清光緒二十八年(1902)上海廣智書局鉛印本　一冊

330000－1704－0011466　003013　史部/政書類/律令之屬/律例
寄簃文存八卷　(清)沈家本撰　清光緒三十三年(1907)修訂法律館鉛印本　二冊

330000－1704－0011470　003176　子部/藝術類/遊藝之屬/棋弈
弈萃一卷官子一卷　(清)卞文恒撰　清嘉慶二十一年(1816)邗江卞惟賢味書堂刻本　一冊　存一卷(奕萃)

330000－1704－0011471　003177　子部/藝術類/遊藝之屬/棋弈
蝸簃奕錄八種　(清)黃霞等撰　(清)鮑鼎輯　清光緒十五年(1889)蝸簃刻本　一冊　存一種

330000－1704－0011473　003230　史部/政書類/儀制之屬/專志/科舉校規
算學書院章程一卷學規一卷大課程規一卷　(清)黃紹第等撰　清光緒二十二年(1896)刻本　一冊

330000－1704－0011474　003178　子部/藝術類/遊藝之屬/棋弈
蝸簃奕錄八種　(清)黃霞等撰　(清)鮑鼎輯　清光緒十五年(1889)蝸簃刻本　一冊　存一種

330000－1704－0011475　003179　子部/藝術類/遊藝之屬/棋弈

國朝奕滙三卷　（清）徐德焕選定　清咸豐六年（1856）蘭岩别墅刻本　三冊

330000－1704－0011478　003180　子部/藝術類/遊藝之屬/棋弈

貫如奕譜一卷　（清）釋貫如輯　清道光藉綠草堂刻本　一冊

330000－1704－0011479　003102　新學/學校

溫州初級完全師範學校暫定章程一卷　清光緒鉛印本　一冊

330000－1704－0011480　003060　史部/政書類/律令之屬/治獄

提牢備考四卷　（清）趙舒翹撰　清光緒十九年（1893）東甌官舍刻本　二冊

330000－1704－0011482　003061　史部/政書類/律令之屬/律例

王儀部先生箋釋三十卷首一卷末一卷　（明）王肯堂撰　（清）顧鼎重編　清康熙三十年（1691）顧鼎刻本　九冊　缺三卷（六至八）

330000－1704－0011484　003235　史部/政書類/律令之屬

日本議會詁法六卷　（清）考察政治大臣編　清光緒三十三年（1907）政治官報局鉛印本　一冊　存三卷（四至六）

330000－1704－0011485　003103　新學/學校

溫州府官立中學堂暫定章程一卷　清光緒鉛印本　劉紹寬批　一冊

330000－1704－0011486　000284　類叢部/叢書類/彙編之屬

武英殿聚珍版書一百三十八種　清刻本　二冊　存一種

330000－1704－0011487　000285　子部/道家類

老子道德經二卷　（三國魏）王弼注　嚴復評點　清光緒三十一年（1905）南昌熊元鍔鉛印本　一冊

330000－1704－0011488　003236　新學/政治法律/政治

日本政治要覽十卷　（清）□□輯　清光緒三十三年（1907）政治官報局鉛印本　一冊　存五卷（一至五）

330000－1704－0011489　003062　史部/政書類/律令之屬/律例

大清光緒新法令十三卷附錄一卷　商務印書館編譯所編纂　清宣統二年（1910）上海商務印書館鉛印本　二十冊

330000－1704－0011490　003181　子部/藝術類/遊藝之屬/棋弈

陳方七局一卷　（清）陳毓性　（清）方秋客撰　清光緒十一年（1885）南京李光明莊刻本　一冊

330000－1704－0011491　003104　史部/政書類/公牘檔冊之屬

長興縣學文牘不分卷　（清）孫德祖輯　清光緒刻本　一冊

330000－1704－0011492　003015　史部/政書類/律令之屬/律例

讀律心得三卷蜀僚問答二卷　（清）劉衡撰　**附漁陽山人手鏡一卷**　（清）王士禛撰　**代直隸總督勸諭牧文一卷**　（清）黄輔辰撰　清同治七年（1868）楚北崇文書局刻本　一冊

330000－1704－0011493　000642　子部/術數類/占候之屬

觀察金針二卷　（清）壽紹海撰　清嘉慶刻本　二冊

330000－1704－0011495　003048　史部/政書類/律令之屬/法驗

重刊補註洗冤錄集證六卷　（清）王又槐輯　（清）李觀瀾補輯　（清）阮其新補註　（清）張錫蕃重訂　（清）文晟續輯　清光緒三十年（1904）石印本　五冊

330000－1704－0011496　000286　子部/兵家類

素書註一卷　(宋)張商英註　**體仁要術一卷**　(清)彭紹升等撰　清揚州藏經院刻本　一册

330000－1704－0011498　003182　子部/藝術類/遊藝之屬/棋弈

周嬾予先生圍棋譜一卷　(清)周嘉錫編　清同治十二年(1873)上海江左書林刻本　張棡題簽　一册

330000－1704－0011499　000288　子部/道家類

老子翼八卷首一卷　(明)焦竑撰　清光緒二十一年(1895)金陵刻經處刻本　四册

330000－1704－0011500　003182　子部/藝術類/遊藝之屬/棋弈

陳方七局一卷　(清)陳毓性　(清)方秋客撰　清光緒十一年(1885)南京李光明莊刻本　與330000－1704－0019463合四册

330000－1704－0011501　003105　史部/地理類/專志之屬/書院

東林書院志二十二卷　(清)高廷珍等撰　清光緒七年(1881)刻本　四册　存十卷(一至二、七至八、十七至二十二)

330000－1704－0011502　003183　子部/藝術類/遊藝之屬/棋弈

殘局類選二卷　(清)錢長澤撰　清乾隆三十五年(1770)暗香書屋刻筆雅堂印本　二册

330000－1704－0011503　000289　子部/道家類

老子道德經解二卷首一卷觀老莊影響論一卷　(明)釋德清撰　清光緒十二年(1886)金陵刻經處刻本　二册

330000－1704－0011505　003049　史部/政書類/律令之屬/法驗

重刊補註洗冤錄集證六卷　(清)王又槐輯　(清)李觀瀾補輯　(清)阮其新補註　(清)張錫蕃重訂　(清)文晟續輯　清道光二十四年(1844)刻四色套印本　四册

330000－1704－0011507　003184　新學/兵制/陸軍

野操必携一卷　(日本)應雄圖編　(清)任衣洲譯　清光緒三十二年(1906)石印本　一册

330000－1704－0011508　000270　子部/道家類

道德經轉語二卷　(元)陳致虛撰　**道德經古今本考正二卷**　(清)牟目源撰　**道德經釋義二卷**　(唐)呂嵒撰　(清)牟目源訂　**常清靜經一卷**　(清)牟目源訂　**金玉經一卷**　(唐)呂嵒撰　(清)牟目源訂　清嘉慶十四年(1809)鄒學鯤羊城刻本　朱襄批　二册

330000－1704－0011510　003106　史部/政書類/公牘檔册之屬

湖北提學使司詳定創設半日學堂章程一卷　清光緒鉛印本　一册

330000－1704－0011513　003107　史部/政書類/公牘檔册之屬

湖北提學使司詳定改良私塾章程一卷　清光緒鉛印本　一册

330000－1704－0011514　003050　史部/政書類/律令之屬/法驗

重刊補註洗冤錄集證六卷　(清)王又槐輯　(清)李觀瀾補輯　(清)阮其新補註　(清)張錫蕃重訂　(清)文晟續輯　清光緒八年(1882)京都文寶堂刻四色套印本　六册

330000－1704－0011517　003108　史部/政書類/公牘檔册之屬

溫處學務分處暫定學堂管理法一卷　(清)溫處學務分處編輯　清光緒三十二年(1906)時中書局鉛印本　一册

330000－1704－0011519　000643　子部/術數類/陰陽五行之屬

太乙數統宗大全四十卷　(清)李自明輯　清乾隆六十年(1795)刻本　十二册

330000－1704－0011520　003018　新學/交涉/公法

各國交涉公法論初集四卷二集四卷三集八卷　(英國)費利摩羅巴德撰　(英國)傅蘭雅口

譯　(清)俞世爵筆述　清光緒二十年(1894)江南製造局翻譯館鉛印本　十六册

330000－1704－0011521　003051　史部/政書類/律令之屬/法驗
律例館校正洗冤録四卷　(清)律例館輯　清刻本　四册

330000－1704－0011522　003109　史部/政書類/公牘檔册之屬
江蘇學務文牘不分卷　(清)江蘇學務公所編　清宣統江蘇學務公所鉛印本　一册

330000－1704－0011524　003052　史部/政書類/律令之屬/法驗
洗冤録辨正一卷　(清)瞿中溶撰　清道光二十六年(1846)黄秩模刻本　一册

330000－1704－0011525　000644　子部/術數類/占候之屬
天文玉曆通政經二卷　(唐)李淳風編　清抄本　四册

330000－1704－0011526　003053　史部/政書類/律令之屬/法驗
洗冤録詳義四卷首一卷　(清)許槤輯　**洗冤録摭遺二卷**　(清)葛元煦輯　清光緒二年(1876)泉唐葛氏嘯園刻本　五册

330000－1704－0011527　000645　子部/術數類
百二漢鏡齋祕書四種　(清)程芝雲輯　清道光三年至四年(1823－1824)湖邊程氏百二漢鏡齋刻本　一册　存一種

330000－1704－0011529　003019　史部/政書類/律令之屬
大清律例歌訣□□卷　(清)程夢元撰　清光緒五年(1879)湖北書局刻本　一册　存三卷(一至三)

330000－1704－0011532　000290、000297　子部/叢編
二十二子(二十二子彙函)　(清)浙江書局編　清光緒元年至三年(1875－1877)浙江書局刻本　三册　存二種

330000－1704－0011533　003189　子部/藝術類/遊藝之屬/棋弈
弈潛齋集譜初編十五種二編三種三編五種　(清)鄧元鏸輯　清光緒弈潛齋刻本　一册　存一種

330000－1704－0011534　003110　史部/政書類/公牘檔册之屬
京師譯學館規章不分卷　清光緒三十一年(1905)京師譯學館鉛印本　一册

330000－1704－0011536　000291　子部/道家類
道德經解一卷　(唐)吕喦釋義　雲門魯史纂述　清刻本　一册

330000－1704－0011538　003190　史部/政書類/通制之屬
文獻通考詳節二十四卷　(元)馬端臨撰　(清)嚴虞惇輯　清乾隆二十九年(1764)巖有禧繩武堂刻本　八册

330000－1704－0011539　003020　史部/政書類/律令之屬
說帖類編三十六卷簡明目録六卷　(清)律例館編　清道光十五年(1835)刻本　二十册

330000－1704－0011541　000646　類叢部/叢書類/自著之屬
五經歲徧齋校書三種　(清)翟云升輯　清道光東萊翟氏刻本　八册　存一種

330000－1704－0011543　000294　子部/叢編
二十二子(二十二子彙函)　(清)浙江書局編　清光緒新化三味書局刻本　二册　存一種

330000－1704－0011544　000647　子部/術數類/占卜之屬
卜筮正宗十四卷　(清)王維德撰　清光緒二十三年(1897)掃葉山房刻本　六册

330000－1704－0011545　003021　類叢部/叢書類/彙編之屬
嘯園叢書五十七種　(清)葛元煦編　清光緒二年至七年(1876－1881)仁和葛氏刻本　一

冊　存一種

330000－1704－0011547　003054　史部/政書類/律令之屬/法驗
洗冤錄詳義四卷首一卷　(清)許槤輯　清咸豐六年(1856)海寧許氏古均閣刻本　三冊

330000－1704－0011549　000648　子部/兵家類/兵法之屬
兵家方道指南九卷　(清)彭定瀾撰　清同治四年(1865)刻本　六冊　存八卷(一至八)

330000－1704－0011550　003245　新學/學校
周南女子師範學堂簡章一卷附高等小學初等小學簡章一卷　清宣統二年(1910)鉛印本　一冊

330000－1704－0011551　000649　子部/術數類/占卜之屬
易冒十卷　(清)程良玉撰　清光緒十二年(1886)上海刻本　二冊

330000－1704－0011553　003246　史部/政書類
浙江辦理災歉規則法案一卷　清宣統鉛印本　一冊

330000－1704－0011554　003022　史部/政書類/律令之屬/刑制
刑案匯覽六十卷首一卷末一卷拾遺備考一卷續增十六卷　(清)祝慶祺輯　**新增刑案匯覽十六卷首一卷**　(清)潘文舫輯　清光緒十二年(1886)上海圖書集成局鉛印本　四十冊

330000－1704－0011555　000296　類叢部/叢書類/自著之屬
燕禧堂五種　(清)任大椿輯撰　清乾隆刻本　二冊　存二種

330000－1704－0011557　000650　類叢部/叢書類/彙編之屬
津逮祕書十五集一百四十種　(明)毛晉編　明崇禎虞山毛氏汲古閣刻本　一冊　存一種

330000－1704－0011558　003111　史部/地理類/專志之屬/書院
龍湖書院志二卷　(清)張南英輯　清同治刻本　二冊

330000－1704－0011559　003063　史部/政書類/律令之屬/刑制
大清宣統新法令不分卷　商務印書館輯　清宣統二年至三年(1910－1911)上海商務印書館鉛印本　二十六冊　存二十六冊(一、三至十五、十七、十九至二十九)

330000－1704－0011560　003247　新學/兵制/槍炮
砲法不分卷　清末石印本　一冊

330000－1704－0011561　000650　經部/易類/易占之屬
易林四卷　題(漢)焦延壽撰　明末清初刻本　三冊　存三卷(二至四)

330000－1704－0011562　003248　史部/政書類/邦計之屬
浙江清理財政說明書不分卷　(清)浙江清理財政局編　清宣統元年(1909)石印本　一冊

330000－1704－0011563　002884　史部/政書類/邦計之屬/鹽法
長蘆鹽務議略一卷　(清)王守基撰　清精一閣鉛印本　一冊

330000－1704－0011564　000298　子部/叢編
十子全書　(清)王子興編　清嘉慶九年(1804)姑蘇王氏聚文堂刻本　一冊　存一種

330000－1704－0011565　002885　史部/政書類
鮑天兆投呈不分卷　(清)鮑天兆撰　清嘉慶五年(1800)木活字印本　一冊

330000－1704－0011566　002905　史部/政書類/邦計之屬/鹽法
兩淮鹽法志稿一百六十卷首一卷　(清)王定安等纂修　清光緒十八年(1892)金陵刻本　四十八冊

330000－1704－0011571　002888　新學/商務/商學
原富八卷　(英國)斯密亞丹撰　嚴復譯　清光緒二十八年(1902)上海南洋公學譯書院鉛印本　八冊

330000－1704－0011572　002907　史部/政書類/邦計之屬/鹽法
淮北票鹽志略十五卷　(清)童濂編　清同治七年(1868)刻本　六冊

330000－1704－0011573　000299　類叢部/叢書類/彙編之屬
湖海樓叢書十二種　(清)陳春編　清嘉慶蕭山陳氏刻二十四年彙印本　一冊　存一種

330000－1704－0011574　003113　史部/地理類/專志之屬/書院
瀛山書院志十卷首一卷　(清)方瑞輯　清宣統二年(1910)木活字印本　四冊

330000－1704－0011576　003023　史部/政書類/律令之屬/刑制
大清現行刑律三十六卷首一卷附禁煙條例一卷秋審條款一卷　沈家本等編　清宣統二年(1910)鉛印本　九冊　存二十一卷(首、一至二十)

330000－1704－0011577　002908　史部/政書類/邦計之屬
趙州永興匯票公司總董張是彝擬辦水車說帖一卷　(清)張是彝撰　清光緒鉛印本　一冊

330000－1704－0011578　000300　類叢部/叢書類/彙編之屬
石研齋校刻書七種　(清)秦恩復編　清嘉慶至道光秦氏石研齋刻本　二冊　存一種

330000－1704－0011580　000651　經部/易類/易占之屬
易隱八卷首一卷　(清)曹九錫輯　清刻本　四冊

330000－1704－0011581　002909　史部/政書類/公牘檔冊之屬
浙江鐵路公司文牘一卷　浙江鐵路公司編　清宣統鉛印本　一冊

330000－1704－0011583　002910　史部/政書類/邦計之屬
商辦全浙鐵路有限公司第四屆帳略不分卷　商辦全浙鐵路有限公司編　清宣統二年(1910)上海商務印書館鉛印本　一冊

330000－1704－0011584　003253　子部/儒家類/儒學之屬/禮教
齊家寶要二卷　(清)張文嘉撰　清光緒七年(1881)山陰朱氏刻本　一冊　存一卷(下)

330000－1704－0011585　000652　子部/天文曆算類/算書之屬
用事表不分卷　(清)高雲龍輯　清嘉慶刻本　二冊

330000－1704－0011586　003024　史部/政書類/律令之屬/判牘
刑部比照加減成案三十二卷首一卷　(清)許槤　(清)熊莪訂　清道光十四年(1834)刻本　十一冊　缺十卷(二至三、十至十五、十八至十九)

330000－1704－0011587　000653　子部/術數類/占卜之屬
天元玉曆祥異賦不分卷　(明)仁宗朱高熾撰　清末抄本　二冊

330000－1704－0011588　002911　史部/政書類/考工之屬
浙江省物料價值則例十五卷　(清)快亮等纂修　清乾隆刻本　十六冊

330000－1704－0011590　000654　經部/易類/傳說之屬
周易究四卷　(清)徐梅撰　清光緒三年(1877)刻本　一冊　存一卷(一至三)

330000－1704－0011591　002912　史部/政書類/邦計之屬/貿易
通商約章類纂三十五卷首一卷　(清)張開運等編　清光緒十二年(1886)天津官書局刻本　十七冊　缺五卷(首,一至二、九、三十)

330000－1704－0011594　000656　子部/術數類/陰陽五行之屬

通德類情十三卷　(清)沈重華輯　清乾隆三十六年(1771)刻本　六冊

330000－1704－0011595　003119　新學/學校

文實兩科中學教授細目不分卷　(清)學部編譯圖書局編纂　清宣統二年(1910)學部圖書局石印本　二冊

330000－1704－0011596　000301　子部/叢編

二十二子(二十二子彙函)　(清)浙江書局編　清光緒新化三味書局刻本　六冊　存一種

330000－1704－0011597　002889　史部/政書類/邦計之屬

大清鑛務正章十五章附各國鑛地限制備考一章　(清)張之洞撰　清光緒三十三年(1907)刻本　二冊

330000－1704－0011599　002891　史部/雜史類/斷代之屬

求全之毀一卷　(清)味閑老人撰　清光緒三十三年(1907)鉛印朱墨套印本　一冊

330000－1704－0011600　000302　子部/道家類

南華簡鈔(南華經)四卷　(清)徐廷槐輯注　清刻本　二冊

330000－1704－0011601　002940　子部/叢編

二十二子(二十二子彙函)　(清)浙江書局編　清光緒新化三味書局刻本　六冊　存一種

330000－1704－0011604　002913　新學/商務

中國度支考一卷　(英國)哲美森編　清光緒二十三年(1897)上海廣學會鉛印本　一冊

330000－1704－0011607　002914　史部/政書類/邦計之屬/貿易

中國商務志不分卷　(日本)織田一撰　蔣簋方譯　清光緒二十八年(1902)上海廣智書局鉛印本　一冊

330000－1704－0011608　000304　子部/道家類

莊子約解四卷　(清)劉鴻典撰　清同治五年(1866)威邑呂仙岩玉成堂刻本　四冊

330000－1704－0011609　003256　新學/政治法律/政治

憲政分年籌備事宜表一卷　清宣統鉛印本　一冊

330000－1704－0011612　002894　子部/儒家類/儒學之屬/經濟

鹽鐵論十卷　(漢)桓寬撰　**校勘小識一卷**　王先謙撰　清光緒十七年(1891)思賢講舍刻本　二冊

330000－1704－0011615　003257　新學/政治法律/律例

日本憲法說明書不分卷　(日本)穗積八束撰　清光緒三十三年(1907)政治官報局鉛印本　一冊

330000－1704－0011616　002916　史部/政書類/邦計之屬/荒政

義倉上米章程一卷　(清)孫詒讓等撰　清光緒刻本　一冊

330000－1704－0011617　002941　子部/叢編

二十二子(二十二子彙函)　(清)浙江書局編　清光緒元年至三年(1875－1877)浙江書局刻本　六冊　存一種

330000－1704－0011618　002917　史部/政書類/邦計之屬/貿易

整頓土貨條議一卷　(清)咨商部編　清光緒刻本　一冊

330000－1704－0011619　000305　子部/道家類

莊子因六卷　(清)林雲銘撰　清乾隆二年(1737)林玉汝刻本　四冊　存四卷(一至四)

330000－1704－0011621　000306　子部/道

家類
莊子因六卷 (清)林雲銘撰 清康熙五十五年(1716)文盛堂刻本 四冊

330000－1704－0011623 002919 新學/商務
商業叢書□□種 商務印書館重譯 清光緒二十九年(1903)上海商務印書館鉛印本 一冊 存一種

330000－1704－0011624 000307 子部/道家類
莊子因六卷 (清)林雲銘撰 清光緒六年(1880)白雲精舍刻本 四冊

330000－1704－0011626 002896 史部/政書類/邦計之屬/鹽法
兩浙鹽法續纂備考十二卷 (清)楊昌濬等纂修 清同治十三年(1874)刻本 十二冊

330000－1704－0011628 000308 子部/道家類
莊子雪三卷 (清)陸樹芝輯撰 清嘉慶四年(1799)文選樓刻本 六冊

330000－1704－0011629 003259 史部/政書類/儀制之屬/專志
右文館志不分卷 (清)朱桐等纂修 清光緒元年(1875)木活字印本 一冊

330000－1704－0011630 000657 子部/術數類/命書相書之屬
八門演禽神書八卷 (明)劉基撰 清末抄本 一冊 存二卷(一至二)

330000－1704－0011632 000658 子部/術數類/相宅相墓之屬
鬼靈經二卷 (宋)陵蘿子撰 清刻本 一冊

330000－1704－0011633 002943 子部/兵家類/兵法之屬
黃石公素書一卷 清活字印本 一冊

330000－1704－0011634 002921 史部/政書類/邦計之屬/貿易
各國通商條約稅則章程二十種 (清)總理各國事務衙門輯 清光緒刻本 六冊 存十三種

330000－1704－0011635 002897 史部/政書類/邦計之屬/鹽法
敕修兩浙鹽法志十六卷首一卷 (清)李衛等纂修 清雍正六年(1728)刻本 九冊 存十五卷(二至十六)

330000－1704－0011636 000309 子部/道家類
南華真經解三卷 (清)宣穎撰 清刻本 五冊

330000－1704－0011637 003260 史部/地理類/外紀之屬
西史綱目三十五卷 (清)周維翰撰 清光緒二十八年至二十九年(1902－1903)經世文社石印本 九冊

330000－1704－0011638 000659 經部/易類/傳說之屬
壽山堂易說四卷 (清)呂巖撰 清道光汪南金刻同治五年(1866)崇芳重修本 六冊

330000－1704－0011639 003114 史部/目録類/總録之屬/徵訪
江南徵書文牘不分卷 (清)黃體芳撰 清末刻本 一冊

330000－1704－0011640 002899 史部/政書類/邦計之屬/鹽法
續纂兩浙鹽法備考八卷 (清)世杰撰 清光緒二十五年(1899)刻朱印本 八冊

330000－1704－0011642 002944 類叢部/叢書類/彙編之屬
漸西村舍彙刊(漸西村舍叢刻)四十四種 (清)袁昶編 清光緒十六年至二十四年(1890－1898)桐廬袁氏刻本 三冊 存一種

330000－1704－0011645 002898 史部/政書類/邦計之屬/鹽法
福建鹽法志二十二卷首一卷 (清)□□編 清刻本 八冊

330000－1704－0011646　000310　子部/道家類

南華發覆八卷　(明)釋性潙撰　清文奎堂刻本　八册

330000－1704－0011647　003261　新學/史志/諸國史

萬國歷史彙編一百卷　(清)江子雲等輯　清光緒二十九年(1903)上海官書局石印本　十六册

330000－1704－0011648　002900　史部/政書類/邦計之屬/鹽法

欽定重修兩浙鹽法志三十卷首二卷　(清)馮培　(清)潘庭筠等纂修　清同治十三年(1874)楊昌濬刻本　二十四册

330000－1704－0011650　002945　子部/兵家類

乾坤大略十卷補遺一卷　(清)王餘佑撰　清光緒五年(1879)定州王氏謙德堂刻畿輔叢書本　林損題記　二册

330000－1704－0011652　003262　新學/史志/戰記

東洋之大波瀾日露戰爭未來記一卷　(英國)木里司撰　大町桂月譯　金開華　薛鳳昌同譯　清光緒二十九年(1903)鉛印本　二册

330000－1704－0011653　000660　子部/宗教類/道教之屬

參同契金隄大義三卷　(清)許桂林撰　清末抄本　一册

330000－1704－0011655　000661　子部/術數類/命書相書之屬

春樹齋叢說一卷　(清)温葆深撰　清光緒二年(1876)金陵温氏刻本　二册

330000－1704－0011658　000662　子部/術數類/相宅相墓之屬

鬼靈經二卷　清末抄本　二册

330000－1704－0011659　002849　史部/政書類/儀制之屬/典禮

南巡盛典一百二十卷　(清)高晉等纂修　清光緒八年(1882)上海點石齋石印本　八册

330000－1704－0011660　002850　史部/政書類/通制之屬

吾學錄初編二十四卷　(清)吳榮光撰　清同治九年(1870)江蘇書局刻本　六册

330000－1704－0011662　002902　史部/政書類/邦計之屬/鹽法

四川鹽法志四十卷首一卷　(清)丁寶楨等纂　清光緒刻本　二十册

330000－1704－0011664　002851　史部/政書類/通制之屬

吾學錄初編二十四卷　(清)吳榮光撰　清道光十二年(1832)南海吳氏筠清館刻本　六册

330000－1704－0011665　002904　史部/政書類/邦計之屬/鹽法

兩淮鹽法志五十六卷首四卷　(清)佶山修　(清)單渠纂　(清)方濬頤等續纂　清同治九年(1870)揚州書局刻本　三十二册

330000－1704－0011666　002810　集部/别集類/清别集

勉益齋偶存稿八卷續存稿十六卷　(清)裕謙撰　清道光十二年(1832)刻本　八册　存八卷(一至四,續一至二、四至五)

330000－1704－0011668　000312　子部/道家類

莊子獨見三十三卷　(清)胡文英撰　清乾隆三多齋刻本　四册

330000－1704－0011669　002852　史部/政書類/通制之屬

吾學錄初編二十四卷　(清)吳榮光撰　清同治七年(1868)金陵書局木活字印本　八册

330000－1704－0011671　000313　子部/道家類

莊子内篇註四卷　(明)釋德清撰　清光緒十四年(1888)金陵刻經處刻本　二册

330000－1704－0011672　002812　史部/雜史類/斷代之屬

養吉齋叢録二十六卷餘録十卷　（清）吴振棫撰　清光緒二十二年（1896）刻本　八册

330000－1704－0011673　000663　類叢部/叢書類/彙編之屬
廣雅書局叢書一百五十九種　徐紹棨編　清光緒廣雅書局刻民國九年（1920）番禺徐紹棨彙編印本　一册　存一種

330000－1704－0011674　000664　經部/易類/專著之屬
學易餘聞四卷首一卷　林丙修撰　清光緒三十四年（1908）石印本　一册

330000－1704－0011675　000665　經部/易類/傳說之屬
需時眇言十卷　（清）沈善登撰　清光緒二十八年（1902）桐鄉沈氏豫恕堂刻本　八册

330000－1704－0011677　000666　子部/術數類/陰陽五行之屬
易瑣言四卷附校勘記一卷　（清）林丙修撰　清宣統二年（1910）黄巖東昇仁記石印本　一册

330000－1704－0011678　000314　子部/道家類
莊子讀本一卷　（清）方人傑評輯　清乾隆三十七年（1772）刻莊騷讀本本　一册

330000－1704－0011679　000665　經部/易類/專著之屬
沈穀成先生易學四種　（清）沈善登撰　清光緒桐鄉沈氏豫恕堂刻本　一册　存一種

330000－1704－0011681　002798　史部/政書類/通制之屬
欽定大清會典事例九百二十卷目録八卷　（清）托津等奉敕撰　清嘉慶二十五年（1820）武英殿刻本　三百五十九册

330000－1704－0011684　002946　子部/兵家類/兵法之屬
虎鈐經二十卷　（宋）許洞撰　清刻本　四册

330000－1704－0011687　002814　類叢部/叢書類/自著之屬
二思堂叢書六種五十一卷　（清）梁章鉅撰　清光緒元年（1875）浙江書局刻本　二册　存一種

330000－1704－0011688　002932　新學/商務
通商出入款項確實情形考一卷　（清）馬士譯撰　清光緒鉛印本　一册

330000－1704－0011689　002794　史部/雜史類
皇朝掌故彙編内編六十卷首一卷外編四十卷首一卷　張壽鏞等輯　清光緒二十八年（1902）求實書社鉛印本　五十五册　缺四卷（内編二至三、五十九至六十）

330000－1704－0011690　002933　史部/政書類/邦交之屬
中瑞通商條約一卷　清宣統刻本　一册

330000－1704－0011692　000316　子部/道家類
南華真經正義三十三卷識餘三卷　（清）陳壽昌輯　清光緒十九年（1893）怡顔齋刻本　一册　存三卷（識餘一至三）

330000－1704－0011693　002935　史部/政書類/邦計之屬/貿易
通商條約章程成案彙編三十卷　（清）李鴻章編　清光緒十二年（1886）鐵城廣百宋齋鉛印本　十二册

330000－1704－0011694　002795　史部/政書類/通制之屬
欽定大清會典一百卷　（清）崑岡等撰　清刻本　二十四册

330000－1704－0011696　002796　史部/政書類/通制之屬
欽定大清會典圖一百三十二卷目録二卷　（清）托津等奉敕撰　清嘉慶二十五年（1820）武英殿刻本　四十册

330000－1704－0011697　000669　子部/宗教類/道教之屬/神符

玄門疏式一卷　清末抄本　一冊

330000－1704－0011698　002947　類叢部/叢書類/彙編之屬
漢魏叢書三十八種　(明)程榮編　明萬曆二十年(1592)新安程氏刻本　一冊　存二種

330000－1704－0011699　002797　史部/政書類/通制之屬
欽定大清會典八十卷　(清)托津等奉敕撰　清嘉慶二十三年(1818)武英殿刻本　四十冊

330000－1704－0011700　000318　子部/叢編
十子全書　(清)王子興編　清嘉慶九年(1804)姑蘇王氏聚文堂刻本　一冊　存一種

330000－1704－0011701　002936　史部/政書類
各國通商條約十六卷　(清)督辦浙江通商洋務總局編　清光緒二十八年(1902)浙江官書局刻本　十冊

330000－1704－0011703　002854　史部/政書類/通制之屬
浙江巡撫審訂諮議局議案錄八編　(清)浙江諮議局編　清宣統二年(1910)浙江官報兼印刷局鉛印本　劉耀東跋　八冊　缺一編(戊編)

330000－1704－0011704　002937　史部/政書類/邦計之屬/貿易
各國通商條約稅則章程二十種　(清)總理各國事務衙門輯　清光緒刻本　十冊　存十三種

330000－1704－0011705　002855　史部/政書類/公牘檔冊之屬
浙江諮議局第二屆常年會議決案不分卷　(清)浙江諮議局輯　清宣統三年(1911)鉛印本　一冊

330000－1704－0011706　002815　史部/政書類/邦交之屬
學製編十卷　清康熙刻本　六冊　缺一卷(一)

330000－1704－0011707　002948　子部/叢編
子書百家　(清)崇文書局編　清光緒元年(1875)湖北崇文書局刻本　一冊　存三種

330000－1704－0011709　000319　子部/道家類
南華真經本義十六卷附録八卷　(明)陳治安撰　明崇禎五年(1632)存義堂刻清乾隆十六年(1751)重修、道光十五年(1835)紅蘭山房再重修本　十冊

330000－1704－0011710　002949　類叢部/叢書類/自著之屬
箋經室叢書三種　曹元忠撰輯　清光緒十九年至二十七年(1893－1901)曹氏箋經室刻本　一冊　存一種

330000－1704－0011711　000672　子部/術數類/相宅相墓之屬
新鐫徐氏家藏羅經頂門針二卷附鄙言一卷　(明)徐之鏌撰　清文華樓刻本　二冊

330000－1704－0011712　002816　史部/政書類/通制之屬
石渠餘紀六卷　(清)王慶雲撰　清光緒三十三年(1907)刻民國二十三年(1934)印本　王彥超、王世穎題記　六冊

330000－1704－0011713　002856　史部/政書類/公牘檔冊之屬
浙江諮議局建議案一卷　(清)浙江諮議局編　清宣統鉛印本　二冊

330000－1704－0011714　002817　史部/政書類/通制之屬
續修大清會典四卷　(清)托津等撰　清同治十一年(1872)湖北崇文書局刻本　四冊

330000－1704－0011715　002951　子部/兵家類/操練之屬
練兵實紀九卷雜集六卷　(明)戚繼光撰　清光緒二十一年(1895)上海醉經廔石印本　四冊

330000－1704－0011718　002789　史部/政

書類

九通 (清)□□輯 清光緒八年至二十二年(1882 – 1896)浙江書局刻本 一百六十册 存一種

330000 – 1704 – 0011719 002800 史部/職官類/官制之屬/專志

皇朝詞林典故六十四卷 (清)朱珪等撰 清光緒十三年(1887)刻本 十八册

330000 – 1704 – 0011720 000320 子部/道家類

莊子集解八卷 王先謙撰 清宣統元年(1909)思賢書局刻本 虞驄批並題記 三册

330000 – 1704 – 0011721 002801 史部/政書類/公牘檔册之屬

岡州公牘不分卷濂江公牘不分卷梅關公牘不分卷岡州再牘四卷高涼公牘一卷煎茶閒録一卷 (清)聶爾康撰 清同治六年(1867)粤東高涼官廨刻光緒五年(1879)續刻本 二册 存一卷(高涼公牘)

330000 – 1704 – 0011722 000321 子部/道家類

南華真經影史九卷 (清)周拱辰撰 清嘉慶八年(1803)檇李周氏聖雨齋刻本 四册

330000 – 1704 – 0011723 002858 史部/政書類/公牘檔册之屬

浙江諮議局第一屆常年會議事錄不分卷 (清)浙江諮議局編 清宣統鉛印本 二册

330000 – 1704 – 0011724 002766 史部/政書類

三通序不分卷 (清)吳巖輯 (清)康綸筠校 清光緒刻本 二册

330000 – 1704 – 0011725 002776 史部/政書類

九通 (清)□□輯 清光緒八年至二十二年(1882 – 1896)浙江書局刻本 一百二十册 存一種

330000 – 1704 – 0011726 002802 史部/政書類/邦計之屬/賦税

增修籌餉事例條款不分卷籌餉事例一卷增修現行常例一卷海防事例不分卷 清同治刻本 四册

330000 – 1704 – 0011727 000322 子部/叢編

二十二子(二十二子彙函) (清)浙江書局編 清光緒元年至三年(1875 – 1877)浙江書局刻本 四册 存一種

330000 – 1704 – 0011728 002952 類叢部/叢書類/彙編之屬

敏果齋七種 (清)許乃釗編 清道光十二年至二十九年(1832 – 1849)錢塘許氏刻彙印本 四册 存一種

330000 – 1704 – 0011729 002777 史部/政書類/通制之屬

西漢會要七十卷 (宋)徐天麟撰 清光緒五年(1879)嶺南學海堂刻本 八册

330000 – 1704 – 0011730 002859 史部/政書類/公牘檔册之屬

浙江諮議局脩正各種規則不分卷 (清)浙江諮議局編 清宣統鉛印本 一册

330000 – 1704 – 0011731 000323 子部/道家類

莊子集釋十卷 (清)郭慶藩撰 清光緒二十年(1894)思賢講舍刻本 八册

330000 – 1704 – 0011732 002778 史部/政書類/通制之屬

東漢會要四十卷 (宋)徐天麟撰 清光緒五年(1879)嶺南學海堂刻本 八册

330000 – 1704 – 0011733 002803 史部/政書類/律令之屬/律例

通行條例不分卷(光緒元年至十九年) 清光緒十四年(1888)江蘇書局刻十九年(1893)增刻本 四册

330000 – 1704 – 0011736 002926 史部/政書類/邦交之屬

中日通商行船條約續約一卷 清光緒刻本 一册

330000－1704－0011737　002953　類叢部/叢書類/彙編之屬
平津館叢書六集三十五種　(清)孫星衍編　清嘉慶蘭陵孫氏刻本　二冊　存一種

330000－1704－0011738　002860　史部/政書類/公牘檔冊之屬
浙江諮議局議員質問書一卷附巡撫諮詢事件一卷　(清)浙江諮議局編　清宣統鉛印本　三冊

330000－1704－0011739　002927　新學/商務
理財節畧一卷　(英國)戴樂爾撰　清光緒二十六年(1900)浙江書局刻本　一冊

330000－1704－0011740　002928　史部/政書類/邦交之屬
中美續議通商行船條約一卷　清光緒刻本　一冊

330000－1704－0011741　002861　史部/政書類/公牘檔冊之屬
浙江諮議局文牘第一編不分卷第二編不分卷第三編二卷　清宣統鉛印本　三冊　缺一卷(第三編二)

330000－1704－0011744　002804　集部/別集類/清別集
出山草譜八卷　(清)湯肇熙撰　清光緒十年(1884)昆陽縣署刻本　四冊　缺一卷(八)

330000－1704－0011745　002779　史部/政書類/通制之屬
東漢會要四十卷　(宋)徐天麟撰　清光緒五年(1879)嶺南學海堂刻本　十冊

330000－1704－0011747　002780　類叢部/叢書類/彙編之屬
武英殿聚珍版書一百三十八種　清乾隆四十二年(1777)福建刻道光至同治遞修光緒二十一年(1895)增刻本　十二冊　存一種

330000－1704－0011748　002862　史部/政書類/公牘檔冊之屬
浙江地方自治籌辦處文報不分卷　(清)浙江地方自治籌辦處編　清宣統鉛印本　一冊

330000－1704－0011750　002781　史部/政書類/通制之屬
東漢會要四十卷　(宋)徐天麟撰　清光緒十年(1884)江蘇書局刻本　八冊

330000－1704－0011751　002930　新學/商務/商學
財政四綱四卷　錢恂編　清光緒二十七年(1901)鉛印本　奇廎題記　二冊

330000－1704－0011752　002782　類叢部/叢書類/彙編之屬
武英殿聚珍版書一百三十八種　清乾隆四十二年(1777)福建刻道光至同治遞修光緒二十一年(1895)增刻本　三十二冊　存一種

330000－1704－0011755　002805　史部/政書類/律令之屬
借鐸一卷　(清)郭鍾岳編　清光緒二十三年(1897)刻本　一冊

330000－1704－0011758　002938　史部/政書類/邦計之屬/貿易
光緒二十二年通商各關華洋貿易總冊二卷　(清)上海通商海關造冊處譯　清光緒上海通商海關造冊處鉛印本　一冊

330000－1704－0011759　002784　史部/政書類/通制之屬
五代會要三十卷　(宋)王溥撰　清道光秀州王氏百華萬卷草堂木活字印本　十二冊

330000－1704－0011762　002939　史部/政書類/邦計之屬/貿易
宣統二年通商各關華洋貿易總冊一卷郵政事務一卷　(清)上海通商海關造冊處譯　清宣統三年(1911)上海通商海關造冊處鉛印本　一冊

330000－1704－0011763　002807　史部/政書類/公牘檔冊之屬
江蘇省例不分卷續編不分卷三編不分卷四編不分卷　清同治八年至光緒二十一年(1869－1895)江蘇書局刻本　五冊　缺二卷(三

編、四編)

330000－1704－0011769　002956　子部/兵家類

握機經傳六卷考異一卷　(宋)蔡沈撰　(明)□□增輯　清順治三年(1646)抄本　二冊　缺三卷(二至四)

330000－1704－0011771　002738　集部/別集類/清別集

胡文忠公遺集十卷首一卷　(清)胡林翼撰　(清)閻敬銘　(清)厲雲官　(清)盛康輯　清同治七年(1868)醉六堂刻本　四冊

330000－1704－0011773　002957　子部/叢編

子書百家　(清)崇文書局編　清光緒元年(1875)湖北崇文書局刻本　一冊　存二種

330000－1704－0011775　002739　類叢部/叢書類/自著之屬

李忠武公遺書五卷　(清)李續賓撰　清光緒十七年(1891)李光久甌江巡署刻本　四冊

330000－1704－0011777　002809　集部/別集類/清別集

從政錄四卷　(清)汪喜孫撰　清道光二十一年(1841)刻本　四冊

330000－1704－0011778　002818　集部/別集類/清別集

趙恭毅公賸藁八卷　(清)趙申喬撰　(清)趙侗斆編　清光緒十八年(1892)浙江書局刻本　四冊

330000－1704－0011779　002819　史部/政書類/公牘檔冊之屬

重印天台治略十卷　(清)戴兆佳撰　清光緒二十三年(1897)陳聚星木活字印本　四冊

330000－1704－0011780　002958　子部/兵家類/兵法之屬

孫吳司馬法八卷　(清)孫星衍輯　**武經集要一卷**　(清)徐亦訂　清光緒十五年(1889)浙江書局刻本　二冊

330000－1704－0011781　002820　子部/儒家類/儒學之屬

容山教事錄一卷　(清)張履撰　清道光十八年(1838)刻本　一冊

330000－1704－0011782　000673　經部/易類/圖說之屬

易學圖說會通八卷　(清)楊方達撰　清乾隆復初堂刻本　五冊

330000－1704－0011783　000674　經部/易類/傳說之屬

太史藍大宗師鑒定易學集成二卷　(明)彭文煒撰　古之琦校正　郜一仁編訂　清抄本　二冊

330000－1704－0011784　000675　子部/術數類/占卜之屬

五行雜占不分卷　清抄本　二冊

330000－1704－0011785　000676　子部/術數類/相宅相墓之屬

地理全書解不分卷　(明)張亙撰　(清)章攀桂解　清抄本　一冊

330000－1704－0011786　000677　經部/群經總義類

觀象授時十四卷　(清)秦蕙田撰　清抄本　五冊

330000－1704－0011787　000317　子部/宗教類/道教之屬/道藏

道藏輯要　(清)蔣予蒲輯　清嘉慶刻本　七冊　存一種

330000－1704－0011788　000678　子部/術數類/相宅相墓之屬

地理解釋不分卷　(清)顧滜注　稿本　一冊

330000－1704－0011789　000679　子部/術數類/相宅相墓之屬

地理正宗三卷　(清)顧滜輯　清道光稿本　一冊

330000－1704－0011792　000683　子部/術數類/相宅相墓之屬

重鐫官板地理天機會元三十五卷 （明）卜則巍撰 （明）顧乃德輯 （明）徐之鏌重編 清上海錦章圖書局石印本 十六册

330000－1704－0011793 002787 史部/職官類/官制之屬/專志
大唐六典三十卷 （唐）玄宗李隆基撰 （唐）李林甫等注 清掃葉山房刻本 四册

330000－1704－0011794 002788 史部/政書類/通制之屬
欽定大清會典一百卷 （清）崑岡等撰 清末石印本 三十六册

330000－1704－0011796 002740 史部/詔令奏議類/奏議之屬
岑襄勤公奏稿三十卷首一卷 （清）岑毓英撰 清光緒二十三年（1897）武昌督糧官署刻本 三十册 缺一卷（十）

330000－1704－0011798 002799 史部/職官類/官制之屬/專志
皇朝詞林典故六十四卷 （清）朱珪等撰 清光緒十三年（1887）刻本 三十三册

330000－1704－0011799 002821 集部/別集類/清別集
頤情館聞過集十二卷 （清）宗源瀚撰 清光緒三年（1877）上元宗源瀚刻本 八册

330000－1704－0011801 002741 集部/別集類/清別集
胡文忠公遺集八十六卷首一卷 （清）胡林翼撰 （清）鄭敦謹 （清）曾國荃輯 （清）胡鳳丹重編 清同治六年（1867）黄鶴樓刻本 三十一册 缺一卷（首）

330000－1704－0011802 002724 類叢部/叢書類/自著之屬
李文恭公遺集三種 （清）李星沅撰 清同治四年（1865）芋香山館刻本 二十四册 存一種

330000－1704－0011803 002742 集部/別集類/清別集
胡文忠公遺集八十六卷首一卷 （清）胡林翼撰 （清）鄭敦謹 （清）曾國荃輯 （清）胡鳳丹重編 清光緒元年（1875）湖北崇文書局刻本 三十二册

330000－1704－0011804 002822 史部/政書類/邦計之屬
兩浙宦游紀畧四種 （清）戴槼撰 清同治七年（1868）刻本 一册 存一種

330000－1704－0011810 002744 史部/詔令奏議類/奏議之屬
李肅毅伯奏議二十卷 （清）李鴻章撰 （清）章洪鈞 （清）吳汝綸輯 清光緒二十五年（1899）上海鴻文書局石印本 十二册 存十二卷（一至十二）

330000－1704－0011811 002726 類叢部/叢書類/自著之屬
林文忠公遺集四種 （清）林則徐撰 清光緒三山林氏刻本 十二册 存一種

330000－1704－0011812 002823 史部/政書類/邦計之屬
瑞安縣南米折價案一卷 （清）蔡慶恒等輯 清光緒十九年（1893）刻本 一册

330000－1704－0011813 002745 史部/詔令奏議類/奏議之屬
變法奏議叢鈔不分卷 （清）欣賞齋主人編 清光緒二十七年（1901）上海書局石印本 一册

330000－1704－0011814 002960 史部/政書類/軍政之屬/兵制
北洋海軍章程不分卷 （清）奕譞等撰 清光緒鉛印本 七册

330000－1704－0011815 002824 史部/雜史類/斷代之屬
樂清縣南米浮收控案一卷 （清）陳虬等輯 清光緒二十二年（1896）刻本 一册

330000－1704－0011816 002825 集部/別集類/清別集
出山草譜八卷 （清）湯肇熙撰 清光緒十年（1884）昆陽縣署刻本 四册

330000－1704－0011817　002727　史部/詔令奏議類/奏議之屬

林文忠公政書三十七卷蒐遺一卷　(清)林則徐撰　清光緒五年(1879)長洲黄氏刻本　一冊　缺三十七卷(林文忠公政書一至三十七)

330000－1704－0011818　002746　史部/詔令奏議類/奏議之屬

公車上書記一卷　康有為撰　清光緒二十一年(1895)上海石印書局石印本　一冊

330000－1704－0011819　002827　史部/政書類/邦計之屬

兩浙宦遊記畧不分卷　(清)戴槃撰　清同治刻本　一冊

330000－1704－0011820　000339　子部/道家類

莊子南華真經十卷　(晉)郭象注　清刻本　五冊

330000－1704－0011821　002728　史部/詔令奏議類/奏議之屬

曾文正公奏議十卷首一卷末一卷補編四卷　(清)曾國藩撰　(清)薛福成編　清同治十三年(1874)上海吳氏醉六堂刻本　十冊　缺四卷(補編一至四)

330000－1704－0011825　000342　類叢部/叢書類/彙編之屬

半畝園叢書三十種　(清)吳坤修編　清同治新建吳氏皖城刻本　四冊　存一種

330000－1704－0011828　002830　集部/別集類/清別集

李文忠公朋僚函稿二十四卷　(清)李鴻章撰　(清)吳汝綸輯　清光緒二十八年(1902)蓮池書社鉛印本　十冊　缺四卷(十三至十四、二十一至二十二)

330000－1704－0011830　002748　史部/詔令奏議類/奏議之屬

同治中興京外奏議約編八卷　(清)陳弢輯　清光緒元年(1875)刻本　四冊

330000－1704－0011831　002962　子部/兵家類/兵法之屬

孫子吳子司馬法合刻　(清)孫星衍輯　清羊城菊坡精舍刻本　一冊

330000－1704－0011832　000343　子部/宗教類/道教之屬

道經五種　(清)李明徹輯　清李明徹刻本　一冊　存二種

330000－1704－0011833　002731　類叢部/叢書類/自著之屬

左文襄公全集　(清)左宗棠撰　清光緒刻本　三冊　存一種

330000－1704－0011835　002749　史部/詔令奏議類/奏議之屬

江楚會奏變法摺三卷　(清)劉坤一　(清)張之洞撰　清光緒鉛印本　一冊

330000－1704－0011836　002732　史部/詔令奏議類/奏議之屬

丁文誠公奏稿二十六卷首一卷　(清)丁寶楨撰　(清)陳洵慶原編　(清)陳夔龍重輯　清光緒十九年(1893)平遠丁體常、丁體晉京師刻二十五年(1899)補刻本　二十八冊

330000－1704－0011837　002750　史部/詔令奏議類/奏議之屬

沈文肅公政書七卷首一卷　(清)沈葆楨撰　清光緒六年(1880)吳門節署刻本　十一冊

330000－1704－0011838　002963　類叢部/叢書類/彙編之屬

敏果齋七種　(清)許乃釗編　清道光十二年至二十九年(1832－1849)錢塘許氏刻彙印本　四冊　存一種

330000－1704－0011839　002730　史部/詔令奏議類/奏議之屬

駱文忠公奏議湘中稿十六卷　(清)駱秉章撰　清同治花縣駱氏刻光緒增刻本　十六冊

330000－1704－0011840　002964　子部/兵家類/兵法之屬

讀史兵略四十六卷　(清)胡林翼撰　清光緒元年(1875)湖北崇文書局刻本　十六冊

330000－1704－0011842　002831　史部/雜史類/斷代之屬

舌擊編五卷　(清)沈儲撰　清咸豐刻本　二冊　存二卷(一、四)

330000－1704－0011843　002965　子部/兵家類/兵法之屬

金湯借箸十二籌十二卷　(明)李盤等撰　清末刻本　八冊

330000－1704－0011845　002967　子部/術數類/占候之屬

雲氣占候二卷　(清)汪宗沂撰　清光緒桐廬袁氏漸西村舍刻本　一冊

330000－1704－0011846　002968　類叢部/叢書類/自著之屬

橘蔭軒全集七種　(清)陳錦撰　清光緒山陰陳氏橘蔭軒刻本　一冊　存一種

330000－1704－0011847　002734　類叢部/叢書類/自著之屬

曾惠敏公全集四種　(清)曾紀澤撰　清光緒上海石印本　三冊　存三種

330000－1704－0011849　002733　史部/詔令奏議類/奏議之屬

左恪靖侯奏稿初編三十八卷續編七十六卷三編六卷　(清)左宗棠撰　清光緒刻本　四十六冊　缺三十七卷(續編二十一至五十七)

330000－1704－0011850　002833　子部/雜著類/雜説之屬

東甌九説一卷　(清)溫忠翰輯　清光緒五年(1879)刻本　一冊

330000－1704－0011851　000344　子部/叢編

二十二子(二十二子彙函)　(清)浙江書局編　清光緒新化三味書局刻本　二冊　存一種

330000－1704－0011852　002733－1　史部/詔令奏議類/奏議之屬

左恪靖侯奏稿初編三十八卷續編七十六卷三編六卷　(清)左宗棠撰　清光緒刻本　三十三冊　缺六十二卷(初編一至三十八,續編十一至二十六、五十六至五十七,三編一至六)

330000－1704－0011853　002832　集部/別集類/清別集

童溫處公遺書六卷首一卷　(清)童兆蓉撰　清光緒寧鄉童氏杶陰書屋刻本　六冊

330000－1704－0011854　002753　類叢部/叢書類/自著之屬

潘文勤公雜著六種附一種　(清)潘祖蔭撰　清吳縣潘氏刻本　一冊　存一種

330000－1704－0011855　000346　子部/叢編

二十二子(二十二子彙函)　(清)浙江書局編　清光緒元年至三年(1875－1877)浙江書局刻本　二冊　存一種

330000－1704－0011856　002735　史部/詔令奏議類/奏議之屬

彭剛直公奏稿八卷　(清)彭玉麟撰　(清)俞樾輯　清末鉛印本　四冊

330000－1704－0011857　002754　史部/詔令奏議類/奏議之屬

江楚會奏變法摺三卷　(清)劉坤一　(清)張之洞撰　清光緒二十七年(1901)兩湖書院刻朱印本　一冊

330000－1704－0011858　002834　史部/政書類/公牘檔冊之屬

證學編十卷附錄一卷　(清)額勒精額撰　清光緒二十年(1894)廣東臬署刻本　二冊

330000－1704－0011859　002736　集部/別集類/清別集

劉武慎公遺書二十五卷　(清)劉長佑撰　清光緒二十六年(1900)刻本　六冊　存六卷(一至六)

330000－1704－0011861　002755　史部/詔令奏議類/奏議之屬

奏議初編十二卷　(清)張之洞撰　(清)仰止廬主輯　清光緒二十七年(1901)上海圖書集成印書局鉛印本　六冊

330000－1704－0011863　002835　類叢部/叢書類/自著之屬

曾文正公全集十六種　(清)曾國藩撰　清同治至光緒傳忠書局刻本　楊悌題記　六冊　存一種

330000－1704－0011864　000347　子部/雜著類/雜說之屬

墨子經說解二卷　(清)張惠言撰　清宣統元年(1909)國學保存會據手稿本影印本　一冊

330000－1704－0011865　002756　史部/政書類/儀制之屬/典禮

盛京典制備考八卷首一卷　(清)崇厚編　清光緒四年(1878)刻本　一冊　缺七卷(二至八)

330000－1704－0011866　002836　史部/政書類/律令之屬

治浙成規八卷　清道光刻本　八冊

330000－1704－0011867　000348　子部/叢編

二十二子(二十二子彙函)　(清)浙江書局編　清光緒新化三味書局刻本　四冊　存一種

330000－1704－0011869　000349　子部/叢編

二十二子(二十二子彙函)　(清)浙江書局編　清光緒元年至三年(1875－1877)浙江書局刻本　四冊　存一種

330000－1704－0011871　000685　子部/術數類/相宅相墓之屬

嚴陵張九儀增釋地理琢玉斧巒頭歌括四卷　(明)徐之鏌　(清)張鳳藻增釋　清末民國上海掃葉山房石印本　四冊

330000－1704－0011873　000350　子部/雜著類/雜說之屬

墨子閒詁十五卷目錄一卷附錄一卷後語二卷　(清)孫詒讓撰　清光緒三十三年(1907)瑞安孫氏刻本　八冊

330000－1704－0011874　000686　子部/術數類/相宅相墓之屬

嚴陵張九儀地理穿山透地真傳不分卷　(清)張鳳藻撰　清刻本　蓬島子題簽　二冊

330000－1704－0011876　002722　史部/詔令奏議類/奏議之屬

三公奏議　盛宣懷編　清光緒二年(1876)思補樓木活字印本　十八冊　缺三卷(曾文正公奏議一、七至八)

330000－1704－0011879　002723　史部/詔令奏議類/奏議之屬

船政奏議彙編五十四卷　(清)左宗棠等撰　清光緒十四年(1888)刻本　八冊　存四十二卷(一至四十二)

330000－1704－0011881　002837　史部/政書類/軍政之屬/兵制

荊州駐防毆官塞署案牘一卷續刻一卷　(清)劉秉彝撰　清光緒刻本　清彭□□題記　一冊

330000－1704－0011882　002721　史部/詔令奏議類/奏議之屬

皇清奏議六十八卷首一卷　題(清)琴川居士編　清刻本　六十四冊

330000－1704－0011883　002969　子部/兵家類/兵法之屬

金湯借箸十二籌十二卷　(明)李盤等撰　清抄本　十冊

330000－1704－0011884　002761　史部/詔令奏議類/奏議之屬

黃潄蘭先生奏稿一卷　(清)黃體芳撰　清末抄本　一冊

330000－1704－0011892　002970　類叢部/叢書類/彙編之屬

敏果齋七種　(清)許乃釗編　清道光十二年至二十九年(1832－1849)錢塘許氏刻彙印本　一冊　存一種

330000－1704－0011893　002716　史部/雜史類/斷代之屬

經畧洪承疇奏對筆記二卷　(清)洪承疇撰　清刻本　一冊

330000－1704－0011896　002971　子部/兵家類/兵法之屬

孫子十家註十三卷　(漢)曹操等撰　**敘錄一卷**　(清)畢以珣撰　**遺説一卷**　(宋)鄭友賢撰　清咸豐五年(1855)淡香齋木活字印本　六册

330000－1704－0011900　002972　新學/兵制/陸軍

奏定陸軍行營禮節一卷　(清)奕劻等撰　清光緒刻本　一册

330000－1704－0011901　002973　新學/學校

日本陸軍大學校論略一卷　(日本)東條英教口述　(日本)川島浪速譯　清光緒二十四年(1898)浙江書局刻本　一册

330000－1704－0011905　002975　子部/兵家類/兵法之屬

兵法史略學二卷　陳慶年編　清光緒二十五年(1899)兩湖書院正學堂刻朱印本　二册

330000－1704－0011906　002718　史部/詔令奏議類/奏議之屬

硃批田文鏡奏摺二卷　(清)田文鏡撰　(清)世宗胤禛批　清抄本　張檲題簽　二册

330000－1704－0011909　002719　史部/詔令奏議類/奏議之屬

徐錕奏稿一卷　(清)徐錕撰　清抄本　一册

330000－1704－0011911　002720　史部/詔令奏議類/奏議之屬

龔端毅公奏疏八卷附一卷　(清)龔鼎孳撰　清光緒九年(1883)龔氏聽彝書屋刻本　四册

330000－1704－0011912　000359　子部/雜著類/雜説之屬

墨子經説解二卷　(清)張惠言撰　清宣統元年(1909)國學保存會據手稿本影印本　一册

330000－1704－0011913　002689　史部/詔令奏議類/詔令之屬

諭摺彙存不分卷(光緒十九年至二十年、二十四年至二十五年)　清光緒鉛印本　八十七册

330000－1704－0011914　002840　史部/政書類/公牘檔册之屬

浙江諮議局籌辦處報告甲編一卷乙編二卷補遺一卷　清光緒至宣統鉛印本　三册　缺一卷(補遺)

330000－1704－0011916　002977　史部/政書類/軍政之屬/兵制

歷代兵制八卷　(宋)陳傅良撰　清道光二十九年(1849)静觀堂刻本　二册

330000－1704－0011917　002704　集部/總集類/郡邑之屬

廬陽三賢集　(清)張樹聲編　清光緒元年(1875)合肥張氏毓秀堂刻本　三册　存一種

330000－1704－0011920　002705　史部/詔令奏議類/奏議之屬

孝肅包公奏議十卷　(宋)包拯撰　(清)張純修輯　清同治九年(1870)四明包芳國天禄閣刻本　二册

330000－1704－0011924　002980　史部/政書類/軍政之屬/兵制

皇朝兵制考略六卷　(清)翁同爵撰　清咸豐十一年(1861)刻本　一册

330000－1704－0011925　002690　史部/詔令奏議類/詔令之屬

硃批諭旨不分卷　(清)鄂爾泰等輯　清乾隆三年(1738)内府活字朱墨套印本　七十五册

330000－1704－0011929　002981　子部/兵家類/兵法之屬

神機火攻秘訣不分卷附素書　(清)來講纂輯　清抄本　四册

330000－1704－0011930　002982　子部/兵家類/兵法之屬

神機制敵陣圖秘法天書白猿經三卷　清抄本　三册

330000－1704－0011932　002691　史部/詔令奏議類/詔令之屬

内閣撰擬文字二卷　(清)鮑康輯　清同治七年(1868)刻本　二册

330000－1704－0011933　002983　子部/兵家類/兵法之屬
洴澼百金方十四卷首一卷　(清)袁宫桂撰　清道光二十年(1840)陳階平刻本　十二册

330000－1704－0011934　002692　史部/詔令奏議類/詔令之屬
上諭内閣一百五十九卷　(清)允禄等輯　(清)弘晝等續輯　清光緒二十一年(1895)浙江官書局刻本　三十二册

330000－1704－0011935　002706　史部/詔令奏議類/奏議之屬
明胡端敏公奏議十卷　(明)胡世寧撰　**胡端敏公奏議校勘記十卷**　(清)孫樹禮　孫峻撰　清光緒十九年(1893)浙江書局刻本　四册

330000－1704－0011936　000365　子部/雜著類/雜説之屬
墨商三卷補遺一卷　王景羲撰　清宣統二年(1910)刻本　二册

330000－1704－0011938　000366　子部/叢編
二十二子(二十二子彙函)　(清)浙江書局編　清光緒元年至三年(1875－1877)浙江書局刻本　一册　存一種

330000－1704－0011940　002708　集部/别集類/明别集
左忠毅公集二卷　(明)左光斗撰　清道光十八年(1838)刻本　一册

330000－1704－0011942　002693　史部/詔令奏議類/奏議之屬
歷代名臣奏議三百二十卷　(明)黄淮　(明)楊士奇等輯　(清)張溥删正　明崇禎刻本　七十一册　缺三十四卷(二十八至六十一)

330000－1704－0011946　002709　集部/别集類/明别集
吴繼疎先生遺集十三卷首一卷　(明)吴仁度撰　清乾隆吴綱刻本　六册

330000－1704－0011948　002643　史部/政書類/儀制之屬/典禮
欽定臺規四十二卷　(清)延煦等修　清光緒十八年(1892)都察院刻本　二十四册

330000－1704－0011949　002985　子部/兵家類/兵法之屬
唐荆川先生纂輯武前編六卷武後編六卷　(明)唐順之編　清木活字印本　十册

330000－1704－0011950　002694　集部/别集類/唐五代别集
唐陸宣公集二十二卷　(唐)陸贄撰　清光緒二十年(1894)上海書局石印本　四册

330000－1704－0011951　002710　史部/詔令奏議類/奏議之屬
宋二孫先生奏議事略二卷　(清)王敬之等輯　清道光二十五年(1845)高郵王氏刻本　二册

330000－1704－0011952　002644　史部/政書類/律令之屬/律例
欽定吏部文選司章程三十二卷　(清)吏部編　清同治十二年(1873)刻本　十一册　缺三卷(二十七至二十九)

330000－1704－0011953　002695　集部/别集類/唐五代别集
唐陸宣公集二十二卷　(唐)陸贄撰　清道光四年(1824)陸氏刻本　四册

330000－1704－0011955　002986　新學/兵制
武備新書十種　(清)廖壽豐輯　清光緒二十三年(1897)浙江書局刻本　五册

330000－1704－0011957　002696　集部/别集類/唐五代别集
唐陸宣公集二十二卷首一卷增輯一卷附録一卷　(唐)陸贄撰　清光緒二年(1876)江蘇書局刻本　六册

330000－1704－0011958　000687　子部/術數類/相宅相墓之屬
新鐫徐氏家藏羅經頂門針二卷　(明)徐之鏌

撰　清末上海廣益書局石印本　二册

330000－1704－0011959　002645　史部/政書類
吏部例章揭要六卷　(清)牟嗣龍等輯　清光緒元年(1875)湖北藩署刻本　六册

330000－1704－0011960　002697　集部/别集類/唐五代别集
唐陸宣公集二十二卷　(唐)陸贄撰　清同治五年(1866)楊氏問竹軒家塾刻本　四册

330000－1704－0011962　002698　史部/詔令奏議類/奏議之屬
陸宣公奏議四卷　(唐)陸贄撰　**陸宣公年譜輯略一卷**　(清)江榕輯　清乾隆刻本　四册

330000－1704－0011963　002987　子部/兵家類/兵法之屬
兵學新書十六卷　(清)徐建寅輯　清光緒刻本　六册　缺四卷(五至六、十五至十六)

330000－1704－0011964　002711　史部/詔令奏議類/奏議之屬
諫垣奏議一卷　(明)李維樾撰　清抄本　一册

330000－1704－0011965　002808　集部/别集類/清别集
棣懷堂隨筆十一卷首一卷末一卷　(清)李象鵾撰　清同治十三年(1874)李氏刻本　六册　缺二卷(首、一)

330000－1704－0011966　002988　史部/政書類/軍政之屬/邊政
籌海圖編十三卷　(明)鄭若曾撰　明天啓四年(1624)胡維極刻本　六册

330000－1704－0011967　002989　類叢部/叢書類/彙編之屬
敏果齋七種　(清)許乃釗編　清道光十二年至二十九年(1832－1849)錢塘許氏刻彙印本　二册　存一種

330000－1704－0011975　002714　史部/詔令奏議類/奏議之屬
那文毅公奏議八十卷　(清)那彦成撰　(清)那容安輯　清道光十四年(1834)刻本　四十二册

330000－1704－0011979　002552　史部/政書類/儀制之屬/專志/科舉校規
湖南時務學堂問答第一集一卷　湖南時務學堂輯　清末民國初抄本　一册

330000－1704－0011983　000692　子部/術數類/相宅相墓之屬
陽宅愛眾篇四卷　(清)張覺正撰　清光緒十六年(1890)掃葉山房刻本　四册

330000－1704－0011985　002554　子部/法家類
韓非子集解二十卷首一卷　(清)王先慎撰　清光緒上海掃葉山房石印本　六册

330000－1704－0011987　002555　類叢部/叢書類/自著之屬
起聖齋叢書　尹桐陽撰　清光緒至民國鉛印本　三册　存一種

330000－1704－0011989　000369　類叢部/叢書類/彙編之屬
石研齋校刻書七種　(清)秦恩復編　清嘉慶至道光秦氏石研齋刻本　一册　存一種

330000－1704－0011990　002556　子部/叢編
二十二子(二十二子彙函)　(清)浙江書局編　清光緒新化三味書局刻本　六册　存一種

330000－1704－0011991　002524　史部/政書類/邦交之屬
各國約章纂要六卷首一卷附錄一卷　勞乃宣等輯　清光緒十八年(1892)上海圖書集成印書局鉛印本　符璋批　一册

330000－1704－0011992　002557　子部/叢編
二十二子(二十二子彙函)　(清)浙江書局編　清光緒元年至三年(1875－1877)浙江書局刻本　六册　存一種

330000－1704－0011993　002699　史部/詔令奏議類/奏議之屬
唐陸宣公奏議讀本四卷首一卷　(唐)陸贄撰　(清)汪銘謙輯　(清)馬傳庚評點　清光緒二十六年(1900)會稽馬家鼎石印本　二册

330000－1704－0011996　002525　史部/政書類/邦交之屬
英國續議通商行船條約一卷　清光緒刻本　一册

330000－1704－0011998　002700　史部/詔令奏議類/奏議之屬
註陸宣公奏議十五卷首一卷　(唐)陸贄撰　(宋)郎曄註　清光緒七年(1881)歸安姚氏咫進齋刻本　四册

330000－1704－0011999　002559　子部/法家類
韓非子集解二十卷首一卷　(清)王先慎撰　清光緒二十二年(1896)刻本　六册

330000－1704－0012000　002526　史部/政書類/邦計之屬/貿易
韓國條約一卷　清光緒二十五年(1899)刻本　一册

330000－1704－0012002　000693　子部/術數類/相宅相墓之屬
水龍經五卷　(清)蔣平階輯　清咸豐五年(1855)上海刻本　四册

330000－1704－0012003　000694　子部/術數類/相宅相墓之屬
曹安峯地理原本說四卷　(清)曹家甲撰　清刻本　一册

330000－1704－0012005　000695　子部/術數類/相宅相墓之屬
仁孝必讀六卷　(清)周梅梁輯　清光緒三年(1877)刻本　四册

330000－1704－0012006　000696　子部/術數類/相宅相墓之屬
地理大全一集形勢真訣三十卷二集理氣秘旨二十五卷　(明)李國木輯　清刻本　十册

330000－1704－0012007　002701　史部/詔令奏議類/奏議之屬
註陸宣公奏議十五卷制誥十卷別集一卷表一卷附校記二十五卷　(唐)陸贄撰　(宋)郎曄註　**附錄一卷年譜輯畧一卷**　(清)江榕撰　清光緒十一年(1885)刻十二年(1886)增刻本　四册

330000－1704－0012008　002560　子部/叢編
十子全書　(清)王子興編　清嘉慶九年(1804)姑蘇王氏聚文堂刻本　三册　存一種

330000－1704－0012009　000697　子部/術數類/命書相書之屬
七政四餘命學不分卷　(清)項方蒨撰　清宣統元年(1909)瑞安項氏刻本　一册

330000－1704－0012010　002527　史部/政書類/邦交之屬
中俄約章會要三卷續編一卷　清光緒鉛印本　二册

330000－1704－0012011　000373　類叢部/叢書類/自著之屬
陶廬叢刻二十種　王樹枏撰　清光緒至民國新城王氏刻本　一册　存一種

330000－1704－0012012　002702　集部/別集類/唐五代別集
唐陸宣公集二十二卷　(唐)陸贄撰　清刻本　二册　存九卷(十一至十九)

330000－1704－0012013　002531　新學/政治法律/律例
各國條約不分卷　(清)總理衙門編　清光緒二十五年(1899)思賢局刻本　一册

330000－1704－0012014　002646　史部/政書類/軍政之屬/兵制
欽定中樞政考十六卷　清乾隆刻本　九册　缺一卷(一)

330000－1704－0012016　002703　集部/別集類/唐五代別集
唐陸宣公集二十二卷　(唐)陸贄撰　清雍正

元年(1723)年龔堯刻本　三冊　存十三卷(一至十三)

330000－1704－0012018　002872　史部/政書類/通制之屬
國朝館選爵里謚法考六卷　(清)吳鼎雯輯(清)勞崇光等續輯　清道光二十八年(1848)刻本　四冊

330000－1704－0012019　002647　史部/職官類/官箴之屬
牧令書二十三卷保甲書四卷　(清)徐棟輯　清同治四年(1865)成都刻本　二十冊

330000－1704－0012020　000374　子部/雜著類/雜說之屬
墨子閒詁十五卷目錄一卷附錄一卷後語二卷　(清)孫詒讓撰　清光緒二十一年(1895)蘇州毛上珍木活字印本　八冊

330000－1704－0012021　002561　子部/法家類
管韓合刻四十四卷　(明)趙用賢編　明萬曆十年(1582)趙用賢刻本　二冊　存一種

330000－1704－0012022　002620　經部/三禮總義類
确山所著書二種　(清)宋世犖撰　清光緒六年(1880)津門徐士鑾補刻印本　一冊　存一種

330000－1704－0012023　002533　史部/政書類/邦交之屬
各國關於中國所訂協約一卷　清宣統三年(1911)鉛印本　一冊

330000－1704－0012025　002562　子部/雜著類/雜說之屬
盛世危言十四卷　(清)鄭觀應輯撰　清光緒二十三年(1897)上海實事求是齋石印本　七冊　缺二卷(十二至十三)

330000－1704－0012026　000375　類叢部/叢書類/彙編之屬
經訓堂叢書二十一種　(清)畢沅編　清乾隆至嘉慶鎮洋畢氏刻本　二冊　存一種

330000－1704－0012028　002621　經部/周禮類/文字音義之屬
周官故書攷四卷　(清)徐養原撰　清道光二年(1822)刻本　一冊

330000－1704－0012029　002563　子部/雜著類/雜說之屬
危言四卷　湯震撰　清光緒二十二年(1896)上海圖書集成印書局鉛印本　一冊

330000－1704－0012030　002648　史部/職官類/官箴之屬
為政忠告四卷　(元)張養浩撰　清光緒三十二年(1906)騸山顧氏石印本　一冊

330000－1704－0012031　002873　史部/政書類/儀制之屬/專志/謚法
皇朝謚彙攷五卷　(清)劉長華撰　清光緒元年(1875)槐雲閣刻本　一冊

330000－1704－0012032　002564　史部/政書類
管刻洋務抉要易言二卷　(清)杞憂生撰　清光緒十三年(1887)管可籌齋刻本　二冊

330000－1704－0012033　002565　史部/政書類
校邠廬抗議二卷　(清)馮桂芬撰　清光緒十一年(1885)弢園老民木活字印本　一冊

330000－1704－0012034　002624　經部/周禮類/傳說之屬
禮說十四卷大學說一卷　(清)惠士奇撰　清嘉慶二年(1797)上海彭霖蘭陔書屋刻本　六冊

330000－1704－0012035　002664　史部/職官類/官箴之屬
圖民錄四卷　(清)袁守定撰　清道光袁氏刻本　二冊

330000－1704－0012036　000376　子部/叢編
子書百家　(清)崇文書局編　清光緒元年(1875)湖北崇文書局刻本　一冊　存一種

330000－1704－0012037　002649　史部/政書類/律令之屬/律例

江西課吏館章程一卷　(清)江西課吏館撰　清光緒刻本　一册

330000－1704－0012038　002566　子部/雜著類/雜説之屬

中國腦二卷　寅半生輯　清光緒二十八年(1902)杭州味新學社刻本　一册　存一卷(下)

330000－1704－0012039　002874　史部/政書類/邦計之屬

是訓堂完糧簿不分卷　張棡撰　稿本　一册

330000－1704－0012040　002541　類叢部/叢書類/自著之屬

抗希堂十六種　(清)方苞撰　清康熙至嘉慶刻彙印本　四册　存一種

330000－1704－0012041　002650　史部/職官類/官箴之屬

實政録七卷　(明)吕坤撰　清同治十一年(1872)浙江書局刻本　六册

330000－1704－0012043　002665　史部/傳記類/總傳之屬

興文紀事不分卷　清道光刻本　一册

330000－1704－0012044　002542　子部/法家類

管子義證八卷　(清)洪頤煊撰　清嘉慶二十四年(1819)刻本　二册

330000－1704－0012045　002666　史部/政書類/儀制之屬/專志/科舉校規

武場條例八卷首一卷　(清)兵部纂　清同治刻本　二册

330000－1704－0012046　000378　子部/叢編

二十二子(二十二子彙函)　(清)浙江書局編　清光緒元年至三年(1875－1877)浙江書局刻本　六册　存一種

330000－1704－0012047　002667　子部/儒家類/儒學之屬

袁易齋先生圖民録四卷　(清)袁守定撰　清同治十二年(1873)湘鄉楊昌濬刻本　二册

330000－1704－0012048　000379　子部/叢編

二十二子(二十二子彙函)　(清)浙江書局編　清光緒新化三味書局刻本　六册　存一種

330000－1704－0012049　002668　史部/叢編

入幕須知五種附一種　(清)張廷驤輯　清光緒十八年(1892)浙江書局刻本　六册

330000－1704－0012051　002543　子部/叢編

十子全書　(清)王子興編　清嘉慶九年(1804)姑蘇王氏聚文堂刻本　八册　存一種

330000－1704－0012053　002626　史部/職官類/官制之屬

漢官儀三卷　(宋)劉攽撰　清光緒揚州穆西堂刻本　一册

330000－1704－0012056　002653　史部/職官類/官箴之屬

從政遺規四卷　(清)陳弘謀撰　清道光十年(1830)培遠堂刻本　二册

330000－1704－0012057　002669　史部/政書類

賓興事例不分卷　(清)楊世環輯　清光緒二十年(1894)刻本　一册

330000－1704－0012058　000382　類叢部/叢書類/彙編之屬

式訓堂叢書四十一種　(清)章壽康編　清光緒會稽章氏刻本　一册　存一種

330000－1704－0012059　002670　史部/政書類

國朝右文掌録一卷　(清)宗源瀚撰　清光緒十四年(1888)刻本　一册

330000－1704－0012061　002627　類叢部/叢書類/自著之屬

湘綺樓全書 王闓運撰 清光緒至宣統刻本 六冊 存一種

330000－1704－0012062 002569 子部/雜著類/雜說之屬
崇實齋初編不分卷 (清)陸鍾渭等撰 清末刻本 一冊

330000－1704－0012063 002654 集部/別集類/清別集
培遠堂手札節存三卷 (清)陳弘謀撰 清同治三年(1864)射雕山館刻本 一冊

330000－1704－0012064 002570 子部/儒家類/儒學之屬/經濟
明夷待訪錄一卷 (清)黄宗羲撰 清刻本 一冊

330000－1704－0012065 002544 子部/法家類
管子二十四卷 (唐)房玄齡注 明末刻本 四冊

330000－1704－0012066 002671 史部/政書類/公牘檔冊之屬
趙氏宗祠經費章程三卷 (清)趙洵編 清瑞安項氏水心亭抄本 一冊

330000－1704－0012067 002545 子部/法家類
管子校正二十四卷 (清)戴望撰 清同治十一年(1872)劉履芬刻本 四冊

330000－1704－0012068 002655 集部/別集類/清別集
培遠堂手札節存三卷 (清)陳弘謀撰 清光緒五年(1879)任道鎔刻本 一冊

330000－1704－0012069 002571 新學/議論/通論
國朝洋務新論二卷 清光緒十二年(1886)寄月軒主刻本 一冊

330000－1704－0012071 002546 子部/法家類
管子二十四卷 (唐)房玄齡注 清光緒五年(1879)影宋刻本 四冊

330000－1704－0012072 002628 經部/周禮類/傳說之屬
周禮疑義舉要八卷 (清)江永撰 **儀禮釋宫一卷** (清)江永增註 清乾隆閩中許作屏刻本 二冊

330000－1704－0012074 002573 史部/史評類/史論之屬
策問集要一卷 清末抄本 一冊

330000－1704－0012075 002629 經部/周禮類/傳說之屬
周官精義十二卷 (清)連斗山輯 清乾隆四十一年(1776)安徽官署刻本 四冊 存九卷(一至九)

330000－1704－0012076 002672 史部/傳記類/科舉録之屬/歷科登科録
欽定朝考卷不分卷 (清)吳樹梅等撰 清石印本 一冊

330000－1704－0012077 002547 史部/政書類/邦交之屬
約章成案匯覽甲篇十卷乙篇四十二卷 (清)北洋洋務局輯 清光緒石印本 十六冊 存二十二卷(乙十二至二十五、二十八至三十四、三十八)

330000－1704－0012078 002656 集部/別集類/清別集
培遠堂手札節存三卷 (清)陳弘謀撰 清光緒十七年(1891)閩藩署刻本 一冊

330000－1704－0012079 002673 史部/職官類/官箴之屬
牧令書四種 (清)□□輯 清同治湖北崇文書局刻本 二冊 存一種

330000－1704－0012080 002630 經部/周禮類/傳說之屬
周禮補注六卷 (清)呂飛鵬撰 清道光二十九年(1849)旌德呂氏立誠軒刻本 二冊 缺二卷(四至五)

330000－1704－0012081　002674　史部/職官類/官箴之屬
劉簾舫先生吏治三書六卷　(清)劉衡撰　清同治七年(1868)江蘇書局刻本　一册

330000－1704－0012083　002657　集部/別集類/清別集
培遠堂手札節存三卷　(清)陳弘謀撰　清光緒二十五年(1899)浙江官書局刻朱墨套印本　三册

330000－1704－0012084　002658　子部/儒家類/儒學之屬/禮教
五種遺規摘鈔　(清)陳弘謀輯並撰　(清)劉肇紳摘抄　清同治七年(1868)楚北崇文書局刻本　三册　存二種

330000－1704－0012085　002876　史部/政書類/儀制之屬/典禮
大清通禮五十四卷　(清)來保等纂修　(清)穆克登額等續纂　清刻本　十二册

330000－1704－0012086　002631　經部/周禮類/傳說之屬
周禮述註二十四卷　(清)李光坡撰　清光緒三年(1877)刻本　四册

330000－1704－0012087　006089　經部/小學類/文字之屬/說文
說文引經攷二卷補遺一卷　(清)吳玉搢撰　清道光元年(1821)儀徵程贊詠刻本　一册

330000－1704－0012089　002675　類叢部/叢書類/自著之屬
練青軒類稿□□種　(清)沈儷崑編　清光緒刻本　一册　存一種

330000－1704－0012090　002676　類叢部/叢書類/自著之屬
汪龍莊先生遺書四種　(清)汪輝祖撰　清光緒八年至十二年(1882－1886)山東書局刻本　一册　存一種

330000－1704－0012091　002878　史部/政書類/通制之屬
五大洲政治通考四十八卷　題急先務齋主人等編　清光緒二十七年(1901)石印本　十二册

330000－1704－0012093　002632　經部/周禮類/傳說之屬
王昭禹周禮詳解四十卷　(宋)王昭禹撰　清瑞安孫氏玉海樓抄本　清孫氏題記　清孫詒讓校　二十册

330000－1704－0012095　002661　史部/政書類/律令之屬/律例
欽定吏部處分章程三十三卷　清同治刻本　四册

330000－1704－0012096　002567　類叢部/叢書類/郡邑之屬
敬鄉樓叢書三十八種　黄羣編　清光緒二十三年(1897)鉛印本　一册　存一種

330000－1704－0012097　002460　經部/叢編
御纂七經二百八十卷首十一卷序三卷　(清)李光地等撰　清同治刻本　三十二册　存一種

330000－1704－0012099　000385　子部/叢編
二十二子(二十二子彙函)　(清)浙江書局編　清光緒新化三昧書局刻本　二册　存一種

330000－1704－0012100　002574　新學/雜著/叢編
學務通議甲篇二卷　(清)顧福堂撰　清光緒三十二年(1906)石印本　一册

330000－1704－0012101　002677　子部/儒家類/儒學之屬
訓士約言一卷　(清)徐樹銘撰　清同治刻本　一册

330000－1704－0012102　002551　史部/政書類/邦計之屬/營田
井田圖攷二卷　(清)朱克己撰　清光緒十六年(1890)山東書局刻本　二册

330000－1704－0012103　002679　史部/傳

記類/科舉録之屬

欽定殿試策不分卷 清光緒石印本 二册

330000－1704－0012104 002678 史部/傳記類/科舉録之屬/諸貢録

乾隆三十一年永嘉縣造報貢監生名册稿一卷 清抄本 梅冷生題記 一册

330000－1704－0012105 000386 子部/叢編

二十二子(二十二子彙函) (清)浙江書局編 清光緒元年至三年(1875－1877)浙江書局刻本 二册 存一種

330000－1704－0012106 002575 子部/儒家類/儒學之屬/經濟

明夷待訪録一卷 (清)黄宗羲撰 清末達成書局刻本 一册

330000－1704－0012107 002576 集部/别集類/宋别集

永嘉文選四卷首一卷 (宋)陳傅良撰 清光緒九年(1883)刻本 四册

330000－1704－0012109 000388 子部/叢編

子書百家 (清)崇文書局編 清光緒元年(1875)湖北崇文書局刻民國元年(1912)鄂官書處印本 一册 存一種

330000－1704－0012110 002481 經部/三禮總義類/通禮雜禮之屬

五禮通考二百六十二卷首四卷總目二卷 (清)秦蕙田撰 清乾隆味經窩刻本 七十一册 存二百三十五卷(一至二十九、三十五至一百三、一百七至一百十、一百十五至一百六十五、一百七十三至一百八十五、一百九十六至二百六十二,首三至四)

330000－1704－0012111 000390 子部/叢編

子書百家 (清)崇文書局編 清光緒元年(1875)湖北崇文書局刻本 一册 存一種

330000－1704－0012113 002579 史部/政書類

校邠廬抗議二卷 (清)馮桂芬撰 清光緒十八年(1892)敏德堂潘氏刻本 二册

330000－1704－0012114 000391 子部/儒家類/儒學之屬/經濟

賈子次詁十六卷 (清)王耕心撰 清光緒二十九年(1903)正定王氏刻本 二册

330000－1704－0012115 002578 史部/政書類

校邠廬抗議一卷 (清)馮桂芬撰 清抄本 一册

330000－1704－0012117 002580 史部/政書類

校邠廬抗議二卷 (清)馮桂芬撰 清光緒二十三年(1897)聚豐坊刻本 二册

330000－1704－0012118 002581 類叢部/叢書類/彙編之屬

津河廣仁堂叢書八十四種 (清)□□編 清光緒津河廣仁堂刻本 二册 存一種

330000－1704－0012119 002482 經部/三禮總義類/通禮雜禮之屬

禮書綱目八十五卷首三卷 (清)江永編 清嘉慶十五年(1810)婺源俞氏刻本 二十四册

330000－1704－0012120 002582 子部/雜著類/雜説之屬

采真子衡論不分卷 (清)畢華珍撰 清刻本 一册

330000－1704－0012121 002683 子部/雜著類/雜説之屬

中國魂二卷 梁啓超編 清光緒二十九年(1903)上海廣智書局鉛印本 一册

330000－1704－0012122 000389 子部/儒家類/儒學之屬

孔叢子三卷 (漢)孔鮒撰 清刻本 二册

330000－1704－0012123 002662 史部/職官類/官制之屬/專志

銓選滿洲則例一卷銓選漢則例一卷滿洲品級考一卷漢官品級考五卷 清刻本 四册

330000－1704－0012124　002583　新學/議論/通論

羣學肄言不分卷　(英國)斯賓塞爾撰　嚴復譯　清光緒二十九年(1903)上海文明編譯書局鉛印本　八冊

330000－1704－0012125　000387　子部/儒家類/儒學之屬

孔叢二卷　(漢)孔鮒撰　清刻本　一冊

330000－1704－0012127　002483　經部/三禮總義類/通禮雜禮之屬

文公家禮儀節八卷　(明)丘濬撰　清善成堂刻本　四冊

330000－1704－0012128　000392　子部/叢編

二十五子彙函　(清)鴻文書局編　清光緒十九年(1893)上海鴻文書局石印本　一冊　存一種

330000－1704－0012129　002685　史部/政書類/儀制之屬/專志/科舉校規

欽定學政全書八十六卷首一卷　(清)童璜等撰　清刻本　二十八冊　缺一卷(四十五)

330000－1704－0012130　002461　經部/禮記類/傳說之屬

禮記集說十卷　(元)陳澔撰　清京都慎詒堂刻本　十冊

330000－1704－0012131　002634　經部/周禮類/傳說之屬

周禮六卷　(漢)鄭玄注　(唐)陸德明音義　清同治十三年(1874)湖南尊經閣刻本　六冊

330000－1704－0012132　002484　經部/三禮總義類/通禮雜禮之屬

禮書一百五十卷　(宋)陳祥道撰　清光緒二年(1876)廣州菊坡精舍刻本　十六冊

330000－1704－0012133　002635　類叢部/叢書類/彙編之屬

微波榭叢書十一種　(清)孔繼涵編　清孔氏刻彙印本　一冊　存一種

330000－1704－0012134　002686　史部/詔令奏議類/奏議之屬

諭對錄重鐫十卷首一卷　(明)張璁撰　清道光十七年至十八年(1837－1838)張氏刻本　四冊

330000－1704－0012135　002636　經部/周禮類/分篇之屬

輪輿私箋二卷附圖一卷　(清)鄭珍撰　(清)鄭知同繪圖　清同治七年(1868)獨山莫氏金陵刻本　一冊

330000－1704－0012137　002462　經部/禮記類/傳說之屬

禮記集注十卷　(元)陳澔撰　清同治十一年(1872)湖南省尊經閣刻本　十冊

330000－1704－0012138　002687、002688　史部/政書類/儀制之屬/專志/科舉校規

欽定科場條例六十卷首一卷續增科場條例不分卷　(清)麟桂等纂　清同治六年(1867)江甯藩署活字印本　二十六冊

330000－1704－0012140　002463　經部/禮記類/傳說之屬

禮記陳氏集說十卷　(元)陳澔撰　清光緒十九年(1893)江南書局刻本　十冊

330000－1704－0012141　002486　史部/地理類/雜志之屬

清嘉錄十二卷　(清)顧祿撰　清光緒三年(1877)葛氏嘯園刻本　六冊

330000－1704－0012142　002585　類叢部/叢書類/自著之屬

蒼莨集三種　(清)孫鼎臣撰　清咸豐刻本　一冊　存一種

330000－1704－0012145　002464　經部/禮記類/傳說之屬

續禮記集說一百卷　(清)杭世駿撰　清光緒二十一年至三十年(1895－1904)浙江書局刻本　四十冊

330000－1704－0012146　002587　子部/雜著類/雜說之屬

盛世危言增訂新編十四卷　(清)鄭觀應撰　清光緒二十一年(1895)鉛印本　八冊

330000－1704－0012148　002637　經部/周禮類/分篇之屬
考工記圖二卷　(清)戴震撰　清刻本　二冊

330000－1704－0012149　002465　經部/禮記類/傳說之屬
禮記訓義擇言八卷　(清)江永撰　清乾隆五十七年(1792)刻本　二冊

330000－1704－0012150　002588　子部/雜著類/雜說之屬
庸書内篇二卷外篇二卷　(清)陳熾撰　清光緒刻本　符璋題記　四冊

330000－1704－0012152　002589　子部/雜著類/雜說之屬
求己錄三卷　陶葆廉編　清光緒二十六年(1900)刻本　三冊

330000－1704－0012154　000396　子部/叢編
二十二子(二十二子彙函)　(清)浙江書局編　清光緒元年至三年(1875－1877)浙江書局刻本　六冊　存一種

330000－1704－0012155　002590　子部/雜著類/雜說之屬
湖上答問一卷　(清)黃慶澄撰　清光緒二十一年(1895)刻本　一冊

330000－1704－0012156　002466　類叢部/叢書類/自著之屬
重訂汪子遺書　(清)汪烜撰　(清)李承超編　清同治十二年(1873)曲水書局木活字印本　十六冊　存四種

330000－1704－0012157　002638　經部/叢編
御纂七經二百八十卷首十一卷序三卷　(清)李光地等撰　清同治六年至九年(1867－1870)浙江書局刻本　二十四冊　存一種

330000－1704－0012160　002505　史部/政書類/邦交之屬
金軺籌筆四卷附改定俄國約章疏一卷改訂陸路通商章程一卷和約一卷卡倫單一卷　清光緒十三年(1887)刻本　四冊　存四卷(金軺籌筆一至四)

330000－1704－0012161　002639　經部/周禮類/傳說之屬
周禮六卷　(漢)鄭玄注　(唐)陸德明音義　清同治十三年(1874)湖南尊經閣刻本　六冊

330000－1704－0012163　002490　史部/地理類/雜志之屬
杭俗遺風一卷　(清)范祖述撰　清同治六年(1867)刻本　一冊

330000－1704－0012164　002506　新學/議論/論政
政治汎論二卷後編二卷　(美國)威爾遜撰　麥鼎華譯　清光緒二十九年(1903)上海廣智書局鉛印本　二冊　缺二卷(後編上至下)

330000－1704－0012167　000398　子部/叢編
十子全書　(清)王子興編　清嘉慶九年(1804)姑蘇王氏聚文堂刻本　四冊　存一種

330000－1704－0012168　002468　經部/禮記類/傳說之屬
禮記二十卷　(漢)鄭氏(鄭玄)注　**撫本禮記鄭注考異二卷**　(清)張敦仁撰　**禮記釋文四卷**　(唐)陸德明撰　清嘉慶十一年(1806)陽城張氏刻二十五年(1820)校修印本　六冊

330000－1704－0012170　002493　子部/雜著類/雜說之屬
浙江風俗改良淺說第一編一卷　浙江勸學所教育會編　清宣統二年(1910)浙江官報兼印刷局鉛印本　一冊

330000－1704－0012172　002640　史部/政書類/律令之屬/律例
欽定重修六部處分則例五十二卷　(清)文孚等修　(清)清平等纂　清光緒十八年(1892)上海圖書集成印書局鉛印本　八冊

330000－1704－0012174　002508　經部/儀禮類/傳說之屬
儀禮經注一隅二卷　(清)朱駿聲撰　清道光二十九年(1849)朱氏家塾刻本　一冊

330000－1704－0012175　002641　史部/政書類/律令之屬/律例
律例便覽八卷諸圖一卷　(清)蔡嵩年　(清)蔡逢年編　**處分則例圖要六卷**　(清)蔡逢年編　清同治九年(1870)江蘇書局刻本　二冊　缺九卷(律例便覽一至八、諸圖)

330000－1704－0012176　000399　子部/雜著類/雜說之屬
淮南許注異同詁四卷補遺一卷續補一卷　(清)陶方琦撰　清光緒七年至十年(1881－1884)湘南使院刻本　楊紹廉批並題記　二冊

330000－1704－0012178　002642　史部/政書類/律令之屬/律例
處分則例圖要六卷　(清)蔡逢年編　清同治四年(1865)刻本　二冊

330000－1704－0012184　002495　類叢部/叢書類/家集之屬
富陽夏氏叢刻七種　夏震武　夏鼎武撰　清光緒至民國初刻民國九年(1920)彙印本　一冊　存一種

330000－1704－0012185　000401　子部/儒家類/儒學之屬/經濟
鹽鐵論十卷　(漢)桓寬撰　**校勘小識一卷**　王先謙撰　清光緒十七年(1891)思賢講舍刻本　三冊

330000－1704－0012187　002880　新學/政治法律/政治
歐美政治要義十八章　(清)戴鴻慈　(清)端方編　清光緒三十三年(1907)石印本　四冊

330000－1704－0012188　000402　子部/叢編
十子全書　(清)王子興編　清嘉慶九年(1804)寶慶經綸堂刻本　六冊　存一種

330000－1704－0012191　002594　史部/地理類/外紀之屬
適可齋記言四卷記行六卷　(清)馬建忠撰　清光緒二十二年(1896)刻本　四冊

330000－1704－0012194　000702　子部/術數類/相宅相墓之屬
重鐫官板地理天機會元三十五卷　(明)卜則巍撰　(明)顧乃德輯　(明)徐之鏌重編　明末帶月樓刻本　十二冊

330000－1704－0012195　000403　子部/雜著類/雜說之屬
淮南天文訓補注二卷　(清)錢塘撰　清光緒元年(1875)湖北崇文書局刻崇文書局彙刻書朱印本　一冊

330000－1704－0012196　002882　新學/政治法律/政治
列國歲計政要十二卷首一卷　(英國)麥丁富得力撰　(美國)林樂知譯　(清)鄭昌棪筆述　清光緒元年(1875)刻本　六冊

330000－1704－0012198　002470　經部/大戴禮記類/分篇之屬
明堂陰陽夏小正經傳攷釋四種十卷　(清)莊述祖撰　清光緒九年(1883)劉翊宸刻本　四冊

330000－1704－0012199　000404　子部/叢編
子書百家　(清)崇文書局編　清光緒元年(1875)湖北崇文書局刻本　四冊　存一種

330000－1704－0012200　002513　史部/職官類/官制之屬
星軺指掌三卷續一卷　(英國)丁韙撰　(清)聯芳　(清)慶常譯　清光緒二年(1876)鉛印本　四冊

330000－1704－0012201　002410　經部/三禮總義類/名物制度之屬
求古錄禮說十六卷補遺一卷　(清)金鶚撰　清光緒二年(1876)吳縣孫憙刻本　九冊

330000－1704－0012202　002471　經部/大

戴禮記類/分篇之屬

夏小正通釋一卷 (清)梁章鉅撰 清光緒十三年(1887)浙江書局刻本 一冊

330000－1704－0012204 002496 子部/儒學類/禮教/家訓

義門鄭氏家儀一卷 (元)鄭泳編 **聖恩錄一卷 浦江鄭氏旌義編二卷** (明)鄭濤纂修 清書種堂刻本 三冊

330000－1704－0012205 002515 集部/詞類/別集之屬

東洋神戶日本竹枝詞一卷 (清)四明浮槎客撰 清光緒十一年(1885)壽墨閣刻本 一冊

330000－1704－0012206 002875 類叢部/叢書類/家集之屬

崇川劉氏叢書四種 (清)劉長華編 清同治至光緒崇川劉氏刻民國十五年(1926)海寧陳氏慎初堂印本 三冊 存一種

330000－1704－0012207 002472 經部/大戴禮記類/傳說之屬

大戴禮記集注十三卷 (清)戴禮撰 清宣統三年(1911)溫州務本石印本 四冊

330000－1704－0012208 002411 經部/叢編

十三經讀本一百五十二卷 (清)□□編 清同治金陵書局刻本 四冊 存一種

330000－1704－0012210 002473 類叢部/叢書類/自著之屬

傳經堂叢書十二種 (清)洪頤煊撰 清嘉慶至道光臨海洪氏刻本 一冊 存一種

330000－1704－0012211 002412 經部/叢編

通志堂經解一百四十種 (清)納蘭成德輯 清康熙十九年(1680)納蘭成德刻本 一冊 存一種

330000－1704－0012213 002474 經部/大戴禮記類/傳說之屬

大戴禮記集注十三卷 (清)戴禮撰 清宣統三年(1911)溫州務本石印本 四冊

330000－1704－0012214 002413 類叢部/叢書類/彙編之屬

滂喜齋叢書五十種 (清)潘祖蔭編 清同治至光緒吳縣潘氏京師刻本 一冊 存一種

330000－1704－0012215 002475 類叢部/叢書類/自著之屬

朱氏羣書六種 (清)朱駿聲撰 清光緒八年(1882)臨嘯閣刻本 一冊 存一種

330000－1704－0012219 002476 類叢部/叢書類/自著之屬

范氏三種 (清)范家相撰 清乾隆至嘉慶會稽范氏刻光緒十三年(1887)墨潤堂重修本 一冊 存一種

330000－1704－0012220 002497 經部/三禮總義類/通禮雜禮之屬

司馬氏書儀十卷 (宋)司馬光撰 清同治七年(1868)江蘇書局刻本 一冊

330000－1704－0012222 002477 經部/大戴禮記類/正文之屬

大戴禮記十三卷 (漢)戴德撰 清刻本 一冊

330000－1704－0012224 002600 史部/職官類/官制之屬/專志

軍機故事二卷補遺一卷 (清)姚文棟撰 清光緒讀鷗室刻本 一冊

330000－1704－0012226 002601 史部/政書類/職官之屬/官制

歷代職官表六卷 (清)黃本驥纂 清光緒八年(1882)王氏校刻本 三冊

330000－1704－0012228 002602 史部/政書類/刑法之屬/刑制

歷代刑官考二卷 沈家本撰 清宣統元年(1909)修訂法律館鉛印本 一冊

330000－1704－0012232 002479 經部/大戴禮記類/分篇之屬

夏小正戴氏傳四卷 (宋)傅崧卿校注 **考異一卷別錄一卷** (清)傅以禮輯 清同治八年(1869)大興傅氏長恩閣刻本 一冊

330000－1704－0012233　002414　經部/三禮總義類/通論之屬

禮經通論一卷　(清)邵懿辰撰　清同治三年(1864)望三益齋刻本　一册

330000－1704－0012235　002500　類叢部/叢書類/自著之屬

汪雙池先生叢書二十種附浙刻雙池遺書十二種　(清)汪紱撰　清道光至光緒刻光緒二十三年(1897)長安趙舒翹等彙印本　四册　存一種

330000－1704－0012237　000411　子部/叢編

二十二子(二十二子彙函)　(清)浙江書局編　清光緒新化三味書局刻本　一册　存一種

330000－1704－0012238　002415　類叢部/叢書類/自著之屬

授堂遺書七種　(清)武億撰　清道光二十三年(1843)偃師武氏刻本　二册　存一種

330000－1704－0012239　002377　子部/天文曆算類/天文之屬

御製曆象考成上編十六卷下編十卷後編十卷　(清)允祿　(清)允祉纂修　清石印本　五册　存七卷(上編二、十三至十四,下編四,後編二、九至十)

330000－1704－0012240　002501　經部/大戴禮記類/分篇之屬

夏小正一卷　(清)王氏注　清光緒十年(1884)成都尊經書局校刻本　一册

330000－1704－0012241　002480　經部/大戴禮記類/傳說之屬

大戴禮記補注十三卷序錄一卷　(清)孔廣森撰　清同治十三年(1874)淮南書局刻本　四册

330000－1704－0012242　002378　新學/格致總

西學通考三十六卷　(清)胡兆鸞輯　清光緒二十四年(1898)上海石印本　五册　缺十九卷(十二至二十四、二十八至三十、三十四至三十六)

330000－1704－0012246　000412　子部/叢編

二十二子(二十二子彙函)　(清)浙江書局編　清光緒元年至三年(1875－1877)浙江書局刻本　一册　存一種

330000－1704－0012247　002416　經部/三禮總義類/通論之屬

讀禮條考二十卷　(清)王曜南撰　清道光二十九年(1849)刻本　六册

330000－1704－0012248　000701　子部/術數類/相宅相墓之屬

堪輿經不分卷　(宋)蕭克撰　清乾隆五十二年(1787)茂舒草廬刻本　四册

330000－1704－0012249　002459　經部/叢編

御纂七經二百八十卷首十一卷序三卷　(清)李光地等撰　清康熙至乾隆内府刻本　六十册　存一種

330000－1704－0012251　000413　子部/叢編

子書百家　(清)崇文書局編　清光緒元年(1875)湖北崇文書局刻本　四册　存一種

330000－1704－0012253　000700　子部/術數類/相宅相墓之屬

堪輿經二卷　(明)蕭克撰　清雍正刻本　四册

330000－1704－0012255　000414　子部/儒家類/儒學之屬/經濟

揚子法言十三卷附音義一卷　(漢)揚雄撰　(晉)李軌注　清嘉慶二十三年(1818)秦氏石研齋影宋刻本　一册

330000－1704－0012258　002417　經部/三禮總義類/通論之屬

三禮陳數求義三十卷　(清)林喬蔭撰　清嘉慶八年(1803)誦芬堂刻本　七册　缺三卷(一至三)

330000－1704－0012260　002607　子部/雜著類/雜說之屬
夢南雷齋縏言三種三卷　黃壽袞撰　清末石印本　一冊

330000－1704－0012261　002854　史部/政書類/通制之屬
浙江巡撫審訂諮議局議案錄八編　（清）浙江諮議局編　清宣統三年（1911）浙江官報兼印刷局鉛印本　劉耀東跋　七冊　缺一編（辛編）

330000－1704－0012262　000415　子部/叢編
子書百家　（清）崇文書局編　清光緒元年（1875）湖北崇文書局刻民國元年（1912）鄂官書處印本　六冊　存一種

330000－1704－0012263　002382　集部/總集類/題詠之屬
寶山橘話一卷　（清）李茂才輯　清光緒二十年（1894）刻本　一冊

330000－1704－0012264　000699　子部/術數類/相宅相墓之屬
地理啖蔗錄八卷　（清）袁守定撰並釋　清乾隆刻本　六冊

330000－1704－0012266　002383　子部/農家農學類/總論之屬
農務實業新編二卷　（清）王上達撰　清宣統二年（1910）浙杭萬春農務局刻本　二冊

330000－1704－0012267　002418　經部/三禮總義類/通禮雜禮之屬
讀禮通考一百二十卷　（清）徐乾學撰　清康熙三十五年（1696）徐氏刻秦蕙田味經窩印本　十九冊　缺七卷（一百七至一百十三）

330000－1704－0012268　002425　經部/叢編
御纂七經二百八十卷首十一卷序三卷　（清）李光地等撰　清同治六年至九年（1867－1870）浙江書局刻本　二十八冊　存一種

330000－1704－0012271　002419　經部/儀禮類/傳說之屬
儀禮鄭注句讀十七卷附監本正誤一卷石本誤字一卷　（清）張爾岐撰　清同治十三年（1874）湖南省尊經閣刻本　六冊

330000－1704－0012273　002386　子部/農家農學類/農藝之屬/作物種植
種植果樹新法不分卷　江雲章撰　（德國）婁鶴德繪　稿本　一冊

330000－1704－0012275　000698　子部/術數類/相宅相墓之屬
地理啖蔗錄八卷　（清）袁守定撰並釋　清刻本　八冊

330000－1704－0012276　002426　經部/三禮總義類
确山所著書二種　（清）宋世犖撰　清刻光緒六年（1880）津門徐士鑾補刻本　一冊　存一種

330000－1704－0012277　002453　類叢部/叢書類/彙編之屬
高安朱文端公校輯藏書十三種　（清）朱軾撰輯　清康熙至乾隆刻彙印本　二十冊　存一種

330000－1704－0012278　002420　經部/儀禮類/傳說之屬
禮經箋十七卷　王闓運撰　清光緒刻本　六冊

330000－1704－0012279　002427　經部/儀禮類/傳說之屬
儀禮釋官九卷首一卷　（清）胡匡衷撰　清同治八年（1869）績谿胡肇智刻本　四冊

330000－1704－0012282　000703　子部/術數類/相宅相墓之屬
天機貫旨紅囊經四卷　（清）李三素撰　清文光堂刻本　四冊

330000－1704－0012283　006090　經部/小學類/文字之屬/說文
說文疑疑二卷　（清）孔廣居撰　**附一卷**　（清）孔昭孔撰　清嘉慶七年（1802）詩禮堂刻

本　二册

330000－1704－0012285　002428　經部/儀禮類/文字音義之屬
儀禮古今文異同五卷　(清)徐養原撰　清道光刻本　一册

330000－1704－0012286　000704　子部/術數類/占卜之屬
大六壬尋原四集九卷　(清)張純照輯　清嘉慶十五年(1810)刻本　四册

330000－1704－0012289　002454　經部/禮記類/傳説之屬
禮記訓纂四十九卷　(清)朱彬撰　清咸豐元年(1851)寶應朱士達宜禄堂刻本　八册

330000－1704－0012292　002457　類叢部/叢書類/自著之屬
湘綺樓全書　王闓運撰　清光緒至宣統刻本　十册　存一種

330000－1704－0012293　002614　類叢部/叢書類/彙編之屬
廣雅書局叢書一百五十九種　徐紹棨編　清光緒廣雅書局刻民國九年(1920)番禺徐紹棨彙編印本　十七册　存一種

330000－1704－0012294　002458　經部/禮記類/傳説之屬
禮記集説十卷　(元)陳澔撰　清同治五年(1866)金陵書局刻本　十册

330000－1704－0012295　002224　子部/醫家類/醫案之屬
名醫類案十二卷　(明)江瓘輯　清宣統元年(1909)上海書局石印本　六册

330000－1704－0012296　002337　子部/農家農學類
農學叢書　(清)上海農學會　(清)江南總農會輯　清光緒上海農學會、江南總農會石印本　二十册　存八十二種

330000－1704－0012297　002225　子部/醫家類/醫案之屬
續名醫類案三十六卷　(清)魏之琇撰　清宣統元年(1909)上海書局石印本　十四册

330000－1704－0012300　000417　子部/儒家類/儒學之屬/經濟
潛夫論十卷　(漢)王符撰　(清)汪繼培箋　清光緒十七年(1891)思賢講舍刻本　四册

330000－1704－0012301　002429　經部/儀禮類/傳説之屬
檀氏儀禮韻言塾課藏本二卷　(清)檀萃纂　清嘉慶四年(1799)嘉樹堂刻本　二册

330000－1704－0012302　000705　子部/術數類/命書相書之屬
造命挈要八卷　(清)祝疇輯　清光緒十五年(1889)朱墨套印本　四册

330000－1704－0012303　002430　類叢部/叢書類/自著之屬
鄭子尹遺書五種　(清)鄭珍撰　清咸豐至同治刻本　二册　存一種

330000－1704－0012304　002421　經部/儀禮類/傳説之屬
儀禮十七卷　(漢)鄭玄注　**附校録一卷續校一卷**　(清)黄丕烈撰　清同治七年(1868)湖北崇文書局刻本　二册

330000－1704－0012306　002388　新學/醫學
男女育兒新法一卷　(日本)中井龍之助撰　(清)誘民子譯　清光緒二十七年(1901)啟智書會鉛印本　一册

330000－1704－0012308　002431　經部/叢編
十三經註疏三百三十三卷　(明)□□輯　明崇禎元年至十二年(1628－1639)古虞毛氏汲古閣刻本　八册　存一種

330000－1704－0012310　000418　子部/雜著類/雜説之屬
論衡三十卷　(漢)王充撰　明刻本　八册

330000－1704－0012311　000707　子部/術

數類/命書相書之屬

相理衡真十卷首一卷　(清)陳釗撰　清道光十三年(1833)揚州文富堂刻本　五册

330000－1704－0012313　000419　子部/叢編

子書百家　(清)崇文書局編　清光緒元年(1875)湖北崇文書局刻本　四册　存一種

330000－1704－0012314　002228　子部/醫家類/醫案之屬

臨證指南醫案十卷　(清)葉桂撰　(清)徐大椿評　清武林文苑堂刻本　十册

330000－1704－0012315　002338　子部/農家農學類

農學叢書　(清)上海農學會　(清)江南總農會輯　清光緒上海農學會、江南總農會石印本　十册　存四十八種

330000－1704－0012318　000708　子部/術數類/命書相書之屬

袁柳莊先生神相全編三卷　(明)袁忠徹撰　清咸豐九年(1859)刻本　一册

330000－1704－0012319　002432　經部/三禮總義類/名物制度之屬

弁服釋例八卷表一卷　(清)任大椿撰　清嘉慶二年(1797)望賢家塾刻本　四册

330000－1704－0012320　002229　子部/醫家類/醫案之屬

臨證指南醫案十卷種福堂續選臨證指南四卷　(清)葉桂撰　(清)徐大椿評　清末著易堂鉛印本　六册

330000－1704－0012322　002422　經部/叢編

通志堂經解一百四十種　(清)納蘭成德輯　清康熙十九年(1680)納蘭成德刻本　十册　存一種

330000－1704－0012323　002230　子部/醫家類/醫案之屬

臨證指南醫案十卷種福堂續選臨證指南四卷　(清)葉桂撰　(清)徐大椿評　清光緒聚益堂刻本　十二册

330000－1704－0012324　000421　類叢部/叢書類/彙編之屬

廣漢魏叢書　(明)何允中編　清嘉慶刻本　六册　存一種

330000－1704－0012325　002433　經部/儀禮類/圖說之屬

儀禮圖六卷　(清)張惠言撰　清嘉慶十年(1805)揚州阮元刻本　三册

330000－1704－0012329　002434　經部/儀禮類/傳說之屬

儀禮韻言塾課藏本二卷　(清)檀萃撰　清抄本　一册

330000－1704－0012330　002423　經部/儀禮類/傳說之屬

儀禮正義四十卷　(清)胡培翬撰　(清)楊大堉補　清咸豐二年(1852)刻同治七年(1868)補刻本　二十册

330000－1704－0012331　002424　經部/儀禮類/傳說之屬

儀禮正義四十卷　(清)胡培翬撰　(清)楊大堉補　清咸豐二年(1852)刻同治七年(1868)補刻本　二十册

330000－1704－0012332　002339　子部/農家農學類

農學叢書　(清)上海農學會　(清)江南總農會輯　清光緒上海農學會、江南總農會石印本　十册　存十一種

330000－1704－0012333　002233　子部/醫家類/綜合之屬/通論

東醫寶鑑二十三卷目錄二卷　(朝鮮)許浚撰　清刻本　一册　存二卷(鍼灸篇一至二)

330000－1704－0012334　002395　新學/議論

遵旨婉切勸諭解放婦女脚纏白話一卷　(清)宋恕撰　清光緒二十八年(1902)刻本　一册

330000－1704－0012335　002340　子部/農

家農學類/總論之屬
漢氾勝之遺書一卷附區田圖說　(漢)氾勝之撰　(清)宋葆淳輯　清嘉慶二十五年(1820)刻本　一冊

330000－1704－0012336　002234　子部/醫家類/養生之屬
衛生要術不分卷　(清)潘霨輯　清刻本　一冊

330000－1704－0012337　002396　新學/學校
西禮須知一卷　(英國)傅蘭雅輯　清光緒十二年(1886)刻本　一冊

330000－1704－0012339　002185　子部/醫家類/方書之屬/單方驗方
孫真人千金方衍義三十卷　(唐)孫思邈撰　(清)張璐衍義　清光緒五年(1879)步月山房刻本　三十二冊

330000－1704－0012342　002342　子部/農家農學類/總論之屬
欽定授時通考七十八卷　(清)鄂爾泰等撰　清刻本　二十冊

330000－1704－0012343　002398　子部/儒家類/儒學之屬/禮教/女範
女小學四卷　戴禮編　清末石印本　一冊

330000－1704－0012344　002343　子部/農家農學類/總論之屬
欽定授時通考七十八卷　(清)鄂爾泰等撰　清乾隆七年(1742)江西巡撫刻本　十九冊　缺二卷(五十二至五十三)

330000－1704－0012346　002399　史部/政書類/邦計之屬/荒政
湘災振濟文稿不分卷　清宣統鉛印本　一冊

330000－1704－0012347　002349　子部/農家農學類/總論之屬
農政全書六十卷　(明)徐光啓撰　清道光二十三年(1843)王壽康曙海樓刻本　二十四冊

330000－1704－0012348　002435　經部/三禮總義類/名物制度之屬
天子肆獻祼饋食禮三卷　(清)任啟運撰　清光緒十一年(1885)浙江書局刻本　一冊

330000－1704－0012349　002239　子部/醫家類/類編之屬
喻氏醫書三種　(清)喻昌撰　清光緒二十六年(1900)上海埽葉山房石印本　一冊　存一種

330000－1704－0012350　002400　類叢部/叢書類/自著之屬
古歡室全集四種　(清)曾懿撰　清光緒三十年至三十三年(1904－1907)刻本　二冊　存一種

330000－1704－0012351　002436　經部/三禮總義類/名物制度之屬
禮經宮室答問二卷　(清)洪頤煊撰　清光緒十年(1884)臨海馬氏師竹山房刻本　一冊

330000－1704－0012352　002350　新學/農政/農務
農務土質論三卷圖說一卷　(美國)金福蘭格令希蘭撰　(美國)衛理口譯　(清)范熙庸筆述　清光緒二十七年(1901)上海石印本　六冊

330000－1704－0012354　002401　史部/政書類/邦計之屬/荒政
欽定康濟錄四卷　(清)陸曾禹撰　(清)倪國璉釐正　清同治三年(1864)浙江撫署刻本　三冊

330000－1704－0012355　002437　經部/三禮總義類
三禮約編喈鳳三種十九卷　(清)汪基編　清嘉慶汪氏敬堂家塾刻本　一冊　存三卷(儀禮約編一至三)

330000－1704－0012356　002186　子部/醫家類/方書之屬/單方驗方
驗方新編十六卷　(清)鮑相璈輯　清光緒七年(1881)合肥味古齋刻本　八冊

330000－1704－0012357　002402　史部/政

書類/公牘檔冊之屬
文成紀事一卷　(清)陳遇春撰　**續文成紀事一卷**　(清)戴咸弼撰　清光緒八年(1882)刻本　二册

330000－1704－0012358　002241　子部/醫家類/醫案之屬
三家醫案合刻　(清)吳金壽編　清文聚堂刻本　四册

330000－1704－0012359　002438　經部/儀禮類/傳說之屬
儀禮易讀十七卷　(清)馬駉撰　清乾隆二十年(1755)萬以敦刻本　四册

330000－1704－0012360　002403　史部/政書類/公牘檔冊之屬
上鄉雲程會紀事一卷　(清)徐汸撰　清光緒十二年(1886)刻十七年(1891)增刻本　一册

330000－1704－0012362　002404　史部/政書類/邦計之屬/荒政
籌濟編三十二卷首一卷　(清)楊景仁撰　清光緒四年(1878)楊氏詒硯齋刻本　六册

330000－1704－0012363　002242　子部/醫家類/醫案之屬
三家醫案合刻　(清)吳金壽編　清姑蘇綠慎堂刻本　一册

330000－1704－0012364　002243　子部/醫家類/醫案之屬
葉氏醫案存真三卷　(清)葉桂撰　**馬氏醫案并附祁案王案一卷**　(清)馬俶等撰　清光緒九年(1883)刻本　李芑觀款、批校並題記　四册

330000－1704－0012365　002439　經部/三禮總義類/通禮雜禮之屬
儀禮經傳通解三十七卷　(宋)朱熹撰　**儀禮經傳通解續二十九卷**　(宋)黄榦　(宋)楊復撰　清康熙呂氏寶誥堂刻本(卷十五原缺)　二十册

330000－1704－0012366　002405　史部/政書類/邦計之屬/荒政
荒政輯要九卷首一卷　(清)汪志伊纂　清道光七年(1827)刻本　二册

330000－1704－0012368　002244　子部/醫家類/醫案之屬
洄溪醫案一卷　(清)徐大椿撰　清咸豐七年(1857)海昌蔣氏衍芬草堂刻本　一册

330000－1704－0012369　002406　史部/政書類/公牘檔冊之屬
南鄉文成紀事一卷　(清)葉浚撰　清光緒三年(1877)刻本　一册

330000－1704－0012370　002407　史部/政書類/邦計之屬/荒政
周氏增定義莊條約一卷六安晁氏體澤堂義莊條規一卷增訂條規一卷　清抄本　一册

330000－1704－0012371　002408　子部/儒家類/儒學之屬/禮教/女範
女學四卷　(清)藍鼎元撰　清林引祥抄本　二册

330000－1704－0012374　002409　經部/三禮總義類/通論之屬
三禮通釋二百三十卷三禮圖五十卷首一卷目錄四卷　(清)林昌彝撰　清同治三年(1864)刻本　四十二册　缺三十卷(二十六至三十三、五十七至六十八、一百九十五至二百,圖三十四至三十七)

330000－1704－0012376　002189　子部/醫家類/兒科之屬/痘疹
痘疹活幼心法一卷　(明)聶尚恒撰　明崇禎六年(1633)宏道堂刻本　一册

330000－1704－0012377　002245　子部/醫家類/醫話醫論之屬
歸硯錄四卷　(清)王士雄撰　清同治元年(1862)歸硯草堂刻本　一册

330000－1704－0012378　002440　經部/禮記類/傳說之屬
禮記集説十卷　(元)陳澔撰　清光緒十九年(1893)浙江書局刻本　十册

330000－1704－0012379　002441　經部/儀禮類/傳說之屬

禮經校釋二十二卷　曹元弼撰　清光緒十八年(1892)曹氏刻本　十二册

330000－1704－0012380　000422　子部/叢編

子書百家　(清)崇文書局編　清光緒元年(1875)湖北崇文書局刻民國元年(1912)鄂官書處印本　四册　存一種

330000－1704－0012381　000423　子部/宗教類/道教之屬/雜著

抱朴子内篇二十卷外篇五十卷　(晉)葛洪撰　**校勘記一卷内篇佚文一卷外篇佚文一卷**　(清)繼昌等輯　**抱朴子養生論一卷神仙金汋經三卷大丹問答一卷别旨一卷**　清嘉慶十八年至二十二年(1813－1817)繼昌金陵道署刻本　五册

330000－1704－0012382　000424　子部/叢編

子書百家　(清)崇文書局編　清光緒元年(1875)湖北崇文書局刻本　二册　存一種

330000－1704－0012383　000425　子部/叢編

二十二子(二十二子彙函)　(清)浙江書局編　清光緒元年至三年(1875－1877)浙江書局刻本　二册　存一種

330000－1704－0012385　000427　子部/叢編

十子全書　(清)王子興編　清嘉慶九年(1804)姑蘇王氏聚文堂刻本　一册　存一種

330000－1704－0012386　000428　子部/儒家類/儒學之屬/經濟

中説十卷　(隋)王通撰　(宋)阮逸注　清光緒十六年(1890)貴陽陳氏影宋刻本　一册

330000－1704－0012387　000429　子部/雜著類/雜説之屬

讒書五卷附校一卷　(唐)羅隱撰　(清)吴騫校　清光緒十二年(1886)刻邵武徐氏叢書本　王理孚題記　一册

330000－1704－0012390　002345　子部/農家農學類/總論之屬

農桑輯要七卷　(元)司農司撰　清刻本　二册

330000－1704－0012391　000431　子部/儒家類/儒學之屬/性理

周子太極圖圖説淺説二卷　(清)朱鴻瞻撰　清康熙二十七年(1688)刻本　一册　存一卷(一)

330000－1704－0012393　002281　子部/醫家類/養生之屬/導引、氣功

易筋經不分卷　題(北魏)達摩祖師撰　(唐)釋般剌密諦譯義　清末民國初抄本　一册

330000－1704－0012394　002347　子部/農家農學類/總論之屬

農話一卷　(清)陳啓謙撰　清光緒二十九年(1903)上海商務印書館鉛印本　一册

330000－1704－0012395　002190　子部/醫家類/方書之屬/單方驗方

醫方擇要二卷續醫方集要一卷　(清)李棣銜　(清)汪廷楷　(清)周棣輯　清道光二十九年(1849)刻本　一册

330000－1704－0012397　002282　子部/醫家類

醫藥彙抄不分卷　清抄本　一册

330000－1704－0012398　000432　子部/儒家類/儒學之屬/性理

正蒙集説十七卷　(清)楊方達撰　清抄本　二册

330000－1704－0012399　002348　子部/農家農學類/蠶桑之屬

蠶桑萃編十五卷首一卷　(清)衛杰撰　清光緒浙江官書局刻本　八册

330000－1704－0012400　002177　子部/醫家類/本草之屬/食療本草

食物本草會纂十二卷圖一卷　(清)沈李龍輯

清乾隆四十八年(1783)刻本　八册

330000－1704－0012401　002283　子部/醫家類

指掌摘要不分卷　清末抄本　一册

330000－1704－0012402　002351　新學/農政/農務

農務化學問答二卷　(英國)仲斯敦撰　(英國)秀耀春口譯　(清)范熙庸筆述　清光緒二十七年(1901)石印本　二册

330000－1704－0012403　002284　子部/醫家類/傷寒金匱之屬/傷寒論

增注類證活人書二十二卷　(宋)朱肱撰　清光緒二十七年(1901)遜志齋主人抄本　四册

330000－1704－0012404　002442　經部/儀禮類/傳說之屬

禮經箋十七卷　王闓運撰　清光緒十一年(1885)成都尊經書局刻本　六册

330000－1704－0012406　002191　子部/醫家類/綜合之屬/通論

醫方論四卷　(清)費伯雄撰　清光緒三年(1877)刻本　二册

330000－1704－0012407　000433　類叢部/叢書類/自著之屬

船山遺書五十八種　(清)王夫之撰　清同治四年(1865)湘鄉曾國荃金陵刻本　四册　存一種

330000－1704－0012408　000710　子部/術數類/相宅相墓之屬

地理函囊六卷　(清)李栢園撰　清刻本　二册　存四卷(一至四)

330000－1704－0012409　002249　子部/宗教類/道教之屬

祝由科天醫十三科二卷　清善成堂刻朱墨套印本　張組成題簽並觀款　一册

330000－1704－0012410　000434　子部/儒家類/儒學之屬/經濟

大學衍義四十三卷　(宋)真德秀撰　清同治十三年(1874)金陵書局刻本　八册

330000－1704－0012411　000711　子部/術數類/相宅相墓之屬

地理元珠抄一卷　(明)夏世隆撰　清抄本　一册

330000－1704－0012413　002179　子部/醫家類/本草之屬/歷代綜合本草

滇南草本三卷醫門擥要二卷食物□□卷　(明)蘭茂撰　清光緒十三年至十四年(1887－1888)雲南李文煥務本堂刻本　五册　存五卷(滇南草本一至三、醫門擥要二、食物一)

330000－1704－0012415　000712　子部/術數類/陰陽五行之屬

天玉經内傳心印四卷　(唐)楊益撰　(清)王宗臣註　清刻本　二册

330000－1704－0012416　002192　子部/醫家類/方書之屬/歷代方書

醫方集解二十一卷　(清)汪昂撰　清光緒十三年(1887)掃葉山房刻本　六册

330000－1704－0012417　002246　子部/醫家類/類編之屬

潛齋醫書三種　(清)王士雄撰　清咸豐元年(1851)吟香書屋刻本　四册　存二種

330000－1704－0012418　002180　子部/醫家類/本草之屬/本草藥性

雷公炮製藥性解六卷　(明)李中梓撰　清刻本　一册

330000－1704－0012419　002352　子部/農家農學類/園藝之屬/花卉

秘傳花鏡六卷花鏡圖一卷　(清)陳淏子撰　清刻本　三册

330000－1704－0012420　002193　子部/醫家類/方書之屬/單方驗方

醫方湯頭歌括一卷經絡歌訣一卷　(清)汪昂撰　清刻本　一册

330000－1704－0012422　002353　子部/農家農學類/總論之屬

重訂增補陶朱公致富奇書四卷　(明)陳繼儒輯　(清)石巖逸叟增補　清康熙立敬堂本　一冊

330000－1704－0012423　002181　類叢部/叢書類/彙編之屬

十萬卷樓叢書五十一種　(清)陸心源編　清光緒歸安陸氏刻本　二冊　存一種

330000－1704－0012425　000436　子部/儒家類/儒學之屬/經濟

大學衍義四十三卷　(宋)真德秀撰　明崇禎刻本　十冊

330000－1704－0012426　002251　子部/醫家類/推拿按摩外治之屬

推拿廣意三卷　(清)熊應雄輯　(清)陳世凱訂　清刻本　二冊

330000－1704－0012428　002182　子部/醫家類/本草之屬/神農本草經

神農本經校注三卷　(清)莫文泉撰　清光緒二十六年(1900)歸安月河莫氏刻本　二冊

330000－1704－0012429　002355　集部/總集類/題詠之屬

蘭蕙同心錄不分卷種蘭蕙四季口訣一卷　(清)許鼐龢撰　清光緒十七年(1891)石印本　二冊

330000－1704－0012431　000713　子部/術數類/相宅相墓之屬

地理錄要四卷　(清)于楷輯　清同治十一年(1872)刻本　四冊

330000－1704－0012433　000714、000715　子部/術數類/相宅相墓之屬

地理五訣八卷陽宅三要四卷　(清)趙廷棟撰　清乾隆書業堂刻本　四冊

330000－1704－0012435　000437、000438　子部/儒家類/儒學之屬/經濟

大學衍義輯要六卷　(宋)真德秀撰　(清)陳弘謀輯　**大學衍義補輯要十二卷首一卷**　(明)邱濬撰　(清)陳弘謀輯　清宣統元年(1909)鉛印本　十二冊

330000－1704－0012436　002357　子部/農家農學類/總論之屬

重訂增補陶朱公致富全書四卷　(明)陳繼儒輯　(清)石巖逸叟增補　清末上海廣益書局石印本　一冊

330000－1704－0012437　002443　類叢部/叢書類/家集之屬

侯官陳氏遺書二十種　(清)陳壽祺　(清)陳喬樅撰　清嘉慶至同治三山陳氏刻本　五冊　存一種

330000－1704－0012438　002253　子部/醫家類/醫案之屬

臨證指南醫案十卷種福堂續選臨證指南四卷　(清)葉桂撰　(清)徐大椿評　清道光二十四年(1844)蘇州經鉏堂刻朱墨套印本　十二冊

330000－1704－0012439　002183　子部/醫家類/類編之屬

徐氏醫書八種　(清)徐大椿撰　清刻本　一冊　存一種

330000－1704－0012440　002289　子部/醫家類/本草之屬/歷代綜合本草

本草彙言二十卷　(明)倪朱謨撰　清順治刻本　一冊　存一卷(十二)

330000－1704－0012441　002194　子部/醫家類/方書之屬/單方驗方

新編救急奇方二卷　(清)徐文弼輯　清抄本　一冊

330000－1704－0012443　000439　類叢部/叢書類/自著之屬

真西山全集(西山真文忠公全集、真文忠公全集)七種　(宋)真德秀撰　清康熙真氏家祠刻乾隆至同治三年(1864)遞修本　二十六冊　存一種

330000－1704－0012444　002444　經部/禮記類/分篇之屬

蔡氏月令二卷　(漢)蔡邕撰　(清)蔡雲輯　清道光四年(1824)王氏刻本　二冊

330000－1704－0012445　002195　子部/醫家類/方書之屬/歷代方書

千金翼方三十卷　(唐)孫思邈撰　清光緒三十四年(1908)上海久敬齋書莊鉛印本　六冊

330000－1704－0012446　002254　類叢部/叢書類/彙編之屬

玉海堂景宋元本叢書二十種別行二種　劉世珩編　清光緒至民國貴池劉氏玉海堂影刻本　二冊　存一種

330000－1704－0012447　002173　子部/醫家類/類編之屬

醫林指月十二種　(清)王琦編　清乾隆三十二年(1767)寶笏樓刻本　一冊　存一種

330000－1704－0012449　000720　子部/術數類/相宅相墓之屬

地理集驗一卷　(清)郝孟延撰　清刻本　一冊

330000－1704－0012451　000716　子部/術數類/相宅相墓之屬

新編楊曾地理家傳心法捷訣一貫堪輿八卷　(明)唐世友編　清嘉慶二十年(1815)刻本　五冊　存五卷(一至五)

330000－1704－0012452　002256　子部/醫家類/類編之屬

喻氏醫書三種　(清)喻昌撰　清宣統元年(1909)上海埽葉山房石印本　一冊　存一種

330000－1704－0012453　000717　子部/術數類/相宅相墓之屬

葬書易悟二卷　(清)林鶚撰　清道光三十年(1850)刻本　二冊

330000－1704－0012454　002174　子部/醫家類/本草之屬/神農本草經

本經疏證十二卷續疏六卷本經序疏要八卷　(清)鄒澍撰　清光緒常州長年醫局刻本　十冊　缺五卷(本經序疏要四至八)

330000－1704－0012455　002445　經部/禮記類/傳說之屬

禮記集說十卷　(元)陳澔撰　清光緒三年(1877)永康退補𠖥胡氏刻本　清錦裳題記　傳忠觀款　十冊

330000－1704－0012456　000718　子部/術數類/相宅相墓之屬

葬書易悟二卷　(清)林鶚撰　清刻本　一冊

330000－1704－0012458　002197　子部/醫家類/方書之屬/歷代方書

洪氏集驗方五卷　(宋)洪遵輯　清光緒元年(1875)杉直樓清之館刻本　一冊

330000－1704－0012459　002446　經部/叢編

仿宋相臺五經九十六卷附考證　清光緒刻本　八冊　存一種

330000－1704－0012460　000721　子部/術數類/相宅相墓之屬

地理簡能集十四卷　(清)宣元仁輯注　清康熙六十一年(1722)刻本　八冊

330000－1704－0012461　002358　子部/農家農學類/畜牧之屬

畜產叢書八種　(清)黄穀輯　清末上海新學會社石印本　二冊　存四種

330000－1704－0012463　000440　子部/儒家類/儒學之屬/性理

北溪先生字義二卷補遺一卷附嚴陵講義一卷附一卷　(宋)陳淳撰　清嘉慶十年(1805)北平許祖武刻本　一冊

330000－1704－0012464　002291　史部/地理類/水利之屬

浙西水利備考不分卷　(清)王鳳生撰　清光緒四年(1878)浙江書局刻本　四冊

330000－1704－0012465　002360　子部/農家農學類/蠶桑之屬

東皋蠶桑錄二卷　何炯輯　清光緒二十三年(1897)刻本　二冊

330000－1704－0012466　000441　子部/儒家類/儒學之屬/性理

延平李先生師弟子答問一卷後錄一卷　(宋)

朱熹編　**延平答問補錄一卷**　（明）周木輯　清康熙四十五年（1706）周元文刻乾隆補刻本　一冊

330000－1704－0012468　002361　類叢部/叢書類/自著之屬
疇隱盧叢書　丁福保撰　清光緒無錫丁氏疇隱廬石印本　一冊

330000－1704－0012469　002363　子部/農家農學類/蠶桑之屬
蠶桑問答一卷　（清）溫忠翰輯　清光緒東歐郭博古齋刻本　一冊

330000－1704－0012473　002255　子部/醫家類/綜合之屬
心身藥一卷　清刻本　一冊

330000－1704－0012474　002448　經部/禮記類/傳說之屬
禮記釋注四卷　（清）丁晏撰　清道光二年（1822）刻本　二冊

330000－1704－0012475　002175　子部/醫家類/本草之屬/神農本草經
本草三家合註三卷　（清）郭汝驄撰　**神農本草經百種錄一卷**　（清）徐大椿撰　清光緒上海鴻文書局石印本　四冊

330000－1704－0012477　002449　經部/禮記類/分篇之屬
檀弓論文二卷　（清）孫濩孫評訂　清康熙天心閣刻本　二冊

330000－1704－0012478　000442　子部/儒家類/儒學之屬/性理
淵鑒齋御纂朱子全書六十六卷　（宋）朱熹撰　（清）李光地等輯　清康熙五十三年（1714）武英殿刻本　四十冊

330000－1704－0012480　002176　子部/醫家類/本草之屬/神農本草經
本草三家合註六卷　（清）郭汝驄撰　**神農本草經百種錄一卷**　（清）徐大椿撰　清刻本　符璋題簽　六冊　存六卷（一至六）

330000－1704－0012481　002294　子部/農家農學類
泰西水法六卷　（意大利）熊三拔撰　（明）徐光啟筆記　清嘉慶五年（1800）席世臣掃葉山房刻本　二冊

330000－1704－0012483　002295　史部/地理類/水利之屬
河防志十二卷　（清）張希良纂　清雍正三年（1725）刻本　十二冊

330000－1704－0012484　002364　子部/農家農學類/蠶桑之屬
蠶桑說一卷　（清）沈練撰　清光緒十四年（1888）溧陽沈氏歸安縣署刻本　一冊

330000－1704－0012485　000443　子部/儒家類/儒學之屬/性理
朱子語類一百四十卷　（宋）朱熹撰　（宋）黎靖德輯　清刻本　三十二冊

330000－1704－0012486　002259　子部/醫家類/方書之屬/單方驗方
絳雪園古方選註不分卷得宜本草一卷　（清）王子接輯　清埽葉山房刻本　二冊

330000－1704－0012489　002296　史部/地理類/水利之屬
敕修兩浙海塘通志二十卷首一卷　（清）方觀承　（清）永貴修　（清）查祥　（清）杭世駿纂　清乾隆十六年（1751）刻本　八冊

330000－1704－0012492　002171　子部/醫家類/本草之屬/神農本草經
本經疏證十二卷續疏六卷本經序疏要八卷　（清）鄒澍撰　清同治十二年（1873）反經堂刻本　五冊　存十卷（一至十）

330000－1704－0012493　002367　子部/儒家類/儒學之屬/禮教/女範
聶氏重編家政學二卷　曾紀芬編　清光緒三十年（1904）浙江官書局刻本　二冊

330000－1704－0012494　000444　子部/儒家類/儒家之屬/性理
儒志編一卷　（宋）王開祖撰　（清）童基輯

清乾隆十七年(1752)刻咸豐元年(1851)校補本　一冊

330000－1704－0012495　002172　子部/醫家類/類編之屬
醫林指月十二種　(清)王琦編　清乾隆三十二年(1767)寶笏樓刻本　三冊　存一種

330000－1704－0012496　002368　子部/叢編
子書百家　(清)崇文書局編　清光緒元年(1875)湖北崇文書局刻本　四冊　存一種

330000－1704－0012497　002260　子部/醫家類/溫病之屬/其他溫疫病證
溫病條辨症方歌括一卷　(清)錢文驥撰　清光緒三十年(1904)刻本　一冊

330000－1704－0012499　002369　新學/農政/蠶務
論養蠶新法一卷　(法國)巴士德撰　(法國)拔維晏譯　清光緒二十八年(1902)浙江官書局刻本　一冊

330000－1704－0012500　002370　子部/農家農學類/蠶桑之屬
柞蠶雜誌一卷柞蠶問答一卷　增韞撰　清光緒三十二年(1906)浙江官書局刻本　一冊

330000－1704－0012501　002163　子部/醫家類/本草之屬/歷代綜合本草
本草從新十八卷　(清)吳儀洛輯　清光緒二十一年(1895)上海書局石印本　厲仲廉題簽　四冊

330000－1704－0012502　002451　經部/禮記類/分篇之屬
深衣釋例三卷　(清)任大椿撰　清乾隆四十八年(1783)刻本　一冊

330000－1704－0012503　000446　類叢部/叢書類/彙編之屬
望三益齋叢書十種　(清)吳棠編　清咸豐至光緒吳氏望三益齋刻本　四冊　存一種

330000－1704－0012504　002296　史部/地理類/水利之屬
海塘新志六卷　(清)琅玕撰　清乾隆徐綬刻本　二冊

330000－1704－0012505　000447　子部/儒家類/儒學之屬/性理
朱子原訂近思錄集注十四卷　(清)江永撰　清光緒二十五年(1899)浙江官書局刻本　四冊

330000－1704－0012506　002452　經部/禮記類/傳說之屬
全本禮記體註十卷　(清)徐瑄撰　清乾隆書業堂刻本　十冊

330000－1704－0012507　000448　子部/儒家類/儒學之屬/性理
朱子原訂近思錄集注十四卷考訂朱子世家一卷　(清)江永撰　清同治七年(1868)楚北崇文書局刻本　四冊　缺一卷(考訂朱子世家)

330000－1704－0012508　002164　子部/醫家類/本草之屬/歷代綜合本草
本草從新六卷　(清)吳儀洛輯　清同治四年(1865)刻本　六冊

330000－1704－0012509　002261　子部/醫家類/傷寒金匱之屬/傷寒論
傷寒準繩八卷　(明)王肯堂輯　清刻本　四冊

330000－1704－0012510　002297　史部/地理類/水利之屬
迴瀾紀要二卷　(清)徐端撰　清道光二十三年(1843)刻本　二冊

330000－1704－0012511　002262　新學/算學/數學
格物探原六卷　(英國)韋廉臣撰　清光緒二年(1876)鉛印本　一冊　存三卷(一至三)

330000－1704－0012512　002165　子部/醫家類/方書之屬/成方藥目
同仁堂藥目不分卷　(清)同仁堂編　清光緒十五年(1889)京都同仁堂刻本　一冊

330000－1704－0012513　000449　子部/儒家類/儒學之屬/性理

朱子原訂近思錄集註十四卷　(清)江永撰　清咸豐元年至二年(1851－1852)孫鏘鳴刻本　三冊

330000－1704－0012514　002198－1　子部/醫家類/方書之屬/單方驗方

蔡松汀先生治難產神驗良方一卷　(清)蔡松汀撰　清光緒二十二年(1896)刻本　一冊

330000－1704－0012515　002198－2　子部/醫家類/方書之屬/單方驗方

急救仙方一卷　清錦春齋刻本　與330000－1704－0012514合冊

330000－1704－0012516　002166　子部/醫家類/本草之屬/歷代綜合本草

本草從新十八卷　(清)吳儀洛輯　清光緒七年(1881)恒德堂刻本　四冊

330000－1704－0012517　002302　史部/地理類/水利之屬

測海蠡言不分卷　(清)馮道立撰　清同治五年(1866)刻本　一冊

330000－1704－0012518　002198－3　子部/醫家類/方書之屬/單方驗方

簡錄喉症良方一卷　(清)許佐廷撰　清刻本　與330000－1704－0012514合冊

330000－1704－0012519　002263　子部/醫家類/類編之屬

陳修園醫書四十八種　(清)陳念祖等撰　清光緒三十二年(1906)上海文新書局石印本　二十四冊

330000－1704－0012520　002198－4　類叢部/叢書類/自著之屬

利濟叢書□□種　(清)陳虬撰　清光緒二十八年(1902)劉祥勝刻本　與330000－1704－0012514合冊　存一種

330000－1704－0012521　000722、000723　子部/術數類/相宅相墓之屬

地理入門　(清)理清和詮　清嘉慶十九年(1814)刻本　三冊　存七種

330000－1704－0012522　002371　子部/農家農學類/農藝之屬/烹調

隨園食單一卷　(清)袁枚撰　清刻本　一冊

330000－1704－0012523　002372　子部/農家農學類/農藝之屬/烹調

隨園食單一卷　(清)袁枚撰　清乾隆五十七年(1792)刻本　一冊

330000－1704－0012525　002373　子部/農家農學類/蠶桑之屬

裨農最要三卷　陳開沚撰　清光緒二十三年(1897)潼川文明堂刻本　一冊

330000－1704－0012526　002126　子部/醫家類/類編之屬

薛氏醫按二十四種　(明)吳琯編　明刻本　十二冊　存一種

330000－1704－0012527　002167　子部/醫家類/本草之屬/歷代綜合本草

本草從新十八卷　(清)吳儀洛輯　清光緒六年(1880)埽葉山房刻本　六冊

330000－1704－0012528　000451　類叢部/叢書類/彙編之屬

正誼堂叢書　(清)張伯行編　清康熙至雍正刻本　二冊　存一種

330000－1704－0012529　002168　子部/醫家類/本草之屬/神農本草經

本草崇原集說三卷附本草經讀一卷　(清)張志聰撰　(清)高世栻訂　(清)仲學輅集說　清宣統二年(1910)錢塘仲氏刻本　四冊

330000－1704－0012530　002298　史部/地理類/水利之屬

荆州萬城隄志十卷首一卷末一卷　(清)倪文蔚纂　**荆州萬城隄續志十卷首一卷末一卷**　(清)舒惠撰　清光緒刻本(續志卷二、十原缺)　十冊

330000－1704－0012531　002374　類叢部/叢書類/彙編之屬

函海一百五十二種　(清)李調元編　清乾隆綿州李氏萬卷樓刻嘉慶十四年(1809)李鼎元、道光五年(1825)李朝夔重校補刻本　一冊　存一種

330000－1704－0012532　002375　子部/叢編

子書百家　(清)崇文書局編　清光緒元年(1875)湖北崇文書局刻本　四冊　存一種

330000－1704－0012533　002162　子部/醫家類/本草之屬/歷代綜合本草

本草述三十二卷首一卷　(清)劉若金撰　清嘉慶十五年(1810)武進薛氏還讀山房刻光緒二年(1876)姑蘇來青閣印本　十二冊

330000－1704－0012534　002127　子部/醫家類/兒科之屬/通論

鼎鍥幼幼集成六卷　(清)陳復正輯　清乾隆刻本　二冊

330000－1704－0012535　002376　經部/小學類/音韻之屬/注音

傳音快字一卷　(清)蔡錫勇撰　清光緒二十二年(1896)武昌刻本　一冊

330000－1704－0012536　002199　子部/醫家類/醫話醫論之屬

醫方叢話八卷附鈔一卷　(清)徐士鑾輯　清光緒十五年(1889)津門徐氏蝜園刻本　四冊　存八卷(一至八)

330000－1704－0012537　000452　類叢部/叢書類/自著之屬

高子全書八種　(明)高攀龍撰　明崇禎刻清乾隆七年(1742)華希閔劍光閣重修本　二冊　存一種

330000－1704－0012538　002159　子部/醫家類/本草之屬/歷代綜合本草

本草求真九卷主治二卷脈理求真一卷圖一卷　(清)黃宮繡撰　清翰文堂刻本　十二冊

330000－1704－0012539　000453　類叢部/叢書類/自著之屬

高子全書八種　(明)高攀龍撰　明崇禎刻清乾隆七年(1742)華希閔劍光閣重修本　二冊　存一種

330000－1704－0012540　002200　子部/醫家類/方書之屬/歷代方書

天醫彙要二種八卷　(清)田是菴輯　(清)張日初撰　清嘉慶十九年(1814)刻本　一冊

330000－1704－0012541　002160　子部/醫家類/本草之屬/歷代綜合本草

本草求真九卷主治二卷脈理求真一卷　(清)黃宮繡撰　清刻本　十一冊　缺一卷(一)

330000－1704－0012542　002128　子部/醫家類/兒科之屬

慈幼筏十二卷首一卷　(清)程雲鵬輯　清順治元年(1644)刻本　四冊

330000－1704－0012543　000724　子部/術數類/相宅相墓之屬

重校刊官板地理玉髓真經二十八卷　(宋)張洞玄撰　(宋)劉允中注　**後卷一卷**　(宋)房正撰　明天啟七年(1627)龍虎山刻本　十八冊

330000－1704－0012544　002161　子部/醫家類/類編之屬

利濟十二種　(清)趙學敏輯　清同治十年(1871)錢塘張應昌吉心堂刻本　十冊　存一種

330000－1704－0012545　002264　子部/醫家類/兒科之屬/痘疹

中西痘科合璧十二卷　(清)張琰編　清光緒三十二年(1906)上海書局石印本　二冊

330000－1704－0012546　000454　子部/儒家類/儒學之屬/性理

潛室陳先生木鍾集十一卷　(宋)陳埴撰　清同治六年(1867)陳思燏東甌郡齋刻本　四冊

330000－1704－0012547　002129　子部/醫家類/兒科之屬/通論

鼎鍥幼幼集成六卷　(清)陳復正輯　清龍溪堂刻本　六冊

330000－1704－0012548　002114　子部/醫家類/婦科之屬/通論
女科要旨四卷　（清）陳念祖撰　清刻本　二册

330000－1704－0012549　002265　子部/醫家類/溫病之屬
時病論八卷　（清）雷豐撰　清光緒石印本　一册

330000－1704－0012550　002299　新學/雜著/叢編
江南製造局譯書　（清）江南製造局編　清光緒江南製造局刻本暨鉛印本　四册　存一種

330000－1704－0012552　000455　子部/儒家類/儒學之屬
朱子晚年定論一卷　（明）王守仁撰　清咸豐四年（1854）雷以諴雨香書屋刻本　一册

330000－1704－0012554　002116　子部/醫家類/婦科之屬
竹林女科證治四卷　（清）竹林寺僧撰　清光緒十七年（1891）皖江節署刻本　六册

330000－1704－0012557　002117　子部/醫家類/婦科之屬
女科輯要八卷附單養賢胎產全書一卷　（清）周紀常撰　清同治四年（1865）奎照樓刻本　四册

330000－1704－0012558　002158　子部/醫家類/本草之屬/歷代綜合本草
本草綱目五十二卷圖三卷瀕湖脈學一卷奇經八脈攷一卷脈訣攷證一卷　（明）李時珍撰　**本草萬方鍼線八卷藥品總目一卷**　（清）蔡烈先輯　**本草綱目拾遺十卷正誤一卷**　（清）趙學敏輯　清光緒二十年（1894）上海圖書集成印書局鉛印本　二十四册

330000－1704－0012559　002268　子部/醫家類/類編之屬
中西醫學羣書第一集國粹部十種　（清）陳俠君編　清光緒三十三年（1907）上海六藝書局石印本　五册　存四種

330000－1704－0012560　002300　新學/雜著/叢編
江南製造局譯書　（清）江南製造局編　清光緒江南製造局刻本暨鉛印本　二册　存一種

330000－1704－0012561　002130　子部/醫家類/兒科之屬/通論
鼎鍥幼幼集成六卷　（清）陳復正輯　清乾隆十六年（1751）翰墨園刻本　六册

330000－1704－0012562　002201　子部/醫家類/方書之屬/單方驗方
絳雪園古方選註不分卷得宜本草一卷　（清）王子接輯　清埽葉山房刻本　一册

330000－1704－0012563　002157　子部/醫家類/本草之屬/歷代綜合本草
本草綱目五十二卷圖三卷瀕湖脈學一卷奇經八脈攷一卷脈訣攷證一卷　（明）李時珍撰　**本草萬方鍼線八卷藥品總目一卷**　（清）蔡烈先輯　清刻本　四十八册

330000－1704－0012564　002131　子部/醫家類/兒科之屬/痘疹
鄭氏瘄畧一卷附録一卷　（清）鄭啟壽撰　清同治九年（1870）汲湹齋刻本　一册

330000－1704－0012565　000725　子部/術數類/相宅相墓之屬
地學二卷　（清）沈鎬撰　清抄本　惺廬主人題簽　一册

330000－1704－0012566　002118　子部/醫家類/婦科之屬/產科
達生篇三卷附錄一卷　（清）亟齋居士撰（清）胡青選校訂　清刻本　一册

330000－1704－0012567　002269　子部/醫家類/溫病之屬/瘟疫
明吳又可先生溫疫論醫門普度二卷附一卷（清）吳有性撰　清文淵堂刻本　二册

330000－1704－0012568　002301　新學/雜著/叢編
江南製造局譯書　（清）江南製造局編　清光緒江南製造局刻本暨鉛印本　一册　存一種

330000－1704－0012569　002202　子部/醫家類/方書之屬/單方驗方

類證普濟本事方十卷坊刻王氏本備錄一卷　（宋）許叔微撰　（清）葉桂釋義　清嘉慶十九年（1814）葉鍾刻姑蘇掃葉山房印本　六冊

330000－1704－0012570　002303　史部/地理類/水利之屬

上虞塘工紀要二卷　（清）連蘅撰　清光緒刻本　一冊

330000－1704－0012571　002270　子部/醫家類/類編之屬

喻氏醫書三種　（清）喻昌撰　清光緒同文堂刻本　十二冊

330000－1704－0012572　002123　子部/醫家類/婦科之屬/產科

達生篇一卷　（清）亟齋居士撰　（清）胡青選校訂　清咸豐溫州刻本　一冊

330000－1704－0012573　000458　史部/傳記類/總傳之屬/儒林

明儒學案六十二卷師說一卷附案一卷　（清）黃宗羲撰　清康熙三十年（1691）萬言、三十二年（1693）賈樸、雍正十三年至乾隆四年（1735－1739）慈溪鄭性二老閣刻光緒八年（1882）馮全垓修補本　三十二冊

330000－1704－0012574　002203　子部/醫家類/方書之屬/單方驗方

藥方備要一卷　平甫錄　清抄本　一冊

330000－1704－0012576　002304　史部/地理類/水利之屬

上虞塘工紀畧二卷續一卷三續一卷　（清）連仲愚撰　清光緒十三年（1887）枕湖樓刻本　一冊

330000－1704－0012578　002020、002021、002022　子部/醫家類/類編之屬

中西匯通醫書五種　唐宗海撰　清光緒三十四年（1908）上海千頃堂書局石印本　九冊　存三種

330000－1704－0012579　002305　史部/地理類/輿圖之屬

圖形一斑一卷　（清）王肇鋐撰　清光緒十七年（1891）王肇鋐日本東京使廨石印本　一冊

330000－1704－0012580　002023　子部/醫家類/綜合之屬/通論

醫師秘笈二卷附濕熱條辨一卷　（清）薛雪撰　清光緒七年（1881）浙寧簡香齋刻本　二冊

330000－1704－0012581　002306　新學/雜著/叢編

西政叢書三十二種　梁啓超編　清光緒二十三年（1897）上海慎記書莊石印本　七冊　存二種

330000－1704－0012582　002133　子部/醫家類/兒科之屬/痘疹

御纂痘科全書四卷　（清）鄂爾泰撰　清宣統元年（1909）上海掃葉山房石印本　一冊

330000－1704－0012583　002272　子部/醫家類

吴醫彙講十一卷　（清）唐大烈輯　清乾隆五十七年（1792）刻嘉慶十九年（1814）唐慶耆印本　四冊

330000－1704－0012585　002125　子部/醫家類/婦科之屬/產科

達生篇二卷補遺一卷　（清）亟齋居士撰　清光緒二十年（1894）浙台黃邑路橋金師古齋刻本　一冊

330000－1704－0012586　002119　子部/醫家類/類編之屬

世補齋醫書後集　（清）陸懋修編　清宣統二年（1910）陸潤庠刻本　二冊　存一種

330000－1704－0012588　002120　子部/醫家類/婦科之屬

萬氏婦科彙要四卷　（明）萬全撰　清初善餘堂刻本　一冊

330000－1704－0012589　002121　子部/醫家類/婦科之屬/產科

保產心法一卷全嬰心法一卷　（清）石成金撰　清刻本　一冊

330000－1704－0012592　002122　子部/醫家類/婦科之屬/通論
女科經綸八卷　(清)蕭壎撰　清康熙燕貽堂刻本　四冊

330000－1704－0012595　002124　子部/醫家類/婦科之屬
傅青主女科二卷產後編二卷　(清)傅山撰　清咸豐元年(1851)刻本　一冊　存二卷(女科上、下)

330000－1704－0012596　002310　史部/地理類/水利之屬
平德魁先生條陳監利隄工一卷　(清)平德魁撰　清光緒抄本　一冊

330000－1704－0012597　000726　子部/術數類/相宅相墓之屬
地學二卷　(清)沈鎬撰　清道光刻本　二冊

330000－1704－0012598　002311　新學/礦務
礦產圖說□□卷　(清)陳鈺編輯　清光緒抄本　一冊　存一卷(三)

330000－1704－0012599　002276　子部/醫家類/類編之屬
小耕石齋醫書四種　(清)金德鑑編　清同治七年(1868)金雲齋刻本　二冊　存二種

330000－1704－0012600　002312　史部/政書類/考工之屬/營造
工程做法七十四卷　(清)允禮等纂　清刻本　十八冊

330000－1704－0012601　002048　子部/醫家類/傷寒金匱之屬/金匱要略
張仲景金匱要畧論註二十四卷　(清)徐彬撰　清光緒五年(1879)校經山房刻本　六冊

330000－1704－0012602　000727　子部/術數類/相宅相墓之屬
陽宅愛眾篇四卷　(清)張覺正撰　清嘉慶二十二年(1817)步雲閣刻本　二冊

330000－1704－0012603　002049　子部/醫家類/傷寒金匱之屬/傷寒論
內科傷寒論講義三卷　(清)徐定超輯　清光緒三十二年(1906)刻本　三冊

330000－1704－0012604　000728　子部/術數類/相宅相墓之屬
堪輿三昧一卷　(清)康基田撰　清同治三年(1864)金玉樓刻本　二冊

330000－1704－0012605　002231　子部/醫家類/醫案之屬
臨證指南醫案十卷種福堂精選良方兼刻古吳名醫精論四卷　(清)葉桂撰　(清)徐大椿評　清武林文苑堂刻本　十二冊

330000－1704－0012606　002050　子部/醫家類/傷寒金匱之屬/金匱要略
金匱心典三卷　(清)尤怡撰　清光緒二十四年(1898)常郡宛委山莊刻本　三冊

330000－1704－0012607　000729　子部/術數類/相宅相墓之屬
堪輿管見二卷　(明)謝廷柱撰　(明)費价注　清抄本　一冊

330000－1704－0012608　002313　新學/雜著/叢編
江南製造局譯書　(清)江南製造局編　清光緒江南製造局刻本暨鉛印本　五冊　存一種

330000－1704－0012609　002051　子部/醫家類/傷寒金匱之屬/金匱要略
金匱心典三卷　(清)尤怡撰　清光緒七年(1881)崇德書院刻本　三冊

330000－1704－0012610　000730　子部/術數類/相宅相墓之屬
地理緒余一卷　(清)王華撰　清道光二十年(1840)刻本　一冊

330000－1704－0012611　002277　子部/醫家類/類編之屬
醫學五則　(清)廖雲溪編　清光緒十三年(1887)興發堂刻本　一冊

330000－1704－0012612　002052　子部/醫

家類/傷寒金匱之屬/金匱要略

張仲景金匱要畧二十四卷　(清)沈明宗輯注　清康熙三十二年(1693)刻乾隆三十年(1765)印本　六册

330000－1704－0012613　000731　子部/術數類/相宅相墓之屬

雪心賦正解四卷　(唐)卜應天撰　(清)孟浩註　**辯論三十篇一卷**　(清)孟浩撰　清康熙十九年(1680)以文居刻本　四册

330000－1704－0012615　002026　子部/醫家類/綜合之屬/通論

醫宗必讀十卷　(明)李中梓撰　清乾隆二十一年(1756)刻本　十册

330000－1704－0012616　002314　新學/雜著/叢編

江南製造局譯書　(清)江南製造局編　清光緒江南製造局刻本暨鉛印本　二册　存一種

330000－1704－0012618　002027　子部/醫家類/綜合之屬/通論

羣玉山房重校醫宗必讀十卷　(明)李中梓撰　清刻本　五册

330000－1704－0012621　000732　子部/術數類/相宅相墓之屬

重校堪輿管見不分卷　(明)謝廷柱撰　清抄本　二册

330000－1704－0012622　002028　子部/醫家類/溫病之屬/瘟疫

醫學四要　(清)蔡貽績輯　清嘉慶二十二年(1817)蔡貽績刻本　二册　存一種

330000－1704－0012624　002316　子部/工藝類/日用器物之屬/器具

遠西奇器圖説錄最三卷　(瑞士)鄧玉函口授　(明)王徵譯繪　**新製諸器圖説一卷**　(明)王徵撰　清道光十年(1830)張鵬翂來鹿堂刻本　二册

330000－1704－0012626　002029　子部/醫家類/類編之屬

南雅堂醫書全集　(清)陳念祖撰　清同治五年(1866)南雅堂刻本　六册　存一種

330000－1704－0012627　002030　子部/醫家類/類編之屬

南雅堂醫書全集　(清)陳念祖撰　清同治五年(1866)南雅堂刻本　七册　存一種

330000－1704－0012629　000733　子部/術數類/相宅相墓之屬

地理會心集十三卷　(清)林枚撰輯　清嘉慶刻本　二册　存四卷(一至四)

330000－1704－0012630　000734　子部/術數類/相宅相墓之屬

新刻石函平砂玉尺經全書真機二卷　題(元)劉秉忠撰　(明)劉基解　(明)賴從謙發揮　**新刊地理五經四書解義郭樸葬經一卷**　(明)吳徵刪定　(明)鄭謐注釋　清刻本　三册

330000－1704－0012632　000736　子部/術數類/相宅相墓之屬

地理三字經二卷　(清)程思樂撰　清道光十三年(1833)刻本　三册

330000－1704－0012633　000737　子部/術數類/相宅相墓之屬

地學真傳六卷　(清)查有新輯　清嘉慶刻本　二册

330000－1704－0012634　002054　子部/醫家類/類編之屬

徐氏醫書八種　(清)徐大椿撰　清刻本　一册　存一種

330000－1704－0012635　001912　子部/醫家類/類編之屬

士材三書　(明)李中梓等撰　(清)尤乘編　清文英堂刻本　七册　缺一卷(增補病機沙篆一)

330000－1704－0012636　002055　子部/醫家類/類編之屬

己任編八卷　(清)楊乘六編　清道光十年(1830)涵古堂刻本　二册

330000－1704－0012638　001913　子部/醫

家類/類編之屬
東垣十書附二種　清光緒三十三年(1907)上海文盛書局石印本　六冊

330000－1704－0012639　002024　子部/醫家類/綜合之屬/通論
嵩厓尊生書十五卷　(明)景日昣撰　清刻本　六冊　缺四卷(七至十)

330000－1704－0012640　002056　子部/醫家類/溫病之屬/痧症
痧症全書三卷　(清)王凱輯　**痧疫論一卷**　(清)胡傑輯　清道光三年(1823)刻本　一冊　存二卷(上、痧疫論)

330000－1704－0012641　002031　子部/醫家類/傷寒金匱之屬/傷寒論
劉河間傷寒六書附二種　(金)劉完素等撰　清宣統元年(1909)上海千頃堂石印本　六冊

330000－1704－0012642　002317　子部/藝術類/遊藝之屬/雜藝
聽月山房七巧書譜二卷　(清)嚴恒撰　清光緒十八年(1892)刻本　一冊

330000－1704－0012643　001914　子部/醫家類/叢編之屬
南雅堂醫書全集十六種　(清)陳念祖撰　清南雅堂刻本　四冊　存一種

330000－1704－0012645　002057　子部/醫家類/綜合之屬
秘傳證治要訣十二卷　(明)戴元禮撰　清刻本　三冊

330000－1704－0012646　002032　子部/醫家類/傷寒金匱之屬/傷寒論
劉河間傷寒三書二十卷　(金)劉完素撰　清宣統元年(1909)上海千頃堂石印本　四冊

330000－1704－0012649　001915　子部/醫家類/類編之屬
沈氏尊生書五種　(清)沈金鰲撰輯　清宣統元年(1909)石印本　二十冊

330000－1704－0012650　000738　子部/術數類/相宅相墓之屬
豐城斗首一卷　張伯葵　張玉奐手定　清抄本　一冊

330000－1704－0012652　002209　子部/醫家類/方書之屬/歷代方書
易簡方一卷　(宋)王碩撰　清光緒二十四年(1898)孫詒讓刻本　一冊

330000－1704－0012653　002034　子部/醫家類/傷寒金匱之屬/傷寒論
傷寒論註四卷附翼二卷　(清)柯琴撰　清光緒三十二年(1906)寧波奎元堂石印本　六冊

330000－1704－0012655　002059　子部/醫家類/傷寒金匱之屬/傷寒論
尚論張仲景傷寒論重編三百九十七法二卷首一卷後四卷　(清)喻昌撰　清刻本　五冊

330000－1704－0012656　000733　子部/術數類/相宅相墓之屬
羅經會心集四卷　(清)林牧輯　清嘉慶十六年(1811)刻本　一冊　存二卷(一至二)

330000－1704－0012658　000733　子部/術數類/相宅相墓之屬
陽宅會心集三卷　(清)林雰谷輯　**相宅經纂四卷**　(清)高見南輯　清嘉慶十六年(1811)致和堂刻本　一冊　存三卷(陽宅會心集一至三)

330000－1704－0012663　000739　子部/術數類/相宅相墓之屬
桐城地脈記一卷　(清)左殷薦撰　清抄本　一冊

330000－1704－0012664　001917　子部/醫家類/類編之屬
沈氏尊生書五種　(清)沈金鰲撰輯　清乾隆四十九年(1784)無錫沈氏師儉堂刻本　十五冊　缺一卷(雜病源流犀燭二十一)

330000－1704－0012667　000740　子部/術數類/相宅相墓之屬
堪輿淺注六卷　(清)方智注　清雍正刻本　六冊

330000－1704－0012668　002062　子部/醫家類/溫病之屬/瘟疫

瘟疫條辨摘要不分卷　(清)呂田輯　清光緒十五年(1889)浙江書局刻本　一册

330000－1704－0012670　000741　子部/術數類/相宅相墓之屬

堪輿一覽二卷　(清)孫稚玉撰　清道光三年(1823)刻本　二册

330000－1704－0012671　001918　子部/醫家類/類編之屬

當歸草堂醫學叢書初編十種　(清)丁丙編　清光緒四年(1878)錢塘丁氏當歸草堂刻本　十二册

330000－1704－0012672　002036　子部/醫家類/傷寒金匱之屬/傷寒論

傷寒補天石二卷續二卷　(明)戈維城撰　清刻本　一册　存二卷(傷寒補天石一至二)

330000－1704－0012673　002064　子部/醫家類/傷寒金匱之屬/傷寒論

傷寒明理論四卷　(金)成無己撰　清刻本　二册

330000－1704－0012674　002210　子部/醫家類/方書之屬/單方驗方

怪疾奇方一卷　(清)费伯雄輯　清光緒十年(1884)众香室刻本　二册

330000－1704－0012675　002065　子部/醫家類/溫病之屬/其他溫疫病證

問心堂溫病條辨六卷首一卷　(清)吳瑭撰　清光緒三十一年(1905)掃葉山房刻本　四册　缺四卷(三至六)

330000－1704－0012677　002038　子部/醫家類/傷寒金匱之屬/傷寒論

傷寒補天石二卷續傷寒補天石二卷　(明)戈維城撰　清刻本　二册　存二卷(續傷寒補天石一至二)

330000－1704－0012678　000742　子部/術數類/相宅相墓之屬

理氣心法圖說一卷　清刻本　一册

330000－1704－0012679　001919　子部/醫家類/類編之屬

東垣十書附二種　清文奎堂刻本　李苣校並記　十五册　缺一卷(湯液本草二)

330000－1704－0012680　002320　新學/格致總

格致須知二十八種　(英國)傅蘭雅編　清光緒八年至二十四年(1882－1898)刻本　一册　存一種

330000－1704－0012681　002039　子部/醫家類/傷寒金匱之屬/傷寒論

傷寒大白四卷總論一卷　(清)秦之楨撰　清康熙五十三年(1714)陳懋寬其順堂刻本　八册

330000－1704－0012682　000743　子部/術數類/相宅相墓之屬

青囊解惑四卷　(清)汪沆撰　清乾隆刻本　一册

330000－1704－0012683　002211　子部/醫家類/方書之屬/歷代方書

易簡方一卷　(宋)王碩撰　清光緒二十四年(1898)孫詒讓刻本　一册

330000－1704－0012685　000744　子部/術數類/相宅相墓之屬

堪輿雜抄不分卷　清抄本　二册

330000－1704－0012686　002040　子部/醫家類/傷寒金匱之屬/傷寒論

張仲景傷寒論貫珠集八卷　(清)尤怡輯註　清蘇州綠蔭堂刻本　四册

330000－1704－0012688　002323　子部/農家農學類/農藝之屬

士那補釋一卷　(清)張義澍撰　清光緒二十三年(1897)楊氏香海閣刻本　一册

330000－1704－0012689　002041　子部/醫家類/傷寒金匱之屬/傷寒論

傷寒瘟疫條辯六卷　(清)楊璿撰　(清)楊鼎編　清乾隆五十年(1785)孫宏智刻本　六册

330000－1704－0012690　001920　子部/醫家類/綜合之屬/通論
御纂醫宗金鑑九十卷首一卷　（清）吳謙等撰　清刻本　三十八册

330000－1704－0012692　001921　子部/醫家類/類編之屬
世補齋醫書　（清）陸懋修撰輯　清光緒十年（1884）刻十二年（1886）山左書局印本　八册

330000－1704－0012693　002139　子部/醫家類/兒科之屬
著石堂新刻幼科直言六卷　（清）孟河撰（清）孟莊輯　清雍正四年（1726）刻本　四册

330000－1704－0012696　000461　子部/儒家類/儒學之屬/性理
呻吟語六卷　（明）呂坤撰　（清）陳弘謀輯　清刻本　四册

330000－1704－0012697　000462　子部/儒家類/儒學之屬/性理
呂子節錄補遺二卷　（明）呂坤撰　（清）陳弘謀評輯　清陳照刻本　二册

330000－1704－0012698　000463　子部/儒家類/儒學之屬/性理
呂子節錄四卷　（明）呂坤撰　（清）陳弘謀評輯　清道光十年（1830）南豐劉煜刻本　二册

330000－1704－0012701　000471　子部/儒家類/儒學之屬/性理
呂語集粹四卷　（清）陳弘謀評輯　清宣統元年（1909）上海文瑞樓石印本　二册

330000－1704－0012702　000472　子部/儒家類/儒學之屬/性理
胡敬齋先生居業錄十二卷　（明）胡居仁撰　清乾隆二十二年（1757）胡道儀刻本　四册

330000－1704－0012705　000475　類叢部/叢書類/自著之屬
胡白水著書四種　（清）胡泉撰　清咸豐刻本　七册　存三種

330000－1704－0012706　000476　子部/儒家類/儒學之屬/性理
居業錄四卷　（明）胡居仁撰　清雍正二年（1724）胡道任、胡道儀刻本　四册

330000－1704－0012707　002066　子部/醫家類/溫病之屬
溫熱暑疫全書四卷　（清）周揚俊輯　清光緒十五年（1889）掃葉山房刻本　二册

330000－1704－0012708　002042　子部/醫家類/傷寒金匱之屬/傷寒論
傷寒醫鑑一卷　（元）馬宗素撰　**劉河間傷寒直格論方三卷**　（金）劉完素撰　（金）葛雍編　清末抄本　二册

330000－1704－0012709　002067　子部/醫家類/溫病之屬/其他溫疫病證
溫病條辨六卷首一卷　（清）吳瑭撰　清葉氏刻本　二册　存三卷（首、一至二）

330000－1704－0012710　001921　子部/醫家類/類編之屬
世補齋醫書後集　（清）陸懋修編　清宣統二年（1910）陸潤庠刻本　十册

330000－1704－0012711　002068　子部/醫家類/溫病之屬/其他溫疫病證
溫熱贅言一卷　（清）寄瓢子撰　清吳氏靈鶴山房刻本　一册

330000－1704－0012714　002043　子部/醫家類/傷寒金匱之屬/傷寒論
傷寒論註四卷附翼二卷　（清）柯琴撰　清刻本　五册　缺一卷（傷寒論註一）

330000－1704－0012715　001922　子部/醫家類/綜合之屬/通論
御纂醫宗金鑑九十卷首一卷　（清）吳謙等撰　清光緒二年（1876）江西書局刻本　符璋批校　五十八册　缺三卷（一至三）

330000－1704－0012716　002328　子部/工藝類/日用器物之屬/陶瓷
景德鎮陶錄十卷　（清）藍浦撰　（清）鄭廷桂補輯　清同治九年（1870）昌南鄭氏刻本　四册

330000－1704－0012717　002045　子部/醫家類/傷寒金匱之屬/傷寒論
傷寒論註四卷附翼二卷　(清)柯琴撰　清刻本　李芑批校並題記　六册

330000－1704－0012718　002044　子部/醫家類/傷寒金匱之屬/傷寒論
余註傷寒論翼四卷　(清)柯琴撰　(清)余景和注　清上海文瑞樓刻本　二册

330000－1704－0012719　002071　子部/醫家類/溫病之屬/其他溫疫病證
溫病條辨六卷首一卷　(清)吳瑭撰　清寧波羣玉山房刻本　三册

330000－1704－0012720　002072　子部/醫家類/類編之屬
潛齋醫書三種　(清)王士雄撰　清道光十九年(1839)浙江湖墅長盛紙行刻本　一册　存一種

330000－1704－0012721　002074　子部/醫家類/溫病之屬/瘟疫
瘟疫論二卷補遺一卷附按一卷　(明)吳有性撰　清刻本　二册

330000－1704－0012722　002073　子部/醫家類/溫病之屬/痧症
痧脹玉衡書三卷後卷一卷　(清)郭志邃撰　清刻本　三册

330000－1704－0012723　001924　子部/醫家類/綜合之屬/通論
御纂醫宗金鑑九十卷首一卷　(清)吳謙等撰　清光緒十八年(1892)上海圖書集成印書局鉛印本　二十四册

330000－1704－0012724　001923　子部/醫家類/綜合之屬/通論
御纂醫宗金鑑九十卷首一卷　(清)吳謙等撰　清光緒二十九年(1903)上海飛鴻閣書林石印本　十六册　缺十六卷(七十五至九十)

330000－1704－0012726　002075　子部/醫家類/外科之屬/癰疽、疔瘡
洞天奧旨十六卷圖一卷　(清)陳士鐸撰　(清)陶式玉評　清緯文堂刻本　四册

330000－1704－0012727　002076　子部/醫家類/外科之屬/癰疽、疔瘡
治瘡秘方一卷　清末抄本　一册

330000－1704－0012728　002047　子部/醫家類/傷寒金匱之屬/傷寒論
傷寒審症表一卷　(清)包誠輯　清同治十年(1871)湖北崇文書局刻本　一册

330000－1704－0012729　001925　子部/醫家類/類編之屬
馮氏錦囊秘錄三種五十卷　(清)馮兆張編　清嘉慶二十三年(1818)大文堂刻本　二十八册

330000－1704－0012732　001926　子部/醫家類/類編之屬
醫林指月十二種　(清)王琦編　清光緒二十二年(1896)上海圖書集成印書局鉛印本　八册

330000－1704－0012733　002000　子部/醫家類/綜合之屬/通論
編註醫學入門七卷首一卷　(明)李梴撰　清光緒十八年(1892)刻本　十册

330000－1704－0012734　002001　子部/醫家類/綜合之屬/通論
重校醫宗必讀十卷　(明)李中梓撰　清光緒三十年(1904)千頃堂石印本　五册

330000－1704－0012736　002140　子部/醫家類/兒科之屬/痘疹
痘疹定論四卷　(清)朱純嘏編輯　清咸豐元年(1851)文英堂刻本　二册

330000－1704－0012737　002077　子部/醫家類/溫病之屬/瘟疫
廣瘟疫論四卷廣瘟疫論方一卷　(清)戴天章撰　清賜書堂刻本　二册

330000－1704－0012740　002079　子部/醫家類/溫病之屬/痧症
正痧三十六症治以三十六方一卷　清末抄本

一册

330000－1704－0012741　001928　子部/醫家類/類編之屬
萬密齋醫書十種　(明)萬全撰　清刻本　張棡題記並批　十册　存九種

330000－1704－0012742　002002　子部/醫家類/溫病之屬/瘟疫
六氣感證要義一卷　(清)周巖撰　清光緒二十四年(1898)古越存濟堂石印本　厲仲廉題簽　一册

330000－1704－0012748　001929　子部/醫家類/類編之屬
徐氏醫書六種　(清)徐大椿撰　清雍正五年至乾隆二十二年(1727－1757)半松齋刻本　十册

330000－1704－0012749　002141　子部/醫家類/兒科之屬/通論
幼科鐵鏡六卷　(清)夏鼎撰　清康熙友蘭堂刻本　一册

330000－1704－0012751　001930　子部/醫家類/類編之屬
徐氏醫書八種　(清)徐大椿撰　清光緒二十二年(1896)珍藝書局鉛印本　李岜題記　五册

330000－1704－0012752　002329　子部/工藝類/文房四寶之屬/硯
硯小史四卷　(清)朱棟撰　清嘉慶五年(1800)樓外樓刻民國二十四年(1935)高氏寒隱草堂補刻本　二册

330000－1704－0012755　002084　子部/醫家類/溫病之屬/瘟疫
瘟疫條辨摘要不分卷　(清)呂田輯　清光緒十一年(1885)溫州博古齋刻本　一册

330000－1704－0012756　002006　子部/醫家類/綜合之屬
景岳全書發揮四卷　(清)葉桂撰　清光緒五年(1879)吳氏醉六堂刻本　四册

330000－1704－0012757　002085　子部/醫家類/外科之屬/外科方
外科症治全生前集三卷後集三卷　(清)王維德撰　清乾隆五年(1740)刻本　一册

330000－1704－0012761　002087　子部/醫家類/外科之屬/外科方
外科症治全生集四卷　(清)王維德撰　清同治八年(1869)長洲蔣氏刻本　一册

330000－1704－0012763　002008　子部/醫家類/傷寒金匱之屬/傷寒論
醫效秘傳三卷　(清)葉桂撰　**溫熱贅言一卷**　(清)寄瓢子撰　清道光十一年(1831)吳氏貯春仙館刻本　二册

330000－1704－0012765　002088　子部/醫家類/溫病之屬/瘟疫
瘟疫明辨四卷瘟疫明辨方一卷　(清)鄭奠一撰　清光緒三十三年(1907)瑟齋鉛印本　一册

330000－1704－0012766　002142　子部/醫家類/類編之屬
萬密齋醫書十種　(明)萬全撰　清刻本　二册　存二種

330000－1704－0012767　002009　子部/醫家類/傷寒金匱之屬/傷寒論
醫效秘傳三卷　(清)葉桂撰　**溫熱贅言一卷**　(清)寄瓢子撰　清道光十一年(1831)吳氏貯春仙館刻本　問禮堂主人題簽並批　一册

330000－1704－0012768　000479　子部/雜著類/雜說之屬
于氏中說二卷契元公論草一卷　(明)于鎰撰　(清)于玉瑞輯　清光緒于氏刻本　三册

330000－1704－0012769　002330　子部/工藝類/文房四寶之屬/硯
硯小史四卷　(清)朱棟撰　清嘉慶五年(1800)樓外樓刻民國二十四年(1935)高氏寒隱草堂補刻本　二册

330000－1704－0012771　002331　子部/工藝類/文房四寶之屬/硯

端溪硯史三卷 (清)吳蘭修編 清道光十七年(1837)刻光緒增刻本 吳是沂跋 一冊

330000－1704－0012772 002010 子部/醫家類/醫理之屬/病源病機

巢氏諸病源候總論五十卷 (隋)巢元方等撰 清嘉慶十四年(1809)吳門經義齋刻本 十冊

330000－1704－0012773 001932 子部/醫家類/類編之屬

徐靈胎醫學全書 (清)徐大椿撰 清光緒三十三年(1907)上海六藝書局石印本 六冊 存八種

330000－1704－0012774 002089 子部/醫家類/溫病之屬

醫寄伏陰論二卷 (清)田宗漢撰 清光緒十四年(1888)漢川田氏刻本 二冊

330000－1704－0012775 002011 子部/醫家類/内科之屬

證治彙補八卷 (清)李用粹撰 清光緒十八年(1892)簡玉山房刻本 六冊

330000－1704－0012776 002090 子部/醫家類/溫病之屬/瘟疫

瘟疫論二卷補遺一卷附按一卷 (明)吳有性撰 清刻本 一冊

330000－1704－0012777 001933 子部/醫家類/類編之屬

徐氏醫書八種徐氏雜著四種 (清)徐大椿撰 外科正宗十二卷 (明)陳實功撰 (清)徐大椿評 清光緒十九年(1893)上海圖書集成印書局鉛印本 十二冊

330000－1704－0012778 000467 子部/儒家類/儒學之屬/性理

薛文清公讀書錄八卷 (明)薛瑄撰 清康熙四十七年(1708)張伯行榕城正誼堂刻本 四冊

330000－1704－0012779 002143 子部/醫家類/兒科之屬/痘疹

天花精言六卷 (清)袁句 (清)吳燡撰 清嘉慶萱茂堂刻本 二冊

330000－1704－0012780 002012 子部/醫家類/類編之屬

六醴齋醫書十種 (清)程永培編 清乾隆五十九年(1794)修敬堂刻本 二冊 存一種

330000－1704－0012782 002092 子部/醫家類/綜合之屬/雜著

瘍醫大全四十卷 (清)顧世澄輯 清光緒二十年(1894)刻本 五十二冊

330000－1704－0012785 002094 子部/醫家類/綜合之屬/雜著

瘍醫大全四十卷 (清)顧世澄輯 清光緒二十七年(1901)上海圖書集成印書局石印本 十五冊 缺二卷(二至三)

330000－1704－0012786 002014 子部/醫家類

傅青主男科二卷女科補遺一卷 (清)傅山撰 清光緒七年(1881)郭鍾岳刻本 李芑觀款 二冊

330000－1704－0012787 000468 子部/儒家類/儒學之屬/性理

陳清瀾先生學蔀通辨前編三卷後編三卷續編三卷終編三卷 (明)陳建撰 清康熙十七年(1678)正誼堂刻本 二冊

330000－1704－0012788 001934 子部/醫家類/類編之屬

徐氏醫書八種 (清)徐大椿撰 清光緒二十三年(1897)刻本 九冊

330000－1704－0012790 001935 子部/醫家類/類編之屬

徐氏醫書八種 (清)徐大椿撰 清光緒十八年(1892)湖北官書處刻本 十二冊

330000－1704－0012791 002332 類叢部/叢書類/自著之屬

二思堂叢書六種五十一卷 (清)梁章鉅撰 清同治至光緒福州梁氏刻本 一冊 存一種

330000－1704－0012792 002095 子部/醫

家類/外科之屬

新刊秘授外科百效全書六卷 （明）龔居中編 **外科秘補遺秘授經驗奇方一卷** （清）劉孔敦輯 清刻本 二冊

330000－1704－0012794 000469 類叢部/叢書類/彙編之屬

六安涂氏求我齋所刊書六種 （清）涂宗瀛編 清同治至光緒六安涂氏刻本 六冊 存一種

330000－1704－0012795 001937 子部/醫家類/醫經之屬/内經

内經知要二卷 （清）李中梓輯並注 清乾隆二十九年（1764）薛雪埽葉山房刻本 一冊

330000－1704－0012796 002016 子部/醫家類/綜合之屬/雜著

筆花醫鏡四卷 （清）江涵暾撰 清光緒二十年（1894）刻本 一冊 存二卷（一至二）

330000－1704－0012797 002333 子部/工藝類/文房四寶之屬/叢録

文房肆攷圖說八卷 （清）唐秉鈞撰 （清）康愷繪 清乾隆嘉定唐秉鈞竹暎山莊刻本 四冊

330000－1704－0012800 002144 子部/醫家類/兒科之屬/痘疹

引痘略一卷引痘題詠二卷 （清）邱熺撰 清光緒二年（1876）刻本 一冊

330000－1704－0012802 002018 子部/醫家類/醫理之屬/綜合

醫書滙参輯成二十四卷 （清）蔡宗玉輯 清嘉慶十二年（1807）蔡氏次知齋刻本 八冊

330000－1704－0012804 002334 新學/地學/地理學

金石識别十二卷 （美國）代那撰 （美國）瑪高溫口譯 （清）華蘅芳筆述 清同治十一年（1872）江南製造局刻本 六冊

330000－1704－0012805 001940 子部/醫家類/醫經之屬/内經

黄帝内經素問二十四卷 （清）吴崐註 清刻本 六冊

330000－1704－0012806 002335 新學/雜著/叢編

江南製造局譯書 （清）江南製造局編 清光緒江南製造局刻本暨鉛印本 二冊 存一種

330000－1704－0012807 001942 子部/叢編

二十二子（二十二子彙函） （清）浙江書局編 清光緒新化三味書室刻本 十二冊 存一種

330000－1704－0012808 002145 子部/醫家類/兒科之屬/痘疹

增補秘傳痘疹玉髓金鏡錄真本四卷圖像一卷 （明）翁仲仁撰 清文瑞樓刻本 二冊

330000－1704－0012809 002146 子部/醫家類/兒科之屬/痘疹

痘證寶筏六卷 （清）強健撰 清同治元年（1862）朱增惠刻本 一冊 存三卷（一至三）

330000－1704－0012810 000745 子部/術數類/相宅相墓之屬

搜地靈二卷 清刻本 二冊

330000－1704－0012811 000744 子部/術數類/相宅相墓之屬

地理一卷 （清）晚香主人撰 清末抄本 一冊

330000－1704－0012812 000744 子部/術數類/相宅相墓之屬

青囊秘訣一卷 清抄本 一冊

330000－1704－0012813 000744 子部/術數類/相宅相墓之屬

地理全書解不分卷 （明）張亙撰 （清）章攀桂解 清抄本 一冊

330000－1704－0012814 000744 子部/術數類/相宅相墓之屬

錢塘地理集驗一卷 清抄本 一冊

330000－1704－0012815 000744 子部/術數類/相宅相墓之屬

地理全書解四卷　(明)張亙撰　(清)章攀桂解　清抄本　一冊

330000－1704－0012816　000744　子部/術數類/相宅相墓之屬

賴公葬法不分卷　清抄本　一冊

330000－1704－0012817　000744　子部/術數類/相宅相墓之屬

水龍經五卷　(清)蔣平階輯　清抄本　二冊

330000－1704－0012818　000744　子部/術數類/相宅相墓之屬

劉伯溫先生龍穴砂水訣一卷　(明)劉基撰

道法雙譚一卷　(宋)吳景鸞撰　清抄本　一冊

330000－1704－0012819　000744　子部/術數類/命書相書之屬

造命千金歌註解一卷　(唐)楊益撰　清抄本　一冊

330000－1704－0012820　002096　子部/醫家類/外科之屬/通論

外科正宗十二卷　(明)陳實功撰　(清)徐大椿評　清刻本　五冊　存八卷(二、六至十二)

330000－1704－0012821　002097　子部/醫家類/外科之屬

外科真詮二卷　(清)鄒岳撰　清刻本　四冊

330000－1704－0012824　002019　子部/醫家類/綜合之屬

研經言四卷　(清)莫文泉撰　清光緒五年(1879)月河莫氏刻本　二冊

330000－1704－0012825　002100　子部/醫家類/眼科之屬

傅氏眼科審視瑤函六卷首一卷　(明)傅仁宇撰　(明)林長生校補　清石印本　四冊

330000－1704－0012826　001943　類叢部/叢書類/彙編之屬

漸西村舍彙刊(漸西村舍叢刻)四十四種　(清)袁昶編　清光緒十六年至二十四年(1890－1898)桐廬袁氏刻本　四冊　存二種

330000－1704－0012827　001985　子部/醫家類/綜合之屬/合刻、合抄

景岳全書六十四卷　(明)張介賓撰　清刻本　二十四冊

330000－1704－0012828　002101　子部/醫家類/婦科之屬/產科

胎產指南七卷首一卷末一卷　(清)單南山撰　清咸豐七年(1857)四明歐立三堂刻本　二冊

330000－1704－0012829　001986　子部/醫家類/綜合之屬/通論

醫鈔類編二十四卷　(清)翁藻輯　清光緒二十一年(1895)奉新許振禕刻本　二十六冊

330000－1704－0012830　001944　子部/醫家類/醫經之屬/内經

重廣補註黄帝内經素問二十四卷　(唐)王冰注　(宋)林億等校正　(宋)孫兆改誤　清刻本　五冊　缺六卷(九至十四)

330000－1704－0012831　001987　子部/醫家類/類編之屬

喻氏醫書三種　(清)喻昌撰　清光緒三十一年(1905)經元書室刻本　二十冊

330000－1704－0012833　001945　子部/醫家類/醫經之屬/内經

黄帝内經素問集注九卷　(清)張志聰撰　清光緒十六年(1890)浙江書局刻本　六冊

330000－1704－0012834　001988　類叢部/叢書類/彙編之屬

槐廬叢書四十六種　(清)朱記榮編　清光緒三年至十五年(1877－1889)吳縣朱氏槐廬家塾刻本　二冊　存一種

330000　－　1704　－　0012835　001946　子部/叢編

二十二子(二十二子彙函)　(清)浙江書局編　清光緒元年至三年(1875－1877)浙江書局刻本　八冊　存一種

330000－1704－0012837　001947　子部/醫家類/醫經之屬/内經
黄帝内經素問九卷　(清)高世栻注　清光緒十三年(1887)浙江書局刻本　八册

330000－1704－0012838　002102　子部/醫家類/婦科之屬/通論
産後編二卷　(清)傅山撰　清刻本　一册

330000－1704－0012842　001941　子部/醫家類/醫經之屬/内經
黄帝内經靈樞註證發微十卷　(明)馬蒔撰　清刻本　七册　缺二卷(五至六)

330000－1704－0012847　001939　子部/醫家類/醫經之屬/内經
素問靈樞類纂約註三卷　(清)汪昂撰　清刻本　二册　存二卷(二至三)

330000－1704－0012850　001993　子部/醫家類/内科之屬
紅爐點雪四卷　(明)龔居中撰　清光緒二十五年(1899)杭州衢樽書局石印本　四册

330000－1704－0012851　002107　子部/醫家類/婦科之屬/通論
濟陰綱目十四卷　(明)武之望撰　(清)汪淇箋釋　**保生碎事一卷**　(清)汪淇輯　清刻本　八册

330000－1704－0012852　001994　子部/醫家類/綜合之屬/通論
醫醇賸義四卷醫方論四卷　(清)費伯雄撰　清光緒三年(1877)刻本　李芑題記　六册

330000－1704－0012853　001840　新學/理學/理學
天演論二卷　(英國)赫胥黎撰　嚴復譯　清光緒石印本　一册

330000－1704－0012854　001948　子部/醫家類/醫經之屬/内經
素問靈樞類纂約註三卷　(清)汪昂撰　清光緒二十二年(1896)上海圖書集成印書局鉛印本　二册

330000－1704－0012855　001880　新學/醫學/藥品
西藥大成十卷首一卷　(英國)海得蘭撰　清光緒十年(1884)江南製造總局刻本　十六册

330000－1704－0012856　001995　子部/醫家類/綜合之屬/通論
石室秘籙六卷　(清)陳士鐸撰　清康熙刻本　六册

330000－1704－0012857　002108　子部/醫家類/婦科之屬/通論
女科輯要二卷　(清)沈又彭撰　清道光三十年(1850)王士雄重慶堂刻本　二册

330000－1704－0012860　001881　子部/雜著類/雜品之屬
弦雪居重訂遵生八牋十九卷目録一卷　(明)高濂撰　清道光十二年(1832)步月樓刻本　二十册

330000－1704－0012861　001841　新學/理學/理學
天演論二卷　(英國)赫胥黎撰　嚴復譯　清光緒鉛印本　二册

330000－1704－0012863　001997　子部/醫家類/綜合之屬/通論
醫宗備要三卷　(清)曾鼎撰　清同治八年(1869)湖北崇文書局刻本　一册

330000－1704－0012864　001882　新學/醫學/外科
皮膚新編一卷　(美國)嘉約翰口譯　(清)林湘東筆述　清光緒十四年(1888)羊城博濟醫局刻本　李芑題記　一册

330000－1704－0012865　001842　新學/理學/理學
天演論二卷　(英國)赫胥黎撰　嚴復譯　清光緒二十七年(1901)富文書局石印本　二册

330000－1704－0012866　001883　類叢部/叢書類/自著之屬
疇隱廬叢書　丁福保撰　清光緒無錫丁氏疇隱廬石印本　一册

330000－1704－0012868　002147　子部/醫家類/兒科之屬/驚風

驚風辨證必讀書二卷　(清)劉德馨輯　**附刻陳澍賢急驚風證論一卷**　(清)陳澍賢撰　清光緒二十七年(1901)上元江氏刻本　一冊

330000－1704－0012869　000480　子部/儒家類/儒學之屬/性理

御纂性理精義十二卷　(清)李光地等纂修　清芥子園刻本　六冊

330000－1704－0012870　002109　子部/醫家類/眼科之屬

傅氏眼科審視瑤函六卷首一卷　(明)傅仁宇撰　(明)林長生校補　清嘉慶二十五年(1820)山淵堂刻本　六冊

330000－1704－0012871　002110　子部/醫家類/外科之屬/通論

重訂外科正宗十二卷　(明)陳實功撰　(清)張鷟翼重訂　清光緒二十年(1894)掃葉山房刻本　六冊

330000－1704－0012872　001884　新學/雜著/叢編

江南製造局譯書　(清)江南製造局編　清光緒江南製造局刻本暨鉛印本　四冊　存一種

330000－1704－0012876　001843　新學/理學/理學

天演論二卷　(英國)赫胥黎撰　嚴復譯　清光緒二十八年(1902)成都書局刻本　四冊

330000－1704－0012877　002112　子部/醫家類/喉科口齒之屬/白喉

洞主仙師白喉治法忌表抉微一卷　(清)耐修子輯並注　清光緒二十四年(1898)江南書局刻本　一冊

330000－1704－0012879　002113　子部/醫家類/眼科之屬

異授眼科一卷　(清)劉繼禮重梓　清嘉慶十六年(1811)刻本　一冊

330000－1704－0012880　001898　子部/醫家類/醫話醫論之屬

冷廬醫話五卷　(清)陸以湉撰　清光緒二十三年(1897)龐元澂刻本　四冊

330000－1704－0012882　001951　子部/醫家類/醫經之屬/内經

黃帝内經素問註證發微九卷補遺一卷黃帝内經靈樞註證發微九卷　(明)馬蒔撰　清光緒芸生堂刻本　十二冊　存九卷(素問一至九)

330000－1704－0012884　002222　子部/醫家類/醫案之屬

續名醫類案三十六卷　(清)魏之琇撰　清光緒二十二年(1896)鉛印本　十四冊

330000－1704－0012886　001899　子部/醫家類/類編之屬

潛齋醫書五種　(清)王士雄撰　清光緒二十二年(1896)上海圖書集成局鉛印本　八冊

330000－1704－0012887　002223　子部/醫家類/醫案之屬

名醫類案十二卷附錄一卷　(明)江瓘輯　清光緒二十二年(1896)畊餘堂鉛印本　六冊

330000－1704－0012888　001952　子部/醫家類/醫經之屬/難經

圖註八十一難經辨真四卷　(明)張世賢撰　清刻本　二冊

330000－1704－0012890　001844　子部/農家農學類/園藝之屬/總志

植物名實圖考三十八卷長編二十二卷　(清)吳其濬撰　清道光二十八年(1848)陸應穀刻光緒六年(1880)山西濬文書局增刻本　三十一冊　缺二十五卷(植物名實圖考四、二十三、三十七,長編一至二十二)

330000－1704－0012891　001900　子部/醫家類/類編之屬

潛齋醫書五種　(清)王士雄撰　清光緒三十年(1904)石印本　八冊

330000－1704－0012893　001953　子部/醫家類/醫經之屬/難經

圖註八十一難經辨真四卷　(明)張世賢撰　清刻本　二冊

330000－1704－0012894　000483　子部/儒家類/儒學之屬/性理
御纂性理精義十二卷　(清)李光地等纂修　清刻本　六冊

330000－1704－0012895　001888　子部/醫家類/綜合之屬/通論
新刊醫林狀元壽世保元十卷　(明)龔廷賢撰　清乾隆四十五年(1780)廣州福文堂刻本　十冊

330000－1704－0012896　001845　新學/格致總
格致須知二十八種　(英國)傅蘭雅編　清光緒八年至二十四年(1882－1898)刻本　一冊　存一種

330000－1704－0012897　001902　子部/醫家類/方書之屬/單方驗方
丹溪心法附餘二十四卷首一卷　(明)方廣輯　清光緒二十五年(1899)徐氏石印本　十二冊

330000－1704－0012898　000484　子部/雜著類/雜說之屬
潛書四卷　(清)唐甄撰　**西蜀唐圃亭先生行畧一卷**　(清)王聞遠撰　清光緒九年(1883)中江李氏刻本　四冊

330000－1704－0012901　001889　子部/醫家類/類編之屬
醫學切要全集六種附一種　(清)王錫鑫撰　清道光二十七年(1847)刻光緒八年(1882)印本　六冊　存六種

330000－1704－0012902　002148　子部/醫家類/兒科之屬/痘疹
痘疹心印二卷　(明)孫一奎撰　清宣統元年(1909)果育軒刻本　二冊

330000－1704－0012903　001954　子部/醫家類/醫經之屬/内經
醫經原旨六卷　(清)薛雪撰　清寧郡簡香齋刻本　六冊

330000－1704－0012904　001749　新學/格致總
格致須知二十八種　(英國)傅蘭雅編　清光緒八年至二十四年(1882－1898)刻本　一冊　存一種

330000－1704－0012905　001848　子部/農家農學類/園藝之屬/花卉
東籬中正不分卷　(清)許兆熊撰　清光緒七年(1881)刻本　一冊

330000－1704－0012906　001955　子部/醫家類/醫經之屬/内經
黃帝内經素問校義一卷　(清)胡澍撰　清光緒五年(1879)世澤樓刻本　一冊

330000－1704－0012907　001750　子部/天文曆算類/算書之屬
白芙堂算學叢書　(清)丁取忠輯　清同治至光緒長沙古荷花池精舍刻本　四冊　存一種

330000－1704－0012908　001890　子部/醫家類/類編之屬
六科證治準繩(六科準繩)　(明)王肯堂撰　清末鴻寶齋書局石印本　三十二冊

330000－1704－0012909　000486　子部/儒家類/儒學之屬/禮教
聖諭廣訓直解一卷　(清)世宗胤禛撰　(清)□□直解　清同治四年(1865)何璟刻本　二冊

330000－1704－0012910　002149　子部/醫家類/兒科之屬/痘疹
治疹全書三卷首一卷尾一卷　(清)錢沛錦增補　清咸豐八年(1858)錢氏遺經堂刻本　一冊

330000－1704－0012911　001751　子部/天文曆算類/算書之屬
勾股淺述一卷　(清)梅沖撰　清嘉慶三年(1798)刻本　一冊

330000－1704－0012912　000487　子部/儒家類/儒學之屬
起黃二卷質顧一卷廣王二卷　(清)吳光耀撰　清宣統元年(1909)刻本　五冊

330000－1704－0012913　001903　子部/醫家類/類編之屬

古今醫統正脉全書四十四種　(明)王肯堂編　清文奎堂刻本　十六册　存七種

330000－1704－0012914　001891　子部/醫家類/類編之屬

六科證治準繩(六科準繩)　(明)王肯堂撰　清末鴻寶齋書局石印本　二十九册　存五種

330000－1704－0012915　002150　子部/醫家類/類編之屬

萬密齋醫書十種　(明)萬全撰　清刻本　五册　存一種

330000－1704－0012918　001753　新學/算學/代數

代數備旨不分卷總答一卷　(美國)狄考文選譯　(清)鄒立文　(清)生福維筆述　清光緒二十六年(1900)上海美華書館鉛印本　一册

330000－1704－0012920　001754　新學/算學/三角八綫

八線備旨四卷　(美國)羅密士撰　(美國)潘慎文選譯　清光緒二十七年(1901)上海美華書館鉛印本　一册

330000－1704－0012921　001905　子部/醫家類/類編之屬

陳修園醫書二十三種　(清)陳念祖等撰　清光緒三十四年(1908)寶慶經元書局刻本　二十七册　存十二種

330000－1704－0012922　002151　子部/醫家類/婦科之屬

傅青主女科二卷產後編二卷　(清)傅山撰　清同治八年(1869)湖北崇文書局刻本　一册　存二卷(女科上、下)

330000－1704－0012923　001850　子部/農家農學類/總論之屬

撫郡農產攷畧二卷　何剛德　黄維翰撰　**種田雜說一卷**　(清)江召棠撰　清光緒三十三年(1907)蘇省刷印局鉛印本　二册

330000－1704－0012924　001892　子部/醫家類/綜合之屬/通論

訂正東醫寶鑑二十三卷目錄二卷　(朝鮮)許浚撰　清光緒上海校經山房石印本　十六册

330000－1704－0012925　001956　子部/醫家類/醫經之屬/内經

素問靈樞類纂約註三卷　(清)汪昂撰　清刻本　一册

330000－1704－0012926　001906　子部/醫家類/類編之屬

陳修園醫書四十種　(清)陳念祖等撰　清光緒三十一年(1905)上海商務印書館鉛印本　李芑批　二十三册　存三十九種

330000－1704－0012927　000495　子部/雜著類/雜說之屬

浮邱子十二卷　(清)湯鵬撰　(清)湯俶昭等輯　清宣統二年(1910)掃葉山房石印本　六册

330000－1704－0012928　001893　子部/醫家類/綜合之屬/通論

東醫寶鑑二十四卷目錄二卷　(朝鮮)許浚撰　清嘉慶二年(1797)刻本　十二册　存十三卷(目錄一至二,内景篇二、四,雜病篇二、五、七至九,湯液篇一、三,鍼灸篇一至二)

330000－1704－0012930　001851　新學/雜著/叢編

西學啓蒙十六種　(英國)赫德編　(英國)艾約瑟譯　清光緒十二年(1886)總稅務司署刻本　一册　存一種

330000－1704－0012931　002152　子部/醫家類/本草之屬/歷代綜合本草

本草綱目五十二卷附圖三卷　(明)李時珍撰　清乾隆四十九年(1784)金閶書業堂刻本　三十六册

330000－1704－0012932　001755　類叢部/叢書類/自著之屬

陳氏所著書三種　(清)陳澧撰　清道光至咸豐刻彙印本　一册　存一種

330000－1704－0012933　000497　子部/儒

家類/儒學之屬/性理
廣近思錄十四卷 (清)張伯行輯 清康熙五十年(1711)正誼堂刻本 四册

330000－1704－0012934 001756 子部/天文曆算類/算書之屬
平三角和較術二卷弧三角和較術二卷 (清)項名達撰 清道光二十四年(1844)刻本 一册

330000－1704－0012936 001895 子部/醫家類/綜合之屬/通論
東醫寶鑑二十四卷目錄二卷 (朝鮮)許浚撰 清道光十一年(1831)刻本 三十六册 缺二卷(内景篇三至四)

330000－1704－0012937 001757 子部/天文曆算類/算書之屬
觀我生室匯稿 (清)羅士琳撰 清道光刻本 三册 存一種

330000－1704－0012938 000498 子部/儒家類/儒學之屬/俗訓
日知薈說四卷 (清)高宗弘曆撰 清乾隆元年(1736)刻本 四册

330000－1704－0012940 001759 子部/天文曆算類/算書之屬
三角數理十二卷 (英國)海麻士輯 (英國)傅蘭雅口譯 (清)華蘅芳筆述 (清)曹擷亭繪圖 清光緒江南製造總局刻本 六册

330000－1704－0012941 000499 子部/雜著類/雜說之屬
浮邱子十二卷 (清)湯鵬撰 (清)湯俶昭等輯 清同治四年(1865)湘陰李黼堂刻本 六册

330000－1704－0012942 001760 子部/天文曆算類/算書之屬
象數一原七卷 (清)項名達撰 (清)戴煦校補 清光緒十四年(1888)上海金匱華蘅芳刻本 四册

330000－1704－0012944 001907 子部/醫家類/類編之屬
薛氏醫按二十四種 (明)吴琯編 清嘉慶十四年(1809)書業堂刻本 四十六册 存二十一種

330000－1704－0012946 001896 子部/醫家類/類編之屬
中西匯通醫書五種 唐宗海撰 清光緒三十四年(1908)上海千頃堂書局石印本 十二册

330000－1704－0012947 000489 子部/儒家類/儒學之屬/性理
顔學辯八卷 (清)程仲威撰 清光緒安徽官紙印刷局鉛印本 四册

330000－1704－0012948 002153 子部/醫家類/本草之屬/歷代綜合本草
本草綱目五十二卷首一卷圖三卷奇經八脈攷一卷瀕湖脈學一卷脈訣攷證一卷 (明)李時珍撰 **本草萬方鍼線八卷藥品總目一卷** (清)蔡烈先輯 **本草綱目拾遺十卷正誤一卷** (清)趙學敏輯 清光緒十一年至十三年(1885－1887)合肥張紹棠味古齋刻本 四十八册

330000－1704－0012949 001908 子部/醫家類/類編之屬
黄氏醫書八種 (清)黄元御撰 清光緒二十六年(1900)飛鴻閣鉛印本 十二册

330000－1704－0012951 001761 新學/格致總
格致須知二十八種 (英國)傅蘭雅編 清光緒八年至二十四年(1882－1898)刻本 一册 存一種

330000－1704－0012952 001853 子部/農家農學類/園藝之屬/總志
植物名實圖考三十八卷長編二十二卷 (清)吴其濬撰 清道光二十八年(1848)蒙自陸應穀刻光緒六年(1880)山西濬文書局增刻本 十一册 存十一卷(長編四、十三至二十二)

330000－1704－0012953 000490 子部/儒家類/儒學之屬/性理
顔氏學記十卷 (清)戴望撰 清刻朱印本

六册

330000－1704－0012954　001762　子部/天文曆算類/算書之屬

測海山房中西算學叢刻初編　（清）測海山房主人輯　清光緒二十二年（1896）上海璣衡堂石印本　四册　存一種

330000－1704－0012955　001763　經部/易類

春水船易學四種七卷　（清）方本恭撰　清嘉慶三年（1798）刻本　一册　存一種

330000－1704－0012956　001854　子部/農家農學類/園藝之屬/總志

佩文齋廣羣芳譜一百卷目錄二卷　（清）汪灝等撰　清同治七年（1868）姑蘇亦西齋刻本　二十四册

330000－1704－0012958　001910　子部/醫家類/類編之屬

黄氏醫書八種　（清）黄元御撰　清刻本　十册　存六種

330000－1704－0012960　001764　史部/政書類/邦計之屬/衡制

奏定度量權衡畫一制度圖說總表推行章程不分卷　（清）農工商部編　清光緒三十四年（1908）農工商部鉛印本　一册

330000－1704－0012961　000493　子部/儒家類/儒學之屬/性理

顔氏學記十卷　（清）戴望撰　清同治十年（1871）冶城山館刻本　四册

330000－1704－0012964　001766　新學/算學/微積

微積溯源八卷　（英國）華里司輯　（英國）傅蘭雅口譯　（清）華蘅芳筆述　清同治十三年（1874）江南機器製造總局刻本　六册

330000－1704－0012965　001911　子部/醫家類/類編之屬

張氏醫書七種　（清）張璐等撰　清同德堂刻本　二十五册　存六種

330000－1704－0012966　001767　新學/算學/微積

微積集證四卷　（清）林傳甲撰　清光緒二十六年（1900）長沙督學使署刻本　一册

330000－1704－0012968　002154　子部/醫家類/本草之屬/歷代綜合本草

本草綱目五十二卷首一卷圖三卷奇經八脈攷一卷瀕湖脈學一卷脈訣攷證一卷　（明）李時珍撰　**本草萬方鍼線八卷藥品總目一卷**　（清）蔡烈先輯　**本草綱目拾遺十卷正誤一卷**　（清）趙學敏輯　清光緒十一年至十三年（1885－1887）合肥張紹棠味古齋刻本　六十册

330000－1704－0012969　001715　子部/天文曆算類/算書之屬

御製數理精蘊上編五卷下編四十卷表八卷　（清）聖祖玄燁撰　清光緒八年（1882）江寧藩署刻本　四十册

330000－1704－0012970　001856　類叢部/叢書類/自著之屬

郭氏叢刻十三種　（清）郭柏蒼撰　清光緒刻本　三册　存一種

330000－1704－0012971　001716　子部/天文曆算類/算書之屬

鍾秀盦子學算學十二種附經算二種　（清）李鏐輯　清光緒二十四年（1898）石印本（一種原缺）　四册

330000－1704－0012972　001857　新學/雜著/叢編

西學啓蒙十六種　（英國）赫德編　（英國）艾約瑟譯　清光緒十二年（1886）總税務司署刻本　二册　存一種

330000－1704－0012974　001717　子部/天文曆算類/算書之屬

李氏遺書十一種　（清）李鋭撰　清道光三年（1823）儀徵阮元刻本　六册　存十種

330000－1704－0012975　001690　新學/格致總

格致蒙引二卷　(清)陳國琳撰　清光緒二十八年(1902)刻本　一册

330000－1704－0012976　001718　子部/天文曆算類/算書之屬
九數存古九卷　(清)顧觀光撰　清光緒十八年(1892)江蘇書局刻本　四册

330000－1704－0012977　001858　子部/農家農學類/鳥獸蟲之屬
百鳥圖說一卷百獸圖說一卷論一卷　(清)韋門道氏撰　清光緒八年(1882)上海益智書會刻本　一册

330000－1704－0012979　001719　子部/天文曆算類/算書之屬
則古昔齋算學十三種二十四卷　(清)李善蘭編　清同治六年(1867)海寧李善蘭金陵刻本　五册　存十一種

330000－1704－0012981　001768　新學/圖學/圖算
運規約指三卷　(英國)白起德輯　(英國)傅蘭雅口譯　(清)徐建寅筆述　清刻本　一册

330000－1704－0012982　001769　子部/天文曆算類/算書之屬
幾何原本十五卷　(意大利)利瑪竇　(英國)偉烈亞力口譯　(明)徐光啟　(清)李善蘭筆受　清同治四年(1865)金陵刻本　八册

330000－1704－0012983　001691　新學/算學/數學
格物入門七卷　(美國)丁韙良撰　清光緒二十四年(1898)同文館上海書局石印本　七册

330000－1704－0012984　001770　新學/算學/數學
數學啟蒙二卷附對數表一卷　(英國)偉烈亞力撰　**量法須知一卷**　(英國)傅蘭雅撰　清末石印本　一册　缺二卷(數學啟蒙一至二)

330000－1704－0012985　001692　新學/格致總
科學叢書第一集八種　樊炳清編　清光緒二十七年(1901)教育世界出版所石印本　十册

330000－1704－0012986　001719　新學/算學/曲綫
圓錐曲線說三卷　(英國)艾約瑟譯　(清)李善蘭筆述　清刻本　一册

330000－1704－0012987　001771　子部/天文曆算類/算書之屬
新鐫校正指明算法二卷　(清)王相晉訂　清集成堂刻本　一册

330000－1704－0012988　001772　新學/算學/微積
代微積拾級十八卷　(美國)羅密士撰　(英國)偉烈亞力口譯　(清)李善蘭筆述　清光緒二十三年(1897)上海石印本　四册

330000－1704－0012989　001861　類叢部/叢書類/自著之屬
郭氏叢刻十三種　(清)郭柏蒼撰　清光緒刻本　五册　存一種

330000－1704－0012990　001693　子部/雜著類/雜纂之屬
物理小識十二卷首一卷　(清)方以智撰　清康熙三年(1664)于藻刻本　五册

330000－1704－0012991　001720　子部/天文曆算類/算書之屬
觀我生室匯稿　(清)羅士琳撰　清道光刻本　十一册　存七種

330000－1704－0012993　001773　子部/天文曆算類/算書之屬
四元玉鑑細草三卷四象細草假令之圖一卷附補增一卷　(清)羅士琳撰　**四元釋例一卷**　(清)易之瀚撰　清光緒二十二年(1896)鴻寶齋書局石印本　三册

330000－1704－0012994　001694　新學/格致總
博物新編三卷　(英國)合信氏撰　清咸豐五年(1855)江蘇上海墨海書館刻本　一册

330000－1704－0012995　001863　新學/格致總
格致須知二十八種　(英國)傅蘭雅編　清光

緒八年至二十四年(1882－1898)刻本　一冊　存一種

330000－1704－0012996　001695　新學/雜著/叢編
西學啓蒙十六種　(英國)赫德編　(英國)艾約瑟譯　清光緒十二年(1886)總税務司署刻本　一冊　存一種

330000－1704－0012997　001696　子部/雜著類/雜考之屬
格致古微五卷表一卷　(清)王仁俊撰　清光緒二十二年(1896)吳縣王氏籀鄦誃刻本　四冊

330000－1704－0012998　001720　類叢部/叢書類/彙編之屬
文選樓叢書三十三種　(清)阮亨編　清嘉慶至道光阮元刻道光二十二年(1842)阮亨彙印本　十一冊　存一種

330000－1704－0013000　000500　類叢部/叢書類/家集之屬
虞山潘氏叢書　(清)徐元霖輯　清光緒徐元霖刻本　一冊　存一種

330000－1704－0013001　001775　新學/算學/曲綫
曲綫新説一卷隄積術辨一卷　(清)蔣維鍾撰　清光緒二十五年(1899)刻本　一冊

330000－1704－0013002　001721　新學/算學/數學
華氏中西算學全書十四種　(清)華衡芳撰　清光緒二十三年(1897)慎記書莊石印本　十四冊　存八種

330000－1704－0013003　001864　子部/醫家類/婦科之屬/産科
吾妻鏡一卷　(清)楊毳撰　清光緒二十七年(1901)鉛印本　一冊

330000－1704－0013004　000501　子部/儒家類/儒學之屬/性理
漢學商兑三卷　(清)方東樹撰　清光緒八年(1882)四明花雨樓刻本　四冊

330000－1704－0013005　001776　新學/算學/形學
形學備旨十卷開端一卷　(美國)狄考文選譯　(清)鄒立文筆述　清光緒二十三年(1897)上海美華書館鉛印本　一冊　存五卷(一至四、開端)

330000－1704－0013006　001777　新學/算學/數學
代形合參三卷坿一卷　(美國)羅密士撰　(美國)潘慎文譯　謝洪賚筆述　清光緒二十九年(1903)上海美華書館鉛印本　一冊

330000－1704－0013007　001865　新學/動植物學/動物學
百獸集説圖考一卷　(美國)范約翰撰　(清)吳子翔述　清光緒二十五年(1899)上海美華書館鉛印本　一冊

330000－1704－0013008　000502　類叢部/叢書類/彙編之屬
望三益齋叢書十種　(清)吳棠編　清咸豐至光緒吳氏望三益齋刻本　二冊　存一種

330000－1704－0013010　000503　類叢部/叢書類/自著之屬
羲停山館集六種　(清)王景賢撰　清同治十三年(1874)三山王氏刻本　一冊　存一種

330000－1704－0013011　001697　新學/格致總
格致彙編不分卷　(英國)傅蘭雅輯　清光緒二年至十八年(1876－1892)上海格致書室鉛印本　二十八冊

330000－1704－0013012　001722　子部/天文曆算類/算書之屬
白芙堂算學叢書　(清)丁取忠輯　清同治至光緒長沙古荷花池精舍刻本　三十九冊

330000－1704－0013013　000504　類叢部/叢書類/自著之屬
羲停山館集六種　(清)王景賢撰　清同治十三年(1874)三山王氏刻本　一冊　存二種

330000－1704－0013014　001866　新學/全

體學

全體闡微六卷目錄一卷　(美國)柯為良撰　(清)林鼎文編譯　清光緒七年(1881)刻本　四冊

330000－1704－0013015　001778　子部/天文曆算類/算書之屬

幾何原本六卷　(意大利)利瑪竇口譯　(明)徐光啟筆受　(清)潘應祺贅說　清光緒三十二年(1906)番禺潘氏刻本　四冊

330000－1704－0013016　013472　集部/總集類/選集之屬/通代

古文辭類纂七十五卷　(清)姚鼐輯　清同治八年(1869)問竹軒刻本　一冊　存六卷(四十至四十五)

330000－1704－0013017　001779　新學/光學/光學

光學揭要二卷　(美國)赫士口譯　(清)朱葆琛筆述　清光緒二十年(1894)上海美華書館鉛印本　一冊

330000－1704－0013018　001780　新學/光學/光學

光學二卷附視學諸器圖說一卷　(英國)田大里輯　(美國)金楷理口譯　(清)趙元益筆述　清同治九年(1870)江南機器製造總局刻本　二冊

330000－1704－0013020　001781　新學/重學/重學

重學二十卷圜錐曲線說三卷　(英國)艾約瑟口譯　清同治五年(1866)刻本　六冊

330000－1704－0013023　001698　類叢部/叢書類/彙編之屬

申報館叢書正集五十七種附錄三種　(清)尊聞閣主編　**續集一百四十二種**　(清)蔡爾康編　清同治至光緒上海申報館鉛印本　十五冊　存一種

330000－1704－0013024　000507　類叢部/叢書類/彙編之屬

當歸草堂叢書八種　(清)丁丙編　清同治二年至五年(1863－1866)錢塘丁氏刻本　一冊　存一種

330000－1704－0013025　001868　新學/工藝/雜藝

西藝知新二十二卷　(英國)諾格德撰　(英國)傅蘭雅口譯　(清)徐壽筆述　清光緒二十二年(1896)上海璣衡堂石印本　三冊

330000－1704－0013026　013474　子部/醫家類/類編之屬

陳修園醫書二十一種　(清)陳念祖等撰　清光緒二十二年(1896)珍藝書局鉛印本　一冊　存一種

330000－1704－0013027　001743　新學/格致總

格致須知二十八種　(英國)傅蘭雅編　清光緒八年至二十四年(1882－1898)刻本　一冊　存一種

330000－1704－0013028　000506　子部/儒家類/儒學之屬

杞憂集學道心法三卷　(清)章楠撰　清道光稿本　三冊

330000－1704－0013029　001699　子部/天文曆算類/算書之屬

毖緯瑣言一卷　(清)厲之鍔撰　清刻本　一冊

330000－1704－0013030　001744　新學/算學/代數

代數通藝錄十六卷　(清)方愷撰　清光緒二十四年(1898)小蒼山房石印本　五冊　存十三卷(一至十三)

330000－1704－0013032　001700　子部/天文曆算類/算書之屬

行素軒算稿九種　(清)華蘅芳撰　清光緒八年(1882)梁溪華氏刻本　四冊　存一種

330000－1704－0013033　001745　子部/天文曆算類/算書之屬

盂晉堪所著書二種　(清)王季鍇撰　清光緒十七年(1891)長洲王季鍇刻本　一冊

330000－1704－0013036　001870　子部/天文曆算類/算書之屬

北極高度表一卷　(清)劉茂吉撰　清刻本　一册

330000－1704－0013037　001701　子部/天文曆算類/算書之屬

西算新法直解八卷　(清)馮桂芬　(清)陳瑒輯　清光緒二年(1876)吳縣馮桂芬校邠廬刻本　三册

330000－1704－0013038　001747　新學/雜著/叢編

江南製造局譯書　(清)江南製造局編　清光緒江南製造局刻本暨鉛印本　六册　存一種

330000－1704－0013039　001957　子部/醫家類/傷寒金匱之屬/傷寒論

劉河間傷寒六書附二種　(金)劉完素等撰　清刻本　三册　存一種

330000－1704－0013041　001782、001783、001784、001785、001786、001787　新學/格致總

格致須知二十八種　(英國)傅蘭雅編　清光緒八年至二十四年(1882－1898)刻本　六册　存六種

330000－1704－0013042　001788　新學/格致總

物理學上編四卷中編四卷下編四卷　(日本)飯盛挺造撰　(日本)藤田豐八譯　王季烈編　清光緒二十六年至三十年(1900－1904)石印本　十二册

330000－1704－0013043　001872　類叢部/叢書類/自著之屬

郝氏遺書三十三種　(清)郝懿行撰　清嘉慶至光緒刻彙印本　一册　存一種

330000－1704－0013046　001702　類叢部/叢書類/郡邑之屬

嶺南遺書五十九種　(清)伍元薇(崇曜)編　清道光十一年至同治二年(1831－1863)南海伍氏粵雅堂刻光緒三十三年(1907)彙印本　十册　存一種

330000－1704－0013048　001748　子部/天文曆算類/算書之屬

觀我生室匯稿　(清)羅士琳撰　清道光刻本　九册　存一種

330000－1704－0013049　013476　子部/醫家類/綜合之屬/通論

御纂醫宗金鑑九十卷首一卷　(清)吳謙等撰　清光緒石印本　一册　存七卷(五十九至六十五)

330000－1704－0013050　001792　子部/天文曆算類/曆法之屬

[清乾隆四十一年至光緒三年]欽定七政四餘萬年書不分卷　清末刻本　三册

330000－1704－0013051　001730　新學/格致總

格致須知二十八種　(英國)傅蘭雅編　清光緒八年至二十四年(1882－1898)刻本　一册　存一種

330000－1704－0013052　001703　子部/天文曆算類/算書之屬

九數通考十一卷首一卷末一卷　(清)屈曾發撰　清刻本　二册　存八卷(二至九)

330000－1704－0013053　001731　子部/天文曆算類/算書之屬

數學上編十三卷　曹汝英撰　清光緒二十九年(1903)羊城刻本　四册

330000－1704－0013054　001873　新學/工藝/雜藝

西藝知新二十二卷　(英國)諾格德撰　(英國)傅蘭雅口譯　(清)徐壽筆述　清光緒刻本　八册　存十二卷(十一至二十二)

330000－1704－0013055　001704　類叢部/叢書類/自著之屬

鄒徵君遺書八種附二種　(清)鄒伯奇撰　清同治十二年(1873)鄒達泉拾芥園刻本　二册　存二種

330000－1704－0013056　001732　類叢部/叢書類/彙編之屬
洪氏唐石經館叢書十九種　(清)洪汝奎編　清光緒涇縣洪氏公善堂刻並彙印本　四册　存一種

330000－1704－0013057　001793　類叢部/叢書類/自著之屬
留書種閣集九種　(清)黄炳垕撰　清同治六年至光緒二十年(1867－1894)餘姚黄氏留書種閣刻本　一册　存一種

330000－1704－0013058　001705　子部/天文曆算類/算書之屬
九章算術細草圖説九卷海島算經細草圖説一卷　(三國魏)劉徽注　(唐)李淳風等注釋　(清)李潢細草　(清)沈欽裴補草　清嘉慶二十五年(1820)語鴻堂刻本　八册

330000－1704－0013059　013477　新學/政治法律/刑法
德國民法□□卷　清光緒修訂法律館鉛印本　一册　存一卷(一)

330000－1704－0013060　001874　新學/醫學
新譯中西醫學要論一卷　(英國)合信撰　清末民國初石印本　一册

330000－1704－0013061　001733　子部/天文曆算類/算書之屬
開方釋例四卷　(清)駱騰鳳撰　清道光二十三年(1843)何錦刻本　二册

330000－1704－0013062　001794　類叢部/叢書類/自著之屬
番禺陳氏東塾叢書　(清)陳澧撰　清咸豐至光緒刻本　一册　存一種

330000－1704－0013063　001706　子部/天文曆算類/算書之屬
算法大成上編十卷下編十卷首一卷末一卷　(清)陳杰撰　清光緒二十四年(1898)浙江官書局刻本　十册　存十一卷(首、上編一至十)

330000－1704－0013064　001958　子部/醫家類/診法之屬/脈經脈訣
脈訣刊誤集解二卷附録一卷　(元)戴起宗撰　(明)汪機輯　清光緒二十年(1894)上海圖書集成印書局鉛印本　清徐友汪題簽　一册

330000－1704－0013066　001875　新學/醫學/内科
醫理畧述二卷　(清)尹端模譯　清光緒十八年(1892)羊城博濟醫局刻本　二册

330000－1704－0013067　001734　子部/天文曆算類/算書之屬
藝游録二卷開方釋例四卷　(清)駱騰鳳撰　清道光二十三年(1843)何錦刻本　二册　存二卷(藝游録一至二)

330000－1704－0013068　013479　子部/宗教類/其他宗教之屬/基督教
潛德譜一卷　(清)李杕譯　清光緒鉛印本　一册

330000－1704－0013069　001735　子部/天文曆算類/算書之屬
對數述二卷算學雜草二卷　(清)陳其晉撰　清光緒五年(1879)刻本　二册

330000－1704－0013070　013480　子部/醫家類/類編之屬
陳修園醫書三十種　(清)陳念祖等撰　清光緒上海商務印書館鉛印本　一册　存二種

330000－1704－0013071　001876　新學/醫學/藥品
西藥畧釋二卷　(美國)嘉約翰口譯　(清)林湘東筆述　清光緒元年(1875)羊城博濟醫局刻本　二册

330000－1704－0013072　001707　子部/天文曆算類/算書之屬
溉齋算學五種　(清)江衡撰　清光緒十四年(1888)元和江氏一溉齋刻本　一册　存一種

330000－1704－0013073　001736　子部/天文曆算類/算書之屬
兩湖書院算學課程二卷附一卷附表一卷

(清)兩湖書院編　清光緒二十四年(1898)兩湖書院刻本　二册

330000－1704－0013074　001795　新學/雜著/叢編
江南製造局譯書　(清)江南製造局編　清光緒江南製造局刻本暨鉛印本　一册　存一種

330000－1704－0013075　001796　新學/雜著/叢編
江南製造局譯書　(清)江南製造局編　清光緒江南製造局刻本暨鉛印本　一册　存一種

330000－1704－0013076　001737　子部/天文曆算類/算書之屬
翠薇山房數學十四種　(清)張作楠撰　清嘉慶至道光金華張氏翠微山房刻本　三册　存一種

330000－1704－0013077　001797　新學/化學/化學
化學鑑原六卷　(英國)韋而司撰　(英國)傅蘭雅口譯　(清)徐壽筆述　(清)曹鍾秀繪　清江南製造總局刻本　四册

330000－1704－0013078　001798　新學/化學/化學
化學鑑原續編二十四卷　(英國)蒲陸山撰　(英國)傅蘭雅口譯　(清)徐壽筆述　清末刻本　六册

330000－1704－0013079　001738　子部/天文曆算類/算書之屬
行素軒算稿九種　(清)華蘅芳撰　清光緒八年(1882)梁溪華氏刻本　二册　存三種

330000－1704－0013080　001708　子部/天文曆算類/算書之屬
梅氏叢書輯要三十種六十二卷首一卷　(清)梅文鼎撰　(清)梅穀成重編　清同治十三年(1874)梅纘高刻本　二十册

330000－1704－0013081　001799　新學/化學/化學
化學鑑原補編六卷附卷一卷　(英國)傅蘭雅口譯　(清)徐壽筆述　清末刻本　六册

330000－1704－0013082　001877　新學/醫學
儒門醫學三卷附一卷　(英國)海得蘭撰　(英國)傅蘭雅口譯　(清)趙元益筆述　清光緒刻本　四册

330000－1704－0013083　001739　子部/天文曆算類/算書之屬
恆河沙館算草二卷　(清)華世芳撰　清光緒十一年(1885)金匱華氏刻本　一册

330000－1704－0013084　001709　史部/傳記類/總傳之屬/技藝
疇人傳四十六卷　(清)阮元撰　**疇人傳續六卷**　(清)羅士琳撰　清光緒八年(1882)海鹽張氏常惺齋刻本　十二册

330000－1704－0013086　013481　子部/醫家類/類編之屬
陳修園醫書二十八種　(清)陳念祖等撰　清光緒上海順成書局石印本　一册　存一種

330000－1704－0013087　001740　子部/天文曆算類/算書之屬
新編筭學啓蒙三卷總括一卷　(元)朱世傑撰　**筭學啓蒙識誤一卷後記一卷**　(清)羅士琳撰　清刻本　二册

330000－1704－0013088　001710　類叢部/叢書類/彙編之屬
知不足齋叢書一百九十六種　(清)鮑廷博編　(清)鮑士恭續編　清乾隆三十七年至道光三年(1772－1823)長塘鮑氏刻彙印本　一册　存一種

330000－1704－0013089　001879　新學/醫學/内科
内科新説二卷　(英國)合信氏　(清)管茂材撰　清咸豐八年(1858)上海仁濟醫館刻本　一册

330000－1704－0013090　001711　類叢部/叢書類/彙編之屬
文選樓叢書三十三種　(清)阮亨編　清嘉慶至道光阮元刻道光二十二年(1842)阮亨彙印

本　十冊　存一種

330000－1704－0013091　001800　新學/格致總
格致須知二十八種　（英國）傅蘭雅編　清光緒八年至二十四年（1882－1898）刻本　一冊　存一種

330000－1704－0013093　001741　子部/天文曆算類/算書之屬
算學啓蒙述義三卷總括一卷後記一卷望海島述一卷　（元）朱世傑撰　（清）王鑒述義　清光緒刻本　三冊

330000－1704－0013095　000744　子部/術數類/相宅相墓之屬
元運發明篇一卷地理心宗一卷宿度砂法一卷　清抄本　一冊

330000－1704－0013098　000510　子部/儒家類/儒學之屬/性理
漢學商兌三卷　（清）方東樹撰　清光緒二十六年（1900）浙江書局刻本　四冊

330000－1704－0013099　000511　子部/儒家類/儒學之屬/經濟
躬恥齋經世十八篇一卷　（清）宗稷辰撰　清光緒二十七年（1901）會稽宗能述鉛印本　一冊

330000－1704－0013102　000514　子部/儒家類/儒學之屬/性理
呂語集粹四卷　（清）陳弘謀評輯　清宣統元年（1909）上海文瑞樓石印本　二冊

330000－1704－0013103　001801　新學/醫學/衛生學
化學衛生論四卷　（英國）真司騰撰　（英國）傅蘭雅口譯　清光緒十六年（1890）上海格致書室刻本　四冊

330000－1704－0013104　013539　史部/地理類/方志之屬/郡縣志
［光緒］永嘉縣志三十八卷首一卷　（清）張寶琳修　（清）王棻　（清）孫詒讓纂　清光緒八年（1882）溫州維新書局刻本　十四冊　缺四卷（二十二至二十五）

330000－1704－0013105　001802　新學/雜著/叢編
西學啓蒙十六種　（英國）赫德編　（英國）艾約瑟譯　清光緒十二年（1886）總稅務司署刻本　一冊　存一種

330000－1704－0013106　001803　新學/化學/化學
化學考質八卷附表一卷　（德國）富里西尼烏司撰　清光緒江南製造總局刻本　六冊

330000－1704－0013107　001804　新學/化學/化學
化學分原八卷　（英國）蒲陸山撰　（英國）傅蘭雅口譯　（清）徐建寅筆述　（清）曹鍾秀畫繪　清末江南製造總局刻本　二冊

330000－1704－0013108　001805　新學/格致總
格致須知二十八種　（英國）傅蘭雅編　清光緒八年至二十四年（1882－1898）刻本　一冊　存一種

330000－1704－0013109　001712　類叢部/叢書類/彙編之屬
微波榭叢書十一種　（清）孔繼涵編　清孔氏刻彙印本　七冊　存一種

330000－1704－0013110　013484　類叢部/類書類/專類之屬
佩文韻府一百六卷　（清）張玉書　（清）蔡升元等輯　**韻府拾遺一百六卷**　（清）汪灝　（清）何焯等輯　清末石印本　二冊　存五卷（佩文韻府二十六、三十一至三十四上）

330000－1704－0013111　013540　史部/地理類/方志之屬/郡縣志
［光緒］永嘉縣志三十八卷首一卷　（清）張寶琳修　（清）王棻　（清）孫詒讓纂　清光緒八年（1882）溫州維新書局刻本　十五冊　存三十七卷（首，一至二、五至三十八）

330000－1704－0013112　001019　子部/宗教類/佛教之屬/諸宗

蓮宗必讀二十二卷　（清）釋古崑輯　清同治七年(1868)杭州昭慶慧空經房刻本　一冊

330000－1704－0013113　001806　子部/天文曆算類/天文之屬
曉庵曆說一卷附鄒氏象考一卷　（清）吴錫闡撰　清末抄本　四冊

330000－1704－0013114　001724　子部/天文曆算類/算書之屬
翠薇山房數學十四種　（清）張作楠撰　清光緒二十三年(1897)上海鴻寶齋石印本　八冊

330000－1704－0013115　001713　子部/天文曆算類/算書之屬
算經十書十種附刻一種　（清）孔繼涵輯　清光緒十六年(1890)上海刻本　十二冊

330000－1704－0013116　013541　史部/金石類/郡邑之屬
東甌金石志十二卷　（清）戴咸弼撰　（清）孫詒讓校補　清光緒二十五年(1899)石印本　四冊

330000－1704－0013117　001807　子部/天文曆算類/天文之屬
古經天象考十二卷圖說一卷　（清）雷學淇撰　清刻本　五冊　缺二卷(七至八)

330000－1704－0013118　000515　子部/雜著類
暨陽答問四卷　（清）蔣彤輯　清光緒三年(1877)蔣氏木活字印本　一冊

330000－1704－0013119　013542　史部/金石類/郡邑之屬
東甌金石志十二卷　（清）戴咸弼撰　（清）孫詒讓校補　清光緒二十五年(1899)石印本　八冊

330000－1704－0013120　013485　子部/儒家類/儒學之屬/性理
呻吟語六卷　（明）呂坤撰　（清）陳弘謀輯　明萬曆刻本　一冊　存一卷(六)

330000－1704－0013121　001714　子部/天文曆算類/算書之屬
算經十書十種附刻一種　（清）孔繼涵輯　清刻本　六冊　缺五卷(九章算術一至五)

330000－1704－0013122　001725　子部/天文曆算類/算書之屬
緝古算經三卷　（唐）王孝通撰並注　（清）張敦仁細草　清嘉慶八年(1803)藝學軒刻本　二冊

330000－1704－0013123　013543　史部/金石類/郡邑之屬
東甌金石志十卷補遺一卷　（清）戴咸弼撰　清光緒二年至三年(1876－1877)浙江溫州郡庠木活字印本　清孫衣言批　一冊　存二卷(一至二)

330000－1704－0013124　001808　子部/天文曆算類/天文之屬
六經天文編二卷　（宋）王應麟撰　明萬曆刻清康熙、乾隆補刻本　二冊

330000－1704－0013125　000516　類叢部/叢書類/自著之屬
毋不敬齋全書十七種附一種　（清）方濬撰　清光緒十五年(1889)方剛中、方敦吉濟南刻本　十五冊

330000－1704－0013126　001809　新學/天學
天文揭要二卷　（美國）赫士口譯　（清）周文源筆述　清光緒二十二年(1896)上海美華書館鉛印本　二冊

330000－1704－0013127　013544　類叢部/叢書類/郡邑之屬
永嘉叢書十三種　（清）孫衣言編　清同治至光緒瑞安孫氏詒善祠塾刻本　八冊　存一種

330000－1704－0013128　013486　新學/幼學
保姆學不分卷　侯鴻鑑撰　清光緒三十三年(1907)鉛印本　一冊

330000－1704－0013129　001727、001728、001729　類叢部/叢書類/彙編之屬

宜稼堂叢書七種　(清)郁松年編　清道光二十年至二十二年(1840－1842)上海郁氏刻本(續後漢書卷一、八十八原缺)　九册　存三種

330000－1704－0013132　001742　子部/天文曆算類/算書之屬

矩齋籌算六種附一種　勞乃宣撰　清光緒十二年至二十六年(1886－1900)桐鄉勞氏刻朱墨套印本　四册　存一種

330000－1704－0013134　001810　子部/天文曆算類

星算補遺十六種　(清)董毓琦撰　清同治五年至光緒十二年(1866－1886)刻本　一册　存二種

330000－1704－0013135　001726　類叢部/叢書類/自著之屬

武陵山人遺書十種續刊二種　(清)顧觀光撰　清光緒九年(1883)獨山莫祥芝上海刻本　一册　存一種

330000－1704－0013136　001723　子部/天文曆算類/算書之屬

翠薇山房數學十四種　(清)張作楠撰　清光緒五年(1879)息園刻本　十八册

330000－1704－0013138　013653　子部/醫家類/綜合之屬/通論

醫學心悟五卷外科十法一卷　(清)程國彭撰　清刻本　一册　存一卷(二)

330000－1704－0013139　001811　子部/天文曆算類/天文之屬

天文問答不分卷　(清)王亨統輯　清光緒二十六年(1900)石印本　一册

330000－1704－0013141　013545　史部/地理類/方志之屬/郡縣志

[光緒]永嘉縣志三十八卷首一卷　(清)張寶琳修　(清)王棻　(清)孫詒讓纂　清光緒八年(1882)溫州維新書局刻民國二十四年(1935)劉景晨補版印本　十三册　存十七卷(十三至二十四、三十一、三十五至三十八)

330000－1704－0013143　000523　子部/雜著類

無始以來天人性命之本原一卷　(清)金晦撰　清光緒三十三年(1907)永嘉葉懷古齋刻本　一册

330000－1704－0013144　013654　子部/醫家類/類編之屬

陳修園醫書四十種　(清)陳念祖等撰　清光緒上海商務印書館鉛印本　一册　存一種

330000－1704－0013145　000524　新學/理學/理學

名學三卷首一卷　(英國)穆勒約翰撰　嚴復翻譯　清光緒三十一年(1905)金粟齋刻本　八册

330000－1704－0013146　013546　史部/地理類/方志之屬/郡縣志

[光緒]永嘉縣志三十八卷首一卷　(清)張寶琳修　(清)王棻　(清)孫詒讓纂　清光緒八年(1882)溫州維新書局刻本　十五册　存二十五卷(二、五至八、十二至十九、二十一至二十三、二十六至二十八、三十三至三十八)

330000－1704－0013150　013547　史部/地理類/方志之屬/郡縣志

[光緒]永嘉縣志三十八卷首一卷　(清)張寶琳修　(清)王棻　(清)孫詒讓纂　清光緒八年(1882)溫州維新書局刻本　二册　存二卷(三十二至三十三)

330000－1704－0013151　013548　集部/總集類/郡邑之屬

羅陽詩始四卷　(清)董斿輯　清同治五年(1866)羅陽書院刻本　二册

330000－1704－0013152　001813　子部/天文曆算類/天文之屬

高厚蒙求九種　(清)徐朝俊撰　清嘉慶雲間徐氏刻本　四册　存八種

330000－1704－0013154　013786　集部/總集類/郡邑之屬

東甌文存不分卷　(清)陳遇春輯　清道光八

年(1828)梧竹山房刻本　四冊

330000－1704－0013155　001814　類叢部/叢書類/自著之屬
求己堂八種　(清)施彥士輯　清嘉慶至道光崇明施氏求己堂刻本　三冊　存二種

330000－1704－0013156　013660　子部/雜著類/雜考之屬
札迻十二卷　(清)孫詒讓撰　清光緒二十年(1894)籀廎刻二十一年(1895)重修本　四冊

330000－1704－0013159　013550　集部/別集類/宋別集
宋王忠文公文集五十卷目錄四卷　(宋)王十朋撰　**梅溪王忠文公年譜一卷**　(清)徐炯文編　清雍正六年(1728)唐傳鉎刻鴈就堂印本　十二冊

330000－1704－0013160　001815　類叢部/叢書類/自著之屬
陶廬叢刻第二集十種　王樹枏撰　清光緒九年至民國十四年(1883－1925)新城王氏刻本暨鉛印本　一冊　存一種

330000－1704－0013161　013661　集部/別集類/清別集
留硯山房遺草一卷　(清)王朝清撰　清光緒二十八年(1902)刻本　一冊

330000－1704－0013162　013788　類叢部/叢書類/郡邑之屬
永嘉叢書十三種　(清)孫衣言編　清同治至光緒瑞安孫氏詒善祠塾刻本　七冊　存一種

330000－1704－0013163　001959　子部/醫家類/診法之屬/脈經脈訣
刪註脈訣規正二卷　(清)沈鏡刪註　清英德堂刻本　二冊

330000－1704－0013164　001816　子部/天文曆算類/曆法之屬
七十二候表一卷　(清)羅以智撰　**七十二候表校錄一卷**　(清)江標撰　清光緒八年(1882)海昌羊復禮刻本　一冊

330000－1704－0013166　001817　新學/天學
談天十八卷首一卷附表一卷　(英國)侯失勒撰　(英國)偉烈亞力口譯　(清)李善蘭筆述　清光緒江南製造總局刻本　四冊

330000－1704－0013168　013789　類叢部/叢書類/郡邑之屬
永嘉叢書十三種　(清)孫衣言編　清同治至光緒瑞安孫氏詒善祠塾刻本　二冊　存一種

330000－1704－0013170　001960　子部/醫家類/診法之屬/脈經脈訣
脈經十卷　題(晉)王叔和撰　清汀州張氏勵志齋刻本　四冊

330000－1704－0013174　013790　類叢部/叢書類/郡邑之屬
永嘉叢書十三種　(清)孫衣言編　清同治至光緒瑞安孫氏詒善祠塾刻本　三冊　存一種

330000－1704－0013176　001818　新學/天學
談天十八卷首一卷附表一卷　(英國)侯失勒撰　(英國)偉烈亞力口譯　(清)李善蘭筆述　清同治十三年(1874)鉛印本　三冊

330000－1704－0013178　013791　類叢部/叢書類/郡邑之屬
永嘉叢書十三種　(清)孫衣言編　清同治至光緒瑞安孫氏詒善祠塾刻本　一冊　存一種

330000－1704－0013180　013489　子部/醫家類/類編之屬
陳修園醫書　(清)陳念祖等撰　清石印本　二冊　存一種

330000－1704－0013181　001961　子部/醫家類/診法之屬/脈經脈訣
脈訣刊誤集解二卷附錄一卷　(元)戴起宗撰　(明)汪機輯　清光緒二十二年(1896)勵志齋刻本　二冊

330000－1704－0013182　000529　子部/雜著類
經德錄五卷　(清)王欽豫輯　清抄本　清孫

衣言題簽　一冊

330000－1704－0013183　013666　集部/别集類

享敝帚軒吟稿一卷　褚傳誥撰　**嶺南吟草一卷**　高誼撰　清宣統元年(1909)鉛印本　一冊

330000－1704－0013184　001962　子部/醫家類/診法之屬/脈經脈訣

圖註脈訣辨真四卷脈訣附方一卷　題(晉)王叔和撰　(明)張世賢注　清宏道堂刻本　二冊　缺一卷(脈訣附方)

330000－1704－0013185　000746　子部/術數類/相宅相墓之屬

地學答問不分卷　(清)魏青江撰　清乾隆四十九年(1784)二酉堂刻本　三冊

330000－1704－0013186　013552　類叢部/叢書類/郡邑之屬

永嘉叢書十三種　(清)孫衣言編　清同治至光緒瑞安孫氏詒善祠塾刻本　七冊　存一種

330000－1704－0013187　001819　子部/天文曆算類/天文之屬

管窺輯要八十卷　(清)黄鼎撰　清刻本　二十五冊　存六十六卷(五至七、十二至三十四、三十八至七十二、七十六至八十)

330000－1704－0013189　001820　史部/時令類

燕京歲時記一卷　(清)富察敦崇撰　清光緒三十二年(1906)上琉璃廠文德齋刻本　三冊

330000－1704－0013191　013553　史部/地理類/方志之屬/郡縣志

[嘉慶]瑞安縣志十卷首一卷　(清)張德標修　(清)王殿金　(清)黄徵義纂　清嘉慶十三年至十四年(1808－1809)刻本　五冊　存四卷(二、八至十)

330000－1704－0013192　000530　經部/孝經類/傳說之屬

孝經注疏一卷　(唐)玄宗李隆基注　(宋)邢昺注疏　清潘霨刻本　一冊

330000－1704－0013193　001821　史部/時令類

園居時令纂言一卷　(明)鄭思恭編纂　**孟子外書集語一卷**　(清)葉維俊編　清抄本　一冊

330000－1704－0013195　000531　經部/孝經類/傳說之屬

孝經直解一卷　(清)劉沅撰　清同治二年(1863)威邑呂仙岩玉成堂刻本　一冊

330000－1704－0013196　013554　史部/地理類/方志之屬/郡縣志

[嘉慶]瑞安縣志十卷首一卷　(清)張德標修　(清)王殿金　(清)黄徵義纂　清嘉慶十三年至十四年(1808－1809)刻本　六冊　存七卷(二、四至九)

330000－1704－0013197　001822　史部/時令類

月令粹編二十四卷圖說一卷　(清)秦嘉謨撰　清嘉慶十七年(1812)江都秦嘉謨琳琅仙館刻本　四冊

330000－1704－0013198　013785　集部/總集類/郡邑之屬

東甌先正文錄十二卷栝蒼先正文錄三卷補遺一卷　(明)陳遇春輯　清道光十四年(1834)刻本　十六冊

330000－1704－0013199　000532　經部/孝經類/傳說之屬

孝經刊誤淺解一卷　(宋)朱熹刊誤　(明)史尊朱淺解　清道光九年(1829)刻本　一冊

330000－1704－0013200　001823　史部/時令類

古今類傳四卷　(清)董穀士　(清)董炳文輯　清康熙三十一年(1692)未學齋刻本　四冊

330000－1704－0013201　000747　子部/術數類/相宅相墓之屬

平陽全書十五卷　(清)葉泰輯　清大成齋刻本　五冊

330000－1704－0013202　013491　經部/禮

記類/傳說之屬

禮記約編喈鳳十卷 (清)汪基撰 清光緒三十四年(1908)上海廣益書局石印本 一冊

330000－1704－0013203 013760 集部/別集類/清別集

介軒詩鈔十卷文鈔八卷外集二卷 (清)張振夔撰 清同治九年(1870)刻本 八冊

330000－1704－0013204 000748 子部/術數類/相宅相墓之屬

理氣三訣三卷附賴公撥砂訣一卷 (清)葉泰撰 清大成齋刻本 一冊

330000－1704－0013205 000533 經部/孝經類/傳說之屬

孝經傳說圖解二卷 (清)金柘巖 (清)戴蓮洲撰 (清)黃紫眉繪圖 清同治十年(1871)梅溪書院刻本 一冊

330000－1704－0013206 001824 經部/大戴禮記類/分篇之屬

夏小正一卷 (宋)金履祥注 (清)張爾岐輯定 (清)黃叔琳增定 清乾隆十年(1745)北平黃叔琳養素堂刻本 一冊

330000－1704－0013209 013669 子部/雜著類/雜編之屬

湘南游草序跋不分卷 林鶚等撰 清刻本 一冊

330000－1704－0013210 000749 子部/術數類/相宅相墓之屬

羅經指南撥霧集三卷 (清)葉泰撰 清刻本 一冊

330000－1704－0013211 013762 史部/地理類/山川之屬/山志

新輯雁山便覽一卷 (清)釋道融撰 清同治七年(1868)雁山淨名寺刻本 一冊

330000－1704－0013213 013815 史部/地理類/方志之屬/郡縣志

[乾隆]平陽縣志二十卷首一卷 (清)徐恕修 (清)張南英 (清)孫謙纂 清乾隆二十五年(1760)刻本 一冊 存三卷(十六至十八)

330000－1704－0013215 000534 類叢部/叢書類/彙編之屬

文選樓叢書三十三種 (清)阮亨編 清嘉慶至道光阮元刻道光二十二年(1842)阮亨彙印本 二冊 存一種

330000－1704－0013218 013816 子部/小說家類/異聞之屬

燕山外史註釋八卷 (清)陳球撰 (清)傅聲谷注 清光緒石印本 一冊 存四卷(一至四)

330000－1704－0013219 013672 集部/總集類/酬唱之屬

臺江驪唱集一卷天南鴻爪集一卷 黃鼎瑞輯 清光緒三十四年(1908)永嘉刻本 一冊

330000－1704－0013221 000750 子部/術數類/相宅相墓之屬

理氣圖說二卷 (清)周惇庸撰 清嘉慶二年(1797)刻本 一冊

330000－1704－0013223 013673 集部/總集類/酬唱之屬

臺江驪唱集一卷天南鴻爪集一卷 黃鼎瑞輯 清光緒三十四年(1908)永嘉刻本 一冊

330000－1704－0013227 013558 集部/別集類/清別集

太鶴山人集十三卷 (清)端木國瑚撰 清道光二十年(1840)瑞安洪坤刻本 六冊

330000－1704－0013228 000753 子部/術數類/相宅相墓之屬

靜一堂羅經解一卷 (清)楊芳撰 清道光刻朱墨套印本 一冊

330000－1704－0013229 013559 集部/別集類/清別集

太鶴山人集十三卷 (清)端木國瑚撰 清道光二十年(1840)瑞安洪坤刻本 五冊 存十一卷(一至八、十一至十三)

330000－1704－0013230 000751 子部/術數類/相宅相墓之屬

水法揀金二卷 (清)董繩遇注 清道光刻本

一冊

330000－1704－0013232　000752　子部/術數類/相宅相墓之屬
金玉二經圖傳三卷　(清)蕭洪治撰　清康熙三年(1664)刻本　三冊

330000－1704－0013234　000540　子部/雜著類/雜說之屬
庸書内篇二卷外篇二卷　(清)陳熾撰　清光緒二十三年(1897)上海書局石印本　八冊

330000－1704－0013235　001826　經部/大戴禮記類/分篇之屬
夏小正集解四卷　(清)顧問撰　清乾隆五十七年(1792)敬業堂刻本　一冊

330000－1704－0013236　001827　子部/雜著類/雜纂之屬
賞雪齋官商便覽類分九百六十種不分卷　(清)賞雪齋輯　清光緒三十三年(1907)石印本　一冊

330000－1704－0013238　001828　子部/雜著類/雜纂之屬
快雪齋官商備覽八百種不分卷　(清)快雪齋輯　清光緒三十二年(1906)求學齋石印本　一冊

330000－1704－0013240　001963　子部/醫家類/診法之屬/歷代脈學
脈法統宗不分卷　(清)孫德潤撰　清道光六年(1826)刻醫學彙海本　二冊

330000－1704－0013241　001829　子部/雜著類/雜纂之屬
咏雪齋官商便覽九百四十種不分卷　(清)咏雪齋輯　清光緒三十三年(1907)石印本　一冊

330000－1704－0013242　001964　子部/醫家類/診法之屬/脈經脈訣
丹溪朱氏脈因証治二卷　(元)朱震亨撰　(清)湯望久校輯　清乾隆四十年(1775)刻本　二冊

330000－1704－0013243　001830　子部/雜著類/雜纂之屬
辛亥年官商快覽不分卷　清宣統三年(1911)上海書業公所石印本　一冊

330000－1704－0013244　013768　集部/別集類/清別集
太玉山館今體詩鈔一卷　(清)曾元琳撰　**雩風草堂詩草一卷**　(清)曾塏撰　**金石聲齋詩存一卷**　(清)曾賢撰　清同治八年至九年(1869－1870)刻本　一冊

330000－1704－0013247　001966　子部/醫家類/診法之屬/其他診法
漢譯診病奇侅二卷　(日本)丹波元堅撰　(日本)松井操譯　**五雲子腹診法一卷**　(日本)森養春院法印傳　(日本)雲統筆記　(日本)丹波元堅附載　(日本)松井操譯　清光緒十四年(1888)四明王仁乾日本鉛印本　二冊

330000－1704－0013248　013502　子部/宗教類/佛教之屬
菩薩戒羯磨文釋一卷　(唐)釋玄奘譯　(明)釋智旭釋　**重定授菩薩戒法一卷**　(明)釋智旭述　**學菩薩戒法一卷**　(明)釋智旭述　**菩薩戒本經一卷**　(北涼)釋曇無讖譯　**梵網經懺悔行法一卷**　(明)釋智旭述　**毘尼後集問辯一卷**　(明)釋智旭述　清同治九年(1870)、十三年(1874)金陵刻經處刻本　一冊　存五卷(菩薩戒羯磨文釋、重定授菩薩戒法、學菩薩戒法、菩薩戒本經、梵網經懺悔行法)

330000－1704－0013249　001965　子部/醫家類/診法之屬/脈經脈訣
四診抉微八卷附管窺附餘一卷　(清)林之翰撰　清雍正刻本　四冊

330000－1704－0013251　000542　子部/儒家類/儒學之屬/性理
庸言四卷　(清)余光遴撰　清咸豐二年(1852)露蕭草堂刻光緒十八年(1892)重修本　二冊

330000－1704－0013253　000543　子部/儒家類/儒學之屬/禮教

人生必讀書十二卷開蒙必讀一卷蠶桑事宜一卷　(清)鄒祖堂輯　清同治十年(1871)鄒鍾俊刻本　林損觀款　四册　缺二卷(開蒙必讀、蠶桑事宜)

330000－1704－0013257　013641　集部/別集類/宋別集

宋王忠文公文集五十卷目錄四卷　(宋)王十朋撰　**梅溪王忠文公年譜一卷**　(清)徐炯文編　清光緒二年(1876)溫州梅溪書院刻本　十六册

330000－1704－0013260　000754　子部/術數類/相宅相墓之屬

地理四彈子四卷　(清)張鳳藻輯　清嘉慶九年(1804)金閶書業堂刻本　二册

330000－1704－0013261　001832　新學/格致總

格致須知二十八種　(英國)傅蘭雅編　清光緒八年至二十四年(1882－1898)刻本　一册　存一種

330000－1704－0013262　013772　史部/傳記類/別傳之屬/事狀

皇清誥封通議大夫顯考魯臣府君誥封淑人顯妣丁太淑人行述一卷　(清)魯衣言　(清)魯鏘鳴　(清)魯嘉言述　清末刻本　一册

330000－1704－0013265　001833　史部/地理類/輿圖之屬/坤輿

坤輿圖說一卷　(比利時)南懷仁撰　清刻本　一册

330000－1704－0013268　000546　子部/儒家類/儒學之屬

四耐齋讀書約錄一卷　(清)余家鼎輯　清光緒三十二年(1906)余氏刻本　一册

330000－1704－0013273　001967　子部/醫家類/綜合之屬/通論

赤水玄珠三十卷醫案五卷醫旨緒餘二卷　(明)孫一奎撰　清廣東天寶樓刻本　三十一册　缺一卷(九)

330000－1704－0013274　000755　子部/術數類/相宅相墓之屬

地理辨正集解一卷　(清)壽紹海纂　**天元五歌一卷**　(清)蔣平階撰　**地理輯要一卷**　(清)壽紹海輯　清道光元年(1821)刻本　一册

330000－1704－0013275　001836　子部/天文曆算類/天文之屬

地球圖說一卷補圖一卷　(法國)蔣友仁譯　(清)何國宗　(清)錢大昕潤色　清刻本　一册

330000－1704－0013276　000756　子部/術數類/相宅相墓之屬

地學探原三卷　(清)吳承立輯　清光緒二十六年(1900)刻本　一册

330000－1704－0013277　001837　新學/天學

測候叢談四卷　(美國)金楷理口譯　(清)華衡芳筆述　清光緒江南製造總局刻本　二册

330000－1704－0013278　000547　子部/儒家類/儒學之屬/性理

思辨錄輯要前集二十二卷後集十三卷　(清)陸世儀撰　清刻本　二册　存十卷(前集一至十)

330000－1704－0013279　013775　史部/地理類/山川之屬/山志

孤嶼志八卷首一卷　(清)陳舜咨輯　清嘉慶十四年(1809)介和堂刻本　五册

330000－1704－0013280　001969　子部/醫家類/類編之屬

醫門棒喝二種　(清)章楠撰　清同治六年(1867)聚文堂刻本　六册

330000－1704－0013282　000757　子部/術數類/相宅相墓之屬

地理參贊玄機僊婆集十三卷　(明)張鳴鳳編集　(明)呂元　(明)杜詩評選　(明)張希堯參補　清刻本　六册

330000－1704－0013286　000549　子部/儒家類/儒學之屬/性理

習是編二卷　(清)屈成霖輯　清咸豐六年(1856)番禺許應鑅衍祥堂刻本　四册

330000－1704－0013288　000550　子部/雜著類/雜說之屬

探本錄二十三卷　(清)雲茂琦撰　清同治雲逢曜刻本　六册

330000－1704－0013289　001970　子部/醫家類/醫話醫論之屬

醫法心傳一卷　(清)程鑒撰　清光緒十三年(1887)養鶴山房刻本　一册

330000－1704－0013291　001971　子部/醫家類/綜合之屬/通論

醫學源流論二卷　(清)徐大椿撰　清刻本　二册

330000－1704－0013297　000758　子部/術數類/相宅相墓之屬

地理知本金鎖秘二卷　(清)鄧恭撰　(清)鄧學晉　(清)學升編次　清嘉慶刻本　二册

330000－1704－0013299　001972　子部/醫家類/綜合之屬/通論

醫學心悟五卷外科十法一卷　(清)程國彭撰　清大文堂刻本　四册

330000－1704－0013300　013780　類叢部/叢書類/郡邑之屬

永嘉叢書十三種　(清)孫衣言編　清同治至光緒瑞安孫氏詒善祠塾刻本　一册　存一種

330000－1704－0013301　000759　子部/術數類/相宅相墓之屬

地理六法傳心六卷　(清)許明輯　清刻本　四册

330000－1704－0013303　013781　類叢部/叢書類/郡邑之屬

永嘉叢書十三種　(清)孫衣言編　清同治至光緒瑞安孫氏詒善祠塾刻本　一册　存一種

330000－1704－0013304　013508　集部/別集類/清別集

望山草堂文集四卷　(清)林鶚撰　清抄本　四册

330000－1704－0013305　013510　類叢部/叢書類/家集之屬

如皋冒氏叢書三十四種附二種　冒廣生輯　清光緒至民國如皋冒氏刻本　二册　存一種

330000－1704－0013307　000760　子部/術數類/相宅相墓之屬

地理五訣八卷　(清)趙廷棟撰　清蘇州綠蔭堂刻本　謝元甫題簽、批校並題記　四册

330000－1704－0013309　000761　子部/術數類/相宅相墓之屬

地理青囊經十卷　(清)杜銓釋　清道光九年(1829)刻本　二册

330000－1704－0013310　000551　子部/儒家類/儒學之屬/性理

習是編二卷　(清)屈成霖輯　**屈肖巖年譜一卷**　(清)屈成霖撰　清同治十三年(1874)屈氏刻本　四册

330000－1704－0013311　000762　子部/術數類/相宅相墓之屬

地理錄要四卷　(清)于楷輯　清嘉慶七年(1802)刻本　四册

330000－1704－0013312　001838　新學/雜著/叢編

江南製造局譯書　(清)江南製造局編　清光緒江南製造局刻本暨鉛印本　八册　存一種

330000－1704－0013313　000763　子部/術數類/相宅相墓之屬

地理天玉經補註三卷附錄一卷　(清)淩龍光註　清刻本　一册

330000－1704－0013314　001839　新學/雜著/叢編

西學啓蒙十六種　(英國)赫德編　(英國)艾約瑟譯　清光緒十二年(1886)總稅務司署刻本　一册　存一種

330000－1704－0013315　000552　子部/儒家類/儒學之屬/禮教

聖學入門四卷　(清)彭世昌輯註　清光緒三年(1877)北京刻本　二冊

330000－1704－0013316　013652　史部/傳記類/總傳之屬/郡邑

甌海軼聞五十八卷　(清)孫衣言撰　清光緒刻本　十三冊　存二十四卷(六至十一、十五至二十六、三十二、三十六至四十)

330000－1704－0013317　000764　子部/術數類/相宅相墓之屬

楊曾地理元文四種附二種　(清)端木國瑚注　清道光五年(1825)刻本　三冊

330000－1704－0013320　013509　史部/詔令奏議類/奏議之屬

諭對錄重鐫十卷首一卷　(明)張璁撰　清道光十七年至十八年(1837－1838)張氏刻本　三冊　缺三卷(五至七)

330000－1704－0013322　000556　子部/儒家類/儒學之屬/俗訓

人譜一卷人譜類記二卷　(明)劉宗周撰　清同治七年(1868)蕺山書院刻本　二冊

330000－1704－0013323　000765　子部/術數類/相宅相墓之屬

地理詩一卷　(宋)王汲撰　王逵摹寫　**地理詩補遺一卷**　清抄本　一冊

330000－1704－0013325　000553　子部/儒家類/儒學之屬/禮教/鑑戒

梁瀛侯先生日省錄一卷　(清)梁文科輯　清光緒六年(1880)刻本　一冊

330000－1704－0013326　000766　類叢部/叢書類/自著之屬

亦園亭全集五種　(清)孟超然撰　清嘉慶二十年(1815)刻本　一冊　存一種

330000－1704－0013327　013561　史部/目録類/總録之屬/官修

欽定四庫全書簡明目錄二十卷　(清)紀昀等撰　清刻本　一冊　存三卷(十至十二)

330000－1704－0013329　013860　史部/地理類/方志之屬/郡縣志

[光緒]永嘉縣志三十八卷首一卷　(清)張寶琳修　(清)王棻　(清)孫詒讓纂　清光緒八年(1882)溫州維新書局刻本　十三冊　存十七卷(四至九、二十二至二十四、三十一至三十八)

330000－1704－0013330　013629　集部/別集類/清別集

垂涕集二卷求是齋詩鈔三卷　(清)林大椿撰　清同治十三年(1874)菜香室刻本　一冊

330000－1704－0013331　000554　子部/儒家類/儒學之屬/禮教

聖學入門書一卷　(清)陳瑚撰　清道光刻本　一冊

330000－1704－0013333　013861　史部/傳記類/總傳之屬/郡邑

續捐南鄉文成紀事不分卷　南鄉文成司事編　清光緒二十年(1894)刻本　一冊

330000－1704－0013334　000555　史部/傳記類/總傳之屬

聖諭像解二十卷　(清)梁延年撰　清光緒二十九年(1903)安徽撫署石印本　十冊

330000－1704－0013335　013630　集部/別集類/明別集

明太師張文忠公文集六卷葩經全旨一卷　(明)張孚敬撰　清道光二十一年(1841)居易堂刻本　二冊

330000－1704－0013336　000767　子部/術數類/相宅相墓之屬

新刻搜龍奧語二卷　(清)毛秀林撰　清道光四年(1824)刻本　二冊

330000－1704－0013339　013793　集部/別集類/宋別集

宋王忠文公文集五十卷目錄四卷　(宋)王十朋撰　**梅溪王忠文公年譜一卷**　(清)徐炯文編　清光緒二年(1876)溫州梅溪書院刻本　二冊　存二十八卷(一至二十三、目錄一至

四、年譜)

330000－1704－0013340　013683　集部/別集類/清別集

退思草堂詩鈔二卷　(清)李樧勳撰　清光緒三十二年(1906)永嘉刻本　二册

330000－1704－0013343　013563　新學/史志

最新中國歷史教科書二卷　姚祖義編　清末至民國上海商務印書館鉛印本　一册

330000－1704－0013344　001974　子部/醫家類/類編之屬

王氏醫存十七卷　(清)王燕昌撰　清光緒元年(1875)皖城黄竹友齋刻本　四册

330000－1704－0013345　000557　子部/儒家類/儒學之屬/俗訓

人譜一卷人譜類記二卷　(明)劉宗周撰　清光緒元年(1875)杭州刻本　一册

330000－1704－0013347　013564　新學/學校

最新修身教科書不分卷　商務印書館編譯所編纂　清光緒三十三年(1907)上海商務印書館鉛印本　一册

330000－1704－0013348　013794　集部/別集類/明別集

太師誠意伯劉文成公集二十卷首一卷　(明)劉基撰　清光緒二十六年(1900)浙江書局刻本　十册

330000－1704－0013350　013866　經部/小學類/文字之屬/字書/字體

名原二卷　(清)孫詒讓撰　清光緒三十一年(1905)瑞安孫氏刻本　一册

330000－1704－0013352　013867　經部/小學類/文字之屬/字書/字體

名原二卷　(清)孫詒讓撰　清光緒三十一年(1905)瑞安孫氏刻本　一册

330000－1704－0013355　013868　經部/小學類/文字之屬/字書/字體

名原二卷　(清)孫詒讓撰　清光緒三十一年(1905)瑞安孫氏刻本　一册

330000－1704－0013356　013869　經部/小學類/文字之屬/字書/字體

古籀拾遺三卷附宋政和禮器文字考一卷　(清)孫詒讓撰　清光緒十四年至十六年(1888－1890)刻本　一册

330000－1704－0013357　000558　子部/雜著類/雜說之屬

秀才約語授趙雋堂同學一卷　(清)吳毓珍撰　**戊寅新增十二則授同學胡象華胡藴華昆仲一卷**　清光緒鉛印本　一册

330000－1704－0013358　013870　經部/小學類/文字之屬/字書/字體

古籀拾遺三卷附宋政和禮器文字考一卷　(清)孫詒讓撰　清光緒十四年至十六年(1888－1890)刻本　一册　存三卷(古籀拾遺一至三)

330000－1704－0013359　000559　子部/儒家類/儒學之屬/性理

儒門法語輯要一卷　(清)彭定求撰　(清)湯金釗輯　清光緒十六年(1890)浙江書局刻本　一册

330000－1704－0013360　013871　經部/小學類/文字之屬/字書/字體

古籀拾遺三卷附宋政和禮器文字考一卷　(清)孫詒讓撰　清光緒十四年至十六年(1888－1890)刻本　一册

330000－1704－0013362　013872　經部/小學類/文字之屬/字書/字體

古籀拾遺三卷附宋政和禮器文字考一卷　(清)孫詒讓撰　清光緒十四年至十六年(1888－1890)刻本　楊紹廉題簽並批　一册　存三卷(古籀拾遺一至三)

330000－1704－0013363　013634　集部/總集類

賦選不分卷　(清)洪鼎等撰　清王德馨抄本　一册

330000－1704－0013366　013635　經部/小學類/音韻之屬
四聲正誤一卷附反切法一卷　(清)謝思澤輯　清光緒二十一年(1895)刻本　一冊

330000－1704－0013368　000768　子部/術數類/相宅相墓之屬
陽宅集要一卷　(清)章攀桂撰　清嘉慶二年(1797)敬業堂刻本　一冊

330000－1704－0013369　001975　子部/醫家類/綜合之屬/通論
醫學心悟五卷外科十法一卷　(清)程國彭撰　清光緒二十一年(1895)學庫山房刻本　六冊

330000－1704－0013371　013636　史部/地理類/雜志之屬
瑞安百詠一卷　(清)黃紹第撰　清刻本　一冊

330000－1704－0013372　000560　子部/儒家類/儒學之屬/性理
儒門法語一卷　(清)彭定求撰　(清)湯金釗輯　清咸豐二年(1852)徐澤醇存惺書屋刻本　鏡山題記　一冊

330000－1704－0013373　000769　子部/術數類/相宅相墓之屬
宅譜不分卷　(清)鍾之模撰　清雍正二年(1724)刻本　一冊

330000－1704－0013377　013637　集部/總集類/酬唱之屬
且園賡唱集三卷　(清)方鼎銳等撰　清同治十三年(1874)且園刻本　一冊

330000－1704－0013378　013799　子部/雜著類/雜考之屬
札迻十二卷　(清)孫詒讓撰　清光緒二十年(1894)籀廎刻二十一年(1895)重修本　二冊　存六卷(一至三、七至九)

330000－1704－0013379　000771　子部/術數類/相宅相墓之屬
重訂陽宅造福全書二卷　(明)黃一鳳撰　(清)李枝萼參補　清順治十一年(1654)睢寧敬勝堂刻本　二冊

330000－1704－0013380　013638　類叢部/叢書類/自著之屬
西堂全集　(清)尤侗撰　清刻本　一冊　存一種

330000－1704－0013381　001977　子部/醫家類/綜合之屬/通論
醫學心悟五卷外科十法一卷　(清)程國彭撰　清光緒六年(1880)校經山房刻本　四冊

330000－1704－0013382　013800　子部/雜著類/雜考之屬
札迻十二卷　(清)孫詒讓撰　清光緒二十年(1894)籀廎刻本　二冊　存六卷(四至九)

330000－1704－0013383　013639　子部/雜著類/雜編之屬
集腋成裘一卷　清末抄本　一冊

330000－1704－0013384　013801　子部/雜著類/雜考之屬
札迻十二卷　(清)孫詒讓撰　清光緒二十年(1894)籀廎刻二十一年(1895)重修本　四冊

330000－1704－0013387　013521　集部/別集類/清別集
雁山遊草一卷　(清)曾佩雲撰　清道光二十七年(1847)刻本　葉重光題記　一冊

330000－1704－0013390　000561　子部/儒家類/儒學之屬/俗訓
人譜正篇一卷續編二卷人譜類記增訂六卷　(明)劉宗周撰　清道光二十四年(1844)綿雅堂刻本　一冊

330000－1704－0013391　013583　史部/金石類/郡邑之屬
東甌金石志十二卷　(清)戴咸弼撰　(清)孫詒讓校補　清光緒二十五年(1899)石印本　四冊

330000－1704－0013392　013805　經部/三禮總義類/名物制度之屬

九旗古義述一卷　(清)孫詒讓撰　清光緒二十八年(1902)瑞安孫氏刻本　一册

330000－1704－0013394　013522　子部/小説家類

紅樓夢後序一卷　(清)蔡保東撰　清光緒六年(1880)刻本　一册

330000－1704－0013397　013584　集部/别集類/宋别集

艮齋先生薛常州浪語集三十五卷　(宋)薛季宣撰　清同治十年(1871)金陵書局刻本　六册

330000－1704－0013401　000564　子部/儒家類/儒學之屬/禮教

修齊集要七卷首一卷　(清)范臺輯　清道光二十五年(1845)刻本　二册

330000－1704－0013402　000772　子部/術數類/相宅相墓之屬

陽宅法秘一卷　清光緒二年(1876)抄本　一册

330000－1704－0013405　000565　類叢部/叢書類/彙編之屬

高安朱文端公校輯藏書十三種　(清)朱軾撰輯　清康熙至乾隆刻彙印本　一册　存一種

330000－1704－0013407　000773　子部/術數類/相宅相墓之屬

陽宅八門精義新書四卷　(清)趙季錫撰　清乾隆刻本　二册

330000－1704－0013408　009474　集部/别集類/元别集

許文正公遺書十二卷首一卷末一卷　(元)許衡撰　清乾隆五十五年(1790)刻本　七册　缺三卷(六至八)

330000－1704－0013410　000774　子部/術數類/相宅相墓之屬

地理徹源經二卷　林芳春　林君碑撰　清刻本　二册

330000－1704－0013411　000566　子部/儒家類/儒學之屬/俗訓

人譜類記增訂六卷　(明)劉宗周撰　清刻本　一册

330000－1704－0013412　000775　子部/術數類/相宅相墓之屬

山語樓地理全書十二種附錄四條　(清)蔡常雲撰　清乾隆刻本　三册　存一種

330000－1704－0013413　013585　類叢部/叢書類/郡邑之屬

永嘉叢書十三種　(清)孫衣言編　清同治至光緒瑞安孫氏詒善祠塾刻本　十二册　存一種

330000－1704－0013415　013606　集部/别集類/清别集

耕讀亭詩鈔七卷　(清)項傅梅撰　清同治十三年(1874)南堤項氏刻本　二册

330000－1704－0013420　000776　子部/術數類/相宅相墓之屬

地理體用合編四卷　(清)林士恭　(清)吳頤慶撰　清同治元年(1862)刻本　二册

330000－1704－0013428　000567　子部/儒家類/儒學之屬/禮教

增訂五種遺規十六卷　(清)陳弘謀編輯　清光緒二十二年(1896)積山書局石印本　六册

330000－1704－0013432　013586　子部/儒家類/儒家之屬/性理

儒志編一卷　(宋)王開祖撰　(清)童基輯　清乾隆十七年(1752)刻咸豐元年(1851)校補本　一册

330000－1704－0013436　000777　子部/術數類/相宅相墓之屬

陽宅大成四種　(清)魏青江撰　清刻本　潘鵬題簽　一册　存一種

330000－1704－0013437　013613　類叢部/叢書類/彙編之屬

湖海樓叢書十二種　(清)陳春編　清嘉慶蕭山陳氏刻二十四年彙印本　一册　存一種

330000－1704－0013438　013525　子部/藝術類/遊藝之屬/雜藝

益智圖二卷　(清)童葉庚撰　清光緒四年(1878)童葉庚刻本　二册

330000－1704－0013439　000568　子部/雜著類/雜説之屬

嶺雲軒瑣記四卷　(清)李威輯　清同治五年(1866)桐城姚濬昌刻本　二册

330000－1704－0013441　013614　類叢部/叢書類/郡邑之屬

永嘉叢書十三種　(清)孫衣言編　清同治至光緒瑞安孫氏詒善祠塾刻本　一册　存一種

330000－1704－0013442　013527　史部/傳記類/總傳之屬/郡邑

瑞安列女志一卷補遺一卷附事畧　(清)瑞安縣志局輯　清光緒二十五年(1899)刻本　一册

330000－1704－0013443　000778　子部/術數類/相宅相墓之屬

地學心傳一卷　(清)郝孟延撰　清末刻本　一册

330000－1704－0013444　000779　子部/術數類/相宅相墓之屬

陽宅要覽三卷　(清)弁山念道人輯　清刻本　一册

330000－1704－0013445　000569　史部/傳記類/總傳之屬

聖諭像解二十卷　(清)梁延年撰　清光緒二十九年(1903)江蘇撫署石印本　十册

330000－1704－0013446　000780　子部/術數類/相宅相墓之屬

陽宅三要四卷　(清)趙廷棟撰　清蘇州綠蔭堂刻本　二册

330000－1704－0013447　013587　集部/別集類/清別集

息耒園吟草六卷補遺一卷　(清)鄭作朋撰　清道光十二年(1832)求定軒刻本　一册

330000－1704－0013448　013615　集部/別集類/清別集

逢原齋文鈔四卷補遺一卷詩鈔三卷　(清)華文漪撰　清道光六年(1826)刻本　三册

330000－1704－0013449　013528　集部/別集類/清別集

遜學齋文續鈔五卷　(清)孫衣言撰　清光緒刻本　一册

330000－1704－0013451　013616　集部/別集類/清別集

吟香舫吟稿一卷　(清)黃青霄撰　清咸豐五年(1855)刻本　一册

330000－1704－0013452　013588　集部/別集類/清別集

女書癡存稿三卷　(清)錢蕙孃撰　清道光五年(1825)刻本　一册

330000－1704－0013453　000571　史部/傳記類/總傳之屬/通代

帝鑑圖說不分卷　(明)張居正等撰　清純忠堂刻本　四册

330000－1704－0013455　013617　集部/別集類/清別集

池上集六卷　(清)梁祉撰　清咸豐二年(1852)刻本　一册

330000－1704－0013458　000781　子部/術數類/相宅相墓之屬

陰陽二宅全書十二卷　(清)姚廷鑾輯　清刻本　四册　存一種

330000－1704－0013460　013892　經部/群經總義類/傳說之屬

五經典要註釋五卷總目一卷　(清)袁壯行纂註　(清)袁時行編輯　(清)張元沙鑒定　清康熙刻本　四册

330000－1704－0013461　013594　集部/別集類/宋別集

宋陳文節公詩集五卷文集十九卷首一卷末一卷　(宋)陳傅良撰　清道光十四年(1834)杭州詁經精舍刻本　八册

330000 – 1704 – 0013463　013531　集部/別集類/宋別集

艮齋先生薛常州浪語集三十五卷　(宋)薛季宣撰　清同治十年(1871)金陵書局刻本　四冊　存十四卷(二十二至三十五)

330000 – 1704 – 0013464　013809　集部/別集類/清別集

太玉山館今體詩鈔一卷　(清)曾元琳撰　**雩風草堂詩草一卷**　(清)曾塏撰　**金石聲齋詩存一卷**　(清)曾賢撰　**垂涕集二卷**　(清)林大椿撰　**六吉齋詩鈔五卷**　(清)鮑作雨撰　清同治八年至九年(1869 – 1870)刻十二年至十三年(1873 – 1874)增刻本　清王德馨批校　一冊

330000 – 1704 – 0013465　013619　集部/總集類/酬唱之屬

節義流芳録一卷　(清)邱篤平輯　清光緒十八年(1892)刻本　一冊

330000 – 1704 – 0013468　013532　集部/別集類/清別集

遜學齋詩鈔十卷續鈔五卷　(清)孫衣言撰　清同治三年(1864)刻本　三冊

330000 – 1704 – 0013470　013620　集部/總集類/郡邑之屬

東甌校士文不分卷　(清)王琛輯　清光緒二十九年(1903)王琛刻本　一冊

330000 – 1704 – 0013472　000783　新學/全體學/附心靈學

心靈學一卷　(美國)海文撰　(清)顔永京譯　清光緒十五年(1889)上海益智書會刻本　一冊

330000 – 1704 – 0013473　000535　經部/孝經類/傳説之屬

孝經鄭氏解一卷　曹元弼撰　清光緒二十年(1894)曹元弼刻本　一冊

330000 – 1704 – 0013474　013534　類叢部/叢書類/郡邑之屬

永嘉叢書十三種　(清)孫衣言編　清同治至光緒瑞安孫氏詒善祠塾刻本　十冊　存一種

330000 – 1704 – 0013475　013810　集部/別集類/清別集

味義根齋詩稿一卷二集一卷　(清)董正揚撰　清道光二十三年(1843)刻本　二冊

330000 – 1704 – 0013476　000784　子部/術數類/相宅相墓之屬

金精廖公秘授地學心法正傳畫筴扒砂經四卷補遺一卷　(宋)廖禹撰　(宋)彭大雄輯　清嘉慶二十五年(1820)大文堂刻本　二冊

330000 – 1704 – 0013477　013621　集部/別集類/元別集

雲松巢詩集五卷　(元)朱希晦撰　(明)朱諫輯　清同治十年(1871)樂邑瑤川朱熙廷刻本　一冊

330000 – 1704 – 0013479　013535　類叢部/叢書類/郡邑之屬

永嘉叢書十三種　(清)孫衣言編　清同治至光緒瑞安孫氏詒善祠塾刻本　十冊　存一種

330000 – 1704 – 0013480　013811　集部/別集類/清別集

伏敔堂詩録十五卷續録二卷首一卷附録一卷　(清)江湜撰　清同治元年至二年(1862 – 1863)刻本　四冊

330000 – 1704 – 0013481　000785　子部/術數類/陰陽五行之屬

陰陽五要奇書六種　(明)江之棟輯　清乾隆五十五年(1790)姑蘇顧氏樂真堂刻本　七冊

330000 – 1704 – 0013483　013895　史部/傳記類/別傳之屬/事狀

青田劉醒齋先生[鳳儀]家傳一卷　劉紹寬撰　清宣統三年(1911)江蘇省立官紙印刷廠鉛印本　一冊

330000 – 1704 – 0013485　013536　類叢部/叢書類/郡邑之屬

永嘉叢書十三種　(清)孫衣言編　清同治至光緒瑞安孫氏詒善祠塾刻本　八冊　存一種

330000－1704－0013486　013897　經部/小學類/文字之屬/字書/字典

雜字包舉一卷　清刻本　一册

330000－1704－0013489　013898　子部/儒家類/儒學之屬/性理

潛室陳先生木鍾集十一卷　(宋)陳埴撰　清同治六年(1867)陳思燏東甌郡齋刻本　四册

330000－1704－0013492　013623　集部/別集類/清別集

五楳一研齋詩鈔六卷　(清)潘宗耀撰　清道光十二年(1832)潘氏刻本　愛菊子觀款　一册　存三卷(四至六)

330000－1704－0013494　013900　集部/別集類/清別集

復齋文集二十一卷　(清)曾鏞撰　清嘉慶二十五年(1820)刻本　十二册　存二十卷(二至二十一)

330000－1704－0013496　000536　經部/孝經類/傳說之屬

御定孝經衍義一百卷首二卷　(清)聖祖玄燁敕撰　(清)葉方藹　(清)張英監修　(清)韓菼編纂　清刻本　三十册　存一百卷(一至一百)

330000－1704－0013497　013598　集部/別集類/清別集

留硯山房遺草一卷　(清)王朝清撰　清光緒二十八年(1902)刻本　一册

330000－1704－0013498　013624　集部/別集類/清別集

泉村集選一卷　(清)徐凝撰　清康熙刻本　一册

330000－1704－0013499　013901　集部/別集類/清別集

復齋文集二十一卷詩集四卷首一卷末一卷　(清)曾鏞撰　清嘉慶二十五年(1820)刻本　八册

330000－1704－0013501　013712　史部/地理類/方志之屬/郡縣志

[同治]麗水縣志十五卷　(清)彭潤章等纂修　清同治十三年(1874)刻本　八册

330000－1704－0013502　013537　集部/別集類/清別集

梅雪堂詩集十卷　(清)曹應樞撰　清咸豐三年(1853)唐虞勳錄古齋刻本　三册　存八卷(一至五、八至十)

330000－1704－0013503　013904　類叢部/叢書類/郡邑之屬

永嘉叢書十三種　(清)孫衣言編　清同治至光緒瑞安孫氏詒善祠塾刻本　一册　存一種

330000－1704－0013504　013902　類叢部/叢書類/郡邑之屬

永嘉叢書十三種　(清)孫衣言編　清同治至光緒瑞安孫氏詒善祠塾刻本　七册　存一種

330000－1704－0013506　013903　類叢部/叢書類/郡邑之屬

永嘉叢書十三種　(清)孫衣言編　清同治至光緒瑞安孫氏詒善祠塾刻本　五册　存一種

330000－1704－0013507　000786　子部/術數類/相宅相墓之屬

地理大成五種四十九卷　(清)葉泰輯　清文光堂刻本　二十六册　缺六卷(山法全書首一至二、一至四)

330000－1704－0013508　013714　史部/史評類/史論之屬

涉史偶悟五卷　(清)溫啟封撰　(清)溫忠翰編　清光緒八年至十年(1882－1884)東甌道署刻本　一册

330000－1704－0013509　013600　集部/詞類/別集之屬

水仙亭詞集十二卷　(清)項瑻撰　清光緒十二年(1886)項氏刻本　孫延釗批　項驤題記　一册

330000－1704－0013514　013601　集部/總集類/酬唱之屬

臺江驪唱集一卷天南鴻爪集一卷　黃鼎瑞輯　清光緒三十四年(1908)永嘉刻本　一册

330000－1704－0013517　000787　子部/術數類/占卜之屬

嚴陵張九儀儀度六壬選日要訣六卷　(清)張鳳藻撰　清藻思堂刻本　五冊　存三卷(仁部、智部、勇部)

330000－1704－0013520　013939　史部/政書類/儀制之屬/專志/科舉校規

東瀛觀學記一卷　劉紹寬撰　清光緒鉛印本　一冊

330000－1704－0013522　013718　子部/醫家類/喉科口齒之屬/白喉

白喉條辨一卷　陳葆善撰　清宣統元年(1909)刻本　一冊

330000－1704－0013524　013940　史部/政書類/儀制之屬/專志/科舉校規

東瀛觀學記一卷　劉紹寬撰　清光緒鉛印本　一冊

330000－1704－0013527　000788　子部/術數類/陰陽五行之屬

選擇真鏡十卷　(清)胡暉撰　清同治八年(1869)刻本　四冊　存四卷(一至二、六、十)

330000－1704－0013528　000789　子部/術數類/相宅相墓之屬

新鐫地理指明四卷　(清)宋景山撰　清嘉慶二十三年(1818)藜然堂刻本　一冊　存一卷(一)

330000－1704－0013529　013942　類叢部/叢書類/彙編之屬

知不足齋叢書一百九十六種　(清)鮑廷博編　(清)鮑士恭續編　清乾隆三十七年至道光三年(1772－1823)長塘鮑氏刻彙印本　一冊　存二種

330000－1704－0013536　013909　類叢部/叢書類/郡邑之屬

敬鄉樓叢書三十八種　黄羣編　清光緒二十三年(1897)鉛印本　一冊　存一種

330000－1704－0013537　013825　集部/總集類/選集之屬/斷代

湖海詩傳四十六卷　(清)王昶輯　清同治四年(1865)蘇州綠蔭堂刻本　十六冊

330000－1704－0013539　013719　子部/醫家類/喉科口齒之屬/白喉

白喉條辨一卷　陳葆善撰　清光緒二十四年(1898)刻本　胡鑫批　一冊

330000－1704－0013541　013944　集部/別集類/清別集

堅白石齋詩一卷　(清)李鑾宣撰　清刻本　清王朝清題記　一冊

330000－1704－0013543　013826　子部/雜著類/雜説之屬

墨子閒詁十五卷目録一卷附録一卷後語二卷　(清)孫詒讓撰　清光緒三十三年(1907)上海涵芬樓石印本　六冊　存十四卷(一至十四)

330000－1704－0013545　013827　集部/別集類/清別集

微尚齋文集一卷　(清)馮志沂撰　清同治十三年(1874)管城李翰華淮上刻本　一冊

330000－1704－0013548　013722　經部/小學類/音韻之屬

四聲正誤一卷附反切法一卷　(清)謝思澤輯　清光緒二十一年(1895)刻本　一冊

330000－1704－0013549　013724　經部/孝經類/傳説之屬

孝經刊誤淺解一卷　(宋)朱熹刊誤　(明)史尊朱淺解　清道光九年(1829)刻本　一冊

330000－1704－0013550　013832　子部/小説家類/異聞之屬

山海經廣注十八卷讀山海經語一卷山海經雜述一卷圖五卷　(清)吳任臣撰　清刻本　五冊　缺七卷(十二至十八)

330000－1704－0013553　013833　史部/傳記類/總傳之屬/列女

典故列女全傳四卷　清李光明莊刻本　三冊　存二卷(一至二)

330000－1704－0013554　013726　子部/醫家類/喉科口齒之屬/白喉
白喉條辨一卷　陳葆善撰　清宣統元年(1909)刻本　一冊

330000－1704－0013557　013914　史部/政書類/公牘檔冊之屬
溫州商會試辦章程一卷　王獄崧纂訂　清末刻本　一冊

330000－1704－0013561　013916　史部/傳記類/別傳之屬/事狀
平陽范登良遺囑一卷附祭章一卷輓聯一卷　(清)范登良等撰　清光緒三十二年(1906)木活字印本　一冊

330000－1704－0013566　013704　集部/別集類/清別集
釋耒集四卷　(清)施元孚撰　清光緒四年(1878)施氏刻本　二冊

330000－1704－0013567　013705　集部/別集類/清別集
釋耒集四卷　(清)施元孚撰　清光緒四年(1878)施氏刻本　二冊

330000－1704－0013578　013923　史部/地理類/遊記之屬/紀行
雁山游語一卷附游玉虹洞記一卷　(清)鄭耀廷撰　清道光二十九年(1849)梅姓師古堂刻本　一冊

330000－1704－0013580　013924　集部/總集類/題詠之屬
雁山遊覽記一卷雁山題詠一卷　(清)方鼎鋭編　清同治十年(1871)溫州刻本　一冊

330000－1704－0013581　013844　經部/四書類/總義之屬/文字音義
陳氏四書音義十九卷首一卷　(清)陳國琳釋　清光緒二十一年(1895)瑞安甌雅堂刻本　四冊　存九卷(一至二、十三至十九)

330000－1704－0013582　013845　子部/兵家類/兵法之屬
火龍經全集　(明)□□編　清咸豐南陽石室刻本　一冊　存一種

330000－1704－0013583　013604　史部/地理類/方志之屬/郡縣志
[光緒]樂清縣志十六卷首一卷　(清)李登雲　(清)錢寶鎔修　(清)陳珅等纂　清光緒二十七年(1901)東甌郭博古齋刻本　八冊　存六卷(二、七、九至十、十五至十六)

330000－1704－0013586　013927　集部/別集類/清別集
茶話軒詩集二卷　(清)陳舜咨撰　清咸豐六年至八年(1856－1858)樂清董氏刻本　二冊

330000－1704－0013587　013947　類叢部/叢書類/郡邑之屬
永嘉叢書十三種　(清)孫衣言編　清同治至光緒瑞安孫氏詒善祠塾刻本　二冊　存一種

330000－1704－0013588　013928　集部/別集類/清別集
茶話軒詩集二卷　(清)陳舜咨撰　清咸豐六年至八年(1856－1858)樂清董氏刻本　二冊

330000－1704－0013589　013930　集部/別集類/清別集
茶話軒詩集二卷　(清)陳舜咨撰　清咸豐六年至八年(1856－1858)樂清董氏刻本　二冊

330000－1704－0013591　013847　集部/小說類/長篇之屬
繡像東周列國志二十七卷一百八回　(清)蔡奡評點　清光緒三十一年(1905)上海商務印書館鉛印本　二冊　存九卷(十至十八)

330000－1704－0013592　013708　史部/地理類/方志之屬/郡縣志
[光緒]樂清縣志十六卷首一卷　(清)李登雲　(清)錢寶鎔修　(清)陳珅等纂　清光緒二十七年(1901)東甌郭博古齋刻本　五冊　存六卷(二、十至十二、十五至十六)

330000－1704－0013594　013848　史部/史抄類
史記菁華錄六卷　(清)姚祖恩輯　清光緒二十二年(1896)上海書局石印本　一冊　缺一

卷(六)

330000－1704－0013595　013605　史部/地理類/方志之屬/郡縣志

[光緒]樂清縣志十六卷首一卷　(清)李登雲　(清)錢寶鎔修　(清)陳珅等纂　清光緒二十七年(1901)東甌郭博古齋刻本　陳莛、倪邦彦批校　梅冷生題記　一冊　存一卷(十一)

330000－1704－0013597　013948　子部/叢編

二十二子(二十二子彙函)　(清)浙江書局編　清光緒元年至三年(1875－1877)浙江書局刻本　五冊　存一種

330000－1704－0013608　000792　子部/雜著類/雜説之屬

九陽關註解一卷　題中和先生撰　清刻本　一冊

330000－1704－0013610　013851　子部/宗教類/佛教之屬/經疏

楞嚴經指掌疏十卷事義十卷懸示一卷　(清)釋通理撰　清刻本　五冊　存五卷(楞嚴經指掌疏三至四、六至七、九)

330000－1704－0013611　000793　子部/宗教類/道教之屬

悟真篇三註三卷　(宋)薛道光　(宋)陸墅　(元)陳致虛撰　清刻本　一冊　存二卷(中、下)

330000－1704－0013612　014090　子部/醫家類/方書之屬/歷代方書

易簡方一卷　(宋)王碩撰　清光緒二十四年(1898)孫詒讓刻本　一冊

330000－1704－0013613　013951　史部/政書類/邦計之屬/鹽法

溫處鹽務紀要一卷　(清)趙舒翹輯　**溫處鹽務紀要續編不分卷**　(清)沈壽銘輯　清光緒十九年(1893)、二十一年(1895)甌江官舍刻本　二冊

330000－1704－0013615　000794　子部/術數類/相宅相墓之屬

雪心賦正解四卷　(唐)卜應天撰　(清)孟浩註　**辯論三十篇一卷**　(清)孟浩撰　清末石印本　謝培德題簽　一冊　存二卷(一、辯論三十篇)

330000－1704－0013617　013853　經部/春秋總義類/專著之屬

春秋繁露十七卷　(漢)董仲舒撰　清光緒二十年(1894)刻本　二冊　存九卷(一至九)

330000－1704－0013618　000795　子部/術數類/相宅相墓之屬

楊曾地理元文四種附二種　(清)端木國瑚注　清道光五年(1825)刻本　一冊　存二種

330000－1704－0013619　013931　集部/別集類/清別集

半醒軒詩稿二卷　(清)蔡敏撰　清道光五年(1825)刻本　二冊

330000－1704－0013621　013932　史部/地理類/山川之屬/山志

廣雁蕩山誌二十八卷首一卷末一卷　(清)曾唯輯　清乾隆五十五年(1790)曾唯依綠園刻本　十冊

330000－1704－0013625　013854　子部/儒家類/儒學之屬/經濟

大學衍義四十三卷　(宋)真德秀撰　明刻本　一冊　存五卷(三十六至四十)

330000－1704－0013628　013935　集部/別集類/清別集

夾鏡亭吟草一卷　(清)馬世俊撰　清乾隆刻本　一冊

330000－1704－0013631　013936　子部/小説家類/異聞之屬

燕山外史註釋二卷　(清)陳球撰　(清)傅聲谷注　清上海錦章圖書局石印本　一冊

330000－1704－0013633　013855　類叢部/類書類/通類之屬

玉海二百四卷附刻十三種　(宋)王應麟撰　**校補玉海瑣記二卷王深甯先生年譜一卷**

(清)張大昌撰　清光緒九年至十六年(1883－1890)浙江書局刻本　九十八冊　存二百卷(一至六、八至七十五、七十八至二百三)

330000－1704－0013637　013856　史部/地理類/雜志之屬
瑞安百詠一卷　(清)黄紹第撰　清刻本　一冊

330000－1704－0013639　013858　子部/儒家類/儒學之屬/性理
潛室陳先生木鍾集十一卷　(宋)陳埴撰　清同治六年(1867)陳思燏東甌郡齋刻本　二冊　存三卷(一、十至十一)

330000－1704－0013640　013676　集部/總集類/酬唱之屬
東嘉送行詩一卷　(清)楊堯章輯　清道光十九年(1839)刻本　戴炳驄題簽　一冊

330000－1704－0013642　013677　集部/總集類/郡邑之屬
惜硯錄三卷　(清)林用光編　清咸豐三年(1853)林氏刻本　一冊

330000－1704－0013643　013678　集部/總集類/酬唱之屬
東甌留别唱和詩鈔一卷　(清)王琛等撰　清光緒三十年(1904)刻本　一冊

330000－1704－0013646　013680　集部/别集類/清别集
望山草堂詩鈔十卷　(清)林鶚撰　清咸豐八年(1858)泰顺曾璧摺、林用霖刻本　四冊

330000－1704－0013647　002213　子部/醫家類/方書之屬/成方藥目
胡慶餘堂丸散膏丹全集不分卷　(清)胡光墉編　清光緒三年(1877)杭州胡慶餘堂刻本　一冊

330000－1704－0013648　014230　史部/地理類/方志之屬/郡縣志
[光緒]永嘉縣志三十八卷首一卷　(清)張寶琳修　(清)王棻　(清)孫詒讓纂　清光緒八年(1882)溫州維新書局刻民國二十四年(1935)劉景晨補版印本　三十冊

330000－1704－0013649　014071　集部/别集類/清别集
小石詩鈔六卷補編一卷詩餘一卷鹹鸝山館詩草一卷　(清)曾譜撰　清同治十年(1871)刻本　二冊

330000－1704－0013650　014231　史部/地理類/方志之屬/郡縣志
[光緒]永嘉縣志三十八卷首一卷　(清)張寶琳修　(清)王棻　(清)孫詒讓纂　清光緒八年(1882)溫州維新書局刻民國二十四年(1935)劉景晨補版印本　三十冊

330000－1704－0013651　013681　集部/别集類/清别集
望山堂詩續二卷　(清)林用霖撰　清光緒八年(1882)刻本　一冊

330000－1704－0013652　013958　集部/别集類/清别集
求是齋詩鈔三卷垂涕集二卷　(清)林大椿撰　清同治十三年(1874)菜香室刻本　一冊

330000－1704－0013653　002214　子部/醫家類/方書之屬/單方驗方
辨症良方不分卷　(清)蔣錫榮輯　清咸豐十年(1860)刻本　二冊

330000－1704－0013654　014232　史部/地理類/方志之屬/郡縣志
[光緒]永嘉縣志三十八卷首一卷　(清)張寶琳修　(清)王棻　(清)孫詒讓纂　清光緒八年(1882)溫州維新書局刻民國二十四年(1935)劉景晨補版印本　三十冊

330000－1704－0013656　014233　史部/地理類/方志之屬/郡縣志
[光緒]永嘉縣志三十八卷首一卷　(清)張寶琳修　(清)王棻　(清)孫詒讓纂　清光緒八年(1882)溫州維新書局刻本　九冊　存十二卷(三、五至十一、十三至十五、二十)

330000－1704－0013657　013682　集部/别集類/清别集

雨花堂吟一卷　(清)釋無言撰　清乾隆三十九年(1774)刻本　一冊

330000－1704－0013658　002216　子部/醫家類/方書之屬/單方驗方
普濟應驗良方八卷末一卷　(清)德軒氏輯　清刻本　一冊

330000－1704－0013660　014072　集部/別集類/清別集
鹹鸝山館詩草一卷　(清)曾諧撰　清同治十年(1871)刻本　一冊

330000－1704－0013663　014234　史部/地理類/方志之屬/郡縣志
[光緒]永嘉縣志三十八卷首一卷　(清)張寶琳修　(清)王棻　(清)孫詒讓纂　清光緒八年(1882)溫州維新書局刻民國二十四年(1935)劉景晨補版印本　二十冊　缺八卷(四至九、二十七至二十八)

330000－1704－0013665　014235　史部/地理類/方志之屬/郡縣志
[光緒]永嘉縣志三十八卷首一卷　(清)張寶琳修　(清)王棻　(清)孫詒讓纂　清光緒八年(1882)溫州維新書局刻民國二十四年(1935)劉景晨補版印本　二冊　存三卷(九至十一)

330000－1704－0013667　013686　子部/叢編
十子全書　(清)王子興編　清嘉慶九年(1804)姑蘇王氏聚文堂刻本　一冊　存一種

330000－1704－0013670　善000009　經部/易類/傳說之屬
周易指三十八卷易例一卷易圖五卷易斷辭一卷附錄一卷　(清)端木國瑚撰　清道光刻本　二十四冊

330000－1704－0013672　善000012　經部/書類/傳說之屬
尚書晚訂十二卷　(明)史維堡　(明)史元調輯　明崇禎八年(1635)史維堡刻本　四冊

330000－1704－0013674　善000006　經部/易類/傳說之屬
成均課講周易十二卷　(清)崔紀撰　清乾隆刻本　二冊

330000－1704－0013675　善000001　類叢部/叢書類/彙編之屬
范氏奇書二十種　(明)范欽編訂　明嘉靖四明范氏天一閣刻本　一冊　存一種

330000－1704－0013676　善000003　經部/易類/傳說之屬
兒易內儀以六卷兒易外儀十五卷　(明)倪元璐撰　明崇禎刻本　二冊　缺八卷(兒易外儀八至十五)

330000－1704－0013677　善000004　經部/易類/傳說之屬
周易本義經二卷傳十卷易圖一卷五贊一卷筮儀一卷　(宋)朱熹撰　清康熙至雍正內府影刻宋咸淳吳革本　二冊

330000－1704－0013679　014076　集部/別集類/清別集
旅中草不分卷　(清)張天樹撰　清末抄本　一冊

330000－1704－0013681　002218　子部/醫家類/方書之屬/歷代方書
唐王燾先生外臺秘要方四十卷　(唐)王燾撰　明崇禎十三年(1640)程氏經餘居刻本　二十一冊　缺一卷(二十三)

330000－1704－0013682　014236　史部/地理類/方志之屬/郡縣志
[光緒]永嘉縣志三十八卷首一卷　(清)張寶琳修　(清)王棻　(清)孫詒讓纂　清光緒八年(1882)溫州維新書局刻本　二冊　存七卷(八至十、三十五至三十八)

330000－1704－0013684　002219　子部/醫家類/方書之屬/歷代方書
唐王燾先生外臺秘要方四十卷　(唐)王燾撰　清同治十三年(1874)廣東翰墨園刻本　二十四冊　缺十七卷(一至二、四、六、八、十三、十五至十六、十八、二十二、二十六、二十八、

三十、三十三、三十八至四十)

330000－1704－0013685　013964　類叢部/叢書類/郡邑之屬

永嘉叢書十三種　(清)孫衣言編　清同治至光緒瑞安孫氏詒善祠塾刻本　一册　存一種

330000－1704－0013687　014077　集部/別集類/元別集

雲松巢詩集五卷　(元)朱希晦撰　(明)朱諫輯　清同治十年(1871)樂邑瑤川朱熙廷刻本　一册

330000－1704－0013689　013966　子部/醫家類/喉科口齒之屬/白喉

白喉條辨一卷　陳葆善撰　清光緒二十四年(1898)刻本　一册

330000－1704－0013695　013689　集部/別集類/宋別集

宋王忠文公文集五十卷目錄四卷　(宋)王十朋撰　**梅溪王忠文公年譜一卷**　(清)徐炯文編　清雍正六年(1728)唐傳鉎刻鴈就堂印本　一册　存四卷(目錄一至四)

330000－1704－0013698　014240　史部/政書類/公牘檔册之屬

邸報全錄不分卷(清光緒十四年)　清光緒鉛印本　一册

330000－1704－0013699　014254　史部/地理類/方志之屬/郡縣志

[乾隆]溫州府志三十卷首一卷　(清)李琬修　(清)齊召南　(清)汪沆纂　清乾隆二十七年(1762)刻同治四年(1865)修版印本　二十册

330000－1704－0013703　014255　史部/地理類/方志之屬/郡縣志

[乾隆]溫州府志三十卷首一卷　(清)李琬修　(清)齊召南　(清)汪沆纂　清乾隆二十七年(1762)刻同治四年(1865)修版民國四年(1915)補刻本　十九册

330000－1704－0013707　014256　史部/地理類/方志之屬/郡縣志

[乾隆]溫州府志三十卷首一卷　(清)李琬修　(清)齊召南　(清)汪沆纂　清乾隆二十七年(1762)刻同治四年(1865)修版印本　六册　存十四卷(六至十九)

330000－1704－0013708　014257　史部/地理類/方志之屬/郡縣志

[乾隆]溫州府志三十卷首一卷　(清)李琬修　(清)齊召南　(清)汪沆纂　清乾隆二十七年(1762)刻同治四年(1865)修版印本　六册　缺二十一卷(一至五、十一至十八、二十至二十七)

330000－1704－0013711　014258　史部/地理類/方志之屬/郡縣志

[乾隆]溫州府志三十卷首一卷　(清)李琬修　(清)齊召南　(清)汪沆纂　清乾隆二十七年(1762)刻同治四年(1865)修版印本　三册　存四卷(一、十九、二十九至三十)

330000－1704－0013715　014259　史部/地理類/方志之屬/郡縣志

[乾隆]溫州府志三十卷首一卷　(清)李琬修　(清)齊召南　(清)汪沆纂　清乾隆二十七年(1762)刻同治四年(1865)修版民國四年(1915)補刻本　四册　缺二十一卷(四、九至十六、十八、二十至三十)

330000－1704－0013717　013972　史部/政書類/律令之屬

借鐸一卷　(清)郭鍾岳編　清光緒二十三年(1897)刻本　一册

330000－1704－0013721　013973　集部/別集類/清別集

雪蕉齋詩鈔四卷補編一卷　(清)王德馨撰　**鍼餘集殘稿一卷**　(清)邵匹蘭撰　**留硯山房遺草一卷**　(清)王朝清撰　清光緒二十六年至三十年(1900－1904)刻本　一册

330000－1704－0013724　013753　集部/別集類/清別集

素心閣詩草二卷　(清)鄭惠撰　清光緒九年(1883)刻本　一册

330000－1704－0013725　013974　集部/總集類/郡邑之屬

羅陽詩始四卷　(清)董斿輯　清同治刻本　二冊

330000－1704－0013729　014083　史部/政書類/儀制之屬/專志/科舉校規

東瀛觀學記一卷　劉紹寬撰　清光緒三十一年(1905)鉛印本　一冊

330000－1704－0013732　善000013　經部/書類/傳說之屬

尚書日記十六卷　(明)王樵撰　明刻本　一冊　存二卷(十三至十四)

330000－1704－0013736　善000014　經部/書類/傳說之屬

學古堂尚書雅言六卷　(明)盧廷選纂　(明)鄭賛訂　明萬曆四十年(1612)刻本　四冊　缺一卷(五)

330000－1704－0013737　014266　集部/別集類/清別集

伏敔堂詩續錄四卷　(清)江湜撰　清同治二年(1863)刻本　一冊　存二卷(一至二)

330000－1704－0013738　014246、014247、014248　類叢部/叢書類/郡邑之屬

永嘉叢書十三種　(清)孫衣言編　清同治至光緒瑞安孫氏詒善祠塾刻本　三冊　存三種

330000－1704－0013739　013754　集部/別集類/清別集

素心閣詩草二卷　(清)鄭惠撰　清光緒九年(1883)刻本　一冊

330000－1704－0013740　013755　集部/別集類/清別集

素心閣詩草二卷　(清)鄭惠撰　清光緒九年(1883)刻本　一冊

330000－1704－0013741　014267　集部/別集類/清別集

雪蕉齋詩鈔四卷補編一卷　(清)王德馨撰　**鍼餘集殘稿一卷**　(清)邵匹蘭撰　**留硯山房遺草一卷**　(清)王朝清撰　清光緒二十六年至三十年(1900－1904)刻本　二冊

330000－1704－0013742　013756　集部/別集類/清別集

梅雪堂詩集十卷　(清)曹應樞撰　清咸豐三年(1853)唐虞勳錄古齋刻本　二冊　存五卷(一至五)

330000－1704－0013743　善000008　經部/易類/傳說之屬

周易玩辭集解十卷首一卷　(清)查慎行撰　清乾隆十八年(1753)刻本　五冊

330000－1704－0013744　013975　子部/術數類/命書相書之屬

七政四餘命學不分卷　(清)項方蒨撰　清宣統元年(1909)瑞安項氏刻本　一冊

330000－1704－0013753　013758　集部/別集類/清別集

梅雪堂詩集十卷　(清)曹應樞撰　清咸豐三年(1853)唐虞勳錄古齋刻本　二冊　存五卷(二至三、八至十)

330000－1704－0013755　善000005　經部/易類/傳說之屬

周易敝書五卷　(明)王祚昌撰　清抄本　二冊　缺二卷(四至五)

330000－1704－0013756　013979　子部/宗教類/佛教之屬/經疏

大佛頂如來密因修證了義諸菩薩萬行首楞嚴經纂註十卷首一卷末一卷　(唐)釋般剌密帝譯　(唐)釋彌伽釋迦譯語　(唐)房融筆受　(明)釋真界纂註　清光緒三十四年(1908)金陵刻經處刻本　五冊

330000－1704－0013761　013980　史部/地理類/方志之屬/郡縣志

[乾隆]溫州府志三十卷首一卷　(清)李琬修　(清)齊召南　(清)汪沆纂　清乾隆二十七年(1762)刻同治四年(1865)修版印本　十三冊　缺四卷(七至八、十五、十九)

330000－1704－0013764　013738　類叢部/叢書類/郡邑之屬

永嘉叢書十三種 (清)孫衣言編 清同治至光緒瑞安孫氏詒善祠塾刻本 清葉琮過録孫鏘鳴、孫衣言批校並題記 八冊 存一種

330000－1704－0013768 013739 類叢部/叢書類/郡邑之屬

永嘉叢書十三種 (清)孫衣言編 清同治至光緒瑞安孫氏詒善祠塾刻本 四冊 存一種

330000－1704－0013774 善000039 經部/叢編

十三經註疏三百三十五卷 (明)□□輯 明嘉靖李元陽、江以達刻本 一冊 存一種

330000－1704－0013775 013743 集部/別集類/清別集

素心閣詩草二卷 (清)鄭惠撰 清光緒九年(1883)刻本 一冊

330000－1704－0013780 善000038 經部/三禮總義類/名物制度之屬

釋服二卷 (清)宋綿初撰 清嘉慶二十三年(1818)書種堂刻本 清孫詒讓批 二冊

330000－1704－0013782 善000060 經部/孝經類/傳說之屬

御註孝經一卷 (清)世祖福臨撰 清順治刻本 一冊

330000－1704－0013783 013980－1 史部/地理類/方志之屬/郡縣志

[乾隆]溫州府志三十卷首一卷 (清)李琬修 (清)齊召南 (清)汪沆纂 清乾隆二十七年(1762)刻本 二冊 存三卷(八至九、十五)

330000－1704－0013784 善000051 經部/叢編

通志堂經解一百四十種 (清)納蘭成德輯 清康熙十九年(1680)納蘭成德刻本 三冊 存一種

330000－1704－0013790 014095 集部/別集類/明別集

新刻張太岳先生詩文集四十七卷 (明)張居正撰 明萬曆四十年(1612)繡谷唐國達刻清印本 三冊 存十二卷(一至六、十八至二十三)

330000－1704－0013793 013981 子部/宗教類/佛教之屬/經疏

妙法蓮華經演義七卷科文一卷 (清)釋一松講 (清)釋曉柔輯 清光緒二年(1876)東甌刻本 四冊 存一卷(一)

330000－1704－0013798 013982 集部/總集類/題詠之屬

雲江泛櫂圖題辭一卷附錄贈行詩一卷 (清)林培厚輯 清道光錢唐王氏刻本 一冊

330000－1704－0013799 013735 集部/別集類/明別集

太師誠意伯劉文成公集二十卷首一卷 (明)劉基撰 清光緒元年(1875)刻本 十四冊

330000－1704－0013803 013736 集部/別集類/明別集

太師誠意伯劉文成公集二十卷首一卷 (明)劉基撰 清光緒元年(1875)刻本 一冊 存一卷(一)

330000－1704－0013804 013737 類叢部/叢書類/郡邑之屬

永嘉叢書十三種 (清)孫衣言編 清同治至光緒瑞安孫氏詒善祠塾刻本 清劉紹寬過録孫衣言批並題記 十冊 存一種

330000－1704－0013805 014099 子部/醫家類/婦科之屬

經脈類不分卷 清末抄本 一冊

330000－1704－0013806 013983 史部/地理類/方志之屬/郡縣志

[嘉慶]瑞安縣志十卷首一卷 (清)張德標修 (清)王殿金 (清)黃徵義纂 清嘉慶十三年至十四年(1808－1809)刻本 八冊

330000－1704－0013809 013728 集部/別集類/清別集

梅雪堂詩集十卷 (清)曹應樞撰 清咸豐三年(1853)唐虞勳録古齋刻本 三冊

330000 – 1704 – 0013810　014103　新學/商務

中國度支考一卷　（英國）哲美森編　清光緒二十三年（1897）上海廣學會鉛印本　一冊

330000 – 1704 – 0013811　善 000028　經部/周禮類/傳說之屬

東巖周禮訂義八十卷首一卷　（宋）王與之集　清康熙刻通志堂經解本　清孫詒讓批　十冊　存四十八卷（一至十、二十至三十四、五十一至五十五、六十三至八十）

330000 – 1704 – 0013816　013983 – 1　史部/地理類/方志之屬/郡縣志

［嘉慶］瑞安縣志十卷首一卷　（清）張德標修　（清）王殿金　（清）黃徵義纂　清嘉慶十三年至十四年（1808 – 1809）刻本　一冊　存二卷（首、一）

330000 – 1704 – 0013818　014564　經部/小學類/文字之屬/字書/訓蒙

澄衷蒙學堂字課圖說四卷檢字一卷類字一卷　（清）劉樹屏撰　（清）吳子城繪圖　清光緒二十九年（1903）澄衷蒙學堂印書處石印本　一冊　缺三卷（二至四）

330000 – 1704 – 0013819　014565　史部/地理類/方志之屬/郡縣志

［雍正］泰順縣志十卷首一卷　（清）朱國源修　（清）朱廷琦等纂　清雍正七年（1729）刻本　二冊　缺五卷（六至十）

330000 – 1704 – 0013820　014597　史部/地理類/雜志之屬

永嘉聞見錄二卷　（清）孫同元撰　清光緒十四年（1888）端安孫氏刻本　二冊

330000 – 1704 – 0013821　013729　類叢部/叢書類/郡邑之屬

永嘉叢書十三種　（清）孫衣言編　清同治至光緒瑞安孫氏詒善祠塾刻本　六冊　存一種

330000 – 1704 – 0013822　013984　集部/別集類/清別集

遜學齋文鈔十二卷首一卷末一卷　（清）孫衣言撰　清同治十二年（1873）刻光緒增刻本　一冊　存二卷（一至二）

330000 – 1704 – 0013823　善 000056　經部/春秋總義類

春秋緒論一卷　清抄本　一冊

330000 – 1704 – 0013827　善 000015　經部/書類/傳說之屬

欽定書經圖說五十卷繪圖五百七十幅　（清）孫家鼐等撰　（清）詹秀林　（清）詹布魁繪圖　清光緒三十一年（1905）石印本　十六冊

330000 – 1704 – 0013829　善 000049　經部/叢編

十三經註疏三百三十五卷　（明）□□輯　明嘉靖李元陽、江以達刻本　一冊　存一種

330000 – 1704 – 0013831　013988　史部/地理類/方志之屬/郡縣志

［乾隆］平陽縣志二十卷首一卷　（清）徐恕修　（清）張南英　（清）孫謙纂　清乾隆二十五年（1760）刻本　五冊　存十二卷（四至十一、十四至十七）

330000 – 1704 – 0013837　014601　史部/金石類/郡邑之屬

東甌金石志十卷　（清）戴咸弼撰　清光緒二年至三年（1876 – 1877）浙江溫州郡庠木活字印本　二冊

330000 – 1704 – 0013838　013733　類叢部/叢書類/家集之屬

如皋冒氏叢書三十四種附二種　冒廣生輯　清光緒至民國如皋冒氏刻本　一冊　存一種

330000 – 1704 – 0013841　014107　子部/藝術類/篆刻之屬/印譜

榴蔭山房印譜不分卷　（清）葉鴻翰篆刻　清光緒鈐印本　一冊

330000 – 1704 – 0013842　014566　史部/編年類/斷代之屬

太平寶訓政事紀年五卷　清抄本　一冊

330000 – 1704 – 0013845　014572　新學/史

志/別國史

英民史記三卷 (英國)葛耳雲撰 (英國)馬林譯 (清)李玉書述 清光緒三十三年(1907)上海美華書館鉛印本 三冊

330000－1704－0013848 善000057 經部/春秋總義類

春秋三書三十一卷 (明)張溥撰 明末刻本 十冊 存一種

330000－1704－0013851 000796 子部/術數類/相宅相墓之屬

地理山洋指迷續本□□卷 (清)鍾之模撰 **附簡能集一寸金一卷** (清)宣元仁批點 清道光七年(1827)墨妙山房刻本 一冊 存一卷(簡能集一寸金)

330000－1704－0013854 善000062 經部/四書類/論語之屬/傳說

論語孔註辨僞二卷 (清)沈濤撰 清道光刻本 一冊

330000－1704－0013857 014575 史部/政書類/邦計之屬

日本統計釋例三卷 (清)考察政治大臣編 清政治官報局鉛印本 一冊

330000－1704－0013858 000797 子部/術數類/相宅相墓之屬

地理三會集三卷 (明)張亙撰 清道光十六年(1836)浙江刻本 一冊 存一卷(上)

330000－1704－0013859 014109 子部/藝術類/篆刻之屬/印譜

大雅山房印集不分卷 (清)蘇璠篆 清道光鈐印本 四冊

330000－1704－0013861 善000063 子部/儒家類/儒學之屬/經濟

大學衍義四十三卷 (宋)真德秀撰 明崇禎陳仁錫刻本 十冊

330000－1704－0013862 014712 經部/周禮類/傳說之屬

周禮政要二卷 (清)孫詒讓撰 清光緒二十八年(1902)瑞安普通學堂刻本 二冊

330000－1704－0013864 014619 經部/小學類/文字之屬

先君手鈔類字一卷 清末抄本 一冊

330000－1704－0013865 014713 經部/周禮類/傳說之屬

周禮政要二卷 (清)孫詒讓撰 清光緒二十八年(1902)瑞安普通學堂刻本 二冊

330000－1704－0013869 014775 史部/地理類/方志之屬/郡縣志

[嘉慶]瑞安縣志十卷首一卷 (清)張德標修 (清)王殿金 (清)黃徵義纂 清嘉慶十三年至十四年(1808－1809)刻本 一冊 存一卷(九)

330000－1704－0013871 善000064 經部/四書類/總義之屬/傳說

四書章句集註二十六卷 (宋)朱熹撰 **四書家塾讀本句讀一卷四書章句集註定本辨一卷** (清)吳英撰 **四書章句附考四卷** (清)吳志忠輯 清嘉慶十六年(1811)璜川吳氏真意堂刻本 六冊

330000－1704－0013872 014774 史部/地理類/方志之屬/郡縣志

[嘉慶]瑞安縣志十卷首一卷 (清)張德標修 (清)王殿金 (清)黃徵義纂 清嘉慶十三年至十四年(1808－1809)刻本 七冊 存七卷(二至六、九至十)

330000－1704－0013877 014714 集部/別集類/宋別集

宋王忠文公文集五十卷目錄四卷 (宋)王十朋撰 **梅溪王忠文公年譜一卷** (清)徐炯文編 清刻本 十六冊

330000－1704－0013878 014774－1 史部/地理類/方志之屬/郡縣志

[嘉慶]瑞安縣志十卷首一卷 (清)張德標修 (清)王殿金 (清)黃徵義纂 清嘉慶十三年至十四年(1808－1809)刻本 一冊 存十卷(一至十)

330000－1704－0013880 014625 集部/總

集類/酬唱之屬

鴛鴦湖櫂歌五種五卷 （清）朱彝尊 （清）譚吉璁撰 （清）陸以誠 （清）張燕昌續 清乾隆四十年（1775）朱芳衡刻本 一冊

330000－1704－0013881 014776 史部/地理類/方志之屬/郡縣志

［嘉慶］瑞安縣志十卷首一卷 （清）張德標修 （清）王殿金 （清）黄徵義纂 清嘉慶十三年至十四年（1808－1809）刻本 一冊 存一卷（十）

330000－1704－0013882 善000065 經部/四書類/總義之屬/傳說

四書纂言四十卷 （清）宋翔鳳撰 清光緒八年（1882）古吳李祖榮岧嶢山房刻本 二十冊

330000－1704－0013883 014777 史部/地理類/方志之屬/郡縣志

［嘉慶］瑞安縣志十卷首一卷 （清）張德標修 （清）王殿金 （清）黄徵義纂 清嘉慶十三年至十四年（1808－1809）刻本 二冊 存三卷（八至十）

330000－1704－0013884 014715 史部/地理類/方志之屬/郡縣志

［光緒］玉環廳志十四卷首一卷 （清）杜冠英 （清）胥壽榮修 （清）吕鴻燾纂 清光緒六年（1880）刻本 七冊 缺一卷（首）

330000－1704－0013887 014626 集部/別集類/清別集

研經堂文集□□卷 （清）周灝撰 清道光十九年（1839）周灝刻本 一冊 存一卷（一）

330000－1704－0013889 014627 經部/叢編

蜚雲閣凌氏叢書六種四十卷 （清）凌曙撰 清嘉慶至道光江都凌氏蜚雲閣刻本 一冊 存一種

330000－1704－0013890 000798 子部/術數類/相宅相墓之屬

青囊心印二卷 （清）王宗臣撰 清刻本 一冊

330000－1704－0013893 善000066 經部/四書類/總義之屬/傳說

四書備考二十八卷考異四卷 （明）陳仁錫撰 明末刻本 十冊

330000－1704－0013895 000799 子部/術數類/相宅相墓之屬

地理末學二卷首一卷 （清）紀大奎撰 清刻本 二冊 存一卷（下）

330000－1704－0013897 000800 子部/術數類/陰陽五行之屬

擇吉會要四卷 （清）姚承輿撰 清道光三十年（1850）刻同治二年（1863）補刻本 三冊

330000－1704－0013901 善000075 類叢部/叢書類/彙編之屬

格致叢書 （明）胡文煥編 明萬曆胡氏文會堂刻本 二冊 存一種

330000－1704－0013902 014116 子部/雜著類/雜說之屬

墨子閒詁十五卷目錄一卷附錄一卷後語二卷 （清）孫詒讓撰 清宣統二年（1910）瑞安孫氏刻本 一冊 存三卷（四至六）

330000－1704－0013904 014631 集部/別集類/清別集

茹古堂文集三卷 （清）曹應樞撰 清咸豐四年（1854）唐虞勳録古齋刻本 二冊

330000－1704－0013906 014778 子部/醫家類/方書之屬/單方驗方

驗方新編十六卷 （清）鮑相璈輯 **痧症全書三卷** （清）王凱編輯 **咽喉秘集二卷** （清）海山仙館輯 清同治三年（1864）滬上刻七年（1868）江清泉刻本 一冊 存三卷（痧症全書一至三）

330000－1704－0013907 善000098 經部/小學類/音韻之屬/韻書

洪武正韻十六卷 （明）樂韶鳳 （明）宋濂等撰 明刻本 四冊

330000－1704－0013908 014719 類叢部/叢書類/郡邑之屬

永嘉叢書十三種　(清)孫衣言編　清同治至光緒瑞安孫氏詒善祠塾刻本　四冊　存一種

330000－1704－0013909　014779　子部/醫家類/方書之屬/單方驗方
三朝名醫方論三種　清宣統三年(1911)寧波汲綆齋石印本　一冊　存一種

330000－1704－0013911　014720　集部/別集類/清別集
太鶴山人集十三卷　(清)端木國瑚撰　清道光二十年(1840)瑞安洪坤刻本　二冊　存六卷(一至六)

330000－1704－0013912　014634　子部/藝術類/書畫之屬/總論
甌鉢羅室書畫過目攷四卷首一卷附一卷　(清)李玉棻撰　清光緒二十三年(1897)刻本　四冊

330000－1704－0013913　014780　子部/叢編
二十二子(二十二子彙函)　(清)浙江書局編　清光緒元年至三年(1875－1877)浙江書局刻本　十八冊　存六種

330000－1704－0013915　014118　集部/別集類/清別集
女書癡存稿三卷　(清)錢蕙孃撰　清道光五年(1825)刻本　一冊

330000－1704－0013917　014635　子部/醫家類/類編之屬
陳修園醫書四十八種　(清)陳念祖等撰　清光緒三十二年(1906)吳閩醫學書會石印本　四冊　存四種

330000－1704－0013918　014119　史部/地理類/方志之屬/郡縣志
甌乘補二十卷　(清)黃漢纂　清刻本　一冊　存一卷(一)

330000－1704－0013919　014721　子部/醫家類/傷寒金匱之屬/傷寒論
傷寒來蘇集三卷　(清)柯琴撰　清金閶綠慎堂刻本　一冊　存一種

330000－1704－0013921　善000067　經部/叢編
十三經註疏三百三十五卷　(明)□□輯　明嘉靖李元陽、江以達刻本　十六冊　存六種

330000－1704－0013922　014120　史部/地理類/雜志之屬
瑞安百詠一卷　(清)黃紹第撰　清刻本　一冊

330000－1704－0013924　014722　史部/傳記類/總傳之屬/郡邑
瑞安列女志一卷補遺一卷附事畧　(清)瑞安縣志局輯　清光緒二十五年(1899)刻本　一冊

330000－1704－0013925　014637　子部/醫家類/婦科之屬/通論
濟陰綱目十四卷　(明)武之望撰　(清)汪淇箋釋　**保生碎事一卷**　(清)汪淇輯　清末石印本　一冊　存七卷(一至七)

330000－1704－0013926　014723　史部/政書類/公牘檔冊之屬
文成紀事一卷　(清)陳遇春撰　清嘉慶十年(1805)刻本　一冊

330000－1704－0013928　014791　史部/地理類/方志之屬/郡縣志
甌乘拾遺二卷　(清)洪守一纂　清道光三十年(1850)愛吾堂刻本　一冊

330000－1704－0013933　014724　類叢部/叢書類/郡邑之屬
永嘉叢書十三種　(清)孫衣言編　清同治至光緒瑞安孫氏詒善祠塾刻本　十七冊　存九種

330000－1704－0013935　014633　集部/總集類/選集之屬/斷代
本朝名媛詩鈔六卷　(清)胡孝思　(清)朱珖輯　清康熙五十五年(1716)淩雲閣刻本　一冊

330000－1704－0013936　善000069　經部/群經總義類/傳說之屬

九經考異十二卷九經逸語一卷 （明）周應賓撰 明萬曆刻本 四册 存十卷（論語、孟子、周易、尚書、禮記一至二、春秋、詩經一至二、逸語）

330000－1704－0013945 善000070 經部/三禮總義類/圖說之屬
羣經宫室圖二卷 （清）焦循撰 清半九書塾刻本 清孫詒讓批校 二册

330000－1704－0013946 014642 類叢部/叢書類/郡邑之屬
永嘉叢書十三種 （清）孫衣言編 清同治至光緒瑞安孫氏詒善祠塾刻本 八册 存一種

330000－1704－0013947 014643 類叢部/叢書類/郡邑之屬
永嘉叢書十三種 （清）孫衣言編 清同治至光緒瑞安孫氏詒善祠塾刻本 八册 存一種

330000－1704－0013948 善000071 類叢部/叢書類/彙編之屬
汗筠齋叢書第一集（蘭芬齋叢書初集）四種 （清）秦鑑編 清嘉慶三年至四年（1798－1799）嘉定秦氏刻本 一册 存一種

330000－1704－0013949 014644 新學/游記
環瀛志險一卷 （奥地利）愛孫孟撰 中國商務印書館編譯所繙譯 清光緒三十二年（1906）上海商務印書館鉛印本 一册

330000－1704－0013950 014128 史部/地理類/雜志之屬
永嘉聞見錄二卷 （清）孫同元撰 清光緒十四年（1888）端安孫氏刻本 一册 存一卷（二）

330000－1704－0013951 善000072 經部/群經總義類/傳說之屬
羣經識小五卷附錄二卷補遺一卷 （清）李惇撰 清道光六年（1826）高郵李培紫安愚堂刻本 三册 缺一卷（補遺）

330000－1704－0013952 014728 子部/醫家類
利濟元經八種 （清）陳虬撰 清光緒十八年（1892）瑞安利濟醫院刻本 一册 存一種

330000－1704－0013953 善000068 經部/群經總義類/傳說之屬
說經二十六卷說莊三卷說騷一卷 （清）韓泰青撰 清乾隆韓泰青刻本 六册

330000－1704－0013957 善000081 經部/小學類/訓詁之屬/群雅
釋名八卷 （漢）劉熙撰 明畢效欽刻本 二册 存六卷（三至八）

330000－1704－0013961 001976 子部/醫家類/綜合之屬/通論
醫學心悟五卷外科十法一卷 （清）程國彭撰 清嘉慶二十四年（1819）上海掃葉山房刻本 二册

330000－1704－0013963 014800 子部/醫家類/本草之屬/神農本草經
神農本草經三卷 （三國魏）吴普等撰 （清）孫星衍 （清）孫馮翼輯 清刻本 一册

330000－1704－0013964 014126 史部/傳記類/總傳之屬/儒林
理學宗傳二十六卷 （清）孫奇逢撰 （清）魏一鼇等編 清光緒六年（1880）浙江書局刻本 十二册

330000－1704－0013969 000801 子部/術數類/相宅相墓之屬
青囊玉尺度金鋮集六卷 （清）舒鳳儀纂圖 （清）段喆撰 清光緒十六年（1890）刻本 一册 存一卷（三）

330000－1704－0013972 000802 子部/術數類/相宅相墓之屬
地理辨正疏五卷首一卷末一卷 （清）張心言撰 清同治二年（1863）緯文堂刻本 二册

330000－1704－0013974 善000082 經部/小學類/訓詁之屬/群雅
釋名疏證補八卷續釋名補遺一卷疏證補坿一卷 王先謙撰 清光緒二十二年（1896）刻思賢書局刊書本 戴家祥過錄王國維批校題記

四冊

330000－1704－0013975　014648　集部/別集類/明別集

汲古堂集二十八卷　(明)何白撰　清道光十六年(1836)東甌梅嶼守直堂刻本　孫延釗批　一冊　存三卷(三至五)

330000－1704－0013976　014734　經部/周禮類/傳說之屬

周禮政要二卷　(清)孫詒讓撰　清光緒二十八年(1902)瑞安普通學堂刻本　二冊

330000－1704－0013977　000803　子部/術數類/相宅相墓之屬

地理正義鉛彈子砂水要訣六卷　(清)張鳳藻撰　清末湖南澹雅書局刻本　八冊

330000－1704－0013978　善 000083　類叢部/叢書類/彙編之屬

格致叢書　(明)胡文煥編　明萬曆胡氏文會堂刻本　二冊　存一種

330000－1704－0013979　善 000089　經部/叢編

曹楝亭五種六十五卷　(清)曹寅輯　清康熙四十五年(1706)揚州使院刻本　十四冊　存一種

330000－1704－0013980　000804　子部/術數類/相宅相墓之屬

嚴陵張九儀地理穿山透地真傳不分卷　(清)張鳳藻撰　清刻本　二冊

330000－1704－0013981　014649　集部/別集類/清別集

巖霞山房詩存三卷附錄一卷文存一卷　(清)潘壎撰　**知足知不足軒詩存二卷文存一卷**　(清)潘銘憲撰　**掬月軒詩存一卷文存一卷**　(清)潘福煇撰　清光緒元年(1875)刻七年(1881)增刻本　一冊　存五卷(巖霞山房詩存一至三、附錄、文存)

330000－1704－0013983　013993　史部/地理類/方志之屬/郡縣志

[同治]雲和縣志十六卷首一卷　(清)伍承吉修　(清)涂冠續修　(清)王士鈖纂　清咸豐七年至同治三年(1857－1864)刻本　五冊　缺三卷(首、十三至十四)

330000－1704－0013984　000805　子部/術數類/相宅相墓之屬

風水二書形氣類則四卷　(清)歐陽純撰　清南山歐陽書院刻本　二冊　存二卷(二至三)

330000－1704－0013986　善 000084　經部/小學類

澤存堂五種　(清)張士俊輯　清康熙吳郡張士俊澤存堂刻本　清方成珪校　二冊　存一種

330000－1704－0013988　014127　集部/別集類/清別集

太霞山館詩稿二卷文集四卷　(清)董斿撰　清同治刻本　一冊　缺四卷(文集一至四)

330000－1704－0013991　013994　史部/地理類/方志之屬/郡縣志

[同治]雲和縣志十六卷首一卷　(清)伍承吉修　(清)涂冠續修　(清)王士鈖纂　清咸豐七年至同治三年(1857－1864)刻本　二冊　存四卷(九至十二)

330000－1704－0013997　014641　史部/地理類/輿圖之屬

溫州府圖不分卷　清末石印本　一冊

330000－1704－0013998　善 000086　類叢部/叢書類/彙編之屬

微波榭叢書十一種　(清)孔繼涵編　清孔氏刻彙印本　清蔣其章跋　一冊　存二種

330000－1704－0013999　013995　史部/地理類/方志之屬/郡縣志

[雍正]處州府志二十卷　(清)曹掄彬修　(清)朱肇濟等纂　清雍正十一年(1733)刻本　一冊　存一卷(十八)

330000－1704－0014000　014129　類叢部/叢書類/郡邑之屬

永嘉叢書十三種　(清)孫衣言編　清同治至光緒瑞安孫氏詒善祠塾刻本　一冊　存一種

330000－1704－0014001　014808　集部/別集類/清別集
素心閣詩草二卷　（清）鄭惠撰　清光緒九年（1883）刻本　一冊

330000－1704－0014005　014810　集部/別集類/清別集
南遊唫草一卷　（清）方道生撰　清光緒二十二年（1896）方氏刻本　一冊

330000－1704－0014009　014740　子部/雜著類/雜說之屬
習學記言序目五十卷　（宋）葉適撰　清光緒九年（1883）刻朱印本　十冊　存四十五卷（六至五十）

330000－1704－0014010　014653　史部/金石類/郡邑之屬
栝蒼金石志十二卷續志四卷　（清）李遇孫輯　（清）鄒柏森校補　清同治十三年（1874）浙江處州府署刻本　二冊　存四卷（栝蒼金石志一至四）

330000－1704－0014011　014130　史部/地理類/山川之屬/山志
孤嶼志八卷首一卷　（清）陳舜咨輯　清嘉慶十四年（1809）刻民國二十四年（1935）印本　三冊　存六卷（首、一至五）

330000－1704－0014013　善000087　經部/小學類/文字之屬/字書/字典
大廣益會玉篇三十卷　（南朝梁）顧野王撰　（唐）孫強增字　（宋）陳彭年等重修　清康熙四十二年至四十三年（1703－1704）張士俊刻澤存堂五種本　楊紹廉批校　三冊

330000－1704－0014014　014742　集部/別集類/宋別集
宋王忠文公文集五十卷目錄四卷　（宋）王十朋撰　**梅溪王忠文公年譜一卷**　（清）徐炯文編　清光緒二年（1876）溫州梅溪書院刻本　張棡跋　八冊

330000－1704－0014015　014654　集部/別集類/清別集
珁研垒吟艸一卷　（清）方成珪撰　清道光二十六年（1846）木活字印本　一冊

330000－1704－0014016　013999　集部/別集類/清別集
味義根齋待刪草不分卷　（清）董正揚撰　清抄本　一冊

330000－1704－0014019　014131　史部/地理類/山川之屬/山志
孤嶼志八卷首一卷　（清）陳舜咨輯　清嘉慶十四年（1809）刻民國二十四年（1935）印本　一冊　存四卷（首、一至三）

330000－1704－0014021　014000　集部/別集類/清別集
復齋文集二十一卷　（清）曾鏞撰　清嘉慶二十五年（1820）曾鏞刻本　八冊　存十八卷（一至十八）

330000－1704－0014022　014001　集部/別集類/清別集
復齋詩集四卷首一卷末一卷　（清）曾鏞撰　清嘉慶二十五年（1820）刻本　三冊

330000－1704－0014023　014812　集部/別集類/清別集
息耒園吟草六卷補遺一卷　（清）鄭作朋撰　清道光十二年（1832）求定軒刻本　一冊　存六卷（一至六）

330000－1704－0014025　014002　史部/傳記類/總傳之屬/郡邑
甌海軼聞五十八卷　（清）孫衣言撰　清光緒刻本　十冊　存四十五卷（一至四十四、五十五）

330000－1704－0014026　014132　集部/別集類
補學齋詩二卷　胡調元撰　清光緒三十三年（1907）木活字印本　一冊

330000－1704－0014027　014814　集部/總集類/郡邑之屬
東甌校士文不分卷　（清）徐定彰等撰　清光緒三十年（1904）刻朱印本　一冊

330000－1704－0014029　000806　子部/術數類/相宅相墓之屬

千金賦註解一卷　(清)楚辰五溪老人撰　清光緒二十三年(1897)困學齋刻本　一册

330000－1704－0014033　014816　集部/别集類/清别集

知足知不足軒詩存二卷文存一卷　(清)潘銘憲撰　**掬月軒詩存一卷文存一卷**　(清)潘福輝撰　清光緒七年(1881)刻本　一册

330000－1704－0014035　善000090　史部/金石類/石之屬/文字

金石文字辨異十二卷　(清)邢澍撰　清光緒十九年(1893)劉氏刻本　楊紹廉批校　九册

330000－1704－0014036　014659　集部/别集類/清别集

珫研巹吟艸一卷　(清)方成珪撰　清道光二十六年(1846)木活字印本　一册

330000－1704－0014037　014817　集部/别集類/清别集

畱月軒文鈔一卷三冬消夜詩一卷　(清)朱國華撰　清光緒二十八年(1902)天台齋品亨堂木活字印本　一册

330000－1704－0014039　014005　集部/别集類

補學齋詩三卷　胡調元撰　清光緒三十三年(1907)木活字印宣統三年(1911)增印本　一册

330000－1704－0014041　000807　子部/術數類/相宅相墓之屬

地理薪傳四卷補編一卷　(清)甘怡纂輯　清乾隆五十四年(1789)刻本　一册　存一卷(一)

330000－1704－0014042　014746　類叢部/叢書類/自著之屬

利濟叢書八種　(清)陳虬撰　清光緒二十三年(1897)利濟學堂報館刻本　一册　存一種

330000－1704－0014043　善000091　經部/小學類/文字之屬/字書/字體

名原二卷　(清)孫詒讓撰　清光緒刻本　張棡題簽並過錄劉師培序　一册

330000－1704－0014044　014133　集部/别集類

補學齋詩初集一卷　胡調元撰　清光緒刻本　一册

330000－1704－0014047　014006　集部/别集類

補學齋詩三卷　胡調元撰　清光緒三十三年(1907)木活字印宣統三年(1911)增印本　一册

330000－1704－0014048　善000092　經部/小學類/文字之屬/字書/字體

古籀拾遺三卷附宋政和禮器文字考一卷　(清)孫詒讓撰　清光緒十四年至十六年(1888－1890)刻本　二册

330000－1704－0014050　014007　集部/别集類

補學齋詩三卷　胡調元撰　清光緒三十三年(1907)木活字印宣統三年(1911)增印本　一册

330000－1704－0014052　014008　集部/别集類

補學齋詩三卷　胡調元撰　清光緒三十三年(1907)木活字印宣統三年(1911)增印本　一册

330000－1704－0014053　014009　集部/别集類/清别集

小東山草堂駢體文鈔十卷　(清)張泰青撰　清道光刻本　二册

330000－1704－0014055　014818　集部/别集類/清别集

逢原齋文鈔四卷補遺一卷駢體文一卷詩鈔三卷　(清)華文漪撰　清道光刻本　一册　存四卷(文鈔一至四)

330000－1704－0014057　014664　集部/别集類/清别集

竹園類輯十卷　(清)朱鴻瞻撰　清康熙朱氏

刻同治十二年(1873)補刻本　二冊

330000－1704－0014061　014821　集部/别集類/清别集
焦尾閣遺稿一卷　(清)盧德儀撰　(清)王彦威　(清)王彦澈輯　清光緒九年(1883)蘇州刻本　一冊

330000－1704－0014064　014010　集部/别集類/清别集
茹古堂文集三卷　(清)曹應樞撰　清咸豐四年(1854)唐虞勳録古齋刻本　二冊

330000－1704－0014068　014011　集部/别集類/清别集
梅花詠一卷續一卷三續一卷四續一卷　(清)釋佛第撰　清康熙三十九年(1700)刻本　一冊

330000－1704－0014069　014136　集部/别集類/清别集
且甌集九卷　(清)項霽撰　清咸豐三年(1853)刻本　四冊

330000－1704－0014074　014667　集部/别集類/清别集
垂涕集二卷　(清)林大椿撰　清同治十三年(1874)菜香室刻本　一冊

330000－1704－0014075　014012　集部/别集類/清别集
卍蓮詩鈔一卷　(清)釋曉柔撰　清光緒二年(1876)一淨刻本　一冊

330000－1704－0014078　善000096　經部/小學類
澤存堂五種　(清)張士俊輯　清康熙吳郡張士俊澤存堂刻本　五冊　存一種

330000－1704－0014080　善000097　經部/小學類
澤存堂五種　(清)張士俊輯　清康熙吳郡張士俊澤存堂刻本　五冊　存一種

330000－1704－0014081　善000102　經部/小學類/文字之屬/字書/古文
新集古文四聲韻五卷附録一卷　(宋)夏竦撰　清乾隆四十四年(1779)古歙汪啟淑刻本　五冊

330000－1704－0014082　000807－1　子部/術數類/相宅相墓之屬
地理薪傳四卷補編一卷　(清)甘怡纂輯　清刻本　一冊　存三卷(三至四、補編)

330000－1704－0014084　善000103　經部/小學類/音韻之屬/古今韻說
古今韻略五卷　(清)邵長蘅撰　清康熙三十五年(1696)商丘宋犖刻本　三冊

330000－1704－0014086　014750　集部/别集類/清别集
且甌集九卷　(清)項霽撰　清咸豐三年(1853)刻本　一冊

330000－1704－0014087　000808　子部/儒家類/儒學之屬/性理
棉陽學準五卷　(清)藍鼎元撰　清閑存堂刻本　一冊　存二卷(一至二)

330000－1704－0014090　014825　類叢部/叢書類/郡邑之屬
永嘉叢書十三種　(清)孫衣言編　清同治至光緒瑞安孫氏詒善祠塾刻本　五冊　存二種

330000－1704－0014091　014826　類叢部/叢書類/郡邑之屬
永嘉叢書十三種　(清)孫衣言編　清同治至光緒瑞安孫氏詒善祠塾刻本　四冊　存一種

330000－1704－0014092　000809　子部/術數類/陰陽五行之屬
欽定協紀辨方書三十六卷　(清)允祿　(清)張照等纂修　清刻朱墨套印本　二冊　存三卷(十九、三十二至三十三)

330000－1704－0014094　014831　集部/别集類/清别集
太鶴山人集十三卷　(清)端木國瑚撰　清道光二十年(1840)瑞安洪坤刻本　六冊

330000－1704－0014096　善000100　經部/

小學類/文字之屬/字書/字典
重校經史海篇直音十卷 (明)□□輯 明刻本 二册 存二卷(五、八)

330000－1704－0014097 014013 集部/別集類/清別集
𠂢蓮賦草一卷註三卷續𠂢蓮賦草一卷註一卷淨土百八詠一卷 (清)釋曉柔撰 清光緒八年(1882)武林瑪瑙經房刻本 一册 缺二卷(續𠂢蓮賦草、續𠂢蓮賦草註)

330000－1704－0014099 000810 子部/術數類/相宅相墓之屬
地理辨正五卷 (清)蔣平階補傳 (清)姜垚辨正 (清)章仲山增補直解 清刻本 二册

330000－1704－0014103 014014 集部/總集類/酬唱之屬
臺江驪唱集一卷天南鴻爪集一卷 黃鼎瑞輯 清光緒三十四年(1908)永嘉刻本 一册

330000－1704－0014105 014832 子部/叢編
二十二子(二十二子彙函) (清)浙江書局編 清光緒元年至三年(1875－1877)浙江書局刻本 一册 存一種

330000－1704－0014107 善 000101 經部/小學類/音韻之屬/韻書
柴氏古韻通八卷正音切韻復古編一卷 (清)柴紹炳撰 清康熙刻本 八册

330000－1704－0014109 000811 子部/術數類/相宅相墓之屬
地理辨正補六卷 (清)朱尊輯 清道光十年(1830)姑蘇方氏紫芝書屋刻本 四册

330000－1704－0014110 014757 類叢部/叢書類/郡邑之屬
永嘉叢書十三種 (清)孫衣言編 清同治至光緒瑞安孫氏詒善祠塾刻本 二册 存一種

330000－1704－0014111 014015 集部/別集類/清別集
茹古堂文集三卷 (清)曹應樞撰 清咸豐四年(1854)唐虞勳錄古齋刻本 一册 存二卷(一至二)

330000－1704－0014113 善 000105 經部/小學類/音韻之屬/古今韻說
古韻論三卷 (清)胡秉虔撰 清光緒二年(1876)世澤樓刻績溪胡氏叢書本 一册

330000－1704－0014114 014677 集部/別集類/清別集
味義根齋集選一卷 (清)董正揚撰 清嘉慶十六年(1811)刻本 一册

330000－1704－0014116 014758 集部/別集類/明別集
太師誠意伯劉文成公集二十卷首一卷 (明)劉基撰 清光緒元年(1875)刻本 十二册

330000－1704－0014117 000812 子部/術數類/相宅相墓之屬
陽宅大全六種 清同治十年(1871)文英堂刻本 七册 存四種

330000－1704－0014118 善 000106 經部/小學類/音韻之屬/韻書
古今韻會舉要小補三十卷 (明)方日升編輯 明萬曆三十四年(1606)雲杜周士顯建陽刻本 十册 缺四卷(三至四、二十至二十一)

330000－1704－0014120 014836 經部/小學類/訓詁之屬/爾雅
爾雅正義二十卷 (清)邵晉涵撰 **爾雅釋文三卷** (唐)陸德明撰 清乾隆五十三年(1788)餘姚邵氏面水層軒刻本 八册

330000－1704－0014122 000813 子部/術數類/相宅相墓之屬
催官篇注四卷理氣真詮□□卷 (宋)賴文俊撰 清刻本 一册 存五卷(催官篇注一至四、理氣真詮一)

330000－1704－0014123 014678 集部/別集類/清別集
小東山草堂駢體文鈔十卷 (清)張泰青撰 清道光十五年(1835)溫州刻本 二册

330000－1704－0014125 014837 子部/儒

家類/儒學之屬/禮教
學思錄三卷 (清)張官德撰 清同治四年(1865)彭年刻本 二冊 缺一卷(二)

330000－1704－0014126 014759 集部/別集類/明別集
太師誠意伯劉文成公集二十卷首一卷 (明)劉基撰 清光緒元年(1875)刻本 二冊 存三卷(首、十九至二十)

330000－1704－0014127 014679 子部/小說家類
紅樓夢後序一卷 (清)蔡保東撰 清光緒六年(1880)刻本 一冊

330000－1704－0014129 014020 集部/別集類/清別集
三雁紀遊一卷東甌紀遊一卷 (清)戴啟文撰 清光緒二十五年(1899)戴啟文刻本 一冊

330000－1704－0014130 014838 子部/宗教類/佛教之屬/諸宗
天台四教儀集註十卷 (元)釋蒙潤撰 清同治七年(1868)杭州昭慶寺慧空經房刻本 五冊

330000－1704－0014132 善000109 經部/小學類/音韻之屬/古今韻說
音學五書五種 (清)顧炎武撰 清康熙刻本 鏡山題記 十冊

330000－1704－0014134 014018 集部/別集類/清別集
堅白石齋詩集十六卷 (清)李鑾宣撰 清嘉慶二十四年(1819)廉讓堂刻本 三冊 存十二卷(五至十六)

330000－1704－0014135 014839 集部/別集類/宋別集
宋王忠文公文集五十卷目錄四卷 (宋)王十朋撰 **梅溪王忠文公年譜一卷** (清)徐炯文編 清刻本 九冊 存五十卷(一至五十)

330000－1704－0014136 014680 集部/別集類/清別集
小石詩鈔六卷補編一卷詩餘一卷鹹鸝山館詩草一卷 (清)曾諧撰 清同治十年(1871)刻光緒七年(1881)補刻本 近雲題記 二冊

330000－1704－0014137 000814 子部/術數類/命書相書之屬
相命書不分卷 清末抄本 八冊

330000－1704－0014139 014840 子部/宗教類/佛教之屬/諸宗
天台四教儀集註十卷 (元)釋蒙潤撰 清同治七年(1868)杭州昭慶寺慧空經房刻本 三冊 缺四卷(三至六)

330000－1704－0014142 善000116 史部/紀傳類/正史之屬
史記一百三十卷 (漢)司馬遷撰 (南朝宋)裴駰集解 (唐)司馬貞索隱 (唐)張守節正義 清同治五年至九年(1866－1870)金陵書局刻本 清葉琮題記並過錄清孫鏘鳴題記 二十冊

330000－1704－0014143 014019 集部/總集類/選集之屬
科舉文章彙鈔不分卷 (清)湯聯奎等撰 清抄本 一冊

330000－1704－0014144 000816 子部/儒家類/儒學之屬/俗訓
辨惑編四卷附錄一卷 (元)謝應芳撰 清道光二十一年(1841)維風堂刻本 二冊

330000－1704－0014145 014683 集部/別集類/清別集
求是齋詩鈔三卷 (清)林大椿撰 清同治十三年(1874)菜香室刻本 一冊

330000－1704－0014146 000817 類叢部/叢書類/彙編之屬
月河精舍叢鈔五種 (清)丁寶書編 清光緒四年至十二年(1878－1886)苕溪丁氏刻本 楊紹廉題簽 一冊 存一種

330000－1704－0014147 000818 子部/儒家類/儒學之屬/性理
翼正初編九卷 (清)王欽豫編 清玉海樓抄本 五冊

330000－1704－0014148　014684　子部/小說家類/異聞之屬

燕山外史註釋八卷　(清)陳球撰　(清)傅聲谷注　清光緒五年(1879)刻本　四冊

330000－1704－0014151　善000115　史部/紀傳類/正史之屬

史記一百三十卷　(漢)司馬遷撰　(南朝宋)裴駰集解　(唐)司馬貞索隱　(唐)張守節正義　明萬曆二年至三年(1574－1575)南京國子監刻二十一史本　二十四冊

330000－1704－0014154　014843　集部/別集類/唐五代別集

韓昌黎詩集編年箋注十二卷　(唐)韓愈撰　(清)方世舉考訂　(清)盧見曾刪定　清宣統二年(1910)石印本　十二冊

330000－1704－0014156　014845　集部/別集類/宋別集

姜白石全集　(宋)姜夔撰　清宣統二年(1910)上海掃葉山房石印本　一冊

330000－1704－0014159　014687　類叢部/叢書類/郡邑之屬

永嘉叢書十三種　(清)孫衣言編　清同治至光緒瑞安孫氏詒善祠塾刻本　六冊　存一種

330000－1704－0014161　014688　集部/別集類/清別集

遜學齋詩鈔十卷　(清)孫衣言撰　清同治三年(1864)刻本　三冊

330000－1704－0014162　014689　集部/別集類/清別集

梅花詠一卷續一卷三續一卷四續一卷　(清)釋佛第撰　清道光八年(1828)刻本　一冊

330000－1704－0014164　014691　集部/別集類/清別集

遜學齋文鈔十二卷首一卷末一卷　(清)孫衣言撰　清同治十二年(1873)刻光緒增刻本　四冊

330000－1704－0014165　014148　集部/別集類/清別集

小石詩鈔六卷補編一卷詩餘一卷鉞鸝山館詩草一卷　(清)曾諧撰　清同治十年(1871)刻本　二冊

330000－1704－0014166　014692　集部/別集類/清別集

遜學齋文鈔十二卷首一卷末一卷　(清)孫衣言撰　清同治十二年(1873)刻光緒增刻本　一冊　存一卷(五)

330000－1704－0014168　014847　史部/編年類/通代之屬

御批歷代通鑑輯覽一百二十卷　(清)傅恒等撰　清光緒三十四年(1908)上海商務印書館鉛印本　四十冊

330000－1704－0014169　014764　集部/別集類/宋別集

宋王忠文公文集五十卷目錄四卷　(宋)王十朋撰　**梅溪王忠文公年譜一卷**　(清)徐炯文編　清光緒二年(1876)溫州梅溪書院刻本　二十冊

330000－1704－0014171　014694　集部/別集類/清別集

求是齋詩鈔三卷　(清)林大椿撰　清同治十三年(1874)菜香室刻本　一冊

330000－1704－0014172　014765　集部/詩文評類

中國歷代文派沿革錄一卷　池虬撰　清光緒油印本　一冊

330000－1704－0014173　014850　子部/醫家類/傷寒金匱之屬/傷寒論

長沙方歌括六卷　(清)陳念祖撰　清末刻本　六冊

330000－1704－0014174　014695　類叢部/叢書類/郡邑之屬

永嘉叢書十三種　(清)孫衣言編　清同治至光緒瑞安孫氏詒善祠塾刻本　一冊　存一種

330000－1704－0014176　善000111　集部/詞類/詞韻之屬

榕園詞韻一卷發凡一卷　(清)吳寧撰　清乾

隆四十九年(1784)冬青山館刻本　二冊

330000－1704－0014180　014696　集部/別集類/清別集

遜學齋詩鈔十卷　(清)孫衣言撰　清同治三年(1864)刻本　二冊

330000－1704－0014182　014853　史部/地理類/總志之屬/通代

天下郡國利病書一百二十卷　(清)顧炎武撰　清光緒慎記書莊石印本　二十四冊

330000－1704－0014183　善000112　類叢部/叢書類/自著之屬

利濟叢書□□種　(清)陳虬撰　清光緒刻本　一冊　存一種

330000－1704－0014184　014697　集部/別集類/清別集

遜學齋詩鈔十卷　(清)孫衣言撰　清同治三年(1864)刻本　一冊

330000－1704－0014185　014768　集部/別集類/清別集

竹園類輯十卷　(清)朱鴻瞻撰　清康熙朱氏刻同治十二年(1873)補刻本　四冊

330000－1704－0014187　014144　集部/總集類/酬唱之屬

東甌留別唱和詩鈔一卷　(清)王琛等撰　清光緒三十年(1904)刻本　一冊

330000－1704－0014188　014769　集部/別集類/清別集

耕讀亭詩鈔七卷　(清)項傅梅撰　清同治十三年(1874)南堤項氏刻本　二冊

330000－1704－0014189　善000114　經部/小學類

澤存堂五種　(清)張士俊輯　清康熙吳郡張士俊澤存堂刻本　六冊　存一種

330000－1704－0014191　014022　集部/別集類/明別集

卓忠毅公遺稿三卷首一卷附錄一卷　(明)卓敬撰　(清)林從炯編　清嘉慶張德標刻本　一冊

330000－1704－0014194　014028　集部/總集類/酬唱之屬

節義流芳錄一卷　(清)邱篤平輯　清光緒十八年(1892)刻本　一冊

330000－1704－0014195　014855　經部/叢編

皇清經解一千四百卷首一卷　(清)阮元輯　清道光九年(1829)廣東學海堂刻本　五十八冊　存二百十四卷(八百四十六至八百八十八、一千三十九至一千七十四、一千七十八、一千八十九至一千一百三十六、一千一百四十三至一千一百四十六、一千一百五十一至一千一百五十五、一千一百九十六至一千二百六、一千二百七上、一千二百八至一千二百二十五、一千三百十八至一千三百三十五、一千三百五十八至一千三百六十八、一千三百八十至一千三百八十九、一千三百九十三至一千三百九十六、一千三百九十七至一千四百)

330000－1704－0014196　014029　類叢部/叢書類/自著之屬

蟄廬叢書　(清)陳虬撰　清光緒甌雅堂刻本　三冊　存一種

330000－1704－0014197　006045　經部/小學類/文字之屬/說文

說文解字注十五卷附六書音韻表五卷　(清)段玉裁撰　**說文部目分韻一卷**　(清)陳煥編　清嘉慶二十年(1815)刻本　十五冊　存十六卷(說文解字一至十五、說文部目分韻)

330000－1704－0014198　014855－1　經部/叢編

皇清經解一千四百八卷首一卷　(清)阮元輯　清道光九年(1829)廣東學海堂刻咸豐十一年(1861)補刻本　十五冊　存五十九卷(三百九十至三百九十一、七百六十六、九百四十九至九百五十五、一千十六至一千三十八、一千一百五十六至一千一百六十八、一千一百七十至一千一百七十五、一千四百二至一千

四百八）

330000－1704－0014200　014711　經部/周禮類/傳說之屬

周禮正義八十六卷　（清）孫詒讓撰　清光緒三十三年（1907）溫州陳日新書報局鉛印本　張㭎題記　十二冊

330000－1704－0014201　014770　史部/地理類/方志之屬/郡縣志

[光緒]樂清縣志十六卷首一卷　（清）李登雲　（清）錢寶鎔修　（清）陳珅等纂　清光緒二十七年（1901）東甌郭博古齋刻本　二冊　存一卷（九）

330000－1704－0014202　014698　集部/別集類/清別集

遜學齋詩鈔十卷　（清）孫衣言撰　清咸豐九年（1859）吳門刻本　二冊

330000－1704－0014204　014699　集部/別集類/清別集

遜學齋文鈔十二卷首一卷末一卷續鈔五卷　（清）孫衣言撰　清同治十二年（1873）刻光緒增刻本　五冊　缺七卷（文鈔三至五、十至十二，末）

330000－1704－0014207　014854　史部/史抄類

廿二史文鈔一百九卷　（清）納蘭常安選評　清乾隆刻本　八冊　存三十卷（後漢書文鈔二至十、宋書文鈔一至四、南齊書文鈔一至三、隋書文鈔一至四、唐書文鈔一至六、宋史文鈔五至八）

330000－1704－0014208　014772　類叢部/叢書類/自著之屬

蟄廬叢書　（清）陳虬撰　清光緒甌雅堂刻本　五冊　存二種

330000－1704－0014209　014700　集部/別集類/清別集

遜學齋詩鈔十卷　（清）孫衣言撰　清同治三年（1864）刻本　一冊　存三卷（四至六）

330000－1704－0014210　014149　集部/別集類/清別集

小石詩鈔六卷補編一卷詩餘一卷鍼鸝山館詩草一卷　（清）曾諧撰　清同治十年（1871）刻本　一冊　存四卷（詩鈔一至四）

330000－1704－0014211　014773　集部/別集類/清別集

耕讀亭詩鈔七卷　（清）項傅梅撰　清同治十三年（1874）南堤項氏刻本　一冊　存三卷（一至三）

330000－1704－0014212　014701　集部/別集類/清別集

遜學齋詩鈔十卷續鈔五卷　（清）孫衣言撰　清同治三年（1864）刻本　三冊　存七卷（三至七、續一至二）

330000－1704－0014213　014856　經部/四書類/總義之屬/傳說

批選四書新義六卷續編六卷　張謇選　清末石印本　一冊　存二卷（新義五至六）

330000－1704－0014214　014150　集部/別集類/清別集

小石詩鈔六卷補編一卷詩餘一卷鍼鸝山館詩草一卷　（清）曾諧撰　清同治十年（1871）刻本　一冊　存四卷（詩鈔五至六、補編、詩餘）

330000－1704－0014215　014702　集部/別集類/清別集

遜學齋詩鈔十卷續鈔五卷　（清）孫衣言撰　清同治三年（1864）刻本　三冊

330000－1704－0014219　014864　子部/叢編

二十二子（二十二子彙函）　（清）浙江書局編　清光緒元年至三年（1875－1877）浙江書局刻本　十一冊　存二種

330000－1704－0014220　014703　集部/別集類/清別集

遜學齋文鈔十二卷首一卷末一卷　（清）孫衣言撰　清同治十二年（1873）刻光緒增刻本　一冊　存三卷（首、一至二）

330000－1704－0014221　014857　經部/四

書類/孟子之屬/傳說
孟子集註七卷　(宋)朱熹撰　清刻本　一冊　存三卷(一至三)

330000－1704－0014225　014704　集部/別集類/清別集
遜學齋詩鈔十卷　(清)孫衣言撰　清同治三年(1864)刻本　一冊　存三卷(四至六)

330000－1704－0014226　014038　集部/別集類/清別集
太玉山館今體詩鈔一卷　(清)曾元琳撰　**雩風草堂詩草一卷**　(清)曾塏撰　**金石聲齋詩存一卷**　(清)曾賢撰　清同治八年至九年(1869－1870)刻本　一冊

330000－1704－0014227　014705　集部/別集類/清別集
遜學齋詩鈔十卷　(清)孫衣言撰　清咸豐九年(1859)吳門刻本　一冊　存五卷(六至十)

330000－1704－0014231　014706　集部/別集類/清別集
遜學齋詩續鈔五卷　(清)孫衣言撰　清光緒刻本　一冊

330000－1704－0014233　014865　子部/雜著類/雜纂之屬
傳家寶初集八卷二集八卷三集八卷四集八卷　(清)石成金撰　清刻本　一冊　存一卷(四集七)

330000－1704－0014234　014707　集部/別集類/清別集
遜學齋詩續鈔五卷　(清)孫衣言撰　清光緒刻本　一冊

330000－1704－0014235　014863　類叢部/叢書類/自著之屬
湯子遺書(湯文正公全集)七種　(清)湯斌撰　清同治九年(1870)蘇廷魁等刻本　十八冊　存二種

330000－1704－0014236　014866　子部/雜著類/雜纂之屬
任兆麟述記三卷　(清)任兆麟撰　清末石印本　二冊　存二卷(一、三)

330000－1704－0014244　014041　史部/政書類
賓興事例不分卷重定賓興事例不分卷　(清)楊世環輯　清光緒刻本　一冊

330000－1704－0014245　014934　集部/總集類/選集之屬/通代
文選十卷　(南朝梁)蕭統輯　(唐)李善注
文選考異十卷　(清)胡克家撰　清末石印本　一冊　存六卷(考異五至十)

330000－1704－0014247　014935　集部/總集類/選集之屬/通代
文選六十卷　(南朝梁)蕭統輯　(唐)李善注　清石印本　四冊　存四十九卷(十二至六十)

330000－1704－0014248　014938　子部/醫家類/類編之屬
醫學五則　(清)廖雲溪編　清光緒十三年(1887)興發堂刻本　一冊　存一種

330000－1704－0014250　014872　類叢部/類書類/通類之屬
御定駢字類編二百四十卷　(清)吳士玉　(清)沈宗敬等奉敕輯　清光緒十三年(1887)上海同文書局石印本　四十七冊　缺六卷(一百三十八至一百四十三)

330000－1704－0014253　014940　集部/總集類/選集之屬/通代
古文辭類纂七十四卷　(清)姚鼐輯　清光緒十八年(1892)湖南書局刻本　十三冊　缺五卷(二十六至三十)

330000－1704－0014255　014875　新學/算學/數學
華氏中西算學全書十四種　(清)華衡芳撰　清光緒石印本　二冊　存一種

330000－1704－0014257　014941　經部/小學類/文字之屬/字書/字典
康熙字典十二集三十六卷總目一卷檢字一卷辨似一卷等韻二卷補遺一卷備考一卷　(清)

張玉書等纂修　清道光七年(1827)刻本　四十冊　缺一卷(寅集下)

330000－1704－0014260　014942　集部/總集類/選集之屬/斷代
文粹一百卷　(宋)姚鉉輯　**補遺二十六卷**　(清)郭麐輯　清光緒十六年(1890)杭州許增榆園刻本　二十四冊

330000－1704－0014264　014944　史部/地理類/總志之屬/通代
讀史方輿紀要一百三十卷輿圖要覽四卷　(清)顧祖禹撰　清敷文閣刻本　二十冊　存四十六卷(二至七、十二至十六、三十至三十六、四十一至四十二、四十六至四十七、五十八至五十九、六十六至六十七、八十九至九十、九十七至九十八、一百至一百一、一百十至一百十二、一百十六至一百二十六)

330000－1704－0014270　014879　集部/詞類/總集之屬
海濱酬唱詞一卷　(清)楊文斌輯　清光緒二十四年(1898)蒙自楊文斌香海閣刻本　一冊

330000－1704－0014271　014884　史部/政書類/通制之屬
三通　清咸豐九年(1859)崇仁謝氏刻本　四十冊　存一種

330000－1704－0014273　014047　集部/別集類
享敝帚軒吟稿一卷　褚傳誥撰　**嶺南吟草一卷**　高誼撰　清宣統元年(1909)鉛印本　一冊

330000－1704－0014276　001978　子部/醫家類/綜合之屬/合刻、合抄
景岳全書六十四卷　(明)張介賓撰　清嘉慶二十四年(1819)金閶書業堂刻本　三十六冊

330000－1704－0014278　014049　集部/總集類/郡邑之屬
穗城雪鴻集一卷　(清)王毓英撰　清光緒三十四年(1908)東甌日新印書局鉛印本　一冊

330000－1704－0014281　014050　集部/總集類/郡邑之屬
穗城雪鴻集一卷　(清)王毓英撰　清光緒三十四年(1908)東甌日新印書局鉛印本　一冊

330000－1704－0014282　014690　集部/別集類/清別集
丁酉草藁一卷　(清)林駿訂　清光緒稿本　一冊

330000－1704－0014285　014708　集部/別集類/清別集
遜學齋詩續鈔五卷　(清)孫衣言撰　清光緒刻本　一冊

330000－1704－0014286　014885　類叢部/叢書類/彙編之屬
趙氏藏書十六種　(清)趙承恩編　清同治至光緒金谿趙氏紅杏山房補刻印本　十冊　存一種

330000－1704－0014287　善000107　經部/小學類/音韻之屬/韻書
集韻考正十卷　(清)方成珪撰　清道光稿本　清孫鏘鳴題記　十冊

330000－1704－0014288　001980　子部/醫家類/綜合之屬/合刻、合抄
景岳全書六十四卷　(明)張介賓撰　清光緒二十年(1894)上海圖書集成印書局鉛印本　十六冊

330000－1704－0014290　014709　集部/別集類/清別集
遜學齋詩續鈔五卷　(清)孫衣言撰　清光緒刻本　一冊

330000－1704－0014291　014710　集部/別集類/清別集
遜學齋詩續鈔五卷　(清)孫衣言撰　清光緒刻本　清謝文波批　一冊

330000－1704－0014292　善000108　經部/小學類/音韻之屬/韻書
集韻考正十卷　(清)方成珪撰　清孫鏘鳴抄本　五冊

330000－1704－0014293　善000120　史部/紀傳類/正史之屬

漢書一百卷　(漢)班固撰　(唐)顔師古注　(明)鍾人傑輯評　明萬曆四十七年(1619)鍾人傑刻本　清孫鏘鳴題記並過録佚名評　二十四册

330000－1704－0014294　014950　經部/叢編

十三經讀本一百五十二卷　(清)□□編　清同治金陵書局刻本　四册　存一種

330000－1704－0014295　善000110　經部/小學類/音韻之屬

今韻三辨一卷　(清)孫同元輯　稿本　一册

330000－1704－0014296　014951　集部/别集類/唐五代别集

昌黎先生詩集注十一卷年譜一卷　(唐)韓愈撰　(清)顧嗣立删補　清道光十六年(1836)賡德堂刻二十五年(1845)朱墨套印本　四册

330000－1704－0014298　014162　子部/農家農學類/蠶桑之屬

蠶桑驗要二卷　(清)吳詒善編　清光緒二十九年(1903)刻本　一册

330000－1704－0014299　014159　史部/傳記類/别傳之屬/事狀

王舍人哀輓録一卷附王君仲舒哀輓録一卷　洪炳文等撰　清宣統二年(1910)瑞安務本局石印本　一册

330000－1704－0014300　014886　史部/金石類/總志之屬

金石萃編一百六十卷　(清)王昶撰　清嘉慶十年(1805)青浦王氏經訓堂刻本　六十二册　缺一卷(一百三)

330000－1704－0014301　014887　子部/術數類/相宅相墓之屬

四秘全書十二種　(清)尹有本輯　清刻本　一册　存二種

330000－1704－0014302　001984　子部/醫家類/綜合之屬/合刻、合抄

景岳全書六十四卷　(明)張介賓撰　清英德堂刻本　二十三册　缺四卷(二十二至二十五)

330000－1704－0014303　014952　史部/政書類/通制之屬

欽定大清會典事例九百二十卷目録八卷　(清)托津等奉敕撰　清嘉慶二十五年(1820)武英殿刻本　四册　存十二卷(二百六十四至二百六十六、二百七十一至二百七十三、二百九十一至二百九十三、三百七至三百九)

330000－1704－0014304　014971　集部/總集類/選集之屬/通代

文選六十卷　(南朝梁)蕭統輯　(唐)李善注　**文選考異十卷**　(清)胡克家撰　清同治八年(1869)湖北崇文書局刻本　二十三册　缺三卷(考異八至十)

330000－1704－0014306　014953　集部/别集類/清别集

集虚齋學古文十二卷附離騷經解畧一卷　(清)方槃如撰　清光緒十年(1884)李詩、竺士彦淳安縣署刻本　四册

330000－1704－0014309　014059　集部/别集類/清别集

且甌集九卷　(清)項霽撰　清咸豐三年(1853)刻本　二册

330000－1704－0014310　善000121　史部/紀傳類/正史之屬

漢書一百卷　(漢)班固撰　(唐)顔師古注　明崇禎十五年(1642)毛氏汲古閣刻十七史本　清孫衣言批校　二十四册

330000－1704－0014311　014973　經部/春秋左傳類/傳説之屬

評點春秋綱目左傳句解彙雋六卷　(清)韓菼重訂　清宣統元年(1909)石印本　一册　存三卷(一至三)

330000－1704－0014312　001983　子部/醫家類/類編之屬

六醴齋醫書十種　(清)程永培編　清乾隆五

十九年(1794)修敬堂刻本　二冊　存一種

330000－1704－0014313　014060　集部/別集類/清別集

且甌集九卷　(清)項霽撰　清咸豐三年(1853)刻本　一冊　存五卷(五至九)

330000－1704－0014314　014888　史部/紀傳類/正史之屬

四史四百十五卷　清光緒二十八年(1902)竢實齋石印本　二冊　存一種

330000－1704－0014315　014956　經部/叢編

重刊宋本十三經注疏四百十六卷附十三經注疏校勘記四百十六卷　(清)阮元撰　(清)盧宣旬摘錄　清嘉慶二十年(1815)南昌府學刻本　四十四冊　存十一種

330000－1704－0014316　014974　類叢部/叢書類/自著之屬

頤志齋叢書二十二種　(清)丁晏撰　清道光至同治山陽丁氏六蓺堂刻同治元年(1862)彙印本　一冊　存二種

330000－1704－0014318　014889　經部/春秋左傳類/傳說之屬

曲江書屋新訂批註左傳快讀十八卷首一卷　(清)李紹崧輯　清宣統元年(1909)上海書局石印本　一冊　存三卷(三至五)

330000－1704－0014321　014976　經部/叢編

十三經古注二百九十卷　(明)金蟠　(明)葛鼒校　明崇禎十二年(1639)金蟠刻清同治八年(1869)浙江書局重修本　四十九冊

330000－1704－0014322　014890　子部/儒家類/儒學之屬/蒙學

小學集注六卷　(明)陳選集注　清光緒二十三年(1897)金陵書局刻本　二冊

330000－1704－0014324　001981　子部/醫家類/綜合之屬/通論

醫家心法一卷　(清)高斗魁撰　清刻本　一冊

330000－1704－0014325　014062　集部/總集類/酬唱之屬

嗜古軒贈言錄一卷　(清)蔡慶恒輯　清道光二十九年(1849)刻本　一冊

330000－1704－0014326　014891　類叢部/叢書類/自著之屬

嘉定錢氏潛研堂全書二十種　(清)錢大昕撰　清光緒十年(1884)長沙龍氏家塾刻本　五冊　存七種

330000－1704－0014327　014892　類叢部/叢書類/自著之屬

潛園總集十七種　(清)陸心源撰　清同治至光緒刻本　二冊　存一種

330000－1704－0014328　善 000117　史部/紀傳類/正史之屬

史漢評林　(明)淩稚隆輯　明萬曆烏程凌氏刻本　二十四冊　存一種

330000－1704－0014329　001982　子部/醫家類/類編之屬

王氏醫存十七卷　(清)王燕昌撰　清光緒元年(1875)皖城黃竹友齋刻本　三冊　缺四卷(五、十一、十六至十七)

330000－1704－0014331　014957　史部/編年類/通代之屬

御批歷代通鑑輯覽一百二十卷　(清)傅恆等撰　清同治十年(1871)浙江書局刻朱墨套印本　四十冊　存一百三卷(一至四十七、六十五至一百二十)

330000－1704－0014332　014161　史部/傳記類/別傳之屬

賈君豈凡哀輓錄一卷　竺新輯　清宣統三年(1911)瑞安務本書局石印本　一冊

330000－1704－0014334　014893　子部/儒家類/儒學之屬/俗訓

人譜類記二卷　(明)劉宗周撰　清光緒元年(1875)杭州刻本　一冊　存一卷(二)

330000－1704－0014340　014960　集部/總集類/選集之屬/通代

文選六十卷 （南朝梁）蕭統輯 （唐）李善注 （清）何焯評 清學庫山房刻本 十二冊

330000－1704－0014345 014895 經部/叢編
御纂七經二百八十卷首十一卷序三卷 （清）李光地等撰 清同治六年至九年(1867－1870)浙江書局刻本 十一冊 存一種

330000－1704－0014346 014896 史部/地理類/外紀之屬
日本國志四十卷首一卷 （清）黄遵憲輯 清光緒二十四年(1898)浙江書局刻本 十冊

330000－1704－0014347 014962－1 經部/四書類/總義之屬/傳說
四書反身錄八卷首一卷 （清）李顒撰 清道光十一年(1831)浙江書局刻本 二冊 缺四卷(三至六)

330000－1704－0014348 014963 類叢部/叢書類/家集之屬
富陽夏氏叢刻七種 夏震武 夏鼎武撰 清光緒刻本 三冊 存六種

330000－1704－0014349 014164 集部/別集類/清別集
五楳一研齋詩鈔六卷 （清）潘宗耀撰 清道光十二年(1832)潘氏刻本 二冊

330000－1704－0014352 014165 集部/別集類/清別集
茹古堂文集三卷 （清）曹應樞撰 清咸豐四年(1854)唐虞勳錄古齋刻本 一冊

330000－1704－0014354 014982 子部/雜著類/雜說之屬
草木子四卷 （明）葉子奇撰 清光緒元年(1875)處州府署刻本 一冊 存二卷(一至二)

330000－1704－0014355 014166 子部/宗教類/佛教之屬/諸宗
永嘉禪宗集註二卷 （唐）釋玄覺撰 （明）釋傳燈重輯並注 清同治十年(1871)刻本 一冊

330000－1704－0014357 014968 子部/術數類/相宅相墓之屬
金精廖公秘授地學心法正傳畫筴扒砂經四卷補遺一卷 （宋）廖禹撰 （宋）彭大雄輯 明刻本 三冊 存三卷(一至三)

330000－1704－0014358 014966 類叢部/叢書類/家集之屬
觀古閣叢刻十五種 （清）鮑康編 清嘉慶十一年至光緒二十一年(1806－1895)歙縣鮑氏刻本 一冊 存一種

330000－1704－0014359 015024 經部/小學類/文字之屬/說文
苗氏說文四種 （清）苗夔撰 清道光至咸豐壽陽祁氏漢專亭刻本 二冊 存一種

330000－1704－0014360 014167 子部/術數類/陰陽五行之屬
易瑣言四卷附校勘記一卷 （清）林丙修撰 清宣統二年(1910)黄巖東昇仁記石印本 林㴆題記 一冊 存四卷(一至四)

330000－1704－0014362 014970 經部/叢編
十三經讀本一百二十九卷附校刊記十四卷 （清）丁寶楨等校並撰 清同治十一年(1872)山東書局刻本 三十一冊 存五種

330000－1704－0014365 015025 子部/宗教類/佛教之屬/諸宗
雲棲法彙二十八種七十四卷 （明）釋袾宏撰 （明）王宇春等輯 清光緒二十三年至二十五年(1897－1899)金陵刻經處刻本 二冊 存一種

330000－1704－0014367 014168 集部/別集類/清別集
出山草譜八卷 （清）湯肇熙撰 清光緒十年(1884)昆陽縣署刻本 六冊

330000－1704－0014368 014988 史部/紀傳類/正史之屬
欽定二十四史 清光緒二十八年(1902)上海文瀾書局石印本 一冊 存一種

330000－1704－0014371　015068　經部/叢編
古經解彙函十六種附小學彙函十四種續附十種　(清)鍾謙鈞等輯　清光緒十四年(1888)上海蜚英館石印本　十一冊　存二十六種

330000－1704－0014372　015027　集部/總集類/選集之屬/通代
續古文辭類纂二十八卷　(清)黎庶昌輯　清光緒二十一年(1895)金陵狀元閣刻本　十二冊

330000－1704－0014379　015029　集部/別集類/清別集
函雅堂集四十卷　王詠霓撰　清光緒二十二年(1896)刻本　三冊　存九卷(一至九)

330000－1704－0014385　015097　類叢部/叢書類/彙編之屬
知不足齋叢書一百九十六種　(清)鮑廷博編　(清)鮑士恭續編　清乾隆三十七年至道光三年(1772－1823)長塘鮑氏刻彙印本　五十九冊　存五十一種

330000－1704－0014391　014171　集部/別集類/清別集
釋耒集四卷　(清)施元孚撰　清光緒四年(1878)施氏刻本　二冊

330000－1704－0014392　015098　子部/雜著類/雜考之屬
無邪堂答問五卷　(清)朱一新撰　清光緒二十二年(1896)上海鴻寶齋石印本　五冊

330000－1704－0014393　015099　子部/天文曆算類/算書之屬
新鐫校正指明算法二卷　(清)王相晉訂　清集新堂刻本　二冊

330000－1704－0014394　014172　集部/別集類/清別集
釋耒集四卷　(清)施元孚撰　清光緒四年(1878)施氏刻本　一冊　存三卷(二至四)

330000－1704－0014398　015115　子部/醫家類/綜合之屬/通論
御纂醫宗金鑑九十卷首一卷　(清)吳謙等撰　清宣統元年(1909)簡青齋書局石印本　二冊　存三十四卷(一至三十四)

330000－1704－0014399　015102　子部/醫家類/養生之屬
衛濟餘編十八卷　(清)王纕堂輯　清道光二十三年(1843)刻本　十冊

330000－1704－0014400　014174　集部/別集類/清別集
釋耒集四卷　(清)施元孚撰　清光緒四年(1878)施氏刻本　一冊　存三卷(二至四)

330000－1704－0014401　015103　史部/政書類
九通　(清)□□輯　清光緒八年至二十二年(1882－1896)浙江書局刻本　一百三十六冊　存一種

330000－1704－0014402　善000123　史部/紀傳類/正史之屬
後漢書九十卷　(南朝宋)范曄撰　(唐)李賢注　(明)陳仁錫評　**志三十卷**　(晉)司馬彪撰　(南朝梁)劉昭注　(明)陳仁錫評　明天啟刻本　二十四冊

330000－1704－0014403　019085　集部/小說類/長篇之屬
圖像新撰五劍十八義四卷四十回後集四卷三十二回　清光緒三十年(1904)上海文英書局石印本　二冊　存二卷(四、後集一)

330000－1704－0014404　014899　子部/宗教類/佛教之屬/諸宗
首楞嚴經義海三十卷　(宋)釋咸輝輯　清刻本　五冊　存二十五卷(六至三十)

330000－1704－0014405　015002　史部/雜史類/斷代之屬
本朝史講義不分卷　汪榮寶撰　清光緒三十二年(1906)京師譯學館鉛印本　三冊

330000－1704－0014407　015013　集部/別集類/清別集
集虛齋學古文十二卷附離騷經解畧一卷

(清)方棨如撰　清光緒十年(1884)李詩、竺士彥淳安縣署刻本　四冊

330000－1704－0014409　014176　集部/別集類/清別集
望山堂詩續二卷　(清)林用霖撰　清光緒八年(1882)刻本　一冊

330000－1704－0014410　善000122　史部/紀傳類/正史之屬
前漢書一百卷　(漢)班固撰　明吳勉學刻本　二十冊

330000－1704－0014411　014959　史部/傳記類/總傳之屬/釋道
居士傳五十六卷　(清)彭紹升撰　清光緒金陵刻經處刻本　四冊

330000－1704－0014412　015104　子部/醫家類/綜合之屬/通論
醫醇賸義四卷醫方論四卷　(清)費伯雄撰　清光緒三年(1877)刻本　四冊　存四卷(醫醇賸義一至四)

330000－1704－0014413　015108　史部/地理類
李氏五種　(清)李兆洛撰　清刻本　二冊　存一種

330000－1704－0014415　015005　史部/地理類/方志之屬/通志
[雍正]敕修浙江通志二百八十卷首三卷　(清)李衛　(清)嵇曾筠等修　(清)沈翼機　(清)傅王露等纂　清刻本　二冊　存六卷(九十六至九十八、一百六十八至一百七十)

330000－1704－0014416　015109　史部/地理類/總志之屬/斷代
太平寰宇記二百卷目錄二卷　(宋)樂史撰　清刻本　三冊　存二十一卷(四十八至六十八)

330000－1704－0014419　014909　子部/農家農學類
農學叢書　(清)上海農學會　(清)江南總農會輯　清光緒上海農學會、江南總農會石印本　李芑題簽並記　四冊　存二十六種

330000－1704－0014420　015110　子部/天文曆算類/算書之屬
九章算術九卷　(三國魏)劉徽注　(唐)李淳風注釋　**九章算術音義一卷**　(唐)李籍撰　清刻本　三冊　缺二卷(一至二)

330000－1704－0014423　015033　子部/叢編
二十二子(二十二子彙函)　(清)浙江書局編　清光緒元年至三年(1875－1877)浙江書局刻本　一冊　存一種

330000－1704－0014425　015111　子部/天文曆算類/算書之屬
梅氏叢書輯要三十種六十二卷首一卷　(清)梅文鼎撰　(清)梅瑴成重編　清乾隆二十六年(1761)梅氏承學堂刻本　九冊　存十種

330000－1704－0014426　015084　集部/別集類/清別集
謇諤堂詩稿一卷　(清)金文田撰　清光緒三十四年(1908)木活字印本　一冊

330000－1704－0014427　014177　集部/別集類/清別集
味義根齋詩稿一卷二集一卷　(清)董正揚撰　清道光二十三年(1843)刻本　二冊

330000－1704－0014429　014910　集部/總集類/選集之屬/通代
續古文辭類纂三十四卷　王先謙輯　清光緒八年(1882)長沙王氏虛受堂刻本　劉紹寬批　七冊　存二十卷(一至二十)

330000－1704－0014430　015034　史部/紀傳類/正史之屬
十七史一千五百七十四卷　(明)毛晉編　明崇禎元年至十七年(1628－1644)毛氏汲古閣刻本　二十四冊　存一種

330000－1704－0014432　015035　子部/醫家類/綜合之屬/通論
訂正東醫寶鑑二十三卷目錄二卷　(朝鮮)許浚撰　清光緒上海校經山房石印本　一冊

存二卷(目録一至二)

330000－1704－0014433　015101　類叢部/叢書類/自著之屬

鹿洲全集　(清)藍鼎元撰　清刻本　十一册　存四種

330000－1704－0014434　014912　經部/春秋左傳類/傳説之屬

左氏蒙求註解二卷　(元)吴化龍撰　(清)倪陳疇注解　清光緒十九年(1893)樂東倪氏刻本　二册

330000－1704－0014435　015085　集部/别集類/清别集

虚白室試帖詩鈔三卷　(清)厲祥官撰　清光緒二十一年(1895)漢上仿題鋏館刻本　林世人題簽　一册

330000－1704－0014436　014178　集部/别集類/清别集

味義根齋集選一卷　(清)董正揚撰　清嘉慶十六年(1811)刻本　一册

330000－1704－0014437　015036　子部/醫家類/類編之屬

張氏醫書七種　(清)張璐等撰　清光緒二十年(1894)上海圖書集成印書局鉛印本　八册　存四種

330000－1704－0014438　015037　集部/别集類/清别集

雙桂堂文集六卷首一卷末一卷　(清)林滋秀撰　清嘉慶刻本　一册　存一卷(一)

330000－1704－0014439　015116　子部/醫家類/類編之屬

陳修園醫書四十八種　(清)陳念祖等撰　清光緒三十二年(1906)吴閶醫學書會石印本　十册　存二十八種

330000－1704－0014440　015038　集部/詞類/别集之屬

擊缶詞二卷懊儂詞一卷委宛詞一卷　(清)郭鍾岳撰　清光緒十二年至十三年(1886－1887)、二十年(1894)郭鍾岳和天倪齋溫州刻本　一册

330000－1704－0014441　015011　集部/别集類/清别集

定盦文集三卷續集四卷文集補編四卷文集補三卷文集補續録一卷文拾遺一卷别集二卷龔孝珙手抄本一卷　(清)龔自珍撰　**定盦先生年譜一卷**　吴昌綬編　清宣統元年(1909)上海國學扶輪社鉛印本　七册

330000－1704－0014442　015086　子部/藝術類/遊藝之屬/聯語

莫愁湖楹聯便覽一卷　(清)釋壽安編　清光緒五年(1879)刻本　一册

330000－1704－0014443　014914　類叢部/叢書類/自著之屬

甌北全集八種　(清)趙翼撰　清乾隆至嘉慶湛貽堂刻本　二册　存一種

330000－1704－0014445　014179　集部/别集類/清别集

味義根齋集選一卷　(清)董正揚撰　清嘉慶十六年(1811)刻本　一册

330000－1704－0014446　015014　集部/别集類/唐五代别集

昌黎先生詩增注証訛十一卷　(唐)韓愈撰　(清)黄鉞增注証訛　**昌黎先生年譜一卷**　(清)黄鉞編　清道光二十八年(1848)黄中民刻咸豐七年(1857)四明鮑氏二客軒印本　陳雁迅批校　四册

330000－1704－0014448　014180　集部/别集類/清别集

味義根齋集選一卷　(清)董正揚撰　清嘉慶十六年(1811)刻本　葉八三跋　一册

330000－1704－0014450　015015　經部/叢編

皇清經解一千四百八卷首一卷　(清)阮元輯　清道光九年(1829)廣東學海堂刻咸豐十一年(1861)補刻本　九册　存五十六卷(九十至一百十九、三百三十至三百三十四、三百四十至三百四十八、八百七至八百十八)

330000－1704－0014451　015116　子部/醫家類/類編之屬

陳修園醫書二十八種　(清)陳念祖等撰　清上海錦章書局石印本　與330000－1704－0014439合十冊　存一種

330000－1704－0014453　015116－1　子部/醫家類/傷寒金匱之屬/金匱要略

金匱要略淺注二卷　(清)陳念祖撰　清末石印本　二冊

330000－1704－0014454　015116－2　子部/醫家類/類編之屬

陳修園醫書　(清)陳念祖等撰　清石印本　一冊　存一種

330000－1704－0014456　015116－2　子部/醫家類/傷寒金匱之屬/金匱要略

金匱要略淺注二卷　(清)陳念祖撰　清末石印本　與330000－1704－0014454合一冊　存一卷(上)

330000－1704－0014457　015116－3　子部/醫家類/類編之屬

陳修園醫書四十八種　(清)陳念祖等撰　清光緒三十四年(1908)上海章福記石印本　一冊　存一種

330000－1704－0014461　015112　集部/總集類/選集之屬/斷代

戴段合刻二種　(清)張壽榮輯　清光緒十年(1884)鎮海張氏秋樹根齋刻本　四冊　存一種

330000－1704－0014462　015113　子部/術數類/數學之屬

太玄集注四卷　(宋)司馬光　(宋)許翰撰　(清)孫澍增補　清道光十一年(1831)鵝溪孫氏青棠書屋刻本　四冊

330000－1704－0014463　015114　集部/別集類/唐五代別集

李義山詩集三卷　(唐)李商隱撰　(清)朱鶴齡箋注　(清)沈厚塽輯評　**李義山詩譜一卷附錄諸家詩評一卷**　清同治九年(1870)廣州倅署刻三色套印本　四冊

330000－1704－0014464　015088　集部/別集類/清別集

續東軒遺集四卷　(清)高均儒撰　清光緒七年(1881)刻本　一冊

330000－1704－0014465　014984　類叢部/類書類/專類之屬

佩文韻府一百六卷　(清)張玉書　(清)蔡升元等輯　**韻府拾遺一百六卷**　(清)汪灝　(清)何焯等輯　清嶺南潘氏海山僊館刻本　四十五冊　存九十四卷(佩文韻府七十九至一百六、韻府拾遺一至六十六)

330000－1704－0014466　014923　經部/春秋左傳類/傳說之屬

東萊博議四卷　(宋)吕祖謙撰　**增補虛字註釋一卷**　(清)張文炳點定　清刻本　四冊

330000－1704－0014467　015117　類叢部/叢書類/家集之屬

如皋冒氏叢書三十四種附二種　冒廣生輯　清光緒至民國如皋冒氏刻本　一冊　存二種

330000－1704－0014469　014183　史部/地理類/專志之屬/祠墓

宋四賢祠附祀諸賢實錄一卷　(清)戴槃撰　清同治七年(1868)刻本　一冊

330000－1704－0014470　014924　史部/雜史類/斷代之屬

經畧洪承疇奏對筆記二卷　(清)洪承疇撰　清刻本　一冊

330000－1704－0014471　015041　子部/醫家類/類編之屬

南雅堂醫書全集　(清)陳念祖撰　清同治四年(1865)文奎堂刻本　一冊　存一種

330000－1704－0014472　018735　子部/宗教類/佛教之屬/諸宗

天台四教儀集註十卷　(元)釋蒙潤撰　清同治七年(1868)杭州昭慶寺慧空經房刻本　一冊　存二卷(五至六)

330000－1704－0014474　015118　史部/叢編

西湖集覽　（清）丁丙輯　清光緒錢塘丁氏嘉惠堂刻本　二册　存一種

330000－1704－0014476　015119　集部/總集類/題詠之屬

濟上鴻泥圖題册錄存一卷三石圖題詠一卷（清）張士珩輯　清宣統二年（1910）淞雲精舍鉛印本　一册

330000－1704－0014477　015091　類叢部/叢書類/彙編之屬

士禮居叢書二十種　（清）黄丕烈編　清嘉慶至道光黄氏士禮居刻本　一册　存一種

330000－1704－0014478　015016　集部/别集類/唐五代别集

李太白文集三十卷　（唐）李白撰　清光緒元年（1875）湖北崇文書局刻本　四册

330000－1704－0014480　015092　史部/紀傳類/正史之屬

校刊史記集解索隱正義札記五卷　（清）張文虎撰　清同治十一年（1872）金陵書局刻本　二册

330000－1704－0014481　015043　史部/編年類/通代之屬

尺木堂綱鑑易知錄九十二卷　（清）吳乘權等輯　清康熙五十年（1711）刻本　四册　存九卷（一至七、五十九至六十）

330000－1704－0014482　014926　類叢部/叢書類/彙編之屬

函海一百五十二種　（清）李調元編　清乾隆綿州李氏萬卷樓刻嘉慶十四年（1809）李鼎元重校印本　一册　存一種

330000－1704－0014483　015017　子部/醫家類/溫病之屬/其他溫疫病證

溫病條辨六卷首一卷　（清）吳瑭撰　清刻本　三册　存五卷（二至六）